Angleterre
Pays de Galles

Cofondateurs : Philippe GLOAGUEN et Michel DUVAL

Directeur de collection et auteur
Philippe GLOAGUEN

Rédacteurs en chef adjoints
Amanda KERAVEL
et Benoît LUCCHINI

Directrice de la coordination
Florence CHARMETANT

Directrice administrative
Bénédicte GLOAGUEN

Directeur du développement
Gavin's CLEMENTE-RUIZ

Conseiller à la rédaction
Pierre JOSSE

Direction éditoriale
Hélène FIRQUET

Rédaction
Isabelle AL SUBAIHI
Emmanuelle BAUQUIS
Mathilde de BOISGROLLIER
Thierry BROUARD
Marie BURIN des ROZIERS
Véronique de CHARDON
Fiona DEBRABANDER
Anne-Caroline DUMAS
Éléonore FRIESS
Géraldine LEMAUF-BEAUVOIS
Olivier PAGE
Alain PALLIER
Anne POINSOT
André PONCELET
Alizée TROTIN

Responsable voyages
Carole BORDES

2018

hachette

TABLE DES MATIÈRES

ATTENTION : Londres et l'Écosse font l'objet de guides à part.

PRÉAMBULE

COMMENT Y ALLER ? 36

LA RÉDACTION DU ROUTARD

(sans oublier nos 50 enquêteurs, aussi sur le terrain)

Thierry, Anne-Caroline, Éléonore, Olivier, Pierre, Benoît, Alain, Fiona, Gavin's, André, Véronique, Bénédicte, Jean-Sébastien, Mathilde, Amanda, Isabelle, Géraldine, Marie, Carole, Philippe, Florence, Anne.

© R. Délalande et E. Dessons

La saga du *Routard* : en 1971, deux étudiants, Philippe et Michel, avaient une furieuse envie de découvrir le monde. De retour du Népal germe l'idée d'un guide différent qui regrouperait tuyaux malins et itinéraires sympas, destiné aux jeunes fauchés en quête de liberté. 1973. Après 19 refus d'éditeurs et la faillite de leur première maison d'édition, l'aventure commence vraiment avec Hachette. Aujourd'hui, le *Routard*, c'est plus d'une cinquantaine d'enquêteurs impliqués et sincères. Ils parcourent le monde toute l'année dans l'anonymat et s'acharnent à restituer leurs coups de cœur avec passion.

Merci à tous les Routards qui partagent nos convictions : liberté et indépendance d'esprit ; découverte et partage ; sincérité, tolérance et respect des autres.

NOS SPÉCIALISTES ANGLETERRE ET PAYS DE GALLES

Thomas Rivallain : transbahuté dès l'enfance dans le combi familial, les sens affutés en tournée musicale ou louvoyant sur les itinéraires bis, tout est prétexte aux carnets de route pour cet admirateur de fleuves. Souvent parti là où on ne l'attend pas, il travaille ses guides en Anjou, auprès de l'indomptable Loire. En bon apôtre du voyage, Thomas ne croit que ce qu'il voit.

Michelle Georget : « Fermeture des portes, armement des toboggans… » Immanquablement, l'annonce galvanise gaiement ses cinq sens ! Tout émoustillés qu'ils sont face à l'inconnu, curieux de découvrir des ailleurs mystérieux, gourmands de rencontres insolites, prêts à accueillir l'intensité des émotions. Le voyage lui offre à chaque fois des bulles d'émerveillement.

UN GRAND MERCI À NOS AMI(E)S SUR PLACE ET EN FRANCE

Pour cette nouvelle édition, nous remercions particulièrement :

- **Ulrika Ericson ;**
- **Nathalie Boulier,** de Visit Portsmouth ;
- **Florence et Emmanuelle,** de l'office de tourisme de Windermere ;
- **Nick, Edgar, Jonas et Joséphine** pour leur endurance sur les routes anglaises et galloises.
- **Sarah Kermer,** d'Eurostar.

Important : dernière minute

Sauf rares exceptions, le *Routard* bénéficie d'une parution annuelle à date fixe. Entre deux dates, des événements fortuits (formalités, taux de change, catastrophes naturelles, conditions d'accès aux sites, fermetures inopinées, etc.) peuvent modifier vos projets de voyage. Pour éviter les déconvenues, nous vous recommandons de consulter la rubrique « Guide » par pays de notre site • *routard.com* • et plus particulièrement les dernières ***Actus voyageurs.***

Recommandation à ceux qui souhaitent profiter des réductions et avantages proposés dans le *Routard* par les hôteliers et les restaurateurs.

À l'hôtel, pensez à les demander au moment de la réservation ou, si vous n'avez pas réservé, **à l'arrivée.** Ils ne sont valables que pour les réservations en direct et ne sont pas cumulables avec d'autres offres promotionnelles (notamment sur Internet). Au restaurant, parlez-en **au moment** de la commande et surtout **avant** que l'addition soit établie. Poser votre *Routard* sur la table ne suffit pas : le personnel de salle n'est pas toujours au courant et une fois le ticket de caisse imprimé, il est souvent difficile de modifier le total. En cas de doute, montrez la notice relative à l'établissement dans le *Routard* de l'année et, bien sûr, ne manquez pas de nous faire part de toute difficulté rencontrée.

Pictogrammes du Routard

Établissements
- Hôtel, auberge, chambre d'hôtes
- Camping
- Restaurant
- Boulangerie, sandwicherie
- Glacier
- Café, salon de thé
- Café, bar
- Bar musical
- Club, boîte de nuit
- Salle de spectacle
- Office de tourisme
- Poste
- Boutique, magasin, marché
- Accès Internet
- Hôpital, urgences

Sites
- Plage
- Site de plongée
- Piste cyclable, parcours à vélo

Transports
- Aéroport
- Gare ferroviaire
- Gare routière, arrêt de bus
- Station de métro
- Station de tramway
- Parking
- Taxi
- Taxi collectif
- Bateau
- Bateau fluvial

Attraits et équipements
- Présente un intérêt touristique
- Recommandé pour les enfants
- Adapté aux personnes handicapées
- Ordinateur à disposition
- Connexion wifi
- Inscrit au Patrimoine mondial de l'Unesco

Tout au long de ce guide, découvrez toutes les photos de la destination sur • *routard.com* • Attention au coût de connexion à l'étranger, assurez-vous d'être en wifi !

Le Routard est imprimé sur un papier issu de forêts gérées.

I.S.B.N. 978-2-01-280014-4

Glasgow
Edinburgh
Berwick-upon-Tweed
ÉCOSSE
A 702
M 74
Alnwick
Mur d'Hadrien
A 69 E 18
Carlisle
LE NORD DE L'ANGLETERRE p. 372
Lake District
M 6
A 66
Grasmere
Kendal
IRLANDE DU NORD
Belfast
Isle of Man
MER D'IRLANDE
Blackpool
Bradford
M 62
Liverpool
Manchester
(port marchand)
Beaumaris (château)
Holyhead
A 55
Buxton
Chester
Dublin
IRLANDE
Snowdon
Pontcysyllte
A 50
Stoke-on-Trent
Portmeirion
A 5
M 54
Birmingham
Aberystwyth
LE PAYS DE GALLES p. 466
A 49
Hay-on-Wye
Fishguard
Saint David's
A 40
A 48 E 30
Cotswolds
Gloucester
A 465
M 5
Blaenavon
Swansea
M 4
M 4 E 30
Cardiff
Bristol
Bath
Stonehenge
Ilfracombe
Exmoor Nat. Park
Wells
Clovelly
Glastonbury
Salisbury
M 5
A 303
Bude
A 30
Exeter
A 35
Bournemouth
Poole
Tintagel
Dartmoor Nat. Park
Lyme Regis
Lulworth
OCÉAN ATLANTIQUE
LES CORNOUAILLES p. 205
Newquay
Plymouth
A 38
Tor Bay
Totnes
Saint Ives
Fowey
THE WEST COUNTRY p. 163
Penzance
Falmouth
Saint Michael's Mount
Lizard Point

L'ANGLETERRE ET LE PAYS DE GALLES

Les Seven Sisters dans le Sussex

© eye35.pix/Alamy/Hemis

« Trois choses ne servent strictement à rien : les seins des hommes, la BBC et la monarchie britannique. »

Sir Winston Churchill

La Grande-Bretagne n'est qu'à une trentaine de kilomètres de nos côtes, mais, déjà, ce bras de mer prend des allures d'Atlantique. En débarquant pour la première fois « de l'autre côté », **on est immanquablement dérouté et surpris.** Les paysages déclinent d'emblée toute la **palette des verts** qui tranche avec le blanc des falaises, le rouge du mobilier urbain et les façades en brique. Du faux feu qui décore les âtres aux gentilles dames qui vous appellent *honey* ou *darling,* tout mérite les qualificatifs ***quaint and cosy*** (« vieillot et douillet »).

Pelouses et trottoirs nets, maisons et jardins bichonnés, il n'y a que le ciel que les Britanniques ont oublié de repeindre. Et encore, Turner ne s'est pas privé ! Laissez-vous charmer par un tout **autre art de vivre,** par le déroutant **humour anglais** et par le célèbre **flegme britannique** qui ne sont pas usurpés !

Dans ce pays monarchique, la jeunesse britannique a fait craquer – voici une cinquantaine d'années – l'austérité victorienne et la respectabilité qui l'enserraient depuis plus d'un siècle, en faisant cohabiter les **looks les plus extravagants** et le **chapeau melon.** La Grande-Bretagne a bien évolué. On a même vu la reine sauter, ou presque, en parachute lors de l'ouverture des J.O. en 2012.

En même temps, rien n'a complètement disparu. Alors que ce pays considère que les Beatles, tout comme l'Empire des Indes, appartiennent déjà à son histoire ancienne, au collège d'Eton, les enfants vont toujours à l'école en queue-de-pie.

Le club où débutèrent les Beatles

NOS COUPS DE CŒUR

EN ANGLETERRE

1 Admirer l'effervescence de Canterbury, à l'ombre de sa majestueuse cathédrale, siège de l'Église anglicane.

Ville close au cœur du Kent, tout droit sortie du Moyen Âge, Canterbury fut de longs siècles durant un important lieu de dévotion autour des reliques de Thomas Becket. Une étape culturelle et historique majeure en Angleterre, inscrite au Patrimoine mondial de l'Unesco. La nuit tombée, la jeunesse insuffle à ces vieux murs une atmosphère festive, mélangeant concerts intimistes et clubs branchés, sans bien sûr oublier les pubs historiques. *p. 78*

Bon à savoir : *accès facile et rapide en ferry (Douvres) depuis Calais ou en train Eurostar (Ashford).*

© Ian Dagnall/Alamy/Hemis

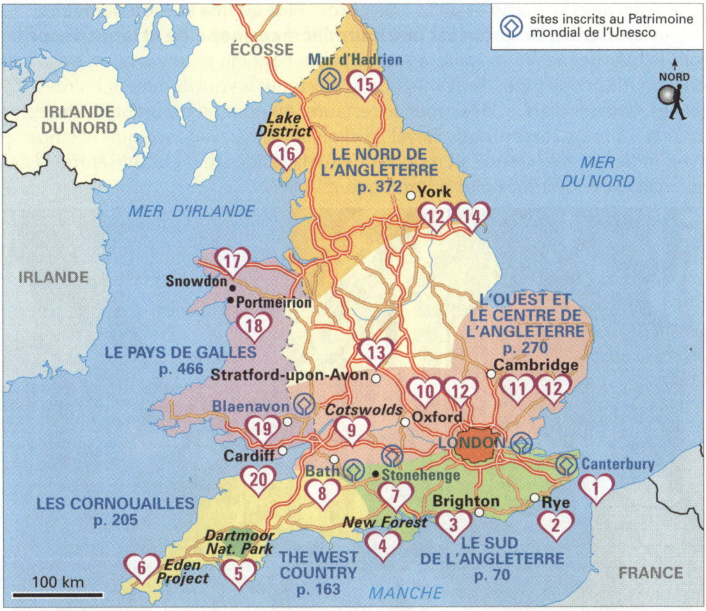

2 Flâner dans les ruelles médiévales de Rye, **dans une ambiance *Chapeau melon et bottes de cuir.***

Située en bordure du Kent, dans la région de Hastings où eut lieu la célèbre bataille avec Guillaume le Conquérant en 1066, Rye est une adorable petite ville perchée sur sa colline. Dernier maillon de la chaîne des Cinq Ports protégeant l'Angleterre, elle connut une histoire mouvementée, intimement liée à celle des Français, qu'il s'agisse du commerce ou des conflits guerriers. Elle a su conserver son aspect d'origine où les échoppes de brocante ont pris leurs quartiers. *p. 90*

Bon à savoir : *• visit1066country.com •*

3 **Alterner shopping et pubs à Brighton. Plus qu'une station balnéaire victorienne, Brighton est une fourmilière cosmopolite et large d'esprit.**
Dans le quartier de *North Laine*, à l'atmosphère bohème et très *arty*, on trouve de tout : boutiques de fripes, brocantes, cafés aux terrasses qui dominent les rues, disquaires, galeries d'art… Idéal pour se restaurer ou pour un moment de shopping après la visite de l'excentrique Royal Pavilion, folle extravagance qui mélange les styles indien, arabe, chinois et moghol. Ce fut la résidence du futur George IV, qui incarnait le dandysme le plus britannique. *p. 108*

4 **S'immerger dans le monde à part de la New Forest, à l'ouest de Southampton, un immense territoire constitué de bruyères et de sous-bois, géré en partie de manière féodale.**
De nos jours encore, la couronne anglaise reste le principal propriétaire de cette lande. On y croise toutes sortes d'animaux en liberté, même sur les routes et dans les villages ! Un havre enchanteur pour les promeneurs à pied, à cheval ou à vélo. *p. 145*
Bon à savoir : *les hébergements sont bondés aux beaux jours, y compris dans les campings. N'y allez pas sans réserver.*

© Wayne Hutchinson/Alamy/Hemis

5 **Être bloqué par un troupeau de moutons sur une petite route du parc naturel de Dartmoor.**

Vaste lande sauvage et vallonnée, persillée de reliefs rocheux, le parc naturel de Dartmoor pourrait justifier à lui seul un voyage en Angleterre, tant les paysages y sont grandioses. Prendre la B 3212, une route étroite bordée de haies ou de murets qui traverse la lande : herbe rase, bruyère, poneys et moutons en liberté… Superbe et impressionnant ! *p. 184*

***Bon à savoir :** plein d'infos sur le site du parc : • dartmoor-npa.gov.uk •*

© Jose Moya/Age fotostock

6 **S'émerveiller et rêver dans une vraie jungle tropicale perdue en pleine lande britannique, au *Eden Project* à Saint Austell.**

Un jardin paradisiaque sorti tout droit d'un film de science-fiction ! Dans un gouffre argileux de Cornouailles, de gigantesques et insolites bulles de plastique – les plus grandes serres du monde – abritent les grands biotopes du globe et leurs différents types de végétation. Partout, des explications judicieuses sur le traitement de chaque espèce et son impact sur notre quotidien. Écologique et génial ! *p. 217*

***Bon à savoir :** • edenproject.com •*

7 **Faire un saut dans le temps au site préhistorique de Stonehenge.** Classé au Patrimoine mondial de l'Unesco, ce mystérieux cercle de pierres géantes, venues des collines du pays de Galles, reste une véritable énigme archéologique. Édifié à partir de 2500 av. J.-C., Stonehenge représente un travail de construction comparable à celui des pyramides par les difficultés qu'il fallut surmonter pour sa réalisation. Sa signification réelle, encore mal expliquée, exalte l'imagination. Le site a été réaménagé récemment pour accueillir les nombreux visiteurs. *p. 160*

Bon à savoir : *pour éviter la foule, arriver tôt et réserver.* • stonehenge.co.uk •

8 **Profiter des eaux thermales à Bath, dans un décor antique.** Provinciale, aérée, superbement étagée sur une colline verdoyante, Bath se révèle une excursion très prisée au départ de la capitale. Avec ses parcs et ses jardins, cette ville à taille humaine et classée par l'Unesco est l'une des plus belles d'Angleterre. Tout date du XVIIIe s, mais Bath avait déjà séduit les Romains quand ils y découvrirent l'unique source chaude du pays. Une halte s'impose dans la ville dépeinte par Jane Austen. *p. 278*

Bon à savoir : *on s'y rend facilement en train depuis Londres, et tout se fait aisément à pied.*

9 **Se prendre pour un lord anglais et arpenter les routes ou les chemins des Cotswolds, une région tout en collines, protégée et prospère, qui s'inscrit dans un trapèze Bath-Oxford-Stratford-upon-Avon.**

Son nom vient de l'anglo-saxon : *cot* (enclos à moutons) et *wolds* (vallonné). Elle s'enrichit, aux XVIIe et XVIIIe s, grâce à l'industrie de la laine. La campagne est émaillée de somptueuses demeures et de charmants villages en pierre couleur miel qui font le bonheur de la jet-set et des Londoniens aisés. Une sorte de Luberon « sauce anglaise » où tout est charme et authenticité. *p. 303*

Bon à savoir : • escapetothecotswolds.org.uk • cotswolds.com •

© Jon Arnold Images/hemis.fr

10 **Retrouver le monde d'*Alice au pays des merveilles* à Oxford.**

Charles Dodgson, le futur Lewis Carroll, fut professeur de mathématiques au Christ Church College d'Oxford. Sa célèbre *Alice* est grandement inspirée d'Alice Liddell, la fille du doyen. Le conte foisonne d'allusions à la ville universitaire. Le lapin toujours en retard ? C'est le fameux doyen qui disparaissait par un escalier dérobé, derrière la grande table du *Great Hall* (c'est aussi la célèbre cantine de *Harry Potter,* mais ne mélangeons pas les histoires). Et on peut aujourd'hui toujours pousser la porte du magasin où la petite Alice (la vraie !) allait acheter ses bonbons. *p. 334*

© eye35/Alamy/Hemis

11 **Faire une balade en *punt*, une barque à fond plat, à Cambridge.**
La particularité de cette ville universitaire, ce sont les *backs*, les parcs à l'arrière des *colleges*. Le mieux est encore de les découvrir en *punt*, ces barques effilées que l'on dirige à l'aide d'une perche, comme à Venise. Une balade à ne pas manquer, même si l'on navigue bien souvent en contrebas des jardins. Pas gagné cependant. Combien a-t-on vu de touristes coincés au milieu du canal, empêtrés pour manœuvrer ! *p. 362*
***Bon à savoir :** si l'expérience vous effraie, louez un « chauffeur », mais les tarifs ne sont pas donnés.*

© nik wheeler/Alamy/Hemis

12 **S'émerveiller des chœurs d'enfants réputés dans le monde entier, en assistant à un *evensong* dans les cathédrales (Canterbury, York, Salisbury…) ou dans certains *colleges* d'Oxford et Cambridge, les deux bastions des meilleurs chœurs du pays.**

Cet office religieux chanté vers 17h30-18h est à vivre au moins une fois, tant pour la beauté des voix que pour la magnificence de lieux auxquels on accède dans ce cas gratuitement. *p. 78, 158, 335, 362, 412*

Bon à savoir : *dans les* colleges, *en général pas de chorales durant les vacances scolaires, notamment à Pâques et l'été.*

© Eurasia Press/Photononstop

13 **Comme des milliers de touristes et groupes scolaires, faire un pèlerinage à Stratford-upon-Avon, cette petite ville de style Tudor vraiment charmante, devenue célèbre grâce à un écrivain local… un certain William Shakespeare.**

Dans la ville et dans la région, tout lui est consacré, du célèbre théâtre *The Royal Shakespeare Company* jusqu'aux boutiques de souvenirs, en passant par sa maison natale et l'attachant cottage de sa femme, Anne Hathaway. *p. 369*

Bon à savoir : *• rsc.org • pour assister à une pièce de Shakespeare ; représentations gratuites certains jours lors du festival d'été.*

14 **Rester coi devant les joyaux médiévaux de York, l'une des plus belles villes du pays avec ses rues typiques, ses remparts...**
Sa majestueuse cathédrale compte parmi les plus grandes constructions de l'Europe médiévale et parmi les plus beaux édifices religieux de Grande-Bretagne. Elle a subi un grave incendie en 1984 mais a retrouvé sa superbe depuis. Construite en 250 ans, elle représente à elle seule un musée du vitrail ancien. La grande verrière, plus vaste qu'un court de tennis, serait la plus grande du monde. p. 411
Bon à savoir : l'accès de la cathédrale est restreint pendant les offices, notamment le dimanche matin. • *yorkminster.org* •

15 **Refaire le trajet d'Hadrien le long de son fameux mur, aux confins de l'Écosse et de l'Angleterre.**

En 122 apr. J.-C., l'empereur romain ordonna la construction d'une muraille pour protéger l'Empire des incursions barbares. Il fallut environ 6 ans et 20 000 légionnaires pour achever ce colosse d'un peu plus de 110 km de mer à mer, en gros de Carlisle à Newcastle, la partie la moins large de Grande-Bretagne. Les impressionnantes sections encore visibles sont classées au Patrimoine mondial de l'humanité par l'Unesco, et les paysages traversés valent à eux seuls la balade. *p. 449*

***Bon à savoir :** • hadrians-wall.org •*

16 **Se perdre autour des lacs du Lake District, une région si chère aux écrivains.**

Le plus grand parc national d'Angleterre reste célèbre pour ses splendides paysages parfaitement préservés. Mais son nom est trompeur : le Lake District se distingue par ses lacs, certes, mais aussi et surtout par son relief montagneux, un paradis pour les randonneurs. Superbe à l'automne, quand les feuilles changent de couleur, ou au printemps, quand rhododendrons et *daffodils* (« jonquilles » en décrypté) sont en fleurs… Mais quelle que soit la saison, la palette des couleurs est étonnante ! *p. 423*

***Bon à savoir :** • lakedistrict.gov.uk •*

AU PAYS DE GALLES

17 Gravir, à pied ou en train, le plus haut sommet du pays de Galles, le Snowdon (1 085 m), point culminant des monts Cambriens et du parc national du Snowdonia.

Ces vieilles montagnes sauvages présentent des paysages spectaculaires, entre moutons et bruyères. Un paradis pour les randonneurs. Menacé de mise en vente en 1998, le sommet fut sauvé grâce à la générosité de l'acteur hollywoodien et gallois sir Anthony Hopkins, qui débourse 1 million de livres sterling ! On l'atteint en 5 à 7h de marche aller-retour ou grâce à un vieux train à crémaillère. *p. 534*

***Bon à savoir :** pour le trajet en train, résa indispensable !* • *snowdonrailway.co.uk* •

© Granville Harris/Loop Images/Photononstop

18 **Se prendre pour le « Prisonnier » à Portmeirion, ce village d'opérette farfelu où fut tournée la célèbre série télévisée des années 1960.**

Un délire de l'architecte sir Clough Williams-Ellis qui racheta en 1925 un petit village de pêcheurs pour y reconstituer des bâtiments de tous les styles, mais surtout italien. Ainsi voisinent Panthéon, campanile baroque, énorme bouddha… et autres bizarreries. En prime, le superbe estuaire Traeth Bach en toile de fond et une célèbre collection de porcelaines naturalistes en vente à la boutique. *p. 529*

Bon à savoir : *pour les plus fortunés, possibilité d'y passer la nuit.* • portmeirion-village.com •

©Joana Kruse/Alamy/Hemis

19 **Plonger dans les entrailles de la terre au *Big Pit* de Blaenavon, l'un des plus importants sites miniers du pays depuis le XVIIIe s.**
Ils font découvrir, à 90 m de profondeur, les boyaux étroits et oppressants où se sont écrites les pages épiques de l'histoire de l'exploitation du charbon au pays de Galles. Certaines galeries sont très basses de plafond et nécessitent de s'y déplacer courbé en deux, ou presque. Mieux vaut ne pas être claustrophobe ! *p. 484*
Bon à savoir : *la visite est gratuite ! • museum.wales/bigpit/ •*

20 Écouter les célèbres chœurs d'hommes en assistant à un match de rugby, notamment au Millenium Stadium de Cardiff.

Chaque village (ou presque) possède un *Male Voice Choir*, dont les répétitions sont parfois ouvertes au public. Cette tradition galloise, née dans les mines, réunissait les chanteurs après leur travail. Psaumes et chansons populaires sont au programme, parfois accompagnés de la harpe celtique. Ces chaudes voix de stentors sont franchement émouvantes et saisissantes, à la manière des chœurs basques. *p. 495*

Bon à savoir : *pour dénicher les lieux de répétitions ou les concerts, se renseigner auprès des offices de tourisme.*

© Paul Quayle/Alamy/Hemis

Le Royal Pavilion à Brighton

ITINÉRAIRES CONSEILLÉS

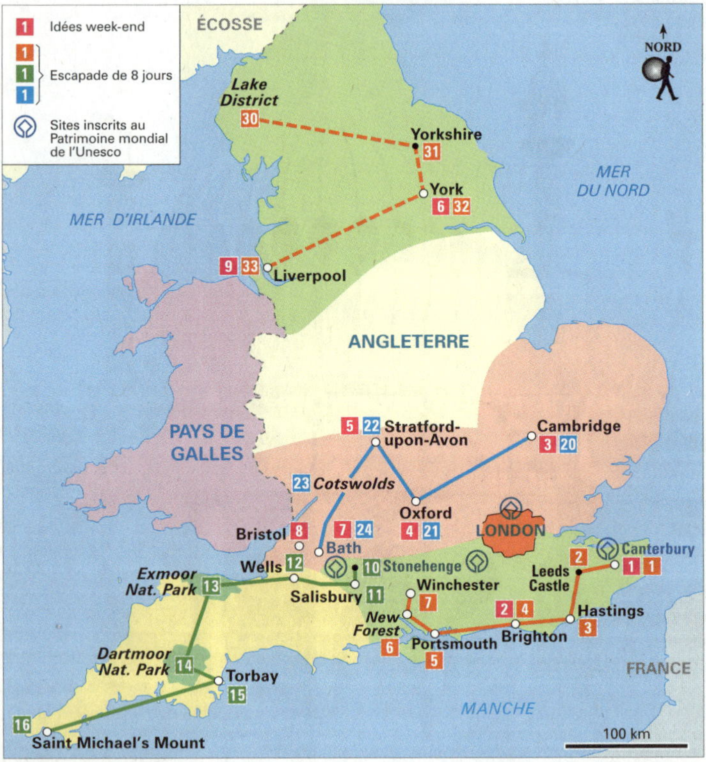

Noter que Londres et l'Écosse sont traités dans des guides à part. Attention, les temps de trajet – plutôt que les distances – peuvent être longs, y compris en train. Les *traffic jams* sur les routes se révèlent quasi inévitables, surtout autour des grandes agglomérations : Londres bien sûr (redoutable autoroute M 25 !), Birmingham, Manchester-Liverpool…

Idées week-end

En voiture et ferry, se limiter à l'extrême Sud, dans les régions de **Canterbury (1)** et **Brighton (2).** Sinon, privilégier les villes rapidement accessibles en train à partir de Londres (terminus de l'Eurostar) ou en avion (nombreux vols *low-cost* de province à province). On suggère les régions de **Cambridge (3)** et **Oxford (4)** ou encore la shakespearienne **Stratford (5), York (6)** et **Bath (7)** pour leur charme typiquement british. À moins d'opter pour le dynamisme de **Bristol (8)** ou **Liverpool (9).**

Escapades de 8 jours

Mieux vaut **se concentrer sur une région seulement,** quitte à revenir une autre fois ! Voici quelques propositions d'itinéraires, ouvertes à **toutes les options possibles**.

Itinéraire 1 : le sud de l'Angleterre

Pour ne pas faire trop de route ou en descendant de l'Eurostar à Ashford, un beau concentré de cathédrales comme **Canterbury (1)** ou **Winchester (7),** de châteaux et jardins comme à **Leeds Castle (2),** d'Histoire à **Hastings (3),** de shopping à **Brighton (4),** de villes-musées comme **Portsmouth (5)** ou encore de mystère avec la **New Forest (6).**

Itinéraire 2 : à la conquête de l'Ouest

Le site mythique de **Stonehenge (10)** et les cathédrales de **Salisbury (11)** ou **Wells (12)** ouvrent les portes du Devon et des Cornouailles. Deux régions à la beauté sauvage entre parcs nationaux (**Exmor (13)** et **Dartmoor (14)**) et côte celte parsemée de **villes balnéaires (15)** ou de villages de pêcheurs jusqu'au **mont Saint-Michel local (16).**

Itinéraire 3 : culture et patrimoine

Optez pour les villes universitaires de **Cambridge (20)** et **Oxford (21)** puis, sur votre lancée, **Stratford-upon-Avon (22),** la patrie de Shakespeare, sans oublier l'adorable région des **Cotswolds (23)** en redescendant sur **Bath (24),** la ville thermale chère à Jane Austen.

Itinéraire 4 : les parcs nationaux du Nord

Les espaces grandioses se trouvent surtout au nord, dans les parcs nationaux du **Lake District (30)** et/ou du **Yorkshire (31).** Beaucoup de route en perspective en passant par l'exceptionnelle ville de **York (32).** En redescendant, halte possible à l'exponentielle **Liverpool (33)** où résonne toujours la voix des Beatles.

Leeds Castle, Kent

2 semaines

On suggère de combiner à la carte les courts itinéraires de 8 jours proposés précédemment.

– Par exemple tout **le Sud,** de Canterbury aux Cornouailles : itinéraires 1 et 2.

– Ou bien **le Centre** culturel des villes universitaires (itinéraire 3) **sur votre route pour le Nord** (itinéraire 4) ou **pour le pays de Galles.**

Itinéraire 5 : le pays de Galles

Deux semaines sont idéales pour le découvrir. Au sud, les dynamiques **Cardiff (40)** et **Swansea (41),** les collines apaisées du **Brecon Beacons (42)** et la côte verdoyante du **Pembrokeshire (43).** Au nord, le village d'opérette de **Portmeirion (44),** l'époustouflant **parc national du Snowdonia (45),** les cités moyenâgeuses de **Caernarfon (46)** et de **Conwy (47).**

3 semaines et plus

Notre proposition de virée combine tous les itinéraires développés précédemment, mais beaucoup de miles au plan de route ! Depuis le sud, après **Canterbury (50)** et **Londres (51),** passage par **Oxford (52)** ou **Cambridge (53)** avant de se diriger vers **York (54)** et sa cathédrale. Jouez à saute-mouton des **parcs du Yorkshire (55)** au magique **Lake District (56)** pour aller changer radicalement de décor à **Liverpool (57).** Puis direction le **parc national du Snowdon (58)** et une virée du nord au sud du **pays de Galles (59).** En passant par **Bristol (60), Bath (61)** et **Stonehenge (62),** jolie boucle dans les défrisantes régions des **Devon (63)** et **Cornouailles (64),** avant d'arpenter le sud de l'Angleterre, les cathédrales, le monde à part de la **New Forest (65)** et **Brighton (66).**

Si vous êtes plutôt…

Châteaux et demeures un peu folles : dans le Sud, l'île de Wight, Arundel Castle, Indian Palace à Brighton ou encore Leeds Castle ; Windsor ou Hampton près de Londres ; Welshpool, Bleinheim Palace et Warwick Castle dans le Centre ; Conwy et Caernarfon Castle au nord du pays de Galles ; Alnwick Castle dans le Nord. Entre autres…

Cathédrales et abbayes : il y en a partout ! La liste serait longue.

Fêtard : Brighton, Bristol, Liverpool, Manchester, Oxford, Cambridge, Cardiff, Glastonbury (festival de musique).

Plages (et pas frileux !) : la côte sud de l'Angleterre (Brighton, le Kent), les Cornouailles (Torquay, Penzance, Saint Ives, Newquay), les côtes du pays de Galles (de Swansea au sud à Llandudno au nord) et celles de Yorkshire.

En famille : étonnamment gratuits ou carrément hors de prix, les châteaux, parcs d'attractions et musées à vocation ludique et pédagogique couvrent le pays. Sans compter les plages, jardins et randos dans de fabuleux paysages. Quant aux aires de jeux, souvent de compét', il faut savoir les débusquer.

Randonnées : Devon, Cornouailles, Peak District, Yorkshire ou encore pays de Galles, Lake District et New Forest... Mais aussi 15 parcs nationaux, des montagnes, des milliers de kilomètres de littoral. Les Britanniques maîtrisent le sujet !

Le festival de Dickens à Rochester

LU SUR routard.com

Cornouailles et Devon : l'Angleterre, à fleur de mer

(tiré du carnet de voyage de Joël Métreau)

La pointe sud-ouest de l'Angleterre est bercée de part et d'autre par la Manche et l'océan Atlantique. Les côtes ont façonné la vie locale, entre activités de pêche et tourisme balnéaire. À leur relief découpé succède la douceur des collines. Les paysages du Devon et des Cornouailles n'en sont pas moins contrastés : par ici, des bocages, par là des landes. En commun, un air de mystère, entretenu par des sites extraordinaires.

Un front de mer, des cabines de plage, des palmiers... **Torquay** cultive sa ressemblance avec la Côte d'Azur. Ce n'est pas pour rien que l'on surnomme la ville et ses environs la riviera anglaise. Au XIXe s, c'était le lieu de villégiature de l'aristocratie, séduite par la douceur – relative – du climat. On peut se promener sur l'élégante marina ou visiter l'abbaye de Torre, l'un des monastères médiévaux les mieux préservés de la région. À l'ouest de Torquay, **Paignton** présente une image moins raffinée, avec ses magasins de souvenirs, ses boutiques criardes et ses bars aguicheurs. La plage se distingue par sa jetée ouverte au public en 1879. Tout un spectacle de tourisme bonhomme et joyeux, que ne renierait pas le photographe Martin Parr.

Engoncée dans la vallée creusée par le Dart, **Dartmouth** surplombe avec bienveillance l'estuaire. En prenant le ferry à la sortie de la gare, admirez les rayonnages de maisons multicolores et assoupies. Le Butterwalk, des façades de maisons en bois soutenues par des piliers de granit, avait pour vocation d'abriter les étals des boutiques et marchés. À proximité de Dartmouth se trouve la résidence d'été d'Agatha Christie, née à Torquay. À bord d'un petit ferry, on remonte l'estuaire pour découvrir, dissimulée derrière les feuillages, sa maison de Greenway. Pas un parfum de crime ici, mais plutôt les senteurs des 2 700 espèces de plantes. Dans la maison elle-même, de style géorgien, le temps est resté suspendu dans les années 1950.

Au centre du Devon, on se croirait dans un désert de couleurs vertes, brunes et ocre. Le sol humide ou herbeux étouffe le bruit des pas : même les chevaux, vaches et moutons livrés à la pâture semblent respecter le silence. Pourtant, avec ses 33 000 habitants et ses 2,4 millions de visiteurs annuels, le **parc national du Dartmoor** est loin d'être déserté. Mais les hommes sont invités, ici, à se fondre dans le paysage de collines. Le monde minéral a aussi son mot à dire. Le Dartmoor se distingue par ces empilements de roches granitiques qu'on appelle en cornique des « tors » : en haut des collines, ils ont l'air de constructions maladroites en galets géants. On peut faire dans la région des randonnées pédestre, équestre ou cycliste. Qui sait, tout à coup dans la brume, vous rencontrerez peut-être *Le Chien des Baskerville,* qui a tant donné de fil à retordre à Sherlock Holmes...

LES QUESTIONS QU'ON SE POSE AVANT LE DÉPART

➢ Quels sont les documents nécessaires ?

Pour les ***ressortissants de l'Union européenne et les Suisses,*** majeurs ou mineurs, ***passeport*** ou ***carte nationale d'identité,*** valable au minimum 3 mois après le retour. Lorsque les mineurs ne sont pas accompagnés par un de leurs parents, une ***autorisation de sortie du territoire est nécessaire.***

➢ Quelle est la meilleure saison ?

En été et au printemps, pour visiter au soleil. Hors saison, la pluie et le brouillard sont fréquents, mais les touristes plus rares, les tarifs des hébergements et des traversées en ferry nettement plus avantageux.

➢ La vie est-elle chère ?

Oui pour l'hébergement, la restauration, certains musées (mais les musées nationaux sont généralement gratuits), l'essence... En revanche, la bière est moins chère. C'est déjà ça !

➢ Comment y aller ?

L'Eurostar pour sa rapidité. Compter 2h15 de Paris à Londres. Descente possible à Ashford et à Ebbsfleet, avant Londres. On peut aussi embarquer sa voiture sur la navette *Eurotunnel.* Les traversées en ferry sont plus longues mais ont plus de charme et coûtent moins cher en famille. Enfin, des compagnies d'aviation *low-cost* desservent les villes de province. Pratique si on peut se passer de voiture.

➢ Comment se déplacer ?

La voiture demeure le moyen de locomotion le plus pratique (attention, conduite à gauche). Mais l'île est bien desservie par les bus et les trains, même les petites localités. Pour ces deux modes de déplacement, il existe des *passes.*

➢ Quel est le décalage horaire ?

1h de moins toute l'année par rapport à la France.

➢ Côté santé, quelles précautions ?

L'Angleterre est fortement touchée par les oreillons et la rougeole, dus à un déficit vaccinal. Vérifiez que vous avez bien eu les deux injections. Surtout, n'oubliez pas d'emporter votre carte européenne d'assurance maladie que vous aurez eu le soin de demander à votre caisse au moins 2 semaines avant votre départ.

➢ Peut-on y aller avec des enfants ?

Bien sûr ! On a indiqué les sites qu'ils apprécieront par le picto 👪. C'est un pays *children friendly* qui propose notamment plein d'endroits propres pour changer bébé. Noter que certains pubs refusent en revanche leur accès aux moins de 18 ans, même accompagnés.

➢ Est-il possible de se loger sans réserver ?

C'est possible hors saison. À partir de Pâques, il est indispensable de réserver son hébergement dans les villes touristiques. Attention aux festivals ou aux matchs de rugby, qui peuvent faire grimper les prix du simple au double. Mieux vaut de toute façon s'y prendre le plus tôt possible pour bénéficier des meilleurs *deals,* notamment dans les hôtels de chaîne.

➢ Mange-t-on... mal ?

Non, à condition de pousser les bonnes portes : gastropubs, restos créatifs ouverts sur les saveurs du monde (asiatiques et méditerranéennes notamment) et produits bio constituent la nouvelle tendance. Sans parler des salons de thé *so British.* Le renouveau constant de ce pays se passe aussi dans l'assiette.

➢ Peut-on se baigner ?

Pourquoi pas, on se baigne bien en Bretagne... On trouve dans le sud du pays et sur les côtes galloises de superbes villes balnéaires victoriennes, très fréquentées pendant les vacances scolaires et les week-ends.

COMMENT Y ALLER ?

EN AVION

Les compagnies régulières

▲ **AIR FRANCE**
Rens et résas au ☎ 36-54 (0,35 €/mn – tlj 6h30-22h), sur • airfrance.fr •, dans les agences Air France et dans ttes les agences de voyages. Fermées dim.
– ***Centre d'appel de Londres :*** *☎ 0207-660-0337 ; lun-ven 8h-20h. W-e et j. fériés 9h-17h30.*
➢ Au départ d'Orly-Ouest, Air France dessert London-City avec ***4 vols/j.*** lun-ven (***1 vol*** sam-dim) ; Southampton avec ***2 vols/j.*** en sem et 1 vol/j. le w-e en partenariat avec *Flybe.*
➢ Au départ de Paris-Roissy-Charles de Gaulle, Air France propose jusqu'à 7 vols/j. avec London-Heathrow, jusqu'à 6 vols/j. avec Birmingham (en partenariat avec *Flybe*), jusqu'à 7 vols/j. avec Manchester (en partenariat avec *Flybe*), jusqu'à 3 vols/j. avec Newcastle et jusqu'à 1 vol/j. avec Southampton (en partenariat avec *Flybe*).
➢ Hop ! Air France permet à de nombreuses villes de province de rejoindre Paris pour des connexions sur l'Angleterre.
Air France propose à tous des tarifs attractifs toute l'année. Pour consulter les meilleurs tarifs du moment, allez directement sur la page « Nos meilleurs tarifs » sur *• airfrance.fr • Flying Blue,* le programme de fidélité gratuit d'Air France-KLM, permet de gagner des *miles* en voyageant sur les vols Air France, KLM, Hop ! et les compagnies membres de *Skyteam,* mais aussi auprès des nombreux partenaires non aériens *Flying Blue...* Les *miles* peuvent ensuite être échangés contre des billets d'avion ou des services (surclassement, bagage supplémentaire, accès salon...) ainsi qu'auprès des partenaires. Pour en savoir plus, rendez-vous sur *• flyingblue.com •*

▲ **KLM**
Résas : ☎ 0892-702-608 (0,34 €/mn), sur • klm.fr •, dans les agences Air France et dans ttes les agences de voyages.
➢ Plusieurs vols/j. au départ de Bordeaux, Clermont-Ferrand, Lyon, Marseille, Nantes, Nice, Pau, Rennes, Strasbourg et Toulouse via Amsterdam, depuis lequel KLM dessert Londres-Heathrow avec 11 vols/j. et London-City avec 8 vols/j.
KLM, c'est également d'autres destinations au Royaume-Uni, dont Aberdeen, Belfast, Birmingham, Bristol, Cardiff, Durham, Édimbourg, Glasgow, Humberside, Inverness, Leeds Bradford, Manchester, Newcastle, Southampton...

▲ **BRITISH AIRWAYS**
☎ 0825-825-400 (0,18 €/mn). • ba.com •
➢ Au départ de Paris (Roissy-Charles-de-Gaulle ou Orly), British Airways propose 10 vols/j. à destination de Londres (Heathrow ou Gatwick).
➢ British Airways dessert également Londres en direct depuis plusieurs villes de province (Bergerac en été, Biarritz, Bordeaux, Chambéry en hiver, Grenoble en hiver, Lyon, Marseille, Nice, Quimper en été, Toulouse) et Genève.
En complément d'un billet, British Airways propose aussi, sur Londres et toute la Grande-Bretagne, des séjours à la carte très compétitifs (du *B & B* aux cartes de métro, location de voitures, spectacles, etc.).

▲ **SN BRUSSELS AIRLINES**
☎ 0892-640-030 (0,34 €/mn depuis la France) ou ☎ 0902-51-600 (0,75 €/mn en Belgique). • brusselsairlines.com •
➢ Liaisons à destination de Londres (aéroport de Heathrow) via Bruxelles depuis Bordeaux, Lyon, Marseille, Montpellier, Nantes (en été), Nice, Toulouse et Genève.

Les compagnies *low-cost*

Plus vous réservez vos billets à l'avance, plus vous avez des tarifs avantageux. Attention, les pénalités en cas de changement de vols sont assez importantes. Plusieurs compagnies facturent maintenant les bagages en soute et limitent leurs poids. En cabine également le nombre de bagages est strictement limité (attention, même le plus petit sac à main est compté comme un bagage à part entière). À bord, tous les services sont payants (boissons, journaux). Attention également au moment de la résa par Internet à décocher certaines options qui sont automatiquement cochées (assurances, etc.). Au final, même si les prix de base restent très attractifs, il convient de prendre en compte les frais annexes pour calculer le plus justement son budget.

▲ **EASYJET**

☎ *0820-420-315 (1,35 € l'appel puis 0,12 €/mn).* • *easyjet.com* •

➢ Départs de Roissy-Charles-de-Gaulle, Ajaccio, Bastia, Biarritz, Bordeaux, Grenoble, Marseille, La Rochelle, Lyon, Montpellier, Nice, Nantes, Toulouse et Strasbourg pour Londres-Luton, Londres-Stansted, Londres-Gatwick. Également des vols depuis Bâle-Mulhouse, Bruxelles et Genève.

➢ Également des vols de province (plus Genève) à province vers Manchester, Liverpool, Birmingham, Leeds, Bournemouth, Bristol, Newcastle... Consulter la carte interactive sur le site.

▲ **FLYBE**

☎ *(+ 44) 207-308-0812 (en Angleterre).* • *flybe.com* •

➢ Permet de relier Londres-Southend depuis Caen, Lyon et Rennes et Londres-City depuis Roissy-Charles-de-Gaulle.

➢ Également des vols de Paris ou province à province, vers Manchester, Birmingham, Southampton, Bournemouth, Exeter, Newcastle... Consulter la carte interactive sur le site.

▲ **RYANAIR**

☎ *0892-562-150 (0,34 €/mn).* • *ryanair.com* •

➢ Billets à prix réduits vers Londres-Luton et Londres-Stansted avec des vols quotidiens et directs au départ de Brive, Dinard, Nîmes, Perpignan, Poitiers et Tours.

➢ Également des vols de province à province, vers Manchester, East Midlands, Bristol, Leeds Bradford... Consulter la carte interactive sur le site.

LES ORGANISMES DE VOYAGES

– Ne pas croire que les vols à tarif réduit sont tous au même prix pour une même destination à une même époque : loin de là. On a déjà vu, dans un même avion partagé par 2 organismes, des passagers qui avaient payé 40 % plus cher que les autres. De plus, une agence bon marché ne l'est pas forcément toute l'année (elle peut n'être compétitive qu'à certaines dates bien précises). Donc, contactez tous les organismes et jugez vous-même.
– Les organismes cités sont classés par ordre alphabétique, pour éviter les jalousies et les grincements de dents.

En France

▲ **ALAINN TOURS**

☎ *09-70-71-8000 ou 00-353-71-91-50345.* • *alainntours.fr* •

Spécialiste des pays celtes depuis 1991 (Écosse, pays de Galles et Irlande) Alainn Tours, basée en Irlande, est à votre disposition tous les jours pour faire de vos vacances, individuelles ou en groupe, un moment inoubliable en toute sécurité. Son équipe peut vous composer des séjours sur mesure et selon vos souhaits. Grâce à un grand choix d'hébergements (du château aux *B & B* en passant par des demeures de charme ou de petits hôtels familiaux), en maîtrisant toutes les activités (randonnée, pêche, golf, équitation, etc.) avec tous les thèmes possibles (culture, nature, gastronomie, ornithologie, archéologie...), en utilisant tous les modes de locomotion (à pied, à vélo, à cheval, en voiture standard ou de collection, en bateau, en autocar...), Alainn Tours a les moyens de répondre à tous vos désirs.

▲ COMPTOIR DES VOYAGES

• comptoir.fr •
– Paris : 2-18, rue Saint-Victor, 75005. ☎ 01-53-10-30-15. Ⓜ Maubert-Mutualité. Lun-ven 9h30-18h30, sam 10h-18h30.
– Lyon : 10, quai Tilsitt, 69002. ☎ 04-72-44-13-40. Ⓜ Bellecour. Lun-sam 9h30-18h30.
– Marseille : 12, rue Breteuil, 13001. ☎ 04-84-25-21-80. Ⓜ Estrangin. Lun-sam 9h30-18h30.
– Toulouse : 43, rue Peyrolières, 31000. ☎ 05-62-30-15-00. Ⓜ Esquirol. Lun-sam 9h30-18h30.
– Bordeaux : 26, cours du Chapeau-Rouge, 33800. ☎ 05-35-54-31-40. Lun-sam 9h30-18h30.
– Lille : 76, rue Nationale, 59160.

Comptoir des Voyages s'impose comme une référence incontournable dans le voyage sur mesure, avec 80 destinations couvrant les 5 continents. Ses voyages s'adressent à tous ceux qui souhaitent vivre un pays de façon simple en s'y sentant accueillis. Les conseillers privilégient des hébergements typiques, des moyens de transport locaux et des expériences authentiques pour favoriser l'immersion dans la vie locale. Comptoir vous offre aussi la possibilité de rencontrer des francophones habitant dans le monde entier, des *greeters* qui vous donneront, le temps d'un café, les clés de leur ville ou de leur pays. Comptoir des Voyages propose aussi une large gamme de services : échanges par visioconférence, devis Web et carnet de voyage personnalisés, assistance téléphonique 24h/24 et tous les jours pendant votre voyage.

▲ ROUTE DES VOYAGES (LA)

• route-voyages.com •
– Paris : 10, rue Choron, 75009. ☎ 01-55-31-98-80. Ⓜ Notre-Dame-de-Lorette.
– Angers : 6, rue Corneille, 49000. ☎ 02-41-43-26-65.
– Annecy : 4 bis, av. d'Aléry, 74000. ☎ 04-50-45-60-20.
– Bordeaux : 19, rue des Frères-Bonie, 33000. ☎ 05-56-90-11-20.
– Lyon : 59, rue Franklin, 69002. ☎ 04-78-42-53-58.
– Toulouse : 9, rue Saint-Antoine-du-T, 31000. ☎ 05-62-27-00-68.
Agences ouv lun-ven 9h-19h (18h ven). Rdv conseillé.

23 ans d'expérience de voyages sur mesure sur les 5 continents ! 14 pays en Europe complètent à présent leur offre de voyages sur mesure. Cette équipe de voyageurs passionnée a développé un vrai savoir-faire du voyage personnalisé : écoute, conseils, voyages de repérage réguliers, et des correspondants sur place soigneusement sélectionnés avec qui ils travaillent en direct. Son engagement à promouvoir un tourisme responsable se traduit par des possibilités de séjours solidaires à insérer dans les itinéraires de découverte individuelle. Elle a aussi créé un programme de compensation solidaire qui permet de financer des projets de développement locaux.

▲ TUI

Rens et résas : ☎ 0825-000-825 (0,20 €/mn + prix d'appel), • tui.fr • et dans les agences de voyages TUI présentes dans tte la France.

TUI, numéro 1 mondial du voyage, propose tous les circuits Nouvelles Frontières, ainsi que les clubs Marmara et un choix infini de vacances pour une expérience unique. TUI propose aussi des offres et services personnalisés tout au long de vos vacances, avant, pendant et après le voyage.
Un circuit accompagné dans une destination de rêves, un séjour détente au soleil sur l'une des plus belles plages du monde, un voyage sur mesure façonné pour vous, ou encore des vacances dans un hôtel ou dans un club, les conseillers TUI peuvent créer avec vous le voyage idéal adapté à vos envies. Ambiance découverte, familiale, romantique, dynamique, zen, chic... TUI propose des voyages à deux, en famille, seul ou entre amis, parmi plus de 180 destinations à quelques heures de chez vous ou à l'autre bout du monde.

▲ VOYAGEURS EN IRLANDE ET DANS LES ÎLES BRITANNIQUES

☎ 01-42-86-17-60. • voyageursdumonde.fr •
– Paris : La Cité des Voyageurs, 55, rue Sainte-Anne, 75002. ☎ 01-42-86-16-00. Ⓜ Opéra ou Pyramides. Lun-sam 9h30-19h. Avec une librairie spécialisée sur les voyages.

– Également des agences à Bordeaux, Grenoble, Lille, Lyon, Marseille, Montpellier, Nantes, Nice, Rennes, Rouen, Strasbourg et Toulouse, ainsi qu'à Bruxelles et à Genève.
Le spécialiste du voyage en individuel sur mesure.
Parce que chaque voyageur est différent, que chacun a ses rêves et ses idées pour les réaliser, Voyageurs du Monde conçoit, depuis plus de 30 ans, des projets sur mesure. Les séjours proposés sur 120 destinations sont élaborés par leurs 180 conseillers voyageurs. Spécialistes par pays et même par région, ils vous aideront à personnaliser les voyages présentés à travers une trentaine de brochures d'un nouveau type et sur le site internet où vous pourrez également découvrir les hébergements exclusifs et consulter votre espace personnalisé. Au cours de votre séjour, vous bénéficiez des services personnalisés Voyageurs du Monde, dont la possibilité de modifier à tout moment votre voyage, l'assistance d'un concierge local, la mise en place de rencontres et de visites privées et l'accès à votre carnet de voyage via une application iPhone et Android.
Voyageurs du Monde est membre de l'association ATR (Agir pour un tourisme responsable) et a obtenu sa certification Tourisme responsable AFAQ AFNOR.

Comment aller à Roissy et à Orly ?

Toutes les infos sur notre site • *routard.com* • à l'adresse suivante : • *routard.com/guide_dossier/id_dp/20/aeroports_de_paris.htm* •

> Conservez dans votre bagage cabine, vos médicaments, vos divers chargeurs et appareils ainsi que vos objets de valeur (clés et bijoux). Et, on ne sait jamais, ajoutez-y de quoi vous changer si vos bagages n'arrivaient pas à bon port avec vous.

> Voir aussi au sein de chaque ville les agences locales que nous avons sélectionnées.

En Belgique

▲ CONNECTIONS

Rens et résas : ☎ 070-233-313. • *connections.be* •
Fort d'une expérience de plus de 20 ans dans le domaine du voyage, Connections dispose d'un réseau de 30 *travel shops* dont un à Brussels Airport. Connections propose des vols dans le monde entier à des tarifs avantageux et des voyages destinés à des voyageurs désireux de découvrir la planète de façon autonome. Connections propose aussi une gamme complète de produits : vols, hébergements, locations de voitures, autotours, vacances sportives, excursions...

▲ TUI

• *tui.be* •
– Nombreuses agences dans le pays, dont Bruxelles, Charleroi, Liège, Mons, Namur, Waterloo, Wavre et au Luxembourg.
Voir texte dans la partie « En France ».

▲ VOYAGEURS DU MONDE

– Bruxelles : chaussée de Charleroi, 23, 1060. ☎ 02-543-95-50. • *voyageursdumonde.com* •
Le spécialiste du voyage en individuel sur mesure. Voir texte dans la partie « En France ».

En Suisse

▲ STA TRAVEL

☎ 058-450-49-49. • *statravel.ch* •
– Fribourg : rue de Lausanne, 24, 1701. ☎ 058-450-49-80.
– Genève : rue Pierre-Fatio, 19, 120. ☎ 058-450-48-00.
– Genève : rue Vignier, 3, 1205. ☎ 058-450-48-30.
– Lausanne : bd de Grancy, 20, 1006. ☎ 058-450-48-50.
– Lausanne : à l'université, Anthropole, 1015. ☎ 058-450-49-20.
Agences spécialisées notamment dans les voyages pour jeunes et étudiants. 150 bureaux STA et plus de 700 agents du même groupe répartis dans le monde entier sont là pour donner un coup de main *(Travel Help)*.
STA propose des tarifs avantageux : vols secs *(Blue Ticket)*, hôtels, écoles de langues, *work & travel*, circuits

d'aventure, voitures de location, etc. Délivre la carte internationale d'étudiant et la carte Jeune.

▲ **TUI**

– Genève : rue Chantepoulet, 25, 1201.
☎ 022-716-15-70.
– Lausanne : bd de Grancy, 19, 1006.
☎ 021-616-88-91.
Voir texte dans la partie « En France ».

Au Québec

▲ **TOURS CHANTECLERC**

• tourschanteclerc.com •

Tours Chanteclerc est un tour-opérateur qui publie différentes brochures de voyages : Europe, Amérique du Nord, Amérique du Sud, Asie et Pacifique sud, Afrique et le Bassin méditerranéen en circuits ou en séjours. Il s'adresse aux voyageurs indépendants qui réservent un billet d'avion, un hébergement (dans toute l'Europe), des excursions ou une location de voiture. Également spécialiste de Paris, le tour-opérateur offre une vaste sélection d'hôtels et d'appartements dans la capitale française.

EN TRAIN

En Eurostar

– Eurostar assure jusqu'à 21 liaisons quotidiennes de ***Paris-Gare du Nord à Londres-Saint Pancras International*** en moins de 2h30, par le tunnel sous la Manche. Les passagers profitent d'un trajet de centre-ville à centre-ville sans restriction de poids de bagages et gratuité du voyage pour les enfants de moins de 4 ans. IMPORTANT : se présenter à l'enregistrement au moins 30 mn avant le départ, muni d'une carte nationale d'identité ou d'un passeport en cours de validité.
Avec la mise en service des nouveaux trains e320 sur le trajet Paris-Londres, les passagers profitent du wifi gratuit et illimité et d'une plate-forme de divertissements à bord. En connectant leur téléphone, tablette ou ordinateur portable au wifi, ils ont accès à plus de 300 heures de séries télévisées et de films. Au programme également : actualités, jeux, espace dédié aux enfants et carte de géolocalisation en temps réel.
Eurostar relie aussi :
– ***Paris et Ashford*** (1h40 de trajet).
– ***Paris et Ebbsfleet*** (2h05), dessert le Kent et la péninsule à l'est de Londres.
– ***Lyon et Londres :*** 4h40.
– ***Avignon et Londres :*** env 6h.
– ***Marseille et Londres :*** 6h27.
– ***Lille et Londres*** (1h20 de trajet).
– ***Lille et Ashford*** (env 1h de trajet).
– ***Calais-Frethun et Londres*** (env 1h de trajet).
– ***Bruxelles et Londres*** (2h de trajet).
Les billets Eurostar sont disponibles à partir de 78 € l'A/R en classe *Standard* (tarif soumis à conditions) et 199 € (en classe *Standard Premier* (avec repas et boissons servis à votre siège, magazines offerts).

Avec SNAP, la plate-forme digitale d'Eurostar, les passagers bénéficient de billets aux prix les plus bas. Le principe ? Le voyageur se connecte au service en ligne via son compte Facebook, choisit sa destination et sa date de voyage en indiquant sa préférence pour un départ le matin ou l'après-midi. Deux jours avant le départ, Eurostar lui envoie ses horaires. Les réservations ouvrent 7 jours avant la date de départ et les billets depuis Paris vers Londres sont mis en vente à 33 € l'aller simple.

Eurostar est la première compagnie ferroviaire proposant des voyages neutres en CO_2, sans surcoût pour les voyageurs. À travers le programme « Voyage Vert », Eurostar propose à ses clients un voyage encore plus respectueux de l'environnement et s'engage à réduire les émissions résiduelles de CO_2. En plus de former les conducteurs à une « éco-conduite » spécifique, tous les nouveaux trains sont équipés de compteurs d'énergie haute technologie pour suivre et gérer la consommation d'énergie sur le trajet.
Pour vous rendre en Eurostar à Londres ou à Ashford au départ de la province, rien de plus simple : Eurostar

propose des liaisons directes quotidiennes depuis Marseille, Avignon et Lyon. Depuis les autres régions de province en France, Eurostar propose des prix comprenant le trajet en train jusqu'à Lille ou Paris, puis le voyage en Eurostar. Des promotions pour des voyages A/R sont proposées au départ de nombreuses villes de province.

Réductions

De nombreuses promotions tout au long de l'année au départ de Paris et de Lille avec A/R dans la journée, pendant le week-end, etc.
Et ***gardez bien vos billets d'Eurostar*** ! L'offre d'Eurostar « *2 FOR 1* » est un partenariat culturel unique entre Eurostar et une sélection de galeries et musées de Londres, Paris, Lille, Bruxelles, Lyon et Marseille.
– ***Comment ça marche ?*** C'est simple. Lorsque vous voyagez avec Eurostar, il vous suffit de présenter votre billet de train aux galeries et musées listés plus bas pour bénéficier de deux entrées pour une. Pour Londres, l'offre s'applique aux expositions payantes, l'entrée générale dans les musées étant gratuite. Cette offre est soumise à conditions.
– ***À savoir :*** l'offre est valable dans la ville de destination des voyageurs. Par exemple, si vous voyagez de Paris à Londres, vous pouvez bénéficier de deux entrées pour une pour toutes les expositions payantes des galeries et musées londoniens listés plus bas. Une pièce d'identité peut vous être demandée.
L'offre est valable pendant 5 jours à compter de la date de départ indiquée sur le billet. Seule une personne doit être en possession d'un billet Eurostar pour profiter de l'offre deux entrées pour une.
– ***Dans quels musées et galeries puis-je profiter de cette offre ?*** La National Gallery, la National Portrait Gallery, la Tate Modern, la Tate Britain, le British Museum, la British Library, le Science Museum, la Royal Academy of Arts et le Victoria and Albert Museum.

Renseignements et réservations

– ***Internet :*** • *eurostar.com* •
– ***Téléphone :*** ☎ *36-35 (0,40 €/mn hors surcoût éventuel de votre opérateur) ou ligne directe Eurostar* ☎ *0892-35-35-39 (tarif local).*
– Également en gares dans les billetteries Eurostar et sur les bornes automatiques, dans les boutiques SNCF et les agences de voyages agréées.

Pour préparer votre voyage

– ***e-billet :*** réservez, achetez et imprimez votre e-billet sur Internet.
– ***m-billet :*** plus besoin de support papier, vous pouvez télécharger le code-barres de votre voyage correspondant à votre réservation directement dans votre smartphone, à l'aide de l'application Eurostar.
– ***Billet à domicile :*** commandez votre billet par téléphone ou sur Internet, Eurostar vous l'envoie gratuitement à domicile. Vous réglez par carte de paiement (pour un montant minimum de 1 € sous réserve de modifications ultérieures) au moins 4 jours avant le départ (7 jours si vous résidez à l'étranger).
– ***Cartes de transport :*** il est possible d'acheter votre carte de transport (*Oyster Card*) à bord de l'Eurostar, dans les voitures bar-buffet, ou sur le site internet d'Eurostar.

Une autre façon de réserver son billet

▲ TRAINLINE
Une nouvelle façon simple et rapide d'acheter vos billets de train sur le Web, mobile et tablette. Réservez vos billets pour voyager en France et dans plus de 20 pays européens. Consultez les tarifs et les horaires dans une interface claire et sans publicité. Trainline compare les prix de plusieurs transporteurs européens pour vous garantir le meilleur tarif.
Réservations et paiements sur • *trainline.fr* • et sur mobile avec l'application Trainline pour iPhone et Android.
Et pour répondre à vos questions : • *guichet@trainline.fr* •

EN VOITURE

Avec la navette Eurotunnel via le tunnel sous la Manche

Le terminal est situé sortie 42 sur l'A 16 à Calais et vous arrivez directement sur la M 20 sans avoir à quitter votre véhicule. Vous embarquez dans la navette au volant de votre véhicule, ce qui en fait un service idéal pour les personnes à mobilité réduite ou avec des petits.
Durant les 35 mn de traversée à bord de votre véhicule, vous pouvez vous détendre et consulter votre guide préféré pour préparer votre escapade !
Et pour que toute la famille soit du voyage, sachez que les animaux et « leur puce » sont les bienvenus à bord (voir plus loin le paragraphe consacré au voyage avec les animaux de compagnie dans la rubrique « Avant le départ. Autres formalités » du chapitre « Angleterre utile »).
– Fréquence : les départs se font 24h/24. Réservez votre billet à l'avance par Internet pour obtenir les meilleurs tarifs.
– Tarifs : à partir de 32 € l'aller pour la voiture et ses passagers.
– Résas : ● eurotunnel.com ● ou auprès du centre d'appels au ☎ 0810-63-03-04 (prix d'un appel local).

Covoiturage

La formule la plus économique pour se rendre et voyager au Royaume-Uni. ● *blablacar.fr* ● Un site formidable, gratuit et très bien fait, avec un système malin de notation qui évalue conducteurs et passagers. Douvres-Londres pour 6 €... qui dit mieux ?

EN BATEAU

▲ BRITTANY FERRIES

Rens et résas : ☎ 0825-828-828 (0,15 €/mn + prix de l'appel), ● brittanyferries.fr ●
6 lignes directes vers le sud de l'Angleterre :
➢ ***Roscoff-Plymouth :*** 6h de traversée. Jusqu'à 2 départs/j.
➢ ***Saint-Malo/Portsmouth :*** 8h de traversée. 1 départ/j.
➢ ***Cherbourg-Poole :*** 4h de traversée (plus long la nuit). 1 départ/j.
➢ ***Caen/Ouistreham-Portsmouth :*** 4h45 de traversée. Jusqu'à 3 départs/j.
➢ ***Le Havre-Portsmouth :*** 1 à 2 départs/j. Compter 5h30 de traversée. Un autre bateau, le *Normandie Express,* plus rapide (3h45 de trajet), de mi-mars à fin oct.
➢ ***Cherbourg-Portsmouth :*** 1 à 2 départs/j. avr-sept. Compter 2h de traversée.
Propose aussi des excursions et de nombreuses formules week-end et court séjour tout compris.

▲ CONDOR FERRIES

☎ 0825-135-135 (0,15 €/mn + prix de l'appel). ● condorferries.uk ●
Navires à grande vitesse, pouvant accueillir plus de 750 passagers.
➢ ***Saint-Malo/Poole*** (via Jersey et Guernesey) *:* à partir de 5h30 de traversée. Avr-oct, plusieurs départs le mat et retours en fin d'ap-m. Horaires variables selon saison, se renseigner.

▲ DFDS SEAWAYS

– Dieppe : quai Gaston-Lalitte, 76200. ☎ 0825-304-304 (0,15 €/mn + prix de l'appel). ● dfdsseaways.fr ●
Propose plusieurs liaisons quotidiennes :
➢ ***Dieppe-Newhaven :*** 2-3 traversées/j.
➢ ***Dunkerque-Douvres :*** 12 traversées/j. en sem et 8 traversées/j. le w-e.
➢ ***Calais-Douvres :*** 12 traversées/j.
Bateaux rapides, transport voitures et piétons, horaires à disposition sur le site internet. Plein de promos en ligne également.

▲ P & O FERRIES

Rens et résa : ☎ 03-66-74-03-25. ● poferries.com ● Lun-ven 9h-17h30 ; w-e 10h-16h.
➢ P & O Ferries assure jusqu'à 24 traversées/j. entre ***Calais et Douvres*** (traversée en 1h30).
➢ ***Zeebruge/Hull :*** 10h30 (1 traversée/nuit).

EN BUS

▲ **EUROLINES**

☎ 08-92-89-90-91 (0,34 €/mn + prix appel), tlj 8h-21h, dim 10h-18h. • euro lines.fr •

– Paris : 55, rue Saint-Jacques, 75005. Lun-ven 9h30-18h30, sam 10h-13h et 14h-17h. N° d'urgence : ☎ 01-49-72-51-57.

Vous trouverez également les services d'Eurolines sur • routard.com • Eurolines propose 10 % de réduc pour les jeunes (12-25 ans) et les seniors. 2 bagages gratuits/pers en Europe et 40 kg gratuits pour le Maroc. Gare routière internationale à Paris : 28, av. du Général-de-Gaulle, 93541 Bagnolet Cedex. Ⓜ Gallieni.

Première *low-cost* par bus en Europe, Eurolines permet de voyager vers plus de 600 destinations en Europe et au Maroc avec des départs quotidiens depuis 90 villes françaises. Eurolines propose également des hébergements à petits prix sur les destinations desservies.

Pass Europe : pour un prix fixe valable 15 ou 30 jours, vous voyagez autant que vous le désirez sur le réseau entre 51 villes européennes. Également un *minipass* pour visiter deux capitales européennes (7 combinés possibles).

▲ **POP VOYAGES**

Rens et résas : ☎ 0899-18-94-79 (1,35 € l'appel + 0,34 €/mn). • popvoyages.com • Lun-ven 10h-12h, 14h-19h.

Spécialiste des voyages en autocar à destination de toutes les grandes cités européennes. Week-ends, séjours et circuits en bus toute l'année, grands festivals et événements européens, Formules pour tout public, individuel ou groupe, au départ de toutes les grandes villes de France.

En bus via Eurotunnel

Toujours avec Eurolines, voir plus haut.

ANGLETERRE UTILE

ABC du Royaume-Uni

- L'Angleterre et le pays de Galles, au même titre que l'Écosse et l'Irlande du Nord, font partie du Royaume-Uni, à propos duquel voici quelques informations :
- ***Superficie :*** 244 100 km².
- ***Capitale :*** Londres.
- ***Population :*** 65 450 000 hab.
- ***Langues :*** anglais (officielle), gallois.
- ***Monnaie :*** la livre sterling. 1 £ = environ 1,20 € en 2017.
- ***Nature de l'État :*** monarchie constitutionnelle. Chef de l'État : la reine Élisabeth II.
- ***Régime politique :*** démocratie parlementaire. Chef du gouvernement : la Premier ministre, Theresa May (depuis juillet 2016).
- ***Devise :*** « Honni soit qui mal y pense. »
- ***Indice développement humain :*** 14e rang mondial.

AVERTISSEMENT : à l'heure où nous publions ce guide, toutes les conséquences de la sortie du Royaume-Uni de l'Union européenne ne sont pas connues. Certaines des informations pratiques décrites ici pourraient donc changer... ou pas. Avant votre départ, consultez le site de l'ambassade du Royaume-Uni.

AVANT LE DÉPART

Adresses utiles

Visit Britain, Office de tourisme de Grande-Bretagne : *• visitbritain.com • Pas d'accueil du public, infos par Internet slt.* Un site internet très riche, avec infos pratiques et thématiques par région. Également toutes les infos sur les transports, vente de *pass* pour les visites ou de billets pour des spectacles et événements, des « Bons plans », etc.

Visit England, office de tourisme d'Angleterre : *• visitengland.com/fr/France •* Conseils, infos pratiques, astuces et suggestions par régions...

En France

Consulat de Grande-Bretagne : *16, rue d'Anjou, 75008 Paris. ☎ 01-44-51-31-00. • gov.uk/government/world/france.fr • Ⓜ Madeleine. Lun-ven 9h30-12h30.*

– Également des consulats à Bordeaux (353, bd Wilson, 2e étage, 33073 ; ☎ 05-57-22-21-10) et à Marseille (Les Docks de Marseille, La Joliette, Atrium 10.3, 1er étage, 13002 ; ☎ 04-91-15-72-10).

Ambassade de Grande-Bretagne : *35, rue du Faubourg-Saint-Honoré, 75383 Paris Cedex 08. ☎ 01-44-51-31-00. • ukinfrance.fco.gov.uk/fr/ • Lun-ven 9h30-13h, 14h30-17h.*

The British Council : *9, rue de Constantine, 75007 Paris. ☎ 01-49-55-73-00. • britishcouncil.fr • Ⓜ ou RER C : Invalides.* Avant tout, une école pour apprendre l'anglais, mais aussi de bonnes infos sur les échanges éducatifs et culturels avec le Royaume-Uni. Des antennes à Paris et en province.

En Belgique

■ ***Ambassade et consulat de Grande-Bretagne :*** *av. d'Auderghem, 10, 1040 Bruxelles. Service consulaire : ☎ 02-287-62-11. • gov.uk/government/world/belgium • Lun-ven 9h-17h.*
■ ***British Council :*** *• britishcouncil.be • Pas d'accueil du public.* Informations sur les cours d'anglais dans les écoles privées en Grande-Bretagne et en Belgique. Fournit également des adresses d'organismes pour partir au pair ou trouver un job.

En Suisse

■ ***Consulat et ambassade de Grande-Bretagne :*** *Thunstrasse, 50, 3005 Berne. ☎ 031-359-77-00. • gov.uk/government/world/switzerland • Lun-ven 9h-12h30, 13h30-16h30.* Inutile de vous déplacer, les demandes de visas ne se font que par le site internet.

Au Québec

■ ***Consulat de Grande-Bretagne :*** *2000 McGill College Ave, suite 1940, Montréal (Québec) H3A 3H3. ☎ (514) 866-5863. • ukincanada@fco.gov.uk. • gov.uk/government/world/Canada • Sur rdv slt.* Ne délivre pas de visa. Pour cela, les ressortissants étrangers doivent se rendre à Ottawa auprès du *Haut Commissariat de la Grande-Bretagne : 80, Elgin St, Ottawa (Ontario) K1P 5K7. Sur rdv slt lun-ven 9h-16h.*

Ambassades et consulat à Londres

■ ***Consulat de France :*** *21 Cromwell Rd, SW7 2EW. En face du Natural History Museum. Service des visas : 6 A Cromwell Pl, dans la rue perpendiculaire à Cromwell Rd sur le côté du bâtiment. ☎ 0845-7300-118. • ambafrance-uk.org/-Consulate-in-London- • Ⓜ South Kensington. Lun-ven 8h30-16h30.* Le consulat peut vous assister juridiquement en cas de problème.
■ ***Ambassade de France :*** *58 Knightsbridge, SW1X 7JT. ☎ 020-7073-1000. • ambafrance-uk.org • Ⓜ Knights-Bridge.*
■ ***Ambassade de Belgique :*** *17 Grosvenor Crescent, SW1X 7EE. ☎ 020-7470-3700. En cas d'urgence slt : 📱 077-1070-3639. • countries.diplomatie.belgium.be/fr/royaume_uni/ • Ⓜ Hyde Park Corner.*
■ ***Ambassade de Suisse :*** *16-18 Montagu Pl, W1H 2BQ. ☎ 020-7616-6000. • eda.admin.ch/london • Ⓜ Baker Street. Lun-ven 9h-12h.*
■ ***Ambassade du Canada :*** *Canada House, Trafalgar Sq, SW1Y 5BJ. ☎ 020-7004-6000. • canadainternational.gc.ca/united_kingdom-royaume_uni/ •*

> Des mesures de sécurité renforcées sont entrées en vigueur dans les aéroports : les appareils électroniques (smartphones, tablettes, portables...) doivent être chargés et en état de fonctionnement pour tous les vols allant ou passant par les États-Unis et Londres. Les agents de contrôle doivent être en mesure de pouvoir les allumer. Par précaution, ayez votre chargeur à portée de main. Si votre appareil est déchargé ou défectueux, il sera confisqué. Cette mesure étant susceptible d'être étendue à d'autres aéroports, nous vous conseillons de charger vos appareils électroniques avant le vol, quelle que soit votre destination.

Formalités

– Pour les ***ressortissants de l'Union européenne et les Suisses, passeport*** ou ***carte nationale d'identité*** (un permis de séjour ou un permis de conduire ne suffisent pas), valable au minimum 3 mois après le retour.

– Pour les ***mineurs français voyageant seuls,*** une loi entrée en vigueur en janvier 2017 a rétabli l'autorisation de sortie du territoire. Il s'agit d'un formulaire signé par l'un des parents titulaires de l'autorité parentale accompagné de la photocopie de la pièce d'identité du signataire. Infos sur ● *service-public.fr* ●
Par ailleurs, si vous voyagez avec un enfant ne portant pas votre nom de famille, mieux vaut se renseigner avant !
– ● *visitbritain.com/fr/Travel-tips/Customs-and-immigration/* ● *service-public.fr* ●

Noter que les cartes nationales d'identité françaises délivrées entre le 1er janvier 2004 et le 31 décembre 2013 sont officiellement encore valables 5 ans après la date de fin de validité indiquée au verso, mais aucune modification matérielle de la carte plastifiée n'en atteste. En conséquence, de façon à éviter tout désagrément pendant votre voyage, il vous est fortement recommandé de privilégier l'utilisation d'un passeport dans ce cas particulier.

– ***Les ressortissants hors Union européenne*** doivent se renseigner au service des visas du consulat de Grande-Bretagne (voir plus haut) et à leur propre consulat...

Carte européenne d'assurance maladie

Pour les ressortissants de l'Union européenne, pensez à vous procurer la carte européenne d'assurance maladie. Cette carte fonctionne dans tous les pays membres de l'Union européenne ainsi qu'en Islande, au Liechtenstein, en Norvège et en Suisse. C'est une carte plastifiée bleue, valable 2 ans, gratuite et personnelle (chaque membre de la famille doit avoir la sienne, y compris les enfants). Si vous faites votre demande trop tardivement, on vous donnera un certificat provisoire de remplacement valable 3 mois. En revanche, mieux vaut le savoir, les hôpitaux sont bondés et il faudra attendre en cas de bobo.

Autres formalités

– ***Pour la voiture :*** permis de conduire national, carte grise, carte verte (assurance), et n'oubliez pas le F (le B ou le CH) à l'arrière du véhicule. Ne pas oublier de se procurer des adaptateurs pour phares (des sortes d'autocollants) pour la conduite de nuit ou par temps de pluie. C'est une obligation, au risque d'éblouir les voitures en face ! On en trouve sur les bateaux.
– ***Bagages en Eurostar :*** si vous avez des canifs ou couteaux sur vous, ils vous seront confisqués. Idem pour le matériel de camping comme les réchauds et recharges de gaz. Les consignes de sécurité sont quasi similaires à celles adoptées dans les aéroports.
– ***La légendaire quarantaine des animaux*** a été abolie en 2000. Malgré tout, chiens, chats et... furets (!) adorés devront montrer patte blanche. Les informations les concernant doivent être consignées dans un passeport européen (pour les animaux en provenance de l'Union européenne). Pour toute info : site du consulat de Grande-Bretagne (voir plus haut) ou ● *eurotunnel.com* ● (rubrique « Votre voyage »).

Ariane, le fil à suivre

Ariane est un service gratuit mis à disposition par le centre de crise du ministère des Affaires étrangères. Il permet aux voyageurs français qui le souhaitent de s'enregistrer à l'occasion de leurs séjours à l'étranger. Les informations déposées sur Ariane sont utilisées en cas de crise, par exemple pour contacter des voyageurs dans l'hypothèse où des opérations de secours sont organisées, ou encore pour joindre rapidement les familles ou les proches en France si une situation le nécessite. Pour en savoir plus : ● *pastel.diplomatie.gouv.fr/fildariane* ●

> Pensez à scanner passeport, carte d'identité, éventuellement visa, cartes de paiement, billets d'avion, billets de train et *vouchers* d'hôtel. Ensuite, adressez-les-vous par e-mail, en pièces jointes. En cas de perte ou de vol, rien de plus facile pour les récupérer dans un cybercafé. Les démarches administratives seront bien plus rapides.

Carte d'adhésion internationale aux auberges de jeunesse (carte FUAJ)

Cette carte vous ouvre les portes des 4 000 auberges de jeunesse du réseau *HI-Hostelling International* en France et dans le monde. Vous pouvez ainsi parcourir 90 pays à des prix avantageux et bénéficier de tarifs préférentiels avec les partenaires des auberges de jeunesse *HI.* Enfin, vous intégrez une communauté mondiale de voyageurs partageant les mêmes valeurs : plaisir de la rencontre, respect des différences et échange dans un esprit convivial.
Il n'y a pas de limite d'âge pour séjourner en auberge de jeunesse. Il faut simplement être adhérent.

Renseignements et inscriptions

- ***En France :*** ● *hifrance.org* ●
- ***En Belgique :*** ● *lesaubergesdejeunesse.be* ●
- ***En Suisse :*** ● *youthhostel.ch* ●
- ***Au Canada :*** ● *hihostels.ca* ●

Si vous prévoyez un séjour itinérant, vous pouvez réserver plusieurs auberges en une seule fois en France et dans le monde sur ● *hihostels.com* ●

Carte internationale d'étudiant (carte ISIC)

Elle prouve le statut d'étudiant dans le monde entier et permet de bénéficier de tous les avantages, services et réductions dans les domaines du transport, de l'hébergement, de la culture, des loisirs, du shopping... La carte ISIC permet aussi d'accéder à des avantages exclusifs (billets d'avion spécial étudiants, hôtels et auberges de jeunesse, assurances, cartes SIM internationales, locations de voitures...).

Renseignements et inscriptions

- ***En France :*** ● *isic.fr* ● *13 € pour une année scolaire.*
- ***En Belgique :*** ● *isic.be* ●
- ***En Suisse :*** ● *isic.ch* ●
- ***Au Canada :*** ● *isiccanada.com* ●

Assurances voyages

■ ***Routard Assurance :*** *c/o AVI International, 40-44, rue de Washington, 75008 Paris.* ☎ *01-44-63-51-00.* ● *avi-international.com* ● Ⓜ *George-V.* Depuis 20 ans, *Routard Assurance,* en collaboration avec *AVI International,* spécialiste de l'assurance voyage, propose aux voyageurs un contrat d'assurance complet à la semaine qui inclut le rapatriement, l'hospitalisation, les frais médicaux, le retour anticipé et les bagages. Ce contrat se décline en différentes formules : individuel, senior, famille, light et annulation. Pour les séjours longs (2 mois à 1 an), consultez notre site. L'inscription se fait en ligne et vous recevrez, dès la souscription, tous vos documents d'assurance par mail.

■ ***AVA :*** *25, rue de Maubeuge, 75009 Paris. ☎ 01-53-20-44-20. • ava.fr • Ⓜ Cadet.* Un autre courtier fiable pour ceux qui souhaitent s'assurer en cas de décès-invalidité-accident lors d'un voyage à l'étranger, mais surtout pour bénéficier d'une assistance rapatriement, perte de bagages et annulation. Attention, franchises pour leurs contrats d'assurance voyage.

■ ***Pixel Assur :*** *18, rue des Plantes, BP 35, 78601 Maisons-Laffitte. ☎ 01-39-62-28-63. • pixel-assur.com • RER A : Maisons-Laffitte.* Assurance de matériel photo et vidéo tous risques (casse, vol, immersion) dans le monde entier. Devis en ligne basé sur le prix d'achat de votre matériel. Avantage : garantie à l'année.

ARGENT, BANQUES, CHANGE

La Grande-Bretagne utilise la pound sterling, divisée en 100 pence. Pièces de 2 livres, 1 livre, 50 p, 20 p, 10 p, 5 p et 1 penny.

En 2017, le cours de la livre sterling tournait autour de 1,20 €, 1,30 CHF et 1,70 $Ca. Ce taux peut évidemment changer, surtout en cette période incertaine de Brexit.

– Les ***banques*** sont ouvertes en principe de 9h30 à 16h30, parfois plus tard. Elles sont habituellement fermées le week-end, sauf certaines grandes banques qui ouvrent le samedi matin.

– ***Cartes de paiement :*** le retrait aux distributeurs *(ATM)* comporte certes des frais mais reste plus avantageux que les bureaux de change. Lors de tout règlement, comme en France, on compose son code *(pin)*. Attention, là encore, l'opération peut comporter des frais. Assurez-vous aussi de connaître le montant maximal autorisé de vos retraits hebdomadaires. Avant de partir, pensez à téléphoner à votre banque pour relever le plafond de retrait aux distributeurs, quitte à le rabaisser à votre retour.

AVERTISSEMENT

Si vous comptez effectuer des retraits d'argent aux distributeurs, il est **très vivement conseillé** d'avertir votre banque avant votre départ (pays visité et dates). En effet, **votre carte peut être bloquée dès le premier retrait** pour suspicion de fraude. C'est de plus en plus fréquent. Bonjour les tracasseries administratives pour faire rentrer les choses dans l'ordre, et on se retrouve vite dans l'embarras !

Avant de partir, notez bien le numéro d'opposition propre à votre banque (il figure souvent au dos des tickets de retrait, sur votre contrat, ou à côté des distributeurs de billets), ainsi que le numéro à 16 chiffres de votre carte. Bien entendu, conservez ces informations en lieu sûr et séparément de votre carte.

Par ailleurs, l'assistance médicale se limite aux 90 premiers jours du voyage et l'assistance véhicule aux cartes haut de gamme (renseignez-vous auprès de votre banque). N'oubliez pas aussi de VÉRIFIER LA DATE D'EXPIRATION DE VOTRE CARTE DE PAIEMENT avant votre départ !

Petite mesure de précaution : si vous retirez de l'argent dans un distributeur, utilisez de préférence les distributeurs attenants à une agence bancaire. En cas de pépin avec votre carte (carte avalée, erreurs de code secret...), vous aurez un interlocuteur dans l'agence pendant les heures ouvrables.

Besoin urgent d'argent liquide

Vous pouvez être dépanné en quelques minutes grâce au système ***Western Union Money Transfer.*** L'argent vous est transféré en moins de 1h. La commission, assez élevée, est payée par l'expéditeur. Possibilité d'effectuer un transfert auprès d'un des bureaux *Western Union* ou, plus rapide, en ligne, 24h/24 par carte de paiement (*Visa* ou *MasterCard*).
Même principe avec d'autres organismes de transfert d'argent liquide comme ***MoneyGram, PayTop*** ou ***Azimo.*** Transfert en ligne sécurisé, en moins de 1h.
Dans tous les cas, se munir d'une pièce d'identité. Toutefois, en cas de perte/vol de papiers, certains organismes permettent de convenir d'une question/réponse-type pour pouvoir récupérer votre argent. Chacun de ces organismes possède aussi des applications disponibles sur téléphone portable. Consulter les sites internet pour connaître les pays concernés, les conditions tarifaires (frais, commission) et trouver le correspondant local le plus proche :
• *westernunion.com* • *moneygram.fr* • *paytop.com* • *azymo.com/fr* •
– Autre solution, envoyer de l'argent par ***la Poste*** : le bénéficiaire, muni de sa pièce d'identité, peut retirer les fonds dans n'importe quel bureau du réseau local. Le transfert s'effectue avec un mandat ordinaire international (jusqu'à 3 500 €) et la transaction prend 4-5 jours en Europe (8-10 vers l'international). Plus cher, mais plus rapide, le mandat express international permet d'envoyer de l'argent (montant variable selon la destination – 34 au total) sous 2 jours maximum, 24h lorsque la démarche est faite en ligne. *Infos :* • *labanquepostale.fr* •

ACHATS

Si l'expression « faire du shopping » vient d'outre-Manche, ce n'est sûrement pas par hasard. Les Anglais excellent en la matière, et on est surpris par le nombre de magasins partout, même dans les petites villes. Alors préparez vos porte-monnaie, les tentations seront nombreuses et fréquentes...
– ***Rayon alimentaire :*** tout un tas de sucreries multicolores, la marmelade et le *lemon curd,* les sauces à la menthe ou barbecue (mais aussi tous les produits indiens), le thé, *of course,* le fromage (stilton, cheddar, *red leicester...*) et les crackers qui vont avec, la *custard* (sorte de crème anglaise), les biscuits (*shortbread* écossais, *shortcakes* aux fruits...), les fameux bonbons *Quality Street* ou les chocolats *After Eight,* les toffees bien moelleux, etc.
– Noter que les ***alcools forts*** ne présentent pas des tarifs plus avantageux qu'en France, même en duty-free, mais il y a parfois plus de choix, pour le whisky par exemple.
– Les sous-vêtements ou autres ***vêtements*** de chez *Marks and Spencer.*
– Bon à savoir : les produits de base pour ***enfants*** (vêtements, chaussures, cosmétique, etc.) sont moins taxés en Grande-Bretagne que les produits pour adultes, et donc nettement moins chers qu'en France !
– Toutes sortes d'objets chic, originaux ou classiques dans les boutiques du ***National Trust*** et des ***musées.***
– N'hésitez pas à pousser la porte des ***charity shops,*** un concept made in Britain : ce sont les centaines de boutiques associatives qui revendent vêtements, vaisselle, DVD, CD, etc. d'occasion, cédés par les particuliers. De très

LE PRINCE ÉPICIER

L'engagement du prince Charles en faveur de l'environnement n'est plus à démontrer. Avec les produits Duchy Originals, *en vente dans les supermarchés* Waitrose, *vous pourrez soutenir une bonne action. Une partie des bénéfices des produits vendus, tous sélectionnés par le prince et issus de l'agriculture bio, est ensuite reversée à des œuvres de charité. Le produit phare de la maison est le biscuit à l'avoine.*

bonnes affaires parfois, en prenant le temps de fouiner, surtout dans les villes chic. Si *Oxfam, Barnardo's* (contre le cancer) ou the *Red Cross* (la Croix-Rouge) comptent parmi les enseignes les plus répandues, on trouve aussi des organisations caritatives plus inattendues, par exemple pour la protection des animaux !

Vêtements et tailles

En allant en Angleterre, vous vérifierez que *shopping* est bien un mot anglais.
– Au *shop assistant* qui vous demande *Can I help you ?* vous pouvez répondre *(no) I'm just looking,* à moins que vous ne vouliez demander votre taille : *Have you got my size ?* Voici néanmoins quelques correspondances :

Vêtements pour femmes

France	36	38	40	42	44	46
Grande-Bretagne robes	08	10	12	14	16	18
Grande-Bretagne pulls	30	32	34	36	38	40

Pour les collants (*tights,* prononcer « taïts ») : le *small,* ou *petit,* est notre taille 1, le *medium* est notre 2, le *large,* ou *tall,* est notre 3.

Vêtements pour hommes (pulls et chemises)

France	39	40	41	42	43
Grande-Bretagne	15,5	16	16,5	17	17,5

Pour les pantalons, les tailles sont celles que vous connaissez sur les jeans.

Chaussures

France	37	38	39	40	41	42	43
Grande-Bretagne	4	5	6	7	8	9	10

Pour les enfants

Stature en centimètres	100	125	155
Âge	3-4	7-8	12
Stature en inches	40	50	60

Horaires des boutiques

Les boutiques sont en général ouvertes tous les jours jusqu'à 17h30 (y compris le samedi et parfois le dimanche dans les zones touristiques), souvent 19h, 22h (voire plus) pour les petites épiceries. Les supermarchés ferment vers 22h ou 23h, de plus en plus souvent à minuit et ouvrent souvent le dimanche. Certains sont même ouverts 24h/24 !

BUDGET

La vie en Angleterre est plus chère qu'en France d'environ 30 %. Attention, notre taux de conversion £/€ ne tient pas compte des effets éventuels du Brexit. Le logement écornera certainement votre budget. L'auberge de jeunesse est l'hébergement en dur le moins coûteux, et les *B & B* restent la manière la plus agréable et la plus conviviale pour découvrir le *British way of life.* Quant aux hôtels, ils sont souvent chers et d'un rapport qualité-prix parfois très discutable, à moins de privilégier les hôtels de chaîne en réservant longtemps à l'avance.
Les musées, sites culturels et attractions sont également chers (mais les musées nationaux sont gratuits), même si les étudiants et les plus de 60 ans bénéficient d'une (modeste) réduction. Idem pour l'essence, un peu plus chère qu'en France (c'est-à-dire pas donnée), et le stationnement, particulièrement onéreux. Si vous vous garez un certain temps, préférez les parkings *long stay.*

Hébergement

Si vous voyagez à plusieurs, sachez que beaucoup d'hôtels et *B & B* proposent des chambres familiales, pour 3, 4, voire 6 personnes. Il arrive que cela soit à peine plus cher (voire moins cher) qu'une piaule en AJ où il faudra, de toute façon, compter 15-20 £ par personne, pour des prestations assez basiques. Autre solution intéressante, certes moins pittoresque et au confort standard : les ***hôtels de chaîne*** *(Travelodge, Premier Inn, Best Western, Comfort Inn, Express Inn...)*, qui offrent le meilleur rapport qualité-prix. Ne négligez pas non plus les ***locations saisonnières*** *(self-catering)*. En famille, ça peut être bien pratique et permettre d'économiser sur les repas. Les catégories de prix indiquées dans nos pages correspondent à une chambre double, petit déjeuner compris pour les chambres d'hôtes, généralement en sus dans les autres adresses :

- ***Bon marché :*** moins de 40 £ pour 2 (48 €). Il s'agit surtout des auberges de jeunesse. Le petit déj n'y est généralement pas inclus.
- ***Prix moyens :*** 40-80 £ (48-96 €).
- ***Chic :*** 80-120 £ (96-144 €).
- ***Très chic :*** plus de 120 £ (144 €).

Restaurants

Nous avons classé les restaurants en quatre catégories : ces prix correspondent essentiellement à un plat de résistance, sans la boisson ou aux menus fixes, en dehors du pourboire. Ce qui est loin d'être anodin puisqu'il est de 10-15 %, parfois ajouté d'emblée sur l'addition. Si ce n'est pas le cas, ne l'oubliez pas ! La vente à emporter n'est pas concernée. Nous indiquons ces adresses par le logo

- ***Bon marché :*** moins de 10 £ (12 €).
- ***Prix moyens :*** 10-20 £ (12-24 €).
- ***Plus chic :*** 20-30 £ (24-36 €).
- ***Chic :*** plus de 30 £ (36 €).

Musées

Un vrai budget, certains châteaux affichant des tarifs supérieurs à 25 £ ! Et les prix augmentent chaque année. On ne saurait trop vous conseiller d'envisager les *pass*, plus économiques si vous souhaitez faire plusieurs visites, et de visiter en priorité les musées nationaux qui sont... gratuits. Le *pass* d'***English Heritage*** permet de visiter plus de 100 sites historiques en accès illimité (dont Stonehenge) pour 37-44 £/adulte sur 9 ou 16 jours (tickets couple et famille également). Encore plus économique (car comptant plus de sites intéressants), celui de ***National Trust*** permet de visiter plus de 300 propriétés pour 32-38 £/adulte pour 7 ou 14 jours (tickets couple et famille également). Infos sur : ● *english-heritage.org.uk* ● et ● *nationaltrust.org.uk* ●

Sinon, si vous prenez vos ***billets en ligne*** pour les principaux sites touristiques, vous bénéficierez généralement d'une petite ***ristourne.*** Les ***offices de tourisme*** vendent parfois les billets moins chers qu'au guichet des musées. Bienheureux les ***plus de 60 ans,*** qui bénéficient le plus souvent de tarifs réduits, tout comme les ***étudiants*** (n'oubliez pas votre carte !) et les familles.

CLIMAT

Même si le volume des précipitations est assez faible, il pleut en moyenne 10 jours par mois en Grande-Bretagne. Un petit peu à la fois, mais avec une grande régularité ! En été, les températures maximales atteignent 21 °C dans la majeure partie de l'Angleterre, 15 °C dans les régions les plus septentrionales, jusqu'en Écosse. C'est le meilleur moment pour camper ! Au printemps et pour les vacances de Pâques, le temps est souvent changeant et imprévisible donc (« si vous n'aimez pas le temps qu'il fait, attendez 10 mn », dit le proverbe !), mais la campagne est superbe. C'est notre période préférée pour visiter le pays, quand les jonquilles sont en fleur. Et les transports pour traverser la Manche (ferries notamment) sont moins chers qu'en plein été. Mais si l'on accepte que la chaleur n'est pas ce que l'on vient chercher en premier en Grande-Bretagne, alors, comme partout, chaque saison présente son intérêt !

DUR MÉTIER

En 1677, une loi anglaise condamnait les météorologues, accusés de sorcellerie, à mourir sur le bûcher. Il faut dire qu'ici ils annonçaient souvent de mauvaises nouvelles. Cette loi ne fut suspendue qu'en...1959, et la météo est toujours aussi capricieuse.

DANGERS ET ENQUIQUINEMENTS

Si vous visitez le pays en voiture, les enquiquineurs, ce sont eux, et le danger, c'est plutôt vous !
- La conduite à gauche, vous verrez, on s'y fait très bien (et c'est la même chose dans les escaliers !). Prenez juste garde aux petits coups de fatigue, aux redémarrages sur une route vide ou aux ronds-points, c'est là qu'on fait les pires bêtises !
- ***Pas d'excès de vitesse*** (sur autoroute, 70 miles/h, soit 112 km/h maximum), il y a des radars vraiment partout. Par ailleurs, même si le stationnement est onéreux, frisant parfois le racket, ne snobez pas les ***horodateurs*** (on peut parfois régler par CB directement si l'on manque de monnaie) et ne jouez pas non plus avec les dépassements horaires, les 10 petites minutes pourraient vous coûter cher ! Et puis ***vous serez filmé*** partout, tout le temps : ça donne un peu l'impression de passer le permis en permanence... Surtout que les loueurs de voitures vous feront toujours suivre l'amende (pas moyen d'y échapper !) avec des frais de dossier parfois supérieurs à ladite amende.
- Évitez les ***pistes cyclables,*** et ne roulez pas dans les ***files réservées aux taxis ou aux bus.***
- Attention au ***stationnement dans les rues !*** Il est souvent réservé aux résidents, quand il n'est pas tout simplement interdit. Bien lire les panneaux donc, et ne pas hésiter à vous faire expliquer le système des lignes tracés au sol : simples, doubles, blanches ou jaunes... c'est complexe !
- ***Dans les parkings,*** garez votre voiture soigneusement sans laisser une roue traîner négligemment sur la ligne blanche. Cette désinvolture peut vous être facturée !
- Petite bizarrerie législative : ne pas se trimbaler avec une ***bombe lacrymogène*** dans sa voiture ou, à plus forte raison, sur soi. Ici, c'est un délit et vous risquez la prison et une amende pour port d'arme dangereuse.
- Enfin, il est ***interdit de fumer dans tous les lieux publics,*** mais pas en terrasse. À bon entendeur...

ÉLECTRICITÉ

Le courant est du 240 V. Les prises sont plus grosses et munies de fusibles. Adaptateurs faciles à trouver dans les gares, les aéroports ou sur le bateau pendant la traversée. Sinon, dans la plupart des magasins généralistes, notamment chez *Boots.* Notez que les prises anglaises sont munies d'interrupteurs.

HÉBERGEMENT

Petite précision : une chambre ***en-suite*** est une chambre avec salle de bains à l'intérieur de la chambre ; elle est ***standard*** avec salle de bains sur le palier.

Les campings

Il existe de plus en plus de campings à la ferme, souvent paumés mais tellement charmants ! Il est souvent possible de louer une caravane, un *pod* (sorte de petite hutte en bois) ou un mobile home pour la nuit. Le camping sauvage est bien accepté dans les zones rurales, à condition de demander l'autorisation au propriétaire du terrain.
Prix très variables d'un camping à l'autre, mais quand même pas donné. Compter 15-30 £ pour deux avec tente et voiture. Pour les chaînes de campings, consulter notamment : • *campingandcaravaningclub.co.uk* • *caravanclub.co.uk* •

Les auberges de jeunesse *(youth hostels)*

La Grande-Bretagne fait partie des pays qui détiennent le record mondial de densité d'AJ (signalées sur des panneaux marron).
Généralement confortables, les AJ sont parfois situées dans de grandes maisons bourgeoises, voire des châteaux (on essaie d'en mentionner le plus possible !). La carte internationale des AJ n'y est pas obligatoire, mais les membres bénéficient d'une réduc de 3 £ par nuitée. Vous pouvez y dormir quel que soit votre âge, et en famille. Globalement, compter 15-25 £ la nuit par personne pour les membres, petit déj non compris. Pour les personnes seules (mais pas uniquement), c'est l'hébergement le plus économique.
Certaines auberges disposent de chambres doubles ou familiales, avec des lits le plus souvent superposés *(« bunkbeds »)*, comme dans les dortoirs. Les draps et couvertures sont normalement compris dans le prix. Certains établissements font également camping.
La plupart des AJ sont bien équipées, avec cuisine à disposition ou restaurant, wifi, laverie, etc.
On recommande fortement de réserver, car certaines AJ sont populaires et se remplissent vite. Attention, hors saison, certaines n'ouvrent que sur réservation.

■ ***Central Booking Office YHA :*** ☎ *01629-59-2700 (lun-ven 8h-18h, sam 9h-17h).* • *yha.org.uk* • Chaque *youth hostel* dispose d'un numéro de téléphone commençant par « 0870 », uniquement accessible depuis la Grande-Bretagne, et d'un numéro traditionnel.

Les backpackers hostels

Il s'agit d'AJ privées, le plus souvent situées dans les villes et les zones touristiques. Même type d'équipement que les AJ officielles et confort généralement très satisfaisant. Pas de carte de membre requise et réglementation moins stricte. Un site internet recense les AJ privées en Angleterre : • *independenthostels.co.uk* •

Les YMCA et YWCA

D'obédience chrétienne, ces foyers pour jeunes travailleurs proposent parfois quelques chambres aux hôtes de passage. Plus impersonnels que les AJ et généralement plus chers. • *ymca.org.uk* •

Les homes universitaires

De mi-juin à septembre environ, les universités louent les chambres des étudiants partis en vacances. Attention, c'est vite complet, mieux vaut donc réserver le plus tôt possible (surtout sur les campus prestigieux d'Oxford et de Cambridge, ces derniers accueillant en outre beaucoup de conférences). Formule intéressante pour les séjours prolongés et organisés à l'avance.

Self catering

Il s'agit de gîtes ou d'appartements meublés, une formule sympa en famille ou entre amis, plus économique aussi puisqu'on peut y faire sa popote ! Les offices de tourisme disposent toujours d'une liste de ces hébergements.

Échange d'habitations

Il s'agit d'échanger son logement avec celui d'un adhérent du même organisme. Cette formule offre l'avantage de passer des vacances à l'étranger à moindres frais, notamment pour les familles.

■ ***Intervac :*** *230, bd Voltaire, 75011 Paris.* ☎ *05-46-66-52-76 ou sur* ● *intervac.fr* ● L'inscription (95 €, valable 1 an) donne droit à la publication d'une annonce sur Internet pour un échange international.

■ ***Homelink International :*** *19, cours des Arts-et-Métiers, 13100 Aix-en-Provence.* ☎ *04-42-27-14-14.* ● *homelink.fr* ● Adhésion annuelle : 125 € avec une parution sur Internet.

Les *Bed & Breakfast (B & B)*

Moins chers que les hôtels et d'un confort souvent équivalent, les *B & B* permettent de loger chez l'habitant. Un bon moyen d'approfondir ses connaissances de la mentalité et de la langue britanniques ! Le prix de la chambre inclut toujours le petit déjeuner (le plus souvent *full English*). Les ***guesthouses*** sont aussi des *B & B,* mais comprenant plus de chambres. Au fin fond des campagnes, certaines ***farmhouses*** font *B & B.*

Pour 2 personnes, les prix oscillent entre 60 et 90 £ pour des maisons classiques, plus pour les *B & B* de charme. Il n'est pas rare que les tarifs varient non seulement selon la saison, mais aussi en fonction du nombre de nuitées ou même du jour de la semaine, notamment dans les villes touristiques. Un séjour d'une durée minimale est même parfois exigé en haute saison ou le week-end.

– Les *Tourist Information Centres* remettent des listes de *B & B* (parfois payantes) ; celles-ci ne sont pas exhaustives puisqu'elles n'indiquent que les adresses appartenant à leur réseau. Les offices peuvent, la plupart du temps, vous réserver une chambre moyennant une commission.

Les séjours thématiques

■ ***Mondes et Merveilles :*** *7, rue du 29-Juillet, 75001 Paris.* ☎ *01-42-60-34-54.* ● *european-garden-tour.com* ● Ⓜ *Tuileries. Lun-ven 9h30-18h.* Tour-opérateur spécialisé dans les jardins.

■ ***Sawday's :*** ● *sawdays.co.uk* ● Une belle sélection de *B & B* présentant un caractère particulier (site, jardin...).

■ ***Wolsey Lodges Ltd. :*** *9 Market Pl., Hadleigh, Ipswich, Suffolk IP7 5DL.* ☎ *01473-82-20-58.* ● *wolseylodges.com* ● Cette association propose des *B & B* de luxe, dans d'anciens presbytères ou vieux manoirs. Fantômes non garantis.

■ ***Rural Retreats :*** ☎ *01386-89-71-84. Ou plus d'infos sur* ● *ruralretreats.co.uk* ● Une sélection de cottages de charme à louer dans la belle campagne anglaise, ainsi que des phares *(lighthouses)* et des moulins.

Les hôtels

Chers, même les plus modestes, mais ils proposent parfois des *deals,* surtout lorsque l'on réserve sur Internet et longtemps à l'avance.

Les hôtels de chaîne

Ces hôtels se ressemblent tous ou presque, de Douvres à Newcastle. Mais il faut reconnaître qu'ils offrent généralement un bon niveau de confort et, surtout, des tarifs intéressants, voire très avantageux en réservant sur Internet longtemps à l'avance. Idéal notamment pour les familles.

■ ***Travelodge :*** ● *travelodge.co.uk* ●
■ ***Premier Inn :*** ● *premierinn.com* ●

■ ***Best Western :*** ● *bestwestern.co.uk* ●

■ ***Novotel :*** *● novotel.com ●* Plus cher mais les enfants logent gratuitement en chambre familiale.
■ ***Ibis :*** *● ibis.com ●*
■ ***Jurys Inn :*** *● jurysinn.com ●*
■ ***Holiday Inn Express :*** *● ihg.com/holidayinnexpress ●*

Personnes à mobilité réduite

♿ Pour tout renseignement concernant l'hébergement et autres conseils pratiques :

■ ***Tourism for all :*** *☎ 0845-124-99-71 (depuis l'Angleterre) ou 0044-1539-726-111 (depuis la France). ● tourismforall.org.uk ●*

LANGUE ANGLAISE

Pour le gallois, se reporter au chapitre consacré au pays de Galles. Et pour être totalement à l'aise, ne pas oublier ***Le Guide de conversation du routard en anglais,*** avec tous les mots qui sauvent !

FRANGLAIS

Les chevaliers normands qui envahirent l'Angleterre, en 1066, avec Guillaume le Conquérant, parlaient le français. Les emprunts britanniques sont donc nombreux, notamment en politique (minister, government...), *en religion* (vicar, abbey...) *et, bien sûr, en cuisine* (wine, beef, mutton...). *La devise royale est toujours française : « Honni soit qui mal y pense. » Les paysans, eux, parlaient le saxon (d'origine allemande donc sans empreinte latine) :* morning, pig, ox... *L'anglais moderne est un mélange de ces deux origines.*

Politesse

bonjour (le matin)	*good morning* ou *hello*
bonjour (l'après-midi)	*good afternoon* ou *hello*
bonsoir	*good evening*
bonne nuit	*good night*
au revoir	*goodbye* ou *bye*
s'il vous plaît	*please*
merci	*thank you* ou *thanks*
pardon	*sorry, excuse me*

Vie pratique

je ne comprends pas	*I don't understand*
pourriez-vous répéter/expliquer ?	*could you repeat/explain ?*
combien ?	*how much ? how many ?*
payer	*to pay*
poste	*post office*
office de tourisme	*tourist office*
banque	*bank*

Transports

pourriez-vous m'indiquer comment aller à... ?	*could you tell me the way to... ?*
navette	*shuttle*
gare	*train/railway station*
taxi	*cab, taxi*
aéroport	*airport*

À l'hôtel et au restaurant

hôtel	*hotel*
auberge de jeunesse	*youth hostel*
lit-bébé	*baby cot*
lits superposés	*bunk beds*
eau plate/eau gazeuse/eau du robinet	*still water/sparkling water/tap water*
saignant/à point/bien cuit	*rare/medium/well done*

LIVRES DE ROUTE

En plus des classiques de la littérature anglaise (la liste est longue !), de Shakespeare à Dickens, en passant par le détective Hercule Poirot d'Agatha Christie, les sœurs Brontë, Sherlock Holmes de Conan Doyle et autre Oscar Wilde, voici une sélection d'œuvres de tous horizons au sujet de la Grande-Bretagne :

- ***Le Cercle littéraire des amateurs d'épluchures de patates*** (2011), de Mary Ann Shaffer et Annie Barrows (10/18, n° 4405). Un petit bijou sous forme de correspondances, qu'on a du mal à lâcher. En 1946, Juliet, à Londres, cherche un nouveau thème de roman. La lettre d'un homme, venant de Guernesey et membre du fameux cercle littéraire, créé pour échapper aux Allemands, change toute sa vie. Et lui offre un sujet en or pour son prochain roman.
- ***La Vie aux aguets*** (2008), de William Boyd (Points, n° 1862). Ruth Gilmartin découvre que sa mère n'est pas anglaise mais née en URSS, et que ses activités d'espionne pour le Royaume-Uni du passé la rattrapent... On voyage de Londres à Oxford jusque dans les jardins anglais. Un régal.
- ***Arthur & George*** (2008), de Julian Barnes (Gallimard, coll. « Folio », n° 4793). Portrait de la société anglaise victorienne. On découvre l'Indien George Edalgi, fraîchement sorti de prison pour un crime qu'il n'a pas commis, qui fait appel à... sir Arthur Conan Doyle, le père de Sherlock Holmes ! Un policier original qui a donné lieu à un téléfilm en 2015.
- ***England, England*** (1998), de Julian Barnes (Gallimard, coll. « Folio », n° 3604). Quand un milliardaire excentrique décide de transformer l'île de Wight en un immense parc d'attractions rassemblant tous les symboles de l'Angleterre et que la copie en vient à surpasser l'original. Un humour féroce, impitoyable même, pour un portrait noir et délirant d'une Angleterre sur le déclin.
- ***Les Piliers de la terre*** (1989), de Ken Follett (Le Livre de Poche, n° 4305). Le maître du suspense nous plonge dans l'Angleterre du XIIe s et nous fait revivre la palpitante aventure des bâtisseurs de cathédrales. Une saga médiévale prolongée par ***Un monde sans fin.*** Fouillé, documenté, ce roman est une totale et passionnante plongée dans l'Angleterre féodale.
- ***Arlington Park*** (2007), de Rachel Cusk (L'Olivier). La vie de quatre femmes anglaises en banlieue. Un peu l'ambiance de *Wisteria Lane* revisitée. Les affres de la vie quotidienne, son lot d'aigreurs et d'envies avortées. Une Angleterre intime.
- ***Journal d'un écrivain*** (1953), de Virginia Woolf (10/18, n° 3225). Le journal de Virginia Woolf est à la fois le témoignage d'un grand écrivain sur la littérature et un document irremplaçable sur l'Angleterre de l'entre-deux-guerres, sur la vie sociale et culturelle de Londres et, en particulier, du quartier de Bloomsbury, haut lieu de l'intelligentsia britannique.
- ***Olivia Sturgess 1914-2004*** (2005), de Floc'h et Rivière (Dargaud). Une BD qui retrace la vie d'une femme écrivain qui a épousé le siècle anglais, ses milieux,

COPIEUR !

En 1686, Lully composa l'hymne « Grand Dieu sauve le roi » pour soutenir Louis XIV qui subissait une ablation... des hémorroïdes. Le compositeur germano-britannique Haendel plagia honteusement cette musique et la vendit à l'Angleterre pour devenir « God Save the King ».

ses salons, ses tenues, ses lieux notoires comme Ightam Mote et cet inénarrable flegme britannique parfaitement retranscrit. Une vraie tranche de vie !
- ***Trois hommes dans un bateau*** (1889), de Jerome K. Jerome (Flammarion, GF n° 536, ou en édition bilingue, Pocket, n° 3494). Trois amis londoniens décident de remonter la Tamise en canot jusqu'à Oxford, puis de revenir à Londres. Ce qui fit le succès du livre, ce sont les anecdotes humoristiques qui émaillent cette équipée fluviale.
- ***So British. Plus de 130 recettes qui vous feront aimer la cuisine anglaise*** (2012), de Jamie Oliver (Hachette Pratique, coll. « Cuisine »). Le best-seller de Jamie Oliver est une véritable gourmandise dont on dévore les pages avec un plaisir non dissimulé.
- ***Harry Potter,*** de J. K. Rowling (Gallimard Jeunesse). Sept tomes (et huit films) pour narrer les aventures de ce célèbre apprenti sorcier, devenu star mondiale. En plus, on peut visiter les lieux qui ont inspiré l'écrivain et les studios londoniens ayant servi au tournage.
- ***Anarchie au Royaume-Uni*** (2000), de Nik Cohn (L'Olivier). Une analyse au vitriol qui se lit comme un roman par un critique rock. Explosive, cette vision des années Thatcher nous estomaque. Visite dans les bas-fonds anglais avec tous les damnés de la prospérité. Une écriture incisive et loin des bonnes manières. Décapant.
- ***Voyage excentrique et ferroviaire autour du Royaume-Uni*** (1983), de Paul Theroux (Grasset, coll. « Les Cahiers Rouges », n° 182). Américain vivant à Londres, Paul Theroux entreprend en 1983 un voyage le long des côtes de la Grande-Bretagne et de l'Ulster. Principe de ce voyage : pas de tourisme, pas de visite imposée, mais une découverte de la vie quotidienne.
- ***Bienvenue au club*** (2003) et ***Le Cercle fermé*** (2006), de Jonathan Coe (Gallimard, coll. « Folio », nos 4071 et 4541). Au travers de ses héros, de jeunes lycéens de Birmingham à la fin des années 1970 dans *Bienvenue au club,* que l'on retrouve 25 ans plus tard dans *Le Cercle fermé,* Coe nous peint une fresque sociale et politique savoureuse, lucide et sans concession.

PERSONNES HANDICAPÉES

Les Britanniques sont exemplairement équipés, et bien plus attentifs au confort des *disabled people* qu'en France. Pour preuve, l'excellent site qui leur est consacré : • *tourismforall.org.uk* • Vous pouvez aussi vous procurer le *Guide of Disabled Facilities,* dans tous les offices de tourisme.

POIDS ET MESURES

Même si la Grande-Bretagne est *metric,* l'ancien système, totalement abscons, continue à nous poser de sérieux problèmes, notamment en ce qui concerne les distances et les superficies (pour les tailles des vêtements, se reporter à « Achats » en fin de guide).

Longueur

- 1 pouce = 1 *inch* = 2,54 cm.
- 1 pied = 1 *foot* = 12 *inches* = 30,48 cm.
- 1 *yard* = 3 *feet* = 91,44 cm.
- 1 *mile* = environ 1,6 km (pour convertir les kilomètres en miles, multiplier par 0,62).
- 1 mètre = 39,37 *inches.*

ET COMBIEN MESURE UNE VERGE ?

La verge (yard, en anglais) servait d'unité de longueur utilisée dans tout l'Empire britannique. Elle était énorme, puisqu'elle correspondait, dit-on, à la distance entre le nez du roi Henry Ier et le bout de sa main, quand elle était bien raide (0,91 m, quand même !).

Superficie

- 1 *square foot* = 929 cm^2.
- 1 *acre* = 0,404 ha.
- 1 *square mile* = 2,589 km^2.

Poids

- 1 *ounce* = 1 *oz* = 28,35 g.
- 1 *pound* (livre) = 1 *lb* (libra) = 0,454 kg.
- 1 *stone* = 14 *lbs* = 6,35 kg.
- 1 kg = 2,205 *lbs*.

Températures

Le Fahrenheit n'a pas été terrassé par la réforme. La météo annonce d'ailleurs les températures dans les deux unités ! Trop compliqué d'expliquer ici les correspondances. Sachez qu'à 32 °F il gèle, à 212 °F l'eau bout, à 77 °F il fait 25 °C et à plus de 100 °F, vous pouvez aller vous coucher pour soigner votre fièvre !

POSTE

- ***Ouverture des bureaux de poste :*** du lundi au vendredi de 8-9h à 17-18h, le samedi jusqu'à 13h. Fermés le dimanche.

Noter que de plus en plus de bureaux de poste sont désormais hébergés par des supérettes de quartier, y compris dans les grandes villes. • *royalmail.com* •

L'INVENTION DU TIMBRE

Cette idée géniale fut réalisée par les Anglais en 1840. Ils ont pour cela gardé le privilège de ne pas inscrire leur nom de pays sur le timbre. En revanche, l'effigie de la reine est obligatoire. Autrefois, le prix était à la charge du destinataire... Un code ou un signe sur la lettre permettait de comprendre le contenu. Voilà pourquoi la Poste fut longtemps déficitaire.

POURBOIRE

L'usage est de laisser entre 10 et 15 % de pourboire dans un restaurant. Ne dérogez pas à cette règle quasi légale, un oubli vous ferait passer pour un grossier personnage. Bien sûr, si le service est mauvais (ce qui est rare !), vous pouvez réduire cette somme, mais il faut alors faire part de vos remarques au responsable. Certains restaurants incluent systématiquement le service dans l'addition, ce qui est tout de même beaucoup plus simple. La règle des 10-15 % vaut aussi dans les taxis.

SANTÉ

Avec les transports et l'éducation, la santé publique est le secteur le plus touché par les restrictions budgétaires depuis les années de thatchérisme. En termes de qualité, les soins dispensés par les institutions hospitalières sont loin d'égaler ceux que l'on peut recevoir sur le continent. Sans compter les délais extensibles à l'infini avant d'espérer décrocher une place pour une consultation !

On peut aller dans les services d'urgence des hôpitaux tôt le matin (il y a moins de monde) et surtout la nuit. Ce service est gratuit et on vous donnera les médicaments nécessaires pour tenir jusqu'au lendemain, ainsi qu'une ordonnance pour le reste.

L'Angleterre est fortement touchée par les oreillons et la rougeole, maladie dont elle détient le record européen ; les épidémies qui apparaissent un peu partout sont liées à un déficit vaccinal : vérifiez que vous avez bien eu les deux injections de vaccin (faites habituellement dans l'enfance) ; si ce n'est pas le cas, mettez-vous impérativement à jour avant de partir.

LA MALÉDICTION DE LA REINE VICTORIA

À cause de mariages consanguins, la reine Victoria, qui régna sur le plus grand empire au monde, propagea l'hémophilie sur une partie des cours européennes. Son 8e enfant fut atteint par la maladie et deux de ses filles étaient porteuses du gène. La fille de l'une d'entre elles, Alix de Hesse-Darmstadt, épousa le tsar Nicolas II, et leur fils, héritier des Romanov, fut lui aussi hémophile.

Si vous vous faites mordre par un chien, vous n'avez aucun risque de rage, les îles Britanniques étant un des rares pays officiellement indemnes de cette maladie. En revanche, la méningite à méningocoque C est un grave problème de santé publique : de vastes campagnes de vaccination ont eu lieu dans toute la Grande-Bretagne. Si vous devez séjourner longtemps dans ce pays, nous vous recommandons de faire de même.

– ***Services de secours :*** ☎ *999.*

LES ROIS GUÉRISSEURS

Pendant 8 siècles, on a cru que les rois d'Angleterre (comme ceux de France) avaient le pouvoir surnaturel de guérir les écrouelles (ganglions tuberculeux au niveau du cou) en touchant les sujets malades au front. Le premier témoignage remonte à 1182 avec Henri II d'Angleterre. Ce don confirmait le caractère divin de la royauté et étayait son pouvoir absolu.

SITES INTERNET

• ***routard.com*** • Le site de voyage nº 1 avec 800 000 membres et des millions d'internautes chaque mois. Partagez vos expériences avec la communauté de voyageurs : forums de discussions, avis, bons plans et photos. Pour s'inspirer et s'organiser, plus de 300 fiches pays actualisées avec les infos pratiques, les incontournables et les dernières actualités, ainsi que des reportages terrains et des carnets de voyage. Enfin, vous trouverez tout pour vos vols, hébergements, activités et voitures pour réserver votre voyage au meilleur prix. Routard.com, votre voyage de A à Z !

• ***blablacar.fr*** • Pour se rendre et se déplacer au Royaume-Uni à moindres frais, un site particulièrement bien fait. Parfait pour passagers conducteurs qui souhaitent réduire le coût du voyage. Une idée sacrément maligne et écolo de surcroît !

• ***megabus.com*** • Le site *low-cost* des bus qui relient Londres au reste de l'Angleterre, à des prix défiant toute concurrence. En français.

• ***nationalexpress.com*** • Tous les transports par bus, à prix très avantageux, avec les grandes compagnies nationales.

• ***rail.co.uk*** • Le site des différentes compagnies de chemins de fer. Même s'ils sont peu fiables et souvent en retard.

• ***rome2rio.com/fr*** • Un site et une application smartphone complets pour étudier comment aller n'importe où par avion, train, bus, ferry et voiture.

• ***gov.uk/government/world/france.fr*** • Lien vers le riche site de l'ambassade de Grande-Bretagne en France. Très complet et en français.
• ***visitbritain.fr*** • Site officiel de l'office de tourisme de Grande-Bretagne. Nombreux liens, et une boutique pour tous les *pass,* les cartes de transports, etc. Très bien fait. En français.
• ***ukphonebook.com*** • Les Pages blanches. Ça peut toujours servir.
• ***bbc.com/weather*** • Entre ciré ou chemise à fleurs, toujours, vous saurez !
• ***timeout.com*** • *Time Out,* le magazine indispensable pour les sorties.
• ***thetimes.co.uk*** • Site du quotidien *The Times* et du journal hebdomadaire *The Sunday Times.*
• ***theguardian.com*** • Site de l'autre journal de référence.
• ***bbc.co.uk*** • Site de la BBC, TV et radio.
• ***britishcouncil.fr*** • Site en français qui encourage les échanges culturels franco-britanniques.
• ***ticketweb.co.uk*** • Programme et billets des concerts de musique pop.
• ***royal.uk*** • Site officiel sur la famille royale.

TÉLÉPHONE - INTERNET

– ***Grande-Bretagne → Grande-Bretagne :*** pour téléphoner d'un endroit à l'autre à l'intérieur du pays, il faut d'abord composer l'*area code* précédé du 0 (zéro), puis le numéro de l'interlocuteur. Les codes ne présentent pas un nombre de chiffres fixe (0117 pour Bristol, 01904 pour York). On les indique dans nos pages, en introduction de ville notamment. Bon à savoir : les numéros de téléphone sont épelés chiffre par chiffre, et le zéro se prononce comme la lettre « o ». Ainsi, 20 se dira « two o » et non « twenty ».
– ***Grande-Bretagne → France :*** 00 + 33 + numéro du correspondant à 9 chiffres que ce soit pour une ligne fixe ou un portable (ne pas composer le 0 initial).
– ***France → Grande-Bretagne :*** 0044 + *area code* de la ville (mais sans le « 0 ») + numéro du correspondant.
– Les ***numéros de portable*** commencent par 07.
– Les numéros 0800 et 0808 sont gratuits, ceux en 084, 087, 09 et 118 sont surtaxés.

Le portable en voyage

Depuis juin 2017, un voyageur européen titulaire d'un forfait dans son pays d'origine peut utiliser son téléphone mobile ***au tarif national*** dans les 28 pays de l'Union européenne, sans craindre de voir flamber sa facture. ***Cela vaut à priori également pour le Royaume-Uni, à moins que les négociations sur le Brexit ne changent la donne.*** Des plafonds sont néanmoins fixés par les opérateurs pour éviter les excès... Cet accord avantageux signé entre l'UE et ses opérateurs télécoms concerne aussi la consommation de ***données internet 3G ou 4G,*** dont le volume utilisable sans surcoût dépend du prix du forfait national (se renseigner). Par ailleurs, si le voyageur réside plusieurs mois en dehors de son pays, des frais peuvent lui être prélevés...

La connexion internet en voyage

En Grande-Bretagne, la plupart des hôtels, restos, bars et mêmes certains espaces publics disposent du wifi gratuit. Mieux que la connexion 3G et 4G qui peut entraîner des frais en usage intensif, le wifi permet aussi de profiter d'un débit parfois supérieur.
Une fois connecté au wifi, vous avez accès à tous les services de la ***téléphonie par Internet. Whatsapp, Messenger*** (la messagerie de Facebook), ***Viber, Skype*** permettent d'appeler, d'envoyer des messages, des photos et des vidéos aux quatre coins de la planète, sans frais. Il suffit de télécharger

– gratuitement – l'une de ces applis sur son smartphone. Elle détecte automatiquement dans votre liste de contacts ceux qui utilisent la même appli.

TRANSPORTS INTÉRIEURS

La route

Conduire à gauche vous inquiète ? Ce n'est finalement pas si difficile. Avec une voiture de location, on cherche un peu le levier de vitesse au début, mais on s'y fait vite ! Consultez le site en ligne de VisitBritain pour conduire au Royaume-Uni. Formalités (papiers, assurance, équipement à avoir...), location de voiture, limitations de vitesse et autres panneaux de signalisation, la conduite à Londres et le réglementation en ce qui concerne l'alcool, le téléphone, le port de la ceinture... • *visitbritain.com/gb/en/plan-your-trip/getting-around-britain/travelling-car* •

CHAT ALORS !

Percy Shaw, une nuit de 1933, par un brouillard épais, évite de justesse un accident (et un ravin !) grâce aux yeux réfléchissants d'un chat. Ce qui lui donne l'idée de créer des réflecteurs de route pour éviter de tels accidents. Ces réflecteurs (cat's eyes) *s'enfoncent dans le sol à chaque passage de voiture et s'auto-nettoient, comme la paupière des chats.*

Quelques trucs à savoir sur la conduite

– Vous devez évidemment être en possession du ***permis de conduire*** français, de la carte grise et de la carte verte d'assurance. Ne pas oublier de se procurer des adaptateurs pour phares pour la conduite de nuit ou par temps de pluie. C'est une obligation, au risque d'éblouir les voitures en face ! On en trouve notamment sur les bateaux.
– ***Le réseau routier*** est excellent, mais fortement encombré sur les grands axes (autoroutes) et autour des villes, de jour comme de nuit. Les bouchons font partie intégrante du quotidien des Anglais, mais eux ont un flegme qui leur permet de les supporter ! Routes parfois étroites dans le Sud-Ouest (Cornouailles, Devon...), le Nord (Lake District, North York Moors National Park...) et au pays de Galles.
– ***Les autoroutes*** sont gratuites, à l'exception de la M 6 sur 15 miles autour de Birmingham et de certains ponts ou tunnels, mais du coup très fréquentées, en particulier par les semi-remorques. Prudence ! Aires d'autoroute *(services)* complètes et de grande capacité à faire pâlir leurs équivalentes françaises souvent saturées.
– Comment éviter les ***bouchons*** *(traffic-jams)*, l'une des grandes plaies des transports en Grande-Bretagne ? Il y en a 10 tristement célèbres : dépliants gratuits dans la plupart des stations-service *(Leaflets to avoid traffic-jams)*.
– Pour trouver son chemin avec un GPS, mieux que l'adresse, le ***code postal*** (ex. : SX8 4DC) qui mène directement à l'endroit visé, au bâtiment près. On veille à indiquer les principaux codes dans nos pages, mais n'hésitez pas à les vérifier avant de vous rendre à destination. On peut avoir des surprises à l'arrivée, pour seulement une lettre ou un chiffre erroné.
– ***Le carburant*** coûte un peu plus cher que sur le continent, diesel plus cher que le sans-plomb.
– ATTENTION, la ***priorité*** à droite n'existe pas : donc, à chaque carrefour, un stop ou des lignes peintes sur la chaussée indiquent qui a la priorité. Si plusieurs voitures sont arrêtées au même carrefour, elles passent dans l'ordre d'arrivée.
– Aux ***ronds-points*** *(roundabouts)*, à prendre dans le sens des aiguilles d'une montre, les automobilistes déjà engagés sont prioritaires et cette priorité est vraiment respectée (pas comme en France !).

– Peu de panneaux STOP, en revanche des panneaux GIVE WAY, qui invitent à céder le passage sans marquer l'arrêt.
– Les distances sont indiquées en *miles* (1 mile = 1,6 km ; 1 km = 0,6 mile).
– ***Les piétons*** sont toujours prioritaires, d'autant plus s'ils attendent sagement à un passage piéton. Faites-y particulièrement attention, ainsi qu'aux *pelican-crossings,* visuels et sonores, et aux *zebra-crossings* signalés par des boules jaunes lumineuses. Tout non-respect de ces règles vous fera passer pour le plouc intégral.
– ***Les véhicules prioritaires*** (police, pompiers, ambulances) le sont vraiment ! Là aussi, il vous faudra vous arrêter et les laisser passer. Ralentir mollement ne suffit pas !
– On ne badine pas avec les ***limitations de vitesse*** :
➢ en ville : 30 *miles per hour* (48 km/h), voire 20 *mph* (32 km/h) dans certains hyper-centres et zones résidentielles ;
➢ sur nationale : 60 *mph* (97 km/h) ;
➢ sur autoroute *(motorway)* ou route à 2 voies séparées *(dual carriageway)* : 70 *mph* (112 km/h).
– Le port de la ceinture de sécurité est évidemment obligatoire à l'avant et à l'arrière.
– Taux maximum d'alcoolémie autorisé : 0,8 g/l.
On s'habitue à cette conduite pépère, et vous verrez vite qu'il ne sert à rien de pousser, ralenti qu'on est par les nombreux *roundabouts* (ronds-points) et *speed bumps* (ralentisseurs). Par ailleurs, les caméras de surveillance émaillent l'ensemble du réseau routier anglais, parfois même sur les routes de campagne les plus anodines.

Un peu de vocabulaire

Essence, station essence	*petrol, gas station*
Sans plomb	*unleaded*
Pneu	*tyre* (prononcer « taïe »)
Huile	*oil (4 star,* c'est-à-dire 97 octanes*)*
Pare-brise	*windscreen*
Essuie-glace	*wipers* (prononcer « ouaïpeuz »)
Coffre	*boot*
Outils	*tools*
Moteur	*engine*
Batterie	*battery*
Bougies	*lights* (prononcer « laïts »)
Clé de contact	*ignition key*
Réparer	*to mend*
Vérifier	*to check*
(Dé) visser	*to (un) screw*
Louer	*to rent*
Permis de conduire	*driving licence*
Feu de circulation	*traffic light*
Rond-point	*roundabout*
Horodateur	*pay and display machine*

Location de voitures

■ ***BSP AUTO :*** ☎ *01-43-46-20-74 (tlj).* • *bsp-auto.com* • Les prix proposés sont attractifs et comprennent le kilométrage illimité et les assurances. *BSP Auto* propose exclusivement les grandes compagnies de location sur place, assurant un très bon niveau de service. Les plus : vous ne payez votre location que 5 jours avant le départ. Remise spéciale de 5 % aux lecteurs de ce guide avec le code « ROUTARD18 ».
■ ***Hertz :*** ☎ *0825-861-861 (0,15 €/mn + prix d'appel).* • *hertz.com* •
■ ***Europcar :*** ☎ *0825-358-358 (0,15 €/mn + prix d'appel).* • *europcar.fr* •
■ ***Avis :*** ☎ *0821-230-760 (0,12 €/mn + prix d'appel).* • *avis.fr* •

Distances en km	BRIGHTON	BRISTOL	CAMBRIDGE	CANTERBURY	CHESTER	DOUVRES	EDIMBOURGH	EXETER	GLASGOW
BRIGHTON		227	177	153	384	170	708	298	731
BRISTOL	227		255	295	238	318	596	127	592
CAMBRIDGE	177	255		189	293	212	535	382	544
CANTERBURY	153	295	189		394	30	720	387	743
CHESTER	384	238	293	394		427	381	365	376
DOUVRES	170	318	212	30	427		743	410	766
EDIMBOURGH	708	596	535	720	381	743		703	68
EXETER	298	127	382	387	365	410	709		719
GLASGOW	731	592	544	743	375	766	68	719	
LEEDS	391	309	204	403	136	426	324	436	340
LIVERPOOL	413	269	316	425	31	448	348	396	344
LONDRES	88	195	89	100	294	123	620	287	643
MANCHESTER	386	273	270	389	72	421	348	400	344
OXFORD	178	129	126	190	218	213	588	256	564
PORTSMOUTH	78	159	210	221	353	210	741	230	694
SOUTHAMPTON	100	127	214	225	321	235	745	198	667
SWANSEA	369	142	367	433	291	456	672	269	668
YORK	403	368	240	415	175	438	307	495	348

LEEDS	LIVERPOOL	LONDRES	MANCHESTER	OXFORD	PORTSMOUTH	SOUTHAMPTON	SWANSEA	YORK	Distances en km
391	413	88	386	178	78	100	369	403	BRIGHTON
309	269	195	273	129	159	127	142	368	BRISTOL
204	316	89	270	126	210	214	367	240	CAMBRIDGE
403	425	100	398	190	221	225	433	415	CANTERBURY
436	31	294	72	218	353	321	291	175	CHESTER
426	448	123	421	213	210	235	456	438	DOUVRES
824	348	620	348	588	741	745	672	307	EDIMBOURGH
436	396	287	400	256	230	198	269	495	EXETER
840	344	643	344	564	694	667	668	348	GLASGOW
	100	303	64	273	424	488	427	39	LEEDS
100		325	46	249	384	252	322	149	LIVERPOOL
303	325		298	90	121	125	333	315	LONDRES
64	46	298		237	372	340	363	103	MANCHESTER
273	249	90	237		152	103	241	279	OXFORD
424	384	121	372	152		32	312	431	PORTSMOUTH
428	352	125	340	103	32		269	382	SOUTHAMPTON
426	322	333	363	241	312	269		466	SWANSEA
39	149	315	103	279	431	382	466		YORK

Auto-stop *(hitch-hiking)*

Grâce à l'amabilité des Britanniques, le stop est relativement facile. Les routiers british sont encore plus sympas que leurs homologues français, et le stop fait partie des habitudes locales. Sur les autoroutes, faire du stop de *services* en *services* (restoroutes). Vous risquez une amende si vous pratiquez le stop sur les voies d'accès autoroutières.
Pour demander à se faire conduire à... : *Could you please give me a lift to... ?* Encore un excellent moyen de *brush up your rusty english* !

Bicyclettes, scooters et motos

– Presque tous les trains permettent d'embarquer votre vélo sans autre formalité. Vérifiez les horaires à la gare en demandant le système *bike it by train.*
– La Grande-Bretagne possède un excellent réseau de ***pistes cyclables,*** très bien balisées. Plus d'infos sur ● *sustrans.org.uk* ● On peut y calculer son itinéraire et visualiser le parcours.
– Si vous arrivez avec votre deux-roues à moteur, les formalités d'entrée sont les mêmes que pour une voiture :
- ➢ un permis de conduire national, international ou britannique ;
- ➢ une carte verte d'assurance à demander à votre compagnie ;
- ➢ une immatriculation, même pour les moins de 50 cm^3 ;
- ➢ la loi exige des freins, des pneus et un éclairage en parfait état.

– Il est interdit de garer un deux-roues motorisé sur le trottoir. La plupart des parkings disposent d'un espace réservé.

L'autocar

Les autocars en Grande-Bretagne offrent des tarifs plus avantageux que le train (prix inférieurs de 30 à 50 %). Il faut distinguer les *Country Buses,* qui ne desservent que le comté, et les *National Express Coaches,* qui sillonnent tout le pays et sont plus confortables.
Ceux qui prennent beaucoup le bus ont intérêt à se procurer un *Pass Brit Xplorer,* qui donne l'accès illimité à toutes les lignes de la *National Express.* Formules *Hobo* (7 jours, 79 £), *Foot Loose* (14 jours, 139 £) et *Rolling Stone* (28 jours, 219 £). Également des réductions pour les étudiants de 16 à 26 ans et les plus de 60 ans (environ 30 % de remise). Par ailleurs, les *Family Coachcards* permettent aux enfants de voyager gratuitement pendant 1 an. Il existe aussi des compagnies privées qui organisent des circuits et excursions.

■ ***Renseignements centralisés en Grande-Bretagne :*** ☎ *08717-81-81-81 (tlj 8h-22h).* ● *nationalexpress.com* ●
■ ***Autres infos sur*** ● *megabus.com* ● Le *low-cost* des bus. Plein de liaisons entre les villes anglaises. Plus vous réservez tôt, moins c'est cher !

Le train

Le réseau ferré anglais fonctionne aujourd'hui plutôt bien, même si parfois des retards intempestifs sont toujours à déplorer.

■ ***Renseignements et réservations :*** *(8457) 48-49-50.* ● *rail.co.uk* ● *thetrainline.com* ● Pour l'ensemble du réseau. ● *southwesttrains.co.uk* ● Trains dans le sud-ouest du pays seulement.

Quelques tuyaux

– *Single* signifie aller simple ; *return* : aller-retour ; et *day return* : aller-retour dans la journée (beaucoup moins cher que deux allers simples).
– Les tarifs sont nettement réduits si l'on réserve à l'avance, en prenant un billet non échangeable et non remboursable *(non refundable)* et en évitant les heures de pointe.

– Nombreuses formules de réduction pour familles, jeunes, seniors, étudiants, et les possesseurs de la carte *InterRail.*
– Si vous arrivez par Heathrow ou Gatwick et que vous ne voulez pas passer par Londres, les deux aéroports sont reliés au train directement par la gare de Reading. Très intéressant pour l'Ouest et le Nord (Salisbury, Oxford, Bath, Bristol, Exeter, Penzance, Cardiff, Birmingham...). La navette vous conduit à la gare de Reading en 1h.

BritRail

Voici quelques forfaits intéressants pour les routards. Noter qu'un enfant de 5 à 15 ans peut voyager gratuitement s'il est accompagné d'un adulte détenteur du *pass.* Jusqu'à - 20 % pour les 16-25 ans et les groupes jusqu'à 9 personnes, - 15 % pour les seniors de plus de 60 ans voyageant en 1re classe. Nous indiquons ci-dessous les prix en plein tarif et en 2de classe *(standard class).* Ces *passes* existent aussi en version 1re classe.
– *Britrail Consecutive Pass :* trajets illimités sur tout le réseau ferroviaire d'Angleterre, d'Écosse et du pays de Galles, pendant 2, 4, 8, 15, 22, 30 jours consécutifs. De 116 € à 578 €.
– *Britrail Flexible Pass :* mêmes conditions que précédemment, mais ce *pass* apporte une grande flexibilité dans l'organisation de votre voyage. Valable 2, 4, 8 jours répartis sur 1 mois, ou 15 jours répartis sur 2 mois. De 140 € à 498 €.
– *Britrail England Pass :* ce *pass* permet de voyager partout en Angleterre seulement. Valable de 3 jours à 1 mois avec des déclinaisons « Flexible » de 3 à 15 jours répartis sur 1 ou 2 mois. De 141 € à 533 €.
– *Britrail London Plus Pass :* permet d'effectuer un kilométrage illimité autour de Londres ; Oxford, Cambridge, Brighton, Eastbourne, Exeter... et toute la région sud-est de l'Angleterre. Ce *pass* est proposé sous la forme de 3 à 8 jours de voyage à utiliser pendant une période de 1 mois. De 131 € à 299 €.

Pour des infos générales sur les autres *passes* britanniques ainsi que les horaires complets de tout le réseau ferroviaire britannique : • *britrail.net/passes* • Il existe notamment des déclinaisons pour le *South-West,* l'Écosse seule...

InterRail

Avec le ***Pass InterRail,*** les résidents européens peuvent voyager dans 30 pays d'Europe, dont l'***Angleterre.*** Plusieurs formules et autant de tarifs, en fonction de la destination et de l'âge.
À noter que le *Pass InterRail* n'est pas valable dans votre pays de résidence (cependant l'*InterRail Global Pass* offre une réduction de 50 % de votre point de départ jusqu'au point frontière en France). • *fr.interrailnet.eu* •
Pour les grands voyageurs, l'***InterRail Global Pass*** est valable dans l'ensemble des 30 pays européens concernés, intéressant si vous comptez parcourir plusieurs pays au cours du même périple. Il se présente sous 7 formes au choix :
– 4 formules flexibles : utilisable 5 jours sur une période de validité de 15 jours ou bien 7, 10 ou 15 jours sur une période de validité de 1 mois (267-468 €).
– 3 formules « continues » : *pass* 15 jours, 22 jours et 1 mois (418-632 €).
Ces 7 formules existent aussi en version 1re classe.
Les voyageurs de plus de 60 ans bénéficient d'une réduction sur le tarif de l'*InterRail Global Pass* en 1re et 2de classes (tarif senior). Réduction également pour les 12-27 ans et pour les familles.
– Si vous ne parcourez que l'***Angleterre,*** le ***One Country Pass*** vous suffira. Valable 3, 4, 6 ou 8 jours sur une période de validité de 1 mois (205-316 €). Là encore, ces formules se déclinent en version 1re classe. Pour voyager dans 2 pays, vous pouvez combiner 2 *One Country Pass.* Au-delà, il est préférable de prendre l'*InterRail Global Pass.*

InterRail offre également la possibilité d'obtenir des réductions ou avantages à travers toute l'Europe avec ses partenaires bonus (musées, chemins de fer privés, hôtels, etc.).
Pour plus de renseignements, adressez-vous à la gare ou boutique SNCF la plus proche de chez vous.
– ***Trainline :*** une nouvelle façon simple et rapide d'acheter vos billets de train sur le Web, mobile et tablette. Réservez vos billets pour voyager en France et dans une vingtaine de pays européens. Consultez les tarifs et les horaires dans une interface claire et sans publicité. Ce site compare les prix de plusieurs transporteurs européens pour vous garantir le meilleur tarif.
Réservations et paiements en France sur • *trainline.fr* • et sur mobiles avec l'application Trainline pour iPhone et Android.
Et pour répondre à vos questions : • *guichet@trainline.fr* •

L'avion

British Airways et Flybe proposent des liaisons aériennes entre plusieurs villes du Royaume-Uni. Pas toujours très intéressant au niveau des tarifs, mais ça peut faire gagner du temps pour les longues distances, évidemment. • *britishairways.com* • *flybe.com* •

DOUCEMENT LES BASSES !

Pour chasser les oiseaux, certains aéroports britanniques, comme celui de Gloucester, diffusent des chansons de Tina Turner. Il semble que ses mélopées soient plus effrayantes que les cris de piafs en détresse diffusés habituellement pour faire fuir les corneilles et les mouettes.

URGENCES

■ ***Services de secours britanniques, tous services confondus :*** ☎ *999 (appel gratuit).*
■ ***NHS :*** ☎ *111 ou 0845-46-47 (appel gratuit).* Pour obtenir 24h/24 des infos médicales urgentes, comme connaître l'adresse de l'hôpital ou du service de santé le plus proche de chez soi et le plus adapté au problème.

☎ **112 :** c'est le numéro d'urgence commun à la France et à tous les pays de l'UE, à composer en cas d'accident, d'agression ou de détresse. Il permet de se faire localiser et aider en français, tout en améliorant les délais d'intervention des services de secours.

Cartes de paiement

Une carte perdue ou volée peut être rapidement remplacée. En appelant sa banque, un système d'opposition, d'avance d'argent et de remplacement de carte pourront être mis en place afin de poursuivre son séjour en toute quiétude.

– ***Carte Visa :*** *numéro d'urgence (Europ Assistance)* ☎ *(00-33) 1-41-85-85-85 (24h/24)* • *visa.fr* •
– ***Carte MasterCard :*** *numéro d'urgence* ☎ *(00-33) 1-45-16-65-65.* • *mastercardfrance.com* •
– ***Carte American Express :*** *téléphonez en cas de pépin au* ☎ *(00-33) 1-47-77-72-00.* • *americanexpress.fr* •
– En France, composer le ☎ *0892-705-705,* serveur interbancaire pour la mise en opposition des cartes de paiement.

Téléphones

Suspendre aussitôt sa ligne permet d'éviter de douloureuses surprises au retour du voyage ! Voici les numéros des quatre opérateurs français, accessibles depuis la France et l'étranger.

- ***Orange :*** *depuis la France, ☎ 0800-100-740 ; depuis l'étranger, ☎ + 33-969-39-39-00.*
- ***Free :*** *depuis la France, ☎ 3244 ; depuis l'étranger, ☎ + 33-1-78-56-95-60.*
- ***SFR :*** *depuis la France, ☎ 1023 ; depuis l'étranger, 📱 + 33-6-1000-1023.*
- ***Bouygues Télécom :*** *depuis la France comme depuis l'étranger, ☎ + 33-800-29-1000 (service et appel gratuits).*

Vous pouvez aussi demander la suspension de votre ligne depuis le site internet de votre opérateur.
Avant de partir, notez (ailleurs que dans votre téléphone portable !) votre numéro IMEI, utile pour bloquer à distance l'accès à votre téléphone en cas de perte ou de vol. Comment avoir ce numéro ? Taper *#06# sur votre clavier, puis reportez-vous au site • *mobilevole-mobilebloque.fr* •

LE SUD DE L'ANGLETERRE

• Carte Le Sud et le Dorset *p. 72-73*

Voici un site internet qui vous aidera dans la préparation de votre voyage : • *visitsoutheastengland.com* •

LE KENT

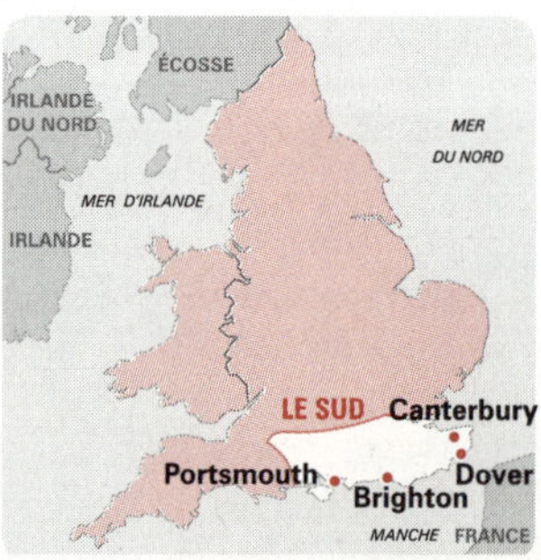

L'histoire est bien représentée dans ce comté si verdoyant, si anglais, mais qui doit pourtant beaucoup aux influences (certes, pas toujours amicales) du voisin français. On y trouve donc un grand nombre de châteaux et de splendides jardins, qui accueillent aujourd'hui les nombreux visiteurs pacifiques débarquant du continent, comme on aime à l'appeler ici. Les ports de cette côte, qui abrite également des stations balnéaires ayant connu de meilleures heures, voient ainsi transiter près de 20 millions de passagers par an. Sans parler de la gare Eurostar internationale qui marque l'arrêt à Ebbsfleet, à la pointe de la péninsule ! Le nord-ouest du comté est déjà la banlieue de Londres, et si Canterbury est le joyau du Kent, la région offre le charme tranquille d'une séduisante campagne anglaise, le tout à 2h de Paris. Idéal donc pour un week-end ou un court séjour.

– Site incontournable : • *visitkent.co.uk* •
– Un autre site utile aux gourmands : • *producedinkent.co.uk* • Le Kent est une des régions les plus gastronomiques d'Angleterre...

CANTERBURY

54 880 hab. IND. TÉL. : 01227

• Plan p. 75

Ville close au cœur du Kent, tout droit sortie du Moyen Âge et bâtie autour d'une impressionnante cathédrale, Canterbury fut, de longs siècles durant, un important lieu de dévotion. Les pèlerins affluèrent en masse afin de se recueillir sur les reliques de Thomas Becket « saint Thomas de Canterbury », assurant la prospérité de la ville. Sa cathédrale est, en outre, le siège de l'Église anglicane. À noter que l'archevêque de Canterbury (l'équivalent du pape pour les Anglais) partage officiellement le pouvoir avec la reine. En plus de la cathédrale, Canterbury réunit la Saint Augustine's Abbey et la Saint Martin's Church, appartenant toutes trois au Patrimoine mondial de l'Unesco. Mais la ville ne vit pas qu'au rythme de son église anglicane, bien au contraire. L'animation règne dans les ruelles médiévales, où touristes (beaucoup de Français) et étudiants déambulent ensemble, goûtant aux joies de la promenade sur la Stour ou arpentant les rives fleuries de cette dernière. Une effervescence que l'on retrouve une fois la nuit tombée, quand la jeunesse insuffle à ces vieux murs une atmosphère festive, mélangeant concerts intimistes et clubs branchés, sans bien sûr oublier les pubs historiques.
Question VIP, Canterbury a vu naître le tragédien contemporain de Shakespeare, Christopher Marlowe, et l'acteur Orlando Bloom...

Arriver – Quitter

En bus

Gare routière *(plan B2)* **:** *Saint George's Lane. ☎ (0871) 200-22-33. • traveline.info •*
➢ ***Londres :*** 1 liaison/h. Trajet : env 2h.
➢ ***Douvres :*** 1 liaison/h. Trajet : env 45 mn.
➢ ***Gare internationale d'Ebbsfleet :*** 3 liaisons/j. Trajet : env 1h10.

En train

Gares ferroviaires : *selon votre provenance, arrivée à Canterbury East (plan A3) ou West (plan A1) ; ttes les 2 sont à 10 mn à pied du centre-ville. ☎ (08457) 48-49-50.*
➢ ***Ashford International :*** 3 liaisons/h env. Durée : 15-20 mn.
➢ ***Douvres :*** 2 liaisons/h (1 seule le w-e). Durée : 30 mn.
➢ ***Londres (Saint-Pancras) :*** 2 liaisons/h (1 seule le w-e). Durée : 1h.

Adresses utiles

Canterbury Information Centre *(plan B1)* **:** *18 High St, CT1 2RA. ☎ 86-21-62. • canterbury.co.uk • Au rdc de la Beaney House. Tlj 9h-18h (10h-17h dim).* Guides et plans de ville gratuits (utiles pour connaître les zones de stationnement). Billetterie pour les musées, visites guidées et balades en barque.
■ ***Park and Ride :*** comme presque partout, préférable d'utiliser les parkings surveillés aux abords de la ville. Un bus fait la navette avec le centre ; journée de stationnement et bus à 3 £. Ces 3 parkings *(New Dover Rd, Sturry Rd et Wincheap – bien placé quand on arrive de Londres)* fonctionnent du lundi au samedi *(7h-19h30).* Un autre parking dans le centre *(Castle Row, tlj 7h-21h),* mais plus cher évidemment.

■ ***Location de vélos :* Canterbury Cycle Centre** *(plan A2, 3), 22-24 Stour St, CT1 2NZ. ☎ 78-78-80. Lun-sam 8h30 (9h sam)-17h30. À partir de 15 £ la ½ journée.*

Où dormir ?

Pensez à réserver : vous n'êtes pas seul à vouloir visiter cette ville !

Camping

⛺ ***The Camping and Caravanning Club Site*** *(hors plan par B2, **11**) : Bekesbourne Lane, CT3 4AB. ☎ 46-32-16. • campingandcaravanningclub.co.uk • À moins de 2 miles du centre-ville, suivre l'A 257 vers Sandwich et Dover. Ne pas se décourager, trottoir très étroit et en montée, et pas de panneau ; aller tt droit après les 2 ronds-points. Tte l'année. Selon saison, 22-26 £ pour 2 avec tente ; env 5 £ de moins pour les membres. (payant.)* Un beau site, vaste, vert, bien équipé, soigneusement tenu et bien situé. On privilégiera les nouveaux emplacements, plus éloignés de l'A 257, pour une nuit sans phares

LE SUD ET LE DORSET

ni bruits de voitures, mais un réveil accompagné de lapins qui sautillent tranquillement.

Bon marché (moins de 40 £ / 48 €)

Youth Hostel Yha Canterbury *(hors plan par B2,* ***11****) : 54 New Dover Rd, CT1 3DT. ☎ 46-29-11. • yha.org.uk • Dans le prolongement de Saint George Pl, à 10 mn à pied du centre. Réception 7h30-10h, 15h-23h. Fermé Noël et Jour de l'an. Résa conseillée. Nuit à partir de 13 £/pers en dortoir 4-6 lits ; à partir de 29 £ en chambre privée (lits superposés) ; petit déj env 6,50 £.* Auberge dans une belle bâtisse ancienne, avec un joli salon haut de plafond et profonds canapés. 6 dortoirs rénovés, simples et propres. Ambiance tranquille. Cuisine à disposition.

Kipps Backpackers Hostel *(hors plan par B3,* ***12****) : 40 Nunnery Fields, CT1 3JT. ☎ 78-61-21. • kipps-hostel.com • À 10 mn à pied du centre. Réception 8h-23h. Compter 10-24,50 £/pers en dortoir ; 20-35 £ en chambres de 1-2 pers. Petit déj env 3,50 £.* La formule « alternative » à l'AJ dans une vieille et belle maison, avec un salon accueillant. Une cinquantaine de places dans des dortoirs de 4 à 8 lits, avec coffres individuels et salle de bains pour certains. Quelques doubles, très simples. Cuisine à disposition. Petit jardin sur l'arrière pour les barbecues aux beaux jours.

Prix moyens (40-80 £ / 48-96 €)

The Tudor House B & B (plan A1, **13**) : *6 Best Lane, CT1 2JB. ☎ 76-56-50. • tudorhousecanterbury.co.uk • Doubles 59-73 £ selon confort.* Adorable maison vieille de plus de 5 siècles, avec un joli jardin (hélas réservé aux propriétaires !) donnant sur la rivière, en plein centre. Superbe escalier et belle cheminée monumentale. Chambres avec ou sans salle de bains ; éviter celle du haut, froide et humide. Très bon petit déj.

Clare Ellen Guesthouse (hors plan par A3, **14**) : *9 Victoria Rd, CT1 3SG. ☎ 76-02-05. • clareellenguesthouse.co.uk • Dans une petite rue perpendiculaire à Wincheap, à env 10 mn à pied du centre. Doubles 70-75 £, petit déj inclus ; familiales. Parking gratuit.* 7 chambres claires mais un peu petites, décorées sobrement, avec TV. Propriétaire sympathique.

Chic (80-120 £ / 96-144 €)

House of Agnes (plan A1, **10**) : *71 Saint Dunstan's St, CT2 8BN. ☎ 47-21-85. • houseofagnes.co.uk • Doubles 75-115 £, petit déj compris ; familiales. Parking gratuit.* Cette élégante maison du XVe s abrite 8 chambres personnalisées, toutes différentes mais toutes jolies. D'autres se situent dans les anciennes étables situées dans l'agréable jardin, pas bien grandes ni très lumineuses, mais plus récentes et paisibles. Petit salon et salle à manger intimes complètent agréablement cette adresse pleine de charme et de caractère.

Ebury Hotel (hors plan par B2, **11**) : *65-67 New Dover Rd, CT1 3DX. ☎ 76-84-33. • ebury-hotel.co.uk • À 10 mn à pied du centre, dans le prolongement de Saint George Pl, pas loin de l'AJ. Fermé Noël-début janv. Doubles 75-175 £, petit déj compris ; familiales. Parking gratuit.* Une bâtisse de brique rouge proposant des chambres assez grandes, confortables et à la déco soignée. L'établissement ne manque pas d'atouts, avec sa cheminée dans le hall, son élégant jardin, son salon douillet et sa piscine couverte. Demandez les chambres côté jardin de préférence.

The White House (plan A1, **15**) : *6 Saint Peter's Lane, CT1 2BP. ☎ 76-18-36. • whitehousecanterbury.co.uk • Fermé en janv. Résa 2 nuits min en hte saison le w-e. Doubles 75-130 £.* Dans une petite rue calme bien qu'en plein centre, une grande maison blanche de type Regency, à l'intérieur cossu et confortable, offrant 7 belles chambres tout confort. Bon accueil (en français quand la propriétaire est présente) et excellent petit déj.

The Falstaff Hotel (plan A1, **16**) : *8-10 Saint Dunstan's St, CT2 8AF. ☎ 46-21-38. • thefalstaffincanterbury.com • Doubles 100-200 £ selon confort et saison ; familiales. Parking gratuit.* Dans un bâtiment vieux de 600 ans. Plusieurs chambres (avec mezzanine) dans une annexe moderne. Accueil de qualité et ambiance familiale dans ce dédale de couloirs avec ses nombreuses cheminées d'époque. Chambres assez inégales, autant côté déco que par leur taille... difficile de repousser les vieux murs ! Quelques belles suites, notamment la « Shakespeare », aux boiseries sombres et romantiques.

Canterbury Cathedral Lodge (plan B1, **18**) : *The Precincts, CT1 2EH. ☎ 86-53-50. • canterburycathedrallodge.org • Doubles 85-135 £ selon saison.* Une architecture moderne dans l'enceinte même de la cathédrale, il fallait oser ! On profite ainsi de la quiétude du lieu quand tous les touristes sont partis. Les 35 chambres proposent une déco assez classique et un confort qui l'est tout autant. La plupart donnent sur la cathédrale, qui s'illumine à la nuit tombée. On est alors aux anges !

Très chic (plus de 120 £ / 144 €)

ABode Hotel (plan A-B1-2, **17**) : *30-33 High St, CT1 2RX. ☎ 76-62-66. • abodecanterbury.co.uk • Doubles*

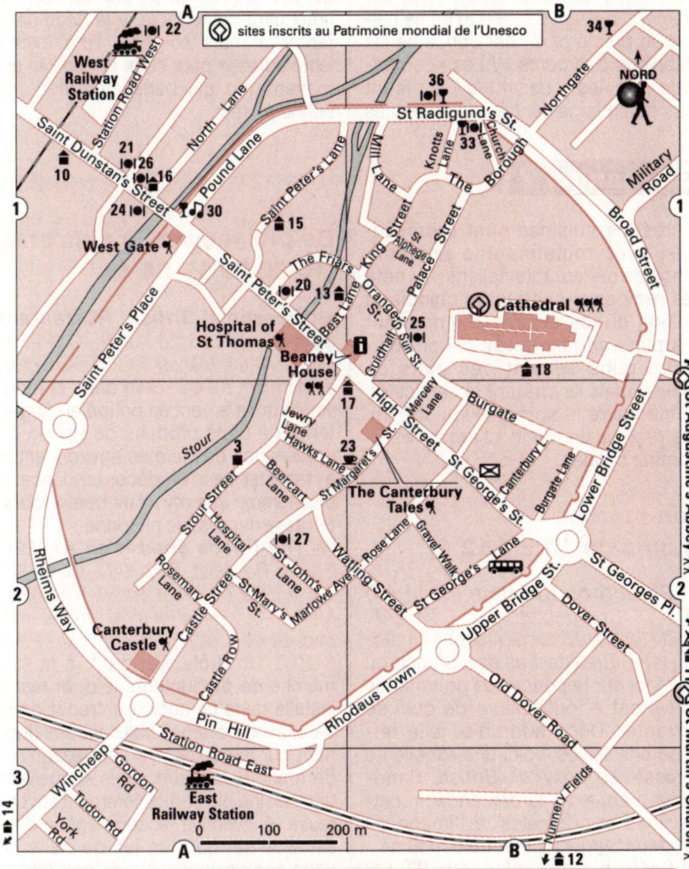

CANTERBURY

■ Adresses utiles

- **i** Canterbury Information Centre
- **3** Canterbury Cycle Centre

Où dormir ?

- **10** House of Agnes
- **11** The Camping and Caravanning Club Site, Youth Hostel Yha Canterbury et Ebury Hotel
- **12** Kipps Backpackers Hostel
- **13** The Tudor House B & B
- **14** Clare Ellen Guesthouse
- **15** The White House
- **16** The Falstaff Hotel
- **17** ABode Hotel
- **18** Canterbury Cathedral Lodge

Où manger ?

- **20** The Skinny Kitchen
- **21** Refectory Kitchen
- **22** The Goods Shed
- **24** Le Café des Amis
- **25** Deeson's British Restaurant
- **26** A la Turka
- **27** Saffron Cafe

Où déguster une pâtisserie ?

- **23** Tiny Tim's Tearoom

Où boire un verre ? Où danser ?

- **30** The Pound
- **33** The Parrot
- **34** Penny Theatre
- **36** The Dolphin

140-500 £ ; surveiller les promos sur Internet. Parking 12 £. Qu'on se rassure, le prix le plus cher concerne les « *fabulous bedrooms* » ! Les « *comfortable* » et les « *desirable* » suffiront sans doute largement à vos exigences de confort. En plein centre, un bel hôtel ultra-confortable, à la déco sans fantaisie mais soignée. Une excellente adresse pour ceux qui en ont les moyens (ou qui bénéficieront d'une bonne promo).

Où manger ?

Toutes les cuisines sont représentées, avec toutefois une prédominance de restaurants italiens. Du côté des remparts, des restos chinois et indiens où les étudiants emportent des plats en *take-away*. Sinon, plusieurs pubs servent des plats de qualité, mais ils arrêtent le service de bonne heure le soir (maximum 21h). Les prix se tiennent, clientèle estudiantine oblige.

Bon marché (moins de 10 £ / 12 €)

Refectory Kitchen (plan A1, **21**) : *16 St Dunstan's St, CT2 8AF. ☎ 76-55-54. Tlj 8h (9h sam)-17h (9h-16h dim). Breakfast all day,* brunch ou déjeuner sur le pouce, les gourmands trouveront à toute heure de quoi se sustenter. Déco adorable, jolie terrasse ensoleillée, voici une excellente adresse, *so cosy, so British.* Sandwichs préparés à la demande ; recettes fines et originales, à l'image du délicieux burger au maquereau fumé.

Saffron Cafe (plan A2, **27**) : *9 Castle St, CT1 2QF. ☎ 78-00-05. Lun-sam 7h30-16h, dim 9h-15h. Plats 5-8 £.* Un petit resto style bistrot, à la clientèle plutôt jeune. Salades bien fraîches, goûteuses et croquantes, *baked potatoes,* sandwichs et snacks divers. Une bonne petite adresse sans prétention.

The Skinny Kitchen (plan A1, **20**) : *7A Saint Peter's St, CT1 2AT. ☎ 63-45-62. Tlj 9h-21h (21h30 ven-sam). Plats 6-14 £.* Un décor on ne peut plus minimaliste, aussi allégé que les plats proposés ici. Le concept joue à fond la carte du manger-sain, local, sur-protéiné et ultra-vitaminé. Un peu radical peut-être, mais bon et efficace pour faire le plein d'énergie sans prendre un gramme !

De prix moyens à plus chic (10-30 £ / 12-24 €)

Deeson's British Restaurant (plan B1, **25**) : *25-26 Sun St, CT1 2HX. ☎ 76-78-54. Menus 20-25 £ le midi en sem ; plats 8-24 £.* Bien dans la mouvance qui a le vent en poupe en Angleterre, de bons produits de saison en provenance des fermes environnantes à déguster dans un décor tendance et chaleureux. *Yummy !* Aux beaux jours, terrasse dans la rue piétonne.

The Goods Shed (plan A1, **22**) : *Station Rd West, CT2 8AN. ☎ 45-91-53. À côté de West Railway Station. Marché ouv tte la journée ; repas mat, midi et soir, sf lun et dim soir. Plats 8-20 £.* Un drôle d'endroit, à la fois marché de producteurs (bio) et resto, installé dans un ancien entrepôt de la gare, avec de larges baies vitrées donnant sur les voies. Sur la mezzanine, de grandes tables en bois accueillent une cuisine bio particulièrement savoureuse et inventive, accompagnée d'un verre de vin ou d'un jus de fruits de votre composition. Une de nos adresses préférées, autant pour la qualité des plats que pour l'ambiance. Beaucoup de monde le week-end, mieux vaut réserver.

Le Café des Amis (plan A1, **24**) : *93-95 Saint Dunstan's St, CT2 8AD. ☎ 46-43-90. Tlj 12h-22h (22h30 ven-sam, 21h30 dim). Plats 9-18 £.* Un très bon resto où l'on est accueilli par une belle collection de poissons globuleux et d'iguanes joyeux en papier mâché. Dans la salle, clientèle plutôt familiale le midi et plus estudiantine le soir. Dans l'assiette, du mexicain, avec *quesadillas* et autres fajitas, mais aussi paella à déguster entre amis. Plats copieux et souvent atypiques, service rapide et souriant, tandis que la musique se balade entre l'Andalousie et Cuba. Convivial et très sympa !

A La Turka (plan A1, **26**) : 15 Saint Dunstan's St, CT2 8AF. ☎ 63-91-02. Tlj 11h-23h. Mezze 12 £ ; plats 6-16 £. Dans ce petit resto familial, la déco est certes plus scintillante que brillante, la musique parfois un peu trop présente, mais on y mange sacrément bien. Toutes les saveurs et la générosité de la cuisine turque se retrouvent dans de belles assiettes bien remplies, un régal !

Voir aussi les pubs ***The Parrot*** et ***The Dolphin*** plus bas dans « Où boire un verre ? Où danser ? ».

Où déguster une pâtisserie ?

Tiny Tim's Tearoom (plan A-B2, **23**) : 34 Saint Margaret's St. ☎ 45-07-93. Tlj 9h30-17h (10h30-16h dim). Fermé 2 sem courant janv. Plats 6-11 £ ; afternoon tea 18,50 £. Petit comptoir en bois et vitrine garnis de délicieuses tentations répondant aux noms de scones, *plump pilgrim* (moelleux à l'orange et aux groseilles) ou *bakewell tarts.* Salon de thé vieille époque anciennement habité par un fantôme (!) où l'*afternoon tea* est resté une tradition. Raffiné et cosy, le temps passe doucement à Canterbury... Propose également quelques plats simples et bons le midi.

Où boire un verre ? Où danser ?

Les habitants de Canterbury ne sont pas moroses et essaient réellement de rendre le paysage nocturne aussi festif que varié. Les plus jeunes se retrouvent essentiellement dans les bars et restos branchés de Saint Margaret's Street. Même en plein hiver, la longueur des jupes est aussi courte que l'ambiance est chaude ! Pour vous aiguiller, allez demander la brochure *W3* qui détaille minutieusement ce qui se trame chaque soir (surtout pour les petits concerts et les clubs).

The Parrot (plan B1, **33**) : 1-9 Church Lane, CT1 2AG. ☎ 45-41-70. Plats 10-19 £. Voici le plus vieux pub de la ville, et même une des plus anciennes habitations de Canterbury. Bas de plafond, avec feu dans la cheminée, houblon suspendu aux poutres et parquets patinés. Superbe salle de resto au 1er étage, sous une charpente du XIVe s absolument magnifique. Et l'on y mange très correctement. Agréable cour à l'arrière en été.

Penny Theatre (plan B1, **34**) : 30-31 Northgate, CT1 1BL. ☎ 81-28-50. Ouv jusqu'à minuit, 1h ven-sam. Pub jeune, pour jeunes. Grand choix de cafés, du *ristretto* au *moka.* Tous les soirs, alternance entre musique live et matchs de foot sur écran géant. Un billard également.

The Dolphin (plan B1, **36**) : 17 Saint Radigund's St, CT1 2AA. ☎ 45-59-63. Ouv 12h-1h. Plats 10-17 £. Un de ces vieux pubs rénovés avec un talent tout britannique, joyeux mélange de déco disparate où les bibendums Michelin côtoient les lampes Art nouveau et autre collection de maquettes d'engins roulants. On choisit son coin selon l'humeur, côté bar lumineux, petite salle cosy ou dans le grand jardin fleuri. Beaucoup de monde le dimanche midi pour le traditionnel et copieux *roast dinner.*

The Pound (plan A1, **30**) : 1 Pound Lane, CT1 2BZ. ☎ 45-86-29. Tlj 11h-2h30 (3h30 ven-sam). DJ jeu-sam à partir de 22h. Encore un lieu incroyable puisqu'il s'agit de l'ancienne prison de la ville, élégamment reconvertie. Plusieurs salles, grands volumes, ou au contraire de minuscules petites pièces (les anciennes cellules) pour s'isoler... c'est le cas de le dire ! Le lieu le plus branché du moment, où la jeunesse se retrouve autour de bons cocktails sophistiqués. Excellente atmosphère, dans un bel écrin contemporain et pour le moins atypique.

À voir

Cathedral (plan B1) : ☎ 76-28-62. • *canterbury-cathedral.org* • *Lun-sam 9h-17h30 (17h en hiver), dim 12h30-14h30. Entrée : 12 £ ; réduc. Audio-guide 4 £. Petit tuyau : gratuit pdt les offices religieux à 17h30 en sem et 15h15 le w-e.*
La cathédrale primitive, détruite par les Vikings, fut reconstruite en style roman à partir de 1070 et fut terminée 5 siècles plus tard. Elle reste dans l'histoire et dans les esprits associée à Thomas Becket. C'est en effet au sein même de la cathédrale que celui-ci trouva la mort, lâchement assassiné en pleine prière sur ordre du roi. On récupéra à l'époque le corps de l'archevêque, et ses reliques devinrent un objet de ferveur populaire et de pèlerinage. Henri VIII fit détruire le tombeau en 1538.
En 1982, le pape et l'archevêque vinrent se recueillir sur la tombe fatidique, réunis pour la première fois depuis la Réforme.
La construction ayant duré près de 5 siècles, tous les styles y fusionnent étrangement, sur plusieurs niveaux. C'est le premier exemple de gothique en Angleterre. Il s'en dégage une impression de grandiose et gracieuse harmonie. À l'intérieur, des vitraux représentent les ancêtres de Jésus ; tellement beaux qu'ils ont échappé à la furie iconoclaste (peut-être aussi qu'ils étaient trop haut perchés !). Dans le cloître, les bancs de pierre gardent la trace d'un jeu pratiqué par les écoliers au Moyen Âge. Sous les voûtes, les 800 blasons des familles de donateurs. Dans la crypte a été installée une impressionnante sculpture contemporaine en fer forgé médiéval. Antony Gormley avec cette œuvre, intitulée *Transport*, a voulu symboliser le déplacement du corps de Thomas Becket... Puissant !
Un peu plus loin, dans la chapelle romane Saint Gabriel, des fresques polychromes du XIIe s d'inspiration byzantine. Dans le trésor, une montre solaire portative en argent doré. D'époque anglo-saxonne, elle remonte à plus de 1 000 ans...
Tous les dimanches à 15h est célébré un culte en français, dans la chapelle du Prince Noir (sous la cathédrale), où trouvèrent refuge des protestants *frenchies* après la révocation de l'édit de Nantes (1685).
– Au nord de l'édifice, la ***King's School*** occupe des bâtiments adjacents de la même époque. C'est l'une des plus vieilles écoles au monde, l'une des plus chères aussi. Visite intérieure possible sur rendez-vous.

The Canterbury Tales (plan B2) : *dans l'église Saint Margaret, dans le centre-ville.* ☎ *47-92-27.* • *canterburytales.org.uk* • *Tlj 10h-17h avr-août, jusqu'à 16h le reste de l'année. Fermé 25-26 déc et 1er janv. Entrée : env 10 £ ; réduc et forfaits famille.* Un retour au Moyen Âge, un casque audio sur les oreilles (en français), tout en suivant le pèlerinage parmi collines et vallées, évoquant les scènes tirées de Chaucer, poète du XIVe s auteur des célébrissimes *Contes de Canterbury* (qui inspirèrent Shakespeare puis Pasolini). Tout y est, même les odeurs nauséabondes dans les rues pavées. Attention où vous mettez les pieds !

The Beaney House of Art and Knowledge (plan A-B1) : *18 High St.* ☎ *387-81-00.* • *canterburymuseums.co.uk/beaney/* • *Ouv 9h (10h dim)-17h (18h jeu). GRATUIT (sf pour certaines expos temporaires).* Cette splendide maison victorienne abrite l'office de tourisme et un ravissant musée. Son fondateur voulait dès l'origine en faire un lieu de culture en vue de l'éducation des classes ouvrières. Cet immense cabinet de curiosités expose de la peinture, de la sculpture et des collections d'archéologie ou d'histoire naturelle. Des expos temporaires mettent régulièrement en avant des œuvres de la National Gallery.

Eastbridge Hospital, Greyfriars Islands and Gardens : *accès par le 6 Stour St.* • *eastbridgehospital.org.uk* • Un lieu de promenade on ne peut plus bucolique... Au bord de la Stour, au cœur d'un joli jardin, se trouvent les vestiges de la chapelle des Greyfriars, le plus ancien bâtiment franciscain d'Angleterre, abandonné sous le règne d'Henri VIII.

Saint Augustine's Abbey (hors plan par B1) : *Longport.* ☎ *76-73-45.* • *english-heritage.org.uk* • *Fin mars-sept, tlj 10h-18h ; oct-fin mars, tlj 10h-16h ou 17h. Entrée : env 6 £ ; réduc. Audioguide disponible en français.* Juste à l'extérieur des remparts, les ruines de l'une des abbayes les plus anciennes du pays (598), construite pour convertir les païens au christianisme. 1 000 ans plus tard, la scission de l'Église anglicane sonna le glas de l'abbaye. Quelques tombes et des vestiges de l'architecture romane.

The Hospital of Saint Thomas the Martyr (Eastbridge Hospital ; plan A1) : *25 High St.* ☎ *47-16-88.* • *eastbridgehospital.org.uk* • *Lun-sam 10h-17h. Entrée : 2 £.* Ancien hospice qui accueillait au Moyen Âge pas moins de 600 pèlerins. On peut visiter la crypte, deux jolies chapelles et un réfectoire. Intéressante fresque du XIIIe s d'un Christ bénissant. Aujourd'hui y vivent quelques retraités. Superbe jardin en bord de rivière.

Saint Martin's Church (hors plan par B2) : *North Holmes Rd.* ☎ *76-80-72.* • *martinpaul.org* • *Ouv mar, jeu et sam 11h-15h ; dim 9h50-10h30. GRATUIT.* Voici la plus ancienne église en activité d'Angleterre. D'ailleurs, l'origine en est controversée. On ne sait pas si le site a d'abord servi aux Romains pour le culte chrétien ou si Augustin (pas encore saint à l'époque) et ses 40 moines en auraient fait leur première base de conversion du Kent au christianisme, en 597. Quelques indices sont parsemés çà et là comme certaines tombes dans le jardin ou, au nord de la nef, l'ancienne porte principale avec ses fonts baptismaux, corroborant... les deux possibilités !

West Gate (plan A1) : *2 Saint Peter's St.* ☎ *45-86-29.* • *onepoundlane.co.uk* • *Tlj 11h-16h. Entrée (par le bar* The Pound*) : 4 £.* Seule porte médiévale de la ville encore debout. Un petit musée retrace son histoire, notamment son rôle de prison pendant 5 siècles (les cellules font aujourd'hui partie du bar *The Pound*). On peut aussi se promener le long des remparts ou s'accorder une pause dans les jardins avoisinants, en bord de rivière. Tranquille et bucolique avant d'attaquer la cathédrale, ou pour pique-niquer.

Canterbury Castle (plan A2) : *Castle St.* ☎ *86-21-62.* • *canterbury.co.uk* • *Tlj de 8h à la tombée du jour. GRATUIT.* Il ne reste plus qu'une partie de l'ossature du château, mais la petite promenade est agréable.

Si vous avez du temps, on trouve aussi à Canterbury un musée historique (le **Canterbury Heritage Museum** • *canterbury.co.uk/museums/* •), un Musée romain, un musée de la Franc-Maçonnerie...

À faire

➢ **Visite guidée :** • *canterburyguidedtours.com* • *Tour de la ville à pied (env 1h30) : 1 visite/j. à 11h fév-mars ; 2 visites/j. à 11h et 14h avr-fin oct. Billets au Canterbury Information Centre : 7,50 £ ; réduc. Départ à Buttermarket. En prévenant, possibilité d'avoir un guide parlant le français.* Canterbury est une ville qui ne peut se visiter qu'à pied. Cette balade permet d'accéder aux coins les plus cachés, tout en découvrant l'histoire et l'architecture si particulières à cette ville. Très sympa et instructif.

Et pour ceux qui en redemandent, un singulier monsieur vous propose son **Ghostly Tour** de Canterbury : • *canterburyghosttour.com* • *0845-519-02-67. Départ à 20h devant l'Alberry's Wine Bar, Saint Margaret's St. Ven-sam ; 10 £ ; réduc.* John Hippisley, vêtu de son chapeau haut-de-forme et de sa cape, vous entraînera dans un dédale de rues et de maisons à la recherche des fantômes de la ville. Anecdotes pleines d'humour et atmosphère de chair de poule se succèdent pendant 1h30.

➢ **Promenade en barque :** *Pâques-oct (tt dépend de la météo) 10h-17h ; départ ttes les 15-20 mn (durée 40 mn). Billets à acheter sur place ou au* Canterbury Information Centre. *Centre : 9,50 £ ; réduc.* Une autre façon de découvrir la ville, particulièrement délicieuse par beau temps. Entre autres choses, près du pub *Old Weavers,* vous verrez une drôle de chaise suspendue au-dessus de l'eau. On y mettait les femmes qui parlaient trop (!) ainsi que les sorcières. Si ces dernières survivaient aux immersions répétées, on y voyait une preuve irréfutable de leur possession par le diable, donc on finissait par les brûler... De toute façon, elles n'avaient aucune chance d'en sortir vivantes !

Festival

– ***Canterbury Festival :*** *• canterburyfestival.com • 3 sem en oct-nov.* Les arts en grande pompe : musique, théâtre, expos, etc. Infos et résas auprès du *Canterbury Information Centre.*

BROADSTAIRS

23 630 hab. IND. TÉL. : 01843

S'il vous faut absolument voir la mer et marcher sur une plage de sable, allez à Broadstairs, à 18 miles à l'est de Canterbury, autrefois station balnéaire à succès. Un endroit un peu désuet, plus charmant en tout cas que les autres villes du littoral de Thanet avec sa crique encaissée que fréquenta un certain Charles Dickens.

Où dormir ? Où manger ? Où boire un verre ?

La plupart des *B & B* se trouvent en plein centre, au sud de High Street. Mais rien de bien extraordinaire...

Royal Albion Hotel : *Albion St, CT10 1AN. ☎ 86-80-71. • albionbroadstairs.co.uk • En plein centre. Doubles 80-150 £ selon vue, confort et saison.* Vieil hôtel typique des stations balnéaires britanniques du XIXe s, aux chambres rénovées avec goût. Les plus chères sont évidemment situées côté mer, dotées pour certaines d'un bow-window ou/et d'un balcon. Agréable bar prolongé d'une terrasse, avec vue sur la mer (ouvert également aux non-résidents).

The Pavilion : *sur la plage, CT10 1EU. ☎ 60-09-99. Plats simples 7-12 £.* Vaste pub de vacances sans prétention, où les innombrables clients se tassent sur la grande terrasse ou dans le jardin. Pas de la grande gastronomie, juste une institution toute britannique... Personnel sympathique malgré la foule.

Morelli's Cappuccino : *14 Victoria Parade, CT10 1QS.* Dans ce grand café face à la mer, on déguste un vrai café serré ou l'une des 50 glaces qui ont établi la renommée gourmande de l'établissement.

À voir

Dickens House Museum : *2 Victoria Parade. ☎ 86-34-53. Tlj Pâques-mai, 13h-16h30 ; slt w-e 15 sept-nov, 13h-16h30 ; juin-15 sept, tlj 10h-17h. Fermé déc-mars. Entrée : env 4 £ ; réduc.* Pour ceux qui en redemandent. La propriétaire des lieux inspira le personnage de Miss Trotwood dans *David Copperfield.*

À voir dans les environs

Turner Contemporary : *à Margate, CT9 1HG. ☎ 23-30-00. • turnercontemporary.org • À 3,5 miles au nord-ouest de Broadstairs. Tlj sf lun 10h-17h. GRATUIT (don bienvenu).* Construit sur le front de mer en 2011, un beau musée d'art moderne et contemporain qui propose des expos temporaires de très bon niveau. Agréable *coffee shop* tout vitré sur la mer.

SANDWICH

5 600 hab. IND. TÉL. : 01304

Aussi curieux que cela puisse paraître, la mer venait auparavant fouetter la ville, faisant d'elle un port de première importance dans l'Angleterre du Moyen Âge, l'un des « Cinque Ports » chargés de protéger l'île. Aujourd'hui, cette petite bourgade tranquille dégage un charme certain, entre vieilles pierres, mer et campagne.

Pour la petite histoire, Sandwich est jumelée avec Honfleur (en Normandie), pourtant responsable de la destruction quasi intégrale de la ville anglaise au XVe s. Enfin, ce n'est pas ici que naquit le sandwich (voir la rubrique « Cuisine » dans « Hommes, culture, environnement »)...

LE LOBE OU LA VIE !

Dans Strand Street, vous trouverez la Pillory Gate dans un immeuble à la façade légèrement inclinée. Figurez-vous que c'est un vestige authentique de l'endroit où les criminels étaient ridiculisés en public, ou, plus cruellement, cloués par l'oreille à un poteau jusqu'à ce qu'ils se libèrent tout seuls !

Adresse utile

Tourist Information Centre : *The Guildhall, CT13 9AH. ☎ 61-35-65. • visitsandwich.co.uk • En hiver, horaires restreints et variables. Contacter alors celui de Douvres. Avr-oct, lun-sam 10h-16h.* Demander la brochure *Sandwich Historic Town Trail* en français.

Où dormir ?

Très peu de choix en ville, les bonnes adresses se trouvent surtout dans la campagne environnante.

Sandwich Leisure Park : *Woodnesborough Rd, CT13 0AA. ☎ 61-26-81. • sandwich-leisurepark.co.uk • À 500 m de l'office de tourisme. À la sortie ouest de la ville, juste après la voie ferrée. Ouv début mars-fin oct. Compter 26-32 £ la nuit pour 1 tente et jusqu'à 3-4 pers.* Dépassé l'effrayant alignement de caravanes, l'espace pour les tentes s'avère très agréable et spacieux. Beau bloc sanitaire, bien propre. Tout ce qu'il faut pour prendre des calories au bar et les brûler dans la même journée.

Saint John's Cottages : *6 Moat Sole, CT13 9AU, chez Robert et Claudia Maxtone-Graham. ☎ 61-32-70. • sandwichcottages.co.uk • Cottages 2 pers 310-390 £/sem selon saison ; forfaits 2 nuits 150 £.* Dans 6 petits cottages style maisons de poupée, des intérieurs à la fois simples et accueillants, offrant le confort nécessaire à un long séjour. Cheminées, vieilles pierres, escaliers de Lilliputiens... Cette bâtisse fondée en 1287 comme hospice fut reconstruite en 1805 et sauvée de la destruction par son actuel propriétaire.

Où manger ? Où boire un verre ?

De bon marché à prix moyens (moins de 20 £ / 24 €)

IOI ***George and Dragon :*** *24 Fisher St, CT13 9EJ. ☎ 61-31-06. Dans High St, prendre à droite Upper Strand St et, après 500 m, à droite à nouveau. Plats 10-20 £.* Petite rue calme et discrète où ce pub, inauguré en 1446, vous réserve une cuisine inventive et savoureuse dans une atmosphère détendue. Plats copieux, petits légumes frais et service adorable ; on aime le style auberge et la chaleur distillée par le four à bois.

IOI ***No Name Shop :*** *1 No Name St. ☎ 61-26-26. Sur la place de l'office de tourisme. Plats env 6-10 £, platters pour 2 env 20 £.* Au rez-de-chaussée, une adorable épicerie fine « à la française ». Le repas se passe à l'étage, un brin confidentiel et plein de charme avec ses boiseries peintes en noir. Charcuteries, fromages, quiches, salades... On suggère les plateaux *(platters)* proposant un peu de tout cela à la fois, ne serait-ce que pour goûter aux excellents pains maison. Accueil tout autant délicieux.

🍷 ***Admiral Owen Pub :*** *8 High St, CT13 9EB. ☎ 61-77-71. Tlj 11h-23h.* On adore ce pub historique (ouvert en 1546 !) pour l'accueil chaleureux, ses fauteuils Chesterfield, ses feux de cheminée et ses boiseries sombres. *Music session* le dimanche à 19h (jazz et folk).

LE SUD DE L'ANGLETERRE

DOUVRES (DOVER)

41 710 hab. IND. TÉL. : 01304

Historique « porte blindée » de l'Angleterre en guerre et premier port passager de Grande-Bretagne, Douvres a la réputation de ne pas être la ville la plus attrayante du coin. Il est vrai que les bombardements allemands n'ont pas épargné son centre-ville. Dans ce dernier, aujourd'hui rénové, on note un élan timide de dynamisme, à l'image des restaurants sur Market Square ou du port de plaisance, qui par beau temps sont assez agréables. Sachez également que la pointe de Douvres constitue l'endroit d'Angleterre le plus proche de la France et donc du continent européen. Mais avant de reprendre le ferry, remarquez la peinture murale de Banksy, enlevant une étoile au drapeau de l'UE. Tout un symbole... L'imposante forteresse qui domine la ville mérite une visite : elle est tellement bien conçue et située qu'elle n'a cessé d'être en activité du XIIe s à la Seconde Guerre mondiale. L'ensemble est d'ailleurs doté d'un impressionnant réseau de galeries souterraines situées sous les hautes falaises blanches qui dominent le port.

Arriver – Quitter

En ferry

⛴ ***Port :*** *☎ 24-04-00 et 24-14-27.*

➢ ***Calais :*** les ferries tournent 24h/24 (traversée : env 90 mn). Traversées tous passagers avec *P & O (● poferries.com ●)* et slt motorisés ou avec vélos avec *DFDS (☎ 02-32-14-68-50, ● dfdsseasways.fr ●).*

➢ ***Dunkerque :*** liaisons ttes les 2h avec *DFDS,* mais pour les passagers motorisés ou avec vélos slt. Durée : 2h10.

Voir aussi la rubrique « Comment y aller ? » en début de guide.

En train

🚂 ***Gare ferroviaire :*** *Dover Priory Station, Folkestone Rd. ☎ (08457) 48-49-50.*

➢ ***Londres :*** 2 trains/h. Durée : env 1h40.

En bus

Gare routière : *Pencester Rd (dans le centre).* Les bus *National Express* en journée desservent également le port. Se renseigner auprès de l'office de tourisme pour les horaires et pour acheter les billets.

➢ **Londres :** liaisons pour London Victoria avec les bus *National Express* (durée : 2h45, nettement moins cher que le train, comme d'habitude) ; billets à acheter à l'office de tourisme.

Adresse et info utiles

Tourist Information Centre : *Dover Museum, Market Sq, CT16 1PB. ☎ 20-10-66. • whitecliffscountry.org.uk • Lun-sam 9h30-17h, plus dim 10h-15h (slt avr-sept).* Résas pour ferries, bus et hôtels.

Banques : *sur Market Sq.*

Où dormir ?

Vous n'êtes pas tenu d'y passer la nuit, d'autant que les ferries opèrent presque 24h/24 en haute saison. Évitez les *B & B* de Folkestone Road (genre « je compte les camions pour m'endormir ») et préférez ceux placés dans les rues qui montent (vers le château par exemple), plus au calme.

Prix moyens (moins de 80 £ / 96 €)

Maison Dieu Guesthouse : *89 Maison Dieu Rd, CT16 1RU. ☎ 20-40-33. • maisondieu.co.uk • De l'office de tourisme, continuer sur Ladywell Rd et prendre à droite sur 200 m Maison Dieu Rd. Doubles 52-70 £ ; familiales. Petit déj 6,50 £.* Proche du centre, une adresse proposant des chambres, avec ou sans salle de bains, à la déco fraîche et plaisante. L'une d'elles offre même une belle vue sur le château. Mrs French, la propriétaire (anglaise !), connaît la ville par cœur et vous donnera quelques conseils pratiques avec beaucoup de gentillesse.

Bleriot's Guest House : *Belper House, 47 Park Ave, CT16 1HE. ☎ 21-13-94. • bleriotsguesthouse.co.uk • Du port, à pied, prendre Maison Dieu Rd, puis une rue sur la droite, en côte sévère. En voiture, arriver par l'A 258 et, sur la Castle Hill Rd, prendre à droite la Connaught Rd, qui croise la Park Ave. Fermé fin déc. Doubles 56-68 £ ; familiales. Petit déj 6 £. Parking gratuit.* Dans une jolie maison victorienne, 8 chambres décorées simplement mais confortables et tranquilles. 2 d'entre elles partagent les toilettes et une, notre préférée, offre une vue sur le château. Accueil chaleureux.

Où manger ? Où boire un verre ?

De bon marché à prix moyens (moins de 20 £ / 24 €)

The Allotment : *9 High St, CT16 1DP. ☎ 21-44-67. Mar-sam 9h-22h, dim 12h-16h. Plats 7-17 £.* La jolie devanture Art nouveau, la cuisine grande ouverte, le petit jardin à l'arrière sont autant d'invitations à entrer et à s'attabler. La cuisine est aussi fraîche que le cadre : petits déj, soupes, plats du jour, pâtisseries... tout est maison et à base de produits frais. Même proprio que ***La Scala,*** un italien dont on ne pense que du bien.

Cullins Yard : *11 Cambridge Rd, CT17 9BY. ☎ 21-16-66. Snacks 5-10 £ le midi ; plats 9-17 £.* Situé sur le port de plaisance, ce restaurant au comptoir en forme de drakkar avec sa terrasse sur l'eau aux beaux jours vous réconcilie avec Douvres. À gauche, les falaises, à droite, votre assiette garnie de la pêche du jour, d'une grosse salade composée ou encore d'une paella. Ambiance bon enfant.

Dino Ristorante : *58 Castle St, CT16 1PJ. ☎ 20-46-78. À 200 m de Market Sq. Tlj sf lun. Résa conseillée. Plats 7-21 £.* Tout petit resto italien tenu par des Italiens et où l'on mange vraiment italien ! *Antipasti* colorés, pizzas garnies, plats de pâtes pléthoriques et risotto fondant... Sicile, Pouilles... toutes les bonnes régions du sud de la Botte se sont donné rendez-vous ici.

The White Horse Inn : *St James St, Castle Hill Rd. ☎ 21-30-66.* Le plus vieux pub de la ville où convergent les *Channel swimmers,* ceux qui par centaines traversent la Manche à la nage tous les ans. Les heureux sportifs se voient offrir une *pint* et inscrivent leur performance sur les murs. Une nouvelle manne en tout cas pour les pêcheurs de Douvres qui louent leurs services très, très cher pour accompagner les nageurs tout le long de leur traversée.

À voir

Dover Castle *(château de Douvres) : à Castle Hill, CT16 1HU. ☎ 21-10-67. • english-heritage.org.uk • Ouv 10h-18h (17h oct et 16h nov-mars). Ouvertures variables selon les sem, jetez un œil sur le site. Entrée : env 20 £ ; réduc.* Impressionnante forteresse, la 2e plus grande d'Angleterre après Windsor, et fief des Plantagenêts qui gouvernèrent le pays pendant 400 ans. Ne pas manquer les passionnantes reconstitutions d'intérieurs médiévaux de l'époque d'Henri II (XIIe s) dans le donjon (*Arthur's Hall* notamment), ni la balade le long des remparts tout autour, le *Battlement's walk* (compter 1h tout de même !). De partout, de palpitantes vues et par beau temps, les côtes françaises, distantes seulement de 20 miles. Emplacement hautement stratégique, donc, qui valut aux galeries souterraines d'abriter, durant la dernière guerre mondiale, le QG du contrôle anti-aérien. C'est d'ici que Churchill surveilla le déroulement de la bataille d'Angleterre. Ces galeries qui servirent également durant la Première Guerre mondiale se visitent (*Dover secret Wartime* et *Underground Hospital*). Comme souvent, une visite bien chère mais il y a de quoi y passer une bonne demi-journée (mais par beau temps !) en attendant le ferry, les différentes expos sont d'une grande richesse et les enfants adorent.

LA SAGA DES PLANTAGENÊTS

C'est un comte d'Anjou, Geoffroy le Bel, qui fut surnommé « Plantagenêt », car il plaçait un genêt sur son casque. Son fils, Henri II Plantagenêt, épousa Aliénor d'Aquitaine. Arrière-petit-fils de Guillaume le Conquérant, il devint roi d'Angleterre, à la tête d'un royaume considérable. Cette union lui offrit la grande partie occidentale du royaume de France. Ce mariage fut à l'origine de la guerre de Cent Ans.

Dover Museum : *Market Sq (en plein centre). ☎ 20-10-66. • dovermuseum.co.uk • Mêmes horaires que l'office de tourisme. GRATUIT.* L'histoire de Douvres, de la préhistoire jusqu'à la Seconde Guerre mondiale. Arrêtez-vous à l'âge du bronze pour admirer le bateau, vieux de 3 600 ans, retrouvé lors d'un chantier dans le centre-ville. Incroyablement bien conservé. Il aurait servi à traverser la Manche,

BRAVO BLÉRIOT !

Fabricant de lanternes et ruiné, Blériot voulait gagner le premier prix offert par le Daily Mail *pour la 1re traversée de la Manche. Partant de Calais, il se lança le 25 juillet 1909 pour parcourir les 38 km. Son avion n'arrivait pas à prendre suffisamment d'altitude pour franchir les falaises britanniques. Heureusement, il aperçut une trouée vers Douvres. Quant à Latham, son concurrent et le favori, il ne s'était pas réveillé...*

à l'époque où Moïse en était encore à implorer le ciel pour franchir la mer Rouge. Admirez aussi la collection de dés à coudre retrouvés par la très sérieuse association des chercheurs de métal. Sachez que vous pouvez faire appel à eux si vous perdez vos clés de voiture au pied de la falaise !

Dover Transport Museum : *Willingdon Rd, White Cliffs Bussiness Park, Whitfield. ☎ 82-24-09. • dovertransportmuseum.org.uk • À la périphérie de Douvres. De mi-mars à oct, mer, w-e et j. fériés 10h30-17h ; de nov à mi-mars, dim 10h30-15h. Entrée : 7 £ ; réduc.* Vieilles voitures et modèles réduits, reconstitution d'un ancien garage... Un sympathique petit musée.

À faire

Randonnées pédestres

➢ ***Pour voir les falaises,*** partir du port, d'Athol Terrace, et suivre le *Saxon Shore Way* (très bien fléché). Le sentier mène au *Gateway to the White Cliffs Information Centre,* géré par le National Trust. Bon à savoir, si vous arrivez tôt, le parking est gratuit ; il devient payant après 10h ou 11h. De là partent plusieurs randonnées, notamment une marche de 2 miles (50 mn environ) qui vous mènera jusqu'au *phare de South Foreland,* d'où eut lieu la première transmission radio vers la France en 1898. Vous pouvez aussi continuer jusqu'aux falaises de craie de Saint Margaret's (et si vous ne souhaitez pas faire le retour à pied, vous pouvez toujours prendre le bus n° 15 de Saint Margaret's). Les voilà donc, ces fameuses falaises blanches de la perfide Albion qui nous narguent depuis des siècles... Vous pourrez à votre tour observer la France *from over the Channel.*

ASHFORD

67 530 hab. IND. TÉL. : 01233

Ville doublement stratégique, avec l'Eurostar qui s'y arrête sur la route de Londres et sa situation au cœur du Kent, à 20 mn de la côte et de Canterbury. Ashford pourrait être, en théorie, un bon point de départ pour rayonner dans le Kent. Mais voilà... la ville ne déborde pas de charme et l'hébergement n'y est guère folichon. Si l'on ajoute à cela les problèmes de circulation générés par les nombreux centres commerciaux et un système de sens uniques qui rend fou, vous aurez compris qu'un séjour ne s'y impose pas !

Arriver – Quitter

En train

Ashford International : *à 5 mn du centre-ville. Dessert Londres et l'ensemble du Kent, ainsi que Paris. ☎ (08457) 48-49-50 (depuis l'Angleterre).*

➢ ***Paris*** *(gare du Nord)* **:** liaison en 2h par l'Eurostar. 3 arrêts/j. *Rens SNCF : ☎ 36-35 (depuis la France). • eurostar.com •*

➢ ***Londres :*** 4 liaisons/h en train. Durée : env 1h20. Et le *High Speed Service to London* (HS1), qui met Ashford à moins de 40 mn de St Pancras.

➢ ***Canterbury :*** env 3 liaison s/h. Durée : 20 mn. Moins cher en bus, mais vous mettrez 1h30 avec changement !

➢ ***Hastings :*** env 1 liaison/h. Durée : 45 mn. Possible également en bus, mais en au moins 2h et avec changement.

En bus

➢ ***Londres :*** entre Victoria Station et Park St, à Ashford. 3 bus/j. Trajet : env 2h.

Adresses utiles

Tourist Information Centre : *à l'Ashford Gateway Plus, Church Rd, TN23 1AS. ☎ 33-03-16. • visitashfordandtenterden.co.uk • Lun-sam 10h15-15h.* Liste des hébergements.

Location de voitures : ***Avis, Europcar*** *et* ***Budget*** *à la gare.* Attention, sur réservation uniquement car les agences sont parfois fermées, notamment le samedi après-midi et le dimanche !

– ***McArthurGlen Designer Outlet :*** *à 5 mn à pied de la gare Eurostar (il suffit de chercher du regard l'étonnant paysage de tentes blanches).* Dans ce gigantesque complexe se trouvent des dizaines de boutiques proposant de nombreuses enseignes de fringues à des prix intéressants.

DANS LES ENVIRONS D'ASHFORD

Leeds Castle : *à 3,6 miles au sud-est de Maidstone, en bordure de la M 20 (sortie 8), ME17 1PL. ☎ 76-54-00 ou (08706) 00-88-80. • leeds-castle.com • Une navette relie le château (parking) à la gare de Bearstead, sur la ligne Londres-Ramsgate. Avr-sept, 10h30-18h (dernier ticket 16h30) ; oct-mars, 10h30-17h (15h). Entrée : env 25 £ ; réduc. Se renseigner au sujet des animations et des visites spéciales de salles habituellement fermées (avec supplément).*
Cher ! Mais si vous deviez n'en voir qu'un, cela pourrait être celui-ci. Il remonte au XIe s (remanié au XIXe s), il est construit sur deux îles et se révèle effectivement très beau, dans un site bucolique avec des douves en eau comme à Chenonceau. De plus, l'histoire, petite et grande, y a laissé son empreinte depuis Henri VIII et les Tudor jusqu'à lady Baillie, feue propriétaire (riche héritière et grande fêtarde dans les années 1930), qui œuvra énormément à la restauration et la modernisation de ce fantastique pilier de patrimoine. Appréciez, dans la bibliothèque, l'étonnante édition des *Français peints par eux-mêmes.* Pour info, le traité de Camp David entre Israéliens et Égyptiens y fut ratifié.
Possibilité d'accéder au parc gratuitement en empruntant les *Public Footpaths* (sentiers centenaires de droit public), mais les indications semblent volontairement dissuasives pour que la fondation d'État gestionnaire du site ne soit privée d'une de ses principales ressources : votre substantielle obole. La balade vaut la peine, ne serait-ce que pour voir les fameux cygnes noirs, symboles du château, à l'origine importés d'Australie par lady Baillie. À noter dans ce superbe parc, pour les amateurs de casse-tête, le très réussi labyrinthe *(maze)* aux 2 400 ifs et sa grotte aux silhouettes macabres... Pour les enfants, *playground* de compétition. Également des spectacles de rapaces et un musée... des colliers de chiens. Passionnant ! Non, on rigole. Sur place, des chambres en *B & B,* des cottages et même du *glamping,* de l'hébergement en tentes de luxe.

LA ROUTE DES CHÂTEAUX ET JARDINS ANGLAIS

Autour de Royal Tunbridge Wells (à 1h à l'ouest d'Ashford) et en descendant vers Rye, un bien bel itinéraire se dessine à travers la campagne avec des sites brillamment gérés par *National Trust* pour beaucoup. C'est aussi l'occasion de goûter aux quelques bons crus qu'offre le Kent grâce aux vignobles de Lamberhurst, Sandhurst ou Tenterden.

Chartwell : ***Westerham,*** *TN16 1PS. ☎ (01732) 86-83-81. • nationaltrust.org.uk/chartwell/ • Mars-début nov, tlj 11h-17h. Entrée : 15 £ ; réduc. Parking 3 £.* Pour les fans de Winston Churchill, visite de la belle et austère maison où il a séjourné en famille pendant une cinquantaine d'années. Il avait fait construire une piscine dans le parc de son manoir pour nager dans une eau à 20 °C. *Cold, I'm afraid !* Le Vieux Lion avait aussi installé un véritable atelier au cœur du jardin pour pouvoir s'adonner à sa passion, la peinture. Pas mal de ses œuvres y sont d'ailleurs exposées.

Knole : Sevenoaks, *TN15 0RP. ☎ (01732) 46-21-00. • nationaltrust.org.uk/knole • Mars-début nov, mar-dim 12h-16h, mais jardins ouv avr-sept slt mar 11h-16h. Entrée : env 9 £ ; réduc.* Une des plus grandes demeures privées d'Angleterre, datant du XVe s, et une des plus fascinantes. La symbolique des chiffres y est en tout cas plus que présente. Les 7 cours représentent les 7 jours de la semaine ; les 52 escaliers, les 52 semaines ; et les 365 pièces, les 365 jours de l'année. Par ailleurs, la demeure a une riche histoire où se mêlent allègrement rois, reines, ducs et archevêques. Vous y trouverez aussi des portraits signés Gainsborough ou Van Dyck. Vaste parc pour se balader, en compagnie de quelques daims placides.

Ightham Mote : Sevenoaks, *TN15 0NT. ☎ (01732) 81-03-78. • nationaltrust.org.uk/ightham-mote • Mars-oct, tlj 10h-17h ; 11h-15h le reste de l'année. Entrée : env 13 £ ; réduc.* Beau manoir médiéval à colombage, entouré d'une douve et de jolis jardins. Ce bâtiment a fait l'objet d'un des plus importants programmes de conservation entrepris par le National Trust. L'intérieur laisse à voir différents styles, et de beaux éléments ornementaux (superbes cheminées !).

Hever Castle and gardens : Hever, *TN8 7NG. ☎ (01732) 86-52-24. • hevercastle.co.uk • Fin mars-fin oct, tlj 10h30-18h (château 12h-17h45) ; fin oct-début nov, tlj 10h30-17h (château 12h-16h30) ; nov, mer-dim 10h30-16h (château 12h-15h45). Entrée : 17 £ ; 14,20 £ pour les seuls jardins ; réduc et forfait famille. Audioguide (en français) env 4 £. Se renseigner quant aux animations proposées selon les jours et les saisons.* Ce splendide château, dont les origines remontent au XIIIe s, a vu grandir Anne Boleyn. Décoré dans un pur et splendide style Tudor, il mérite assurément une visite. Les jardins « à l'italienne », tout aussi renommés, sont un haut lieu de pique-nique dominical, suivi de l'incontournable promenade en barque sur le lac... Vous ne serez pas seul, mais rassurez-vous, il y a de la place pour tout le monde. L'Astor Wing, à l'arrière du château, est un ravissant hameau. Il ne se visite malheureusement pas mais accueille un *B & B* de charme et de luxe.

Penshurst Place : Penshurst, *TN11 8DG. ☎ (01892) 87-03-07. • penshurstplace.com • Ouv w-e 15 fév-30 mars ; tlj 31 mars-2 nov : 12h-16h pour le château, 10h30-18h pour les jardins. Entrée : env 11 £ ; env 9 £ pour les jardins seuls ; réduc.* Magnifique château dont la façade, principalement médiévale et Tudor, ne compte pas moins de huit styles architecturaux. Il se dégage néanmoins de l'ensemble une très belle homogénéité. Très beaux jardins aux thèmes différents, dont le *Flag Garden* où roses et lavandes composent le drapeau britannique !

Scotney Castle Garden : Lamberhurst, *TN3 8JN. ☎ (01892) 89-38-20. • nationaltrust.org.uk/scotneycastle • De mi-fév à oct, tlj 11h-17h30 ; nov-déc, 11h-15h. Entrée : 13 £ ; réduc.* Un décor de conte de fées. La superbe demeure (*The House* qui se visite) et les ruines très esthétiques du château flottant sur un petit lac ne laisseront pas votre âme de poète indifférente. Le jardin, conçu en même temps que le château, est absolument somptueux et délicieusement romantique. Enchantement garanti !

Sissinghurst Castle Garden : *Biddenden Rd,* **Cranbrook,** *TN17 2AB. ☎ (01580) 71-07-00. • nationaltrust.org.uk/sissinghurst • De mi-mars à déc, tlj 11h-17h30. Entrée : env 13 £ ; réduc.* Reposant sur les ruines d'une vaste maison élisabéthaine, ce jardin, créé en 1930, est une succession d'espaces très structurés, aux thématiques différentes : le jardin blanc, aux roses, paysan, le passage des tilleuls... Une mosaïque bien ordonnée que l'on vous conseille d'apprécier sur fond de soleil déclinant.

Si ce n'est déjà fait, il est encore temps de pousser jusqu'à ***Leeds Castle,*** l'un des joyaux du Kent (voir plus haut dans les environs d'Ashford).

LE SUSSEX

Région qui s'étend de Rye à Portsmouth, à moins de 60 miles au sud de Londres. Scindée en East et West Sussex, elle présente plusieurs stations balnéaires qui ont connu leurs heures de gloire au XIXe s. La coupure se situe au niveau de Brighton, ville pleine d'énergie, envahie par les noceurs durant le week-end.

RYE

4 775 hab. IND. TÉL. : 01797

Située en bordure du Kent, sur l'A 259. Dernier maillon de la chaîne des Cinque Ports protégeant l'Angleterre, Rye connut une histoire mouvementée, intimement liée à celle des Français, qu'il s'agisse du commerce ou des conflits guerriers. C'est aujourd'hui l'une des plus jolies petites villes du Royaume. Perchée sur sa colline, elle a su conserver son aspect médiéval, où les échoppes de brocante ont pris leurs quartiers.

Arriver – Quitter

En train

Gare ferroviaire : *Station Approach (à 150 m au nord de Cinque Ports St). ☎ (08457) 48-49-50.*

➢ ***Hastings, Brighton :*** env 1 train/h. Trajet : 20 mn pour Hastings et 1h20 pour Brighton.

➢ ***Ashford :*** env 1 train/h. Trajet : 25 mn.

En bus

Gare routière : *au même endroit que la gare ferroviaire. ☎ (08712) 00-22-33.*

➢ Liaisons régulières et directes avec ***Hastings*** par le bus n° 100, qui devient le n° 101 pour ***Douvres.***

– Changement(s) avec ***Brighton, Ashford*** et ***Royal Tunbridge Wells.***

Adresse utile

Tourist Information Centre : *The Heritage Centre, Strand Quay, TN31 7AY. ☎ 22-66-96. • visit1066country.com • et • ryeheritage.co.uk • Tlj 10h30-17h mars-oct ; horaires réduits hors saison.* Équipe sympathique, malgré la foule des visiteurs. Très intéressante et amusante collection d'automates anciens au 1er étage.

Où dormir ?

Tout ce qui est dans le centre de la vieille ville est plus cher mais plus romantique. Sinon, quelques *B & B* au calme sur Military Road.

Prix moyens (40-80 £ / 48-96 €)

Cliff Farm : *Military Rd,* **Playden,** *TN31 7QD. ☎ 28-03-31. • cliff-farm.co.uk • À env 2 miles au nord-ouest, en prenant la 1re à droite après le passage à niveau de l'A 268 ; facilement reconnaissable au bidon de lait suspendu à l'entrée du chemin. Ouv avr-oct. Doubles 65-75 £.* Accueil charmant de Pat et Geoff, dans leur maison complètement isolée en pleine campagne. Déco rustique (Geoff est charpentier), chambres aux tons acidulés et nappes à carreaux dans la salle de petit déjeuner. Le tout dans un calme olympien. Vraiment bien pour le prix.

Regent Motel : *42 Cinque Ports St, TN31 7AN. ☎ 22-58-84. • regentmotel.co.uk • Dans le centre, à côté du poste de police et de la gare. Fermé de mi-déc à début janv. Doubles à partir de 70 £ ; familiale. Parking 5 £.* Pas de panique, la déco des chambres est plus agréable que celle de la réception. Pas de petit déj, mais de nombreuses possibilités tout autour. Accueil détendu.

Chic (plus de 80 £ / 96 €)

Glencoe Farm : *West Undercliff, TN31 7DX. ☎ 22-43-47. • glencoefarm.co.uk • Traverser la voie ferrée par Udimore Rd, puis sur la gauche à 500 m. Chemin cahoteux à l'arrivée. Doubles 60-90 £, petit déj inclus.* Vraiment tout près du centre-ville, et pourtant on est déjà dans les champs, avec vue sur la mare aux canards et les moutons. Un petit sentier, longeant la rivière, permet de rejoindre le centre en 5 mn. Chambres assez neutres avec un petit accent british tout de même, pas bien grandes mais parfaitement confortables.

The Old Borough Arms Hotel : *The Strand, TN31 7DB. Sur les quais côté ouest, à l'angle de Mermaid St. ☎ 22-21-28. • oldborougharms.co.uk • Doubles 85-122 £, petit déj compris ; triples également.* C'est dans cette auberge que se retrouvaient contrebandiers, voleurs et voyageurs de la malle-poste. Beau bâtiment de 1720, qui a pour mur porteur l'ancienne muraille qui protégeait la ville (notamment de l'invasion française...). Chambres élégantes, pas bien grandes pour certaines (vieille maison oblige !) mais douillettes et à la déco contemporaine très plaisante. Belles salles de bains. Charmante salle pour prendre le petit déj et sympathique petit salon de thé attenant.

Où manger ? Où boire un verre ?

Rye offre une bonne sélection de restos, souvent touristiques, donc chers. Les nombreux salons de thé et pubs sont une alternative pour se restaurer à moindre coût.

Prix moyens (à partir de 10 £ / 12 €)

The Ypres Castle Inn : *Gungardens, TN31 7HH. ☎ 22-32-48. Resto fermé dim soir. Plats 6-10 £ le midi, jusqu'à 18 £ le soir. Musique live ven et dim soir.* Un pub accroché au rocher en contrebas du château, devancé d'un adorable jardin qui domine la campagne. On y sert de l'agneau, du poisson, des fruits de mer ou du jambon grillé macéré dans le cidre et le miel. Une étape sympa, à prix doux.

The Mermaid Inn : *Mermaid St, TN31 7EY. ☎ 22-30-65. Bar ouv tte la journée et resto 12h-14h30, 19h-21h30. Menus 22-39 £, plats du bar 10-18 £.* Une institution qui date de 1490 ! Le bar propose une restauration simple et abordable ; au resto, c'est hors de prix. On aime surtout venir y boire un verre dans l'un des petits salons intimes, bien calé dans un fauteuil style Louis XIII, devant un feu de cheminée. En été, préférez une des petites terrasses parsemées çà et là sur la place, pour admirer le soleil couchant.

The Hope Anchor : *Watchbell St. ☎ 22-22-16.* Situé sur les hauteurs du superbe quartier médiéval, ce pub-resto un peu fade devient une halte idéale aux beaux jours, quand tables et chaises sont installées dehors pour profiter de la jolie vue sur la région.

À voir

– Outre remonter le temps dans les ruelles de Rye, le *Tourist Information Centre* propose un ***son et lumière*** à ne pas manquer autour d'une maquette de la ville au 1/100, qu'un couple de passionnés a mis 4 ans à réaliser. L'histoire animée de Rye toutes les demi-heures, en français si nécessaire *(voir horaires et tarifs au Tourist Information Centre).* Remarquable et instructif.
– Le *Tourist Information Centre,* encore lui, vous propose un audioguide en anglais et un plan de la ville où figurent 25 points pour une véritable ***visite guidée.*** Là aussi, c'est payant *(4 £),* mais vous avez la journée ou la nuit entière (très sympa).

St Mary's Church : *sur Church Sq. Donation bienvenue de 1,50 £.* Cette élégante église du XIIe s, située au cœur du quartier médiéval, mérite vraiment une visite. On peut monter au clocher (2 £) pour une vue de la ville et des environs. De là-haut, on ressent la détresse de ceux qui ont vu leur ville cernée par l'ennemi ! Attention, la montée est très étroite et glissante. En bas, le pendulaire d'une des plus vieilles horloges d'Angleterre se balance au beau milieu du plafond de l'église.

Rye Castle Museum : *3 East St. ☎ 22-67-28. • ryemuseum.co.uk • Tlj sf 14-25 déc : avr-oct, 10h30-17h ; nov-mars, 10h30-15h30. Entrée : 4 £.* Petit musée privé installé dans la *Ypres Tower,* ce qui reste du château de Rye et qui fit également office de prison pendant 400 ans. Les petites expos retraçant brièvement l'histoire de la ville, du château (datant du XIIIe s) et les changements subis par l'environnement de Rye au fil des siècles s'éparpillent un peu et gagneraient à être un poil plus approfondies, mais la bâtisse elle-même et son intérieur méritent bien un petit coup d'œil.

The Lamb House : *West St ; en montant vers l'église. ☎ (01580) 76-23-34. • nationaltrust.org.uk/lamb-house • Fin mars-oct, mar, ven-sam slt 14h-18h. Entrée : env 6 £ ; réduc.* Élégante bâtisse georgienne que la famille Lamb vendit au romancier américain Henry James vers 1860. Ce dernier, captivé par la demeure et ses jardins, y resta pendant la quasi-totalité du reste de sa vie. On y aperçoit encore quelques effets personnels lui ayant appartenu.

The Mint : rue traditionnelle commerçante, splendide en fin de journée quand le soleil se couche dans son axe. Charme des devantures avec leurs jolies fleurs. À voir absolument.

Moins d'un mile à pied dans les prés vous mènera au ***Camber Castle,*** construit de 1539 à 1543, puis abandonné un siècle plus tard, car la mer s'était, entre-temps, retirée. À proximité, direction est, un observatoire caché permet de regarder les oiseaux de ce milieu humide.

Manifestations

– ***La fête du Maire*** *(Rye Mayor Making Ceremony and Throwing of Hot Pennies) : en mai.* Le maire jette des pièces de monnaie, fraîchement frappées et encore chaudes, dans la rue. Objectif : commémorer le privilège dont jouissait Rye du temps où la ville était l'un des Cinque Ports.
– ***Rye Arts Festival :*** *en sept. • ryeartsfestival.co.uk •* Arts et littérature. À noter que de nombreux écrivains ont, à un moment ou un autre, vécu à Rye. Animations pour petits et grands.

LE SUD DE L'ANGLETERRE

HASTINGS

91 055 hab. IND. TÉL. : 01424

Connue pour la célèbre bataille menée en 1066 par Guillaume le Conquérant, Hastings est aussi une grande station balnéaire avec quelques atouts, mais où l'on ne s'attardera pas. Franchement, mieux vaut dormir à Brighton. Au premier abord, ce n'est qu'une longue façade de maisons et d'hôtels qui s'étire sur le front de mer. En y regardant de plus près, on s'aperçoit que la vieille ville, du côté du port, a su conserver un petit air de village. Paradis des chineurs sur High Street, restaurants et pubs sur George Street, tout est assez concentré. Le haut de la ville regroupe de grands centres commerciaux et concentre désormais l'essentiel de l'activité.
Enfin, signalons qu'il est quasiment impossible de se garer ailleurs que dans les grands parkings payants.

SANS RANCUNE

Tous les ans, à Noël, le tournoi d'échecs de Hastings est le rendez-vous des grands joueurs de la planète. En fait, ce sont les Normands qui auraient introduit les échecs à Hastings, au Moyen Âge. En 1086, au cours d'une partie contre Louis VI, Guillaume le Conquérant soupçonna son adversaire de tricher et... lui fracassa le jeu sur la tête. Heureusement, le plateau n'était pas en marbre !

Arriver – Quitter

En train

Gare ferroviaire : *11 Station Approach. ☎ (08457) 48-49-50.*

➢ ***Brighton et Lewes :*** 2 trains/h (l'un avec, l'autre sans correspondance). Durée : env 1h.

➢ ***Eastbourne :*** 2 trains/h. Durée : env 30 mn.

➢ ***Rye et Ashford International :*** 1 train/h. Durée : 20 mn pour Rye et 45 mn pour Ashford.

En bus

➢ ***Rye, Folkestone et Douvres :*** liaisons régulières avec le *Stagecoach* n°s 100 ou 101.

➢ ***Eastbourne :*** liaisons régulières et directes avec le *Stagecoach* n° 99.

➢ ***Royal Tunbridge Wells :*** quelques liaisons/j. avec le *Stagecoach* n°s 304 ou 305.

Adresse utile

Tourist Information Centre : *Aquila House, Breeds Pl, TN34 3UY. ☎ 45-11-11. • visit1066country.com • Avr-oct, lun-sam 9h (9h30 sam)-17h, dim 10h30-16h ; nov-mars, lun-ven 9h-17h.* Équipe efficace et souriante. Carte de la ville et liste des hébergements.

Où manger ?

Jempsons : *18-20 Wellington Pl, TN34 1NY. À deux pas de la plage, dans le centre. Ouv 7h30-18h. Bons sandwichs env 2 £.* Cadre agréable avec terrasse. Goûtez les gâteaux à la crème (si, si, c'est bon).

Judges Bakery : *51 High St, TN34 3EN. ☎ 72-25-88. Dans le centre. Tlj*

7h45 (8h45 dim)-17h30 (18h sam, 17h dim). Sandwichs bio 2-5 £ à emporter. Ici, on fait dans le bio, et les sandwichs aux différents types de pains (*ciabatta*, pain suédois, etc.) vous mettront les papilles en émoi. C'est beau, coloré, appétissant et bon ! Petit salon de thé sympathique pour déguster sur place quelques bons gâteaux. Fait aussi épicerie, aux étagères garnies de produits locaux.

Latham's Brasserie : *63 George St, TN34 3EE. ☎ 43-49-60. Tlj sf lun-mar 12h-21h (22h ven-sam). Plats 10-26 £.* Resto-bistrot sobre, avec une petite touche de vieux Paris. Cuisine fraîche, allant des pâtes bien cuites au bœuf bourguignon, en passant par les poissons et fruits de mer.

Où boire un verre ?

The Stag Inn : *14 All Saints St, Old Town, TN34 3BJ. ☎ 42-57-34.* Datant de 1547, c'est le plus vieux pub de la ville ; une institution riche en anecdotes, donc ! Passage secret, trésor découvert (butin présumé d'un larcin de contrebandiers), fantômes et chats momifiés... un endroit qui aurait plu à l'écrivain Edgar A. Poe ! Venez vous enivrer des détails de ces histoires en sirotant un verre avec les gens du coin.

Cinque Ports Arms : *105 All Saints St, Old Town, TN34 3BE. ☎ 44-47-58.* Encore un très vieux pub à l'ambiance chaleureuse, notamment le soir. Il y a même un piano sur lequel vous êtes cordialement invité à jouer.

À voir

– Visites guidées gratuites de la vieille ville et des principaux monuments d'avril à août. Programme et horaires disponibles à l'office de tourisme.

➢ Prendre ***West Hill Lift*** pour faire les deux visites suivantes ou y aller à pied (seulement 10 mn, mais ça grimpe dur !). *Rens : ☎ 45-11-11. Tlj 10h-17h30 (11h-16h hors saison). Entrée : 2,50 £ ; réduc.* C'est encore un autre Hastings (vert) qu'on découvre là-haut, étonnamment plus proche de la mer. Un peu plus loin, le petit frère : l'***East Hill Lift,*** déconseillé aux personnes sujettes au vertige, mais superbe vue.

Commencer par ***Hastings Castle,*** à savoir les ruines du château de Guillaume le Conquérant : *Castle Hill Rd. ☎ 42-29-64. • discoverhastings.co.uk • Mars-oct, tlj 10h-17h. En dehors de cette période, inutile d'y grimper, le site est fermé, on ne voit rien ! Entrée : env 5 £ ; réduc et possibilité de billet jumelé avec l'aquarium et Smugglers Adventure.* En 1066, le roi Harold succède à Édouard le Confesseur à la couronne du royaume d'Angleterre. Guillaume, duc de Normandie et cousin d'Édouard, considère cette succession illégitime, prétextant son lien de sang avec feu son cousin. Il part donc à la conquête de ce pays, bien décidé à le contrôler lui-même. Il profite de l'éloignement de Harold, qui combat dans le Nord, pour débarquer avec ses troupes sur les côtes anglaises. Harold rejoint Guillaume, et les deux rivaux s'affrontent lors de la célèbre bataille de Hastings. Affaibli par son précédent conflit, Harold est tué, et Guillaume, vainqueur, est alors doublement baptisé William Ier, roi d'Angleterre, et Guillaume le Conquérant. À l'intérieur des ruines, « *The 1066 Story* », un son et lumière sous une tente médiévale qui explique tout sur le débarquement de Guillaume le Conquérant en 1066.

Smugglers Adventure *(Les caves de Saint-Clément) : West Hill. ☎ 42-29-64. • smugglersadventure.co.uk • Pâques-sept, tlj 10h-17h (dernière entrée) ; fermé en hiver. Entrée : env 8 £ ; réduc et possibilité de billet jumelé avec Hasting Castle et l'aquarium.* Musée des Contrebandiers situé dans un fabuleux labyrinthe souterrain dans la falaise, qui permettait de trafiquer (plus ou moins) tranquillement. C'est très vivant, et le mot « aventure » est à peine exagéré. À la fois impressionnant et amusant.

The Harbour **(le port) :** ce port de pêche est devenu la plage où sont tirées les embarcations des pêcheurs. À marée haute, il faut les remettre à l'eau !

***The Old Town* :** agréable réseau de ruelles en pente. L'autre aspect de Hastings, qui lui donne du caractère.

***Bluereef Aquarium* :** *Rock-a-Nore Rd. ☎ 71-87-76. • bluereefaquarium.co.uk/hastings/ • Mars-oct, 10h-17h ; nov-fév, 10h-16h. Entrée : env 9 £ ; réduc et possibilité de billet jumelé avec* Hasting Castle *et* Smugglers Adventure. Des méduses comme s'il en pleuvait. Voir la nurserie avec le développement artificiel de requins et de raies. Vous passez sous un impressionnant tunnel de 110 t d'eau, reconstituant une faune tropicale avec sa barrière de corail !

***Jerwood Gallery* :** *Rock-a-Nore Rd. ☎ 42-58-09. • jerwoodgallery.org • Tlj sf lun 11h-17h. Entrée : 9 £ ; réduc.* Ouvert en 2012, ce beau musée d'Art moderne expose des artistes anglais de talent des XXe et XXIe s. Excellent niveau ! Formidable *coffee shop* (hélas réservé aux visiteurs), tout vitré sur le port, proposant une cuisine simple et goûteuse.

***The Hastings Museum and Art Gallery* :** *John's Pl, Bohemia Rd. ☎ 45-10-52. Tt près de la gare, à l'est du centre-ville (5 mn à pied). Tlj sf lun : avr-oct, 10h (12h dim)-17h ; nov-mars, 10h (12h dim)-16h. GRATUIT.* Un patchwork d'expos consacrées aux personnages remarquables de la ville, dont Grey Owl, qui révolutionna les principes de la conservation de la nature, et John Logie, qui inventa la télévision. Également quelques dinosaures égarés au pied de la falaise et une belle collection de tableaux sur la région.

DANS LES ENVIRONS DE HASTINGS

***Battle Abbey* :** *High St,* **Battle,** *TN33 0AD. À 4 miles au nord-ouest ; suivre l'A 2100. ☎ 77-57-05. • english-heritage.org.uk • Bus nos 304 ou 305 (1 bus/h) avec* Stagecoach *depuis Hastings (env 30 mn). Sinon, 2 trains/h depuis Hastings et Londres. Avr-sept, tlj 10h-18h ; oct-mars, 10h-16h slt le w-e. Entrée : env 11,50 £ ; réduc.* Belle promenade autour du site de la bataille de Hastings. Vestiges de l'abbaye construite par Guillaume le Conquérant. On ne pénètre pas dans le *college,* sauf durant l'été. Possibilité de disposer gratuitement d'un audioguide qui retrace les préparatifs de la bataille suivant trois points de vue.

***Bateman's* :** *à moins de 1 mile de Burwash et 15 miles au nord de Hastings, par l'A 21, TN19 7DS. ☎ (01435) 88-23-02. • nationaltrust.org.uk/batemans • Tlj 11h-17h (nov-déc 11h30-15h30) ; le jardin ouvre un peu plus tôt et ferme un peu plus tard. Fermé janv-fév. Entrée : 10,50 £ env.* La maison du célèbre écrivain Kipling, auteur du *Livre de la jungle,* où il vécut, écrivit et mourut. Sa femme l'a léguée telle quelle, c'est donc plus intime et plus personnel qu'un musée. C'est aussi très joli, perdu dans les champs, avec néanmoins un superbe jardin... à l'anglaise. Voyez le bureau de Kipling, avec tous ses livres et l'intégrale de R. L. Stevenson ; sa salle d'étude, avec ses manuscrits et souvenirs des Indes ; et sa Rolls Royce, toujours dans le garage.

UNE PRESSE UN PEU TROP PRESSÉE !

Rudyard Kipling fut déclaré mort le 18 janvier 1936. Chose peu banale, c'est le journal local qui lui apprit son décès ! En lisant cela, et avec humour, l'écrivain envoya une lettre à la revue disant qu'il venait d'apprendre qu'il était décédé et que donc il souhaitait mettre un terme à son abonnement !

***Bodiam Castle* :** *suivre l'A 21 vers Royal Tunbridge Wells et bifurquer sur la B 2244, à hauteur de Salehurst, à une douzaine de miles, TN32 5UA.*

LE SUD DE L'ANGLETERRE

☎ *(01580) 83-01-96. • nationaltrust.org.uk/bodiam-castle • De mi-fév à déc, tlj 10h30-17h ; de janv à mi-fév, w-e slt 11h-16h. Entrée : env 10 £ ; réduc.* Avec sa dizaine de tours rondes et carrées et son énorme douve pleine d'eau, c'est une demeure grandiose. C'est aussi étonnamment petit si l'on imagine 150 personnes y vivant, entre le seigneur, sa famille, les invités de marque, les soldats, les serviteurs, etc. Et il est surprenant de constater que Bodiam n'a jamais joué de rôle important dans cette région pourtant chargée d'histoire.

EASTBOURNE

109 200 hab. IND. TÉL. : 01323

Sur l'A 259, à environ 50 mn de Hastings (via Bexhill, d'ailleurs très mignon) ou de Brighton (nombreuses vallées envahies de moutons). Station balnéaire au charme victorien désuet, avec ses hôtels chic et imposants. Les vacanciers continuent d'y affluer en famille l'été, alors qu'un tourisme de retraités investit les lieux le reste de l'année. Il faut reconnaître que le *pier* est un des plus élégants de cette côte et que la balade du front de mer, une glace à la main, permet de prendre une bonne bouffée d'air. Mais ce dernier, une fois arpenté, résume l'intérêt d'Eastbourne. Et même si Debussy y composa *La Mer,* nous vous conseillons pour notre part d'y composer un rapide séjour et de filer à Brighton, moins fade (c'est le moins qu'on puisse dire !).

Arriver – Quitter

En train

Gare ferroviaire : *Station Parade.* ☎ *(08457) 48-49-50.*

➢ Liaisons régulières avec ***Londres, Brighton, Lewes, Hastings, Rye*** et ***Ashford.***

En bus

Gare routière : *sur Terminus Rd.*

Stagecoach : ☎ *0871-200-22-33.* ***Brighton & Hove :*** ☎ *(01273) 88-62-00.*

➢ ***Hastings :*** *Stagecoach* nº 99. Liaison ttes les heures.

➢ ***Brighton et Hove :*** bus de la compagnie *Brighton & Hove* nºs 12, 12A, 12X, et 13X (slt dim). Liaisons très régulières, trajet 1h20.

Adresses utiles

Tourist Information Centre : *Cornfield Rd, BN21 4QL.* ☎ *41-54-15. • visiteastbourne.com • Lun-ven et sam mat, plus sam ap-m et dim en été.* Brochure gratuite sur la ville.

Seafront Information : *Lower Parade, Grand Parade, BN21 3AD.* ☎ *41-06-11. Ouv en saison slt : avr 10h-17h ; mai-sept 10h-18h.*

Où dormir ?

Prix moyens (40-80 £ / 48-96 €)

Albert & Victoria Guesthouse : *19 St Aubyns Rd, BN22 7AS.* ☎ *73-09-48. • albertandvictoria.com • Dans une rue perpendiculaire à Royal Parade (prolongement de Marine Parade), à 50 m de la mer et 10 mn à pied du pier. Doubles 70-85 £.* Wifi. Dans une rue où les maisons victoriennes sont progressivement repeintes de couleurs pastel, un charmant *B & B* aux accents... monarchiques. Les chambres portent les noms des enfants du couple royal, et la déco joue à fond le style de cette époque : meubles et cadres anciens, ciels de lits, tentures épaisses, lustres à pampilles... Excellent accueil, plein de gentillesse et d'attentions multiples.

☗ ***The Bay Tree Guesthouse :*** *10 Elms Ave, BN21 3DN. ☎ 72-63-30. • baytree-eastbourne.co.uk • Sur Marine Parade, au niveau du pier (la jetée), prendre la petite rue qui part en oblique. Doubles 65-105 £.* Bel alignement de *B & B* dans cette charmante rue ourlée de maisons aux grands balcons blancs. Atmosphère fraîche, la moquette s'enfonce sous les pieds et le confort est douillet. Familles et cyclistes bienvenus.

☗ ***Cromwell Hotel :*** *23 Cavendish Pl, BN21 3EJ. ☎ 72-52-88. • cromwell-house.co.uk • Dans la grande rue perpendiculaire à Marine Parade, juste en face du pier. Doubles 66-78 £ selon confort et saison.* Les chambres sont agréables, plus ou moins spacieuses mais assez coquettes, et le lounge meublé de fauteuils club moelleux. Tout ça très proche des restaurants.

Chic
(80-120 £ / 96-144 €)

☗ ***The Guesthouse East :*** *13 Hartington Pl, BN21 3BS. ☎ 72-27-74. • theguesthouseeast.co.uk • Doubles 79-109 £. Petits déj sur demande 5-9 £.* Une formule qui conviendra particulièrement aux familles. À deux pas de la plage, dans une jolie maison Régence, une poignée de chambres équipées de kitchenette permettant une plus grande autonomie. Chambres toutes différentes, plus ou moins colorées mais toujours lumineuses et confortables. Atmosphère jeune et conviviale.

☗ ***Devonshire Park Hotel :*** *Carlisle Rd, BN21 4JR. ☎ 72-81-44. • devonshire-park-hotel.co.uk • Doubles 100-170 £, petit déj compris ; possibilité de ½ pens.* Face au théâtre, une élégante demeure victorienne abritant 35 chambres parfaitement confortables, à l'atmosphère très *Old England.* Déco à l'avenant, classique et soignée. Plusieurs jolis salons et une belle cage d'escalier contribuent également au charme du lieu.

Ultra-chic
(plus de 200 £ / 240 €)

☗ ***The Grand Hotel :*** *King Edwards Parade, BN21 4EQ. ☎ 41-23-45. • grandeastbourne.com • À l'ouest du front de mer. Pour une vue directe sur la mer, viser les suites !* Le vieil hôtel de bord de mer au charme fou, énorme, superbe. Salons d'une hauteur sous plafond à donner le vertige, personnel en habit... le grand jeu ! Tous les services d'un hôtel de luxe évidemment, l'élégance et l'atmosphère en plus. Petit déj-buffet excellent, piscines (intérieure et extérieure), salle de fitness, spa... C'est ici, peut-être, entre le bar de l'hôtel et le lobby que Debussy acheva *La Mer.* Idéal également l'après-midi, pour un *tea scone* dans la grande tradition. Tenue correcte exigée au resto *La Mirabelle,* le meilleur de la ville.

Où manger ?

Très nombreux restaurants de tous les coins du monde, mais hélas, rien d'inoubliable. Pour ceux qui en ont les moyens, reste évidemment ***La Mirabelle,*** le restaurant gastronomique du *Grand Hotel* (voir ci-dessus).

Prix moyens
(10-20 £ / 12-24 €)

|●| ***Maxims :*** *53 South St, BN21 4UT. ☎ 72-17-13. Resto tlj sf dim soir-mar jusqu'à 20h30 ; bar jusqu'à 2h. Plats*

5-15 £. Accès parfois payant (on entre alors par West St, petite rue parallèle à South St). Cadre sobre dans une salle dotée d'une baie vitrée joliment galbée. On trouve forcément son bonheur sur la carte : viande, poisson, snacks, pizzas ainsi qu'une sélection de tapas appétissantes. Dans la cave, des groupes se produisent certains soirs.

The Lamb Inn : *36 High St, Old Town, BN21 1HH. ☎ 72-05-45. Presque en face de Manor Gardens, à 5 mn à pied du centre-ville. Plats 8-16 £.* Vieille auberge, datant du Moyen Âge, proposant une bonne et généreuse cuisine de pub. Les caves (une ancienne crypte !) ont plus de 1 000 ans, et on vous les fera visiter si vous le demandez gentiment (mais pas en plein coup de feu, évidemment). Il paraît qu'on y faisait du trafic de contrebande.

Curry Leaf : *8 Susans Rd, BN21 3HA. ☎ 72-79-00. Dans le centre. Tlj 18h-22h (23h ven-sam). Plats 6-15 £.* Ici, ni tentures ni autres repères nous embarquant au pays de Krishna. Mais dans l'assiette, les saveurs indiennes sont bien là, parfaitement équilibrées et parfumées d'herbes fraîches. Accueil particulièrement attentionné et charmant.

Meze Restaurant : *15 Pevensey Rd, à l'angle de Susans Rd, dans le centre, BN21 3HR. ☎ 73-18-93. Tlj midi-minuit, sf quand c'est fermé ! À partir de 4,50 £ la portion. Plats 13-15 £.* Un chaleureux petit resto turc où grillades et brochettes sont préparées sous vos yeux au charbon de bois. Quelques spécialités au four, comme le bar à l'ail et au citron. Parfait pour faire voyager les papilles. Accueil adorable.

Où boire un verre ? Où manger une glace ?

Western View Cafe : *Kind Edwards Parade. Tlj 9h-20h. À côté de la tour médiévale.* Un petit café panoramique avec vue imprenable sur la plage et sur la mer. Restauration légère pour caler un petit creux.

Thayer's : *7 Seaside Rd. ☎ 19-64-06. De Marine Parade, prendre à gauche dans le Sea Houses Sq. Ferme plus tard que les autres glaciers.* Sélection assez surprenante de glaces, tant par le choix que par les parfums : cheese-cake myrtille, crumble... Les classiques sont là aussi, bien sûr. L'accessoire indispensable pour se lancer à l'assaut de la Promenade.

À voir

Redoubt Fortress & Military Museum : *Royal Parade. ☎ 41-03-00. Ouv d'avr à mi-nov, tlj 10h-17h. GRATUIT pour la forteresse ; musée : 6 £ ; réduc.* Cette forteresse, construite au début du XIXe s pour protéger Eastbourne et la côte de Folkestone à Seaford des invasions napoléoniennes, abrite le Musée militaire. La collection de plusieurs régiments y est présentée.

Eastbourne Heritage Centre : *2 Carlisle Rd. ☎ 41-11-89. • eastbourneheritagecentre.co.uk • De mi-avr à oct, lun-mar et jeu 14h-16h, ven 10h-13h, sam 10h-16h ; le reste de l'année, sam 10h-16h. Entrée : 3 £ ; réduc.* Pour en apprendre davantage sur Eastbourne et son histoire, à travers des photos notamment.

Museum of Shops : *20 Cornfield Terrace. ☎ 73-71-43. Tlj 10h-17h (horaire de fermeture variable selon saison). Entrée : 6 £ ; réduc.* Pour une petite promenade dans les boutiques ou les pièces reconstituées à la mode des années 1850-1950.

Towner Contemporary Art Museum : *College Rd. ☎ 43-46-70. • townereastbourne.org.uk • Tlj sf lun 10h-17h. GRATUIT (sf pour certaines expos temporaires).* Cet espace culturel multifonctions accueille un musée d'Art contemporain, des expos et diverses manifestations.

Musique

– **The Bandstand :** *sur Grand Parade. ☎ 41-06-11. • eastbournebandstand.co.uk* • Ce joli kiosque à musique, construit sur le front de mer en 1935, accueille toutes sortes d'orchestres, notamment en été.

DANS LES ENVIRONS D'EASTBOURNE

BEACHY HEAD (01323)

Avec un à-pic de 162 m, ce sont les plus hautes falaises de craie de Grande-Bretagne, situées au cœur du parc national de South Downs. Nombreux sont ceux à venir y faire le dernier saut. Détail plutôt cynique, la cabine téléphonique située tout près indique le numéro de l'association d'entraide des *Samaritans* (une sorte de *SOS Suicide*), qui patrouillent par ailleurs toute la nuit. Cela dit, le coin est vraiment superbe. Couvrez-vous, l'endroit est battu par un vent à défriser les moutons comme en témoignent les arbres aux silhouettes penchées !

➢ Pour vous y rendre, suivez la B 2103 à l'ouest d'Eastbourne ou prenez les *Brighton & Hove coaster* nos 12A et 13 *(de la gare routière ; avr-sept, lun-sam ttes les 20 mn, dim ttes les 30 mn).* Ou empruntez le *City Sightseeing* (se renseigner auprès de l'office de tourisme).

Où manger ?
Où boire un verre autour de Beachy Head ?

The Tiger Inn : *à East Dean, BN20 0DA. ☎ 42-32-09. Sur la route de Seaford à Eastbourne (A 259), suivre la direction Birling Gap. Plats 9-13 £ le midi, 10-17 £ le soir.* Dans une sorte de petit hameau ceint de murs de pierre grise. Le pub fait face à une jolie pelouse que l'on contemple des tables installées en terrasse aux beaux jours. Intérieur croquignolet et de caractère (avec la cheminée et son inévitable faux feu). Conan Doyle et Sherlock Holmes appréciaient déjà les lieux. Endroit bondé l'été.

À voir. À faire dans le coin

– Les falaises et leur arrière-pays vallonné sont sillonnés de sentiers de randonnée.

Beachy Head Countryside Centre : *à Beachy Head. ☎ 73-72-73. • beachyhead.org • Avr-sept, tlj 10h-16h ; hiver, w-e slt 11h30-14h30. GRATUIT.* Présentation des falaises et leur environnement.

➢ Très populaire également, l'approche de falaises par la mer avec les bateaux de la compagnie *Sussex Voyages* depuis Sovereign Harbour Marina. *• sussexvoyages.co.uk/beachyhead.html • Compter quand même env 25 £/adulte.*

Seven Sisters : *accès depuis Beachy Head.* Situées entre Eastbourne et Seaford, ces sept falaises de craie, à la blancheur immaculée, sont souvent filmées en lieu et place des falaises de Douvres. Il faut dire que le site est intemporel, intact et préservé. La belle plage permet de voir les falaises d'en bas...

Alfriston : *à une quinzaine de km au nord-ouest d'Eastbourne.* Joli petit village, joyau des Downs, qui compte quelques vieux pubs bien dans leur jus, ainsi que le *Sussex Ox,* perché sur une colline en pleine nature, pour un repas à base de produits fermiers, bio de préférence.

BRIGHTON

229 700 hab. IND. TÉL. : 01273

• Plan *p. 100-101*

Brighton est une ville qu'on adore. Elle fut « lancée » par George IV et lui est restée fidèle dans l'esprit : aussi anglaise que ce roi put l'être. Avec, en même temps, une tendance décadente. C'est aujourd'hui plus qu'une station balnéaire, bel et bien une ville cosmopolite où cohabitent Londoniens en villégiature, « Brightoniens » travaillant à Londres, étudiants des Beaux-Arts ou de l'une des deux universités de la ville, ou encore étudiants en linguistique venus du monde entier. Ajoutez à ce tableau des petites communautés « new baba-cool-squatteurs » et aussi la plus grande population gay du pays, sans oublier des vacanciers et quelques retraités.
Voilà une ville qui n'a ni château fort ni cathédrale, et qui n'en rougit pas ! Cette fourmilière compte dans ses rangs une sorte de grand « palais des jeux », plus de 400 restaurants et depuis 2016, face au vieux *pier,* une tour panoramique rivalisant en hauteur et en budget avec le *London Eye.*

BRIGHTON LA BRANCHÉE

En se fondant dans la ville, on ne peut que ressentir cette effervescence qui s'est emparée de chaque quartier. C'est simple, tous les week-ends, Brighton explose ! Les hôtels sont complets, les nombreux restaurants tournent à plein régime, et l'ambiance dans les rues est totalement électrique. On vous le dit, Brighton est l'endroit où il faut être ! Des boutiques-hôtels ont poussé un peu partout, rivalisant de folie et d'excentricité. Et l'architecture n'est pas en reste non plus. On innove, à l'image du New England Quarter au nord de la station balnéaire, ou encore de la nouvelle tour *i360*. Ce portrait de Brighton serait incomplet si l'on n'évoquait pas sa vie nocturne où, forte de son ouverture d'esprit, la ville est le théâtre de joyeuses festivités, d'accoutrements extravagants, de clubs à l'ambiance explosive qui mènent facilement jusqu'au petit matin.
Enfin, pour faire vraiment branché, vous devez dire *Brighton & Hove,* car les deux villes mitoyennes ont fusionné en 1999.

Arriver – Quitter

En train

Gare ferroviaire *(plan C1) : Queen's Rd, à l'angle de Trafalgar St.* ☎ *(08457) 48-49-50.*

➢ ***Londres :*** 4 trains/h pour London Victoria. Durée : 1h. Pour un A/R dans la journée, billet *Southern Day Save* pour 12 £ (sf w-e) à acheter au *Brighton Centre Visitor Information Point.* Moins cher qu'à la gare. Compter 30 mn avec Gatwick Airport (nombreuses liaisons). Nombreuses liaisons également avec Saint Pancras (correspondance donc avec l'Eurostar).

➢ ***Lewes :*** 8 trains/h, trajet d'env 15 mn.

➢ ***Eastbourne, Hastings :*** 2 trains/h, env 40 mn de trajet avec Eastbourne et 1h avec Hastings.

➢ ***Rye, Ashford :*** 1 train/h, env 1h20 de trajet avec Rye et un peu moins de 2h avec Ashford International (et donc l'Eurostar).

➢ ***Worthing :*** 5 trains/h, env 20 mn de trajet.

➢ ***Chichester, Portsmouth :*** 3 trains/h env. Env 1h avec Chichester et 1h30 avec Portsmouth.

En bus

🚌 ***Gare routière*** *(plan C3) : Pool Valley, sur Old Steine, BN1 1NJ.* Concernant les bus de ville, la plupart passent par la gare ferroviaire sur Queen's Road. Pour parcourir la ville en bus, préférer le ticket à la journée (env 5 £), qu'on trouve au point info, aux tickets vendus à l'unité (2 £) pour se rendre dans le centre.

➢ ***Londres :*** 1 bus direct/h env avec *National Express.* Durée : env 2h30.

➢ ***Lewes :*** bus ttes les 15 mn, trajet 30 mn. Plus long qu'en train, mais le bus peut se prendre en plein centre, à côté du *Churchill Square Shopping Centre* ou de *Old Steine.*

➢ ***Portsmouth :*** liaisons fréquentes mais avec 2 changements. Plus rapide en train.

➢ ***Eastbourne :*** liaisons régulières et directes avec le *Brighton & Hove* nos 12, 12 A, 12X et 13X (dim slt).

Adresses et infos utiles

ℹ ***Brighton & Hove Visitor Information Points :*** *☎ 29-03-37. ● visitbrighton.com ●* Aussi dingue que cela puisse paraître, il n'y a plus d'office de tourisme à Brighton. Juste quelques points infos disséminés à travers la ville. On y trouvera quelques prospectus, guère plus. *Le principal se trouve au **Brighton Centre Box Office** (plan B3) : King's Rd, BN1 2GR. Lun-sam 10h-16h. Sinon, s'adresser au **Brighton Pier,** King's Rd ou au **Royal Pavilion Shop,** 4-5 Royal Pavilion Buildings.*

✉ ***Post Office*** *(plan B2) : 2-3 Churchill Sq. Dans le centre commercial, relais au magasin* WH Smith.

■ ***Location de vélos : Amsterdammer,*** *à la gare, Unit 8, Trafalgar St. ☎ 57-15-55. ● amsterdammers.co.uk ● Ouv lun-ven 9h-18h, sam 9h30-17h, dim et j. fériés 10h-16h.* Spécialiste du vélo hollandais. *Ou **Brighton Sports C°,** sur le front de mer : Madeira Drive. 📱 07-917-75-37-94. ● brightonsports.co.uk ● Ouv slt en saison. Compter env 16 £ la journée.*

■ ***Parkings :*** plutôt plus rares et plus chers qu'ailleurs ! Renseignez-vous auprès de votre *B & B.* On trouve quelques places à l'heure ou à la journée (mais souvent seuls les résidents sont autorisés à y stationner). La solution la moins onéreuse consiste à se garer à Hove, au parking de *Hove Town Hall (4,50 £/j.)* et de circuler ensuite en bus et/ou à pied. Et sinon, pas mal de parkings souterrains.

Où dormir ?

Les hôtels sont chers à Brighton et les prix explosent littéralement en fin de semaine, parfois du simple au triple ! On vous conseille donc de réserver avant d'arriver en ville, surtout le week-end.

Camping

⛺ ***Brighton Caravan Club Site*** *(hors plan par D3, **34**) : East Brighton Park, BN2 5TS. ☎ 62-65-46. ● caravanclub.co.uk ● À env 1 mile à l'est du Palace Pier, en retrait de la Marina. Suivre l'A 23 jusqu'au front de mer, puis l'A 259 vers Rottingdean et Newhaven ; attention, le petit panneau indiquant le camping sur la gauche arrive un peu au dernier moment. Réception 8h-20h (17h en hiver). Compter 19-27 £ pour 2 avec tente.* 📶 Situé derrière les terrains de foot, en pleine verdure, un grand terrain moderne, bien équipé et propre. Coin tentes un peu en pente...

Dans The Lanes et North Laine

Le cœur vibrant de Brighton !

■ Adresses utiles

- Brighton & Hove Visitor Information Points

Où dormir ?

20 Seafield House
21 Hostelpoint
22 Artist Residence
23 The Iron Duke Hotel
24 Regency Landsdowne Guest House
25 Aquarium Guesthouse
26 Red Brighton Blue
27 Myhotel
28 Sea Spray
29 Regency Hotel
30 Brighton Inn
31 Snooze
32 Motel Schmotel
33 Jurys Inn
34 Brighton Caravan Club Site

Où manger ?

40 Bill's
41 Bombay Aloo
42 Food for Friends
43 Wai Kika Moo Kau
44 Mange Tout
45 The Manor
46 Wagamama
47 lydea
48 Terre à Terre
49 Foodilic
50 Ginger Dog
51 The Salt Room
52 The Bristol Bar
53 Riddle & Finns

Où boire un thé ?

61 The Grand Brighton

Où boire un verre ? Où écouter de la musique ?

62 The Font
63 Pump House
64 Fortune of War
65 The Mash Tun et Fitzherberts
66 Amsterdam
67 King and Queen
68 Ohso Social
69 The Coopers Cask
70 Ten Green Bottles

Où danser ?

80 Digital
81 Casablanca Jazz Club
82 Shooshh Club
83 Coalition
84 Lola LO
85 The Funkyfish Club
86 Legends

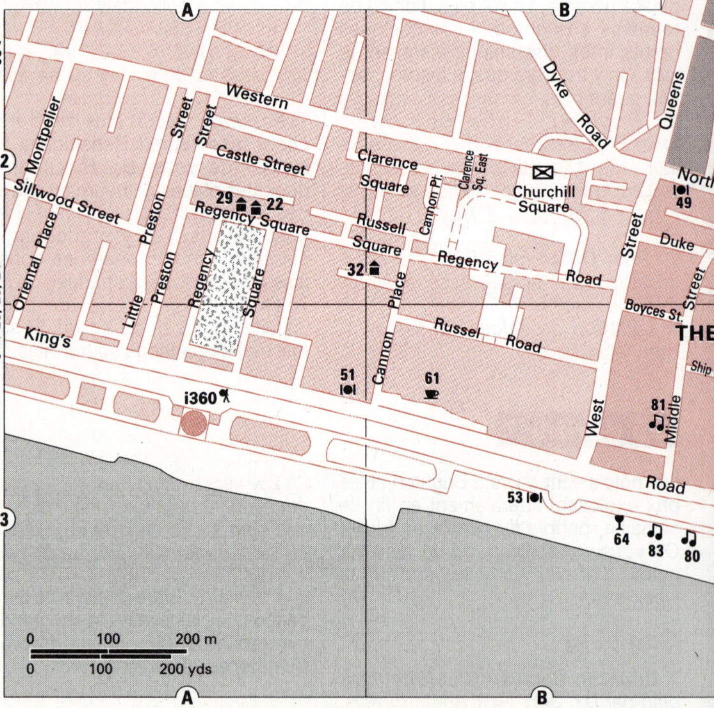

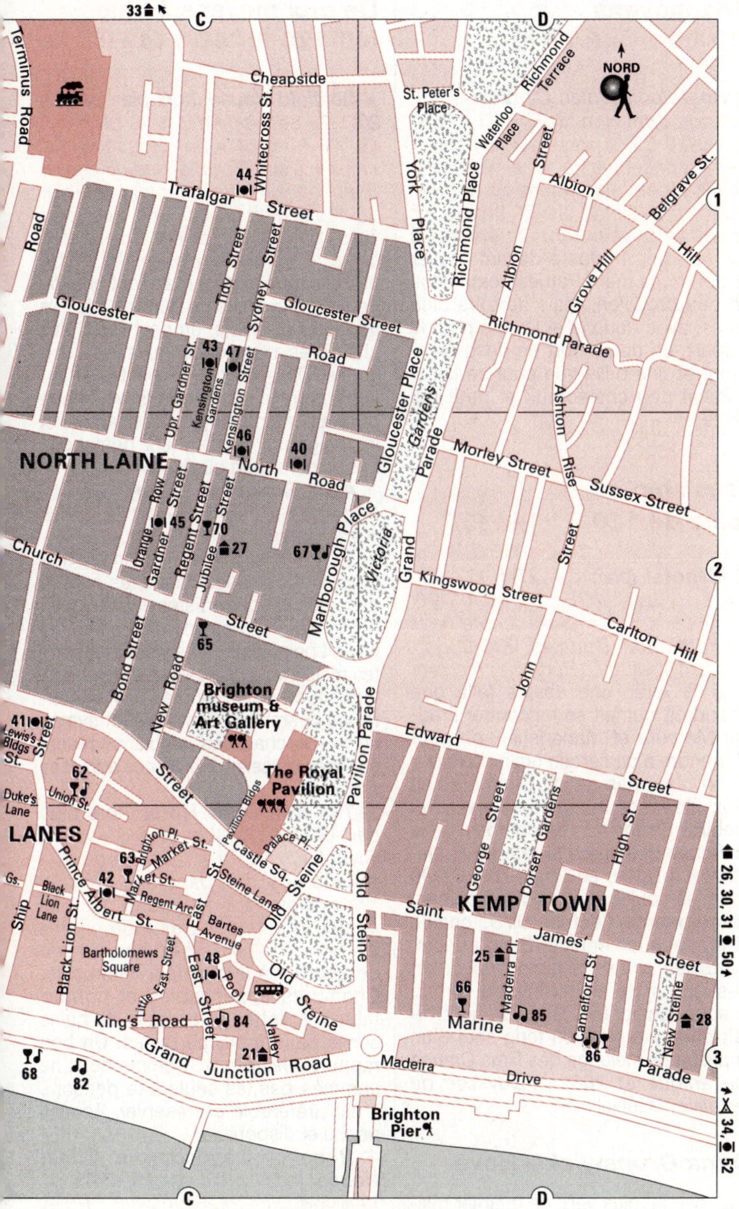
NORD
Terminus Road
Cheapside
Whitecross St.
Trafalgar Street
St. Peter's Place
Richmond Terrace
Waterloo Place
York Place
Richmond Place
Albion Street
Albion Hill
Belgrave St.
Grove Hill
Gloucester Road
Gloucester Street
Tidy Street
Sydney Street
Upr. Gardner St.
Kensington Gardens
Kensington Street
Richmond Parade
Gloucester Place
Gardens
Parade
Ashton Rise
Morley Street
Sussex Street
NORTH LAINE
North Road
Orange Row
Gardner Street
Regent Street
Jubilee Street
Church Street
Marlborough Place
Victoria
Grand Parade
Kingswood Street
Carlton Hill
John Street
Bond Street
New Road
Brighton museum & Art Gallery
The Royal Pavilion
Pavilion Parade
Edward Street
Lewis's Bldgs St.
Duke's Lane
Union St.
LANES
Brighton Pl.
Market St.
Pavilion Bldgs
Palace Pl.
Castle Sq.
Prince Albert St.
Black Lion Lane
Regent Arc
Steine Lane
Old Steine
George Street
Dorset Gardens
High St.
KEMP TOWN
Saint James' Street
Ship St.
Black Lion St.
Bartholomews Square
Little East Street
East St.
Bartes Avenue
Pool Valley
Madeira Pl.
Camelford St
New Steine
King's Road
Marine Parade
Grand Junction Road
Madeira Drive
Brighton Pier
26, 30, 31, 50
34, 52
33
44
43
47
46
40
45
70
27
67
65
41
62
63
42
48
84
21
68
82
66
25
85
86
28
C
D
1
2
3

Prix moyens (40-80 £ / 48-96 €)

Hostelpoint (plan C3, **21**) : *10-12 Grand Junction Rd, BN1 1PN. ☎ 20-20-35. • hostelpointuk.com • Résa conseillée le w-e. Compter 14-26 £/pers selon sem ou w-e, en dortoirs 4-8 lits ; 39-70 £/pers en chambre privée. Tarifs intéressants sur Internet.* Juste devant le *pier* et donc... la mer ! Parties communes un peu brouillon, mais dortoirs bien tenus, avec douche et lavabo pour la plupart, un petit effort de déco bienvenu, et une belle vue pour certains. Accueil peu chaleureux et petit déj limité.

Très chic (plus de 120 £ / 144 €)

Myhotel (plan C2, **27**) : *17 Jubilee St, BN1 1GE. ☎ 90-03-00. • myhotels.com • Juste à côté de la bibliothèque. Doubles 130-380 £ ; suites 150-400 £. Surveiller les promos.* Avec une devise telle que « l'endroit qui fait se rencontrer Freddie Mercury et Maharishi », on peut s'attendre à un certain grain de folie... Et on n'est pas déçu ! Chambres au look de capsule spatiale avec un mobilier design tout en courbes, de la coiffeuse intégrée à la tête de lit jusqu'aux toilettes en forme d'œuf ! On aime les couleurs gaies, l'équipement ultramoderne (lecteur DVD, chaîne hi-fi), l'accueil enjoué. Bar futuriste, avec des écrans alignés dupliquant des sauts de dauphins ou autres images lénifiantes. Bref, on se croirait dans une version feng shui d'un improbable mélange des films *Orange mécanique* et *2001 : l'Odyssée de l'espace*... Génial !

Dans Brunswick – Hove

Plus calme, plus vert, ce quartier résidentiel se rejoint facilement par la Western Road, à pied ou en bus, et permet de se dégoter un logement souvent un peu moins onéreux.

De prix moyens à chic (40-120 £ / 48-144 €)

Seafield House (hors plan par A3, **20**) : *23 Seafield Rd, Hove, BN3 2TP. ☎ 77-77-40. • fieldhousehotels.co.uk • À env 30 mn à pied du centre, 5 mn en bus (fréquents). Doubles 80-110 £, petit déj compris. Possibilité de se garer gratuitement (une rareté !) s'il reste des places disponibles.* Un peu excentré certes, mais tout près du front de mer, dans un quartier à la fois tranquille et animé, un petit *B & B* aux chambres classiques mais très soignées. On apprécie les petites attentions, comme la bouteille de vin offerte qui vous attend dans votre chambre et les peignoirs de bain (sur demande). Excellent rapport qualité-prix.

Artist Residence (plan A2, **22**) : *33 Regency Sq, BN1 2GG. ☎ 32-43-02. • artistresidence.co.uk • Doubles 100-305 £, petit déj compris.* Un lieu atypique où toutes les chambres ont été décorées par des artistes différents, du sol au plafond. Pas un bout de mur qui ne soit peint (sauf dans les toutes petites mais impeccables salles de bains). Vue superbe sur l'ancien *pier* de certaines chambres. Resto-bistrot sympa au rez-de-chaussée, ambiance récup' chic très réussie. Une de nos adresses préférées.

The Iron Duke Hotel (hors plan par A3, **23**) : *3 Waterloo St, Hove, BN3 1AQ. ☎ 73-48-06. • irondukebrighton.co.uk • Dans une rue perpendiculaire à King's Rd, à 50 m de la mer et à 10 mn à pied du centre. Doubles 70-200 £.* En bas, un pub de quartier à la clientèle hétéroclite. Chambres impeccables et confortables. Toilettes et/ou salle de bains sur le palier pour certaines. Un bon rapport qualité-prix. Comme nous ne sommes pas les seuls à le penser... il est préférable de réserver. Accueil pêchu et disponible.

Regency Landsdowne Guest House (hors plan par A3, **24**) : *45 Lands-downe Pl, Brunswick, Hove, BN3 1HF. ☎ 32-18-30. • regencylansdowne.co.uk • À env 15 mn à pied du centre et à 200 m du front de mer. Doubles 40-68 £. Pas de petit déj,* *mais nombreuses possibilités à deux pas.* Simple et assez vieillot, mais les chambres sont nickel, claires et calmes. Accueil gentil comme tout du propriétaire, qui parle même un peu le français. Une des rares adresses qui n'explosent pas (trop) les prix pendant le week-end.

Regency Hotel (*plan A2*, **29**) *: 28 Regency Sq, BN1 2FH. ☎ 20-26-90. • regencyhotelbrighton.com • Fermé déc. Doubles 90-180 £.* Beau et fier hôtel (l'ancienne demeure de l'arrière-grand-mère de Winston Churchill !), proposant des chambres aux univers tous très différents, du romantique au cossu chic, en passant le style hollywoodien ou encore le vintage pin-up. Très bonne adresse.

Motel Schmotel (*plan A-B2*, **32**) *: 37 Russell Sq, BN1 2EF. 07-557-94-74-49. • motelschmotel.co.uk • Doubles 80-140 £.* Dans une des charmantes maisons d'une adorable petite rue, face à un joli jardin. Déco fraîche et contemporaine dans des chambres plus ou moins grandes, atmosphère conviviale et chaleureuse, accueil dynamique... Tout est là pour donner envie de poser ses valises quelque temps.

Dans Kemp Town

Quartier paisible et joyeux à l'est du centre-ville, où les loyers moins élevés qu'ailleurs ont permis aux *guesthouses* et hôtels de pousser sans complexe. Toujours à proximité de la mer et à 10 mn à pied du centre pour la plupart de nos adresses, en passant par l'animée Saint James' St.

De prix moyens à chic (40-120 £ / 48-144 €)

Red Brighton Blue (*hors plan par D3*, **26**) *: 7 Charlotte St, BN2 1AG. ☎ 25-63-00. • redbrightonblue.com • Doubles 90-150 £ (2 nuits min le w-e). Réduc de 5 % sur présentation de ce guide.* Steven et Peter sont dingues de déco, pour notre plus grand plaisir ! Leurs 11 chambres, toutes différentes, disposent tantôt de meubles anciens bien choisis, tantôt d'une déco plus contemporaine, avec toujours un grand soin apporté aux détails et un confort digne d'un hôtel chic (TV avec chaînes en français, coffre, frigo, DVD...). Une adresse douce et raffinée, tout en délicatesse et gentillesse. On aime !

Brighton Inn (*hors plan par D3*, **30**) *: 20 Saint George Terrace, BN2 1JH. ☎ 69-08-62. 07-810-82-23-31. • brightoninnboutique.co.uk • Prendre Saint James' St, puis à gauche dans Freshfield Rd et 1re à droite. Doubles 70-185 £.* Cette adresse de charme, dans le style boutique-hôtel, propose 7 chambres à la déco contemporaine dans des tonalités de gris, prune et argent, parfaitement confortables mais pas très grandes. L'une d'elles, particulièrement petite, est proposée à prix tout doux et fera le bonheur des amoureux au budget serré.

Snooze (*hors plan par D3*, **31**) *: 25 Saint George Terrace, BN2 1JJ. ☎ 60-57-97. • snoozebrighton.com • Doubles 75-130 £ selon jour de la sem.* Chambres surprenantes, un joyeux mélange de meubles, d'enseignes et d'objets vintage en tout genre. Assurément, les propriétaires s'en sont donné à cœur joie ! Jusque dans la salle de petit déj, aux airs de cafétéria américaine des années 1960. Certains trouvent ça un peu *too much*, d'autres adorent ! Agréable terrasse sur l'arrière.

Aquarium Guesthouse (*plan D3*, **25**) *: 13 Madeira Pl, BN2 1TN. ☎ 60-57-61. • aquarium-guesthouse.co.uk • Doubles 80-120 £. Petit déj « basket » (sommaire) inclus.* Adresse coquette aux chambres épurées, avec de beaux parquets en bois blond. Les salles de bains sont propres et lumineuses mais assez exiguës. Une adresse reposante et plutôt centrale.

Sea Spray (*plan D3*, **28**) *: 26 New Steine, BN2 1PD. ☎ 68-03-32. • seaspraybrighton.co.uk • Doubles 70-195 £.* Les 17 chambres déclinent autant de thèmes : néobaroque, romantique, carnaval de Venise, Marrakech, Geisha, Elvis Presley... il y en a pour tous les goûts ou presque. Assez kitsch tout de même dans l'ensemble, mais de bon confort.

Dans New England Quarter

Situé à l'est de la gare, derrière Trafalgar Street, ce quartier se veut résolument contemporain.

Jurys Inn *(hors plan par C1, **33**) : 101 Stroudley Rd, BN1 4DJ. ☎ 86-21-21. • jurysinns.com • À 2 mn à pied de la gare. Doubles 85-200 £. Petit déj en sus. Promos sur Internet.* Cette chaîne d'hôtels peut se vanter d'innover dans le bon sens. Ici, on fait dans le renouvelable et ça marche : panneaux solaires, récupération de l'eau de pluie, équipement dans les chambres visant à ne pas gâcher d'énergie (douche, lumière). Bravo, surtout que les chambres sont spacieuses, fonctionnelles et confortables. Un petit bémol cependant sur la déco, assez standard finalement. L'accueil est vraiment courtois.

Où dormir dans les environs ?

Blackberry Wood Campsite : *Streat Lane, **Streat,** BN6 8RS. ☎ (01273) 89-00-35. • blackberrywood.com • À env 8 miles au nord de Brighton, entre Ditchling et Plumpton. Ouv tte l'année. Compter 20-27 £ pour 2 avec tente.* Sympathique petit camping privé d'une vingtaine d'emplacements, au plus près de la nature. On vient ici pour profiter en paix du gazouillis des oiseaux, refaire le monde jusqu'à pas d'heure autour d'un feu de camp ou s'oxygéner dans ce ravissant coin de campagne. Pour les amateurs de campings insolites, une roulotte gipsy, une cabine « courbe », une chambre aménagée dans un ancien hélicoptère, une caravane rétro, ou encore une suite familiale dans un bus impérial ! Sanitaires simples mais suffisants.

LE SUD DE L'ANGLETERRE

Où manger ?

Brighton offre un choix fabuleux de restos (plus de 450 !), souvent très bons et parfois d'un rapport qualité-prix assez rare. *Enjoy !*

Dans The Lanes

Bon marché (moins de 10 £ / 12 €)

Foodilic *(plan B2, **49**) : 60 North St, BN1 1RH. ☎ 77-41-38. Tlj 10h-20h30 (18h dim). Repas (à volonté !) 7 £. CB refusées.* Sur 2 niveaux, ce petit resto sans esbroufe est une véritable pépite ! En mode self, une dizaine de salades appétissantes et quelques plats chauds bien cuisinés. On se sert, puis on y retourne juste par gourmandise tellement c'est bon ! Jus de fruits frais et milk-shakes. Rapport qualité-prix imbattable !

Bombay Aloo *(plan C2, **41**) : 39 Ship St, BN1 1AB. ☎ 77-60-38. Indien végétarien ouv 12h-23h (minuit ven-sam). Formule buffet à volonté à partir de 6 £ ; 15h15-17h15 (en sem).* Pas mal du tout pour le prix. Accueil souriant. Autre adresse à deux pas : *31A North St.*

De prix moyens à plus chic (10-30 £ / 12-36 €)

Food for Friends *(plan C3, **42**) : 18 Prince Albert St, BN1 1HF. ☎ 20-23-10. Tlj 12h-22h. Plats 9-15 £ ; menu 24 £.* Des plats végétariens et bio pas trop chers, que de l'authentique et du goûteux. Déco à l'image de la salade composée, fraîche et légère. Vraiment très bien.

Terre à Terre *(plan C3, **48**) : 71 East St, BN1 1HQ. ☎ 72-90-51. Lun-ven 12h-22h30, w-e 11h-23h (22h dim). Impossible sans résa, c'est dire ! Plats 16 £ env ; menu 33 £.* Un végétarien remarquable où l'on vient le cœur léger pour en ressortir bien calé. Ambiance gentiment chic mais pas guindée pour autant, murs colorés, cuisine inventive, délicieuse et joliment mise en scène.

Qui a dit que la cuisine végétarienne était ennuyeuse ?

Sur le front de mer

🍽 ***Riddle & Finns*** *(plan B3,* ***53****) : 139 King's Rd Arches, BN1 2FN. ☎ 82-12-18. Tlj. Résa conseillée. Menu midi 15 £ ; plats 13-40 £.* Un des meilleurs spécialistes des huîtres et du poisson frais à Brighton. Quelques recettes originales, inspirées par les cuisines d'ailleurs, et quelques classiques incontournables, comme la fameuse *Dover sole.* Petite vue mer et grande terrasse sur la plage. Autre adresse en ville : *12 Meeting House Lane. ☎ 72-16-67.*

🍽 ***The Salt Room*** *(plan A3,* ***51****) : 106 King's Rd, BN1 2FU. ☎ 92-94-88. Tlj midi et soir. Résa conseillée. Menus midi 15-17,50 £ ; plats 10-25 £.* Un autre resto tourné vers la mer, dans un décor contemporain, un mélange de bois brut et de brique ponctué de banquettes bleu canard. Ici, le poisson est servi grillé ou, plus rare, cuit dans un four à bois. Chic, élégant et savoureux. Cher aussi, à moins de profiter des formules du midi qui s'avèrent d'un honorable rapport qualité-prix.

Dans North Laine

Bon marché (moins de 10 £ / 12 €)

🍽 ***The Manor*** *(plan C2,* ***45****) : 52 Gardner St, BN1 1UN. ☎ 69-17-00. Tlj 9h-17h. Snacks et sandwichs env 4 £ ; plats 5-10 £.* 📶 Un petit endroit pour caler une petite faim. Joyeux et décontracté, à l'instar du quartier. Les plats proposés sont simples, frais, goûteux et faits maison. Vraiment bien pour le prix.

De prix moyens à plus chic (10-30 £ / 12-36 €)

🍽 ***Bill's*** *(plan C2,* ***40****) : 100 North Rd, BN1 4AL. ☎ 69-28-94. Ouv lun-sam 8h-23h, dim 9h-22h30. Menus midi 11-13 £ ; plats 9-19 £.* 📶 Un ancien dépôt de bus reconverti en théâtre pour les yeux et les papilles. Couleurs et saveurs s'unissent dans cette vaste halle décorée d'étals de fruits et légumes de saison, de bocaux de condiments et divers flacons d'huile sur les murs. La fraîcheur prime et les mets sont aussi variés que savoureux. Et en général, un « *Oh my God !* » accompagne l'arrivée des desserts. Service rapide et efficace malgré la foule.

🍽 ***Mange Tout*** *(plan C1,* ***44****) : 81 Trafalgar St, BN1 4EB. ☎ 60-72-70. Lun-mer et dim 10h-17h, jeu-sam 10h-22h. Résa conseillée. Petit déj et snacks 7-12 £, plats 10-16 £.* Quand un jeune chef français s'installe à Brighton et cuisine les produits du Sussex, ça donne un délicieux « patay de camp'aaagne » et de la poitrine de porc fermier aux mini-*beans* façon cassoulet... *Yummy !* Ambiance de bistrot décontractée. Que des vins bio et pas donnés.

🍽 ***Iydea*** *(plan C1,* ***47****) : 17 Kensington Gardens, 1BN 4AL. ☎ 66-79-92. Tlj 9h30-17h30. Repas 5-8 £.* 📶 *(en dehors du rush de midi.)* Un resto végétarien qui risquerait bien de séduire les plus carnivores ! On compose soi-même son assiette en choisissant parmi une belle palette de plats, puis on installe son plateau sur un coin de table. Très réussi, de la finesse des plats à la joyeuse et chaleureuse déco. Et nous ne sommes pas les seuls à aimer, c'est toujours bondé !

🍽 ***Wai Kika Moo Kau*** *(plan C1,* ***43****) : 11A Kensington Gardens, BN1 4AL. ☎ 67-11-17. Tlj 9h (9h30 dim)-17h (19h sam). Plats 7-18 £.* Végétarien cosmopolite et bon enfant, proposant des plats aux accents indiano-mexicano-cajuns bien goûteux et généreusement servis. Vins, bières et cidres bio. Accueil souriant et attentionné.

🍽 ***Wagamama*** *(plan C2,* ***46****) : Kensington St, BN1 4AJ. ☎ 68-88-92. Tlj 11h30-23h (22h dim). Plats 5-14 £.* Le concept de cette chaîne inspirée de la cuisine japonaise ne change pas et ne cesse de nous séduire. Grandes tablées, espaces aérés et assiettes où se mêlent de belles saveurs.

Dans Kemp Town

Ginger Dog (hors plan par D3, **50**) : *12 College Pl, BN2 1HN. ☎ 62-09-90. Tlj midi et soir (jusqu'à 23h30). Menus 12-18 £ (jusqu'à 19h) ; plats 8-21 £.* Simple et élégant à la fois, avec ses murs sombres, ses lumières douces et ses banquettes accueillantes, ce *gastropub* revisite brillamment la cuisine anglaise. Un peu à l'image du lieu, du classique modernisé avec talent. La même maison possède à Hove un autre restaurant, également réputé pour sa bonne table : **Ginger Pig**, *3 Hove St, BN3 2TR. ☎ 73-61-23.*

The Bristol Bar (hors plan par D3, **52**) : *143 Marine Parade, BN2 1HA. ☎ 60-56-87. Plats 8-14 £.* Agréable pub traditionnel remis au goût du jour avec sobriété, une grande salle aérée et un petit coin tout cosy au fond. Dans la journée, vue sur la mer. Le soir, ambiance bougies et éclairages tamisés. On ne traverse pas la ville pour y manger, mais quand on dort dans le coin, c'est certainement une des meilleures adresses de Kemp Town pour déguster un cuisine de pub bien faite, boire une bonne *ale* ou un verre de vin, dans une atmosphère paisible.

Où boire un thé ?

The Grand Brighton (plan B3, **61**) : *King's Rd. ☎ 22-43-00. English tea dans tte sa splendeur env 30 £ (sur résa !).* Il fera parfaitement l'affaire si vous recherchez un *tearoom* avec un peu de cachet. C'est ici même que l'IRA tenta d'éliminer Margaret Thatcher et tout son état-major du Parti conservateur en faisant sauter l'hôtel. Bilan : 5 victimes dans l'entourage de la Dame de Fer. Maggie vint par surprise à l'inauguration après les travaux, prouvant, s'il en était besoin, qu'elle n'était pas du genre à se laisser impressionner.

Où boire un verre ? Où écouter de la musique ?

Ten Green Bottles (plan C2, **70**) : *9 Jubilee St. ☎ 56-71-76. Lun-mar 11h-22h, mer-sam 11h-23h, dim 12h-21h.* Les Anglais aiment le vin, qu'on se le dise ! Pour preuve, ce caviste qui fait le plein chaque soir à l'heure de l'apéro, au point qu'il faut souvent jouer des coudes pour trouver un coin de tabouret ou de canapé. Au verre ou à la bouteille, le choix ne manque pas. L'occasion de goûter quelques bons crus du Nouveau Monde ou, plus local, au *sparkling wine* du Sussex, cher mais délicieux. Personnel adorable et de bon conseil. Planches et assiettes à partager peuvent accompagner la dégustation.

The Font (plan C2, **62**) : *Union St.* Ancienne église reconvertie en pub, fier de sa nouvelle devise « Générosité, fierté, amitié ». Chaude ambiance et faune bigarrée, surtout quand la musique prend le relais en nocturne.

Pump House (plan C3, **63**) : *46 Market St (sur la place). Dans une clairière, au cœur du quartier des Lanes. Ouv 11h-23h.* Dans le plus vieux bâtiment de la ville, un pub convivial aux belles boiseries.

Fortune of War (plan B3, **64**) : *157 King's Rd Arches. ☎ 26-50-65. Sur la plage. Ouv 11h-23h.* Une déco de cale de navire... dont on ne profite pas vraiment vu le monde. Si vos tympans frôlent l'explosion, embarquez votre verre sur la plage ! Sympa de voir tous ces jeunes qui débutent ici la soirée.

The Mash Tun et Fitzherberts (plan C2, **65**) : *à l'angle de New Rd et Church St. ☎ 68-49-51.* Pubs animés, tendance beaux-arts. Tous les styles s'y retrouvent cependant, pour écluser quelques pintes sur fond de musique survitaminée. Grande terrasse dans la rue piétonne.

Amsterdam (plan D3, **66**) : *11-12 Marine Parade. ☎ 68-88-25.* Un pub plutôt gay, mais pas que, surplombant la mer. Pas mal d'ambiance en fin d'après-midi le week-end. Fait aussi sauna à partir de 16h.

🍷 ♩ ***King and Queen*** (plan C2, **67**) **:** *13 Marlborough Pl. ☎ 60-72-07. Tlj 10h-minuit.* Derrière une belle façade à colombages du XVIIIe s, un pub sans fard pour mâter les retransmissions sportives sur écrans géants, installé sur de confortables banquettes. Billard. Méga karaoké le mardi soir. *Beer garden* dans la cour pavée. Âge minimum : 18 ans.

🍷 ♩ ***Ohso Social*** (plan C3, **68**) **:** *250A King's Rd Arches. ☎ 74-60-67.* Une petite terrasse en bois juste à côté du *pier* pour prendre le dernier soleil de la journée. Ambiance et déco éclectiques. Musique live en fin de semaine.

🍷 ***The Coopers Cask*** (hors plan par A2, **69**) **:** *3 Farm Rd. ☎ 73-69-45. Dans une petite rue perpendiculaire à Western Rd. Tlj.* Quelques tables sur le trottoir devant les jardinières fleuries et une petite salle chaleureuse où la jeunesse du quartier se retrouve pour refaire le monde autour d'une bonne bière. Le dimanche midi, clientèle plus familiale pour le traditionnel *roast dinner,* certes un peu plus cher que la moyenne mais vraiment excellent. Un vrai pub local, dynamique et très sympa.

Où danser ?

Vous trouverez dans les pubs et certains hébergements le *What's On,* un mensuel qui recense tous les endroits *in* du moment, leur programme et leurs promos. Brighton est un lieu de fête bien connu et les boîtes ne manquent pas ! En voici quelques-unes.

♫ ***Digital*** (plan B3, **80**) **:** *187-193 King's Rd Arches. ☎ 22-77-67. • yourfutureisdigital.com •* Dans des entrepôts-caveaux, face à la mer. L'endroit où il faut être pour une bonne sélection d'électro, ainsi que de nombreux shows de talentueux DJs.

♫ ***Casablanca Jazz Club*** (plan B3, **81**) **:** *3 Middle St. ☎ 32-18-17. • casablancajazzclub.com •* Club au cadre underground qui, malgré son nom, ne sert pas que du jazz, mais aussi du funk, disco, soul et pas mal de latino. Nombreux concerts.

♫ ***Shooshh Club*** (plan C3, **82**) **:** *214 King's Rd Arches. ☎ 20-28-07. • brighton.shooshh.com •* Très bel espace, immense, au décor résolument moderne, face à la mer. Vraiment sympa. Beaucoup de techno-house, mais pas uniquement. Fréquentation très étudiante.

♫ ***Coalition*** (plan B3, **83**) **:** *171-181 King's Rd Arches. ☎ 72-23-85. • coalitionbrighton.com •* Un cadre original sous les arcades en brique rouge, face à la mer, qui propose une programmation électro et les tubes du moment. Nombreuses soirées accueillant les meilleurs DJs en *guest*. Clientèle assez étudiante.

♫ ***Lola LO*** (plan C3, **84**) **:** *75-79 East St. ☎ 12-74-87. • lolalo.co.uk •* Un décor original en sous-sol fait de bambous naturels, reproduisant une paillote hawaïenne des années 1960 qui évoque la période Beach Boys. Mais ne vous y trompez pas, la musique est très actuelle. Clientèle de tous âges.

♫ ***The Funkyfish Club*** (plan D3, **85**) **:** *19 Marine Parade. ☎ 69-83-31. • funkyfishclub.co.uk • Ven-sam slt.* Pour info, le *dress code* accepte tous les styles, à l'exception des joggings et des t-shirts de foot ! Le club porte bien son nom et vous ramène sur les rythmes endiablés des 70's, 80's et 90's. Ambiance bon enfant, clientèle de 20 à 50 ans, avant tout là pour danser et s'amuser dans un décor sans fioritures. Très sympa !

♫ 🍷 ***Legends*** (plan D3, **86**) **:** *31-34 Marine Parade. ☎ 62-44-62. • legendsbrighton.com • Bar tlj 11h-4h ; club mer-dim.* Un des bars les plus branchés du moment, vaste et contemporain, doublé d'un club aux éclairages aussi pop que la musique qui électrise le lieu. Bons DJs, et *drag show* ébouriffant tous les dimanches après-midi. Grande terrasse avec vue sur le *pier* pour reprendre son souffle, parfait au coucher du soleil pour les plus romantiques.

À voir

PARLEZ-VOUS INDLISH ?

La langue anglaise a hérité de plus d'une centaine de mots indiens, dont certains exportés aussi en France comme « bungalow », qui désigne une villa en hindoustani, « pyjama », un pantalon de nuit en hindi, mais aussi « shampooing », de champo, qui signifie « masser » en hindi. Et bien d'autres !

The Royal Pavilion *(plan C2-3) : ☎ 29-09-00. • brightonmuseums.org.uk/royalpavilion/ • Avr-sept, 9h30-17h45 ; oct-mars, 10h-17h15 ; dernière admission 45 mn avt la fermeture. Fermé 24-26 déc. Entrée : 13 £ ; réduc. Audioguide en français. Billet jumelé avec le Brighton Museum et Preston Manor : 16 £.* Rien ne prépare au faste intérieur, même pas cette incroyable architecture pâtissière, folle extravagance qui mélange les styles indien, arabe, chinois et moghol. Résidence du prince de Galles, futur George IV, qui incarnait le dandysme le plus britannique. L'intérieur regorge de décors orientaux travaillés à outrance, le summum de la démesure exprimé dans la flamboyante salle à manger aux dragons ou dans la chatoyante salle de musique où se produisit Rossini. Le prince y donnait d'immenses fêtes mondaines et paillardes. Pour nourrir tout ce monde, d'incroyables cuisines, aussi vastes que magnifiques. Le cuistot n'était autre que le grand chef français Antonin Carême. Il composa un soir un menu de 100 plats resté dans les annales !

Brighton Museum & Art Gallery *(plan C2) : Royal Pavilion Gardens. ☎ 29-09-00. • brightonmuseums.org.uk • Mar-dim 10h-17h. Fermé 24-26 déc. Entrée : 5,20 £ ; réduc. Billet jumelé avec le Royal Pavilion et Preston Manor : 16 £.* Le bâtiment abritait autrefois les écuries du prince de Galles. Il est, lui aussi, construit dans un style résolument indien et accueille aujourd'hui une grande salle de spectacle et un musée d'Art. On se promène dans d'intéressantes et riches galeries, très ludiques. D'abord, on contemple avec amusement et curiosité le mobilier et les objets design du XXe s, présentant des œuvres de Dalí, Solon ou encore Lalique. Ensuite, une section mode permet d'appréhender l'art de se vêtir à travers les âges. On trouve également une salle destinée à la porcelaine et aux poteries de Mr. Willet, un notable de Brighton, retraçant l'histoire du pays sur différents supports comme des assiettes, des vases... Enfin, une partie de l'exposition est réservée aux photos de la ville et s'articule autour de thèmes sociaux. Ainsi, des sections « Vivre à Brighton », « Travailler à Brighton » ou encore « Brighton et moi » sur les loisirs rendent la visite interactive.

The Brighton Pier *(plan C-D3) :* centre de jeux en tout genre, éclairé par 13 000 ampoules. Précisons qu'il est orphelin depuis que le deuxième *pier,* le ***West Pier*** *(plan A3),* s'est écroulé sous l'effet des vagues fin 2002 et de deux incendies en 2003. Tout un symbole de la ville anéanti. Sa « carcasse » brune émerge encore des flots, surtout à marée basse, juste en face des grands hôtels. Une vision assez surréaliste, augmentée par la présence de la nouvelle tour *i360* plantée juste devant, sur le quai.

i360 *(plan A3) : devant le West Pier. ☎ 72-03-60. • britishairwaysi360.com • Tlj 11h-17h, ou plus tard aux beaux jours (horaires variables). Entrée : 16 £.* Une tour de contrôle coulissante en quelque sorte, une grosse capsule de verre qui monte et descend sur un mât de 138 m de haut. Financée par *British Airways* principalement, l'idée est de simuler un « vol », hôtesses et stewards en uniforme de la compagnie, de la réception au bar situé dans l'engin. Bon, la vue est évidemment sympa de là-haut, mais le prix pour s'envoyer en l'air en 30 secondes d'ascenseur, panoramique certes, atteint lui aussi des sommets !

🚶🚶🚶 ***The Lanes and the North Laine :*** Brighton se vit plus qu'elle ne se visite. Et l'on prendra du plaisir à flâner et à se perdre. Les Lanes, très serrées, respectent le tracé médiéval. Ces sortes de chemins de traverse (ambiance Harry Potter !) offrent une densité rare de brocantes, d'échoppes, de pubs et de restos. Tout cela à 5 mn des plages, du *pier* et du *Royal Pavilion.* Changement d'ambiance dans North Laine (au nord des Lanes !). Place à l'énergie, à la lumière, à la couleur. Caractérisé par une atmosphère bohème et *arty,* que vous pourrez ressentir au sein de rues telles que Kensington Gardens ou Sidney Street, c'est un savant mélange de Clignancourt à Paris et de Notting Hill à Londres (surtout le samedi matin lors du grand déballage dans les rues rendues piétonnes pour l'occasion). Bobo à mort ! Boutiques de fripes toutes plus folles les unes que les autres, tatoueurs, cafés, terrasses, disquaires ou encore galeries d'art, on trouve de tout dans ce véritable poumon de Brighton. Idéal pour se restaurer ou pour un moment de shopping.

À faire

– ***Golf :*** « *Pitch & Putt* » est l'expression en vigueur pour désigner un véritable parcours de 1h30 à 2h avec deux clubs (cannes), un pour les coups longs (fers 7 ou 8) et un pour « pousser » la balle dans le trou *(putt).* Très informel et une excellente initiation, fort peu coûteuse de surcroît. Pour le minigolf, on dira « *crazy golf* ».

■ ***Roedean Miniature Golf*** *(hors plan par D3)* **:** *Marine Drive, au-dessus de la Marina (bus nos 14, 14B, 711 ou 712).* ☎ *60-48-38. Tlj de l'aube au crépuscule.*

■ ***Rottingdean*** *(hors plan par D3)* **:** *à l'entrée du village par la route du bord de mer en venant de Brighton.* ☎ *30-21-27. Tlj de l'aube au crépuscule.* Beau parcours surplombant la mer et dominé par un moulin.

LE SUD DE L'ANGLETERRE

Manifestations

– ***Brigthon Festival :*** *pdt tt le mois de mai.* ● *brightonfestival.org* ● Le plus grand festival d'arts d'Angleterre, dans les rues, les cafés, les théâtres...
– ***Gay Pride :*** *en juil ou en août.* ● *brighton-pride.org* ● Départ de Preston Park.

DANS LES ENVIRONS DE BRIGHTON

🚶 ***Lewes :*** *à env 15 km à l'est de Brighton, sur l'A 27.* Sympathique petite ville bâtie sur une butte aux ruelles et aux maisons charmantes, mais où la circulation et le stationnement sont difficiles. C'est le siège administratif du comté de l'East Sussex et un pôle pour les amateurs d'antiquités. C'est aussi la ville de *Harvey's,* la plus ancienne brasserie indépendante du Sussex.
– Le **château,** sans grand intérêt, peut se visiter. *Tlj à partir de 10h (11h les dim-lun et j. fériés) jusqu'à 17h30 mars-oct, jusqu'à 16h nov-fév. Entrée : env 7 £ ; réduc.*
– Pour un petit aperçu de la vie des Tudor, allez voir le ***musée-maison d'Anne de Clèves*** : *fév-nov, 10h (11h dim-lun)-17h. Entrée : env 5,50 £ ; billet jumelé pour les 2 sites.*
– Lewes sort de ses gonds le 5 novembre, lors de la ***fête*** nationale aux pétards dite ***de Guy Fawkes,*** terroriste qui tenta de faire sauter le Parlement anglais en 1605. Ici, fait unique, plusieurs processions et des milliers d'hérétiques brûlent des effigies du pape de l'époque et d'ennemis emblématiques en commémoration des 17 martyrs protestants brûlés à Lewes par Marie Tudor.
– Enfin, il ne reste que des ruines de l'énorme *prieuré cluniste* que l'on peut voir (notamment depuis le train) mais pas visiter. Avant sa destruction par Cromwell sur

ordre d'Henri VIII, on récupéra les pierres de taille (de Caen) pour construire *The Grange* sur Keere St, belle demeure avec de jolis jardins publics.

Tourist Information Centre : *187 High St, BN7 2DE. ☎ 48-34-48. Lun-sam 9h30-16h30 (10h-14h sam oct-mars), dim 10h-14h (fermé dim oct-mars).*

Robson's of Lewes : *22 High St, BN7 2LN. ☎ 48-06-54. Tlj 9h (dim 10h)-17h (17h30 en été). Snacks 4-6 £.* Sandwichs, salades, délicieux gâteaux et bons cafés à emporter ou à déguster sur place dans la petite arrière-salle illuminée par un bow-window ouvrant sur un jardinet fleuri. Atmosphère plaisante et soignée. Parfait pour un petit déj, un lunch léger ou un p'tit thé.

Rottingdean : *à 3 miles à peine à l'est de Brighton, par le bord de mer. Accès possible par l'Under Cliff Walk depuis la Marina (chemin au pied des falaises de craie), ou en bus nos 2, 12, 12A, 13X et 14 (A, B, C).* Rottingdean est un petit village au creux des falaises. Rudyard Kipling vécut ici quelques années et y écrivit quelques-unes de ses œuvres. Il y a d'ailleurs une maison-musée face aux Kipling Gardens, joli jardin anglais à l'abri de murs en silex. Peut-être y verrez-vous des joueurs de croquet en pleine partie. On vous conseille surtout d'y aller en fin d'après-midi pour regarder le soleil se coucher sur le moulin au milieu des roses. Unique.

Enfin, ne quittez pas Rottingdean sans avoir goûté les délicieux scones du ***Olde Cottage,*** un salon de thé comme on les aime (avec jardin fleuri !) situé dans la rue principale, en allant vers la mer. Sert aussi des snacks et plats du jour.

Steyning : joli village, anciennement grande ville et port, avec des maisons à colombages, une vieille église et une vieille auberge. Yeats y écrivit bon nombre de ses œuvres.

ARUNDEL

3 300 hab. — IND. TÉL. : 01903

À l'ouest de Brighton (A 27, direction Portsmouth), ce village très touristique, blotti au pied de son imposant château d'allure féodale et d'une petite cathédrale récente, plus saisissante de loin que de près, offre un sacré contraste lorsqu'on vient de quitter Brighton. Brocanteurs, antiquaires et galeries d'art animent et égaient agréablement le village.

Arriver – Quitter

En bus

➢ **Brighton :** n° 700.

En train

Gare ferroviaire : *un peu à l'écart du centre, à 1 mile. ☎ (08457) 48-49-50.* Pas de bus pour rejoindre le centre, 15 mn de marche.

➢ **Brighton :** 2 trains/h, trajet : 1h10 env.

➢ **Chichester :** 2 trains/h, trajet : env 25 mn.

Adresse utile

Visitor Information Point : *Mill Rd, BN18 9PA. ☎ 73-78-38. • sussexbythesea.com • En face du château. Tlj 10h-16h.* Petit musée historique sur place.

Où dormir ? Où manger ?

Beaucoup de campings dans la région, de tous styles. Le plus proche se trouve à Crossbush, mais voici notre préféré :

⛺ ***Ship & Anchor Marina Camping :*** *à Ford, BN18 0BJ. Tt près de Ford Station (l'autre gare), à 3 miles d'Arundel. ☎ (01243) 55-12-62. Fermé oct-mars. Compter 15-18 £ pour 2 avec tente et électricité. CB refusées.* Calme, le long de l'Arun. Un peu rustique mais spacieux et économique. S'il ne fait pas beau, faites comme tout le monde : rendez-vous au pub sympa du camping pour goûter à l'*Arundel Castle Beer.*

🏠 |●| ***The Town House Hotel :*** *65 High St, BN18 9AJ. ☎ 88-38-47. • thetownhouse.co.uk • Resto fermé dim-lun. Doubles 110-150 £, petit déj compris. Menus 17,50-21,50 £ le midi, env 26-30 £ le soir.* Charmant et romantique à souhait, ambiance feutrée. La chambre la moins onéreuse est certes minuscule avec sa salle de bains privée dans le couloir, mais elle garde la touche d'élégance de ses consœurs. Le superbe plafond italien en bois du resto se charge à lui seul de la déco, par ailleurs assez convenue. Accueil chaleureux.

|●| ☕ ***The Bay Tree :*** *21 Tarrant St. ☎ 88-36-79. Dans une rue perpendiculaire à High St. Tlj sf dim soir-lun. Sert aussi le petit déj, ainsi que des sandwichs. Plats 6-17 £.* Resto-salon de thé de poupée tout cosy, où l'on s'attable dans les 2 petites salles au plafond strié de poutres. Petite terrasse à l'arrière.

|●| ☕ Plusieurs autres adresses très recommandables dans la même rue *(Tarrant St)* : ***Belindas, Berties of Arundel...*** Des restos et *tearooms*, mais souvent fermés le lundi.

À voir

★★ ***Arundel Castle :*** *☎ 88-21-73. • arundelcastle.org • Avr-oct, tlj sf lun (tlj en août). Dernière entrée 16h. Entrée : 11-20 £ selon la formule choisie ; réduc.* Très impressionnant, comparé aux petites maisons d'Arundel. Construit au XIe s, propriété des ducs de Norfolk depuis 850 ans, il fut endommagé par quelques batailles puis restauré aux XVIIIe s et XIXe s. La partie ouverte au public possède un côté très seigneurial, mâtiné de religieux (la famille compta deux cardinaux et même un saint !). Les points forts de la visite restent la chapelle *(Fitzalan Chapel)*, la splendide bibliothèque de bois et de velours, la belle collection de meubles et de portraits signés par de nombreux peintres célèbres... Sans oublier les jardins, bien entendu.

★ ***Saint Nicholas Church*** : *entre le château et la cathédrale.* Cet édifice du XIVe s est un rare exemple de cohabitation religieuse puisque l'église est anglicane d'un côté et catholique de l'autre ! La famille Norfolk jouissait déjà de ce droit privé sous Henri VIII. Les deux sections, autrefois séparées par un mur puis par un portail, sont à présent séparées par une vitre.

★ ***Saint Philip's Cathedral :*** *au nord du village, proche du château.* Construite au XIXe s, dans le style gothique français. Tous les ans, 60 jours après Pâques, s'y déroule « *the carpet of flowers* » : on recouvre la nef de fleurs, d'après une tradition italienne que le duc Henry de Norfolk aurait observée lors d'un voyage en 1877.

CHICHESTER

28 655 hab. IND. TÉL. : 01243

Petite ville qui fut en son temps une importante base romaine, lors de la conquête de l'île. Située entre Portsmouth (à 19 miles) et Brighton

(à 28 miles), elle possède une imposante cathédrale, la seule visible de la mer en Angleterre. Il est très facile de s'orienter dans Chichester grâce au *Market Cross,* petit monument d'où partent quatre rues (le *cardo* et le *decumanus*) : North, East, South et West (logique !).
Les deux premières semaines de juillet s'y déroule un festival de musique réputé qui draine les amateurs de classique et de jazz vers la cathédrale. Des troupes de théâtre se produisent alors dans les rues.

Adresses utiles

Tourist Information Centre : *The Novium, Tower St, P019 1QH. ☎ 77-58-88. Tlj 10h-17h (16h dim) ; fermé dim nov-mars.*

Gare ferroviaire : *à South Gate. ☎ (08451) 27-29-20.*

Gare routière : *à South Gate, tt près de la gare ferroviaire. ☎ 0871-200-22-33 (*Traveline, *un n° national pour tt savoir sur les transports en commun).* Attention, le bus met jusqu'à 2-3 fois plus de temps que le train pour se rendre à Londres.

Où manger ? Où boire un verre ?

The Nags : *3 St Pancras Rd, PO19 7SJ. ☎ 78-58-23. Ouv 11h-23h. Plats 9-25 £. Buffet Carvery lun-ven soirs, sam midi et soir, dim en continu : 14 £ env.* Un immense pub composé de plusieurs salles aux ambiances différentes, avec la possibilité de s'installer dehors quand le temps le permet. Très bonne cuisine pour un pub. Spécialité maison : l'assortiment de bœuf, dinde et jambon, en direct de la rôtissoire...

Duke & Rye : *West St, PO19 1QU ; juste en face de l'entrée de la cathédrale. ☎ 53-96-37. Pub 11h-23h (22h30 dim) ; resto ouv jusqu'à 21h slt. Snacks et plats 5-10 £.* Dans une église désaffectée, un pub ! Étonnant, pourrait-on se dire, malheureusement la déco n'est pas à la hauteur du concept. Ambiance musclée les soirs de match, retransmis sur écran géant, comme il se doit.

À voir

Cathedral : *☎ 78-25-95. • chichestercathedral.org.uk • Tlj 7h30-18h30 (17h dim). Visites guidées à 11h15 et 14h30. Donation bienvenue.* L'histoire de la cathédrale commence avec un évêque nommé Luffa et des Normands fraîchement débarqués. On se mit au travail en 1091 et, moins de 100 ans plus tard, l'édifice était terminé... Entre-temps, les goûts avaient évolué : voilà pourquoi la nef est romane, les porches, l'arrière-chœur et les fenêtres participent du gothique primitif, la tour et la chapelle du gothique « décoré », tandis que le clocher, sa flèche et le cloître sont en gothique dit « perpendiculaire ». L'intérieur montre également un mélange de styles allant jusqu'à l'art moderne du XXe s. Comme la tapisserie de John Piper (tissée à Aubusson), les tableaux de Graham Sutherland et le vitrail de Marc Chagall d'un rouge rutilant. Pour admirer ce dernier, aller tout au fond, à gauche. Noter aussi ce surprenant couple de gisants du XIXe s se tenant par la main, une manifestation de tendresse rarement représentée sous cette forme. On peut voir également une mosaïque romaine découverte lors de travaux sur les fondations.

The Pallants : quartier (piéton) constitué d'un ensemble de façades georgiennes du XVIIIe s (époque de la splendeur marchande de la ville). En son cœur, *Market Cross,* monument de style Tudor. Depuis South Street, emprunter Canon Lane, petite enclave bucolique dans la ville, qui mène au jardin de l'archevêque, en accès libre. De là, belle vue sur la cathédrale.

Pallant House : *9 North Pallant. ☎ 77-45-57. • pallant.org.uk • Mar-sam 10h-17h (20h jeu) ; dim et j. fériés 11h-17h. Entrée : env 10 £ ; réduc.* Riche collection d'art moderne britannique. Expos permanentes et temporaires.

The Novium : *Tower St. ☎ 77-58-88. • thenovium.org • Lun-sam 10h-17h (plus dim 10h-16h en été). GRATUIT.* Un bel écrin contemporain pour le Musée historique de Chichester. Expos temporaires.

DANS LES ENVIRONS DE CHICHESTER

Fishbourne Roman Palace and Museum : *Salthill Rd, à* ***Fishbourne.*** *☎ 78-58-59. • sussexpast.co.uk • À 2 miles à l'ouest de Chichester, sur la route de Portsmouth. Ouv mars-oct, tlj 10h-17h ; 1re quinzaine de nov et fév, tlj 10h-16h. Entrée : env 9,50 £ ; réduc.* Au cours des années 1960, des fouilles ont révélé un véritable palais romain, unique en Angleterre. Celui-ci avait été construit pour le seigneur local (non romain) en échange de ses bons et loyaux services, permettant ainsi aux Romains d'avoir un port sûr d'où conquérir l'ouest de l'île. Les fouilles continuent dans les environs pour trouver des traces plus « militaires ». Le palais était pavé de mosaïques que l'on peut (encore) admirer grâce à un ingénieux système de rampes permettant de survoler toutes les pièces mises au jour. Notez un splendide *Cupidon sur un dauphin.* Tout est expliqué en français et un petit film met en scène l'ensemble des personnages découverts et ceux qui les ont mis au jour.

Pour les amateurs, il existe un autre site de **villa romaine** : *à* ***Bignor*** *; Pulborough, RH20 1PH, au nord-est de Chichester, au nord d'Arundel (A 284). ☎ (01798) 86-92-59. • bignorromanvilla.co.uk • Mars-oct, tlj 10h-17h (dernière entrée 16h). Entrée : 6 £ ; réduc.* On y voit une des plus belles mosaïques du pays, longue de 24 m.

Bosham Church : *à* ***Bosham.*** Église saxonne fondée par un moine irlandais, dont la partie originale date du IXe s. Le roi Canut la fréquentait, tandis que plus tard le roi Harold y pria avant sa défaite contre les Normands à Hastings. L'église figure d'ailleurs sur la tapisserie de Bayeux sous le nom « Bosham ». Détails intéressants, hormis les traits d'architecture saxonne : des croix gravées par les croisés à leur retour des croisades près de la porte d'entrée, des étoiles de David dans le chœur et, à l'extérieur, la pierre tombale sculptée d'un marin noyé en 1759.

Tangmere Aviation Museum : ***Tangmere,*** *PO20 2ES. ☎ 79-00-90. • tangmere-museum.org.uk • À 3 miles à l'est de Chichester ; fléchage sur l'A 27, vers Arundel. Sinon, prendre le bus n° 55 à Chichester (ttes les 30 mn). Tlj fév-nov 10h-17h (16h30 en fév et nov). Entrée : 9 £ ; réduc.* En tant que base de chasse de la Royal Air Force, Tangmere a joué un rôle important lors de la furieuse bataille d'Angleterre en 1940. Les escadrilles sortaient plusieurs fois par jour pour s'opposer aux chasseurs et bombardiers de la Luftwaffe. Le musée restitue parfaitement la fébrile activité de cette période, avec une foule de détails (opérations clandestines, rôle des auxiliaires féminines...). Une curiosité : le plan d'invasion de l'Angleterre conçu par Hitler. À remarquer également, l'hommage aux aviateurs allemands abattus. Dans un hangar, quelques spécimens d'avions de légende comme le Spitfire, le Meteor, le Hurricane et le Hawker Hunter, et plusieurs Marine Swifts. Tangmere est dirigé par des vétérans qui expliquent avec plaisir aux enfants le rôle qu'ils jouaient pendant la guerre avec chacun de ces avions grandeur nature. Un devoir de mémoire ludique et émouvant.

LE HAMPSHIRE ET LE WILTSHIRE

PORTSMOUTH

212 000 hab. IND. TÉL. : 02392

• Plan d'ensemble *p. 115* • Zoom *p. 119*

À environ 1h30 à l'ouest de Brighton, cette vaste ville, reconstruite après-guerre, est avant tout l'un des plus anciens et importants ports britanniques, lié essentiellement à la défense et au fret. Comme beaucoup d'autres villes britanniques, Portsmouth a tout mis en œuvre ces dernières années pour renouveler son paysage urbain et exploiter son potentiel d'attractivité lié au port, ses grues monumentales et sa riche histoire navale. Avouons que le résultat est plutôt bluffant.
Comme le font les étudiants de l'important campus universitaire, c'est à *Southsea Common* qu'il faut aller pour trouver une réelle animation et profiter des vastes pelouses longeant le front de mer. Puis faire un tour à *Gunwharf Quays,* la partie moderne de la ville avec son emblème, l'*Emirates Spinnaker Tower,* dressée vers le ciel comme une voile gonflée, mais aussi avec sa centaine de restaurants et de magasins d'usine de marques à la mode. On sent bien que Portsmouth va de l'avant tant les travaux sont nombreux. Mais le passé demeure également bien présent, comme en témoignent les nombreux et incontournables musées liés à son histoire maritime et militaire. Il y a même un ancien quartier, Old Portsmouth, sympa avec ses rues pavées et ses pubs qui donnent sur le port. Bref, on peut passer avec plaisir 1 ou 2 jours à Portsmouth, à condition de savoir mettre ses pas dans ceux de cette ville industrieuse en plein mouvement.

UN PEU D'HISTOIRE

L'histoire de Portsmouth est fortement liée à la crainte de l'invasion, depuis la menace de l'Invincible Armada de Philippe II jusqu'aux projets de débarquement de Napoléon et de Hitler. Le facteur militaire n'a jamais cessé de jouer

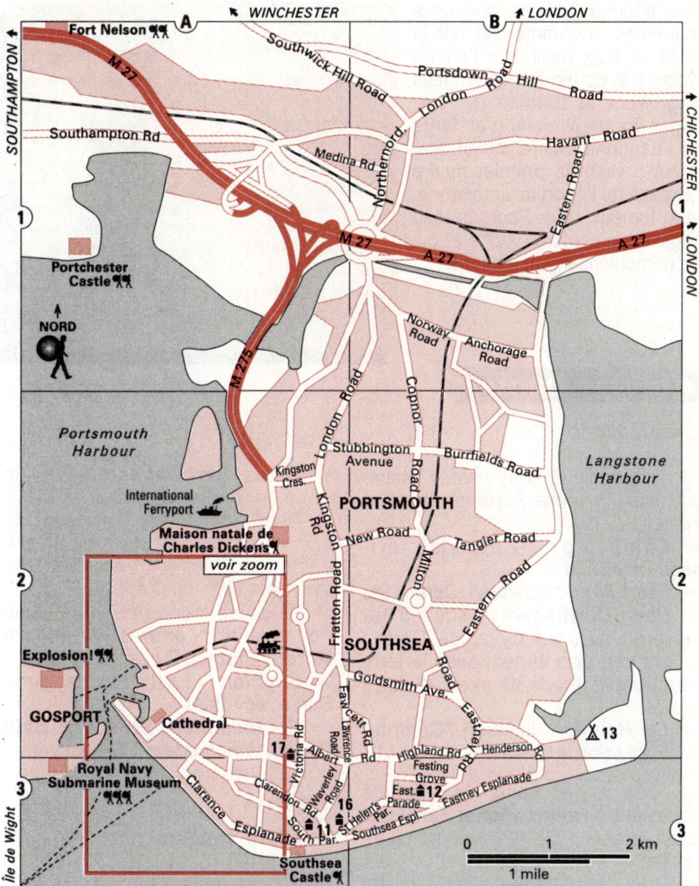

PORTSMOUTH – plan d'ensemble

Où dormir ?	
11 Florence House Hotel et Seacrest Hotel	**12** G ! Boutique Hotel
	13 Southsea Leisure Park
	16 Norfolk House
	17 The Ferryman Hotel

un grand rôle dans les mentalités et le mode de vie, façonnant l'architecture et l'aménagement du littoral.

C'est notamment de Portsmouth et des villes voisines que sont partis les centaines de milliers de *Tommies* et de *GIs*, une certaine nuit précédant le 6 juin 1944, pour sauver la liberté et la démocratie en Europe. Le *musée du D-Day* restitue tout cela avec beaucoup d'émotion. On peut facilement consacrer une journée à faire le tour de tous ces souvenirs maritimes, à commencer par le *HMS Victory,* navire de l'amiral Nelson avec lequel les Anglais gagnèrent la bataille de Trafalgar contre Napoléon au large de l'Espagne. Sur le même site, le *HMS Warrior,* premier navire cuirassé de l'époque victorienne, et le fameux *Mary-Rose,* bateau anglais qui coula au XVIe s et qui fut miraculeusement renfloué.

SUCCÈS POLONAIS

Tous les messages des nazis étaient encodés par Enigma, une machine de chiffrage réputée inviolable. Mais, en 1929, un de ces engins atterrit par inadvertance dans un bureau de poste... polonais. Aussitôt des ingénieurs la copièrent avant de la réexpédier et... de la décrypter (ce dont parle le film Imitation Game *sorti en 2015). Cela influença grandement le cours de la Seconde Guerre mondiale, livrant des informations cruciales. Les Allemands employèrent Enigma jusqu'en 1945, sûrs d'eux.*

Arriver – Quitter

En ferry

La compagnie *Brittany Ferries* assure les liaisons entre Portsmouth et la France :

➢ ***Cherbourg :*** 1-2 départs/j. avr-sept. Durée : 3h.

➢ ***Saint-Malo :*** 1 départ/j. Durée : 9h.

➢ ***Caen-Ouistreham :*** jusqu'à 3 traversées/j. avec le ferry rapide. Durée : 6h (un peu plus la nuit) avec le ferry traditionnel et 3h30 avec le ferry rapide.

➢ ***Le Havre :*** 1 liaison/j. Compter 3h45-9h selon le bateau.

Les ferries venant de France accostent à l'***International Ferryport*** *(plan d'ensemble A2),* au nord de la ville.

➢ Pour les liaisons avec l'***île de Wight,*** voir « Arriver – Quitter » dans le chapitre consacré à l'île. Avec la compagnie *Wightlink,* pour les piétons partant en catamaran, départ de *Portsmouth Harbour Train Station (zoom A2,* ***4****),* et pour les voitures, départ du *Car Ferry Terminal (zoom A2,* ***6****),* au sud du Portsmouth Harbour, entre Gunwharf Quays et Old Portsmouth (bien fléché). Départ des catamarans de la compagnie *Hovertravel* au *Hovercraft Terminal (zoom A3,* ***5****)* à Southsea.

En train

Gares ferroviaires : ☎ *(08456) 00-06-50 (South West Trains) ou 03457-48-49-50. S'arrêter sur Commercial Rd (zoom A2) pour aller dans le centre et à The Hard (zoom A2) pour les catamarans vers l'île de Wight.*

➢ Plusieurs trains par heure relient Portsmouth à ***Londres Waterloo*** et ***Victoria Station.*** Durée : 1h30-2h.

➢ ***Brighton :*** 1 liaison ttes les heures. Durée : env 1h30.

➢ ***Southampton, Salisbury, Bath, Bristol, Winchester :*** 1 liaison/h env.

En bus

Gare routière *(zoom A2)* ***:*** *The Hard.* ☎ *(08712) 00-22-33 (Traveline, n° national pour les infos sur ts les transports en commun).*

➢ Bus *National Express* reliant Portsmouth à ***Heathrow, Londres Victoria, Southampton, Salisbury, Brighton, Eastbourne, Bournemouth*** et ***Plymouth.*** Liaisons beaucoup plus réduites qu'en train, moins rapides mais bien moins onéreuses.

➢ ***Londres :*** *Megabus* (compagnie *low-cost)* propose plusieurs départs/j. env ttes les 2h. Trajet : env 1h45. • *megabus.com* •

Adresses utiles

Visitor Information Centre *(zoom A1)* ***:*** *Hard Interchange, PO1 3PA.* ☎ *82-67-22. Près de Portsmouth Harbour Train Station.* • *fr.*

visitportsmouth.co.uk • *Tlj 10h-17h.* Résas d'hébergements, vente de tickets de bus (compagnie *Lucketts*) et de billets (réduits) pour les attractions locales et spectacles.

Également un ***point d'information*** au *Portsmouth Museum,* Museum Rd *(zoom A2). Tlj sf lun (sf si férié).*

■ ***Brittany Ferries*** *(plan d'ensemble A2)* **:** *Wharf Rd, près de l'International Ferryport.* ☎ *0330-159-7000 (en Angleterre) ou 0825-82-88-28 (en France).*

Où dormir ?

Hormis quelques rares adresses agréables, peu d'hébergements séduisants et choix finalement très limité. La plupart des *B & B* sont groupés à Southsea, le long des *Parade* (quais) et dans les rues proches du front de mer.

Camping

Southsea Leisure Park *(Southsea Caravan Park ; plan d'ensemble B2,* ***13****)* **:** *Melville Rd, PO4 9TB.* ☎ *73-50-70.* • *southsealeisurepark.com* • *Ouv tte l'année. Compter env 30 £ pour 2 avec tente. (au bar.)* Camping un peu triste et nu, délimité d'un côté par un mur d'immeubles de petite taille et de l'autre par la mer. Pas mal situé, mais en plein vent et tout de même très cher. Bar et resto sur place.

Prix moyens (40-80 £ / 48-96 €)

Rees Hall *(zoom A2,* ***14****)* **:** *Southsea Terrasse, PO5 3AP.* ☎ *84-48-84. Gigantesque résidence universitaire ouv aux non-résidents de mi-juin à début sept slt. Doubles avec sdb à partir de 65 £, petit déj compris ; réduc de 10 % à partir de 7 nuits si résa à l'avance.* Les chambres sont simples et petites, mais propres et fonctionnelles. Certaines jouissent même d'une vue sur la mer... le luxe !

Norfolk House *(plan d'ensemble A3,* ***16****)* **:** *25 Granada Rd, Southsea, PO4 0RD.* ☎ *82-41-62.* • *thenorfolksouthsea.co.uk* • *Doubles 65-75 £ ; familiales. Parking.* À 5 mn du bord de mer, une *guesthouse* proposant des chambres confortables et accueillantes, toutes *en-suite.* Belle *dining room* pour prendre le petit déj et salon séparé. Une adresse proche des bars et des restaurants de Southsea.

The Ferryman Hotel *(plan d'ensemble A2-3,* ***17****)* **:** *16 Victoria Rd South, Southsea, PO5 2BZ.* ☎ *87-58-24.* • *ferryman-hotel.co.uk* • *Double 70 £ ; familiales.* Bâtiment très caractéristique de par son style Art déco, au centre de Southsea et proche du *Kings Theatre.* Chambres spacieuses et douillettes dans cette *guesthouse.* Petit déj dans la *penthouse* avec vue imprenable sur la ville.

Seacrest Hotel *(plan d'ensemble A3,* ***11****)* **:** *12 South Parade, PO5 2JB.* ☎ *73-31-92.* • *seacresthotel.co.uk* • *Doubles 70-185 £ selon confort et saison, petit déj compris.* Bien placé sur la parade et tout proche du centre de Southsea, un hôtel classique aux chambres plus fonctionnelles que charmantes. Prix raisonnables cependant au vu du confort et de la situation.

Upper Mount House *(zoom A3,* ***10****)* **:** *The Vale, Southsea, PO5 2EQ.* ☎ *82-04-56.* • *uppermountportsmouth.co.uk* • *Doubles 75-85 £, petit déj compris ; familiales.* Une quinzaine de chambres douillettes dans une jolie maison à deux pas du centre de Southsea et des commerces, mais en retrait et au calme dans une ruelle résidentielle. Atmosphère toute britannique et service impeccable. Il faut dire que le proprio a longtemps travaillé pour la famille royale, comme le prouve une photo de lui et de Queen Mum !

De chic à très chic (plus de 80 £ / 96 €)

Fortitude Cottage *(zoom A2,* ***15****)* **:** *51 Broad St, PO1 2JD.* ☎ *82-37-48.* • *fortitudecottage.co.uk* • *Juste à l'entrée du vieux port. Fermé en hiver. Doubles 110-165 £, petit déj*

LE SUD DE L'ANGLETERRE

inclus. Maggie et Mike, les adorables propriétaires, ont fait de ce cottage une bien jolie étape à la déco moderne, fraîche et élégante. Les chambres les plus onéreuses, situées au 3e étage, jouissent d'un balcon et d'une terrasse avec vue sur la *Spinnaker Tower.* Le prix intermédiaire a vue sur le port mais pas de balcon, et enfin, les moins chères sont des *twins* en rez-de-chaussée. Belle salle à manger pour prendre le petit déj, face au port.

Florence House Hotel *(plan d'ensemble A3,* ***11****) : 2 Malvern Rd, Southsea, PO5 2NA. ☎ 00-91-11. • florencehousehotel.co.uk • Doubles à partir de 80 £ (jusqu'à 280 £ en hte saison !).* Dans une rue calme, cette jolie maison ancienne abrite d'élégantes chambres délicieusement cosy, dotées de salles de bains impeccables. Un peu cher certes, mais une des plus belles adresses de Portsmouth. Plusieurs autres chambres dans les maisons voisines, gérées par le même propriétaire et dans le même esprit.

G ! Boutique Hotel *(plan d'ensemble B3,* ***12****) : 71 Festing Rd, Southsea, PO4 0NQ. ☎ 82-22-26. • g-boutiquehotel.co.uk • Doubles 80-200 £, petit déj compris.* Un *B & B* qui a misé sur la déco et le design... Et le moins que l'on puisse dire, c'est qu'il y en a pour tous les goûts ! À chaque chambre son style, à chaque chambre sa surprise : lit rond, baignoire à loupiotes, couleurs flashy ou naturelles, ambiance baroque ou épurée, etc. Excellent petit déjeuner.

Où manger ? Où boire un verre ?

Outre les adresses que nous indiquons plus bas, on trouve de nombreux restaurants dans le complexe moderne de ***Gunwharf Quays*** *(zoom A2)*. Exclusivement des restos de chaînes, pratiques pour les familles et certains avec des terrasses joliment installées au bord de l'eau.

En outre, de nombreux ***cafés*** qui font toujours le plein ouvrent régulièrement. Difficile de suivre cette frénésie, mais mentionnons par exemple ***Hotwalls*** *(zoom A2)* dans le vieux Portsmouth avec son studio d'artistes, ***Coffee Cup*** *(plan d'ensemble B3)* sur le bord de mer vers Eastney Esplanade, ***The Pavilion*** *(zoom A3)* en face du Blue Reef Aquarium, ***The Parade Tea Rooms*** *(plan d'ensemble B2)* sur Western Parade, en face de l'Hovercraft, et d'autres encore ***dans Albert Road*** *(plan d'ensemble A2-3).*

Bon marché (moins de 10 £ / 12 €)

Lou Lou's *(zoom A3,* ***23****) : 35 Marmion Rd, Southsea, PO5 2AT. ☎ 82-51-13. Mer-dim 12h-21h (18h dim). Menus 14-17 £ ; plats 6-19 £.* Cette ancienne boucherie a été transformée en petite brasserie « française », avec un soupçon de pub anglais tout de même côté déco. La carte, assez restreinte mais soignée, propose ces drôles de plats *so Frenchy,* comme des cuisses de grenouilles, du gibier, du foie gras, des escargots... Que des trucs bizarres on vous dit !

Southsea Coffee Co *(zoom A3,* ***21****) : 63 Osborne Rd, Southsea, PO5 3LS. ☎ 07-95-01. Tlj 8h-17h (10h-16h dim). Plats moins de 10 £.* Une bonne odeur de café fraîchement moulu chatouille les narines dès la porte franchie. Murs gris, tables en bois et gros sacs de jute forment un joli petit décor, moderne et chaleureux. On avale un solide breakfast, une salade, un sandwich, une tartine bien garnie ou une pâtisserie, impeccable du petit déj au *teatime.* Grand choix de thés et de bons cafés, évidemment.

Prix moyens (10-20 £ / 12-24 €)

Sant-Yago *(zoom A3,* ***24****) : 12 Clarendon Rd, Southsea, PO5 2EE. ☎ 17-96-36. Plats 7-15 £.* Bien dans son temps avec ses meubles de récup', ses vieux miroirs et tableaux qui tranchent joliment sur les murs sombres, ce resto ne manque ni de

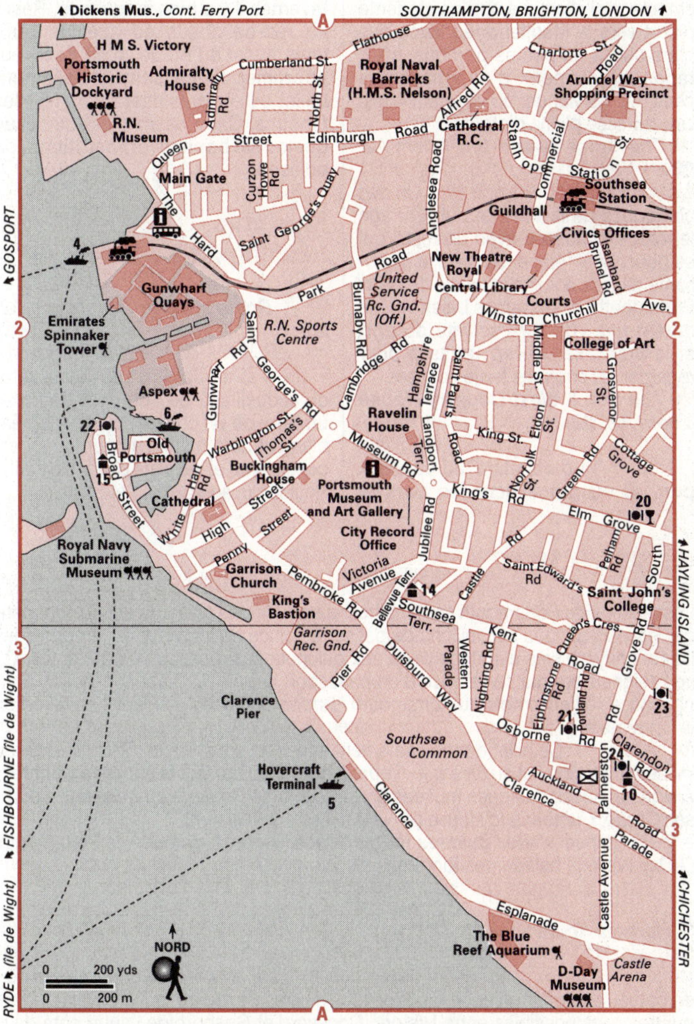

PORTSMOUTH – zoom

Adresses utiles

- Visitor Information Centre
- 4 Portsmouth Harbour Train Station vers l'île de Wight
- 5 Hovercraft Terminal vers l'île de Wight
- 6 Car Ferry Terminal vers l'île de Wight

Où dormir ?

- 10 Upper Mount House
- 14 Rees Hall
- 15 Fortitude Cottage

Où manger ? Où boire un verre ?

- 20 Rosie's Wine Bar
- 21 Southsea Coffee Co
- 22 The Spice Island Inn et The Still & West Country House
- 23 Lou Lou's
- 24 Sant-Yago

charme ni d'allure. La cuisine s'oriente plutôt vers la Méditerranée, avec des plats servis en petites portions, style tapas. Également d'appétissantes planches de viande, ou végétariennes. Une adresse pleine d'atouts !

|●| ***The Spice Island Inn*** *(zoom A2,* ***22****) : 1 Bath Sq, Old Portsmouth, PO1 2JL. ☎ 87-05-43. Plats 5-15 £.* Un des classiques de la ville. Le pub partage le rez-de-chaussée avec un resto qui se poursuit à l'étage. La belle et imposante bâtisse domine la pointe du vieux Portsmouth, et ses larges baies vitrées offrent une vue sur l'activité du port et la *Spinnaker Tower.* Terrasse pour regarder les énormes ferries passer.

|●| ***The Still & West Country House*** *(zoom A2,* ***22****) : Bath Sq, Old Portsmouth, PO1 2JL. ☎ 82-15-67. Plats 7-18 £.* Pub depuis 1733 au vieux port, là où grouillaient les bars et tavernes il y a bien longtemps. Resto au rez-de-chaussée avec le pub, mais aussi à l'étage, d'où l'on peut apprécier l'incessant et fascinant ballet des navires passant au ras des fenêtres. Carte assez classique avec quelques bonnes préparations de poisson.

Plus chic (plus de 20 £ / 24 €)

|●| ***Rosie's Wine Bar*** *(zoom A2,* ***20****) : 87 Elm Grove, P05 1JF. ☎ 75-59-44. Tlj 17h-22h (23h jeu-sam). Plats 6-27 £.* Joli bistrot, aussi rétro qu'accueillant, où l'on peut déguster un verre de vin côté bar ou dîner agréablement côté resto. La nourriture y est consistante et les plats plutôt bien faits. Petit jardin agréable en été.

À voir. À faire

Les musées de Portsmouth sont malheureusement très chers. Avant de commencer les visites, nous conseillons de passer à l'office de tourisme qui propose des billets souvent plus avantageux qu'aux guichets des musées ou attractions. On vous signale surtout l'existence d'un passeport appelé *All Attraction Ticket,* donnant accès à l'ensemble du *Portsmouth Historic Dockyard* pendant 1 an (à fortiori le lendemain) : *35 £ ; réduc, notamment en ligne sur • historicdockyard.co.uk • et forfait familles.* Ce billet donne également accès au sous-marin *HMS Alliance,* au musée *Explosion !* et aux *Harbour Tours* à bord d'un bateau, là encore à volonté. À signaler aussi, quelques musées gratuits comme *Portsmouth Museum, Southsea Castle, Cumberland House* (le *Natural History Museum*).

– Toute l'année, ***visites guidées thématiques*** (Dickens, les pubs de Portsmouth, *D-Day Walk,* la balade des fantômes...) : *le dim à 14h30 et parfois le soir en sem. Tarif : env 3 £. Programme complet disponible à l'office de tourisme.*

Harbour Tours **:** *Historic Dockyard, Victory Gate. ☎ 83-97-66. • portsmouth-boat-trips.co.uk • 1 départ/h 11h30-15h30, visite env 45 mn. Ne fonctionne pas toujours en hiver. Ticket : 8 £. Achat des tickets sur le bateau.* Pour visiter le port en bateau et s'offrir un aperçu de tous les navires de guerre, ou le traverser, avec quatre arrêts possibles entre Historic Dockyard et Gosport (de l'autre côté de la rade).

Emirates Spinnaker Tower *(zoom A2)* **:** *Gunwharf Quays. ☎ 85-75-20. • spinnakertower.co.uk • Tlj 10h-18h (9h30-19h dim-jeu et 18h30 ven-sam en saison). Tarif : env 10,50 £ ; réduc (sur Internet notamment).* Vous ne pourrez pas manquer cette grande tour blanche qui s'élance vers le ciel depuis 2005 et dont la silhouette rappelle celle d'un mât avec sa voile bombée au vent ou celle d'un hippocampe pour les plus poétiques. Haute de 170 m, elle se compose de trois niveaux juchés à 100 m de haut avec un café-snack au deuxième (mêmes tarifs qu'au café du rez-de-chaussée) et la vue la plus large sur la ville et ses environs au premier. Qui osera s'aventurer sur la petite plate-forme vitrée qui offre une vue plongeante 100 m plus bas ?

Portsmouth Historic Dockyard (zoom A2) **:** *The Hard. Infos 24h/24 : ☎ 86-15-12. • historicdockyard.co.uk • Parkings fléchés à 300 m. Accès également en train : arrêt Portsmouth Harbour. Tlj 10h-18h (17h30 nov-mars) ; derniers billets 1h30 avt fermeture. Compter 12-18 £/musée ou attraction ; 35 £ pour le tout, réduc (notamment sur Internet) et forfait famille. Prévoir plusieurs heures pour en faire le tour, voire la journée. Très cher mais chaque attraction constitue un musée en soi. S'il faut faire des choix, ne pas manquer le* Mary-Rose, *le* HMS Victory *et le* HMS Warrior.

Sous cette dénomination, on retrouve, dans une partie de la base navale, un ensemble d'« attractions » centrées sur l'histoire maritime britannique et celle des chantiers navals de la ville. Elles se visitent dans l'ordre que l'on veut (sauf pour le *Victory*, où une heure de visite fixe vous est attribuée les jours d'affluence).

– ***Le Mary-Rose* :** incontournable ! Après avoir disparu corps et biens le 19 juillet 1545 (pour une bête histoire de sabords restés ouverts) au cours d'une attaque contre les Français, l'épave du navire de guerre est découverte en 1960, engluée dans la vase au large de Portsmouth. Un programme de fouilles mené par 500 plongeurs bénévoles aboutit au renflouage en direct à la télé en 1982, sous les yeux émus de tous les écoliers du pays. Au-delà du renflouage et de l'exploit technique (il fallut ensuite asperger l'épave d'eau et de cire pendant 30 ans !), le sauvetage du *Mary-Rose* contribue à fournir un exceptionnel témoignage sur la vie à l'époque des Tudors. 15 000 pièces ont été récupérées, dans un remarquable état de conservation, et c'est sans doute cela le plus fascinant : vêtements, mobilier, armes, jeux, instruments de musique, jusqu'aux arêtes des poissons stockés dans les tonneaux et des squelettes humains qui ont permis de procéder à des reconstitutions morphologiques. Les dernières techniques scientifiques en matière de recherche archéologique ont été employées, relayées par une muséographie absolument fascinante qui redonne vie à chaque objet. Avec les scènes de vie projetées sur les différents ponts de l'épave même, l'histoire devient on ne peut plus réelle. Et dire que des milliers d'objets ainsi que la proue du bateau n'ont toujours pas été remontés !

– Le trois-mâts ***HMS Victory*** : face au *Mary-Rose*. Vieux de 250 ans, voici le navire amiral de lord Nelson. C'est à bord de ce superbe vaisseau que celui-ci infligea, le 21 octobre 1805, une cuisante défaite à la flotte franco-espagnole, mais il y perdit la vie et acquit ainsi la dimension d'un héros de l'Antiquité. Le *Victory* fut mis en cale sèche et restauré en 1922. Il reste toujours, symboliquement, le navire amiral du commandant en chef de la Royal Navy.

DU BRANDY POUR UNE BIÈRE

Sur le pont du HMS Victory, *près de la barre, une plaque de cuivre marque l'endroit où Nelson s'effondra, frappé par le tir d'un Français. Il mourut 3h plus tard, rassuré sur l'issue victorieuse de la bataille. Comme il ne voulait pas être immergé, on conserva son corps dans un tonneau de brandy tout au long des 6 semaines du voyage de retour. Il repose à la cathédrale Saint-Paul de Londres.*

La visite commence par le pont supérieur et, de là, on s'enfonce toujours plus dans les entrailles de cette ville flottante, découvrant la vie des marins à bord des navires de Sa Majesté : recrutement à la sortie des tavernes, discipline de fer, châtiments disciplinaires, conditions de vie spartiates et promiscuité. Remarquez les coffres suspendus qui servaient de couche. Ils pouvaient aussi faire office de cercueil en cas de décès en mer. Au combat, l'ingénieuse organisation au feu utilisant 12 hommes à chaque batterie et des « *powder monkeys* » (gamins agiles employés à descendre et à remonter en voltige de la cale pour réapprovisionner en poudre) permettait une salve toutes les 90 s, contre 4-5 mn pour les adversaires.

– ***Le HMS Warrior* :** encore un must de ces docks décidément passionnants, au mouillage du côté gauche de l'entrée de la base. Il fut qualifié par Napoléon III de

« serpent noir au milieu des lapins ». Le plus formidable vaisseau de son époque, construit en 1860, innovait par son profilage bas sur l'eau et par le blindage en métal de sa coque, voguant à la voile et à la vapeur. On visite ses quatre immenses ponts où des mises en scène illustrent les aspects de la vie à bord : du carré des officiers en passant par les ponts, les soutes, la salle des machines et les cuisines, bien isolées pour éviter les incendies. Paradoxalement, le *Warrior* (le « Guerrier ») n'a jamais connu le combat.

– ***The National Museum of the Royal Navy*** complète idéalement la visite par une succession de bâtiments consacrés à l'histoire de la Royal Navy depuis 1485. Muséologie agréable avec quantité de maquettes, scènes de batailles, uniformes, figures de proue, objets émouvants (des lettres de marins à leurs épouses, par exemple) évoquant tous les aspects de la plus formidable marine de tous les temps. Ne pas manquer la galerie moderne et « multividéos » ***Trafalgar Experience,*** à l'extrémité, côté *Victory*. Également une section consacrée à ***Nelson,*** ainsi que ***The Sailing Navy,*** une expo qui relate la vie des marins au service de Sa Très Gracieuse Majesté, de la Première Guerre mondiale à nos jours.

– En passant par la boutique à souvenirs, au *Boathouse* n° 7, à côté du restaurant self-service, l'expo, ***Dockyard Apprentice,*** est consacrée aux chantiers navals et à leur diversité de métiers, présents sur le site depuis le XIIIe s. Ce complexe industriel le plus important du monde en 1850 fut par la suite rudement mis à contribution lors des deux guerres mondiales.

> **LIMEY**
>
> *C'était autrefois le surnom des marins britanniques. Ils avaient en effet l'habitude d'ingurgiter d'énormes quantités de citron vert* (lime) *pour lutter contre les ravages du scorbut.*

– ***Action stations :*** une partie constituée de simulateurs de guerre et d'activités pour les plus jeunes. La justification pédagogique de tout cela semble parfois discutable, mais, après tout, le site entier des docks n'est-il pas consacré à expliquer comment on fait la guerre depuis des siècles ?

– ***À voir encore :*** le ***HMS M.33,*** près du *HMS Victory.* Construit en seulement 7 semaines, c'est quasiment le seul survivant de la flotte britannique durant la Première Guerre mondiale. Dans le hangar ***Boathouse n° 4,*** voir les ateliers de réparation et construction de bateaux en modèle réduit. Pour les plus jeunes, possibilité de grimper à un mât. Gros succès ! Également une expo sur la ***bataille du Jutland*** qui eut lieu au large du Danemark en 1916. La plus grande bataille navale de l'Histoire (250 navires engagés) ne dura que 36h et se solda par la mort de 8 500 hommes.

– Toutes les heures, départ de ***minicroisières*** faisant en 45 mn le tour du port et des vaisseaux qui y sont mouillés.

Aspex (zoom A2) **:** *The Vulcan Building, Gunwharf Quays. ☎ 77-80-80. • aspex.org.uk • Mer-dim 11h-16h. GRATUIT. Café sur place.* Pour faire une pause au milieu de tous ces bateaux et sites marins, une galerie d'art contemporain dynamique, reconnaissable à son horloge blanche qui la coiffe.

À Gosport, de l'autre côté de la rade...

➢ *Accès en empruntant le petit ferry à côté de la gare. Départ au moins ttes les 15 mn. Billet : env 3,50 £ A/R.* Sur place, rejoindre le musée ou le sous-marin à pied (la balade est sympa). Sinon, en saison, une navette fluviale relie gratuitement le *Portsmouth Historic Dockyard* au *Royal Navy Submarine Museum.*

Royal Navy Submarine Museum (plan d'ensemble et zoom A2) **:** *Haslar Jetty Rd. ☎ 51-03-54. • submarine-museum.co.uk • Tlj 10h-17h30 (16h30 nov-mars, fermé lun-mar hors vac scol Noël et fév). Entrée : env 15 £ ; réduc.* On repère facilement le museau noir du sous-marin au milieu des bateaux de plaisance. Si vous n'êtes pas saturé par l'ambiance martiale des vaisseaux de la Royal Navy, après une petite intro audiovisuelle, vous plongerez dans les entrailles – étroites – d'un vrai sous-marin à propulsion diesel classique, le *HMS Alliance,* lancé en 1947. À visiter également, le premier sous-marin britannique, le *Holland I,* sauvé des fonds marins de Plymouth en 1982 et conservé dans un hangar déshumidifié en permanence. Dans le même complexe, un musée retrace la grande épopée du sous-marin, depuis les ancêtres à pédales (voir la « Tortue » datant de 1776) jusqu'aux monstres nucléaires contemporains.

Explosion ! Museum of Naval Firepower *(plan d'ensemble A2)* **:** *Priddy's Hard, Gosport, PO12 4LE. ☎ 50-56-00. • explosion.org.uk • Avr-oct, tlj 10h-17h ; nov-mars, w-e 10h-16h ; dernière entrée 1h avt fermeture. Entrée : 12 £ ; réduc.* Comme son nom l'indique, le musée est consacré aux explosifs de guerre et à la poudrerie de Portsmouth, active de 1777 à 1989. On y fait l'éloge des femmes qui, en temps de conflit, remplissaient minutieusement les cartouches de toutes tailles, barils et bombes. Tout y passe : torpilles, mines flottantes, mitraillettes... Un film interactif et d'impressionnantes reconstitutions vous entraînent sur le pont d'un navire par temps fort, où vous pourrez compter le nombre de roquettes chargées en une minute. Le musée a remporté plusieurs prix... à croire que la guerre fait toujours recette !

FASHION VICTIM

Thomas Burberry inventa le trench-coat pour habiller les soldats anglais lors de la Première Guerre mondiale. Ainsi les boucles sur les épaules servaient à attacher sacs et gants. Les anneaux à la ceinture permettaient de suspendre les grenades. D'ailleurs, le mot trench signifie « tranchée » en anglais.

Clarence Esplanade

The Blue Reef Aquarium *(zoom A3)* **:** *Clarence Esplanade. ☎ 87-52-22. • bluereefaquarium.co.uk • Tlj 10h-17h (16h nov-mars). Entrée : env 11 £ ; réduc.* Bel aquarium, sans bombardiers ou autres sous-marins guerriers, accueillant plus de 300 espèces et également quelques reptiles. Étonnant tunnel sous-marin, très fréquenté par les familles qui manifestent leur enthousiasme pour ce monde aquatique parfois un peu bruyamment.

D-Day Museum *(zoom A3)* **:** *Clarence Esplanade. ☎ 82-72-61. • portsmouthmuseums.co.uk • Entrée payante. Réouverture en principe en 2018 après travaux de rénovation.* Hommage à l'organisation et à la solidarité de la population britannique pendant les années d'occupation nazie outre-Manche. Immense tapisserie circulaire en 34 panneaux, qui, à la manière de la tapisserie de Bayeux, raconte 1940-1945 et les préparatifs du Débarquement. Tout sur les préparatifs logistiques de l'opération Overlord, passionnantes explications sur les leurres et les astuces destinés à égarer les Allemands sur les projets réels du site du Débarquement.

Southsea Castle *(plan d'ensemble A3)* **:** *Clarence Esplanade, à côté du D-Day Museum. ☎ 82-72-61. • southseacastle.co.uk • Tlj 10h-17h ; fermé lun sf j. fériés ; fermé nov-mars. GRATUIT.* Fort bâti par Henri VIII en 1544, dans la crainte d'une invasion française. C'est de là que le roi vit sombrer le *Mary-Rose.* Remparts, tunnels, panoramas marins et expositions retraçant l'histoire militaire de la région et les stratégies en vigueur dans une pareille forteresse.

Le centre historique

Le vieux Portsmouth **:** il ne reste plus grand-chose du centre historique, autrefois entièrement cerné par les remparts. La *Luftwaffe* est passée par là

en 1940-1945. Néanmoins, la ***cathédrale Saint-Thomas*** *(zoom A2)* vaut le coup d'œil, reconnaissable à son clocher blanc. La nef de ce bâtiment lumineux, mêlant tous les styles, ne date que de 1991. Tout autour, subsiste un noyau de la vieille ville : quelques remparts et deux tours, une ronde et une carrée, le long du chenal et de sympathiques adresses pour boire un verre ou manger.
À l'extrémité de Broad St, *The Point,* petite esplanade avec des bancs d'où l'on peut observer le trafic incessant des bateaux (panneau pour les identifier !). De là, le bord de mer a été aménagé jusqu'à Southsea.

Portsmouth, c'est également le lieu de naissance et de mort de ***Charles Dickens.*** On peut d'ailleurs visiter sa maison natale et son énième ***musée*** *(plan d'ensemble A2)* : *393 Old Commercial Rd. ☎ 82-72-61. • charlesdickensbirthplace.co.uk • Avr-sept, ven-dim 10h-17h30 (dernier ticket 17h). Entrée : 4,20 £ ; réduc.* À signaler, la statue de Charles Dickens au Guildhall Square.

DANS LES ENVIRONS DE PORTSMOUTH

Portchester Castle *(plan d'ensemble A1)* **:** *3 miles au nord par la M 27 ou bus nos 3 et X4 ; gare de Portchester à moins de 1 mile. ☎ 37-82-91. • english-heritage.org.uk • Avr-sept, tlj 10h-18h (17h oct) ; nov-mars, 10h-16h slt w-e (tlj pdt vac de fév). Entrée : 6,20 £ ; réduc.* Au nord de la baie de Portsmouth, une formidable forteresse entourée par la mer, dont l'enceinte principale, aux murs épais de 3 m, date des Romains. Occupée et modifiée par les Saxons, elle fut améliorée par Henri Ier au XIIe s (donjon) et servit de base de départ à l'armée d'Henri V avant la bataille d'Azincourt (1415). Un prieuré put s'installer dans sa vaste enceinte de 3,5 ha où furent parqués 4 000 prisonniers français des guerres napoléoniennes. Belle vue sur la baie de Solent depuis les remparts.

Fort Nelson, Museum of Artillery *(plan d'ensemble A1)* **:** *entre Portsmouth et Southampton par la M 27, sortie no 11. ☎ (01329) 23-37-34. • royalarmouries.org • Avr-oct, tlj 10h-17h (dernière entrée 16h) ; nov-mars, tlj 10h30-16h (dernière entrée 15h). Fermé les 24, 25 et 26 déc. GRATUIT.* Le musée le plus bruyant des îles, consacré à l'histoire de l'artillerie, dans l'un des forts édifiés à l'époque victorienne dans la crainte d'une invasion française. Salles et casemates-tunnels enfouis sous la forteresse. Tous les canons, mortiers et obusiers du monde, depuis la bombarde turque des Dardanelles de 1464 jusqu'au « super canon » irakien de la guerre du Golfe, s'y trouvent exposés et font régulièrement frissonner les visiteurs en faisant tonner leurs bouches à feu. On peut même y organiser sa réception de mariage !

L'ÎLE DE WIGHT

138 300 hab. IND. TÉL. : 01983

• Carte *p. 126-127*

Cette île recèle quelques très jolis coins et de charmants villages aux petits cottages coiffés de chaume. Wight, c'est aussi le souvenir de ses festivals mythiques, grand-messes de la génération hippie réunie autour des figures emblématiques de la musique des sixties... De quoi faire se retourner dans sa tombe la reine Victoria qui mourut ici !

De nombreux hébergements sont fermés en hiver et la saison ne débute vraiment qu'au printemps. En juin, l'île résonne au son du festival qui a repris du service depuis 2002, après une traversée du désert d'une trentaine d'années. Puis les touristes affluent pour passer quelques jours au bord d'une des plages fréquentées de l'est, ou pour parcourir le superbe *Coastal Path* qui va de Ventnor à la pointe ouest de l'île gardée par les Needles, ces arêtes rocheuses surgissant de la mer à proximité des impressionnantes falaises d'Alum Bay. Signalons enfin que cette île n'est pas une destination bon marché. Les hébergements y sont chers et les ferries pas donnés non plus !

Arriver – Quitter

➢ ***Portsmouth :*** avec *Wightlink Isle of Wight Ferries.* ☎ *(0333) 999-73-33.* • *wightlink.co.uk* • Liaisons 24h/24, départs ttes les 45 mn en journée et ttes les heures 22h-8h env. Pour les voitures, trajet de 45 mn en car-ferry entre *Gunwharf* et *Fishbourne.* Pour les piétons, trajet de 22 mn en catamaran entre *Portsmouth Harbour Train Station* et *Ryde Pier Head.*

➢ ***Southsea (Portsmouth) :*** avec *Hovertravel.* ☎ *(01983) 81-10-00.* • *hovertravel.co.uk* • Service *hovercraft,* pour piétons slt, entre *Southsea* et *Ryde,* 7h-20h30 env ; durée : 10 mn.

➢ ***Southampton :*** avec *Red Funnel Ferries.* ☎ *(02380) 01-91-92.* • *redfunnel.co.uk* • Départs ttes les 30 mn. Pour les piétons, liaisons avec *West Cowes,* 6h30-23h30 ; durée : 30 mn en *high-speed.* Pour piétons et voitures, liaisons avec *East Cowes,* 24h/24. Départs ttes les 90 mn ; durée : 1h en car-ferry.

➢ ***Lymington :*** avec *Wightlink.* ☎ *(0333) 999-73-33.* • *wightlink.co.uk* • Env 1 liaison/h avec *Yarmouth* pour véhicules et piétons, 6h-22h ; durée : 35 mn.

– Attention, les tarifs peuvent être très élevés : traversée A/R pour un piéton autour de 20 £, et pour embarquer votre auto (conducteur et 3 passagers) 50-200 £ l'A/R (selon heure, jour, saison et nombre de jours sur place) ; prix un peu plus doux en réservant à l'avance. Réservation vivement recommandée en été, sous peine de poireauter plusieurs heures.

Info utile

Il n'existe plus d'office de tourisme sur l'île, mais vous trouverez dans certains villages un ***Visitor Information Point*** pour récupérer quelques infos utiles. • *visitisleofwight.co.uk* •

Transports intérieurs

➢ Une compagnie de ***bus,*** la *Southern Vectis Omnibus,* sillonne Wight et propose le « Rover Ticket » qui permet de visiter l'île de A à Z. *Valable 1 ou 2 j. consécutifs ; prix : 10-15 £ (à l'unité, compter 4,50 £).* ☎ *(01983) 82-70-00.* • *islandbuses.info* • Les billets s'achètent dans le bus, auprès du chauffeur (merci de faire l'appoint !) ou à la gare routière de Newport.

➢ Une ligne de ***train*** permet d'aller de Ryde à Shanklin. Avant Brading, à Smallbrook Junction, une petite voie remise en service permet à un train touristique à vapeur de rejoindre Wootton. *Tarifs et horaires : Island Line,* ☎ *(08457) 48-49-50.*

➢ ***Location de voitures :*** *à Ryde, **Esplanade Car Hire,** 9-11 George St.* ☎ *56-23-22. À 2 mn du ferry.*

➢ ***À vélo :*** attention aux distances assez trompeuses, au vent et au relief, loin d'être tout plat. Une douzaine de circuits superbes. Quelques loueurs sur l'île (dont un à l'embarcadère de Ryde).

➢ ***À cheval :*** moyen original pour parcourir l'île. Plusieurs structures : ***Romany Riding Stables*** *(Porchfield),* ☎ *52-54-67;* ***Allendale Stables*** *(Godshill),* ☎ *84-02-58 ;* ***Sally's Riding Stables***

(Bembridge), ☎ *87-22-60 ;* ***Brickfield Horse Country*** *(Ryde),* ☎ *56-68-01.*

➢ Nombreux ***sentiers de grande randonnée.*** Attention cependant, les chemins ne sont pas toujours bien balisés... Munissez-vous impérativement de la carte de l'île publiée par *Ordnance Survey* (l'équivalent d'une carte IGN). La boussole peut également s'avérer utile.

COWES

Divisé en deux parties distinctes. ***East Cowes*** est le point d'arrivée du ferry et le point de départ des visites vers Osborne House et Barton Manor. ***West Cowes,*** célèbre port de plaisance qui excelle dans l'organisation de régates et de

L'ÎLE DE WIGHT

rassemblements de toutes sortes, s'articule joliment entre sa marina et son centre piéton. Il abrite également le très sélect *Royal Yacht Squadron Club* depuis 1854. Les deux parties sont reliées par un pont flottant, tracté par des chaînes. Passage payant : 2,20 £ pour les voitures ; 1 £ pour les piétons.

Où dormir ? Où manger ?

Camping Waverley Park : *51 Old Rd, East Cowes, PO32 6AW. ☎ 29-34-52. • waverleypark.co.uk • Ouv avr-sept. Compter 16-19 £ pour 2 avec tente. Loc de bungalows (min 1 sem).* Terrain ombragé, en pente douce, qui offre un beau panorama sur le port de plaisance. Bien équipé (piscine chauffée, magasins et laverie) et atmosphère plaisante.

Well Bread : *53-54 High St, PO31 7RR. ☎ 28-18-14. Ouv du mat tôt au soir plus ou moins tard selon saison ; fermé lun en hiver.* On adore cet endroit ! Une grande table d'hôtes en bois où trônent une pleine jarre de confiture et une grosse motte de beurre. Pour le reste, il suffit de lire et de suivre les étiquettes en kraft : là le thé, là les couverts... Il n'y a plus qu'à choisir ensuite la part de gâteau maison. C'est beau, c'est bio, c'est bon !

The Coast : *14-15 Shooters Hill, PO31 7BG. ☎ 29-85-74. Tlj 9h-1h (cuisine jusqu'à 22h). Dans la rue qui prolonge High St. Plats 7-20 £.* Belle atmosphère, murs en briques anciennes, de gros canapés en cuir pour boire un verre, des tables en bois pour savourer une cuisine qui fait la part belle aux viandes grillées et aux poissons bien travaillés. Grand choix de pizzas également, cuites au feu de bois. Notre resto préféré à West Cowes.

À voir

Osborne House : *à l'est de Cowes. ☎ 20-00-22. • english-heritage.org.uk • Bus nº 4 de Ryde-East Cowes ou nº 5 de Newport. Avr-sept, tlj 10h-18h (17h pour la maison) ; oct, tlj 10h-17h, voire 16h. Visites guidées régulières, sur résa slt mars-oct. Entrée : env 16 £ ; réduc ; env 11 £ en hiver (car visite restreinte).* Nombreux touristes ; éviter les heures de pointe. Vaste demeure de style italien, qui fut la résidence d'été de la reine Victoria et d'Albert, son époux. Celui-ci dessina les plans en souvenir d'une villa de la baie de Naples. Veuve en 1861, Victoria y passa encore 40 ans de vacances, en veillant à ce que tout reste à la même place, comme du vivant de son prince consort bien-aimé. Le tsar Nicolas II y était souvent invité. La *Durbar Room* est une étonnante salle décorée comme dans un palais de maharadjah, avec tous les présents reçus en hommage par l'impératrice des Indes. Victoria y mourut en 1901 ; on se recueille devant sa dernière couche. Dans le parc, le *Swiss Cottage* construit à l'intention des enfants royaux. À voir aussi, un petit musée où sont rassemblés les objets rapportés de voyages par les membres de la famille royale. Superbe.

– **Les régates de Cowes :** *juil-août.* Les plus célèbres et les plus huppées d'Angleterre.

SHANKLIN

Peu à voir en fait, si ce n'est un embryon de « Old Village » aux maisons coiffées de chaume. Curiosité locale : les *chine,* sortes de minigorges avec cascades qui dévalent dans une végétation luxuriante. Pour les marcheurs, très belle balade entre Shanklin et Ventnor, sur la falaise.

Adresse utile

Tourist Information Point : *Vernon Cottage, 1 Eastcliff Rd, PO37 6AA. ☎ 86-54-11. En plein centre. Tlj à partir de 10h (sf quand c'est fermé !).* Resto, salon de thé, boutique de souvenirs, et (très) accessoirement point info. *Plus d'infos sur • visitshanklin.co.uk •*

Gare routière : *Languard Rd (qui débouche sur High St).*

Gare ferroviaire : *Regent St (qui débouche aussi sur High St).*

Où camper ? Où manger ? Où boire un verre ?

Landguard Camping Park : *Landguard Manor Rd, PO37 7PJ. ☎ 86-70-28. • park-resorts.com • À 1,2 mile du centre. Dans Shanklin, de*

High St, prendre Regent St (direction gare ferroviaire), puis la 1re à gauche (Balcon Cross Rd) et à droite dans la Landguard Rd qu'il faut remonter. Compter 13-17 £ pour 2 avec tente (2 nuits min). Le camping se cache derrière un imposant complexe de vacances comprenant bungalows, piscine chauffée et club de loisirs. Passer le complexe et continuer la petite route jusqu'au terrain où vous pourrez planter votre tente dans un vaste champ bien tenu.

The Crab Inn : *94 High St. ☎ 86-23-63. Au centre du Old Village. Tlj 11h-23h. Plats 7-17 £.* Pub traditionnel du XVIIIe s, au joli toit de chaume. Cuisine de pub classique, sans bonnes ni mauvaises surprises. Concerts en fin de semaine.

Fisherman's Cottage : *Western Esplanade. ☎ 86-38-82. Au pied de la falaise, tt au bout de l'esplanade. Fermé nov-mars. Plats 5-15 £.* Sur la plage, les pieds dans l'eau, un adorable pub pour boire un verre ou manger simplement, en profitant des animations nocturnes régulières.

Où acheter du bon vin ?

Adgestone Vineyard : *Upper Rd, Brading, PO36 0ES. ☎ 40-28-82. • adgestonevineyard.co.uk • À 3,6 miles au nord de Shanklin, entre Ryde et Sandown. Tlj (sf dim en hiver) 10h-16h (17h30 en été). Visite du vignoble (audioguide en anglais) et dégustation : 7,50 £.* Pour changer des souvenirs kitsch et du thé en vrac, pourquoi ne pas rapporter du vin anglais ? Original, *ins't it ?* Et très bon surtout, mais assez cher (10-13 £). Blancs et rouges sont produits sur ce petit domaine de 4 ha. Maintenant, *repeat after us* : « *Wight's white wine, Wight's white wine...* »

À voir dans les environs de Shanklin

Appuldurcombe House : *de Shanklin, prendre la direction Newport, puis c'est fléché. ☎ 85-24-84. • appuldurcombe.co.uk • Avr-sept, tlj sf sam 10h-16h. GRATUIT (pour la maison) ; fauconnerie 9,50 £ ; réduc.* Cette ancienne demeure baroque du XVIIIe s est l'une des plus imposantes maisons de l'île. Mais on vient surtout ici pour les jardins dessinés par le grand paysagiste Capability Brown et pour le *Falconry Centre* où l'on peut assister à des démonstrations de fauconnerie trois fois par jour.

Dinosaur Isle : *Culver Parade, PO36 8QA,* ***Sandown,*** *sur la B 3395 qui longe la côte. ☎ 40-43-44. • dinosaurisle.com • Ouv 10h-18h (17h sept-oct, 16h nov-mars), dernière admission 1h avt. Entrée : 5 £ ; réduc.* Un musée interactif bien fait, pour un bond en arrière de 125 millions d'années, au temps des dinosaures. Vous pourrez également demander aux chercheurs sur place d'examiner les fossiles que vous aurez découverts sur l'île (où ils foisonnent).

GODSHILL

Adorable village dont les cottages aux toits de chaume sont groupés autour d'une église gothique. Superbe, mais beaucoup de touristes, forcément.

Adresse utile

Visitor Information Point : *Godshill Village Store, High St, PO38 3HH. ☎ 84-04-83.* C'est aussi la poste du village *(jusqu'à 17h, tlj sf dim).*

LE SUD DE L'ANGLETERRE

Où manger ?

The Taverners : *High St, PO38 3HZ. ☎ 84-07-07. Tlj sf dim soir (ouv dim soir pdt vac de Pâques et d'été et pdt w-e de mai). Résa conseillée. Snacks et plats 5-16 £.* Le patron de ce pub chaleureux met un point d'honneur à s'approvisionner localement (quand ce n'est pas dans son propre potager) et à ne servir que des produits de saison. Résultat, une cuisine anglaise qui sort de l'ordinaire et ce, à prix tout doux. Un coup de cœur.

À voir. À faire

The Model Village : *☎ 84-02-70. • modelvillagegodshill.co.uk • Mars-oct, tlj 10h-17h (16h en mars et 18h fin juil-août). Entrée : env 5 £.* Les villages de Godshill et de Shanklin en miniature à l'échelle 1/10, tenu par un groupe de femmes fort sympathiques. Bien fait et divertissant.

➢ De Godshill, la route qui lézarde dans la verte campagne et mène à de jolis petits villages tels que Brighstone, Brook, Mottistone, est charmante (mais vraiment pas large !).

VENTNOR

Un des plus beaux sites de l'île, avec ses villages voisins de Bonchurch et de Saint Lawrence, une petite cité aux maisons accrochées au relief escarpé. L'atmosphère y est plus calme que dans les précédentes villes, la végétation beaucoup plus luxuriante surtout. Ça sent presque la Méditerranée...

Adresse utile

Visitor Information Point : *The Post Office, High St, PO38 1RY. ☎ 85-21-31. Tlj 7h30-17h30 (12h dim).*

Où dormir ?

Prix moyens (40-80 £ / 48-96 €)

Cornerways : *39 Madeira Rd, PO38 1QS. ☎ 85-23-23. • cornerwaysventnor.co.uk • Fermé déc-fév. Résa conseillée. Doubles 80-98 £, petit déj compris ; familiales.* À 10 mn à pied du centre, dans un coin tranquille, une belle et grande maison victorienne avec des tapis épais, de hauts plafonds, un salon intime, des jolies chambres confortables à la déco sobre avec vue sur la mer ou la colline. Accueil charmant.

St Augustine Villa : *sur l'Esplanade, PO38 1TA. ☎ 85-22-85. • harbourviewhotel.co.uk • Fermé oct-mars. Doubles 95-115 £ ; la 7e nuit est gratuite.* Solide et belle demeure accrochée à la colline, en face de la plage... Fière allure ! Chambres très classiques ou plus modernes, à vous de choisir. Terrasse et véranda pour prendre le petit déj, face à la mer.

Très chic (plus de 80 £ / 96 €)

The Hambrough : *Hambrough Rd, PO38 1AB. ☎ 85-63-33. • thehambrough.com • Doubles 110-210 £.* Une maison victorienne tout en élégance, disposant de 7 chambres dont 6 offrent une belle vue dominante sur la mer. Déco subtile, tonalités douces, grand confort, calme et proche du centre à la fois... Tout est réuni pour en faire une des plus belles adresses de l'île.

Où manger ?

🍽 **Bistro :** *30 Pier St, PQ38 1SX. ☎ 85-53-38. Dans le centre, au début de la rue qui descend vers l'esplanade. Fermé dim et mar, plus lun midi.* Lunch *menu 14,50 £ ; plats 7-26 £.* Pour manger sain et bon, dans un cadre clair et gai ! Tout est fait maison, les saveurs bien présentes, les recettes modernes et gourmandes. Vraiment très bien.

🍽 **The Spyglass Inn :** *sur l'Esplanade, PQ38 1JX. ☎ 85-53-38. Tt au bout de la digue, à droite ; accès assez raide. Plats 5-30 £.* Si vous ne deviez voir qu'un pub sur Wight, ce pourrait être celui-là. Le site d'abord, avec son immense terrasse donnant directement sur la mer, tel un pont de navire. Puis l'intérieur, indescriptible, très bas de plafond, des petites pièces dans tous les sens, vieilles photos et antiquités marines partout. Dans l'assiette (copieuse), produits de la mer essentiellement, ainsi que quelques plats végétariens. Musique le soir. Assez touristique évidemment, mais quelques personnages locaux hauts en couleur également.

🍽 **Rex :** *Church St. ☎ 85-33-55. Plats 4-22 £ ; pizzas jusqu'à 12 £.* Installé dans un étonnant immeuble Art déco, un resto élégant, avec de larges baies vitrées et terrasses surplombant la mer. On s'y attarde pour déguster une cuisine soignée concoctée par un chef italien, ou on s'y arrête le temps d'un cocktail en profitant de la vue. Les soirs d'été, le lieu est gentiment animé par des musiciens ou autre poète.

À voir

Ventnor Botanical Gardens : *The Undercliff Drive. ☎ 85-53-97. • botanic.co.uk • Tlj 10h-tombée de la nuit (dernière entrée 16h). Entrée : env 10 £ ; réduc.* Une des plus importantes collections de faune et de flore du sud-est de l'Angleterre. Végétation subtropicale, en provenance d'Australie, d'Asie et d'Afrique du Sud. Herbes aromatiques et plantes médicinales. Un havre de paix d'une grande beauté.

Manifestation

– **Ventnor International Festival :** *en été. • vif.org.uk •* Un des grands rassemblements de musique du sud de l'Angleterre (jazz, rock, électro, hip-hop...).

LA CÔTE SUD-OUEST

Certainement la partie la plus séduisante de l'île, la plus sauvage en tout cas. De St Catherine's Point (l'endroit le plus au sud de l'île) aux Needles (sur la pointe ouest), cette côte offre de beaux paysages désertiques, fouettés par le vent.

Où dormir ? Où manger dans le coin ?

⛺ **Grange Farm :** *Brightstone Bay Military Rd,* ***Brightstone,*** *PO30 4DA. ☎ 74-02-96. • grangefarmholidays.com • À partir de 19 £ pour 2.* Ce camping à la ferme mise sur l'environnement et la beauté du site, sur cette côte sauvage face à la mer. Pour ceux qui tiennent néanmoins à leur confort, quelques *static caravans* à louer et surtout de drôles de petites cabanes en bois (genre cabanes à cochons !). Un bel endroit, mais pas un arbre ni le moindre buisson pour arrêter le vent... ou préserver votre intimité. Et l'été, vous ne serez pas tout seul à vous aérer les bronches !

🏠 **Youth Hostel :** *Hurst Hill,* ***Totland,*** *PO39 0HD. ☎ 75-21-65. Du mémorial* *de la guerre, prendre à gauche (Weston Rd), tourner à gauche au bout de la rue, puis encore à gauche face à l'église. Bus nos 7 et 7A de Yarmouth. Réception à partir de 17h. Fermé nov-fév. À partir de 15-20 £/pers en dortoir (mixte) de 4-6 lits ; double (avec lits superposés !) 50 £.* AJ agréable et confortable, avec une belle salle commune où vous pourrez profiter des jeux de société et d'une petite bibliothèque. Bien équipé (laverie, cuisine et petite boutique). Accueil chaleureux.

The Wight Mouse Inn : *Church Pl,* ***Chale****, PO38 2HA. ☎ 73-04-31. • wightmouse.co.uk • Doubles 80-90 £ ; familiales.* Grand pub-auberge du XVIIe s, posté au milieu de ce minuscule village. Jolies chambres claires, soignées et assez spacieuses pour la plupart, certaines bénéficiant d'une vue lointaine sur la mer et des couchers du soleil à encadrer. Belle salle de restaurant composée d'une multitude de petits recoins aux ambiances toutes différentes. Grand jardin et aire de jeux géniale pour les bambins.

Knowles Farm Cottage : au pied du *Saint Catherine Lighthouse,* ce joli cottage est géré par le National Trust : *• nationaltrustholidays.org.uk •* Cher, mais site sauvage magique !

À voir

La route côtière, qui va de Saint Catherine's Point à la pointe des Needles, offre la perspective linéaire d'un rivage quasi désert, ponctué à l'ouest par les falaises de Compton Bay. C'est LA balade à faire ! Aussi bien à pied, le long du magnifique *footpath,* qu'en voiture en s'arrêtant sur les renfoncements prévus pour admirer les paysages, particulièrement beaux au coucher du soleil. C'est aussi sur ce rivage que l'on a découvert des fossiles de dinosaures.

Saint Catherine Lighthouse : un phare posté au bord d'une petite falaise, à la pointe sud de l'île, isolé dans une nature sauvage.

Entre Niton et Chale, sur les hauteurs, le ***Saint Catherine Oratory,*** aussi appelé le *Pepper Pot* (« moulin à poivre »), est un étonnant phare médiéval du XIVe s.

Blackgang Chine : *☎ 73-03-30. • blackgangchine.com • À env 1 mile au sud de Chale. Avr-oct, tlj 10h-17h. Entrée : 19,50-22 £ ; réduc.* Vallée encaissée garnie de jardins paysagers transformés en parc à thème avec attractions du genre Dinosaurland, village des contrebandiers et fort des pirates. Pour distraire les enfants si le temps est maussade.

The Needles : *depuis le parking, compter 20 mn à pied ou emprunter le bus qui fait la navette.* Spectaculaires « aiguilles » qui ont fait, et qui font toujours, le malheur de bien des marins. C'est aussi la carte de visite de l'île. Une balade s'impose vers les falaises d'Alum Bay, aux strates polychromes entourées de murailles de craie dont on extrayait autrefois l'alun. Au bout des aiguilles, Marconi installa, en 1897, le premier poste émetteur de télégraphie sans fil des îles britanniques. Plusieurs sentiers partant de la Old Battery permettent de circuler sur la presqu'île et d'apercevoir les aiguilles sous différents angles. Sur le parking, petit parc d'attractions *(Needles Pleasure Park)* assez ringard. De là partent des embarcations qui font le tour des Needles.

The Old Battery : *☎ 75-47-72. • nationaltrust.org.uk/needles-old-battery-and-new-battery/ • De mi-mars à début nov, tlj 10h30-17h. Dernière entrée 30 mn avt la fermeture. Entrée : 6,50 £.* Ce fort fut construit en 1860 pour parer à la menace d'une invasion française. On peut y voir une expo dans l'ancienne poudrière et des canons d'époque. On peut surtout parcourir un long tunnel débouchant sur un surplomb au-dessus des Needles et les approcher ainsi au plus près. *Tearoom* panoramique.

Le poète *Tennyson* affectionnait ce coin de l'île. Sur l'une des ***Freshwater Cliffs,*** on a érigé une croix celtique de 12 m de haut en sa mémoire.

YARMOUTH

Bien que rasée par les Français en 1377, cette charmante bourgade a su renaître de ses cendres et devenir un bon point d'ancrage pour visiter la partie ouest de l'île. Paisible le soir, elle s'anime dans la journée avec l'arrivée des ferries venant de Lymington. À côté du *George Hotel,* vous trouverez les vestiges d'un fort défensif bâti sous Henri VIII.

Adresse utile

Tourist Information Point : *Harbour Office. ☎ 81-38-18 (permanence téléphonique). Tlj sf lun 7h-17h (22h30 ven-sam).* Tourniquet avec brochures à disposition.

Où dormir dans le coin ?

The Orchards Caravan and Camping Park : *à **Newbridge,** à l'est de Yarmouth par la B 3401. ☎ 53-13-31. • orchards-holiday-park.co.uk • Fermé de janv à mi-fév. Selon saison, 19-35 £ pour 2 avec tente.* Vue panoramique sur les collines et le Solent. Un des meilleurs campings de l'île, avec double piscine chauffée, cafétéria, bar, boutique et toutes les prestations de sa catégorie. Également quelques caravanes à louer.

George Hotel : *Quay St, à Yarmouth, PO41 0PE. ☎ 76-03-31. • thegeorge.co.uk • Doubles 190-380 £ selon vue, balcon ou non. Repas env 40 £.* Une des adresses de charme et de luxe de l'île. Ancienne résidence du gouverneur, où descendit, en toute simplicité, le roi Charles II, il y a 3 siècles. Chambres superbes au confort incomparable, ravissants salons avec cheminée, terrasse au bord de l'eau, restaurant réputé pour sa bonne table avec vue sur la mer... Un bel univers qui ravira nos lecteurs en quête d'une touche de *British way of high life...* et au portefeuille bien garni !

Où manger ?

Bon marché (moins de 10 £ / 12 €)

The Gossip's Café : *au bout de The Sq, sur Vermouth Pier. ☎ 76-06-46. Tlj 8h30-16h30 (17h w-e). Plat env 6 £.* Mignonne buvette avec une vue imprenable sur le port. On y boit un thé ou une bière, avale un sandwich, une soupe, un breakfast ou un plat du jour, en attendant tranquillement le ferry.

Jireh House : *Saint James Sq, PO41 0NP. ☎ 76-05-13. Ouv dès 9h30, de mars à mi-déc.* Adorable ancienne demeure de pierre de 1763, faisant salon de thé-resto et proposant de bonnes spécialités maison à déguster au coin du feu, ou au jardin. En été, possibilité d'y dîner en prévenant.

Prix moyens (10-20 £ / 12-24 €)

Salty's : *à côté du bureau de Wightlink, sur le port ; à l'étage. ☎ 76-15-50. Fermé lun et Noël-Pâques. Souvent bondé, résa utile. Plats 9-30 £. Musique live sam soir en été.* Dans un décor assuré par des filets, nasses et autres objets évoquant la pêche, on déguste évidemment des produits de la mer. Simple et chaleureux.

À voir dans les environs de Yarmouth

Fort Victoria : *Westhill Lane, à l'ouest de Yarmouth. ☎ 82-38-93. • fortvictoria.co.uk • Avr-oct, tlj 10h-17h env selon attraction ; payant.* Complexe touristique proposant (séparément) un planétarium, un aquarium, un petit Musée océanographique et une maquette géante de trains miniatures.

Calbourne Mill : *sur la B 3399, à mi-distance entre Freshwater et Newport. ☎ 53-12-27. • calbournewatermill.co.uk • Avr-oct, tlj 10h-17h. Entrée : 10 £.* Moulin à eau du XVIIe s toujours en activité dans un musée de la Vie rurale. Belle promenade à travers le parc.

NEWPORT

Capitale au centre de l'île, aux airs de bourgade de province commerçante et à l'ambiance un peu terne. On y passe plus qu'on y séjourne... à moins d'être là pour le festival de Wight !

Adresse utile

Tourist Information Point : Isle of Wight County Press *Shop, Pyle St, PO30 1ST. ☎ 53-50-07. Tlj sf dim 9h-17h (16h sam).*

Où manger ? Où boire un verre ?

The Wheatsheaf : *16 Saint Thomas Sq, PO30 1SG. ☎ 53-07-77. Plats 8-22 €.* Ce pub traditionnel, joliment modernisé, a su garder tout son charme feutré. Et par chance, on y mange plutôt bien ! Rien que du classique, mais bien fait.

God's Providence House : *12 Saint Thomas Sq, PO30 1SL. ☎ 52-20-85. Tlj 9h-17h (10h-15h dim). Sandwichs, snacks, plats 5-10 £. Afternoon tea 25 € (sur commande).* Maison georgienne dotée d'un superbe bow-window donnant sur l'église. Plusieurs salles intimes, serveuses habillées en noir avec tablier blanc, ambiance d'un autre âge. Parfait pour grignoter quiches et autres plats simples, ou pour un *cream tea* délicieux.

À voir dans les environs de Newport

Carisbrooke Castle : *à 2 miles au sud-ouest de Newport, à* ***Carisbrooke.*** *☎ 52-21-07. Avr-oct, tlj 10h-18h (17h oct) ; nov-mars, 10h-16h slt w-e. Entrée : env 10,40 £ ; réduc.*

C'est le seul château médiéval de l'île. Cromwell y enferma Charles Ier avant de le ramener à Londres pour lui raccourcir le col.

On visite la cour, le jardin médiéval, la chapelle et les remparts. Du haut du donjon normand, joli panorama sur les environs. Voir aussi le *Well House,* dont l'eau de ce puits est amenée par une roue à aubes, actionnée (à heure fixe) par un âne. Ne vous y trompez pas, si le bourricot se tue encore à cette tâche, c'est pour satisfaire les touristes.

Petit Musée historique dans le beau ***Great Hall*** médiéval : *☎ 52-31-12. • carisbrookecastlemuseum.org.uk • Ferme 15 mn avt le reste du site.* On peut encore voir la chambre du roi, magnifiquement meublée dans le pur style Renaissance. À l'étage, petit « musée » du Jouet et, surtout, un orgue de chambre datant de 1602.

Festival

– ***Isle of Wight Festival :*** mi-juin. Seaclose Park. ● isleofwightfestival.com ● Une version contemporaine de ce festival qui connut son apogée en 1970, en plein âge d'or hippie. Si les pattes d'eph' ont disparu, la programmation musicale est toujours de qualité. Pour un bivouac sur le site du festival, on peut désormais réserver son emplacement de tente en même temps que ses places de concert (c'est d'ailleurs vivement conseillé). *Peace and Love !*

YOUR TICKET PLEASE !

Le festival de 1970 connut un tel succès que les autorités et les organisateurs furent complètement débordés par la foule, surtout celle qui ne possédait pas de billet d'entrée... Pour éviter que ce genre de mésaventure ne se reproduise, le Parlement prononça le « Isle of Wight Act », empêchant les rassemblements de plus de 5 000 personnes sans la licence appropriée !

SOUTHAMPTON

253 650 hab. IND. TÉL. : 02380

Un port industriel sans beaucoup de charme, mais il est vrai que les dégâts de la dernière guerre n'ont pas laissé grand-chose debout : 30 000 bombes y ont détruit 4 000 maisons. Quelques traces du passé médiéval subsistent, miraculeusement égarées au milieu d'un environnement moderne agressif. C'est de Southampton que sont partis, le 15 août 1620, les pèlerins du *Mayflower* en route pour le Nouveau Monde. C'est aussi à partir de Southampton qu'en 1944 transitèrent 3,5 millions de soldats et 15 millions de tonnes de matériel vers les plages normandes. Et, comme nous sommes dans une ville marquée par les départs, sachez que c'est ici que le *Titanic* a appareillé pour son ultime escale à Cobh en Irlande...

Arriver – Quitter

En train

Gare ferroviaire : Blechynden Terrace. ☎ (08457) 48-49-50.

➢ ***Londres :*** plusieurs trains/h.

➢ Liaisons avec ***Bath, The New Forest, Brighton, Bournemouth*** et ***Portsmouth.***

En ferry

➢ ***New Forest :*** de Hythe, à quelques miles à l'est de Beaulieu, la compagnie *Hythe Ferry* (☎ 84-07-22 ; ● hytheferry.co.uk ●) fait la navette jusqu'à *West Quay.* Trajet : env 12 mn. Billet env 6 £.

➢ ***Île de Wight :*** avec *Red Funnel Ferries.* ☎ (02380) 01-91-92. ● redfunnel.co.uk ● Départs ttes les 30 mn. Pour les piétons, liaisons avec *West Cowes,* 6h30-23h30 ; durée : 30 mn en *high speed.* Pour piétons et voitures, liaisons avec *East Cowes,* 24h/24. Départs ttes les 90 mn. Traversée en 1h, en car-ferry.

En bus

Gare routière : National Express Coach, *Harbour Parade.* ☎ (08717) 81-81-78.

➢ ***Londres :*** avec les bus *National Express* (le n° 032 est le plus rapide et direct). Trajet : 2h20.

En avion

✈ ***Aéroport :*** *à 5 miles du centre.* ● southamptonairport.com ● Bus U1C entre le centre et l'aéroport (prix : 2 £).

Sinon, tous les trains de Londres s'arrêtent à l'aéroport (ttes les 30 mn) et c'est plus rapide.

➢ Nombreux vols quotidiens vers la France et l'Angleterre.

Adresse et info utiles

Information Point : *Oceans, 160 High St, SO14 2BT. ☎ 33-13-95. • discoversouthampton.co.uk/visit • Tlj 9h-18h (10h-16h dim).* Boutique de souvenirs avec pas mal de doc, comme le *Southampton Titanic Walk* pour visiter les sites importants de la ville jusqu'au port d'embarquement. 2 autres circuits permettent de découvrir la *Old Town* : le 1er sur les traces des Tudor, le 2nd sur les pas de Jane Austen. Fait aussi consigne à bagages.

– La *Southampton Tourist Guides Association* (*07894-87-51-05*) propose une visite guidée de 90 mn : *le w-e à 11h. Tarif : 5 £.* Visites thématiques en été, se renseigner. *• southamptontouristguides.com •*

Où dormir ?

Voici quelques adresses si vous tenez absolument à dormir à Southampton. Quelques *B & B* dans The Polygon et autour de Landguard Rd, mais rien d'enthousiasmant. La ville ne débordant pas de charme, nous conseillons plutôt de séjourner un peu plus loin. Pourquoi pas vers la New Forest ?

Prix moyens (40-80 £ / 48-96 €)

The Blue Keys Hotel : *82 Northlands Rd, SO15 2LH. ☎ 22-45-17. • bluekeyshotel.co.uk • Au nord de la ville, à 5 mn à pied de la gare. Doubles 70-80 £.* Dans le quartier tranquille des universités, un petit hôtel moderne et accueillant. Déco élégante ou moins subtile selon les chambres, mais confort impeccable partout. Agréable salle de petit déj, prolongée par une cour arborée. Un excellent rapport qualité-prix.

Claremont : *33-35 The Polygon, SO15 2BP. ☎ 22-53-34. • claremontguesthouse.co.uk • Doubles 60-75 £ sans ou avec sdb ; familiales.* Passé l'entrée peu engageante, on est agréablement surpris par la quinzaine de chambres presque coquettes, mais pas toujours bien grandes.

Où dormir dans les environs ?

Best Western Chilworth Manor Hotel : **Chilworth,** *SO16 7PT. ☎ 76-73-33. • bw-chilworthmanor.co.uk • À 4,5 miles de Southampton par l'A 33 et l'A 27. Doubles 55-100 £ (hors* Boat Show, *période où les prix grimpent à 140 £).* Ce splendide manoir édouardien, situé au cœur d'un parc non moins magnifique, accueille un hôtel de chaîne. Les chambres s'avèrent plus confortables et fonctionnelles que charmantes, mais affichent néanmoins un bon rapport qualité-prix (excellent en période de promo !). Le jardin est digne d'un film de James Ivory. Accès gratuit à la piscine et à la salle de gym voisines.

Pyesmead Farm : *Plaitford,* **Romsey,** *SO51 6EE. ☎ (01794) 32-33-86. • pyesmeadfarm.co.uk • À env 12 miles au nord-ouest de Southampton. De Southampton, rejoindre la M 27 vers Totton, puis suivre l'A 36 vers Salisbury (ne pas aller à Romsey) ; en arrivant dans Plaitford, c'est le chemin à droite à la cabine téléphonique (avt le pub). Doubles 70-75 £.* Dans une vraie ferme, une petite maison de brique rouge à l'intérieur en bois clair. Chambres confortables, avec salle de bains. Pour un séjour au vert, juste à côté de la New Forest, avec les animaux comme plus proches voisins et une très jolie piscine couverte. Amateurs de pêche, 2 lacs privés attendent vos appâts. Une douce adresse champêtre.

Où manger ?

De prix moyens à plus chic (10-30 £ / 12-36 €)

Olive Tree : *29 Oxford St, SO14 3DJ. ☎ 34-33-33. Mer-ven midi et soir, w-e service continu. Lunch en sem 14 £ ; plats 10-20 £.* Une grande salle à la déco un peu rétro. Excellent rapport qualité-prix pour une cuisine anglo-franco-italienne servie avec le sourire. Le dimanche soir, un piano assure l'ambiance musicale.

Gusto : *1 Commercial Rd, SO15 1GF. ☎ 63-45-31. Fermé dim. Menus 7 (midi)-20 £ ; plats 10-20 £.* Bien placé entre The Polygon et les musées du centre-ville. Un vrai resto italien à la déco *shabby chic* très réussie, murs sombres et meubles de récup', dans une ancienne maison qui ne manque pas d'allure. Risottos mijotés, *pasta* parfumées, pizzas et lasagnes.

The Vestry : *61 Commercial Rd, SO15 1GG. ☎ 23-11-01. Menus 17,50-22 £ ; plats 8-18 £ ; le sam soir, menu dansant 35 £ env (½ bouteille de vin comprise).* Joli décor que cette église réhabilitée ! La cuisine est correcte et pas trop chère (salades, pâtes, burgers, grillades...) mais autant le dire, on vient surtout ici pour le cadre et l'ambiance, notamment les vendredis de concert (tous les 15 jours), et le samedi pour danser.

Où boire un verre ? Où écouter de la musique ? Où danser ?

Nous vous conseillons de partir à la découverte de *Bedford Pl*, un quartier au nord de la ville où l'ambiance sera plus animée que dans le centre. Pour des bars et clubs festifs, longer *London Rd* et s'aventurer dans les ruelles perpendiculaires. Si vous voulez rester dans le centre, direction *Oxford St* où bars et restos se succèdent.

Orange Rooms : *1-2 Vernon Walk. ☎ 23-23-33. Tlj à partir de 12h jusque tard dans la nuit.* Bien caché au cœur de *Bedford Pl*, un endroit qui change du classique pub des familles. Retour aux années 1970 dans un décor digne de *Starsky & Hutch*, au mobilier vintage et couleurs kitsch. On savoure de bons cocktails en écoutant quelques tubes funky à souhait. Alors tous à vos Vespa, c'est parti !

The Red Lion : *55 High St. ☎ 23-80-33. Pas de repas le dim soir.* Un vieux pub de la ville, au pied de Bargate. Déco médiévale avec des étendards et une armure en pied. Du balcon aurait été ourdie une conspiration contre Henri V en 1415. Mais ce n'est pas au comptoir que les coupables démasqués ont payé leurs agissements.

The White Star : *28 Oxford St. ☎ 82-19-90.* Le pub le plus séduisant de cette rue. Grands volumes, belle déco, cheminée, petits recoins pour s'isoler, canapés profonds. Le lieu idéal pour boire un verre dans ce quartier.

Duke of Wellington : *38 Bugle St. ☎ 33-92-92. Près des remparts.* Beau pub historique aux boiseries patinées, peintures marines, cheminées, moquette chamarrée et vieux parquet... la totale !

The Vestry : *voir plus haut « Où manger ? ».*

À voir

The City Art Gallery : *dans le Civic Centre, Commercial Rd. ☎ 83-30-07. Tlj sf dim 10h-15h (17h sam). GRATUIT.* Le fonds de la galerie contient quelque 5 300 œuvres, exposées par roulement, couvrant aussi bien la Renaissance italienne que l'école anglaise des XVIIIe et XIXe s (Gainsborough, Turner et Reynolds)

ou encore les impressionnistes français, mais elle est surtout connue pour son importante collection d'art anglais du XXᵉ s. Inamovible, la salle Edward Burne-Jones avec une dizaine de panneaux retraçant la légende de Persée. Inachevée, cette œuvre n'en reste pas moins emblématique.
– Tout près, sur Guildhall Square, la très belle ***John Hansard Gallery*** *(☎ 59-21-58 ; ● hansardgallery.org.uk ●)* mérite elle aussi une visite.

Sea City Museum : *Havelock Rd. ☎ 83-30-07. ● seacitymuseum.co.uk ● Tlj 10h-17h (dernier ticket 16h). Entrée env 9 £ ; réduc. Ticket groupé avec la Tudor House 12 £.* Ce musée retrace l'histoire maritime de la ville de l'âge de bronze à nos jours, en passant par les puritains du *Mayflower* et la tragédie du *Titanic* qui quitta Southampton le 10 avril 1912 pour son premier et dernier voyage. Cet épisode légendaire de l'histoire de la ville fait l'objet d'une exposition spéciale. Un musée interactif comme les Anglais savent si bien en faire. On découvre, non sans nostalgie, à quoi ressemblait la ville avant les bombardements. Expos temporaires.

LES FANTÔMES DU *TITANIC*

Le Titanic avait des jumeaux ! Plus grand, plus beau et mieux équipé (des leçons avaient été tirées du drame), le Britannic servit comme navire-hôpital en mer Égée durant la Première Guerre mondiale. Mais le 21 novembre 1916 une mine sous-marine le fit couler en 55 mn, à 3 km de l'île de Kea. On sauva 1 035 personnes (certaines avaient déjà survécu au Titanic !), 30 périrent, happées par l'hélice. L'Olympic, quant à lui, fit une longue carrière, mais n'échappa pas à de nombreuses collisions...

***Solent Sky** (The Hall of Aviation) : Albert Rd South ; près d'Ocean Village. ☎ 63-58-30. ● spitfireonline.co.uk ● Mar-dim 10h (12h dim)-17h ; ouv lun pdt les vac scol. Entrée : 7,50 £ ; réduc.* Quelques beaux spécimens de machines volantes, dont le prototype de ce qui allait devenir le célèbre *Spitfire,* et un géant de l'air (pour l'époque), le *Sandringham Flying Boat.*

Les docks : agréable promenade pour voir défiler quelques belles coques prêtes à s'adonner aux plaisirs de la voile dans le Solent. Pour suivre de plus près leurs ébats nautiques : *Blue Funnel Cruises (☎ 22-32-78 ; ● bluefunnel.co.uk ●).* Autre curiosité : le *SS Shieldhall,* cargo à vapeur (le plus grand d'Angleterre !) qu'on peut visiter à quai, quand il n'est pas en mer *(☎ 60-31-90 ; ● ss-shieldhall.co.uk ●).* Dans le même style, sur les **Western Docks,** on peut admirer les incroyables transatlantiques de la compagnie *Cunard,* à savoir le *Queen Mary 2* et le petit dernier, le *Queen Victoria.* Véritables villes flottantes, les plus grands paquebots du monde partent du *Terminal City Cruise* d'avril à décembre ; donc renseignez-vous auprès de l'office de tourisme pour savoir s'il y en a un à quai lors de votre passage en ville.

Le vieux Southampton a encore quelques beaux restes qui détonnent dans le décor urbain ultramoderne. Une promenade s'impose à partir de *Bargate,* une porte flanquée de tours massives, et se poursuit par les remparts de l'enceinte ouest jusqu'au monument du *Mayflower.* Un fragment de l'enceinte est subsiste de l'autre côté de High Street et comprend *God's House Tower,* qui servit d'hébergement dès le XIIᵉ s aux pèlerins se rendant à Winchester et à Canterbury. Elle abrite désormais le Musée archéologique. La petite *Saint Julian Chapel* fut donnée par la reine Élisabeth aux réfugiés huguenots de Wallonie fuyant, au XVIᵉ s, l'Inquisition. Voir aussi, dans Bugle Street, la ravissante *Tudor House. ☎ 83-42-42. ● tudorhouseandgarden.com ● Tlj sf lun 10h-15h (17h w-e). Entrée : env 5 £ ; réduc.*

Medieval Merchant's House : *58 French St. ☎ 22-15-03. ● english-heritage.org.uk ● Avr-sept, w-e slt 11h-17h. Entrée : env 5 £ ; réduc. Audioguide en français.* Avec un gros tonneau se balançant au bout d'une poterne, c'est ici la demeure à colombages d'un négociant en vins du XIVe s, John Fortin, dont on a recréé le mobilier et le mode de vie. Petit mystère dans la cave : alors que le musée est hermétiquement fermé pendant tout l'hiver, à deux reprises la conservatrice a découvert des traces de pas sur le gravier, autour des tonneaux ! Sans doute le fantôme du marchand venu déguster ses crus d'Aquitaine...

DANS LES ENVIRONS DE SOUTHAMPTON

Broadlands : *à 8 miles au nord-ouest par l'A 3057, avt d'arriver à Romsey, SO51 9ZD. ☎ (01794) 50-50-22. • broadlandsestates.co.uk • Juin-août 13h-17h30 (dernière entrée 16h). Maison accessible en visite guidée slt. Entrée : 10 £ ; réduc. Compter 1h.* Vaste demeure de style palladien (de l'architecte italien du XVIe s), petit nid d'amour pour les lunes de miel royales et surtout ancienne résidence de lord Louis Mountbatten, dernier vice-roi des Indes et négociateur de la partition entre l'Inde et le Pakistan.

Saint Mary's Abbey : *à* ***Romsey****. À 9 miles de Southampton et à 11 miles de Winchester.* La petite ville de Romsey offre une atmosphère bucolique au bord de la Test. Elle a conservé une impressionnante église abbatiale à l'architecture romane dont les fondations remontent au Xe s. Mais son apparence actuelle date des XIIe et XIIIe s, notamment ses 3 étages de style anglais ancien. À l'intérieur, un superbe plafond à caissons polychrome, un *Christ en croix* de l'époque saxonne et la tombe de lord Mountbatten.

WINCHESTER

45 184 hab. IND. TÉL. : 01962

• Plan *p. 141*

À 12 miles au nord-est de Southampton, la première capitale d'Angleterre, depuis les rois saxons (et en alternance avec Londres jusqu'au XVIe s), a aujourd'hui le charme d'une jolie petite ville de province fort sympathique. Les souvenirs d'Arthur, d'Alfred le Saxon et de Guillaume le Conquérant hantent encore les murs de la cité.
Winchester possède également une superbe cathédrale dont la nef est la plus longue d'Europe après Saint-Pierre de Rome et Winchester College qui compte parmi les plus anciennes et plus belles *public schools* du pays. Une ville où l'on explore les étroites ruelles reliées à High Street, comme ça, juste pour le plaisir de flâner et de se repaître à satiété de la magie indicible des vieilles pierres de l'*Old England*.

Arriver – Quitter

En train

Gare ferroviaire : *Station Rd. ☎ (08456) 00-06-50. Au nord-ouest.*

➢ **Londres :** nombreuses liaisons tte la journée avec London Waterloo. Durée : env 1h.

➢ Liaisons régulières avec ***Portsmouth*** (1h), ***Brighton*** (1h40), ***Southampton*** (à peine 30 mn) et ***Bournemouth*** (1h10).

En bus

Gare routière : *Broadway, en face du Guildhall et de l'office de tourisme.* ***National Express*** *: ☎ (0871) 781-81-81.*

➢ **Londres :** *National Express* n° 032. 11 liaisons/j. avec London Victoria. Durée : env 2h.

➢ **Bournemouth, Southampton :** *National Express* nos 032, 310 et 539. Plusieurs liaisons/j. Durée : 30 mn pour

Southampton, 1h30 (pour les directs) pour Bournemouth.

➢ ***Portsmouth :*** *National Express* nº 203. 1-2 liaisons/j. directes. Durée : 1h20.

Adresse et infos utiles

Tourist Information Centre *(plan B2)* **:** *The Guildhall Broadway, SO23 9GH.* ☎ *84-05-00.* • *visitwinchester.co.uk* • *Lun-sam 10h-17h, dim (mai-sept) 11h-16h.* Accueil chaleureux et efficace. Plan de la ville (avec quelques explications en français), billets pour les visites guidées de 1h30 de la ville (5 £) et résa d'hébergement (commission 4 £).

Parking : pour un stationnement de plus de 4h, il est fortement recommandé d'utiliser les *Long Stay Parkings,* en proche périphérie. Le système « *Park and Ride* » (3 £/j.) permet d'utiliser gratuitement les navettes *(env ttes les 10 mn sf dim et vac scol)* entre le parking et le centre-ville.

– ***Marché :*** *mer-sam, sur High St.* Marché fermier : *les 2e et dernier dim du mois.*

Où dormir ?

L'hébergement à Winchester est onéreux et relativement réduit puisque les *B & B* n'offrent généralement qu'une seule chambre. On recommande donc de réserver, en passant éventuellement par l'office de tourisme.

Camping

Folly Farm Caravan Park *(hors plan par A1,* ***10****)* **:** ***Crawley****, SO21 2PH.* ☎ *77-64-86.* • *follyfarmcaravanpark.com* • *À env 5 miles au nord-ouest de Winchester. De fin mars à oct. Compter 18-24 £ pour 2 pers, 1 chien (!), tente et voiture (2 nuits min en été).* Un joli petit terrain plat entouré de hauts arbres, dans un coin de nature qui invite à la balade. Pub à proximité pour boire un verre ou croquer un morceau.

De chic à très chic (plus de 80 £ / 96 €)

The King Alfred *(hors plan par A1,* ***11****)* **:** *11 Saxon Rd, SO23 7DJ.* ☎ *85-43-70.* • *thekingalfredwinchester.co.uk* • *Au nord de la ville, à 10 mn à pied de la cathédrale. Doubles 85-95 £, petit déj continental léger compris (panier dans les chambres).* Ce pub génial (voir « Où manger ? ») propose une poignée de chambres charmantes, peintes en vert olive, pas très grandes pour les moins chères mais toujours très cosy et délicieusement british. Un des meilleurs rapports qualité-prix de ville, dans un quartier tranquille et mignon comme tout.

Nº 5 *(plan B2,* ***12****)* **:** *5 Bridge St, SO23 0HN.* ☎ *86-38-38.* • *idealcollection.co.uk/no5bridgestreet* • *Doubles 125-146 £ selon confort, petit déj compris.* À l'orée du centre-ville, un agréable boutique-hôtel offrant 6 jolies chambres décorées au (bon) goût du jour. Excellent petit déj.

Wykeham Arms *(plan A2,* ***13****)* **:** *75 Kingsgate St, SO23 9PE.* ☎ *85-38-34.* • *wykehamarmswinchester.co.uk* • *Doubles 150-200 £, petit déj compris (promo parfois sur Internet).* Un lieu plein de charme et d'esprit ! Vénérable et respectable hostellerie décorée de livres et de gravures, et beau pub animé tous les soirs. En empruntant des escaliers tordus et des couloirs tarabiscotés, on atteint les chambres, douillettes et élégantes, meublées avec talent. Voir aussi plus bas les rubriques « Où manger ? » et « Où boire un verre ? ».

Hotel du Vin *(plan A2,* ***14****)* **:** *14 Southgate St, SO23 9EF.* ☎ *84-14-14.* • *hotelduvin.com* • *Doubles 120-270 £, petit déj non compris.* Chaque chambre, aux couleurs d'une maison de vin, pourrait

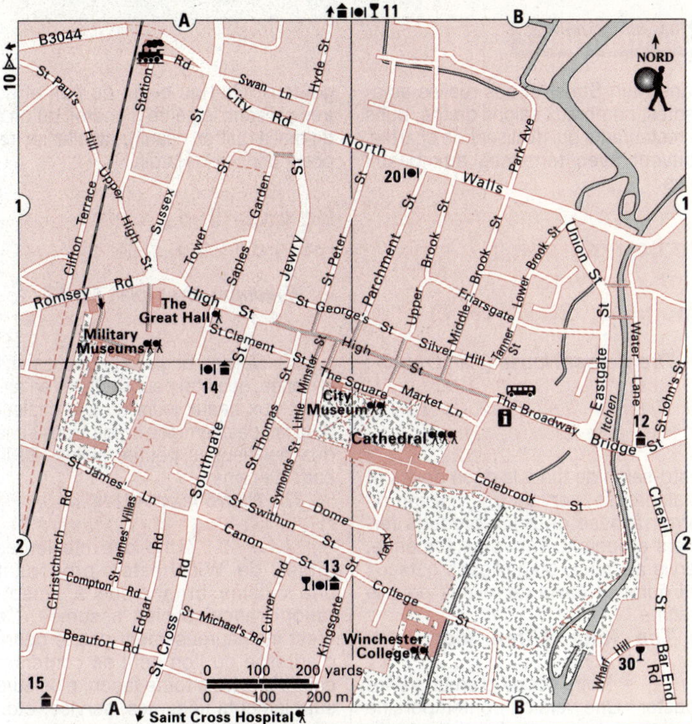

WINCHESTER

Adresse utile	**Où manger ?**
Tourist Information Centre	**11** The King Alfred
	13 Wykeham Arms
Où dormir ?	**14** The Bistro
10 Folly Farm Caravan Park	**20** The Corner House
11 The King Alfred	
12 N° 5	**Où boire un verre ?**
13 Wykeham Arms	**11** The King Alfred
14 Hotel du Vin	**13** Wykeham Arms
15 Giffard House Hotel	**30** The Black Boy

figurer sans complexe dans un magazine de déco, une merveille. Quelques suites magnifiques, un peu en retrait dans le jardin. Nos préférées : la « Pommery » et la « Veuve-Clicquot »... Fait également resto (voir *The Bistro* dans « Où manger ? »).

Giffard House Hotel *(plan A2, 15) : 50 Christchurch Rd, SO23 9SU. ☎ 85-26-28. • giffardhotelwinchester.co.uk • À 5 mn (en voiture) du centre. Doubles 110-150 £, petit déj compris.* Dans cette jolie rue résidentielle s'alignent les maisons, toutes magnifiques. Celle-ci ne fait pas exception, vaste, victorienne, et dotée d'un beau jardin. L'aménagement suit sans surprise, avec ses vitraux, ses gravures et ses antiquités. Du grand classique anglais, autant pour le confort que pour la déco. Pas d'extravagance ici ! Salles de bains assez petites, comme souvent dans les maisons de cette époque. Accueil simple et sympathique.

Où manger ?

Dans High Street et ses ruelles adjacentes, nombreux salons de thé, pubs et restaurants qui rivalisent de charme, souvent avec terrasses aux beaux jours.

De bon marché à prix moyens (moins de 20 £ / 24 €)

The Corner House *(plan B1, **20**)* : *71 North Walls, SO23 8DA. ☎ 82-77-79. Tlj 8h (9h dim)-17h (23h jeu-sam). Snacks, breakfasts et plats 5-12 £ ; le soir, menus 23-26,50 £.* Un resto-salon de thé à la déco douce et chaleureuse, servant une cuisine de terroir à base de bons produits fermiers et locaux. Vins du Hampshire, servis au verre. Magnifiques gâteaux qui donnent envie de revenir pour le *teatime*.

The King Alfred *(hors plan par A1, **11**)* : *voir « Où dormir ? ». Plats 5-15 £.* Notre coup de cœur à Winchester ! Une version contemporaine du vieux pub cosy et chaleureux particulièrement réussie, un véritable décor à l'esthétisme réjouissant. La cuisine, elle aussi bien inspirée, propose des plats traditionnels rajeunis, légers et goûteux. Que du beau, du bon et du très plaisant, le genre d'endroit qu'on a du mal à quitter... sauf pour aller se (re) poser dans le joli jardin !

De plus chic à chic (plus de 20 £ / 24 €)

Wykeham Arms *(plan A2, **13**)* : *voir « Où dormir ? » et surtout « Où boire un verre ? ». Menus 16,50-19,50 £ ; plats 8-26 £.* Cuisine anglaise, appétissante et variée, que l'on peut savourer en terrasse aux beaux jours ou à la chaleur d'un feu de cheminée le soir, dans l'une des délicieuses petites salles. Belle carte des vins.

The Bistro *(plan A2, **14**)* : *resto de l'Hotel du Vin (voir « Où dormir ? »). Carte 40-50 £.* Une des meilleures tables de Winchester, proposant une cuisine britannique à l'inspiration française bien assumée. Ce n'est malheureusement pas le genre d'adresse où l'on peut se contenter d'un plat et, de toute façon, plusieurs suppléments (légumes, service, etc.) viendront immanquablement gonfler l'addition. Belle carte des vins, comme il se doit. Ravissant jardin pour le déjeuner.

Où boire un verre ?

Cette ville compte plusieurs pubs vraiment super. On viendrait presque exprès à Winchester pour y boire un verre ! Voici nos préférés.

The King Alfred *(hors plan par A1, **11**)* : *voir « Où dormir ? » et « Où manger ? ».* Un peu excentré, ce qui est plutôt une bonne nouvelle car la balade depuis la cathédrale, par les ruelles et au bord du ruisseau, est très sympa !

Wykeham Arms *(plan A2, **13**)* : *voir « Où dormir ? » et « Où manger ? ».* Le pub anglais dans toute sa splendeur, fréquenté en leur temps par l'amiral Nelson et Winston Churchill. Déco hyper chargée, réchauffée par plusieurs feux de cheminée. Ambiance jubilatoire à l'heure de l'apéro !

The Black Boy *(plan B2, **30**)* : *1 Wharf Hill, SO23 9NQ. ☎ 86-17-54.* Un pub complètement dingue, encombré d'une multitude de collections de tout et de rien, d'objets insolites qui se bousculent dans les différentes pièces et petits recoins. Ici un singe (empaillé quand même !) en kilt, là une ancienne cuisine reconstituée, une série de faux nez... Bref, un foisonnement indescriptible plein d'humour, à observer en sirotant une bonne *ale*, au coin du feu.

À voir. À faire

Winchester Cathedral *(plan B2)* : *au centre de la cité. • winchester-cathedral.org.uk • Lun-sam 9h30-17h, dim 12h30-15h. Entrée : env 8 £ (gratuit pour l'evensong) ; réduc. Visite guidée gratuite (en anglais) sur résa. Accès à la tour : 6 £ supplémentaires. Audioguide : 3 £.*

Non contente, avec ses 168 m, d'être la nef la plus longue d'Europe après Saint-Pierre de Rome, la cathédrale de Winchester est aussi l'une des plus riches et des plus intéressantes d'Angleterre. Elle est bâtie à l'emplacement où se trouvait, dès le VIIe s, un sanctuaire de l'époque saxonne. On distingue encore les fondations de cet édifice sur la pelouse. La cathédrale actuelle est due à l'initiative de l'évêque Walkelyn, après l'arrivée des Normands, de 1079 à 1093. À la suite des transformations successives, trois styles sont identifiables : le roman pour la crypte, les transepts et la tour ; le gothique primitif pour le chœur et sa partie arrière ; et le gothique « perpendiculaire » pour la façade, la nef et la chapelle.

UN EXPLOIT GRAVÉ DANS LA PIERRE

On s'aperçut, en 1905, que les fondations de la cathédrale s'enfonçaient petit à petit dans le sol marécageux. C'était sans compter sur le courage et la patience de William Walker qui creusa des tranchées sous les murs avec l'aide d'un scaphandrier. Pendant 6 ans, il œuvra à la consolidation sous-marine de l'édifice ! Plus de 115 000 blocs de ciment et 25 000 sacs de ciment plus tard, le héros a sa statue dans la cathédrale. Un minimum !

La cathédrale faillit être rasée au cours de la guerre civile en 1652, mais, grâce à une pétition, les habitants de Winchester parvinrent à faire revenir le Parlement sur sa décision. La façade est peu ouvragée, mais la peinture rouge sang de ses portes est du plus bel effet.

Rythmée par ses 12 travées, la ***nef*** constitue l'un des aspects les plus spectaculaires de la cathédrale. Ses piliers romans d'origine, retaillés au XVe s en gothique, soutiennent des arches pleines d'élégance surmontées d'un triforium éclairé par de hautes baies. Le dessin nervuré de la voûte est renforcé d'innombrables clés de voûte.

Dans le bas-côté gauche, non loin des fonts baptismaux en pierre noire de Tournai, la tombe de la romancière Jane Austen. L'épitaphe ne mentionne pas sa qualité d'écrivain : en 1817, il n'était pas de bon ton pour une lady de s'adonner à l'écriture ! Une plaque (sur le mur à gauche de la tombe) vint corriger cette omission en 1872.

Dans le transept gauche (au nord), des vitraux des préraphaélites Burne-Jones et William Morris. Juste après, la chapelle du Saint-Sépulcre décorées de fresques des XIIe et XIIIe s. On accède ensuite à l'étonnante ***crypte*** normande, parfois inondée en hiver. Au milieu de celle-ci, un puits plus ancien que la cathédrale. Une magnifique œuvre du sculpteur Antony Gourmly, *Sound II,* permet de « mesurer » le niveau de l'eau dans la crypte ; il n'est pas rare que la statue ait de l'eau jusqu'à la taille...

– ***Le chœur*** est séparé de la nef par un jubé de bois, une clôture surmontée d'une plate-forme, reprenant le style des stalles. Jetez un œil aux 500 « miséricordes » humoristiques qui décorent les bancs où les moines posaient leur auguste séant lors des interminables offices. Plus sérieux : l'immense retable du maître-autel sculpté en grès fin et considérablement endommagé lors de la Réforme. On a refait les statues au XIXe s, la preuve : la reine Victoria y côtoie les rois saxons. La voûte de bois du chœur est parsemée d'écussons et d'effigies royales. Sur les clôtures sculptées sont posés des sarcophages peints contenant les restes des souverains et évêques d'avant la conquête normande.

– ***L'arrière-chœur,*** au sol tapissé d'un magnifique carrelage, prolonge considérablement la cathédrale et contient de monumentaux tombeaux d'évêques aux plafonds finement ouvragés. Tout à l'arrière, la *Lady Chapel* avec ses peintures

murales (copies) relatant les miracles de la Vierge. Devant la chapelle, une surprenante statue de Jeanne d'Arc. Sans doute est-elle là pour hanter le repos éternel du cardinal de Beaufort, tout proche, un de ceux qui la firent condamner au bûcher. À gauche, la *chapelle des Anges gardiens* aux magnifiques voûtes peintes en 1241 et superbement restaurées. Au fond à droite, un hommage au plongeur William Walker qui sauva les fondations de la cathédrale en 1910. Sur le côté droit du chœur, la chantrerie de l'évêque Fox, avec un gisant décharné assez impressionnant.
– Par le transept droit (sud), on grimpe quelques marches pour visiter la ***bibliothèque Morley*** (comprise dans le prix mais aux horaires restreints) qui contient plus de 2 000 volumes, dont la célèbre *Bible de Winchester* du XIIe s, somptueusement enluminée. Au-dessus, la galerie du deuxième niveau abrite une enfilade de vitrines où sont exposés les objets constituant le *Trésor,* dont le fauteuil de Marie Tudor.

City Museum *(plan A-B2)* **:** *The Square. ☎ 86-30-64. À la diagonale de l'entrée de la cathédrale. Avr-oct : tlj 10h (12h dim)-17h ; nov-mars : mar-dim 10h (12h dim)-16h. GRATUIT (audioguide en français 2 £).* Petit musée d'Histoire et d'Archéologie locale assez ludique. Le système est simple : plus vous grimpez les marches et plus vous remontez le temps. Ainsi, vous découvrirez les devantures de boutiques du début du XXe s au rez-de-chaussée. Notez au fond du tabac la pub pour notre chère Gauloise version british. Au dernier étage, des fondements romains et une superbe mosaïque. Au passage, observez le cours de l'Itchen (la rivière locale) sur un panneau de lumière.

Winchester College *(plan B2)* **:** *College St. ☎ 62-12-09. • winchestercollege.org • Accès en contournant le Cathedral Close par la droite et en passant par King's Gate, la porte du XIIIe s. Tte l'année, visites guidées slt : lun-sam à 10h15, 12h30, 14h15, 15h30 sf mar et jeu slt à 10h15 et 12h30 ; dim à 14h15 et 15h30 (en été slt). Entrée : 7 £.* L'une des plus anciennes écoles du pays, fondée en 1382 par l'évêque Wykeham pour accueillir, en principe, les étudiants « pauvres ». En réalité, l'idée était surtout de regarnir les rangs du clergé, décimé par la peste noire. Le *College* enseigne à présent à 700 rejetons de l'*upper class,* qui poursuivent ensuite leur cursus à Oxford. En plus des superbes vitraux et du plafond voûté de bois peint dans la chapelle, on peut voir, dans le cloître du XIVe s, un oratoire du XVe s. Non loin, une plaque indique la petite maison jaune où Jane Austen décéda le 18 juillet 1817 (ne se visite pas).

The Great Hall *(plan A1)* **:** *Romsey Rd. ☎ 84-64-76. Tlj (sf événement spécial) 10h-17h. Donation de 3 £ bienvenue.* C'est tout ce qui reste du château de Winchester, une grande halle, ancien tribunal, à la charpente de bois soutenue par des colonnes de marbre. Au mur, la *Table ronde* du roi Arthur et ses 5 m de diamètre, avec, au centre, la Rose des Tudors et le nom de ses fameux chevaliers, qui ont peu de chance d'avoir cassé la graine autour de celle-ci puisqu'elle date du XIVe s ! Devant le bâtiment, *Queen Eleanor's Garden,* reconstitution d'un jardin médiéval.

Military Museums *(plan A1-2)* **:** *Romsey Rd. ☎ 87-78-26. • winchestermilitarymuseums.co.uk • Ouv 10h-16h (selon les j., certains musées ouvrent à 12h ou ferment à 17h ; la plupart sont fermés le lun). Certains musées sont gratuits et d'autres payants (3-4 £).* Pour les amateurs de sagas guerrières et de casques à boulons, un ensemble de casernes où sont regroupés les musées de cinq régiments de prestige : le *Light Infantry,* les *King's Royal Hussars,* le *Royal Hampshire Regiment,* les *Royal Green Jackets* (avec un diorama géant de la bataille de Waterloo) et, pour finir, les *Ghurkas,* originaires du Népal. Tous leurs uniformes, leurs sabres, leurs armes préférées, leurs décorations astiquées et leurs hauts faits d'armes sur tous les théâtres d'opérations de la planète.

Saint Cross Hospital *(hors plan par A2)* **:** *Saint Cross Rd, à 1,2 mile au sud de la ville par une agréable promenade bucolique ; itinéraire fléché en bleu.*

☎ *85-13-75.* ● *hospitalofstcross.co.uk* ● *Avr-oct : tlj 9h30 (13h dim)-17h ; nov-mars : lun-sam 10h30-15h30. Entrée : 4,50 £.* C'est la plus ancienne institution charitable de Grande-Bretagne (1132), toujours habitée par des moines qui proposent des rafraîchissements aux visiteurs. Beaux bâtiments en brique aux hautes cheminées du XVe s. À l'intérieur de la chapelle de la Vierge, un triptyque d'un maître de l'école des primitifs flamands.

À voir dans la région

Highclere Castle : *à Newbury, à 22 miles au nord de Winchester, par l'A 34.* ☎ *(1635) 25-32-10.* ● *highclerecastle.co.uk* ● *Ouv slt 60 j./an, globalement au printemps et en été (dates sur le site). Résa vivement recommandée. Entrée : 15 £ (jardin et château) ; 7 £ jardin slt ; réduc.* Fans de *Downton Abbey,* vous voici sur les lieux du tournage de votre série préférée ! La famille Carnarvon y habite depuis 1679 et ouvre les portes de son somptueux château, de style néojacobéen, quelques jours par an. On déambule dans les innombrables pièces richement meublées et décorées, puis on flâne avec plaisir dans le magnifique jardin, évidemment. Pour visiter le village de la série (notamment l'église), se rendre à Bampton dans l'Oxfordhsire, à 65 km au nord.

Festivals

- ***Hat Fair :*** *fin juin-début juil.* ● *hatfair.co.uk* ● Festival de théâtre de rue avec paiement... au chapeau !
- ***Winchester Festival :*** *début juil.* ● *winchesterfestival.co.uk* ● Musique, cinéma, théâtre... L'art, sous toutes ses formes, investit la ville.

THE NEW FOREST

● Carte *p. 147*

À l'ouest de Southampton et au sud-ouest de Winchester, un des plus jolis coins d'Angleterre. Immense territoire de landes et de forêts où l'on croise toutes sortes d'animaux en liberté, même dans les villages ! Une grande partie de cette région est réservée aux promenades, avec près de 222 miles de sentiers balisés pour circuler à pied, à cheval ou à vélo. Il existe aussi une carte très précise au 1/25 000 de la New Forest, éditée par *Ordnance Survey* (pas très pratique à déplier en rando, on vous l'accorde !).
Les charmes de cette région se goûtent à rythme lent. D'abord parce que les routes sont assez encombrées en été, puis en raison de la vitesse limitée à 40 miles, *because* les bêtes en liberté. Alors n'hésitez pas à abandonner votre petite auto, d'autant qu'un bon service de bus relie les villages. Brockenhurst et Lymington sont également desservis par le train.
Conan Doyle, le créateur de Sherlock Holmes, a été inhumé dans le cimetière de Minstead. Par ailleurs, c'est à Lyndhurst que vécut Mrs Reginald Hargreaves qui, alors qu'elle n'était encore qu'une fillette, inspira à Lewis Carroll son célèbre conte *Alice au pays des merveilles,* après lui avoir raconté ses rêves lorsqu'elle s'était endormie dans la forêt.

UNE PROPRIÉTÉ DE LA COURONNE

Créée par Guillaume le Conquérant il y a presque 1 000 ans, la « New » Forest servait à l'origine exclusivement au bon plaisir du souverain. Une gestion complètement féodale du site est en vigueur depuis toujours ou presque, nous ramenant à l'époque où gabelle et dîme faisaient partie du vocabulaire courant (dans notre bon royaume françois, bien sûr !). Ainsi, les propriétaires *(commoners)* se partagent les bêtes et les droits de pâturage. Les *keepers* et les *agisters* s'occupent de l'entretien du domaine commun et reçoivent une taxe de la part des *commoners*. L'administration est régie, quant à elle, lors des assemblées publiques des *Verderers*.
L'année 2005 aurait pu sonner le glas de cette organisation médiévale, lorsque la New Forest fut désignée comme parc national. Mais la reine n'est jamais loin, et la *Forestry Commission* (un organe gouvernemental responsable des forêts du Royaume-Uni) opta pour un schéma similaire d'intendance, la couronne anglaise restant le principal propriétaire de la lande.

LYNDHURST (ind. tél. : 02380)

Au cœur de la zone et village principal de la New Forest. Très touristique et animation permanente. Une bonne gamme de commerces de déco et de design, des antiquaires hors de prix et des magasins de jouets de toutes tailles.

Adresses utiles

Information Point : *Main Car Park, SO43 7NY.* ☎ *28-34-44.* Comme ailleurs dans la New Forest, il n'y a plus d'office de tourisme à Lyndhurst. Au petit musée consacré à la région *(ouv 10h-16h ; GRATUIT),* quelques brochures et infos. En revanche, infos assez complètes sur • *thenewforest.co.uk* • et • *newforestcentre.org.uk* •

A. A. Bike Hire : *Fernglen, Gosport Lane.* ☎ *28-33-49.* • *aabikehirenewforest.co.uk* • *Juste à côté de l'Information Point. Tlj 9h-17h30. Petite reine 10 £/j.* Location de VTT, tandems, ainsi que des vélos et sièges pour enfants.

Où dormir ?

Campings

Ashurst Camping : *à* ***Ashurst,*** *SO40 7AR.* ☎ *(02380) 29-20-97.* • *campingintheforest.co.uk* • *À mi-chemin entre Lyndhurst et Totton, par l'A 35 (à 1,5 mile) ; à 5 mn à pied de la gare d'Ashurst. Ouv de mi-avr à fin sept. À partir de 17 £ pour 2.* Vous planterez votre tente sur un vaste site, dans une clairière à laquelle des chênes séculaires apportent un peu d'ombre en cas de besoin. Et aurez pour voisins de gentils Shetland ! Magique.

Denny Wood et Matley Wood : *2 campings dans la forêt, sur la B 3056, à 2,4 miles de Lyndhurst ; réception commune à Denny Wood, Beaulieu Rd, SO43 7FZ.* ☎ *(0131) 314-65-05.* • *campingintheforest.co.uk* • *Ouv de mi-avr à fin sept. À partir de 11 £ pour 2.* Attention, accès réservé aux campeurs équipés de toilettes chimiques. En effet, ni douche ni toilettes sur ces 2 campings, uniquement de l'eau potable. Rustiques donc, mais petits sites au plus près de la nature, tranquilles à souhait.

Prix moyens (40-80 £ / 48-96 €)

B & B Kingswood Cottage : *10 Woodlands Rd,* ***Ashurst,*** *SO40 7AD.* ☎ *29-25-82.* • *kingswoodcottage.co.uk* • *À 5 mn de la gare à pied et du village en voiture. Prendre l'A 35 vers Totton et la 1re à gauche après le*

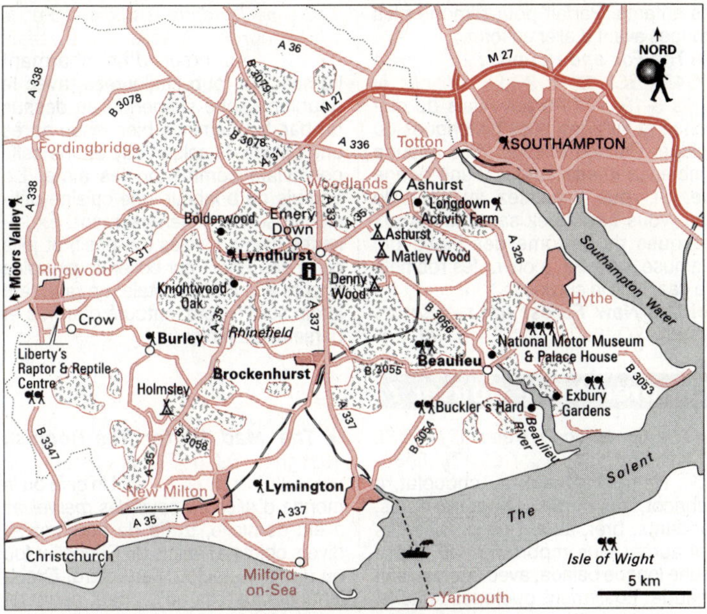

THE NEW FOREST

panneau indiquant Ashurst, avt le pont. Difficile à repérer car dans un virage et pas de panneau. Congés aux fêtes de fin d'année. Doubles 70-90 £. Cette maison, située en lisière de forêt et entourée d'un grand jardin fleuri où coule un ruisseau, propose 3 chambres pas bien grandes mais tout à fait douillettes. Propriétaire accueillante qui parle quelques mots de français et se met en quatre pour le petit déj (avec de la truite pêchée et fumée maison !).

Temple Lodge : *2 Queens Rd, SO43 7BR. ☎ 28-23-92. • templelodge-guesthouse.com • Juste à la sortie du village, vers Totton. Doubles 60-120 £, petit déj compris. Parking.* Dans une grande maison bourgeoise victorienne collée à sa jumelle. Intérieur bien classique, chambres assez spacieuses et confortables, toutes différentes. Un authentique cocon british.

B & B Clayhill House : *à la sortie de Lyndhurst sur la route de Brockenhurst (1 mile), SO43 7DE. ☎ 28-23-04. • clayhillhouse.co.uk • Résa indispensable. Doubles 80-90 £.* Une jolie maison en bord de route, tout près du village mais déjà dans la forêt. Chambres assez spacieuses et lumineuses, à la déco fraîche. Éviter toutefois celle donnant sur la route (très) passante. Accueil adorable.

Où manger dans le coin ?

Prix moyens (10-20 £ / 12-24 €)

The Crown Stirrup : *à la sortie de Lyndhurst, sur la route de Brockenhurst, juste à côté du B & B Clayhill House, SO43 7DE. ☎ 28-23-39. Snacks et plats 5-14 £.* Un pub de campagne bas de plafond, avec de larges tables en bois et un carrelage d'époque. Joli jardin à l'arrière et aire de jeux pour les enfants. Parfait pour remonter les troupes avant d'aller en forêt.

The Fox and Hounds : *22 High St, SO43 7BG. ☎ 28-20-98. Snacks et plats 6-15 £.* Ancien relais de diligence et l'un des pubs historiques du village. Cuisine simple, mais chaude ambiance le soir autour d'une bonne *ale*. Si vous y passez au Jour de l'an, vous assisterez sans doute aux frasques du fantôme des lieux, qui s'amuse, paraît-il, à ouvrir les robinets de gaz dans la cuisine !

The New Forest Inn : *à* ***Emery Down****, SO43 7DY. ☎ 28-46-90. env 1 mile de Lyndhurst, sur la route de Christchurch. Snacks 6-8 £, plats 12-21 £.* Au cœur d'un charmant hameau, un pub chaleureux, avec le houblon séché suspendu au-dessus du bar, la cheminée bienvenue après une balade, le salon cosy et une salle conviviale comme on les aime. Et, comble du bonheur, une cuisine délicieuse servie généreusement. Excellentes bières locales (ou pas !) et jolie carte des vins. Pour coller un peu plus encore à la carte postale, un ravissant jardin sur l'arrière, entouré d'arbres et parsemé de tables.

Où prendre le goûter ?

The Greenwood Tree : *65 High St, SO43 7BE. ☎ 28-24-63. Tlj 8h30-17h.* Hmm... gâteaux au chocolat, à l'abricot, aux dattes... Nappés, dorés, fondants, bref, autant de qualificatifs qui auront leur importance au retour d'une longue balade, avec une boisson chaude. Également quelques snacks, soupes et salades.

The Mad Hatter Tea-Rooms : *10 High St, SO43 7BD. ☎ 28-23-41. Tlj sf lun 9h (10h30 w-e)-16h.* Un café où le monde d'*Alice au pays des merveilles* a élu domicile, truffé de figurines et divers objets à l'effigie du Chapelier fou ou du Lapin toujours en retard. Excellents *cream teas* qu'on peut déguster sur une jolie terrasse fleurie.

À voir. À faire dans le coin

St Michael and all Angels Church : *High St. Ouv pdt les offices slt.* Bel édifice du XIXe s en brique rouge, richement décoré de vitraux colorés et d'une fresque de la même époque. Derrière l'église se trouve le tombeau familial d'Alice Hargreaves *(Alice au pays des merveilles)*. On découvre qu'elle prit part activement à la vie du village jusqu'à sa mort en 1934.

Longdown Activity Farm : *Longdown,* ***Ashurst****. ☎ 29-28-37. À 10 mn de Lyndhurst, sur l'A 35, entre Ashurst et Totton. Fév-sept, tlj 10h-17h (16h30 oct-nov). Entrée : env 9,50 £ ; réduc.* L'endroit idéal pour jouer à l'apprenti fermier, donner le biberon aux bébés chèvres, nourrir les ânes ou les alpagas, faire un câlin aux lapins... et plein d'attractions formidables qui raviront les têtes blondes. Attention aux carambolages avec les tracteurs à pédales : il y en a partout et ça bosse dur ! Salon de thé, pour récupérer.

CHEVAUX DE RACE

Vous aurez sûrement remarqué, à ses splendides propriétés qui bordent les routes, que Lyndhurst n'est pas une ville qui crie famine ; ce constat s'étend d'ailleurs à toute la New Forest. Sur High Street, on peut même trouver un concessionnaire Maserati (qui fait aussi Ferrari...) ! Pas mal pour un village d'un peu moins de 4 000 habitants. Eh oui ! ici, les chevaux sont partout, même sous le capot.

Balades en forêt

Les forêts sont le terrain de nombreuses balades. Voici quelques-unes de nos préférées, à environ 4 miles du village.

➢ De Lyndhurst, prendre la direction *New Milton-Christchurch,* puis *Emery Down.* Juste après l'auberge *New Forest Inn,* tourner à gauche vers *Bolderwood.* Sur la gauche, à environ 1 mile, on aperçoit les vestiges d'un foyer. Il s'agit désormais d'un mémorial dédié aux armées portugaises qui aidèrent pendant la Première Guerre mondiale aux constructions navales implantées dans la région. Plus loin, un immense parking, *Bolderwood.* Le point de départ pour trois promenades dans les futaies : ***Deer watch trail*** (sur les traces des cerfs, moins de 1 mile), ***Jubilee grove trail*** (des vues imprenables sur des arbres bicentenaires, pour 500 m de plus) et ***Radnor trail*** (à travers les sous-bois jusqu'à la rivière de Bratley, 2 miles). N'oubliez pas vos chaussures à crampons. C'est paisible et calme.

BROCKENHURST *(ind. tél. : 01590)*

Un autre petit bourg sympa, moins touristique que Lyndhurst, moins joli aussi. Point de départ de belles balades en forêt à pied et à vélo.

Arriver – Quitter

En bus

➢ ***Southampton :*** 10 liaisons/j. Durée : env 1h.

En train

Gare ferroviaire : *sans surprise, à côté du passage à niveau.*

➢ ***London Waterloo :*** 2 trains/h. Durée : 1h30.
➢ ***Bournemouth et Poole :*** 2 trains/h. Durée : env 25 mn avec Bournemouth et 35 mn avec Poole.
➢ ***Southampton et Winchester :*** 3 trains/h. Durée : env 15 mn avec Southampton et 35 mn avec Winchester.

Adresses utiles

Local Information Point : *Bestsellers Bookshop, 47 Brookley Rd, SO42 7RB.*
Location de vélos : ***Cycle Experience,*** *Southside Car Park. ☎ 62-48-08. • cyclex.co.uk • À la gare. Tlj 9h-17h30 (19h jeu). Compter 20-23 £/j. (voire 25 £ pour un vélo électrique).* On vous fournira un fascicule avec 12 itinéraires pour cyclistes très bien fléchés et couvrant l'ensemble de la région.

Où dormir ?

Prix moyens (40-80 £ / 48-96 €)

Seraya B & B : *8 Grigg Lane, SO42 7RE. ☎ 62-24-26. • serayanewforest.co.uk • À 2 mn à pied du centre du village. En voiture, prendre la direction de Beaulieu. La maison se trouve à l'angle, env 200 m plus loin. Doubles 60-70 £ sans ou avec sdb, petit déj compris.* Dans un quartier pavillonnaire, une petite maison en brique rouge proposant 3 chambres pas bien grandes mais au confort suffisant. Accueil délicieux de Janet et breakfast énergétique pour démarrer la journée.

Cottage Lodge : *Sway Rd, SO42 7SH. ☎ 62-22-96. • cottagelodge.co.uk • À 3 mn à pied du village, sur la route allant vers Sway (B 3055). Doubles 70-160 £, petit déj compris.* Légèrement en retrait de la route, cette jolie maison donne d'emblée envie de découvrir l'intérieur. Et on n'est pas déçu ! Dans les chambres, matériaux et tons naturels s'harmonisent très élégamment, dans un style campagnard chic et actuel. Atmosphère vraiment plaisante, jusqu'à la salle de petit déj elle aussi charmante et chaleureuse.

Une des plus belles étapes en New Forest dans cette catégorie de prix.

Très chic (plus de 120 £ / 144 €)

The Pig : *Beaulieu Rd, SO42 7QL. ☎ 62-23-54. • thepighotel.com • Doubles 155-425 £ ; petits déj 10-15 £. 2 nuits min le w-e. Plats 10-30 £.* Assurément, notre plus belle adresse dans cette région. En pleine forêt, un manoir somptueusement rénové. L'atmosphère y est chic, informelle, contemporaine, cosy... *so British !* La collection de bottes en caoutchouc sous l'escalier, les salons feutrés, les canapés douillets au coin du feu sont autant de détails irrésistibles. Si vous n'avez pas de tirelire à casser, vous pourrez toujours venir déjeuner ou dîner dans la superbe orangerie, et ainsi goûter à une merveilleuse cuisine anglaise à base de produits locaux de la ferme et du potager. Vin anglais.

Careys Manor : *SO42 7RH. ☎ 62-35-51. • careysmanor.com • Doubles 190-360 £, petit déj compris ; promos sur Internet. 2 nuits min certains w-e.* En New Forest, on mène un peu la vie de château, qu'on se le dise... Voici donc un autre manoir très chic, très anglais... et très cher. La déco joue la carte du classique discrètement modernisé, sans grande imagination mais avec élégance. Piscine magnifique, salle de sport (gratuits) et spa (payant) pour un vrai moment de détente.

Où manger ?

The Snake Catcher Pub : *Lyndhurst Rd, SO42 7RL. ☎ 62-23-48. Sur la route principale, près du passage à niveau. Snack et plats 6-30 £.* Un pub récent mais bien dans la tradition, à la mémoire de Henry « Brusher » Mills, qui vécut au XIXe s dans la région et reste connu pour les quelque 35 000 serpents qu'il s'est amusé à attraper. Le surnom lui vient de son activité annexe de brosseur de glace sur les étangs, pour les patineurs l'hiver. Cuisine classique et copieuse.

The Huntsman : *Lyndhurst Rd, SO42 7RH. ☎ 62-22-25. À l'entrée du village en venant de Beaulieu. Plats 7-30 £.* Peut-être pas le pub le plus charmant du village, bien que quelques salles soient plutôt cosy, mais sans conteste celui qui sert la cuisine la plus élaborée. La fierté de la maison est le bœuf « maturé » et cuit dans un four à bois, ainsi que les pizzas bien fines et bien garnies. Sinon, une carte qui illustre parfaitement la nouvelle cuisine britannique, inspirée et égayée par la Méditerranée.

Dynasty Indian Restaurant : *57-59 Brookley Rd, SO42 7RB. ☎ 62-40-87. Ouv 12h-14h, 18h-23h30 (minuit ven-sam). Plats 8-12 £.* Comme son nom l'indique, un indien. Bien pratique, puisque ouvert tous les jours et fournissant des plats à emporter. Utile si l'on campe dans les environs.

Sans oublier ***The Pig,*** notre coup de cœur (voir « Où dormir ? »).

BEAULIEU *(ind. tél. : 01590)*

Les Anglais prononcent « Biouli ». C'est un ravissant village ancien, au bord de la rivière, rendu célèbre par les ruines de son abbaye et son musée de l'Automobile. Depuis Brockenhurst, on y accède par une route (la B 3055) qui traverse de beaux paysages de landes et de forêts. À l'entrée de Beaulieu, un garage vendant des voitures d'occasion de luxe mérite le coup d'œil. Une petite mise en bouche avant le musée.

Information Point : ***New Forest Activities,*** *High St, SO42 7YA.*

À voir

National Motor Museum *(Musée national de l'automobile) :* *☎ 61-23-45. • nationalmotormuseum.org.uk • Tlj 10h-17h (18h juin-sept). Entrée : env 25 £ ; heureusement, ticket familial et promos sur Internet.*

Dans un hall immense, 250 véhicules anciens, dont le premier motorisé (à vapeur ! datant de 1875) ou une décapotable blanche ayant appartenu à Marlène Dietrich. On peut y admirer des ancêtres astiqués jusqu'au bouchon de radiateur, une magnifique panoplie des marques légendaires britanniques (Rolls, Bentley, Jaguar...), des rutilantes voitures de pompiers et des véhicules utilitaires comme dans les B.D. de *Blake et Mortimer,* un vieux garage des années 1930 avec ses odeurs de cambouis et les vieilles rengaines qui sortent du poste de TSF. En face, avec *Wheels,* baladé dans de petites nacelles sur rail, on revit, en famille, la grande épopée de l'histoire automobile. On peut aussi voir un arsenal de motos de tous âges et les bolides de F1 de Senna ou de Villeneuve.

FANTÔME D'ARGENT

Glissant silencieusement dans l'air comme un fantôme, la Silver Ghost, la plus prestigieuse des Rolls-Royce, est le modèle le plus abouti de la marque. Souvent décrite comme l'une des seules voitures combinant beauté, vitesse, silence, confort, fiabilité et longévité. Âgé de plus de 100 ans, le modèle original est toujours en parfait état de fonctionnement. Il faut dire qu'Henri Royce était un véritable maniaque de la perfection et traquait le moindre bruit avec un stéthoscope !

On trouve également dans le musée un hall consacré aux véhicules aquatiques de James Bond, ainsi que la tenue sexy de Moneypenny (on rigole !) dans *Octopussy* et tout plein de gadgets inventés par les services secrets de Sa Majesté.
Dans le parc, toutes sortes d'attractions (certaines payantes) en rapport avec le train et la voiture, dont un parc d'animation avec monorail suspendu, qui fait le tour du site jusqu'à l'abbaye, la conduite d'une voiture ancienne, un simulateur karting, etc. Ou encore, inspiré par l'émission de télé « World of Top Gear », des démonstrations de (folles) cascades automobiles. En plus, visite des *ruines de l'abbaye cistercienne* (expo sur la vie des moines) et de ***Palace House,*** la fière demeure de la famille Montagu depuis 1538 où vécut Lord Montagu of Beaulieu, fondateur du musée. Le décor est un mélange de rigueur monastique et de confort victorien.

Buckler's Hard : *à moins de 2 miles au sud de Beaulieu ; on peut venir à pied, en longeant la rivière.* ☎ *61-62-03.* • *bucklershard.co.uk* • *Tlj 10h-17h (16h30 oct-mars). Entrée : env 7 £ ; réduc.*
Village historique au bord de la Beaulieu River, port d'attache du navigateur solitaire sir Francis Chichester. Le hameau fut fondé au XVIIIe s par le duc Montagu pour en faire un port de commerce vers les Antilles. L'entreprise capota, mais le site devint une annexe des Dockyards de Portsmouth, et on y construisit certains des plus beaux fleurons de la flotte de Nelson. Le *Musée maritime* retrace cette vocation du village. Pas mal du tout.
– *Le village :* à peine deux rangées de petites maisons de brique qui se font face. Atmosphère bucolique et ravissement total. La maison du chef de chantier Adams est convertie en hôtel-resto-pub, ***The Master Builder's,*** avec grandes terrasses donnant sur la rivière. Superbe ! On peut embarquer sur le *Swiftsure* pour une minicroisière d'une demi-heure sur la rivière *(Pâques-oct ; 5 £).*

Exbury Gardens : *à 2 miles au sud-est de Beaulieu.* ☎ *(02380) 89-12-03.* • *exbury.co.uk* • *De mi-mars à début nov, tlj 10h-17h (dernière entrée 16h30). Entrée : env 11 £ (14,50 £ avec balade en petit train) ; réduc.* Un jardin exubérant et somptueux qui prend ses aises sur 80 ha, créé par Lionel de Rothschild en 1920. Arbres majestueux, massifs de rhodos, magnolias, camélias, azalées, rosiers... Le tout superbement mis en scène, comme une succession de tableaux colorés à savourer... Une pure merveille !

LYMINGTON (ind. tél. : 01590)

À 5 miles au sud de Brockenhurst, cette bourgade côtière offre un joli port de pêche aux rues pavées et maisons anciennes tarabiscotées. C'est aussi un point de départ pour l'île de Wight.

Arriver – Quitter

En ferry

➢ ***Yarmouth :*** env 1 ferry/h, pour piétons et voitures. ☎ *(0333) 999-73-33.* • *wightlink.co.uk* •

En train

La gare se trouve sur Station Street (logique !), du côté des quais.
➢ ***Southampton :*** 2 trains/h, trajet : env 45 mn.

Où manger ? Où boire un verre ?

🍽 🍸 ***The Ship Inn :*** *The Quay, SO41 3AY.* ☎ *67-69-03. Service tlj 12h-22h (21h dim), bar ouv plus tard. Snacks et plats 6-23 £.* 📶 Sur le port, un beau pub traditionnel avec une terrasse au bord de l'eau. L'intérieur est tout aussi accueillant avec sa déco marine de bon aloi, ses grandes banquettes et son feu de cheminée. À la carte, tous les grands classiques...

Balade en forêt

➢ Une des plus jolies promenades de la New Forest, la ***Rhinefield Drive,*** commence à 2,4 miles du bourg, en prenant à droite, à l'extrémité ouest de Brookley Rd (qui débouche sur Rhinefield Rd). Il s'agit d'une large allée bordée d'immenses cyprès, cèdres et séquoias, la plupart mesurant plus de 30 m de haut. Remarquez aussi les sapins de toutes espèces, parmi les plus hauts et les plus anciens du pays. La Rhinefield Drive vous conduira ensuite, en traversant l'A 35, à *Knightwood Oak,* un chêne vieux de 350 ans protégé par sa petite clôture. Tout le long de cette route, on ne sait quel parking choisir pour arrêter son moteur et sortir du coffre son bâton de marche.
On a aimé ***The Tall Trees trail*** : 1,5 mile de marche en boucle à partir des parkings de Blackwater ou de Brock Hill. Pour admirer les sapins Douglas plantés sous le règne de Victoria. Sinon, des parkings de *Puttles Bridge* ou de *Whitefield Moor,* découvrez les prairies vertes où paissent des chevaux sauvages et suivez le cours de l'Ober.

Balades à vélo

Au *New Forest Cycle Experience* de Brockenhurst et à l'*Information Point* de Lyndhurst, possibilité d'acheter *(env 4 £)* un petit set de plusieurs fiches itinéraires. Tous les circuits sont à thème et démarrent de Brockenhurst, mais on peut les rejoindre en cours de route. « L'ornemental loop » permet notamment, en quelque 8 miles, de traverser un arboretum et un sanctuaire de daims. Si vous vous sentez d'attaque, poussez jusqu'à Beaulieu (deux circuits possibles, de 6 miles et 16 miles), à travers bois et marécages, ou alors empruntez une ancienne voie ferrée sur 20 miles.

BURLEY (ind. tél. : 01425)

Un village dans l'ouest du parc national de la New Forest, dont le centre est essentiellement composé de magasins de souvenirs qui perpétuent la tradition locale des... sorcières. Dans l'une des boutiques, on remarque la photo de Sybil Leek, la dernière sorcière « officielle » de la New Forest, qui vécut à Burley dans les années 1950. Chassée par la population qui la voyait d'un mauvais œil, elle émigra aux États-Unis. Ses talents ne valaient cependant pas ceux de Mary Dore, qui, au XVIIIe s, aimait se transformer en chat noir ! Possibilité de faire des balades à cheval. Ils sont partout en liberté, même dans les rues.

Adresses utiles

Information Point : *Post Office, The Cross, BH24 4AA.*

Location de vélos : ***Forest Leisure Cycling,*** *The Cross. ☎ 40-35-84. Tlj 9h-17h. Compter 17,50-20 £/j.* Aussi des tandems et vélos à assistance électrique.

Où dormir ?

Camping et *self-catering*

Holmsley Camping : *Forest Rd,* ***Christchurch,*** *BH23 7EQ. ☎ (01425) 67-45-02. • campingintheforest.co.uk • À env 5 miles au sud de Burley. Ouv de mi-avr à oct. Env 24 £ pour 2 en été.* Peut-être pas le plus charmant mais parfaitement équipé et vaste, dans un joli coin.

Great Wells Cottages : *Beechwood Lane, BH24 4AS. En arrivant de Lyndhurst par Chapel Lane, prendre à gauche sur Beechwood Lane. ☎ 40-23-02. • cottages-newforest.co.uk • Résa indispensable.* Garden cottage *pour 2 pers 300-550 £/sem selon saison. CB refusées.* Une petite retraite bucolique, tout en nature et jolies couleurs. Cernée par les arbres et les chevaux, cette belle petite bâtisse joue la carte du confort intime, avec ses larges fenêtres ouvrant sur une terrasse pourvue de mobilier en teck et d'un barbecue. La salle de bains, avec sa grande baignoire, compense la minuscule cuisine. Également un autre cottage, près de l'écurie, bien équipé pour une famille mais moins charmant.

Bon marché (moins de 40 £ / 48 €)

Youth Hostel : *Cottesmore House, Cott Lane, BH24 4BB. ☎ (03453) 71-93-09. À l'est du village, près du terrain de cricket. En pleine forêt. Fermé nov-fév. Réception à partir de 17h. À partir de 13 £/pers en dortoir de 4-7 lits. Possibilité de camper, de louer une tente ou un tipi.* Ancienne maison familiale, avec un salon douillet et une jolie salle à manger illuminée par ses grandes fenêtres. Cuisine à disposition, lave-linge, joli jardin et accueil sympathique.

Chic (80-120 £ / 96-144 €)

Wayside Cottage B & B : *27 Garden Rd, BH24 4EA. ☎ 40-34-14. • wayside-cottage-burley.co.uk • Du centre, petit chemin à gauche après* Old Farmhouse. *Doubles 90-110 £. Min 2 nuits certains w-e.* Jolie maison, à l'atmosphère feutrée. Les chambres, charmantes dans leur sobriété et bien confortables, offrent une vue paisible sur le joli jardin fleuri. Petit déj à base de produits locaux.

Où manger ? Où prendre le thé ?

Old Farmhouse : *dans la rue principale, en direction de Ringwood. ☎ 40-22-18. Tlj 9h-16h30. Plats 6-11 £ ; cream tea 7 £.* Un petit cottage coiffé de chaume pour prendre un solide petit déj, un repas léger le midi ou un thé accompagné de douceurs sucrées dans l'après-midi. Terrasse à l'arrière.

À voir dans les environs

Liberty's Raptor & Reptile Centre : *Crow Lane, à* ***Crow,*** *au sud du village de Ringwood. ☎ 47-64-87. • libertyscentre.com • Mars-oct, tlj 10h-17h ; nov-fév, slt le w-e 10h-16h (tlj pdt les vac de fév). Dernière admission 1h avt la fermeture. Entrée : env 9 £ ; réduc.* Minizoo spécialisé dans l'exposition et les démonstrations des oiseaux de proie, des chouettes aux vautours en passant par toutes sortes de hiboux et autres rapaces aux yeux écarquillés. Les cages sont un peu tristounettes. Les âmes sensibles se pencheront sur les soins dispensés à l'« hospit'owl » (sic) et regretteront que tous ces splendides oiseaux soient prisonniers. Également une « maison aux reptiles ».

Moors Valley Country Park : *à l'extrême ouest de la New Forest, à l'ouest de Burley et de Ringwood, et à l'intersection entre l'A 31 et l'A 338. ☎ 47-07-21. • moors-valley.co.uk • Tte l'année 8h-17h (18h avr-mai et 20h juin-août). La plupart des activités sont payantes et il faut ajouter le parking (4-9 £ la journée) !* Un immense parc aménagé pour accueillir de nombreuses activités : balades à pied, vélo (location possible), mini-train à vapeur pour se promener, golf, parcours de santé, accrobranche...

SALISBURY

44 750 hab. IND. TÉL. : 01722

• Plan *p. 155*

Fondée lors du déménagement des habitants d'Old Sarum en 1220 vers un nouveau site moins aride que la colline fortifiée héritée des Romains, Salisbury est à présent une paisible cité en bordure de l'Avon. La ville médiévale s'est dotée d'une majestueuse cathédrale, à la flèche pleine de fierté, et d'un ensemble de monuments qui méritent qu'on leur consacre quelque temps. On peut y séjourner pour rayonner vers les sites de Stonehenge et de Stourhead.

Arriver – Quitter

En voiture

P Plusieurs ***parkings P+R*** tout autour de la ville... Un bus vous déposera en plein centre, Market Place *(fonctionne slt 7h30-18h30).*

En bus

Gare routière *(plan B1)* ***:*** *Millstream Coach Park.* Liaisons avec Bath, Londres, Heathrow... avec la compagnie *National Express.* Attention, pas de bureau sur place ; billets en vente à l'office de tourisme.

En train

Gare ferroviaire *(plan A2)* ***:*** *South Western Rd, à l'ouest de la ville. ☎ (08457) 48-49-50.*

➢ ***Londres Waterloo :*** 2 trains/h ; trajet : env 1h30.

➢ ***Portsmouth :*** 2 trains/h ; trajet : env 1h20.

➢ ***Southampton :*** 2-3 trains/h ; trajet : env 30 mn.

➢ ***Bournemouth :*** 1-2 trains/h ; trajet : env 1h15.

Adresses et infos utiles

i ***Tourist Information Centre*** *(plan B2)* ***:*** *Fish Row, à l'arrière du Guildhall, SP1 1EJ. ☎ 34-28-60. Lun-ven 9h-17h, w-e 10h-16h (14h dim).* Résa des *B & B.* Visite guidée payante de la ville *(• salisburycityguides.co.uk • Tlj à 11h avr-oct,*

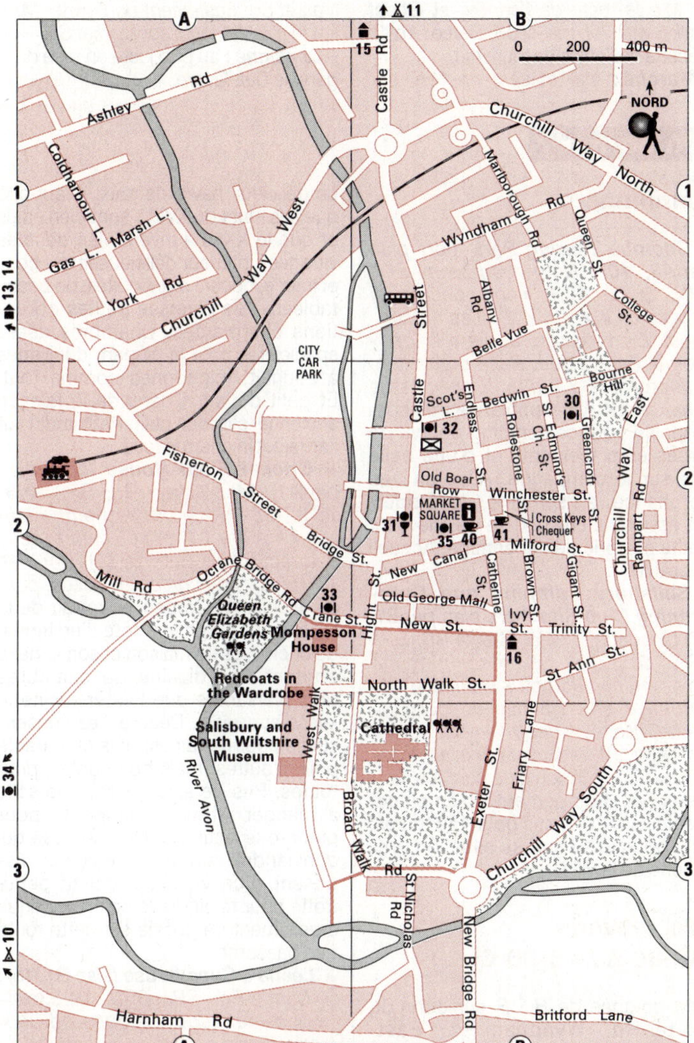

SALISBURY

■ **Adresse utile**

- Tourist Information Centre

Où dormir ?

- **10** Coombe Touring Park
- **11** Salisbury Camping and Caravanning Club Site
- **13** The Old House
- **14** Cricket Field House
- **15** Leena's Guesthouse
- **16** The Mercure White Hart Hotel

Où manger ?

- **30** The Café on the Park
- **31** Haunch of Venison
- **32** Qudos
- **33** Diwali
- **34** The Old Mill Hotel
- **35** Charter 1227

Où prendre le thé ?

- **40** Reeve the Baker
- **41** The Cross Keys

slt w-e le reste de l'année) et *Ghost Walk (ven à 20h mai-sept).* Durée : 1h30. Départs de l'office de tourisme.
– ***Marché :*** *mar et sam 8h-15h, sur Market Sq. Également un* Farmer Market *le mer, toujours sur Market Sq.*
– ***Consigne :*** au pub juste en face de la gare, le *Cat Tavern.*

Où dormir ?

Campings

⛺ ***Coombe Touring Park*** *(hors plan par A3,* ***10****) : Netherhampton, SP2 8PN. ☎ 32-84-51. • coombecaravanpark.co.uk • À env 4,2 miles au sud-ouest. Bien indiqué, derrière l'hippodrome. Fermé déc. Résa conseillée. Compter 14-17 £ pour 2 avec tente selon saison.* Une ambiance très cosmopolite pour ce camping pourvu de larges emplacements et d'une belle vue sur la campagne. Avec un peu de chance, en semaine, vous pourrez assister à une course de chevaux. Petite épicerie de dépannage. Accueil adorable.

⛺ ***Salisbury Camping and Caravanning Club Site*** *(hors plan par B1,* ***11****) : Hudson's Field, Castle Rd, SP1 3SA. ☎ 32-07-13. • campingandcaravanningclub.co.uk • Près d'Old Sarum, à env 1,5 mile au nord du centre-ville. Ouv début avr-début nov. Compter 14-24 £ pour 2 avec tente selon saison ; 6 £ de plus pour les non-membres.* Équipement et emplacements assez moyens pour 150 tentes. On apprécie surtout sa situation, très proche de la ville.

Prix moyens (40-80 £ / 48-96 €)

Une poignée de *B & B* sur John St, Exeter Rd, Wyndham Rd, Eastcourt Rd et London Rd, mais rien d'inoubliable. Mieux vaut dormir en dehors de la ville.

🏠 ***The Old House*** *(hors plan par A1,* ***13****) : 161 Wilton Rd, SP1 2SD. ☎ 32-74-76. • theold-house.co.uk • À env 1 mile du centre, dans la direction de Bath (A 36). Doubles 80-95 £, petit déj compris.* 📶 Contrairement à ce qu'on pourrait craindre, cette maison en bord de route (très passante) est un délicieux havre de paix. Il faut dire que ses murs du XVIIe s sont bien épais et que le XXe s a inventé les doubles vitrages ! Intérieur délicieusement cosy et intime, décoré d'antiquités, de beaux tableaux, de diverses petites collections charmantes. Chambres assez spacieuses pour la plupart, douillettes à souhait, mignonnes comme tout. Et petit déj servi dans de la faïence ancienne, s'il vous plaît. Petit jardin sur l'arrière. Un charme fou !

🏠 ***Cricket Field House*** *(hors plan par A1,* ***14****) : Wilton Rd, SP2 9NS. ☎ 32-25-95. • cricketfieldhouse.co.uk • À env 1,2 mile du centre, dans la direction de Bath (A 36). Doubles 70-160 £ selon confort et saison, petit déj inclus.* 📶 Un peu en retrait de la route, sans surprise à côté d'un terrain de cricket, cette maison et son annexe abritent une dizaine de chambres plus plaisantes que l'extérieur ne le laisse supposer. Déco assez consensuelle pour certaines, plus charmante pour d'autres, mais bon confort pour toutes. Pas de salon, juste une salle à manger vitrée et pimpante pour prendre le petit déj. Une adresse qui conviendra surtout à ceux qui disposent d'un véhicule, car la petite trotte pour rejoindre le centre manque cruellement de poésie sur cette route très passante.

🏠 ***Leena's Guesthouse*** *(plan B1,* ***15****) : 50 Castle Rd, SP1 3RL. ☎ 33-54-19. • leenasguesthouse.co.uk • À env 15 mn à pied de la gare et du centre. Doubles 80-95 £, petit déj inclus.* 📶 Dans un quartier pavillonnaire sans caractère particulier, une jolie maison en partie dissimulée par la végétation de son jardinet. Les chambres, pas toujours bien grandes, offrent un confort et une déco des plus classiques. Préférez celles qui ne donnent pas sur la rue, plutôt bruyante. Accueil plaisant et en français.

Chic (plus de 80 £ / 96 €)

The Mercure White Hart Hotel *(plan B2, **16**)* : *1 St John St, SP1 2SD. ☎ 32-74-76. • mercure.com • Doubles 95-170 £ selon saison et confort, petit déj compris. Parking payant.* En plein centre, un bel hôtel traditionnel datant du XVIIe s. Avec son cerf blanc triomphant au-dessus d'un fronton classique et sa douce déco intemporelle, on oublie vite qu'il s'agit d'un hôtel de chaîne. Belles chambres très confortables. Le parking est un réel atout quand on sait les difficultés pour se garer dans Salisbury.

Où manger ?

De bon marché à prix moyens (moins de 20 £ / 24 €)

The Café on the Park *(plan B2, **30**)* : *53 Salt Lane, SP1 1EG. ☎ 33-37-57. Tlj 9h-17h (16h en hiver). Snacks et plats 3-11 £.* Une petite salle cosy pour avaler un burger, une belle salade ou quelques *mezze*. Rien de gastronomique, mais tout est simplement frais et bon. Aux beaux jours, on peut aller manger son sandwich dans le parc juste en face.

Haunch of Venison *(plan B2, **31**)* : *1-5 Minster St, SP1 1TB. ☎ 41-13-13. Fermé à Noël. Snacks et plats 6-20 £ ; menus 13-16 £.* Superbe pub ancien composé de minuscules pièces, avec boiseries patinées, murs et plafonds de guingois et feu dans les cheminées. On peut se contenter d'y boire un verre ou s'attabler dans la jolie salle du 1er étage pour une cuisine de pub sans grande imagination mais plutôt bonne. Pour la petite histoire, on a découvert ici le bras momifié d'un joueur de cartes du XVIIIe s... Bon appétit !

Qudos *(plan B2, **32**)* : *38 Castle St, SP1 1BN. ☎ 41-37-55. Tlj sf dim soir. Plats 6-20 £. Musique live 5 soirs/sem.* Du vieux pub victorien, il ne reste que la belle façade et la superbe cheminée. Le resto est aujourd'hui résolument contemporain, avec un service souriant et informel dans une ambiance cosy-chic. À la carte, pâtes, grillades, salades, burgers...

Diwali *(plan A2, **33**)* : *90 Crane St, SP1 2QD. ☎ 32-97-00. Plats 6-16 £, thali 11 £.* Coloré comme un paquet de bonbons acidulés, ce resto aux allures de cantine décontractée propose une cuisine indienne légère, bien dans l'air du temps. Une bonne option consiste à prendre un *thali* (végétarien ou pas) composé de plusieurs petits plats, pour goûter un peu à tout. Jardin sur l'arrière, bienvenu aux beaux jours.

The Old Mill Hotel *(hors plan par A3, **34**)* : *Town Path, SP2 8EU, **Harnham**. ☎ 32-75-17. Snacks à partir de 5 £, plats 10-20 £.* Le resto le plus ancien de la ville, dans un beau moulin du XVe s. Cuisine traditionnelle de pub et quelques plats végétariens. Très agréable jardin où sont installées quelques tables pour profiter de la vue bucolique sur la rivière et observer les canards glisser sur l'eau.

Plus chic (plus de 20 £ / 24 €)

Charter 1227 *(plan B2, **35**)* : *Market Sq, SP1 1EU. ☎ 33-31-18. Tlj sf dim-lun. Plats 10-28 £.* Au 1er étage du *Costa Coffee*, un véritable restaurant pour changer des pubs. Des tables joliment dressées, un service impeccable et une cuisine soignée. Un peu de chichis pour se faire plaisir sans casser la tirelire.

Où prendre le thé ? Où boire un verre ?

Reeve the Baker *(plan B2, **40**)* : *2 Butcher Row, SP1 1EP. ☎ 32-03-67.* Boulangerie-pâtisserie avec quelques tables à l'étage pour s'asseoir.

The Cross Keys *(plan B2, **41**)* : *1 Cross Keys Chequer, SP1 1EL. ☎ 32-09-93.* Large éventail de douceurs gourmandes, telles que gâteau au chocolat, tarte au citron et sa meringue, saint-honoré au café et *apple pie*.

Une cafétéria a été aménagée dans l'ancien réfectoire de la cathédrale. Sous une belle verrière, on admire les arches gothiques tout en buvant sa *cup of tea*. Parfait aussi pour un *light lunch*.

Les meilleurs pubs pour passer une soirée à rencontrer les habitant(e)s, en dehors de ceux cités plus haut : ***The Cloisters,*** Catherine St ; ***The Pheasant Inn*** (belle déco), Salt Lane ; ***Cosy Club*** (étonnant) et ***The New Inn,*** New St, près de la cathédrale.

À voir

Salisbury Cathedral *(plan B3) : • salisburycathedral.org.uk • Tlj 9h-17h (12h-16h dim). Don bienvenu 7,50 £.*

Face à l'entrée, à l'intérieur, une maquette de la cathédrale qui vous montre parfaitement les différentes étapes de sa construction. Fichée dans un cadre majestueux et rendue célèbre par les toiles de Constable, c'est la seule cathédrale d'Angleterre qui fut construite d'un seul élan (de 1220 à 1258), en gothique « *early English* », ce qui se traduit par une exceptionnelle unité de style. La flèche, ajoutée au XIVe s, est la plus haute du pays (123 m). Le soir, elle prend des teintes ocre. Pour avoir une jolie vue sur la cathédrale, il est conseillé de s'en approcher par *Saint Ann's Gate*. La façade ouest, flanquée de deux tours d'angle, est décorée de cinq étages de statues restaurées au XIXe s.

– On entre par le magnifique ***cloître,*** dont les voûtes d'ogive des galeries sont décorées de clefs figurant des sirènes et des dragons. À l'opposé, on pénètre dans la ***salle capitulaire*** *(Chapter House)* tapissée de vitraux, réelle splendeur architecturale de forme octogonale à la voûte en ombrelle s'épanouissant à partir d'une fine colonnade de marbre. Par-dessus les arcades se déroule une frise sculptée narrant des épisodes de l'Ancien Testament : la Genèse, l'Exode et la tour de Babel. Dans une vitrine est exposé un des quatre exemplaires connus de *la Magna Carta,* la Grande Charte, base du droit anglais, concédée par Jean sans Terre en 1215. Ce texte contient, entre autres, l'*Habeas Corpus,* règle selon laquelle « aucun homme ne saurait être emprisonné sans être jugé et condamné selon la loi du pays ».

– L'intérieur de la ***nef*** est d'une élégance austère. Le dessin général est celui d'une croix de Lorraine avec une paire de doubles transepts. À gauche, dans le bas-côté nord, la plus ancienne horloge mécanique en état de marche du monde (1386), sans cadran mais qui sonne à l'heure pile. À la croisée du transept, on peut constater la courbure des colonnes, pas assez fortes pour supporter l'ajout des 6 500 t de la tour et de la flèche : il a fallu compenser en construisant des arcs-boutants dans les galeries supérieures et des arches croisées de soutien dans le transept. Au sol, on peut voir une plaque de cuivre qui marque les 75 cm d'écartement de la tour vers le sud-ouest. Dans le bas-côté du transept nord, un impressionnant coffre en demi-cercle du XIIIe s qui servait à ranger les vêtements ecclésiastiques, sans les froisser.

– ***Le chœur*** abrite 106 stalles d'origine et, dans le second transept nord, une pierre de cristal tournante entourée des restes du jubé médiéval, remise à la cathédrale par Laurence Whistler en mémoire de son frère tué en 1944 sur les plages de Normandie. Dans le bas-côté gauche, le gisant décharné du chapelain d'Henri VIII. Dans l'*arrière-chœur,* la chapelle de la Trinité avec une belle *madone* de bois du XIVe s. Entre les deux transepts sud, le tombeau de Sir Richard Mompesson et de sa femme, repeint d'après les couleurs d'origine. D'autres gisants dans le bas-côté droit de la nef : celui de William Longespée dans une belle armure de cotte de mailles et le cénotaphe de l'évêque Osmund, devenu saint en 1457, dans lequel on a percé des ouvertures pour permettre aux malades de se glisser pour être plus près des précieuses reliques. Signe de la prédominance des familles normandes, beaucoup de ces gisants portent des noms français.

– Si le cœur vous en dit, 360 marches vous attendent pour grimper à la base de la ***flèche,*** d'où l'on voit *Old Sarum* (site original de la ville de Salisbury).

The Close *(plan A2-3)* **:** autour de la cathédrale, plusieurs centres d'intérêt :

– ***Salisbury and South Wiltshire Museum :*** *The King's House, 65 The Close. ☎ 33-21-51. • salisburymuseum.org.uk • Lun-sam 10h-17h ; dim slt de mi-avr à oct 12h-17h. Entrée (valable 1 an) : 8 £ ; réduc.* Maison médiévale de brique et de silex, où Jacques Ier avait ses habitudes. Excellent petit musée historique et archéologique qui permet de remonter à la nuit des temps, avec une très intéressante section consacrée à Stonehenge, utile avant de découvrir le site. On apprend tout sur l'abandon d'*Old Sarum* et la fondation de Salisbury (ne pas manquer le tableau de Turner à ce sujet). Suite au drainage des anciens égouts sont réunis des objets usuels, témoins précieux pour illustrer la vie quotidienne sur plusieurs siècles. Entre autres curiosités, une météorite de 92 kg. À l'étage, une superbe série de vitrines avec des costumes de la région et la reconstitution d'un cabinet médical des années 1940.

– ***Redcoats in the Wardrobe :*** *58 The Close, West Walk. ☎ 41-94-19. • thewardrobe.org.uk • Lun-sam 10h-17h ; fermé déc-janv. Entrée : 5 £ ; réduc.* Musée militaire consacré aux « Tuniques rouges » (les soldats des régiments royaux du Berkshire et du Wiltshire). Fantassins présents sur tous les fronts, depuis les guerres anglo-américaines jusqu'à la Birmanie en 1945, en passant par l'Afghanistan, la Crimée, le Bengale, le Soudan, les campagnes contre les Zoulous, Pékin, les Flandres et l'Italie. Bref, un classique du genre avec de beaux uniformes, des armes, des souvenirs de campagnes, et même un chien-mascotte décoré comme survivant d'un combat contre les Pachtouns de la Khyber Pass.

– ***Mompesson House :*** *Chorister's Green. ☎ 33-56-59. • nationaltrust.org.uk/mompesson-house • De mi-mars à début nov, tlj sf jeu-ven 11h-17h. Entrée : env 6,50 £.* Hôtel de maître du XVIIIe s, représentatif de l'architecture « Queen Ann ». Décoration baroque, stucs, escalier monumental en chêne et collection imposante de verres d'époque. Joli jardin clos.

Medieval streets : entre The Close et la place du Marché, des rues piétonnes attachantes, aux maisons à pignons et colombages, rappelant par leurs noms les métiers anciens : bouchers, marchands de poisson ou orfèvres.

Queen Elizabeth Gardens *(plan A2)* **:** charmante promenade le long de la rivière.

Manifestation

– ***Salisbury International Arts Festival :*** *ts les ans, fin mai-début juin. Plus d'infos sur • salisburyfestival.co.uk • Billets d'accès en vente à l'office de tourisme.* La ville s'enflamme, feux d'artifice à l'appui, pour la musique, le théâtre, la photo, le cinéma, la danse, etc. Des thèmes sont développés chaque année autour d'invités.

DANS LES ENVIRONS DE SALISBURY

Wilton House : ***Wilton,*** *SP2 0BJ. ☎ 74-67-00. • wiltonhouse.co.uk • À 3 miles à l'est de Salisbury, sur l'A 30. Ouv quelques jours en avr ; mai-août, jeu-dim (plus sam pdt les vac scol) 11h30-17h. Entrée : 15 £ ; réduc. Parc paysager et ses grands cèdres : env 6,50 £.* Wilton House est une grande demeure classique, résidence du comte de Pembroke. Un de ses ancêtres employa des tisserands français, réfugiés huguenots. Intérieurs très richement meublés, coffres de voyage, collections de porcelaines, nombreux tableaux (Van Dyck, Bruegel...), collection de 200 nounours, une splendeur de train électrique et une mèche de cheveux de la reine Élisabeth Ire ! Les lieux ont servi de décor naturel à de nombreux films, comme *Raisons et Sentiments,* d'après Jane Austen, avec Emma Thompson, *The Madness of King George* ou encore *Mrs Brown.*

Old Sarum Castle : *SPI 3SD, à 2 miles au nord de Salisbury. ☎ 33-53-98. • english-heritage.org.uk/oldsarum • Bus nos 5X (5 le dim) ou 8. Avr-sept, tlj 10h-18h (17h oct, 16h nov-mars). Entrée : env 5 £ ; réduc.* C'était une colonie celte à l'âge du fer, époque à laquelle les fossés furent creusés, avant l'arrivée des Romains, qui installèrent un bourg à l'intersection des routes de Bath à Winchester et de Dorchester à Londres. Après leur départ, *Old Sarum* végéta avec les rois saxons jusqu'à la conquête normande, durant laquelle Guillaume le Conquérant fit construire un château et une cathédrale. À peine achevée, cette dernière fut détruite par la foudre. On en rebâtit une nouvelle. Mais des conflits éclatèrent entre clergé et garnison. Mal abrité et manquant d'eau, le site fut abandonné à partir de 1220 au profit de Salisbury, où la nouvelle cathédrale draina les populations. Pillée pour ses pierres qui servirent à la construction de The Close, la colline fut laissée au vent et aux corbeaux pendant 6 siècles. Seules des reconstitutions historiques autour des minces ruines du château et de la cathédrale *(mai-sept)* lui rendent un semblant de vie.

STONEHENGE

Site préhistorique classé au Patrimoine mondial de l'humanité par l'Unesco, ce mystérieux cercle de pierres bleues géantes, les *sarsens,* venues des Preseli Hills, au sud du pays de Galles, est une énigme archéologique qui, au même titre que les pyramides d'Égypte ou les statues de l'île de Pâques, aura fait couler beaucoup d'encre. *Stonehenge* se traduit par « pierre suspendue », mais sa signification réelle a toujours exalté l'imagination des peintres, des écrivains et des ésotéristes et mystiques de tout poil.
Cependant, autant vous prévenir : Stonehenge attire les foules. La ruée vers les pierres, l'exploitation très organisée du site (et heureusement, puisqu'il faut bien le préserver) et les contraintes de visite ôtent au lieu son aura mystérieuse et gâchent un peu le plaisir à l'arrivée. Cela dit, le nombre de visiteurs étant désormais limité, une fois devant les pierres, le charme continue à opérer. Sauf exception, vous ne pourrez circuler à l'intérieur des cercles de pierres.

UN PEU D'HISTOIRE

Cet alignement de mégalithes était probablement lié à l'observation de la course du soleil dans le ciel et du cycle des saisons, et aurait pu servir ainsi de calendrier. Un bloc indique le point de l'horizon où le soleil se lève lors du solstice d'été, tandis que des pierres plus petites, situées au sud-est, désignent le lieu du lever du soleil au moment du solstice d'hiver. À la première époque, la région était peuplée de chasseurs nomades et de quelques tribus de pasteurs sédentarisés. La phase initiale consista à creuser un fossé circulaire de 91 m de diamètre, bordé à l'intérieur d'un remblai de craie et matérialisé par 56 trous. Au nord-est, le remblai était interrompu pour permettre

L'ANACHRONISME D'OBÉLIX

En le faisant livreur de menhirs, Goscinny et Uderzo nous ont bien fait rigoler, mais ils ont créé une belle confusion dans nos esprits. Carnac ou Stonehenge datent du IIIe ou IVe millénaire avant notre ère, donc... bien avant l'arrivée des Gaulois. L'erreur remonte, en fait, au XIXe s. Avant cette époque, les historiens ne connaissaient pas l'existence de peuples antérieurs aux Gaulois. Donc, ce qui était très ancien était obligatoirement... gaulois !

une entrée marquée à l'intérieur par deux pierres verticales et à l'extérieur, vers la route, par la Heel Stone qui vient étendre son ombre au centre lors du lever du soleil le 21 juin. Au milieu, quatre blocs de grès furent plantés aux points cardinaux. L'enceinte fut utilisée comme lieu de culte et d'inhumation. Il fallut nécessairement, par la suite, une organisation sociale hiérarchisée pour permettre la mise sur pied d'une entreprise aussi complexe et acheminer 80 blocs de pierres bleues de 4 t depuis les collines du pays de Galles (à 250 km, c'est ce qu'affirmaient des chercheurs de Durham en 2015 !) et les dresser en double cercle au centre de l'enceinte. À la troisième phase, vers 1650 av. J.-C., on ajouta le cercle extérieur de trilithons de grès de 25 t (provenant d'un gisement distant de 18 miles), taillés sur le dessus en tenons de façon à pouvoir accueillir les mortaises creusées dans les lourds linteaux et former un anneau ininterrompu. À l'intérieur, cinq trilithons géants (de 45 t) coiffés de leur linteau massif furent disposés en fer à cheval. L'alignement des pierres bleues fut alors réagencé.

Quoi qu'il en soit, des blocs furent déplacés et on ne peut qu'émettre des hypothèses. La passion de l'astronomie était, par exemple, commune à beaucoup de peuplades antiques... Une chose est sûre en tout cas : il ne s'agit pas d'un monument druidique, les trois périodes de sa construction étant bien antérieures à l'arrivée des Celtes, au IIIe s avant notre ère.

Les guides du XIXe s contribuèrent largement à dégrader le site en prêtant de petits marteaux aux touristes pour se faire des souvenirs. On ne peut plus approcher les pierres aujourd'hui et on se balade à une vingtaine de mètres de distance (le circuit change régulièrement pour permettre à l'herbe de repousser). Rassemblement festif pour le solstice d'été (21 juin). Lieu quasi inaccessible à ce moment-là.

SOINS INTENSIFS

De nombreux archéologues en sont persuadés. Depuis 2 400 ans avant notre ère, les Celtes se rendaient à Stonehenge lors des solstices. D'après les dernières recherches et les squelettes retrouvés enterrés, souffrant de traumatismes, le lieu aurait été un important centre de guérison, au même titre que Lourdes aujourd'hui. En effet, les pierres bleutées ici présentes sont les mêmes que celles des sources d'eau miraculeuses.

Arriver – Quitter

Stonehenge se situe à 2 bons miles à l'ouest d'Amesbury et à 9 miles de Salisbury.

➢ ***Salisbury :*** bus *Stonehenge Tour* (à la gare, renseignements et billets à l'office de tourisme ou sur • *thestonehengetour.info* •). En voiture, quitter Salisbury par King Rd (et l'A 360) puis suivre le fléchage. Par Castle Rd (et l'A 345) jusqu'à Amesbury ; rejoindre ensuite l'A 303 au rond-point « Countess » (1re sortie) puis suivre le fléchage.

Infos utiles

Visite du site : ☎ *(0370) 333-11-81. • english-heritage.org.uk • Juin-août, tlj 9h-20h ; fin mars-mai et de sept à mi-oct, 9h30-19h ; de mi-oct à fin mars, 9h30-17h. Dernière entrée 2h avt fermeture ! Fermé 24-25 déc. ATTENTION, la résa est obligatoire, parfois plusieurs sem à l'avance en hte saison... Plus facile en basse saison pour le j. même ou le lendemain. Entrée : env 17 £ ; réduc et forfaits famille. Audioguide en français gratuit. Sur résa, possibilité de (rares) visites VIP avec accès aux cercles de pierre, se renseigner.*

Le site a été entièrement réaménagé en 2014. Une fois garé sur l'immense parking, on se dirige vers le bâtiment d'accueil, ultramoderne. Sur place, une boutique et une cafétéria, bien sûr, un espace muséographique donnant pas mal d'explications archéologiques et historiques (mais pas trop non plus !) et la reconstitution d'un village néolithique. Ensuite, il ne reste plus qu'à gagner le site en petit train (ou à pied si vous préférez). Les pierres de Stonehenge se situent à près de 2 km... au milieu de nulle part.

Pour ceux qui trouvent l'entrée sur le site un peu chère, sachez qu'on le voit très bien de la route. Sauf qu'il est interdit de s'arrêter ! On peut se garer à... 30 mn de marche, mais balade pas très sympa le long de la route.

Où camper ?

Stonehenge Touring Park : ***Orcheston,*** *SP3 4SH, près de Shrewton. ☎ (01980) 62-03-04. • stonehengetouringpark.com • À 3,6 miles au nord-ouest du site de Stonehenge sur l'A 360 ; suivre la direction « Devizes ». Résa conseillée. Compter 12-23 £ pour 2 avec tente.* Un vaste terrain arboré et bien tenu. Très fréquenté en saison en raison de sa situation. Village avec commerces à proximité.

DANS LES ENVIRONS DE STONEHENGE

Avebury Stone Circle : *à* ***Avebury,*** *SN8 1RD. ☎ (01672) 53-92-50. À env 22 miles au nord de Stonehenge, en direction de Swindon, au bord de l'A 4361. Accès possible en bus depuis Salisbury (infos à l'office de tourisme). Accès libre de l'aube au coucher du soleil. Parking payant.* Autre site important de mégalithes. Le village, mignon tout plein, se trouve encerclé par 11 ha de pierres et de terrassements datant de 1800 av. J.-C. Le plus grand alignement comportait 98 mégalithes, dont 27 ont subsisté. Étant donné l'étendue, il est difficile d'avoir une vue d'ensemble, d'autant qu'au XVIIIe s les habitants utilisèrent les pierres comme matériaux de construction. On apprécie néanmoins l'endroit, qui a su préserver un charme que Stonehenge n'a plus (même si le site d'Avebury est lui aussi très fréquenté en saison).

On peut reconstituer le puzzle en visitant le *musée Alexander-Kieller,* qui apporte tous les éléments d'information pour corréler ces observations avec les autres sites de la région : *tlj 10h-18h (16h fin oct-mars). Entrée : env 4,50 £.* On peut également visiter le ravissant manoir et ses jolis jardins : *de mi-fév à fin déc, tlj sf mer 11h-16h (17h avr-fin oct). Entrée : env 10 £ ; réduc. • nationaltrust.org.uk/avebury •*

Stourhead Gardens : *à* ***Stourton,*** *BA12 6QF. À 9 miles au nord-ouest de Shaftesbury. ☎ (01747) 84-11-52. • nationaltrust.org.uk/stourhead • Jardins tte l'année, tlj 9h-17h (18h avr-sept) ; maison ouv de mi-mars à début nov, 11h-16h30. Entrée : env 16 £ ; réduc.* À ne pas manquer pour les amateurs de jardins anglais. Un des sommets de l'art paysager, dû au talent d'un banquier du XVIIIe s, Henry Hoare. Inspiré par l'Antiquité classique et influencé par les tableaux de Nicolas Poussin et de Claude Lorrain, il composa avec patience une partition végétale et architecturale autour d'un lac triangulaire, alternant les essences rares et les frondaisons de couleurs juxtaposées, et les émaillant de ponts, de grottes, de temples, de fontaines et de statues judicieusement révélés au regard. Un vrai régal pour l'œil. La maison, de style palladien, abrite un beau mobilier chippendale (du nom de l'ébéniste britannique du XVIIIe s), des toiles de Poussin et des porcelaines.

THE WEST COUNTRY

Plus qu'une région officielle, le West Country est une entité historique qui regroupe quatre *counties* du sud-ouest de l'Angleterre : Dorset, Devon, Cornouailles et Somerset. Quel est le lien entre ces territoires à l'histoire et à la géographie si différentes ? Tout d'abord, ils correspondent à peu près à l'ancien Wessex, royaume du souverain saxon Alfred, dont vous avez d'ailleurs le bonjour. Ils sont réputés pour la relative douceur de leur climat et aussi pour les vents vivifiants qui soufflent le long de ces côtes déchiquetées où pirates et contrebandiers de l'ancien temps venaient dissimuler leur butin. Mais venir ici, c'est surtout l'occasion de découvrir une péninsule préservée des excès de la modernité, une culture ancrée à ses racines celtiques comme les églises à leur socle de granit.
À mesure que l'on s'enfonce vers la rugueuse pointe des Cornouailles, on observe la tradition britannique se diluer dans les mythes arthuriens et fondre de peur devant les légendes inquiétantes du Dartmoor. C'est à un vrai retour dans le temps que vous êtes convié : des plages du Dorset arpentées par les chasseurs de fossiles aux stations balnéaires *so British* du crémeux Devon, où plane encore l'ombre d'Agatha Christie, en passant par les accents païens des très celtiques Cornouailles et les collines verdoyantes du Somerset, les authentiques amoureux de la culture britannique ne seront pas au bout de leur surprise !
• *visitsouthwest.co.uk* •

LE DORSET

• Carte Le Sud et le Dorset *p. 73*

Dès que l'on quitte l'agglomération de Bournemouth, le vert se fait plus vert, la pente décline doucement vers la mer : c'est le pays des pommes qui donnent leurs couleurs aux joues des héroïnes de Thomas Hardy, romancier né à Dorchester. Il a d'ailleurs donné son nom au comté, le *Thomas Hardy country.* Les addicts ne manqueront pas de visiter sa maison natale et de monter au Hardy's monument, entre Dorchester et Abbotsbury. Il faut goûter

le cidre servi à la pression dans chaque pub, la crème *(clotted cream) et* les caramels (toffees). Mais le plus beau du Dorset se trouve sur la côte, entrecoupée de baies et de criques à l'architecture naturelle spectaculaire. Détour indispensable par the *Isle of Purbeck,* pas une île mais une péninsule réputée pour son marbre et ses plages.
On aborde alors le *Jurassic Coast path,* un spectaculaire sentier côtier classé au Patrimoine naturel par l'Unesco. Il démarre à Swanage, passe par Lulworth et ses paysages de falaises ébouriffants, puis par Lyme Regis, station balnéaire familiale, prisée des chasseurs de fossiles. Au final, cette région discrète et pas très grande, fréquentée de tout temps par les écrivains, se révèle bigrement attachante.

BOURNEMOUTH

187 500 hab. IND. TÉL. : 01202

Le « Monaco anglais », tant pour la douceur de son climat que pour son atmosphère ou ses salles de jeux. Sous l'ère victorienne, plus de 3 millions de pins furent plantés pour mêler aux odeurs marines les parfums résineux, considérés comme excellents pour la santé. Il faut reconnaître que ces superbes parcs dévalant un relief vallonné ne manquent pas de charme. Les touristes retraités et aisés s'y précipitent hors saison, et les familles investissent les 12 km de plage de sable dès que le soleil pointe son nez. Puis on passe du bingo au shopping, les deux activités majeures après la plage.

Adresse utile

🛈 ***Tourist Information :*** *Pier Approach, BH2 5AA. ☎ 45-17-34. • bournemouth.co.uk • Sur le front de mer. L'été, tlj 9h-18h (17h dim) ; sinon tlj 10h-16h.* Réserve chambres et billets de bus.

Où dormir ?

Bournemouth est cher et, malgré plus de 400 adresses d'hébergement, il est assez difficile de trouver un bon rapport qualité-prix, surtout en haute saison.

Bon marché (moins de 40 £ / 48 €)

🏠 ***Bournemouth Backpackers :*** *3 Frances Rd, BH1 3RY. ☎ 29-94-91. • bournemouthbackpackers.co.uk • Proche de la gare. Résa indispensable. Env 15 £/pers en dortoir de 4-6 lits et 32 £ en double privée. CB refusées. Parking.* 📶 La seule AJ (privée) de la ville. Une vingtaine de lits dans une maison édouardienne très simple. Chambres correctes et propres, comme les sanitaires. Cuisine et petite cour à l'arrière. Ambiance comme à la maison.

Prix moyens (moins de 80 £ / 96 €)

🏠 ***Amarillo :*** *52 Frances Rd, BH1 3SA. ☎ 55-38-84. • amarillohotel.co.uk • Du centre, prendre Christchurch Rd puis à gauche dans Derby Rd. Doubles 70-90 £ selon saison, petit déj continental compris (*full English breakfast *7,50 £).* 📶 Dans un quartier verdoyant et tranquille, une jolie maison victorienne où la déco mélange mobilier ancien et contemporain. Chambres pimpantes, fraîches et modernes, douillettes à souhait. Une excellente adresse, pleine de charme et de gentillesse, d'un rapport qualité-prix exceptionnel pour cette ville. Notre coup de cœur, assurément !

🏠 ***Cransley :*** *11 Knyveton Rd, BH1 3QG. ☎ 29-00-67. • cransley.co.uk •*

Du centre, prendre Christchurch Rd puis Annerley Rd à gauche. Doubles env 60 £ (2 nuits min). Parking. Accueillante maison décorée avec soin. Ambiance différente dans chaque chambre, tantôt contemporaine épurée, tantôt romantique et fleurie. Une jolie adresse, douce, reposante et délicate.

The Blue Palms Hotel : *26 Tregonwell Rd, West Cliff, BH2 5NS. ☎ 55-49-68. • bluepalmshotel.com • À 5 mn des plages et du centre. L'été, 3 nuits min exigées. Doubles 75-100 £ selon confort, petit déj compris. Parking.* Le propriétaire est dingue de la belle Marilyn. Elle est partout et sous toutes les formes ! Quelques chambres sont épargnées pour laisser la place à d'autres stars hollywoodiennes. Tout ça est bien plaisant et ne manque pas d'humour, tout comme l'accueil d'ailleurs.

Où manger ?

Prix moyens (10-20 £ / 12-24 €)

The Goat and Tricycle : *27-29 Westhill Rd, BH2 5PF. ☎ 31-42-20. Rue donnant dans Poole Hill. Tlj 12h-21h. Plats 6-12 £.* Un vrai pub de quartier pour une immersion sans fard dans la vie locale. Salon avec bouquins et bibelots divers, billard en contrebas et écran géant pour les soirs de matchs. Cuisine de pub classique mais plutôt réussie.

Wagamama : *31-32 Westover Rd. ☎ 29-68-50. Tlj 12h-23h (22h dim). Plats 8-12 £.* Restaurant de chaîne bien rodé, où l'on s'installe autour de grandes tables pour partager une cuisine d'inspiration japonaise.

Plus chic (plus de 20 £ / 24 €)

Westbeach Restaurant : *Pier Approach, sur le front de mer. ☎ 58-77-85. Tlj. Plats env 9-28 £. Musique live (jazz) dernier jeu du mois.* Cuisine tendance allégée, joliment mise en scène dans les assiettes. On vient ici pour le poisson et les fruits de mer, mais aussi pour cette belle salle contemporaine et vitrée qui se prolonge par une terrasse en bord de mer. Le soir, les bougies se chargent d'ajouter un peu de magie au lieu. Belle adresse.

À voir. À faire

Russell-Cotes Art Gallery and Museum : *☎ 45-18-58. • russellcotes.com • Mar-dim 10h-17h. Entrée : env 6 £.* Sur la promenade d'East Cliff surplombant la mer, ce bâtiment somptueux et excentrique possède des plafonds peints très colorés, de jolis vitraux et des ornements de métal forgé. Collections d'art contemporain, expos temporaires et animations diverses.

– ***Surf :*** rendez-vous sur le premier récif artificiel d'Europe ; plus de 1 ha de superficie, à 225 m de la côte, à l'est de Boscombe Pier. Une droite émerge, classée type 5. À vos planches !

POOLE

154 700 hab. IND. TÉL. : 01202

Port de plaisance qui voit aussi débarquer les ferries venus de Cherbourg et de Saint-Malo. C'est l'une des plus vastes baies d'Europe avec, au beau milieu, *Brownsea Island,* réserve d'oiseaux et lieu du premier camp scout organisé par Baden Powell en 1907. Les quais avec leurs yachts

gigantesques, les vieux entrepôts réhabilités et l'activité du port méritent d'y passer un moment. Entre nous, une ville qui nous a plus séduits que sa voisine Bournemouth.

Arriver – Quitter

En ferry

➢ ***Cherbourg :*** 1 liaison/j. avec *Brittany Ferries.* Durée : 4h15.
➢ ***Saint-Malo :*** départs réguliers en saison (slt 2-3/sem hors saison) avec *Condor Ferries,* via Jersey ou Guernesey. Durée : à partir de 5h30. Attention : arrivées parfois tardives.
➢ ***Sandbanks*** (l'extrémité ouest du port, une presqu'île) *:* liaisons régulières avec *Blue Line Cruises.*
➢ ***Brownsea Island :*** liaisons fréquentes avec *Brownsea Island Ferries* et *Greenslade Pleasure Boats.*
➢ ***Purbeck Island :*** un petit ferry à chaînes relie *Sandbanks* à *Studland.*

En train et bus

Gare ferroviaire : *Holes Bay Rd.* ☎ *(08457) 48-49-50.*
➢ ***London Waterloo :*** 3 trains/h avec *National Rail Enquiries,* trajet : 2h. Sinon, 5 bus/j. avec la compagnie *low-cost Megabus.*
➢ ***Southampton :*** 3 trains/h, trajet : env 1h.

Adresse utile

Tourism Information : *4 High St (dans le musée).* ☎ *26-26-00.* • *pooletourism.com* • *Lun-sam 10h-17h ; dim 12h-14h.*

Où dormir ? Où manger ? Où boire un verre ?

Birchwood Tourist Park : *North Trigon,* ***Wareham,*** *BH20 7PA.* ☎ *(01929) 55-47-63.* • *birchwoodtouristpark.co.uk* • *Aller vers Dorchester par l'A 35, sortir à Wareham, puis direction Bere Regis. Env 18-34 £ pour 2 selon saison.* Grand terrain sans ombrage mais tranquille, entouré d'une belle végétation. Épicerie, laverie, jeux pour enfants, location de vélos...

The Old Townhouse : *7 High St, BH15 1AB.* ☎ *67-09-50.* • *theoldtownhouse.co.uk* • *Proche des quais, en face du* Tourism Information. *Double 95 £.* Idéalement situé à deux pas des quais, ce qui semble justifier un prix relativement élevé au regard de la petitesse des chambres. Elles restent néanmoins plaisantes, dans un style anglais classique.

The Antelope : *8 High St.* ☎ *67-20-29. Plats 5-15 £.* Ancienne auberge de relais, ce pub sert depuis plus de 500 ans de repaire aux gens du coin. *Pub food* assez banale, mais pour boire une bonne *ale*, c'est parfait ! Jolie terrasse à l'arrière.

À voir

Poole Museum : *4 High St.* ☎ *26-26-00. Tlj 10h (12h dim)-17h. GRATUIT.* L'histoire de la ville à travers son activité marchande, ses pêcheurs, ses pirates et ses contrebandiers. Évocation du mouvement scout.

Compton Acres Gardens : *164 Canford Cliffs Rd.* ☎ *70-07-78.* • *comptonacres.co.uk* • *Entre Bournemouth et Poole, direction Sandbanks. Tlj 10h-18h (16h nov-Pâques). Entrée : env 8,50 £ ; réduc.* Superbe jardin qui comprend sept sections distinctes : jardins japonais, italien, romain, anglais, de rocaille, de bruyère et palmeraie. Il passe pour être un des plus beaux d'Europe. Possibilité de manger au très agréable *Café Colonial.*

SWANAGE

10 400 hab. IND. TÉL. : 01929

L'alternative gagnante à la foule de Bournemouth. Station balnéaire de taille modeste, elle n'en possède pas moins une agréable anse de sable blond bien orientée au soleil. On pratique la plongée dans les eaux du port. Au nord, au-delà d'une série de falaises de craie blanche, l'arc immense des dunes de la baie de Studland, fréquentée par des myriades d'oiseaux nicheurs. Au sud et à l'ouest, une succession ininterrompue de falaises et de criques qui annoncent la *Jurassic Coast,* cette portion de littoral qui court jusqu'à Exmouth, classée au Patrimoine mondial naturel par l'Unesco.

Arriver – Quitter

➢ ***En bus :*** nombreuses liaisons avec la péninsule de ***Purbeck, Lulworth, Corfe Castle, Wareham...***

➢ Un ***train touristique à vapeur*** traverse la campagne du Dorset vers ***Corfe Castle.*** *☎ 42-58-00. • swanagerailway.co.uk • Env 20 mn de trajet. Billet : 12,50 £/pers ; réduc.* Chouette balade en perspective si le soleil est de la partie.

Un petit ***ferry à chaînes*** relie *Sandbanks* à *Studland.*

– *The Isle of Purbeck* est également accessible ***en voiture,*** en contournant Poole par l'ouest.

Adresse utile

Tourist Information Centre : *The White House, Shore Rd. ☎ 42-28-85. • swanage.gov.uk • Dans un cottage au bord de la plage. Tlj 10h-17h. Fermé dim hors saison.*

Où dormir ? Où manger ? Où boire un verre ?

Bon marché

Youth Hostel : *Cluny Crescent, BH19 2BS. ☎ 0345-371-93-46. À partir de 10-15 £/lit en dortoir, 29 £ en double. Réception à partir de 17h.* Vénérable maison victorienne surplombant le port, à 500 m de l'arrivée des trains et des bus. Une centaine de lits, la plupart en dortoirs. Cuisine, laverie, salle de jeux et TV. Très fréquenté par les groupes scolaires.

Swanage Auberge : *45 High St, BH19 2LT. ☎ 42-43-68. 077-11-11-76-68. • swanageauberge.co.uk • Env 20 £/pers. Parking possible.* AJ privée au confort sommaire, située en plein centre. Pas de chambres doubles, seulement des dortoirs de 4 et 6 lits. Sanitaires neufs au sous-sol. Cuisine et laverie à dispo.

The Fish Plaice : *14, The Square, sur le quai. ☎ 42-36-68. Tlj. Moins de 10 £.* Faites comme tout le monde, au soleil ou sous la pluie, à midi ou à minuit (enfin... 20h30 max), commandez ici votre *fish & chips* et allez le déguster sur le quai. Sympa au coucher de soleil. Frites et poissons plébiscités par les locaux.

Tawny's Wine Bar : *52 High St. ☎ 42-27-81. Ouv mer-sam soir et ven-sam midi. Plats env 5-15 £.* Cadre chaleureux pour ce resto à tendance italienne et végétarienne, qui fait appel à de bons produits locaux. Choix de vins au verre. Très bon accueil.

De prix moyens à chic

Buddies B & B : *75 Kings Rd West, BH19 1HJ. ☎ 42-33-19. ● buddies-b-and-b.co.uk ● Doubles 50-70 £ ; familiales. Parking gratuit.* À 400 m du bord de mer, dans le centre, un *B & B* sans prétention avec ses 3 chambres correctes, *en-suite* ou non, un peu bricolées parfois. Mais bon, les tarifs sont honnêtes et surtout l'accueil extra. Petit déj animé autour d'une table commune. L'été, maison à louer en entier. Un repaire pour plongeurs et amateurs de convivialité.

The Manor House : *Manor Rd, Studland, BH19 3AU. ☎ 45-02-88. ● thepighotel.com ● À 2,5 miles, au départ des balades avant le parking de Middle Beach. Résa conseillée. Plats 10-25 £.* On aimerait vous parler des chambres et des roulottes de luxe dans ce manoir devenu boutique-hôtel, construit au XIXe s par un papa de... 14 filles (et pas de garçons). Mais c'est le menu bio, nettement plus abordable, que l'on suggère avant tout. Les produits sont locaux (25 miles maximum), voire issus du potager maison (à visiter absolument !). Le site est à couper le souffle et les animaux de la ferme sympas pour les enfants. Bref, tout l'avantage d'une propriété gérée par le National Trust, mais sans en payer l'entrée ! Un coup de cœur.

DANS LES ENVIRONS DE SWANAGE

Wareham : *à 11 miles au nord-ouest par l'A 351.* Capitale de la péninsule, le village de Wareham se tient peinard sur la Frome River, au fond de la baie de Poole Harbour. T. E. Lawrence, le fameux Lawrence d'Arabie, vécut dans un cottage à Cloud's Hill, à 6 miles au nord de Wareham ; visite possible.

Studland Bay : *au nord de Swanage.* À 2,5 miles, possibilité de se garer au parking (payant, National Trust oblige !) de Middle Beach, préférable à celui de South Beach. De là, balade sympa de 1,5 mile jusqu'à Old Harry Rocks et ses belles falaises de craie marquant la pointe nord de la baie de Swanage. Sinon, du parking, descendre sur la longue plage bordée de cabines. Un lieu hautement stratégique militairement, où eurent lieu les répétitions pour le Débarquement de 1944.

Corfe Castle : *au milieu de l'adorable village de* ***Corfe,*** *accès via l'A 351, à quelques miles à l'ouest. ☎ 48-12-94. ● nationaltrust.org.uk/corfe-castle/ ● Liaisons aisées en bus et train à vapeur depuis Swanage. Tlj : mars et oct 10h-17h ; avr-sept 10h-18h ; nov-fév 10h-16h. Entrée : 9 £.* Les ruines du château émergent spectaculairement d'un éperon rocheux depuis le XIe s. En 987, le roi Édouard y fut assassiné à l'âge de 17 ans, d'un coup de poignard dans le dos porté par sa belle-mère pendant qu'il dégustait un verre de vin ! Il fut canonisé sous le nom de saint Édouard, roi et martyr. Du haut du donjon, vue magnifique. Profitez de votre passage pour visiter le village bien préservé de Church Knowles et celui de Corfe, non moins ravissant.

En contrebas du château, petit *visitor centre* avec **tearoom.** *☎ 48-13-32. Mêmes horaires que le château.* Délicieux salon de thé qui propose le fameux *Dorset cream tea* et de savoureux gâteaux maison.

LULWORTH COVE

900 hab. IND. TÉL. : 01929

À 15 miles de Swanage ou Weymouth, pas vraiment un village, mais un ensemble de sites littoraux spectaculaires façonnés par la mer et le vent, parmi les plus beaux de la côte anglaise. Le bord de mer est composé de

cinq variétés de roche, certaines datant de plus de 140 millions d'années. La route conduit infailliblement à l'immense parking payant (et cher) de Lulworth Cove. De là, l'endroit se prête à de belles balades sur le sentier longeant les falaises. Autre possibilité : prendre à droite avant de parvenir à Lulworth Cove et aller se garer au parking de Durdle Door. Un secteur très prisé en été et franchement encombré, mais superbe le reste de l'année.

Adresse utile

Lulworth Cove Visitor Centre : *au parking de West Lulworth, BH20 5PU. ☎ 40-05-87. • lulworth.com • Tlj 10h-16h ou 17h.* Itinéraires de promenades et petite expo pour comprendre les phénomènes géologiques et physiques qui ont contribué à l'érosion du rivage et de la baie.

Où dormir ?

Durdle Door Holiday Park : *Lulworth Cove, au parking de Durdle Door. ☎ 40-02-00. • lulworth.com/stay/durdle-door-holiday-park • Mars-oct. Compter 16-42 £ par famille de 4 en tente.* Vaste camping sur la falaise surplombant l'arche, à 5 mn en voiture du hameau de Lulworth Cove. Nombreux emplacements et *pods* sous les pins. Pas intime du tout mais plaisant, confortable, et une situation idéale pour les balades. Snack-bar, supérette, aire de jeux.

YHA Lulworth Cove : *School Lane, West Lulworth. ☎ 40-05-64. • yha.org.uk/hostel/lulworth-cove • Au hameau même. Réception 8h-10h et 17h-22h30. Résa conseillée. À partir de 10-20 £/pers.* Dans un modeste préfabriqué entouré de prés à moutons. Une trentaine de lits en dortoir de 4 ou 5. Cuisine et laverie. Possibilité de prendre un repas sur place et de camper.

– Bars et restaurants à Lulworth Cove, mais vite pleins en été.

À voir. À faire dans le coin

Depuis le parking de West Lulworth, un petit détour par le ***Heritage Centre,*** puis grimper 200 m au-dessus sur la falaise pour découvrir ***Stair Hole*** et ses 3 arches successives. De là, vue sur la crique de Lulworth (la fameuse ***Cove***) en forme parfaite de fer à cheval. La couleur de la mer quand pointe le soleil, la plage de galets et la majesté du site revêtent presque des airs d'île grecque.

Du même parking, bonne grimpette de 30-45 mn aller, soit 1,5 km (ou bien gagner le parking de Durdle, à 2 km de là, la balade à pied ne prenant alors plus que 15 mn) pour rejoindre l'autre site emblématique du coin, ***Durdle Door.*** Cette arche naturelle bordée de 2 plages de sable s'inscrit parmi des falaises assez vertigineuses. Quand on parlait de Grèce...

Lulworth Castle and Park : *à 3 miles au nord, par la B 3070. ☎ 40-03-52. • lulworth.com • Tte l'année 10h30-17h (16h nov-mars) ; fermé sam. Entrée : env 6 £ en plus du parking payant.* Imposant château du XVIIe s encadré de tours crénelées et qui conserve sa façade d'origine (1604). On peut visiter *Saint Mary's Chapel,* une des premières chapelles catholiques construites après la Réforme anglaise. Aux beaux jours, grand parc arboré et animations.

Tyneham : *à 6 miles à l'est par la B 3070 (BH20 5DE).* Ce village fut réquisitionné en 1943 pour des besoins militaires et évacué temporairement en seulement 28 jours. Mais les habitants ne purent jamais y retourner et aujourd'hui le bourg compte... zéro habitant. Un village fantôme autrement dit. Drôle d'impression quand on le visite. Mais vérifier avant les jours d'accès car on est en pleine zone d'entraînement militaire.

WEYMOUTH

54 500 hab. IND. TÉL. : 01305

À 15 miles à l'est de Lulworth, vaste et populaire station balnéaire, étalée au bord d'une très longue plage de sable en forme de croissant, bordée d'une promenade. Aux attractions familiales et machines à sous de bord de mer, on préfère le charmant petit quartier historique autour du port. On peut aussi opter pour une excursion sur la presqu'île attenante de Portland, plus sauvage.
• *weymouth.co.uk* •

Où dormir ?

■ ***Harbour Lights Guesthouse :*** *20 Buxton Rd, DT4 9PJ. ☎ 78-32-73. • harbourlightsguesthouse.com • Fermé déc-fév. Doubles 75-85 £.* Maison victorienne comptant une dizaine de chambres élégantes et fort bien tenues. Vue sur le port de Portland ou le jardin à l'arrière. Accueil agréable.

■ ***B & B Cavendish House :*** *6 The Esplanade, DT4 8EA. ☎ 78-20-39. • cavendishhouseweymouth.co.uk • Doubles env 80-100 £.* Maison georgienne en face de la baie, au milieu d'une rangée de dizaines de *B & B* (s'adresser aux voisins si tout est complet !). Adresse familiale au bon rapport qualité-prix.

Où manger ?

|●| ***Seagull Café :*** *10 Trinity St. ☎ 78-47-82. Sur le vieux port. Midi et soir sf lun-mar.* Fameux *fish & chips* à déguster sur place ou à emporter.

|●| ***Galley Bar & Bistro :*** *Hope Sq. ☎ 78-40-59. Plats 4-11 £ le midi, 12-20 £ le soir.* Cadre chaleureux, murs en brique, jolie déco marine et bougies le soir. Excellent poisson mais aussi quelques spécialités de viande. Un rapport qualité-prix avantageux.

|●| ***Mallam's :*** *5 Trinity Rd. ☎ 77-67-57. Ouv le soir dès 18h. Plats env 10-25 £.* Élégance et belle vaisselle pour une utilisation judicieuse et imaginative des produits de la mer. Variété de spécialités british : agneau, bœuf et lapin.

À voir

★ ***Brewers Quay :*** *Hope Sq, Old Harbour Rd. ☎ 77-77-22.* Dans une ancienne brasserie du XIXᵉ s, boutiques de souvenirs, pub et attractions.

★ ***Portland Island :*** *reliée à Weymouth par un étonnant cordon naturel en galets, qui se prolonge sur 18 miles à l'ouest jusqu'à Bridport.* Appelée par Thomas Hardy « la Gibraltar du Wessex », elle fournissait jadis une pierre de qualité qui fut utilisée notamment pour la cathédrale Saint-Paul de Londres. L'ancienne carrière est devenue un *Sculpture Park,* ouvert aux artistes du monde entier. On peut aussi y visiter le château fort datant d'Henri VIII, un musée dans le bourg de Church Ope Cove et le phare de Portland Bill, tout à l'extrémité. Sur l'île, plusieurs pubs et restaurants.

DORCHESTER

19 000 hab. IND. TÉL. : 01305

« Sous-préfecture » assoupie, à 6 miles au nord de Weymouth, sans grand intérêt il faut bien l'avouer. Le style architectural de la ville a subi de nombreuses influences, depuis les Romains jusqu'au récent quartier commercial de Brewer Square. Le prince Charles en personne a quant à lui « inventé » l'étonnant quartier de *Pounbury* à proximité, afin de reconstituer un village traditionnel en utilisant des matériaux locaux.

Adresse utile

Tourist Information : *South Walks House, Charles St, DT1 1EE. ☎ 26-79-92. • visit-dorset.com • Dans la bibliothèque, un peu à l'écart du centre. Lun-sam.*

Où dormir ? Où manger ? Où boire un verre ?

The Casterbridge : *49 High East St, DT1 1HU. ☎ 26-40-43. • thecasterbridge.co.uk • Doubles 79-130 £. Parking.* Accueillant hôtel de centre-ville tenu par une chaleureuse famille. Chambres tout confort à la déco fleurie, surannée et soignée comme dans un vieux roman. Jolies véranda et courette à l'arrière pour prendre un petit déj appétissant.

The Horse with the Red Umbrella : *10 High West St. ☎ 26-20-19. Lun-sam 7h-16h30. Bon petit déj, snack ou goûter env 5-10 £. CB refusées.* Excellent salon de thé et petite boutique de produits locaux. *Full English breakfast* le matin, sandwichs frais, *steak pies,* quiches et ragoûts le midi. Tout est *homemade* ! Atmosphère cosy et accueil adorable.

Potter's café : *19 Durngate St, DT1 1JP. ☎ 26-03-12. Lun-sam 9h30-16h, dim 10h-14h30. Plats 7-10 £.* Intérieur assez rustique derrière une devanture noire immaculée, dans une petite rue peu passante du centre-ville. On y sert des plats simples parfaits pour le midi, des *cakes* et un vrai café pour l'après-midi. Tranquille jardin pour les beaux jours et feu dans la cheminée pour les autres. C'est la cantine des ladies de Dorchester.

À voir

Dorset County Museum : *High West St. ☎ 26-27-35. • dorsetcountymuseum.org • Ouv lun-sam 10h-17h (16h en hiver). Entrée : env 7 £ ; réduc.* Le bâtiment vaut à lui seul le détour pour sa superbe galerie victorienne abritant des mosaïques romaines (trouvées dans l'ancienne ville de Dorchester alors appelée Durnovaria). Voir aussi le bureau de Thomas Hardy (célèbre écrivain originaire du Dorset), l'évocation du poète William Barnes (1801-1886) et d'autres personnalités liées au comté. D'autres salles, modernes et lumineuses sont consacrées à l'archéologie et à la géologie de la région. Sympa un jour de pluie.

The Roman Town House : *à 10 mn à pied du musée. Accès libre.* Des vestiges d'habitations romaines ainsi que des mosaïques protégées par des abris.

Dorchester abrite quatre musées thématiques appartenant à une même compagnie privée. On les mentionne mais sans réelle conviction car ils sont petits, à l'ancienne et restent assez chers. Bref, il y a largement mieux dans le Dorset, même les jours de pluie ! Il s'agit de ***Teddy Bear Museum,*** consacré aux ours en peluche ; ***Tutankhamun Exhibition,*** une réplique du tombeau du pharaon et une expo sur les momies ; ***Terracota Warriors,*** une évocation des célèbres guerriers chinois ; ***The Dinosaur Museum,*** où l'on remonte encore dans le temps.

DANS LES ENVIRONS DE DORCHESTER

Pour découvrir de vos yeux ébahis le colosse (60 m de long), dessiné dans la craie d'une colline, il faut se rendre à ***Cerne Abbas*** (sur l'A 352, à 12 miles au nord de Dorchester). Il est ithyphallique comme on dit, à vous de juger... Le géant serait Baal, Hercule, ou plus probablement le dieu celte Cernunnos.

Sherborne Castle : *à 15 miles au nord de Dorchester par l'A 352, près de la cité de Sherborne, riche en constructions médiévales, dont une magnifique église abbatiale, DT9 5NR. ☎ 81-20-72. • sherbornecastle.com • Avr-oct, 11h-16h30 (sf lun et ven), 14h-16h pour l'intérieur du château le sam. Entrée : 12 £. Jardins seuls : 6,50 £.* Construite en 1594 pour sir Walter Raleigh, un illustre marin, cette résidence de prestige fut érigée sur les rives de la rivière Yeo, en face des ruines d'une forteresse normande, puis embellie par sir John Digby dont les descendants actuels ont hérité. À l'intérieur, mobilier et collections d'art splendides. Le parc, avec lac, cascades et orangerie, fut aménagé par le maître jardinier de l'époque, Capability Brown.

Sur la jolie route côtière allant de Weymouth (via Chickerell) à Bridport (le lieu de tournage de la série *Broadchurch !*), on traverse ***Abbotsbury,*** petit village de carte postale aux maisons de pierre ocre et toits de chaume. Aux abords de la lagune intérieure provoquée par un banc de galets (Chesil Bank), on peut y visiter la ***Swannery,*** un élevage de cygnes *(DT3 4JG). ☎ 87-18-58. • abbotsbury-tourism.co.uk • De mi-mars à oct, tlj 10h-17h. Entrée : 12,50 £ ; réduc (sur Internet notamment).* Jardin sub-tropical pas très loin qui connaît tout autant de succès.

LYME REGIS

4 700 hab. IND. TÉL. : 01297

Port et station balnéaire, assez fréquenté par les familles et pourtant intime, coincé entre des falaises vertigineuses à l'extrémité ouest du Dorset, Lyme Regis est un endroit attachant où flottent un petit parfum Regency et un charme authentique. L'abondance de fossiles, le long des falaises de *East Cliff beach* et *Monmouth beach,* attire à marée basse de nombreux collectionneurs. Attention à rester éloigné de la falaise. La côte de Lyme Bay se prête aussi à de merveilleuses balades sur les sentiers balisés de la *Jurassic Coast,* notamment le *Gun Cliff Walk,* qui longe la mer depuis Marine Parade vers l'est, offrant de superbes panoramas. Une étape à ne pas manquer.

UN ÉCLAIR DE GÉNIE

C'est sur les plages de Lyme Regis que Mary Anning (1799-1847), une gamine de 12 ans sans éducation, mit au jour un squelette entier d'ichtyosaure, puis plus tard un plésiosaure. La contribution de cette chercheuse de fossiles à la paléontologie est considérable et lui valut d'être nommée membre honoraire de la Société géologique britannique. Une « carrière » fulgurante pour celle qui avait survécu miraculeusement à la foudre à l'âge de 15 mois.

THE WEST COUNTRY

Adresses utiles

Tourist Information : *Guildhall Cottage, Church St. ☎ 44-21-38. • visitdorset.com • Lun-sam plus dim avr-oct.* En saison, visites guidées (payantes) de la ville, le long de la rivière Cobb ou sur les sentiers côtiers, ainsi que des *fossil walks* et des balades littéraires.

Gare ferroviaire : *la plus proche est à Axminster. ☎ (08457) 48-49-50.* Trains directs avec Exeter, 2 changements avec Londres.

Également un bus (ligne X 53) entre Lyme Regis et Weymouth le long de la côte. Pas rapide mais très beaux points de vue. *Ticket à la journée possible.*

Où dormir ?

Hook Farm Campsite : *Gore Lane, Uplyme, DT7 3UU. ☎ 44-28-01. • hookfarm-uplyme.co.uk • À 1 mile au nord-ouest et 40 mn de marche de la ville, le long de la rivière. Mars-oct. Empl. 10-25 £ pour 2-3 pers.* Dans un environnement vallonné et arboré, des emplacements sur plusieurs étages. Un camping sympa comme tout !

Old Lyme Guesthouse : *29 Coombe St, DT7 3PP. ☎ 44-29-29. • oldlymeguesthouse.co.uk • Au cœur du centre historique, à côté du* Dinosaurland Fossil World. *Doubles 80-95 £. Parking gratuit.* Dans une maison du XVIIe s, 5 chambres (dont une familiale) rénovées, à la jolie déco british. Piscine.

Où manger ?

The Town Mill Bakery : *Coombe St. ☎ 44-47-54. Tlj 8h30-15h30. Fermé janv et lun en hiver. Moins de 10 £.* Un drôle d'univers, une sorte de hangar-boulangerie-snack expérimental où tout tourne autour du pain maison et de la convivialité. On s'installe autour de longues tablées en bois pour grignoter fromages, salades, soupes, scones et pâtisseries. Chacun se sert, prend un journal ou un livre d'art sur une étagère. Inattendu, pas bien cher, appétissant et éminemment sympathique.

Tierra Kitchen : *1A Coombe St. ☎ 44-51-89. Tlj sf lun-mer et dim soir hors saison. Menus 19,90-24,90 £. Plats autour de 10 £.* Resto *veggie* (végétarien) mettant à l'honneur des produits locaux bio et de saison. Du brunch jusqu'au dîner, un régal ! Service adorable dans une salle épurée dans les tons verts et à la déco proprette.

Hix Oyster & Fish House : *Cobb Rd. ☎ 44-69-10. Un peu à l'écart de la route qui descend vers la jetée. Tlj sf lun-mar hors saison. Résa conseillée. Menus 17-21 £ mar-ven, l'hiver slt ; sinon plats env 15-25 £.* Chic mais pas guindé, voici un resto de poisson et fruits de mer de haute volée, installé dans une cabane en bois accrochée à la pente. Une situation romantique en diable, en surplomb du port et de la baie. Préparations d'une grande finesse ; il faut dire que le nom de Mark Hix, chef très connu outre-Manche, est un gage de qualité. Belle carte des vins.

À voir. À faire

Lyme Regis Philpot Museum : *Bridge St, près de l'office de tourisme. ☎ 44-33-70. • lymeregismuseum.co.uk • Tlj 10h (11h dim)-17h (16h nov-Pâques). Entrée : env 5 £ ; réduc. Organise des excursions à la découverte des fossiles.* Musée de la vie locale, où l'on parle de la tradition du crieur public, de l'histoire du Cobb, la jetée, de la répression qui suivit, au XVIIe s, la rébellion du duc de Monmouth et de la première découverte, en 1811, d'un fossile complet d'ichtyosaure par Mary Anning, du haut de ses 12 ans ! Le musée est d'ailleurs construit sur l'emplacement de sa maison natale. Également une galerie littéraire sur les grands noms qui ont fréquenté la ville : Jane Austen, Beatrix Potter, Conan Doyle, Tracy Chevalier...

Dinosaurland Fossil World : *Coombe St. ☎ 44-35-41. • dinosaurland.co.uk • Fév-oct tlj 10h-16h ; horaires variables en hiver, se renseigner. Entrée : 5 £ ; réduc.* Une collection privée qui ne mériterait qu'une visite rapide s'il n'y avait la qualité des commentaires sur l'évolution des reptiles. Nombreux fossiles, comme il se doit, et vivariums. Organise des promenades guidées à la recherche de fossiles.

Le ***Town Mill,*** au centre du village, est un ancien moulin à eau du XIVe s, stoppé en 1926 mais qui a réussi sa reconversion : il comprend désormais une salle d'expo et des galeries d'art, une ancienne brasserie, un fromager, un potier, un *Courtyard Café* bien accueillant... *• townmill.org.uk •*

Charmouth Heritage Coast Centre : *☎ 56-07-72. • charmouth.org • Tlj (mer-dim en hiver) 10h30-16h30.* Toutes les infos pratiques sur les sentiers de rando dans le coin. On conseille notamment Golden Cap *(• nationaltrust.org.uk/golden-cap •),* à l'est de Charmouth, le plus haut point sur la côte sud de l'Angleterre avec vue plongeante sur Lyme Bay.

LE DEVON

• Carte Les Cornouailles et le Devon *p. 208-209*

Ce vaste comté, qui s'étend de la Manche au canal de Bristol, est suffisamment varié pour attirer tous les genres de tourisme. On y trouve des stations balnéaires chic, bâties autour de longues plages de sable (Torquay, Exmouth), deux parcs nationaux d'une sauvage beauté (Dartmoor et une partie de l'Exmoor) et une capitale vivante, jeune et dynamique (Exeter). Cette terre qui vit naître Agatha Christie et sir Francis Drake ne vous laissera pas sur votre faim ! Surtout si vous goûtez à la spécialité du coin, le *Devon cream tea* : un thé servi avec des scones, petites brioches que l'on coupe en deux pour les tartiner de *clotted cream* (crème épaisse) et de confiture de fraise. Un vrai péché gourmand à l'heure du goûter !

DRÔLE DE NOM

Seules deux villes au monde posséderaient un point d'exclamation dans leur nom. L'une d'entre elles se trouve dans le Devon. C'est la bourgade de Westward Ho ! Elle aurait été nommée ainsi d'après le roman du même nom écrit par Charles Kingsley, publié en 1855. La seconde se situe au Québec et répond au doux nom de Saint-Louis-du-Ha ! Ha !

THE WEST COUNTRY

Transports dans la région

🚌 ***En bus : Stagecoach*** *(● stage coachbus.com ●)* et ***National Express*** *(● nationalexpress.com/fr/home. aspx ●),* compagnies desservant la région. Tickets uniques et forfaits, notamment à la journée. Infos générales avec ***Traveline*** : *☎ 0871-200-22-33. ● traveline.info ●*

🚂 ***En train :*** nombreux trains sur la ligne Londres-Plymouth (ou Penzance), via Exeter.

➢ Pour ceux qui veulent explorer le Dartmoor National Park et l'Exmoor National Park sans voiture, consulter les chapitres consacrés à ces parcs. En résumé : pas évident du tout !

EXETER

115 000 hab. IND. TÉL. : 01392

● Plan *p. 177*

Ville située sur la rivière Exe, violemment bombardée pendant la dernière guerre. Le passé d'Exeter est un vrai condensé d'histoire anglaise : oppidum celte devenu ville romaine, assiégée par les Vikings puis par Guillaume le Conquérant, la cité, qui s'est enrichie au Moyen Âge par le commerce de la laine, a été une base contre l'Invincible Armada et assiégée pendant la guerre civile tour à tour par les deux camps adverses... On apprécie son admirable cathédrale et son centre animé par de nombreux étudiants et orné de quelques richesses historiques, dont beaucoup sont en fait des reconstitutions. C'est aussi le point de départ vers le Dartmoor National Park au sud, l'Exmoor National Park au nord, tout le West Country en général, sans oublier les belles plages des environs.

Arriver – Quitter

En train

🚂 ***Gares ferroviaires :*** *il y en a 2. La plus fréquentée est celle d'**Exeter Saint David** (hors plan par A1, **2**), un peu excentrée. ☎ (08457) 48-49-50.* Du centre, 20 mn à pied ou bus fréquents depuis High Street. C'est là que s'arrêtent les trains rapides de London Paddington (trajet : env 2h10). Les liaisons avec London Waterloo ont lieu à ***Exeter Central*** *(plan A1, **3**)*, sur Queen Street, mais trajet plus long (env 3h). Exeter étant le carrefour de plusieurs lignes, il y a des trains pour toutes les directions, jusqu'en Écosse !

➢ ***Londres-Paddington :*** env 15 trains/j. Trajet en 2h15 pour les plus rapides.

➢ ***Plymouth et Penzance :*** env 1 train/h ; trajet en 1h et 3h.

➢ ***Torquay :*** liaisons ttes les 20-30 mn ; trajet en 40-50 mn.

En bus

🚌 ***Gare routière*** *(plan B1) : dans le centre.*

➢ *Bus locaux avec notamment Stagecoach : ☎ 42-77-11. Plymouth,* le *X9,* par Moretonhampstead ; *Bude,* le *6* par Okehampton.

➢ *National Express, ☎ (08705) 80-80-80,* assure des liaisons avec de nombreuses villes d'Angleterre et les parcs nationaux.

En avion

✈ ***Exeter airport*** *(hors plan par B1) : à 30 mn du centre. ☎ 36-74-33. ● exeter-airport.co.uk ●* Liaisons avec la Grande-Bretagne, dont Londres, et l'Europe. Depuis la France : Paris, Bergerac et Rennes avec *Flybe.*

Adresses utiles

Exeter Visitor Information (plan B1) **:** *Dix's Field, EX1 1GF. ☎ 66-57-00. • visitexeter.com • Lun-sam à partir de 9h (9h30 oct-mars), ferme de 16h à 17h selon saison.* Résa de logements, billets de bus, spectacles. Visites guidées et gratuites de la ville.

The Custom House Visitor Centre (plan B2) **:** *The Quay. ☎ 27-16-11. Tlj avr-oct 10h-17h. Basse saison, le w-e 11h-16h.* Installé dans un ancien entrepôt datant du XVIIe s. Intéressant audiovisuel gratuit racontant 2 000 ans d'histoire de la ville. Visites guidées l'été.

Location de vélos et de canoës (plan B3, **1**) **: Saddles & Paddles,** *4 Kings Wharf, sur The Quay. ☎ 42-42-41. • sadpad.com • Vélo 16 £/j., kayak double 50 £/j. ; réduc.* Loue des vélos pour se balader le long du canal et des kayaks pour pagayer sur la rivière Exe. Vraiment sympa.

Où dormir ?

Camping et auberge de jeunesse

Plusieurs campings aux alentours, notamment à **Clyst Saint Mary** *(EX5 1DP), sur l'A 3052.* **Axehayes Farm,** *☎ (01395) 23-23-36,* est le plus proche d'Exeter.

Globe Backpackers (plan B2, **10**) **:** *71 Holloway St, à Exeter, EX2 4JD. ☎ 21-55-21. • exeterbackpackers.co.uk • Réception 8h30-11h et 15h30-23h. Doubles 45-47 £ ; en dortoir 6-10 lits, autour de 18 £/pers.* Ambiance très sympa dans cette maison de ville. Pas de petit déj mais cuisine à dispo et thé-café offerts.

Prix moyens (40-80 £ / 48-96 €)

B & B Raffles (hors plan par B1, **12**) **:** *11 Blackall Rd, EX4 4HD. ☎ 27-02-00. • raffles-exeter.co.uk • Double 85 £. Parking.* Du charme dans cette vieille demeure peuplée d'objets disparates. Les 6 chambres *en-suite* sont plus ou moins spacieuses. Jardin fleuri à l'arrière.

The Bendene Hotel (plan A1, **13**) **:** *15-16 Richmond Rd, EX4 4JA. ☎ 21-35-26. • bendene.co.uk • Doubles 60-100 £ sans ou avec sdb. Parking.* Un excellent rapport qualité-prix pour cet hôtel situé entre la gare et le centre historique. Maison édouardienne entièrement rénovée aux chambres impeccables et tout confort. Grande piscine en plein air (si le temps s'y prête !). Accueil serviable et petit déj copieux. Une adresse *very British.*

Oakcliffe B & B (plan A1, **14**) **:** *73 Saint David's Hill, EX4 4DW. ☎ 25-82-88. • oakcliffehotel.com • À 10 mn du centre à pied. Doubles 65-70 £ sans ou avec sdb.* Dans une maison victorienne, quelques chambres à la déco un peu convenue mais douillettes et confortables. Accueil attentionné.

Braeside Guest House (plan A1, **15**) **:** *21 New North Rd, EX4 4HF. ☎ 25-68-75. • braesideguesthouse.co.uk • Doubles env 60-80 £.* B & B classique de 7 chambres. Certes, pas bien grandes, mais assez cosy et de bon confort. Petite terrasse sur jardinet devant.

B & B at the University of Exeter (hors plan par B1, **11**) **:** *Prince of Wales Rd, EX4 4PT. ☎ (0300) 555-0214. • exeter.ac.uk/eventexeter/ • À 15 mn à pied. Ouv pdt les vac scol de Pâques et d'été slt. Résa en ligne (s'y prendre très à l'avance !). Doubles à partir de 57 £.* Dans un immense parc offrant moult possibilités sportives. Chambres d'étudiants (partis en vacances) avec ou sans salle de bains. Cuisine à disposition.

Chic (80-120 £ / 96-144 €)

Queens Court Hotel (plan A1, **16**) **:** *Bystock Terrace, EX4 4H1. ☎ 27-27-09. • queenscourt-hotel.*

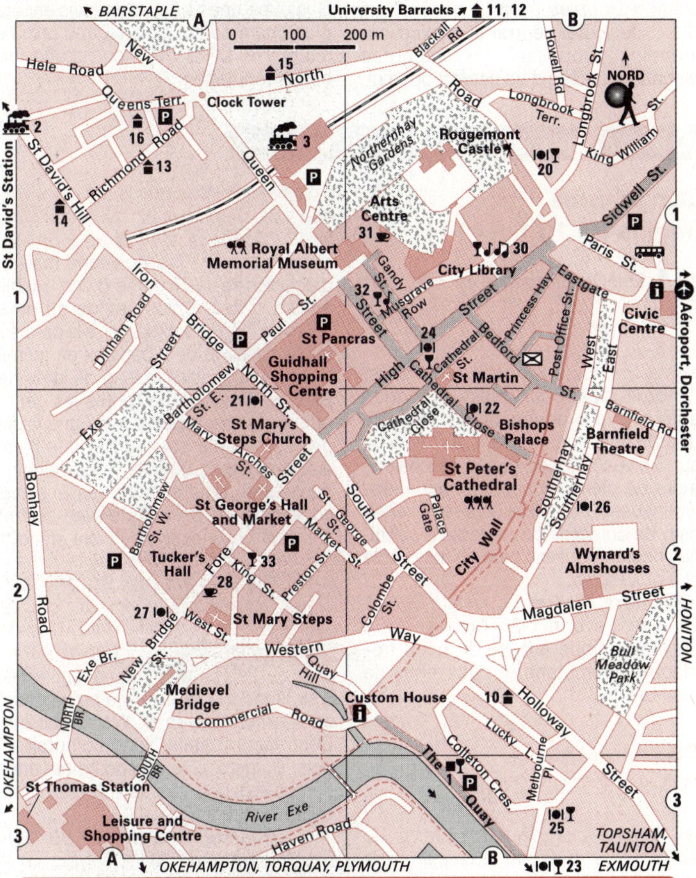

EXETER

Adresses utiles

- Exeter Visitor Information
- The Custom House Visitor Centre
- 1 Location de vélos et de canoës
- 2 Exeter Saint David
- 3 Exeter Central

Où dormir ?

- 10 Globe Backpackers
- 11 B & B at the University of Exeter
- 12 B & B Raffles
- 13 The Bendene Hotel
- 14 Oakcliffe B & B
- 15 Braeside Guest House
- 16 Queens Court Hotel

Où manger ? Où boire un verre ?

- 20 The Old Firehouse
- 21 Herbies
- 22 ASK Italian
- 23 Double Locks
- 24 The Ship Inn
- 25 Hour Glass Inn
- 26 Rendez-vous
- 27 Angela's Restaurant

Où boire un thé ? Où déguster un *cake* ?

- 28 Glorious Art House
- 31 Phoenix Bar – Arts Centre

Où boire un verre ? Où sortir ?

- 1 On the Waterfront
- 30 Timepiece, Old Timers et Hole in the Wall
- 32 John Gandy's
- 33 The Fat Pig

co.uk • Doubles à partir de 85 £ en B & B. Hôtel central et d'excellent standing, proposant des chambres élégantes dotées d'un confort optimal. Quelques-unes à bow-windows encore plus charmantes. Accueil très pro. Le resto, *The Olive Tree,* jouit d'une fort bonne réputation.

Où manger ? Où boire un verre ?

Bon marché (moins de 10 £ / 12 €)

The Old Firehouse (plan B1, **20**) : *50 New North Rd, EX4 4EP. ☎ 27-72-79. Tlj ; cuisine jusqu'à 20h30. Plats env 6-9 £. Musique live ven-sam (ferme alors à 3h).* L'un de nos pubs préférés, l'endroit idéal pour refaire le monde autour d'une bonne bière. Terrasse dans la petite cour devant. À l'intérieur, sur 3 niveaux, déco pleine de chaleur, murs de pierre, bougies et guirlandes lumineuses. Pas facile de se trouver un coin de comptoir ou de table à certaines heures ! Cuisine plus qu'honorable et à prix serrés.

– **Farmers Market :** *sur High St, jeu 9h-13h.* Le bon plan pour se faire un pique-nique à base de bons fromages, charcuterie et pâtisseries de qualité.

Prix moyens (10-20 £ / 12-24 €)

Herbies (plan A2, **21**) : *15 North St. ☎ 25-84-73. Tlj sf dim et lun soir. Plats env 6-14 £.* Un bon resto végétarien. Déco originale et colorée. Clientèle tendance « néo-baba » et service assuré par une équipe d'étudiants. Recettes originales et goûteuses : soupe du jour, gratin de légumes, plats d'inspiration méditerranéenne. Un de nos coups de cœur dans le centre-ville.

ASK Italian (plan B2, **22**) : *5 Cathedral Close. ☎ 42-71-27. Tlj midi et soir jusqu'à 23h. Plats env 10-15 £.* Demeure ancienne haute de plafond, composée d'une salle à manger assez sobre et d'un bar avec cheminée médiévale. Cuisine italienne de bonne facture : goûteux *antipasti,* pizzas craquantes, pâtes et raviolis cuits comme il faut...

Double Locks (hors plan par B3, **23**) : *Canal Banks, EX2 6LT ; accessible à pied (petite trotte quand même), à vélo ou en canoë depuis les quais d'Exeter ! ☎ 25-69-47. Tlj midi et soir. Snacks et plats env 6-15 £.* Ancienne maison d'éclusier de 1701 dotée d'une double écluse. C'est la plus grande du pays (95 m de long, 8 m de large), elle permettait le passage de 2 bateaux en même temps. Pub installé le long de la rivière Exe, rendez-vous de toutes les générations. Cadre superbe avec une vaste pelouse, idéale pour siroter une bière aux beaux jours. En hiver, le feu ronronne dans l'âtre. Nourriture de qualité servie copieusement. Concerts le week-end. Et aussi un beau festival du cidre en août, lors de l'*August Bank Holiday* !

The Ship Inn (plan B1, **24**) : *Saint Martin's Lane (ruelle sur le côté de Cathedral Yard). ☎ 27-20-40. Tlj ; cuisine jusqu'à 21h. Lunch 7 £ jusqu'à 16h ; plats 6-12 £.* Le pub doit sa renommée à sir Francis Drake, qui y a bu un godet en bavardant avec sir Walter Raleigh. Déco façon bateau, long comptoir en bois. Burgers, *pies* ou encore assiettes composées pour maintenir le cap même quand ça tangue !

Hour Glass Inn (plan B3, **25**) : *21 Melbourne St. ☎ 25-87-22. Tlj sf lun midi. Résa conseillée. Compter env 15 £.* Un petit pub chaleureux, mignon comme tout, un peu excentré mais qui mérite le détour. Tonneaux alignés au-dessus du comptoir, déco choisie avec goût et 2 ravissantes salles de resto. Pour ajouter au plaisir, une cuisine remarquable, raffinée, inventive et goûteuse, une sélection de vins du monde entier et de rhums. Sans oublier les excellentes *ales, of course...*

Plus chic (plus de 20 £ / 24 €)

Rendez-vous (plan B2, **26**) : *38-40 Southernhay E, EX1 1PE. ☎ 27-02-22. Lun-sam. Menu 17 £ le midi et lun-jeu*

18h30-19h30 ; plats 14-22 £. L'un des secrets d'Exeter, caché sous voûte au sous-sol d'une belle demeure. Dans une douce atmosphère de bois, brique et bougies sur les tables, les gourmets et amateurs de bons vins savent ce qu'ils viennent chercher ici : une cuisine traditionnelle travaillée avec tact et des saveurs subtiles, du verre au dessert. Le midi, peut-être tenterez-vous votre chance dans la cour abritée. Une adresse pas donnée, sauf si l'on profite du menu du midi ou du soir (mais tôt !), une véritable affaire.

Angela's Restaurant *(plan A2,* ***27****) : 38 New Bridge St. ☎ 49-90-38. Mer-sam 18h-21h. Plats 21-32 £.* Petite salle intime ornée de bucoliques tableaux, nappes et serviettes en tissu, fleurs fraîches... Fort belle cuisine traditionnelle avec un coup de main très personnel du chef. L'adresse gastronomique du moment à Exeter. En prime, accueil affable et souriant de l'adorable Angela, aux petits soins pour ses convives !

Où manger dans les environs ?

The Jack in the Green Inn : Rockbeare, *EX5 2EE. ☎ (01404) 82-22-40. Vers l'est, au rond-point le plus proche de l'aéroport, pancarte « Rockbeare », petit village à quelques km. Tlj midi et soir. Menus 16-45 £ ; plats 20-28 £ ; bar food 14-18 £.* Voilà une adresse pour les gourmets qui ont du temps à passer dans le coin. Elle est réputée pour la grande qualité de sa cuisine, strictement exécutée à partir de produits locaux. 2 lieux séparés par le comptoir : le resto, cadre intime et sophistiqué (résa quasi obligatoire), et la vaste salle du bar, où l'on a la garantie d'avoir de la place et de manger une belle cuisine de brasserie améliorée, plus abordable.

Où boire un thé ? Où déguster un *cake* ?

Phoenix Bar – Arts Centre *(plan B1,* ***31****) : Bradninch Pl, Gandy St. ☎ 66-70-80. • exeterphoenix.org.uk • Tlj sf dim 10h-minuit.* Si vous avez soif de culture et d'un bon *espresso,* faites d'une pierre deux coups dans cette cafét tenue par le centre d'art et de spectacles d'Exeter dans un énorme édifice de 1909. Profitez-en pour vous informer de l'actualité culturelle de la ville, jeter un œil aux expos temporaires.

Glorious Art House *(plan A2,* ***28****) : 120 Fore St, EX4 3JQ. ☎ 490-060. Lun-sam 8h-17h30, dim 10h-16h.* Une hypoglycémie passagère ? Poussez la porte de ce *tearoom* anti-morosité, un lieu convivial et artistique. *Tea, cakes* et des petits plats simples le midi pour la grignote. Tout cela dans une ambiance colorée, musicale et fleurie, sur 3 niveaux et ce jusque dans le petit jardin.

Où boire un verre ? Où sortir ?

The Fat Pig *(plan A2,* ***33****) : 2 John St, EX1 1BL. ☎ 43-72-17.* Caché au bout d'une ruelle, mais bien connu de la jeunesse fêtarde, le *Fat Pig* fait le plein tous les soirs. Cadre à l'ancienne et assez intime, propice aux rencontres. Et vu le choix infini de whiskies, les décibels montent vite. Impec en début ou en fin de soirée. On peut aussi y manger – pas trop mal d'ailleurs – mais la cuisine est vite débordée.

On the Waterfront *(plan B3,* ***1****) : The Quay, EX2 4AP. Tlj 10h-23h30.* Des tablées conviviales sur le quai, c'est le grand atout de ce point de ralliement des étudiants, qu'il pleuve ou qu'il vente. Pour réchauffer l'ambiance, des tapas, nachos, pizzas et une vaste sélection de bières jusqu'à plus soif. Attention aux abus quand même, la rivière n'est pas bien loin...

Timepiece *(plan B1,* ***30****) : Little Castle St. ☎ 49-30-96. • timepiecenightclub.co.uk •* Pour la musique, l'ambiance, le lieu historique même, la meilleure adresse d'Exeter. Imaginez, c'est une ancienne prison du XIe s où furent pendues les dernières femmes d'Angleterre, en 1685, pour sorcellerie. Reconstruite en 1798, elle devint ensuite la demeure du gouverneur. Grande cour animée et bar immense, lumières tamisées, plein de recoins, plancher en bois rongé par les libations, musique à tue-tête... Concerts de grande qualité. En journée, le lieu abrite aussi le ***Old Timers*** *(tlj sf dim)*, un sympathique resto-bar à vins.

Hole in the Wall *(plan B1,* ***30****) : Little Castle St.* ☎ *42-69-94. Tlj sf lun-mar.* Là aussi, un des hauts lieux de la vie nocturne.

Le ***John Gandy's*** *(plan B1,* ***32*** *; 23 Gandy St ; tlj)* est un pub très populaire au décor surprenant avec son immense mezzanine. Concerts (parfois gratuits) de rock-pop vendredi vers 21h30.

À voir

Saint Peter's Cathedral *(plan B2) :* ☎ *28-59-83. ● exeter-cathedral.org.uk ● Ouv lun-sam 9h (11h30 dim)-17h. Entrée : 7,50 £ ; réduc. Avec le dépliant donné par l'office de tourisme, 1 entrée achetée = 1 entrée offerte !* Tower and Roof Tour *payant sur résa (pour voir l'horloge et les cloches). Cafétéria.*

De la base romane originelle, il subsiste les grosses tours latérales du transept, ornées de tourelles. Tout le reste a été élevé au XIVe s, dans un remarquable style gothique. Curieuse et immense façade blanche car nettoyée récemment, presque entièrement couverte de statues d'évêques et de rois jusqu'au balcon crénelé. Belle rosace flamboyante surmontée de créneaux elle aussi. À l'intérieur, plein de choses à voir, évidemment. Voici les plus importantes.

LES RAIDS « BAEDEKER »

En 1942, Hitler décida de bombarder les villes historiques britanniques afin de saper le moral de ses ennemis d'outre-Manche. Il choisit de détruire les monuments ayant mérité 3 étoiles dans les Baedeker, *les célèbres guides de voyage allemands. Ces bombardements furent peu précis, mais la cathédrale d'Exeter, qui figurait sur cette liste, n'y a pas échappé !*

– ***La nef :*** coiffée de la plus grande voûte médiévale continue en pierre du monde ! Il faut regarder dans les miroirs disposés à différents endroits pour réaliser la magnificence des drapés de pierre de la voûte, en particulier près de la porte d'entrée. Superbe jeu des nervures qui élance et affine l'édifice. Tout autour de la cathédrale, sur les bas-côtés et les bancs, vous verrez les *Exeter Rondels* (coussins brodés dans les années 1980 qui racontent l'histoire de la ville depuis sa fondation).

– ***Le jubé :*** séparation de la nef et du chœur. Élégante dentelle de pierre du début du XIVe s, surmontée d'un admirable buffet d'orgue du XVIIe s. Dans les trouées du jubé, 13 tableaux illustrent l'Ancien et le Nouveau Testament.

– ***Bras gauche du transept :*** belle horloge astronomique bleu et or du XVe s, quand la Terre était encore considérée comme le centre de l'Univers. La Lune s'inscrit dans le cercle suivant et le Soleil dans le troisième, symbolisé ici par une fleur de lys. Le tout indique l'heure, ainsi que... l'âge de la Lune. Les minutes sont données par le cadran du dessus, installé au XVIIIe s.

– Dans le ***chœur,*** chaire de l'évêque, du XIIIe s, considérée comme l'une des plus belles chaires gothiques. Admirables stalles aussi, bien plus tardives (XIXe s), et clefs de voûte ouvragées. Tout autour du chœur, de magnifiques ***vitraux,*** la plupart d'origine.

– Derrière le chœur, la ***chapelle Notre-Dame*** (XIIIe s) abrite de nombreux tombeaux d'évêques. Là encore, belles nervures de la voûte.

Cathedral Close : la place de la cathédrale est entourée de superbes demeures de style élisabéthain. Ce sont en fait des façades fort bien reconstituées après la guerre et qui redonnent tout son cachet au lieu. Au n° 8, vieille chapelle avec les lions et anges de sa charpente de 1420 (aujourd'hui une boutique). Aux n°s 10-11, portail très ancien sculpté en coquille Saint-Jacques en demi-lune. Le temps s'est arrêté à Jacques II ! Voir également la longue portion de remparts *(City wall)* avec vestiges de tours.

★★ ***Royal Albert Memorial Museum*** *(plan A1)* **:** *Queen St. ☎ 26-58-58. • exeter.gov.uk/ramm • Mar-dim 10h-17h. GRATUIT.* À la fois musée d'Histoire locale, de Sciences naturelles, d'Ethnologique et galerie d'expo, le RAMM constitue le centre névralgique culturel de la ville, aux côtés du *Arts Centre* voisin. Le bâtiment marie élégamment modernité et murs de l'époque victorienne. Partie historique assez complète de la préhistoire à la Seconde Guerre mondiale, tandis qu'au 1er étage on peut admirer l'originale collection du XIXe s de coquillages et autres animaux marins du naturaliste William Sladen. Également des oiseaux naturalisés, insectes, mammifères... Expos de peinture temporaires et tableaux en lien avec le sud-ouest de l'Angleterre.
Pantry Cafe sur place.

★ ***Rougemont Castle and Northernhay Gardens*** *(plan B1)* **:** au milieu de ces deux parcs, les restes du mur d'enceinte de la ville, construit par Guillaume le Conquérant après 1066. Observez la technique romaine des briques disposées en arêtes de poisson. Traversez les jardins sur la gauche pour jeter un coup d'œil aux *catacombes,* dont la ville avait ordonné l'aménagement au XIXe s. Elles furent reconverties en morgue après une grande épidémie de peste.

★★ Sur ***High Street*** *(plan B1)* levez le nez, vous découvrirez de belles façades, aux n°s 223, 53 et 46 notamment. Voir également l'étrange hôtel de ville sur arcades, le ***Guildhall,*** avec sa façade Renaissance. On peut entrer pour visiter l'ancien tribunal municipal, une belle salle toute boisée du XVIIe s. Plus loin, même trottoir, l'insolite ***Parliament Street,*** l'une des rues les plus étroites que l'on connaisse (0,80 à 1,20 m de large). En face, l'imposante église *Saint Petrock* en grès rouge.

★★ ***The Quay*** *(plan B2-3)* **:** ancien quartier d'entrepôts réhabilité en quartier d'habitations modèle et parsemé de pubs au bord de l'eau. En 1564, un canal fut creusé pour permettre aux bateaux de parvenir à Exeter. Construction de la *Custom House* en 1680. Le commerce de la laine fit la fortune de la ville, surtout au XVIIIe s. L'arrivée du chemin de fer en 1844 provoqua cependant le déclin de la voie maritime. C'est ici que se concentrent les clubs de la ville et quelques pubs très fréquentés par les étudiants. Ambiance survoltée en fin de semaine. Avec son plan d'eau et ses quelques planches à voile, le coin est encore plus sympathique.

★ Remonter jusqu'à Fore Street et tourner à droite dans West Street sur ***Saint Mary's Steps Church*** *(plan A2)* pour admirer les petites maisons anciennes et les vestiges de la West Gate. Belle série de demeures à colombages plus étroites à la base.

AU SUD D'EXETER

TOPSHAM *(ind. tél. : 01392)*

Dans la banlieue d'Exeter, Topsham est un lieu de rendez-vous très prisé l'été, notamment par la population branchée et chic d'Exeter. La rue qui longe la rivière Exe est bordée uniformément de maisons à pignons à la flamande du XVIIe s. Merci aux tisserands et aux commerçants flamands qui ont créé ce havre de calme. Beaucoup d'antiquaires, de salons de thé et de ruelles tranquilles.

Où dormir ? Où manger ? Où boire un verre ?

The Globe Inn : *Fore St, EX3 0HR. ☎ 87-34-71. • theglobetopsham.co.uk • En plein bourg, tt près du port. Doubles 79-130 £. Menus déj mar-ven 12,50-16 £ ; sandwichs 6-11 £ ; plats 15-20 £.* Cette auberge accueillait déjà des diligences au XVIe s. Ah, si les vieilles poutres élisabéthaines et ses parquets pouvaient parler ! Les chambres présentent tout le confort d'aujourd'hui et le cachet d'autrefois. Au pub-resto, au coin du feu et dans une atmosphère sereine, faites comme les mamies en goguette et appréciez la cuisine roborative avant de continuer votre chemin. À arroser d'une bière de la brasserie maison, *Saint Austell.*

The Cafe : *76 Fore St. ☎ 87-78-27. Tlj sf dim 9h30-16h45. CB refusées.* Un grand café-salon de thé dans une ancienne salle de classe aux murs de brique peints en blanc, tables en bois clair et étagères pleines de bouquins, vieux plancher et toiles cirées. Bons gâteaux et scones maison. Petit menu sympa le midi. Agréable *courtyard garden.*

The Passage House Inn : *Ferry Rd. ☎ 87-36-53. Tlj. Plats 10-20 £.* Une terrasse tranquille et recherchée pour regarder les bateaux remonter la rivière. À l'intérieur, pub classique de 1788 avec une partie resto. Mieux vaut arriver de bonne heure pour y manger. C'est très connu, et la fraîcheur du poisson est légendaire.

The Lighter Inn : *sur le quai. ☎ 87-54-39. Tlj. Plats 10-15 £.* Inévitable pub situé devant le petit port et... le parking. C'est avant tout l'endroit idéal pour boire une bière face à l'estuaire. On y mange plutôt bien.

Bridge Inn Freehouse : *Bridge Hill. ☎ 87-38-62. Sur la route d'Exmouth. Tlj.* Bonne grosse taverne toute rose qui propose une des plus larges sélections de bières de la région. Depuis le XVIe s, elle n'a pas bougé et a conservé ses petites alcôves. Un monument en soi qui a reçu la visite officielle de la reine, photos à l'appui !

À voir. À faire

➢ **Un tour de bateau :** ***Sea Dream II,*** *sur le port. (07778) 37-05-82. • topshamtoturfferry.co.uk • Lun-ven de fin mai à mi-sept ; plus w-e Pâques, avr et sept. Compter 5 £ A/R.* Un petit ferry qui permet de traverser l'estuaire jusqu'au délicieux pub *Turf Lock Inn* situé de l'autre côté. Agréable et joli point de vue sur les rives et Topsham.

Topsham Museum : *25 The Strand. ☎ 87-32-44. • devonmuseums.net/topsham • Avr-oct, tlj sf mar et ven (ouv mar en août) 14h-17h. GRATUIT.* Belle maison datant de 1688, typique des riches marchands de l'époque. Longtemps habitée par Dorothy Holman, qui y créa un petit musée en 1967 pour rendre hommage aux chantiers navals, l'activité de sa famille. À sa mort en 1983, le musée s'enrichit de collections racontant l'histoire maritime de la ville. Au rez-de-chaussée, *The Cygnet,* curieuse embarcation en forme de cygne, et un saumon de 27,8 kg, exemple de ce qu'on pouvait pêcher dans la rivière Exe avant les pollutions industrielles. Dans l'escalier, noter cet

AUTANT EN APPORTE LE VENT !

*Vivien Leigh, la plus grande actrice anglaise de tous les temps, adorait Topsham. Son premier mari était le frère de la fondatrice du musée de Topsham. Une aubaine pour ses admirateurs et les cinéphiles, ils y retrouveront avec émotion nombre d'images insolites et de souvenirs liés à l'héroïne d'*Autant en emporte le vent *et d'*Un tramway nommé Désir...

impressionnant arbre généalogique de la famille Holman depuis William (1243 !). Au premier étage, section archéologique et salle consacrée à Vivien Leigh, avec souvenirs de ses grands succès et sa célèbre chemise de nuit dans *Autant en emporte le vent* (cadeau à sa belle-sœur Dorothy). Enfin, adorable jardin où il fait bon prendre le thé avec de délicieux gâteaux. Ce musée est un de nos coups de cœur !

Quay Antiques Centre : *sur le quai. ☎ 87-40-06. • quayantiques.com • Tlj 10h-17h.* Stands d'antiquités et bibelots dans un vieil entrepôt maritime de trois étages.

EXMOUTH

Station balnéaire familiale et typique avec ses rangées de maisons georgiennes et sa belle plage devant. On peut s'y rendre en train ou en bateau depuis Exeter et choisir de mixer les deux moyens de transports, à moins d'opter pour une option vélo *(• stuartlinecruises.co.uk •).* La compagnie propose également des sorties en mer le long des falaises vers l'est.

Adresse et info utiles

Tourist Information : *42, The Strand (la place centrale), avec les Taxis AJ's, EX8 1AL. ☎ (01395) 83-05-50. Géré par des volontaires, horaires donc restreints.*

➢ Train d'Exeter en 25 mn ou bus nº 57.

Où dormir ? Où manger ?

Prattshayes : *Maer Lane, EX8 5DB. ☎ 27-65-99 ou 27-66-26. • prattshayes.co.uk • À 1,5 mile d'Exmouth et 1 mile de la mer. Tente pour 2, 10-18 £ ; chambres 39-79 £ selon capacité (2-6 pers).* À la fois un camping et un gîte dans cette ancienne ferme réhabilitée et pimpante aux vastes murs saumon. L'espace ne manque pas, depuis les champs bien verts pour planter ses sardines jusque dans les 2 granges transformées en bars. Les 2 gîtes de 14 et 16 personnes, nickel et fonctionnels, abritent des chambres de toutes tailles (jusqu'à 6) pouvant être louées séparément. Une aubaine pour les campeurs qui en ont marre de la pluie ! En prime, toutes sortes d'activités sportives.

River Exe Cafe : *07761-116-103. • riverexecafe.com • Avr-sept slt. Résa indispensable pour commander le bateau-taxi (5 £/pers), à prendre à la marina, EX8 1XA. Compter 3h A/R avec le repas. Plats 12-19 £.* Larguez les amarres ! Voilà une expérience qui ne manque pas de sel pour découvrir l'estuaire de plus près : une péniche réhabilitée à laquelle on n'accède qu'en bateau. Autant dire qu'on est aux premières loges pour la vue. La cuisine est forcément axée sur la mer et alimentée par les producteurs locaux. Elle tient en tout cas fort bien la marée.

À voir

À la Ronde : *Summer Lane, à 2 miles au nord d'Exmouth ; indiqué en venant de Topsham (A 376). ☎ (01395) 26-55-14. • nationaltrust.org.uk/alaronde • Fév-oct, tlj 11h-17h (horaires plus restreints en hiver). Entrée : env 9 £.* Voici une « folie » néogothique de la fin du XVIIIe s plantée au milieu d'un grand parc, de forme hexadécagonale (à 16 côtés autrement dit), construite par deux cousines sur le modèle de la basilique byzantine de San Vitale de Ravenne et dominant l'estuaire de l'Exe. Visite ludique de cette demeure assez avant-gardiste où l'on passait d'une pièce à l'autre sur une journée, pour profiter en permanence de la lumière.

Curieuses fenêtres en forme de diamant, murs de la *shell gallery* couverts de... 25 000 coquillages (accès très limité, vidéo à la place), vue d'Exmouth à Exeter depuis la chambre au 1er étage. Cette demeure recèle de surprises, jusque dans le moindre objet de déco. Détail insolite : les deux vieilles filles exigèrent que seule la descendance féminine puisse hériter de la maison. Un siècle plus tard, il ne restait plus qu'un pasteur dans la lignée.

Agréable salon de thé avec jolie vue sur la rivière. Sinon, pique-nique possible dans le verger (demander une nappe au *tearoom*).

Les plages : au sud d'Exmouth (rive sud du fleuve), on gagne les plus belles plages de la région en prenant le train d'Exeter (départs réguliers) jusqu'à *Dawlish Warren* et plus au sud jusqu'à *Teignmouth*. Plage de sable, familiale mais pas trop surpeuplée.

C'est à Orcombe Point que commence ou se termine la ***Jurassic Coast,*** cette portion de littoral longue de 95 miles jusqu'à Swanage qui traverse une partie du Devon et du Dorset. Succession de plages, criques, falaises et stations balnéaires. Le tout étant classé au Patrimoine mondial naturel de l'Unesco. À Exmouth même, circuit safari pour découvrir les répliques grandeur nature de 17 dinosaures (si elles sont toujours là, se renseigner).

DARTMOOR NATIONAL PARK

Cette région située entre Exeter à l'est, Plymouth au sud, Tavistock à l'ouest et Okehampton au nord offre des paysages grandioses et constitue l'un des 15 parcs nationaux de Grande-Bretagne. Vaste lande sauvage et vallonnée de 47 000 ha, le *moorland* où poussent bruyères, ajoncs et fougères. Elle est persillée de reliefs rocheux et de villages conservés dans leur jus, le tout peuplé d'anciennes légendes à donner la chair de poule. On comprend pourquoi Conan Doyle y a situé l'action de l'une des plus sombres énigmes que Sherlock Holmes ait jamais eu à résoudre, *Le Chien des Baskerville.* Dans un autre genre, les Dartmoor servirent aussi de décor à la finale de quidditch dans *Harry Potter et la coupe de feu.*

COMME UNE LETTRE À LA POSTE

Il y a 100 ans fut inventé un système dément de boîte aux lettres en pleine lande des Dartmoor : on y déposait sa lettre, sans timbre. Le premier voyageur qui passait signait un registre, ramassait le courrier, le portait plus loin et ainsi de suite. On a compté jusqu'à 1 000 boîtes réparties sur tout le territoire, et ça fonctionnait ! Les dégradations et les vols ont hélas eu raison de ce système dans les années 1970.

Arriver – Quitter

En voiture

➢ Prendre la route B 3212 qui traverse la lande et ses multiples ramifications. Problèmes à prévoir pour les caravanes ou camping-cars : routes très étroites bordées de haies et parfois pentues (jusqu'à 20 %), où il est très difficile de se croiser. ***Attention : vitesse limitée à 40 mph dans tout le parc.***

En bus et en train

➢ Pas pratique du tout et même de plus en plus difficile. On conseille de consulter la plate-forme ***Traveline*** :

☎ *0871-200-22-33.* ● *traveline.info* ● Il existe un train entre Exeter et Newton Abbot, mais le plus pratique est encore de partir en bus de Plymouth en direction de Tavistock. Cela se terminera certainement en stop !

À vélo

➢ Si vous avez quelques jours devant vous, c'est une très belle idée. Locations auprès de *Fox Tor Café,* à Princetown (● *foxtorcafe.com* ●) ou à l'AJ d'Okehampton (● *adventureokehampton.com* ●). À Ashburton, on trouve même des vélos électriques (● *dartmoorelectricbicycles.co/uk* ●).

À cheval

➢ Excellent moyen de visiter le parc, y compris pour des débutants. Plusieurs possibilités à la périphérie du parc dont :
– ***À Widecombe-in-the-Moor :*** **Shilstone Rocks.** ☎ *(01364) 62-12-81.* ● *dartmoorstables.com* ●
– ***À Okehampton :*** **Meldon Farm.** ☎ *(01837) 52-409.* ● *dartmoorridingholidays.co.uk* ●
Sinon s'adresser à ***Babeny Farm Stables***, plus pratique car à l'intérieur du parc, vers ***Newton Abbot.*** ☎ *(01364) 631-296.* ● *babenystables.co.uk* ●

Infos utiles

Procurez-vous le journal très complet *Enjoy Dartmoor* auprès des *Visitor centres.* Ceux-ci ouvrent tous à partir de 10h et ferment à 16h ou 17h selon saison.

Visitor centres

Voici les plus importants (il y en a d'autres à Moretonhampstead, Ashburton, Ivybridge, etc.). Tous distribuent de la doc, vendent des cartes et informent sur les itinéraires de balades. Consulter aussi ● *dartmoor.gov.uk* ● (le site officiel du parc) et ● *visitdartmoor.co.uk* ● (plus orienté infos pratiques et touristiques).
– ***À Princetown :*** *Old Duchy Hotel, Tavistock Rd, PL20 6QF.* ☎ *(01822) 89-04-14.* Le mieux fourni avec expo permanente gratuite et paysages. Propose un circuit pédestre facile de 6 miles, au départ de Princetown, sur les traces du *Chien des Baskerville* (« *The hound of Baskerville* »).
– ***À Postbridge :*** *sur la B 3212, PL20 6TH.* ☎ *(01822) 88-02-72. Fermé lun-mer hors saison.*
– ***À Haytor :*** *Lower Car Park, Main Rd, TQ13 9XT.* ☎ *(01364) 66-15-20. Fermé lun-mer hors saison.*

Où dormir dans le parc ou aux abords ?

Pour notre sélection de *B & B* et d'hôtels, se reporter à chaque village-étape décrit plus loin.

Campings

– Le ***camping sauvage*** est autorisé dans certaines zones du parc et à certaines conditions : seulement pour les randonneurs (« *backpack camping* »), une seule nuit par site et pas de feu. Se renseigner pour connaître les zones interdites, notamment les jours d'exercice de tirs de l'armée à balles réelles (!) car on est en partie en zone militaire. ● *dartmoor.gov.uk* ● et ● *gov.uk/government/publications/dartmoor-firing-programme* ●

⛺ ***The River Dart Country Park :*** *Holne Park,* ***Ashburton.*** ☎ *(01364) 65-25-11.* ● *riverdart.co.uk* ● *Selon saison, env 15,50-31,50 £ pour 2.* Un gigantesque site qui, au-delà de posséder un camping dans un lieu extraordinaire, offre tout un tas d'activités avec installations ludiques très bien faites pour les enfants, circuits aventure, plage, activités nautiques, escalade, balades superbes, etc. Plus cher qu'un camping classique, mais le lieu est vraiment hors norme.

Camping Barn, Runnage Farm : à **Postbridge**, PL20 6TN. ☎ (01822) 88-02-22. • runnagecampingbarns.co.uk • Env 12 £ pour 2. Simple et très bon marché. Propose également des dortoirs (10-13 £/pers) dans de vieilles granges.

The Plume of Feathers : à **Princetown,** PL20 6QQ. ☎ (01822) 89-02-40. • theplumeoffeathersdartmoor.co.uk • Face au Visitor Centre. Compter 15 £ pour 2. Équipé également de plusieurs dortoirs (nuitée 10-20 £) et de chambres en *B & B* (90 £ la double). Mais c'est avant tout un pub à l'ancienne avec ses vieilles boiseries, proposant une honorable cuisine.

Auberges de jeunesse

Quelques ***auberges de jeunesse*** dans le parc, parmi lesquelles :

– ***À Steps Bridge :*** Exeter, EX6 7EQ, près de Dunsford. ☎ (01647) 25-24-35. • blytheswood.co.uk • Bus depuis Exeter. Env 16 £/pers. Maison en bois modeste mais très sympa, en pleine forêt. Plutôt réservé aux groupes, mais accueille les individuels quand il y a de la place.

– ***À Bellever :*** **Postbridge,** PL20 6TU. 📱 0845-371-96-22. • yha.org.uk/hostel/dartmoor • À un bon mile de la B 3212, isolée au bord de la forêt. Avr-sept. À partir de 15 £/pers.

– ***À Okehampton :*** Klonduke Rd, EX20 1EW. 📱 0844-293-05-55. • yha.org.uk/hostel/okehampton-brackentor • Dans l'ancienne gare restaurée. Réception à partir de 17h. Résa conseillée. Grande AJ : 124 places en chambres de 4 et 6 lits. Repas le soir.

– ***À Moretonhampstead :*** **Sparrowhawk Backpackers,** 45 Ford St, TQ13 8LN. ☎ (01647) 44-03-18. • sparrowhawkbackpackers.co.uk • Lit env 19 £, double 40 £. AJ privée moderne et plaisante installée dans une ancienne étable.

Balades dans le parc de Dartmoor

– ***Circuits :*** impossible ici de résumer les balades à faire. Le mieux est de se reporter à l'excellent guide gratuit *Enjoy Dartmoor,* qui les énumère et propose une bonne carte, ou sur • dartmoor.gov.uk • et • visitdartmoor.co.uk • On trouve des dépliants de balades individuelles dans les *visitor centres* et les hôtels.

– ***Conseils :*** en tout cas, n'oubliez pas lors de vos promenades sur la lande que ***le temps y est très changeant.*** Il est nécessaire d'avoir du ***matériel imperméable*** et de **bonnes chaussures !**

– ***Entraînements militaires :*** se renseigner pour connaître les jours d'exercice de l'armée (jamais pendant les vacances scolaires britanniques). Drapeaux et lumières rouges devraient vous dissuader de continuer votre chemin. ☎ 0800-45-84-868.
• dartmoor.gov.uk • et • gov.uk/government/publications/dartmoor-firing-programme •

LES *DARTMOOR PONIES*

Si vous croisez des poneys en liberté, c'est normal, ils sont présents dans la région depuis l'âge de bronze ! Mais contrairement aux apparences, ils appartiennent à un propriétaire. Les Dartmoor ponies *sont devenus l'emblème du parc. Au fait, vous pouvez les caresser, mais il est formellement interdit de les nourrir.*

LUSTLEIGH

À quelques kilomètres au nord-ouest de Bovey Tracey, côté ouest, en marge de l'A 382. Beau village niché au fond d'un vallon, dont on admire les maisons de granit à toit de chaume.

Où manger ? Où boire un verre ?

The Cleave : Lustleigh, TQ13 9TJ. ☎ (01647) 27-72-23. Tlj sf dim soir, plus lun en hiver ; cuisine jusqu'à 21h (19h dim). Plats à moins de 20 £. Élégant pub du XVIIIe s aux vieilles poutres et toit de chaume. Très fréquenté le dimanche pour le traditionnel *carvery lunch* en famille. Agréable jardin tout autour pour siroter une bonne *ale* sur un banc.

CHAGFORD

Plus au nord, toujours en marge de l'A 382. On pénètre vraiment dans la lande : herbe rase, bruyère, poneys et moutons en liberté. Ne manquez pas, dans cette charmante bourgade, l'incroyable boutique *James Bowden and Son Hardware and Moorland Centre (lun-sam 9h-17h).* Des acheteurs y viennent de loin pour dénicher la pièce rare qu'on ne trouve nulle part ailleurs. Juste à côté, la *quincaillerie Webber & Sons* n'a pas à rougir de son stock.

Où dormir ? Où manger dans le coin ?

Easton Court Country House : *Easton Cross, **Chagford,** TQ13 8JL. ☎ (01647) 43-34-69. • easton.co.uk • À env 2 miles du centre de Chagford, à l'intersection de la B 3206 et de l'A 382. Doubles 75-90 £.* Un cadre exceptionnel et romantique, une maison Tudor restaurée avec toit de chaume, murs de granit, poutres apparentes et grande cheminée. Super accueil.

Woodleigh Coach House : *à **Cheriton Bishop,** 10 miles au nord-est de Chagford, proche de l'A 30, entre Exeter et Okehampton, EX6 6JL. ☎ (01647) 24-71-11. • woodleighcoach.com • Juste en lisière du parc. Doubles 55-90 £.* Grande maison du début XIXe s aux volumes tarabiscotés. Garder un cachet ancien tout en incorporant le confort moderne : voilà un exercice dans lequel les Anglais excellent ! La proprio est chaleureuse et pleine d'humour en plus d'une très bonne source d'infos sur la région. En bas, café-resto proposant de bons petits plats maison à prix réduits.

The Courtyard Café : *76 The Square, à **Chagford,** TQ13 8AE. ☎ (01647) 43-25-71. En plein centre. Tlj sf dim ap-m, plats chauds slt jusqu'à 15h et pas le dim. Plats à moins de 10 £.* L'épicerie écolo de Chagford fait aussi café et *tearoom.* Plats simples et sains, à base de produits bio et locaux. *Cakes* appétissants sous leurs cloches. Idéal pour se poser un instant dans l'agréable courette ou pour constituer son pique-nique.

Drewe Arms : *à **Drewsteignton,** The Square, EX6 6QN. ☎ (01647) 28-12-24. À 3,5 miles au nord-est de Chagford, devant l'église. Tlj. Plats env 8-15 £.* Une maison datant du XVIe s, avec plafond bas, larges poutres et sol pavé. Côté cuisine, classique *pub grub* avec quelques plats inventifs variant au gré des saisons, sans oublier le *carvery* du dimanche ! Une de nos adresses préférées.

À voir dans les environs

Castle Drogo : ***Drewsteignton,*** *EX6 6P. ☎ (01647) 43-33-06. • nationaltrust.org.uk/castle-drogo • À 2,4 miles au nord de Chagford. Tlj 11h-17h ; nov-déc, slt w-e 11h-16h ; fermé janv-fév. Entrée : env 11 £.* Folie d'un riche « épicier » du début du XXe s qui s'est fait construire, en 1910, un château fort tout en granit sur une colline qui domine la lande et la vallée de la Teign. Entre le blockhaus moderne et la forteresse médiévale, particulièrement austère et triste, dans un cadre superbe en revanche, entouré de collines.

DE CHAGFORD À PRINCETOWN

La route serpente à travers des collines de landes, de murets de granit jaunis d'ajoncs, traverse des forêts de chênes centenaires moussus, enjambe la rivière Dart sur d'étroits ponts médiévaux. Chaque saison offre une palette de couleurs différentes, mais le printemps et l'automne proposent incontestablement les plus chatoyantes. Soyez prudent, car il y a de nombreux moutons sur la route.

Où dormir ? Où manger dans le secteur ?

The Cherry Brook : *Two Bridges, **Yelverton,** PL20 6SP. ☎ (01822) 88-02-60. • thecherrybrook.co.uk • Entre Postbridge et Two Bridges. Resto tlj sf jeu et dim. Une petite dizaine de belles chambres très confortables avec sdb 80-120 £, petit déj inclus. Repas env 20-25 £.* En pleine lande, calme absolu et vue magnifique. Très douillet. Cuisine de qualité, à base de bons produits locaux. Une adresse que nous aimons beaucoup.

The Highwayman Inn : *à Sourton, un hameau sur l'A 386, au sud d'**Okehampton,** EX20 4HN. ☎ (01837) 86-12-43. Tlj. Plats env 6-11 £ le midi, env 15 £ le soir.* Cette célèbre auberge à l'architecture excentrique est une attraction que l'on vient voir de loin. À mi-chemin entre repaire de brigands et cabinet de curiosités, dans un style vaguement gothico-gaudien mâtiné d'*heroic fantasy.* Elle consiste en 2 salles riquiqui pleines de recoins et basses de plafond. L'extérieur est photogénique lui aussi ! Cuisine classique, sans surprise et pas chère. Un endroit original et convivial où l'ambiance est souvent à la fête. Accueil super gentil.

The Forest Inn : ***Hexworthy,** PL20 6SD, paumé à 10 km de Princetown ou de Widecombe. ☎ (01364) 63-12-11. Double 90 £. Plats moins de 10 £ le midi, autour de 13 £ le soir.* Si vous êtes perdu dans la lande et qu'un chien effrayant vous poursuit, fiez-vous à la lumière et poussez la porte de ce refuge esseulé qui s'est offert un lifting récemment. Pas de forêt en vue, mais des chambres confortables et toutes colorées pour dormir au calme. Cuisine également au goût du jour (plats chauds, salades, *pies* maison...), à prix presque imbattables, servie dans différents salons bien animés.

À voir

Dartmoor Prison Museum : ***Princetown,** PL20 6RR. ☎ (01822) 32-21-30. • dartmoor-prison.co.uk • Installé en surplomb de la sinistre prison (encore en activité) qui trône au centre de Princetown. Tlj 9h30-16h30 (16h ven et dim). Entrée : 3,50 £ ; réduc.* Bâtir une prison à cet endroit n'est pas le fruit du hasard : le climat froid et très humide venait facilement à bout des prisonniers les plus coriaces, qui y mouraient comme des mouches. Une solution comme une autre à la surpopulation carcérale ! Autrefois, ils étaient entassés à 5 000 dans cette prison qui ne compte plus que 640 détenus. Elle ne se visite évidemment pas, mais le musée qui s'y rattache présente des collections intéressantes d'armes artisanales et d'incroyables objets fabriqués par les taulards dans l'espoir de s'évader, fausses clés copiées avec les moyens du bord, cachettes pour dissimuler drogues ou téléphone, etc. L'histoire de la prison et des conditions de vie qui y régnaient n'auront plus de secret pour vous !

Balades dans les environs

➢ Possibilité de splendides ***balades vers les Tor*** (restes granitiques). Quel paysage ! Pour s'éloigner sans se perdre, ou pour ne pas passer devant des trésors sans comprendre, n'hésitez pas à suivre une *walk* commentée par l'un des rangers. Cette lande est la plus riche d'Europe en sites néolithiques : plus de 2 000 cercles, pierres levées, etc. Il y a 200 ans, on pouvait s'installer librement si l'on construisait quatre murs et un âtre en un seul jour ; d'où le style local.

➢ Un autre bon départ d'excursion, avec bureaux d'information et jolies auberges : ***Bovey Tracey,*** pour aller aux ***Becky Falls,*** les cascades. • *beckyfalls.com* • *Ouv de mi-fév à début nov. Entrée : env 8 £ ; réduc.* Vous ne risquez pas de vous perdre, vous ne serez pas seul !

WIDECOMBE-IN-THE-MOOR

Ravissant village perché au sommet d'une colline, au cœur du parc sur la B 3387. Il est organisé autour de sa belle église du XVe s... et de son pub !

Où dormir ? Où manger ? Où boire un verre ?

Manor Cottage : *TQ13 7TB. ☎ (01364) 62-12-18. • manorcottagedartmoor.co.uk • À l'entrée du village. Doubles 50-65 £.* 3 chambres dont 2 avec salle de bains partagée, ce qui explique les prix tirés. On se sent bien dans ce discret cottage aux murs tout blancs, doté d'un joli jardin à l'arrière. Un cocon apprécié des cyclistes et marcheurs qui en ont fait une halte privilégiée.

The Old Inn : *dans le centre, TQ13 7TA. ☎ (01364) 62-12-64. Tlj midi et soir.* Superbe pub datant du XIVe s, un peu trop rénové au goût des habitués. On vient de toute la région pour y déguster une savoureuse cuisine régionale et boire de bonnes ales. Atmosphère très chaleureuse, surtout en fin de semaine où le lieu est bondé. Une véritable institution.

The Rugglestone Inn : *à 400 m en contrebas du village, TQ13 7TF. ☎ (01364) 62-13-27. Tlj midi et soir.* Un autre pub extraordinaire, construit en 1740 en pleine campagne. Pièces grandes comme un mouchoir plié et ambiance *friendly* comme on les aime. On peut aussi s'installer dans le jardinet traversé par un petit ru. Bon *pub grub* et un assez grand choix de plats faits maison, plutôt réussis.

THE WEST COUNTRY

TOTNES

8 100 hab. IND. TÉL. : 01803

Au sud de Dartmoor National Park, bourgade florissante au Moyen Âge dont il subsiste de belles maisons de marchands des XVe et XVIe s. Remonter à pied Fore Street, la rue principale qui devient High Street. Elle est parsemée de *tearooms,* de boutiques et de galeries d'art. Puis aller fureter autour de l'église Saint Mary, l'âme de la vieille ville, avant d'atteindre le château normand, tout là-haut. Une ville-halte plaisante.

Où dormir ?

King William IV Hotel : *45 Fore St, TQ9 5HN. ☎ 86-66-89. • king-williampub.com • En plein centre. Doubles env 70 £, sans petit déj. Repas env 12 £.* Pub plein de caractère établi dans une maison élisabéthaine à la façade fleurie. Accueil chaleureux et 4 chambres rénovées, toutes avec salle de bains. Côté cuisine, des plats de qualité servis copieusement et une bonne sélection de bières locales.

The Four Seasons Guesthouse : *13 Bridgetown, TQ9 5AB.*

☎ 86-21-46. • fourseasonstotnes.co.uk • À 5 mn à pied du centre historique, après le pont. Doubles env 75 £. Parking. Une maison sympathique aux chambres tout confort, à la déco plaisante. Accueil pro. L'endroit fait d'ailleurs plus penser à un hôtel qu'à une *guesthouse.*

The Old Forge : *Seymour Pl, TQ9 5AY. ☎ 86-21-74. • oldforgetotnes.com • À 5 mn à pied du centre, après le pont. Doubles 82-98 £. Parking.* Superbe bâtiment en pierre de la fin du XIVe s, ancien atelier de forgeron au rez-de-chaussée et tribunal au 1er étage, reconverti en hôtel. Chambres coquettes, bien qu'assez petites pour la plupart. Les moins chères ont leur salle de bains dans le couloir (mais privée). Jardin à l'anglaise et beaucoup de charme.

Où manger ?

Willow Vegetarian Garden Restaurant : *87 High St. ☎ 86-26-05. Tt en haut de la rue principale. Lun-sam 10h-17h, plus mar et ven-sam 18h30-22h30. Plats 5-10 £. CB refusées.* Atmosphère chaleureuse pour ce resto végétarien, bio et *children friendly.* Cuisine goûteuse et accueil agréable. Musique certains soirs.

Anne of Cleves : *56 Fore St. ☎ 86-31-86. Dans la montée à mi-chemin, sur la rue principale. Mar-sam 9h-17h30 (16h30 sam). Plat moins de 8 £.* Lunch assez bon marché et quelques plats végétariens. Mais, surtout, une variété de pâtisseries alléchantes exposées en vitrine et servies à l'ancienne par des serveuses à tablier. À déguster avec une bonne louche de *clotted cream.*

Pie Street : *26 High St. ☎ 86-86-74. Dans la montée, côté gauche. Tlj sf dim, 11h30-18h lun, 20h mar-jeu, 21h ven-sam. Compter 10 £ (moins cher à emporter).* Le paradis du *pie,* cette sorte de minitourte british par excellence. À la viande, au curry, aux champignons... et accompagnée de frites, purée ou légumes. L'intérieur présente de plus un certain cachet. De quoi ressortir satisfait !

À voir

Totnes Elizabethan House Museum : *70 Fore St. Dans la rue qui monte au château, juste avt l'East gate. Avr-fin oct, tlj sf dim 10h30-16h. GRATUIT.* Témoignages de la vie des siècles passés dans une ancienne maison de marchand. Belles maisons de poupée et collection de jeux anciens.

Totnes Castle : *Castle St, tt en haut de High St. ☎ 86-44-06. • english-heritage.org.uk/visit/places/totnes-castle/ • Avr-sept 10h-18h ; oct 10h-17h ; nov-mars slt le w-e 10h-16h. Entrée : env 4,50 £ ; réduc.* Forteresse normande édifiée au XIIIe s, détruite puis reconstruite plus tard. Il en reste de belles ruines et surtout ce gros donjon rond et crénelé. Pour y grimper, 200 marches. On est récompensé par une vue imprenable sur le village, la rivière Dart et la campagne alentour.

Historic Guildhall : *derrière l'église Saint Mary (tte rouge), en haut de Fore St. ☎ 86-21-47.* À l'origine, le bâtiment abritait le réfectoire du prieuré bénédictin, fondé en 1088. Reconverti au milieu du XVIe s pour accueillir la guilde des marchands, qui gérait la ville. À partir de 1624, il servit tour à tour de tribunal et de prison. Si le bâtiment est ouvert, voir les cellules, puis on accède par un escalier du XVIIe s à la chambre du Conseil ; belle frise de plâtre et table où Oliver Cromwell prit place en 1646.

Berry Pomeroy Castle : *à **Berry Pomeroy,** à env 2 miles de Totnes. ☎ 86-66-18. • english-heritage.org.uk • Avr-sept 10h-18h ; oct 10h-17h ;*

nov-mars slt le w-e 10h-16h. Entrée : env 6 £ ; réduc. Encore de belles ruines d'un château médiéval qui ne fut jamais achevé. Il serait, en revanche, hanté par plusieurs générations de fantômes !

À faire

➢ ***Excursion sur la rivière Dart :*** *dès Pâques. • dartmouthrailriver.co.uk • Billets combinés train à vapeur + bateau. Infos sur le quai de Totnes. Autour de 13 £ A/R. Horaires selon marées. Durée : env 1h15.* Beaux paysages : on voit la propriété d'Agatha Christie, et, favorite de la famille royale, l'école navale de Dartmouth. Une balade très plaisante.

➢ ***Voyage en train à vapeur de Totnes à Buckfastleigh :*** *à partir de Pâques. Avec South Devon Railway, • southdevonrailway.co.uk •* L'abbaye était le modèle des Baskerville, le prieur y était vampire. Une partie du personnel des trains à vapeur est bénévole, pour que persiste le noble esprit des chemins de fer.

TORBAY

131 000 hab. IND. TÉL. : 01803

• Plan Torquay *p. 193*

Nom officiel de la réunion de trois villes : *Torquay, Paignton* et *Brixham,* autour d'une baie très abritée qui servit contre l'Invincible Armada et pour le blocus continental. La région mérite son surnom d'*English Riviera* pour le microclimat qui régnerait sur toute cette partie de la côte, mais aussi pour son style architectural qui peut rappeler la Côte d'Azur.
La plus grande des trois villes est Torquay, c'est aussi la moins charmante. Paignton se révèle plus tranquille, plus ennuyeuse aussi. Brixham est en fait la seule à posséder un certain cachet, grâce à son petit port. Sa renommée date du retour des Indes des colons couverts d'or recherchant la chaleur, d'où la richesse des villas sur le promontoire et des églises.

TORQUAY ET AGATHA CHRISTIE

La grande femme de lettres est née en 1891 à Torquay. Infirmière militaire avant d'être romancière, elle eut l'idée de son célèbre détective Hercule Poirot lorsqu'elle soignait des réfugiés belges ayant quitté leur pays lors de l'invasion allemande, durant la Première Guerre mondiale. Ainsi naquit Poirot, personnage méticuleux, élégant et malin. Agatha Christie écrivit son premier roman mettant en scène le petit détective à moustaches gominées peu de temps après la guerre. Ce fut *La Mystérieuse Affaire de styles.* Parmi ses succès les plus grands et les plus traduits, *Dix petits nègres, Le Crime de l'Orient-Express, Le Meurtre de Roger Ackroyd.* La romancière vécut très longtemps dans la région et mourut à Wallingford, près d'Oxford, en 1976.

AGATHA CHRISTIE, CONSEILLÈRE CONJUGALE AVISÉE !

Aux femmes effrayées à l'idée de vieillir et de ne plus être désirées par leurs futurs maris, elle conseillait d'épouser, comme elle, un archéologue, ajoutant malicieusement : « Plus vous vieillissez, plus il vous aime ! »

THE WEST COUNTRY

Arriver – Quitter

En train

➢ ***Londres Paddington-Torquay :*** quelques trains/j. directs. Sinon, changement à Newton Abbot ou Exeter.

En bus

➢ ***Londres-Torquay :*** bus direct depuis Victoria Station avec la compagnie *National Express.* Durée : 5h.
➢ ***Torquay-Paignton :*** bus *Stagecoach Hop12.* À Torquay, départ réguliers sur le port.
➢ ***Torquay-Brixham :*** bus nº 12 tte l'année ou, en été, au port de Torquay, prendre l'*Open Top* décapotable nº 122 (1h).

En bateau

➢ Liaisons très fréquentes entre ***Torquay*** et ***Brixham.*** Trajet en 30 mn env. À Torquay, se rendre au port ; à Brixham, compagnie *New Pier (☎ 85-20-41).*

Adresses utiles

ℹ ***English Riviera Information*** *(plan A2)* **:** *Vaughan Parade, sur le port,* ***Torquay.*** *☎ 211-211. • englishriviera.co.uk • Tlj juin-sept ; fermé jeu et dim hors saison.* Brochures bien conçues. Possibilité de réserver un logement pour le jour même. Pratique, car l'été tout est vite complet.
Sinon, 2 points information :

ℹ *7 Torquay Rd,* ***Paignton*** *dans une librairie. ☎ 52-20-11. Lun-sam 9h-17h30.*
ℹ *The Quay,* ***Brixham,*** *à 500 m du front de mer, en remontant jusqu'au bout la rue piétonne puis 100 m à droite ; dans le magasin* Hobb Nobs. *☎ 211-211. Tlj 10h-17h.*

Où dormir ?

Campings

⛺ Au sud-ouest de Paignton, nombreux campings dans la campagne, notamment ***Whitehill Farm Camping*** *(☎ 78-23-38, • whitehill-park.co.uk •),* très confortable, superbe piscine. Le ***Ramslade Touring Park*** *(☎ 78-25-75, • caravanclub.co.uk •)* est très bien aussi, jolie situation, bon confort.
⛺ Vers Brixham, sur St Mary's Road, ***Upton Manor Farm*** *(☎ 88-23-84, • uptonmanorfarm.co.uk •).*

À Torquay

Bon marché (moins de 40 £ / 48 €)

🏠 ***Torquay Backpackers International Hostel*** *(plan A2,* ***10****)* **:** *119 Abbey Rd, TQ2 5NP. ☎ 29-99-24. 📱 07912-426-252. • torquaybackpackers.co.uk • En haut de la rue, juste avt la vilaine* Central Church. Check in *9h-21h. Dortoir 4-8 lits 17 £/pers ; 1 double avec lavabo 38 £.* 💻 📶 AJ à la fois tranquille et conviviale, reconnaissable à son pousse-pousse devant. Cuisine à dispo, salon TV, billard. Petite terrasse.

Prix moyens (40-80 £ / 48-96 €)

Innombrables ***B & B*** dans cette station très étendue et touristique. La plupart sont concentrés sur Avenue Road, Bridge Road et Morgan Avenue, à 10-15 mn du bord de mer à pied. Ils proposent le même type de services, à prix voisins. Les hôtels les plus chic se regroupent sur Babbacombe Road. Certains offrent une belle vue sur la côte.

🏠 ***The Sandpiper Guesthouse*** *(plan A2,* ***11****)* **:** *Rowdens Rd, TQ2 5AZ. ☎ 29-27-79. • sandpiperguesthouse.*

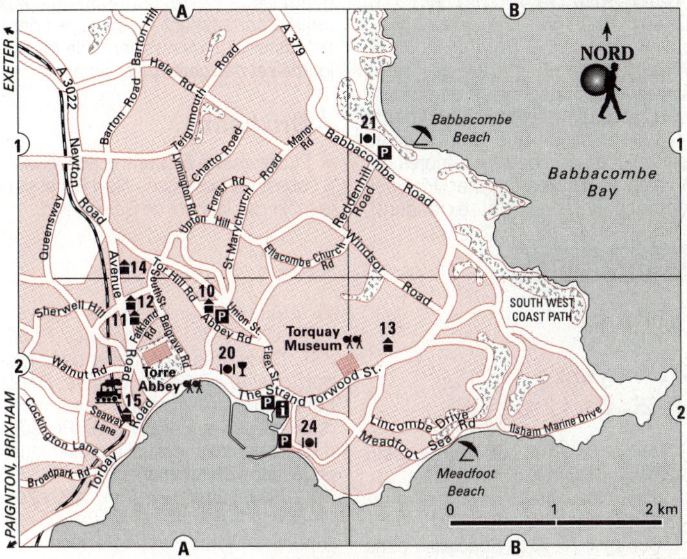

TORQUAY

■ **Adresse utile**	**13** Clifton Grove Hotel
English Riviera Information	**14** Kingston House B & B
Où dormir ?	**15** Grand Hotel
10 Torquay Backpackers International Hostel	**Où manger ?**
11 The Sandpiper Guesthouse	**20** Bistrot Pierre
12 The Baytree	**21** Hanbury's Fish and chips
	24 7 Fish Bistro et The Elephant

co.uk • Accès par Bampfylde Rd. Double 65 £ ; triples et quadruples. Parking. Petit hôtel-*B & B* tenu par une famille très attentive aux besoins de ses hôtes. 8 chambres de tailles variables, tout confort et vraiment bien tenues.

The Baytree (plan A2, **12**) : *14 Bridge Rd, TQ2 5BA. ☎ 29-37-18. • thebaytreehotel.com • Doubles 60-80 £ selon saison. Parking.* Dans un quartier résidentiel calme. 6 chambres *en-suite* aux tons doux, particulièrement douillettes. Accueil affable.

Clifton Grove Hotel (plan B2, **13**) : *4 Clifton Grove, Old Torwood Rd, TQ1 1PR. ☎ 29-41-03. • cliftongrovehotel.co.uk • Doubles 60-70 £. Parking gratuit.* Grimper 5 mn depuis le port, en marge de l'A 379, ce *B & B* se trouve dans un quartier résidentiel, au calme. La façade peu avenante cache une demeure bourgeoise de 1872, ancienne propriété de capitaines de marine. La grandiose cage d'escalier, qui a dû voir passer du beau linge, dessert des chambres comme il faut, 2 d'entre elles (les moins chères) avec salle de bains partagée. Accueil enthousiaste.

Chic (80-120 £ / 96-144€)

Kingston House B & B (plan A1, **14**) : *75 Avenue Rd, TQ2 5LL. ☎ 21-27-60. • kingstonhousetorquay.co.uk • Doubles 85-105 £.* Belle maison victorienne fort bien tenue. Déco et confort d'un grand raffinement, avec des équipements de qualité. Accueil tout sourire.

Grand Hotel (plan A2, **15**) : *Sea Front, TQ2 6NT. ☎ 29-66-77. • grandtorquay.co.uk • À côté de la gare. Doubles 79-199 £. Garage.* L'un des rares palaces situés directement en bord de mer. Classieux, mais ambiance plutôt détendue et dynamique pour ce genre d'endroit. Les plus belles chambres ont un balcon avec vue sur mer. Piscines chauffées (intérieure et extérieure), gymnase... Resto panoramique aux tarifs étonnamment mesurés (propose notamment un menu abordable toute la journée et des petits plats simples).

À Brixham

Plusieurs **B & B** fleuris et accueillants à l'ouest du port, dans New Rd et vers le môle, sur la route de Berry Head.

Où manger ?

À Torquay

Prix moyens (10-20 £ / 12-24 €)

Hanbury's Fish and chips (plan B1, **21**) : *24 Princes St, Babbacombe, TQ1 3LW. ☎ 31-46-16. À env 2 km du centre. Tlj sf dim 11h45-13h45 et 16h45-21h. Compter 10-15 £.* Spécialisé dans le *fish & chips* de qualité et les fruits de mer. Depuis 1922, il régale la ville et rafle depuis plusieurs années les *awards* de meilleur *fish & chips shop* du Sud-Ouest !

Bistrot Pierre (plan A2, **20**) : *Abbey Crescent, Torbay Rd, TQ2 5FB. ☎ 221-213. Tlj midi et soir, plus le mat le w-e. Menus autour de 12 £ le midi et 15 £ avt 18h45 ; plats 10-20 £.* Dans un bâtiment en forme de croissant, à côté d'autres restos branchés. Intérieur volumineux, dans le registre industriel sur 2 niveaux, offrant des vues sur le large. Ambiance familiale et animée. La cuisine passe-partout entre terre et mer, burgers et pâtes fait bien l'affaire.

Plus chic (20-30 £ / 24-36 €)

The Elephant (plan A2, **24**) : *3-4 Beacon Terrace, TQ1 2BH. ☎ 20-00-44. Fermé dim-lun. Lunch menus 16,50-20 £ ; plats le soir 17,50-25 £.* Cadre très agréable et beau rapport qualité-prix de la cuisine. Décor contemporain donnant une touche chaleureuse à l'ensemble. Produits d'une belle fraîcheur, jolie présentation et desserts d'anthologie.

7 Fish Bistro (plan A2, **24**) : *7 Beacon Terrace. ☎ 29-50-55. Tlj sf dim, lun et mar midi. Poissons env 14-20 £.* Cadre bleu et blanc aux accents méditerranéens, céramiques, toiles cirées, vieux plancher pour une bonne cuisine de poisson et fruits de mer. Bar à vins à l'étage.

À Paignton

The Harbour Light : *North Quay, The Harbour, TQ4 6DU. ☎ 66-65-00. • info@theharbourlight.co.uk • Tlj mai-nov à partir de 18h (en basse saison sam slt). Plats env 11,50-24 £.* Au bout du port (venant de Torquay). Bien située, avec vue nocturne sur le charmant petit port, une longue bâtisse traditionnelle blanche aux volets bleus. Sympathique affaire familiale depuis des décennies et offrant, dans un cadre agréable, de bonnes spécialités d'agneau, coq au vin, poulet à l'ail et poisson bien sûr.

À voir

À Torquay

Torquay Museum (plan A-B2) : *529 Babbacombe Rd, TQ1 1HG. ☎ 29-39-75. • torquaymuseum.org • Lun-sam 10h-16h (dernier ticket 15h). Entrée : env 6,50 £ ; réduc.* Musée généraliste plutôt hétéroclite : collections

THE WEST COUNTRY

d'archéologie et de géologie, découverte interactive de l'histoire naturelle de la région, objets de la vie rurale et ferme du Devon reconstituée... On y trouve notamment le plus ancien fossile humain nord-européen (43 000 ans). Il faut cependant monter tout en haut pour trouver la salle dédiée à l'enfant du coin : Agatha Christie. Photos, objets personnels, vêtements, premières éditions. Également des costumes de la série *Hercule Poirot* avec Davis Souchet.

D'UN HARRISON À L'AUTRE

Né à Torquay, le lieutenant-colonel Pery Harrison Fawcett (1867-1925) explora les jungles d'Amazonie au début du XXe s. Aventurier d'une sacrée trempe, il chercha toute sa vie la fameuse Cité perdue de Z, une quête qui donna lieu à de nombreux livres et à un film en 2017. Fawcett disparut dans la jungle, dévoré par des cannibales selon la rumeur. Ce personnage inspira un certain... Indiana Jones !

Torre Abbey (plan A2) : *The King's Dr, TQ2 5JE (rue perpendiculaire à Torbay Rd). ☎ 29-35-93. • torre-abbey.org.uk • Juin-sept, tlj ; mars-mai et oct-déc, mer-dim : 10h-17h (16h dernière entrée). Entrée : env 8 £ ; jardins 4 £ ; réduc.* Monastère bâti au XIIe s, qui subit de nombreuses vicissitudes et s'est totalement modernisé pour éblouir les visiteurs. Expo sur trois niveaux émaillée d'animations interactives : des statues et des tableaux qui parlent et, dans la salle à manger, même les assiettes font la conversation ! Il fallait bien ça pour raconter les 8 siècles d'histoire de cette abbaye. Cafétéria très agréable (bons gâteaux), jardin fleuri avec une superbe serre tropicale et une serre à cactus.

À Brixham

Sur le quai, superbe ***navire*** reproduisant aux deux tiers la *Golden Hind* (la *Biche dorée*). C'est la caravelle sur laquelle sir Francis Drake fit le tour du monde de 1577 à 1580. Pas vraiment la peine de payer, on la voit très bien de l'extérieur.

Berry Head National Park : *à plus de 1 mile à l'ouest. • countryside-trust.org.uk/berryhead •* Réserve naturelle qui abrite une grande variété de plantes rares et d'oiseaux (guillemots notamment).

Coleton Fishacre House and Garden : *Brownstone Rd, à env 4 miles de Kingswear (route Brixham-Dartmouth). ☎ 84-23-82. • nationaltrust.org.uk/coleton-fishacre • Bus Stagecoach nos 22 et 24. Mars-oct, tlj sf ven 10h30-17h ; de nov à mi-déc, sam-lun 11h-16h. Entrée : env 11 £ ; réduc.* Maison du début du XXe s dans la plus pure tradition de la côte sud-ouest, entourée d'un magnifique jardin d'essences rares du monde entier.

À faire

À Torquay

On vous conseille d'éviter les plages près du port. En longeant la côte, succession de petites ***plages*** coincées entre les falaises de roches rouges. Agréables hors saison mais bondées l'été. Au nord de la ville s'étend ***Babbacombe Beach*** *(plan B1),* la plus vaste et la plus cotée. *• babbacombebeach.com •* Accès par bus (no 22) du port ou par un sentier côtier.

➢ Ce superbe ***sentier maritime*** offre une vue imprenable sur les échancrures de la côte et quelques villas vertigineuses bien intégrées au site. Cette balade dans l'anse de Torbay fait partie du *South West Coast Path,* sentier de randonnée longeant le Devon et les Cornouailles sur plus de 22 miles. Toutes les infos auprès du *Countryside Trust* ● countryside-trust.org.uk ●

À Paignton

De grandes plages de sable bordent la ville. ***Goodrington Sands,*** à l'ouest, est la plus tranquille.

➢ ***Train entre Paignton et Kingswear :*** *à prendre en gare de Paignton.* ☎ *55-58-72.* ● *dartmouthrailriver.co.uk* ● *Petit train à vapeur et à touristes.* Il suit les rives de la rivière Dart et la côte sur 7 miles. Plusieurs liaisons quotidiennes en été. Personnel en costume d'époque. À l'arrivée à Kingswear, on peut traverser la rivière en ferry pour gagner Dartmouth. Excursion d'une journée possible combinant train, bateau, et retour.

➢ Des ***bateaux*** proposent des balades au départ du port, et peuvent vous conduire à Dartmouth ou vous emmener pêcher le maquereau.

À Brixham

Les deux petites plages de sable de ***Fishcombe*** et de ***Churston Cove*** sont les plus proches du port. ***Shoalstone Beach*** est agréable pour prendre le soleil sur ses grands rochers plats ; et ***Saint Mary's Bay,*** la plus éloignée, abrite une vaste plage de sable entourée de falaises.

DARTMOUTH

5 100 hab. IND. TÉL. : 01803

● Plan *p. 197*

Dartmouth évoque un peu Honfleur avec sa petite activité portuaire, ses belles maisons, son charme douillet. Après les villes surfaites de la Riviera, on est content de trouver ce petit port qui ne semble pas vivre uniquement du tourisme. La mer est à un mile et la ville fut le point de départ de nombreux bateaux vers le Nouveau Monde, puis des marins terre-neuvas. Remarquez le *Royal Naval College,* immense bâtiment qui domine Dartmouth et en fait sa fierté.
– Célèbre régate *(Royal Regatta)* fin août.

Arriver – Quitter

En train et/ou ferry

➢ ***Ferries en voiture pour traverser le fleuve :*** venant de l'est et de Torbay, pour éviter un long détour par Totnes, possibilité d'emprunter 2 ferries, *Higher Ferry* ou *Lower Ferry.* Préférer le premier, plus grand et plus fréquent, pour un prix similaire (env 6 £ la traversée). CB refusées. ● *dartmouthhigherferry.com* ● Les piétons peuvent aussi prendre le *Passenger Ferry* à Kingswear.

➢ ***Paignton :*** liaisons quotidiennes par train à vapeur jusqu'à Kingswear (puis ferry passagers pour traverser le fleuve). Infos auprès de ***Steam Railway :*** ☎ *(01803) 55-58-72.* ● *dartmouthrailriver.co.uk* ●

➢ ***Totnes :*** liaison en bateau plusieurs fois/j. en saison. Mêmes coordonnées.

En bus

Sur le quai.

➢ Liaisons avec ***Totnes, Torquay*** et ***Plymouth*** notamment, avec *Stagecoach* (● *stagecoachbus.com* ●).

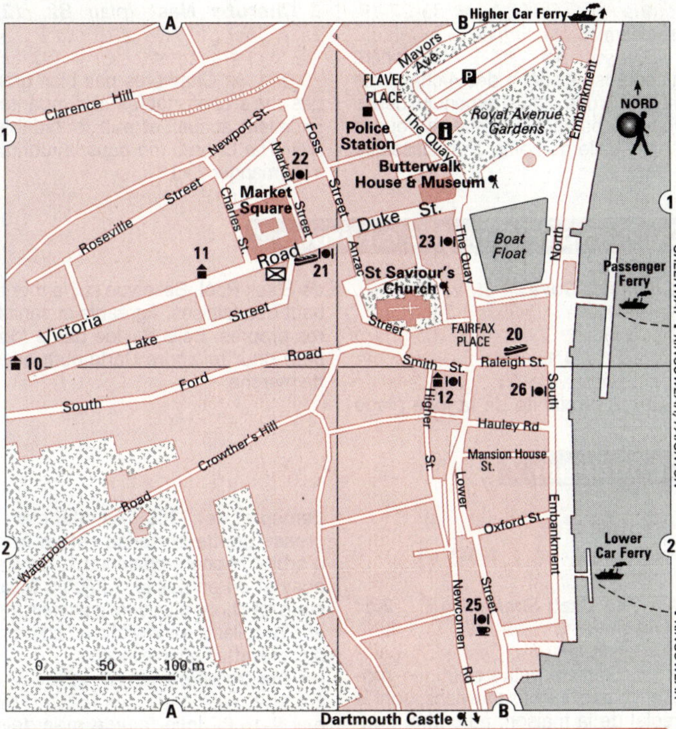

DARTMOUTH

Adresse utile	Où manger ?
Tourist Information Centre	12 The Cherub Inn
Où dormir ?	20 The Crab Shell
10 Camelot B & B	21 Saveurs
11 Seale Arms	22 The Dolphin
12 Cherubs Nest	23 Taylor's Restaurant
	25 Café Alf Resco
	26 Rockfish

Adresse utile

Tourist Information Centre (plan B1) **:** *sur Mayor's Ave.* ☎ *83-42-24.* • *discoverdartmouth.com* • *À gauche du port, quand on regarde l'eau. L'été, tlj 10h-16h ; horaires plus restreints et fermé mer et dim l'hiver.*

Où dormir ?

Camelot B & B (plan A1-2, **10**) **:** *61 Victoria Rd, TQ6 9RX.* ☎ *83-38-05.* *07870-66-58-63.* • *jjwright@talktalk.net* • *Fermé 15 j. fin déc. Double 75 £.* Chambres avec lavabo ou *en-suite*. Simple, pas bien grand, mais propre et excellent accueil familial.

Seale Arms (plan A1, **11**) **:** *10*

Victoria Rd, TQ6 9SA. ☎ 83-27-19. • sealearmsdartmouth.co.uk • Doubles env 80 £ avec petit déj. Atmosphère chaleureuse et déco des 4 chambres soignée. L'une est carrément luxueuse avec lit à baldaquin, lumières douces et belle salle de bains. Pub classique en bas.

Cherubs Nest *(plan B2,* ***12****) : 15 Higher St, TQ6 9RB. ☎ 83-24-82. • cherubsnest.co.uk • Doubles 70-90 £.* Chambres pas bien grandes mais confortables et pimpantes. Excellent accueil et pub formidable ! (Voir *The Cherub Inn* dans la rubrique « Où manger ? ».)

Où camper dans les environs ?

Leonards Cove : *à* ***Stoke Fleming,*** *village situé à 2 miles de Dartmouth, TQ6 0NR. ☎ 77-02-06. • leonardscove.co.uk • Ouv de fin avr à mi-sept. Compter 15-25 £ pour 2 selon saison.* À proximité de la jolie plage de Black Pool. Belle vue sur la mer en haut des falaises. Agréable et sanitaires propres. Belle balade par le *footpath* pour rejoindre Dartmouth en 1h de marche.

Où manger ?

Bon marché (moins de 10 £ / 12 €)

The Crab Shell *(plan B1,* ***20****) : 1 Raleigh St. ☎ 83-90-36. Tlj 11h30-14h. Fermé janv-fév. Sandwich moins de 6 £.* Géniale petite boutique proposant d'excellents sandwichs, dont le spécial de la maison, au crabe. Également un fondant maquereau fumé, crevettes, thon mayo, etc. Frais et goûteux.

Saveurs *(plan A1,* ***21****) : 3 Victoria Rd. ☎ 83-58-52. Lun-sam 9h-17h. Snacks et petits déj 5,50-12 £.* Boulangerie-pâtisserie française offrant de bons sandwichs, paninis et gâteaux.

Café Alf Resco *(plan B2,* ***25****) : Lower St. ☎ 83-58-80. Tlj 7h-14h.* La pause rêvée pour un petit déjeuner sain ou un déjeuner simple à base de fromages, charcuterie, salades, etc. La réputation de la marmelade maison n'est plus à faire ! Les tables devant plaisent bien car abritées de la pluie et de la route.

Prix moyens (10-20 £ / 12-24 €)

The Cherub Inn *(plan B2,* ***12****) : 13 Higher St. ☎ 83-25-71. Tlj. Plats 10-17 £.* Abrité dans une superbe demeure de 1380. À l'intérieur, la grosse poutre porteuse est un tronc d'arbre. Mignon, chaleureux, familial, cosy et on en passe. Toujours beaucoup de choix, plusieurs poissons frais et d'excellents sandwichs au crabe ou aux crevettes pour le lunch.

The Dolphin *(plan A1,* ***22****) : 5 Market Sq. ☎ 83-36-98. Tlj 11h-23h. Plats env 9-15 £.* Jolie façade mi-ardoise mi-fantaisiste. Resto à l'étage, une petite salle chaleureuse au sol gauche (grandes dalles de pierre), vieux comptoir de bois et bougies sur les tables. Pizzas, risottos, *steak and ale pie,* etc. Un intéressant rapport qualité-prix.

Rockfish *(plan B2,* ***26****) : 8 South Embankment. ☎ 83-28-00. Tlj 12h-21h30. Plats 10-23 £.* Impossible de manquer la devanture turquoise de cette cafétéria tout en longueur et toute proprette. C'est qu'ici on rend hommage à la mer : *fish & chips, Dover sole,* lotte, langouste... Et frites à volonté ! Une adresse idéale avec les enfants qui apprécieront certainement les dessins de leurs petits copains accrochés au plafond.

Plus chic (plus de 20 £ / 24 €)

Taylor's Restaurant *(plan B1,* ***23****) : 8 The Quay. ☎ 83-27-48. Tlj sf dim-lun.*

Menus 17-21 £ (midi) ; plats 17-29 £. N'accepte pas les enfants de moins de 7 ans. Le resto de poisson le plus fameux du bourg, à l'étage d'une boutique. Ambiance feutrée et chic dans les tons gris avec moquette et vue sur le port. *Fish Platter* plébiscité !

À voir

Butterwalk House and Museum *(plan B1)* **:** *à l'angle de Duke St et Mayor's Ave.* ☎ *83-29-23.* • *dartmouthmuseum.org* • *Avr-oct, tlj 10h (13h dim-lun)-16h ; nov-mars, tlj 12h-15h. Entrée : 2 £.* Musée complet, consacré à l'histoire maritime de la ville, à ses habitants et au faux D-Day qui eut lieu ici. Situé dans une longue bâtisse à colombages du XVIIe s, encore dans son jus avec parquets et escalier de guingois, soutenue par des colonnes de pierre à chapiteaux sculptés. Ce *butterwalk* servait d'entrepôt pour le beurre et le lait des fermiers de la région. Les arcades abritent aujourd'hui des boutiques.

OPÉRATION TIGER

Cinq semaines avant le débarquement en Normandie, les Alliés simulèrent une répétition à Slapton Sands, une plage à 10 km au sud de Dartmouth. Les Allemands s'en rendirent compte et envoyèrent 5 vedettes lance-torpilles. Bilan supposé : 946 morts ! Cette catastrophe resta longtemps un secret militaire bien gardé.

Saint Saviour's Church *(plan B1)* **:** *juste derrière Fairfax Pl.* Architecture gothique du XIVe s rénovée au XVIIe. Voûte en bois, balcon ciselé et superbe jubé ouvragé en bois polychrome qui ferme le chœur. Enfin, une jolie chaire sculptée en pierre, curieusement polychromée.

Belle balade le nez en l'air à travers les petites rues du centre. Le ***quartier historique*** autour du port possède quelques superbes maisons à colombages, la plus ancienne se situant au début de *High Street.* La rue principale et les ruelles autour de *Market Square* recèlent des boutiques d'antiquités et des galeries d'art. Dans cet ancien marché, on trouve restos, poissonniers, épiceries, etc.

Dartmouth Castle *(hors plan par B2)* **:** *TQ6 0JN.* ☎ *83-35-88.* • *english-heritage.org.uk* • *Avr-oct, tlj 10h-18h (17h oct) ; nov-mars, slt le w-e 10h-16h. Entrée : env 7 £ ; réduc.* Dressé sur son promontoire au bout de la jetée, à l'extrémité de l'embouchure du fleuve Dart, voici un petit château du XIVe s, dont le principal mérite est de tenir encore debout. À part quelques canons, les salles sont bien vides et la vue qu'offre le château peut aussi bien être appréciée de l'extérieur. C'est surtout l'occasion de profiter d'une belle balade le long de la mer, en empruntant le *South West Coast Path* jusqu'au château. En saison, le *Castle Ferry* assure la liaison depuis le port de Dartmouth.

À faire

➢ **Balade en bateau :** *River Link, 5 Lower St.* ☎ *83-44-88.* Une belle excursion sur la rivière Dart à la journée ou demi-journée. Également des excursions en mer et une liaison avec Totnes, en saison. Prix un peu élevés cependant.

Plage de Black Pool Sands : *à env 2 miles de Dartmouth, entre Stoke Fleming et Strete. Parking payant.* Superbe plage de sable blond enfermée dans une enclave au milieu d'une côte déchiquetée. Très fréquentée en été, voire surpeuplée.

À voir dans les environs

Greenway House : *Greenway Rd, Kingswear, TQ5 0ES, sur Brixham. ☎ 01803-84-23-82. • nationaltrust.org.uk/greenway • Pour s'y rendre : voiture (mais réserver impérativement sa place de parking par tél, 3 £/3h), ferry depuis Dartmouth, en bus ou à pied : ttes les infos sur le site internet. De mi-fév à oct, tlj 10h30-17h. Entrée : env 11,50 £ ; réduc.*
Agatha Christie n'a pas choisi n'importe quel emplacement pour sa maison de vacances achetée en 1938 : le manoir georgien et le parc arboré de 30 ha de Greenway bénéficient de vues somptueuses sur l'estuaire tout en relief de la Dart. Un endroit superbe à découvrir par beau temps de préférence. Le manoir est resté comme inchangé depuis les années 1950, avec ses milliers d'objets collectionnés, comme si la romancière était juste sortie faire un tour dans la propriété, le courrier encore sur la table.
Entre les jardins clos, les camélias, rhododendrons, magnolias et arbres remarquables, peut-être est-elle descendue jusqu'au *Battery* pour le point de vue et se reposer au *Boathouse.* C'est dans cette annexe au-dessus de l'eau que se déroule le crime de *Poirot joue le jeu (Dead Man's Folly)*. Possibilité de passer la nuit à Greenway, mais c'est cher. Et si vous entendez craquer le parquet la nuit, posez-vous des questions !

PLYMOUTH

259 000 hab. IND. TÉL. : 01752

• Plan *p. 201*

Grand port maritime et militaire qui, sans avoir un charme fou, distille des émotions tour à tour viriles et subtiles, un peu comme les vapeurs de gin de la *Black Friars Distillery.* Deux quartiers agréables : *The Barbican,* ancien quartier de pêcheurs désormais peuplé de bars et de restaurants, et *The Hoe,* une colline résidentielle longeant la mer. En 1620, les *Pilgrim Fathers,* qui avaient appareillé de Southampton, firent une dernière escale à Plymouth avant d'affronter l'Atlantique pour aller fonder une colonie à l'abri des persécutions. Ce furent les premiers immigrants américains. Une plaque commémore le point de départ de leur bateau, le célèbre *Mayflower.*

L'INVINCIBLE DRAKE

S'il fallait ne citer qu'un marin de la région parmi tous ceux de la grande époque élisabéthaine, ce serait sir Francis Drake (1540-1596). Né à Tavistock, il se fit connaître en combattant les Espagnols puis boucla en 3 ans le 2e tour du monde (après Magellan). On le vit sur toutes les mers, ce qui ne l'empêcha pas d'être élu maire de Plymouth, alors la plus grande base navale du pays. Il se distingua une nouvelle fois lorsqu'il anéantit l'Invincible Armada espagnole.

Arriver – Quitter

En train

Gare ferroviaire : *North Rd. ☎ (08457) 48-49-50.*

➢ ***Penzance :*** plusieurs trains/j. Env 2h de trajet.
➢ ***Exeter :*** nombreux trains. 1h de trajet.

PLYMOUTH

Adresses utiles	**Où manger ?**
Tourist Information	20 Tudor Rose Tea-Room
1 Gare routière (bus nationaux)	21 Treasury
2 Gare routière (bus locaux)	22 The Chancel
32 Rockets and Rascals (vélos)	23 Pasta Bar
	25 Barbican Kitchen
Où dormir ?	**Où boire un verre ? Où écouter de la musique ?**
11 Squires Guest House	30 Minerva Inn
12 The Tudor House	31 The Dolphin
14 Mariners Guest House	32 Blues Bar et Rockets and Rascals
16 The Rusty Anchor Guest House	33 The Cider Press

➢ ***Londres Paddington :*** quelques directs quotidiens. 4h-4h30 de trajet.

En bus

Gare routière *(plan A1,* ***1****)* ***:*** *Mayflower Coach St.* Compagnies pour les destinations nationales *(Falcon, Megabus...)* ainsi que les Cornouailles pour la compagnie *National Express.*

Gare routière *(plan A1,* ***2****)* ***:*** *Royal Parade.* Bus locaux desservant Plymouth et les Cornouailles.

En ferry

Par *Brittany Ferries.*
➢ ***Roscoff :*** de mi-avr à début nov, 1-2 ferries/j. *Infos et résas : ☎ (08705) 36-03-60.* De Plymouth, départ du terminal Millbay, au sud de la ville. Durée du trajet : 6h.

Adresses utiles

Tourist Information *(plan B2) : 3-5 The Barbican. ☎ 30-63-30. • visitplymouth.co.uk • Lun-sam 9h-17h, dim 10h-16h ; fermé dim en hiver.* Accueil efficace. Également une expo payante dernier cri sur les *Pilgrim Fathers* et une terrasse avec vue au 3e étage.

Rockets and Rascals *(plan B2, **32**) : 7 The Parade, The Barbican. ☎ 262-170. • rocketsandrascals.com • Lun-sam 8h-18h, dim 9h-17h. Compter 15 £/j, 10 £/2h.* Des vélos dernier cri pour le coup de pédale, un atelier de réparation rutilant pour le coup de pouce et un café convivial pour le coup de fouet.

Où dormir ?

Camping

Riverside Caravan Park : *Leighman Manor Dr, Marsh Miles, Plymouth, PL6 8LL. ☎ 34-41-22. • riversidecaravanpark.com • Dans une banlieue de la ville, à 2,4 miles, direction Exeter, puis Plymton. Bus possible. Compter 12-18 £ selon saison.* Vaste camping arboré au bord de la rivière Plym. Bien équipé : magasin, laverie, resto et *take away* l'été.

Prix moyens (40-80 £ / 48-96 €)

La majorité des *B & B* à prix raisonnables se situent dans le quartier résidentiel du Hoe, autour d'un grand parc très agréable, sur la colline qui domine le port et la baie.

Squires Guest House *(plan A2, **11**) : 7 Saint James Pl East, The Hoe, PL1 3AS. ☎ 26-14-59. • squiresguesthouse.com • Petite rue perpendiculaire à Citadel Rd. Doubles dès 60 £.* Maison cossue à la façade pistache accueillante, dans une rue tranquille. Chambres assez petites mais impeccables, avec salle de bains commune. Excellent petit déj et accueil comme il faut.

The Tudor House *(plan A2, **12**) : 105 Citadel Rd, The Hoe, PL1 2RN. ☎ 66-15-57. • tudorhouseplymouth.co.uk • Doubles 64-68 £.* Chambres claires et confortables, d'une grande sobriété. Petit déj copieux et accueil *charming* !

Au pied de la colline du Hoe, près du ferry

The Rusty Anchor Guest House *(plan A2, **16**) : 30 Grand Parade. ☎ 66-39-24. • therustyanchor-plymouth.co.uk • Doubles 69-79 £. Parking payant.* Une belle maison de 7 chambres à la déco fraîche et plaisante, les plus chères avec *seaview.* Convivial et charmant.

Mariners Guest House *(plan A2, **14**) : 11 Pier St, PL1 3BS. ☎ 26-17-78. • marinersguesthouse.co.uk • Doubles 56-66 £. Parking payant.* Dans une rue populaire, grande maison conviviale aux 8 chambres pas bien grandes mais chaleureuses et confortables. Sauna payant. Table commune pour le petit déj.

Où manger ?

Tout se concentre sur le Barbican, ancien quartier de pêcheurs dont l'axe principal est Southside Street et au Royal William Yard, en dehors du centre. Cette immense forteresse militaire, toujours en partie en activité a été réhabilitée et est devenue l'un des poumons branchés de Plymouth. Tout plein de restos et bars au bord de l'eau, dans le port industriel. Pour y aller : bus n° 34 de Royal Parade ou navette fluviale aux beaux jours depuis The Parade. Sinon, ça fait une trotte à pied...

Bon marché (moins de 10 £ / 12 €)

Tudor Rose Tea-Room *(plan B2, **20**) : 36 New St, The Barbican, pas loin de l'Elizabethan House. ☎ 25-55-02. Compter 4-8 £.* Une jolie maison de poupée où déguster de savoureux gâteaux maison (scones, *rock cake...*) accompagnés de crème fermière, ainsi que de bons sandwichs et plats chauds.

Prix moyens (10-20 £ / 12-24 €)

Treasury *(plan A1, **21**) : Catherine St, attenant au Guildhall. ☎ 67-21-21. Tlj de 8h30 (10h dim) à tard (22h-2h selon j.). Plats env 8-13 £ ; menu 12 £ avt 17h30 certains j.* Cadre d'exception pour ce café-resto qui occupe l'ancienne salle du trésor municipal. Décor chaleureux et épuré où l'on se détend volontiers autour d'un thé parmi une clientèle sage. Mais c'est aussi un super endroit pour déjeuner ou dîner de manière informelle. Super *afternoon tea* qui fait office de repas.

The Chancel *(plan B1, **22**) : 2 St Andrews St. ☎ 22-62-64. Tlj. Résa très conseillée le soir. Plats env 12-25 £ ; menu tapas le midi 13,50 £.* 2 mini-salles pour ce petit resto à l'ambiance intimiste, aussi populaire auprès des touristes que des locaux. Poisson du marché, viandes choisies avec soin mais plus chères... Très large sélection de vins au verre.

Pasta Bar *(plan B2, **23**) : 40 Southside St, The Barbican. ☎ 67-12-99. Tlj. Plats 8-14 £.* Une bonne halte à prix raisonnable. Cadre plaisant, tables bistrot et moquette anglaise chamarrée. Pâtes, pizza maison, sandwichs et snacks divers.

Plus chic (plus de 20 £ / 24 €)

Barbican Kitchen *(plan B2, **25**) : 60 Southside St. ☎ 60-44-48. Tlj. Menus 14-17 £ (le midi et 17h-19h). Compter 20-25 £ à la carte.* Au 1er étage de la *Black Friars Distillery.* Longue salle à manger, genre chaleureux grenier avec poutres, grandes banquettes et coussins. Cuisine de brasserie généreuse et d'une belle fraîcheur. Service jeune et alerte.

Où boire un verre ? Où écouter de la musique ?

Minerva Inn *(plan B1, **30**) : 31 Looe St. ☎ 22-30-47. Jam session le jeu, concerts live (jeu-ven à 21h et dim à 16h30).* Le pub le plus ancien de la ville, ouvert depuis 1540 ! Niché pas loin du port, dans un vieux quartier joliment rénové. Tout en longueur, bas de plafond avec de vénérables poutres en chêne. Le feu crépite dans l'âtre aux premiers frimas. Sir Francis Drake, qui vivait en haut de la rue, venait s'y détendre et jouer à la bataille navale sur le vieux comptoir de bois... Chaleureuse ambiance, surtout au moment des concerts.

Blues Bar *(plan B2, **32**) : 8 The Parade, The Barbican. ☎ 25-73-45. • bluesbarandgrill.co.uk • Tlj jusque tard.* Lieu un peu BCBG pour d'excellents concerts de blues et de jazz. Superbe atmosphère au moment du festival, il va sans dire !

The Cider Press *(plan B2, **33**) : 7 Quay Rd. ☎ 20-51-51. Lun-jeu 18h-23h, ven-sam 13h-2h, dim 13h-22h.* Excellent pub avec DJ presque chaque soir et musique live le dimanche.

The Dolphin *(plan B2, **31**) : 14 The Barbican. Tlj.* Un pub qui a de la gueule à défaut de cachet. Il a toujours été là et sera toujours là, dans son jus. Pas de chichis dans le cadre, pas de *pub grub*, tout se passe au comptoir, le nez dans une pinte. Ambiance locale garantie !

À voir. À faire

The Barbican *(plan B2)* **:** ancien quartier de pêcheurs rénové et fort bien mis en valeur. Quand on pense qu'il fut violemment bombardé lors de la dernière guerre et que nombre de maisons anciennes disparurent, on imagine quel charme il pouvait posséder jadis ! Au 32 New Street, petite plongée dans le Plymouth de l'époque de sir Francis Drake avec ***The Elizabethan House.*** Se balader ensuite sur Southside Street jusqu'au petit port. Certes, très touristique, mais le charme opère toujours. C'est dans une maisonnette au bout de cette rue que les passagers du *Mayflower* prirent leur dernier verre avant de naviguer vers des contrées nouvelles, un soir de 1620.

Plymouth Gin *(plan B2)* **:** *Black Friars Distillery, 60 Southside St. ☎ 66-52-92. • plymouthgin.com • Visite guidée tlj, ttes les 30 mn 10h30 (11h30 dim)-17h. Entrée : env 7 £ ; réduc.* Vieille distillerie de gin encore en fonction dont on aperçoit les colossales cuves derrière une vitre. Visite des bâtiments historiques, ancien monastère de 1431, tous les secrets de fabrication du gin depuis le XVIIIe s et, bien sûr, dégustation et vente de la production.

Balade dans le quartier de Looe Street *(plan B1)* **:** dans le même coin que la *Merchant's House* (au 33 St Andrews St, magnifique maison du XVIe s), découvrez quelques autres aspects pittoresques du vieux Plymouth. En particulier *Looe Street*. En haut de la rue, habitait sir Francis Drake. Au n° 31, le *Minerva Inn,* plus ancien pub de la ville.

The Hoe *(plan A2)* **:** c'est le nom de cette colline qui domine la baie. À la fois grand parc, quartier résidentiel et citadelle militaire. Du sommet, où trône une statue de sir Francis Drake, panorama superbe sur la baie et les vaisseaux militaires toujours ancrés par ici. Sympa en été pour pique-niquer sur les pelouses anglaises tondues avec maniaquerie. On peut aussi grimper en haut de la *Smeaton's Tower,* grand phare rouge et blanc.

National Marine Aquarium *(plan B2)* **:** *Fish Quay, The Barbican. ☎ 93-79-38. • national-aquarium.co.uk • Tlj 10h-17h. Entrée : env 16 £ ; réduc, notamment sur Internet.* Toute une variété de poissons de la côte anglaise et des mers du globe. Bassins remplis d'hippocampes, de corail ou de poissons multicolores, d'étoiles de mer, de crabes et de crustacés... Derrière la vitre d'un aquarium géant, on peut observer la vie des requins, certains mesurant plus de 2,50 m de long. De même, peut-on dialoguer avec les plongeurs lors du « *Dive Show* ».

Royal William Yard *(hors plan par A2)* **:** *en dehors du centre. Bus n° 34 de Royal Parade ou navette fluviale aux beaux jours (env 3 £ l'aller) depuis The Parade. À pied dur, dur, compter 30 mn et route passante.* Cette immense forteresse de la Navale royale est désormais ouverte au public. Passé une porte majestueuse, on découvre un site parfaitement conservé et réhabilité où, parmi les bassins, restos, bars et boutiques ont investi les différents corps de bâtiment. Du chic et de l'historique. Vues imprenables sur l'embouchure industrielle de la rivière Tamar. C'est devenu le quartier en vogue à Plymouth.

➢ ***Tours en bateau*** **:** *avec* ***Plymouth Boat Cruises,*** *Mayflower Steps, 2-5 Commercial Wharf, The Barbican. ☎ 25-31-53. • plymouthboattrips.co.uk/cruising/ •* Plusieurs tours dans la journée.

DANS LES ENVIRONS DE PLYMOUTH

Buckland Abbey **:** *à* ***Yelverton,*** *à 11 miles au nord de Plymouth par l'A 386 et à 6 miles au sud de Tavistock. ☎ (01822) 85-36-07. • nationaltrust.*

org.uk/buckland-abbey • Mars-oct, tlj 11h-17h ; l'hiver, horaires restreints. Entrée : env 11 £ ; réduc. Voici la résidence du grand navigateur sir Francis Drake. C'est une ancienne abbaye cistercienne du XIIIe s, transformée en résidence privée 3 siècles plus tard. À l'intérieur, des souvenirs personnels du navigateur, un Rembrandt et des objets liés à la vocation maritime de la région. Belle cuisine conservée intacte depuis le XVIe s. Petit salon de thé, grand parc et jardins élisabéthains. Une visite agréable.

The Garden House : *à* ***Buckland Monachorum,*** *Yelverton, près de Tavistock. ☎ (01822) 85-47-69. • thegardenhouse.org.uk • À 10 miles de Plymouth, sur la route de Tavistock par l'A 386 ; panneaux « Center Garden ». Tlj 10h30-17h mars-oct. Entrée : env 8 £ ; réduc.* Encore un magnifique jardin comme seuls les Anglais savent les composer, dans une immense réserve naturelle où l'on croise chevaux et moutons en liberté. Couleurs et senteurs extraordinaires, vues magnifiques sur la campagne environnante. À ne pas manquer si vous disposez d'un peu de temps.

LES CORNOUAILLES

• Carte Les Cornouailles et le Devon *p. 208-209*

Prenez un petit bout de Bretagne, d'Écosse ou d'Irlande, une côte déchiquetée, entrecoupée de plages et de falaises, un chapelet de petits ports encaissés et colorés, de nobles demeures et églises de granit disséminées au gré de villages préservés dans leur jus... Arrosez le tout d'une pluie intermittente, de vent sifflant, puis laissez sécher au soleil. Voilà les Cornouailles, ultime avancée de la Grande-Bretagne dans l'océan, terre de légendes celtiques, de chœurs d'hommes et de pêcheurs, parsemée de paysages sauvages et romantiques, naguère riche des plus importants gisements de cuivre et d'étain du pays et devenue aujourd'hui l'une des destinations favorites des Britanniques pour leurs vacances. Vous entendrez parler à coup sûr de *Doc Martin*, *Poldark* et autres séries télévisées populaires tournées dans la région, tant les paysages se révèlent photogéniques.

Pour bien visiter les Cornouailles, il faut une bonne semaine. Même si elles s'étendent sur une petite surface, leur intérêt est bien plus grand qu'une bonne partie de la côte sud anglaise. C'est un voyage en soi, auquel on peut très bien ajouter la ville de Bath, un des fleurons touristiques du pays, ou Bristol, ville dynamique et pleine de bonnes surprises.

DES COLPORTEURS EN RANG D'OIGNONS !

En 1828, Henri Ollivier, maraîcher breton, eut l'idée d'aller vendre à ses voisins anglais sa surproduction d'oignons roses. Le succès fut tel que, en 1930, près de 1 500 colporteurs traversèrent la Manche avec leur vélo chargé de tresses d'oignons. Ces jeunes garçons furent vite nommés affectueusement « Johnnies » (les Bretons s'appellent très souvent Jean dans la région de Roscoff) par les ménagères anglaises.

INFOS UTILES

Déjà, trois très bons sites qui vous aideront dans vos recherches : • *visitcornwall.com* • *visitsouthwest.co.uk* • *letsgo cornwall.com* •

– Les Cornouailles étant une région touristique, elle n'est pas désertique, contrairement à ce que l'on pourrait imaginer. Le week-end et en saison, la région est envahie par les Britanniques habitant Londres, Plymouth, Bristol et autres. Il est donc vivement conseillé de réserver à l'avance les hébergements.

SORTEZ LES CORNEMUSES !

Depuis 2014, les Cornouailles bénéficient du même statut de minorité que l'Écosse, le pays de Galles et l'Irlande du Nord. Le comté de « Kernow » reste britannique, mais ne fait plus partie de l'Angleterre. Une juste reconnaissance de l'identité celtique et de la langue locale, le kernowek ou cornique, proche du breton et du gallois, parlé par moins de 1 000 personnes. Le drapeau de St Piran (croix blanche sur fond noir) peut flotter fièrement sur les édifices de Cornouailles !

Festival

– ***Cornwall International Male Choral Festival :*** *fin avr-début mai.* • *cimvcf.org.uk* • Une soixantaine de chœurs d'hommes du monde entier et une cinquantaine de concerts dans 40 lieux différents. Les chœurs d'hommes (de pêcheurs à l'origine) constituent en Cornouailles une tradition aussi ancrée qu'au pays de Galles.

COMMENT SE DÉPLACER

– Pour se déplacer, le plus simple reste, bien sûr, d'y venir ***en voiture*** (ferry Roscoff-Plymouth notamment) afin de profiter pleinement des coins sauvages et des petits villages reculés. Sachez que les routes sont souvent très étroites, vitesse modérée recommandée et on ne peut faire qu'un nombre de kilomètres assez limité dans une même journée.

– Cependant, tout le West Country est, en saison, desservi par un solide ***réseau de bus.*** Attention, il n'y en a parfois qu'un ou deux par jour. Se procurer en été l'indispensable *Cornwall Public Transport Summer Timetable* ou consulter • *gocornwallbus.co.uk* • ☎ *01752-662-271.* Sinon, toutes les infos dans les offices de tourisme.

– ***Pour circuler en train,*** il existe des forfaits avec certaines compagnies. Simulation d'horaires sur *Traveline Southwest* : • *travelinesw.com* • Ou infos auprès de la compagnie *Great Western Railway.* • *gwr.com* •

THE WEST COUNTRY

RANDONNÉES PÉDESTRES

Voici une région bénie pour les promeneurs. Il existe un chemin de randonnée très bien balisé le long de la côte *(Coastal Path)*, reliant pratiquement tous les villages entre eux. De bonnes cartes de rando sont en vente dans les principaux offices de tourisme. Dans cette région au climat capricieux, les quatre saisons peuvent se succéder dans la même journée : ayez donc toujours sous la main lunettes de soleil, K-way et petite laine. Mais vous serez récompensé par les superbes couchers de soleil, les effets de brume et de lumière... et en arrivant, par une bonne pinte à écluser au pub, devant un feu de cheminée ! Pour les itinéraires détaillés en Cornouailles, consulter cet excellent site • *iwalknorthcornwall.co.uk* •

LOOE

5 000 hab. IND. TÉL. : 01503

Joli petit port de pêche situé de chaque côté d'un estuaire et divisé en *West Looe* et *East Looe.* Blindé de touristes en haute saison. Si vous aimez les promenades en bateau, offrez-vous la traversée vers Polperro. Ainsi, vous verrez la côte depuis la mer et les criques utilisées par les contrebandiers, entre autres Talland Bay.

– L'animation se concentre à *East Looe,* sur Fore Street. Les hébergements se situent surtout à *West Looe.*

– Goûtez au *cornish pasties* et aux fudges ; des boutiques en vendent tout le long de Fore Street.

THE WEST COUNTRY

Adresse et infos utiles

Tourist Information : *The Guildhall, Fore St.* ☎ *26-20-72.* • *looeguide.co.uk* • *Pâques-oct, tlj 10h-17h ; le reste de l'année, lun-ven 10h-14h.* Accueil charmant et compétent.

Bus : liaisons entre *Looe, Polperro* et le *sud-ouest des Cornouailles.* Bus de village en village, env ttes les 30 mn.

Où dormir ?

Prix moyens (40-80 £ / 48-96 €)

Tidal Court Guesthouse : *3 Church St, West Looe, PL13 2EX.* ☎ *26-36-95.* • *j.r.hocking@live.co.uk* • *À gauche après le pont, puis à droite tt au bout du quai. Double en-suite 60 £.* Vénérable maison de pierre du XVe s. D'où le côté sombre, les plafonds bas et escaliers de guingois ! Ensemble très bien tenu. La propriétaire est absolument charmante et vous trouvera une chambre chez une amie si sa maison est pleine !

Little Harbour Guesthouse : *Church St, West Looe, PL13 2EX.* ☎ *26-24-74.* • *littleharbour.co.uk* • *Doubles 60-80 £ sans ou avec petit déj. Parking.* Pas loin de la précédente. Petite maison de poupée proposant 5 chambres, toutes différentes et confortables. Quelques-unes offrent une vue sur le port. Accueil chaleureux et copieux petit déj.

Chic (plus de 80 £ / 96 €)

Dolphin Guest House : *Station Rd, East Looe, PL13 1HL.* ☎ *26-25-78.* • *dolphin-house.co.uk* • *À l'entrée du village, en hauteur, face au parking. Fermé nov-fév. Doubles 78-98 £ selon vue.* Hôtel familial et confortable de

7 chambres. Certaines pas trop grandes, mais toutes *en-suite*, avec une touche de charme victorien. Véranda panoramique. Une adresse stable et appréciée.

Trehaven Manor : *Station Rd, East Looe, PL13 1HN. ☎ 26-20-28. • trehaven.co.uk • À l'entrée du village, en hauteur, face au parking. Doubles en-suite 76-134 £. 2 nuits min juin-sept.* Une fière demeure du XVIIIe s, ancien presbytère au milieu d'un grand parc. 7 chambres spacieuses et tout confort. La plupart dominent le village de Looe et le port. Déco élégante, tendance Laura Ashley. Une halte chic et reposante.

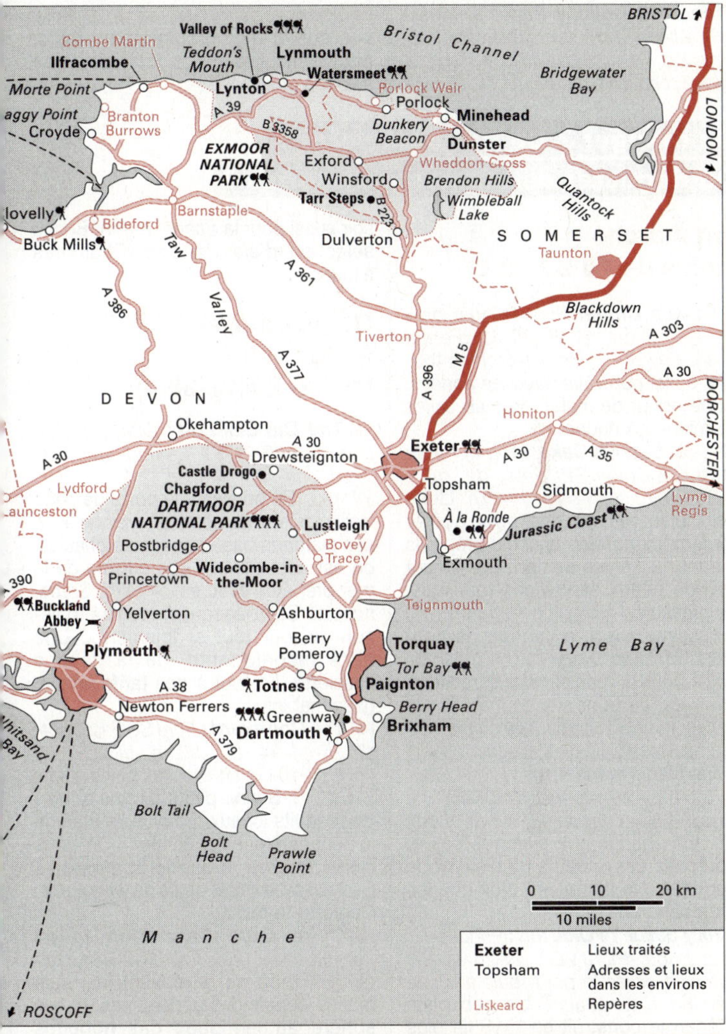

LES CORNOUAILLES ET LE DEVON

Où camper dans les environs ?

⛺ **Trelay Holiday Park :** ***Penlynt-by-Looe,*** *PL13 2JX.* ☎ *22-09-00.* • *trelay.co.uk* • *À mi-chemin entre Looe et Polperro, suivre la route de Liskaard (B 3359). Compter env 14-22 £ pour 2 avec électricité.* Environ 70 emplacements parmi les mobile homes. Un site perdu en pleine campagne, assez arboré. Sanitaires impeccables. Nombreuses balades alentour.

⛺ ***Tencreek Holiday Park :*** *à l'ouest de la ville, à 2 km du centre, sur Polperro Rd. ☎ 26-24-47. ● dolphin holidays.co.uk ● Compter 14,50-28,50 £ pour 2 avec tente. 150 empl.* Belle vue sur la mer. Confortable : resto, piscine chauffée, bar, jeux, laverie. Sport à voile à proximité.

Où manger ? Où boire un verre ? Où déguster de bonnes pâtisseries ?

Bon marché (moins de 10 £ / 12 €)

|●| ***Dave's Dinner :*** *sur le quai près de Ferry Side. ☎ 26-23-41. Ferme à 18h. Env 5-9 £.* Un *fish & chips* toujours aussi populaire avec les années. Bonne odeur de frichti, de *crab cakes* et lumière aux néons.

|●| ***Sarah's Cake Shop et Pasty Shop :*** *6 Buller St, près du port. ☎ 26-39-73. Lun-sam 9h-17h.* L'une des meilleures options pour goûter aux fameux *cornish pasties*, préparés ici dans les règles de l'art. Également plein de beaux sandwichs tout frais, des gâteaux...

Essayez aussi, à l'entrée de Fore Street, ***Martins Dairy*** *(ferme à 18h30, 17h30 en hiver)*, une pâtisserie traditionnelle réputée pour ses scones et ses *pasties*, mais aussi pour ses *cornish ice creams*. Possibilité de s'asseoir.

🍷 ***The Fishermans Arms :*** *Higher Market St, face au musée. ☎ 26-58-00. Musique live ven, sam ou dim.* Vieux pub authentique aux plafonds bas et imprégnés des vapeurs de bière et de cheminée. Ne manquent plus que les contrebandiers.

🍷 ***Jolly Sailor Ye Olde Inn :*** *Princes Sq, West Looe, PL13 2EP. ☎ 26-33-87. À gauche après le pont, puis à droite tt au bout du quai.* Un pub plein de charme construit en 1516 (le plus ancien de la ville). La poutre principale fut remplacée en 1805 par un bout de charpente de bateau français capturé à la bataille de Trafalgar. Pub chaleureux... surtout le mardi soir lors des récitals de chants marins (et le jeudi soir aussi pour la *Shanty Night*). Bonne sélection d'*ales* locales. Chambres à louer.

De prix moyens à plus chic (10-30 £ / 12-36 €)

|●| ***The Old Sail Loft :*** *Quay St, East Looe. ☎ 26-21-31. Le midi ven-sam, le soir lun-sam. Menus 17-22 £ ; plats 14-18 £.* En poussant la porte de cette vieille maison de pêcheur, typique avec ses plafonds bas et ses murs chaulés, on est accueilli par une cuisine de la mer préparée avec savoir-faire. Crabe, noix de Saint-Jacques, moules, poisson du jour tout simplement... Une halte réconfortante, de la déco à l'assiette. Le tout à des tarifs encore raisonnables.

|●| ***The Courtyard :*** *Fore St, East Looe. ☎ 26-44-94. En saison, tlj 9h-16h ; l'hiver, ven-lun slt. Snacks et plats env 6-13 £.* Bonne petite cuisine à base de produits locaux. En plus, le mari de la tenancière est pêcheur ! On vous laisse imaginer la qualité du poisson... Sert aussi de super petits déj et goûters. Courette-terrasse.

|●| 🍷 ***Ye Olde Salutation Inne :*** *Fore St, East Looe. ☎ 26-27-84.* Pub du XVIe s où se retrouvent les vrais marins depuis des générations. Atmosphère authentique : des horloges indiquent l'horaire des marées et les murs arborent les photos des plus gros requins pêchés. Quelques plats locaux. Mais on ira surtout pour y boire un verre.

À voir. À faire

Promenade agréable à travers les rues étroites d'***East Looe.*** Petites maisons des siècles passés.

Old Guildhall Museum : *Higher Market St, East Looe. ☎ 26-20-70. Tlj 11h-16h d'avr à mi-oct. Entrée : 2 £ ; réduc.* Minuscule musée régional installé dans l'ancien tribunal du village du XVe s. Maquettes de bateaux, gravures, minéraux de la région, etc. Évocation de métiers anciens (pêche, industrie) et du bon temps des contrebandiers. Modeste et sympathique. Admirez le pilori et l'appareil qui servait à affûter les couteaux.

➢ **Promenades en bateau :** *à l'extrémité est du quai. Pâques-oct.* Plusieurs compagnies proposent balades et excursions aller-retour à Polperro, Fowey ou Mevagissey. Également des sorties jusqu'à la réserve naturelle de *Looe island (dans les 7 £ l'A/R).*

➢ **The Looe Valley Line :** *☎ 03457-48-49-50. • gwr.com •* On quitte la côte avec cette promenade en train (1h par trajet) le long de la vallée de la Looe jusqu'à Liskeard. Bucolique et sympa avec les enfants.

Au bout de l'estuaire, à l'extrémité du port, plage de sable de ***East Looe,*** pas terrible mais bondée en été. Un peu plus loin, ***Second Beach,*** petite plage creusée dans la roche, qui abrite crabes, crevettes et anémones de mer. À marée basse, on accède à pied jusqu'à une autre petite plage, ***Plaidy Beach,*** ou bien on emprunte le sentier côtier. De l'autre côté de l'estuaire, à West Looe, ***Hannafore,*** longue plage de rochers juste en face de Looe Island.

POLPERRO

1 200 hab. IND. TÉL. : 01503

Minuscule port de pêche au charme indicible, tapi au fond d'une étroite crique rocheuse, à 5 miles au sud-ouest de Looe. Il y a les barques qui dansent, les mouettes qui crient, il y a l'odeur du poisson, l'absence de voitures et puis les maisonnettes blanches qui vous plongent dans un passé révolu... Il faut dormir ici au moins une nuit pour découvrir le village tôt le matin, avant l'arrivée des touristes, et tard le soir après leur départ.
Polperro doit sa notoriété à la contrebande. De tout temps, quand il y avait une marchandise interdite ou taxée à acheminer dans le pays, les échancrures naturelles de la côte des Cornouailles servaient de cachette. Alcool, puis, plus tard, drogue, Polperro a derrière elle une longue tradition d'illégalité. Aujourd'hui, tout cela est bien fini !

Comment se déplacer ?

– Obligation de se garer sur le ***parking*** payant (et cher) à l'entrée du village. N'essayez pas de vous engouffrer en voiture : c'est interdit, sauf si votre hôtel dispose d'un parking. Un bus électrique assure les allers-retours en saison, toutes les 10-15 mn.

Où dormir ?

Camping

Polruan Holidays Camping & Caravaning : ***Polruan-by-Fowey,*** *PL23 1QH. ☎ (01726) 87-02-63. • polruanholidays.co.uk • À 9 km à l'ouest de Polperro. Accès en bus. Ouv de Pâques à mi-oct. Compter 16-26 £ pour 2 avec tente, selon saison.* Sûrement un des campings les plus agréables dans le coin. Bon confort, sanitaires impeccables. Tout proche du sentier côtier, en pleine nature. Prévoir les maillots par beau temps !

De prix moyens à chic (40-120 £ / 48-144 €)

The Claremont Hotel : *The Coombes, PL13 2RG. ☎ 27-22-41. • theclaremonthotel.co.uk • Doubles 60-75 £ ; petit déj en sus. Parking gratuit devant l'hôtel (vraiment un plus !).* Petit hôtel familial de 3 étages dans la rue principale. Tout le confort moderne sans avoir perdu de son charme. Les 12 chambres possèdent toutes leur personnalité. Surtout, la « *Crow Nest* », sous les toits, romantique avec ses murs en palissandre... Accueil prévenant et souriant.

The House on the Props : *Talland St, sur le port. ☎ 27-23-10. • houseontheprops.co.uk • Fermé nov-Pâques. Doubles à partir de 80 £.* Agréables chambres *en-suite*, super bien situées.

Où manger ? Où boire un verre ?

The Blue Peter Inn : *sur le port, à deux pas du chemin côtier. ☎ 27-27-43. Plats env 9-16 £.* Tout au bout du quai, ce qui lui permet de dire qu'il est le dernier pub avant la France ! Dans une petite maison de pêcheurs bleu et blanc à l'intérieur patiné, bonne cuisine de pub à base de savoureux poissons et de crabe, la spécialité locale. Plats du jour inscrits sur ardoise. Grand choix de bières et excellents concerts live (folk local ou jazz). Atmosphère et accueil chaleureux pour cette adresse très populaire.

The House on the Props : *voir plus haut « Où dormir ? ». Tlj 9h30-21h. Plats env 12-18 £.* Plats traditionnels servis dans un décor maritime. Goûtez au *mussel chowder* et au trio de poissons... Super aussi pour prendre un petit déj (quasiment toute la journée) ou un thé, avec de bons gros scones tout frais (patron ancien pâtissier !).

À voir. À faire

Polperro Heritage Museum of Smuggling and Fishing : *The Warren, sur le port, dans une ancienne usine de sardines. ☎ 27-30-05. Pâques-sept, tlj 10h-17h. Entrée : env 2 £ ; réduc.* Musée consacré à l'histoire de la ville à travers la pêche, mais aussi de la contrebande. Belle galerie de photos du début du XXe s et d'objets étonnants. On a retenu l'histoire de Robert Jeffrey, engagé de force dans la marine de Sa Majesté et condamné à vivre sur une île déserte pour avoir volé la bière du capitaine...

Shellhouse : dans *The Warren,* la ruelle qui mène au musée, sur la gauche, jeter un œil à cette curieuse maison dont les murs sont incrustés de coquillages.

➢ **Promenade vers Talland Bay et Looe :** *par le coast path, vers le sud-ouest.* Chemin de randonnée que l'on emprunte au-delà du port, sur la gauche, et qui mène à la belle crique de Talland Bay, célèbre pour la contrebande. Le chemin surplombe la mer, on aperçoit la baie de Looe jusqu'à laquelle on peut poursuivre *(compter 3h pour 5 miles).*

➢ **Promenade en bateau :** ***Polperro Boat Trip.*** *☎ (07966) 52-80-45. Infos au* Blue Peter Inn *ou « say hello on the quay » !* Une excellente idée que ces petites balades en mer vers Looe et Talland Bay ou ces parties de pêche. La côte et la vision de Polperro sont de toute beauté.

FOWEY

2 100 hab. IND. TÉL. : 01726

Prononcez « Foille ». Mignon petit port où le village s'étend parallèlement à l'estuaire de la Fowey. Depuis les terrasses des quelques restaurants au bord de l'eau, on bénéficie d'une vue de carte postale sur le village en face,

Polruan. Port depuis le XIIe s, Fowey a continué la lutte contre la France longtemps après la fin de la guerre de Cent Ans. C'est aussi la patrie d'adoption de Daphné du Maurier (1907-1989), la romancière qui a écrit *Rebecca, L'Auberge de la Jamaïque* et inspiré Hitchcock pour *Les Oiseaux.* Un petit musée lui est d'ailleurs consacré. La plupart de nos adresses sont concentrées dans un mouchoir de poche, entre le *Town hall* et la *Fore Street*.

Arriver – Quitter

➢ Si vous êtes ***en voiture,*** prenez le ferry à Bodinnick. La route y conduit naturellement. Traversée de 5 mn pour Caffa Mill, juste en face. Liaisons ttes les 15 mn, jusqu'à 20h45 (plus tôt l'hiver). Prix : env 5 £, passagers compris. Parfois un peu d'attente en saison car le ferry prend peu de véhicules à la fois.
– *Parkings :* plusieurs parkings à l'écart du bourg, indispensables vu l'étroitesse des rues. Tous au même prix (pas donné évidemment !). Depuis *Main Car Park,* sur les hauteurs, une navette rejoint le centre ttes les 15 mn, 10h-17h (dim 13h-17h slt) ; env 1,50 £/pers par trajet. Dans l'autre sens, on la prend à côté de l'office de tourisme. On lui préfère le *Caffa Mill Car Park,* à la sortie du ferry, le seul permettant de rejoindre le centre sur du plat, en 10 mn à pied.

➢ ***À pied ou à vélo,*** on traverse l'estuaire entre Fowey et Polruan. Départs ttes les 15 mn, 7h15-23h (hiver 19h). Compter env 2 £.

Adresses utiles

ℹ ***Tourist Information :*** *5 South St, près de l'église. ☎ 83-36-16. • fowey.co.uk • Tlj en saison, horaires restreints en hiver.* Dans une boutique de souvenirs. Bien pourvu en doc.

■ ***Banques avec distributeur :*** *en face du pub Ship Inn et à la Poste sur Fore St (qui change aussi les euros).*

Où dormir ?

Camping

⛺ ***Penhale Caravan and Camping Park :*** *à 2 miles de Fowey, sur l'A 3082 vers St Austell, PL23 1JU. ☎ 83-34-25. • penhale-fowey.co.uk • Avr-oct. Compter 15-23 £ pour 2.* 📶 Camping assez bien équipé mais en pente, isolé dans un superbe environnement.

Prix moyens (40-80 £ / 48-96 €)

🏠 ***The Ship Inn :*** *3 Trafalgar Sq, à côté de l'église, PL23 1AZ. ☎ 83-22-30. • shipfowey.co.uk • Doubles 70-90 £ sans ou avec sdb.* 📶 Ce pub-hôtel plein de cachet dans une très ancienne demeure élisabéthaine propose des chambres plaisantes à l'étage (dont une spacieuse *family room*). Mais le must, c'est la *Oak Room,* couverte de boiseries et datant de l'an 1570... En prime, un accueil chaleureux.

🏠 🍽 ***The Globe :*** *19 Fore St, PL23 1AH. ☎ 33-70-76. • theglobefowey.co.uk • Doubles 50-150 £. Plats autour de 8-10 £ le midi, 8-18 £ le soir.* Cakey tea *8 £. Parking payant à proximité.* 📶 Une autre vénérable demeure du centre qui a fait peau neuve pour abriter aujourd'hui une table étoilée et 4 chambres douillettes et joliment décorées. Les fines bouches seront bien avisées de réserver au restaurant pour déguster une cuisine traditionnelle tournée vers la terre ou la mer. Sinon, pourquoi ne pas s'attabler devant un *cakey tea,* une version maison du *high tea* qui fait office de repas à toute heure de la journée. Accueil enjoué.

De chic à très chic (plus de 80 £ / 96 €)

Fowey Hotel : *Esplanade, PL23 1HX. ☎ 83-25-51. • thefoweyhotel.co.uk • Doubles 111-131 £. Parking payant (réserver car places limitées).* Imposant hôtel d'autrefois, accroché au-dessus du port. La grande classe, avec des chambres cossues dont les plus chères jouissent d'une belle vue sur mer. Petit jardin exquis, bar et resto très chic ouverts aux non-résidents.

Old Quay House : *28 Fore St, PL23 1AQ. ☎ 83-33-02. • info@theoldquayhouse.com • theoldquayhouse.com • Doubles standard 133-190 £ pour 2.* Au cœur de la vieille ville, ce superbe hôtel de charme occupe une vénérable demeure qui a été entièrement modernisée. Une dizaine de chambres personnalisées, aux teintes douces, matériaux nobles et élégant mobilier. Certaines avec large fenêtre ouverte sur le port. Restaurant renommé *(tlj 19h-21h ; menus à partir de 33 £).* Terrasse privilégiée, presque les pieds dans l'eau.

Où manger ? Où boire un verre ?

Bon marché (moins de 10 £ / 12 €)

Plusieurs ***boulangeries-pâtisseries*** sur Fore St pour goûter aux *cornish pasties* et aux *saffron bunes,* sortes de brioches à base de safran. On recommande notamment ***Niles Bakery*** (également des sandwichs), ***Quay Bakery*** (devanture à l'ancienne fort appétissante) et ***Cornish Bakery*** qui propose même d'excellents croissants à la française !

Brown Sugar : *en face de l'église. ☎ 83-33-82. Ouv 8h-19h en été, 8h30-17h en hiver. Full cream tea env 5 £.* Un minisalon de thé moderne servant sandwichs, soupes, salades, pâtisseries... et un bon café !

De prix moyens à plus chic (10-30 £ / 12-36 €)

Sam's : *20 Fore St. ☎ 83-22-73. • samsfowey@yahoo.co.uk • Tlj 12h-21h. Plats env 10-17 £.* Façade en boiserie vert derrière laquelle on découvre un cadre chaleureux dans le genre *dinner* des 60's, avec box en bois. Bouillabaisse, moules, salades, lasagnes, *fish burgers* (une bonne dizaine dont le *beast* d'une pound !) et délicieux poissons du jour. Bonne atmosphère et prix raisonnables pour cette minichaîne locale.

The Lugger Inn : *Fore St. ☎ 83-34-35. Plats 11-17 £ servis du mat au soir.* Vieux pub du XVIIe s au comptoir chargé de cuivres. Grande salle conviviale où l'on déguste une bonne cuisine variée (avec quelques options végétariennes) accompagnée d'une *ale* du coin.

The Ship Inn : *voir « Où dormir ? ». Repas midi et soir. Plats 10-17 £.* Un lieu chargé d'histoire où l'une des salles est conservée quasiment intacte depuis 1570. Superbe plafond ornemental, beau vitrail, cheminée de pierre et panneaux de chêne sur les murs. Honnête cuisine servie dans une ambiance de pub.

On recommande vivement la table étoilée du ***Globe :*** *19 Fore St, PL23 1AH ; voir « Où dormir ? ».*

Enfin, pour un repas avec vue, plusieurs solutions sur *Town Quay,* la placette derrière l'aquarium. Tarifs et cuisine se tiennent. Au ***Havener's,*** terrasse ou intérieur lounge avec baies vitrées au plus près de l'eau. Au ***King of Prussia,*** ambiance pub à l'ancienne, surélevé face à la rivière (tables extra dans les bow-windows !). On trouve les locaux surtout au ***Galleon Inn,*** là encore avec terrasse.

À voir. À faire

St Fimbarrus Church : superbe église érigée en 1460, 3 ans après le grand incendie qui ravagea la ville. Imposante tour carrée et lourde voûte en berceau. À l'intérieur, jubé de bois et beaux fonts baptismaux.

➢ ***Balade vers Saint Catherine Castle Point :*** superbe balade le long de l'Esplanade qui mène à l'extrémité du port en surplombant l'estuaire. Elle se prolonge jusqu'à la vieille tour, tout au bout. Ici gît un illustre inconnu, dont la tombe jouit d'une vue imprenable. Verdoyant promontoire entre l'océan et la rivière.

➢ ***Canoë et kayak sur la Fowey :*** *avec **Fowey River Estuary Canoe Trips & Kayak Hire,** à Golant. ☎ 83-21-04. • encountercornwall.com • En été. Résa la veille. À partir de 28 £/pers. CB refusées.* Une idée de balade originale. De Fowey à Golant avec un accompagnateur, 3h pendant lesquelles vous verrez des criques, grottes, épaves, oiseaux... On peut aussi choisir de louer un kayak et pagayer librement *(à partir de 15 £/4h). Prestations semblables avec **Fowey River Hiren,** à Fowey. ☎ 83-36-27. • foweyriverhire.co.uk •*

DANS LES ENVIRONS DE FOWEY

👁👁 ***Lanhydrock :*** *à 3 miles au sud-est de Bodmin, au bord du fleuve Fowey. ☎ (01208) 26-59-50. • nationaltrust.org.uk/lanhydrock • Début mars-fin oct, tlj (sf lun en basse saison) 11h-17h30. Domaine accessible tte l'année de l'aube au crépuscule. Entrée : env 14 £ ; réduc.* Certainement une des plus belles demeures des Cornouailles, dans un parc immense, soigné et sauvage à la fois, comme savent si bien le faire les Anglais. Originellement du XVIIe s, réaménagée 2 siècles plus tard après un incendie dévastateur. On découvre une cinquantaine de pièces de style victorien. Des sentiers mènent jusqu'au fleuve. On peut coupler cette visite avec un voyage en train à vapeur (voir plus loin « Bodmin and Wenford Railways »).

👁👁 ***The Jail :*** *Berrycombe Rd, à **Bodmin,** PL31 2PY. ☎ (01208) 76-292. • bodminjail.org • Tlj 9h30-18h. Entrée : 10 £ ; réduc.* C'est l'ancienne prison du comté. En service depuis 1779, elle vit la dernière pendaison au début du XXe s. C'est ici que furent cachés les joyaux de la couronne anglaise durant la Grande Guerre. Le lieu est effrayant à souhait. Reconstitution très réaliste de la vie des prisonniers ; on est ravi de pouvoir ressortir !

➢ ***Bodmin and Wenford Railways :*** *Bodmin General Station. ☎ (01208) 73-555. • bodminrailway.co.uk • 4-7 liaisons/j. selon saison. 1er départ vers 10h, dernier retour vers 17h. Compter env 13 £ ; réduc. Diverses animations en saison.* Les amateurs de trains à vapeur peuvent s'offrir une balade d'une journée à travers la campagne environnante. Superbe trajet avec plusieurs arrêts dans la forêt de Cardinham, à Lanhydrock et le long de la rivière Camel.

MEVAGISSEY

2 100 hab. IND. TÉL. : 01726

Si l'architecture récente ne lui confère pas le charme de ses voisins, le port et la vue qu'il offre sont vraiment surprenants. Avez-vous vu ce curieux double port, dont l'une des parties s'emboîte dans l'autre, construit au XVIIIe s ? De là, on peut se rendre à Fowey en ferry.

Adresse et info utiles

ℹ @ ***Tourist Information Centre :*** *3 Jetty St, PL26 6UH. ☎ 84-22-00. • mevagissey.net • Dans une librairie ! Tlj 9h-20h en été, 10h-16h en hiver.* Plan gratuit de la ville.

🅿 ***Parking*** possible près du port (le moins cher !), mais ruelles franchement étroites ; moins stressant d'accéder aux parkings privés à l'entrée du bourg et de marcher un peu.

THE WEST COUNTRY

Où dormir à Mevagissey et dans le coin ?

Campings et auberges de jeunesse

⛺ ***Treveor Farm :*** *Gorran,* ***Saint Austell,*** *PL26 6LW. ☎ 84-23-87. • treveorfarm.co.uk • À 5 miles au sud-ouest. De mi-avr à fin sept. Pour 2 pers, 6-20 £ selon saison.* Vaste camping à la ferme. On plante sa tente sur une immense pelouse bien grasse. Sanitaires impeccables. Accès à la belle plage de Carhays.

⛺ Également de nombreux campings sur la route de Saint Austell à Mevagissey, comme le **Pentewan Sands Holiday Park** (*• pentewan.co.uk •*) avec ses emplacements (420 !) pas intimes pour un sou mais posés quasiment sur la jolie plage de Pentewan.

🏠 ***Youth Hostel :*** *à* ***Boswinger,*** *à env 4 miles de Mevagissey, dans la direction de Gorran ; PL26 6LL. ☎ 345-371-91-07. • yha.org.uk/hostel/boswinger • Mars-fin oct. Résa conseillée en été. Nuitée 13-29 £. Parking.* Dans une ancienne ferme reconvertie, petite AJ d'une quarantaine de lits. Dortoirs rudimentaires de 4 à 6 lits et 3 chambres doubles. Cuisine très bien équipée, laverie et agréable jardin. Bonne ambiance.

🏠 ***YHA Eden Project :*** *Eden Project,* ***Bodelva*** *PL24 2SG. ☎ 0345-371-9573. • yha.org.uk/hostel/eden-project • ♿ Nuitée à partir de 29 £ pour 2 ; 12 £/pers au camping.* Avec les *YHA,* on est plus habitué aux jolies demeures qu'aux 60 petits containers de cette auberge de jeunesse pour le moins originale, sur le site de l'Eden Project, donc paumé. Tous pour 4 personnes (mais loués en chambres privées) et sans fenêtres. Les plus riquiqui ne sont guère plus volumineux qu'une boîte à chaussures. Réserver et vérifier les prix, très variables : en fonction des saisons, ça peut être la bonne affaire ou... l'arnaque !

De prix moyens à chic (moins de 120 £ / 144 €)

🏠 ***Fountain Inn :*** *Cliff St, PL26 6QH. ☎ 84-23-20. • billymoore@hotmail.co.uk • Doubles 65-75 £ sans ou avec petit déj.* Au-dessus d'un des plus anciens pubs de la ville (XVe s), 3 chambres pas bien grandes mais confortables et séduisantes, avec ou sans salle de bains.

🏠 ***Tanglewood House B & B :*** *Valley Rd, PL26 6SB. ☎ 84-36-57. • tanglewoodbandb.co.uk • À l'entrée du village, sur la droite. Doubles 89-115 £. Parking.* Chambres claires et sans frou-frou, décorées avec élégance. Certaines offrent même une jolie vue sur mer. Délicieux breakfast pour bien démarrer la journée. Superbe jardin fleuri.

Où manger ? Où faire une pause gourmande ?

De bon marché à prix moyens (moins de 20 £ / 24 €)

☕ ***She Sells :*** *East Quay, sur le port. ☎ 84-30-09. Tlj 8h30-22h en été, 9h-17h hors saison. Compter moins de 5 £.* Salon de thé tenu par un Normand avec le port en fond de tableau. Extra pour des glaces produites localement, d'appétissants gâteaux plus épais que larges ou – *French touch* oblige – des crêpes cuites sur un vrai billig. Au fait, y a un jeu de mots dans le nom...

🍴 ***Number Five :*** *5 Market sq, PL26 6UD. ☎ 844-422. Tlj du mat au soir. Plats 6-14 £ le midi, 13-22 £ le soir.* L'adresse un brin *trendy* du village, entre salon de thé et cafétéria proprette. Pratique et pour toutes les faims. Scone local à base de fromage, snacks, salades, milk-shakes, tapas, petit déjeuner... On a toujours une bonne raison de pousser la porte.

🍴 ***The Ship Inn :*** *Market St, la rue principale. ☎ 84-33-24. Cuisine en*

THE WEST COUNTRY

continu l'été (hiver coupure 15h-18h). Plats 9-15 £. Ancienne demeure de pierre, un pub bas de plafond où l'on peut manger, boire et dormir (mais chambres pas données) : une vraie auberge, quoi ! Poisson frais midi et soir et *pub grub,* comme il se doit. *Live music* le week-end.

|●| ***Fountain Inn :*** *voir plus haut « Où dormir ? ». Plats 7-14 £ le midi, 11-17 £ le soir.* Cuisine de bonne réputation dans ce vieux pub au décor cosy. *Pub grub* à base de poisson du jour et *mix grill* copieux.

Plus chic (plus de 20 £ / 24 €)

|●| ***Alvorada Portuguese Restaurant :*** *Church St (la rue principale).* ☎ *84-20-55. Fermé dim-lun. Plats 15-19 £.* Resto portugais avec déco tout droit venue de là-bas. Salle proprette et colorée. Antonio et Sue, les propriétaires, sont adorables. Délicieuses spécialités portugaises préparées avec des produits locaux. Seulement 8 tables, hélas (ou tant mieux) !

À voir. À faire

●● ***Mevagissey Museum :*** *au bout du port, sur Island Quay.* ☎ *84-31-05. • mevagisseymuseum.co.uk • Pâques-fin oct, tlj 11h-16h. GRATUIT (donations bienvenues).* Musée du village aménagé et dirigé par une adorable équipe de bénévoles. Un passionnant bric-à-brac composé de machines anciennes, d'outils divers et de tous les objets qui dépeignent la vie quotidienne d'autrefois. Vaut vraiment le coup d'œil.

➢ Le ***Coastal Path*** commence au port. La section jusqu'à Saint Mawes offre des panoramas grandioses à travers de superbes chemins creux et rejoint quelques plages escarpées comme ***Hemmick Beach,*** petite plage de sable coincée entre deux falaises.

DANS LES ENVIRONS DE MEVAGISSEY

●● ***The Lost Gardens of Heligan :*** *Pentewan,* ***Saint Austell,*** *PL26 6EN.* ☎ *(01726) 84-51-00. • heligan.com • À 4 km, fléché depuis la B 3273. Avr-sept, tlj 10h-18h (17h oct-mars). Dernière entrée 1h30 avt. Entrée : env 15 £ ; réduc. Tea-room et boutique de produits de la ferme. Pique-nique possible. Camping à côté.* Un des domaines les plus mystérieux et envoûtants d'Angleterre. Les premières mentions de ce jardin datent du XIIe s, mais c'est à la fin du XVIIIe s que les projets prirent forme. Trois générations développèrent le domaine et y apportèrent des essences rares. Mais c'est en 1990 que les héritiers, menés par Tim Smith, décidèrent de reconstituer les lieux selon les plans d'origine.

La visite débute par les jardins d'agrément, le potager et se poursuit par la vallée perdue avec ses ponts et ses étangs, et surtout la jungle aux plantes tropicales exubérantes. L'allée serpente à travers des tunnels de bambous, palmiers et fougères arborescentes. Et vous croiserez à coup sûr les trois « géants verts » qui habitent les sous-bois. Prévoir au moins 2 ou 3h de visite, tant le lieu se révèle hors du commun.

●●● ***The Eden Project :*** *Bodelva,* ***Saint Austell,*** *PL24 2SG.* ☎ *(01726) 81-19-11. • edenproject.com • ♿ À 4 km de Mevagissey. Bus de Saint Austell et de Newquay. Indiqué à partir des routes A 30, A 390 et A 391. Avr-oct et vac scol, 9h-18h ; hiver, 10h-16h ; dernier accès 1h30 avt fermeture. Entrée : 25 £ ; réduc et tarifs avantageux sur Internet. Café, boutique, concerts en été.* Un jardin d'éden sorti tout droit d'un film de science-fiction… écologique ! Dans un gouffre argileux qui ne ressemblait à rien, on a créé de gigantesques et insolites bulles de plastique (les serres les plus grandes du monde !), comme les alvéoles d'une ruche géante, abritant chacune différents types de végétation. Dans le biome *Rainforest,* on circule dans une épaisse forêt humide entre Malaisie et Afrique de l'Ouest avec passerelles futuristes et vertigineuses, aménagées au-dessus de la canopée. Des habitations traditionnelles, quelques objets bien choisis et le chant des oiseaux alimentent l'illusion. Exploitation du caoutchouc, forêts brûlées, huile de palme... ces lieux revêtent également une vocation pédagogique. Dans le biome tempéré et chaud, nettement plus lumineux et sec, les essences de Méditerranée nous chatouillent les narines, les paysages d'Afrique du Sud ou de Californie jaillissent d'une terre aride. Autant à voir à l'extérieur avec nombre de jardins. Possibilité de descente en tyrolienne pour les plus aventureux (infos à l'accueil).

***Charlestown** : à 1,5 mile au sud de Saint-Austell, entre Fowey et Mevagissey. Parking payant.* On a rarement vu port de pêche aussi profond par rapport aux quais, les mâts des imposants voiliers arrivent au niveau des yeux ! Un décor mignon tout plein qui accueille souvent des tournages, parmi lesquels *Doctor Who* par exemple. On est accueilli par une pimpante épave tandis que le *Shipwreck Museum* expose des objets retrouvés dans 150 autres épaves comme le *Titanic,* sans compter le fameux collier porté par Kate Winslet dans le film éponyme !

***Portloe :** à mi-chemin entre Mevagissey (30 mm de voiture) et Saint-Mawes (25 mm).* Charmant port de poche, intime et presque secret, l'un des plus petits de Cornouailles, littéralement blotti dans une entaille de la côte. Quel dédale de routes pour y arriver, à travers un épais bocage et d'une étroitesse propice aux émotions ! Plages de *Porthbeor* et *Cairne* aux environs, et délicieuse balade en bord de mer. Sur place, toquez à la porte du *Ship Inn* ou du luxueux *Lugger Hotel (• luggerhotel.com •)* pour le toit et le couvert.

THE WEST COUNTRY

SAINT MAWES

720 hab. IND. TÉL. : 01326

Petit port situé sur la péninsule de Roseland. Vue très large sur l'ensemble de la baie, dans laquelle se déroulent des régates en été. Le village s'étire sur 1 mile en bord de mer jusqu'au château, d'où l'on bénéficie d'une vue stratégique sur l'estuaire de la rivière Fal.
– Grand ***parking payant*** au centre du village avec office de tourisme.

Arriver – Quitter

➢ ***En voiture :*** prenez le bac à chaîne à Feock *(King Harry Ferry)* pour traverser l'estuaire. Liaisons très fréquentes. Compter 5 £ le trajet, 7 £ l'A/R. *• falriver.co.uk/ferryapps •*

➢ ***En bateau :*** liaisons entre Saint Mawes et Falmouth.

Où dormir ? Où manger ?

Camping

Treloan Coastal Farm Holidays :** Treloan Lane, Porthcatho, The Roseland,* ***Truro, *TR2 5EF. ☎ 58-09-89. • coastalfarmholidays.co.uk • Env 16-27 £ pour 2 selon saison.* Super cadre avec la mer en toile de fond !

Prix moyens (40-80 £ / 48-96 €)

***Newton Farm B & B :** Newton Rd, TR2 5BS. ☎ 270-664. À 10 mn du port à pied, sur les hauteurs du village. Doubles 70-80 £.* 2 chambres coquettes et impeccables. Déco soignée, belle vue et jardin fleuri. Accueil adorable.

🍽 🍷 ***The View :*** *The Sea Front. ☎ 27-02-66. Plats 13-18 £ le soir, 5-8 £ snacks en journée.* Quelques snacks et plats simples inscrits au tableau, à prix sages en journée. L'élégante brasserie au 1er étage propose un menu plus élaboré, avec la pêche du jour et quelques plats inventifs. C'est aussi un hôtel de luxe (le *Ship and Castle*) tout à fait hors de prix.

🍽 🍷 ***The Rising Sun :*** *The Square, TR2 5DJ, près du grand parking. ☎ 27-02-33. Tlj. Snacks et plats env 6-18 £.* Grande demeure abritant un resto face au port. Chaises et tables en rotin, service stylé. Excellents produits de la mer et viandes de qualité. Côté pub, atmosphère conviviale et cuisine abordable.

À voir. À faire

À environ 1 mile de Saint Mawes, s'arrêter à ***Saint Just in Roseland*** pour découvrir une touchante *église fortifiée* bâtie au fond d'un vallon, au milieu d'un cimetière-jardin paysagé, aménagé avec amour tout au bord de l'estuaire. Ce pittoresque site avec des palmiers et des corneilles ajoute à l'endroit une atmosphère mystérieuse, voire surréaliste.

Saint Mawes Castle : *à l'extrémité de l'estuaire, à 10-15 mn à pied du centre. ☎ 27-05-26. • english-heritage.org.uk • Juil-août, tlj sf sam 10h-18h ; avr-juin et sept-oct, jusqu'à 17h ; nov-mars, 10h-16h slt le w-e. Entrée : env 6 £ ; réduc. Audioguide en anglais.* Balade agréable à pied, mais parking pour voitures également. Forteresse de poche construite en 1540 par Henri VIII pour se défendre des attaques du pape. Énorme tour ventrue et basse en forme de trèfle, entourée de fortifications, sur un promontoire, face à la baie et à Falmouth. En face, vous apercevez son double : *Pendennis Castle.* Les deux forteresses protégeaient l'estuaire de la Fal, mais n'ont jamais été abîmées.

TRURO

20 300 hab. IND. TÉL. : 01872

• Plan *p. 220-221*

Petite ville ancienne recluse à l'intérieur des terres, Truro se révèle l'un des endroits les plus animés du comté : normal, c'est la capitale et elle est assez centrale. Autrefois grand port fluvial pour le transport du cuivre et de l'étain, ce gros bourg s'est paré aux XVIIIe et XIXe s de demeures georgiennes.
Aujourd'hui, on vient à Truro pour assister aux spectacles au théâtre « Hall for Cornwall », mais aussi et surtout pour le shopping car, outre de nombreux centres commerciaux, la ville regorge de petites boutiques à la mode et de restos inattendus. Le lacis des ruelles autour de la cathédrale vaut aussi une agréable balade.

Adresses et infos utiles

Tourist Information Centre *(plan C1)* **:** *Municipal Buildings, Boscawen St ; au rdc de la mairie. ☎ 27-45-55. • truro.gov.uk • Lun-sam 9h30-17h.* Particulièrement bien documenté et compétent.

Gare ferroviaire *(plan A1)* **:** *Station Rd. ☎ (08457) 48-49-50.* Plusieurs trains/j. avec Penzance et Saint Austell. Également Londres Paddington, Torquay, Exeter (2/j.), Newquay, Falmouth, Penzance.

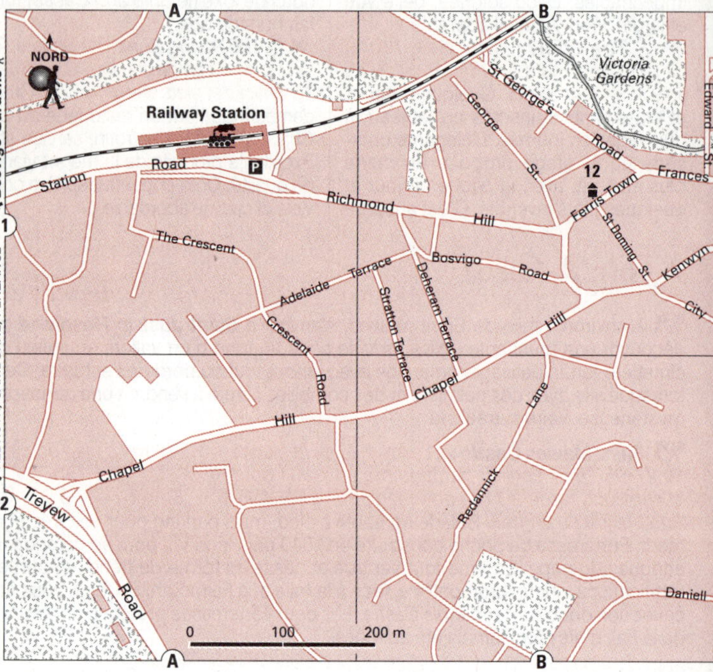

Adresse utile	Où dormir ?
Tourist Information Centre	**10** Townhouse Rooms **12** The Bay Tree Guesthouse **13** Cliftons **14** Mannings Hotel

Gare routière *(plan D1)* **:** *sur Green St.* Bus ttes les 30 mn pour Falmouth (trajet en 1h). *National Express : ☎ 08717-81-81-81.* Bus avec Plymouth (4-5/j.), Newquay, Penzance, Saint Ives, Saint Mawes, Padstow, Tintagel, Boscastle...

– ***Farmers Market :*** *mer et sam mat, sur Lemon Quay.*

Où dormir ?

Camping

Carnon Downs Camping : *Carnon Downs, TR3 6JJ. ☎ (01872) 82-22-83. • carnon-downs-caravanpark.co.uk • À 6 km au sud-ouest. Ouv tte l'année (rare !). Compter 25-33 £ pour 2.* Un vaste camping, arboré et cher, mais les équipements sont tip-top, avec des blocs sanitaires à l'architecture presque design. Parmi les petits plus, des tables de pique-nique un peu partout

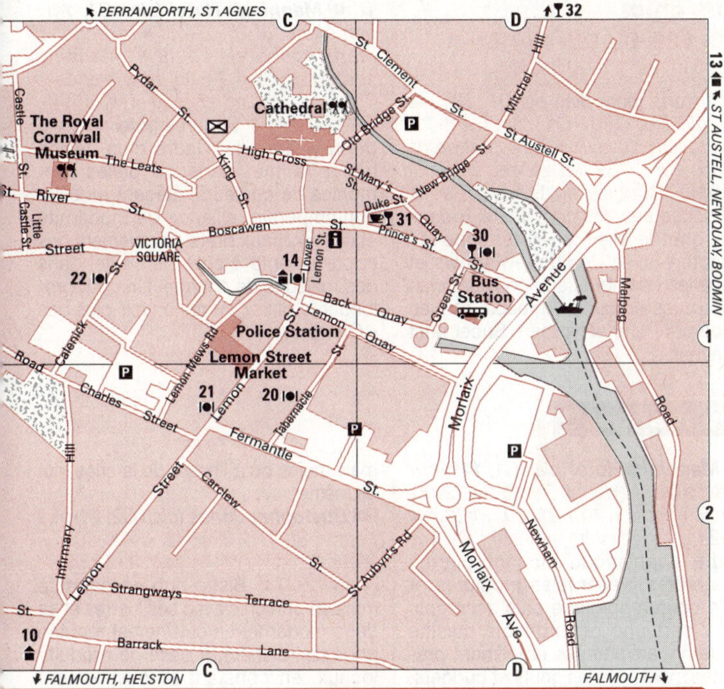

TRURO

Où manger ?	Où boire un verre ? Où boire le thé ?
14 Mannings Hotel	**30** The Old Ale House
20 Hooked	**31** Charlotte's Tea-House
21 Bustopher Jones	**32** The Rising Sun
22 Xen Noodle Bar	

et des jeux couverts pour les enfants, mais pas de piscine ni de bar, pour respecter le calme.

Prix moyens (40-80 £ / 48-96 €)

The Bay Tree Guesthouse (plan B1, **12**) : *28 Ferris Town, TR1 3JH. ☎ 24-02-74. • baytree-guesthouse.co.uk • À 5 mn à pied du centre historique. Doubles à partir de 55 £.* Petite maison tenue par Ann, qui adore les photos, les bibelots et les fleurs. Ses 3 chambres sont confortables et un tantinet vieillottes côté déco. Quelques familiales. Accueil vraiment enthousiaste. Petit déj servi dans une salle à manger haute en couleur.

Townhouse Rooms (plan C2, **10**) : *20 Falmouth Rd, TR1 2HX. ☎ 27-73-74. • trurotownhouse.com • Tt proche du centre. Doubles 79-85 £. Parking.* Chambres coquettes, joliment meublées et d'excellent confort dans cet adorable *B & B* tenu par des proprios très serviables. Jardin relax.

Plus chic (80-120 £ / 96-144 €)

Cliftons *(hors plan par D1, **13**) : 46 Tregolls Rd, TR1 1LA. ☎ 26-08-12. • cliftonstruro.co.uk • ♿ À l'entrée de la ville sur l'A 39 (en venant de Saint Austell). Doubles en B & B 78-92 £. CB acceptées. Parking.* *B & B* dans une grande maison victorienne de caractère avec des bow-windows et de belles chambres aux couleurs claires, toutes *en-suite*. Agréable et bien tenue par Peter et Norbert. Super petit déjeuner.

Mannings Hotel *(plan C1, **14**) : Lemon St. ☎ 27-03-45. • reception@manningshotels.co.uk • manningshotels.co.uk • ♿ Doubles standard 85-105 £, moins cher le w-e, sf juil-août et déc.* Superbe hôtel au cœur de la vieille ville. Cadre d'un design hyper raffiné, dans de belles harmonies de couleurs, élégant mobilier contemporain, alliance de modernité et de matériaux bruts... Également des appartements à côté de l'hôtel dans des maisons de charme. On peut prolonger le plaisir au resto (voir plus bas « Où manger » ?).

THE WEST COUNTRY

Où manger ?

Mannings Hotel *(plan C1, **14**) : voir ci-dessus « Où dormir ? ». ☎ 24-79-00. Service continu 11h-21h30. Plats env 12-24 £ ; sandwichs et snacks 8-14 £.* Cadre sophistiqué mariant pierres apparentes, vénérables moulures et style contemporain le plus accompli. On y sert une remarquable cuisine moderne, savoureuse et joliment présentée, pour tous les goûts et budgets.

Hooked *(plan C2, **20**) : Tabernacle St, TR1 2EJ. ☎ 27-47-00. Tlj sf dim. Menus midi et tôt le soir 15-18 £ ; plats 12-20 £.* Les grands hublots extérieurs donnent le ton : on vient ici pour les produits de la mer, sous toutes leurs formes. L'intérieur ne dément pas avec un effort de déco sur le même thème. Crabes, langoustes, tapas de la mer, poissons... Les produits sont frais et les cuissons maîtrisées. Le seul hic du *Hooked* : c'est assez bruyant, mais moins qu'à l'heure de la criée tout de même !

Bustopher Jones *(plan C2, **21**) : 62 Lemon St, TR1 2PN. ☎ 43-00-00. Tlj. Menus midi et tôt le soir 15-18,50 £ ; plats 12-22 £.* Bistro-pub décontracté mais un brin chic avec ses lustres et sa déco moderne. La cuisine est réputée pour sa fraîcheur, à base de produits locaux, en constant renouvellement selon les saisons. C'est simple, on ne sait que choisir ! C'est également un bar à vins. Accueil et ambiance chaleureux. On tient là une bonne affaire !

Xen Noodle Bar *(plan C1, **22**) : 47-49 Calenick St. ☎ 22-29-98. Tlj jusqu'à 22h30 (21h dim). Plats env 9 £.* Un grand resto sino-japonais au décor propret, bienvenu pour les budgets serrés.

Où boire un verre ? Où boire le thé ?

The Old Ale House *(plan D1, **30**) : 7 Quay St. ☎ 27-11-22. Ouv 11h-23h (1h ven-sam).* Un pub comme on en rêve, avec son long comptoir en bois sculpté, ses vieilles tables, son côté patiné et ses poutres apparentes sous plafond bas. Bonne bouffe, en plus, et bières au tonneau provenant de la brasserie locale *Skinner's* ! Musique live certains soirs. Adresse adorée par les locaux... et par nous !

Charlotte's Tea-House *(plan D1, **31**) : Coinage Hall, 1 Boscawen St. ☎ 26-37-06. Tlj sf dim 10h-17h.* En plein centre-ville, au 1er étage d'un building de 1868 qui abrite aussi une riche boutique d'antiquités, pour donner le ton du lieu. Les serveuses sont habillées en tenue victorienne. Sandwichs, salades, tartes et surtout un grand choix de thés et de gâteaux maison.

The Rising Sun *(hors plan par D1, **32**) : Mitchell Hill, TR1 1ED.*

☎ 24-00-03. Tlj jusqu'à 23h30 (minuit ven-sam). Un pub qui se mérite, la rue n'est pas spécialement plate ! Mais il fait le buzz pour son ambiance joviale, ses bières tirées comme il faut et sa nourriture plus qu'honnête.

À voir. À faire

The Royal Cornwall Museum (plan C1) **:** *River St. ☎ 27-22-05. • royalcornwallmuseum.org.uk • Ouv lun-sam 10h-16h45. Entrée : env 6 £ (valable 1 an) ; gratuit moins de 16 ans.* Fait revivre le passé de la région : belles collections de 1 200 minéraux, de céramiques, de poteries, et même une galerie égyptienne avec momie et objets funéraires traditionnels. Les industries traditionnelles qui ont fait la richesse des Cornouailles, *fish, tin and copper,* sont évoquées, ainsi que la vie des gens et l'émigration.

Cathedral (plan C1) **:** *High Cross. ☎ 27-67-82. • turocathedral.org.uk • Tlj 7h30-18h (9h-17h dim). GRATUIT (donation de 5 £ bienvenue).* Sa construction débuta à la fin du XIXe s, après que Truro obtint son statut d'évêché. Élevée en style néogothique normand, elle est la première cathédrale anglicane construite après celle de Saint Paul à Londres. Dans le genre pastiche, c'est du lourd, mais il faut reconnaître qu'à l'époque on n'a lésiné ni sur les moyens ni sur les détails ! Les rosaces du transept et de la nef ont nécessité un sacré boulot ! Elle vaut aussi le détour pour ses vitraux (qui peuvent être considérés comme les plus représentatifs de l'ère victorienne), le mémorial de la famille *Robartes* (1614), l'autel et la chaire en pierre ciselée, le lutrin en cuivre et une très belle pietà du XIIIe s.

Bosvigo Gardens (hors plan par A1) **:** *Bosvigo Lane. • bosvigo.com • Sur la route de l'hôpital, prendre la 1re à droite après le County Hall. Ouv mars-fin sept, slt mer-ven 11h-18h. Entrée : 5 £.* Un jardin typique des Cornouailles dont les massifs se parent de magnifiques couleurs au printemps et en été.

➢ **Balade dans l'estuaire :** *de Truro à Falmouth, promenade de 1h. Liaisons régulières l'été. Départ sur le Town Quay avec la compagnie* ***Enterprise Boats.*** *☎ (01326) 37-42-41. • falriver.co.uk/getting-about/ferries/enterprise-boats • 3-5 fois/j. selon saison et marées.*

Festivals et manifestations culturelles

– **The Great Cornish Food Festival :** *pdt 3 j. fin sept, sur Lemon Quay. • greatcornishfood.co.uk/festival/ •* De nombreux producteurs viennent présenter les meilleurs produits des Cornouailles. À cette occasion, les plus grands chefs effectuent gratuitement des démonstrations publiques de leur talent.
– **City of Lights Festival :** *vers la mi-nov.* Magnifique festival qui célèbre la lumière et la fée Électricité. Le must étant ces immenses personnages et animaux fantastiques façon lanternes japonaises, défilant dans la ville.

DANS LES ENVIRONS DE TRURO

Trelissick : *à* ***Feock,*** *à 6 miles au sud de Truro. Prendre l'A 39 vers Falmouth puis la B 3289. ☎ (01872) 86-20-90. • nationaltrust.org.uk/trelissick • Tlj 10h-17h30 ; horaires restreints en hiver. Entrée : env 12 £ ; réduc. Parking payant.* Grand parc aménagé, proposant de superbes panoramas sur le fleuve Fal. Des essences rares qu'on découvre par de beaux sentiers de promenade, le plus populaire en fait le tour en 1h30 (3,5 miles). Visite également de *Trelissick House,* la demeure plus que cossue de cet *estate,* datant du XVIIIe s.

FALMOUTH

22 700 hab. IND. TÉL. : 01326

• Plan *p. 225*

Grand port de mer, à l'embouchure du fleuve Fal, comme son nom l'indique. C'est ici que les navires du cap Horn venaient prendre leur ordre de mission au retour et savoir où décharger leur cargaison. Quelques belles plages du côté de Swanpool. Ici, on est dans une grande ville éclatée, très étendue. Donc rien à voir avec les petits villages habituels de la côte. La section la plus animée s'organise autour de Church Street (rue piétonne) et sur le port lui-même. Falmouth attire beaucoup de touristes grâce à ses longues plages, mais aussi à son excellent Musée national maritime.

Adresses et infos utiles

i @ *Fal River Visitor Information* Centre (plan A1) **:** *sur le pier d'où part le ferry.* ☎ *741-194.* • *falriver.co.uk* • *Avr-oct, tlj 9h45-15h15 (13h dim) ; nov-mars, lun-jeu et sam 10h-15h.* Plans, horaires de bus et de bateaux. Procurez-vous le *Falriver Guidebook*, bourré d'infos sur la ville. Accès Internet payant.

***Gares ferroviaires* :** *il y en a 3. À l'ouest,* Penmere Station *; au centre,* Falmouth Town *(The Dell) ; à l'est,* Falmouth Docks *(fin de la ligne).* Terminus de la ligne venant de Truro (trains env ttes les 30 mn).

Autocars et bus (plan A1) **:** *The Moor (pl. de l'hôtel de ville).* La compagnie *First Kernow* dessert les petites villes des environs : ☎ *(01872) 30-59-50.* • *firstkernow.co.uk* •

Liaisons par ferry

Compte tenu de la situation de la ville, il existe de nombreuses possibilités de se déplacer en ferry (avec voiture ou non).

➢ ***Avec Saint Mawes* :** ☎ *312-300. Compter 10 £ l'A/R.*

– Liaisons de Feock à Philleigh par bac à King Harry ttes les 30 mn en été, 7h30-21h30 en sem, 10h-20h30 dim. Hors saison, ttes les heures slt et horaires restreints.

– Également un ferry entre Truro et Falmouth l'été *(17 £ l'A/R).*

Où dormir ?

Voici les campings les plus proches du centre, à environ 4 km au sud. La plage de Maenporth est à moins de 1 km.

Campings

Tregedna Farm *(hors plan par A2,* ***10****)* **:** *Maenporth,* ***Tregedna****, TR11 5HL.* ☎ *(01326) 25-05-29.* • *tregednafarmholidays.co.uk* • *Avr-oct. Prévoir 17 £ pour 2.* Environnement agréable et belles balades aux alentours.

Pennance Mill Farm *(hors plan par A2,* ***11****)* **:** *Maenporth, dans une ferme laitière, TR11 5HJ.* ☎ *31-74-31.* • *pennancemill.co.uk* • *Avr-oct. Compter 20-23 £ pour 2.* Petit, familial, champêtre avec équipement correct. Une trentaine d'emplacements et quelques chalets. Petite boutique.

Bon marché (moins de 40 £ / 48 €)

Falmouth Lodge Backpackers *(plan A2,* ***12****)* **:** *9 Gyllyngvase Terrace, TR11 4DL.* ☎ *31-99-96.* 📱 *07525-72-28-08.* • *falmouthbackpackers.co.uk* •

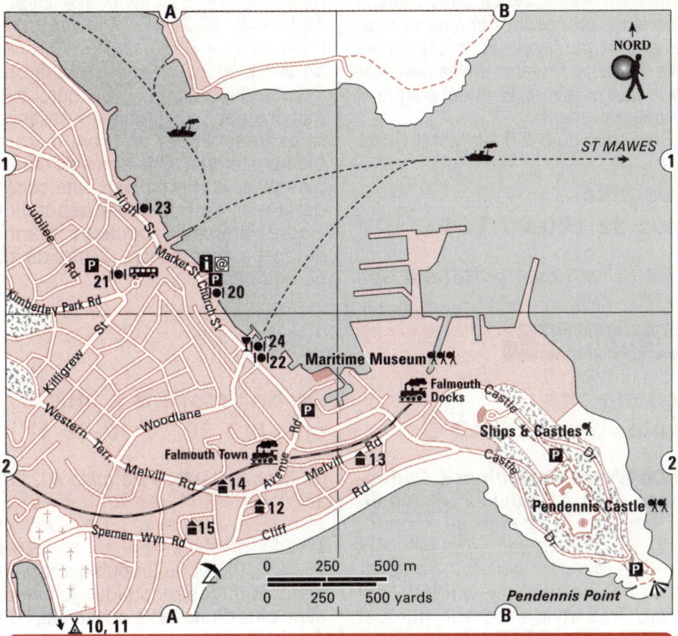

FALMOUTH

	Adresse utile		Où manger ?
	Fal River Visitor Information Centre		20 De Wynns Restaurant & Coffee-House
	Où dormir ?		21 The Gem
	10 Tregedna Farm		22 Harbour Lights
	11 Pennance Mill Farm		23 Star & Garter Pub
	12 Falmouth Lodge Backpackers		24 Warehouse Bistro
	13 Ivanhoe Guesthouse		**Où boire un verre ?**
	14 Melvill House		24 The Front, Quayside Inn et The Chain Locker
	15 St Michael's Hotel & Spa		

À 10 mn à pied des plages et du centre-ville. Env 24-30 £/pers en chambres de 2-6 lits. Parking. AJ chaleureuse dans une grande maison à colombages. Quartier très calme. Salle TV, cuisine à dispo, thé et café... Dortoirs bien tenus et sanitaires impeccables.

Prix moyens (40-80 £ / 48-96 €)

Ivanhoe Guesthouse *(plan B2,* ***13****) : 7 Melvill Rd, TR11 4AS. ☎ 31-90-83. • ivanhoe-guesthouse.co.uk • Doubles 65-75 £.* Notre adresse préférée. Très jolie demeure dans une rue bordée de maisons édouardiennes aux jardinets soignés. Belles chambres coquettes et confortables avec des petites attentions appréciables. Petit déj excellent et accueil vraiment disponible. Si vous prévenez, on vient vous chercher à la gare ou à la station de bus.

Melvill House *(plan A2,* ***14****) : 52 Melvill Rd, TR11 4DQ. ☎ 31-66-45. • melvill-house-falmouth.co.uk •*

Doubles 70-90 £. Grande maison victorienne proposant 7 chambres spacieuses et confortables, toutes avec salle de bains. Préférez celles avec vue sur le port et la mer. Petit déj soigné et accueil prévenant.

Beaucoup de ***B & B*** sur Melvill Road.

Très chic (plus de 120 £ / 144 €)

St Michael's Hotel & Spa *(plan A2,* ***15****) : Gyllyngvase Beach, TR11 4NB. ☎ 31-27-07. • stmichaelshotel.co.uk • Doubles 90-260 £/pers en B & B selon saison et catégorie. Repas env 25-30 £.* Bel hôtel thermal précédé d'un jardin aux essences rares (notamment un arbre incroyablement tordu !). Chambres de confort plus plus. Au *Flying Fish,* une cuisine de la mer de fort bonne réputation. Cadre lumineux, couleurs marine, terrasse panoramique. Centre de spa ultramoderne.

Où manger ?

Bon marché (moins de 10 £ / 12 €)

De Wynns Restaurant & Coffee-House *(plan A1,* ***20****) : 55 Church St, en face de Saint George Arcade. ☎ 31-92-59. Lun-sam 10h-17h plus 11h-16h dim en saison. Compter 5-10 £.* Superbe bow-window victorien. Très stylé avec son parquet patiné et ses vieilles étagères en bois. Tout pour un *high tea* d'anthologie : pâtisseries, sandwichs au crabe frais, saumon fumé et asperges aux œufs pochés, *pies* et *cakes* (dont le célèbre *Granny Nunn's bread pudding* !).

The Gem *(plan A1,* ***21****) : 6 Quarry Hill ; derrière The Moor. ☎ 31-36-40. Tlj sf dim-mar midi 11h30-14h, 16h30-19h.* Considéré comme un des meilleurs *fish & chips* de la ville. À déguster sur place dans un cadre lisse et propret, ou à emporter. Service souriant.

Harbour Lights *(plan A2,* ***22****) : Arwenack St, près du Quayside Inn. ☎ 31-69-34. Tlj 11h30-20h (20h30 ven-sam). Poissons 6-11 £.* Un autre *fish & chips* recommandable, mieux situé. Salle claire et moderne donnant sur le port. Bon, copieux et peu onéreux.

De prix moyens à plus chic (10-30 £ / 12-36 €)

Star & Garter Pub *(plan A1,* ***23****) : 52 High St, TR11 2AF. ☎ 31-66-63. Tlj sf mar-mer hors saison. Le midi, plats 11-14 £ et menu 18 £ ; le soir, plats 16-19 £.* Plutôt qu'un pub sombre, un resto semi-gastronomique lumineux, et en plus d'une table convoitée, l'une des vues plongeantes les plus géniales qui soit sur l'estuaire et le port. Les bateaux sont amarrés, les chanceux attablés et les chefs affairés à leur cuisine de saison, goûteuse et un brin inventive. Un peu d'attente parfois, le temps que tout cela mijote. À boire, à manger et à voir, un beau cocktail !

Warehouse Bistro *(plan A2,* ***24****) : Custom House Quay, sur le port, en bas des marches. ☎ 31-30-01. Résa conseillée, surtout le w-e. Plats 10-18 £. Intéressants menus 17 £ et 22 £.* Une des meilleures adresses en ville et nous ne sommes pas les seuls à le penser. Petite salle basse de plafond, à la fois chic, chaleureuse et détendue. Cuisine délicate, savoureuse et tout à fait abordable... un exploit !

Où manger chic dans les environs ?

The Cove *: Maenporth Beach, TR11 5HN. ☎ 25-11-36. À 6,5 km au sud. Tlj. Menus 20,50-24,50 £ ; plats autour de 16 £.* Grande salle lumineuse et terrasse surélevée face à la crique pour une goûteuse et classique cuisine à base de poisson. Tapas et sandwichs également. Vaut le déplacement ne serait-ce que pour la vue.

Où boire un verre ?

The Front (plan A2, **24**) : *sur le quai. Live music parfois, et danse bretonne certains soirs !* Ce *Front* ne paie pas de mine, mais on y sert des *real ales* et *real ciders* de la semaine, que l'on déguste en terrasse dans le joyeux désordre de barils…

Quayside Inn (plan A2, **24**) : *41 Arwenack St. ☎ 31-21-13. Tlj jusqu'à 23h (minuit ven-sam). Musique live certains soirs.* Pub très populaire qui brasse toutes les générations. Cadre chaleureux, bois et cuivres rutilants, banquettes conviviales et vue en surplomb sur le port. De bonnes *ales* pour les puristes, mais aussi une sélection de vins au verre. Cuisine de pub à prix honnêtes.

The Chain Locker (plan A2, **24**) : *sur le port. ☎ 31-10-85. Tlj jusqu'à 23h.* Grande terrasse face au port. À l'intérieur, bois vernis et ambiance maritime avec bouées, poulies, hélices, plans de bateaux… Bref, un pub comme on les aime, avec de délicieuses *ales* à se jeter dans le gosier ! Côté cuisine, c'est un poil basique.

À voir. À faire

National Maritime Museum Cornwall (plan A2) : *Discovery Quay. ☎ 31-33-88. • nmmc.co.uk • Tlj 10h-17h. Entrée : env 13 £ ; réduc.* Le Musée maritime du IIIe millénaire ! Vaste bâtiment d'architecture moderne, qui renferme 3 étages d'exposition interactive et ludique sur les bateaux et leurs usages à travers l'histoire. La première salle nous plonge dans l'ambiance avec un impressionnant jeu de son et lumière qui anime des dizaines de maquettes. On pénètre ensuite dans une immense salle-hangar qui abrite une grande variété de bateaux, suspendus au plafond pour en apprécier chaque détail. Une autre salle est consacrée aux technologies maritimes, météo, radars, maniement de la barre… Nombreux ateliers interactifs. N'oubliez pas de grimper en haut du phare qui domine le port et permet d'observer la baie et les bateaux à l'aide de jumelles. On termine par la visite d'une salle d'expos temporaires (photos, peintures) et, pourquoi pas, par une course de voiliers à moteur sur le bassin artificiel.

Pendennis Castle (plan B2) : *à 1 km du centre, TR11 4LP. ☎ 31-65-94. • english-heritage.org.uk • Fin mars-sept, tlj 10h-18h (dernier ticket 1h avt fermeture) ; horaires plus restreints le reste de l'année. Entrée : env 8,50 £ ; réduc.* Forteresse jumelle de celle de Saint Mawes, que l'on aperçoit de l'autre côté du chenal, elle fut également construite au XVIe s par Henri VIII. Cet outil de défense servit jusqu'à la Seconde Guerre mondiale, en atteste la collection de canons de toutes les époques. Un fort bien modeste en taille, un peu perdu dans ce vaste espace engazonné, mais parfaitement conservé et tout mignon avec son pont-levis et son donjon en modèles réduits. Vue stratégique et magnifique sur la baie, presque à 360°.

Ships and Castles (plan B2) : *tt près de Pendennis Castle, sur Castle Dr. • falmouth.co.uk/attractions/ships-castles/ •* Vaste complexe de piscines et toboggans, grosses bouées, etc. S'il pleut ou si vous trouvez la mer trop froide !

➢ **Balade sur le fleuve Fal :** *en saison, on peut remonter le Fal jusqu'à Truro. • falriver.co.uk/enterprise • Billets et départs du Prince of Wales Pier. Avr-oct, 3-6 bateaux/j. ; départs selon marée. Compter env 3h (1h30 aller, 1h30 retour) et env 17 £ l'A/R.* L'estuaire est très profond et sert de garage à tankers ; on peut aussi y voir de vieilles barges en béton utilisées pendant la Seconde Guerre mondiale et abandonnées là. Très sympa.

Les plages : plusieurs belles plages en ville même et aux environs, en particulier *Gyllingrase Beach* et, non loin, *Swanpool Beach.* Jolie anse de *Maenporth Beach* à environ 6 km vers le sud.

DE FALMOUTH À PORTHLEVEN PAR LA CÔTE

Notre itinéraire quitte Falmouth par la route côtière en direction de Mawnan Smith et Helford River. En chemin, beaux jardins, ports de poche et jolis points de vue. Cependant, certaines routes, notamment aux alentours de *Mawnan Smith, Porth Navas* ou *Gweek*, pourront donner quelques frayeurs aux conducteurs !

➢ ***Bus :*** depuis Helston, liaisons avec la compagnie *Kernow.* • *firstgroup.com/cornwall* • Pas simple avec Truro en revanche et carrément galère le dimanche en général.

Glendurgan Gardens : *un peu au sud du village de Mawnan Smith et à 5 miles de Falmouth, TR11 5JZ. ☎ (01326) 25-20-20. • nationaltrust.org.uk/glendurgan-garden/ • De mi-fév à oct, 10h30-17h30. Entrée : env 9 £ ; réduc.* Sur 13 ha d'une vallée qui bénéficie d'un microclimat subtropical, on fait pousser depuis plus de 1 siècle des essences provenant de Chine, de Nouvelle-Zélande, d'Australie, d'Amérique du Sud... Une forêt luxuriante superbement aménagée. Très connue pour ses admirables camélias, ses rhododendrons et ses plantes rares. Il faut du temps pour explorer cet univers d'une incroyable richesse, qui abrite plus de 1 000 espèces. Descendez jusqu'au charmant village de *Durgan,* au bord de la rivière Helford. De là, on peut louer une barque et se promener. Il y a aussi une petite plage et des coins pour pique-niquer.

– Pour ceux qui en redemandent, autre jardin subtropical de ***Trebah*** à proximité, tout aussi intéressant et fondé à la fin du XIXe s : *Mawnan Smith, TR11 5JZ. • trebah-garden.co.uk •*

Cornish Seal Sanctuary : *sur la route B 3291, dans le village de **Gweek,** TR12 6UG. ☎ (01326) 22-13-61. • sealsanctuary.co.uk • Tlj à partir de 11h. Entrée payante (moins chère sur Internet).* Hôpital pour bébés phoques, où l'on récupère les pauvres bêtes mal en point. On peut assister au repas des phoques et observer de près leurs évolutions sous l'eau, à travers des vitres.

COVERACK

➢ *Sur la B 3293, tourner à droite avt la station-service* Regent-Zoar *et suivre les panneaux. Coverack est à env 2 miles.*

Village peinard qui s'étire le long d'une baie assez large, précédée d'une belle campagne. Endroit bien connu des véliplanchistes, qui apprécient le vent régulier soufflant dans la baie. Quelques maisons au toit de chaume. Hélas, pas grand choix pour se loger. En prenant à gauche à la station-service, direction Saint Keverne, à la même distance.

Où dormir ? Où manger ?

Little Trevothan Caravan and Camping Park : *Trevothan, TR12 6SD. ☎ (01326) 28-02-60. • littletrevothan.co.uk • À env 30 mn à pied du village. Mars-déc. Compter 14-17 £ pour 2.* Un petit camping très calme et nature. Petite épicerie. Vaste pelouse et aire de jeux pour les enfants.

Youth Hostel : *Parc Behan, School Hill, TR12 6SA. ☎ 0345-371-90-14. • yha.org.uk/hostel/coverack • À env 10 mn à pied du port par une bonne grimpette. Ouv avr-oct. En dortoir de 4-6 lits à partir de 15 £/pers ; doubles et familiales également.* Dans une élégante maison victorienne dominant la baie, des chambres confortables à l'ambiance familiale. Salon, cuisine, billard, véranda et aire de jeux pour enfants. Repas possible. Pelouse pour camper. Excellente adresse avec une vue splendide. C'est aussi un centre de planche à voile.

The Paris Pub and Hotel : *au bout du port. ☎ (01326) 28-02-58. • pariscoverack.com • Double 90 £,*

THE WEST COUNTRY

petit déj inclus. Resto tlj. Plats et snacks env 6-18 £. Parking gratuit. Il tient son nom du paquebot *SS Paris* qui s'échoua dans le coin en 1899. 4 chambres simples et propres avec salle de bains et vue. Pub spacieux et vivant, avec un long comptoir en bois sculpté. Salle de restaurant panoramique ou terrasse le nez dans les embruns pour manger une honnête cuisine de pub.

Où manger ? Où acheter de bons produits dans les environs ?

The Green House : *6 High St,* ***Saint Keverne,*** *TR12 6NN. ☎ (01326) 28-08-00. Au centre-bourg. Mer-sam slt, 18h30-21h30. Menus 15-20 £.* Les chanceux qui dorment dans le coin les bons jours seront bien avisés de réserver une table dans cette maison toute simple de l'extérieur et de l'intérieur. On y sert une cuisine bio de haute volée, locale et de saison. Cela valait bien une étoile. Avec les prix tirés et vu les mines réjouies des clients, on en décernerait bien deux !

Roskilly's : *Tregellast Barton Farm,* ***Saint Keverne.*** *À quelques km de Coverack (bien indiqué). ☎ (01326) 28-04-79. • roskillys.co.uk • Resto tlj mais horaires variables.* Une très grande ferme pratiquant l'agriculture durable et ayant constitué un véritable complexe multi-activités. Le lait de ses vaches Jersey entre bien sûr dans la fabrication de ses fameuses glaces, qu'on retrouve dans de nombreuses boutiques ou cartes de restaurant... Tout ce qui est proposé au resto **Croust House** est fabriqué à partir des bons produits de la ferme (sans pesticides). Vaste choix : pizzas, sandwichs, salades, quiches, burgers, tagliatelles, gâteaux maison et... glaces délicieuses comme la « orange et mascarpone »... Grosses tables dehors dans une ambiance bucolique et sereine. Au plus fort de l'été, barbecue et musique ! Boutique avec confitures, fudge, chutneys, *cakes*, etc. Possibilité de se balader sur la propriété et pour les enfants d'assister à la traite des vaches vers 16h30 (et aussi à 5h30 du mat, m'enfin bon !). Pour rester sur place, location de confortables cottages de 2 à 4 chambres.

The White Hart : *au centre-bourg de* ***Saint Keverne.*** *☎ (01326) 28-03-25. • thewhitehartstkeverne.co.uk • Tlj 9h-23h30. Plats env 9-15 £.* Cet accueillant pub de village sert une cuisine bien tournée, pour tous les goûts et à prix serrés : *fish of the day*, grillades, lasagnes maison et plein d'options végétariennes... Accueil sympa comme tout. Quelques chambres pas déplaisantes *(double 70 £)* au-dessus du bar.

LIZARD POINT (LE CAP LIZARD)

Latitude 49° 57' N, longitude 5° 12' W. Pas de lézard, c'est bien le point le plus au sud de l'Angleterre. Cap d'arrivée de nombreuses courses transatlantiques, c'est sans doute pour cela que son nom pourra vous sembler familier. Vue superbe depuis cette longue falaise de roches noires s'émiettant un peu gérée aujourd'hui par le National Trust. Si le panorama est admirable, le village de Lizard lui-même est particulièrement banal, tout comme la vaste plaine, totalement plate et désolée, qui mène au cap. De plus, les innombrables boutiques de souvenirs gâchent vraiment la visite.

Où dormir ? Où manger ?

Campings et auberge de jeunesse

Henry's Campsite : *caché dans le bourg, TR12 7NX. ☎ (01326) 29-05-96. • henryscampsite.co.uk • Compter 18-22 £ pour 2 (ristourne pour les marcheurs).* Comment décrire ce camping ? Hors norme avec son joyeux bric-à-brac de récup' et œuvres d'art, marrant comme tout avec ses couleurs vives jusque dans le bloc sanitaire mixte, génial avec tous les animaux qui cohabitent dans cette ferme. Original et convivial donc, mais sérieux côté prestation, autour des 40 emplacements avec vue sur la mer.

Camping Skyburriowe Farm House* : *Mullion Cove. *☎ (01326) 22-16-46. • evbenney@hotmail.co.uk • skyburriowefarm.co.uk • À 8 miles au nord, fléché depuis l'A 3083. Compter 12-21 £ selon saison.* Environ 40 places sur une ferme d'élevage. Environnement bucolique, ça va de soi. Arboré et belle prairie. Sanitaires modernes. Également quelques chambres en *B & B*... Pour manger, on conseille *The Old inn* au village.

Lizard Point Youth Hostel* :** *The Polbrean,* ***Lizard *TR12 7NT. ☎ 0345-371-9550. • yha.org.uk/hostel/lizard • Devant le phare. En dortoir 4-6 lits, à partir de 13 £/pers. Doubles également.* À un demi-mile du village, dans un environnement sauvage de rêve, une des plus séduisantes AJ de la côte. Soigneusement restaurée, ancienne villa victorienne habitée au début par une artiste (qui eut 13 enfants), puis hôtel, puis pub... Elle offre une trentaine de lits en chambres pimpantes. Cuisine moderne et tout le confort espéré. Staff sympa, soirées d'anthologie, merveilleuses balades alentour...

Chic (à partir de 80 £ / 96 €)

***The Caerthillian B & B* :** *au cœur du village, TR12 7NQ. ☎ (01326) 29-00-19. • thecaerthillian.co.uk • Double 75 £.* Grande demeure bleue à pignon. Excellent accueil d'une sympathique jeune famille qui donne plein de bons tuyaux sur les environs. Chambres *en-suite* claires et cosy. Généreux petit déj. Une super adresse.

***The Top House* :** *dans le village, à côté du parking, TR12 7NQ. ☎ (01326) 29-09-74. • mail@thetophouselizard.co.uk • thetophouselizard.co.uk • Doubles à partir de 85 £. Plats env 10-20 £.* Élégantes chambres très confortables, pas données certes, mais avec vue de plus en plus dégagée sur la mer à mesure que l'on monte dans les étages. En bas, pub classique proposant un large choix de plats qui le sont tout autant. Une curiosité, 2 luxueuses banquettes sauvées d'un bateau naufragé en 1900 !

À voir. À faire

➢ ***Chemins de randonnée*** balisés autour et le long du cap. Au niveau du parking (payant), au bout de la falaise, panneau d'informations sur les sentiers de 1h à 3h (2,7 à 7,5 miles).

***Heritage Centre* :** *au pied du phare. ☎ (01326) 29-02-02. Mars-oct, tlj sf ven-sam 11h-17h. Entrée : env 4 £ (8 £ avec le phare) ; réduc.* Expo consacrée à ce petit phare de 19 m de haut, aux techniques d'éclairage et à la navigation. On peut grimper en haut du phare.

Dans les environs, ne surtout pas manquer le croquignolet village de ***Cadgwith,*** composé de maisons au toit de chaume assemblées autour d'un port de pêche coloré et grand comme un mouchoir de poche. C'est mignon et authentique à en pleurer ! Joli pub ancien (le *Cadgwith Cove Inn*) pour faire durer le plaisir. Se garer en haut du village et

TROIS POINTS ET UN « S »

C'est de Poldhu, près de Lizard Point, que Marconi émit pour la première fois un (très) court message transatlantique sans fil, en 1901. À 3 400 km de là, à Terre-Neuve, fut capté le signal en morse de trois points rapprochés. Il s'agissait du « S », la première lettre de l'alphabet à se propager par les ondes à travers l'Atlantique !

descendre par le sentier piéton. Le sentier côtier conduit à « Devil frying pan », une petite arche sur la mer. Les marcheurs parcourront 7,5 miles (3h) depuis Lizard Point.

PORTHLEVEN

3 000 hab. IND. TÉL. : 01326

À 5 km au sud-est de Helston, encore un petit port de rêve, assorti d'une belle plage de sable et de rochers. Un peu à l'écart des circuits touristiques traditionnels, le village semble ne pas avoir bougé d'un pouce depuis bien longtemps. Remarquez les canons sur les quais fortifiés. Ils auraient tiré sur l'armée napoléonienne.

Où dormir ?

Campings

Campings : *à* ***Praa Sands,*** *sur la route de Penzance.* Plutôt que le gros complexe, le routard préférera les campings à la ferme situés à l'ouest du village. Il y en a plusieurs, situés pas très loin de la jolie plage de sable.

Chic (80-120 £ / 96-144 €)

Wellmore End Cottage : *Methleigh Bottoms, TR13 9JP. 56-93-10. 07582-607-689. • wellmoreend.com • À l'entrée du village, en venant de Penzance. Double 80 £. Parking.* Un petit *B & B* qui propose 2 chambres plaisantes et confortables. Accueil charmant de Bridget, la reine du breakfast ! Une adresse pleine de gentillesse où l'on se sent vite comme à la maison.

An Mordros Hotel : *Peverell Terrace, TR13 9DZ. ☎ 56-22-36. • anmordroshotel.com • Au bout de Commercial Rd, à gauche dans Salt Hill, puis à droite sur Peverell Terrace. Doubles 78-87 £.* Dominant superbement le port, un petit hôtel familial, intime et bien tenu. Chambres de bon confort, avec vue sur mer pour les meilleures. Accueil affable, bar sympa.

Où manger ? Où boire un verre ?

De prix moyens à plus chic (10-30 £ / 12-36 €)

Kota : *Harbour Head, sur le port. ☎ 56-24-07. Ouv le soir mar-sam 18h-21h, plus le midi ven-sam en saison. Menus 20-25 £ ; plats 14-25 £.* L'une des tables les plus réputées de la région. Ici, on est résolument bio. En outre, un vrai talent pour mettre en valeur les saveurs, en y associant finement herbes fraîches et fleurs, avec de subtiles influences asiatiques. Pour dormir, de belles chambres *(en ½ pens slt).*

The Harbour Inn : *Commercial Rd, sur le port. ☎ 57-38-76. Cuisine tlj 12h-21h. Plats 6-25 £. Musique live sam soir.* Pub-resto installé dans l'un des plus anciens bâtiments du port et servant les spécialités habituelles à tous les prix (burger maison, *fish trio,* risotto du jour, etc.). Grande terrasse bien sympa sur le quai. Salle plaisante de pierre et bois, avec quelques box. Dispose également de chambres confortables mais chères *(doubles autour de 80 £).*

The Ship Inn : *Mount Pleasant Rd, sur le quai opposé à* The Harbour Inn. Le pub surplombe la jetée. Terrasse minuscule et adorable. À l'intérieur, on s'attend presque à trinquer avec les derniers boucaniers et contrebandiers de la région. Décor chaleureux de mugs, sous-bocks et billets accrochés au plafond. Impressionnante cheminée en pierre. Petite cuisine à prix abordable.

MARAZION ET SAINT MICHAEL'S MOUNT (MONT SAINT-MICHEL)

1 300 hab. IND. TÉL. : 01736

À 2 miles à l'est de Penzance, Marazion est un village tranquille, point de départ de la chaussée (submergée à marée haute) qui mène à Saint Michael's Mount. Vaste et superbe plage de sable. Tous les hôtels et restaurants se trouvent à Marazion, rien de tout cela (mis à part deux cafés) sur le mont même.

– Parkings payants sur le port. C'est là qu'on laisse sa voiture pendant qu'on visite le mont Saint-Michel.

Où dormir ? Où manger ?

Prix moyens

I●I ***The Godolphin Arms :*** *West End, TR17 OEN. ☎ 88-85-10. ● godolphinarms.co.uk ● Juste en face du mont. Plats 10-20 £. Musique live ts les w-e.* C'est le resto à choisir si l'on veut bénéficier d'une vue imprenable sur le mont, derrière une façade entièrement vitrée. Excellentes spécialités de fruits de mer, avec notamment plein de plats à partager à 2 et des tarifs encore raisonnables. Personnel accueillant et atmosphère familiale. Côté hôtel, des chambres d'un confort sans faille, mais évidemment pas données vu la situation *(doubles à partir de 110 £).*

I●I ***Ben's Cornish Kitchen :*** *en face du Godolphin Arms. ☎ 71-92-00. Tlj sf dim-lun. Lunch menus 18-23 £.* Intérieur boisé et sobre pour une cuisine sophistiquée, mettant à l'honneur les goûteux produits saisonniers de la région : pêche du jour, gibier, joue de bœuf, ventre de porc... La renommée de cette table ne faiblit pas.

I●I 🍷 ***The King's Arms :*** *The Square, TR17 0AP. ☎ 71-02-91. Tlj 11h-23h. Plats env 7-16 £.* Un bon vieux pub rustique. Cuisine locale servie copieusement et savoureux *Cornish pasties.* Patron sympa et atmosphère amicale.

Chic (à partir de 80 £ / 96 €)

🏠 ***Blue Horizon :*** *à 300 m sur Fore St, la rue principale qui monte du centre, TR17 0AW. ☎ 71-11-99. ● bluehorizon-marazion.co.uk ● Avr-oct. Doubles à partir de 85 £. Parking.* Un *B & B* très plaisant, des chambres lumineuses, aux couleurs claires et sobrement décorées, avec ou sans vue sur mer, mais toutes avec salle de bains. Petite véranda, salon et jardin, le tout très cosy et accueillant. Il y a même un sauna !

🏠 I●I ***St Michaels B & B :*** *Fore St, la rue principale qui monte du centre, TR17 0AD. ☎ 71-13-48. ● stmichaelsbedandbreakfast.co.uk ● ♿ Congés : nov-janv. Doubles 100-120 £. Parking.* À 300 m du carrefour central, à côté d'une église. Un *B & B* hyper confortable offrant 5 chambres particulièrement spacieuses et lumineuses. Accueil charmant et petit déj soigné à base de poisson.

À voir

★★★ ***Saint Michael's Mount :*** *☎ 71-02-65. ● stmichaelsmount.co.uk ● À marée basse, on gagne le mont par la chaussée ; à marée haute en saison, des bateaux assurent la navette (2 £/trajet). Accès gratuit jusqu'à l'entrée de l'île.*

Château : de mi-mars à fin oct, tlj sf sam 10h30-17h (17h30 juil-août). Entrée : env 10 £. Jardins slt, peu ouv (mais visibles du château) : de mi-avr à juin, lun-ven ; juil-sept, slt jeu-ven. Entrée : env 7 £ ; ticket groupé env 14 £ ; réduc. Sur ce petit bout d'île à deux pas de la côte, les bénédictins du Mont-Saint-Michel français, profitant de la conquête normande, firent édifier un monastère et une église dans le même style que son homologue d'en face. Une vision romantique à souhait, même si celui-ci n'a ni la prestance ni la taille de son homologue français. Devenu garnison militaire, le monastère fut racheté en 1659 par le colonel Saint Aubyn dont les descendants habitent toujours les lieux (12e génération) ! Les différents bâtiments qui subsistent aujourd'hui accusent un curieux mélange de styles, avec une prédominance pour le XIIe s. Ne pas y venir en talons, tous les chemins sont pavés. Le château se révèle étonnamment grand, chargés de salles, de meubles et de peintures, ainsi que d'une chapelle du XVIIe s. Dans la *map room,* où se trouve une maquette du Mont en bouchons de champagne (!), remarquer la très sérieuse carte de Devon-Cornouailles indiquant l'emplacement des géants qui effrayaient tant la population au Moyen Âge. Balade agréable dans les luxuriants jardins tropicaux autour.

|●| ☕ Pas d'hébergement sur l'île, mais deux cafés qui font aussi *tearoom.*

PENZANCE

16 400 hab. IND. TÉL. : 01736

• Plan *p. 235*

La ville la plus occidentale de l'Angleterre est une station balnéaire prisée et peu séduisante de prime abord, avec néanmoins quelques jolies rues et de belles demeures anciennes dans le centre. Elle est prolongée au sud par Newlyn, un important port de pêche. L'auteur de romans d'espionnage John Le Carré écrit ses best-sellers par ici (à Tregiffian très exactement). Grosse animation sur le port en juillet, lors des journées maritimes.

CONCOURS LÉPINE

Humphry Davy (1778-1829) serait resté un illustre anonyme né à Penzance si un médecin n'avait éveillé par hasard sa curiosité aux sciences. Résultat, on lui doit la découverte du sodium, du potassium, du magnésium et du calcium. On lui doit aussi les premières expériences sur l'éclairage électrique, les propriétés euphorisantes du gaz dit hilarant, l'invention d'une lampe pour les mineurs de fond... Lui qui voulait être poète.

Adresses utiles

i *Penzance National Trust Visitor Centre* *(plan B1) : West Cornwall Centre ; TR18 2NF. ☎ 33-55-30. Fermé sam-lun hors saison.* Réservation de *B & B*. Infos pour les îles Scilly.

🚂 *Gare ferroviaire* *(plan B1) : Station Rd. ☎ 08457-48-49-50.* Liaisons avec Saint Ives.

🚌 *Gare routière* *(plan B1) : Station Rd. ☎ (0870) 580-80-80 et (0845) 600-14-20.* Dessert de nombreux villages. *Traveline : • traveline.info • ☎ 0871-200-22-33.*

■ *Penzance Bike Hire* *(plan A2) : Torwood, Alexandra Rd, TR18 4LZ. 📱 0776-422-55-35. • penzancebikehire.co.uk •* Location et balades accompagnées.

Où dormir ?

Bon marché (moins de 40 £ / 48 €)

The Blue Dolphin Penzance Backpackers (plan A2, **10**) : *Alexandra Rd, TR18 4LZ. ☎ 36-38-36. (07828) 13-11-98. • pzbackpack.com • Bus nos 1 et 1A (arrêt Alexandra Rd). Réception 9h-12h et 17h-22h. Env 16 £/pers en dortoir, double 36 £.* AJ indépendante située dans un quartier tranquille, à 10 mn à pied de la mer et du centre. 30 lits en dortoirs, une douche par dortoir. Propreté irréprochable. Ambiance cool garantie.

Prix moyens (40-80 £ / 48-96 €)

Treventon Guest House (plan A2, **12**) : *Alexandra Pl, TR18 4NE. ☎ 33-27-30. • penzance-bed-and-breakfast.co.uk • Doubles 75-85 £.* Une fière maison victorienne, avec de jolies mosaïques dans l'entrée et vitraux dans l'escalier. Chambres très classes, spacieuses et cosy, certaines avec de superbes cheminées ou bow-windows. Accueil aimable comme tout.

Con Amore (plan A2, **13**) : *38 Morrab Rd, TR18 4EX. ☎ 36-34-23. • conamore.co.uk • Doubles à partir de 68 £.* Jolie maison victorienne toute proche d'un magnifique jardin public subtropical. Chambres douillettes de tailles variables, super bien tenues. Accueil très chaleureux du propriétaire, qui vous donnera tous les conseils nécessaires pour visiter la ville.

On trouve beaucoup d'autres ***B & B*** et ***guesthouses*** sur Alexandra Road et Morrab Road. Compter 15 mn de marche de la gare, vers l'ouest.

De chic à très chic (à partir de 80 £ / 96 €)

Artist Residence (plan B2, **14**) : *20 Chapel St, TR18 4AW. ☎ 36-56-64. • artistresidence.co.uk • Doubles 75-140 £ selon saison.* L'ancien consulat portugais est aujourd'hui un hôtel offrant une vingtaine de chambres dont la moitié au design brillamment réalisé par des artistes locaux. Restaurant sur place et soirées ciné. Accueil adorable.

Hotel Penzance (plan B1, **15**) : *Briton's Hill, TR18 3AE. ☎ 36-31-17. • hotelpenzance.com • Doubles 99-220 £, petit déj compris. Parking. Piscine.* Le grand luxe ! Dans un manoir de granit entouré d'un beau jardin et parcouru de couloirs feutrés, des chambres top confort, certaines avec vue sur le large. Accueil extra. Thé/café et gâteaux offerts à l'arrivée. Le resto vaut le déplacement *(voir plus bas « Où manger ? »)*.

Warwick House (plan B2, **16**) : *Regent Terrace, TR18 4DW. ☎ 36-38-81. • warwickhousepenzance.co.uk • Doubles 95-105 £. Parking gratuit.* L'entrée de cette élégante demeure Régence anglaise (début XIXe s) ne manque pas d'allure, dans une rue face à la mer. Les 7 chambres dont 4 avec vue mer ne sont pas en reste, stylées juste comme il faut. Un ensemble chic et professionnel. Chris et Julie servent par ailleurs un petit déjeuner haut de gamme.

Où dormir à proximité ?

Bone Valley Caravan and Camping Park : ***Heamoor,*** *TR20 8UJ. ☎ 36-03-13. • wardmandie@yahoo.co.uk • bonevalleyholidaypark.co.uk • À 1,5 mile au nord de Penzance. Avt d'entrer dans Penzance, prendre la direction de Madron ; dans le village de Heamoor, suivre Gulval ; le camping est fléché. Résa conseillée. Prévoir 14 £ pour 2 en tente.* Tout petit camping au confort simple, à l'ambiance tranquille et conviviale. Parcelles délimitées par des haies bien taillées. Accueil charmant.

PENZANCE

Adresse utile

Penzance National Trust Visitor Centre

Où dormir ?

10 The Blue Dolphin Penzance Backpackers
11 Castle Horneck Youth Hostel
12 Treventon Guest House
13 Con Amore
14 Artist Residence
15 Hotel Penzance
16 Warwick House

Où manger ?

Où boire un verre ?

15 The Bay
20 Senara
21 The Dolphin Tavern
22 The Union Hotel
23 The Admiral Benbow
24 The Turk's Head Inn
25 The Vault
26 The Bakehouse

Castle Horneck Youth Hostel *(hors plan par A2,* ***11****) : sur l'A 30, TR20 8TF. ☎ 36-26-66. • penzance@yha.org.uk • Un peu loin du centre (15-25 mn à pied), mais bus (n*[os] *5 et 6) de la gare. Réception 8h-10h et 17h-22h. Camping à partir de 12 £/pers ; lit en dortoir 13 £ ; doubles également. Parking.* Grande maison du XVIIIe s, style manoir georgien, confortablement équipée et moquettée dès l'entrée. Dortoirs de 2 à 8 lits. Vastes jardins tout autour, où l'on peut planter sa tente. Cafétéria et bar très sympas.

Où manger ? Où boire un verre ?

Bon marché (moins de 10 £ / 12 €)

Senara (plan A1, **20**) : *St Clare St, dans l'enceinte du Penwith College. ☎ 33-52-15. • senara@penwith-ac.uk • Sur le campus, au sous-sol du bâtiment Zennor. Lun-ven 12h-14h, plus ven à partir de 19h. Résa indispensable. Menu moins de 10 £. Parking.* Le resto d'entraînement de l'école hôtelière. Attention, rapport qualité-prix imbattable ! Dans un décor moderne et neutre, on déguste un menu gastronomique renouvelé chaque jour. De gros efforts de créativité dans l'assiette et un service aussi attentionné que possible de la part des jeunes apprentis. Allez, on leur met une bonne note !

De prix moyens à plus chic (10-30 £ / 12-36 €)

The Dolphin Tavern (plan B2, **21**) : *Quay St, en bas de Chapel St. ☎ 36-41-06. Tlj. Plats 10-17 £.* Déco maritime à fond les voiles : sirènes, manomètres et instruments de bord rutilants. Rivalise d'ancienneté et de popularité avec *The Admiral Benbow.* Cuisine de très bonne facture (pour un pub !) : *pollock* à la bière, *home steak and ale pie,* crabe et poisson selon arrivage... Loue aussi quelques chambres *en-suite (env 70-100 £).*

The Union Hotel (plan B2, **22**) : *Chapel St. ☎ 36-23-19. Tlj. Le midi, snack à moins de 10 £. Repas 15-20 £.* Ancienne auberge du XVIIe s, c'est dans ce bel édifice élisabéthain qu'en 1805 fut annoncée la mort de Nelson à Trafalgar (au mur, une pièce de musée : la une du *Times* annonçant la nouvelle). Le *Nelson's Bar* est décoré d'eaux-fortes (gravures) racontant les exploits de l'amiral... Salon-bar cossu, banquettes de velours et fauteuils.

The Admiral Benbow (plan B2, **23**) : *46 Chapel St, à l'angle d'Abbey St. ☎ 36-34-48. Tlj. Plats 10-17 £, snacks également.* Pub historique, ancien repaire de l'amiral Bendow qui, entre autres batailles, attaqua Saint-Malo et Dunkerque au XVIIe s ! Mentionné également dans *L'Île au trésor* de Robert Louis Stevenson. Foultitude de recoins sombres et une déco qui sent bon la flibuste. Un tantinet touristique, mais rigolo et ambiance bon enfant entretenue par les habitués.

The Turk's Head Inn (plan B2, **24**) : *48 Chapel St. ☎ 36-30-93. Tlj.* Ce serait le plus vieux pub du coin (XIVe s, imaginez !). Terrasse à l'arrière. C'est une table courue, mais on y vient surtout pour écluser une pinte de *Doom Bar.*

The Vault (plan A-B1-2, **25**) : *17-18 Market Pl. ☎ 44-84-60. Tlj 9h30 jusque tard.* Cocktail-bar moderne adopté par la tranche 25-35 ans branchouille et... bavarde. Espace lounge et courette à l'arrière. Dans la journée, plus calme. Thé, *cakes* et divers snacks.

De plus chic à chic (à partir de 20 £ / 24 €)

The Bakehouse (plan B2, **26**) : *Old Bakehouse Lane, Chapel St. ☎ 33-13-31. Déj mer-sam, dîner tlj (résa hautement recommandée). Plats env 10-20 £. Early bird dinner 16 £, mar-ven avt 19h.* Là, au fond d'une courette verdoyante, la plus populaire des *steak and seafood houses.* Cadre assez sophistiqué, espace aéré avec mezzanine, judicieux jeux de lumière. Dans l'assiette, le meilleur de la production locale, notamment du bon bœuf de Cornouailles ou de l'agneau mariné au feu de bois. Miam !

The Bay (plan B1, **15**) : *Britons Hill. ☎ 36-68-90. Brasserie 12h-19h, dîner 19h-22h. Plats 8-15 £ le midi, 15-24 £ le soir.* C'est le resto de l'*Hotel Penzance* (voir plus haut, « Où dormir ? »). Grande salle de style brasserie contemporaine pour une des meilleures cuisines de la ville. Terrasse prisée. Sélection et fraîcheur rigoureuses des ingrédients, poisson en direct du port de *Newlyn* bien sûr, service pro et souriant à la fois. Au dîner, très conseillé de réserver.

À voir. À faire

Penlee House Gallery & Museum *(plan A2)* : *Morrab Rd.* ☎ *36-36-25.* • *penleehouse.org.uk* • *Avr-oct, lun-sam 10h-17h ; nov-mars, 10h30-16h30. Entrée : 5 £ ; réduc.* Œuvres de l'école de Newlyn, arts décoratifs, archéologie et histoire locale dans un élégant habillage. Belle collection de peintures consacrées à l'histoire de Penzance et sa région.

Salon de thé agréable, avec véranda donnant sur le joli parc environnant.

Chapel Street *(plan B2)* : certainement la rue la plus coquette et parsemée de maisons historiques, avec *The Union Hotel,* à la façade bien défraichie, *The Turks Head Inn* (un pub du XIVe s), quelques galeries... On ne peut rater, en face de *The Union Hotel, The Egyptian House,* incroyable façade du XIXe s style « retour d'Égypte », très kitsch. C'était autrefois un musée géologique. En haut de Chapel Street, on atteint *Market Jew Street,* artère commerciale de Penzance, qui compte de jolies maisons georgiennes.

Jubilee Pool *(plan B2)* : *Battery Rd.* ☎ *36-92-24.* • *jubileepool.co.uk* • *Fin mai-début sept, tlj 10h30-18h. Entrée : env 5 £ ; réduc.* Cette unique et vaste piscine triangulaire fait partie du patrimoine Art déco du pays. Édifiée en 1935 à la pointe de la ville pour célébrer le jubilé d'argent du roi George V, elle a rouvert en 2014 après de gros travaux suite à une tempête. Ambiance vintage avec le mont Saint-Michel en fond de décor.

➢ ***Îles de Scilly*** : si l'envie vous prend de visiter ces îles réputées pour la douceur de leur climat, c'est d'ici que partent les bateaux.

Isles of Scilly Travel : ☎ *0845-710-5555.* • *islesofscilly-travel.co.uk* • Trajets en bateau ou en avion.

LA PÉNINSULE DE PENWITH

Une péninsule de caractère, dont la rudesse est due au sol granitique et à ce sacré vent qui rase tout. La côte est très fortement découpée mais s'ouvre régulièrement sur de superbes plages léchées par une mer turquoise. L'ancien chemin des douaniers existe toujours – le National Trust l'entretient fort bien –, et c'est en suivant ce *Coastal Path* que vous apprécierez toute la beauté de la région. C'est clairement l'une des plus belles sections de la côte, offrant des vues inoubliables. Chaque baie est reliée à la civilisation par la B 3315, puis la B 3306, et le réseau de bus est très complet.

MOUSEHOLE *(ind. tél. : 01736)*

À 2,5 miles au sud de Penzance s'étend ce petit village avec un port aussi charmant que ses jolies maisons basses en granit. Très pittoresque, mais pris d'assaut par les touristes l'été. Le mieux est de se rendre ici tôt le matin ou en fin d'après-midi et de laisser son véhicule au parking avant l'entrée du village. Voir le superbe quai de granit du XIVe s. C'est dans cette région qu'eurent lieu de vigoureux combats avec les Espagnols, notamment à *Spaniard's Point.*

FISH AND CHEAP !

À la fin du XIXe s, alors que la mer était démontée, un courageux pêcheur s'y risqua quand même et fit une pêche miraculeuse (ou presque). Un plat local célèbre depuis cet événement : le starry gazy pie, *une tourte constituée de 7 espèces de poisson. C'est au* Ship Inn, *sur le port, qu'il fut concocté pour la première fois, la veille de Noël. Depuis, chaque 23 décembre, on fête l'événement avec des guirlandes partout... et on donne ce que l'on veut, au bénéfice d'une ONG !*

Où dormir ? Où manger ?

2 Fore Street : *2 Fore St, TR19 6QX. ☎ 73-11-64. • info@2forestreet.co.uk • Tlj 12h-14h, 18h-21h. Résa hautement recommandée. Le midi, plats 9-15 £ ; le soir, repas plutôt 25-35 £.* Un de nos coups de cœur ! D'abord, cadre frais et lumineux, couleurs douces, bois blanc... Accueil et service alertes et souriants. Le jeune chef, élève de Raymond Blanc, concocte une remarquable cuisine à partir de beaux produits locaux, traités ou cuits à la perfection avec inspiration ! La carte suit son humeur, le marché, les saisons. Un rapport qualité-prix exceptionnel !

The Old Coastguard : *Parade Hill, TR19 6PR. ☎ 73-12-22. • oldcoastguardhotel.co.uk • Juste avt de descendre sur le port, venant de Penzance. Menus 18-21 £ le midi, 20-25 £ le soir.* Encore un coup de cœur ! Si les chambres de l'hôtel sont malheureusement chères, offrez-vous un repas dans cet établissement de charme, posté sur une hauteur. Un vrai plus pour la vue sur mer, au-delà du jardin foisonnant qui dévale vers la plage. La cuisine se révèle également au top, savoureuse, joliment mise en scène et servie avec professionnalisme, dans un cadre aéré.

LAMORNA COVE *(ind. tél. : 01736)*

Première crique sauvage au bout d'une charmante petite route forestière en quittant la B 3315. Juste quelques maisons dispersées autour du port, dans un chaos de rochers... splendide. Parking sur le port, où un café permet de faire une halte. On peut remonter le fleuve côtier ; la promenade sous les arbres est merveilleuse, surtout quand les champs sont recouverts de jonquilles.

PENBERTH COVE *(ind. tél. : 01736)*

À 3,5 miles de Lamorna par le *Coastal Path* ou en voiture (remarquez au passage le long de la B 3315 les *Merry Maidens,* un cercle formé par 19 pierres dans un champ), un coin de paradis : la crique est minuscule, un pêcheur y range trois barques et sera heureux de vous vendre un homard si vous le rencontrez à marée basse. Quelques maisons, un bout de fleuve côtier qui se jette là, et un romantisme infini.

Où dormir dans les environs ?

Campings

Trenverven Farm : ***Saint Buryan,*** *TR19 6DL. ☎ 81-02-00. • treverventouringpark.co.uk • Sur la B 3315. Avr-oct. Compter 10-16 £ pour 2 selon saison.* Bien équipé, très propre et pratique, joli gazon, mais pas d'ombre. Quelques chambres en *B & B.*

Tower Park Caravans and Camping : ***Saint Buryan,*** *TR19 6BZ. ☎ 81-02-86. • towerparkcamping.co.uk • Au village même. Mars-oct. Env 13-17 £ pour 2 pers. 70 empl.* Vaste green sans délimitations. Bien situé, à proximité des sentiers de randonnée. Équipement nickel. Jeux pour enfants, boutique en été...

De prix moyens à chic (à partir de 40 £ / 48 €)

Boskenna Home Farm : *en marge de la B 3315,* ***Saint Buryan,*** *TR19 6DQ. ☎ 81-07-05. • luxury-cornwall.co.uk • Doubles 90-105 £.* Jolie ferme en pleine campagne, paumée mais pas à l'ouest niveau confort. 2 belles chambres indépendantes et 2 à l'étage de la maison principale, sans compter le gîte dans un cottage. Un endroit accueillant.

■ ***Tregiffian Farm :*** *sur la B 3315,* ***Saint Buryan,*** *TR19 6BG. ☎ 81-02-43. • tregiffianfarm.co.uk • Avr-oct. Doubles à partir de 65 £.* Dans une vraie ferme laitière isolée en pleine campagne. 2 chambres coquettes, avec salle de bains et une superbe vue sur la mer pour l'une d'entre elles. Produits de la ferme pour le breakfast mais les enfants de moins de 8 ans ne sont pas bienvenus.

TREEN *(ind. tél. : 01736)*

Hameau dont la principale attraction est un énorme rocher, *Logan Rock,* qui, posé sur d'autres roches, était autrefois censé se balancer au gré du vent. Parking payant puis balade vivifiante à travers champs et dans les rochers pour l'atteindre. De là, très belle vue sur la plage de Porthcurno. Au retour, prendre un pot au pub local, remis en état par le National Trust : le *Logan Rock Pub.* On peut aussi planter sa tente au ***Treen Farm Campsite*** *(📱 07598-46-33-22. • treenfarmcampsite.com •)* s'il y a de la place.

PORTHCURNO *(ind. tél. : 01736)*

Une des plus belles plages de la côte, sable blond et eaux vertes, enserrée entre de spectaculaires falaises. On aperçoit sur l'une d'elles le *Logan Rock* posé sur le sommet. Un site exceptionnel, d'autant plus qu'il abrite un fameux théâtre en plein air, le *Minack Theatre* et un musée consacré à l'inattendue épopée des câbles télégraphiques transatlantiques qui partaient d'ici. De quoi passer une bonne demi-journée dans cette crique, voire plus en s'aventurant sur les *Coastal Path.* De Porthcurno à Land's End, on parcourt l'un de ses plus beaux tronçons.

➢ ***Bus*** depuis Penzance. Sinon parking payant. Ceux qui montent au Minack Theatre peuvent s'y garer (obole attendue) et redescendre à pied jusqu'au musée et la plage. Ça peut se faire à pied, mais grosse grimpette au retour.

Où dormir ? Où manger ?

■ ***Seaview House B&B :*** *The Valley, TR19 6JX. ☎ (01736) 81-06-38. • seaviewhouseporthcurno.com • À 500 m avt d'arriver au parking. Doubles 50-78 £ selon saison.* Les hébergements ne sont pas légion dans le coin, aussi celui-là fera bien l'affaire (réservation impérative !). Une maison toute simple abritant 7 chambres avec salle de bains privée, pas bien grandes mais cosy. Certaines profitent de la vue sur la mer. Possibilité de repas.

|●| Pour casser la croûte, pousser la porte du ***Cable Station Inn*** ou, mieux, se poser dans le ***café du musée du Télégraphe.*** Mais notre préférence va nettement, si l'on visite le ***Minack Theater*** pour son ***café*** et ses larges fenêtres, perché sur la falaise. Vue d'enfer !

À voir. À faire

👁👁 ***Telegraph Museum :*** *TR19 6JX. ☎ 81-09-66. • telegraphmuseum.org • Avr-oct, tlj 10h-17h ; nov-mars, sam-lun slt, 11h-16h30. Entrée : env 9 £ ; réduc.* Aussi surprenant que cela puisse paraître, la crique de Porthcurno a abrité le centre mondial des communications télégraphiques par câble de 1870 à 1970. De là partaient 300 000 km de câbles déroulés au fond des océans. Une Silicon Valley avant l'heure ! Et une véritable épopée à découvrir dans ce musée moderne bien que consacré à des machines d'un autre temps. Elles furent concurrencées par la télégraphie sans fil, développée par Marconi dans cette même région, avant que les deux technologies ne fusionnent. Petite précision : aujourd'hui, 95 % des messages échangés dans le monde (mails, SMS et autres appels téléphoniques par portable) transitent par la fibre optique, donc par fil. Une bonne partie de la visite se passe dans les souterrains qui furent creusés pendant la Seconde Guerre mondiale pour protéger cette cible hautement stratégique. Une visite passionnante pour ceux qui maîtrisent un minimum l'anglais.

MORT SUBITE

En 1825, lors d'un déplacement professionnel, un certain Samuel Morse apprit tardivement que sa femme était subitement tombée malade. Il n'eut pas le temps de revenir à temps avant le décès de cette dernière et manqua même l'enterrement. Rongé de chagrin, il décida de mettre au point un langage télégraphique permettant de transmettre rapidement des messages. Après des années de recherche, en 1844, le morse était né !

***Minack Theatre :** TR19 6JU. ☎ 81-01-81. • minack.com • Avr-oct, tlj 9h30-17h ou 11h30 si performance programmée ; nov-mars 10h-15h. Entrée : env 5 £ ; réduc.* Le rocher de Porthcurno abrite ce théâtre édifié à partir de 1932 par une femme qui construisit elle-même les gradins, avec truelle et ciment. Rowena Cade (1893-1983) mit un demi-siècle à réaliser son œuvre, aidée seulement par un jardinier, et mourut à 89 ans, fière de sa création, un théâtre unique se mêlant intimement à une nature ici très photogénique, sans la heurter. Près de 100 000 spectateurs assistent tous les ans à des pièces de théâtre, concerts, opéras et autres, d'avril à septembre. La programmation est remarquable, les conditions climatiques parfois extrêmes et la réservation impérative !
La scène est suspendue sur la mer et on s'assoit à même la falaise. En attendant le spectacle, on pique-nique, et pendant la représentation, on boit du vin, dans la grande tradition britannique. Le site se visite aussi en dehors des spectacles. L'émotion opère déjà, même à vide ! Intéressante petite expo sur la vie de la créatrice. Un site à ne pas manquer.

On peut rejoindre une magnifique ***plage*** par un escalier sur le côté du théâtre.

LAND'S END

Bout de la terre ou fin du monde ? En tout cas un endroit très exploité, devenu un parc d'attractions qui n'a absolument rien à faire là (hôtel, resto, boutiques...). Parking payant obligatoire. Cela dit, vision surprenante sur de hautes falaises. Les rochers semblent polis et disposés les uns sur les autres. Attention, respectez bien les consignes de prudence, car les falaises s'effritent ! La balade au départ de Porthcurno (4,5 miles) est extraordinaire. On boit un verre à mi-chemin, à Porthgwarra, et, si l'on a de la chance, du haut des falaises par temps clair on aperçoit les îles de Scilly. Dans l'autre sens, possibilité de rejoindre la ***plage de Sennen,*** à une demi-heure de marche (accessible aussi en voiture). La plage est grandiose, on y pratique le surf toute l'année.

Où camper dans le coin ?

***Trevedra Farm :** Sennen, TR19 7BE. ☎ (01736) 87-18-18. • trevedrafarm.co.uk • À 1 mile au nord de Sennen sur l'A 30. Avr-oct. Compter env 18 £ pour 2 en saison.* Très bien situé et famille accueillante. Grands espaces mais peu d'ombre. Petite épicerie. Au plus fort de l'été, conseillé de réserver.

SAINT JUST *(ind. tél. : 01736)*

Gentille bourgade située à l'intérieur des terres. Un peu un épicentre sur la péninsule avec ses boutiques, sa place principale entourée de solides demeures de pierre et sa belle église du XVe s qui vaut le coup d'œil. L'artiste du coin c'est Kurt Jackson, qui a ouvert ici une galerie d'expo contemporaine *(● kurtjackson.com ●)*.

Où dormir ? Où manger ? Où boire un verre dans le secteur ?

Campings

Kelynack Caravan and Camping Park : *Crippas Hill, TR19 7RE. ☎ 78-76-33. ● kelynackholidays.co.uk ● À 1 mile au sud, sur la B 3306. Env 19 £ pour 2 en tente. Également des appartements 70 £.* À 1 bon km de la mer, camping tranquille et bien équipé dans un bel environnement où glougloute un ruisseau. Possibilité de dormir dans une ancienne étable reconvertie avec brio.

Trevaylor Caravan & Camping Park : ***Botallack,*** *TR19 7PU. ☎ 78-70-16. ● cornishcamping.co.uk ● Entre Saint-Just et Pendeen. Compter 14-19 £ (moins cher cyclistes et marcheurs).* Camping très plaisant et accueillant, impeccable et tranquille, au gazon parfait. Café-bar, petite boutique et resto le soir en saison. Les *Crown Mines* sont à peine à 10 mn à pied.

Bon marché

Land's End Youth Hostel : *Letcha Vean, TR19 7NT. ☎ 0345-371-96-43. ● yha.org.uk/hostel/landsend ● À 5 miles au nord de Land's End et à 1 mile au sud de Saint Just, perdu dans la campagne mais à deux pas du Coastal Path. Résa impérative ! Lit en dortoir à partir de 15 £ et doubles à partir de 29 £.* Vraiment le bout du bout du monde ! Du charme, de la convivialité et un grand jardin avec vue sur le large. Une quarantaine de lits en tout, en dortoirs de 4 à 6 lits. Cuisine tout équipée. Possibilité de camper et dîner. Pas mal non ?

Pour la grignote du midi à moins de 10 £ ou la pause *tea,* deux cafés sympas comme tout : le ***Dog and Rabbit*** *(North Row, à deux pas de la pl. principale, mer-sam 9h-16h)* et ***Kegen Teg*** *(North Row, sur la pl., lun-sam).* Ambiance décontractée et des petits plats sains au menu, *home made*, sans parler des *cakes* bien sûr !

Prix moyens

The Commercial Hotel : *13 Market Sq, en plein centre du bourg, TR19 7HE. ☎ 78-84-55. ● commercial-hotel.co.uk ● Doubles en-suite 55-99 £. Plats env 9-16 £.* Chambres agréables. On y mange aussi correctement et à prix fort modérés dans une véranda lumineuse ou même dans un charmant jardin. Cyclistes bienvenus.

The Wellington Hotel : *Market Sq, TR19 7HD. ☎ 78-73-19. ● info@wellingtonhotelcornwall.co.uk ● wellingtonhotelcornwall.co.uk ● Doubles 60-120 £ selon saison. Plats env 8-15 £.* Ce pub d'habitués avec *beer garden* propose une dizaine de chambres *en-suite* (dont la moitié sur jardin et quelques familiales). Impeccables et meublées avec goût.

À voir

Cape Cornwall : *à 1,5 mile. Parking payant.* Le voilà, le bout du monde, le vrai. Les plus courageux monteront jusqu'à l'ancienne cheminée (balade de 20 mn) pour la vue extraordinaire avec les morceaux d'îlots qui flottent au ras de l'eau, les roches noires battues par le ressac et les couchers de soleil sublimes.

Une poignée de maisons blanches et même un golf (on peut y boire un verre ou prendre un repas) ! Nettement plus apaisant que Land's End, à 1 mile de là. Les ornithos guetteront les craves à bec rouge de Cornouailles, au vol si élégant.

Après Saint Just, changement de paysage : les prairies et les haies font place à la lande découpée par des murets. Des cheminées surgissent par endroits. Ce sont les dernières traces des anciennes ***mines d'étain.*** Pour ceux qui veulent en savoir plus sur le riche passé minier de Cornouailles, consulter le site • *cornish-mining.org.uk* • Vraiment très bien fichu et traduit en français.

Pendeen : *à 1,5 mile.* Ne pas manquer le phare et la balade jusqu'à ***Portheras Cove*** (30 mn), au nord. On y observe parfois des phoques. Belle vue de la colline, derrière l'église fortifiée et le cimetière.

Geevor Mine : *à* ***Pendeen****, TR19 7EW. ☎ 78-86-62, • geevor.com • Tlj sf sam 9h-17h (10h-16h hiver). Entrée : env 14 £ ; réduc. Visite guidée (1h) en anglais ou fiches en français.* Un lieu assez hallucinant, véritable ville de tôle, de béton et d'acier plantée en bord de mer, directement dans la lande. Site minier le plus visité de Cornouailles, cette mine d'étain cessa son activité en 1991 à cause de la baisse des cours. Mettez vos casques, on descend ! Intéressante expo sur les ressources de Cornouailles (plus gros producteur mondial d'étain à la fin du XIXe s), salle de contrôle *(Windor House),* d'où étaient actionnés les ascenseurs qui descendaient jusqu'à 480 m sous terre ! Dans le *Hard Rock Museum,* pas de musique mais des tas de choses à apprendre sur l'usage de l'étain, les techniques d'extraction et les thématiques sociales et sanitaires : ainsi, cette loi votée en 1842 qui interdisait l'emploi d'enfants de moins de 10 ans ! Magnifiques photos de « gueules noires » et film très édifiant. La visite se poursuit par le puits, le *Mill* où la roche était cassée et triée, puis enfin le tour des galeries, accompagné d'un guide. Passionnant, y compris en famille, grâce à des animations ludiques et interactives.

ZENNOR

220 hab. IND. TÉL. : 01736

Minuscule village qui se revendique comme la « dernière paroisse alphabétique d'Angleterre »... Charme préservé, côte sauvage, fascinants panoramas, criques secrètes, minifalaises, *standing stones* (menhirs) et quelques vestiges de mines. Un adorable camp de base pour souffler un peu et jouer les sœurs Brontë sur le sentier côtier !

Où dormir ? Où manger ? Où boire un verre dans le coin ?

Zennor Chapel Guesthouse Café : *Zennor, Saint Ives, TR26 3DA. ☎ 79-88-11. • zennorchapelguesthouse.com • Doubles à partir de 80 £.* Dans ce bucolique environnement, une solide chapelle de granit reconvertie en superbe *guesthouse* avec des chambres de 2 ou 4 personnes. Fait également café.

The Gurnard's Head : *Zennor, sur la route entre Pendeen et Zennor. ☎ 79-69-28. • gurnardshead.co.uk • Doubles 120-185 £. Resto tlj.* Lunch *menus 21-26,50 £, sinon plus cher à la carte.* Une grosse bâtisse jaune pétant au bord de la route, offrant de superbes chambres cosy à souhait, donnant sur un paysage de lande magnifique. En bas, le pub-resto propose une cuisine soignée et sortant un peu des sentiers battus. Carte évoluant quotidiennement, poisson du pêcheur local, ragoûts bien mijotés et légumes des voisins. Un établissement malheureusement cher où l'on peut au moins s'arrêter boire un verre. Un conseil : pour le resto, quels que soient le jour et la saison, réservez... Toujours du monde !

Tinner's Arms : *au village de Zennor, TR26 3DA.* Sympathique pub local pour tester les différentes *ales* de la région et savourer une cuisine de bonne réputation. Sert le café bio local de la marque *Owen's.*

À voir. À faire

L'église Saint Senara : première fondation au XIIe s, par des missionnaires irlandais et bretons. Élégant édifice de granit à l'imposant clocher, où l'on peut admirer une surprenante gravure de *mermaid* (sirène).

UNE SIRÈNE MÉLOMANE !

Tapie au fond de l'église Saint Senara, une mystérieuse femme en robe d'écailles venait écouter les beaux cantiques. Un jour, tombée amoureuse de Mattew, le leader de la chorale, elle l'invita à aller se promener à Pendour Cove, l'une des criques les plus romantiques et... l'entraîna dans les flots. Depuis, on dit que certains soirs d'été, si l'on est attentif, de merveilleux chants en jaillissent et couvrent même le ressac...

Nombreux sentiers côtiers menant à des panoramas d'exception et de séduisantes criques (mais attention aux sirènes). Possibilité de voir les ruines des anciennes mines de ***Levant*** et ***Carn Galver,*** ainsi qu'un spectaculaire *quoit* (dolmen). Certes, son chapeau de 13 t est tombé, mais la chambre demeure intacte.

SAINT IVES

10 000 hab. IND. TÉL. : 01736

• Plan *p. 245*

Station balnéaire à la fois familiale et un peu chic, qui fut dans les années d'après-guerre un vrai rendez-vous d'artistes (Virginia Woolf, dans les années 1930, y passait tous ses étés). Saint Ives possède plusieurs atouts : l'histoire, le charme de son lacis de venelles, des plages superbes et propices au surf, aux eaux turquoise (une couleur qui semble déclinée dans toute la ville), de nombreuses boutiques et galeries d'art, une annexe du Tate de Londres et, enfin, une animation constante qui peut faire du bien après avoir parcouru les recoins perdus de la côte. Revers de la médaille : c'est un endroit éminemment touristique voire bondé en été, et les prix s'en ressentent. On y passe toutefois 2 jours sans s'ennuyer.

À marée basse, amusante promenade dans le port même, au pied du *Smeaton's Pier,* le quai en granit, puis d'une plage à l'autre. Peut-être admirerez-vous un *gig* à l'entraînement, l'un de ces bateaux effilés typiques du coin propulsés par plusieurs rameurs. Les compétitions entre équipes donnent lieu à de véritables spectacles.

Adresses et infos utiles

***Tourist Information Centre** (plan A3) :* *The Guildhall, Street-an-Pol ou à la bibliothèque, tt près.* ☎ *79-62-97.* • *stives.co.uk* • *Tte l'année.* Brochure sur les balades alentour. Consigne payante.

Parking : *payant tlj 8h-0h30.* Attention, les ruelles du centre-ville sont interdites aux voitures, sauf autorisation (ne surtout pas se fier aux GPS !). Il existe 2 grands parkings en haut de la colline, mais ça fait loin du centre et la montée est raide (à pied, 10-15 mn par les escaliers, navette en été). ***Un tuyau :*** utilisez le parking situé à côté de la gare *(plan B3)* ou celui de *Porthmeor Beach (plan B1),* dont l'accès est permis (faire fi des panneaux d'interdiction, ils ne concernent que l'hyper-centre). Il suffit ensuite de nourrir l'horodateur, mais garez-vous bien sur les places blanches, car les jaunes sont réservées aux résidents.

Gare ferroviaire *(plan B3) : entre Warren et The Terrace, juste avt Porthminster Beach. ☎ (08457) 48-49-50.* Des trains régulièrement pour Penzance. Ils passent par Saint Erth d'où l'on peut gagner toutes les destinations locales ou nationales (compter 5h avec Londres).

Gare routière *(plan B3) : proche de la gare ferroviaire. ☎ 305-950. • firstkernow.co.uk •* Bus n°s 16-17 avec Penzance (fréquents). Bus n° 14 pour Truro. Mêmes dessertes avec les T1 et T2, des bus hyper confortables avec wifi.

Où dormir ?

Campings et auberge de jeunesse

Ayr Holiday Park *(hors plan par A2,* ***10****) : dans Saint Ives même (remonter Alexandre Rd), TR26 1EJ. ☎ 79-58-55. • ayrholidaypark.co.uk • Tte l'année. Compter... 10-50 £ selon saison et formule.* Magnifiquement situé, dominant Saint Ives et la baie, à 10 mn des plages et du centre. Parfaitement équipé. Franchement cher pour un camping, mais quelle vue !

Trevalgan Touring Park *(hors plan par A3,* ***11****) : à 1,5 mile de Saint Ives en marge de la B 3306, vers Saint Just, TR26 3BJ. ☎ 79-18-92. • trevalgantouringpark.co.uk • Avr-sept. Compter 16-31 £.* Proche du *Coastal Path* et des plages. Blocs avec chauffage au sol. Pâtisseries françaises le matin. Pratique : les bus de ville viennent jusque-là. Pas donné non plus.

Cohort Hostel *(plan A3,* ***12****) : The Stennack, TR26 1FF. ☎ 79-16-64. • stayatcohort.co.uk • Avr-sept. Lits à partir de 23 £, chambres privées également.* Ce bâtiment historique et plein de cachet a été relooké avec ingéniosité, pour le grand bonheur des surfeurs. Une quinzaine de chambres de 2 à 7 lits superposés, façon cabine de bateau avec rideau, port USB et lumière individuels. Cour intérieure et salon commun franchement cool.

Prix moyens (40-80 £ / 48-96 €)

Downlong Cottage *(plan B2,* ***14****) : 95 Back Rd East, TR26 1PF. ☎ 79-81-07. • downlongcottage.co.uk • Doubles 70-95 £. Parking payant pas trop trop loin.* Dans le vieux quartier des pêcheurs, un charmant *B & B* dans une maison de caractère toute blanche. Certes, chambres assez étriquées (à l'époque, on se fichait pas mal du confort des touristes du futur !). Cependant, toutes sont *en-suite* et très bien tenues. Accueil affable.

Rivendell Guesthouse *(plan A3,* ***16****) : 7 Porthminster Terrace, TR26 2DQ. ☎ 79-49-23. • rivendell-stives.co.uk • Doubles 73-87 £ ; également une triple. Parking gratuit.* Sur les hauteurs et pourtant à seulement 10 mn à pied du bord de mer. L'avantage du centre-ville, sans les inconvénients ! Cette *guesthouse* familiale propose une poignée de chambres jolies comme une boîte de thé. Nos préférées sont celles du dernier étage, exiguës certes mais avec la baie et la mer à l'infini comme décor. Petit déj et accueil extra des proprios qui vous raconteront certainement la fois où leur maison servit de décor à un épisode de série télévisée.

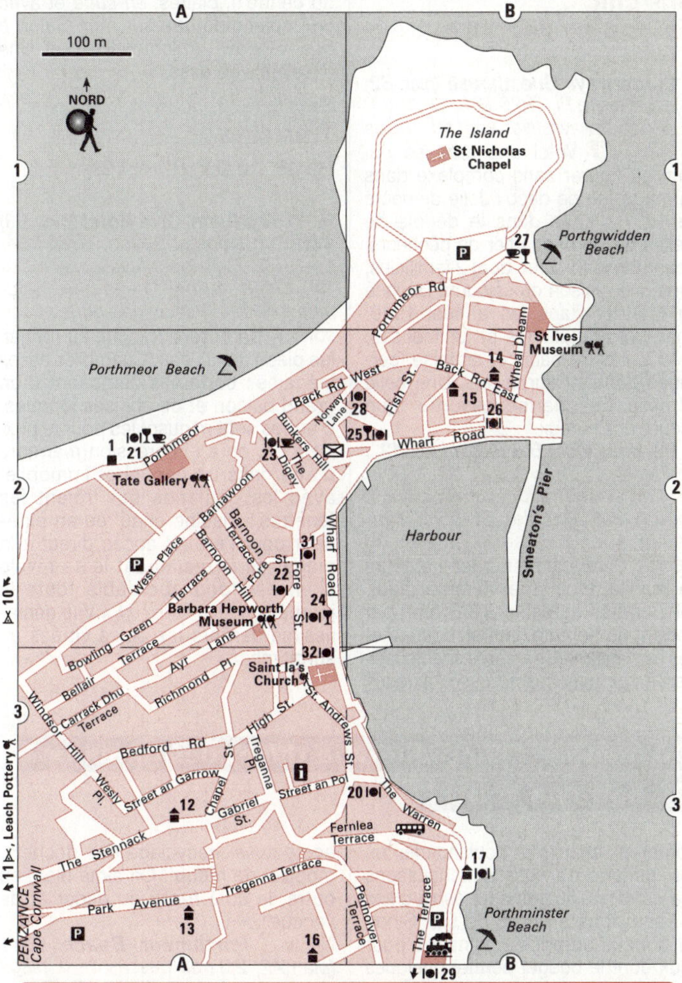

SAINT IVES

■ **Adresses utiles**

- Tourist Information Centre
- 1 St Ives Surf School

Où dormir ?

- 10 Ayr Holiday Park
- 11 Trevalgan Touring Park
- 12 Cohort Hostel
- 13 Harbour View B & B
- 14 Downlong Cottage
- 15 Cornerways Guesthouse
- 16 Rivendell Guesthouse
- 17 The Pedn-Olva Hotel

Où manger ?
Où prendre le thé et des gâteaux ?
Où boire un verre ?

- 17 The Pedn-Olva Hotel
- 20 Blas Burgerworks
- 21 Porthmeor Beach Café
- 22 Pepper's
- 23 The Digey Food Room
- 24 The Lifeboat Inn
- 25 The Sloop Inn
- 26 The Sea Room
- 27 Porthgwidden Beach Café
- 28 The Loft
- 29 The Porthminster Beach Café
- 31 Seafood Café
- 32 Alba

Plus chic (80-120 £ / 96-144 €)

■ ***Cornerways Guesthouse*** (plan B2, **15**) : *Bethesda Pl, TR26 1PA.* ☎ *79-67-06.* • *cornerwaysstives.com* • *Doubles 80-120 £.* Voici une adresse qui pourrait figurer sans complexe dans un magazine de déco ! Jolie demeure de 1837 nichée dans le dédale de ruelles du vieux quartier de pêcheurs. 6 chambres *en-suite,* dont 2 familiales, dans une maison où séjourna Daphné du Maurier dans les années 1940. Chambres douillettes et lumineuses, avec salles de bains en ardoise, certaines donnant sur la mer. Une belle adresse de charme assortie d'un accueil chaleureux.

■ ***Harbour View B & B*** (plan A3, **13**) : *6 Park Ave, TR26 2DN.* ☎ *79-61-02.* • *stivesharbourview.com* • *Pâques-oct. Doubles 85-95 £, également appart et cottage. Parking gratuit.* Au calme sur les hauteurs de la ville (moins de 10 mn à pied), voici un très agréable *B & B* tenu par Robert, un homme haut en couleur et très accueillant. Chambres spacieuses (rien à voir avec les adresses exiguës du centre !), claires, *en-suite* et avec une splendide vue sur mer. Salon à bow-window surplombant le port. Une excellente adresse.

Très chic (plus de 120 £ / 144 €)

■ |●| ***The Pedn-Olva Hotel*** (plan B3, **17**) : *Porthminster Beach, TR26 2EA.* ☎ *79-62-22.* • *pednolva.co.uk* • *Sur The Wharf, au bout de la baie. Doubles 130-190 £ selon catégorie et saison.* Un hôtel accroché au rocher, les pieds dans l'eau. Chambres assez inégales : certaines disposent d'un grand balcon et de chaises longues, d'autres sont minuscules pour le prix. Cela dit, on a l'impression marrante d'être dans un paquebot immobile, avec les goélands qui frôlent les fenêtres ! Piscine chauffée en extérieur pour l'été (et accès direct à la plage). Si le restaurant le se révèle cher, *bar food* abordable toute la journée *(plats env 8-16 £).* Vue génialissime derrière les baies vitrées en surplomb.

Où manger ? Où prendre le thé et des gâteaux ? Où boire un verre ?

Nombreux snacks et boulangeries où l'on vend *cornish pasties* (chaussons à la viande ou au fromage), *fish & chips* et sandwichs à moins de 5 £. Sinon de bonnes surprises culinaires pour ceux dont le budget permet quelques fantaisies.

Bon marché (moins de 10 £ / 12 €)

|●| ***Blas Burgerworks*** (plan B3, **20**) : *The Warren.* ☎ *79-72-72. Tlj 17h30-21h30. Burgers 11-13 £.* Découvrez le vrai de vrai *cornish burger* ! Au bœuf ou au poulet, cuit au feu de bois. Que de bons ingrédients choisis dans la philosophie *slow food,* avec garantie de la provenance. Démarche écolo aussi, recyclage des déchets, mobilier de récup'. On aime bien, en outre, le côté *funky* du décor et de l'accueil.

|●| ☕ 🍸 ***Porthmeor Beach Café*** (plan A2, **21**) : *au-dessus de la plage du même nom.* ☎ *79-33-66. Tlj dès 9h jusque tard en été (16-17h l'hiver).* Longue terrasse (en partie abritée) d'où l'on peut admirer la plage et les surfeurs. Dans la cuisine ouverte, un staff jeune et dynamique s'active pour délivrer tapas, salades et sandwichs, assiettes de fromage, délicieux gâteaux et desserts maison. Super pour le coucher de soleil.

|●| ***Pepper's*** (plan A2, **22**) : *22 Fore St.* ☎ *79-40-14. Tlj à partir de 18h. Plats env 8-15 £.* Dans une petite salle bariolée et chaudement animée. On vient ici

pour les pizzas cuites au feu de bois, les excellentes pâtes et les plats de poisson plutôt bien cuisinés.

The Digey Food Room (plan A2, **23**) : *6 The Digey. ☎ 79-96-00. Tlj 9h30-16h. Env 7-10 £.* Resto-épicerie fine derrière d'élégants bow-windows, avec de petites tables design et une cuisine ouverte. Snacks et plats aux accents méditerranéens (belles quiches et tourtes). Fait également salon de thé. 2-3 tables dehors aux beaux jours.

Porthgwidden Beach Café (plan B1, **27**) : *☎ 79-67-91. Tlj en saison, sinon mar-sam midi et jeu-sam soir.* Idéalement situé, au bord de cette petite plage familiale aux cabines colorées, avec terrasse abritée dominant la crique. Quelques snacks, cheesecake, *Cornish ice cream*... Bon marché et sympa.

Prix moyens (10-20 £ / 12-24 €)

The Sea Room (plan B2, **26**) : *1, Wharf House, The Wharf, TR26 1PG. ☎ 79-43-25. Tlj. Plats 7-12 £ le midi, 13-16 £ le soir.* On aime bien cette salle blanche abritée derrière d'élégantes fenêtres à croisillons donnant sur le port. Une adresse plébiscitée aussi bien le midi pour ses plats simples (quiches, sandwichs, etc.) que le soir pour une cuisine plus élaborée, avec des clins d'œil exotiques. L'après-midi, on craque pour les *cakes*.

The Lifeboat Inn (plan A2, **24**) : *Wharf Rd. ☎ 79-41-23. Service 12h-21h (minuit dim). Plats 10-14 £.* Vaste pub familial, assez confortable où l'on vient surtout pour manger en regardant le large. Cuisine de pub classique avec de nombreuses spécialités de la mer. Populaire pour son *Sunday Carvery*.

The Sloop Inn (plan B2, **25**) : *sur le quai. ☎ 79-65-84. Plats 8-15 £.* Le soiffard à marée basse sera rassuré de trouver ce pub hors d'âge (début XIVe s, respect !) où les bonnes *ales* de la région coulent à flot. Dans la petite salle à droite en entrant, remarquable galerie de portraits de pêcheurs croqués par un artiste local, Hyman Segal. Terrasse sur le port, très prisée. On y mange aussi, et plutôt pas mal.

Seafood Café (plan A2, **31**) : *45 Fore St. ☎ 79-40-04. Tlj 10h-22h. Compter 15-20 £ le repas.* On choisit son poisson ou sa viande directement à l'étalage, puis le plat est servi avec de beaux légumes frais. Cuissons parfaites, fritures légères, un régal. Cadre contemporain agréable et atmosphère détendue.

The Pedn-Olva Hotel (plan B3, **17**) : *Porthminster Beach, TR26 2EA. ☎ 79-62-22. Voir « Où dormir ? ».* Allez-y rien que pour la vue ! Salle toute vitrée, en surplomb de la plage.

Plus chic (plus de 20 £ / 24 €)

The Loft (plan B2, **28**) : *Norway Lane, derrière le port. ☎ 79-42-04. Plats le midi à partir de 9 £, le soir 14-22 £. Menus* early bird *(17h30-18h30) env 19-22 £.* Dans une salle sous charpente lumineuse, jolie déco tendance marine et petite terrasse au calme. Cuisine délicate et goûteuse dont la réputation se maintient année après année. Spécialité de *Loft chowder*.

Alba (plan A2-3, **32**) : *Old Lifeboat House, The Wharf. ☎ 79-72-22. Tlj. Résa conseillée. Midi, menus brasserie ; au resto, le soir slt, plats 15-26 £, menus 22-26 £ avt 19h30.* Resto gastronomique à un prix pas si exorbitant que ça, compte tenu de sa qualité. Cuisine rondement menée, plébiscitée par de nombreux *awards*. Vue extra sur le port. Mais pour un meilleur rapport qualité-prix, préférer le lunch en brasserie au rez-de-chaussée, dans un décor moderne, tendance au bleu.

The Porthminster Beach Café (hors plan par B3, **29**) : *Porthminster Beach, TR26 2EB. ☎ 79-98-74. Mat, midi et soir, tlj sf lun hors saison. Plats autour de 16 £ le midi, 16-24 £ le soir.* Pas donné, mais c'est rudement bon ! Et la vue est géniale, en surplomb de la plage qui ne l'est pas moins. Y venir pour le lunch ou pour un verre en journée. Mais pas le soir, c'est trop cher !

À voir

Pour la visite des musées, on signale l'existence du *Art pass,* un billet combiné donnant accès à la Tate Gallery, Barbara Hepworth Museum et The Leach Pottery. Disponible à l'office de tourisme et dans les musées.

Tate Gallery (plan A2) **:** *Porthmeor Beach, TR26 1TG. ☎ 79-62-26. • tate.org.uk/visit/tate-st-ives • Tlj 10h-18h. Entrée payante.* Voici la petite sœur du célèbre musée londonien. La longue tradition d'art de Saint Ives depuis la fin du XIXe s s'est traduite par l'ouverture puis l'agrandissement de ce lieu de rendez-vous des artistes anglais et étrangers ayant vécu ou ayant été influencés par Saint Ives. Le musée abrite des expositions temporaires de peinture et de sculpture, dans une structure moderne, lumineuse, ondulante et légère. Une variation sur la pierre, le verre, le métal, le blanc et le gris, le tout adouci par des courbes et des hublots. Une réussite. Le lieu mérite vraiment le détour.

Barbara Hepworth Museum (plan A2) **:** *Barnoon Hill ; à l'angle d'Ayr Lane. ☎ 79-62-26. • barbarahepworth.org.uk/st-ives/ • Mars-oct, tlj 10h-17h20 ; nov-fév, tlj 10h-16h20. Entrée : env 7 £.* C'est là que la grande dame sculpteur a vécu à partir de 1953 jusqu'à sa mort en 1975 dans l'incendie d'une partie des bâtiments. Le musée est petit certes, mais rudement bien fait. On admire ainsi les œuvres dans l'environnement où elles ont été conçues. Barbara Hepworth oscillait entre des compositions rudes et géométriques et d'autres tout en rondeur, féminines à l'extrême. Émouvant atelier, empreint de sa présence. Ses œuvres s'intègrent par ailleurs parfaitement à la végétation tropicale du jardin qu'elle avait elle-même conçu.

THE WEST COUNTRY

Saint Ives Museum (plan B1-2) **:** *Wheal Dream, entre le port et Porthgwidden Beach. ☎ 79-60-05. Pâques-début nov, tlj sf dim 10h30-16h30 (15h30 sam). Entrée : env 3 £.* Sympathique musée des Arts et Traditions populaires. L'exact opposé de la Tate Gallery, ou plutôt le parfait complément. Tous les métiers sont évoqués à l'aide d'objets, de gravures, de vêtements, de mises en scène. Le musée est divisé en petites sections : ancres de marine, collection de matraques en bois sculptées ou ciselées de la police (des poètes, on vous disait !), vestiges de divers naufrages (spectaculaires photos de bateaux échoués), etc. Étonnant pilori pour les jeunes délinquants utilisé jusqu'en 1927 ! Souvenirs du travail dans les mines (on notera les rustiques étayages dans les galeries !)... Un passionnant et vieux bric-à-brac !

Les galeries d'art : il y en aurait plus d'une centaine ! Entre les amateurs éclairés et les génies illuminés, on trouve de tout. Jeter notamment un œil à *Old Mariners Church,* sur Norway Square, qui propose de bonnes expos.

The Leach Pottery (hors plan par A3) **:** *Higher Stennack (B 3306), TR26 2HE. ☎ 79-07-03. • leachpottery.com • Compter 15-20 mn de marche depuis le centre, tt en montée ! Bus possible. Lun-sam 10h-17h, plus dim mars-oct 11h-16h. Entrée : env 5 £.* Autre grand nom parmi les artistes de Saint Ives, le céramiste Bernard Leach (1887-1979), dont on peut aujourd'hui visiter l'atelier. Visite complète, des différents types d'argile *(clay)* à l'expo de céramiques du monde entier.

The Island (plan B1) **:** faire la balade autour de ce promontoire en bout de ville sur lequel une chapelle résiste aux intempéries depuis des lustres. Poste d'observation pour le sauvetage en mer mais aussi pour les rêveurs que vous êtes.

Saint Ia's Church (plan A3) **:** notable pour sa tour carrée haute de 24 m, datant du XVe s. La légende raconte qu'un missionnaire irlandais aurait accosté ici sur une feuille et aurait fondé la ville... d'où son nom de Saint Ives. Dans la chapelle de la Vierge, une œuvre de Barbara Hepworth, la grande sculptrice de la ville.

Les plages : il y en a partout ! Joli chemin côtier pour s'y rendre, au centre, à l'est ou à l'ouest de la ville. Vers l'est, ***Porthminster Beach,*** à 10 mn du centre (beau café sur la plage) puis plus loin, on aime bien ***Carbis Bay,*** mais la bétonisation a pas mal entaché son charme. Derrière le port, ***Porthmeor Beach,*** ravissante et chérie des surfeurs, en passant par ***Porthgwidden Beach,*** petite plage familiale abritée aux ravissantes cabines colorées. De toute manière, les environs de Saint Ives sont truffés de plages et de criques délicieuses. Le problème en été n'est pas de trouver la plus belle, mais la moins bondée.

À faire

– ***St Ives Surf School*** *(plan A2,* ***1****)* **:** *Porthmeor Beach.* ☎ *79-39-38.* ● *stivessurfschool.co.uk* ● Si vous souhaitez apprendre ou parfaire votre pratique. Location de matos (surfs, combis intégrales) et cours tous niveaux assurés par de vrais pros. Loue également des kayaks.

Manifestations

– ***St Ives September Festival :*** *2 sem en sept.* ● *stivesseptemberfestival.co.uk* ● Le plus important festival de la région. Arts sous toutes leurs formes dans les pubs, les galeries d'art, sur les places...
– ***St Ives Jazz Club :*** *au Western Hotel, TR26 2ND.* ☎ *79-52-77.* ● *stivesjazzclub.com* ● Pas un festival mais presque : des concerts de jazz chaque mardi, et ce depuis 1998 !

SUR LA ROUTE DE NEWQUAY

Blue Hills Tin Streams : *Wheal Kitty,* ***Saint Agnes,*** *TR5 0YW.* ☎ *55-33-41.* ● *chycor.co.uk/tourism/bluehills/* ● *À 25 miles au nord-est de Saint Ives. Prendre la B 3277 jusqu'à Saint Agnes, puis la B 3285 vers Perranporth, à gauche vers Wheal Kitty et ensuite à droite. De mi-avr à mi-oct, mar-sam 10h-16h. Entrée : 6,50 £ ; réduc.* L'étain n'aura plus de secrets pour vous après la visite de cette intéressante « usine » du début du XIXe s. Démonstrations d'artisanat local. Compter une bonne heure de visite.

Perranporth : *3 miles plus loin, toujours sur la B 3285.* De hautes falaises plongent dans la mer, les dunes s'étagent, puis laissent place à une grande plage de sable fin qui paresse majestueusement, roulée par les vagues. Tout le long du chemin côtier, la magie de l'océan vous emporte. Mais le village par lui-même est assez banal.

Youth Hostel : *Droskyn Point,* ***Perranporth,*** *TR6 0GS.* ☎ *57-38-12 et 0845-371-9755.* ● *yha.org.uk/hostel/perranporth* ● *Prendre Beach Rd à gauche de la plage de Perranporth jusqu'au parking inférieur, puis Cliff Rd jusqu'au parking supérieur ; l'AJ se trouve derrière Droskin Castle. Résa recommandée (slt 26 lits). Lits en dortoir à partir de 15 £, doubles à partir de 54 £.* Tout en haut, sur la falaise, au bord du *Coastal Path,* dans un ancien poste militaire. Cuisine, sanitaires corrects et salle à manger conviviale. Sans oublier l'une des plus belles vues qu'on puisse imaginer ! Repaire de fêlés de surf.

NEWQUAY

20 200 hab. IND. TÉL. : 01637

Certes, Newquay ne possède ni le calme ni l'authenticité typique des petits villages de Cornouailles. Mais la plus grande station balnéaire de cette côte atlantique a su conserver un certain charme avec ses grandes plages dorées et ses points de vue magnifiques sur la baie. En outre, Newquay s'avère un endroit idéal pour le surf et la fête le soir. On y trouve un nombre surprenant d'auberges de jeunesse. Au final, un petit côté « *sea, sex and sun* » bien venu si l'on fait fi des nombreux bazars de plage et salles de jeux...

DRÔLE DE NURSE !

Le mythique hôtel Headland *de Newquay servit, durant la Seconde Guerre mondiale, d'hôpital pour les blessés de la Royal Air Force. Depuis, il a connu des moments étranges... Quelques clients de l'hôtel prétendirent avoir rencontré dans les couloirs de jeunes aviateurs blessés, devisant gaiement... En 1994, un client raconta même avoir été réveillé par la douce caresse d'une infirmière !*

Adresses utiles

Tourist Information Centre : *Marcus Hill, en plein centre. ☎ 83-85-16.. • visitnewquay.org • L'été, tlj 9h15-17h30 (10h-16h w-e). L'hiver, tlj 10h-16h (15h w-e).* Particulièrement accueillant.

Gare ferroviaire : *Cliff Rd.*

Gare routière : *Manor Rd.* 3-4 bus/j. pour *Exeter* (env 3h de trajet). 4-5 bus/j. pour *Plymouth* (1h30 de trajet). 1 bus/h pour *Padstow* (4 le dim ; 1h de trajet). Bus pour *Truro* ttes les heures (4 le dim ; env 1h de trajet) ainsi que pour *Saint Ives, Penzance* et *Saint Just* en été.

Où dormir ?

Plein de solutions logement pour les routards à budget serré.

Auberges de jeunesse

Saint Christopher's Inn : *35 Fore St, TR7 1HR. ☎ 85-91-11 et 208-600-7500. • st-christophers.co.uk • (pour les résas en été.) En dortoir de 4-10 lits, 11-20 £/pers ; à partir de 40 £ la double ; petit déj continental compris si résa directe.* Membre de la célèbre chaîne d'AJ privée. Chambres presque dignes d'un *B & B* et quelques dortoirs *en-suite.* Bien souvent, les lits donnent directement sur la plage ! Au rez-de-chaussée, le ***Belushi's,*** un immense bar très animé (ouvert jusqu'à 2h) qui surplombe idéalement la mer du haut de sa grande terrasse. Ambiance vraiment *friendly.*

Parmi les autres AJ privées, on trouve notamment ***The Escape Backpackers*** *(1 Mount Wise),* la plus grande et la plus confortable de toutes, ***The Green House Surflodge*** *(49 Trenance Rd)* ou encore ***Newquay International Backpackers*** *(69-73 Tower Rd).*

De chic à très chic (à partir de 80 £ / 96 €)

Seashells Guest House : *55 Fore St. ☎ 87-45-82. • seashellsnewquay@aol.co.uk • seashellsnewquay.*

com • Doubles 90-100 £ ; 2 familiales. Bien située en surplomb de la plage, une agréable demeure particulière fleurie, dotée de 5 chambres *en-suite* cosy et lumineuses, dont certaines avec vue privilégiée sur le large. Accueil charmant et attentionné. Copieux petit déjeuner.

Hôtel Headland : *Fistral Beach, TR7 1EW. ☎ 87-22-11. • reception@headlandhotel.co.uk • headlandhotel.co.uk • Doubles 110-250 £. Brasserie midi et soir moins de 15 £ ; au resto le soir, menus 30-35 £ (résa conseillée).* Tout seul sur son promontoire herbu, découpant sa victorienne et massive silhouette sur l'horizon, voici le mythique grand hôtel fin XIXe s du sud-ouest de l'Angleterre. Il a gardé ses immenses volumes, son cadre luxueux, objets d'art et quelques fantômes du passé... De nombreux rois honorèrent les lieux et, plus récemment, le prince Charles... Beau complexe piscine spa. Cuisine de grande réputation servie dans une superbe salle à manger panoramique ou en terrasse. Y aller pour prendre le thé au-dessus des flots si l'on ne peut s'offrir les chambres.

Où manger ? Où boire un verre ?

Bon marché (moins de 10 £ / 12 €)

Flounders : *15 East St. Dans une rue perpendiculaire à celle de l'office de tourisme. Tlj 11h30-21h. Moins de 5 £. Fish & chips, mais aussi pies et pasties.* Sur place (quelques tables) ou à emporter. Efficace et pas cher.

Martha's Tea-Room : *2 Central Sq. Dans le centre, côté gauche, face à la plage. ☎ 49-81-66. Tlj sf dim hors saison 10h-17h (ferme plus tôt en hiver). Plats 3-7 £.* Tenue par 2 femmes, cela ressemble plutôt à une mignonne cantine de poche qu'à un *tearoom* typique. C'est en tout cas le rendez-vous des mamies pour un scone et des habitués pour un café. Sert également des sandwichs, soupes et salades bien appétissants.

Belushi's : le bar du **Saint Christopher's Inn** (voir plus haut dans « Où dormir ? »).

Prix moyens (10-20 £ / 12-24 €)

The Central Inn : *11 Central Sq. ☎ 87-38-10. Tlj 11h-minuit (plus tard le w-e). Plats et snacks 15 £ max.* Grande terrasse en plein milieu de la ville (le nom n'a pas été choisi par hasard !) pour les beaux jours. À l'intérieur, bar smart sur 2 étages. Mobilier en cuir rouge et tons bois. Long comptoir et box confortables. *Light bites* pour un déjeuner sur le pouce et *pub grub* pour les gros appétits. Vrais *fruit smoothies* et milk-shakes.

The Fort Inn : *63 Fore St. ☎ 87-57-00. Cuisine tlj 12h-21h (service en continu l'été). Plats 10-16 £.* Belle terrasse panoramique sur le port prise d'assaut aux beaux jours. À l'intérieur, vastes salles aux murs de pierre sèche, avec cheminée à l'ancienne et long comptoir en bois verni. Familles et enfants bienvenus pour déguster une honnête cuisine de brasserie.

Lewinnick : *Pentire Headland, TR7 1QD. ☎ 87-81-17. Tlj 9h-22h (22h30 en été) en continu. Résa conseillée. Plats et sandwichs 7-20 £.* À l'ouest de la ville, accrochée à la falaise, c'est d'abord la plus séduisante terrasse de la ville au crépuscule (au petit déj aussi, d'ailleurs !). L'intérieur moderne, lumineux et aéré sert d'écrin à une cuisine franche, simple, utilisant de bons produits et respectant les saveurs. Un remarquable rapport qualité-prix-cadre.

Chic (à partir de 30 £ / 36 €)

Pour une (très) belle occasion, ne pas oublier le restaurant cossu de l'**Hôtel Headland** (voir « Où dormir ? »).

À voir. À faire

Blue Reef Aquarium : *sur la plage principale, TR7 1DU. ☎ 87-81-34. • bluereefaquarium.co.uk • Ouv 10h-17h (16h en hiver). Entrée : env 11 £ ; réduc ; forfait famille.* Un intéressant parcours, très bien présenté, avec des lumières étudiées. Miniconférences ludiques toutes les heures, nourrissage des poissons à l'appui. Aquarium à vagues pour les bars, étonnants concombres de mer, congres voraces qui ne lâchent jamais leur prise, piscine de poissons locaux que l'on voit du dessus, comme si l'on avait les pieds dans l'eau, marrante « tortue nez de cochon », pieuvre géante comme dans *Vingt mille lieues sous les mers,* hippocampes vus à travers des « aquariums-microscopes » et aussi un tunnel transparent qui abrite plus de 2 000 créatures marines, dont des requins. La visite à faire quand il pleut et qu'on se les caille (*sorry* pour le jeu de mots).

– ***Surf :*** avec ***Fistral Beach Surf School*** *(Headland Rd, TR7 1EW, ☎ 85-07-37).* Centre agréé avec des moniteurs qualifiés. Matériel fourni.

SUR LA ROUTE DE PADSTOW

Bedruthan Steps : *mal indiqué (panneau « Carnewas at Bedruthan ») dans la lande, le long de la B 3276, à mi-chemin entre Newquay et Padstow.* Ce site géré par le National Trust (parking payant donc) présente une configuration naturelle spectaculaire. Les rocs gigantesques arrachés par la mer semblent suivre un alignement cohérent que la légende attribue aux pas du géant Bedruthan, le long d'une falaise. Sentier côtier qui permet de rejoindre *Park Head* (autre promontoire) ou possibilité de descendre à marée basse sur la plage (142 marches, compter 15-20 mn). Mais prudence absolue : la falaise est friable et on peut être surpris par la marée montante.

Treyarnon Bay Youth Hostel : ***Treyarnon,*** *PL28 8JR. ☎ 0345-371-9664. • yha.org.uk/hostel/treyarnon • À 5 miles de Padstow, en bordure d'une plage de sable, en quittant la B 3276 vers Treyarnon Bay. En dortoir, à partir de 10 £/lit. Doubles à partir de 19 £.* Cette AJ, installée dans une villa des années 1930 remise à neuf, se révèle formidablement bien située. Environ 70 lits en tout, en dortoirs de 4-6 lits ou en chambres doubles, parfois avec salle de bains *en-suite.* Cadre cosy, les yeux dans l'océan. Jardin avec tables de pique-nique, coin barbecue, cafétéria. Aux premiers froids, le feu crépite dans l'âtre. On y donne aussi des cours de surf.

PADSTOW

2 300 hab. IND. TÉL. : 01841

• Plan *p. 255*

Ancien port de pêche verrouillant l'embouchure de la rivière Camel, qui filtre depuis le XIXe s le trafic des bateaux. Site naturel de choix donc, d'ailleurs on ne se lasse pas de la beauté des bancs de sable dans le large estuaire à marée basse.
Mais si l'on voit encore mouiller quelques chalutiers dans le port, en revanche on n'y débarque plus de poisson. L'endroit a donc perdu en authenticité, à mesure que les plaisanciers et touristes friqués ont remplacé les marins-pêcheurs velus et burinés. À tel point qu'aujourd'hui on est sidéré du nombre élevé de galeries d'art et de restos de luxe pour une si petite ville !

La grande star de Padstow, c'est le célèbre cuisinier Rick Stein (auteur de nombreux livres et émissions télévisées), qui y possède pas moins de quatre restaurants, un café, un *deli,* une pâtisserie, une boutique, une école de cuisine, un pub, une poissonnerie, sans parler des chambres d'hôtel ; bref, la moitié de la ville ! Petite touche folklorique : le 1er mai, Padstow célèbre un rite païen, le *May Day celebration* qui consiste à balader un cheval de bois (censé capturer les jeunes vierges) dans les rues.

Adresses utiles

Tourist Information Centre *(plan B1) : North Quay. ☎ 53-34-49. • padstowlive.com • Tlj 9h30-17h (en hiver, 10h-16h et fermé dim).* Plans gratuits des balades à faire.

Padstow Cycle Hire *(plan B2, **1**) : à côté de la Lobster Hatchery. ☎ 533-533. • padstowcyclehire.com • Tlj 9h-17h. Résa conseillée en saison. Vélo env 16 £/j.* Idéal pour affronter le *Camel Trail* (voir « À voir. À faire »).

Où dormir ?

Camping

Dennis Cove Camping *(hors plan par B2, **11**) : Dennis Lane, PL28 8DR. ☎ 53-23-49. • denniscovecampsite.co.uk • Bien fléché à l'entrée sud de la ville (A 389). Ouv de mi-avr à fin sept. Compter 23-26 £ pour 2 en tente.* Proche du centre-ville, et pourtant dans un beau site protégé. Bien entretenu, mais, au plus fort de l'été, un peu les uns sur les autres. Accueil chaleureux.

Prix moyens (40-80 £ / 48-96 €)

South Quay B & B *(plan B1, **10**) : 4 Riverside, South Quay, PL28 8BY. ☎ 53-23-83. • cullinan@madasafish.com • southquaybedandbreakfastpadstow.co.uk • Doubles 75-90 £ selon vue. Parking.* Au cœur du port, dans une maison victorienne de 3 étages avec pignon et bow-window. La chambre du haut, plus chère, dispose d'une terrasse face au port. Celle qui donne sur l'arrière est plus petite, avec douche privée et w-c séparés. Accueil délicieux et disponible des proprios.

De chic à très chic (à partir de 80 £ / 96 €)

Cyntwell B & B *(plan A1, **12**) : 4 Cross St, PL28 8AT. ☎ 53-34-47. • cyntwell.co.uk • À 200 m du port. Doubles 75-95 £ (2 nuits min).* Ancienne demeure de pêcheur joliment rénovée avec un plancher de bois blanc en préservant charme et caractère. Forcément, chambres assez petites, mais toutes *en-suite,* cosy et de bon confort. Mais pas d'enfants bienvenus en dessous de 7 ans !

The Metropole Hotel *(plan B1, **13**) : Station Rd, PL28 8DB. ☎ 53-24-86. • the-metropole.co.uk • Au-dessus du port. Doubles 69-199 £. Plats au resto 17-30 £. Spa. Parking gratuit.* Grand hôtel à l'ancienne, d'un classicisme de bon aloi, avec des chambres vastes et cossues dont les meilleures donnent sur l'estuaire. Même vue superbe depuis le restaurant tout vitré, *of course* ! Ambiance assez détendue pour ce genre d'établissement.

Où dormir dans les environs ?

Woodlands Country House *: **Treator,** PL28 8RU. ☎ 53-24-26. • woodlands-padstow.co.uk • Prendre la B 3276 vers l'ouest, direction Saint Merryn ; c'est à 1 mile. Doubles 94-138 £.* Dans cette

THE WEST COUNTRY

opulente demeure victorienne de brique rouge, tout exprime ici l'élégance et le raffinement. Tons doux, beaux tissus... Notre préférence va à la chambre « Bay Room », très spacieuse, avec un lit à baldaquin, ainsi qu'à la « Beach Room ». *So romantic !* Petit déj maison fantastique.

Où manger ? Où boire un verre ?

Dans l'un des restos de Rick Stein, *of course !* Un seul numéro de téléphone pour les résas : ☎ 53-27-00. • rickstein.com • Tous sont ouverts tous les jours. En tout cas, ce ne sont pas les opportunités de bien manger à Padstow qui manquent. Il va falloir rallonger votre budget exceptionnellement !

De prix moyens à plus chic (10-30 £ / 12-36 €)

Stein's Fish & Chips *(plan B2,* ***20****) :* Riverside, sur le port. Tlj 11h30-15h, 17h-20h30. Compter 10-12 £. Pour certains, le meilleur *fish & chips* que vous mangerez durant votre séjour. D'autres vous diront que l'adresse se révèle surestimée et chère (après tout, ça reste du poisson frit !). Cadre en tout cas agréable et propre.

Rick Stein's Café *(plan B1,* ***21****) :* 10 Middle St. Au dîner, résa conseillée. Menu lunch 24 £. Plats midi et soir 13-20 £. Une cuisine simple utilisant des produits frais, dans une salle aux murs crème et à l'éclairage étudié. On peut également en profiter pour le *teatime.*

Plus chic (plus de 30 £ / 36 €)

Saint Petroc's Bistro *(plan B1,* ***22****) :* 4 New St. Plats 16-29 £ ; menus lunch 15-20 £. Dans une salle agréable aux boiseries apparentes ou dans le joli jardin avec quelques rares tables (réserver). La carte de Stein pioche cette fois-ci ses idées du côté de la France et de l'Italie, et porte surtout sur les grillades.

The Seafood Restaurant *(plan B1,* ***23****) :* Riverside. Menus lunch 32-40 £ selon saison. Plats 14-40 £, voire plus ! Le plus chic d'entre tous dans un cadre contemporain sobre rehaussé de grands tableaux. Cuisine sophistiquée et absolument maîtrisée (surtout à base de poisson), cependant sans vraiment de grands élans créatifs.

Et sinon, pour échapper à Ricky...

The Basement *(plan B1,* ***24****) :* 11 Broad St, sur le port. ☎ 53-28-46. Tlj sf dim soir, 9h-23h. Le midi, plats et sandwichs env 7-20 £, le soir, 16-19 £. Dans la petite salle douillette en demi sous-sol ou sur la terrasse couverte et chauffée, l'occasion de déguster une très bonne cuisine de bistrot, bien travaillée et à prix abordables pour Padstow. Jeune équipe souriante.

The Harbour Inn *(plan B1,* ***25****) :* Strand St, South Quay. ☎ 53-31-48. Service continu 12h-21h30. Plats env 9-15 £. Si vous voulez fuir les tables huppées de la ville, venez donc vous réfugier ici ! De l'espace et un chaleureux décor composé de souvenirs de la mer, d'outils de charpentier, maquettes, etc. Accueil à la bonne franquette, gros fauteuils clubs. Au menu, burgers, *steak and kidney* maison, maquereau grillé et *ales* locales dans une ambiance très vieille marine.

Paul Ainsworth *(plan B1,* ***27****) :* 9 Middle St. ☎ 53-20-93. Tlj sf lun (et dim hors saison). Le soir, résa quasi obligatoire ! Menus midi 19-26 £. Le soir, plats 30-40 £. Voilà celui qui a osé affronter Stein dans son propre fief... Pari gagné, puisqu'il est devenu l'une des adresses phare de Cornouailles. Cadre contemporain intégrant le charme et le passé de cette vénérable demeure du XVIIIe s. Cuisine pleine d'inspiration à base de bons produits locaux strictement de saison. Faut dire que nombre d'employés ici ont travaillé chez le grand *Gordon Ramsay...*

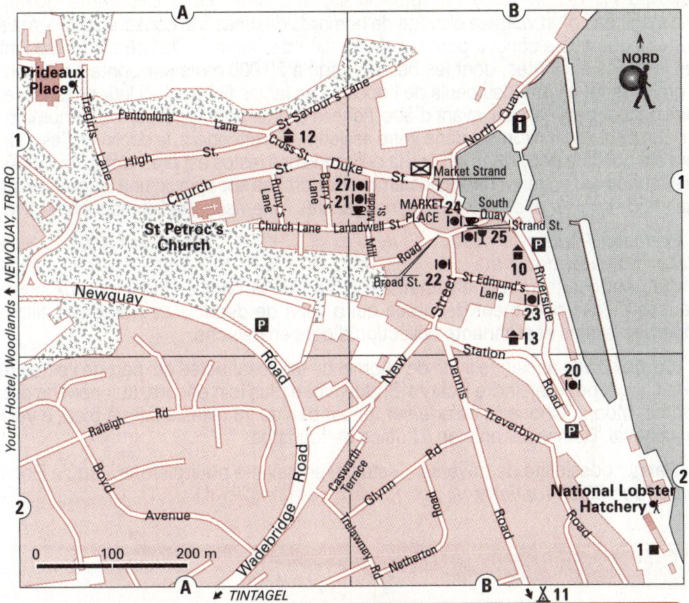

PADSTOW

Adresses utiles

- Tourist Information Centre
- 1 Padstow Cycle Hire

Où dormir ?

- 10 South Quay B & B
- 11 Dennis Cove Camping
- 12 Cyntwell B & B
- 13 The Metropole Hotel

Où manger ?
Où boire un verre ?

- 20 Stein's Fish & Chips
- 21 Rick Stein's Café
- 22 Saint Petroc's Bistro
- 23 The Seafood Restaurant
- 24 The Basement
- 25 The Harbour Inn
- 27 Paul Ainsworth

À voir. À faire

Balade romantique dans le village pour découvrir le charme des vieilles demeures de pêcheurs. Sur ***Middle Street*** *(plan B1)*, noter ces ***Alm's Houses,*** harmonieuse architecture en brique rouge, avec une jolie porte d'entrée en « pas d'oiseau ». Typique d'un certain habitat populaire avec ses étroites demeures autour d'une minicourette fleurie.

ENCORE UN DUR À CUIRE

Détail méconnu, les deux pinces du homard sont différentes, tant par leur aspect que par leur fonction : une plus épaisse pour broyer les coquillages, et une plus tranchante pour découper et défendre son territoire. Les homards peuvent d'ailleurs être plutôt droitiers ou plutôt gauchers. Le plus gros jamais pêché en Cornouailles pesait un honorable 9,3 kg pour 1,26 m de long !

National Lobster Hatchery *(plan B2)* **:** *sur le port.*

☎ *53-38-77. Tlj 10h-16h à 19h30 selon saison. Entrée : env 4 £. Compter 30 mn.* Il ne s'agit pas d'un vulgaire élevage de homards destinés à la consommation, mais d'une pouponnière conçue pour la préservation de l'espèce. Des pêcheurs lèguent des femelles enceintes, dont les bébés (jusqu'à 20 000 œufs par ponte !) naissent et grandissent à l'abri des périls de l'océan. Les larves finissent ici leur croissance, dans un tout petit espace, avant d'être lâchées en mer pour vivre leur vie de homard. Un jour, peut-être finiront-ils dans votre assiette... En attendant, le déclin de l'espèce aura été quelque peu ralenti (eh oui, la demande des restos est pressante). Au détour des aquariums, on rencontrera également des crabes spongieux, une langouste qui change de couleur et des étoiles de mer géantes. Une visite vite fait mais instructive.

Prideaux Place : *au-dessus de la ville.* ☎ *53-24-11.* • *prideauxplace.co.uk* • *Ouv à Pâques et début mai-début oct, dim-jeu 13h30-16h. Entrée : env 9 £. Visite guidée.* Imposant manoir élisabéthain (1592) de la famille Prideaux, aux nombreuses pièces richement décorées qui a servi de décor à de nombreux films. Superbes jardins et étonnante collection d'ours en peluche.

➢ ***Camel Trail :*** ancienne ligne de chemin de fer désaffectée qui part de l'estuaire de la Camel pour rejoindre Poley's Bridge, voire plus loin encore, aux confins des Bodmin Moors. Chouette balade sur terrain plat de 18 miles à faire à pied, à vélo ou à cheval. Demander un plan à l'office de tourisme.

➢ ***Ferry :*** possibilité de traverser l'estuaire en navette pour piétons jusqu'à Rock Ferry. Avec *Black Tor Ferry* : *tlj pdt qu'il fait jour, compter 4 £ l'A/R.*

PORT ISAAC

720 hab. IND. TÉL. : 01208

À 25 km au nord-est de Padstow, encore un pittoresque petit port encaissé entre deux collines dont les édifices des XIVe et XVe s ressemblent à des maisons de poupées serrées autour de lui. Port Isaac sert régulièrement de plateau de tournage pour la télé. Mais l'endroit est devenu encore plus à la mode depuis qu'une célèbre série anglaise *(Doc Martin)* y a tourné ses épisodes (dernière saison en 2018), assurant une pub retentissante au village.

– On ne circule pas en voiture dans le village (sauf réservation dans un hôtel avec parking). Deux ***parkings publics*** : au carrefour principal, environ 400 m avant le port (mais moins grand), ou à l'entrée du bled, à 700 m du port, bizarrement le plus cher.

Où dormir ?

De prix moyens à chic (jusqu'à 120 £ / 144 €)

Trewetha Farm : *sur la route B 3267, 500 m à droite avt Port Isaac.* ☎ *88-02-56.* • *info@trewethafarm.co.uk* • *trewethafarm.co.uk* • *Doubles 80-110 £. Bungalows 4 pers, 300-900 £/sem.* Dans une ferme bordée par les champs, 6 jolis cottages en bois, face à la mer et 2 autres dans un bâtiment en dur. Dans la maison datant du XVIIIe s, 4 chambres traditionnelles à prix doux. Accueil délicieux.

Trewetha Cottage : *sur la route B 3267, quasi en face du précédent.* ☎ *88-08-77.* • *dijohnsalisbury@btinternet.com* • *Doubles 85-95 £.* Le cottage tel qu'on l'imagine avec ses murs blancs à l'extérieur et son ambiance chaleureuse à l'intérieur. À l'étage, les proprios ont aménagé avec beaucoup de soin 2 chambres *en-suite.* Pas bien grandes certes, mais tellement sympas et confortables à souhait pour se faire dorloter. Accueil au poil par des passionnés de la mer.

Où manger ? Où boire un verre ?

De bon marché à prix moyens (moins de 20 £ / 24 €)

🍽 🍷 ***Golden Lion :*** *sur le port.* ☎ *88-03-36. Tlj (non-stop ven-dim). Plats 12-15 £.* Pour prendre une petite mousse ou déguster un poisson de saison, ce pub et son chef font l'unanimité. Plusieurs petites salles au plancher bien usé, chacune avec leur cheminée et une terrasse géniale en surplomb du port. Au sous-sol, le ***Bloody Bone Bar,*** d'où part un mystérieux tunnel. C'était un lieu de rendez-vous de pirates et de contrebandiers.

☕ À côté, on recommande le ***Krab Pot,*** un lieu sympa pour un thé et scones ou pour un plat à base de crabe : sandwichs, soupe, assiette à partager...

🍽 ***The Old School :*** *Fore St.* ☎ *88-07-21. Tlj du mat au soir. Plats env 9-17 £ ; menus 15-18 £.* Pour ceux qui ne dorment pas à l'hôtel *(doubles en B & B 85-120 £,* en-suite *et avec vue sur mer),* y dîner se révélera en tout point exceptionnel. On mange dans une belle salle, haute de plafond, aux murs bleu Matisse, des plats traditionnels revisités, originaux et goûteux.

Plus chic (plus de 20 £ / 24 €)

🍽 ***Outlaw's Fish Kitchen :*** *1 Middle St, sur le port.* ☎ *88-11-83. Tlj juin-sept, sinon fermé dim et parfois lun. Plats genre tapas 6-13 £. Compter 25-30 £ le repas.* Dans une maison toute de guingois, l'une des plus anciennes et des plus pittoresques du village. L'endroit idéal pour déguster une cuisine de la mer de haute volée, uniquement à base de produits saisonniers. Intérieur cosy à souhait, accueil jeune et souriant. À ne pas confondre avec l'autre resto de Nathan Outlaw, en haut du village, nettement plus cher !

THE WEST COUNTRY

DANS LES ENVIRONS DE PORT ISAAC

🚶 **Port Gaverne :** *à 1 mile à peine vers le nord-est.* Un port minuscule, moins photogénique, mais que l'on peut rejoindre en effectuant une très agréable balade le long de la mer. Avec le pub *Port Gaverne Inn* en ligne de mire.

TINTAGEL

1 030 hab. IND. TÉL. : 01840

Ce petit village de la côte sauvage est l'une des plus célèbres localités des Cornouailles, car associée aux vieilles légendes celtiques et au roi Arthur, qui y serait né. Le village lui-même se révèle d'un intérêt très limité mais vue extraordinaire et chemin de randonnée superbe le long des falaises. Beaucoup de monde en été évidemment.

LE ROI ARTHUR

A-t-il seulement existé ? Impossible de l'affirmer. Plusieurs dizaines de sites en Grande-Bretagne revendiquent la paternité du roi Arthur, mais ce sont les Cornouailles qui conservent les attaches historiques et sentimentales les plus fortes. Pour débrouiller un peu ce maelström de l'imaginaire, il faut dire que, si le roi Arthur a existé, il aurait vécu vers le VIe s. Mais tous les contes louant son épopée, qui furent écrits au XIIe s, sont tellement romancés, tellement fantaisistes, que les historiens n'ont jamais su à quoi s'en tenir.

Le roi Arthur serait donc né à Tintagel et aurait eu Guenièvre comme épouse. Avalon fut son royaume et Excalibur son épée. En parvenant à la dégager du rocher dans lequel elle était encastrée, il devint roi. Merlin l'Enchanteur l'aida à gouverner avec sagesse, alors que Perceval, Lancelot, Gauvin, Galaad et les autres, autour de leur très équitable Table ronde, se lancèrent dans la quête du Graal, coupe dans laquelle but le Christ lors de son dernier repas et qui recueillit son sang après sa crucifixion. Ni la caverne de Merlin ni Excalibur n'ont jamais été retrouvées. Et le Graal court toujours. Même les Monty Python n'ont pas réussi à mettre le grappin dessus, c'est dire !

Adresse et info utiles

Tintagel Visitor Centre : *Bossiney Rd, Car Park. ☎ 77-90-84. Pâques-oct, 10h-16h ; nov-fév, 10h-15h.* Nombreuses brochures et expo détaillée sur le patrimoine local.

– Plusieurs ***parkings*** privés dans le village, moins chers que le grand parking public proche de l'office de tourisme.

Où dormir ? Où manger ?
Où déguster des pâtisseries ? Où boire un verre ?

Campings

Headland Camping and Caravan Park : *Atlantic Rd, PL3 40DE. ☎ 77-02-39. • headlandcaravanpark.co.uk • À l'extrémité du village. Env 15-18 £ pour 2 avec voiture.* Camping bien équipé et proche de la mer. Beau gazon et calme appréciable.

The Caravan Club Trewethest Farm : *PL34 0BQ, à mi-chemin entre Tintagel et Boscastle. ☎ 77-02-22. Avr-oct. Compter 16-21 £ pour 2.* Surplombe la mer. Point de départ idéal pour des balades le long du chemin côtier vers l'un ou l'autre village. Équipements modernes. La vue est vraiment superbe, mais le vent permanent pourra en décourager certains.

Bon marché

Youth Hostel : *à Dunderhole Point, PL34 0DW. ☎ 77-03-34. • yha.org.uk/hostel/tintagel • De Tintagel, allez à Tregatta, tournez à droite et suivez les indications jusqu'au bout d'une piste défoncée. Résa conseillée. Lit en dortoir de 4 ou 6 pers à partir de 15 £, doubles à partir de 42 £.* Accrochée en bord de falaise, voici l'AJ la plus sauvage des Cornouailles. Une trentaine de lits dans cette bâtisse rustique, longée par le *Coastal Path.* Cuisine équipée, jeux et tout le nécessaire. Familial et un peu irréel avec cette vue plongeante.

Pengenna Pasties : *Fore St, au début du chemin qui mène au château. ☎ 35-51-69. Ouv dès 10h. Tt à moins de 7 £.* Agréable boulangerie-salon de thé où l'on déguste des *cornish pasties* qui se hissent parmi les meilleurs de la région. Tout chauds sortis du four, c'est un régal qui a l'avantage de caler son bonhomme à moindres frais ! Également de délicieux *cream teas,* muffins, puddings et divers sandwichs, sur place ou à emporter.

Prix moyens

Castle View : *2 King Arthur's Terrace, Atlantic Rd, PL34 0DD. ☎ 77-04-21. • castleviewbandb@aol.com • Congés : nov. Doubles sans sdb 45-50 £.* Une mignonne petite maison à la façade ornée d'une collection d'animaux en porcelaine. Les 3 chambres (dont 1 *single*), simples, mais toujours bien tenues, sont parmi les moins chères de toute la côte et elles le restent bon an mal an. Toutes avec salle de bains partagée mais vue sur la mer. En prime, accueil adorable des hôtes.

Lewis's : *Bossiney Rd, PL34 0AH. ☎ 77-04-27. • lewisstintagel@hotmail.*

co.uk • En face de l'église méthodiste. Congés : déc-fév. Double 68 £. Au cœur du village, dans une très belle maison de schiste du XVIe s, avec un verdoyant jardin. 4 chambres merveilleuses et d'un rapport qualité-prix bluffant, garnies de fleurs fraîches, certaines avec lit à baldaquin (pour le même prix) ou romantiques lits en fer. Une décoration tout en délicatesse, une recherche de qualité dans les moindres détails.

Tintagel Arms Hotel : *Fore St, PL34 0DB. ☎ 770-780. • tintagelarmshotel.co.uk • Presque au rond-point central. Doubles 60-70 £. Plats autour de 10 £ le midi, 10-17 £ le soir.* Les chambres sont aussi jolies et décorées sobrement que le resto frise pour sa part le kitsch ! Qu'importe, c'est l'assiette qui nous intéresse, des spécialités de poisson notamment qui font l'unanimité.

King's Arthur Arms : *Fore St. ☎ 77-08-31. • info@kingarthursarms.co.uk • kingarthursarms.co.uk • Doubles à partir de 66 £.* Grande auberge en pierre de schiste dotée de chambres soignées et confortables. Quelques familiales bien pratiques. Également un pub, mais pour manger, on préfère aller ailleurs.

Chic

Camelot Castle : *PL34 0DQ. ☎ 77-02-02. Tt au bout du village. Plats 10-16 £ le midi, 15-30 £ le soir.* L'imposant *Camelot* fut construit sur la falaise en 1898 pour redonner vie à sa manière au fameux château d'Arthur. Autant les chambres d'hôtel valent peu le coup (et elles sont chères), autant les salons et le pub sont grandioses, voire grandiloquents. Cuisine bien troussée, bien moins chère le midi, avec une vue superbe en prime. Royal mais pas guindé, l'ambiance est étonnamment familiale pour ce genre d'endroit.

Où manger dans les environs ?

The Mill House Inn : ***Trebarwith,*** *PL34 0HD. ☎ 77-02-00. • themillhouseinn.co.uk • Sur la route de Trebarwith Strand, 2,5 km au sud de Tintagel. Pub grub 9-13 £ ou repas complet au resto (ouv en saison slt) 25-30 £.* Un moulin à eau plusieurs fois centenaire (1760) qui fonctionna jusqu'en 1930. Toit d'ardoise et murs de grosses pierres dans un environnement idyllique. L'équipe qui dirige les lieux a donné un souffle presque branché au bar et à la salle de restaurant.

À voir

Tintagel Castle : *on gagne le château, à 800 m du village, par un agréable chemin pédestre. Retour possible en 4x4 (2 £ le trajet), si on veut s'épargner la grimpette. ☎ 0370-333-11-81. • english-heritage.org.uk/Tintagel-Castle/Cornwall • Avr-sept, tlj 10h-18h ; plus restreint hors saison. Entrée : env 9 £ ; réduc. Boutique et cafétéria sur place (cuisine jusqu'à 15h-16h). Balade assez physique, beaucoup de marches et de grimpette.* C'est donc là que le roi Arthur serait né, vers le VIe s de notre ère. On se balade à travers les ruines, des pans de mur fatigués mais encore fiers, qui s'agrippent le long de falaises déchiquetées. Les vestiges que l'on voit s'échelonnent du IXe s au XIXe s... Bien sûr, il faut pas mal d'imagination pour recomposer les 2 000 ans d'histoire pendant lesquels Tintagel eut son mot à dire dans la politique régionale. Quelques panneaux illustrés vous donneront un coup de pouce. On peut aussi, tout simplement, laisser ce cadre assez spectaculaire agir : l'esprit vagabonde alors entre l'écho des flots rageurs et celui des légendes arthuriennes, qui suscitent toujours la même fascination.

Old Post Office : *dans le centre, sur la gauche en allant vers la mer. ☎ 77-00-24. • nationaltrust.org.uk/tintagel-old-post-office • Avr-oct, tlj 10h30-17h30 (mars et oct-nov 11h-16h). Fermé en hiver. Entrée : env 4 £, tt de même.* Très vieille maison de pierre (XIVe s) qui servit de bureau de poste. Son toit ondule comme les vagues de l'Atlantique, dans un camaïeu de gris. Délicieuse et brinquebalante, avec salon et mezzanine, vaste cheminée, escalier escarpé... un bijou de rusticité chaleureuse dont on a très vite fait le tour avant d'aller jeter un œil au jardin.

King Arthur's Great Halls : *au centre du village, sur Fore St, PL34 0DA. ☎ 77-05-26. • kingarthursgreathalls.co.uk • Tlj sf lun mars-oct 10h-17h. Fermé l'hiver. Entrée : 5 £.* Attraction un peu « grand Guignol » avec jeux de lumière et effets sonores autour de l'épée Excalibur, fichée dans son enclume. Deux grands halls dédiés à la légende d'Arthur. Dans la salle du trône, table ronde et surtout pas moins de 72 authentiques vitraux préraphaélites ! Un lieu un peu démesuré, le rêve d'un seul homme devenu réalité, Frederick Glasscock, dans les années 1920.

St Materiana Church : *sur la route de l'AJ.* Balade dans un paysage d'un autre siècle. Vieille église entourée d'un cimetière où s'élèvent de jolies croix celtes.

DANS LES ENVIRONS DE TINTAGEL

Trebarwith Strand : *à env 2,5 miles au sud.* Crique de sable et de rochers coincée entre deux falaises. Vue formidable sur la mer, collines verdoyantes et pub (le *Port Williams*) qui surplombe le tout avec des tables en terrasse. Très bel endroit.

Nectan's Waterfall : *parking à Trethevy, à env 1 mile au nord-est, sur la B 3263. ☎ 77-95-38. • st-nectansglen.co.uk • Compter env 1 mile de marche aller (autant au retour !). Attention, quand il a plu c'est franchement gadouilleux. Pâques-oct, tlj 9h30-17h ; nov-Pâques, tlj 10h30-15h. Entrée : env 5 £. Café.* Vivifiante balade à travers les sous-bois en suivant un ruisseau pour parvenir à ces trois cascades, dont l'une traverse un surprenant anneau creusé dans la roche. Un lieu baigné d'ésotérisme depuis la nuit des temps. Prêt de bottes à l'arrivée (pratique pour traverser la rivière !).

BOSCASTLE

640 hab. IND. TÉL. : 01840

À 6 km par la route de Tintagel, ce petit port du XVIe s ne ressemble en rien aux autres. Il est lové au fond d'un bras de mer qui serpente entre de spectaculaires falaises et vient se mêler à l'embouchure d'une rivière. Les maisons de pierre s'éparpillent un peu plus en amont le long de cette rivière qui inonda gravement le village durant l'été 2004. Boscastle s'est soudé pour retaper à l'identique ses charmantes maisons.

Les marcheurs invétérés s'y rendront à pied de Tintagel par le chemin côtier : ces 9 km sont l'un des plus beaux tronçons du *Coastal Path* en Cornouailles. Un endroit sauvage et bucolique où l'on trouve surtout des locations en self-catering (peu de *B & B* !). Ambiance zen et un peu hippie, portée par une longue tradition d'occultisme et de sorcellerie sans doute liée à cette nature omniprésente et aux légendes celtiques toujours vivaces. Durant Halloween, les habitants font la fête, déguisés en sorcières.

Adresse utile

Boscastle National Trust Visitor Centre : *sur le port, près de l'AJ, PL35 0HD. ☎ 25-00-10. • visitboscastleandtintagel.com • Tlj : mars-oct 10h-17h ; nov-fév, 10h30-16h.* Café et boutique.

Où dormir ? Où manger ? Où boire un verre dans le coin ?

Camping

⛺ ***Lower Pennycrocker :*** *PL35 0BY. ☎ 25-06-13. • pennycrocker.com • À 3 km, en marge de la B 3263, vers le nord-est (fléché). Env 8 £/pers.* Pour la vue décoiffante, on n'a trouvé guère mieux. Ce vaste champ tout vert est posé au sommet d'une colline d'où l'on embrasse toute la côte et ses falaises... souvent dans le vent, autant le savoir. Impec en tout cas pour les marcheurs, le *Coastal Path* est à deux pas.

De bon marché à prix moyens

Youth Hostel : *AJ située tt au fond du port, dans une ancienne écurie, PL35 0HD. ☎ 0345-371-9006. • yha.org.uk/hostel/boscastle • À partir de 15 £/pers en dortoir, doubles à partir de 39 £.* Retapée avec brio, cette AJ a fière allure ! Chambres de 2 à 6 lits. Salon douillet, belle cuisine et sanitaires parfaits.

Bridge House B & B : *au carrefour du port, PL35 0HE. ☎ 25-00-11. • bridgehouse-boscastle.co.uk • Doubles à partir de 60-70 £ selon saison.* Vieille maison de pierre offrant 3 chambres *en-suite* à l'étage. Simple mais plaisant, pas trop cher et on ne peut plus central. Fait aussi salon de thé.

The Napoleon Inn : *dans le bourg, à env 1 km au-dessus du port. ☎ 25-02-04. À pied, monter la rue qui part du* Wellington Hotel. *Plats 10-15 £.* Un labyrinthe de petites salles dans une auberge du XVIe s. Pour une fois que l'on peut boire à la santé du grand ennemi héréditaire ! *Pub grub* classique. 2 *beer gardens* et belle ambiance lors des petits concerts hebdomadaires.

Cobweb Inn : *face au parking du port. ☎ 25-02-78. Concerts le sam.* Un vrai repaire d'arsouilles que ce vieux pub fréquenté avec assiduité par la faune locale. Centaines de chopes et de bouteilles (vides !) pendues au plafond, banquettes aux tissus élimés et boiseries usées par des siècles de libations... Goûter aux bières de la *Tintagel Brewery,* notamment la très douce mais forte *Harbour Special*. Ambiance extra en compagnie des autochtones.

Autre possibilité, le ***Wellington Hotel,*** près du port qui sert sandwichs et bons petits plats le midi *(env 6-13 £).* Le soir, il se mue en resto nettement plus chic *(plats 15-19 £).*

De prix moyens à chic

The Riverside : *près du pont central, au village, PL35 0HE. ☎ 25-02-16. • hotelriverside.co.uk • Doubles 90-95 £, petit déj inclus ; familiales. Resto de mi-mars à oct, tlj 8h30-21h (horaires plus restreints en hiver). Plats 6-14 £ en journée, le soir 10-20 £.* L'adresse sérieuse qui manquait au village, où l'on dort bien et où l'on mange très bien. À la carte, des plats traditionnels pour toutes les bourses ainsi qu'un *steak pasty* primé et des spécialités aux crabes. Salle sympa donnant sur la rivière ou *beer garden* bucolique à souhait. Une quinzaine de chambres soignées, dans le même ton.

The Old Rectory : *près de l'église Saint Juliot, à 2 miles au nord de Boscastle, PL35 0BT. ☎ 25-02-25. • stjuliot.com • De mi-mars à oct. Doubles 85-115 £.* Dans l'ancienne maison tout en pierre du vicaire de Saint Juliot, entourée d'un jardin fleuri. L'écrivain Thomas Hardy y séjourna en 1870 et y fit la rencontre de sa future épouse, épisode raconté dans son roman *A Pair of Blue Eyes*. 4 chambres décorées avec soin, un agréable salon où crépite un feu, un petit déj avec confitures maison et fruits du jardin en saison... le bonheur, en somme.

À voir. À faire

➢ ***Promenade dans le bourg :*** le port et son village sont certes jolis, mais ce n'est pas une raison pour manquer le haut du village, tout aussi charmant.

Remonter la rue qui part du *Wellington Hotel* sur 1 km. Succession de ravissants cottages de schiste à toit d'ardoise, parfois bien vieux et de traviole. À l'arrivée, vous aurez bien mérité une petite mousse au *Napoleon Inn* (voir plus haut « Où dormir ? Où manger ? Où boire un verre dans le coin ? »), car la grimpette n'est pas une sinécure !

Witchcraft Museum *(musée de la Sorcellerie)* **:** *près du Visitor Centre, sur le port. ☎ (01840) 25-01-11. • museumofwitchcraft.com • Avr-Halloween, lun-sam 10h30-18h, dim à partir de 11h30. Entrée : env 5 £ ; réduc. Fiches explicatives en français.* Passionnant dans son genre : une vraie somme ethnographique constituée sur plus de 60 ans, qui évoque à travers un agencement intelligent les différentes facettes des magies noire, blanche, verte ainsi que la répression féroce de ceux ou celles qui la pratiquaient. Vraiment complet et rempli d'objets fascinants : poupées percées d'épingles, amulettes rares, herbes médicinales et animaux séchés, boules de cristal, tête de bouc et vrai crâne de sorcière. Également quelques objets personnels du célèbre occultiste Aleister Crowley.
– Une boutique sur la route principale complète la visite du musée : ***The Other World.*** Vous y trouverez tout ce que vous recherchez côté ésotérisme et ferez la rencontre de Paul, un véritable passionné qui a lui-même publié plusieurs livres sur ces sujets.

LE POIDS DES MOTS

Au temps de l'Inquisition, les habitants trouvèrent une astuce pour contourner la cruauté des witchfinders, ces redoutés « chasseurs de sorcières » qui avaient la torture si facile. Ils demandaient à être jugés à l'aide d'une « balance à sorcières », un test validé par les tribunaux religieux. La présumée sorcière était pesée en même temps qu'une bible. Si elle pesait plus lourd, elle était innocentée (les sorcières authentiques volent puisqu'elles sont légères, n'ayant pas d'âme !). Cette méthode fut utilisée pour la dernière fois en 1780 !

SUR LA ROUTE DU SOMERSET

LA CÔTE NORD DU DEVON

Les Cornouailles, c'est fini. Pour ceux qui suivent la côte sur leur route pour l'Exmoor National Park, Bath et peut-être le pays de Galles, nous revoici dans le Devon, face nord cette fois.

Hartland Quay : *à 30 miles au nord de Boscastle, parking obligatoire et payant.* Au bout d'un chemin perdu, se découpe une terrifiante falaise plissée, sombre et fascinante. L'océan sauvage se déchaîne, indomptable. Une austérité à vous couper le souffle. Face à la mer démontée, un unique pub pour grignoter ou boire un verre avec quelques tables dehors pour voir les vagues s'écraser. Auberge de jeunesse esseulée pas loin au sud, *Elmscott Youth Hostel* (*• elmscott.org.uk •*).

Stoke : *à 1 mile de Hartland Quay, sur la route vers Hartland.* Une vieille **église** normande, à la voûte peinte remarquable.

Hartland Abbey : ***Hartland,*** *EX39 6DT. ☎ (01237)44-12-34. • hartlandabbey.co.uk • Entre Hartland Quay et Hartland. Ouv avr-début oct, dim-jeu 11h-17h (14h-17h pour la maison). Entrée : 12 £ (8,50 £ jardins seuls). Petite brochure en français.* Demeure bâtie sur les fondations d'un monastère en activité jusqu'au XVIe s. Henri VIII en fit cadeau à son sommelier, dont les descendants occupent encore les lieux. Richement meublée, ornée de peintures du XVIIIe s dans les salles de réception, découvertes en 1992 sous le papier peint, ainsi que quelques peintures des débuts de Canaletto à l'étage. Au sous-sol, documents uniques, dont les plus vieux datent du XIIe s, ainsi que de touchantes photos des guerres de colonie auxquelles ont participé des membres de la famille. Belle flânerie jusqu'à la plage à travers le parc.

Clovelly : *à 5 miles à l'est de Hartland.* Des maisons fleuries, accrochées au flanc de la falaise, une ruelle pavée qui descend à pic, un petit port encaissé contemplant l'océan. Charme d'antan... sauf qu'il faut payer pour entrer dans le village (plus de 7 £ !) et passer par le *Visitor Centre* (cafétéria, boutiques, présentation vidéo ; 9h-18h). Pour réduire la facture, on peut faire le choix de se garer dans le nouveau village et marcher 15 mn jusqu'à la sortie du *Visitor Centre* ou arriver après la fermeture du *Visitor Centre* (moins de monde dans les rues !). On fait le tour du village en 30 mn, c'est beau mais aussi hyper touristique.

Bucks Mills : *petit village à 6 miles à l'est de Clovelly.* Ancien village de pêcheurs plein de charme. Une quinzaine de maisons, une plage de galets, et parfois des dauphins qui s'ébattent !

THE WEST COUNTRY

ILFRACOMBE

11 200 hab. IND. TÉL. : 01271

La station balnéaire la plus populaire du North Devon. Une ville qui s'est développée en amphithéâtre autour du port enclavé entre les falaises. Allure un peu hétéroclite, mais coquette et bien dans la tradition victorienne. Agréable pour y séjourner en famille avec ses boutiques ouvertes plus tard qu'ailleurs, sa piscine chauffée, son casino-salle de spectacle où se produisent les crooners sur le retour... Jolie petite rade bordée de maisons de pêcheurs où trône une sculpture géante très controversée de l'artiste mondialement connu Damien Hirst, *Verity.* Elle représente une femme nue enceinte brandissant une épée vers le ciel. Difficile de la manquer !

Adresse utile

Tourist Information : *Promenade, EX34 9BZ. ☎ 86-30-01. • visitilfracombe.co.uk • Tlj sf dim en hiver.* Facilement reconnaissable à son look de centrale nucléaire. C'est là que se trouvent aussi la salle de spectacle et le cinéma.

Où dormir ?

Ocean Backpacker's Hostel : *29 Saint James Pl, EX34 9BJ. ☎ 86-78-35. • oceanbackpackers.co.uk • En dortoir de 6-8 lits, 16-19 £/pers ; Doubles et quadruples également. Parking.* AJ privée agréable et conviviale comptant une quarantaine de places. Grande cuisine, terrasse, salle TV et jeux vidéo, ainsi que des tonnes d'infos pour sillonner la région.

The Royal Britannia Hotel : *Broad St, EX34 9EE.* ☎ *86-29-39.* • *royalbritannia.co.uk* • *Doubles 50-105 £.* Directement sur le port, un hôtel classique qui offre des chambres *en-suite.* Les meilleures donnent sur les bateaux.

Où manger ? Où boire un verre ?

Smugglers : *The Quay, sur le port.* ☎ *86-36-20. Plats à ts les prix ; compter 10-15 £ le plat du jour.* Un joyeux capharnaüm de taverne à pirates. À l'intérieur, des casseroles, théières et autres objets en cuivre pendent au plafond. On mange sur d'épaisses banquettes de moleskine rouge une cuisine correcte à base de poisson.

Port oblige, Ilfracombe abrite quantité de pubs sympas. Aller sur Fore Street, où se trouvent ***The Prince of Wales,*** datant de 1280, et son voisin ***George & Dragon,*** qui se tirent la bourre pour savoir qui est le plus vieux de la ville. Un peu plus loin, sur Broad Street, on recommande aussi le ***Ship & Pilot Inn***. Bref, vous n'avez que l'embarras du choix !

DANS LES ENVIRONS D'ILFRACOMBE

Croyde : *à 9 miles au sud-ouest.* Belle plage de rouleaux, rendez-vous des surfeurs. Le village possède plusieurs pubs animés (*The Thatch,* notre préféré) ainsi que de nombreux *surf shops.* Pour y passer la nuit, plusieurs *B & B* et campings. Pour ceux qui préfèrent plus de calme, dirigez-vous au sud vers la magnifique plage de sable de *Braunton Burrows,* aussi connue pour sa réserve naturelle d'oiseaux. Au nord de Croyde, la plage de Woolacombe fait quant à elle plus de 3 km de long !

EXMOOR NATIONAL PARK

D'une superficie de 692 km² et moins fréquenté que le Dartmoor, le parc national d'Exmoor se trouve à cheval entre les comtés du Devon et du Somerset. Il occupe à la fois un haut plateau entaillé de profondes vallées, où s'écoulent les rivières Barle et Exe, et une partie de la côte nord de la péninsule, marquée par de spectaculaires falaises plongeant dans la mer. Landes de bruyère, chênes centenaires, cascades rugissantes, c'est le paradis des renards, cerfs, lièvres et d'une multitude d'oiseaux. C'est également la patrie du poney d'Exmoor, la plus ancienne race d'Angleterre, et de Lorna Doone (*Lorna Doone* de R. Blackmore, éd. Phébus), héroïne de roman aussi célèbre que notre d'Artagnan. Peu d'hébergements au cœur même du parc, on les trouve en périphérie, surtout au nord, sur la côte.

Comment se déplacer dans le parc ?

En voiture

➢ La B 3223 ainsi que la B 3224 traversent le cœur du parc et offrent des paysages merveilleux. *Attention* – encore une fois – pour les conducteurs de camping-cars et de caravanes, certains tronçons secondaires sont difficilement praticables, voire impossibles en raison de leur étroitesse.

➢ L'A 39 entre Lynton et Porlock est spectaculaire. Elle permet de découvrir le versant océanique du parc et offre des points de vue parfois vertigineux sur le pays de Galles.

➢ Là encore, la visite de certains sites où spots de rando passe par des parkings aménagés et... payants. *Sorry,* on n'y est pour rien !

En bus

Pas évident du tout de se déplacer sans voiture, les lignes et les fréquences de bus s'amenuisent d'année en année. Mieux vaut se renseigner auprès des *Information Centres* ou consulter le très bon site • *exmoor-nationalpark.gov.uk/enjoying/travel* •

À pied et à vélo

➢ Pour les marcheurs, les possibilités sont innombrables, à commencer par les cinq « *long distance walking routes* » aménagés par le parc.

➢ Pour les cyclistes, voir nos « Adresses utiles » plus bas.

Adresses et infos utiles

Informations touristiques

Consulter le site officiel du parc • *exmoor-nationalpark.gov.uk* • et • *visit-exmoor.co.uk* • pour des informations touristiques plus pratiques.

i Plusieurs ***Exmoor National Park Information Centres*** où l'on peut se procurer *The Exmoor Visitor,* un journal gratuit qui donne tous les renseignements sur le parc.

– ***À Lynmouth :*** *Esplanade, au bout du quai, sur la côte nord.* ☎ *(01598) 75-25-09. Tlj 10h-17h.* C'est l'office principal et le mieux documenté. Vend des cartes de randonnée ou des circuits à vélo.

– ***À Dunster :*** *Dunster Steep, au nord-est du parc.* ☎ *(01643) 82-18-35. Avr-oct, tlj 10h-17h ; l'hiver, w-e slt.* Bien fourni lui aussi. Petite expo gratuite.

– ***À Dulverton :*** *Fore St, au sud-est du parc.* ☎ *(01398) 32-38-41.*

– ***À Blackmoor Gate :*** *sur le parking, au nord-ouest.* ☎ *(01608) 76-34-66.*

– ***À Combe Martin :*** *Seacot, Cross St, au nord-ouest.* ☎ *(01271) 88-90-31. Mars-oc.t, tlj 10h30-17h ; l'hiver, mar-ven 10h30-15h.* En dehors des limites du parc, mais petit musée pour comprendre l'histoire et les coutumes locales, la faune et la géologie.

Activités sportives

■ ***Location de vélos :*** ***Bike Trail,*** *à Barnstaple.* ☎ *(01271) 37-25-86.* • *biketrail.co.uk* •

■ ***Centres équestres :*** ***Brendon Manor Farm,*** *à Brendon, près de Lynton.* ☎ *(01608) 74-12-46.* • *ridingonexmoor.co.uk* • Également ***Burrowhayes Farm*** (voir plus bas, « Où dormir dans le parc et dans les environs ? Campings »). • *burrowhayes.co.uk* • Balades pour tous niveaux.

Où dormir dans le parc et dans les environs ?

Campings

⛺ ***Burrowhayes Farm :*** *West Luccombe,* ***Porlock,*** *TA24 8HT.* ☎ *(01643) 86-24-63.* • *burrowhayes.co.uk* • *Selon saison, 15-18 £ pour 2.* Wi-Fi Un bien bel endroit, le long de la rivière enjambée par des ponts de pierre, au cœur du parc. Également une écurie pour des promenades à cheval.

⛺ ***Cloud Farm :*** *Oare,* ***Lynton,*** *EX35 6NU.* ☎ *(01598) 74-12-78.* • *cloudfarmcamping.co.uk* • *De l'A 39, suivre « Doone Valley ». Compter 16 £ pour 2.* En plein milieu de la nature, avec une petite rivière en contrebas. *Tearoom* avec des tables dans le jardin et possibilité de promenades équestres.

⛺ ***Westermill Farm :*** *à 2,5 miles d'****Exford,*** *TA24 7NJ.* ☎ *(01643) 83-12-38.* • *westermill.co.uk* • ♿ *Accès impossible en camping-car. Autour de 16 £ pour 2.* Wi-Fi Au bord de la rivière Exe, 4 prairies en enfilade pour planter sa tente. Au milieu des moutons et des poules (vente de produits fermiers).

Northcombe Camping Barns : *sur la route de* **Dulverton**, *TA22 9JH.* ☎ *(08707) 32-36-02.* • *northcombe-campingbarns.co.uk* • *Env 16 £ pour 2.* Un camping à la ferme bien sympathique, adhérent au réseau *YHA*. La maison est un vieux moulin à eau reconverti en AJ.

Sunny Lyn Camping Site : **Lynbridge**, *EX35 6NS.* ☎ *(01598) 75-33-84.* • *caravandevon.co.uk* • *Direction Barbrook à partir de Lynton. Env 18 £ pour 2.* En bord de rivière, très bien équipé, mais bondé en été, car tout petit. Bar.

Pour les amateurs de *glamping*, on suggère aussi les *safaris lodges* de **Longlands Farm** (**Coulsworthy**, *Combe Martin, EX34 OPD,* • *longlandsdevon.co.uk* •) ou les yourtes de **Westland Farm** (**Kentisbury**, *Barnstaple, EX31 4SH,* • *westlandfarm.co.uk* •). Confort garanti mais tarifs en conséquence.

Auberges de jeunesse

Youth Hostel : *Alcombe Combe,* **Minehead**, *TA24 6EW.* ☎ *(0345) 371-9033.* • *yha.org.uk/hostel/minehead* • *Sur les hauteurs, à 2 miles de Minehead (fléché). Dès 14 £/pers en dortoir, doubles privées également.* Salon convivial avec cheminée.

Youth Hostel : *Exe Mead,* **Exford**, *TA24 7PU.* ☎ *(0800) 0191-700.* • *yha.org.uk/hostel/exford* • *En face de l'auberge* The White Horse. *Env 15 £/pers.* Ravissante maison en pierre et brique, entourée d'un jardin au bord de l'eau. Chambres de 2 à 6 lits. Cuisine très bien équipée. Pelouse pour planter sa tente.

Lynton-Lynmouth *(ind. tél. : 01608)*

Où dormir ?

De prix moyens à chic (40-120 £ / 48-144 €)

Gable Lodge : *35 Lee Rd,* **Lynton**, *EX35 6BS.* ☎ *75-23-67.* • *gablelodgelynton.co.uk* • *Doubles à partir de 66 £ ; dégressif.* Dans une maison de pierre, des chambres *en-suite*, certaines avec balcon privatif. Agréable vue sur l'église réformée. Une adresse à prix doux.

North Cliff Hotel : *North Walk,* **Lynton**, *EX35 6HJ.* ☎ *(01598) 75-22-53.* • *northcliffhotel.co.uk* • *Doubles 80-90 £, appartements 500-900 £/sem. Parking.* Perché sur la falaise, cet hôtel victorien vaut surtout pour sa situation. Chambres confortables, tenues honnêtement, mais sans prétention aucune, le paysage par les fenêtres servant de déco ! Un établissement tranquille et familial, parmi les moins chers dans le voisinage. Loue également des appartements de 5 et 6 personnes.

The Seawood Hotel : *North Walk,* **Lynton**, *EX35 6HJ.* ☎ *(01598) 75-22-72.* • *seawoodhotel.co.uk* • *Doubles à partir de 120 £.* Juste en haut du téléphérique, un boutique-hôtel de charme avec vue imprenable sur les falaises et la baie. On se réveille avec la mer, au chant des oiseaux. Grand confort, bien sûr.

Où manger ? Où boire un verre ?

The Rising Sun : **Lynmouth**, *face au quai et pas loin du funiculaire.* ☎ *(01598) 75-32-23. Env 20 £ le repas.* Pub du XIVe s dans un hôtel chic au toit de chaume. Succession de petites salles avec poutres apparentes. On y mange très bien.

The Oak-room : *14 Lee Rd,* **Lynton**, *EX35 6HW.* ☎ *(01598) 75-38-38. Tlj. Tapas 4-7 £ ; plats 13-19 £.* Un lieu à la fois chaleureux et intime derrière ses grandes baies vitrées. Madame est espagnole, et les tapas maison, à base de produits de saison, fleurent bon le soleil ibérique. Idéal pour un repas ou un simple apéro. Une adresse qui fait l'unanimité.

The Blue Ball Inn : ***Countisbury Hill,*** *Lynmouth, EX35 6NE.* ☎ *(01598) 74-12-63. À 2,5 miles de* ***Lynmouth*** *sur la A39, direction Porlock. Tlj. Résa conseillée. Plats 10-20 £, plus du snack à moins de 10 £ à midi.* Si vous comptez manger dans un pub, suivez les locaux, c'est vers ce vénérable établissement isolé sur les hauteurs qu'ils convergent. Plusieurs salles rustiques en enfilade, un feu dans la cheminée et, à la carte, des plats travaillés avec savoir-faire.

7 The Bistro : *7 Watersmeet Rd,* ***Lynmouth,*** *juste avt le pont, EX35 6EP.* ☎ *(01598) 75-33-02. Ts les soirs sf lun à partir de 18h30. Résa conseillée. Plats 13-20 £.* Cette haute maison en pierre et brique abrite la table semi-gastronomique de la ville basse, dans des tons apaisants. Le menu tourne surtout autour de la mer, du local et des produits frais.

Entre Porlock et Minehead *(ind. tél. : 01643)*

Où dormir ?

Myrtle Cottage : *12 High St, à* ***Porlock.*** ☎ *86-29-78.* • *myrtleporlock.co.uk* • *En plein centre. Double 70 £ ; familiale. Parking.* On entre dans cette chaleureuse *guesthouse* par une porte digne de Blanche-Neige et surtout des Sept Nains. Chambres *en-suite* modernes et cosy en diable.

Dunster *(ind. tél. : 01643)*

Où manger ?

Locks Victorian Tea-Room : *18 High St.* ☎ *82-20-01. Tlj 10h-17h. Plats moins de 10 £.* L'entrée se fait entre 2 boutiques avant de pénétrer dans une courette mignonne comme tout. À l'arrière, maison de poupée où les gâteaux et scones vous font de l'œil. Vraiment *charming* !

The Luttrell Arms : *32-36 High St, TA24 6SG.* ☎ *82-15-55.* • *luttrellarms.co.uk* • *Bar food au Old Kitchen 12-21 £ ; plats autour de 17 £ au resto Psalter's.* La vieille auberge locale qui a pris le nom des aristos, anciens propriétaires du château. Très belle partie gothique du XVe s, avec une cheminée énorme. Le pub se situe dans *The Old Kitchen,* un endroit assez magique. Le resto sert une cuisine anglaise modernisée, plutôt chère. Également des chambres mais très chères.

Le sud du parc

Où dormir ? Où manger ? Où boire un verre ?

Tarr Farm Inn : ***Tarr Steps,*** *TA22 9PY.* ☎ *(01643) 85-15-07.* • *tarrfarm.co.uk* • *Se garer au parking (payant) et descendre 10 mn à pied. Doubles env 150 £. Plats 13-23 £ le soir, 12-20 £ le midi. Tearoom 11h-17h (high tea env 6 £).* Surplombant les fameuses *Tarr Steps,* un ravissant cottage à l'ancienne d'époque élisabéthaine niché dans une vallée idyllique. Une dizaine de chambres coquettes mais malheureusement bien chères. Magnifique *Tarr Farm breakfast* inclus, ouf ! Cuisine soignée et servie avec le sourire. Si vous n'y dormez pas ou n'y mangez pas, venez au moins y prendre un copieux et incontournable *cream tea* dans le jardin.

THE WEST COUNTRY

🍽 🍷 ***The White Horse Inn :*** *à Exford, Chapel St,* ***Minehead,*** *TA24 7PY. ☎ 83-12-29. Tlj 12h-21h30. Bar menu moins de 12 £ ; plus cher côté resto.* Au carrefour de ce mignon village, vénérable auberge couverte de vigne vierge, qui sustente les gens de passage depuis le XVIe s. Terrasse avec grandes tables en bois au bord de la rivière. Relaxant.

À voir. À faire dans le parc

➢ Les possibilités de ***balades*** sont très nombreuses, trop pour être détaillées. Vos hôtes se feront un plaisir de vous conseiller des itinéraires.
Sinon, consulter *• exmoor-nationalpark.gov.uk •* et *• visit-exmoor.co.uk •,* ou dépliants très bien faits dans les *visitor centres.*

À Lynton-Lynmouth

Lynton-Lynmouth : deux villes en une dans un site photogénique, Lynton sur le haut de la falaise, d'où l'on bénéficie d'une vue plongeante, et Lynmouth, 1 mile plus bas, à l'embouchure de la rivière Lyn. Joli port tout en pierre. C'est là que se trouve l'*Information Centre* principal du parc d'Exmoor. On y cultive le souvenir du courage de ses habitants, qui, en 1899, transportèrent par voie terrestre sur 13 miles leur bateau de secours jusqu'à Porlock pour aller sauver un voilier en détresse dans la tempête. Un funiculaire à l'ancienne *(cliff railway)* permet de relier les deux villes *(tlj, 10h-16h à 21h selon saison).*

Valley of Rocks : *le chemin s'attrape via le* Coastal Path *ou derrière l'église de Lynton. Attention : chemin goudronné et assez large, mais en bord de falaise avec d'impressionnants à-pic ; surveillez bien les enfants, et sujets au vertige s'abstenir. À faire les beaux jours.* Spectaculaire promenade agrémentée de grandes pentes jusqu'à cette vallée où trônent d'énormes blocs, parfois comme en équilibre et parcourue par des chèvres acrobates qui semblent défier la gravité. Vues imprenables sur la côte, et aussi sur le pays de Galles qui se trouve en face si le temps est beau et clair. Possibilité de descendre jusqu'à la mignonne plage de *Wringcliff* par un chemin escarpé. *Tearoom* sympa au niveau du parking avec tables dans le jardin et plats simples le midi (CB refusées).

The East Lyn Gorge : *à ne pas confondre avec la Glen Lyn Gorge, privée et dont l'accès est payant.* Promenade le long de la rivière, par un chemin escarpé bien balisé. Possibilité de faire une boucle via Countisbury (environ 3h de marche).

Watersmeet : *à quelques km de Lynmouth (indiqué). Parking payant (site National Trust).* C'est ici que se rejoignent deux rivières, dans une vallée encaissée, agrémentée de forêts et de collines d'où partent plusieurs circuits de randonnée. *Tea garden* idéalement situé. Possibilité de rejoindre Lynton à pied (2 miles), via la East Lyne Gorge.

À Dunster et dans les environs

Joli village qui fut prospère du temps des tisserands aux XVIe et XVIIe s. Parking payant à l'entrée. À un bout de la High Street, la halle, et à l'autre bout, le château surplombant le village attestent son ancienne richesse.

Dunster Castle : *☎ 82-13-14. • nationaltrust.org.uk/dunster-castle • Mars-oct, tlj 11h-17h ; déc, w-e 11h-15h ; fermé janv-fév. Entrée : env 11 £ ; jardins seuls : env 7 £.* Les différentes parties du château furent construites du XIIIe au XIXe s, la plus importante datant du XVIIe s. L'ensemble a vraiment fière allure ! Escalier imposant en chêne sculpté, salle étonnante aux murs recouverts de panneaux en cuir peint, de beaux meubles d'époque en chêne et des gravures de Hogarth. Très belles écuries du XVIIe s et moulin à eau de la même époque, qui fonctionne encore.

St George's Church : les fondations de cette église datent d'il y a environ 800 ans, et les transformations successives ne lui ont pas ôté son cachet roman. Charpente en coque de bateau suspendue. Son originalité réside dans sa structure en bois finement sculptée qui sépara l'église en deux suite à une dispute, en 1498, entre le clergé et les moines.

The Dunster Dolls Museum : *Memorial Hall, High St. ☎ 82-11-09. Avr-oct, lun-ven 11h-16h ; w-e 14h-17h. Petit droit d'entrée.* Pour les amateurs de poupées de tous styles et de toutes ethnies. Maisons et objets s'y rattachant.

West Somerset Railway : voyage entre Minehead et Bishops Lydeard en train à vapeur. *• west-somerset-railway.co.uk • Tlj, env 10h30-17h30. Prix à la journée : env 20 £ (réduc si résa par Internet).*

Cleeve Abbey : *env 5 miles à l'est de Dunster par l'A 39. ☎ (01984) 64-03-77. • english-heritage.org.uk • Tlj avr-oct 10h-17h (18h juil-août) ; fermé nov-mars. Entrée : env 6 £ ; réduc.* Ruines d'une ancienne abbaye cistercienne du XIIe s. S'il ne reste plus grand-chose de cet imposant ensemble, il mérite néanmoins une visite. Voir la salle du chapitre, et surtout le réfectoire avec son magnifique plafond d'arches croisées. Les dalles d'époque sont ornées de blasons d'une grande finesse.

Dans le sud du parc

Wimbleball Lake : au sud-est du parc d'Exmoor, joli lac entouré de vallons où paissent des moutons. *Possibilité de camper mars-oct.* L'occasion de faire de la voile et du kayak. Une petite brochure payante indique en détail les balades dans les environs, selon des parcours allant de 45 mn à 4h de marche.

Tarr Steps : *à **Winsford**, dans la Barle Valley. Parking payant obligatoire avt de s'y rendre à pied (10 mn).* Un guet de grandes pierres plates, considéré comme le plus vieux pont d'Angleterre, reconstruit plusieurs fois après des inondations. Un environnement bucolique et, surtout, une adresse d'exception, la *Tarr Farm Inn* (voir plus haut), où l'on peut boire un verre en profitant du paysage. À proximité (avant de quitter la route principale pour se rendre vers Tarr Steps), possibilité de visiter l'*Exmoor Poney Centre.* Succès assuré avec les enfants !

L'OUEST ET LE CENTRE DE L'ANGLETERRE

• Carte p. 271

LE SOMERSET

GLASTONBURY

8 800 hab. IND. TÉL. : 01458

Dominée par le haut clocher de la Saint John Church datant de 1485 et, en haut d'une colline, par la silhouette inquiétante du Tor, cette petite ville, à 45 miles au sud de Bristol, est célèbre pour incarner le berceau du christianisme en Angleterre. Les ruines de l'abbaye se déploient dans un immense parc de verdure comme seuls les Anglais savent les aménager. On dit que le roi Arthur et son épouse y seraient enterrés. Sans en avoir l'air, on se croirait revenu au temps du *Flower Power* des années 1970. Il est certain que ces lieux sacrés, baignés des contes et légendes merveilleuses nimbant la saga du roi Arthur, attire irrésistiblement toute une faune pittoresque ! Les boutiques ésotérico-New Age dédiées à la légende d'Avalon et à l'underground poussent comme champignons après la pluie.

Adresse et infos utiles

@ *Tourist Information Centre :* *The Tribunal, 9 High St, BA6 9DP.* ☎ *832-954.* • *glastonburytic.co.uk* • *Dans l'ancien palais de justice. Tlj sf dim.* Résa d'hébergements (avec commission). Fait billetterie pour le Chalice Well.

– Se procurer *The Oracle,* un petit journal gratuit sur les infos culturelles (à la boutique *Gothic Image* notamment).

– ***Marché :*** *mar mat.*

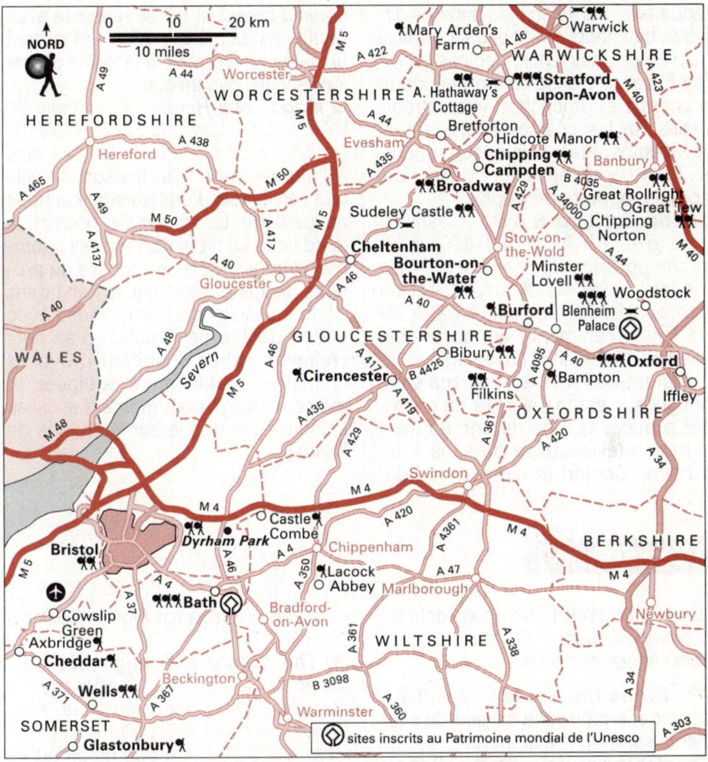

L'OUEST ET LE SOMERSET

Stationnement

Impossible de se garer au pied de la colline de Tor et de Chalice Well. On conseille donc de laisser sa voiture dans le centre, près de l'abbaye et de tout faire à pied (15 mn jusqu'à Tor). Évidemment, c'est payant, mais le supermarché *Morrison's* possède un parking... gratuit (entrée sur la route de Street, vers le sud), normalement réservé à ses clients. Mais chut, on ne vous a rien dit !

Où dormir dans le coin ?

De prix moyens à chic (moins de 120 £ / 144 €)

■ ***Middlewick Holiday Cottages :*** *Wick, BA6 8JW.* ☎ *832-351.* ● *middlewickholidaycottages.co.uk* ● *Prendre l'A 361 vers l'est sur 1,5 mile vers Shepton Mallet, puis à gauche vers Wick ; c'est alors à 1,5 mile, après le camping* The Old Oaks. *Doubles à partir de 65 £ (tentes-cabines) et de 75 £ (cottages).* Dans une charmante ferme du XVIe s, restaurée avec goût, une douzaine d'appartements aménagés dans les différents bâtiments et dépendances ainsi que d'amusantes tentes-cabines *(glamping E-dens).* L'ensemble a beaucoup de charme et de cachet. Vue extraordinaire sur les collines avoisinantes, les Mendips. Piscine intérieure chauffée. Petit déj et repas sur commande. Excellent rapport qualité-prix.

Little Orchard B & B : *2 Ashwell Lane, BA6 8BG. ☎ 831-620. • littleorchardglastonbury.co.uk • À 1 mile du centre, côté est (A 361, venant de Shepton Mallet). Doubles à partir de 70 £.* Le centre-ville est accessible à pied en 15-20 mn et l'avantage, entre les parents et la fille, aux maisons contiguës, c'est la diversité de chambres proposées, une dizaine en tout, de toutes tailles, avec ou sans salle de bains. Confort et cadre moderne, *cooked breakfast* qui se respecte avec confitures de mûres maison, et surtout un vaste panorama sur la vallée d'Avalon. Accueil dynamique.

Magdalene House : *Magdalene St, BA6 9EJ, à* ***Glastonbury.*** *☎ 830-202. Doubles à partir de 90 £.* Faisant face à l'abbaye, une jolie maison de ville (qui servit jadis d'orphelinat), fraîche et accueillante. Le confort est douillet, la déco riche en bibelots, l'accueil adorable, et le petit déjeuner à base de produits locaux et biologiques servi dans de la vaisselle de Portmeirion. Avec cette quantité de détails, on se sent vraiment « chez l'habitant ». 3 jolies chambres parfaitement équipées et même un siège pour monter l'escalier. L'une d'elles donne sur les ruines de l'abbaye.

Où manger ?

Dans High Street, toute une brochette de *bakeries,* salons de thé et restos écolo végétariens ou non.

Burns the Bread : *14 High St.* Boulangerie-pâtisserie qui sert de succulents sandwichs à emporter.

Rainbow's End Café : *17 A High St. ☎ 833-896. Tlj 10h-16h ; sur résa ven-sam soir. Plats et salades env 4-8 £.* Un snack végétarien et végétalien très bio, avec toiles cirées. On peut siroter des jus (avec de la vraie pulpe) dans le jardin, si l'arc-en-ciel se montre. Ambiance *Flower Power* à souhait.

The Who'd a Thought it : *Northload St. ☎ 834-460. À deux pas du carrefour central, au-delà du pub King William, le concurrent. Tlj midi et soir. Plats env 8-20 £.* Un pub qu'on adore pour sa déco rigolote : plaques émaillées publicitaires, vélo au plafond, cabine de téléphone ! On y vient moins pour ses bières que pour sa très bonne cuisine traditionnelle, plébiscitée par les locaux.

À voir

L'abbaye : *Magdalene St. ☎ 832-267. • glastonburyabbey.com • Mars-mai et sept-oct, tlj 9h-18h ; juin-août, 9h-20h ; nov-fév, 9h-16h. Entrée : env 8 £ ; réduc.* Même en ruine, l'abbaye – qui fut le ***berceau initial du christianisme en Angleterre*** – continue de susciter une admiration teintée de fascination pour les légendes qui s'y rattachent.

Les véritables moines fondateurs de l'abbaye (vers 700) ne démentirent en rien les légendes qui assimilaient Glastonbury à l'île mythique d'Avalon, où gisaient le ***roi Arthur,*** sa femme Guenièvre et le ***Saint-Graal.*** Leur tombe fut « découverte » en 1191 et officialisée par une inhumation en grande pompe en face du maître-autel en 1278. Agrandissant sans cesse les bâtiments autour de la chapelle d'origine, les moines en firent surtout un sanctuaire renommé et un centre intellectuel fécond, pratiquant la règle de saint Benoît. Les ruines visibles aujourd'hui correspondent à la troisième abbaye construite en 1180. L'aventure

et l'opulence durèrent jusqu'au XVIe s et s'interrompirent avec Henri VIII, en 1539. Le site fut alors utilisé comme carrière de pierres de construction jusqu'au XIXe s.
Ce qu'il en reste permet encore de se faire une idée des proportions et de la magnificence de l'ensemble architectural. Ne manquez pas la petite expo de l'entrée qui illustre bien l'histoire des bâtisseurs et leurs techniques, ainsi que les différents aspects de la vie monastique. Puis rendez-vous sur le site où vous attendent des figurants en costumes d'époque.
Les restes de la *Lady Chapel* (côté ouest) sont représentatifs de l'art roman tardif. Sur le sol, à côté, subsistent les soubassements du réfectoire, du cloître et de la salle capitulaire. Les ruines de l'église conservent d'impressionnantes colonnes gothiques, et à l'arrière-chœur (chapelle d'Edgar) étaient enterrés trois rois saxons, dont le ***roi Edgar.*** Le seul bâtiment intact est la cuisine de l'Abbé *(Abbot's Kitchen),* qui pouvait préparer le dîner de 500 personnes. Un intéressant édifice au toit octogonal construit en 1340 et qui avait déjà la climatisation !

Glastonbury Lake Village Museum : *dans les locaux de l'office de tourisme. Entrée : 3 £.* Musée archéologique local reconstituant l'habitat lacustre des temps préhistoriques.

Rural Life Museum : *Chilkwell St ; à la sortie du bourg, en allant à pied vers Chalice Well. ☎ 831-197.* Toute la vie rurale du Somerset dans une impressionnante grange gothique du XIVe s.

The Chalice Well : *Chilkwell St. ☎ 831-154. • chalicewell.org.uk • Jardins 10h-18h avr-oct, 10h-16h30 nov-mars. Entrée : env 4,50 £ ; réduc.* Au pied de la colline du Tor, une source aux vertus curatives, entourée d'un jardin aménagé en lieu de méditation. Une attitude recueillie est requise en ces lieux, où serait enfoui le Saint-Graal. Pour l'histoire sainte, il existe deux sources : celle-ci correspond à la *red spring,* créée par le sang du Christ, et à quelques pas en dehors du jardin, la *white spring* issue de ses larmes. Des bouteilles de cette eau mystérieuse sont en vente !

À L'OUEST D'ÉDEN

La tradition raconte que Joseph d'Arimathie, venu de Judée en l'an 60 pour évangéliser les païens, planta son bâton en terre. Celui-ci s'enracina et donna une aubépine miraculeuse qui fleurit en mai et à Noël, et que l'on ne retrouve qu'au Moyen-Orient. Il revint pour ériger la première chapelle chrétienne et déposa le Saint-Graal, coupe utilisée par Jésus lors de la Cène, près de la source The Chalice Well.

Glastonbury Tor : *attention, impossible de se garer dans les parages (sous peine d'amendes sévères !). Accès à pied slt depuis le centre en 15 mn (navette avr-oct).* Colline haute de 158 m, naturellement terrassée et préservée de l'érosion grâce à sa composition géologique, le Tor s'élève au milieu d'une immense plaine. On lui prête d'avoir abrité l'ancienne île mythique d'Avalon. La vue du sommet où culmine une tour du XIVe s est magnifique, jusqu'aux abords du pays de Galles, dit-on.

Festival

– ***Glastonbury Festival :*** *en fait à Shepton Mallet, à 7 miles vers l'est. En principe l'avt-dernier w-e de juin (au moment du solstice). • glastonburyfestivals.co.uk •* La ville accueille un mythique festival de rock rassemblant des milliers de personnes dans une chaude ambiance depuis 1970.

DANS LES ENVIRONS DE GLASTONBURY

Clarks Village : *High St,* ***Street.*** *À 1 mile env au sud de Glastonbury (B 3151) ; clairement indiqué. • clarksvillage.co.uk • Tlj 9h-18h (22h jeu).* Pour les fans de bonnes affaires, *outlet shopping center* avec pas loin de 100 enseignes à prix dégriffés. On y trouve notamment le plus grand magasin d'usine de *Clarks.*

Le musée de la Chaussure : *même endroit. ☎ 842-243. Tlj sf w-e et j. fériés 10h-16h45, plus sam en été. GRATUIT.* Dans les locaux de l'entreprise *Clarks,* créée par des quakers et installée ici depuis 1825. Des centaines de chaussures dont une botte de géant, des escarpins du Moyen Âge et d'autres datant des Romains. Également une section sur la pub et de vieilles machines et des outils qui servaient à la fabrication.

Montacute : *à env 19 miles au sud (sur l'A 3088, via la B 3151), TA15 6XP. ☎ (01935) 823-289. • nationaltrust.org.uk/montacute-house • Fermé lun-mar nov-fév, plus dernière sem de janv et 24-25 déc. Entrée : autour de 8-12 £ selon saison ; réduc. Accès aux jardins d'hiver seuls : env 6 £.* Montacute est un ancien relais de poste sur la route de Londres à Exeter. Ravissant village tout en pierre dorée, qui s'est développé aux XVIIe et XVIIIe s autour de *Montacute House,* propriété du National Trust. Ang Lee y a tourné quelques scènes de *Raisons et Sentiments,* avec Emma Thompson et Kate Winslet, magnifique adaptation du roman de Jane Austen, qui reçut plusieurs oscars. La demeure dans le plus pur style élisabéthain (XVIe s) se révèle un joyau de la Renaissance. En plus des deux étages magnifiquement meublés, on peut admirer sous les combles restaurés une partie des réserves de la *National Portrait Gallery* (magnifiques portraits des monarques britanniques et de quelques grands personnages historiques) et de splendides jardins.

SECRET DE JOUVENCE

Montacute a été désigné comme le village anglais où la moyenne d'espérance de vie est la plus longue du pays. Un secret ? Toutes les personnes âgées du village ont un point en commun : elles ont mangé chaque jour un oignon du coin.

WELLS

12 000 hab. IND. TÉL. : 01749

Cette paisible petite ville marchande est idéalement située au sein d'un paysage vallonné, les Mendip Hills, et c'est le plus petit évêché de Grande-Bretagne. Elle s'étend autour de l'une des plus belles cathédrales gothiques d'Angleterre. Avec celle-ci, le palais épiscopal et le *Vicar's close* forment un ensemble harmonieux et attrayant. On y donne de nombreux concerts en juillet.

– Attention : se garer à l'extérieur de la ville uniquement.

Adresse et info utiles

Wells Visitor Centre : *au Wells Museum, 8 Cathedral Green. ☎ 67-17-70. • wellssomerset.com • Lun-sam 10-17h (11h-16h nov-mars).*

– ***Marché :*** *sam mat ; farmers' market le mer.*

L'OUEST ET LE CENTRE DE L'ANGLETERRE

Où dormir dans le coin ?

Campings

▲ ***Homestead Park :*** *Wookey Hole, BA5 1BW. ☎ 671-770. • homestead park.co.uk • À env 2,5 miles au nord-ouest par l'A 371 ; suivre les pancartes pour les grottes, dans le même village. Pâques-fin sept. Env 20 £ pour 2 avec tente et voiture.* Bien situé, au pied des Mendip Hills. Une soixantaine d'emplacements, bordés d'un torrent.

▲ ***Bucklegrove Caravan and Camping Park :*** *à Rodney Stoke, BS27 3UZ. ☎ 870-261. • bucklegrove.co.uk • ♿ Sur la route de Cheddar (A 371), à env 8 km. Fermé déc-fév. En été, 18-24 £ pour 2 avec tente. Holiday homes également.* Super bien équipé et ombragé, dans un environnement bucolique à souhait. On y trouve une boutique, un bar et une petite piscine couverte et chauffée.

Prix moyens (40-80 £ / 48-96 €)

🏠 ***Mary Road B & B :*** *30 Mary Rd, BA5 2NF. ☎ 674-031. • maryroadband bwells.co.uk • À 10-15 mn à pied de la cathédrale. Prendre Wookey Hole Rd, puis à droite Kennion Rd ; enfin la 3e à gauche. Fermé déc-janv. Doubles autour de 60 £.* Une maison banale et sans charme, mais des chambres (avec ou sans salle de bains) modernes et claires. Petit jardin.

🏠 ***Cadgwith House :*** *Hawkers Lane, BA5 3JH. ☎ 67-14-16. • cadgwith house.co.uk • Derrière la cathédrale, à 500 m dans le prolongement de Thomas St. Fermé à Noël. Doubles à partir de 78 £, petit déj inclus ; familiale également.* Maison neuve sans grand cachet mais chambres fraîches et très spacieuses, avec salle de bains et TV.

Chic (plus de 80 £ / 96 €)

🏠 |●| ***The Ancient Gate House Hotel and Rugantino Restaurant :*** *20 Sadler St, BA5 2SE. ☎ 672-029. Doubles à partir de 95 £ avec petit déj (½ pens possible). Menus 14-17 £ le midi ; plats 14-22 £.* Face au spectacle inoubliable de la cathédrale, une très ancienne auberge proposant 9 chambres romantiques à souhait, certaines avec lit à baldaquin. Honnête resto aux compositions italo-britanniques parfois étonnantes. Si c'est complet, le ***White Hart,*** juste en face, leur appartient aussi (une quinzaine de chambres ; *• whitehart-wells.co.uk •*). Jolie façade à colombages.

Où manger ? Où prendre le thé ?

|●| ☕ ***Brasserie Bekynton :*** *23 Market Pl. ☎ 675-993. Tlj 10h-18h (parfois 22h le w-e et en été).* Un salon de thé à l'ancienne avec une jolie terrasse sur la place. Idéal pour un *cake* maison, un thé, un petit déj ou un lunch léger.

|●| ***The City Arms :*** *69 High St. ☎ 673-916. Dans une rue menant à celle de la cathédrale. Plats 7-18 £.* Ce pub à la façade rose décatie, datant de 1615, servit de prison au temps des Tudors avant d'être transformé en abattoir. On y sert aujourd'hui des lunchs et des repas du soir dans la tradition. À l'étage, magnifique charpente d'époque. Agréable courette.

|●| ***The Crown at Wells :*** *Market Pl, BA5 2RP. ☎ 673-457. • crownatwells.co.uk • Plats 10-12 £ le midi, 11-15 £ le soir. Fait aussi hôtel, doubles à partir de 95 £.* Vous ne pouvez pas le manquer avec sa belle façade à bow-windows sur la place à l'entrée de la cathédrale. De très bonnes spécialités locales dans une ambiance de bistrot d'un côté *(Anton's Bistrot)* ou pub de l'autre *(Penn Bar)*. Chambres modernes et tout confort.

|●| ***Goodfellows Restaurant & Cafe :*** *Sadler St, BA5 2SE. ☎ 673-866. Dans une rue menant à Market Sq. Fermé dim et le midi lun-mar. Menus déj*

10-25 £ ; plats 7-16 £ (12-24 £ le soir). Dans cette ville assez dépourvue en très bonnes tables, voici le *treat* que s'offrent volontiers les locaux. Intérieur chic sans plus et petite cour à l'arrière pour une cuisine soignée, un brin artistique. Remarquables spécialités de poissons (saumon, *Dover sole*...) et de viandes traditionnelles anglaises (agneau, gibier...).

À voir

Saint Andrews's Cathedral : *• wellscathedral.org.uk • Tlj 7h-19h (18h oct-mars). GRATUIT (mais don de 6 £ fermement encouragé). Visites guidées en anglais (gratuites) 2-3 fois/j. sf dim.* Evensongs *à 17h15 en sem et 15h le dim. Cafétéria.*
Il faut venir à Wells rien que pour la cathédrale, surtout à la fin de l'après-midi, quand les pierres prennent une teinte saumonée en pleine lumière. La construction fut entamée en 1180 et achevée seulement au XVIe s, mêlant harmonieusement les différentes évolutions du gothique. La façade, datant de 1230 et plus large que haute, se présente dans toute la splendeur de son somptueux déploiement. Quelque 300 statues rescapées des puritains jouent des coudes sur l'écran de pierre géant pour magnifier les épisodes de l'Ancien et du Nouveau Testament.
Si la nef garde l'austérité du style primitif, la décoration des chapiteaux apporte un peu de fantaisie. Mais c'est l'arc en ciseaux du XIVe s, au design étonnamment moderne et épuré qui impressionne au premier regard : une solution architecturale à l'enlisement des fondations !
Dans le transept sud, les chapiteaux des colonnes recèlent d'amusantes scènes de vie quotidienne. Dans le transept nord, une horloge astronomique de 1390 égrène les quarts d'heure par un tournoi où un chevalier est terrassé. Le chœur arbore des tapisseries médiévales et les armoiries des évêques successifs. Majestueux cloître au bout duquel on trouve l'une des plus importantes bibliothèques médiévales du pays (ouverte seulement les vendredi et samedi), avec plus de 6 000 livres, dont 12 incunables (c'est-à-dire datant d'avant 1500).

Vicar's close : pour loger les choristes de la cathédrale, qui donnaient de la voix dès 1140, on a tracé au XIVe s, sur le côté gauche de l'édifice, le *Vicar's close*, une rue pavée et bordée d'une vingtaine de maisons en pierre. Dans l'entrée de la porte cochère, Moyen Âge et XXIe s donnent ainsi matière à une insolite photographie, tandis que vous pénétrez dans ce qui se révèle la plus ancienne rue médiévale d'Europe toujours habitée !

Bishop's Palace : *☎ 988-111. • bishopspalace.org.uk • ♿ Avr-oct, tlj 10h-18h (16h nov-mars) ; ouv limitée de janv à mi-fév. Dernière entrée 30 mn avt fermeture. Entrée : env 7 £ ; réduc (visite guidée comprise de 45 mn en anglais).* Dans le prolongement du cloître, le palais de l'évêque de Bath et Wells (toujours habité par celui-ci), bâti il y a plus de 700 ans, solidement fortifié de remparts et ceint de douves, abrite des jardins où coule une source, qui ne débite pas moins de 180 litres par seconde ! À l'intérieur de l'enceinte, les bâtiments principaux servent de résidence à l'évêque actuel, et si le grand hall tombe en ruine, la chapelle dédiée à saint Marc, construite en style gothique, recèle de beaux vitraux. La partie appelée « *Henderson's Rooms* », dans les « *state rooms* », est accessible au public et consiste en plusieurs halls décorés en gothique « italien ». L'attrait du lieu réside essentiellement dans la promenade que l'on peut faire sur les remparts et qui mène au nord-est jusqu'à un superbe point de vue où l'on peut contempler la cathédrale.

Wells & Mendip Museum : *8 Cathedral Green. ☎ 673-477. • wellsmuseum.org.uk • Mêmes locaux et horaires que l'office de tourisme.*

Entrée : env 3 £ ; réduc. Petit musée d'Archéologie et d'Histoire locales un peu fourre-tout, qui présente, entre autres, des fragments de sculptures de la cathédrale ainsi qu'une explication des techniques de construction de celle-ci pour gommer les effets de perspective. Également une défense d'hippopotame retrouvée sur les Mendip Hills et datant de 1 500 ans av. J.-C ainsi que de massifs lingots de plomb romains (69-79 apr. J.-C.). Dans un tout autre registre, on peut aussi découvrir les squelettes de la sorcière et de sa chèvre qui habitaient les *Wookey Hole Caves*, brrrrr... !

Wookey Hole Caves : *à 2 miles au nord de Wells, sur la route de Cheddar. ☎ 672-243. • wookey.co.uk • Avr-oct, tlj 10h-17h (dernier départ) ; le reste de l'année, 10h-16h ; en déc-janv, w-e et vac scol slt. Entrée : 19 £ ; réduc, notamment sur Internet.* Complexe de belles grottes creusées par la rivière Axe, couplé d'un ensemble d'attractions très touristiques, où la sorcière des lieux raconte l'histoire des occupants de ces grottes depuis les Romains. Un peu grand-guignolesque. Y aller si vous êtes vraiment désœuvré.

CHEDDAR

5 100 hab. IND. TÉL. : 01934

Patrie d'origine d'un fromage dont la réputation s'étend aujourd'hui bien au-delà des frontières du Royaume-Uni. De nombreuses boutiques en expliquent le processus de fabrication. Site très touristique, bondé en été, désert en hiver. Dommage car mine de rien on peut y admirer sur 3 miles les plus profondes gorges de Grande-Bretagne, dans un paysage tout à fait inattendu ! Pour toute info fiable et branchée nature, on préfère s'adresser au bureau du National Trust *(tlj 10h-17h).*

Où dormir ? Où manger ?

– Liste des ***hébergements*** sur *• cheddarvillage.co.uk •* (mais on vous conseille de pousser plus loin).

– Les ***restos*** ne manquent pas évidemment, plus ou moins réussis. On aime bien *Holly House* ou *Hillside Cottage* dans leurs jolis cottages, mais aussi *Frank's,* l'adresse gourmet du village (plus chère aussi).

À voir. À faire dans le coin

Cheddar Gorge : crevasse étroite et sinueuse que suit une route tracée entre deux parois verticales sur 3 miles. Le hic, c'est qu'on ne peut théoriquement pas s'arrêter sans payer aux parkings tout le long, privatisés par les grottes (voir plus bas) ! Seul le dernier parking, celui de *Black Rock Nature Reserve* est gratuit. Ouf ! Tout le long, quelques chèvres se mêlent aux visiteurs et admirent avec eux les prouesses des nombreux grimpeurs.

Black Rock : une réserve naturelle propice à la randonnée. Entrée au bout des gorges, après 3 miles de route : rando facile de 30-45 mn notamment, relativement plate. Sinon tout un circuit de 4 miles (1h30-2h), plus difficile, pour faire le tour des gorges. Infos au bureau du National Trust (prêt de topo, à rapporter).

Cheddar Caves and Gorge : *☎ 742-343. • cheddargorge.co.uk • Pâques, Pentecôte et juil-août, tlj 10h-17h ; le reste de l'année 10h30-17h, horaires plus restreints. Dernière entrée 30 mn avt fermeture. Ticket combiné très cher, 20 £*

(réduc sur Internet), sans compter le prix du parking obligatoire (5 £), mais qui donne droit à plusieurs « attractions » :
– ***Gough's Cave :*** petite balade souterraine avec quelques concrétions spectaculaires et de beaux effets d'éclairage sur le miroir immaculé des lacs intérieurs.
– ***Cheddar man*** *(Museum of Prehistory)* **:** ossements, objets préhistoriques, dioramas et squelette de 9 000 ans, le tout sur fond de... cannibalisme ! Pas de quoi se flageller de plaisir.
– ***Cox's Cave :*** une deuxième grotte pour le même prix, mais plus petite et plus excitante, avec des passages étroits et des jeux de lumière.
– ***Crystal Quest :*** à la suite de la précédente. Show « Heroic Fantasy » avec dragons, fées et héros légendaires à la quête du cristal magique. On a vu mieux à la Foire du Trône.
– ***The Lookout Tower :*** grimpette bien raide (274 marches). On aboutit à la tour d'observation, où le panorama n'est pas trop moche.
– ***Cliff-top Gorge Walk :*** vous avez le droit à présent de vous promener tout au long de la gorge sur 3 miles. Dire qu'il faut payer pour cela ! En tout cas la vue est époustouflante. Une balade en bus est aussi proposée...
Au retour, le bon public est habilement drainé vers la boutique de souvenirs. Conclusion : vous pouvez garder vos sous, vous ne perdrez pas grand-chose !

The Cheddar Gorge Cheese Company : *avt la route des gorges, sur la gauche. ☎ 742-810. • cheddaronline.co.uk • Tlj 10h-15h30 (boutique 17h). Entrée : env 2 £, valable 1 j.* « Le seul cheddar fabriqué à Cheddar ! » Pour tout savoir sur la fabrication du fameux fromage. Dégustation gratuite. Une partie des fromages (au lait cru) sont affinés dans les *Cheddar Caves...* En cas d'envie irrépressible, vente en ligne vers toute l'Europe !

Axbridge : *à env 2 miles sur l'A 371 vers l'ouest.* Petit village où subsistent quelques maisons à colombages. Sur place, un office de tourisme et un petit musée aménagé dans le ***King Johns Hunting Lodge,*** une splendide demeure médiévale. À l'heure du *lunch* ou du *tea,* on fera une pause salutaire à ***The Old Alsmhouse*** *(☎ 733-720 ; tlj sf mer),* un ancien hospice du XVe s, transformé en salon de thé.

BATH

84 000 hab. IND. TÉL. : 01225

• Plan *p. 281*

L'une des plus belles villes d'Angleterre, classée au Patrimoine mondial de l'humanité par l'Unesco depuis 1987. Provinciale, aérée, superbement étagée sur une colline verdoyante, c'est une excursion très prisée au départ de la capitale. Avec ses parcs et ses jardins (Henrietta Park, Victoria Park...), cette ville à taille humaine a bénéficié d'un plan d'urbanisme extrêmement réussi, ce qui lui confère un charme exceptionnel. Tout date du XVIIIe s, lorsque Ralph Allen s'occupa de restructurer la cité en édifiant des ensembles monumentaux et élégants dans le style palladien, composés d'alignements de façades qui ondulent autour des collines. Mais Bath avait séduit les Romains dès le début de notre ère, quand ils y découvrirent l'unique source chaude du pays.
Vestiges historiques donc, monuments superbes, rues élégantes : une halte à Bath s'impose, d'autant que tout se fait aisément à pied et que l'on y mange bien. Cerise sur le gâteau : tandis que les industries se trouvent

concentrées à Bristol, Bath se réserve la culture, et les festivals sont légion. Si la ville est si attractive, sachez que ce n'est guère grâce à l'État, mais bien aux résidents qui, individuellement ou en association, financent les restaurations et les ravalements !

BATH DANS L'HISTOIRE

L'histoire a commencé au temps des Celtes : ici, on adorait Sulis, déesse des Bains. Cinq siècles av. J.-C., un prince atteint de la lèpre constata sa guérison après s'être roulé dans la boue chaude. La nouvelle fit le tour du pays, et Bath devint réputée pour ses eaux curatives. Plus tard, les Romains trouvèrent regrettable de ne pas utiliser le million de litres d'eau à presque 50 °C, qui sortait chaque jour. Ils construisirent des thermes et un grand temple dédié à Minerve. ***Aquae Sulis,*** autrement dit Bath, devint ainsi la première station thermale d'Angleterre. La boue et l'oubli recouvrirent le tout quelque temps, après que les Romains eurent quitté la ville.

Les Saxons ont sans doute un peu dégagé le marécage, puisqu'ils édifièrent une cathédrale géante en plein centre, à côté des anciens bains enfouis sous terre. Ils développèrent la ville dans l'ancienne enceinte romaine.

La source thermale *(spa)* allait à un tout petit train jusqu'au jour où la ***reine Anne*** vint s'y faire soigner la première année de son règne (1702). Sa cour de favorites et de mignons s'y installa avec enthousiasme. Ses propriétaires terriens, soucieux d'influencer la reine pour leur parti – Whig ou Tory – venaient y passer la moitié de l'année et s'y firent construire des demeures. C'est à cette époque, au ***XVIIIe s,*** que la ville explosa littéralement et vécut son ***âge d'or.***

HAVE A BATH

La réputation thermale de Bath est due à ***Richard « Beau » Nash,*** dandy parfait, ordonnateur de plaisirs mondains. Ainsi organisait-il les journées et les soirées de la bonne société, qui débutaient toujours par un bain thermal ! Grâce à lui, la cité devint un lieu de villégiature privilégié de toute la noblesse anglaise. Sous le règne des trois premiers George, la renommée de Bath ne cessa de croître. Tous les artistes y passaient la saison. Les manufacturiers et les ministres y prenaient leurs sages décisions. Puis voilà qu'on inventa les bains de mer. Et Bath se rendormit...

À la même époque que Richard Nash, ***Ralph Allen,*** personnage devenu richissime grâce à l'organisation d'un système postal performant, fit l'acquisition de grandes carrières dans les environs de Bath. C'est avec cette pierre qu'il fit reconstruire la moitié de la ville. Il demanda à l'***architecte John Wood*** de réaliser son rêve dans un style georgien des plus élégant. Il fit élever avec son fils un *square,* un *circle* et un *crescent* (un « carré », un « cercle » et un « croissant »), aujourd'hui véritable carte d'identité de Bath, ainsi que les *Assembly Rooms.*

GAME OF THRONES

Si vous prenez le bus entre l'aéroport de Bristol et Bath, sachez que le gaz qui alimente le moteur est obtenu à partir de la décomposition... d'excréments humains. Ce combustible est inodore et rejette peu de gaz à effet de serre. La production annuelle d'une famille de 5 personnes équivaut à une autonomie de 300 km. Tout l'humour britannique jusque sur le trône !

À la fin de l'essor de la ville, on divisa les grandes maisons en petits appartements où s'installèrent les petits-bourgeois et les retraités attirés par le bon air (il fait effectivement un peu plus chaud à Bath).

Arriver – Quitter

Gare ferroviaire (plan B3) **:** *Bath Spa Station, Dorchester St.* ☎ *(08457) 48-49-50 ou (0345) 7000-125.* ● *gwr.com* ●

➢ **Londres Paddington :** ttes les heures ; les rapides mettent 1h15-1h30. Attention, il s'agit d'une ligne chère, mieux vaut réserver à l'avance pour bénéficier de réduc.

➢ **Londres Waterloo :** trajet direct en 2h, très pratique.

➢ Une ligne transversale également intéressante faisant halte à Bath : **Salisbury-Cardiff.**

Terminal des bus (plan B3) **:** *Dorchester St.* ***National Express Coaches,*** ☎ *0871-781-8181.* ● *national express.com* ●

➢ Nombreux bus directs avec Londres, Bristol, le nord de l'Angleterre, l'ouest et les Cornouailles.

Stationnement

Comme dans beaucoup de villes patrimoniales, galère de circuler en voiture à Bath, beaucoup de sens uniques et stationnement cher (certains horodateurs acceptent d'ailleurs les cartes de paiement !). Ne dépassez pas le temps de stationnement, car les « *traffic wardens* » passent sans arrêt. Pour plus d'infos, demander *Visit Bath & Beyond the guide* et *Shopping in Bath* au *Tourist Information Centre.* Également 3 *Park & Ride* bien pratiques : *Newbridge, Lansdown* et *Odd Down* avec navettes vers le centre.

Adresses utiles

Visitor Information Centre (plan B2) **:** *Abbey Chambers, Abbey Church yard.* ☎ *(0844) 847-52-56.* ● *visitbath.co.uk* ● *Face aux bains romains et à l'abbaye. Lun-sam 9h30-17h30 ; dim 10h-16h.* Service de résa de logements en *B & B* ou hôtels. Vente de brochures et de cartes, ainsi que la *Visitor Card,* proposant réductions et avantages sur pas mal d'entrées de musées et d'attractions. Demander par exemple le plan du *Bath City Trail,* une balade à travers la ville ponctuée de plaques au sol.

Royal United Hospital : *Combe Park.* ☎ *42-83-31. Urgences :* ☎ *82-40-07. À droite vers l'A 431, en quittant la route de Bristol.*

Adresse utile

Visitor Information Centre

Où dormir ?

1 YMCA
2 The Henry Guest House
3 Youth Hostel
4 St Christopher's Inns
5 Brindleys B & B
6 Parade Park
7 The Belmont Guesthouse
8 Dukes Bath
9 Bath Backpackers Hostel
10 Villa at Henrietta Park
11 The Ayrlington
12 Brocks Guesthouse

Où manger ?

15 Salamander
16 Café Retro
17 The Whole Bagel
18 The Pump Room
19 The Fine Cheese Co
20 Sally Lunn's et Tilley's Bistro
21 Jamie's Italian
22 Pasty Presto
23 The Chequers
24 The Circus Cafe & Restaurant
25 The Eastern Eye
26 Clayton's Kitchen

Où boire un verre ? Où écouter de la musique ?

15 Salamander
33 Revolution
35 The Bell Inn
38 Pig and Fiddle

Où danser ?

32 Po-Na-Na

Shopping

15 Paxton & Whitfield
21 Milsom Place
40 Topping and Company

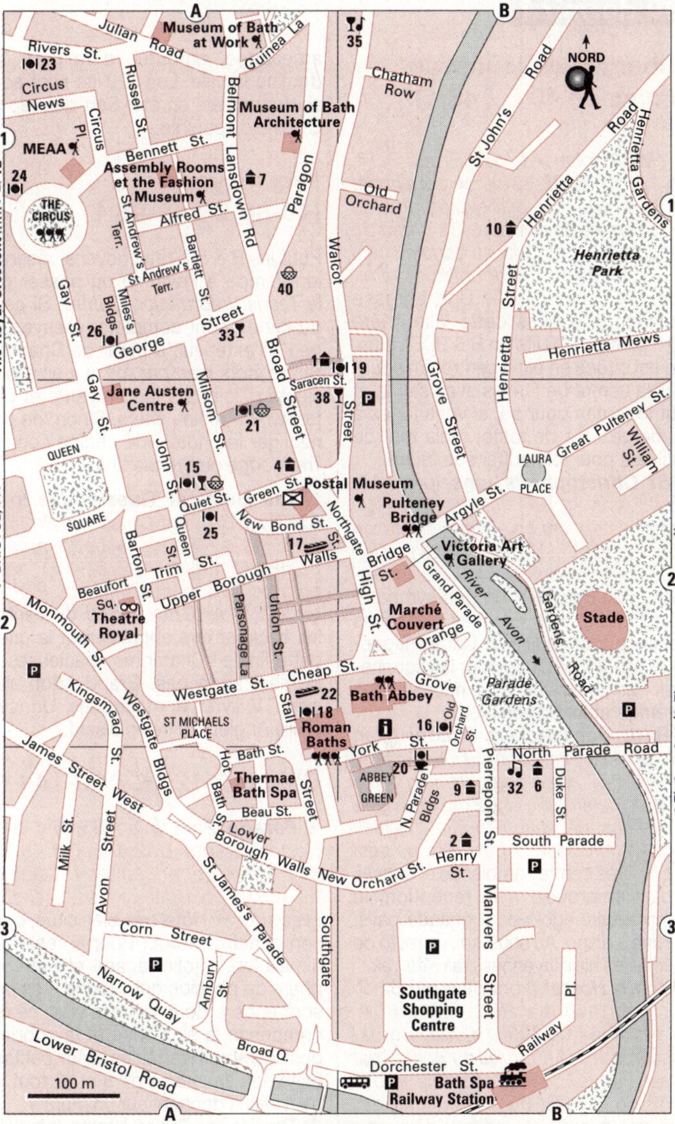
Museum of Bath at Work
35
Julian Road
Rivers St.
23
Circus News
Russel St.
Guinea La
Belmont
Lansdown Rd
Museum of Bath Architecture
Chatham Row
NORD
St John's Road
Road
Henrietta Gardens
MEAA
Circus Pl.
Bennett St.
Assembly Rooms et the Fashion Museum
7
Paragon
Old Orchard
Walcot
10
Henrietta
Henrietta Park
24
12
THE CIRCUS
The Royal Crescent
Alfred St.
St Andrew's Terr.
Bartlett St.
St Andrew's Terr.
Miles's Bldgs
40
Gay St.
26
George Street
33
Broad Street
1
19
Henrietta Street
Henrietta Mews
8
Holburne Museum
Jane Austen Centre
Gay St.
Milsom St.
Saracen St.
38
Street
Grove Street
Great Pulteney St.
William St.
21
LAURA PLACE
QUEEN SQUARE
John St.
15
4
Green St.
Postal Museum
Pulteney Bridge
Argyle St.
BRISTOL, A4
Quiet St.
25
New Bond St.
Northgate St.
Queen St.
Barton St.
Trim St.
17
Walls
Bridge St.
Victoria Art Gallery
River Avon
Beaufort Sq.
Upper Borough
Theatre Royal
Grand Parade
Gardens Road
Stade
Monmouth St.
Parsonage La
Union St.
High St.
Marché Couvert
Orange Grove
Cheap St.
Westgate St.
22
Bath Abbey
Parade Gardens
Kingsmead St.
Westgate Bldgs
Stall St.
18
Roman Baths
16
Old Orchard St.
3, 11
ST MICHAELS PLACE
James Street West
Bath St.
Hot Bath St.
York St.
20
North Parade Road
Pierrepont St.
32
6
Duke St.
5
Thermae Bath Spa
Street
ABBEY GREEN
N. Parade Bldgs
9
Beau St.
Milk St.
Street
Lower Borough Walls
2
South Parade
New Orchard St.
Henry St.
St James's Parade
Avon
Southgate
Manvers Street
Corn Street
Narrow Quay
Ambury St.
Southgate Shopping Centre
Pl.
Railway
Broad Q.
Lower Bristol Road
Dorchester St.
100 m
Bath Spa Railway Station
A
B
1
2
3

BATH

Où dormir ?

Auberges de jeunesse (moins de 40 £ / 48 €)

■ ***YMCA*** *(plan A1, **1**) : Broad St Pl, BA1 5LH. ☎ 32-59-00. • bathymca.co.uk • Sur une place piétonne du XVe s ; entrée au niveau du 33 Broad St. Réception 24h/24. Lits en dortoir 6 pers 21-23 £. Chambres doubles et familiales également.* Une adresse providentielle dans cette ville chère avec plus de 200 lits en *B & B.* En plus, elle est située en plein centre. En sous-sol, un centre de fitness avec sauna et tout le toutim pour 5 £ si vous logez à l'auberge. Pas de resto, mais tout ce qu'il faut pour réchauffer son frichti.

■ ***St Christopher's Inns*** *(plan A2, **4**) : 9 Green St, BA1 2JY. ☎ 48-14-44. • st-christophers.co.uk/bath-hostels • Lits en dortoir 6-12 pers, 17-22 £ selon saison ; également des doubles.* Au-dessus du *Belushi's,* un pub sympa et branché. Lits bien espacés, sanitaires nickel, le tout en *B & B.* Carte magnétique 24h/24, pratique pour les couche-tard. Pas de cuisine, mais micro-ondes et réfrigérateur disponibles.

■ ***Bath Backpackers Hostel*** *(plan B3, **9**) : 13 Pierrepont St, BA1 1LA. ☎ 44-67-87. • hostels.co.uk/bath.php • En plein centre-ville et à 2 mn de la gare et des bus. Réception 7h-23h. 13-28 £/pers en dortoirs 4-12 pers. Pas de petit déj.* Très central, ambiance et accueil cool. Remarquez, à la réception, le commentaire rigolo pour chaque pays. Cuisine à dispo. Au sous-sol, un resto de spécialités himalayennes, *Yak Yéti Yak.*

■ ***Youth Hostel*** *(hors plan par B2-3, **3**) : Bathwick Hill, BA2 6LA. ☎ (0845)371-9303. • yha.org.uk/hostel/bath • À 1,5 mile du centre par Great Pultney St. On conseille le bus n° 18 de High St ou du terminal des bus, car la route grimpe ferme pour s'y rendre ; l'arrêt est juste devant. Sinon, prendre à gauche au bout de North Parade Rd (c'est l'A 36), puis à droite au rond-point. À partir de 10 £/pers en dortoir (4-10 lits) et à partir de 25 £ la double.* Belle demeure bourgeoise refaite à neuf et confortablement aménagée, entourée d'un parc qui domine la ville. Les 120 lits sont souvent complets en été. Sert des repas. Cuisine disponible.

Prix moyens (40-80 £ / 48-96 €)

Pour les *B & B* à prix moyens, réserver longtemps à l'avance ou passer par le *Tourist Information Centre.* Si ceux du centre sont complets, essayez un peu à l'extérieur, à partir de Charlotte Street *(hors plan par A2),* il y en a plusieurs dizaines. Plus bruyants et pas forcément moins chers. Sinon, ne pas négliger les hôtels de chaîne comme *Travelodge* ou *Premier Inn.*

■ ***The Belmont Guesthouse*** *(plan A1, **7**) : 7 Belmont Lansdown Rd, BA1 5DZ. ☎ 42-30-82. • belmontbath.co.uk • Doubles env 65-80 £ sans ou avec sdb, petit déj inclus. Parking gratuit.* À 10 mn à pied du centre, les *backpackers* apprécieront la grimpette finale ! Chambres spacieuses et joliment agencées. Grand salon clair avec TV, livres et magazines. Un style vieille Angleterre très plaisant.

Chic (80-120 £ / 96-144 €)

■ ***Parade Park*** *(plan B3, **6**) : 8-10 North Parade, BA2 4AL. ☎ 46-33-84. • paradepark.co.uk • Doubles 79-119 £, petit déj compris, sans ou avec sdb.* Hôtel très bien situé, c'est son principal atout ! Pour le reste, on aime bien la jolie façade et l'atmosphère de pension qui y règne. Les prix sont encore doux pour la ville, ce qui compense la simplicité et la sobriété des chambres (certaines assez petites). Éviter les chambres nos 8 et 12 tout là-haut : elles donnent sur un mur !

■ ***The Henry Guest House*** *(plan B3, **2**) : 6 Henry St, BA1 1JT. ☎ 42-40-52. • thehenry.com • Tte l'année. Doubles 100-120 £ ; 1 chambre familiale et 1 appart. CB acceptées.* 6 chambres ravissantes, la plupart avec cheminée, confortables et bien tenues, de taille variable. L'ensemble joliment relooké au goût du jour. Une des adresses les plus centrales, appréciée en outre pour son breakfast très copieux.

Brocks Guesthouse *(hors plan par A1,* ***12****) : 32, Brock St, BA1 2LN.* ☎ *33-83-74.* • *brocksguesthouse.co.uk* • *Dans la rue entre le Circus et le Crescent. Doubles 110-140 £ ; familiale également. Parking gratuit.* Situation on ne peut plus privilégiée, entre le Circus et le Crescent, dans une rue cossue de style géorgien. Derrière la façade aux larges fenêtres, 8 chambres tout confort et lumineuses portant les noms des personnalités de la ville. Accueil aux petits soins.

Très chic (plus de 120 £ / 144 €)

Brindleys B & B *(hors plan par B3,* ***5****) : 14 Pulteney Gardens, BA2 4HG.* ☎ *31-04-44.* • *brindleysbath.co.uk* • *Doubles 120-190 £.* Un « boutique-*B & B* » un poil excentré mais dans un quartier calme et résidentiel (le centre-ville n'est jamais qu'à 10 mn à pied !). Cette jolie maison victorienne a été entièrement rénovée au goût du jour et offre des prestations hôtelières dignes d'un 4-étoiles. Déco de charme et d'un grand raffinement dans les 6 chambres. Une belle adresse et un accueil charmant.

Dukes Bath *(hors plan par B1-2,* ***8****) : 53-54 Great Pulteney St, BA2 4DN.* ☎ *78-79-60.* • *dukesbath.co.uk* • *Doubles env 90-210 £ (moins cher en sem), petit déj compris ; promos sur Internet.* Pour revivre le temps d'un week-end les fastes d'un Bath révolu ! Il n'y a pas si longtemps, les calèches remontaient cette rue grandiose avec, à leur bord, de jolies dames en toilette... Le *Dukes* cultive cet esprit et cet apparat. Pompeux mais superbe ! L'adresse est haut de gamme, fleurie et charmante, meublée d'époque. Idéalement placée puisqu'on rejoint le centre en 2 mn en traversant l'Avon par le *Pulteney Bridge.*

The Ayrlington *(hors plan par B2-3,* ***11****) : 24-25 Pulteney Rd, BA2 4EZ.* ☎ *42-54-95.* • *ayrlington.com* • *Doubles standard 120-190 £ selon sem ou w-e (2 nuits min ven-sam).* Dans une élégante maison victorienne avec vue sur l'abbaye. En été, le magnifique jardin japonais vous accueille pour le thé. Déco classique et cossue, alliant un style british à des objets d'art asiatiques. La vingtaine de chambres thématiques ont été décorées par la maîtresse de maison (*Abbey, Empire,* etc.). L'ensemble présente beaucoup de cachet.

Villa at Henrietta Park *(plan B1,* ***10****) : Henrietta Rd, BA2 6LX.* ☎ *46-63-29.* • *villahenriettapark.co.uk* • *Après Pulteney Bridge, 1re à gauche au rond-point Laura Pl. Doubles 110-190 £.* Grande maison victorienne de 1868 avec un drôle de dédale d'escaliers, desservant une vingtaine de chambres lumineuses et spacieuses. Ici, on aime les tapisseries chic à fleurs ou à faux rayonnages de bouquin, ça fait plus intello. La *dining room* donne sur Henrietta Park.

Où dormir dans les environs ?

Pas de camping à Bath même, mais on en trouve plusieurs dans la région. Essayer par exemple *Bury View Campsite* à Corston (le plus proche, 6 miles à l'ouest par l'A 4, • *buryviewfarm.co.uk* •), *Pitchperfect* à Woolverton (9 miles au sud par l'A 36, • *pitchperfectcamping.co.uk* •) ou encore *Brokerswood* près de Frome (15 miles au sud par l'A 36 et l'A 361, • *brokerswood.net* •).

Rainbow Wood Farm : *Claverton Down, Bath, BA2 7AR.* 📱 *(07891) 537-528.* • *rainbowwoodfarm.com* • *À 2,5 miles à l'est. Prendre la route de Warminster par Widcombe Hill, dépasser l'université de Bath et c'est à 100 m sur la droite. Bus nos 418, 18 et U18 depuis Bath. Fermé pdt fêtes de fin d'année. Double 86 £, petit déj inclus.* 4 chambres simples, toutes avec salle de bains, dans une authentique ferme du XVIIe s au milieu des moutons. Le bonheur rural ! Également un appartement de 3 chambres à louer l'été.

Où manger ?

Sur le pouce et bon marché (moins de 10 £ / 12 €)

The Whole Bagel (plan A2, **17**) : *4 Upper Borough Walls.* ☎ *33-32-59. Tlj 8h (10h dim)-16h. Moins de 4 £.* Idéal pour un repas sur le pouce : on choisit son bagel (un pain à gros trou) puis sa garniture, et le sandwich est composé à la commande. Produits frais, locaux, volontiers végétariens, sans additifs ni conservateurs. Un fast-food qui a tout bon ! Cour tranquille à l'arrière.

Pasty Presto (plan A2, **22**) : *7 Abbey Churchyard. Un large choix de* cornish pastries, *des chaussons fourrés à la viande ou aux légumes autour de 2 £.* Un petit snack situé en face de la *Pump Room,* qui possède quelques tables sur le parvis pour grignoter au soleil. Arriver tôt !... Même terrasse chez *Jacobs,* un joli *coffee house* attenant.

The Fine Cheese Co (plan A-B1, **19**) : *29-31 Walcot St.* ☎ *448-748. Lun-sam 8h-17h. Plats et petit déj env 5-10 £.* Tout le charme anglais concentré dans cette adorable épicerie fine à la façade pastel où l'on trouve tous les fromages imaginables et de la charcuterie. Plusieurs espaces pour déguster aussi quelques plats le midi, originaux et goûteux, tout en parcourant le canard local. Les mamies chic viennent s'y lover pour leur *teatime* accompagné d'un *cake* maison bien appétissant.

Café Retro (plan B2, **16**) : *18 York St, à l'angle de Terrace Walk.* ☎ *33-93-47. Tlj 9h (10h dim)-17h. Snacks env 5-8 £ ; plats 5-9 £.* Avec son ambiance de *coffee shop* californien, décontracté et reposant, on aime bien ce petit lieu où l'on peut grignoter salades, club-sandwichs ou *jacket potatoes.* La salle du rez-de-chaussée ferme à 18h30, mais on peut se réfugier au resto du 1er étage.

Prix moyens (10-20 £ / 12-24 €)

Salamander (plan A2, **15**) : *3 John St.* ☎ *42-88-89. Cuisine jusqu'à 21h30 (19h30 dim). Snacks 3-7 £ ; plats 11-15 £.* En plus de brasser une excellente bière, ce beau pub, chaleureux et authentique, sert également une savoureuse cuisine anglaise, à base de produits locaux et fermiers. Et comme l'un ne saurait aller sans l'autre, on accompagnera son *pie* du jour d'une brune bien mousseuse ou son haddock fumé d'une blanche rafraîchissante.

The Eastern Eye (plan A2, **25**) : *8a Quiet St.* ☎ *42-23-23. Tlj 12h-14h30, 18h-23h30 (non-stop w-e). Lunch env 9 £ ; menus 13-15 £ env.* Un resto indien à la cuisine d'une finesse et d'une qualité exceptionnelles. Vaste salle rehaussée de 3 dômes qui servit de salle de bal et de chapelle, décor georgien très sobre, composé de coquets drapés et de tableaux de déesses. Cuisine savoureuse et parfumée à souhait, spécialités de *thalis,* végétariens ou non. Une flopée de serveurs courtois. Très classe pour un prix tout à fait raisonnable.

Plus chic (plus de 20 £ / 24 €)

The Chequers (plan A1, **23**) : *50 Rivers St.* ☎ *36-00-17. Tlj midi et soir. Plats pour ts les budgets 7-27 £.* Voici l'un de ces *gastropubs* qui font aujourd'hui courir le Tout-Bath, chaleureux comme un pub et délicieux comme un resto. Bancs dehors, salle au 1er... Il en faut de la place pour loger tout ce monde ! La cuisine inventive et fraîche à partir de produits de saison mérite bien d'accompagner des pressions maison toujours bienvenues. Portions généreuses et vin au verre en 2 tailles.

The Circus Cafe & Restaurant (plan A1, **24**) : *34 Brock St.* ☎ *46-60-20. Lun-sam 10h-minuit. Plats 7-19 £.* Entre le Royal Crescent et le Circus, l'une de ces tables discrètes que les Bathois fréquentent volontiers avant de se rendre au théâtre ou après. Déco dans un style classique aux tons apaisés avec bougies le soir. Au piano, des acrobates de la cuisine anglaise traditionnelle qui font fi des conventions pour exprimer toute leur inventivité, voire leur humour. Classe et rebelle, voilà qui aurait plu à Jane Austen !

Clayton's Kitchen (plan A1, **26**) : *15a George St. ☎ 585-100. Tlj midi et soir. Menus 2-3 plats env 15-20 £ le midi ; plats env 15-25 £ le soir.* Petit-déj, *lunch, afternoon tea, dinner...* Il y a toujours une bonne raison de pousser la porte du *Clayton,* la table relax et accueillante de ce complexe de 5 étages, les chambres d'hôtes, le lounge en sous-sol pour un cocktail, le night-club... Un sans-faute pour la cuisine d'inspiration traditionnelle britannique, raffinée et de saison, dans une ambiance très *housy.*

The Pump Room (plan A2, **18**) : *39 Stall St. ☎ 47-77-85. Ouv 9h30-12h pour le petit déj, 12h-14h30 pour le déj, puis jusqu'à 16h30 pour le tea-time. Le midi, formules env 16-20 £ et plats env 13-22 £. Un peu plus cher le soir. Dîner 18h-21h en juil-août slt (et parfois en période de Noël).* Les fans de Jane Austen seront aux anges ! Une salle fastueuse donnant sur les bains romains, où elle et ses héroïnes venaient déjà prendre les eaux... ou le thé. Et où rien n'a changé depuis. L'atmosphère est évidemment un peu compassée avec sa musique de chambre live, son immense lustre en cristal, ses nappes blanches et ses serveurs en tenue, mais le rapport qualité-prix-ambiance est indéniable. Et c'est quasiment le seul endroit où déguster l'eau des thermes !

Jamie's Italian (plan A2, **21**) : *10 Milsom Pl. ☎ 43-23-40. Tlj non-stop. Grignotages à partager autour de 7 £ ; plats 10-23 £.* Dans un passage réhabilité (un dédale de cours et de bâtiments industriels), voici le lieu choisi par Jamie Oliver pour son adresse « bathoise ». On retrouve tout ce qui a fait son succès ailleurs : des produits nobles, des recettes rustiques, le meilleur de l'Italie à « petits » prix !

Tilley's Bistro (plan B2-3, **20**) : *3 North Parade Passage. ☎ 48-42-00. ♿ Tlj sf dim midi. Lunch et early bird 16-19 £ ; plats 13-22 £.* Un resto aux spécialités françaises, dont la réputation s'étend bien au-delà de la ville. Carte alléchante, service sympa, diligent et en français. Pour les nostalgiques : gratinée à l'oignon, escargots, confit, cassoulet, etc. Carte des vins abondante. On mange au rez-de-chaussée ou en sous-sol.

Sally Lunn's (plan B2-3, **20**) : *4 North Parade Passage. ☎ 46-16-34. Menus (jusqu'à 18h) 2-3 plats env 13-19 £. Plats env 7-20 £ le midi, le soir env 12-30 £.* Adresse touristique située dans la plus ancienne maison de la ville (1482), on ne peut plus cosy et intime. Ils font leur propre pain, une sorte de grosse brioche dorée et concoctent une bonne cuisine traditionnelle, avec sauces travaillées et tout le tralala. Fait salon de thé le reste de la journée. Au sous-sol, petit musée où l'on découvre une cuisine ancienne (ouvert dans la journée).

Où boire un verre ? Où écouter de la musique ?

Salamander (plan A2, **15**) : *3 John St. ☎ 42-88-89.* Un pub très animé qui brasse sa propre bière artisanale, commercialisée sous le nom de *Bath ales.* Blonde, brune ou rousse, elles sont toutes meilleures les unes que les autres. À Noël, goûtez donc la *Festivity,* tout un programme ! C'est aussi une excellente table (voir plus haut « Où manger ? »).

The Bell Inn (plan B1, **35**) : *103 Walcot St. ☎ 46-04-26. • thebellinn-bath.co.uk • Musique live 3 fois/sem. Entrée gratuite.* Avec ses fleurs de houblon pendues au plafond, sa déco patinée et son feu de cheminée, voici l'un des meilleurs pubs de la ville. Groupes jazz, folklorique, ethnique, blues, funk ou cajun... Quel que soit le spectacle, on écoute la musique et on reprend le refrain !

Pig and Fiddle (plan A-B2, **38**) : *2 Saracen St, à deux pas du YMCA. Concert généralement mar et ven.* Pub sympa pour siroter vos bières, tout en hurlant à l'unisson des fans de rugby les soirs de match.

Revolution (plan A1, **33**) : *George St. Tlj 11h (10h w-e)-minuit.* Bar branché sur 2 étages dans les locaux de l'ancienne poste.

Où danser ? Où sortir ?

♫ **Po-Na-Na** *(plan B3,* ***32****)* **:** *8-9 North Parade Rd.* ☎ *42-49-52.* • *bathponana.com* • *Mar-sam. Entrée payante, mais deals sur les boissons pour les étudiants mar-jeu.* En sous-sol, une succession de petites caves pour des soirées thématiques rock, hip-hop, 90's, etc.

Theatre Royal *(plan A2)* **:** *Saint John's Pl.* ☎ *44-88-44.* • *theatreroyal.org.uk* • Beau théâtre, sauvé par le bénévolat, qui propose des pièces de qualité, parfois même en exclusivité pré-londonienne.

Shopping

Marché couvert *(plan B2)* **:** *entre Grand Parade et High St.* Bric-à-brac sur plusieurs niveaux pour s'abriter en cas de douche.

Milsom Street *(plan A1-2)* **:** pour l'élégance. Jane Austen y allait déjà ! À la moitié de la rue, aventurez-vous dans **Milsom Place** *(plan A2,* ***21****)*, un dédale piéton pavé avec des boutiques de fringues et de bijoux de créateurs. Grand patio agréable été comme hiver pour un verre ainsi que des restos.

Paxton & Whitfield *(plan A2,* ***15****)* **:** *1 John St.* • *paxtonandwhitfield.co.uk* • Le meilleur du fromage anglais ! Pour faire le plein de *mature cheddar,* de *blue cheese* et de stilton, ou tout simplement pour un en-cas à emporter... Les plus gourmands pourront passer commande sur Internet.

Topping and Company *(plan A1,* ***40****)* **:** *The Paragon. Tlj 9h-20h.* Librairie indépendante à l'ancienne avec ses vénérables parquets mais riche en activités culturelles. Grand choix de guides de voyages et cartes *ordnance survey.*

Antiquités : une spécialité de Bath. Les boutiques se concentrent sur *Bartlett Street* et *Saville Row (plan A1).* • *bathantiquesonline.com* •

À voir

Bath Abbey *(plan B2)* **:** • *bathabbey.org* • *Ouv lun-sam 9h (9h30 lun)-17h30 ; sam 9h-18h ; dim 13h-14h30 et 16h30-17h30. Evensong dim 15h30. Donation de 4 £/adulte fermement encouragée. Visite guidée des tours 6 £ (départs réguliers), super vue à 360°. Petite brochure gratuite en français.*

C'est au XVe s que l'église abbatiale actuelle fut construite dans un style dit gothique « perpendiculaire », surmontée en son centre par une imposante tour carrée, afin de remplacer la cathédrale romaine tombée en ruine. Elle-même ruinée, elle devint église paroissiale en 1569. Avant d'entrer, jeter un œil à la façade. De chaque côté de la vaste baie vitrée centrale, on voit une échelle que gravissent des angelots, évocation d'un rêve de l'évêque qui décida d'édifier l'église et qui transforma ses rêves en réalité.

À l'intérieur, outre les belles proportions, ce qui frappe essentiellement, c'est l'élégance étonnante de la voûte de la nef, composée de nervures fines qui dessinent d'élégants éventails. Derrière le maître-autel, vaste vitrail qui décrit la vie du Christ en 56 panneaux. Les murs des nefs latérales sont couverts d'ex-voto sculptés dans la pierre.

Roman Baths *(plan A-B2-3)* **:** *sur la pl. à côté de l'abbaye.* ☎ *47-77-85.* • *romanbaths.co.uk* • ♿ *(70 % pour les fauteuils.) Tlj : mars-juin et sept-oct, 9h-18h ; juil-août, 9h-22h ; nov-fév, 9h30-17h30 ; dernière entrée 1h avt fermeture. Entrée : 15,50 £ (17 £ juil-août) ; réduc. Ticket combiné avec le musée de la Mode, dans les Assembly Rooms et Victoria Art Gallery. Pour ce prix, n'oubliez pas votre « combiné acousti-guide » en français (version enfants disponible).*

Abrités dans ce vaste bâtiment néoclassique de ***style dit « palladien »*** – celui de toute la ville, d'ailleurs –, d'où émergent des statues romaines. Il est amusant de se dire que les architectes du XVIIIe s n'avaient aucune idée des vestiges antiques qui s'étendent sous la ville dans toutes les directions. Ceux-ci ne furent exhumés qu'à la toute fin du XIXe s. Jane Austen ne les a donc jamais connus ! En visitant les bains, on découvre l'ensemble des vestiges et des bassins aux eaux vertes ainsi qu'une partie transformée en un musée bien agencé. La température de l'eau avoisine ***47 °C.*** Les médecins en prescrivaient jusqu'à 5 litres par jour ! Un pensum si l'on pense aux 43 minéraux et 7 oligo-éléments qu'elle contient ! Pour y goûter, attendez le distributeur à la fin de la visite ou rendez-vous à *The Pump Room,* le resto chic d'où l'on admire le bassin principal (voir plus haut « Où manger ? »). La dégustation est alors gratuite avec le billet d'entrée. Déjà, en 1706, les bourgeois (et plus tard, Jane Austen) buvaient leur verre d'eau chaude soufrée en musique.

Par ici la visite

– ***Le musée :*** parmi les mosaïques et pierres tombales notamment, quelques magnifiques trouvailles. D'abord, une grosse ***tête sculptée en pierre*** *(head of the temple pediment),* dont la chevelure abondante représenterait la puissance. Les historiens ont reconnu en elle le dieu Jupiter. Au fond du musée, une ***tête de bronze doré*** de Sulis Minerve *(head of Sulis Minerva),* superbe de grâce et de finesse et qui montre l'importance de cette déesse à double identité. Voir également la ***tête d'une noble romaine*** *(head of a lady),* qui ornait une tombe : remarquez tout l'art de sa coiffure à la mode de l'époque ! Une autre découverte, sans doute la plus insolite : les « ***malédictions de Bath*** » *(curses).* Il s'agissait de messages inscrits sur des plaquettes de plomb *(pewters)* censés jeter des imprécations sur les personnes visées. Quand on s'estimait lésé ou victime d'un larcin, on s'adressait au scribe qui gravait la plaquette que l'on jetait ensuite dans la source sacrée, au bon vouloir de la déesse. On a retrouvé de ces plaquettes par milliers !

– Explorez les différents ***bains*** circulaires, semi-circulaires, carrés et, bien entendu, le grand bassin aux eaux vertes, entouré de colonnades et surmonté de ces majestueuses statues romaines aperçues depuis le parvis de l'église. On comprend bien l'ingénieux système de chauffage par le sol : les mosaïques reposaient sur des piliers de briques chauffées par un fourneau au charbon. Chaque bassin proposait une température différente avec un *frigidarium,* un *tepidarium,* un *caldarium* et un *laconicum* (sauna). Enfin le grand temple, les coursives et les vestiaires constituaient une véritable petite société qui s'agitait en sous-sol. L'ambiance de l'époque est restituée par des acteurs en costume et d'amusants films projetés sur des écrans. Le soir en été, des flambeaux sont disposés autour du bassin.

Jane Austen Centre *(plan A2) : 40 Gay St. ☎ 44-30-00. • visitbath.co.uk/things-to-do/jane-austens-bath • Avr-oct, tlj 9h45-17h30 (9h30-18h en juil-août) ; nov-mars, tlj 10h-17h30. Entrée : 11 £ ; réduc.* Tearoom *avec costumes d'époque et musique mondaine.*

Un musée dédié à la célèbre romancière anglaise, à sa vie, son œuvre et son époque. Jane Austen (1775-1817) résida à Bath par intermittence. Deux de ses romans ont Bath pour décor : *Northanger Abbey* et *Persuasion.* Jane aimait la ville et les distractions qu'elle offrait, mais elle détestait l'étiquette et tout le protocole qui s'attachaient à la vie mondaine qu'on y menait. Elle ne se maria d'ailleurs jamais, les prétendants locaux ne lui plaisaient guère ! Quels qu'aient été ses sentiments ambigus et changeants, il est indéniable que Bath a eu une énorme influence sur son œuvre. C'est ici qu'elle aiguisa son sens de l'observation, de la satire et de l'ironie sarcastique.

On ne saurait parler de musée mais la visite s'avère fort intéressante (à condition de bien maîtriser l'anglais). Un guide en costume d'époque présente brièvement cet auteur à rebrousse-poil qui réalisa ses premiers écrits dès l'âge de 11 ans et ne les signa jamais. Puis l'on découvre, au fil des quelques salles et des vidéos, des costumes, des écrits, des citations. Les fans seront évidemment comblés, les autres pourront s'imprégner comme nulle part ailleurs de l'atmosphère georgienne de Bath et saisir ce subtil mélange de pudibonderie et de frivolité, de luxe et de décadence, de bienséance et de préjugés. Le centre édite par ailleurs une petite brochure qui recense les lieux que Jane fréquenta : le *Circus*, les *Assembly Rooms* (et son salon de thé), la *Pump Room*, etc., ou encore *Queen Sq* où elle résida. Il propose aussi des balades thématiques dans la ville (voir plus loin « À faire »).

✱✱✱ ***The Circus*** *(plan A1)* **:** avec le Royal Crescent voisin, c'est l'ensemble architectural le plus impressionnant de la ville. Circulaire, comme son nom l'indique, planté en son centre de cinq gigantesques platanes. Il fut élevé au milieu du XVIIIe s par John Wood père et fils. À chacun des trois niveaux des 30 façades apparaît une série de doubles colonnettes respectivement doriques, ioniques et corinthiennes. Avez-vous remarqué la frise qui court au-dessus du premier niveau ? Elle est constituée de 528 symboles des arts et des sciences, et la petite histoire raconte qu'il n'y en a pas deux identiques. Superbe ensemble où séjournèrent notamment le Premier ministre William Pitt, l'explorateur David Livingstone, le peintre William Gainsborough et bien d'autres (les maisons en question arborent une plaque). En empruntant Brock Street (vers le nord-ouest), on parvient au Royal Crescent.

✱✱✱ ***The Royal Crescent*** *(hors plan par A1)* **:** prononcez « cresnt ». C'est le plus grand ensemble cohérent de la ville, composé de 30 maisons classiques en pierre de Bath, toutes jointes entre elles par de très épurées colonnes ioniques. On doit encore le Crescent à John Wood fils, qui a su dégager une vaste perspective grâce au large trottoir et surtout à la douce inclinaison de son immense pelouse. Celle-ci offre une vue superbe sur la campagne et un terrain de jeux fantastique pour petits et grands, prolongé par le joli Victoria Park, son jardin botanique, ses jeux pour les enfants et ses gloriettes. N'oubliez pas votre ombrelle en été !

✱✱ Au no 1 (côté Brock Street), visite possible de ***One Royal Crescent,*** une maison dont la décoration et l'ameublement ont été parfaitement reconstitués sur le modèle de l'époque georgienne, encore une fois sauvée par le privé *(☎ 42-81-26. • no1royalcrescent.org.uk • De début fév à mi-déc, tlj 10h30-17h, lun à partir de 12h. Entrée : 10 £ ; réduc).*

✱ **The Museum of Bath at Work** (plan A1) **:** *Julian Rd. ☎ 31-83-48. • bath-at-work.org.uk • Avr-fin oct, tlj 10h30-17h ; le reste de l'année, w-e slt ; dernière visite 1h avt fermeture. Fermé déc. Entrée : 6 £ ; réduc.* On y découvre 2 000 ans de labeur à Bath et l'histoire de l'industriel Mr Bowler, qui fit fortune à la fin du XIXe s dans la fonderie et l'eau minérale.

✱ **Assembly Rooms et The Fashion Museum** (plan A1) **:** *Bennett St, près du Crescent. Tlj : mars-oct 10h30-17h ; nov-fév, 10h30-16h (dernière entrée 1h avt fermeture). GRATUIT.*
– Dans les *Assembly Rooms,* on découvre une série de belles salles pleines d'élégance, édifiées au milieu du XVIIIe s par John Wood fils pour que la bonne société se retrouve à danser et disputer des parties de cartes *(card-rooms),* fumer le cigare, prendre le thé. À l'époque, on avait de l'argent et il fallait le montrer. Dommage que les salles soient souvent louées et encombrées.
– Au sous-sol, ***musée de la Mode (Fashion Museum)*** : *☎ 47-77-89. • fashionmuseum.co.uk • Entrée : env 9 £ ; réduc et ticket combiné avec les bains romains possible (18 £). Audioguide en français.* Toute l'histoire de la mode du XVIIIe s à nos jours. De très beaux et rares modèles (robes georgiennes, gants du XVIIe s, robes de la reine Victoria et même une « galerie de l'évolution » de la mode au XXe s), mais un musée un peu triste et surtout cher. Dommage.

✱ **The Museum of East Asian Art, MEAA** (plan A1) **:** *12 Bennett St. ☎ 46-46-40. • meaa.org.uk • Tlj sf lun 10h (12h dim)-17h. Entrée : 5 £ ; réduc.* Pour les passionnés d'art asiatique. De très belles pièces provenant de Chine, du Japon et d'Asie du Sud-Est, du Ve s av. J.-C. à nos jours.

✱ **Museum of Bath Architecture** (plan A1) **:** *dans The Countess of Huntingdon's Chapel, The Paragon. ☎ 33-38-95. • museumofbatharchitecture.org.uk • De mi-fév à fin nov, tlj sf lun 14h (10h30 w-e)-17h. Entrée : 6 £ ; réduc.* Petit musée pointu retraçant l'histoire architecturale georgienne de la ville. Un peu technique, présentant bien l'évolution des matériaux et des décors à travers le temps, et comment on concevait une maison à l'époque georgienne. Au fond, maquette de la ville au 1/500.

The Postal Museum (plan A2) : *27 Northgate St. ☎ 46-03-33. • bathpostalmuseum.co.uk • Tlj sf mer et dim 11h (14h ven-sam)-17h. Entrée : 4,50 £ ; réduc.* Pourquoi un musée de la Poste ? Car c'est d'ici que Ralph Allen mit au point le premier système postal avec lequel il fit fortune ; fortune grâce à laquelle il fit reconstruire la ville telle qu'on la connaît aujourd'hui. Ce musée artisanal tient dans un mouchoir de poche et fourmille d'infos, des lettres d'argile mésopotamiennes au courrier écrit verticalement et horizontalement par souci d'économie, en passant par le premier timbre, le *Penny Black* en 1840. Tout cela mériterait mieux qu'une pièce en sous-sol de la Poste centrale...

Victoria Art Gallery (plan B2) : *Pulteney Bridge. ☎ 47-72-33. • victoriagal.org.uk • Tlj sf lun 10h (13h30 dim)-17h. Entrée : 4 £.* Un magnifique bâtiment du XIXe s proposant au rez-de-chaussée des expos temporaires et dans une salle unique à l'étage des tableaux du XVe s à nos jours. Tout autour, reproduction de la frise du Parthénon. Également toute la vaisselle anglaise dont vous rêviez... ou pas.

Pulteney Bridge (plan B2) : construit au XVIIIe s lui aussi, c'est le modeste Ponte Vecchio de Bath, avec ses boutiques, prolongé par Argyle Street et ses adorables devantures. Descendre absolument au pied du pont pour gagner le « *riverside walk* ». Vue délicieuse sur le déversoir semblable à un fer à cheval et les colonnades de style romain dissimulées sous un passage couvert. Petit salon de thé *(Riverside Café)*, avec jolie vue sur l'Avon et Bath Abbey... La photo parfaite ! Et une agréable balade en perspective le long de la rivière, surtout le matin.

The Holburne Museum (hors plan par B2) : *tt au bout de Great Pulteney St, à l'entrée de Sydney Gardens. ☎ 38-85-69. • holburne.org • Tlj 10h (11h dim)-17h. GRATUIT (sf expos temporaires).* Cette élégante demeure classique a été agrandie d'une aile moderne et toute vitrée sur l'arrière. Elle abrite des collections d'art européen, essentiellement du XVIIIe s (porcelaine, argenterie...), mais aussi du mobilier et des peintures des XVIIe et XVIIIe s, notamment de l'âge d'or britannique. Agréable et lumineux café donnant sur les jardins. À proximité, promenez-vous dans Henrietta Park et son « *sensory gardens* ».

À faire

– **Thermae Bath Spa** (plan A3) : *Helting Pump Room, Hot Bath St. ☎ 33-12-34. • thermaebathspa.com • Tlj 9h-21h30 (dernière admission à 19h). Ttes sortes de soins et de forfaits. Résa indispensable.* Pour vraiment profiter de ce que des générations ont apprécié depuis les Romains, ce spa réalisé sur plusieurs étages propose une piscine très lumineuse et tous les services d'une balnéothérapie. De plus, incroyable piscine panoramique sur les toits ! Magique à l'heure du coucher du soleil. Également un *Visitor Centre (ouv avr-oct, lun-sam 10h-17h, dim 11h-16h)* expliquant l'histoire des thermes.

Promenades guidées et balades

➢ **Walking Tours :** *• bathguides.org.uk • Appeler l'office de tourisme pour connaître les horaires précis, car ils changent selon les j. En général, à 10h30 et 14h (sf sam) ; mai-sept, également mar et jeu à 19h. GRATUIT.* Départ devant les *Roman Baths* pour 2h de balade à travers la ville, avec commentaires historiques excellents concoctés par de sympathiques bénévoles. Pourboire interdit !

➢ **Balades guidées thématiques :** *infos et tickets à l'office de tourisme.* **Jane Austen Tours** (proposé par le *Jane Austen Centre*, **Bizarre Bath** *(• bizarrebath.*

co.uk ●*)* et ***Laugh at Bath*** *(● laughatbath.com ●),* des balades humoristiques en anglais, ***Ghost Walks*** bien sûr *(● ghostwalksofbath.co.uk ●),* pour jouer à se faire peur, etc.

➢ ***Tour en bus à 2 étages :*** départ de High Street, Grand Parade et depuis la gare *(plan B3),* toute la journée avec plusieurs compagnies dont *Citysightseeing Bath* (● *city-sightseeing.com* ●, commentaires en français).

➢ ***Promenade en bateau sur l'Avon*** *(plan B2)* **:** *départ au pied du pont Pulteney avec* ***Pulteney Cruisers,*** *☎ 312-900. ● bathboating.com ● Compter 9 £ ; réduc.* Promenade jusqu'à Bathampton et retour (1h). Également avec ***Bath City Boat Trips,*** *📱 (07074) 560-197. ● bathcityboattrips.com ● Compter env 10 £ ; réduc. Env 50 mn.*

➢ ***Promenade en barque, kayak ou canoë :*** ***Bath Boating Company,*** *Forrester Rd, Bathwick. ☎ 31-29-00. ● bathboating.co.uk ● Au nord du centre-ville. Pâques-fin sept, 10h-18h. Compter 9 £/pers pour 1h.* Une façon différente d'appréhender la ville.

➢ ***Promenade à pied le long du canal :*** traverser le pont derrière la gare le long de Claverton Street, puis longer sur la droite le canal sur plusieurs kilomètres, notamment jusqu'à Bradford-on-Avon. Retour en ville possible par bateau. Trajet également agréable à vélo.

Festivals

- ***Bath Literature Festival :*** *début mars. ● bathfestivals.org.uk/literature/ ●*
- ***Bath International Music Festival :*** *fin mai. ● bathfestivals.org.uk/music/ ●* Le plus prisé, organisé depuis 1948.
- ***Jane Austen Festival :*** *mi-sept. ● janeausten.co.uk ●*
- ***Bath Mozart Festival :*** *mi-nov. ● bathmozartfest.org.uk ●* De la musique classique interprétée par les grands noms, et pas seulement du Mozart au répertoire !

DANS LES ENVIRONS DE BATH

👁👁 ***American Museum :*** ***Claverton Manor,*** *University Campus, BA2 7BD. ☎ 46-05-03. ● americanmuseum.org ● À 2 miles au sud-est de la ville. Bus n° 18. De mi-mars à fin oct, mar-dim (plus lun en août et ponts) 12h-17h (dernière entrée à 16h) ; de mi-nov à mi-déc, mar-dim 12h-16h30. Entrée : 12 £ ; 7 £ pour le jardin seul ; réduc ; ticket familial.*

Ce manoir de style classique, au milieu d'un parc admirable, abrite un inattendu et riche Musée américain. Sur 3 niveaux, ses collections illustrent la vie dans le Nouveau Monde depuis les premiers temps de la colonisation jusqu'à la guerre de Sécession. Une vingtaine de pièces de vie, les ***Period rooms,*** ont été entièrement reconstituées et arrangées avec un surprenant souci du détail, de la très puritaine *Keeping Room* du XVIIe s à la superbe *New Orleans Bedroom*. On verra encore, au sous-sol, l'histoire des pionniers, des Indiens (superbes portraits de chefs), la reconstitution d'une chapelle du Nouveau-Mexique et d'une taverne, la douloureuse question de l'esclavage jusqu'à l'élection de Barack Obama... et on en passe. À côté du musée principal, voir la ***New Gallery,*** qui présente des expos temporaires en rapport avec les États-Unis. Également une collection de cartes du XVe au XVIIe s. Voir encore, dans les écuries, la ***Folk art Gallery,*** une collection d'art naïf américain du XIXe s. Épouvantails, girafes de carrousel, effrayante figure de proue à l'effigie d'un Mohican... Il y en a pour tous les goûts avec en prime une vue plongeante sur la campagne vallonnée. ***Cafétéria*** en terrasse avec vue pour un thé et cookies d'outre-Atlantique. Dans le parc, beaux jardins, arboretum et sentiers de promenade. De quoi s'occuper tout un après-midi !

Beckford's Tower : *à 1,5 mile au nord du centre-ville par Lansdown Rd, bus nº 31. ☎ 33-87-27. • beckfordstower.org.uk • Pâques-oct, w-e et lun fériés 10h30-17h. Entrée : 4,50 £.* Construction étonnante d'un milliardaire, datant de 1827. Il faut grimper en haut de la tour pour la vue.

Dyrham Park : *à 8 miles au nord de Bath, accès par l'A 46. Ne pas prendre à gauche vers le village de Dyrham. ☎ 937-25-01. • nationaltrust.org.uk/dyrham-park • Château ouv de mi-mars à fin oct, tlj sf mer-jeu (tlj juil-août) 11h-17h ; parc ouv tte l'année dès 10h (jardins à partir de mi-fév). Entrée : env 12 £. Éviter le w-e : c'est bondé !* Demeure georgienne dans un parc superbe. Après le *West Hall,* on découvre l'intime *Drawing Room* ou encore la *Tapestry Bedchamber* couverte de tapisseries flamandes du XVIIe s, qui nous transportent dans un jardin. Ne manquez pas non plus le fastueux lit à baldaquin dans la *Damask Bedchamber* : une façon par le passé d'afficher sa fortune... *Tearoom* dans l'orangerie. Plusieurs films et séries télévisées y ont été tournés.

Puisque l'on parle de décors télégéniques, poussez jusqu'à l'adorable village de ***Castle Combe*** (15 miles au nord de Bath par l'A 46 et l'A 420), qui vit débarquer les équipes de *Stardust* ou *Cheval de guerre.* Quant au romantique site géré par National Trust de ***Lacock Abbey*** (15 miles à l'est de Bath par l'A 4 et l'A 350), des scènes de *Harry Potter* y furent tournées. Nous, on y va surtout pour l'ambiance et les *tearooms !*

BRISTOL

540 000 hab. IND. TÉL. : 0117

• Plan *p. 292-293*

Dynamique ville industrielle à cheval sur le Somerset et le Gloucestershire, Bristol n'en finit pas d'étonner. Ses docks ont été judicieusement réhabilités et abritent des espaces culturels et des bars où bat le pouls de la ville le soir, tandis que ses maisons ouvrières ont été repeintes aux couleurs de l'arc-en-ciel. Bristol compte aussi une université très réputée et la population estudiantine ajoute à l'animation de la ville, devenue très à la mode. Pépinière musicale qui a vu naître des groupes comme Massive Attack ou Portishead, siège du théâtre le plus vieux du pays qui a formé Jeremy Irons, ville natale de Cary Grant, capitale de l'animation cinématographique avec les studios de *Wallace et Gromit,* c'est aussi la capitale européenne du *street art,* la ville natale d'artistes contemporains mondialement reconnus comme Banksy (un génial graffeur) ou Damien Hirst (célèbre pour ses cadavres d'animaux ou son crâne incrusté de 8 601 diamants !). On vient enfin à Bristol pour son pont suspendu qu'une autre célébrité de la ville, Isambard Kingdom Brunel, a construit et à qui l'on doit également la station de train Temple Meads, le bateau *SS Great Britain* ainsi que la gare de Paddington à Londres... Bref, Bristol fait un carton !

BELLE CARTE DE VISITE

Bristol est connue pour son port, son université, son évêché et... ses petits cartons rigides, les fameux « bristol ». Ces célèbres feuilles de papier superposées furent fabriquées au début du XIXe s dans cette ville. Ce papier épais était très utilisé pour les cartes de visite. À partir de 1879, on ne parla plus que de « papier bristol » (Bristol board *en anglais).*

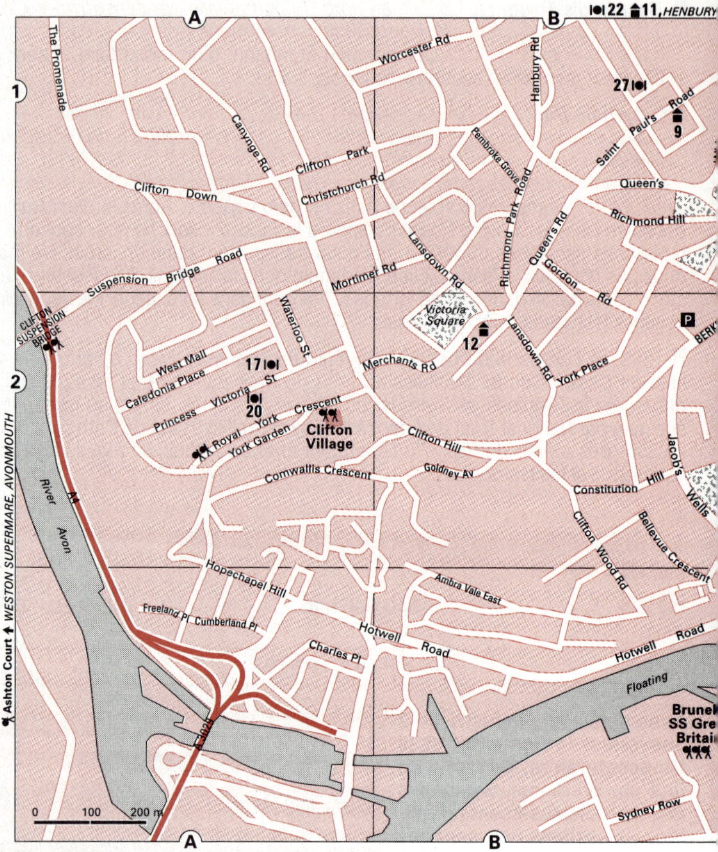

Adresses utiles

- Bristol Tourist Information Centre
- Hôpital (Bristol Royal Infirmary)
- **1** Boots (pharmacie)

Où dormir ?

- **4** Youth Hostel
- **5** Bristol Backpackers
- **6** Hotel du Vin
- **7** Brooks Guesthouse
- **8** Premier Inn
- **9** Washington Hotel
- **10** Bristol Hotel
- **11** Number Thirty Eight
- **12** Victoria Square Hotel

Où manger ?

- **6** Bistro du Vin
- **16** Poco
- **17** Fish Bar
- **18** Za Za Bazaar
- **19** Mud Dock
- **20** Zizzi
- **21** Boston Tea Party

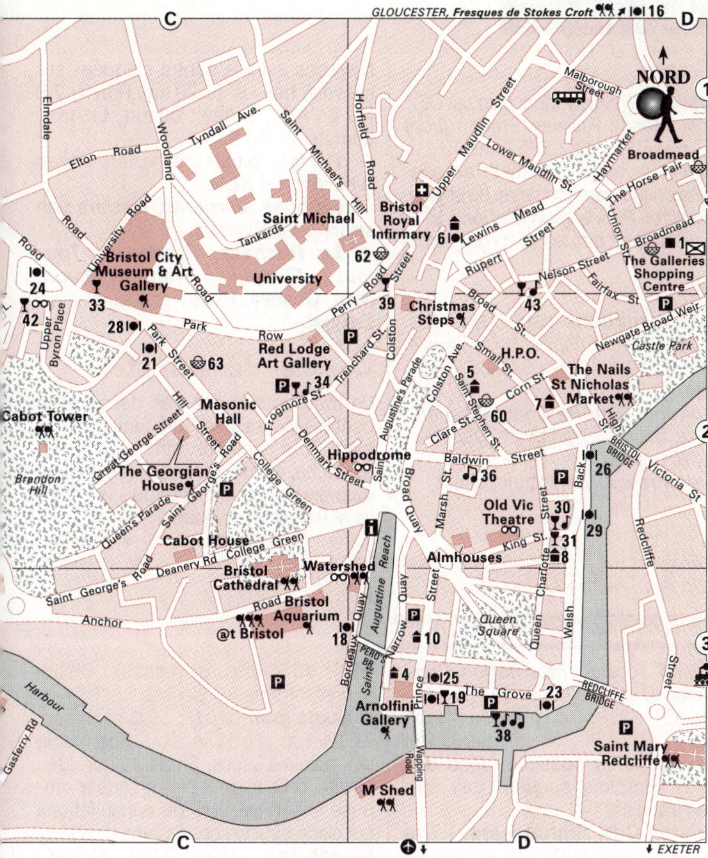

BRISTOL

22 The Town House
23 Severnshed
24 Wagamama
25 El Puerto
26 Glass Boat Restaurant
27 Lido Bristol
28 Jamie's Italian
29 Three Brothers Burgers

Où boire un verre ? Où écouter de la musique ? Où danser ?

30 The Old Duke
31 Llandoger Trow Pub
33 Brown's Restaurant and Bar
34 The Hatchet Inn
36 Pop World
38 Thekla
39 Zerodegrees – 0°
42 Illusions Magic Bar
43 The Lanes

Shopping

60 Stanfords
62 Bristol Hand Made Glass
63 Guild

Arriver – Quitter

En train

National Railway *(hors plan par D3)* **:** Temple Meads Railway Station *(hors plan par D3).* ☎ *08457-48-49-50.* • *nationalrail.co.uk* • Admirer au passage l'architecture victorienne de la gare.

➢ ***Londres Paddington Station :*** 1h40 de trajet, départ ttes les 15 mn en sem.

En bus

Gare routière *(plan D1)* **:** *Marlborough St.* ☎ *(08706) 08-26-08.* ***National Express :*** ☎ *0871-781-8181.* • *nationalexpress.com* •

➢ ***Londres Victoria Coach Station :*** ttes les heures. Trajet : 2h, via Heathrow Airport ou non.

➢ ***Heathrow Airport :*** trajet direct.

En avion

✈ ***Aéroport :*** *à 8 miles au sud-ouest de Bristol.* • *bristolairport.co.uk* • Navettes avec le centre calquées sur les vols, ttes les 10-20 mn. Prévoir 7 £ (10 £ l'A/R). Durée : 30 mn. En taxi, compter 25-30 £.

➢ ***Paris :*** plusieurs vols/j. avec ***Air France*** et ***KLM.***

➢ ***Limoges, Bergerac, Béziers :*** en saison avec ***Ryanair.***

➢ ***La Rochelle, Bordeaux, Toulouse, Marseille, Grenoble, Lyon, Nice, Genève, Paris :*** en saison avec ***Easyjet.***

Circuler dans Bristol

Le trafic routier est très dense et le centre-ville se parcourt facilement à pied. Pour rejoindre Clifton Village en revanche, 45 mn de marche (ça grimpe) ou prendre le bus n° 8 depuis le centre (le n° 9 pour en revenir).
Rens : ☎ *0871-200-2233.* • *traveline.info* • *ou* • *travelwest.info* •

Adresses et infos utiles

ℹ ***Bristol Tourist Information Centre*** *(plan D2)* **:** *Harbourside, BS1 TX.* ☎ *(0333) 321-01-01.* • *visitbristol.co.uk* • *Tlj 10h-16h.* Réservation d'hébergements possible. Vend des timbres. Emploie souvent des stagiaires français.

■ ***Bristol City Sightseeing – The Tour :*** • *bristolinsight.co.uk* • *Pour une grande balade guidée dans la ville. Avr-sept, 10h-17h. Coût du billet (valable 48h) : 13 £. Infos et résas au* Bristol Tourist Information Centre.

■ ***Boots*** *(plan D1,* ***1****)* **:** *59 Broadmead. Tlj 8h-20h (11h-17h dim).* Pharmacie aux horaires larges. Plusieurs adresses en ville, celle-ci est la plus grande et propose le service NHS de consultations sur place pour les bobos sans gravité.

✚ ***Hôpital*** *(plan D1)* **:** ***Bristol Royal Infirmary,*** *Marlborough St.* ☎ *923-00-00.*

Où dormir ?

Auberges de jeunesse

⌂ ***Bristol Backpackers*** *(plan D2,* ***5****)* **:** *17 Saint Stephen St, BS1 1EQ.* ☎ *925-79-00.* • *bristolbackpackers.co.uk* • *Au centre de la ville, à 5 mn à pied de la station de bus et à 15 mn de la gare. Tlj, tte l'année (réception 9h-23h30). Nuit 18 £/pers ; doubles à partir de 29 £ ; promos sur Internet.* Dans un superbe immeuble qui abrita les premières éditions du *Times* et du *Mirror* de Bristol, une petite centaine de lits dans des dortoirs de 6-13 places. Cuisine et laverie. Accueil vraiment sympa et une ambiance d'auberge espagnole.

⌂ ***Youth Hostel*** *(plan D3,* ***4****)* **:** *14 Narrow Quay, BS1 4QA.* ☎ *(0845) 371-97-26.* • *yha.org.uk/hostel/bristol* • *Réception 24h/24. Nuitée à partir de 16 £ ; petit déj-buffet non inclus. Doubles également. (payant).* Ancien entrepôt rénové avec beaucoup de goût. Les chambres de 3-4 lits sont minuscules, mais au centre du quartier le plus animé, au bord de l'eau. Bibliothèque, café-bar-cuisine, salle TV et laverie.

De prix moyens à chic (40-120 £ / 48-144 €)

Brooks Guesthouse (plan D2, **7**) : *St Nicholas Court, Exchange Ave, BS1 1UB. ☎ 930-00-66. • brooksguesthousebristol.com • Doubles 70-120 £, caravanes 100-140 £. Petit déj moins cher sur Internet. Parking payant.* Sur une placette calme du centre-ville, une adresse chic et conviviale, presque confidentielle proposant 24 chambres aux jolis tons anglais, pas très grandes mais fraîches et soignées. Levez le nez en l'air et vous apercevrez sur le toit 6 caravanes des années 1950, vintage à fond avec leurs parois en alu. Les plus en fonds peuvent y loger. On ne peut plus décalé !

Premier Inn (plan D2, **8**) : *King St, BS1 4ER. ☎ 0870-990-6424 (depuis l'Angleterre) ou 0044-1582-56-78-90 (depuis l'étranger). • premierlinn.com • Ouv 24h/24.* Des chambres banales d'hôtel de chaîne mais bien tenues et confortables, à tous les prix selon son degré d'anticipation en réservant !

De chic à très chic (plus de 80 £ / 96 €)

Bristol Hotel (plan D3, **10**) : *Prince St, BS1 4QF. ☎ 900-78-18. • doylecollection.com/hotels/the-bristol-hotel • Doubles 120-160 £. Parking gratuit.* Idéalement situé, en cœur de ville branché, un grand hôtel moderne et au confort standardisé pour familles et clientèle d'affaires. Plus on monte dans les étages plus la vue est sympa sur les docks et leurs restos animés (bouchons d'oreille fournis pour les plus sensibles !). Impressionnante salle de petit déj sous véranda avec pianiste live pour faire passer votre porridge. Le luxe ultime !

Hotel du Vin (plan D1, **6**) : *The Sugar House, Narrow Lewins Mead, BS1 2NU. ☎ 925-55-77. • hotelduvin.com • Doubles à partir de 109 £. Quelques places de parking gratuites.* Dans une ancienne fabrique de sucre fermée en 1831. Un charme fou s'en dégage, dès l'entrée, avec son patio et les arches en brique. Chaque chambre, arrangée avec un goût sûr et personnalisée, porte le nom d'un vin. Laquelle choisir ? *That is the question... The Bistro,* le resto, offre un menu de gourmet avec une carte des vins de connaisseur (voir « Où manger ? »).

Dans Clifton et Clifton Village

Washington Hotel (plan B1, **9**) : *11 Saint Paul's Rd, BS8 1LX. ☎ 973-39-80. • Doubles 50-100 £ (promos sur Internet). Parking payant. (payant.)* Reconnaissable à son long auvent rouge, cet hôtel offre un excellent rapport qualité-prix. Déco classique et un peu vieillissante, mais l'accueil et les petites attentions offertes dans la chambre rendent le séjour plus qu'agréable. Un peu excentré toutefois.

Victoria Square Hotel (plan B2, **12**) : *Victoria Sq, BS8 4EW. ☎ 973-90-58. • victoriasquarehotel.co.uk • Doubles 79-129 £ selon sem ou w-e, petit déj compris ou non (promos Internet). Parking payant, mais places limitées.* Un petit hôtel dans une grande maison entourée d'arbres, au calme. Chambres spacieuses et coquettes, avec de grandes fenêtres, certaines habillées de tissus à fleurs. L'ensemble, sobre et classique, ne manque pas de cachet. La salle pour le petit déj est pourvue d'une grande baie vitrée, face au paisible Victoria Square.

Number Thirty Eight (hors plan par B1, **11**) : *38 Upper Belgrave Rd, BS8 2XN. ☎ 946-69-05. • number38clifton.com • En haut de White Ladies Rd, tourner à gauche en direction du zoo. Doubles à partir de 115 £, petit déj compris.* Dans une superbe maison georgienne transformée en hôtel de charme, 10 chambres en tout, de taille variable. Les plus belles (les plus chères aussi) offrent une vue panoramique sur la ville. Plus abordables, les *House Rooms* sont des petits nids douillets où il fait bon s'aimer. Confort feutré, luxe discret, ambiance cosy, petit déj gourmand, tous les ingrédients d'un séjour parfait sont réunis. Superbe terrasse sur les toits.

Où camper dans les environs ?

⛺ ***Brook Lodge Farm :*** *Cowslip Green, BS40 5RB, Wrington Bristol. ☎ (01934) 86-23-11. • brooklodgefarm.com • Au sud-ouest de Bristol, à 12 miles sur l'A 38 (côté gauche) en direction de Bridgewater et après l'aéroport. Bus de Bristol nº A2 ; station Cowslip Green située à env 1 mile du camping. Mars-oct. Compter 15-25 £ pour 2 avec tente.* Camping propret et aussi écolo que possible, mais l'emplacement est malheureusement bruyant car proche de la route. Debbie se mettra en quatre pour vous aider. Laverie, fer à repasser, frigo. Prêt de bicyclettes. Vente de légumes du jardin. Pêche à la ligne dans le lac à 2 miles, accessible à pied.

Où manger ?

Bristol compte de nombreux *delis*, sandwicheries et autres types de restauration rapide situés en face de l'université. Pour se sustenter bien et pas cher, voir aussi la rubrique « Shopping », plus bas. Sans oublier, bien sûr, le marché St Nicholas, notre coup de cœur pour un déjeuner sur le pouce (voir plus loin, dans « À voir »).

Dans le centre

Bon marché (moins de 10 £ / 12 €)

🍴 ***Boston Tea Party*** *(plan C2, **21**) : 75 Park St. ☎ 929-86-01. Tlj 7h-20h (8h-19h dim). Plats 9 £ max.* Une des franchises à la mode (également à *Clifton Village,* dans *Princess Victoria Street*). On y mange, on s'y connecte, on y discute, dans le patio à l'arrière ou à l'étage sur de confortables canapés. Et que du bio, s'il vous plaît ! Petites expos temporaires. Grand choix de thés, cafés, gâteaux, salades, sandwichs, etc. Ambiance estudiantine.

🍴 ***Three Brothers Burgers*** *(plan D2, **29**) : Welsh Back. ☎ 927-70-50. Tlj sf dim soir. Lunch (burger et bière) pour 5 £ tlj 12h-17h (16h dim) et formule étudiant env 5 £ ; sinon plats 6-10 £.* Bande d'étudiants ou amoureux fauchés, embarquez sur cette barge amarrée au quai, direction l'Amérique pour un repas spécial burgers. Oh ! pas de grandes découvertes culinaires en vue mais c'est bon, efficace, pas cher et le tout s'accommode bien d'une bonne pression !

Prix moyens (10-20 £ / 12-24 €)

🍴 ***Za Za Bazaar*** *(plan C-D3, **18**) : Harbourside, Canon's Rd. ☎ 922-03-30. Tlj 12h-23h. Lunchs env 9 £ (lun-jeu 12h-17h) ou 10 £ (ven-sam), brunch le dim env 13 £. Le soir, menus 15 £ en sem et 17 £ le w-e. Pour les enfants, c'est moitié prix, voire gratuit !* Le plus grand restaurant d'Angleterre (près de 700 places !) ressemble à une grande fête foraine. Ambiance et spectacle garantis. Le menu à prix fixe permet de manger à volonté et de voyager, de stand en stand, tout autour du monde. Curry indien, sushis japonais, fajitas tex-mex, soupes vietnamiennes... il suffit de se servir. Le tout d'une grande fraîcheur et même d'une grande légèreté. Le rapport qualité-prix est plus que remarquable et l'endroit vraiment incroyable. Un petit conseil tout de même : évitez les heures de pointe.

🍴 ***Jamie's Italian*** *(plan C2, **28**) : 89 Park St. ☎ 70-02-65. Tlj 12h-23h (22h30 dim). Pâtes 6-14 £ ; plats 11-24 £.* Jamie Oliver, l'enfant terrible de la cuisine britannique, a fait mouche avec ses restos italiens. Un peu partout en Angleterre, il décline son concept avec bonheur et succès. Des produits de qualité, des recettes de saison, des prix abordables, un décor moderne et convivial... Bons petits vins au pichet.

🍴 ***El Puerto*** *(plan D3, **25**) : 57 Prince St. ☎ 925-60-14. Tlj de 10h à... tard. Tapas 6 £ ; paella env 13 £. Flamenco-paella le 1er dim du mois.* Quand les pendules anglaises se mettent à l'heure espagnole, ça donne un

L'OUEST ET LE CENTRE DE L'ANGLETERRE

bar à tapas moderne, habillé de rouge et aux murs chaulés, où l'on déguste d'alléchantes assiettes accompagnées d'un verre de vin : ambiance *caliente* ! La traditionnelle paella figure aussi à la carte, ainsi que des plats du jour savoureux. Accueil souriant du *país del sol.*

Severnshed (plan D3, **23**) **:** *The Grove. ☎ 925-12-12. Menus 12h-19h dim-ven, 10-50-13 £ ; plats 12-20 £.* Resto sur les docks avec une petite terrasse. Grande salle sous charpente apparente, un chouia bruyante. Cuisine internationale correcte et service attentionné. Concerts certains vendredi et samedi soir (avec DJ).

Mud Dock (plan D3, **19**) **:** *40 The Grove. ☎ 929-21-51. Entrée par le magasin de vélos ou par l'escalier métallique sur la gauche après 18h30. Tlj sf dim soir. Plats 6-16 £ ; brunch dim.* Un fana de la petite reine a transformé le 1er étage d'un entrepôt en un resto-bar branché. On y mange de corrects et copieux plats de brasserie. On peut aussi juste y siroter un verre dans une ambiance décontractée avec une plaisante perspective sur le port et des vélos au-dessus de la tête. Le bar s'inspire aussi des docks. Superbe terrasse surplombant le port.

Wagamama (plan C1, **24**) **:** *61 Queen's Rd. ☎ 922-11-88. Tlj 11h30-23h (22h dim). Copieuses assiettes 8-13 £.* Ce resto moderne fait partie d'une chaîne inspirée des gargotes japonaises, où les clients viennent manger leurs nouilles autour de longues tables. Ici, le lieu est plus chic et marche du tonnerre de Dieu. Si l'expérience vous a plu, le livre de recettes maison est à vendre. Au fait, *wagamama* signifie « sale gosse affamé ».

De plus chic à chic (plus de 20 £ / 24 €)

Glass Boat Restaurant (plan D2, **26**) **:** *Welsh Back. ☎ 929-07-04. Fermé dim soir-lun midi. Menus le midi 10-12 £, puis 15-20 £ jusqu'à 19h ; plats 14-20 £.* Dans une péniche datant de 1924, au pied du Bristol Bridge. Un cadre enchanteur, idéal pour passer une soirée entre amoureux. La cuisine franco-anglaise, sans être bouleversante, est classique et soignée. Bizarrement les prix du bœuf sont délirants ! Accueil charmant.

Bistro du Vin (plan D1, **6**) **:** *The Sugar House, Narrow Lewins Mead. ☎ 925-55-77. Plats 15-30 £, 9-15 £ au bar.* On accède au resto de l'*Hotel du Vin* (voir « Où dormir ? ») en passant devant une superbe cave à vins suivie de la cave à cigares. Charmantes arches en brique et poutres apparentes. Dans les assiettes, cuisine de saison d'inspiration française. Les sommeliers sauront vous conseiller judicieusement.

Dans Clifton

Bon marché (moins de 10 £ / 12 €)

Fish Bar (plan A2, **17**) **:** *4 Princess Victoria St. ☎ 965-01-80. Dans la rue principale de Clifton Village. Tlj midi et soir, non-stop dim. Compter 6-7 £. CB refusées.* De bons et copieux *fish & chips* depuis plus de 155 ans, mais aussi des saucisses, des hamburgers, des *pies*, etc. Le tout à emporter ou à manger sur une des 3 tables rondes derrière une jolie façade et de grandes baies vitrées. Pas d'alcool !

De prix moyens à plus chic (10-30 £ / 12-36 €)

Lido Bristol (plan B1, **27**) **:** *Oakfield Pl. ☎ 933-95-30. Tlj sf dim soir. Menus 12-20 £ 12h-14h45 et 18h-19h ; sinon plats 18-22 £.* L'adresse discrète et romantique qu'il faut savoir dénicher, dans un cadre inattendu ! Immergez-vous au XIXe s et imaginez une piscine d'antan réhabilitée, flanquée de ses cabines tout le long. De gracieux nageurs alignent les longueurs tandis que les gourmets profitent d'une carte semi-gastronomique, constamment renouvelée, derrière de grandes baies vitrées. L'eau leur frise la moustache depuis le bar, sinon vue plongeante depuis le resto au 1er étage. Une superbe affaire quand on profite des menus et un coup de cœur pour l'originalité !

The Town House *(hors plan par B1,* ***22****) : 85 Whiteladies Rd, BS8 2NT. ☎ 973-93-02. Tlj non-stop. Menus 8-10 £ 12h-19h (18h sam) ; plats 11-17 £.* Une belle adresse, même si excentrée, pour ceux qui veulent déguster une cuisine anglaise moderne. La carte, alléchante, fait la part belle aux produits locaux. Cadre agréable et accueil adorable (en français). Petite terrasse.

Zizzi *(plan A2,* ***20****) : 29-33 Princess Victoria St. ☎ 317-98-42. Dans la rue principale de Clifton Village. Pâtes et pizzas 7-13 £ ; plats 10-14 £.* Très sympa resto italien à la déco moderne. Au-dessus du grand four à pizza où les cuistots s'agitent, des rondins de bois joliment alignés. Plats de pâtes copieux, pizzas fines et croustillantes.

À Stokes Croft

Poco *(hors plan par D1,* ***16****) : 45 Jamaica St. ☎ 923-22-33. À l'entrée du quartier Stokes Croft, non loin du grand rond-point. Tapas 2,50-6 £ ; repas 15-20 £.* Si vous poussez jusque dans ce quartier pour admirer ses fresques murales, ne manquez pas ce resto éthique et branché où l'on mange 90 % local et 100 % de saison. Ne cherchez pas la carte des tapas, le tout est écrit à la craie au mur. Pas toujours facile à décrypter, mais vous pouvez piocher les yeux fermés. Du beau, du bon, du bio, servi avec de sympathiques vins au verre. Que du bonheur !

Où boire un verre ? Où écouter de la musique ? Où danser ?

Sur Bordeaux Quay *(plan C-D3)*, de nombreux bars modernes avec de grandes terrasses qui donnent sur l'eau pour papillonner en fonction des ambiances. Cocktails, bières et événements sportifs en direct sur des écrans géants, mais aussi cuisine internationale.

Zerodegrees – 0° *(plan D1-2,* ***39****) : 53 Colston St. ☎ 925-27-06. • zerodegrees.co.uk • Tlj 12h-minuit (23h dim).* Un bar-resto hyper moderne s'est emparé d'une ancienne gare de tramway. Sur 2 niveaux, avec des passerelles métalliques et des grandes baies vitrées, cet endroit pas comme les autres attire une foule hétéroclite. La bière 100 % bio coule directement du pipeline branché sur les 18 cuves de la distillerie visible à l'entrée. Terrasse magnifique aux beaux jours. À la carte, généreuses pizzas et plats de pâtes fumants.

Thekla *(plan D3,* ***38****) : The Grove, East Mud Dock. ☎ 929-33-01. • theklabristol.co.uk • Fait boîte de nuit jeu-sam, plus lun-mar en saison universitaire.* Ce cargo des années 1950 a été reconverti en bar-concert. On y écoute du rock, du hip-hop, de la pop ou de l'électro. Sur le pont, les noctambules s'y rassemblent pour siroter un verre avant le concert. À la cale, on se régale les oreilles presque tous les soirs à partir de 21h30.

The Old Duke *(plan D2,* ***30****) : 45 King St. ☎ 927-71-37. • theoldduke.co.uk • Concert live les soirs de w-e, plus le dim midi à l'heure du lunch.* Dans une rue piétonne, pub tout petit, qui déborde dans la rue. Programme de jazz New Orleans ou plus moderne, blues...

Llandoger Trow Pub *(plan D2,* ***31****) : en face du Old Duke.* Dans la plus vieille maison de Bristol, un pub historique aux boiseries ancestrales. Décor patiné, chaleureux et authentique. La bière du coin s'appelle la *Bristol IPA*. Bonne cuisine de pub servie jusqu'à 22h au 1er étage.

The Hatchet Inn *(plan C2,* ***34****) : 27 Frogmore St. Au bout de Denmark St.* Le pub le plus vieux de la ville (daté de 1500) possède plusieurs petites salles avec des ambiances différentes. Fréquenté par une clientèle jeune et bigarrée. Des soirées thématiques organisées toute l'année.

Illusions Magic Bar *(plan C2,* ***42****) : 2 Byron Pl. • illusionsmagicbar.co.uk • Musique live et magie à partir de 19h mer-sam slt.* Ce « bar à magie » est un lieu assurément original. Tous les quarts d'heure environ, on peut prendre place à la table du prestidigitateur (payé au pourboire) et assister, sidéré, à des tours de passe-passe totalement bluffants... Ambiance bon enfant. Le pub, en revanche, ne présente guère d'intérêt.

♫ ***Pop World*** *(plan D2, **36**) : 18 Baldwin St. • popworldbristol.co.uk • Entrée payante.* Le temple des années 1980 pour les nostalgiques de la bonne pop.

🍸 ***Brown's Restaurant and Bar*** *(plan C1-2, **33**) : 38 Queens Rd. ☎ 930-47-77. Dans les anciens locaux de l'université. Tlj 9h-23h (minuit jeu-dim). Cocktails 5 £ dim-jeu.* Cadre grandiose dans cette brasserie chic de style néo-classique, mais ambiance décontract'. Les *graduates* (avec robe et chapeau) viennent y fêter leur réussite avec leurs parents. Carte banale.

🍸 ♩ ***The Lanes*** *(plan D1-2, **43**) : 22 Nelson St. ☎ 325-19-79. • thelanesbristol.co.uk • Tlj 12h-jusque « tard ». Compter 40 £/h pour 1 piste.* Les 60's comme si vous y étiez ! Un authentique bowling, rétro à souhait. Mais on y trouve également un resto (réputé pour ses bonnes pizzas), un bar sympa, un karaoké, un night-club-salle de concert...

Où aller au spectacle ?

L'Hippodrome *(plan C-D2) : Saint Augustine's Parade. ☎ 0844-871-30-12 (résas) ou 0844-871-76-15. • atgtickets.com/venues/bristol-hippodrome/ • Box-office lun-sam 10h-18h (20h les soirs de spectacle).* Une des plus grandes salles de spectacle de la ville. Archibald Leach (alias Cary Grant, né à Bristol en 1904) y fut assistant éclairagiste. Programme varié de danse, théâtre, concert...

The Bristol Old Vic Theater *(plan D2) : King St. ☎ 987-78-77 (résas). • bristololdvic.org.uk •* De nombreuses générations d'acteurs s'y sont succédé, puisque le théâtre a été construit en 1766. Il est ainsi le plus vieux théâtre en activité de Grande-Bretagne. Pour ceux qui comprennent bien l'anglais, pièces classiques et d'avant-garde d'octobre à juin. En face, *Renato's*, la cantine italienne des comédiens, une trattoria devenue une véritable institution.

– Si les programmes des 2 premiers théâtres ne vous enthousiasment guère, jetez un œil à celui du **Colston Hall** : *Colston St. ☎ 922-36-86. • colstonhall.org •*

Watershed *(plan D3) : 1 Cannon's Rd. ☎ 927-51-00. • watershed.co.uk • Certaines attractions payantes.* Dédié au septième art. Expos, films et vidéos mais aussi du design, du théâtre, etc. Programme sur place ou au *Tourist Office*. Également lieu de rencontre et forum de discussions. Cafétéria vraiment sympa.

Shopping

Bristol compte plus de 500 boutiques et de grands centres commerciaux à ciel ouvert dont *The Galleries, Broadmead* et *Cabot Circus (plan D1)*. Cela suffit à en faire une véritable destination shopping, tout particulièrement en périodes de soldes.

Guild *(plan C2, **63**) : 68-70 Park St. ☎ 926-55-48. Tlj sf dim 10h-18h ; le café jusqu'à 16h30 (17h sam).* Surprenante et gigantesque boutique agencée sur 3 niveaux. Des babioles *so British* : carterie, design, meubles. Une galerie au 2e étage et un café sous une véranda au 1er !

Stanfords *(plan D2, **60**) : 29 Corn St. ☎ 929-99-66. Tlj 9h-18h (11h-17h dim).* Une boutique pour les trekkeurs de tout poil avec quelques accessoires de voyage et des guides (en anglais, bien sûr), mais surtout des centaines de cartes du monde entier. Le paradis du globe-trotter.

Bristol Hand Made Glass *(plan D1, **62**) : 15 Perry Rd.* Parmi une alignée de belles boutiques (kimonos, luthier, ébéniste...), dommage que la route passante invite peu à la flânerie. Large éventail d'objets en verre teinté de bleu cobalt, une spécialité de Bristol.

– ***Slow-Food Market*** *: dans Corn St, le 1er dim du mois avr-oct.*

L'OUEST ET LE CENTRE DE L'ANGLETERRE

À voir

Au sud du port

Brunel's SS Great Britain (plan B3) : *Great Western Dock, Gas Ferry Rd. ☎ 926-06-80. • ssgreatbritain.org • À partir de M Shed, suivre le long des docks sur 500 m.* Belle promenade le long des docks durant laquelle on assiste au ballet des remorqueurs, voiliers, péniches (voire des yachts de luxe). *Accès possible en navette fluviale ou en train à vapeur en saison. Avr-oct, tlj 10h-17h30 ; nov-mars, tlj 10h-16h30. Entrée : env 14 £ ; réduc et forfaits famille (billets valables 1 an). Audioguide en français compris. Cafétéria avec jolie vue et de bons cakes maison.* Merveilleuse découverte que ce premier paquebot en acier propulsé par une hélice (1843-1933). Les effets technologiques pour le moins audacieux et impressionnants permettent d'admirer le colosse sous toutes ses coutures, y compris ***sous la coque*** ! Un ***musée*** à la riche iconographie relate la grande épopée de ce bateau qui devint notamment un hôpital flottant, parcourut 1 million de miles, transporta des émigrants vers l'Australie (il fit 32 fois le voyage) et finit dans une casse paradisiaque aux Malouines avant d'être rapatrié et sauvé en 1970. Le clou de la visite reste tout de même ***l'intérieur.*** Des mannequins de cire donnent vie à l'ensemble (une vache fait même partie du voyage), et l'on découvre avec joie les cabines de 1re classe, la grandiose salle à manger, les « lieux d'aisance », les cuisines (attention aux rats !), la salle des machines, le salon du barbier, le cabinet du médecin, les dortoirs des 3e classe... On reste quand même dubitatif devant la superficie des lits. À chaque voyage c'était toute une société miniature qui devait vivre ensemble, entre solidarité et crêpages de chignons ! La scénographie pousse le réalisme très loin, à grand renfort de bruitages et d'odeurs. Pour finir, agréable *Dockyard Cafe* doté d'une belle terrasse sur le port. Une visite à ne surtout pas manquer.

M Shed (plan D3) : *sur les quais. ☎ 352-66-00. • bristolmuseums.org.uk/m-shed/ • Tlj sf lun 10h-17h (18h w-e et j. fériés). Donation de 2 £ suggérée (expos temporaires payantes).* Un lieu original, des anciens entrepôts de docks réhabilités et lumineux où l'on découvre l'histoire de Bristol depuis les Romains. Un musée pêle-mêle qui intéresse surtout les habitants de Bristol, il faut bien l'avouer. Parmi les curiosités, un bus à impériale vert dans lequel les enfants adorent monter, une réplique de l'un des 41 000 abris de fortune anti-aériens que l'on trouvait dans les jardins durant la Seconde Guerre mondiale. Mais aussi un retour inévitable sur la période de l'esclavage à laquelle Bristol doit son développement, au même titre que Nantes ou Bordeaux (sa ville jumelle !). Et un aperçu des moteurs actuels de l'économie locale : les sciences, le film d'animation, la fabrication du verre, la confection de vêtements, etc. Au dernier étage, ne pas manquer l'imprenable vue sur le port, les bateaux de toutes les tailles et la cathédrale. Sur les quais, des vieux navires justement sur lesquels on peut embarquer en saison, un train à vapeur qui fait le va-et-vient et une curieuse grue à vapeur.

Saint Mary Redcliffe Church (plan D3) : *un peu à l'écart du centre, après le pont Redcliffe. Concerts d'orgue gratuits jeu à la pause déj.* La plus belle église de la ville, miraculée des bombardements. La partie la plus ancienne date de 1185. L'escalier du porche nord mène directement au fanon de baleine que Cabot aurait rapporté de son périple en 1497 et à la statue représentant Élisabeth Ire. La voûte est constituée de 1 100 bosselettes, la plupart recouvertes d'or. L'église se remarque surtout pour ses magnifiques vitraux, du Moyen Âge au XXe s. Meilleure vue extérieure depuis la grande porte ouest.

Dans le centre

Saint Nicholas Market (plan D2) : *halles couvertes.* Sous la verrière, toutes sortes d'échoppes pour se restaurer vite fait, des jus de fruits ou d'herbes pour les plus curieux, du fromage, dont l'exclusif *Bristol Blue,* des tajines marocains des montagnes d'olives... Dans la halle principale, marché aux puces permanent. Derrière St Nicholas Market, sur Corn Street, quatre socles en bronze sculptés appelés ***The Nails*** *(plan D2)* sur lesquels l'argent était posé lors de la conclusion d'un marché : l'expression « *pay on the nail* » (« payer rubis sur l'ongle ») viendrait de là.

*** *Bristol Cathedral*** *(plan C2-3)* **:** *• bristol-cathedral.co.uk/ • Donation de 2 £ souhaitée. Evensong dim 15h30.* Érigée en 1140 sur le site d'une église déjà millénaire, cette imposante cathédrale fut maintes fois remaniée au cours des siècles. Le chœur et la nef présentent une voûte d'arcs entrecroisés assez exceptionnelle en Angleterre. Joli cloître et, sur le côté, un vieux cimetière bucolique à souhait. Des concerts y sont régulièrement donnés.

*** *@t Bristol*** *(plan C3)* **:** *Anchor Rd, Harbourside. ☎ (0845) 345-12-35. • at-bristol.org.uk • Tlj 10h-17h (18h w-e, j. fériés et vac scol). Entrée : env 15 £ ; réduc et forfait famille.* Un complexe d'attractions pour toute la famille, sorte de modeste Cité de la Villette pour aborder les sciences en s'amusant. Bien étudié en tout cas pour les poussettes et les fauteuils roulants. Parcours interactif et bigrement bien conçu où vos chérubins pourront tout tripoter, presser, scruter, fabriquer sans rien casser. Balade au cœur du corps, grande section sur les aliments, un atelier pour figer votre ombre... Composez également votre propre dessin animé (on est ici au pays des studios Aardman et de leurs héros *Wallace et Gromit, Shaun le mouton,* etc.) ou explorez le monde des illusions d'optique et de la force hydraulique. Planétarium 3D avec spectacles. *Such fun* pour toute la famille !

COUP D'ÉCLAT

Un matin de 1909, Winston Churchill, alors tout jeune ministre, débarqua du train à Bristol pour une visite officielle. La féministe Theresa Garnett se précipita sur lui et lui asséna un coup de cravache. Elle réclamait le droit de vote pour les femmes. Il lui fallut attendre 1918 pour être entendue. Ses consœurs françaises patientèrent jusqu'en... 1944 !

*** *Bristol Aquarium*** *(plan C3)* **:** *Anchor Rd, Harbourside. ☎ 929-89-29. • bristolaquarium.com • Tlj 10h-17h, dernière entrée 1h avt fermeture. Entrée : env 15 £ ; réduc et forfait famille, notamment sur Internet.* Voilà de quoi occuper la petite famille le temps d'une averse. Les tout-petits seront aux anges, les parents trouveront, en revanche, cette eau de pluie un peu salée. Au gré de belles mises en scène (forêts humides, Amazonie, récif corallien, tunnels et ponts...), des effets loupe et des nombreuses explications, on passe des délicats hippocampes aux horribles piranhas, du poisson-clown aux fascinantes murènes. Bassins géants avec pieuvres, raies et (petits) requins.

*** *Arnolfini Gallery*** *(plan D3)* **:** *• arnolfini.org.uk • Tlj sf lun 11h-18h. GRATUIT.* Galerie d'art contemporain proposant des expos ainsi que toutes sortes de performances (spectacle vivant, danse, musique, poésie, vidéo...).

*** *Christmas Steps*** *(plan D2)* **:** escalier longé par des petites boutiques. Au pied, deux pubs (à droite, maison du XVIe s). Tout en haut, la *Foster's Almhouse,* copie de maison bourguignonne, et sa chapelle du XVe s, fermée au public.

Dans Brandon Hill, la meilleure vue sur la ville depuis la ***Cabot Tower*** *(plan C2)* : *GRATUIT.* Marches à pic et difficile de se croiser, mais joli panorama.

*** *The Georgian House*** *(plan C2)* **:** *au milieu de Park St ; 7 Great George St. ☎ 921-13-62. Avr-déc, sam-mar 11h-16h. GRATUIT.* Maison georgienne typique, meubles d'époque. La cuisine et ses dépendances donnent une idée assez précise de ce qu'était alors la vie des serviteurs. Très bonne introduction au style de vie d'un marchand colonial au XVIIIe s.

Non loin de là, sur Park Street (au niveau du pont qui enjambe la rue), l'un des plus célèbres ***pochoirs de Banksy*** : un amant nu suspendu à la fenêtre ! Un graffiti que la municipalité n'est pas près d'effacer. En 2006, le conseil municipal avait demandé son avis à la population quant à son maintien. Le vote fut sans appel : 93 % pour...

Bristol City Museum & Art Gallery *(plan C1-2)* **:** *Queen's Rd.* ☎ *922-35-71.* • *bristol.gov.uk/museums* • *Tlj 10h-17h (18h w-e et certains j.). GRATUIT.* Remarquable architecture pour ce bâtiment massif avec deux vastes espaces intérieurs entourés de galeries. Il abrite une suite de petites salles très diverses sur quatre étages : égyptologie, minéraux, animaux empaillés, dinosaures, peintures... Pas de pièces majeures, mais des collections hétéroclites parfois surprenantes. Ainsi, un dodo ou un gorille empaillés, une section consacrée aux... dragons et quelques impressionnistes français. L'ensemble reste tout de même bien tristoune. Au passage, allez jeter un œil à l'entrée de l'université mitoyenne, cette tour grandiose de style néogothique qui domine la ville depuis les années 1920. Un hall d'entrée qui fait son effet !

Dans Clifton

Pas toujours facile de se garer (pas de grand parking public). Une solution : *s'y rendre en bus n° 8 (n° 9 pour en revenir).*

Clifton Village *(plan A2)* **:** agréable balade dans ses charmantes petites rues à deux pas du Clifton Suspension Bridge. Un quartier à découvrir pour ses boutiques tendance, nichées dans d'anciennes bâtisses georgiennes, ses cafés branchés, ses bons restos et ses *tearooms* où se retrouvent les mamies en goguette, de vraies répliques de la reine ! Jetez un œil à *The Arcade,* une petite galerie commerciale où l'on trouve brocanteurs, antiquaires et marchands de bijoux. À l'entrée, on adore le *Primrose Cafe* où converge tout le quartier à toute heure de la journée.

Royal York Crescent *(plan A2)* **:** *dans le quartier de Clifton.* Voici le plus long *crescent* georgien du pays, plein de charme avec ses balcons métalliques et surélevé par rapport à la route. En s'aventurant jusqu'au bout, on embrasse une vue magnifique sur la rivière Avon.

The Clifton Suspension Bridge *(plan A2)* **:** il a passé le cap des 150 ans ! De la terrasse du ***White Lion Inn,*** pub de l'*Avon Gorge Hotel* (dans Sion Hill à Clifton), vue imprenable sur le célèbre *bridge,* superbe de jour comme de nuit.
De l'autre côté du pont, le ***Visitor Centre*** consacré à l'histoire du pont édifié par Brunel. Petit film sur l'ouvrage achevé en 1863. Si vous traversez le pont en voiture, il vous en coûtera à chaque fois 0,50 £.

Ashton Court *(hors plan par A3)* **:** *grand parc au-delà de Clifton, par le Suspension Bridge. Traversée payante pour le pont, préparez la monnaie !* C'est de là que partent les montgolfières en août, lors du rendez-vous international des amateurs de ballons.

Stokes Croft

Les fresques de Stokes Croft **:** *au nord de Bristol, au-delà de Bond St et du gros rond-point (hors plan par D1). De là, compter 5 mn à pied (pas de panique, c'est très bien fléché !).* Stokes Croft, qui a vu naître le graphiste Banksy, est l'un des quartiers emblématiques de Bristol. Autrefois mal aimé et malfamé, il a su cultiver sa personnalité de quartier cosmopolite et *arty,* allant jusqu'à obtenir son autonomie. Depuis 2008, il est géré par une communauté d'habitants (les *Peoples*

Republic of Stokes Croft) qui tentent de résister aux promoteurs (et aux grandes enseignes !). Suivant les traces de Banksy (dont on trouve ici et là quelques originaux, mais galères à dénicher), les artistes ont peu à peu pris possession des lieux, des squats, et recouvert les murs de la ville de graffitis, tous plus géniaux les uns que les autres. Ce qui fait de Stokes Croft l'une des plus grandes concentrations de *street art* au monde ! Il règne ici une atmosphère bohème, tout à la fois tranquille et électrique, et l'on ne peut que vous encourager à venir y flâner et vous imprégner de poésie urbaine. Pas mal de bars underground et alternatifs, forcément !

À faire

➢ ***Balades en bateau :*** deux compagnies. ***Bristol Ferry Boat Co*** *(☎ 927-34-16 ; • bristolferry.com •), qui dispose de plusieurs arrêts en ville (dont un au pied de l'office de tourisme) : autour de 1,70-3,80 £ env selon trajet, env 7 £ pour la journée et 5 £ pour un tour de la ville ; réduc. Ou encore* ***The Bristol Packet Boat Trip,*** *Wapping Wharf, Gas Ferry Rd (près du SS Great Britain). ☎ 926-81-57. • bristolpacket.co.uk • Résa indispensable. Plusieurs excursions organisées dans la ville et au-delà à partir de 6,50 £ ; réduc.* Particulièrement agréable les jours de beau temps.

➢ ***Balades en ballon :*** deux compagnies proposent l'aventure. ***Bristol Balloons*** *(Winterstoke Rd, ☎ 947-10-30, • bristolballoons.co.uk •) et* ***Bailey Balloons*** *(44 Ham St, ☎ 01275-375-300, • baileyballoons.co.uk •).* Bristol vu des airs, une expérience unique et époustouflante pour les routards qui peuvent se le permettre.

Fête et manifestations

– ***Bristol Harbour Festival :*** *3 j. mi-juil. • bristolharbourfestival.co.uk •* La fête du port comme son nom l'indique. Avec musique, danse, cirque, théâtre...
– ***Upfest :*** *fin juil. • upfest.co.uk •* Le *street art* a carte blanche dans les quartiers de Bedminster et Southville. Le plus grand festival du genre en Europe !
– ***Bristol International Balloon Fiesta :*** *4 j. mi-août. • bristolballoonfiesta.co.uk •* Avec plus de 500 000 spectateurs et de 150 montgolfières, c'est la plus grande manifestation du genre en Europe.

LES COTSWOLDS

• Carte L'Ouest et le Somerset *p. 271*

Cette région s'inscrit dans un triangle à l'ouest d'Oxford, au sud de Stratford-upon-Avon et au nord de Bath, et comprend Cheltenham et Cirencester, ses deux villes principales. Elle est tout en collines plus ou moins douces. Le mot vient de l'anglo-saxon : *cot* (enclos à moutons) et *wolds* (vallonné). Ce fut un lieu de passage très important pour les Romains (voir le musée de Cirencester à ce sujet) mais surtout, elle s'enrichit aux XVIIe et XVIIIe s d'une industrie de la laine très prospère ; on y tissait alors de très beaux tweeds. L'or laineux servit

à construire abbayes et églises flamboyantes, dans un style dit *wool gothic.* La campagne est émaillée de somptueuses demeures et de charmants villages en pierre couleur miel, intacts et préservés qui font le bonheur de la jet-set et des Londoniens aisés. Ceux-ci y possèdent des résidences secondaires cossues, jusqu'au prince Charles qui cajole ses jardins bio dans son manoir de Highgrove à Tetbury. C'est une sorte de Luberon sauce anglaise, où tout est charme et authenticité, un conservatoire des parfaits villages anglais. De bonnes surprises gastronomiques, des activités *outdoor* pour toute la famille et un peu de shopping sont à inscrire au programme. L'économie touristique est très florissante, et les prix, malheureusement, s'en ressentent.

LE MOUVEMENT *ARTS & CRAFT*

Les Cotswolds sont le berceau du mouvement *Arts & Crafts,* qui émergea en Angleterre au début du XXe s. Plus qu'un courant esthétique, « Arts et Métiers », dont le fondateur fut le designer William Morris, aspirait à changer la société. On y retrouve des points communs avec l'Art nouveau, qui s'installa en France, en Belgique et en Espagne. Meubles, objets, architecture, jardins et autres bijoux reflètent l'influence de ce mouvement. Vous pourrez en découvrir de nombreux exemples sur votre parcours.

Infos utiles

– Sites : • *escapetothecotswolds.org.uk* • et • *cotswolds.com* • Toutes les infos sur les transports, itinéraires vélos ou à pied à télécharger, liste des offices de tourisme, etc. Également une appli à télécharger pour découvrir la région.

➢ De nombreux villages sont desservis par un maillage de ***bus*** mais il est plus pratique cependant de visiter les Cotswolds en voiture.

CIRENCESTER

19 000 hab. IND. TÉL. : 01285

La modeste capitale historique des Cotswolds est la première petite ville que l'on rencontre en venant du sud, à environ 40 miles au nord de Bath par l'A 46. Un certain charme provincial se dégage des rues médiévales arborant de faux airs de Guérande autour de l'imposante église paroissiale et de son parc au bord de la rivière Churn. La balade plonge aussi dans le passé romain de la région avec des restes d'amphithéâtre et surtout l'instructif *Corinium museum.*

Adresse utile

🅸 ***Tourist Information Centre :*** *au Corinium museum, Park St, GL7 2BX.* ☎ *65-41-80.* • *cotswolds.info/places/cirencester.html* •

Où manger ? Où boire un thé ?

☕ ***Keith's Tea :*** *2 Blackjack St.* ☎ *65-47-17. Quasiment face à l'église, dans la rue venant du musée.* Thé, café, chutneys, confitures, biscuits colorés... autant de petits souvenirs culinaires à rapporter de cette épicerie fine typiquement british. Et au milieu de tout cela, un salon de thé.

Un autre ***salon de thé*** bien appétissant et propret au ***Corinium Museum*** (voir ci-après). Entrée séparée dans la rue ou par le musée. Joli choix de *home made cakes* et des plats de snack à midi.

À voir

Corinium Museum : *Park St, GL7 2BX. ☎ 65-41-80. • coriniummuseum.org • Dans le centre (fléché). Tlj sf dim mat 10h (14h dim)-17h. Ferme à 16h nov-mars. Fermé 24-26 déc et 1er janv. Entrée : env 5 £ ; réduc.* L'une des plus riches collections romaines du pays, issue des fouilles autour de Corinium Dobunnorum, l'ancien nom de Cirencester. Elle fut la 2e ville du pays en taille après Londinium (Londres quoi !) il y a 1 900 ans. Une exposition richement renseignée avec gravures, films, maquettes, mannequins et reconstitutions d'intérieurs pour replacer les objets trouvés dans leur contexte plutôt que dans des vitrines. Tous les thèmes de la ville sont abordés : le commerce, le culte, la mort, l'hygiène, l'armée, les vêtements et les bijoux... Remarquable collection de mosaïques. Mais le musée s'intéresse aussi à l'histoire de la ville à la préhistoire, à la période anglo-saxonne et au Moyen Âge. Bigrement didactique.

Amphithéâtre : *à 1,5 mile du centre, suivre le fléchage. Accès libre.* Ce fut l'un des plus grands de Grande-Bretagne (8 000 spectateurs) au IIe s. Peu de traces aujourd'hui, il reste surtout un promontoire herbeux. Mais de là-haut, 2 000 ans d'histoire (ou presque) vous contemplent !

DANS LES ENVIRONS DE CIRENCESTER

Bibury : *à 8 miles au nord-est par la B 4425.* Le célèbre artiste William Morris (penseur, socialiste, dessinateur, créateur, décorateur et surtout cofondateur du mouvement *Arts & Crafts*) estimait qu'il s'agissait du plus beau village d'Angleterre. Or rien n'a changé depuis ! Tout en longueur au bord de la rivière Coln, peuplée de truites, de cygnes et de canards qui s'ébattent tranquillement sous le regard des très nombreux touristes. Il est surtout connu (et photographié) pour l'Arlington Row, une série de cottages du XVIIe s ; de ravissantes maisonnettes au toit commun, construites pour abriter les tisserands locaux. *So charming !* En été, pas facile de s'y garer.

Swan Hotel : *☎ (01285) 740-695. • bibury.com/swan-hotel • Doubles 150-440 £. Plats 12-15 £ ; menus env 15 (midi)-35 £.* Trônant fièrement dans le village, c'est l'un des établissements de charme et de luxe de la région avec une vingtaine de chambres irréprochables, à la déco individuelle. Ces vieux murs du XVIIe s abritent également un restaurant-bar aux tarifs nettement plus abordables. Pour le cadre, carrelage dépareillé du plus bel effet et mur couvert de rondins. Terrasse aux beaux jours.

BURFORD

1 100 hab. IND. TÉL. : 01993

Joli petit village médiéval situé à mi-chemin entre Cirencester (par la B 4425) et Oxford, se résumant à une rue principale tout en pente. Son église paraît démesurée par rapport à la taille de cette bourgade, mais c'est que les riches lainiers investissaient dans la pierre sacrée de ces *wool churches* qui émaillent le pays, afin de s'assurer la clé du paradis... On leur doit même la cathédrale Saint-Paul de Londres.

Adresse utile

Visitor Information Centre : *33A High St. ☎ 82-35-58. • oxfordshirecotswolds.org • Lun-sam 9h30-17h, dim et j. fériés 10h-16h.* Cartes et topoguides pour randonnées et circuits vélos.

Où dormir ? Où manger ?

Prix moyens

The Priory : *35 High St. ☎ 82-32-49. • prioryrestaurantburford.co.uk • Doubles en B & B env 70 £. Plats autour de 9 £, le midi slt.* Petit café-resto chaleureux. Et une poignée de chambres avec ou sans salle de bains, donnant pour la plupart sur le petit jardin situé à l'arrière. Confort simple et déco sobre. Correct pour une nuit.

Huffkins : *98 High St. ☎ 822-126. En sem 9h-16h30, w-e 10h-17h30. Compter 7-16 £.* Fait aussi boulangerie et épicerie fine. Les locaux s'y précipitent pour un *afternoon tea* on ne peut plus typique. Des scones tout chauds, des brownies et toutes sortes de *cakes* servis à l'ancienne.

À voir

Saint John Baptist's Church : remarquable édifice du XIIe s, qui fut le théâtre en 1649 d'un événement important de l'histoire anglaise. Une partie de l'armée de Cromwell se révolta et refusa d'aller combattre injustement les Irlandais. Ce fut le mouvement des « Levellers ». 340 d'entre eux furent enfermés dans l'église de Burford, et leurs leaders exécutés. L'un d'eux grava son nom sur la margelle des fonts baptismaux, que l'on distingue difficilement sous le verre : « Antony Sedley, 1649, Prisoner. »
Très beau porche d'entrée. Cette église offre, outre de superbes vitraux, d'admirables pierres tombales sculptées et, au fond à gauche, les pittoresques gisants de sir Lawrence Tanfield, juge à la cour de James Ier, et de lady Elizabeth. Au même endroit, une horloge à la mécanique géniale. À droite de l'autel, directement sur le mur et sous les vitraux, un verset de la Bible traduit en anglais par William Tyndale en 1525. Jusqu'ici, la Bible était rédigée exclusivement en latin. Enfin, en prenant à droite en entrant, monter les marches de la petite chapelle sur la droite, se tourner à 180° et regarder tout en haut du mur : on distingue une pierre sculptée de trois personnages à cheval (estimée du XIIe s), *Epona Stone,* dont la signification reste mystérieuse.
Dans le joli et bucolique cimetière, forte concentration de tombes et de monuments funéraires de riches maîtres lainiers des XVIe et XVIIe s, le tout recouvert d'un délicat lichen... Romantique en diable !

The Tolsey House : *à l'angle de Sheep St et de High St.* Une vieille demeure d'avant 1560, reconvertie en musée sur l'histoire et le mode de vie d'antan dans la région. Elle fut construite par les marchands lainiers pour se réunir.

À voir dans les environs de Burford

Cotswold Woollen Weavers : *Filkins. ☎ (01367) 86-06-60. • naturalbest.co.uk • À quelques miles au sud de Burford, en marge de l'A 361, en direction de Lechlade. Tlj 10h (14h dim)-18h. GRATUIT. Coffee shop.* Un total coup de cœur ! Cette ancienne manufacture de laine est installée dans un dédale de superbes bâtiments, datant du XVIIIe s, méritant assurément le coup d'œil. On n'y tisse plus mais on y confectionne toujours les plus beaux vêtements en tweed, flanelle ou encore gabardine. À la boutique, tout un choix chic de costumes, tailleurs, jupes, châles, écharpes, chapeaux. Les modèles sont classiques, rustiques et sobres ou au contraire ultra fashion, colorés et décalés. Pas donné, certes, mais l'on trouve de jolies pièces à partir de 15 £. À l'étage, une boutique de jeux, déco et accessoires propose des tas d'objets rétro à tous les prix. Un musée de la Laine a été aménagé et l'on peut visiter la manufacture, les ateliers de tailleurs de pierre (l'autre grande activité de la région), etc.

Bampton : *à 5 miles à l'est de Filkins par la B 4020.* Passage obligé pour les inconditionnels de la série *Downton Abbey.* Toute la région a servi au tournage de scènes d'extérieur, mais le village, c'est celui de Bampton. Vous reconnaîtrez entre autres l'église Saint Mary, son cimetière (mais ne cherchez pas la tombe de Matthew !), la maison des Crawley tout juste à côté, la bibliothèque (transformée en hôpital de guerre dans la 2e saison)... Petite précision : le château (de Highclere) quant à lui se trouve 40 miles plus au sud, dans le Berkshire, près de Newbury et se visite en réservant plusieurs mois à l'avance *(• highclerecastle.co.uk •).*

Minster Lovell : *à env 4 miles à l'est de Burford, en marge de la route de Witney, B 4047.* Un autre village plein de charme qui nous plonge instantanément quelques siècles en arrière, au bord d'une rivière glougloutante, la Windrush. Des cottages de pierre aux toits de chaume le long de la rue unique, une jolie église dotée de son cimetière et, derrière, des ruines d'un manoir du XVe s, le *Minster Lovell Hall,* construit par lord Lovell et abandonné au XVIIIe s. Calme et romantique à souhait !

Old Swan & Minster Mill : *Minster Lovell, OX29 0RN. ☎ (01993)77-44-41. Plats 10-18 £.* Ambiance chic dans cette auberge de 1445 remise au goût du jour, qui occupe une partie du village en fait. Un charme absolu dans un cadre privilégié : roseraie, potager, terrain de tennis, fitness... Chambres vraiment pas données mais resto bien plus abordable. Plusieurs salles à l'ancienne, en enfilade, aux murs épais et fenêtres étroites. On adore !

BOURTON-ON-THE-WATER

3 300 hab. IND. TÉL. : 01451

À une dizaine de miles au nord de Burton via l'A 424, Bourton s'étire le long de la Windrush, enjambée par de ravissants ponts de pierre. Même si ce village de carte postale est devenu la destination privilégiée des autobus, il présente un véritable visage tout british, ambiance *Chapeau melon et Bottes de cuir.*

Adresse utile

Visitor Information Centre : *High St, GL54 2AQ. ☎ 82-02-11. • bourtoninfo.com • Lun-sam 9h30-17h (17h30 sam) ; en hiver, ferme à 16h lun-ven et 16h30 sam.* Vente de billets de bus *National Express.*

Où dormir ?

Campings

Carp Farm : *Bury Barn Lane, GL54 2HB. ☎ 82-17-95. Prendre la direction de Burford ; sur Rissington Rd, prendre Rye Close à gauche, puis la 4e à droite. Ouv Pâques-oct. Env 14 £ pour 2.* Juste à l'entrée de la ville, ce camping ne paie pas de mine, mais ne vous y fiez pas !

Derrière la maison, une série d'étangs, d'oiseaux, de poules d'eau, et vue sur les vallons. Sanitaires un peu rustiques, mais les propriétaires sont vraiment charmants. Camping réservé aux adultes pour des raisons de sécurité.

Folly Farm : *GL54 3BY. ☎ 82-02-85. (07906) 99-04-34 (Charly). • cotswoldcamping.net • Sur l'A 436 en direction de Cheltenham, à env 2 miles de Bourton, tourner à gauche dans un chemin cabossé et fléché. Ouv avr-sept. Nuit 14-18 £ pour 2 avec tente (électricité ou non).* Un camping au milieu des champs et de magnifiques arbres. Confort rustique mais accueil très sympa et souriant. À pied, vous pouvez vous rendre au village de Cold Asten, qui abrite un pub.

Prix moyens (40-80 £ / 48-96 €)

Chestnuts B & B : *High St, GL54 2AN. ☎ 82-02-44. En plein centre, au-dessus du Chestnuts Tree Tea-Room (remarquez la collection de théières au plafond). Doubles 60-80 £.* La plupart des 6 chambres ont vue sur la rivière. Le charme de la campagne avec tout le confort moderne.

Magnolia Cottage : *Lansdowne, GL54 2AR. ☎ 82-18-41. • magnoliacottageholidays.com • Dans le prolongement de High St. À la sem à partir de 400 £ pour 3. Hors saison, possible à partir de 3 nuits. Enfants de moins de 10 ans et animaux indésirables...* 4 charmants cottages (2, 3 ou 4 personnes) complètement indépendants, entièrement équipés et décorés avec goût. Une bonne formule pour rayonner dans la région.

Très chic (plus de 120 £ / 144 €)

The Dial House Hotel : *High St, GL54 2AN. ☎ 82-22-44. • dialhousehotel.com • Doubles 100-240 £ en B & B selon standing.* Si vous le pouvez, goûtez ici le savoir-vivre à l'anglaise. Cette grande demeure, située un peu en retrait de la place centrale du village, a été construite en 1698 et aménagée avec attention. Les chambres sont magnifiques, draps en lin et papier peint à la main en prime pour certaines. Voir aussi plus bas « Où manger ? ».

Où camper dans les environs ?

Adam Henson's Cotswold Farm Park : *Guiting Power,* **Cheltenham,** *GL54 5UG. ☎ (01451) 85-03-07. • cotswoldfarmpark.co.uk • À mi-chemin entre Bourton et Broadway (à 7 miles env). Ouv de mi-mars à début nov. Compter 12-18,50 £ pour 2 avec tente.* Un camping extraordinaire qui réjouira les familles. Au cœur d'une ferme pédagogique, le cadre est bucolique à souhait et les animations ne manquent pas. Une quarantaine d'emplacements en tout, principalement des tentes. Confort simple mais suffisant, et une épicerie proposant des produits fermiers. On peut aussi y pratiquer l'équitation.

Où manger ? Où boire un verre ?

De bon marché à prix moyens (jusqu'à 20 £ / 24 €)

Windrush Garden Café : *High St. ☎ 82-08-94. À côté du Motor Museum. Fermé le soir. Copieux petits déj, sandwichs et salades env 6 £.* Grande terrasse et gazon propret, un café mignon et verdoyant.

Kingsbridge : *Victoria St. ☎ 82-41-19. Snacks 4-6 £ et plats 8,50-12 £.* Le pub le plus sympa du village, avec une terrasse pour l'été, qui donne sur un *beer garden* et directement sur la rivière. Classiques *fish & chips,* saucisses et pâtes du jour pour ceux qui privilégient la quantité à la qualité...

De plus chic à chic (plus de 20 £ / 24 €)

Rose Tree Restaurant : *Riverside. ☎ 82-06-35. Tlj. Repas 25 £ env.* Un joli resto, situé au cœur du village, en bord de rivière. Le cadre, à la fois rustique et raffiné, est accueillant et chaleureux. La cuisine, à l'unisson, est à base de produits locaux, joliment mis en œuvre. Bon rapport qualité-prix. Aux beaux jours, terrasse au bord de l'eau.

The Dial House Restaurant : *resto du Dial House Hotel (voir « Où dormir ? »). Menus le midi env 23 £ (réservé aux résidents), 19-25 £ dim, le soir 39-49 £/pers (ristourne en réservant à l'avance).* Une des meilleures tables de la région. Ici, authenticité et chaleur sont les maîtres mots. Côté cuisine, on retrouve le même souci du détail que pour la déco, la modernité en plus. Car, autant le cadre peut paraître un peu chargé, autant la cuisine joue habilement avec les traditions culinaires du pays pour créer des plats légers et innovants. Belle carte des vins très abordable et vins au verre moins chers qu'au pub d'en face.

À voir

Motor Museum : *The Old Mill. ☎ 82-12-55. • cotswoldmotoringmuseum.co.uk • De mi-fév à début déc, tlj 10h-18h. Entrée : env 6 £ ; réduc et forfait famille.* Sept salles dont les modèles nous font remonter le temps. De la Jaguar Mark V6 exportée après guerre aux quadricycles victoriens, jusqu'aux motos des années 1980, en passant par les voiturettes à pédales, ou les adorables Austin (comme la Miniclubman de 1972)... Mais aussi des caravanes, des roulottes, des voitures à bras. Et tout un tas d'objets se rapportant aux voitures, des portraits, des clins d'œil au petit ou grand écran, des voitures majorettes, etc. Un musée pas immense mais dense, empreint de nostalgie.

The Model Village : *☎ 82-04-67. • theoldnewinn.co.uk • Tlj sf Noël 10h-17h45 (15h45 en hiver). Entrée : env 3,60 £ ; réduc.* Il s'agit d'une réplique au 1/9 de Bourton-on-the-Water dans laquelle on se promène. Construite en 1937, en pierre locale. *So cute !*

Birdland : *Rissington Rd. ☎ 82-04-80. • birdland.co.uk • Tlj 10h-18h (16h nov-mars). Entrée : 10 £ ; réduc.* Flamants roses, pingouins, toucans et perroquets sont au programme de ce parc dédié aux oiseaux (près de 500).

CHELTENHAM

110 000 hab. IND. TÉL. : 01242

• Plan *p. 311*

C'est une grande ville thermale qui tranche avec les paisibles Cotswolds, intéressante essentiellement pour son architecture Regency, ses alignées de balcons travaillés et ses boutiques chic sur *Montpellier Walk,* rehaussées de cariatides grecques. La *Pittville walk* quant à elle mène au parc du même nom, en hommage au banquier Pitt qui avait rêvé sa station thermale pour lui tout seul. La ville s'est développée sous la Régence (début du XIXe s), à la suite de la visite du roi George III venu y prendre les eaux, en 1785.

– ***Festival de jazz :*** *1 sem au printemps. • cheltenhamfestivals.com •*

Arriver – Quitter

Gare ferroviaire (hors plan par A2) : Queen's Rd (en direction de Gloucester). ☎ (08457) 48-49-50.

Gare routière (plan A1) : Royal Well Rd.

➢ Avec *National Express*, bus pour **Londres** et **Birmingham.** Avec *Stage Coach Gold*, nombreuses liaisons avec **Gloucester.**

Adresses utiles

Tourist Information Centre (plan A1) : au Wilson Cheltenham Art Gallery & Museum, GL50 3JT. ☎ 23-74-31. • visitcheltenham.com • Tlj. Fermé 25, 26 et 31 déc, plus dim de Pâques.

Urgences (hôpital) : ☎ 22-22-22.

Où dormir ?

De bon marché à prix moyens (moins de 80 £ / 96 €)

YMCA (plan B2, **5**) : 6 Vittoria Walk, GL50 1TP. ☎ 52-40-24. • cheltenhamymca.com • Très proche de Montpellier Promenade. Lit en dortoir env 20 £ ; doubles env 45 £. Tout un complexe moderne dans lequel on trouve à la fois une chapelle, un club de sport, des dortoirs et des chambres.

Bentons Guesthouse (plan B2, **7**) : 71 Bath Rd, GL53 7LH. ☎ 32-13-79. • bentons-guesthouse.co.uk • À partir de 40 £/pers avec le petit déj. Sympathique *B & B* parmi une alignée de jolies demeures aux élégantes entrées. *King size beds* dans certaines chambres.

De chic à très chic (plus de 80 £ / 96 €)

Hotel du Vin (plan A1, **6**) : Parabola Rd, GL50 3AQ. ☎ (08447) 364-254. • hotelduvin.com/locations/cheltenham/ • Doubles standard 115-165 £. Bar menu 9-16 £, plats au resto 15-30 £ Parking gratuit. L'adresse chicos du centre-ville dans un quartier aux demeures de style. De l'espace, des escaliers en pagaille, des noms de chambres relatifs au vin (un brin déconcertants quand il s'agit de retrouver son chemin !), le tout dans des tons gris moderno-branchés sans accroc. Côté resto, on reste dans les thèmes du champagne et des vins. Spa.

Où manger ? Où boire un verre ? Où écouter de la musique ?

De bon marché à prix moyens (moins de 20 £ / 24 €)

Charles (plan A1, **15**) : 3 Royal Well Pl. Tlj sf dim midi 11h30-14h, 16h30-tard ! Compter env 6 £. Probablement le meilleur *fish & chips* de la ville. À emporter seulement.

The Storyteller (plan B1, **17**) : 11 North Pl. ☎ 25-03-43. Tlj. Plats 12-16 £ ; formules déj 10-12,50 £. Cuisine fusion aux tonalités californiennes, le tout à la « sauce » anglaise. Une adresse originale dans un cadre lumineux et plaisant avec grande véranda et plantes vertes. Un voyage dans le voyage !

Revolution (plan A1, **24**) : Clarence Parade. Ouv jusqu'à minuit. Une ancienne église toujours dotée de ses balcons cache un bar à la mode, agrémenté d'un éclairage de boîte de nuit et une musique pop.

The Retreat (plan A2, **25**) : 11 Suffolk Parade, Montpellier Walk.

CHELTENHAM

Adresse utile	**Où manger ? Où boire un verre ? Où écouter de la musique ?**
Tourist Information Centre	15 Charles
	17 The Storyteller
Où dormir ?	18 The Daffodil
5 YMCA	20 Jamie's Italian
6 Hotel du Vin	24 Revolution
7 Bentons Guesthouse	25 The Retreat

☎ 70-00-55. Tlj sf dim. Dans cette rue intime et branchée, un pub rétro, un peu français dans le style avec ses miroirs, ses murs rouges et ses moulures au plafond.

Plus chic (plus de 20 £ / 24 €)

The Daffodil (plan A2, **18**) : *18-20 Suffolk Parade, Montpellier Walk. ☎ 70-00-55. Menu env 16 £ jusqu'à 19h30, puis plat à la carte autour de 19 £. Jazz live le soir et sam midi.* Ancien cinéma des années 1920 reconverti, le resto a conservé tout son panache, dans un style Art déco. On dîne à l'orchestre, sous un plafond à la hauteur impressionnante, ou au balcon (seulement 4 tables). Une expérience originale dans ce quartier branché de la ville pour une cuisine classique.

Jamie's Italian (plan B1, **20**) : *The Former County Court, County Court Rd. ☎ 50-01-93. Tlj midi et soir.*

Grignotages à partager autour de 7 £ ; plats 10-23 £. Dans un décor Regency, plus théâtral et moins industriel qu'à l'accoutumée, Jamie Oliver nous régale comme il sait si bien le faire. Fidèle à sa formule, il offre les meilleurs produits d'Italie, travaillés sans sophistications inutiles.

À voir. À faire

Pittville Park (hors plan par B1) **:** *en bordure de la ville, au nord, sur la route d'Evesham (A 435).* La folie du banquier Pitt qui voulait construire sa station thermale pour lui tout seul. Malheureusement, la petite ville rêvée ne vit pas totalement le jour. Seules quelques villas et la *Pittville Pump Room* témoignent de ce projet grandiose. Le bâtiment, qui date de 1830, a été élaboré sur le modèle d'un temple grec. C'est au rez-de-chaussée de la *Pump Room* que vous pourrez goûter l'eau thermale !

The Wilson Cheltenham Art Gallery & Museum (plan A1) **:** *Clarence St. ☎ 23-74-31. • cheltenhammuseum.org.uk • Lun-sam 9h30-17h15 (19h45 jeu), dim 11h-16h. GRATUIT.* Collection unique de meubles et d'objets réalisés par des artisans des Cotswolds, inspirés par le travail de William Morris et le mouvement *Arts & Crafts.* Également une section fourre-tout sur l'histoire de la ville et une émouvante évocation de l'explorateur local Edward Wilson (1872-1912). Il participa à la célèbre épopée jusqu'au pôle Sud avec Scott, mais mourut d'épuisement et de froid avec ses quatre compagnons d'infortune sur le chemin du retour.

DANS LES ENVIRONS DE CHELTENHAM

Sudeley Castle : *à Winchcombe, GL54 5JD. ☎ 604-244. • sudeleycastle.co.uk • À 9 miles au nord-est, en marge de la B 4632 (A 46). Mars-oct, tlj 10h-17h (dernière entrée 16h). Entrée : env 15 £ ; réduc. Compter 2h30-3h. Les plus belles pièces sont privées et accessibles lun-jeu à 15h30 à travers le « Art tour », 10 £.* Ce château du XVe s, place forte des royalistes, fut construit par Ralph Boteler avec ses émoluments (rondelets !) sur ses campagnes des guerres de Cent Ans. Démantelé par les parlementaires qui soutenaient Cromwell pendant la guerre civile (1640-1650), il fut restauré au XIXe s. D'aspect clairement médiéval avec ses créneaux aux murailles et son donjon, il accueillit pas moins de six rois et reines, dont Jane Grey, qui ne régna que pendant 9 jours avant d'être décapitée à Londres à l'âge de 17 ans.

Tout un parcours à suivre, des jardins à l'intérieur jusqu'aux appartements privés, avec moult expos et explications un peu fourre-tout sur l'histoire de la région et celle (riche) du château. On croise pêle-mêle les pas des Plantagenêt, Livingstone, Garibaldi, Darwin... Parmi les costumes d'époque, les mannequins et les lettres, noter les très beaux meubles et tableaux des plus grands maîtres anglais. Dans la chapelle, tombe de la septième et dernière femme d'Henri VIII, Catherine Parr, qui réchappa d'un mariage avec lui et put même se remarier... avec lord Seymour of Sudeley. Son corps fut retrouvé par hasard en 1782, parfaitement conservé ! Également une partie consacrée à Emma Dent, châtelaine du château

HARD JOB

À Sudeley Castle, ne manquez pas les toilettes rembourrées en velours jusqu'au siège, réservées à un postérieur royal uniquement. Ultime privilège, le groom of the stool, *un employé senior soigneusement choisi parmi le personnel de chambre, avait l'honneur d'aider le souverain à monter sur ce trône plus prosaïque que l'habituel, d'assurer la causette et... d'essuyer le royal séant !*

sous Victoria, et à sa correspondance. Beaux cottages dans la rue qui mène au château, ainsi qu'à l'intérieur du parc. Une visite captivante pour ceux qui s'intéressent à l'histoire et à ses secrets.

BROADWAY

2 500 hab. IND. TÉL. : 01386

À mi-chemin vers le nord entre Cheltenham et Stratford-upon-Avon sur la B 4632. Comme souvent ici, la richesse de Broadway remonte aux XVIIe et XVIIIe s et à l'industrie de la laine. Les maisons le long de High Street racontent cette histoire. Charmants cottages en pierre dorée abritant des boutiques de brocanteurs et d'artisans. Dans un parc habité de biches et d'autres animaux à cornes, une tour permet une vue panoramique sur les environs.

Adresse utile

Tourist Information Centre : *Unit 14, Gordon Russell Trust, Russell Sq, High St, WR12 7AP. ☎ 85-29-37. • broadway-cotswolds.co.uk • En retrait de High St, en face de la supérette Budgens. De mi-fév à Noël, lun-sam 10h-17h, dim 11h-15h.*

Où dormir ? Où manger ?

De bon marché à prix moyens

Hunter's Lodge : *48 High St, WR12 7DT. ☎ 85-32-47. • broadway-cotswolds.co.uk • Doubles 60-75 £, sdb à partager ou non et petit déj inclus. Loue également 2 cottages, l'un 275 £/sem pour 2 et l'autre de 3 chambres 400-500 £/sem. CB refusées.* Dans cette maison de 1650 sur laquelle court de la vigne vierge, 3 chambres en *B & B* (attention à la tête en passant les portes !), dont une très spacieuse avec lit à baldaquin. Formidable adresse à prix raisonnable. Accueil prévenant de la logeuse, qui parle un peu le français. Jardin à l'arrière.

Tisanes Tea-Rooms : *21 The Green. ☎ 85-32-96. Tlj jusqu'à 17h. Large choix de sandwichs ou quiches 4-6 £.* À goûter aussi : le chocolat royal avec du brandy, le café gaélique avec du whisky et bien sûr les gâteaux maison ! Ambiance un brin désuète avec service en tablier s'il vous plaît ! Coquette terrasse à l'arrière.

The Swan : *2 The Green. ☎ 85-22-78. Non-stop. Plats 7-21 £ ; menus 2-3 plats 12-15 £.* Pub cosy à souhait, où l'on se régale d'une cuisine traditionnelle étonnamment fine et soignée, confortablement lové dans un gros fauteuil à oreilles ou dans une jolie salle à manger à l'atmosphère plus formelle. On adore l'ambiance très gentleman-farmer, et l'on se réjouit de l'excellent rapport qualité-prix.

De chic à très chic

Windrush House : *Station Rd, WR12 7DE. ☎ 85-35-77. • windrushhouse.com • Doubles 85-105 £.* À 300 m du bourg, arrivant de Winchcombe, une maison moderne, parmi d'autres *B & B*. Elle abrite 5 ravissantes chambres aux styles différents, dont une avec baldaquin. Parking devant, grand jardin derrière. Une chose est sûre : les proprios aiment recevoir !

The Lygon Arms : *High St. ☎ 85-22-55. • lygonarmshotel.co.uk • Doubles à partir de 130 £. Menu 3 plats au resto Great Hall env 40 £. Au bistro Lukes (mer-sam le soir, jeu-dim le midi, ☎ 854-418), plats env 13-19 £.* Auberge chargée d'histoire, dont la construction a commencé au XVIe s. Les royalistes, puis Cromwell, l'utilisèrent comme quartier général pendant la guerre civile (1640-1650). L'établissement était donc neutre ! Le général Lygon était un excentrique du XIXe s, qui a reconstitué la bataille de Waterloo dans ses plantations forestières... C'est aujourd'hui un hôtel de grand style. Tout est magnifique, des salons feutrés et chaleureux du bistrot à la salle à manger cossue. Également un spa avec une piscine très agréable. Le bistrot présente un intéressant rapport qualité-prix pour une cuisine traditionnelle travaillée, concoctée par un jeune chef plein de talent. On peut se contenter d'y prendre un *afternoon tea.*

À voir

St Eadburgha's Church : *à l'écart du centre.* Église du XIIe s, intéressante par sa charpente et le dispositif pour actionner les cloches. Du village, un sentier de un mile la rejoint. En face de l'église, par un portail en fer forgé, départ du sentier pour la *Tower Country Park par* Coneygree Lane.

Gordon Russell Heritage Centre : *à côté du Tourist Information Centre. ☎ 85-46-95. • gordonrussellmuseum.org • Pâques-oct, tlj sf lun 11h-17h ; nov-déc et fév, 11h-16h. Fermé janv. Entrée : 5 £ ; réduc.* Une collection de meubles fabriqués et désignés à Broadway à partir des années 1920 par Gordon Russell (1892-1980). L'entreprise compta jusqu'à 250 employés tout de même.

Broadway Museum & Art Gallery : *Tudor House, 65 High St. ☎ 85-90-47. • broadwaymuseum.org.uk • Mar-dim 10h-16h. Entrée : 5 £ ; réduc.* Une bien modeste émanation du célèbre musée Ashmolean d'Oxford. Collections limitées (gérées par des bénévoles), la visite vaut plutôt pour la maison même, datant de 1660.

À voir. À faire dans les environs

Tower Country Park : *prendre l'A 44 en direction d'Oxford, c'est à env 2 miles. • broadwaytower.co.uk • Tlj 10h-17h (sf Noël). Entrée : env 5 £, 8 £ avec le bunker ; réduc.* Cette tour construite en 1800 et entourée d'un grand parc fut offerte par le comte de Coventry à sa femme. Bien lui en a pris, on profite aujourd'hui par beau temps (ça arrive !) d'un panorama immanquable sur Broadway, les Cotswolds et 16 *counties,* paraît-il. La tour abrita une imprimerie, puis servit de refuge à plusieurs artistes, dont William Morris qui en fut un temps propriétaire. Voir également le bunker (visite guidée seulement) qui servit durant la Seconde Guerre mondiale.

Si vous passez par le petit village de ***Bretforton,*** à 6 miles au nord, ne manquez pas le ***Fleece Inn*** *(à 50 m de l'église ; attention, l'hiver parfois fermé les lun-mar ap-m),* un pub dans une ferme médiévale, agrandie au XVe s et transformée en pub au XIXe s. Très bel endroit. Conserve plein de souvenirs, dont de merveilleux plats en étain déposés par Cromwell contre des espèces sonnantes, lors de son passage. Cheminées de taille. Nombreuses marques de protection contre les sorcières. Dans la partie brasserie, très belles mesures en cuivre et laiton.

➢ Aller à Chipping Campden par les ***footpaths.*** Très agréable rando de 5 miles à travers champs. Mais ce n'est guère plat !

À l'est, vers Chipping Norton

Chipping Norton se situe à environ 13 miles à l'est. À ne pas confondre avec Chipping Campden !

The Rollright Stones : à Great Rollright, à 3 miles au nord de Chipping Norton (très bien fléché). Participation de 1 £ parfois demandée entre le lever et le coucher du soleil. Parmi trois sites se distingue le *Kings Men Stone Circle,* un cercle cérémonial de la fin du Néolithique. Une centaine de pierres usées, recouvertes de lichens estimés de 400 à 800 ans ! La légende dit qu'elles correspondent à un roi et à son armée à qui une sorcière aurait jeté un sort...

The Crown and Cushion Hotel : *23 High St, Chipping Norton, OX7 5AD. ☎ (01608) 64-25-33. • crown-cushion.co.uk • Double autour de 100 £, promos sur Internet.* Cette magnifique auberge de campagne (bien qu'en plein centre-ville) date de 1630 et possède un charme fou. On y trouve un petit pub aux boiseries sombres, un feu de cheminée, de petits salons fleuris et même une belle piscine couverte qui vient donner une agréable touche de modernité à l'ensemble. Les 40 chambres sont belles et spacieuses, meublées d'antiquités. Une excellente étape, idéale pour rayonner dans les Cotswolds.

Great Tew : *à 6 miles à l'est de Chipping Norton.* Un autre adorable village, moins connu. Cottages au toit de chaume et en pierre ocre au milieu de collines boisées. Quel charme ! On y trouve l'une de nos meilleures adresses.

The Falkland Arms : *Great Tew, OX7 DB. ☎ (01608) 68-36-53. • falklandarms.co.uk • De l'A 361, suivre « The Tews ». Tlj 11h30-23h (dim 12h-22h30). Doubles autour de 100 £. Compter 7-11 £ au bar le midi, plats 10-20 £ au resto.* On se croirait dans un tableau de Gainsborough. Cachée au creux d'un vallon ombragé, cette adorable auberge du XVIe s a peu changé depuis l'époque de Shakespeare. Murs en grosses pierres, boiseries et planchers en chêne, vénérable cheminée, tout est vieux, patiné, rustique, et chaleureux. Impressionnante collection de brocs et de pintes, accrochés aux poutres. Cuisine simple et sincère, de saison, avec des produits des fermes voisines. Salades fraîches et variées, *mashed potatoes,* poisson... Grand choix de malts. À l'étage, 5 magnifiques chambres restées elles aussi dans leur jus ; rustiques et magnifiques (salles de bains modernes et nickel, qu'on se rassure). Un coup de cœur !

CHIPPING CAMPDEN

2 000 hab. IND. TÉL. : 01386

Le village qui nous a le plus charmés, à 10-15 mn en voiture à l'est de Broadway, avec ses cottages aux toits d'ardoise ondulés sous le poids du temps. Sur Hight Street, voir notamment les gargouilles de *Grevel House,* la plus vieille maison du bourg (XIVe s), face au *Wool Staplers Hall,* l'ancienne bourse de commerce de la laine. Quelques jolies boutiques ajoutent à l'ambiance un peu hors du temps de Chipping. Des artistes s'étaient installés ici au début du XXe s, notamment des fers de lance du mouvement *Arts & Craft.* Aux alentours, Dovers Hill, une colline en amphithéâtre naturel culminant à 225 m, offre un large panorama par beau temps.

Adresse et info utiles

Tourist Information Centre : *The Old Police Station, High St. ☎ 84-12-06. • chippingcampdenonline.org • De mi-mars à oct, tlj 9h30-17h ; de nov à mi-mars, tlj 9h30-13h (16h ven-dim).*

– ***Marché :*** *le ven.*

Où dormir ? Où manger ? Où boire un verre ?

De bon marché à prix moyens

Eight Bells : *Church St. ☎ 84-03-71. Tlj. Sandwichs 8 £ env, plats 12-22 £.* Le plus vieux pub de la ville offre une cuisine typique, délicieuse et créative. Merveilleuses viandes locales, saumons d'Écosse et mémorable *sticky toffee pudding.* Atmosphère douillette près du feu. Service impeccable. Une autre salle de resto, plus formelle.

The Volunteer Inn : *Lower High St. ☎ 84-06-88. • thevolunteerinn.net • Tlj 15h30 (11h ven-dim)-minuit. Doubles à partir de 50 £, également des familiales.* Un adorable pub avec tables et banquettes au lounge et un comptoir où s'accouder dès 18h. Plusieurs chambres en *B & B* très spacieuses et bien tenues.

The Bantam Tea-Rooms : *High St, à côté de l'office de tourisme. • bantamtea-rooms.co.uk • Tlj 10h-17h. Doubles 70-120 £. Breakfast, lunch et afternoon tea (env 5 £).* Plaisant salon de thé, qui dispose aussi d'une cour intérieure pour les beaux jours. Délicieux gâteaux et service souriant. Également des chambres au confort classique dans cette demeure datant de 1693.

Chic

Taplin's B & B : *5 Aston Rd. ☎ 84-09-27. • cotswoldstay.co.uk • Doubles à partir de 78 £.* La salle de bains, avec grande douche et baignoire sur pieds à l'ancienne, est partagée entre les 2 chambres, une *twin* et une double. Également un studio. À 5 mn à pied du centre historique, Rachel et Tim vous accueillent dans des odeurs de gâteaux tout juste sortis du four.

The King's : *High St. ☎ 84-02-56. Au resto slt le soir, menus 2 ou 3 plats env 28-33 £ ; au bar midi et soir, plats 7-14 £ et sandwichs.* À droite en entrant, le bar, où l'on peut grignoter relax toute la journée. À gauche, un resto un peu chic avec un immense manteau de cheminée. Remarquez l'étonnante banquette en bois au centre de la salle. Il y a ici un petit côté gentleman-farmer : rustique, cosy et lumineux en même temps. Côté assiette : des ingrédients frais et de bonnes idées.

Cotswolds House : *High St, The Sq. ☎ 84-03-30. Au grill, plats 14-24 £.* On évoque à peine l'hôtel, certes charmant, mais aux tarifs rédhibitoires. Le resto est aussi très cher : la grande cuisine et le cadre d'exception ont leur prix. Mais la brasserie offre un remarquable rapport qualité-prix. Cadre moderne et cuisine dans l'air du temps.

À voir

Market Hall : *face à l'office de tourisme.* Ancienne halle accueillant le marché de la laine, bâtie en 1627. Admirez-en la charpente.

St James Church : *• stjameschurchcampden.co.uk •* Église du XVe s avec son clocher crénelé, porche du XIVe s. Superbe vitrail à l'entrée du chœur (au-dessus de l'arche centrale), qui représente le Jugement dernier, motif très présent dans les vitraux des églises liées au commerce de la laine. Dans le bas-côté sud, le tombeau de sir Baptist Hicks et de son épouse, les bienfaiteurs de cette église.

The Court Barn museum : *Church St. ☎ 84-19-51. • courtbarn.org.uk • Tlj sf lun 10h-17h (16h oct-mars). Entrée : env 5 £ ; réduc.* Musée-galerie dédié au mouvement *Arts & Crafts* à travers 9 portraits de ses représentants. Succinct pour le prix...

The Guild : *Sheep St, dans le Old Silk Mill.* Galerie et ateliers d'une lignée d'artisans travaillant l'argent et l'or, tel David Hart, petit-fils de George Hart, qui s'établit ici en 1908, et fut lié au mouvement *Arts & Crafts.* Un bric-à-brac surprenant.

DANS LES ENVIRONS DE CHIPPING-CAMPDEN

Hidcote Manor : *près de Mickleton, à 3 miles au nord de Chipping Campden. ☎ 43-83-33. • nationaltrust.org.uk/hidcote • Mars-sept, tlj 10h-18h ; oct, tlj 10h-17h ; nov-20 déc, w-e slt 11h-16h. Derniers billets 1h avt fermeture. Fermé en hiver. Entrée : env 12 £ ; réduc.* Un jardin de grande renommée que l'on doit à Lawrence Johnston, né en France de parents américains, et qui vint s'installer à Hidcote Manor avec sa riche maman. Superbe manoir auquel s'ajoutent de nombreux cottages au toit de chaume. À l'époque du mouvement *Arts & Crafts,* sa passion pour les plantes fit naître cet ensemble de jardins, telles des pièces affublées de leur propre atmosphère, entre grands bassins ronds, kiosques, serre, potager... et même un court de tennis (raquettes à disposition !). Subtile association de l'art de jardiner à la française et à l'anglaise.

SUR LA ROUTE DU NORD

Pour ceux qui tracent depuis la côte sud vers les contrées sauvages du Nord, voire vers l'Écosse, passage obligé par la région de Londres (objet d'un autre guide on le rappelle !) et son imprévisible périphérique M 25. Pour fragmenter avec plaisir le trajet, tout le long des axes principaux, de superbes haltes sont possibles comme le château royal de Windsor, les villes universitaires, plus loin Stratford-upon-Avon et la cathédrale de Coventry. Au nord de Birmingham (2e nœud routier après Londres), entre Sheffield et Manchester, pourquoi ne pas s'égarer dans le discret Peak District, un parc n'ayant rien à envier à ceux du Yorkshire ? Allez, vous êtes presque arrivé !

WINDSOR CASTLE

☎ 020-7766-7304. • royalcollection.org.uk • À 20 miles (32 km) à l'ouest de Londres. Sortie no 6 sur la M 4, sortie no 3 sur la M 3. Pas de parking, se garer en ville. Tlj 9h45-17h15 (16h15 nov-fév) ; dernière admission 1h30 avt. Compter une ½ journée. Fermé certains jours, lors des réceptions et cérémonies officielles (vérifier avt de faire le déplacement !). Entrée : 20,50 £ ; réduc, audioguide (en français, 1h30) compris. Le billet est valable 1 an (le faire tamponner à la sortie). Attention, Saint George's Chapel est fermée à 16h et le dim, sf si vous participez à la totalité du culte. À 11h, relève de la garde (tlj sf dim avr-juil, sinon 1 j. sur 2). Parcours d'activités thématiques pour les enfants pdt vac scol, sinon kit de visite avec coloriages. On peut sortir faire une pause déj dans un des restos de la ville (bracelet à prendre à la sortie).
Paraît-il la plus grande forteresse du monde encore habitée, l'équivalent en surface de 268 courts de tennis. La reine y séjourne le week-end et courant juin tous les ans. L'architecture de la propriété a de quoi surprendre, avec sa superbe silhouette médiévale que l'on voit de loin. Entièrement remanié au XIVe s par Édouard III, puis à l'époque victorienne, Windsor n'a plus rien à voir avec la modeste forteresse de bois construite par Guillaume le Conquérant pour surveiller l'accès de Londres, il y a 1 000 ans...

L'OUEST ET LE CENTRE DE L'ANGLETERRE

Outre les deux cours intérieures dont le ***Quadrangle,*** on visite (avec les intéressants commentaires de l'audioguide) :

– ***La chapelle Saint-George :*** *attention, ferme à 16h, mais evensong (messe chantée) tlj à 17h15. GRATUIT, car c'est un office religieux.* Immense et superbe, ce chef-d'œuvre en soi constitue certainement la pièce maîtresse du château. Il abrite les sépultures de 10 monarques. La chapelle date du XVe s et présente une voûte cintrée en éventail, fourmillant de détails. Dans le chœur, stalles en bois, finement ciselées, attribuées à chaque membre de l'ordre de la Jarretière *(Order of the Garter),* avec leurs emblèmes.

– ***State Apartments :*** la partie principale du château ouverte à la visite. Le majestueux ***Grand Escalier*** permet d'accéder au ***Grand Vestibule,*** à la chambre de ***Waterloo*** où se fête chaque année l'anniversaire de cette victoire britannique, la ***chambre du roi,*** différents salons et cabinets décorés de toiles de maîtres (Rubens, Van Dyck, Holbein... la couronne en possède 7 000 !), la ***salle de bal*** de la reine, la ***salle du trône*** de la Jarretière... Voir surtout le ***Saint George's Hall,*** vaste salle magnifiquement restaurée depuis l'incendie de 1992 où sont visibles les blasons de tous les chevaliers de la Jarretière. C'est de la petite salle suivante ***(lantern lobby),*** hexagonale, qu'est parti le fameux incendie de 1992.

– ***Les George IV's Apartments (Semi-State Apartments),*** datant des années 1820 et dans le prolongement des *State Apartments,* ne sont accessibles que d'octobre à mars. Très endommagé par l'incendie, un des plus beaux (et des plus riches) décors du château a retrouvé son panache d'antan. Très belles vues sur la campagne depuis les fenêtres.

– ***La maison de Poupée (Doll's House) :*** adorable petit palais construit pour la reine Marie (petite-fille de Victoria) en 1921. Tout y est miniaturisé au 1/12, de nombreux artistes ont offert une réplique d'un livre ou d'un tableau. Un chef-d'œuvre du genre, car rien ne manque : électricité, système de plomberie opérationnel...

– Après la ***Grand Reception Room*** aux superbes volumes, dans ***The Drawings Gallery*** expo par roulement d'une sélection de chefs-d'œuvre provenant de la collection royale.

– ***La Grande Cuisine (Great Kitchen) :*** en fonctionnement depuis 750 ans, la cuisine de Windsor est ouverte au public *(visites guidées slt, certains jours de l'année, sur résa).*

À voir dans les environs

Si vous avez du temps, le fameux ***Eton College*** est à 15-20 mn à pied du château. Fondée au XVe s, c'est la 3e université britannique la plus prestigieuse, après Oxford et Cambridge. Elle est surtout réputée pour son système de bourse destiné aux élèves les moins fortunés. De ses bancs prestigieux sont sortis de nombreuses célébrités, parmi lesquelles 18 Premiers ministres, George Orwell, John Le Carré et... le prince Harry (cherchez l'intrus !). *☎ 01753-370-100. • etoncollege.com • Visites guidées Pâques-oct.*

THE MAKING OF HARRY POTTER – WARNER BROS STUDIO TOUR

À Leavesden, ***Watford,*** *à 33 km au nord-ouest de Londres (par la M 1). • wbstudiotour.co.uk • RÉSA OBLIGATOIRE ! Pas de billets vendus sur place. Adulte : 39 £ ; enfant 31 £ ; forfait famille 126 £. Vestiaire gratuit (ouf !).* Compter donc une bonne grosse demi-journée pour la visite.

Commençons par les choses qui fâchent : le prix ! Cette attraction à vocation familiale affiche des tarifs plus que prohibitifs. Mais les fans vivront un rêve éveillé... Ils pourront visiter les studios où furent tournés les sept (huit en réalité) épisodes de la saga. Décors, costumes, accessoires... le tout à profusion et magnifiquement scénographié. Il faut avouer qu'au début de la visite (« à l'américaine ») on a parfois envie de « stupéfixer » le guide ! Heureusement, passé les premières salles, la visite devient libre (ou audioguidée), et force est d'avouer que la magie opère. Les fans seront émus aux larmes en découvrant des lieux mythiques comme la grande salle de Poudlard, la rue de Traverse, le bureau de Dumbledore, la cabane de Hagrid, la chambre à coucher de Harry Potter, etc. De nombreux secrets de tournage sont dévoilés et ce n'est pas là le moindre intérêt. Évidemment, le marketing forcené peut agacer, et on peut regretter les différents suppléments (par exemple, pour la dégustation de bière au beurre). Immense boutique à la sortie (assez fascinante !) pour faire le plein de chocogrenouilles, de bêtises de Berthe Crochue ou de pastilles de gerbe !

OXFORD

160 000 hab. IND. TÉL. : 01865

• Plan d'ensemble *p. 321* • Zoom *p. 324-325*

Surnommée « la cité aux clochers de rêve », Oxford abrite la troisième plus ancienne université du monde après Bologne et la Sorbonne : l'élite, une concentration des meilleurs étudiants des îles britanniques et du reste du monde, ainsi que des plus éminents professeurs, dans un cadre d'exception. Tout ici est fait pour le confort et le bien-être de l'étudiant : organisation des études, logement – obligatoirement au sein des *colleges* la première année –, sport et vie sociale. Dans un esprit de corps, ponctué par des rituels. Une éducation complète d'« honnête homme »...
Il ne faut pas ignorer pour autant qu'Oxford est également une ville industrielle, centrée sur l'automobile, qui a souffert de la crise ces dernières années. Les usines BMW, qui fabriquent maintenant la Mini, sont en effet implantées à Cowley, au sud-est d'Oxford, là où la construction automobile en série a démarré dans les années 1920.
Oxford est une ville agréable, vivante, jeune et cosmopolite – non seulement du fait des écoles de langues et des touristes, mais aussi parce que les *colleges* accueillent de nombreux étudiants étrangers.
Et puis Oxford, située à la confluence de la rivière Cherwell et de la Tamise (qui s'appelle ici Isis), c'est aussi la campagne : au détour de certaines ruelles, ou même dans les cours des *colleges* d'où l'on admire parfois la vue sur les *meadows,* on se croirait presque dans un village. Ceux qui disposent de peu de temps peuvent faire l'excursion sur une journée, depuis Londres notamment, mais ce serait dommage de ne pas en profiter plus longtemps...

UN PEU D'HISTOIRE

C'est en 1167 que l'importance d'Oxford s'amplifia, au moment de l'expulsion des étudiants anglais de la Sorbonne. Leur arrivée créa des tensions entre la ville et l'université – ***Town and Gown*** (la Robe ou la Toge). Les émeutes étaient fréquentes et atteignirent leur paroxysme avec le *Saint* ***Scholastica's Day Massacre*** (le massacre de la saint Scholastica) en 1355, au cours duquel 63 étudiants et environ 30 villageois trouvèrent la mort. Le roi de l'époque prit parti pour les étudiants, et l'université étendit alors son contrôle sur la ville.
Les **premiers *colleges*** furent construits ***au XIIIe s*** : *University College* (1249), *Balliol College* (1263) et *Merton College* (1264). Au cours des siècles suivants, de nouveaux *colleges* furent créés, le plus souvent parrainés financièrement par un personnage illustre, évêque, mécène ou bienfaiteur.

Oxford fut même un court moment capitale du royaume, quand Charles Ier s'y installa pendant la révolution anglaise en 1642.

LA VIE UNIVERSITAIRE

Oxford compte environ ***22 000 étudiants.*** Les filles sont acceptées dans tous les *colleges* depuis 1974 et elles représentent maintenant presque la moitié des étudiants. À titre d'exemple, le coût minimum d'une année d'études est de ***9 000 £*** pour un étudiant en lettres faisant partie de l'Union européenne ; les cours sont plus chers pour les étudiants en sciences, pour les non-Européens et pour les *postgraduates* (étudiants ayant réussi leurs examens après les trois premières années d'études). L'université se compose d'***une quarantaine de colleges indépendants*** et de sept *permanent private halls* (des institutions religieuses). Elle est en charge des bibliothèques centrales, des laboratoires et de toute l'administration, dont le recrutement des professeurs, les programmes ou l'organisation des examens. Ainsi, l'université est garante du niveau et de l'équité entre les *colleges.*
Les *colleges,* pour leur part, sélectionnent les étudiants (le tiers des dossiers présentés est accepté) et s'occupent de l'entretien de leurs bâtiments, de leurs bibliothèques, clubs de sport, etc., grâce à des ressources financières parfois considérables. Enfin, les *colleges* ne sont pas spécialisés dans un domaine particulier et enseignent presque toutes les matières.
Pour accéder à Oxford, les performances sportives constituent un plus indéniable. Souvenez-vous : « ***Un esprit sain dans un corps sain.*** » Il est aussi important d'adhérer à un ou plusieurs clubs afin de montrer son implication dans la vie de la cité. De nombreux étrangers viennent étudier à Oxford. Naturellement, il est nécessaire d'avoir un bon niveau d'anglais...
L'année universitaire se compose de ***trois terms (trimestres)*** de 8 semaines chacun : ***Michaelmas, Hilary*** et ***Trinity.*** Les études durent au minimum 3 ans, au bout desquels les étudiants *(undergraduates)* passent leurs examens. Ceux-ci se tiennent à *The Examination Schools* (un magnifique bâtiment sur High Street) et ont lieu à partir de fin avril. Les étudiants deviennent alors *postgraduates.* Ils doivent porter l'uniforme pour certains événements : lors du dîner du vendredi soir dans les *colleges,* pendant leurs examens, pour la cérémonie de remise du diplôme, etc. Les garçons ont coutume de porter un œillet blanc au début des examens, un œillet rose pendant ceux-ci et enfin un œillet rouge lorsqu'ils ont terminé. Alors peut avoir lieu le *trashing,* qui consiste à se faire asperger de champagne ! Un événement traditionnel des plus attendu par les étudiants est la ***May Week,*** la semaine des ***May Balls*** (les bals de mai) : ce sont les fêtes démobilisatrices qui ont lieu tous les ans après les examens.

AIDE À DOMICILE

L'une des clés de la réussite des universités d'Oxford et de Cambridge, outre la sélection élitiste à l'entrée, c'est le tutorial *(soutien individuel), sur lequel est basé l'enseignement. Les étudiants sont tenus de rencontrer leurs* tutors *en général une fois par semaine, individuellement ou en petits groupes de deux ou trois, pour débattre de sujets de fond. Il y a un* tutor *par matière principale étudiée. Ça fait rêver !*

Arriver – Quitter

Londres

En bus

Plusieurs compagnies assurent la liaison entre *Victoria Coach Station* à Londres et *Gloucester Green* (terminus ; *zoom B2*) à Oxford ; plusieurs autres arrêts dans chaque ville. Liaisons ttes les 15-30 mn. Durée : 1h40 (2h aux heures de pointe).
– ***Oxford Tube :*** non, il ne s'agit pas du métro mais bien d'une ligne de bus. • *oxfordtube.com* • Liaisons 24h/24.
– ***X90 London :*** • *x90.oxfordbus.*

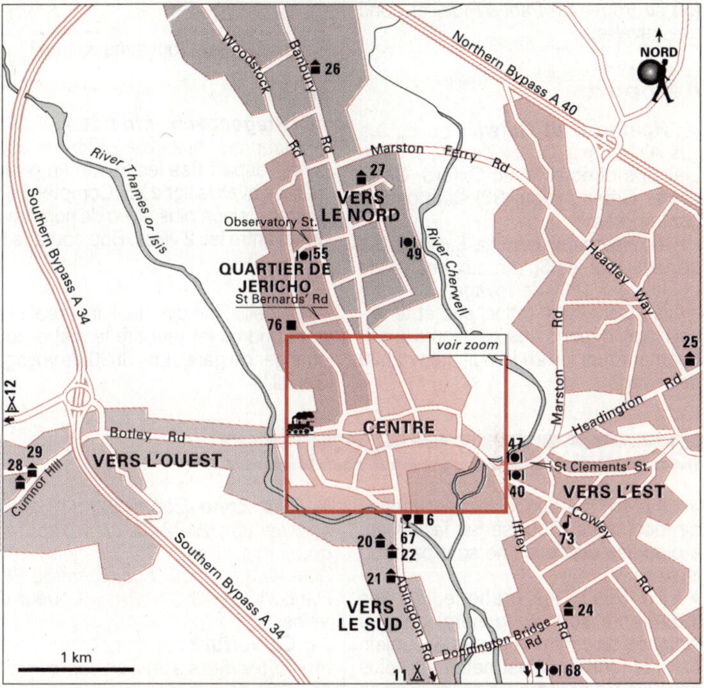

OXFORD – plan d'ensemble

Où dormir ?

- **11** Oxford Camping & Caravanning Club
- **12** Valley Farm Camp Site
- **20** White House View
- **21** Lakeside Guesthouse
- **22** Newton House
- **24** Browns Guesthouse
- **25** Red Mullions Guesthouse
- **26** The Burlington House
- **27** Linton Lodge Hotel
- **28** High Hedges Guesthouse
- **29** Gables Guesthouse

Où manger ?

- **40** Kazbar
- **47** Fishers – Oxford's Fish and Seafood Restaurant
- **49** Cherwell Boat House
- **55** The Jericho Cafe

Où boire un verre ?

- **67** The Head of the River
- **68** The Isis Farmhouse

Où sortir ?

- **73** O² Academy
- **76** Phoenix Picturehouse

À faire

- **6** Salters steamers Boat Hire

co.uk • Liaisons 4h30-0h30 d'Oxford et 6h30-2h30 de Londres (Victoria Coach Station, porte 10).

En train

➢ ***London Paddington Station :*** ☎ *(08457) 48-49-50.* • *nationalrail.co.uk* • Un départ ttes les 30 mn env, moins fréquemment en soirée et tôt le mat. Le trajet dure 1h.

➢ ***Marylebone Station :*** *avec* • *chilternrailways.co.uk* • Les trains n'arrivent cependant pas dans le centre d'Oxford, mais au village de Bicester (où se trouve un *Park & Ride,* et donc une navette).

Aéroports

➢ ***Heathrow et Gatwick :*** *avec les bus Airline. • airline.oxfordbus.co.uk •* Liaisons directes avec Oxford *(Gloucester Green ; zoom B2)* sans passer par Londres.
– *Avec Heathrow* (terminal 5, stand 10), départs ttes les 30 mn aux heures de pointe ; env 1h30 de voyage.
– *Avec Gatwick* (terminal sud et terminal nord), départs ttes les heures (pratiquement ttes les 2h la nuit) ; env 2h30 de voyage.

Cambridge

Pas pratique du tout sans voiture !

En bus

Stagecoach info : *☎ 433-250. • stagecoachbus.com/oxford •* Jusqu'à 1 départ ttes les 30 mn en pleine journée avec la ligne X5. Compter 3h20 de trajet, sinon plus, avec de nombreux arrêts entre les 2 villes. Bon courage !

En train

– Pas de liaison directe, il faut repasser par Londres (et prendre le métro pour changer de gare). Env 3h30 de voyage. Génial !

Comment se déplacer à Oxford ?

➢ ***À pied :*** de loin le meilleur moyen de locomotion. Tout se fait facilement à pied, les distances ne sont pas trop longues.
➢ ***En bus :*** très pratique, car les logements sont en général un peu éloignés du centre. À partir de 2 trajets dans la journée, il est nettement plus rentable de prendre un ticket journée (env 4 £/adulte), valable 24h à partir de l'heure d'achat. Tickets auprès du chauffeur (espèces seulement ou aux magasins *Debenham's,* qui acceptent la carte).
➢ ***À vélo :*** vous arpentez la ville avec plaisir et sans fatigue. Même les *B & B* un peu éloignés ne sont guère qu'à 10 ou 15 mn de vélo. Une réserve toutefois : le trafic est assez dense et il faut veiller à la priorité avec la conduite à gauche... L'office de tourisme fournit un plan des pistes cyclables *(cycle path map)* et une liste complète des loueurs.

■ ***Bike Zone*** *(zoom B2)* ***:*** *32 Saint Michael's St. ☎ 72-88-77. • bikezone.co.uk • Lun-sam 8h (9h sam)-18h; dim 10h30-16h30. Également au 202 Banbury Rd. ☎ 31-68-85.* Loueur de vélos.
➢ ***En voiture :*** *la circulation étant interdite dans l'hyper-centre historique et les parkings chers, on vous conseille d'utiliser le système* Park & Ride *(• parkandride.oxfordbus.co.uk •).* Cela permet de laisser sa voiture dans l'un des 5 parkings à l'entrée de la ville (suivez les flèches *Park & Ride*). Compter 2 £/j. de stationnement. De là, un bus (env ttes les 10 mn en journée, ttes les 15-30 mn tôt le mat et en soirée) vous emmène au centre-ville en 10-15 mn. Compter 2,60-2,80 £ l'A/R ; gratuit pour 3 enfants de moins de 16 ans/adulte.

Adresses et infos utiles

Oxford Information Centre *(zoom C2,* ***1****)* ***:*** *15-16 Broad St, OX1 3AS. ☎ 25-22-00. • experienceoxfordshire.com • Lun-sam 9h-17h30 ; dim et j. fériés 9h30-16h ; horaires plus restreints hors saison. Fermé 25-26 déc.* Documentation intéressante mais souvent payante, comme le *Quick guide to Oxford* (en français), qui recense les différents *colleges* et points d'intérêt. Se procurer aussi le mensuel *In Oxford* (gratuit) ou les brochures avec listes d'hébergements. Service de résa (3 £) de *B & B* et d'hôtels. Propose le change. Organise des tours guidés de la ville (voir « À faire »), infos à l'intérieur de l'office de tourisme (les rabatteurs dans la rue ne sont pas officiels).

City Sightseeing Oxford *(zoom A2, 2)* : *à la gare. ☎ 79-05-22. Tlj 9h30-18h (16h-17h en hiver).* Valable, compte tenu du monde au principal office de tourisme.

– **Marché :** *à Gloucester Green (zoom B2, près de la gare routière), le mer mat.*

✉ **Poste** *(zoom C3)* : *102-104 Saint Aldate's St. Lun-sam 9h-17h30.* Remarquez l'imposante boîte aux lettres en bois de 1910 à l'extérieur. *Également un autre bureau sur Abingdon Rd.*

Où dormir ?

À quelques exceptions près, les *B & B* sont un peu loin du centre, mais faciles d'accès par le bus (ou à pied pour les courageux) : vers le sud (Abingdon Road, qui est le prolongement de Saint Aldate's Street), vers l'est (Cowley Road ou Iffley Road), vers le nord (sur Banbury Road) et vers l'ouest (Botley Road, près de la gare ferroviaire et Cumnor Hill). Sans exception, hélas, ils sont chers, mais on peut s'y garer gratuitement. Liste disponible et résa possible à l'office de tourisme, y compris sur leur site internet. Une autre solution : les hôtels de chaîne, comme *Travelodge* ou *Premier Inn,* également excentrés, mais qui proposent d'avantageuses promos en s'y prenant bien à l'avance.

– On peut aussi loger dans les *colleges* *(● universityrooms.com/fr/city/oxford/home ●)* hors période scolaire, notamment à Exeter, Lincoln et Saint Peter's Colleges, mais l'offre reste très limitée et ce n'est pas donné.

Toutes les adresses sont équipées en wifi gratuit.

Adresses utiles

- 1 Oxford Information Centre
- 2 City Sightseeing Oxford

Où dormir ?

- **13** YHA
- **14** Oxford Backpackers Hostel
- **15** Central Backpackers Oxford
- **16** Holywell Bed & Breakfast
- **17** The Buttery
- **18** Bath Place Hotel
- **19** Malmaison

Où manger ?

- **41** Makan La et The Nosebag
- **42** Vaults and Garden Café
- **43** Edamamé
- **44** Chutneys Indian Brasserie
- **45** Art Café
- **46** Quod Brasserie and Bar
- **48** Bangkok House
- **50** Jamie's Italian
- **57** Heroes
- **58** The Covered Market
- **66** Ashmolean Dining Room

Où prendre le petit déjeuner ? Où s'arrêter pour un *tea-time* ?

- **51** The Grand Café
- **52** Queen's Lane
- **53** The Rose
- **56** Cafe Loco
- **59** Turl Street Kitchen

Où manger une glace ?

- **54** George and Davis' Ice Cream Café

Où boire un verre ?

- **60** The Bear
- **61** The Turf Tavern
- **62** The White Horse
- **63** The Eagle and Child
- **64** The Lamb and Flag
- **65** Three Goats Heads
- **69** The Chequers
- **72** Freud

Où danser ?

- **77** The Bridge et Wahoo
- **79** Purple Turtle Union Bar

Shopping

- **58** The Covered Market
- **62** Blackwell's
- **80** Sanders of Oxford
- **81** Alice's shop
- **82** The Ballroom

À voir

- **90** Carfax Tower
- **91** St Michael at the North Gate
- **92** Sheldonian Theatre et Museum of the History of Science
- **93** Exeter College
- **94** The Story Museum

À faire

- **5** Magdalen Bridge Boathouse

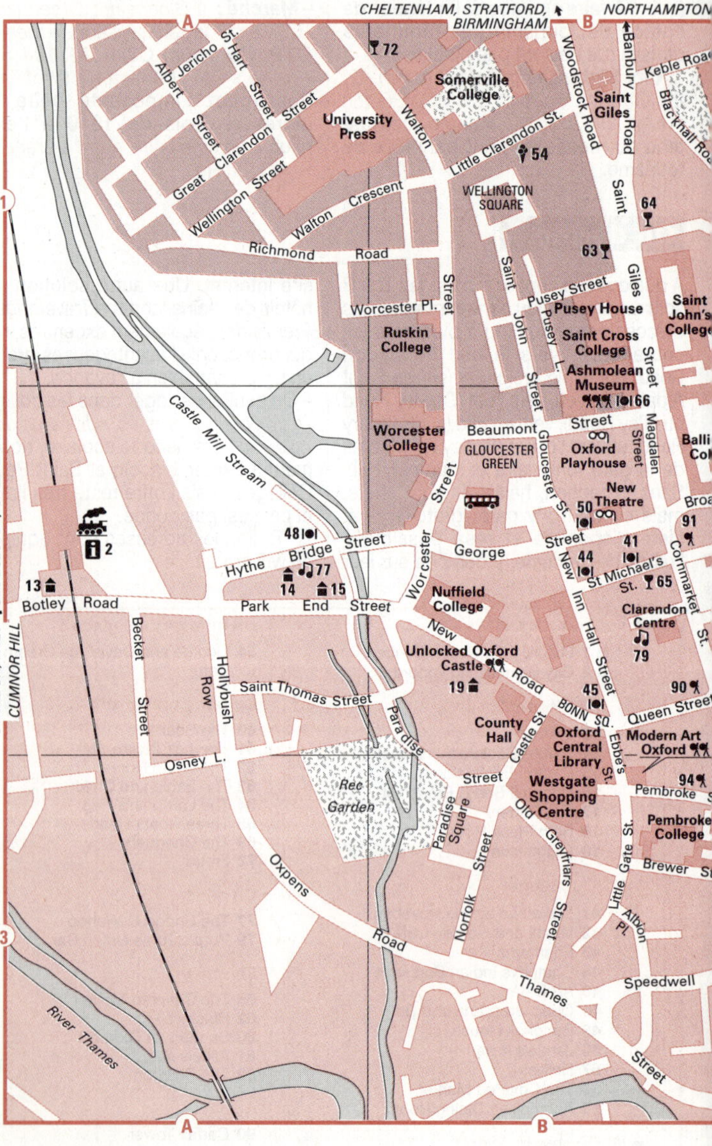
CHELTENHAM, STRATFORD, BIRMINGHAM
NORTHAMPTON
SWINDON, A420 GLOUCESTER, CHELTENHAM
CUMNOR HILL
A
B
1
3
Jericho St.
Albert Street
Hart Street
Great Clarendon Street
Wellington Street
Walton Street
Walton Crescent
Richmond Road
University Press
Somerville College
Little Clarendon St.
Woodstock Road
Banbury Road
Saint Giles
Keble Road
Blackhall Road
WELLINGTON SQUARE
Saint Giles
Saint John Street
Pusey Street
Pusey L.
Pusey House
Saint Cross College
Saint John's College
Worcester Pl.
Ruskin College
Ashmolean Museum
Magdalen Street
Beaumont Street
Worcester College
GLOUCESTER GREEN
Gloucester St.
Oxford Playhouse
New Theatre
Worcester Street
Castle Mill Stream
Hythe Bridge Street
George Street
New Inn Hall Street
St Michael's St.
Cornmarket St.
Botley Road
Park End Street
Nuffield College
Clarendon Centre
New Road
Unlocked Oxford Castle
Becket Street
Hollybush Row
Saint Thomas Street
Paradise Street
County Hall
Castle St.
BONN SQ.
Queen Street
Oxford Central Library
Modern Art Oxford
Ebbe's St.
Osney L.
Rec Garden
Westgate Shopping Centre
Pembroke St.
Paradise Square
Norfolk Street
Old Greyfriars Street
Pembroke College
Little Gate St.
Brewer St.
Oxpens Road
Albion Pl.
Thames Street
Speedwell Street
River Thames
2 13 14 15 19 41 44 45 48 50 54 63 64 65 66 72 77 79 90 91 94

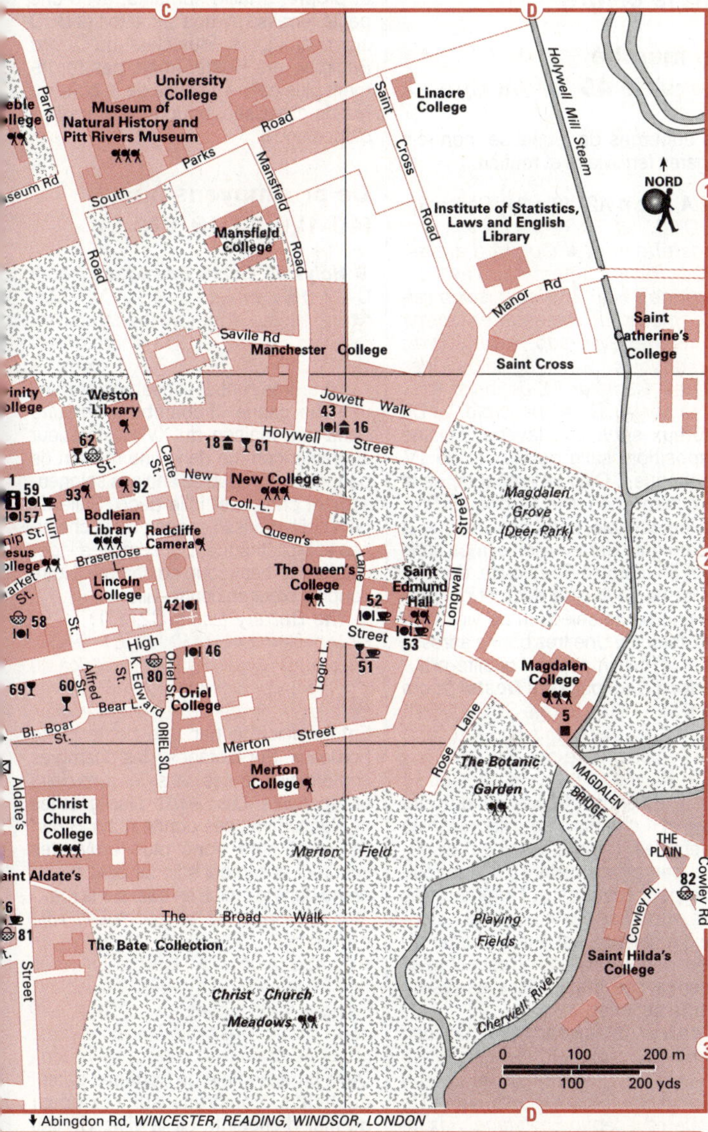
University College
Museum of Natural History and Pitt Rivers Museum
Parks Road
South Parks Road
Mansfield Road
Mansfield College
Saint Cross Road
Linacre College
Holywell Mill Stream
NORD
Institute of Statistics, Laws and English Library
Manor Rd
Saint Catherine's College
Saint Cross
Savile Rd
Manchester College
Jowett Walk
Holywell Street
Weston Library
Catte St.
New College
New Coll. L.
Queen's Lane
Bodleian Library
Radcliffe Camera
Brasenose L.
Lincoln College
The Queen's College
Saint Edmund Hall
Longwall Street
Magdalen Grove (Deer Park)
High Street
Turl St.
Oriel St.
Oriel College
K. Edward St.
Alfred St.
Bear L.
Logic L.
Magdalen College
Bl. Boar St.
Oriel Sq.
Merton Street
Merton College
Rose Lane
The Botanic Garden
Magdalen Bridge
The Plain
St Clement's St.
Cowley Rd
Cowley Pl.
Iffley Rd
Christ Church College
Merton Field
Saint Aldate's
Aldate's Street
The Broad Walk
The Bate Collection
Playing Fields
Christ Church Meadows
Cherwell River
Saint Hilda's College
0 100 200 m
0 100 200 yds
Abingdon Rd, WINCESTER, READING, WINDSOR, LONDON

OXFORD – zoom

Dans le centre

Bon marché (moins de 40 £ / 48 €)

Trois auberges de jeunesse, non loin des gares ferroviaire et routière.

YHA *(zoom A2, **13**) : 2 A Botley Rd, OX2 0AB. ☎ 72-72-75. • yha.org.uk/hostel/oxford • Ouv à l'année, 24h/24. Résa longtemps à l'avance. À partir de 17 ou 28 £/pers (selon saison et plus cher ven-sam) en dortoir de 6 lits max avec sdb, draps fournis ou en doubles* (twins). *Également des familiales. Compter 3 £ de moins pour les membres. Dîner possible.* De nombreux services : laverie, cuisine à disposition, salle de jeux et de TV, bibliothèque... Clair et agréable, dans un bâtiment moderne en brique. Propreté impeccable, personnel dévoué et sympathique. Bar et salon sympa sans oublier un resto, le *Boathouse,* dont on vous laisse deviner la déco et qui propose une petite sélection de vins bien sympathiques. Une très bonne adresse avec un excellent rapport qualité-prix.

Oxford Backpackers Hostel *(zoom A2, **14**) : 9A Hythe Bridge St, OX1 2EW. ☎ 72-17-61. • hostels.co.uk/oxford.php • Pas de couvre-feu. Env 21 £/pers en dortoir de 4 à 18 lits, 16-21 £, draps fournis.* Plus de 100 lits en dortoirs mixtes et 1 chambre de 4 lits réservée aux femmes. Laverie, cuisine à disposition, bar, billard, salle TV. Cette résidence pour routards, à l'intérieur très coloré, n'est pas d'une propreté redoutable, l'ambiance est jeune et internationale, parfois bruyante. Il est conseillé d'enfermer ses affaires dans les casiers prévus à cet effet.

Central Backpackers Oxford *(zoom A2, **15**) : 13 Park End St, OX1 1HH. ☎ 24-22-88. • centralbackpackers.co.uk • Porte jaune tte discrète et réception à l'étage. Pas de couvre-feu. Prévoir 19-28 £/pers ; petit déj compris. CB acceptées (commission).* Tout l'équipement classique de ce type de lieu (laverie, cuisine, TV...). Une quarantaine de lits répartis en 4 dortoirs mixtes et un (6 places) réservé aux femmes. Une AJ récente et propre, à taille humaine, avec une petite terrasse sympa sur le toit et BBQ aux beaux jours. Plus clean qu'*Oxford Backpackers Hostel* (mais pas forcément plus calme à cause de la boîte au rez-de-chaussée, bouchons d'oreille à disposition !).

De prix moyens à chic (40-120 £ / 48-144 €)

Holywell Bed & Breakfast *(zoom C-D2, **16**) : 14 Holywell St, OX1 3SA. ☎ 72-18-80. • holywellbedandbreakfast.com • Résa (très) à l'avance conseillée. Doubles 80-145 £. Parking gratuit à l'arrière.* Très central et néanmoins dans une rue calme. 3 chambres *en-suite* dans une maison du XVIe s. Intérieur adorable, comme dans une maison de poupée avec meubles anciens soigneusement choisis et jolie déco. Salle de petit déj lambrissé et cosy, avec cheminée et bibliothèque. L'ensemble a indéniablement beaucoup de charme. Notre coup de cœur en centre-ville.

The Buttery *(zoom C2, **17**) : 11-12 Broad St, OX1 3AP. ☎ 81-19-50. • thebutteryhotel.co.uk • Réception au 1er étage. Doubles env 100-150 £ avec petit déj ; ajouter 10 £ ven-sam soir.* Entrée discrète par une petite porte bordeaux. Sur 3 étages, des chambres confortables, toutes dans des tons clairs et reposants. Les *deluxe* plus grandes et plus lumineuses donnent sur Broad Street et sont donc plus bruyantes vendredi et samedi soir. Le petit déj se prend dans le snack en bas, sur la rue.

Bath Place Hotel *(zoom C2, **18**) : 4-5 Bath Pl, OX1 3SU. ☎ 79-18-12. • bathplace.co.uk • Doubles 95-130 £ en hte saison, petit déj-buffet inclus ; prix quasi identiques en basse saison, mais réduc possible longs séjours. Parkings gratuit ou payant (à 10 mn).* Dans un ensemble de cottages datant du XVIIe s, construits sur l'extérieur du mur d'enceinte de la ville. Un lieu chargé d'histoire, au charme fou, qui enchantera les amoureux et les autres. Une quinzaine de chambres en tout, meublées avec raffinement. Superbe, même si les chambres les moins chères *(small double)* sont vraiment très petites. Éviter celles qui donnent sur la

Turf Tavern, juste à côté. Une adresse d'exception et un très bon accueil. L'hôtel abrita les amours d'Elizabeth Taylor et de Richard Burton lorsque celui-ci jouait au théâtre d'Oxford.

Très chic (plus de 120 £ / 144 €)

Malmaison (zoom B2, **19**) : *3 Oxford Castle, OX1 1AY. ☎ 26-84-00. • malmaison.com • Doubles à partir de 160 £.* Voici un exemple réussi de reconversion pour le moins originale : une ancienne prison transformée en hôtel de luxe. La galerie centrale et les portes des cellules sur plusieurs étages ont été conservées, et l'ensemble a été entièrement réhabilité dans un style contemporain et chaleureux. Avec des couleurs feutrées dans les tons noir et pourpre. Les chambres ne sont pas très grandes, mais le confort a été nettement amélioré, et le matin, pas de matons ! Sachez qu'on pratiquait ici des pendaisons jusqu'en 1950.

Vers le sud

Camping

Oxford Camping & Caravanning Club (hors plan d'ensemble, **11**) : *426 Abingdon Rd, OX1 4XG. ☎ 24-40-88. • campingandcaravanningclub.co.uk/campsites/uk/oxfordshire/oxford/oxford • À 1 mile du centre, vers le sud (possible à pied). Depuis Aldate Rd bus n° 35. Tte l'année. Résa longtemps avt. Compter 8-13 £/pers selon saison, plus l'adhésion au club si ce n'est déjà fait.* Bien situé, face à un *Park & Ride,* donc bonne desserte en bus, et juste derrière un magasin d'équipements sportifs. Du coup, ce vaste camping est très fréquenté. Parfois bruyant et un peu l'usine, mais bien tenu.

De prix moyens à chic (40-120 £ / 48-144 €)

White House View (plan d'ensemble, **20**) : *9 White House Rd, OX1 4PA. ☎ 72-16-26. 📱 078-31-20-12-59. • whitehouseviewguesthouse.co.uk • À 10 mn à pied du centre. Doubles env 80-90 £ sans ou avec sdb, petit déj inclus ; familiales. Parking gratuit.* Petite maison accueillante et fleurie, légèrement en retrait d'Abingdon Rd, donc plus au calme. L'ensemble des 9 chambres est propre et bien tenu par un charmant couple de Mauriciens (qui parlent donc le français). Un bon plan à deux pas du centre.

Newton House (plan d'ensemble, **22**) : *82-84 Abingdon Rd, OX1 4PL. ☎ 24-05-61. • newtonhouseoxford.co.uk • À 15 mn à pied du centre. Doubles 79-119 £ (les plus chères le w-e). Parking gratuit.* Une adresse confortable, avec une quinzaine de chambres agréables, un rien bruyantes côté rue. Copieux petit déj et un accueil des plus cordial.

Lakeside Guesthouse (plan d'ensemble, **21**) : *118 Abingdon Rd, OX1 4PZ. ☎ 24-47-25. • stay@lakeside-house.co.uk • lakeside-guesthouse.co.uk • À 15 mn à pied du centre. Doubles à partir de 100 £ avec sdb ; familiales. Parking gratuit.* Jolie demeure en brique très british, avec beaucoup de cachet. 8 chambres lumineuses et décorées avec goût, certaines avec une jolie vue sur le parc voisin. La salle du petit déj est très agréable et spacieuse.

Vers l'est

Chic (80-120 £ / 96-144 €)

Browns Guesthouse (plan d'ensemble, **24**) : *281 Iffley Rd, OX4 4AQ. ☎ 24-68-22. • brownsoxford.com • À 15-20 mn à pied du centre ou bus n° 4. Doubles à partir de 70 £. Parking gratuit.* Une dizaine de chambres impeccables, agréables et lumineuses. Heureusement, à ce prix-là ! Préférez celles donnant sur le jardin, plus calmes. Salle du petit déj très coquette, avec du parquet.

Red Mullions Guesthouse (plan d'ensemble, **25**) : *23 London Rd, Headington, OX3 7RE. ☎ 74-27-41. • redmullions.co.uk • Bus n°s 8 ou 9 (arrêt sur London Rd). Doubles à partir de 100 £ ; familiales, ttes avec sdb. Parking.* Dans une jolie maison située dans un quartier résidentiel, une quinzaine de chambres décorées de manière contemporaine avec de grands lits moelleux et un mobilier dans le ton. L'accueil dynamique cadre bien avec l'ensemble.

Vers le nord

Chic (80-120 £ / 96-144 €)

The Burlington House *(plan d'ensemble,* **26***) : 374 Banbury Rd, Summertown, OX2 7PP. ☎ 51-35-13. • burlington-hotel-oxford.co.uk • À 2,5 km du centre. Bus nº 2. Doubles 97-112 £.* Dans une maison ancienne, vaste et cossue, située dans un quartier résidentiel, une douzaine de chambres, toutes différentes et élégamment décorées. Depuis la chambre nº 1 au 2e étage, jolie vue sur les alentours. Le petit déj est remarquable, avec de vrais croissants, du café italien et des produits maison. Il est servi dans une très jolie salle à manger décorée de faïences bleues. Une belle adresse.

Linton Lodge Hotel *(plan d'ensemble,* **27***) : 11-13 Linton Rd, OX2 6UJ. ☎ 55-34-61. • bestwestern.co.uk • À 1,5 km du centre. Bus nº 2. Doubles 70-200 £, sans ou avec petit déj ; familiales.* *Best Western* de style édouardien récemment rénové, dans un quartier résidentiel calme, avec accès facile au centre-ville en bus ou à pied. Plus de 80 chambres de toutes tailles, fonctionnelles et au confort moderne. Intéressant pour les promos en s'y prenant à l'avance. Jardin à l'arrière.

Vers l'ouest

Camping

Valley Farm Camp Site *(hors plan d'ensemble,* **12***) : Eynsham Rd, Lane House, Farmoor, OX2 9NL. ☎ 86-19-70. 077-67-40-29-44. • valleyfarmcampsite.com • À env 3 miles du centre. Arrêt de bus pour Oxford (10 mn). En saison slt. Compter env 20 £ en hte saison.* Pas loin de la ville, mais déjà à la campagne, dans un site aéré, c'est le 2e plus proche camping d'Oxford. On est sur une exploitation, avec son mignon cottage en brique faisant aussi *B & B* et des tentes ambiance *glamping.* Une quinzaine de vastes emplacements dans un grand champ où paissent des moutons, mais bloc sanitaire pas bien grand.

De prix moyens à chic (40-120 £ / 48-144 €)

High Hedges Guesthouse *(plan d'ensemble,* **28***) : 8 Cumnor Hill, OX2 9HA. ☎ 86-33-95. • highhedges.co.uk • À moins de 2 miles du centre-ville. Doubles 80-90 £. Parking.* Intérieur typiquement anglais, chaleureux et douillet. Les chambres sont grandes, décorées avec goût et pourvues de tout le confort. Mélanie et David, vraiment adorables tous les 2, louent aussi 2 appartements avec cuisine très bien équipée. Notre coup de cœur !

Gables Guesthouse *(plan d'ensemble,* **29***) : 6 Cumnor Hill, OX2 9HA. ☎ 86-21-53. • gables-guesthouse.co.uk • Fermé 2 sem en juil-août. Doubles 85-95 £, petit déj inclus.* Tony est le frère de David, qui tient l'adresse précédente. Quelle que soit la maison, vous êtes sûr d'y être chaleureusement accueilli. Choisissez de préférence les chambres avec grand lit et vue sur le jardin. Beaucoup de goût dans la décoration et grand confort. Jolie véranda au rez-de-chaussée.

Où manger ?

Le choix est impressionnant, pour toutes les bourses, ville touristique et estudiantine oblige... À noter : les musées et galeries (cadre privilégié au *Natural History Museum* et à l'*Ashmolean Musem*) ont généralement un *coffee shop* servant des snacks, voire un restaurant, de même que la plupart des librairies. Ne pas négliger non plus les pubs que l'on mentionne plus loin, pas très chers et pas mauvais, ainsi que les salons de thé où l'on sert des *English breakfasts* jusqu'à pas d'heure parfois.

Dans le centre

Bon marché (moins de 10 £ / 12 €)

Il existe à Oxford un lieu très agréable et étonnamment calme pour se restaurer à moindres frais, c'est le marché couvert : ***The Covered Market*** *(zoom C2, **58**), Market Sq et High St. Tlj sf dim 8h-17h30, certains établissements fermant plus tôt.* Citons, par exemple, *Moo-moo's* pour ses délicieux milk-shakes maison, *Alpha Bar* (soupes et produits bio), *Browns Café* (familial), *Pieminister* (devinez leur spécialité !) ou encore *Georgina's Coffee Shop*, le refuge des jeunes du coin. Et chez *Ben's Cookies*, on peut acheter des cookies au poids ! La liste n'est pas exhaustive. Voir aussi « Shopping » plus loin.

Vaults and Garden Café *(zoom C2, **42**) : Radcliffe Sq, High St. ☎ 27-91-12. Tlj 8h-18h. Buffet 12h-14h (arriver tôt pour avoir du choix !) avec plats du jour autour de 9 £. CB refusées.* Installé dans la crypte de l'église *Saint Mary the Virgin*, voici un lieu original pour grignoter sous des clefs de voûte en pierre. Tables dehors l'été, juste à côté des pierres tombales, avec vue sur le dôme de *Radcliffe Camera*. Ce café ne sert que de la nourriture bio. Bons cafés et gâteaux. Une adresse tombée du ciel pour les plus fauchés !

Heroes *(zoom C2, **57**) : 8 Ship St. ☎ 72-34-59. Tlj 8h30-18h30. Sandwichs à la demande, soupes et salades 3-4 £ ; crêpes et pâtes légèrement plus chères.* Petite sandwicherie à l'anglaise dans la tranquille Ship St. Grand choix d'ingrédients et de pains. Très bon et pas cher du tout : les étudiants s'y bousculent !

Art Café *(zoom B2, **45**) : 14 Bonn Sq. ☎ 24-24-64. Lun-sam 7h (8h sam)-19h ; dim 8h-18h. Plats 4-8 £.* Amusant resto de poche dans une maison en angle et sur 3 niveaux, qui fait aussi galerie de peinture. Délicieux petits déj, pâtes, *soup of the day, jacket potatoes...* Tout le monde y trouve son compte, d'autant que ce n'est pas très cher et parfois bio.

Prix moyens (10-20 £ / 12-24 €)

Makan La *(zoom B2, **41**) : 6-8 Saint Michael's St. ☎ 20-32-22. Tlj midi et soir (non-stop ven-dim). Plats 7-9 £.* Ce resto tout simple et tout en longueur sert une bonne cuisine malaisienne, dans des assiettes bien présentées. C'est le moment de goûter au *Nasi Goreng* (du riz frit) ou au *Makan La Special Noddles* (nouilles sautées aux fruits de mer). Très fréquenté le midi. Service souriant. Également un self-service à l'étage, ***The Nosebag*** *(☎ 72-10-33)*, qui s'étend sur 2 salles et propose des plats anglais, soupes, salades, sandwichs et gâteaux maison : copieux et pas trop cher *(4,50-13 £)*. 2 très bons rapports qualité-prix.

Edamamé *(zoom C2, **43**) : 15 Hollywell St, OX1 3SA. ☎ 24-69-16. Mer-sam le midi 11h30-14h30, dim 12h-15h30 ; et jeu-sam 17h-20h30 (soirée sushis le jeu). Plats 7-9 £.* Caché dans une petite rue, ce tout petit resto japonais fait régulièrement le plein de clients et d'éloges. Arriver tôt, car ils ne prennent pas les résas et il y a vraiment peu de places. Également vente à emporter.

Chutneys Indian Brasserie *(zoom B2, **44**) : 36 Saint Michael's St (à l'angle avec New Inn Hall St). ☎ 72-42-41. Tlj 12h-14h30, 18h-23h. Plats 8-14 £. Buffet lunch mer-dim 9,30 £.* Le cadre rompt avec tous les clichés du genre parce qu'il n'a rien d'exotique et que l'atmosphère y est plus jeune et plus bistrot que dans la plupart des restos indiens. Un véritable régal pour le palais, la vue et l'odorat, avec, de surcroît, un excellent accueil.

Quod Brasserie and Bar *(zoom C2, **46**) : 92-94 High St. ☎ 20-25-05. Tlj 7h-23h (22h30 dim). Plats 10-18 £ ; menus lun-ven 13-17 £ ; pizza moins de 13 £.* Un de ces lieux « multifonctions » où l'on peut selon son budget et l'heure manger des pizzas et quelques plats plus anglais ou plus métissés. Cuisine raffinée dans un cadre moderne qui fut un hall de banque dans une autre vie. À l'arrière, petite terrasse avec fontaine agréable aux beaux jours. Grand choix de vins. Service impeccable.

|●| ***Bangkok House*** *(zoom A2, **48**) : 42A Hythe Bridge St. ☎ 20-07-05. Tlj 12h-15h, 17h30-23h. Plats 8,50-11,50 £ ; menu le midi env 11 £.* Dans un joli cadre traditionnel tout en bois, avec tables et chaises sculptées, une cuisine thaïlandaise savoureuse et authentique. Carte très variée. Service attentionné, en costume de soie. Plutôt dépaysant.

|●| ***Jamie's Italian*** *(zoom B2, **50**) : 24 George St. ☎ 83-83-83. Tlj 12h-23h (22h30 dim).* Express lunch menu *à partir de 15 £ ; pâtes env 6-15 £ ; plateau assorti env 7 £. Vins assez chers (quelques vins bio).* Un rejeton du petit génie de la cuisine anglaise, Jamie Oliver et sa chaîne de restos consacrés à la cuisine italienne. L'ensemble est un peu bruyant, mais après tout, on est en Italie !

Plus chic (20-30 £ / 24-36 €)

|●| ***Ashmolean Dining Room*** *(zoom B1-2, **66**) : Beaumont St, dans le musée Ashmolean. ☎ 553-823. Mar-mer et dim 10h-16h30, jeu-sam 10h-22h. Menus : mer-ven 12h-15h, 18-21,50 £ ; jeu-sam 17h30-19h30, 16-18 £. Plats 13-17 £.* Pas la table la moins chère de la ville, mais elle est très fréquentée le midi et pour cause : niché au 4e étage du musée, ce resto tout en baies vitrées domine les toits d'Oxford. Il y a même une terrasse. La carte traditionnelle britannique tient bien la route, sans atteindre des sommets non plus, dans un cadre lumineux et privilégié.

Vers l'est

De bon marché à prix moyens (moins de 20 £ / 24 €)

|●| ***Kazbar*** *(plan d'ensemble, **40**) : 25-27 Cowley Rd. ☎ 20-29-20. Tlj à partir de 17h en sem, 12h le w-e.* Happy hour *dim-jeu 17h-18h. Tapas 3-5 £ ; déj 10-15 £ ; dîner 20-40 £.* Un lieu original et dépaysant, à la belle décoration tendance marocaine, qui propose des tapas espagnoles et méditerranéennes. C'est copieux et délicieux. Grand choix de vins espagnols, xérès et cocktails. Accueil amical avec l'accent du pays. Une vraie ambiance d'auberge espagnole dans ce petit bout d'Andalousie.

|●| ***Fishers – Oxford's Fish and Seafood Restaurant*** *(plan d'ensemble, **47**) : 36-37 St Clement's St. ☎ 24-30-03. Ouv le midi ven-dim à partir de 12h et ts les soirs de la sem à partir de 18h. Fermé lun en été. Résa conseillée. Compter 10-16 £ pour un plat principal. Formule déj très intéressante* (light lunch) *env 9-12 £ avec 2-3 plats. Service en sus.* Dans une déco maritime authentique, on sert ici du poisson sous toutes ses formes : grillé, poché, cru, fumé... Le menu change tous les jours en fonction des arrivages. C'est frais, bon et pas trop cher. Un vrai bon plan pour ceux qui aiment les produits de la mer.

Vers le nord

De prix moyens à plus chic (10-30 £ / 12-36 €)

|●| ***The Jericho Cafe*** *(plan d'ensemble, **55**) : 112 Walton St, OX2 6AJ. ☎ 31-08-40. Tlj 8h-22h (21h lun-mer). Petit déj 7 £. Plats et salades 8-20 £.* Dans le quartier branché de Jericho, difficile de manquer ce resto central derrière sa façade rouge pimpante. Avec ses murs de brique et son comptoir, l'endroit est accueillant et l'ambiance décontractée. Selon l'heure, goûtez la savoureuse cuisine à tendance méditerranéenne ou les appétissants gâteaux maison. Jolies fresques naïves évoquant le quartier. Également une salle au sous-sol.

|●| ***Cherwell Boat House*** *(plan d'ensemble, **49**) : Bardwell Rd, OX13 5HB. ☎ 55-27-46. Au nord de la ville, au bord de la rivière Cherwell : bus no 2, arrêt Park Town, puis de Banbury Rd, prendre Bardwell Rd*

sur la droite jusqu'à ce qu'elle tourne à gauche ; là, sur la droite, prendre l'allée qui mène au resto. Tlj 12h-14h, 18h-21h15. Résa fortement conseillée. Le midi, menus express 14,50-19 £ ; le soir env 24-29 £. Service en sus. Joli et élégant resto les pieds dans l'eau. Cuisine anglaise moderne, à base de produits locaux de saison. L'établissement est également connu pour sa cave. L'été, de 11h à la tombée de la nuit, kiosque adjacent qui propose des sandwichs *(baguettes)*, salades, snacks, etc. Si le cœur vous en dit, vous pouvez louer un *punt* juste à côté *(16 £/h en sem ou 18 £ le w-e).*

Où prendre le petit déjeuner ?
Où s'arrêter pour un *tea-time* ?

The Grand Café *(zoom D2,* ***51****) : 84 High St. ☎ 20-44-63. Tlj 9h-19h, plus 19h-23h ven-sam. Petit déj env 5-9 £.* Établissement genre brasserie parisienne. Bar en mosaïque, tables et chaises bistrot bien espacées, grands miroirs, sol en marbre, jolis lustres et des plantes vertes. Musique lounge en fond sonore. Chocolat maison, excellent café, nombreux thés et des petits déj qui sortent de l'ordinaire. Également un grand choix de vins, bières, apéritifs et cocktails pas très chers.

Queen's Lane *(zoom D2,* ***52****) : 40 High St. ☎ 24-00-82. Tlj 7h30 (9h dim)-20h. Grand choix de petits déj env 5-9 £ : de luxe, continental, végétarien, etc. Sandwichs, salades et plats 4-9 £.* Café estudiantin moderne et convivial. Réputé pour être le plus vieux café d'Europe (sans interruption) puisque, en 1654, on y vendait déjà cette nouvelle boisson. Cela dit, ne vous attendez pas à un décor Grand Siècle, les 2 salles n'ont vraiment rien d'historique dans leur déco.

The Rose *(zoom D2,* ***53****) : 51 High St. ☎ 24-44-29. Lun-sam 9h-19h, dim 10h-18h. Env 6 £ pour le thé traditionnel avec scones et petits pots de confiture. Petits déj env 4-6 £.* Décor moderne et dépouillé, pas aussi cosy que le typique salon de thé anglais, mais on peut y déguster un sympathique *cream tea* : un mini-repas composé de petits sandwichs et de scones. C'est assez cher, mais on vous sort le grand jeu avec des sauces très anglaises pour accompagner le tout. En vente : *chutneys, pickles* et confitures maison.

Cafe Loco *(zoom C3,* ***56****) : 85-87 Saint Aldate's St. Tlj 9h (9h30 dim)-18h.* Juste en face des jardins de Christ Church, un agréable salon de thé à l'ambiance feutrée et studieuse. La salle dans les tons crème est décorée de dessins tirés d'*Alice au pays des merveilles.* Propose des sandwichs à emporter faits maison, des gâteaux et des soupes. Assez smart.

Turl Street Kitchen *(zoom C2,* ***59****) : 16-17 Turl St. ☎ 26-41-71. Tlj de 8h à tard le soir. Restaurant fermé dim soir.* Central, parfait pour une pause goûter, cet endroit multifonctions propose petit déjeuner, plats traditionnels et un grand choix de boissons. Le menu est basé sur les produits locaux, de saison et change tous les jours. Atmosphère un peu bruyante.

Où manger une glace ?

George and Davis' Ice Cream Cafe *(zoom B1,* ***54****) : 55 Little Clarendon St. Tlj 8h-minuit.* Situé dans une petite rue commerçante à la lisière de Jericho, ce glacier propose un excellent choix de 12 parfums différents chaque jour. Également des brownies, muffins, bagels à garnir... La maison produit son propre lait bio qui sert dans la fabrication des glaces. Également 2 autres établissements : *94 Saint Aldate's St, face au Christ Church College ; et 104 Cowley Rd.*

Où boire un verre ?

Dans les pubs, bien sûr, dont certains sont « historiques » : vous n'aurez que l'embarras du choix. En règle générale, ils ouvrent tous les jours de 11h (parfois 12h) à 23h en semaine, plus tard le vendredi et le samedi et jusqu'à 22h30 le dimanche. La plupart servent du *pub grub* pas très cher et pas mauvais du tout.

Dans le centre

🍷 ***The Bear*** *(zoom C2, **60**) : 6 Alfred St. ☎ 72-81-64.* Sélection de bières de tout poil au *Bear,* ce minuscule pub du XIIIe s, tout en bois et très bas de plafond. Également connu pour ses milliers de bouts de cravates en provenance du monde entier qui décorent murs et plafond de la petite arrière-salle. Quelques tables dehors à l'arrière.

🍷 ***The Turf Tavern*** *(zoom C2, **61**) : 7 Bath Pl. ☎ 24-32-35. Au bout d'une impasse. Plats 8-12 £.* La taverne la plus vieille d'Oxford, où l'on festoyait déjà au XIIe s. Super quand il fait beau (ou non !) : on peut boire un verre dans une des petites cours intérieures. Mais l'intérieur du pub lui-même est aussi très sympa avec ses petites salles aux murs de pierres apparentes. Très fréquenté par les étudiants, et aussi par les touristes... Une adresse historique pleine de charme.

🍷 ***The White Horse*** *(zoom C2, **62**) : Broad St.* Ce pub de poche n'a pas bougé d'une *pint* depuis des siècles. Salle sombre, tout en bois et basse de plafond. Lors de l'incendie du 1er étage, dans les années 1980, on retrouva un balai de sorcière, qui, lui non plus, n'a pas bougé de place, par superstition !

🍷 ***The Eagle and Child*** *(zoom B1, **63**) : 49 Saint Giles St. ☎ 30-29-25.* Fréquenté un temps par C. S. Lewis et J. R. R. Tolkien (l'auteur du *Seigneur des anneaux*), ce pub propose une large sélection de bières que l'on pourra siroter tranquillement dans une de ses petites alcôves. Populaire. Agrandi d'une véranda à l'arrière qui apporte de la lumière, mais lui fait perdre un peu de caractère.

🍷 ***The Lamb and Flag*** *(zoom B1, **64**) : Saint Giles St.* Date de 1617. Le groupe d'écrivains *The Inklings* se réunissait souvent ici, et Thomas Hardy y situe d'ailleurs une partie de l'intrigue de son roman *Jude l'Obscur.* C'était, et c'est toujours, un lieu de rencontre entre « *Town and Gown* » (bourgeois et autres cités locales, voir « Un peu d'histoire », en intro de la ville). Confortablement installé derrière les lourdes tentures, dans un bel intérieur tout en boiserie, on a un peu le sentiment d'être hors du temps.

🍷 ***Freud*** *(zoom B1, **72**) : 119 Walton St. Dans Jericho. ☎ 31-11-71. Lun-jeu à partir de 17h, ven-dim à partir de midi.* Face aux fameuses presses universitaires d'Oxford, cette ancienne église néoclassique a été reconvertie en *cocktail bar,* mais les vitraux ont été conservés. Un endroit original !

🍷 ***Three Goats Heads*** *(zoom B2, **65**) : 3A Saint Michael's St. Pub grub à partir de 7 £.* Impossible de manquer ce pub sur 2 niveaux avec sa surprenante façade à colonnes. Dans le *basement,* salle décorée de céramique et ambiance très animée. Au 1er, salle aménagée plus chaleureusement avec plafond à caissons et boiserie où il est plus facile de s'installer si l'on veut manger un morceau ou prolonger la soirée. Dans tous les cas, chaude ambiance en fin de semaine.

🍷 ***The Chequers*** *(zoom C2, **69**) : 131 High St. Plats de pub grub 8-12 £.* Bien caché dans une allée couverte, ce pub de plus de 400 ans est un des plus populaires, reconnu pour son *pub grub* de qualité et une des meilleures sélections de bières ales. Un lieu authentique et incontournable !

🍷 ***The Head of the River*** *(plan d'ensemble, **67**) : Folly Bridge. ☎ 72-61-00.* En bordure de rivière, une grande terrasse fleurie en escalier. L'intérieur est chaleureux et confortable avec son épaisse moquette, et ses grandes banquettes en cuir. On peut y grignoter du *pub grub* et terminer par une balade au bord des *meadows.*

Dans les environs

🍷 |●| ***The Isis Farmhouse*** *(hors plan d'ensemble, **68**) : Riverside, **Iffley Lock.** ☎ 24-70-06. À quelques km au* *sud d'Oxford. Possibilité de prendre un bus (lignes n°s 3 et 4) jusqu'au petit village d'Iffley, puis descendre jusqu'à l'écluse : c'est à 200 m sur la droite, de l'autre côté de l'Isis. Sinon, on peut s'y rendre à pied, notre solution préférée. Au pied de Saint Aldate's St, prendre sur la gauche après Folly Bridge : jolie balade de 45 mn à pied, en longeant les berges de la rivière et les clubs d'aviron des colleges. On y arrive directement. Tlj 11h-23h (22h30 sam).* Au beau milieu de la nature, une auberge de campagne vieille de 150 ans, où se réunissent régulièrement locaux et rameurs universitaires comme en témoignent le décor et les photos. Feu de bois l'hiver, coin fauteuil et canapé, billard oxfordien (tradition oblige) pour une détente assurée dans une ambiance décontractée et bon enfant. Grand jardin et tables dehors l'été. Possibilité également de s'y sustenter avec du *pub grub.*

Où sortir ?

New Theatre *(zoom B2)* **:** *George St.* ☎ *320-760.* Le plus grand théâtre d'Oxford qui accueille les spectacles du West End de Londres, mais moins chers.

The Oxford Playhouse *(zoom B2)* **:** *Beaumont St.* ☎ *30-53-05.* • *oxfordplayhouse.com* • Présente des spectacles de théâtre et danse principalement. Sert également de *box office* pour d'autres salles de spectacle comme le ***Sheldonian Theatre*** *(zoom C2,* ***92****)* **:** *Broad St.*

En dehors du centre-ville

■ **Phoenix Picturehouse** *(plan d'ensemble,* ***76****)* **:** *57 Walton St, au nord.* ☎ *(08719) 02-57-36.* Le cinéma d'art et d'essai de la ville. Excellente programmation.

O² Academy *(plan d'ensemble,* ***73****)* **:** *190 Cowley Rd, à l'est.* ☎ *813-500. Box office lun-sam 12h-17h30. Salle de concert et discothèque (payants) sur 2 niveaux.* Tous les styles, du rock à la transe en passant par la house et le R'n'B.

Où danser ?

The Bridge *(zoom A2,* ***77****)* **:** *Hythe Bridge St.* ☎ *242-526.* • *bridgeoxford.co.uk* • Bar et club. À côté, ***Wahoo,*** ☎ *251-838.* • *wahoooxford.com* • À la fois *sports bar,* boîte, resto... Tout ce qu'il faut dans le quartier pour la vie nocturne. Demandez les programmes !

Purple Turtle Union Bar *(zoom B2,* ***79****)* **:** *Frewin Court.* ☎ *24-70-07.* • *purpleturtlebar.com* • *Dans un cul-de-sac perpendiculaire à Cornmarket St. Lun-sam 18h-3h, dim 19h-2h. Happy hours 18h-22h.* Dans un ancien cellier, bar-disco réservé exclusivement aux étudiants (carte d'étudiant ou passeport exigé) ; prix des boissons défiant toute concurrence. Plusieurs salles, un juke-box ainsi que des DJs différents tous les soirs. Ambiance délurée, stroboscopes et néons mauves à gogo !

Shopping

Les magasins sont concentrés dans quelques rues : *High Street* (antiquaires, bonbons, coiffeurs à l'ancienne...), *Broad Street, Queen Street* et *Cornmarket Street* (la rue piétonne d'Oxford), *Little Clarendon Street, Walton Street* et *Cowley Road.* Également 2 *shopping centres,* sur Cornmaket Street *(Clarendon)* et New Road *(Westgate).*

The Covered Market *(zoom C2,* ***58****)* **:** *Market Sq et High St. Lun-sam 8h-17h30, dim 10h-16h.* Dans une ambiance reposante, de nombreuses boutiques d'alimentation, des primeurs, des épiceries, un coiffeur, un poissonnier, un fromager... et plein de boutiques d'un autre temps. Voir le *Cake Shop* avec de démentes décorations de gâteaux d'anniversaire ou d'examen et des *graduates* en pâte d'amandes. Sinon, on aime bien *Cardew & Co,* spécialisé dans le thé et le café en vrac, à petits prix ou encore *The Hat Box* pour se choisir un chapeau avant d'aller aux courses.

Sanders of Oxford (zoom C2, **80**) : 104 High St. ☎ 24-25-90. Lun-sam 10h-18h, dim 11h-17h. Voici une boutique de photos et gravures anciennes sur Oxford et ailleurs. Certes cher, mais un beau souvenir. Classement impressionnant par thèmes et par sites.

Alice's Shop (zoom C3, **81**) : 83 Saint Aldate's St. Tlj 10h30-17h. La maison a plus de 500 ans. À partir de 1830, c'est devenu une petite épicerie tenue par une vieille dame, dont la voix ressemblait au bêlement d'un mouton, où Alice Liddell venait acheter ses bonbons (elle n'avait qu'à traverser la rue). Cette échoppe a inspiré Lewis Carroll pour son livre *De l'autre côté du miroir,* il l'a transformée en « *Sheep Shop* » tenue par un vieux mouton... C'est maintenant une toute petite boutique entièrement consacrée à Alice : cartes, services à thé, crayons...

The Ballroom (zoom D3, **82**) : 5-6 The Plain. ☎ 20-23-03. Au rond-point d'où partent Saint Clement's St, Cowley Rd et Iffley Rd. Lun-ven 10h-17h30 ; sam 9h15-17h45. Pour choisir entre un chapeau claque et un chapeau melon, ou pour louer le temps d'une soirée une robe de Cendrillon parmi les 5 000 modèles (à partir de 10 £) ! Également une section vintage.

Librairies

Les rats de bibliothèque, les papivores, les fous de la lecture, les anglicistes distingués seront ravis. Oxford, capitale de l'esprit, se devait de posséder les meilleures librairies.

Blackwell's (zoom C2, **62**) : 48-51 Broad St. ☎ 33-36-90. • bookshop.blackwell.co.uk • Lun-sam 9h (9h30 mar)-18h30 ; dim 11h-17h. Également des « annexes » *Art and Poster* et *Music* réparties autour de Broad Street, à proximité de l'office de tourisme. « *The best book-shop in Britain since 1879.* » Parmi les plus grandes au monde, cette librairie s'étend sur 4 niveaux, du sous-sol au 3e étage. On y trouve tout, sur tous les sujets : 250 000 ouvrages à portée de main ! Sur commande, vous recevrez votre livre dans les 48h. Un café au 1er étage *(Caffè Nero),* où lire confortablement installé. Clubs de lecture et ateliers permettant de rencontrer ses auteurs favoris. Et de très intéressants *walking tours* (début mai-fin oct et autour de Noël) : *The Literary Tour of Oxford, The « Inklings » Tour* et *Historic Oxford Tour.* Résas : ☎ 33-36-02. Un must pour les amoureux de la langue de Shakespeare...

À voir

À Oxford, on visite en priorité les *colleges.* Mais il serait dommage de passer à côté des musées... Très vite, vous ne saurez plus où donner de la tête et trouverez votre séjour bien trop court ! Comme la ville comprend une quarantaine de *colleges,* on a sélectionné les principaux. Ensuite, vous n'aurez plus qu'à vous laisser guider par votre inspiration, un plan d'Oxford en main. Pour ceux qui parlent bien l'anglais, la meilleure solution consiste à participer aux visites guidées de la ville organisées par l'office de tourisme ou la librairie *Blackwell's* (rubrique « Shopping. Librairies »).

Mais Oxford ne se limite pas seulement à son centre-ville. Allez vous balader au nord-ouest dans l'ancien quartier juif et populaire devenu branché de ***Jericho.*** Avec ses petites maisons serrées les unes contre les autres, ses quelques antiquaires et petites librairies, l'endroit est calme et présente beaucoup de charme. En descendant la Walton Well Street, remarquez le groupe de maisons avec des scènes de la Bible sculptées au-dessus des fenêtres. Plus loin, en bordure du canal, un ensemble d'immeubles récents très modernes, mélange de brique, fer et baies vitrées, assez réussi. Un autre visage d'Oxford !

Les *colleges*

Dans chaque *college,* on retrouve classiquement une première cour tapissée de gazon (*quadrangle* ou *quad*), puis d'autres cours en enfilade avec les bâtiments qui abritent les chambres des étudiants. Au niveau de la première cour se situe souvent l'entrée de la chapelle, ainsi que le *dining hall* (réfectoire) généralement très beau, avec des boiseries et de grandes tables en bois. Jusque dans les années 1970, les étudiants devaient venir à table en toge noire et se lever pour réciter le bénédicité en latin. Les murs de la salle à manger sont décorés des portraits des fondateurs du *college* ainsi que de ceux des anciens élèves passés à la postérité. Bien entendu, chaque *college* comprend une ou plusieurs bibliothèques, rarement accessibles. Les inscriptions à la craie blanche que l'on voit parfois sur les murs à l'extérieur correspondent aux noms des clubs ayant gagné à l'aviron, avec l'année en regard. En mai et juin, les chapelles sont souvent occupées par les mariages d'anciens élèves.
Les portiers *(porters)* sont des personnages très importants dans les *colleges* ; certains sont hauts en couleur, et ils font parfois office de guides lors des visites. La plupart des *colleges* sont ouverts l'après-midi, *Christ Church College* étant ouvert toute la journée. ***Attention, en mai-juin, en période d'examens, les colleges peuvent être fermés à la visite sans crier gare.***

Les ***meadows* de Christ Church** constituent une des grandes attractions d'Oxford *(accès libre pdt la journée).* Entrée principale par le *memorial garden* sur St Aldate's Street. Cet immense espace vert où se trouve l'entrée du *college* du même nom est constitué de prairies et de terrains de sport et s'étend jusqu'à l'Isis (le nom donné à la Tamise ici) et la rivière Cherwell. C'est par là que les étudiants accèdent à leurs clubs d'aviron. Ne pas manquer cette balade à pied, on peut en faire le tour en 25 mn environ. Une plaque rappelle que le 4 octobre 1784, James Sadler réalisa la première ascension en ballon à partir des *meadows.*

Christ Church College *(zoom C3)* **:** *Saint Aldate's St, entrée par les meadows. ☎ 27-64-92. • chch.ox.ac.uk • Lun-sam 10h-17h (dernière entrée à 16h15) ; dim à partir de 14h, horaires variables, vérifier. Fermé 25 déc. Entrée : autour de 8 £ (quand tt est accessible, sinon moins cher) ; réduc. Visites guidées possibles (résa conseillée).*

QUAND HARRY RENCONTRE ALICE

Si les visiteurs se pressent au great hall *pour le décor de* Harry Potter, *on oublie que cet endroit inspira avant tout Lewis Carroll. La reine de cœur qui veut couper la tête d'Alice au pays des merveilles est inspirée du fondateur du* college, *Henri VIII, qui fit exécuter deux de ses femmes (portrait au-dessus de la table des professeurs). Et le lapin toujours en retard ? C'est le père de la vraie Alice, le doyen du* college *qui disparaissait par un escalier dérobé, derrière la grande table.*

Fondé en 1524, c'est le plus grand *college* de l'université d'Oxford, et le seul au monde à abriter une chapelle qui soit également une cathédrale. C'était le *college* de la noblesse ; il a formé 13 Premiers ministres de la couronne anglaise. Le philosophe John Locke, précurseur des Lumières, y fut professeur, de même que le mathématicien Charles Dodgson (le futur Lewis Carroll). Alice Liddell, à qui il racontait ses histoires, était la fille du doyen *(dean),* et *Alice au pays des merveilles* est grandement inspirée par Oxford. Christ Church est le plus visité des *colleges,* et l'on est accueilli par des *gentlemen* à chapeau melon. Voici un rapide tour du propriétaire :
– ***Le great hall* :** les lieux vous rappelleront certainement *Harry Potter,* puisqu'il s'agit de la grande salle où se réunissent les élèves pour la proclamation des résultats de l'année. Mais aucune image n'y fut tournée (la salle, agrandie, fut reconstituée en studio). L'escalier qui y mène présente un magnifique plafond en

éventail voûté. C'est la plus vaste salle à manger médiévale de tous les collèges d'Oxford, et songez que les étudiants et leurs professeurs continuent à y prendre leurs repas tous les jours. Pas mal la cantine ! Ouvrez grands les yeux, sur la cinquième fenêtre en partant de la porte d'entrée à gauche, on observe le portrait d'Alice. Et sur la cinquième fenêtre à droite, vous ne manquerez pas de reconnaître celui d'un célèbre physicien. Sinon, les murs sont recouverts des portraits des plus célèbres élèves du collège.

– On accède ensuite à la grande et élégante cour ***(Tom Quad),*** la plus vaste de tous les *colleges* d'Oxford.

– ***La cathédrale :*** absolument superbe, toute petite, elle est surtout réputée pour ses vitraux. Une église de style roman fut tout d'abord élevée au XIIe s sur ce site. Puis, au fil du temps, elle subit de nombreuses transformations, des chapelles furent ajoutées, ce qui lui donne une forme un peu curieuse. Les vitraux les plus anciens sont ceux du transept sud, réalisés au XIVe s, qui évoquent le meurtre de l'archevêque Thomas Becket en 1170. De chaque côté du chœur, deux vitraux plus récents mais remarquables du peintre préraphaélite Edward Burne-Jones (XIXe s). On admirera encore, pour ses extraordinaires couleurs et sa puissance d'évocation, le vitrail de saint Michel dans le transept nord, illustrant le saint et ses anges en plein combat avec un dragon. À voir encore : plusieurs tombeaux, le chœur de style gothique et l'élégante nef à nervures et clefs de voûte pendantes. La cathédrale accueille également une des plus belles chorales d'Oxford (voir la rubrique « À faire. *Evensongs* »). En principe, tous les jours à 18h.

– Plus loin, dans le ***Peckwater Quadrangle,*** remarquez sur les murs, la liste des victoires en aviron.

– Ce *college* est également le seul à posséder sa ***galerie d'art,*** située de l'autre côté de la cathédrale. *Tlj sf mar et dim mat 10h30-13h, 14h-16h30 (juin-sept 17h et ouv mar). Entrée : 3,50 £, ½ tarif si visite également du college (sinon, entrée par Oriel Sq) ; réduc.* Une des plus importantes collections privées d'Angleterre, avec quelque 300 tableaux et 2 000 dessins. L'art italien du XIVe au XVIIIe s est fortement représenté. Également quelques artistes hollandais, Michel-Ange, Raphaël, Rubens... À voir : une collection éblouissante d'œuvres de John Ruskin (les fans de Proust seront ravis) et des dizaines de dessins de maîtres anciens : Holbein, Van Dyck, le Tintoret, Carrache, Léonard de Vinci...

APRÈS L'HEURE, C'EST PLUS L'HEURE

La jolie tour du XVIIe s qui se dresse au-dessus de Christ Church College *abrite une cloche qui sonne 101 coups chaque soir, signal de la fermeture des portes du college, après quoi les étudiants devaient payer une amende pour rentrer. Ils étaient censés regagner leurs pénates pour 21h* Oxford time, *c'est-à-dire 5 mn plus tard que* Greenwich time. *C'est pourquoi la cloche sonne encore de nos jours à 21h05 exactement.*

– En sortant par la Canterbury Gate, poussez en face la porte surmontée de blasons peints de l'***Oriel College*** *(zoom C2).* Admirez sa cour dotée d'un perron original surmonté de deux imposantes statues et de la maxime « *Regnante Carolo* », rappelant qu'Oriel fut le premier *college* de fondation royale à Oxford en 1326.

★★★ ***Magdalen College*** *(zoom D2) :* *High St. ☎ 27-60-00. • magd.ox.ac.uk • Tlj : début oct-fin juin, de 13h à la tombée de la nuit ; fin juin-début oct, 12h-19h. Entrée : 6 £ ; réduc.* Prononcez « Maodline ». Un des plus beaux *colleges* d'Oxford, dans un endroit particulièrement tranquille. *Magdalen College* possède le plus grand terrain de tous les *colleges,* avec sa promenade le long de la rivière, son parc avec des cerfs et biches en liberté, des cloîtres (celui du XVe s est d'une grande beauté) et trois cours *(quads)* avec de belles pelouses. Sa ***great tower*** (grande tour) du XVe s, qui domine l'entrée d'Oxford, est célèbre aussi pour le fameux ***May Morning.*** Chaque 1er mai, une chorale composée d'écoliers du ***Magadalen College School,*** ainsi que d'étudiants, chante du haut de la grande tour du *college* devant des milliers de personnes massées sur le pont en bas, qui viennent de toute l'Angleterre pour voir ce spectacle du *May Morning.* Cela ne dure que quelques minutes, de 6h à 6h12 précisément. Après quoi, les étudiants les plus fous (et surtout les plus saouls) sautent à l'eau et vont boire un petit coup. La chapelle abrite une ***copie de La Cène de Léonard de Vinci,*** ainsi qu'un magnifique jubé décoré de gargouilles portant chacun un instrument de musique différent. De manière générale, levez la tête et admirez la collection de gargouilles dispersées sous tous les toits : drôles, effrayantes, animales... et jamais les mêmes ! Possibilité de prendre une collation à ***The Old Kitchen Bar*** *(tlj sf dim 12h ou 13h-17h30).*

¶¶¶ ***New College*** *(zoom C2)* **:** *New College Lane Gates.* ☎ *27-95-55.* ● *new.ox.ac.uk* ● *On y accède par un lacis de rues étroites. Tlj 11h-17h (14h-16h oct-fév ; accès par Holywell St Gates). Entrée : 4 £ ; réduc ; gratuit l'hiver.* Parmi les plus anciens *colleges* d'Oxford, ce fut le premier à être construit autour d'un *quadrangle* (cour intérieure) ; il fut fondé en 1379 pour combler les pertes humaines au sein du clergé pendant la grande peste. La chapelle présente un retable orné de statues de saints, dont celle de Lazare par sir Jacob Epstein (assez dérangeante), d'intéressants vitraux des XIVe et XVIIIe s, ainsi qu'un portrait de saint Jacques, œuvre du Greco. Le ***dining hall*** est un des plus grands réfectoires de tous les *colleges,* avec 200 couverts. Le jardin est fermé par les remparts du XIIe s de la ville d'Oxford (les seuls restants). Allez applaudir devant les marches de la butte dans le jardin et vous obtiendrez un étrange écho grinçant... Parmi les anciens élèves du *college,* l'acteur Hugh Grant. New College est également réputé pour sa chorale (voir la rubrique « À faire. *Evensongs* »). Les cloîtres ont servi de lieu de tournage pour le quatrième film de ***Harry Potter.*** En sortant sur New College Lane, vous verrez, au no 7, la maison où vécut ***Edmund Halley*** (oui, oui, celui qui a donné son nom à la comète) et où il eut son observatoire de 1703 à 1742. En passant le long du *college* par Queen's Lane, levez la tête pour découvrir les amusants petits personnages qui soutiennent la corniche. Enfin, vous pourrez admirer le ***pont des Soupirs,*** au croisement avec Catte Street, propriété d'un autre *college.*

¶¶ ***Jesus College*** *(zoom C2)* **:** *Turl St.* ☎ *27-97-00.* ● *jesus.ox.ac.uk* ● *Tlj 14h-16h30. Entrée : 3 £ ; réduc.* C'est le seul *college* d'Oxford construit sous le règne d'Élisabeth Ire. Fondé en 1571 à la demande d'un homme d'Église gallois, Dr Hugh Price, ce *college,* homonyme d'un autre à Cambridge, conserve encore aujourd'hui des liens très étroits avec le pays de Galles, dont on retrouve par endroits l'emblème : le dragon. Superbe ***dining hall*** à lambris ; remarquez la table des professeurs *(high table),* toujours légèrement surélevée par une petite marche et qui dispose de chaises, les élèves s'asseyant sur des bancs. T. E. Lawrence (le fameux Lawrence d'Arabie) et Harold Wilson, ancien Premier ministre, ont tous deux étudié au *college.* La chapelle, toute petite, est typique du genre.

UNE ONG D'OCCASE

Tout près de Jesus College, *dans Turl St, poussez la porte de la boutique* Oxfam. *Cette ONG aujourd'hui internationale a ouvert le tout premier magasin de produits d'occase à Oxford. Son nom vient d'ailleurs du* Oxford Committee for Relief Famine *créé en 1942 pour acheminer des vivres aux Grecs assiégés par l'Allemagne. Les* charity shops *font désormais partie de la culture britannique.*

¶ ***Merton College*** *(zoom C3)* **:** *Merton St.* ☎ *27-63-10.* ● *merton.ox.ac.uk* ● *Tlj 14h (10h w-e)-17h (dernière entrée 30 mn avt). Visites guidées en été.* Fondé en 1264, Merton College est l'un des premiers *colleges* de la ville ; la première cour, ***Mob Quad,*** date du XIVe s. Il abrite également la plus vieille bibliothèque d'Angleterre (XIVe s ; entrée payante). Le reste des édifices est plus récent. Le mécène Thomas Bodley est enterré dans la chapelle : on le voit entouré de femmes sur sa plaque funéraire... À l'extérieur, sur Merton Street, la nef de la chapelle est décorée de sept gargouilles grimaçantes très expressives.

Exeter College *(zoom C2,* ***93****) : Turl St. ☎ 27-96-00. • exeter.ox.ac.uk • En face de Jesus College. Tlj 14h-17h. GRATUIT.* Fondé en 1314. La chapelle, qui date de 1850, a été bâtie sur le modèle de la Sainte-Chapelle à Paris. Elle abrite une tapisserie de William Morris (grand défenseur du socialisme), étudiant au *college* en même temps (1853) qu'un célèbre peintre préraphaélite, Edward Burne-Jones. Autre étudiant célèbre au XXe s : J. R. R. Tolkien (1892-1973), auteur du *Seigneur des anneaux* ; il aurait mis 12 ans pour écrire cette somme. Exeter College est le premier *college* à avoir élu une femme à sa tête, en 1993. Depuis les jardins, magnifique vue sur *Radcliffe.*

Saint Edmund Hall *(zoom D2) : Queen's Lane. ☎ 27-90-00. • seh.ox.ac.uk • Tlj 10h-16h. GRATUIT.* Familièrement appelé *Teddy Hall,* c'est l'unique survivant des *halls* médiévaux qui assuraient aux étudiants gîte et tutorat avant que les *colleges* ne commencent à le faire. Il n'est devenu un *college* à part entière qu'en 1957, alors que sa fondation date de 1278. Terry Jones (ex-Monty Python) y a étudié. Un des plus jolis coins d'Oxford, avec son beau magnolia d'angle.

The Queen's College *(zoom C-D2) : High St. ☎ 27-91-20. • queens.ox.ac.uk • Fermé au public. Ouv slt pour les visites guidées de l'office de tourisme.* Un des plus beaux *colleges* d'Oxford. The Queen's College fut fondé en 1341 pour les étudiants du nord de l'Angleterre. De jolis bâtiments de style baroque ont été ajoutés aux XVIIe et XVIIIe s. *Mr Bean* y a été étudiant. Avant lui, dans un autre registre, une autre *star,* l'astronome Edmund Halley, y fit ses études au XVIIe s.

Keble College *(zoom C1) : Parks Rd. ☎ 27-27-27. • keble.ox.ac.uk • Tlj 14h-17h. GRATUIT.* De style gothique victorien, c'est le premier *college* d'Oxford construit en brique. Les mosaïques sur les bâtiments, réalisées par des Italiens, suivent un dessin de plus en plus compliqué au fur et à mesure que le regard s'élève. Dans la très belle chapelle tout en marbre polychrome et décorée d'impressionnantes mosaïques (décidément !), vous verrez un tableau du peintre préraphaélite Holman Hunt, *The Light of the World,* représentant un Christ légèrement androgyne. Keble College est l'un des plus grands *colleges* d'Oxford en nombre d'étudiants, puisqu'il en accueille plus de 600.

Les bibliothèques, les salles de cérémonie et d'examens

Bodleian Library *(zoom C2) : Broad St. ☎ 27-72-24. • bodleian.ox.ac.uk/whatson/visit • Lun-sam 9h-16h40, dim 11h-16h40. Plusieurs formules de visite : non guidée (avec audioguide ou non, en français) donnant accès à Divinity School slt, tarif 1-2,50 £ ;* mini tour, *visite guidée (succincte) de Divinity School et de la bibliothèque en 30 mn, compter 6 £ ;* standard tour, *visite de 4 salles en 1h, incluant les 2 précédentes ainsi que la Chancellor's Court et la Convocation House, prévoir 8 £. Également* extended tour, *une visite en 90 mn, sur résa slt, comprenant en plus Radcliffe Camera (14 £), voire le passage souterrain mer et sam.*

– ***Divinity School,*** qui constitue la salle d'entrée de la bibliothèque (et l'infirmerie de Poudlard dans les deux premiers films de *Harry Potter*), date du XVe s. De style gothique tardif anglais, cette superbe salle de lecture puis d'examen servait

LA TOUR DE BABEL

Un exemplaire de tout ce qui est imprimé en Angleterre est conservé à la Bodleian Library : 8 millions d'ouvrages tout de même, rangés sur plus de 200 km d'étagères et plus de 50 000 tickets de lecture délivrés chaque jour ! Les demandes se font toujours par système pneumatique, la réponse parvient au bout de 6h en moyenne. Pas si mal ! Mais aucun ouvrage ne peut sortir de la bibliothèque. Ils étaient même autrefois reliés à une chaîne.

également aux cérémonies de remise des diplômes. Au tout début, les étudiants s'y adonnaient à des joutes oratoires publiques en guise d'examen. Mais, en raison de la difficulté de l'exercice, le taux d'échec atteignait 70 % ! La salle possède un plafond extraordinaire composé de 455 nervures fines en ronde-bosse, avec, à l'extrémité de chacune d'elles, les initiales des donateurs.
– La salle ***Duke Humfrey's Library*** (en visite guidée seulement), la magnifique bibliothèque en elle-même. Elle est située au-dessus de Divinity School. Silence absolu ! Elle compte parmi les plus anciennes bibliothèques d'Europe, du nom de sir Thomas Bodley, grand érudit, diplomate sous Élisabeth Ire et maître-assistant à Merton College, qui réorganisa la bibliothèque de l'université en 1602 et la finança en partie. C'est actuellement la principale bibliothèque de recherche de l'université d'Oxford et certainement la plus belle. C'est aussi la bibliothèque de Poudlard dans les films du célèbre petit sorcier. La *Bodleian* (ou plutôt « The Bod » comme la surnomment les étudiants) compte neuf autres « annexes » dans Oxford, spécialisées par thème (droit, philosophie, sciences, japonais, etc.). Un passage souterrain relie *the Old Bodleian Library* à *the Radcliffe Camera* : c'est là que sont stockés des millions de livres.
– ***Convocation House*** **:** en visite guidée seulement, c'est dans cette salle que sont remis les titres honorifiques aux personnalités. Parmi les heureux élus, Nelson Mandela.

Weston Library *(zoom C2)* **:** *Broad St. ☎ 27-71-50. • bodleian.ox.ac.uk/weston • Expos lun-sam 10h-17h, dim 11h-17h. Café ouv dès 8h30.* L'aile moderne de la bibliothèque Bodleian a ouvert ses portes au public en 2016. Vaste hall tapissé de bouquins à l'étage et, au rez-de-chaussée, expo par roulement des plus remarquables ouvrages du fonds comme une Magna Carta de 1217, la première édition des œuvres de Shakespeare, le dernier message envoyé par le *Titanic...* Agréable café où ça phosphore et où défile le Tout-Oxford.

Radcliffe Camera *(zoom C2)* **:** *Radcliffe Sq. Fermé au public (sf visite organisée, sur résa).* Large rotonde du XVIIIe s (*camera* signifie « chambre » en italien), elle fut édifiée grâce au don d'un riche mécène, Dr John Radcliffe, qui se fit construire un mausolée-bibliothèque pour qu'on se souvienne de lui. C'est la première salle de lecture ronde construite en Angleterre.

Sheldonian Theatre *(zoom C2,* ***92****)* **:** *Broad St. ☎ 27-72-99. • admin.ox.ac.uk/sheldonian/ • En théorie, lun-sam 10h-16h30, mais souvent fermé pour des cérémonies ou des concerts. Entrée : 3,50 £ ; réduc.* Un des premiers ouvrages avec coupole de sir Christopher Wren, construit de 1664 à 1669 alors qu'il était professeur d'astronomie, et qui lui valut par la suite de nombreuses commandes, y compris *Saint Paul Cathedral* à Londres. Dessiné sur le modèle du théâtre de Marcellus à Rome, ce qui explique son enceinte surmontée de bustes de style romain. Jolie vue sur Oxford depuis la coupole ; le plafond est constitué de 32 peintures à l'huile qui furent acheminées par barge depuis Londres et représente le ciel où la Vérité, alliée aux Arts et aux Sciences, triomphe contre l'Ignorance... Fidèle à sa vocation d'origine de salle de cérémonies – remises de diplômes, de titres honorifiques, etc. –, il sert également de salle de concerts (voir la rubrique « Où sortir ? »), mais pas de théâtre !

Musées et jardin

The Ashmolean Museum of Art and Archaeology *(zoom B1-2)* **:** *Beaumont St. ☎ 27-80-10. • ashmolean.org • Mar-dim et lun fériés 10h-17h. Fermé 24-26 déc. GRATUIT. Audioguide 3 £ présentant les pièces maîtresses. Visites guidées gratuites (en anglais). Plan 1 £ avec les 10 œuvres principales à voir. Resto au 4e étage.* Le plus vieux musée public du pays (fondé au XVIIe s), installé dans un édifice à l'architecture néogrecque datant de 1840, auquel des galeries modernes ont été judicieusement ajoutées. L'*Ashmolean Museum,* par sa taille et par la richesse de ses collections, pourrait rivaliser avec certains musées londoniens. Il possède notamment des dessins de Michel-Ange et Raphaël (visibles sur résa 48h

L'OUEST ET LE CENTRE DE L'ANGLETERRE

à l'avance) et surtout les archives de la famille Pissarro (sur demande spéciale). Un musée vivant qui accueille toutes sortes d'expositions, conférences...

– Au ***niveau - 1,*** section « Exploring the past » : l'Ashmolean apparaît comme un vaste cabinet de curiosités avec expos de monnaies, textiles... Voir notamment la tunique de Lawrence d'Arabie, qui étudia à Oxford.

– Au ***rez-de-chaussée*** *(« G » sur le plan du musée)* : riche collection d'archéologie grecque, romaine, chinoise, indienne et surtout égyptienne, dont l'autel de Taharqa et la momie de Meresamum.

– Aux ***niveaux 1 et 2*** : le Moyen-Orient d'une part et sa confrontation avec l'Occident d'autre part jusqu'au XVIIIe s. Fascinant *Alfred Jewel,* un minuscule bijou anglo-saxon du IXe s en or, cristal et émail, mais aussi l'un des plus beaux Stradivarius au monde, *the Messiah,* incrusté d'ivoire, dans la riche section consacrée aux instruments de musique. Voir l'énergique « Scène de chasse » de Uccello (XVe s), l'un des premiers tableaux représentant la perspective. Également des expos consacrées aux monnaies, aux peintures et céramiques chinoises, etc.

– Au ***niveau 3M*** : les arts européens depuis 1800 avec, dans les salles consacrées à la peinture, de nombreuses œuvres des impressionnistes comme Van Gogh *(Le Restaurant de la Sirène à Asnières)* ou Picasso *(Les Toits bleus).* Voir l'émouvant pastel de Leonid Pasternak représentant ses deux fils, dont, à gauche, Boris, le futur Prix Nobel et auteur du *Docteur Jivago.*

The Oxford University Museum of Natural History *(zoom C1)* **:** *Parks Rd. ☎ 27-29-50. ● oum.ox.ac.uk ● Tlj 10h-17h. GRATUIT.*

L'architecture intérieure du bâtiment vaut le déplacement à elle seule : d'une grande finesse, de style néogothique victorien, le musée ressemble à une gare du XIXe s et à une église avec ses piliers en fer forgé sculptés de feuilles, de fleurs et de fruits, soutenant un toit en verrière. Tout autour, sur deux niveaux, court une double rangée d'arcades, portées par des piliers en pierre. L'ensemble est très lumineux et incite à la visite.

Cet étonnant musée d'Histoire naturelle est tout indiqué pour les enfants en raison de ses vertus pédagogiques : des squelettes ou des échantillons spectaculaires dans les travées et, sur les côtés, des vitrines très bien faites pour approfondir le sujet, faciles à décrypter même si on ne lit pas l'anglais. Le musée présente notamment des squelettes de dinosaures, ainsi que des reliques de dodo (en particulier sa tête et son pied). Cet animal « fétiche » pour le mathématicien Charles Dodgson – le futur Lewis Carroll – car il bégayait (« Do-Do-Dodgson »...) l'inspira pour son récit *Alice in Wonderland* (1865).

Ne pas hésiter à gagner l'étage pour la vue d'ensemble et reprendre des forces au café-snack surplombant les dinosaures.

On accède ensuite à un second musée, dans le même bâtiment : the Pitt Rivers Museum.

L'ESPÈCE DES ORIGINES

C'est dans la bibliothèque du musée d'Histoire naturelle qu'eut lieu, en 1860, le grand débat provoqué par la publication du livre de Charles Darwin, De l'origine des espèces. *Ce débat atteignit son apogée lorsque l'évêque d'Oxford, William Wilberforce, demanda au scientifique T. H. Huxley si c'était par son grand-père ou par sa grand-mère qu'il descendait du singe ; ce à quoi Huxley répondit qu'il préférait descendre du singe que d'un Wilberforce !...*

The Pitt Rivers Museum *(zoom C1)* **:** *South Parks Rd. ☎ 27-09-27. ● prm.ox.ac.uk ● Tlj 10h (12h lun)-16h30. GRATUIT.* Musée ethnographique d'une grande richesse, d'une architecture comparable à celle de son voisin, en plus sombre. Le plus incroyable est encore l'organisation chaotique des salles, c'est peut-être ce qui fait son charme ! La plupart des objets sont encore rangés dans des tiroirs que l'on ouvre au hasard. Une vraie caverne d'Ali Baba... Dans ce tour du monde en boîte qui nous replonge au temps des explorateurs, on trouve aussi bien des totems, des momies, que d'anciens instruments de musique... Les têtes rétrécies d'Indiens d'Amérique du Sud constituent un peu le clou de la visite. Faciles à trouver, car les visiteurs sont agglutinés devant les vitrines qui les protègent.

Museum of the History of Science (zoom C2, **92**) : *Broad St. Juste derrière la Bodleian et à côté d'Exeter College (zoom C2, **93**). ☎ 27-72-80. • mhs.ox.ac.uk • Tlj sf lun 12h-17h. GRATUIT.* Pas besoin d'être un scientifique averti pour admirer les collections de ce musée composées, entre autres, de globes, de pendules et surtout d'astrolabes (la plus grande collection au monde). Toutes les disciplines sont abordées ; médecine, photographie (avec le matériel de Lewis Carroll), architecture, etc. Le musée se parcourt d'autant plus facilement qu'il n'est pas trop grand, que seuls les objets les plus représentatifs sont exposés et que l'on n'est pas écrasé par des notices scientifiques compliquées. Au sous-sol, le tableau noir sur lequel Einstein fit une démonstration de la théorie de la relativité lors de sa venue à Oxford en 1931, ainsi que la boîte de Pétri dans laquelle fut cultivée pour la première fois la pénicilline (voir encadré).

UN ANTIBIOTIQUE AU CONCOURS LÉPINE ?

Une banale griffure d'épine de rose au visage et voilà le flic Albert Alexander sur le point de mourir du tétanos. On est à Oxford en 1941. Une seule solution : une injection de pénicilline, cet antibiotique découvert par Flemming en 1928 et oublié dans les tiroirs. Alexander se porte immédiatement mieux. Cependant, faute de penicillium en quantité suffisante, il décède après la 4e et dernière injection, ouvrant toutefois la voie à une nouvelle ère de la médecine moderne...

Modern Art Oxford (zoom B2-3) : *30 Pembroke St et St Ebbe's St. ☎ 72-27-33. • modernartoxford.org.uk • Ouv mar-sam 11h-17h, dim 12h-17h. GRATUIT.* Créé en 1965 dans une ancienne brasserie de bière, ce qui donne un bel espace, avec des murs blancs et des charpentes métalliques dans lesquelles ont été aménagées des ouvertures. Pas vraiment un musée, car il ne possède pas de collections permanentes, mais plutôt un lieu d'exposition toujours à la pointe de la nouveauté artistique, présentant des œuvres et installations très originales dans trois grandes salles. Cinq ou six expositions par an. Un lieu vivant qui possède également une petite librairie ainsi qu'un agréable café-snack en sous-sol.

The Story Museum (zoom B3, **94**) : *Pembroke St. ☎ 79-00-50. • storymuseum.org.uk • Horaires variables. Entrée : 7,50 £ ; réduc.* Installé dans les anciens locaux de la Poste, un lieu d'expositions temporaires destinées aux enfants et aux grands (enfants). Pratique un jour de pluie. Organise l'*Alice's Day*, une journée début juillet où toute la ville se transforme en pays des merveilles.

Unlocked Oxford Castle (zoom B2) : *44-46 Oxford Castle. • oxfordcastleunlocked.co.uk • Tlj à partir de 10h (dernière entrée à 16h20). Entrée : env 11 £ pour le château, la tour et la colline ; réduc ; gratuit moins de 5 ans.*
Ce château-prison a fermé ses portes en 1996 pour être transformé en hôtel de luxe (voir « Où dormir ? Malmaison ») et en musée.
Un film de 10 mn, une crypte du XIe s et vous voici photographié de face et de profil comme un prisonnier. La visite, en partie guidée, mène en haut d'une tour avec vue, puis de cellule en cellule, conservées dans leur jus et abritant des mini-expos parfois interactives. Progressivement on découvre les terribles conditions de détention à travers les siècles. Le XVIIIe s marque un tournant avec la modernisation des prisons, les pensionnaires étant autorisés à travailler. Mais jusqu'au XIXe s, ils

devaient payer eux-mêmes les frais de leur séjour. Et l'on observe avec incrédulité les appareils de punition, que l'on peut même essayer ! Les concepteurs ont mis le paquet côté réalisme, mais anecdotes, humour et pédagogie permettent de tempérer et rendent le parcours passionnant, à condition de savoir lire l'anglais. En sortant, ne pas oublier de gravir la colline où se trouvait le précédent château au XIe s. |●| L'ensemble des bâtiments dépendant du château abrite de nombreux restos, mais tout cela paraît quelque peu artificiel et manque d'âme.

The Botanic Garden *(Jardin botanique ; zoom D2-3)* **:** *Rose Lane. ☎ 28-66-90. • botanic-garden.ox.ac.uk • Tlj sf lun mat : 9h-18h mai-août ; 9h-17h en mars-avr, sept-oct ; 9h-16h nov-fév. Dernière entrée 45 mn avt. Entrée : env 5 £ ; réduc ; enfants, gratuit.* En face de *Magdalen College,* il déroule ses pelouses jusqu'à la Tamise. Fondé en 1621, c'est le plus vieux Jardin botanique d'Angleterre : on y faisait alors pousser des plantes médicinales, dont un grand nombre est encore étudié de nos jours. Très grande variété de plantes du monde entier, plusieurs serres, dont une tropicale. À ne pas manquer bien sûr au printemps.

Carfax Tower *(zoom B2,* ***90****)* **:** *Queen St. Tlj 10h-17h30 (16h30, voire 15h30 hors saison). Entrée : 2,50 £ ; réduc.* Située au carrefour de deux axes névralgiques, cette tour du XIVe s est tout ce qu'il reste de l'église Saint-Martin. Vue sur la ville, après avoir grimpé 99 marches...

St Michael at the North Gate *(zoom B2,* ***91****)* **:** *Cornmarket. ☎ 24-09-40. Tlj 10h30-17h30 (17h l'hiver). Entrée : gratuit pour l'église ; 2,50 £ pour la tour.* C'est le plus vieil édifice d'Oxford (époque anglo-saxonne, Xe s) abritant également parmi les plus anciens vitraux du pays (XIIIe s). En face, au no 28, à l'angle de Ship Street, bel encorbellement et pignon en bois sculpté d'une maison pas bien jeune non plus.

À faire

➢ ***Balades en punt*** **:** les *punts* sont des bateaux à fond plat que l'on dirige à l'aide d'une perche. Ce n'est pas gagné ! Le *chauffeured punt* (*punt* avec chauffeur !) n'est pas une mauvaise solution... Également des embarcations à pédales et des bateaux à rames. Ouf !

■ ***Magdalen Bridge Boathouse*** *(zoom D2,* ***5****)* **:** *Magdalen Bridge. ☎ 20-26-43. • oxfordpunting.co.uk • Fév-nov (si la météo le permet), tlj 9h30-21h. Compter 22-24 £/h par bateau ; avec chauffeur 32 £/bateau les 30 mn (max 4 pers, négocier).*

■ ***Salters steamers Boat Hire*** *(plan d'ensemble,* ***6****)* **:** *Folly Bridge. ☎ 24-34-21. • salterssteamers.co.uk • À 5 mn à pied de Carfax Tower. Mai-sept, tlj 10h-18h. Compter 20 £/h par bateau ; avec chauffeur (résa à l'avance) : env 60 £/h.* Propose aussi des balades sur l'Iffley en bateau couvert soit en boucle, soit jusqu'à Abingdon, mais aussi des bateaux à pédales, des bateaux à moteur sans permis, etc.

➢ ***Visites guidées de la ville*** **:** *au départ de l'office de tourisme. Tlj 10h45 et 13h (plus 11h et 14h aux périodes de pointe) ; tour guidé de la ville (walking tour) en anglais (possible en français). Tarif : env 12 £ ; réduc ; durée : 2h.* Instructif et amusant : histoire, traditions, anecdotes et visite de *colleges* et parfois de Divinity School. Également, dans les mêmes tarifs, des tours thématiques, surtout le samedi, comme une visite *Sur les pas de Harry Potter*, une sur le thème de Tolkien ou encore *The Inspector Morse Tour,* l'architecture moderne...

– ***Evensongs*** **:** ce sont les offices religieux du soir dans les chapelles des *collèges,* où l'on peut entendre des chorales *(choirs),* en général vers 18h. Les plus belles sont celles de *Christ Church, Magdalen* et *New College.* À ne pas manquer, pour la beauté des chants et des lieux. Se renseigner avant pour être sûr qu'elles ont bien lieu. Pas de chorales durant les vacances scolaires.

Festivals et manifestations

Un petit mensuel gratuit, *In Oxford* (disponible à l'office de tourisme), permet de s'informer sur les programmes de théâtre, cinéma, concerts, etc., qui ont lieu en ville.

– ***Rencontres d'aviron entre les colleges :*** *2 rencontres chaque année, en fév* (Torpids) *et en mai* (Summer Eights), *à Oxford.* Huit rameurs y participent. Les bateaux partent à intervalles très précis et le but du jeu consiste à rattraper le bateau situé devant et à lui rentrer dedans littéralement. À la fin de la deuxième course, le gagnant est déclaré *Head of the River* (Maître de la Rivière).
– ***Oxford-Cambridge (Oxbridge) Boat Race :*** la fameuse rencontre sportive entre les deux villes universitaires rivales. Elle remonte à 1829 et se déroule fin mars-début avril à Londres.
– ***Oxford Literary Festival :*** *Christ Church, Saint Aldate's St. • oxfordliteraryfestival.org •* Tous les ans fin mars-début avril, pendant une semaine environ, en différents lieux de la ville.
– ***May Morning :*** *célébrée le 1er mai* (May Day) *à Magdalen College.* C'est une fête des plus matinale puisqu'elle a lieu à 6h du matin.

DANS LES ENVIRONS D'OXFORD

Si vous êtes adepte de la marche, de belles balades sont possibles tout autour de la ville. Jusqu'à *Trout Inn,* par exemple, par les rives de la Tamise, ou bien sur l'un des nombreux *trails* dans la campagne. Renseignez-vous à l'office de tourisme.

UN PONT, PARADIS FISCAL

Jusqu'en 1767, un bac traversait la Tamise à la hauteur d'Eynsham, à environ 10 km à l'ouest d'Oxford. Vétuste, il tombait souvent en panne. Le roi demanda au propriétaire de le remplacer par un pont, en échange d'une exonération fiscale pour le péage. Cet avantage inouï existe depuis près de 250 ans et, encore plus inouï, profite toujours aux actuels propriétaires ! La tradition a du bon.

Iffley : *faisable à pied depuis Oxford le long de la rivière, ou bus nos 3 et 4 à partir de Cornmarket. Descendre au niveau du garage Peugeot ; prendre la montée sur la droite, puis Church Way ; comme l'indique son nom, ce chemin vous mène directement à l'église du village.* Murs et maisonnettes ocre en pierre des Cotswolds avec leurs petits jardins fleuris et soigneusement entretenus. Instants de tranquillité. Possibilité d'accomplir le tour complet du village en suivant la ruelle, et de s'arrêter à *The Isis Farmhouse* (voir « Où boire un verre ? »). Une des balades dominicales préférées des Oxfordiens.

Woodstock : *à 9,5 miles au nord d'Oxford sur l'A 44, direction Stratford. Bus S3 ttes les 30 mn à partir de l'*Oxford Bus Station *ou* Train Station *; arrêt en centre-ville (puis accès au palais par la Hensington Gate).* Petit village charmant et tranquille dont l'activité et les boutiques (antiquaires, galeries, déco) se concentrent dans le triangle Oxford Street, Market Street et High Street. Joli petit musée un peu fourre-tout mais gratuit (costumes, archéologie, faune, flore, histoire, expos temporaires...). Juste en face, l'hôtel *The Bear* a abrité les amours tumultueuses de Richard Burton et Elizabeth Taylor. Mais le village est surtout fréquenté pour son palais.

Hampers Food and Wine Deli and Cafe : *31-33 Oxford St. ☎ (01993) 81-15-35. Fermé le soir. Lunch 5-10 £, sur place ou à emporter ; thé avec scones env 5 £.* Ce traiteur-épicerie-salon de thé, spécialisé dans les produits des Cotswolds (et d'ailleurs), s'avère idéal à l'heure du déjeuner ou du goûter : fromages, charcuteries, paninis, *pies,* pâtisseries, etc. Accueil charmant.

The Kings Arms : *19 Market St. ☎ 81-36-36. Tlj midi et soir, dim en* *continu. Menus le midi lun-jeu env 13-18 £ ; plats 12-20 £ ; thé avec scones env 7 £.* On sert ici une cuisine bien tournée, légère et goûteuse à la fois. Au choix, la salle de restaurant, très claire dans un style moderne et sobre ou bien le pub réchauffé par son poêle (plats plus simples et moins chers). Dans tous les cas, un bon moment culinaire dont il serait dommage de se priver. Également des chambres dans le même esprit, mais pas données.

Blenheim Palace : *• blenheimpalace.com • Tlj de mi-fév à mi-déc : parc 9h-18h30, jardins 10h30-18h, palais 10h30-17h30 (dernière entrée à 16h45). Entrée (chère) : env 25 £ ; jardins slt env 15 £ ;* Family Ticket *(2 adultes et 2 enfants). Petite réduc en achetant le billet auprès de l'office de tourisme d'Oxford. Noter qu'un billet acheté = un billet gratuit pour visiter une autre* Treasure House *du pays (une dizaine en tt, liste sur • treasurehouses.co.uk •). Entrée du domaine dans le village même de Woodstock, au bord de la route principale. Visite libre.* Compter au moins une demi-journée pour profiter de la visite d'un monument majeur de l'histoire anglaise, mais on peut facilement y passer une journée entière avec les jardins. Cafétérias et resto gastronomique, *The Orangery.* La reine Anne (1665-1714) avait donné un terrain au duc de Marlborough (nom de famille Churchill, ancêtre de Winston), pour le remercier de la grande victoire de Höchstädt (appelée aussi bataille de Blenheim) qui se déroula en Bavière en 1704, contre les troupes françaises. Une date clé de la guerre de Succession d'Espagne. Il y construisit ce *palais* homonyme, un « mini-Versailles » dessiné par l'architecte Vanbrugh dans un style baroque typiquement anglais. Le XIe duc de Marlborough y vit toujours.

Le palais

Après avoir traversé la vaste et élégante boutique de beaux souvenirs, on gagne d'abord une première cour fermée (écuries) et les communs avant d'atteindre le ***bâtiment principal*** avec ses trois ailes et sa belle perspective sur le parc et la colonne de la victoire.

– Au ***rez-de-chaussée*** : visite des différentes pièces de réception dont certaines sont meublées avec de nombreuses références à la France : tapisseries monumentales représentant la bataille de Höchstädt, mobilier Boulle, des chaises à l'effigie du Roi-Soleil... ainsi que toute la série habituelle de porcelaines et portraits de famille. *The Saloon,* la salle à manger utilisée une fois l'an à Noël, peut accueillir jusqu'à 40 convives. Murs peints en trompe l'œil et surprenant plafond qui paraît beaucoup plus bombé qu'il ne l'est. La bibliothèque ancienne, qui compte 10 000 volumes, mérite aussi votre admiration avec ses 65 m de long et 10 m de haut. À l'origine, elle devait accueillir une galerie de peinture et on y installa des orgues comme dans une église ! Elle abrite l'ensemble des discours de Churchill (il y installa le MI 5 durant la guerre), l'intégralité de l'œuvre de Buffon ainsi qu'une statue de la romanesque reine Anne. Celle-ci eut 17 grossesses, mais pas un seul enfant ne survécut (donc pas d'héritier direct).

– Puis intéressante expo consacrée à Winston Churchill (1874-1955), qui naquit par accident au château (il était prématuré) et fut enterré dans le cimetière du village voisin de Bladon. « À Blenheim, j'ai pris deux très importantes décisions, y naître et m'y marier », ce sont ses mots. Nombreux souvenirs de cet homme aux multiples talents, dont ses tableaux, et nobellisé en 1953 pour ses *Mémoires de guerre.* Il appartenait à une branche cousine de l'actuel XIIe duc de Malborough.

UN BRILLANT ORATEUR

Churchill suscite toujours une grande admiration chez ses pairs siégeant au Parlement. Dans le hall de la Chambre des communes, la statue figurant l'ancien Premier ministre en marche présente une particularité : le pied gauche brille plus que la normale ! C'est que les parlementaires ont pris l'habitude de toucher le pied de cet orateur hors norme, par superstition, avant d'entamer leur discours devant leurs collègues.

– ***À l'étage,*** *The Untold Story,* un aperçu de la petite histoire du château depuis son édification jusqu'à nos jours à travers les souvenirs d'une servante. Un itinéraire de 40 mn animé avec des automates et des vidéos propose de suivre son fantôme à travers une dizaine de pièces. Très rigolo et plutôt bien fichu, mais en anglais seulement.

Les jardins et le parc
Autre intérêt du château, et non des moindres. Ils inspirèrent d'ailleurs en leur temps le peintre William Turner. De quoi y passer une journée tant les possibilités de randonnées et d'activités y sont nombreuses.
Devant le château, les Water Terraces avec leurs jets d'eau, ainsi que les jardins à la française et la roseraie. Mais le must reste le magnifique parc vallonné aménagé par le grand jardinier paysagiste anglais Capability Brown. Pour les enfants, un petit train devant le château permet de se rendre au Pleasant Garden *(11h-17h, 0,50 £ le trajet/pers au-delà de 5 ans).* Ils y trouveront, outre un labyrinthe végétal géant, une serre avec des papillons, un minigolf sur gazon, un jeu d'échecs, un snack (BBQ certains jours, pizzas...).

Dans le château, self-service avec terrasse donnant sur le jardin à la française. Sur résa (sur Internet), cher mais magnifique *afternoon tea* (avec ou sans champagne) à déguster dans la superbe *Indian Room (également menus déj mer-dim avec champagne).* 2 autres cafés au Pleasure Garden et au niveau de la boutique de souvenirs.

CAMBRIDGE

124 000 hab. IND. TÉL. : 01223

• Plan *p. 346-347*

L'autre université mythique qui, depuis 800 ans, forme le fleuron de la jeunesse anglaise. On ressent davantage qu'à Oxford – appelée ici « The Other Place » – la rivalité entre les deux villes universitaires : mais est-ce pour mieux entretenir le mythe ? Cambridge est plus petite qu'Oxford, et il s'en dégage une atmosphère encore plus provinciale.
Ici aussi, on visite en priorité les *colleges,* avec leurs cours (*quadrangles* ou *quads*) tapissées d'une pelouse magnifique et leurs façades intérieures recouvertes de *Virginia creeper,* de la vigne vierge, qui prend une couleur rouge à l'automne. Un vieux proverbe dit : « Il faut prier à King's College (la plus belle chapelle), dîner à Trinity (meilleure nourriture), dormir à Jesus (bonne literie) et se cacher dans les jardins de Trinity Hall. » Vous savez ce qu'il vous reste à faire...
Et puis la particularité de Cambridge, ce sont les *backs,* c'est-à-dire les parcs à l'arrière des *colleges,* que l'on visite en *punt* (bateau à fond plat). Une balade originale qui permet d'admirer un peu les *colleges,* même lorsque ceux-ci sont fermés.
Pas d'industries, pas de pollution, seulement les arbres et les *colleges,* les pelouses et les étudiants, la rivière, les *punts* et les vélos. Les meilleurs mois pour profiter pleinement de la ville sont mai et juin, mais nombre de *colleges* peuvent être fermés à la visite pour cause d'examens. L'été, Cambridge est envahie ; avec les étudiants en langues, notamment, l'ambiance est alors plus italienne ou espagnole que britannique. Cambridge est si pleine de charme que vous regretterez de ne pas y avoir fait vos études !

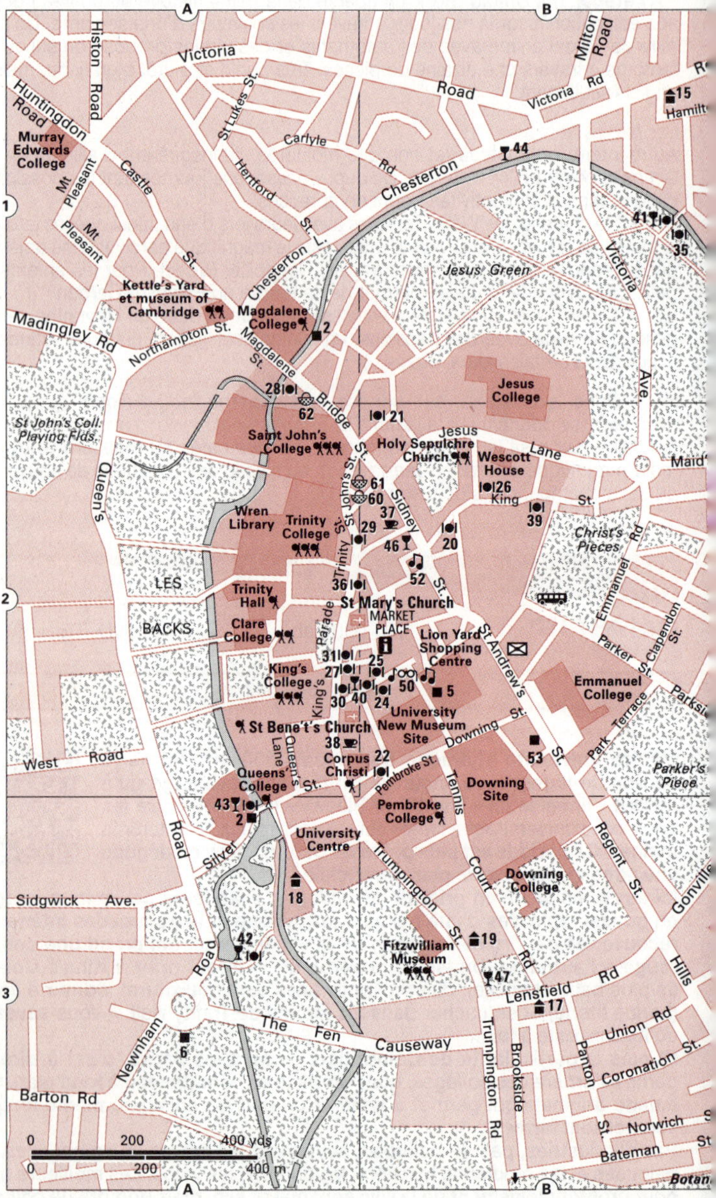

L'OUEST ET LE CENTRE DE L'ANGLETERRE

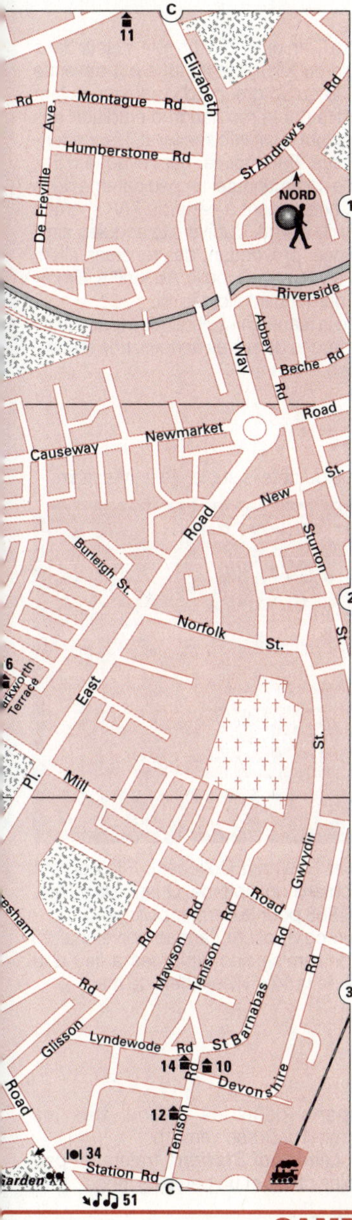

CAMBRIDGE

Adresses utiles

- Tourist Information Centre
- 5 Station Cycles
- 6 City Cycle Hire

Où dormir ?

- 10 Youth Hostel Association
- 11 Worth House
- 12 Tenison Towers Guesthouse
- 14 A & B Guesthouse Ltd
- 15 Ashley Hotel
- 16 Warkworth House
- 17 Lensfield Hotel
- 18 Double Tree by Hilton
- 19 Hotel du Vin

Où manger ?

- 20 Tatties
- 21 Cafe on The Round
- 22 Trockel, Ulmann unde Freunde
- 24 Pint Shop
- 25 Aromi
- 26 The Brew House
- 27 Agora et Copper Kettle
- 28 Galleria Restaurant
- 29 Coast
- 30 The Chop House
- 31 Rainbow Café
- 34 Le Gros Franck Café and Restaurant
- 35 Midsummer House
- 36 The Michaelhouse Café and Centre
- 39 The Urban Shed

Où s'arrêter pour un *tea time* ?

- 37 Harriets
- 38 Fitzbillies

Où boire un verre ?

- 40 The Eagle
- 41 The Fort Saint George
- 42 The Granta
- 43 The Anchor
- 44 The Boathouse
- 46 Baroosh
- 47 Hot Numbers Coffee

Où sortir ?

- 50 Cambridge Corn Exchange et Lola Lo
- 51 The Junction
- 52 The Fez Club
- 53 Arts Picturehouse

Shopping

- 60 Heffers
- 61 The Cambridge Cheese Company
- 62 Talking T's

À faire

- 2 Scudamore's punting company

UN PEU D'HISTOIRE

Le village de Cambridge tire son nom de la rivière Cam qui a joué un rôle majeur dans l'histoire de la ville depuis les Romains. À la fin du XIIe s, Cambridge est devenue une petite ville marchande aisée. C'est en 1209 qu'un groupe d'étudiants, fuyant des émeutes à Oxford, arrive à Cambridge, attiré par la réputation d'érudition des moines. Au début, l'organisation des études est tout à fait informelle, et il faut attendre 1284 pour voir la fondation du premier *college, Peterhouse,* par l'évêque d'Ely. Les *tutors* et les étudiants vivent dans une même communauté, un peu comme dans un monastère. D'autres *colleges* voient le jour, notamment à partir du XIVe s, grâce à de riches bienfaiteurs issus de la noblesse ou du clergé. L'université acquiert ainsi une position puissante et privilégiée à Cambridge, provoquant des tensions allant jusqu'à l'affrontement entre *Town and Gown* (« la Ville et la Robe »). Au XVIIe s, Cromwell, député de la ville, s'oppose à l'université, qui soutient alors le roi.
Cambridge, qui a toujours été à l'avant-garde de la recherche scientifique (pas moins de 90 prix Nobel depuis leur création), s'est forgé, ces dernières années, une renommée internationale dans le domaine du high-tech.

LA VIE UNIVERSITAIRE

Voir également le chapitre « Oxford », pour plus de détails sur la vie universitaire.
Il y a environ 20 000 étudiants à Cambridge, dont 25 % d'étrangers. L'université de Cambridge comprend 31 *colleges,* la plupart très riches : ils possèdent des hôtels et achètent notamment des maisons pour loger les étudiants. Ceux-ci ne doivent pas habiter à plus de 3 miles du centre de Cambridge, localisé précisément à Great Saint Mary's Church.
Bien que certains des *colleges* aient été fondés par des femmes, ce n'est qu'en 1869 et 1871 que celles-ci furent autorisées à étudier à Cambridge, dans deux *colleges* créés spécialement pour elles (Girton et Newham Colleges). Elles durent cependant attendre 1948 pour avoir le droit d'obtenir un diplôme. Quant à la mixité, elle n'est intervenue que très tardivement, en 1988 pour le dernier *college.*
Trois *terms* (trimestres) de 8 semaines chacun composent l'année universitaire : *Michaelmas, Lent* et *Easter.* La cérémonie de remise des diplômes a lieu à la *Senate House* (sur King's Parade) et est suivie de la *May Week* (bals de mai).

FAIS CE QU'IL TE PLAÎT

Au printemps, Cambridge s'agite avec l'arrivée des May Balls. *Il s'agit des fêtes organisées par chaque* college *après les examens (en fait en juin). Les tickets se vendent à prix d'or, sans oublier la robe de soirée ou le smoking. Le champagne coule à flots, plusieurs feux d'artifice et des spectacles se succèdent jusqu'à l'aube. Un petit jeu consiste à tenter de débarquer en* punt *(barque) dans les colleges pour ne pas payer l'entrée.*

Arriver – Quitter

Londres

En train

Gare ferroviaire *(plan C3) :* Station Rd. ☎ (08457) 48-49-50. • nationalrail.co.uk •
➢ **Kings Cross Station (la gare voisine de Saint Pancras/Eurostar) :** départs dans les 2 sens, ttes les 30 mn-1h. Durée : env 1h.
➢ ***Liverpool Station :*** trajets un peu moins chers et un peu plus longs.

En bus

Gare routière *(plan B2) :* Drummer St.
➢ ***Victoria Coach Station :*** avec la

compagnie National Express. ☎ *0871-781-8181.* • *nationalexpress.com* • Une dizaine d'arrêts dans Londres et 3 à Cambridge. Env 1 bus/h (2 bus aux heures de pointe). Durée : env 1h45-2h30.

Aéroports

En bus

🚌 *Avec la compagnie* National Express. ☎ *(08717) 81-81-81.* • *nationalexpress.com* • Navettes entre Gatwick et Cambridge (Parkside dans le centre et Trumpington Park and Ride), via Heathrow, Luton, puis Stansted.

➢ ***Gatwick :*** env 1 bus/h (ou 1h30), 4h de trajet.
➢ ***Heathrow :*** env 1 bus ttes les 30 mn-1h, 2h30-3h de trajet.
➢ ***Luton :*** 1 bus ttes les 2h, 1h20-2h30 de trajet (choisissez bien !).
➢ ***Stansted :*** 1 bus ttes les 30 mn-2h, env 1h de trajet.

Oxford

➢ Liaisons directes : en bus slt, compter plus de 3h30.
➢ En train, en repassant par Londres (avec changement de gare). Génial ! Voir le chapitre « Oxford. Arriver – Quitter ».

Comment se déplacer à Cambridge ?

➢ ***À pied :*** de loin la meilleure option. Le centre-ville n'est pas très grand et certaines rues sont exclusivement piétonnes.
➢ ***À vélo :*** tout le monde circule à vélo, ce qui contribue au charme de la ville. Veillez aux règles de circulation (y compris les piétons, attention en traversant !), et à ne pas attacher votre bicyclette n'importe où. Liste des loueurs à disposition à l'office de tourisme. Cher à la journée, meilleur marché à la semaine.
■ ***Station Cycles*** *(plan B2,* **5***) : The Grand Arcade, Corn Exchange St.* ☎ *30-76-55.* • *stationcycles.co.uk* • *Lun-ven 8h-18h (17h mer), sam 9h-18h, dim 10h-17h.* D'autres boutiques en ville.
■ ***City Cycle Hire*** *(plan A3,* **6***) : 61 Newnham Rd.* ☎ *36-56-29.* • *citycyclehire.com* • *Lun-ven 9h-17h30, plus sam Pâques-Toussaint 9h-17h.*
➢ ***En bus :*** réseau *CITI,* pratique pour les logements un peu éloignés du centre. Trajet unique et ticket quotidien illimité *(day rider),* valable 24h à partir de l'heure d'achat. Achat auprès du chauffeur (espèces seulement). ☎ *433-250.* • *stagecoachbus.com/Cambridge* •
➢ ***En voiture :*** *galère, le centre-ville est fermé à la circulation et les parkings très chers. On conseille d'utiliser le système bien pratique de* Park & Ride. ☎ *84-55-61.* • *cambridgeparkandride.info* • *Un bus ttes les 10-20 mn, 7h-20h (ou 21h) env. Tarif : 3 £ l'A/R dans la journée (gratuit pour 3 enfants moins de 16 ans/adulte) ; parking 1 £/j.* Vous laissez votre voiture dans un des 5 parkings à l'entrée de la ville et des bus vous conduisent jusque dans le centre, près du *Grafton Centre* ou sur Drummer Street. Pour plusieurs jours, demandez donc à votre hébergeur un permis pour stationner en ville. Attention au *Park & Ride* de Longstaton, situé à 10 miles de Cambridge : pas officiel et vraiment pas pratique ! Sinon, vous pouvez toujours vous garer en dehors du centre-ville, en payant le parcmètre (pas donné, mais convenable pour 1 jour). Ensuite il faut marcher ou prendre le bus.
➢ ***En taxi :*** parfois guère plus cher que les bus classiques, quand on voyage à plusieurs et pour des courtes distances. *Panther :* ☎ *71-57-15. Camtax :* ☎ *31-31-31.*

Adresses utiles

ℹ ***Tourist Information Centre*** *(plan B2) : Peas Hill, près du marché.* ☎ *(08712) 26-80-06.* • *visitcambridge.org* • *Lun-sam 10h-17h, plus dim 11h-15h Pâques-Toussaint.* Documentation payante, dont un plan de Cambridge. Propose des visites guidées de la ville à pied *(walking tours).* Listes des loueurs de vélos et résa d'activités (*punting*, spectacles...), certaines avec tarifs réduits. Propose aussi le change. Personnel accueillant et efficace.

✉ **Poste** (plan B2) : *Saint Andrew's St. Lun-sam 9h-17h30. Plusieurs annexes, notamment au 24 Trinity St.*

Où dormir à Cambridge et dans les environs ?

Comme à Oxford, le logement est cher, en dehors de l'AJ *(YHA)*. Pour les petits budgets, les campings (dans les environs uniquement, rien de central) sont assez bien desservis par les bus et assez proches des *Park & Ride*. Les *B & B* restent encore la solution la plus acceptable. Leurs tarifs diminuent un peu à mesure que l'on s'éloigne du centre (bonne desserte des bus). Ne pas négliger non plus les hôtels de chaînes comme *Travelodge* ou *Premier Inn* et les locations d'appartements *(self-catering)*. Listes complètes disponibles auprès de l'office de tourisme. Noter que certaines périodes sont critiques en termes de disponibilité, durant la remise des diplômes en juin, par exemple.

Campings

Voici les 3 plus proches de Cambridge.

Highfield Farm Touring Park : *Long Rd,* **Comberton,** *CB3 7DG. ☎ 26-23-08. • highfieldfarmtouringpark.co.uk • À 5 miles à l'ouest de Cambridge par l'A 603, puis à droite par la B 1046 en direction de Comberton. Arrêt de bus. Ouv fin mars-fin oct. Compter 16-21 £ pour 2 avec tente et voiture. CB refusées.* Comme son nom l'indique, situé sur une ferme. Du vert, rien que du vert. Et des jonquilles en pagaille au printemps. Confort habituel.

Great Shelford Camping and Caravanning Club Site : *19 Cabbage Moor,* **Great Shelford,** *CB2 5NB. ☎ 84-11-85. • campingandcaravanningclub.co.uk • À 3,5 miles au sud de la ville. Arrêt de bus à 5 mn. Park & Ride à 20 mn à pied (un peu plus de 1 km). Avr-fin oct. Résa indispensable l'été. Compter 21 £ en hte saison pour 2 avec tente et voiture, plus env 7 £/empl. pour les non-membres.* Un camping tout plat d'environ 120 emplacements, tenu par un couple accueillant. Très confortable, calme et propre.

Cambridge Cherry Hinton Caravan Club Site : *Lime Kiln Rd,* **Cherry Hinton,** *CB1 8NQ. ☎ 24-40-88. • caravanclub.co.uk • À env 3 miles au sud-est de Cambridge. Arrêt de bus à 5 mn et Park & Ride à 750 m. À partir de 20 £ pour 2 avec tente.* Un camping très bien équipé et bucolique, vallonné, dans une ancienne carrière de calcaire. Coin abrité pour les tentes (6 petits emplacements seulement). Bien agréable.

Auberge de jeunesse et *colleges*

Youth Hostel Association (plan C3, **10**) : *97 Tenison Rd, CB1 2DN. ☎ 35-46-01 et 30-31-24. • yha.org.uk/hostel/Cambridge • Ouv 24h/24. Pour l'été, résa très à l'avance car c'est un peu l'usine. Nuitée en dortoir de 6 lits max à partir de 20 £/pers ; également des twins en-suite ou non ; réduc de 3 £ pour les membres ; réduc moins de 18 ans.* Tout près de la gare, entièrement refait récemment. De nombreux services : paniers-repas le midi, restaurant *(env 8 £ le plat)*, cuisine à disposition, laverie, hangar à vélos et local à bagages fermé à clé. Également un salon avec gros fauteuils et un *open space* à l'entrée. Accueillant et bien tenu.

Logement dans les colleges : *• universityrooms.com/fr/city/cambridge/home •* Une solution originale pendant les vacances de Pâques, d'été et de Noël, limitée toutefois, car les *colleges* en profitent alors pour accueillir des conférences et des chercheurs.

Prix moyens (40-80 £ / 48-96 €)

Tenison Towers Guesthouse (plan C3, **12**) : *148 Tenison Rd,*

CB1 2DP. ☎ 36-39-24. • cambridgecitytenisontowers.com • Résa conseillée. Doubles à partir de 70 £ ; familiale. Parking. Dans une rue calme, à deux pas de la gare. Les 8 chambres, lumineuses, joliment décorées dans les tons bleu et blanc, sont nickel et toutes dotées d'une salle de bains. Bonne confiture et muffins maison au petit déj. Accueil extra.

Chic (80-120 £ / 96-144 €)

Ashley Hotel *(plan B1, **15**) : 74-76 Chesterton Rd, CB4 1ER. ☎ 35-00-59. • arundelhousehotels.co.uk/accommodation.php • Doubles 90-99 £, familiales, petit déj anglais inclus.* Dans 2 maisons victoriennes typiques avec leurs bow-windows. Un hôtel agréable, meublé confortablement. L'ensemble est spacieux, chaleureux et très bien tenu. Dans les chambres familiales, lecteur DVD. Un bon rapport qualité-prix non loin du centre. C'est en fait une annexe de l'***Arundel House Hotel*** *(☎ 36-77-01)* dans la même rue, plus près du centre mais aussi plus cher.

Worth House *(plan C1, **11**) : 152 Chesterton Rd, CB4 1DA. ☎ 31-60-74. • worth-house.co.uk • À 15 mn à pied, sinon bus réguliers. Doubles 85-110 £, petit déj inclus.* Mention plus pour l'accueil par un couple d'Italiens dans ce *B & B* rénové récemment. 4 vastes chambres dont 2 familiales (l'une accueillant jusqu'à 7 personnes !). Véranda donnant sur le jardin à l'arrière. Et un petit déj anglais du tonnerre pour tenir toute la journée.

Un bon plan : plusieurs *B & B* dans *Gilbert Rd (hors plan B1,* par Milton Road), une rue un peu plus éloignée. Il faut juste être prêt à marcher (environ 20 mn à pied du centre) ou à prendre le bus (lignes régulières). Tarifs avantageux *(dans les 70-80 £)* et prestations de qualité. Maisons avec jardin et accueil à la hauteur. Essayez notamment ***Archway House*** au 152 *(☎ 57-53-14 ; • archwayhousebandb.co.uk •).*

Warkworth House *(plan C2, **16**) : Warkworth Terrace, CB1 1EE. ☎ 36-36-82. • warkworthhouse.com • Doubles 95-105 £ ; familiales. Parking.* Dans une maison particulière de caractère. Gros avantage de cette *guesthouse* : on est à deux pas du parc *Parker's Piece,* dans une rue très calme et donc pas bien loin du centre. L'endroit est agréable et décoré de nombreuses gravures sur Cambridge. Une quinzaine de chambres au confort moderne, de toutes les tailles et de tous les styles, jusque sous les toits. Accueil très aimable. L'une de nos meilleures adresses.

A & B Guesthouse Ltd *(plan C3, **14**) : 124 Tenison Rd, CB1 2DP. ☎ 31-57-02. • aandbguesthouse.co.uk • En face de l'AJ. Doubles 80-90 £ ; familiale. Parking.* Maison décorée dans des tons chaleureux, à l'image de l'accueil. Confort correct, mais salles d'eau parfois très petites. Certaines chambres sont dotées de jolies cheminées. Agréable salle à manger sur le jardin.

Lensfield Hotel *(plan B3, **17**) : 53 Lensfield Rd, CB2 1EN. ☎ 35-50-17. • lensfieldhotel.co.uk • Doubles à partir de 118 £, familiales également, petit déj inclus. Parking gratuit.* Situation de choix pour cet hôtel familial. Une quarantaine de chambres à la déco agréable, plus modernes dans l'aile la plus récente, toutes *spotless*. Spa, bar, petit déj au sous-sol. Une adresse de charme et conviviale, chouchoute des professeurs de l'université pour son accès aisé au centre-ville.

Très chic (plus de 120 £ / 144 €)

Hotel du Vin *(plan B3, **19**) : 15-19 Trumpington St, CB2 1QA. ☎ 22-73-30. • hotelduvin.com • Tarifs très variables, doubles à partir de 155 £. Petits déj env 14-17 £.* Aménagé dans un ensemble de maisons anciennes, superbe hôtel entièrement relooké dans les tons vert... bouteille. Chambres aux lignes contemporaines et tout confort (du coffre-fort au peignoir de bain), certaines avec déco personnalisée dédiée à un cépage et salles de bains aux mises en scène originales. Quelques chambres avec terrasse donnant sur une cour-jardin. Bibliothèque-salon comme dans un club anglais. Bistrot chic à l'atmosphère tamisée et salle pour tester le vin. La classe, quoi !

Double Tree by Hilton (plan A3, **18**) : *Granta Pl, Mill Lane, CB2 1RT. ☎ 25-99-88. • doubletree3.hilton.com • Doubles à partir de 130 £, petit déj anglais inclus ou non. Parking payant.* Magnifiquement situé au bord de la Cam, ce *Hilton* pas très beau de l'extérieur s'avère, à l'intérieur, très agréable avec tout le confort souhaité. Piscine, jacuzzi et jardins donnent sur la rivière, de même que la salle de resto, toute vitrée, et le bar. Demander une chambre avec vue sur la rivière. Une adresse qui manque un peu d'âme, mais située dans le plus joli coin de Cambridge.

Où manger ?

Ne pas négliger les ***tearooms*** et surtout les ***pubs*** mentionnés plus loin. La plupart proposent du *pub grub*, ces plats traditionnels anglais souvent copieux et bien ficelés, à tarifs raisonnables. On profite en plus de l'ambiance des lieux et parfois d'une agréable terrasse aux beaux jours.

Bon marché (moins de 10 £ / 12 €)

Tatties (plan B2, **20**) : *11 Sussex St. ☎ 32-33-99 ou 35-77-66. Tlj 8h (9h dim)-18h (19h sam).* Établissement spécialisé dans les *baked potatoes* avec un large choix d'ingrédients, mais on y trouve aussi des sandwichs, salades et des petits déjeuners anglais. Si le temps le permet, n'hésitez pas à manger dehors sur la jolie place piétonne sous les colonnades.

Cafe on The Round (plan B2, **21**) : *16 Round Church St. Lun-sam 7h-16h30 (plus dim midi en été). Snacks à partir de 3-4 £ : « sandwiches » (en fait des clubs), « baguettes » (des sandwichs cette fois-ci, vous suivez ?), des apple pies et des scones...* Une petite affaire familiale *lovely* comme tout où vous trouverez tout ce qu'il faut pour aller pique-niquer sur un banc dans un parc. Propose également des smoothies.

Trockel, Ulmann unde Freunde (plan B2, **22**) : *13 Pembroke St. ☎ 46-09-23. Lun-sam 9h (10h sam)-17h ; dim 10h-15h en été. Moins de 5 £.* Petit bar-salon de thé chaleureux, où l'on sert des sandwichs, des soupes maison et toutes sortes de gâteaux. Également vente à emporter. Bon et populaire auprès des étudiants et des profs. Venez tôt si vous voulez du choix.

Nadia's Sandwich Bar and Patisserie : *4 ou 5 adresses à Cambridge pour cette pâtisserie qui y officie depuis plus de 20 ans ; 11 Saint John's St, 9 Burleigh St, 16 Silver St et sur Mill St également (The Bakery).* Vendent notamment des cookies géants, dont certains aux Smarties... *Very British* et tout petits prix.

Aromi (plan B2, **25**) : *1 Bene't St. ☎ 30-01-17. Tlj 9h-17h (20h w-e). Env 4,50 £ la part.* Les universitaires font la queue le midi devant cette épicerie fine sicilienne qui s'est spécialisée dans le pain sous toutes ses formes. La pâte est roulée sous vos yeux : *panini, focaccia, pizza, spianata...* Fait également salon de thé avec des pâtisseries italiennes pour changer du *carrot cake*. Très appétissant !

Pour manger pas cher, avec une jolie vue sur Market Place et Great Saint Mary, n'hésitez pas à monter au 2e étage à la cafétéria du *Marks & Spencer* *(plan B2 ; ouv 9h-17h30).*

Prix moyens (10-20 £ / 12-24 €)

Agora et Copper Kettle (plan A2, **27**) : *4 King's Parade. ☎ 30-84-48. Tlj 8h (13h ven-sam)-22h. Plats 9-13 £. 2 enseignes en 1.* Un *tearoom* traditionnel tenu par une équipe de joyeux lurons turcs. Ils en ont gardé l'esprit dans la journée *(Copper Kettle)*, et le soir c'est un vent plus méditerranéen qui souffle sur la carte *(Agora)*. Déco sobre avec des photos sépia rappelant l'ancien salon de thé et de la vaisselle turque, ambiance décontractée et surtout, le King's College pour décor, à travers la vaste vitrine. Un très bon rapport qualité-prix et une de nos adresses préférées en ville.

|●| ***The Urban Shed*** *(plan B2,* ***39****) :* *62-64 King's St. ☎ 32-48-88. Tlj 8h30-17h, sam 9h-18h, dim 10h-16h. Petit déj et sandwichs autour de 5 £.* Un boui-boui pas bien grand dans lequel les étudiants se *squeezent* volontiers pour un sandwich frais, à base de produits sains. On n'y reste pas longtemps, mais il y a toujours une bonne raison de repasser dans cet accueillant refuge pour un délicieux café maison. La déco vintage totalement déjantée y est certainement pour quelque chose.

|●| ***The Michaelhouse Café and Centre*** *(plan A-B2,* ***36****) :* *Saint Michael's Church, Trinity St. ☎ 30-91-67. Lun-sam 8h-17h. Petit déj autour de 6 £. Plats 6-10 £.* Le café est situé dans la nef d'une chapelle où des offices ont toujours lieu. Un endroit très original avec de beaux vitraux. On peut y déjeuner sur le pouce de soupes, sandwichs, salades et plats du jour pour un prix modique. Le café abrite des expositions, et des ateliers d'art y sont organisés régulièrement.

|●| ***Coast*** *(plan A-B2,* ***29****) :* *15 Trinity St. ☎ 35-13-44. Tlj 9h-22h (21h dim). Plats 6-14 £, 10 % de réduc pour les étudiants.* Ce fast-food du *fish & chips* ouvre la porte à la nouvelle génération : finies les odeurs de friture qui collent aux vêtements, nickel niveau propreté et bel intérieur aux murs d'ardoise. Il est loin le temps de la feuille de journal en guise d'emballage ! Également, en vrac, des moules, des petits déj, des desserts bien british...

|●| ***Pint Shop*** *(plan B2,* ***24****) :* *10 Peas Hill. ☎ 35-22-93. Tlj 12h-23h (minuit ven-sam). Résa conseillée. Au bar, snacks 4-7,50 £ ; au resto, plats 13-18 £.* Intérieur chaleureux, dans les tons beige et bois clair, pour ce bistro un brin rétro. Ou est-ce plutôt un pub, réduit à l'essentiel : une sélection des principales bières pression du pays, de délicieux plats, fromages et puddings (hmm le crumble à la rhubarbe !) côté resto. Au bar, on peut se contenter d'un vrai *scotch egg* (avec le jaune encore chaud) ou d'un *sausage roll* pour trois fois rien. Un condensé culinaire de la Grande-Bretagne d'aujourd'hui, en quelque sorte.

|●| ***Gallería Restaurant*** *(plan A1,* ***28****) :* *33 Bridge St. ☎ 36-20-54. Tlj. Plats 10-22 £.* Dans un cadre aux lignes épurées, en bordure de la Cam, avec à l'extérieur 2 balcons donnant sur la rivière et 1 terrasse sur Bridge Street. Pâtes, viandes, poissons pour une cuisine chic et classique à tendance méditerranéenne.

|●| ***Rainbow Café*** *(plan A2,* ***31****) :* *9A King's Parade. Au fond d'une petite impasse. ☎ 32-15-51. Tlj 10h-22h (16h dim-lun). Plats 9-11 £.* Un resto bio très populaire, où déguster toutes sortes de salades, pâtes et plats de tous les pays. On peut également y prendre un verre. Dommage que le resto soit situé en sous-sol, dans 2 petites salles assez confinées.

|●| ***The Brew House*** *(plan B2,* ***26****) :* *1 King's St. ☎ 85-51-85. Tlj 9h (10h w-e)-tard. Tapas et sandwich autour de 5 £, plats 10-15 £.* Si King's Street n'a rien de royale, voilà une brasserie couronnée de tous les succès. Cadre rustico-industriel où plane une douce odeur de malt. Directement du producteur au consommateur ! Et surtout une cuisine franchement réussie, jusqu'aux desserts, faisant honneur aux standards britanniques. Tapas, légumes de saison, plateaux à partager... Très louable sélection de vins du monde. Le tout dans une ambiance décontract', jazzy et animée.

Plus chic (20-30 £ / 24-36 €)

|●| ***Le Gros Franck Café and Restaurant*** *(plan C3,* ***34****) :* *57 Hills Rd. ☎ 56-55-60. Resto : ven-sam à partir de 18h (résa obligatoire !) ; menus 14,50-22 £. Self : tlj 7h-17h ; plats à partir de 7 £.* Ce bistrot, qui fait plutôt self-service le midi, propose une carte bien française : bœuf bourguignon, magret de canard, crêpes, glaces maison... Le tout très appétissant.

|●| ***The Chop House*** *(plan A2,* ***30****) :* *1 King's Parade. ☎ 35-95-06. Tlj midi*

et soir. Lun-ven 12h-19h, menus env 14-18 £. Plats 12-17 £. Le billot en vitrine rappelle que vous êtes ici dans un resto spécialisé dans la viande. Son originalité est de proposer différents types de saucisses à accompagner d'une purée et d'une sauce de votre choix. Le concept est plutôt sympa, raffiné (mais oui !) et réussi. Les autres plats sont du même acabit. Belle carte des vins très internationale, décor sobre et vue sur Christ Church. En bas, caves aménagées où règne une ambiance chaleureuse. Une autre adresse sur Northampton Street avec 2 salles intimes à l'étage.

Ultrachic

Midsummer House (plan B1, **35**) : *Midsummer Common. ☎ 39-92-99. • reservations@midsummerhouse.co.uk • Fermé dim-mar midi. Résa conseillée. Menus 5-10 plats 45 (midi mer-ven)-95 £.* Évidemment, on ne pousse pas la porte de cet endroit au hasard d'une balade au bord de la rivière Cam. C'est LA référence gastronomique de la ville, nichée aux abords d'un parc, dans une petite maison traditionnelle agrandie de 2 magnifiques vérandas. La déco flirte avec le minéral et la cuisine avec la gastronomie française.

Où s'arrêter pour un *tea-time* ?

Dans le centre

Fitzbillies (plan A2, **38**) : *52 Trumpington St. ☎ 35-25-00. Lun-ven 8h-22h, sam 9h-21h, dim 10h-22h. Plats 8-10 £. Réduc étudiants.* Petit déj, brunch, lunch, *afternoon tea* et *evening menu*... Il y a le choix ! Le tout servi dans un décor minimaliste. Bons plats frais, agréablement présentés et large choix de gâteaux, tous plus appétissants les uns que les autres, proposés également dans la pâtisserie attenante.

Harriets (plan B2, **37**) : *16-17 Green St. ☎ 35-64-43. Lun-sam 8h45-18h, dim 9h30-17h. Afternoon tea 7-25 £, petit déj et snacks 6-9 £.* La vitrine appétissante, l'indémodable moquette et la *clotted cream* fouettée comme il faut ont leurs inconditionnels à l'heure du thé. Gâteaux maison et scones (chauds !) sans égal, dans la plus pure tradition.

En dehors du centre

The Orchard Tea Gardens : *Mill Way, **Grantchester**. ☎ 55-11-25. À moins de 3 miles au sud de Cambridge. À pied (env 50 mn) ou à vélo, suivre la Cam sur un petit chemin très agréable ou louer un punt. Sinon, bus n°s 18 ou 18A (direction Saint Neots, 1 bus/h sf dim), en 10 mn ; puis continuer 10 mn sur High St vers l'église, c'est à gauche derrière une barrière. En voiture, parking cher (5 £/3h, en partie remboursés si consommation). Tlj 9h30-17h (10h-16h en hiver). Plats 5-10 £.* Dans le charmant village, quelques belles maisons au toit de chaume. C'est dans cette maison rustique que le poète Rupert Brooke élut résidence et rassembla autour de lui le *Grantchester Group*, composé de E. M. Forster, Virginia Woolf, Bertrand Russel et Ludwig Wittgenstein. On peut aujourd'hui y prendre le thé à l'anglaise (mais aussi le petit déj et un déjeuner simple au self, genre soupes, salades et tartes) dans un grand jardin, planté de pommiers et parsemé de chaises longues. Tellement paisible, à garder pour un jour de beau temps. Intéressant *Rupert Brooke Museum* à côté *(GRATUIT)*. Spectacles et concerts le soir en été.

Où boire un verre ?

The Eagle (plan A-B2, **40**) : *8 Bene't St. ☎ 50-50-20. Pub grub 12h-22h, plats copieux 8-9 £.* Pub traditionnel célèbre pour la pièce où, pendant la Seconde Guerre mondiale, les aviateurs américains et anglais ont inscrit leurs noms sur le plafond avec la flamme d'un briquet. Illustrations de l'époque assez émouvantes. Crick et Watson, Prix Nobel de physique, y ont eux aussi passé de longues journées à discuter pour trouver la structure à double hélice de l'ADN. De nombreux recoins et une petite cour fleurie en font un de nos pubs préférés en ville.

🍷 🍽 ***The Fort Saint George*** *(plan B1,* ***41****)* **:** *Victoria Ave. ☎ 35-43-27.* Un pub en bord de Cam encore bien vaillant pour son âge. Intérieur très confortable avec poutres apparentes et aménagement chaleureux. La terrasse dominée par un saule plutôt rieur est bondée au moindre rayon de soleil. Soirées musicales certains soirs. Délicieuse cuisine.

🍷 🍽 ***The Granta*** (plan A3, **42**) **:** *14 Newnham Rd. ☎ 50-50-16.* Charmant petit pub caché en bordure des *meadows* et d'un bras de rivière. Les soirées s'écoulent lentement, en dégustant de bons plats traditionnels. Soirées barbecue l'été et location de *punts* en contrebas de la rivière.

🍷 🍽 ***The Anchor*** (plan A2-3, **43**) **:** *Silver St. ☎ 35-35-54.* Au niveau du pont, un des pubs les plus sympas de la ville, très agréable hiver comme été avec sa terrasse surplombant la rivière. Jolie vue également depuis la salle au 1er étage.

🍷 ***The Boathouse*** (plan B1, **44**) **:** *14 Chesterton Rd. ☎ 46-09-05.* Pub sympa pour ses différentes terrasses descendant sur la rivière. Sinon, intérieur très grand, mais moins plaisant. Un tuyau : on peut s'y garer pour pas très cher et partir explorer la ville, la maison rembourse une partie du ticket à partir de 5 £ de consommation !

🍷 ***Baroosh*** (plan B2, **46**) **:** *8 Market Passage. ☎ 30-97-96.* Sur 4 niveaux, un vaste bar branché à la déco moderne dans les tons marron, avec de confortables sofas en cuir. Possibilité de s'y restaurer et large sélection de vins du monde entier.

🍷 D'autres pubs, comme : ***The Pickerell Inn,*** *30 Magdalene St,* l'un des plus vieux de Cambridge ; ceux sur *Castle Rd,* vers le nord de la ville, notamment ***The Castle Inn*** (très chaleureux).

🍷 ***Hot Numbers Coffee*** (plan B3, **47**) **:** *4 Trumpington St. ☎ 30-07-30. Lun-ven 7h-19h ; w-e 8h-18h. Plats 4-7 £.* Café à la new-yorkaise avec intérieur minimaliste, bois clair, moderne et passe-partout. Et branché surtout, dans tous les sens du terme. On y vient du petit déj, plongé dans son *laptop,* à l'apéro. La maison brasse sa bière et torréfie son café.

Où sortir ?

♩ ᴑᴑ ***Cambridge Corn Exchange*** (plan B2, **50**) **:** *Wheeler St. ☎ 35-78-51. ● cambridgelivetrust.co.uk/cornex/ ● Box office : lun-sam 12h (10h sam)-18h ; dim slt les j. de spectacle. Sinon de 1h avt jusqu'à 30 mn après le début du spectacle !* Dans l'ancienne bourse aux grains convertie en salle de spectacle, musique classique, théâtre, pop-rock... Café au rez-de-chaussée.

♩ ♫ ***The Junction*** (hors plan par C3, **51**) **:** *Clifton Way. ☎ 51-15-11. ● junction.co.uk ● Box office : lun-sam 10h-18h.* Située dans un quartier d'entrepôts, cette salle de concert fait également théâtre et discothèque. Possibilité de s'y restaurer les soirs de concert.

♫ ***The Fez Club*** (plan B2, **52**) **:** *Market Passage, en face de Baroosh. ☎ 51-92-24. ● cambridgefez.com ● Tlj 22h30-3h. Entrée moins chère avt 23h ; réduc étudiants.* Cette boîte à la décoration entièrement marocaine accueille régulièrement des DJs de Londres. Incontournable à Cambridge.

♫ ***Lola Lo*** (plan B2, **50**) **:** *1-6 Corn Exchange St. ☎ 36-78-66. ● lolalo.co.uk/venues/cambridge/ ● Jusqu'à 3h, fermé mar et dim. Tarif en fonction de l'heure d'arrivée.* La plus grosse boîte en plein centre de Cambridge, sur 3 étages reliés par un ascenseur ! Tous types de musique. Un décor polynésien, une ambiance tropicale et un dépaysement garanti !

■ ***Arts Picturehouse*** (plan B2, **53**) **:** *38-39 Saint Andrew's St. ☎ (0871) 902-57-20 (0,10 £/mn). ● picturehouses.com/cinema/Arts_Picturehouse_Cambridge ●* Le cinéma d'art et essai de la ville. En attendant la séance, on peut manger au foyer du cinéma pour quelques *pounds* (tapas, salades, paninis). Très sympa.

Shopping

Marché : *tlj sur Market Pl. Plus alimentaire et artisanal le dim.*

Heffers (plan A-B2, **60**) **:** *20 Trinity St. Lun-sam 9h (9h30 mar)-18h ; dim 11h-17h.* Également *Heffers Sound, Heffers Art & Graphics,* etc. Même direction que la librairie *Blackwell's* à Oxford. Rencontres d'auteurs, club de lecture, participation au Festival littéraire de Cambridge *(Cambridge Wordfest).*

The Cambridge Cheese Company *(plan A-B2,* **61***)* **:** *4 All Saints Passage. Fermé dim ap-m.* Une boutique fort appétissante vendant du fromage fermier, mais aussi du pain Poilâne, de l'épicerie fine, des soupes maison...

Talking T's (plan A1-2, **62**) **:** *37 Bridge St.* • *t-shirts.co.uk* • *Lun-sam 9h30-17h30, dim 11h-17h.* Des tee-shirts et sweat-shirts pour tous les goûts, à personnaliser en y imprimant des phrases pleines d'humour. On peut aussi commander par Internet.

– Sinon, *Trinity Street* et *Rose Crescent* sont des rues très commerçantes où l'on trouve de belles boutiques. Dans *Burleigh Street (plan C2),* tout un choix de *charity shops,* ces vitrines d'ONG vendant toutes sortes de vêtements et objets d'occasion. À Cambridge, on trouve parfois plus que des babioles !

À voir

Les *colleges*

Les heures d'ouverture sont rythmées par les obligations de la vie universitaire et varient en fonction des périodes de l'année (bien vérifier). Les *colleges* sont parfois fermés pendant les examens, de fin avril à mi-juin. De même, l'entrée peut être libre ou payante selon les périodes et les *colleges.*

Voici une sélection des principaux, en remontant grosso modo l'artère principale, du sud au nord.

Pembroke College (plan B2-3) **:** *Trumpington St.* ☎ *33-81-00.* • *pem.cam.ac.uk* • *Tlj 14h-17h. GRATUIT.* Fondé en 1347 par Marie Saint Pol de Valence, comtesse de Pembroke, dont le mari fut tué dans une joute le jour de son mariage. La grille d'entrée, qui date du XIVᵉ s, est la plus ancienne à être encore en place. Une halte s'impose absolument dans ses ravissants jardins, plus intimes et plus divers que ceux des grands *colleges.* Voir également la chapelle (le *college* fut le premier à en posséder une privée), de style classique, œuvre du célèbre architecte anglais Christopher Wren.

PREMIER DE LA CLASSE

William Pitt le Jeune (1759-1806), dont on peut voir la statue dans les jardins de Pembroke, intégra l'université en 1773, à l'âge de 14 ans, pour devenir une première fois Premier ministre 10 ans plus tard, à 24 ans ! Au cours de ses deux mandats, il eut à en découdre avec la folie du roi George III, la Révolution française et les guerres napoléoniennes. Remarquable palmarès pour ce premier de la classe, fils de... Premier ministre.

Queens' College (plan A2-3) **:** *Queens' Lane.* ☎ *33-55-11.* • *queens.cam.ac.uk* • *Tlj 10h-16h30 (12h-16h dim) mars-sept ; en hiver, horaires plus restreints. Entrée : 3 £ ; gratuit jusqu'à 12 ans.* Le *college* a été fondé par deux reines successives (d'où le pluriel), dont Marguerite d'Anjou qui souhaitait faire de ce *college* le pendant pour les femmes de King's College fondé par son royal mari, Henri VI. Les bâtiments médiévaux de la vieille cour *(Old Court)* et la maison du Doyen *(President's Lodge),* dans la cour du cloître (XVIᵉ s), sont de très beaux exemples architecturaux de leur époque. *Erasmus's Tower* est le bâtiment dans lequel Érasme a vécu et travaillé de 1510 à 1514. Son portrait est d'ailleurs accroché dans le somptueux *Old Hall* derrière la table où dînent les professeurs. Pour finir la visite et traverser la Cam, empruntez le fameux (mais peu impressionnant finalement) *pont des Mathématiques,* tout en bois, que l'on a longtemps et par erreur attribué à Newton (d'où son nom). De l'autre côté de la rivière, les bâtiments modernes du *college,* les premiers à être édifiés sur les *backs* et dont l'architecture fut très controversée.

Corpus Christi College (plan A-B2) : *King's Parade. • corpus.cam.ac.uk • Tlj 14h-16h. Payant slt juil-sept (env 3 £).* À l'angle de Bene't Street, voir l'étrange horloge surnommée *The Corpus Clock.* Elle a été inaugurée en septembre 2008 par le célèbre physicien Stephen Hawking, professeur à l'université de Cambridge. L'horloge veut donner la sensation du temps qui passe, chaque seconde étant avalée par la monstrueuse sauterelle posée sur le disque. L'horloge, qui a nécessité 5 ans de fabrication, est l'œuvre d'un étudiant à Cambridge dans les années 1950, soucieux de rendre hommage à un autre célèbre horloger du XVIIe s, John Harrison, lui-même inventeur d'un mécanisme particulier... dont nous vous faisons grâce. À voir et à méditer surtout la nuit.

King's College (plan A2) : *King's Parade. ☎ 33-04-47. • kings.cam.ac.uk • Entrée par la grille nord (et non pas sur King's Parade), en contournant le college par la droite. Seuls la chapelle et les jardins se visitent. Pdt les vac scol, tlj 9h30-16h30 (15h30 déc-janv). Le reste de l'année, lun-sam 9h30-15h30 (15h15 sam) ; dim 13h15-14h30. Attention, horaires variables selon manifestations (bien vérifier avt sur le site), car la chapelle est un lieu de concerts très prisé. Entrée : 9 £ ; réduc.* Fondé en 1441 par le jeune roi Henri VI, King's College était destiné au départ à 70 étudiants pauvres issus de Eton College, une autre fondation du roi, près de Windsor. Une bonne partie de la ville médiévale fut détruite pour faire de la place à cette construction d'ampleur : Henri VI voulait que ce *college* et sa chapelle soient les plus beaux d'Oxford et Cambridge réunis. Il fut achevé sous Henri VIII, au début du XVIe s. De nouveaux bâtiments furent construits au XVIIIe s dans le style académique de l'époque. Aujourd'hui, King's College compte environ 600 étudiants et plus de 100 tuteurs, la plupart y résidant.

– La ***chapelle*** est un chef-d'œuvre incontesté. Sa construction débuta en 1446 et fut stoppée par la guerre des Deux Roses, de 1455 à 1485 ; elle ne fut achevée que 100 ans plus tard. De style gothique, elle est particulièrement célèbre pour la finesse de sa voûte en éventail et la beauté de ses vitraux. La voûte ***(fan vaulting),*** monumentale, est à couper le souffle ; elle fut taillée au sol avant d'être hissée à 24 m de hauteur. Les vitraux ont été réalisés par des artistes flamands. Pendant la Seconde Guerre mondiale, ils furent déposés par mesure de sécurité, et certains d'entre eux, cassés ou perdus, ont dû être remplacés ; d'où quelques anachronismes... Également de superbes bas-reliefs où l'on retrouve les armoiries des Tudors, avec leurs emblèmes : la herse et la rose – la rouge de la maison de Lancaster et la blanche de la maison de York. Dans le blason, la fleur de lys (les rois anglais se considéraient alors comme rois de France) et des lions. Le blason est soutenu par le lévrier et le dragon. Notez que la pose du lévrier comme celle du dragon sont à chaque fois différentes.
Sur l'autel, ***L'Adoration des Mages*** de Rubens, peint en 1634 et destiné au couvent des sœurs de Louvain en Belgique ; ce tableau fut généreusement donné au *college* en 1961 et, afin de bien le mettre en valeur, on dut baisser le niveau du sol (et donc de l'autel)... Sur les murs du chœur, vous remarquerez ici et là quelques graffitis rouges laissés par les soldats de Cromwell, l'église ayant servi de campement militaire pendant la guerre civile. De chaque côté du chœur, deux chapelles. L'une est consacrée à la mémoire des membres du *college* morts pendant les deux guerres, dont le poète Rupert Brooke, en 1914. Dans l'autre, exposition consacrée à l'édification et au style de ce bâtiment religieux. Enfin, la chapelle possède une chorale réputée (voir *Evensongs* dans la rubrique « À faire »).

Clare College (plan A2) : *Trinity Lane. ☎ 33-32-00. • clare.cam.ac.uk •. Entrée : 5 £ en été slt ; réduc.* Fondé en 1326, c'est le plus ancien *college* de

Cambridge après *Peterhouse*, mais les bâtiments actuels datent du début du XVIIIe s. Il porte le nom de sa bienfaitrice, lady Elizabeth de Clare, surnommée la Veuve Noire en raison des décès suspects de ses trois maris. Ses jardins sont parmi les plus beaux de Cambridge, en toute saison.

Trinity Hall (plan A2) **:** *Trinity Lane. ☎ 33-25-00. • trinhall.cam.ac.uk • Ne pas confondre avec Trinity College ! Tlj 9h15-12h, 14h-17h30 (19h l'été). GRATUIT.* Considéré comme le *college* des juristes, car fondé au XIVe s (en 1350) pour remplacer les quelque 700 prêtres du diocèse décimés par la peste noire. C'est l'un des plus petits *colleges* de Cambridge avec environ 600 élèves. Il possède aussi la plus petite chapelle (première cour) avec un plafond décoré des blasons des notables de l'établissement. Dans la seconde cour, bel édifice gothique avec échauguette délicatement sculptée. Intéressante bibliothèque de brique construite à la fin du XVIe s (ne se visite pas), témoignage de la période élisabéthaine. Terry Waite (ex-otage au Liban) y a fait ses études.

Trinity College (plan A2) **:** *Trinity St. ☎ 33-84-00. • trin.cam.ac.uk • À ne pas confondre avec Trinity Hall. Tlj 10h-17h (dernière entrée 16h30) de mi-mars à oct. Entrée : 3 £ ; réduc. À visiter surtout pour la Wren Library (accès gratuit).* Le plus grand *college* de Cambridge, fondé au XVIe s par Henri VIII, 6 semaines avant sa mort. Sa statue trône au-dessus de la porte principale *(Great Gate)* : un jour de fête, les étudiants ont retiré le sceptre de la main droite du roi pour le remplacer par un pied de chaise, qui s'y trouve toujours ! *Trinity* est aussi le plus riche des *colleges* ; c'est d'ailleurs un des premiers propriétaires terriens d'Angleterre... À l'intérieur de la grande cour *(Great Court)*, entourée de magnifiques édifices, remarquez l'élégante ***Clock Tower.*** Difficile aussi de ne pas prêter attention à la belle fontaine surmontée d'un dais qui trône au milieu de la cour.

ÇA NE TOURNE PAS ROND À TRINITY

À Trinity College, *il est de tradition que les étudiants tentent de faire le tour de la grande cour carrée* (Great Court) *en 43 secondes exactement et... en smoking, pendant que la* Clock Tower *sonne 24 coups, à midi et à minuit. Lord Burghley, en 1927, serait le seul à avoir parcouru les 573 yards dans le temps imparti. La scène est immortalisée dans le film* Les Chariots de feu. *En 1988, Sebastien Coe, l'un des médaillés olympiques anglais, ministre sous Tony Blair, a également réussi ce pari un peu fou (mais non homologué).*

La chapelle commandée par Marie Tudor en mémoire de son père accueille dans son entrée les statues des gloires de Trinity College ; le poète Tennyson, le philosophe Francis Bacon et le mathématicien Isaac Newton. Trinity College a produit pas moins de 31 prix Nobel. Et lord Byron y fut étudiant. Très excentrique, il avait un ours comme animal de compagnie, car les chats et les chiens n'étaient pas admis ! Autre étudiant célèbre, et royal qui plus est, le prince Charles de 1967 à 1970.

– Le *college* abrite la ***bibliothèque Wren*** : *visite gratuite. Entrée par l'arrière du college (passer par* Garrett Lane Hostel*), mais heures de visite restreintes (lun-ven 12h-14h, plus parfois sam mat).* Elle clôture la seconde cour, construite en 1695 par sir Christopher Wren, et renferme des manuscrits très anciens, des originaux d'Isaac Newton ainsi que l'original de *Winnie l'Ourson...* La bibliothèque se trouve au premier étage afin de se prémunir des inondations de la Cam, et ses grandes fenêtres permettent un éclairage maximal.

Saint John's College (plan A2) **:** *Saint John's St. ☎ 33-86-06. • joh.cam.ac.uk • Tlj 10h-17h (15h30 en hiver). Entrée : env 10 £ ; réduc.* Superbe, peut-être le plus beau *college* de Cambridge, de par sa position sur les deux rives de la Cam – reliées par le *Bridge of Sighs* (pont des Soupirs), une copie du célèbre pont de Venise – et son enfilade d'élégantes cours intérieures.

La porte principale *(Great Gate)* date de 1516 : chargée de dorures et de fioritures, elle porte les armoiries de sa fondatrice – lady Margaret Beaufort, mère du roi Henri VII – entourée d'animaux mythologiques, ainsi que d'une statue de saint Jean l'Évangéliste avec un aigle (symbole du *college*) à ses pieds. Grande similarité avec la porte de *Christ's College,* également commandité par lady Margaret.
– On entre dans la ***première cour*** dont certains bâtiments, construits sur les ruines d'un hôpital pour indigents, sont en brique et ont été recouverts plus tard par de la pierre. La *chapelle,* inspirée de la Sainte-Chapelle de Paris, date de 1868. Vous remarquerez son plafond peint en rouge et ses vitraux de toute beauté. Le jour de l'Ascension, la chorale du *college* a coutume de chanter du haut de sa tour. La *deuxième cour,* plus grande que la précédente, abrite ***The Combination Room*** (ne se visite pas), où les Alliés ont élaboré une partie des plans du Débarquement. Dans la ***troisième cour,*** plus petite, des repères marquent les grandes inondations d'octobre 1762 et octobre 1795 ; on y trouve l'ancienne bibliothèque.
On traverse ensuite le ***pont des Soupirs*** qui mène à *New Court,* une cour avec des arcades et un bâtiment surnommé *The Wedding Cake* (le gâteau de mariage) en raison de sa forme. Un emplacement pour une horloge était prévu, mais, faute de moyens, celle-ci ne fut jamais installée. D'autres cours encore, plus récentes (il y en a neuf en tout) : *The Cripps Courts,* du nom d'un heureux donateur, et *The Fisher Building,* etc. Un petit ruisseau, *The Bin Brook,* passe à travers le *college* et on trouve un autre pont, le *Kitchen Bridge...* Enfin, Saint John's College est réputé pour sa chorale (voir *Evensongs* dans la rubrique « À faire »).

CONDAMNÉS À RÉUSSIR

Il existe cinq ponts des Soupirs dans le monde : l'original à Venise, des copies à Las Vegas et à Macau, et deux autres à Oxford et Cambridge. Pour ce dernier, l'appellation convient totalement puisqu'il permet aux étudiants de passer de leur chambre aux salles d'examen, tout comme les condamnés à Venise qui passaient de leur cellule à la salle d'exécution.

Magdalene College *(prononcer « Maodline » ; plan A1) : Magdalene St. ☎ 33-21-00. • magd.cam.ac.uk • Accès libre. Bibliothèque* (Pepys Library) *ouv : de début oct à mi-déc et début janv-fin mars, lun-sam 14h-16h ; de mi-avr à début sept, lun-ven 14h-16h, sam 11h30-12h30 et 13h30-14h30. GRATUIT.* Samuel Pepys, étudiant au *college* de 1651 à 1654, devint célèbre grâce à son journal dans lequel il retrace le grand incendie de Londres en 1666. Il légua sa bibliothèque (3 000 volumes classés par ordre de taille, du plus petit au plus grand, incluant les 6 volumes de son journal), en stipulant expressément que rien n'y soit ajouté ni retranché. Magdalene College est le dernier *college* à avoir admis les femmes... en 1988 seulement ! Parmi les autres étudiants célèbres, Oscar Wilde et, plus près de nous, le metteur en scène Peter Brook. Au printemps et en été, les portes du porche et les jardins sont magnifiquement fleuris. Dans le dernier jardin, amusez-vous à repérer les tombes des toutous du *college,* dans un bosquet.

Musées, églises et jardins

Fitzwilliam Museum *(plan B3) : Trumpington St. ☎ 33-29-00. • fitzmuseum.cam.ac.uk • Mar-sam 10h-17h ; dim et j. fériés 12h-17h. GRATUIT. Programme d'expos temporaires, conférences et promenades-concerts certains dim pdt l'année scol. Cafétéria dans la cour couverte, à côté de la boutique, au centre du musée.*
L'autre principal intérêt de Cambridge avec les *colleges.* Ce mini-*British Museum* fut fondé en 1816 grâce au legs du VIIe vicomte Fitzwilliam à l'université de Cambridge. La taille impressionnante du bâtiment, réplique d'un temple grec, en dit long sur la richesse de ses collections. Le hall d'entrée avec sa coupole et ses statues est en soi grandiose. Remarquables antiquités égyptiennes, grecques, romaines et d'Asie

du Sud-Est au rez-de-chaussée. Partout, des sculptures, du mobilier, des horloges aux mécanismes étonnants (la plupart fonctionnent toujours)... Et, à l'étage, une collection exceptionnelle des meilleurs peintres anglais, ainsi que des dizaines d'œuvres majeures des plus grands peintres français. Difficile de tout voir en une seule visite. Voici nos coups de cœur (non exhaustifs).

QUELLE POTICHE !

En 2006, un certain Nick Flynn visite tranquillement le musée Fitzwilliam de Cambridge. À cause d'un lacet mal ficelé et d'un manque de rampe le long d'un escalier, il tombe à la renverse, heurtant 1 puis 2 puis 3 vases de la dynastie qing posés sur un rebord de fenêtre. Patatras ! Ce malchanceux visiteur est désormais interdit d'accès au musée à vie.

Rez-de-chaussée

– ***Salles 19 et 20,*** consacrées à l'Égypte avec de beaux sarcophages et un très expressif ensemble de personnages en terre cuite représentant des scènes de la vie quotidienne (le boucher, le boulanger ainsi que des barques) trouvé dans une tombe. Intéressante chronologie de l'Égypte ancienne depuis les débuts de la civilisation jusqu'à l'islamisation de l'Égypte.

1er étage

– Les fans de l'impressionnisme se rendront directement dans la ***salle 5.*** Seurat, Sisley, Monet, Pissarro, Cézanne... Dans les vitrines, de ravissants petits bronzes de danseuses de Degas et des œuvres de Rodin, dont des masques et une puissante *Grande Main sculptée,* étude pour le célèbre groupe des *Bourgeois de Calais.*
– ***Salles 1 à 3,*** consacrées à l'art britannique, du XVIe au XXe s. Turner et Constable bien sûr, mais aussi des peintres du début XXe s moins connus, comme Spencer, Gore (jolis nus), Sickert, ou encore des préraphaélites... Subtil jeu de lumières dans *On the Brink* d'Alfred Elmore (1815-1881).
– Dans les collections italiennes : ***salles 6 et 7,*** des *Vierges à l'Enfant* en pagaille de l'école florentine (reconnaissable à leurs drapés). Également des vues de Venise peintes par Canaletto et Guardi notamment.
– Dans la ***salle 8*** (arts espagnol et flamand), régalez-vous des nombreux détails amusants de la fête de village mise en scène par Pieter Brueghel le Jeune (l'ivrogne vomissant, les amoureux se lutinant derrière l'auberge...). Très beau portrait d'un homme barbu peint par Rubens. Intensité de la concentration rendue par le talent de l'artiste.
– L'art des XXe et XXIe s est également représenté avec une dizaine d'œuvres de Nicolas de Staël, dont un flamboyant paysage sicilien de 1953 qui illumine la ***salle 11.*** Plus contemporain encore, ***salle 12,*** une impressionnante et puissante *Étude pour une crucifixion* (1996) en trois panneaux de Hughie O'Donoghue. Même sans le visage, on ressent l'impression de souffrance.

Botanic Garden *(plan B-C3) : 1 Brookside. ☎ 33-62-65. • botanic.cam.ac.uk • Tlj 10h-18h avr-sept ; 17h fév-mars, oct ; 16h le reste de l'année. Fermé pdt fêtes de fin d'année. Entrée : env 6 £ ; réduc.* Créé en 1846 par le professeur et mentor de Charles Darwin, John Henslow. Un véritable parc de 42 ha, plus de 8 000 espèces de plantes, un arboretum réputé dans la région, des jardins thématiques bien de leur temps, comme celui d'herbes sauvages et celui économe en eau, ainsi qu'une importante serre tropicale. Également une boutique et un café dans le jardin. Un bel endroit où pique-niquer, se reposer et passer plusieurs heures.

Les musées des colleges : *GRATUIT.* Les *colleges* de Cambridge abritent quelques musées discrets mais conçus de manière très pédagogique. Ils permettent en plus de pénétrer dans des *colleges* un peu en dehors des sentiers battus. Voir entre autres :
– *Whipple Museum of the History of Science (plan B2) : Free School Lane. Lun-ven 12h30-16h30.* Une grande salle à la Jules Verne, remplie d'objets scientifiques d'un autre temps, parfois déroutants ;

– *musée d'Archéologie et d'Anthropologie (plan B2) : Downing St. Mar-sam 10h30-16h30 ; l'été lun-sam 10h-17h, dim 12h-17h.* Collection de sculptures de la Grèce et la Rome antique ;
– *Sedgwick Museum of Earth Sciences (plan B2) : Downing St.* Présente l'évolution de la Terre et des espèces avec des fossiles et squelettes de dinosaures et reptiles marins géants ;
– *The Polar Museum (plan B3) : Lensfiel Rd. Mar-sam sf j. fériés 10h-16h.* Consacré aux expéditions polaires, notamment celles de Scott ;
– *New Hall Art Collection (plan A1) : dans Murray Edwards College, Huntington Rd. Tlj 10h-18h.* Une galerie consacrée aux artistes femmes ;
– *musée de Zoologie (plan B2) : Downing St.* Abrite des squelettes entiers de baleines (le plus long mesure 30 m).

Kettle's Yard *(plan A1)* **:** *Castle St. ☎ 74-81-00. • kettlesyard.co.uk • Réouverture en 2017-2018 après travaux.*
La maison appartenait à Helen et Jim Ede. Ce dernier (1898-1990), conservateur à la *Tate Gallery* dans les années 1920-1930, se définissait comme « un ami des artistes ». C'est aussi à cette époque qu'il commence sa collection. Il acquiert la succession du sculpteur français Henri Gaudier-Brzeska ainsi que des œuvres d'amis et d'autres artistes, tels que Miró, Brancusi et Alfred Wallis ou de l'Américain William Condgon. En 1956, Jim rassemble et restaure quatre petits cottages à moitié délabrés, et y résidera pendant 16 ans avec son épouse, ouvrant sa maison et sa collection d'art aux visiteurs pendant 2h tous les après-midi.
Les quatre cottages forment aujourd'hui un bel espace. La galerie attenante présente des expositions temporaires d'art moderne et contemporain.
– En sortant, jetez un œil à la chapelle toute mignonne (le lundi, on vous prêtera la clé). Elle est dédiée aux enfants !

Museum of Cambridge *(plan A1)* **:** *sur Castle St, juste à côté de Kettle's Yard. ☎ 35-51-59. • museumofcambridge.org.uk • Ouv mar-sam 10h30-17h, dim et j. fériés 12h-16h. Entrée : env 4 £ ; réduc ; gratuit pour les enfants accompagnés.* Installé dans une ancienne auberge et consacré à l'histoire sociale de la région de Cambridge. Objets anciens mis en scène sur trois niveaux et expos temporaires. Jolie boutique de jouets pour enfants à la sortie.

Round Church ou Holy Sepulchre Church *(plan B2)* **:** *Bridge St. ☎ 31-16-02. À l'angle de Round Church St, en plein centre. Tlj 10h (13h dim)-17h. Entrée : env 2 £ ; réduc. Vidéo de 25 mn sur Cambridge (demander la version française). Organisent également des visites guidées de Cambridge, lun et mer slt.* Adorable petite église romane à plan centré, construite au retour des croisades, en 1130, sur le modèle de l'église du Saint-Sépulcre à Jérusalem. Au-dessus des piliers du déambulatoire, remarquez les visages sculptés. C'est le plus vieux monument de Cambridge après Saint Bene't's Church, et il ne reste que quatre églises de ce type en Angleterre.

Great Saint Mary's Church *(plan A-B2)* **:** *Saint Mary's Passage. ☎ 74-17-16. • gsm.cam.ac.uk • Ouv lun-sam 10h-17h. Accès à la tour : env 4 £ ; réduc.* L'église de l'université. Il faut grimper 123 marches pour arriver en haut de sa tour et profiter de la vue ; les carillons sont les mêmes que ceux de Big Ben à Londres. La tour marque le centre exact de la ville : elle abrite un repère *(datum point)* à partir duquel toutes les distances sont calculées.

St Bene't's Church *(plan A2)* **:** *Bene't St. ☎ 35-39-03. • stbenetschurch.org • Tlj 8h-18h. GRATUIT.* La tour anglo-saxonne de cette petite église entourée de son cimetière est la plus ancienne construction du comté de Cambridge (1025). Et ce serait dans cette église qu'au milieu du XVIIe s aurait été inventé le système de changement des cloches tel qu'il existe aujourd'hui. Saint Bene't's Church fut l'église de Corpus Christi College avant que le *college* ne construise sa propre chapelle.

À faire

Balade dans les backs : la promenade à ne pas manquer à Cambridge. Situés de part et d'autre de la Cam, du côté ouest de la ville, les arrières des *colleges* sont accessibles depuis les *Lanes* (sentiers ouverts au public). Des pelouses bien vertes, des parcs, des jardins et des milliers de jonquilles au printemps. C'est le petit plus de Cambridge par rapport à Oxford. Suivre le sentier qui longe vaguement Queen's Road. On passe près, sous ou sur les ponts les plus intéressants : le pont des Mathématiques, Clare Bridge, Kitchen Bridge, le pont des Soupirs et Magdalene Bridge. Attention à ne pas marcher sur les pelouses : seuls les éminents professeurs en ont le droit ! Et parfois les jardins sont fermés à certaines heures. On peut aussi faire la balade en *punt.*

– *Vers Grantchester :* ce parcours moins connu permet de rallier le charmant petit village de Grantchester (voir « Où s'arrêter pour un *tea-time* ? », plus haut). La rivière coule dans une campagne fort agréable ; l'idéal pour pique-niquer.

➢ ***Balades en punts :*** les *punts* sont des bateaux à fond plat ; à l'aide d'une grande perche, on pousse au fond de l'eau pour faire avancer la barque effilée, comme à Venise. Conseil pour ne pas tomber à l'eau : si la perche reste coincée dans la boue, lâchez-la puis récupérez-la en pagayant. Et tenez-vous éloigné des rives et des autres *punts* ! Si l'expérience vous effraie, louez un « chauffeur », mais les tarifs ne sont pas donnés (réductions en passant par l'office de tourisme ou... en négociant). Petit bémol : la rivière se trouve légèrement en contrebas des *colleges* et la vue n'est pas optimale.

■ ***Scudamore's punting company*** *(plan A1 et A3,* ***2****) : à Mill Lane (à côté de Silver St Bridge) ainsi qu'à Magdalene Bridge. ☎ 35-97-50. • scudamores.com • Tlj à partir de 9h. Pour une loc, compter 41 £ pour 1h30. Avec « chauffeur », 19 £/pers pour 45 mn ; réduc ; notamment en réservant sur Internet.*

– ***Evensongs :*** ce sont les offices religieux du soir dans les chapelles des *colleges,* où l'on peut entendre des chorales *(choirs),* vers 17h30-18h. Les plus belles sont celles de King's College et Saint John's College, réputées pour leurs concerts de Noël retransmis sur les ondes, mais la plupart des *colleges* ont leur chorale, que l'on peut aller écouter pendant les trois « *term times* » de 8 semaines, c'est-à-dire pendant l'année scolaire (donc pas pendant les vacances).

Festivals et manifestations

– ***University Bumping Races :*** *en fév et mi-juin.* Rencontres d'aviron entre les *colleges.* Noter que l'*Oxbridge Boat Race (• theboatrace.org •),* la fameuse rencontre sportive entre les deux villes universitaires rivales (la première date de 1829), a lieu généralement début avril, mais à Londres.

– ***Cambridge Literary Festival :*** *• cambridgeliteraryfestival.com • Courant avr.* Le Festival littéraire de Cambridge.

– ***Cambridge Shakespeare Festival :*** *• cambridgeshakespeare.com • En juil-août.* Les représentations ont lieu en costumes d'époque.

– ***Cambridge Folk Festival :*** *• cambridgelivetrust.co.uk/folk-festival/ • En juil-août.* Il faut s'y prendre à l'ouverture de la location (3 mois avant) pour arriver à décrocher des places.

– ***Cambridge Film Festival :*** *• cambridgefilmfestival.org.uk • En oct pdt 10 j.* L'un des événements culturels majeurs de Cambridge, depuis 1977.

– ***Summer in the City :*** durant tout l'été, des spectacles gratuits en plein air dans les parcs, pour petits et grands. Programme à l'office de tourisme.

DANS LES ENVIRONS DE CAMBRIDGE

Vers le sud

Imperial War Museum : *à* ***Duxford,*** *CB22 4QR. ☎ 83-50-00. • iwm.org.uk/visits/iwm-duxford • À env 10 miles au sud de Cambridge, en bordure de l'autoroute M 11 (sortie 10). Galère en bus (sf les jours de show aérien) ou en train. Tlj 10h-18h (16h de mi-oct à mi-avr) ; dernier ticket 1h avt fermeture. Entrée : env 18 £ ; gratuit moins de 16 ans. Coffee shop et resto sur place.*
Superbe musée de l'Air, installé sur une base d'aviation dont l'histoire remonte à la guerre 1914-1918. De nombreux shows aériens s'y déroulent tout au long de l'année. De hangar en hangar, on circule en petit train ou à pied. Un vrai bonheur de collectionneur : plus de 200 machines volantes, depuis les coucous biplans des temps héroïques jusqu'au Concorde (que l'on peut visiter !), en passant par les Spitfire de la bataille d'Angleterre, les premiers jets (Météor, Sabre, Hunter), le bombardier nucléaire *Victor,* les avions embarqués de la Navy...
Un hangar abrite le musée de l'Air américain, et d'autres petits hangars annexes évoquent les guerres oubliées du Sud-Est asiatique, la bataille d'Angleterre et l'histoire des blindés. Dans le hall III, un émouvant *fennec* de l'aviation française avec le Petit Prince peint dessus. Expo sur *Bristish Airways* évidemment, mais rien sur les tenues à fleurs des charmantes hôtesses de l'air !
Même si, au final, ce musée est consacré à des armes de guerre, on ne peut rester insensible aux innovations scientifiques et à l'esthétique de certains engins. Le tout est très complet et remarquablement présenté. On peut y passer une journée.

À mi-chemin avec Oxford

Woburn Abbey : *à 42 miles par l'A 428 et l'A 421, à mi-chemin d'Oxford ; depuis Londres par la M 1, sortie 13. ☎ (01525) 29-03-33. • woburnabbey.co.uk • Début avr-fin oct, tlj 11h-17h (dernière entrée 16h). Entrée : 16 £ (env 8 £ jardins seuls) ; réduc.* Le château des ducs de Bedford, dans une ancienne abbaye médiévale. En pleine campagne. Belle collection de peintures (Van Dyck, Gainsborough...) et joli parc avec des animaux en liberté.

Sur la route du Nord

Houghton : *à 18 miles au nord-ouest de Cambridge.* Très joli petit village près de Huntingdon, avec plusieurs maisons à toit de chaume. On peut louer de petites embarcations pour se balader sur l'eau. Nombreuses promenades à pied dans la campagne. Bref, le coin mérite vraiment le détour.

Ely : *à 17 miles au nord de Cambridge par l'A 10.* Une petite ville sur la rivière Great Ouse, qui possède une des plus belles cathédrales d'Angleterre : *• elycathedral.org • Tlj 7h-18h30 (17h30 dim hors saison). Entrée : 8 £ ; réduc.* Offrant un catalogue complet de tous les styles architecturaux du XIe au XVIe s, elle est surnommée « la nef des marécages » à cause de sa tour octogonale centrale qui émerge de l'horizon au milieu des *fens,* ces marécages asséchés par des ingénieurs hollandais au XVIIe s. La large voûte normande contient 200 statues, hélas décapitées lors de la Réforme. Dans le chœur, de superbes stalles sculptées et un musée du Vitrail. À voir également, la maison d'Oliver Cromwell.

Peterborough : *à 35 miles au nord par la M 11. Accès en bus possible.* Ville célèbre pour sa cathédrale romane à trois porches arqués et pour son festival de Musique fin juin-début juillet. *• peterborough-cathedral.org.uk •*

Coventry : *à 21 miles au sud-est de Birmigham par l'A 45. Accès régulier en train possible depuis Birmingham ou son aéroport.*

Le centre-ville de Coventry fut quasiment anéanti pendant la Seconde Guerre mondiale, y compris la cathédrale. L'ancienne ruine fut retapée avec génie, l'architecture actuelle alliant pierre, lumière, modernisme et spiritualité. Une atmosphère unique se dégage de ces lieux emprunts d'émotion. *Lun-sam 10h-17h, dim 12h-16h (dernière entrée 1h avt fermeture). Entrée : 6 £ ; réduc. • coventrycathedral.org.uk/ •* Peut-être apercevrez-vous les usines Jaguar dans la banlieue de Coventry, cette ville étant un des berceaux de l'industrie automobile britannique.
Non loin (à 6 miles au sud-ouest), adorable village de ***Kenilworth*** où l'on voit encore des chaumières d'une autre époque et, sur une colline, un château en ruine qui regarde passer le temps.

Warwick Castle : *à* ***Warwick,*** *à 8 miles à l'est de Stratford. ☎ 49-54-21. • warwick-castle.com • Tlj 10h-18h (17h en hiver). Entrée : env 20 £ (plus cher avec le Dungeon) ; réduc importantes sur Internet en s'y prenant à l'avance ou à l'office de tourisme de Stratford. Forfaits famille. Ajouter 6 £ pour le parking ! Salon de thé dans l'orangerie.* C'est l'un des châteaux les plus anciens de Grande-Bretagne, les premières fondations datent des X-XIe s, au temps de Guillaume le Conquérant. Il est vrai qu'il a de l'allure au bord de la rivière. En plus de la visite du donjon, des tours (avec mises en scène, comme dans la *Time Tower*) et des salles, toutes sortes de shows durant la journée : archer, trébuchet, spectacle de rapaces... Les salles du château sont magnifiquement aménagées et décrivent la vie quotidienne en ces lieux du XVe au XIXe s. Le grand hall, entre autres, est somptueux et expose de remarquables armures. On s'amuse devant une marmite à porridge géante, on se déguise, on déambule sur les remparts, sur fond de musique d'époque, tandis que des mannequins de cire et des mises en scène donnent vie à l'ensemble. Ce n'est pas donné mais si l'on décide d'assister à toutes les animations, on peut y passer la journée. Pendant les vacances, ce sont carrément des baladins, des conteurs, des combats à l'épée qui prennent possession des lieux...
La petite ville de ***Warwick*** mérite aussi une petite balade pour ses quelques jolies maisons anciennes et rues commerçantes *(• visitwarwick.co.uk •).*

STRATFORD-UPON-AVON

27 800 hab. IND. TÉL. : 01789

• Plan *p. 365*

Petite ville vraiment charmante, encore dans son jus médiéval avec ses maisons à colombages noir et blanc, ses bords de rivière bucoliques et ses péniches, devenue célèbre grâce à un écrivain local... Chaque année, des centaines de milliers de touristes et de groupes scolaires se rendent en effet à Stratford en pèlerinage pour rencontrer la mémoire de William Shakespeare (1554-1616). Tout lui est consacré, du prestigieux théâtre jusqu'aux boutiques de souvenirs, en passant par le festival d'été avec représentations gratuites certains jours. Une halte incontournable dans cette région centrale d'Angleterre.

Arriver – Quitter

En train

Gare ferroviaire *(hors plan par A1)* ***:*** *Station Rd. Dans la direction de Greenhill St.*
➢ ***Londres Marylebone :*** env 10 trains/j. (ttes les heures env ; durée : 2h-2h30). Avec *Londres Paddington*, correspondance à Oxford.

En bus

Gare routière *(plan B1)* ***:*** *Riverside. Prendre Bridgefoot, puis Bridgeway sur*

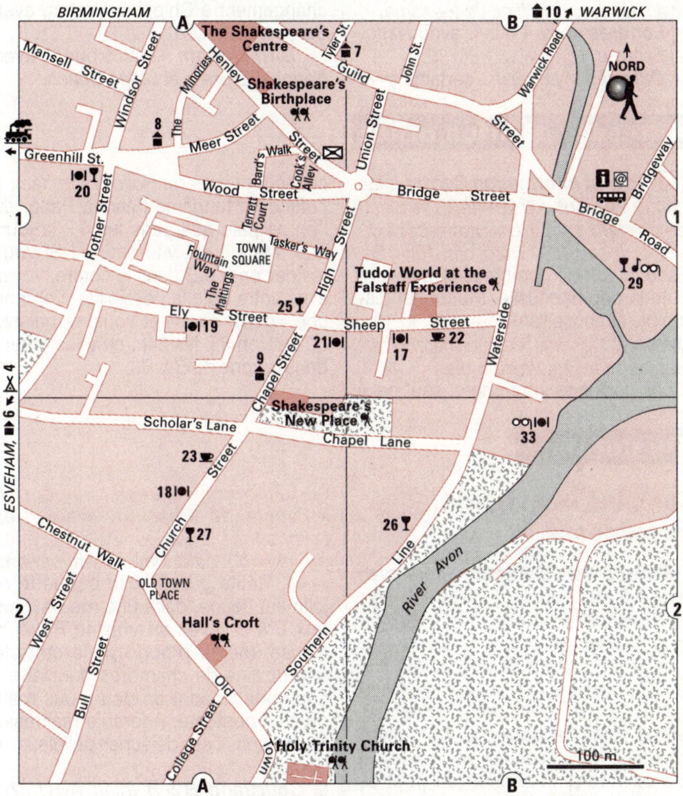

STRATFORD-UPON-AVON

Adresse utile

- Tourist Information Centre

Où dormir ?

- **4** Racecourse Camping
- **6** The Hollies
- **7** Courtland B & B
- **8** The White Swan Hotel
- **9** The Shakespeare Hotel
- **10** Youth Hostel

Où manger ?

- **17** The Opposition Bistro
- **18** Nº 9
- **19** Sorrento
- **20** Old Thatch Tavern
- **21** Loxley's
- **33** Rooftop Restaurant & Bar

Où prendre un thé ?

- **22** The Fourteas
- **23** The Church Street Town House

Où boire un verre ?

- **25** Garrick Inn
- **26** The Dirty Duck
- **27** The Windmill
- **29** The Lazy Cow

Où sortir ?

- **29** Attic Theatre
- **33** The Royal Shakespeare Company

la gauche devant l'office de tourisme.
➢ ***Londres :*** env 4 bus/j. avec *National Express,* ☎ *0990-80-80-80.*
➢ ***Oxford :*** env 8 bus/j., certains avec changement à Chipping Norton, avec *Stage Coach,* ☎ *01788-53-55-55.*
➢ ***Birmingham :*** env 5 bus/j. avec *National Express* et *Stage Coach.*

Adresses et infos utiles

🅸 @ ***Tourist Information Centre*** *(plan B1) : Bridgefoot,* ☎ *26-42-93. ● discover-stratford.com ● De l'autre côté du pont. Lun-sam 9h-17h30, dim 10h-16h.* Discount sur de nombreuses visites et toute la doc habituelle. Personnel disponible et accueillant.

– ***Marché :*** *le ven. Plus un marché fermier les 1er et 3e sam du mois.*

🅿 ***Les parkings*** sont chers, sauf celui caché tout près du *Holiday Inn,* face à l'office de tourisme (Marina Park), où l'on ne paie que dans les 4 £ la journée. Mais il est vite saturé ! Si vous résidez en *B & B* dans le centre, voyez avec votre hôte la possibilité d'obtenir une « *guest card* » et vous ne paierez qu'environ 3 £ les 24h, en vous garant dans la zone du *B & B.*

Où dormir ?

Camping et auberge de jeunesse

⛺ ***Racecourse Camping*** *(hors plan par A1-2,* ***4****) : Luddington Rd, Warwks CV37 9SE* ☎ *20-10-63. ● stratfordtouringpark.com ● À 1 mile du centre, sur la route d'Evesham (B 439), sur le site de l'hippodrome. Avr-fin sept. Compter env 10 £ pour 2 avec tente.* Immense, tentes bien espacées. Sanitaires basiques, mais l'accueil chaleureux et la proximité d'un sentier (on peut se rendre en ville à pied) sont des avantages indéniables.

🏠 ***Youth Hostel*** *(hors plan par B1,* ***10****) : Hemmingford House, Alveston CV37 7RG.* ☎ *(0845) 371-9661. ● yha.org.uk/hostel/stratford-upon-avon ● À 1,5 mile au nord-est, sur la B 4086 (prendre à gauche après le Clopton Bridge dans Stratford). Sinon bus nos 15 ou 18. Lit en dortoir à partir de 18 £ ; doubles à partir de 29 £.* 💻 Ce manoir georgien a de l'allure avec une superbe entrée à colonnades et un parc. Refait à neuf, il offre tout le confort moderne. Nickel ! Toutes sortes de grandes chambres, y compris mixtes et familiales. Laverie.

Prix moyens (40-80 £ / 48-96 €)

🏠 ***The Hollies*** *(hors plan par A2,* ***6****) : 16 Evesham Pl, CV37 6HT.* ☎ *26-68-57. ● holliesguesthouse.com ● À l'angle de Chestnut Walk, très bien situé. Doubles 60-70 £ avec douche ou baignoire. Petit parking privé.* Petite *guesthouse* coquette et joliment fleurie, dans une rue dévolue aux *B & B.* Avec sa voisine *Royalyn House* (même proprio), elle compte une dizaine de chambres douillettes. Les matelas sont un peu mous mais on s'en contente. Adorable maîtresse de maison, petit déjeuner délicieux et copieux.

🏠 ***Courtland B & B*** *(plan A-B1,* ***7****) : 12 Guild St, CV37 6RE.* ☎ *29-24-01. ● courtlandhotel.co.uk ● 6 chambres en-suite 60-80 £ ; réduc hors saison.* 📶 Des chambres confortables avec chacune sa couleur. Malgré sa situation le long d'une route passante, une adresse accueillante et centrale où l'hôtesse, plutôt bavarde, vous chouchoutera et vous dira tout ce qu'il y a à voir dans la région.

🏠 Nombreux autres ***B & B*** sur Shipston Road, juste au-delà du pont Clopton *(hors plan par B1)* et Evesham Place *(hors plan par A2),* un peu à l'écart du centre.

De chic à très chic (plus de 80 £ / 96 €)

🏠 ***The White Swan Hotel*** *(plan A1,* ***8****) : Rother St, CV37 6NH.* ☎ *29-

70-22. • white-swan-stratford.co.uk • Doubles 100-300 £, petit déj inclus. Parking payant. Dans une superbe maison du XVe s, un hôtel central, charmant et cosy comme tout. Chambres dans le même ton. Au restaurant, des gravures du XVIIIe s illustrant les pièces de Shakespeare.

The Shakespeare Hotel *(plan A1,* ***9****) : Chapel St, CV37 6ER. ☎ (02477) 09-28-02. Doubles 60-180 £, confort et promo sur Internet, petit déj compris ou non. Parking payant.* Indéniablement l'une des plus belles façades de la ville, dans le plus pur style Tudor. Les 80 chambres portent le nom de pièces ou de personnages de *Will,* comme on l'appelle ici. Les parquets craquent, l'isolation n'est pas toujours optimale, mais c'est tout le charme de cet hôtel *Mercure* on ne peut plus central et hors du temps qui fait partie des meubles à Stratford.

Où manger ?

Bon marché (moins de 10 £ / 12 €)

Old Thatch Tavern *(plan A1,* ***20****) : 23 Greenhill St. ☎ 29-52-16. Tlj midi et soir. Plats autour de 10 £.* Toit de chaume, murs de traviole qui ont dû en voir des soiffards... De bonnes raisons pour pousser la porte de cette demeure de 1470 ! Pas de regret, les salons avec cheminée et plafonds bas servent de décor d'un autre temps à une cuisine de pub bien d'aujourd'hui et fort bien menée.

De prix moyens à plus chic (10-30 £ / 12-36 €)

No 9 *(plan A2,* ***18****) : 9 Church St. ☎ 41-55-22. Tlj sf certains dim soir. Menus lunch et pre-theatre (jusqu'à 18h30) 2-3 plats 13,50-16,50 £ ; plats 13-19 £ ; menus gastronomiques 38-60 £.* Ce resto, frais et élégant, offre un remarquable rapport qualité-prix. L'une de nos meilleures adresses en ville. Des produits de qualité et de saison, joliment travaillés, et un menu du jour en tout point remarquable. Mention spéciale pour les viandes. Excellent accueil et service attentionné.

The Opposition Bistro *(plan B1,* ***17****) : 13 Sheep St. ☎ 26-99-80. Menus 2-3 plats 14-18 £ (jusqu'à 21h en sem, 19h ven-sam) ; plats env 9-20 £.* Le choix est varié, l'inspiration à la fois continentale et anglaise. Les créations culinaires, à voir et à manger, sont délicieuses et parfaitement relevées. Service efficace.

Sorrento *(plan A1,* ***19****) : 8 Ely St. ☎ 29-79-99. Fermé dim-lun. Menus 2 ou 3 plats 14-18 £ (midi et 21h30-22h30) ; plats 11-22 £.* Un vrai resto italien. Carte, musique et chef authentiques pour une cuisine vraiment délicieuse ! Carte des vins exclusivement italienne (grand choix à tous les prix) et *espresso* goûteux comme là-bas.

Loxley's *(plan A1,* ***21****) : 3 Sheep St. ☎ 29-21-28. Tlj jusqu'à 22h (21h30 dim). Lunch et jusqu'à 19h, menus 14-17 £ pour 2-3 plats. Plats 12-23 £.* Le midi, une vraie affaire ! Ce resto-bar à vins est l'une des meilleures tables en ville dans une vieille maison aux salles intimes, encore plus plaisantes à l'étage. De vénérables murs, donc, pour une cuisine traditionnelle anglaise dans toute sa quintessence, goûteuse et aux saveurs d'aujourd'hui, jusqu'au *fish & chips !*

Rooftop Restaurant & Bar *(plan B2,* ***33****) : au 3e étage du RSC Theatre. ☎ (0844) 80-01-10 (résas). Repas 20-30 £, plateau à partager pour env 20 £ à 2.* Un lieu empreint de poésie et une vue plongeante sur la ville, la rivière et les environs à travers d'immenses baies vitrées. Cuisine raffinée et service attentionné pour se mettre en bouche avant d'assister, ou non, à une représentation. Le pichet de boisson à l'orange attend les enfants sur la table ! On en redemande.

Où prendre un thé ?

The Fourteas (plan B1, **22**) : *24 Sheep St.* ☎ *29-39-08. Lun-sam 9h30-17h, dim 11h-16h. Afternoon tea 12,50 £, petit déj 5-7 £.* Plongée dans les *forties,* les années 1940 : décor, personnel, vaisselle, on s'y croirait ! Les scones étaient déjà délicieux à l'époque visiblement, sans compter les *cakes* maison et les minisandwichs. Seul écart : on ne prend pas les tickets de rationnement !

The Church Street Town House (plan A2, **23**) : *16 Church St.* ☎ *26-22-22. Afternoon tea tlj 12h-17h, 14-21 £.* En plus des repas midi et soir, cet hôtel chaleureux propose de somptueux *afternoon teas.* Rien ne manque sur le *cake stand* : sandwichs, gâteaux, scones, crème fouettée... accompagnés de thé bien sûr.

Où boire un verre ?

Garrick Inn (plan A1, **25**) : *25 High St.* ☎ *29-21-86.* Un pub existant depuis 1718, remarquablement chaleureux. La superbe façade sculptée du XVIe s vaut à elle seule le coup d'œil ! C'est le plus vieux pub de la ville et sa belle déco a été savamment modernisée. On peut y déjeuner ou y dîner fort bien (même après le théâtre) : cuisine de pub correcte et prix tout doux.

The Dirty Duck (plan B2, **26**) : *Waterside.* ☎ *29-73-12.* C'est à la sortie du théâtre qu'il faut se rendre dans cet adorable pub ou, mieux, sur sa terrasse donnant sur la rivière pour saisir toute l'ambiance des sorties de spectacle. Fait aussi resto.

The Windmill (plan A2, **27**) : *Church St.* ☎ *29-76-87.* Un pub rustique derrière sa façade noir et blanc mais confortable et sympa avec ses nombreux recoins. Idéal pour une pinte à ras-bord. Il faut dire que la maison a des années de métier, on y écluse des chopes depuis plus de 350 ans !

The Lazy Cow (plan B1, **29**) : *Bridgefoot.* ☎ *40-46-00.* Impossible de manquer cet ensemble de bâtiments aux allures de moulin, sur les rives de l'Avon. Il accueille un grand bar convivial doté d'un superbe *beer garden* au bord de l'eau. Mais aussi un restaurant, un glacier, un théâtre (l'*Attic*) et une salle de concert (rock, blues, etc.). Idéal en fin d'après-midi ou par une belle soirée d'été.

Où sortir ?

The Royal Shakespeare Company (plan B2, **33**) : ☎ *(0844) 80-01-10 (résa).* • *rsc.org.uk* • *Représentation ts les soirs ou presque (mais toujours du Shakespeare). Prix des places : env 16-70 £ ; billets pour les 16-25 ans à 5 £ vendus en ligne, par tél ou entre 10-11h le mat même. Visites guidées du théâtre (horaires en fonction des répétitions) ou de la tour.* Après tout, si vous êtes là pour le grand Will, autant aller voir une de ses pièces en version originale, interprétée par des troupes parmi les plus prestigieuses au monde, à la diction irréprochable et aux mises en scène souvent d'avant-garde. Il vaut quand même mieux maîtriser l'anglais de l'époque et réserver plusieurs semaines à l'avance. La *RSC* a fêté ses 55 ans en 2015 et occupe un surprenant bâtiment de brique surmonté d'une haute cheminée, construit par Elizabeth Scott, la première femme architecte du pays et entièrement refait en 2010 pour la modique somme de 112 millions de £ ! Il compte en réalité 3 lieux distincts : le *Royal Shakespeare Theatre,* le plus impressionnant, où se jouent les plus « grandes » pièces ; *The Swan Theatre,* ravissant car reconstitué à l'ancienne ; et *The Other Place,* la plus petite salle.

– Resto vraiment sympa au 3e étage (voir « Où manger ? »).

Attic Theatre (plan B1,

L'OUEST ET LE CENTRE DE L'ANGLETERRE

29) : *près du pont Clopton, face à l'office de tourisme. ☎ (01926) 41-95-55.* • *Theattictheatre.co.uk* • Pièces de théâtre de qualité pour les plus jeunes.

À voir

Concernant l'illustre poète dramatique, billet unique (valable 12 mois) pour les 3 principaux sites du centre-ville, à savoir *Shakespeare's Birthplace, Hall's Croft* et *Shakespeare's New Place* si ce site est rouvert). *Compter env 18 £ ; réduc.* Si l'on dispose de plus de temps, on peut visiter en plus 2 autres sites à l'extérieur du centre-ville (*Mary Arden's Farm* et *Anne Hathaway's Cottage* ; voir plus loin) : *env 26 £ pour les 5 sites (ou tarifs par site) ; réduc.*
– **Bon plan :** l'office de tourisme propose les mêmes tickets mais à tarifs réduits et pour le forfait 3 sites, on peut choisir parmi les 5, y compris ceux extérieurs au centre-ville. Carrément avantageux ! On conseille dans ce cas : *Shakespeare's Birthplace, Hall's Croft* et *Anne Hattaway's Cottage.*
• *shakespeare.org.uk* •

Shakespeare's Birthplace *(plan A1)* : *Henley St. De mi-mars à oct, tlj 9h-17h ; de nov à mi-mars, tlj 10h-16h.* En préambule, une petite expo scénographiée sur la vie de Shakespeare dans un bâtiment bétonné qui ne fait guère honneur au site. Puis, dans le jardin, la mignonne demeure (de style Tudor) qui a vu naître le héros local en 1564. À l'intérieur, l'atmosphère austère d'une maison de l'époque élisabéthaine est parfaitement restituée. On y trouve aussi l'atelier du père de Shakespeare, qui était un riche commerçant et gantier. Au 1er étage, il est amusant d'apercevoir sur les fenêtres les signatures des touristes de passage au XIXe s. Des guides costumés, présents tout au long du parcours, s'avèrent de vrais passionnés. Il n'est pas rare aussi que des acteurs déclament quelques tirades. Malheureusement, c'est souvent la bousculade.

LA FACE CACHÉE DE SHAKESPEARE

On connaissait le talent de Shakespeare, moins sa profonde avarice ! Ce propriétaire terrien n'hésitait pas à s'enrichir sur le dos des pauvres lors des famines en leur revendant du blé au prix fort... Après sa mort, la statue dans l'église de Stratford le représenta d'ailleurs avec un sac de céréales jusqu'à ce que celui-ci soit remplacé au XVIIIe s par une plume. Il rechignait également à payer ses impôts et fut même poursuivi pour fraude fiscale !

Shakespeare's New Place *(plan A-B2)* : *de mi-mars à oct, tlj 9h-17h ; de nov à mi-mars, tlj 10h-16h.* Ici se dressait la maison de Shakespeare, détruite en 1759, parce que le propriétaire n'avait pas honoré sa taxe. Des fouilles en ont mis au jour les vestiges *(New Place)*. Jolis jardins contemporains à la place, parsemés d'œuvres d'art. Juste à côté, maison du mari de la petite-fille de Shakespeare. Style bourgeois de l'époque élisabéthaine et une expo sur l'homme de lettres.

Hall's Croft *(plan A2)* : *tlj 10h-17h (11h-16h nov-mars).* Très belle maison datant de 1613 et meublée XVIIe s. La fille aînée de l'écrivain, Susanna, y vécut avec son mari médecin, John Hall. On peut y découvrir un cabinet de consultation. La descendance directe de Shakespeare s'arrêta en 1670 avec la mort de la fille de Susanna et de John Hall. Joli jardin.

Dans la maison, *tearoom* ouvert à tous proposant sandwichs et paninis pas chers dans un cadre chic. Large choix de pâtisseries.

Holy Trinity Church *(plan A2)* : *avr-sept, lun-sam 8h30-18h (9h-17h nov-fév, 9h-16h mars et oct), dim 13h-17h ; dernière entrée 20 mn avt fermeture. Entrée* *pour la tombe : 2 £ ; réduc.* Accès très théâtral, entre deux rangées d'arbres bordées d'un cimetière. Dans cet édifice gothique, Shakespeare fut baptisé en 1564 et inhumé en 1616, ainsi que plusieurs membres de sa famille. On y verra donc sa (simple) tombe, les fonts baptismaux où l'écrivain a été baptisé et le buste offert par ses amis quelques années après sa mort. Au bord de l'Avon, promenade reposante. Si vous êtes là le 23 avril, jour anniversaire de la naissance du monsieur, grande fête organisée par la paroisse.

Tudor World at the Falstaff Experience *(plan B1)* **:** *40 Sheep St. ☎ 29-80-70. • falstaffexperience.co.uk • Tlj 10h30-17h30. Entrée : 5,50 £ (5 £ à l'office de tourisme) ; réduc.* Reconstitution d'une rue médiévale pour évoquer la vie quotidienne sous le règne des Tudors entre lèpre, dentiste et cellule de torture. Gentil, sans plus.

À faire

➢ ***Promenade sur l'Avon :*** ***Bancroft Cruisers*** *(☎ 26-96-69 ; • bancroftcruisers.co.uk •, derrière le Holiday Inn, face à l'office de tourisme) et* ***Avon Boating*** *(☎ 26-70-73 ; • avon-boating.co.uk •, devant le Shakespeare Theatre) proposent des balades de 45 mn (env 6 £ ; réduc). Départs réguliers. Le premier propose en plus un cream tea pour 6 £.* Une balade plaisante pour flâner sur la rivière avec des commentaires gentillets. À faire notamment au printemps quand les fleurs s'épanouissent et les oiseaux folâtrent. Avec *Avon Boating,* on peut aussi louer des barques.

➢ ***Visite guidées sur les pas de Shakespeare :*** *avec* ***Falstaff Experience*** *(voir plus haut). • falstaffexperience.co.uk • De mi-janv à fin nov, le sam à 14h. Durée : 1h30. Tarif : 5 £ ; réduc.* En costumes d'époque. Propose également des *ghosts tours.* Sinon des *town walks* au départ du *RSC theatre (tlj à 11h ; 14h le w-e. • stratfordtownwalk.co.uk •).*

Festivals

– ***Stratford Literary Festival :*** *fin avr-début mai. • stratfordliteraryfestival.co.uk •*
– ***Stratford River Festival :*** *fin juin-début juil. • stratfordriverfestival.co.uk •* C'est la grande fête de l'Avon et de ses plaisanciers. Balades en bateau, musique live...

DANS LES ENVIRONS DE STRATFORD-UPON-AVON

Anne Hathaway's Cottage : *à 2,5 miles à l'ouest de Stratford en prenant la route d'Alcester (A 422). En été, tlj 9h-17h ; en hiver, tlj 10h-16h. Entrée : env 10,50 £. Possibilité de billets jumelés avec les autres sites shakespeariens (voir plus haut).* Dans cette adorable demeure au toit de chaume naquit et vécut la femme de Shakespeare, jusqu'à leurs épousailles – elle avait 26 ans et était enceinte, lui 18 ans ! Ainsi ont-ils dû soudoyer leurs voisins pour obtenir leur certificat de mariage en bonne et due forme... Jolis meubles rustiques du XVIe au XIXe s, dont des originaux de la famille Hattaway. Et surtout un magnifique *cottage garden* bien typique avec son verger, ses arbres cités dans l'œuvre de l'écrivain, son circuit de sculptures... *Tearoom* de l'autre côté de la route. Au final, un lieu plus pittoresque que la maison natale de Shakespeare en centre-ville.

Mary Arden's Farm : *à* ***Wilmcote,*** *situé à 3 miles au nord-ouest de Stratford. Tlj de mi-mars à oct, 10h-17h ; fermé en hiver. Entrée : env 13,50 £. Possibilité de billets jumelés avec les autres sites shakespeariens (voir plus haut).*

La mère de Shakespeare y vécut et reçut cette propriété (avec des terres) en héritage. On peut visiter deux bâtiments : la ferme *(Palmer's Farmhouse)* et la maison dépouillée de Mary. Des comédiens vivent réellement à l'heure médiévale parmi les animaux de la ferme. Jeux pour les enfants et café.

PEAK DISTRICT

38 000 hab.

C'est le premier des 15 parcs nationaux du pays (1951) et peut-être l'un des plus méconnus, alors qu'il occupe une position assez centrale, essentiellement dans le comté de Derbyshire. Compris en gros entre Manchester à l'ouest, Sheffield à l'est, Leeds au nord et Ashbourne au sud, le Peak District National Park couvre une superficie de 1 437 km². Plutôt que de le contourner en autoroute en se dirigeant vers le nord, on préfère le traverser !
Le Dark Peak occupe la partie nord du parc et permet de découvrir les collines des Pennines. Il est constitué d'un plateau âpre où se trouve le sommet du Peak District (Kinder Scout, 640 m) et Kinder Downfall, la plus haute chute d'eau. Le White Peak au sud est plus bas et abrite les bourgs principaux, dont Buxton, la petite capitale victorienne du parc. La région est très fréquentée aux vacances scolaires (réserver son hébergement bien à l'avance), mais dès que l'on s'éloigne des grands axes, le charme opère.
• *peakdistrict.gov.uk* • et • *visitpeakdistrict.com* •

Chatsworth House : *à 3 miles au nord-est de Bakewell.* Le site majeur du Peak District, la demeure des ducs de Devonshire, en fait l'un des palais les plus prestigieux du pays, de style georgien, au mobilier et à la collection de tableaux inestimables. Il se dresse au sein d'un gigantesque parc dont on peut déjà se contenter. Pour les enfants, aire de jeux *(playground)* de compét' que l'on peut faire indépendamment du palais. Les Britanniques affluent à Chatsworth depuis qu'ils ont vu Colin Firth, alias Mr Darcy, sortir de l'étang devant le palais dans la version télévisée de 1995 d'*Orgueil et Préjugés* de Jane Austen. Torride !

➢ ***Pennine way :*** un sentier de randonnée de plus de 300 km qui court jusqu'à la frontière écossaise.

LINCOLN

95 000 hab.

À 55 miles à l'est du Peak District, capitale du Lincolnshire, cette cité médiévale se situe un peu en dehors des axes touristiques habituels malheureusement... ou heureusement. Préservée et tranquille, elle est surtout connue pour sa vaste cathédrale anglicane à trois tours qui écrase presque le reste de la ville : 148 m de long, 83 m de large et une imposante façade « écran », sans compter le cloître et la salle capitulaire, tout autant remarquables. C'est la troisième cathédrale du pays en superficie. Voir également le château, bâti sur les hauteurs. Il abrite l'un des quatre exemplaires originaux de la célèbre *Magna Carta.* Et profiter d'une agréable balade dans la vieille ville. Un avant-goût de York...
• *visitlincoln.com* • et • *lincolncathedral.com* •

LE NORD DE L'ANGLETERRE

• Carte *p. 373*

Traçons une ligne vers le nord-est en partant de Bristol : une Grande-Bretagne plus industrieuse que celle du Sud se dessine, où les traditions restent plus fortes (le pays de Galles fait bien partie du nord de la ligne). L'histoire y est riche : les propriétaires des manufactures inventaient l'économie libérale entre Birmingham, Leeds et Manchester, au XVIIIe s, tandis que les petits artisans apprenaient la lecture, le chartisme, la politique et la liberté.
Ce monde est encore présent, et l'on trouve encore plus que dans le Sud de ces jardins loués à la sortie des villes. Mais le Nord, c'est avant tout un état d'esprit : courage et bonne humeur, à l'image des héros du film *The Full Monty,* tourné à Sheffield, qui n'hésitent pas à enlever le bas pour garder la tête haute. Et les choses évoluent. On peut même parler de véritable renaissance pour certaines villes comme Manchester, ou surtout Liverpool, depuis que leurs économies ont pris la voie du tertiaire et des affaires. Mais l'atout majeur du nord de l'Angleterre reste son patrimoine naturel, entre pays de Galles, Lake District et Yorkshire.

LE NORD-OUEST

CHESTER

86 000 hab. IND. TÉL. : 01244

• Plan *p. 375*

Des remparts intacts, un amphithéâtre romain, de belles maisons à colombages et les fameuses *rows* font de Chester une des cités les plus

LE NORD-OUEST DE L'ANGLETERRE

pittoresques d'Angleterre. Corollaire inévitable : l'affluence le week-end, pour faire ses emplettes dans les nombreuses boutiques des rues piétonnes.

Dès l'époque romaine, les navires de haute mer avaient l'habitude de jeter l'ancre dans le port de Chester. Une situation de monopole renforcée par la suite, en raison de la valeur stratégique de cette ville de garnison à la frontière du pays de Galles et de son statut de capitale régionale. Mais c'était compter sans les caprices de Dame Nature... À partir du XVe s, la rivière

s'ensabla progressivement, jusqu'à interdire le port aux grosses unités. Il fallut céder la place aux villes de la côte comme Liverpool, considérée jusqu'alors comme une dépendance de Chester. Pendant la guerre civile, les désastreux choix politiques achevèrent de ruiner la cité. Après avoir balayé les troupes de Charles Ier, les parlementaires assiégèrent Chester en 1645 jusqu'à ce que les habitants affamés se rendent sans condition.

LA FLÈCHE DU SAMEDI SOIR

De par sa position de quasi-frontière, Chester se révèle un endroit hors norme, comme le démontre cette loi toujours en vigueur, même si elle n'est heureusement plus appliquée : tout habitant de la ville a le droit de décocher une flèche au niveau des jambes s'il croise deux Gallois ensemble un samedi soir après minuit, eu égard à leur statut d'ennemi héréditaire.

Arriver – Quitter

En train

🚂 ***Gare ferroviaire*** *(hors plan par B1)* ***:*** *Station Rd.* ☎ *(08457) 48-49-50.*

➢ Liaisons très fréquentes avec ***Liverpool*** (1h de trajet), ***Manchester*** (env 2h ou 50 mn selon les arrêts) et ***Londres*** (un peu plus de 2h).

En bus

🚌 ***Gare routière*** *(plan A2)* ***:*** *Princess St.* ☎ *0871-781-81-81. • nationalexpress.com •*

En voiture

➢ ***Depuis Manchester :*** par la M 56, sortie 15.

➢ ***Depuis Liverpool :*** emprunter le tunnel de Wallasey (1,70 £) pour rejoindre la M 53. La suivre jusqu'à la sortie 12.

Attention : la circulation dans le centre-ville est particulièrement difficile. De plus, on ne peut s'y garer que dans des parkings fort chers (et parfois pleins). Les moins chers sont ceux indiqués en bleu et blanc, les plus chers ceux en noir et jaune. Bon à savoir, le *Market Car Park (plan A2)* et celui de *Gorse Stacks (plan B1)* ne sont payants qu'entre 7h et 15h ! Sinon, on peut utiliser les *Park & Ride,* des parkings aux abords de la ville mais qui nécessitent de prendre une navette payante (passage ttes les 10 mn 7h-19h env). Ils sont signalés à toutes les entrées.

Adresse utile

ℹ ***Tourist Information Centre*** *(plan A2)* ***:*** *Town Hall, Northgate St.* ☎ *(0845) 647-78-68. • visitchester.com • Lun-sam 9h-17h30, dim et j. fériés 10h-17h (horaires légèrement plus restreints en hiver). Résas pour les visites guidées qui partent de l'office de tourisme ; tours en bus touristique, sorties en bateau sur la rivière...* 📶 Équipe très efficace et sympathique.

Où dormir ?

Bon marché (moins de 40 £ / 48 €)

🏠 ***Chester Backpackers*** *(hors plan par B2,* ***10****)* ***:*** *67 Boughton, CH3 5AF.* ☎ *40-01-85. • chesterbackpackers.co.uk • Dans le prolongement de Foregate St. Compter 22-25 £/pers en dortoir 8-18 lits, ou 34-38 £ pour une* twin *avec sdb.* 💻 📶 Dans une jolie maison d'allure médiévale. Endroit simple et

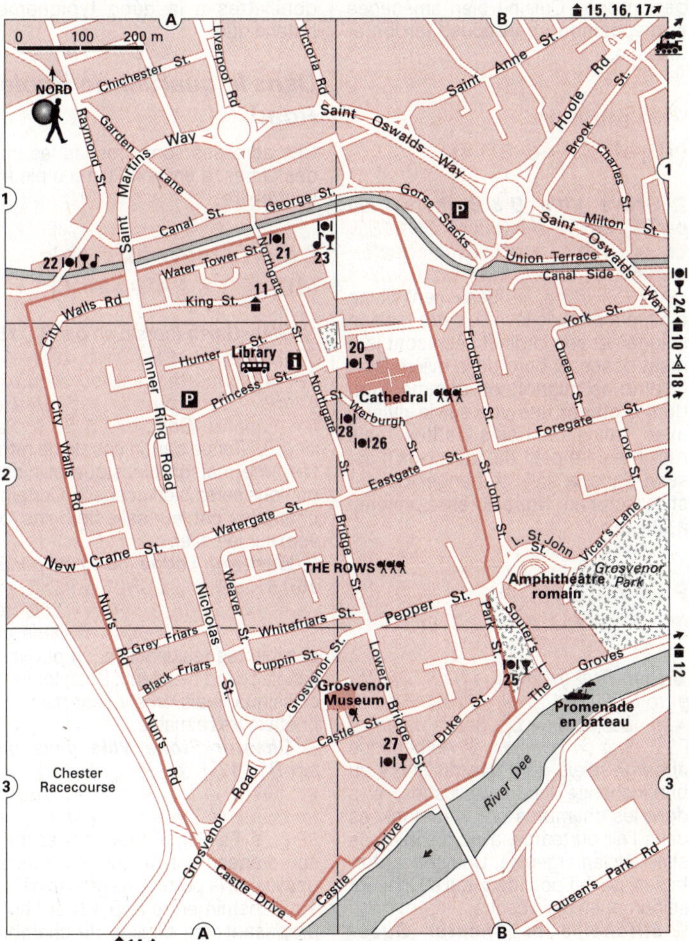

CHESTER

■ **Adresse utile**

- Tourist Information Centre

Où dormir ?

10 Chester Backpackers
11 Pied Bull
12 Grove Villa B & B
14 Mitchell's of Chester Guest House
15 Glen-Garth
16 Westleigh Lodge
17 Chester Stone Villa
18 Birch Bank Farm

Où manger ?
Où boire un verre ?
Où écouter de la musique ?

20 Cathedral Refectory Cafe
21 Joseph Benjamin
22 Telford's Warehouse
23 Alexander's Jazz Theatre
24 Old Harkers Arms
25 The Albion Inn
26 The Chef's Table
27 The Brewery Tap
28 The Botanist

patron cool. Cuisine bien aménagée à disposition, barbecue, jardin et terrasse.

Prix moyens (40-80 £ / 48-96 €)

Grove Villa B & B *(hors plan par B3,* ***12****) : 18 The Groves, CH1 1SD. ☎ 34-97-13. • grovevillachester.com • Près de la passerelle. Doubles 79-88 £. Parking.* Idéalement située à 5 mn à pied de la ville, cette maison soignée et son jardinet fleuri sont joliment posés au bord de la rivière Dee. Chambres mignonnes comme tout, dont 2 offrent une vue sur la rivière, avec salles de bains petites mais rutilantes. Le petit déj (délicieux !) est servi dans la salle à manger de pur style victorien. Notre adresse préférée à Chester.

Plus chic (80-120 £ / 96-144 €)

Pied Bull *(plan A1,* ***11****) : 57 Northgate St, CH1 2HQ. ☎ 32-58-29. • piedbull.co.uk • Doubles à partir de 90 £, petit déj compris.* Authentique auberge-relais de poste du XIVe s au pub inchangé depuis des lustres, mais dont les chambres ont été relookées dans l'air du temps, avec meubles de style ancien argentés. Cosy et confortables, parfait pour ceux qui souhaitent séjourner en plein centre.

Mitchell's of Chester Guest House *(hors plan par A3,* ***14****) : 28 Hough Green, CH4 8JQ. ☎ 67-90-04. • mitchellsofchester.com • Fermé autour des fêtes de fin d'année. Doubles 92-110 £. Parking.* Belle maison bourgeoise du XIXe s, tenue à la perfection par un couple charmant. Parties communes très cossues, avec un petit bar, et chambres vraiment douillettes à la déco typiquement britannique.

Dans le quartier de Hoole Road

Ces adresses sont proches les unes des autres, à environ 20 mn à pied du centre-ville.

De prix moyens à chic (40-120 £ / 48-144 €)

Glen-Garth *(hors plan par B1,* ***15****) : 59 Hoole Rd, CH2 3NJ. ☎ 31-02-60. • glengarthguesthouse.co.uk • Fermé 1 mois autour des fêtes de fin d'année. Doubles 75-95 £. Parking.* Tenue par un couple de retraités, une maison classique et nickel, où vous serez bien accueilli. Certaines chambres ont leur salle de bains (privée) sur le palier.

Westleigh Lodge *(hors plan par B1,* ***16****) : 6 Hamilton St, CH2 3JG. ☎ 31-71-78. Dans une rue perpendiculaire à Hoole Rd. Double 70 £.* Dans une paisible rue résidentielle, un pavillon à l'anglaise fort bien tenu. Déco tout à fait classique, mais on s'y sent bien. Propriétaire très aimable.

Chester Stone Villa *(hors plan par B1,* ***17****) : 3 Stone Pl, CH2 3NR. ☎ 34-50-14. • stonevillachester.co.uk • Doubles à partir de 85 £.* Facilement reconnaissable à son drapeau britannique qui flotte au-dessus de la porte. Une grosse bâtisse à mi-chemin entre le *B & B* et l'hôtel, proposant une dizaine de chambres très confortables avec tentures et coussins assortis, et salles de bains design. Agréable salle de petit déj à l'anglaise et petit salon avec canapés Chesterfield. Accueil sympathique et en français du propriétaire qui vous offrira certainement une goutte de sherry !

Où camper dans les environs ?

Birch Bank Farm *(hors plan par B2,* ***18****) : Stamford Lane, à* ***Christleton****, CH3 7QD. ☎ 33-52-33. Sortir de la ville par Christleton Rd et prendre Pepper St sur la gauche juste avt la M 53. Ouv mai-oct. Résa conseillée* *en août. Env 15 £ pour 2.* À environ 3 miles à l'est de Chester, au milieu des champs, agréable petit camping à la ferme et au calme. Bloc sanitaire basique. Ambiance familiale et proprios accueillants.

Où manger ? Où boire un verre ? Où écouter de la musique ?

De bon marché à prix moyens (jusqu'à 20 £ / env 24 €)

Cathedral Refectory Cafe (plan B2, **20**) : *dans la cathédrale (traverser la boutique). Tlj (sf dim hors saison) 9h30-16h30. Compter 3-7 £.* Cette cafét' installée dans l'ancien réfectoire des moines offre un cadre superbe, tout entouré de vitraux, pour la pause de midi ou un simple arrêt boisson.

The Chef's Table (plan B2, **26**) : *4 Music Hall Passage, CH1 2EU. ☎ 40-30-40. Mar-sam. Menus 15-18 £ ; plats 6-18 £.* Posés sur le comptoir de cette accueillante petite salle, les cageots de légumes fraîchement récoltés sont de bon augure. Puis les assiettes arrivent aussi belles que bonnes, du simple sandwich aux plats plus élaborés. Saveurs, créativité et raffinement font de ce petit resto l'une des meilleures tables de Chester.

Joseph Benjamin (plan A1, **21**) : *140 Northgate St, CH1 2HT. ☎ 34-42-95. Tlj sf lun 9h-17h, plus jeu-sam soir. Snacks et plats 5-18 £.* Dans une salle lumineuse et contemporaine, une cuisine aux accents méditerranéens, préparée avec soin. Service tout aussi délicat et attentif.

The Botanist (plan B2, **28**) : *13 St. Werburgh St, CH1 2DY. ☎ 40-81-00. Tlj 12h-tard. Plats 5-13 £.* On aime bien cette sorte d'hacienda à la mode anglaise, un peu dingue et charmante à la fois, avec son patio – où trône un lustre improbable fait d'une vieille moto et d'une foultitude d'objets de récup' –, son petit coin rétro, sa salle style vieille grange... et d'autres univers encore. Carte elle aussi hétéroclite, qui emprunte des saveurs aux 4 coins du monde. Très sympa !

Old Harkers Arms (hors plan par B2, **24**) : *1 Russell St, CH3 4AL. ☎ 34-45-25. Tlj midi et soir. Plats 9-17 £.* En bordure du canal, un grand pub animé installé dans un bâtiment en brique. À l'intérieur, des murs chargés de cadres et, dans un coin, une bibliothèque. Bonne cuisine britannique légèrement revisitée, servie copieusement. Beaucoup de monde et d'ambiance. Une petite institution.

Telford's Warehouse (plan A1, **22**) : *Tower Wharf, CH1 4EZ. ☎ 39-00-90. Tlj 12h-23h (2h w-e). Concert la plupart des soirs, DJ le w-e. Entrée payante (env 4 £) le w-e à partir de 21h. Plats 8-16 £.* Ici encore, un ancien entrepôt joliment réhabilité, flanqué de grandes baies vitrées et d'une superbe terrasse au bord du canal. Et, comme à l'*Old Harkers Arms,* ambiance assurée ! On peut aussi y manger.

Alexander's Jazz Theatre (plan A1, **23**) : *Rufus Court, CH1 2JW. ☎ 34-00-05. Accès par une impasse qui part de Northgate St. Tlj 11h-minuit (voire plus tard). Plats 5-10 £.* Petit cabaret faisant café et bar, où se tiennent aussi des concerts (entrée payante ou non) presque tous les soirs (comédie le samedi). Sélection de petits snacks à grignoter.

The Albion Inn (plan B3, **25**) : *Park St, CH1 1RN. ☎ 34-03-45. Ouv 12h-15h, 17h-23h. Fermé dim soir. Plat env 10 £.* Un pub de quartier comme on n'en fait plus, tenu par le même proprio depuis 40 ans. Déco surannée au possible, où se retrouvent les *real ale drinkers,* mais on peut aussi y manger quelques plats traditionnels bien ficelés. Et bien sûr, pas de musique, histoire de préserver l'atmosphère d'antan !

The Brewery Tap (plan B3, **27**) : *52-54 Lower Bridge St, CH1 1RU. ☎ 34-09-99. Plat env 10 £.* Chester est la ville des pubs bien typiques, elle le prouve encore avec cette authentique *ale house* pleine de cachet. Salle haute de plafond, superbe cheminée en pierre, murs chaulés ornés de tapisseries, et pas de musique. Très bien aussi pour se sustenter d'un *fish & chips*, d'une saucisse-purée ou d'un bon *pie* au bœuf dont les Anglais ont le secret.

À voir. À faire

The Rows *(plan A-B2)* **:** *au cœur de la ville, le long de Bridge St, Watergate St et Eastgate St.* Galeries commerçantes couvertes, aménagées au rez-de-chaussée et au premier étage de hautes maisons à colombages dont l'origine date du Moyen Âge. Modifiées au fil du temps, certaines datent du XVIIe s, d'autres du XIXe s dans un style victorien, et plus tard édouardien. Mais l'aspect médiéval de l'ensemble, assez saisissant, donne tout son cachet à Chester.

Cathedral *(plan B2)* **:** *• chestercathedral.com • Lun-sam 9h-18h (17h en hiver); dim 13h-16h. GRATUIT (don de 3 £ bienvenu). Brochure en français.* Cet édifice gothique en grès rose, dont l'essentiel date du XVIe s, est remarquable pour la qualité de conservation de l'ensemble de ses bâtiments : cloître, réfectoire, abbatiale, salle capitulaire, tribunal... Sur tout le côté gauche de la nef, de belles mosaïques du XIXe s. Le chœur est une merveille : superbe travail d'ébénisterie sur les stalles, orgue impressionnant composé de 4 864 tuyaux, et un magnifique plafond victorien d'une finesse inouïe.
Le mécène bâtisseur que vous êtes ne manquera pas d'acheter l'un des 350 000 Lego (1 Lego = 1 £) nécessaires à la construction d'un modèle réduit de la cathédrale (fondations de 2 m x 4 m tout de même !). Très belle cafétéria aménagée dans l'ancien réfectoire.

Grosvenor Museum *(plan A-B3)* **:** *27 Grosvenor St. ☎ 97-21-97. • westcheshiremuseums.co.uk • Lun-sam 10h30-17h ; dim 13h-16h. GRATUIT. Dépliant en français.* Musée un peu fourre-tout, mais ludique et bien conçu. On y aborde différents thèmes comme l'histoire de la ville pendant l'occupation romaine (pierres tombales en pagaille), l'étude de la faune du Cheshire, ou encore l'évolution de l'argenterie. Plus vivante, la reconstitution, sur trois niveaux, d'intérieurs de différentes époques : édouardien, victorien, des années 1920, etc. Et une *Art Gallery* consacrée aux artistes régionaux.

➢ ***Promenade sur les remparts*** **:** accès par des escaliers situés tout le long. Le tour complet offre des points de vue permettant de mieux comprendre l'histoire de Chester. D'origine romaine, ils ont été élevés et renforcés au Moyen Âge, mais pas assez pour résister à Guillaume le Conquérant. Si vous trouvez les *Wishing Steps* (allez, on vous aide, elles se situent dans la partie sud-est), montez-les, descendez-les, remontez-les une deuxième fois sans respirer et faites un vœu « sentimental ».

➢ ***Promenade en bateau*** *(plan B3)* **:** à l'angle sud-est des remparts (près des *Wishing Steps*) a été aménagée une belle promenade *(The Groves)*, où se trouve l'embarcadère pour des excursions sur la rivière (de 30 mn à 2h). ***Chester Boats*** **:** *☎ 32-53-94. • chesterboat.co.uk •*

DANS LES ENVIRONS DE CHESTER

Chester Zoo **:** *à 3 miles de Chester par Hoole Rd (plan B1) puis l'A 41 sur la gauche, CH2 1EU. ☎ 38-02-80. • chesterzoo.org • Tlj 10h-18h (16 à 17h30 hors saison). Entrée : 17-24 £ selon les jours ; réduc (notamment sur Internet).* Avec quelque 12 000 animaux (de 400 espèces) sur environ 45 ha, c'est le plus grand zoo du pays et l'un des plus importants d'Europe. Tous les continents sont représentés, et les animaux sont logés dans des enclos modernes plutôt spacieux et verdoyants. En vedette, le tuatara, un reptile de Nouvelle-Zélande doté d'un troisième œil.

National Waterways Museum **:** *à* ***Ellesmere Port,*** *CH65 4FW. ☎ (0151) 355-50-17. • canalrivertrust.org.uk/national-waterways-museum • Au nord de*

Chester, sortie 9 sur la M 53 direction Liverpool. À 10 mn à pied de la gare d'Ellesmere Port. Tlj en saison 10h-17h. Entrée : env 7 £ ; réduc. Une plongée dans le monde des pénichettes anglaises, les « *narrow boats* », qui sillonnent toujours les nombreux canaux du pays. Ces embarcations sont aussi étroites que les canaux, et c'est tout un monde d'artistes et d'artisans qui tourne autour, entre les superbes peintures extérieures aux couleurs primaires et les cordages savants. Une société codifiée aussi avec des coiffes de dentelle et des ceintures de cuir en guise de carte d'identité. Petit tour sur l'eau de 30 mn possible mais payant et pas très intime. On préfère la terre ferme avec les nombreuses expos et démonstrations, ainsi que les judicieuses reconstitutions de cottages à quatre époques différentes.

Blue Planet Aquarium : *à* ***Ellesmere Port,*** *CH65 9LF. ☎ (0151) 357-88-00. • blueplanetaquarium.com • Au nord de Chester, sortie 10 sur la M 53 direction Liverpool. Tlj 10h-17h. Entrée : 18 £ ; réduc (notamment sur Internet).* À l'instar du zoo, un aquarium particulièrement riche, qui compte, entre autres, un tunnel de 70 m permettant d'observer un grand groupe de requins. Sinon, poissons tropicaux, d'eau douce, d'Amazonie, du lac Malawi et même des amphibiens (grenouilles aux yeux rouges), une *tarantula tower* (renfermant quelque 50 spécimens !) et des loutres du Canada.

LIVERPOOL

552 000 hab. IND. TÉL. : 0151

• Plan *p. 380-381*

La capitale du *Merseyside* en aurait-elle fini avec les clichés et son image d'enfant terrible ? Les docks tentaculaires et abandonnés qui noircirent les rivages de la Mersey, au temps du déclin du port dans les années 1970, revivent depuis déjà plus de 20 ans et figurent au Patrimoine de l'Unesco depuis 2004. Mais c'est à l'occasion de son 800e anniversaire en 2007, puis de sa promotion en tant que Capitale européenne de la culture en 2008, que la ville a envoyé au monde les faire-part de sa renaissance. Longtemps montrée du doigt pour ses désordres sociaux et ses hooligans, Liverpool a donc pris sa revanche.

UNE SIMPLE HISTOIRE DE COMPLEXES

Avec les investissements massifs de ces dernières années et les projets encore à venir, Liverpool n'avait pas connu une telle vitalité depuis longtemps. Elle fourmille, se rase puis se relève, parsemée de complexes d'affaires, commerciaux, culturels ou sportifs.

Devenue la deuxième place financière du pays après Londres, la ville peaufine son image grâce à ses musées attractifs (c'est aussi la 2e ville du pays après Londres pour les musées !), hôtels design ou clubs *Livercool,* jonglant avec les superlatifs jusqu'à friser

HOOLIGAN

En 1898, les Hooligan, une famille irlandaise, s'illustraient régulièrement parmi les faits divers pour leurs soirées très arrosées suivies de rixes avec la police et les voisins. Leur nom est à l'origine de celui des violents supporters de foot, craints dans tous les stades. Une filiation dont ils n'ont pas à être fiers, d'autant que la ville compte deux clubs de foot, les rouges et les bleus.

■ **Adresses utiles**

- Visitor Information Centre (Albert Dock)
- 1 Travel Centre (Queen Sq)
- 2 Travel Centre (Canning Pl)
- 5 Change (cafétéria du Marks & Spencer)

Où dormir ?

- 10 International Inn
- 11 Embassie Youth Hostel
- 12 Penny Lane Hotel
- 13 The Nadler
- 14 Parr Street Hotel
- 15 Travelodge Liverpool Central
- 16 Premier Suites Liverpool
- 17 Hard Days Night Hotel
- 18 Liverpool's Youth Hostel
- 19 Travelodge Liverpool Docks
- 20 Premier Inn

Où manger ?

- 30 Maggie May's Café
- 31 Leaf Tea Shop & Bar
- 32 Mei Mei
- 33 The Monro
- 34 Il Forno et Sapporo Teppanyaki
- 36 London Carriage Works
- 37 Café Tate Gallery

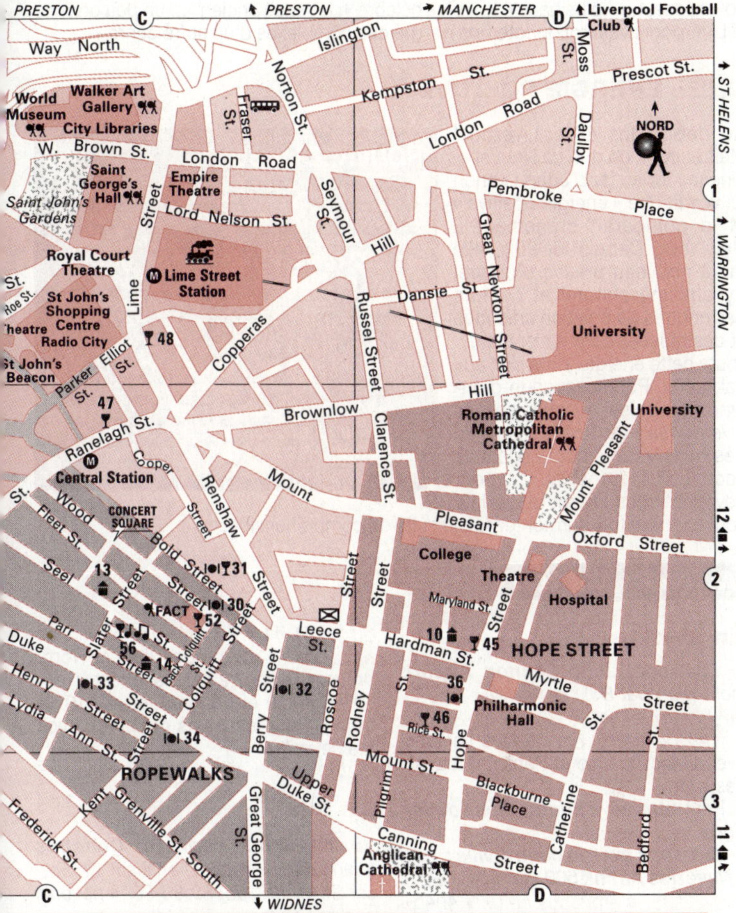

LIVERPOOL

38 Delifonseca
39 Bistro Franc
40 Jamie's Italian
42 Delifonseca Dockside
43 The Moon and Pea

Où boire un verre dans un pub ?

45 The Philharmonic Pub
46 Ye Cracke
47 The Central Commercial Hotel
48 Crown Hotel Pub
49 Lady of Mann et Thomas Rigby's
50 Lion's Tavern

Où boire un verre plus tranquillou ?

31 Leaf Tea Shop & Bar
51 Bluecoat Arts Centre
52 FACT
53 Panoramic 34

Où sortir ? Où danser ? Où écouter de la musique ?

55 Cavern Club
56 Alma de Cuba

l'overdose. Le « plus haut », le « plus célèbre », le « plus ancien »... un peu comme si Liverpool avait trop longtemps ruminé des complexes d'un autre genre.

UNE « ÉNERGIE POSITIVE »

Au début des *60's*, Liverpool était au rock ce que La Nouvelle-Orléans fut au jazz. John Lennon lui voyait une « énergie positive » et la comparait crânement à New York. Depuis les *90's*, elle fait à nouveau preuve d'un vrai dynamisme culturel et compte des centres de création artistique et des musées de premier plan.
Toute cette énergie, on la doit aux habitants. Pour beaucoup d'origine irlandaise ou galloise, les *Liverpudlian* ou *Scouse* sont de très bons vivants dont l'adorable accent et le sens de l'humour devraient vous laisser le meilleur souvenir, une fois surmontée la difficulté de compréhension.

ROUVREZ LA BOÎTE !

Le mythique Cavern Club, *boîte légendaire où se produisaient les Beatles à leurs débuts, revient de loin. Malgré les 292 concerts du célèbre groupe, il fut comblé de gravats dans les années 1970. Le club fut finalement reconstruit à l'identique en 1984, sur les trois quarts du site original, utilisant 15 000 briques de l'époque des Beatles, mais avec une entrée déplacée de 14 m. À l'emplacement exact de la vraie entrée, une photo prise par un fan est placardée. Pas de doute, c'est bien là.*

Arriver – Quitter

En avion

✈ ***Liverpool John Lennon Airport*** *(hors plan par B3)* **:** à 15 miles au sud de Liverpool. ☎ (0871) 521-84-84. • liverpoolairport.com • Des liaisons avec Genève, Nice et Paris CDG avec *Easy Jet*.

🅸 Petit ***bureau d'information touristique :*** dans le hall d'arrivée.

➢ ***Liaisons avec le centre-ville :***

– ***Navettes Airlink 500 :*** rens ☎ (0871) 200-22-33. • arrivabus.co.uk • 4h45-23h depuis l'aéroport ; 5h-minuit env dans le sens retour. 3 £. Ttes les 30 mn, 25-40 mn de trajet. Dessert Albert Dock-Liverpool One, Lime Street Station, Queen Square.

– ***Taxis :*** 6h-23h, compter 15 £ pour le centre-ville.

En train

🚂 ***Lime Street Station*** *(plan C1)* **:** Lime St. ☎ (08457) 48-49-50 (gare) ou 11-41-41 (infos générales). • nationalrail.co.uk • Grandes lignes. Nombreuses liaisons avec Manchester (env 1h de trajet) et Londres (env 2h10 de trajet). Pour les trains régionaux, voir *Merseyrail*.

En bus

🚌 ***National Express Coaches*** *(plan C1)* **:** Norton St, en haut de Fraser St. ☎ (08705) 80-80-80. • nationalexpress.com •

En voiture

➢ ***Depuis Manchester :*** autoroutes M 602 puis M 62.

➢ ***Depuis Chester et le pays de Galles :*** M 53 en direction de Birkenhead, puis tunnel payant Mersey Kingsway (prévoir env 1,70 £ de monnaie pour éviter l'attente au péage) jusqu'au centre-ville.

Comment circuler ?

➢ ***Merseytravel*** *(métro et bus)* **:** • merseytravel.gov.uk • Billets à l'unité disponibles dans les gares et auprès du chauffeur (bus) ; forfaits j. et sem à *acheter aux guichets et* Travel Centres. Réseau très bien organisé, il couvre la ville et sa grande périphérie. Dans le centre-ville, 4 stations de train-métro (genre RER), *Lime Street, Central, James Street* et *Moorfields* permettent d'aller à Southport, Port Sunlight ou encore Chester.

■ ***Travel Centre*** *(plan B1,* ***1****)* **:** *Queen Sq. Également 1 Canning Pl (plan B2,* ***2****). ☎ 227-51-81. Lun-sam 8h30-18h, dim 10h-17h.* Proches des 2 principales gares routières. On y trouve tous les itinéraires, horaires et billets des transports assurés par *Merseytravel* (bus, métro, trains de banlieue, ferries).

➢ ***Merseycabs*** *(taxis)* **:** *☎ 298-22-22. • merseycabs.co.uk •*

– ***Parkings*** **:** les *parkings centraux* sont très chers. Judicieux d'étudier les formules et tarifs grâce à *• en.parkopedia.co.uk •*

Adresses utiles

ℹ ***Visitor Information Centre*** *(plan A-B3)* **:** *Anchor Courtyard, Albert Dock. ☎ 707-0729. • visitliverpool.com • Tlj 10h-17h30 (16h30 oct-mars).* Plans de la ville et des balades à faire dans la région. Infos et réservations de visites guidées thématiques et de spectacles.

■ ***Change*** *(plan B2,* ***5****)* **:** *au 2ᵉ étage du Marks & Spencer, 35 Church St. Lun 10h-18h, mar-jeu 9h-20h, ven-sam 9h-19h.*

Où dormir ?

– Aucun camping proche.
– La plupart des tarifs augmentent le week-end.
– De nombreuses chaînes d'hôtels *(Campanile, Formule 1, Travelodge, Ibis, Premier Inn, Comfort Inn...)* sont présentes le long des docks et en centre-ville. Elles proposent souvent des offres très intéressantes. Voir la rubrique « Hébergement. Les hôtels de chaîne » dans « Angleterre utile ».
– Pour les séjours prolongés, penser aux locations de studios et d'appartements avec cuisine équipée *(self-catering).*

Dans les quartiers de Ropewalks et Hope Street

De bon marché à prix moyens (moins de 80 £ / 96 €)

⌂ ***International Inn*** *(plan D2,* ***10****)* **:** *4 South Hunter St, L1 9JG. ☎ 709-81-35. • internationalinn.co.uk • Nuitée en dortoir de 4-10 lits, 17-22 £ ; doubles avec sdb et apparts.* Nichée dans une ruelle tranquille du quartier étudiant, cette auberge de jeunesse bien tenue met à disposition une cuisine fonctionnelle et un salon relax, avec billard. Les doubles dites « *Cocoon* », plus chères car mieux équipées, sont en sous-sol... Claustrophobes s'abstenir !

⌂ ***Embassie Youth Hostel*** *(hors plan par D3,* ***11****)* **:** *1 Falkner Sq, L8 7NU. ☎ 707-10-89. • embassie.com • Dans le prolongement de Canning St. Tte l'année. Nuitée en dortoir 18-28 £ ; doubles également.* Cette AJ privée occupe l'ancienne ambassade du Venezuela, une maison avenante plantée au bord d'un square. Une cinquantaine de lits, répartis en 6 dortoirs mixtes ou pas. Cuisine à disposition 24h/24, toasts, thé et café gratuits à toute heure. Excentrée, mais plaisante et très bon accueil.

De prix moyens à chic (à partir de 40 £ / 48 €)

⌂ ***The Nadler*** *(plan C2,* ***13****)* **:** *29 Seel St, L1 4AU. ☎ 705-26-26. • nadlerhotels.com • Doubles 60-150 £. Pas de petit déj.* La large façade de cet ancien entrepôt abrite un lobby

LE NORD DE L'ANGLETERRE

à l'élégance contemporaine, et des chambres spacieuses tout en harmonie de gris, noir et blanc. Très confortables, elles sont équipées de kitchenette et d'un ordinateur relié à la TV. Accueil un peu frais en revanche...

Parr Street Hotel (plan C2, **14**) : *33-45 Parr St, L1 4JN. ☎ 707-10-50. • parrstreet.co.uk • Doubles 49-110 £. Pas de petit déj.* Les plus grands studios d'enregistrement anglais après ceux de Londres ont décidé d'ouvrir leurs locaux au public. Ascenseurs et escaliers d'entrepôt conduisent à 12 chambres plus fonctionnelles que charmantes, mais calmes et spacieuses. Déco dans les tons noir, blanc et rouge, et vaisselle à dispo pour les *take away*. Noter l'option *pod* : des cellules aveugles pour solitaires, au prix de 2 lits en dortoir.

Dans le centre historique

De bon marché à prix moyens (moins de 80 £ / 96 €)

Travelodge Liverpool Central (plan B1, **15**) : *25 Old Haymarket, L1 6ER. ☎ 0871-984-61-56. • travelodge.co.uk • Parking payant.* *(payant.)* Cette chaîne comptant plus de 500 hôtels budget n'a pas besoin de notre publicité (voir aussi à « Dans Albert Dock et plus au sud »), mais on apprécie la très bonne situation de celui-ci. Prix potentiellement canons, hors période d'occupation importante et week-ends en tout cas. Sans fantaisie, mais net et fonctionnel. Chambres familiales avec sofa convertible.

De prix moyens à chic (à partir de 80 £ / 96 €)

Premier Suites Liverpool (plan B1, **16**) : *7 Hatton Garden, L3 2FE. ☎ 227-94-67. • premiersuitesliverpool.eu • Apparts pour 2 à partir de 75 £.* Salon, cuisine ultra-équipée, lave-linge... rien ne manque à ces appartements de belle taille et très lumineux pour se sentir comme à la maison. Demandez une vue sur la ville et, si vous êtes en fonds, craquez pour un duplex avec balcon au dernier étage.

Hard Days Night Hotel (plan B1-2, **17**) : *Central Buildings, North John St, L2 6RR. ☎ 236-19-64. • harddaysnighthotel.com • Doubles à partir de 100 £.* Ne vous fiez pas à la chanson : ici, on est loin des nuits d'un « *blue collar man* » épuisé, mais plutôt plongé dans une *Beatlemania* haut de gamme, à deux pas du *Cavern Club*. Chaque chambre, de style contemporain, est parfaitement équipée et ornée d'une photo différente des Fab Four. Quant à la suite « Lennon », avec piano blanc labellisé « Imagine », ses prix et disponibilités ne sont donnés que par e-mail... Les classieux bars, restos et lounge, ouverts aux non-résidents, restent abordables si l'on s'en tient à un verre et à quelques grignotis. Ouvrez l'œil, le logo maison cache un message subliminal des Beatles !

Dans Albert Dock et plus au sud

De bon marché à prix moyens (moins de 80 £ / 96 €)

Liverpool's Youth Hostel (plan B3, **18**) : *25 Tabley St, L1 8EE. ☎ (0845) 371-95-27. • yha.org.uk/hostel/Liverpool • À 5 mn à pied au sud d'Albert Dock. En dortoirs de 5-8 lits, à partir de 11 £/pers ; doubles à partir de 39 £. Petit déj en sus.* L'équipement et la déco de cette grande AJ font progressivement peau neuve, avec quelques touches de déco sympathiques. Bien tenue et conviviale, avec cuisine commune à disposition et petite restauration.

Prix moyens (à partir de 40 £ / 48 €)

Penny Lane Hotel (hors plan par D2, **12**) : *3-5 Smithdown Pl, L18 1DQ. ☎ 476-12-34. • thepennylanehotel.com • À 2,5 miles du centre, proche*

LE NORD DE L'ANGLETERRE

de Sefton Park et Lark Lane. Nombreux bus pour le centre-ville. Doubles à partir de 60 £. Au cœur du « pèlerinage » spécial Beatles, un petit hôtel fort joyeux installé à deux pas des maisons d'enfance de Lennon et McCartney, Strawberry Field, etc. Inutile de dire que tout ici est dédié aux Fab Four, de la déco (assez réussie d'ailleurs !) à la musique distillée pendant le petit déj... Immersion totale ! Chambres pop et pimpantes, très confortables, équipées de salles de bains design. Excellent rapport qualité-prix-atmosphère.

Travelodge Liverpool Docks *(hors plan par B3,* ***19****) : Brunswick Dock, Sefton St, L3 4BN. ☎ (0871) 984-60-30. • travelodge.co.uk • À env 2 km au sud d'Albert Dock. Au-delà de la marina, proche de Delifonseca Dockside.* Parking gratuit selon dispo. (Voir plus haut le *Travelodge Liverpool Central*.)

Premier Inn *(plan A3,* ***20****) : East Britannia Building, Albert Dock, Merseyside, L3 4AD. ☎ 702-63-20. • premierinn.com • Voisin de* The Beatles Story. *Résa indispensable. Doubles à partir de 60 £.* Idéalement situé. Voir nos remarques sur les hôtels de chaîne plus haut, dans l'introduction de « Où dormir ? ».

Où manger ?

Ne pas négliger les *cafétérias* des musées et centres culturels de Liverpool, ni celles des grands magasins comme ***Marks & Spencer*** *(plan B2,* ***5****)* ou John Lewis (notre préférée, au dernier étage). On y sert, à prix doux, des snacks et plats corrects ainsi que de typiques gâteaux anglais.

– *Full English Breakfast*, brunch... voici de véritables repas qui ne sont pas réservés aux heures les plus matinales. Nous avons inclus quelques adresses « spécialisées » dans la catégorie « Bon marché ».

Dans les quartiers de Ropewalks et Hope Street

Bon marché (moins de 10 £ / 12 €)

Maggie May's Café *(plan C2,* ***30****) : 90 Bold St, L1 4HY. ☎ 709-76-00. Tlj sf dim 9h30-18h (19h jeu-ven). Plats 4-10 £.* Dans la chanson de marins, hymne populaire de Liverpool, Maggie May est une prostituée qui étourdit les hommes pour mieux les voler. Ici, elle est beaucoup plus sage et les Liverpudlians de tous âges lui restent fidèles pour un breakfast, une assiette de *scouse* (potée typique du cru) ou un *apple pie*. Simple et convivial, coquet à sa manière.

Leaf Tea Shop & Bar *(plan C2,* ***31****) : 65-67 Bold St, L1 4EZ. Old fashioned,* le *tea-time ?* Détrompez-vous ! Loin d'être un repaire à mamies, la « Feuille » rassemble une clientèle plutôt jeune et branchée autour de son impressionnante sélection de thés et de séduisants petits déjeuners, brunchs, sandwichs et plats salés. Organise aussi expos et concerts.

De prix moyens à plus chic (10-30 £ / 12-36 €)

The Monro *(plan C2,* ***33****) : 92 Duke St, L1 5AG. ☎ 707-99-33. Tlj 11h-tard. Restauration en continu. Menus 12-15 £ ; plats le soir jusqu'à 35 £. Gastropub* au cadre feutré et à l'atmosphère intime, proposant des recettes anglaises traditionnelles, ensoleillées par la Méditerranée. Une tendance en vogue que la maison maîtrise bien. Courette jardinée pour les beaux jours.

Il Forno *(plan C2,* ***34****) : 132 Duke St, L1 5AG. ☎ 668-00-07. Tlj midi et soir ; ven-dim en continu. Menus 10-16 £ ; plats 7-25 £.* Toujours bondé malgré sa taille impressionnante, cet élégant resto italien figure en bonne place dans le carnet d'adresses de tous les gourmets de la ville. Carte et service dans la langue locale, ça fait plus authentique. Cuisine savoureuse, à déguster avec un petit vin de Sicile ou d'ailleurs.

Ⅰ●Ⅰ ***Mei Mei*** *(plan C2, **32**) : 9-13 Berry St, LI 9DF. ☎ 707-28-88. Tlj sf dim. Menus 7-27 £ ; plats 5-16 £.* Cette vaste cantine – dont la déco se balade sans état d'âme entre les années 1960, l'Asie et le style Art déco – propose une carte longue comme le Yangzi Jiang, comme il se doit. Et à en croire les nombreuses familles chinoises réunies autour des grandes tables rondes, la cuisine est ici de qualité... et très généreusement servie. Grand choix de *dim sum* bien réalisés, servis dans les traditionnels paniers en bambou, en taille XXL eux aussi.

De plus chic à chic (plus de 20 £ / 24 €)

Ⅰ●Ⅰ ***London Carriage Works*** *(plan D2, **36**) : 60 Hope St, L1 9DA. ☎ 705-22-22. Tlj 12h-22h (21h dim). Le midi, sandwichs, salades, plateaux pour moins de 10 £. Menus 15-25 £ ; plats 8-30 £.* Cette grande salle claire, aux murs en brique coupés de baies vitrées, propose une cuisine combinant les saveurs britanniques et méditerranéennes. Produits frais bien traités, vin au verre et desserts à déguster absolument. À moins que vous ne souriiez aux délicieux *cheeses*, servis à l'anglaise. Hôtel du même niveau sur place, tarifs en conséquence.

Ⅰ●Ⅰ ***Sapporo Teppanyaki*** *(plan C2, **34**) : 134 Duke St, L1 5AG. ☎ 705-30-05. Tlj midi et soir. Menus 17-40 £.* Le plus vaste ambassadeur du Soleil-Levant de la ville exploite le filon du *teppanyaki* (cuisson sur plaque). Au milieu de grandes tablées, les cuistots jouent des baguettes avec autant de dextérité que Ringo, mais dans un autre registre. La formule « *A theatrical Japanese dining expérience* » résume bien cette performance qui participe à l'addition... fort alerte elle aussi. Également des sushis, sashimis, tempuras et nouilles *yakisoba*.

Dans le centre historique et ses environs (Albert Dock, Liverpool One)

De bon marché à prix moyens (jusqu'à 20 £ / 24 €)

Ⅰ●Ⅰ ***Café Tate Gallery*** *(plan A2, **37**) : Albert Dock, L3 4BB. ☎ 709-70-97. Tlj 10h-17h30 (21h30 ven-sam).* Un bar de musée à la déco dépouillée. La vue y est cadrée comme une photo d'art, embrassant tout l'Albert Dock. Petite restauration soignée. Service agréable, mais salle très sonore.

Ⅰ●Ⅰ ***Delifonseca*** *(plan B1, **38**) : 12 Stanley St, L1 6AF. ☎ 255-08-08. Mar-jeu 14h30-21h, ven-sam 12h-22h. Plats 8-15 £.* Alléché par les produits et préparations maison de l'épicerie fine, vous pourrez les savourer sur la mezzanine sobrement aménagée. Cuisine multiculturelle de première fraîcheur et service attentionné. Voir aussi *Delifonseca Dockside.*

De prix moyens à plus chic (10-30 £ / 12-36 €)

Ⅰ●Ⅰ ***Bistro Franc*** *(plan B2, **39**) : 1 Hanover St, L1 3DW. ☎ 708-99-93. Tlj 12h-22h. Menus : midi 12h-16h30, 10,50 £ ; pre-theatre 16h30-19h (ven-sam 18h30), env 13 £. Plats 13-23 £.* Notre chouchou parmi une fratrie de 3 établissements (*Bistro Pierre,* non loin du *Club Cavern, Bistro Jacques* sur Hardman Street), non pas pour son statut de benjamin ou la cuisine, identique, mais pour son cadre. L'historique *Church House* offre des volumes parfaitement adaptés (hauteur sous plafond, vieux piliers métalliques, mezzanine) à la déco et à la cuisine *frenchy,* de type brasserie anglicisée. Les menus particulièrement attractifs captent une joyeuse foule qui n'empêche pas l'escouade de serveurs d'assurer avec le sourire.

Ⅰ●Ⅰ ***Jamie's Italian*** *(plan B2, **40**) : 45 Paradise St, L1 3EU. ☎ 559-98-30.*

Tlj 12h-23h (22h30 dim). À la carte 20-30 £. Dans cette rue moderne, le médiatique Jamie Oliver décline sa marque dans un bel espace de 2 étages, précédé d'une généreuse terrasse. *Antipasti, pasta, secondi* et *tutti quanti,* tout y est à la mode *Jamie's* : qualité des produits, cuisinés sainement et avec respect. Vins bio intéressants.

Ailleurs

De bon marché à prix moyens (moins de 20 £ / 24 €)

Delifonseca Dockside *(hors plan par B3,* ***42****) : Brunswick Quay, L3 4BN. ☎ 255-08-08. 15 mn env au sud d'Albert Dock ; voisin d'un Travelodge. Lun-sam 8h-tard, dim 10h-17h ; épicerie tlj 8h-21h. Petits déj 5-10 £ jusqu'à 11h30.* Excentré mais la promenade au-delà de la marina et par le *Riverside Walk* vous ouvrira l'appétit. Branche de l'épicerie-traiteur-restaurateur du centre (voir plus haut), c'est la seule à proposer des petits déjeuners. À la hauteur du savoir-faire maison. Et pourquoi pas y faire quelques emplettes, histoire de remplir son panier pique-nique avant de rejoindre un parc ou une plage ?

The Moon and Pea *(hors plan par B3,* ***43****) : 64 Lark Lane, L17 8UP. ☎ 727-34-03. Petits déj 4-7 £ servis jusqu'à 16h ; plats 5-12 £.* L'un des acteurs reconnus de cette rue bohème (rubrique « À voir. À faire »), très populaire à l'heure étendue du breakfast, servi en plusieurs formules dont une végétarienne. Déco cosy, délibérément kitsch. Le soir, hamburgers maison, salades, *antipasti* et plats anglo-méditerranéens méritent également l'attention.

Où boire un verre dans un pub ?

Une visite à Liverpool passe obligatoirement par ses pubs. Les plus beaux furent façonnés à la fin de l'ère victorienne par des artisans talentueux, victimes de la crise des chantiers navals. Certains tiennent du chef-d'œuvre, tous servent une cuisine de pub plus ou moins améliorée.

Dans Hope Street et ses environs

The Philharmonic Pub *(plan D2,* ***45****) : 36 Hope St. ☎ 707-28-37. Tlj 10h-minuit.* L'un des plus beaux pubs de Grande-Bretagne, dessiné au début du XXe s par le décorateur William Thomas pour le grand brasseur historique de la ville, Robert Cain. Les moindres recoins sont travaillés et décorés, des salons intimes au *Grand Lounge,* jusqu'aux... toilettes des messieurs. Une véritable symphonie d'élégance orchestrée par les vitraux, stucs, boiseries sculptées, cuivres brillants et faïences ou mosaïques. John Lennon regretta amèrement de ne plus pouvoir y boire un verre quand les Beatles devinrent trop célèbres.

Ye Cracke *(plan D2,* ***46****) : 13 Rice St. Dans une ruelle perpendiculaire à Hope St.* C'est dans ce pub, crépi de blanc au milieu d'une rangée de maisons en brique, que Lennon (encore lui) fut arrêté pour avoir fait la grenouille sur les tables. Quelques décennies plus tard, il attire toujours une forte clientèle d'étudiants tout en brassant allègrement les générations. Agréable cour en été. Non loin, ***The Pilgrim,*** au n° 34 de la rue du même nom, fait un peu la même chose, à sa manière.

Dans le centre historique

The Central Commercial Hotel *(plan C2,* ***47****) : Ranelagh St.* On doit à la même équipe qu'au *Philarmonic* l'intérieur de cette institution datant de 1907, où cheminées en marbre et boiseries sculptées encadrent avec panache un bar ruisselant de cuivre. Voici un aperçu de ce qui s'appelle encore *The Heritage Suite,* un grand salon coiffé d'une coupole en vitrail. Du grandiose pour le prix d'une bière...

Crown Hotel Pub *(plan C1,* ***48****) : Lime St, à l'angle de Parker Elliot St.* Encore une relique,

LE NORD DE L'ANGLETERRE

qui se distingue par sa façade de granit noir et ses fenêtres arrondies aux étages. Au rez-de-chaussée, vitres en verre taillé et plafonds meringués. Un bel exemple du style édouardien !

Lady of Mann et Thomas Rigby's *(plan B1, **49**) : 19-25 Dale St. ☎ 236-55-56.* Ancrée au fond du passage, ma première forme un couple détonnant avec mon deuxième qui a pignon sur rue. Mon tout partage une géniale cour intérieure, propose un large choix de *Cask Ale,* des concerts le week-end, du sport à la télé et attire ainsi une clientèle mélangée.

Lion's Tavern *(plan B1, **50**) : 67 Moorfields. ☎ 236-17-34.* Encore du vintage commandé par le brasseur Cain en 1914 ! Salle « publique » séparée des 2 salons par le bar, superbe coupole, carreaux de faïence, panneaux de bois sculptés enserrant des vitres gravées et cheminées. Large choix de bières et whiskies. En bonus, des *pork pies* maison, petits plateaux de fromages et sandwichs, aussi *authentic* que le reste.

Où boire un verre plus tranquillou ?

Dans les centres culturels : pas mal de lieux originaux en plein centre-ville, où l'on peut siroter un jus en toute tranquillité. Consulter également la rubrique « À voir. À faire ». ***FACT,*** dans Wood Street *(plan C2, **52**)*, est particulièrement recommandé. Autres options, le ***Bluecoat Arts Centre*** *(plan B2, **51**)* ou, parmi les sculptures, le café de la ***Walker Art Gallery*** *(plan C1).*

Leaf Tea Shop & Bar *(plan C2, **31**) :* *voir « Où manger ? ».*

Panoramic 34 *(plan A1, **53**) : West Tower, Brook St. ☎ 236-55-34. Bar tlj sf lun à partir de 11h. Menus env 22-25 £ ; snacks et pâtisseries jusqu'à 18h ; compter min 40 £ à la carte.* Rendez-vous au... 34e étage pour une vue époustouflante depuis ce bar-restaurant. Musique d'ambiance, grandes baies vitrées et fauteuils en cuir pour se prélasser, juste au bord du précipice ! Élégance, service raffiné et, pour ceux qui resteraient manger, une cuisine gastronomique. Mais attention, réservation requise et *dress code* imposé. Pas très cool...

Où sortir ? Où danser ?
Où écouter de la musique ?

Dans le centre : Cavern Quarter *(plan B1)*

Une partie de l'animation nocturne se concentre autour de Mathew Street, entre North John Street et White Chapel, *Beatlemania* oblige.

Cavern Club *(plan B1, **55**) : 10 Mathew St. ☎ 236-19-65. Entrée gratuite sf pour le backroom les soirs de concerts.* LA boîte légendaire où se produisirent les Beatles à leurs débuts. La pépinière de jeunes talents appartient maintenant à l'histoire, mais on peut néanmoins y passer un bon moment.

– Quelques autres adresses en vrac, dans la même rue : ***Lennon's Bar, Cavern Pub, The Grapes...***

Dans le quartier de Ropewalks *(plan C2-3)*

Ce ***quartier entre Bold Street et Duke Street,*** quadrillé de rues parallèles, draine une large part de la clientèle estudiantine. Animation nocturne garantie. Essayer notamment le ***Jacaranda,*** dans Slater Street, fréquenté en son temps par les Beatles. Autres suggestions du moment, sur Seel Street : le ***Barfly*** au nº 90, où les boissons ne coûtent pas grand-chose, ***Heebie Jeebies*** au nº 80, ou encore le ***Peacock*** au nº 51, avec sa terrasse sur une placette.

Alma de Cuba *(plan C2, **56**) : Seel St. ☎ 702-73-94. Early bird menus 17h-19h, tlj sf ven-sam.*

Dans cette ancienne église, on trouve pêle-mêle un DJ qui officie à l'autel, des trophées aux murs et des lustres anciens aux plafonds. Gros choix de boissons, dont un maximum de cocktails, disponibles en version géante pour les grandes tablées. *Parties* et divers événements à partir du jeudi. On peut aussi y manger (burgers, salades et tapas) jusque tard mais les *set menus* sont plutôt chers, à l'exception des *early birds.* Une des adresses phares de Liverpool.

🍷 ♫ ♩ ***Concert Square*** *(plan C2)* **:** place bien nommée, elle est entièrement cernée d'établissements aussi variés que bruyants. Certains projettent leurs terrasses sur la place, investie elle-même par de la musique live quand le temps s'y prête.

À voir. À faire

Noter que la plupart des musées de Liverpool sont gratuits.

D'un bout à l'autre de Hope Street

> **UNE MASCOTTE QUI A LA COTE**
>
> Le Liver Bird, *l'oiseau mythique entre l'aigle et le cormoran qui symbolise Liverpool, se voit voler la vedette par une nouvelle créature hybride, le Lambanana. Ces sculptures disséminées dans la ville, mi-agneau mi-banane, semblent aujourd'hui adoptées par les Liverpudlians, même si leur esthétisme controversé alimente encore les conversations !*

👁👁 ***Liverpool's Anglican Cathedral*** *(plan D3)* **:** *St James Mount, L1 7AZ. ☎ 0151-702-72-84. • liverpoolcathedral.org.uk • Ouv 8h-18h. Entrée libre (dons demandés). Un ticket de 5,50 £ (réduc) valable 2 j. donne accès à ttes les attractions de la cathédrale : visite de la tour lun-sam à partir de 10h et 12h dim ; film et audioguide (en français).*

Commencé en 1904 et consacré en 1978, cet édifice surprend par l'anachronisme de son style gothique et ses dimensions gigantesques. Avec une nef longue de 150 m, des voûtes de 55 m et une tour qui culmine à 100 m, c'est la plus vaste cathédrale anglicane du Royaume-Uni et l'une des plus grandes du monde. Quant au carillon, il pèse 31 t ! À droite du chœur, un escalier conduit à la grande chapelle de la Vierge, achevée dès 1910. À l'intérieur, splendide retable et, discrètement placée à sa gauche, une Vierge en céramique de l'école de Giovanni della Robbia (XVe s).

Montez absolument dans la tour pour découvrir les entrailles bétonnées de la bête. D'ascenseurs en boyaux et escaliers, on atteint sans trop d'efforts l'un des plus beaux belvédères de Liverpool. Vue à 360°, prisée des photographes. En redescendant, faites une pause dans l'un des triforiums, moins pour l'exposition d'habits sacerdotaux et objets de culte que pour la vue vertigineuse sur le chœur et les grandes orgues (10 000 tuyaux).

👁👁 ***Roman Catholic Metropolitan Cathedral*** *(plan D2)* **:** *Mount Pleasant, L3 4TQ. ☎ 709-92-22. • liverpoolmetrocathedral.org.uk • Accès à la nef gratuit : tlj 7h30-18h. Visite de Lutyens Crypt payante (3 £) lun-sam 10h-15h30. Piazza Café et Visitor's Centre : tlj 9h-17h30.*

La cathédrale catholique se démarque en tout de sa grande sœur anglicane. Faute de crédits après la guerre, le grandiose projet originel de 1933, visant à bâtir la deuxième plus grande cathédrale du monde après Saint-Pierre de Rome, n'a jamais abouti. Seul témoin, l'énorme crypte Lutyens, du nom de son créateur. Dans un écrin de briques (il y en a 6 millions...), de piliers et de voûtes, on y découvre l'étonnante porte circulaire d'une des chapelles.

En 1962, les travaux de la cathédrale reprennent selon un nouveau plan pour le moins futuriste. On la compare à un silo ou à un filtre à café renversé, mais c'est encore à un tipi qu'elle ressemble le plus. Si l'esthétique extérieure est discutable, l'atmosphère intime qui émane de la nef circulaire fait l'unanimité. Dans ce cocon de 90 m de haut reposant sur les voûtes de l'ancienne crypte, il est difficile de rester insensible à l'étrange lumière des vitraux. Chaque chapelle a été traitée très librement par différents artistes et le chemin de croix en bronze de Sean Rice est remarquable. Quand vous lirez « John » et « Paul » sur un des vitraux, ne cherchez pas George et Ringo... il s'agit d'un souvenir du passage de Jean-Paul II !

Dans le centre historique et Ropewalks

Saint George's Hall *(plan C1) : Saint George's Pl, L1 1RH. ☎ 225-69-09. • liverpoolcityhalls.co.uk/st-georges-hall • Tlj 10h-17h. GRATUIT.* Incroyable mais vrai, ce grand bâtiment néoclassique (1854) fut construit pour répondre au double besoin d'une nouvelle cour de justice et d'un auditorium, délinquance et mélomanie augmentant bizarrement en proportions égales à l'époque ! Au-dessus des cellules des prévenus, la justice était rendue dans une belle salle en boiseries. Juste à côté, ambiance plus festive dans l'impressionnante salle de concerts dotée d'une voûte en briques creuses (pour alléger la structure) et d'un orgue de 7 700 tuyaux. Sur la place bordant Lime Street, statue de la reine Victoria en amazone.

L'AIR SAIN DU SAINT GEORGE

Bien que spartiates, les cellules du Saint George's Hall bénéficiaient d'un système d'air conditionné d'avant-garde, installé dès la construction du bâtiment. L'air était « nettoyé », puis chauffé ou refroidi selon la saison. L'air vicié était ensuite rejeté à l'aide de ventilateurs géants. Notez que les pompes ne captaient jamais du côté est, où se trouvaient le cimetière et ses miasmes.

World Museum Liverpool *(plan C1) : William Brown St, L3 8EN. ☎ 478-43-93. • liverpoolmuseums.org.uk • Tlj 10h-17h. GRATUIT. Billets (gratuits) pour le planétarium (plusieurs spectacles/j., certains pour enfants, durée 25 mn) et le théâtre Treasure House à retirer à l'accueil.*
Un peu le musée de l'Homme de Liverpool.
Au 1er étage, une petite série d'aquariums recrée des écosystèmes tropicaux et ceux de la région. La collection de sciences naturelles du 2e étage (ne pas oublier d'ouvrir des tiroirs) est complétée par l'amusante *Bug House,* remplie d'insectes vivants ou en modèles géants. Au 3e étage, place à une remarquable galerie d'ethnologie (une brochure liste les pièces à ne pas manquer) alors que celle du monde antique est plutôt succincte, à l'exception du département égyptien. Le 4e étage est moins passionnant. Quelques dinosaures ainsi que l'évocation d'espèces disparues.
Au dernier étage, celui du planétarium (réserver pour assister à une séance), collection d'instruments de mesure du temps et café (plus séduisant pour ses petits plats que pour son cadre).
Également de remarquables expos temporaires, le dernier cri en termes de muséographie et d'interactivité.

Walker Art Gallery *(plan C1) : William Brown St, L3 8EL. ☎ 478-41-99. • liverpoolmuseums.org.uk • Tlj 10h-17h. GRATUIT. Cafétéria parmi les statues antiques.* Inauguré en 1877, cet imposant bâtiment néoclassique renferme une collection foisonnante, essentiellement consacrée à la peinture, du Moyen Âge à nos jours. On y rencontre notamment Rubens, Rembrandt et Monet. Mais l'un des atouts de ce musée est de réunir un panorama complet de la peinture anglaise depuis le XVIIIe s, en illustrant les filiations et ruptures entre les différentes écoles. Des portraits et paysages de Reynolds, Gainsborough ou Derby, on passe aux visions romantiques de Constable et de Turner avant de revisiter l'esthétique des primitifs italiens avec les préraphaélites Rossetti, Burne-Jones et Millais.

Le parcours s'achève avec les œuvres de Lucian Freud et de David Hockney, parmi d'autres artistes contemporains exposés par roulement. Nombreuses expositions temporaires.

Bluecoat Arts Centre *(plan B2)* : *School Lane, L1 3BX. ☎ 702-53-24. • thebluecoat.org.uk • Expos 8h (10h dim)-18h. GRATUIT.* Cette ancienne école abrite aujourd'hui des expos temporaires, des ateliers d'artistes, un bar ouvert côté cour et jardin, un resto cosy au 1er étage, des boutiques. Une halte agréable au cœur du quartier commercial de *Liverpool One*.

FACT *(Foundation for Art and Creative Technology ; plan C2)* : *88 Wood St, L1 4DQ. ☎ 707-44-64. • fact.co.uk • Tlj 10h (11h dim)-21h. Cinéma : 6-10 £ ; réduc.* Outre le cinéma, expos dont les supports sont les nouveaux médias et la vidéo. Agréable café servant des petits déj, sandwichs et petits plats sympathiques.

Les docks

Inauguré en 1846 et aujourd'hui classé par l'Unesco, ***Albert Dock*** *(plan A2)* *(• albertdock.com •)* est l'œuvre d'un ingénieur pionnier, Jesse Hartley. Pour la première fois, les entrepôts associent brique, pierre et métal et protègent les bassins d'amarrage des vents glacials de la Mersey. Frappé par le *Blitz* de mai 1941, ce complexe fut progressivement abandonné, comme les docks voisins, puis réhabilité dans les années 1980. Il abrite aujourd'hui boutiques, boîtes, hôtels et plusieurs musées.
Au nord d'Albert Dock, l'œil est immanquablement attiré par un sacré spectacle qui résume bien le Liverpool du XXIe s. Tandis que les « Trois Grâces », surnom des énormes *Liver, Dock Board Office* et *Cunard Buildings,* affichent avec grandiloquence la prospérité de la fin du XIXe s, le musée de Liverpool reflète le renouveau architectural incarné dans le verre, l'acier et le béton.

LES BEATLES ET LEUR REINE

Jamais ils n'oublièrent leur origine ouvrière et travailliste. Lors d'un concert avec la famille royale, ils dirent : « Ceux qui ont les billets les moins chers pourront applaudir. Les invités du premier rang agiteront leurs bijoux. » En 1965, lorsque la reine les décora de l'ordre de l'Empire britannique, ils prirent un malin plaisir à fumer des pétards dans les toilettes de Buckingham Palace. Lennon rendit sa médaille en protestation contre le soutien de l'Angleterre à la guerre du Vietnam.

➢ **Mersey Ferries** *(plan A2)* : *embarcadère Pier Head, au nord d'Albert Dock. ☎ 330-14-44. • merseyferries.co.uk • Croisière de 50 mn, env 13 £.* Balade en ferry sur la Mersey. Escale possible à *Woodside,* sur la rive opposée, histoire de profiter du panorama sur Liverpool.

Merseyside Maritime Museum *(plan A2)* : *Albert Dock, L3 4AQ. ☎ 478-44-99. • liverpoolmuseums.org.uk • Tlj 10h-17h. GRATUIT. Dépliant en français.*
Cet immense musée explore toutes les facettes de la relation entre la ville et l'océan. Au rez-de-chaussée, le *Quayside Café,* avec terrasse sur le bassin.
– *Au sous-sol,* l'expo « Seized » révèle de manière ludique et exhaustive l'univers des douanes et des frontières. « Emigrants to a New World » documente le calvaire enduré par les millions d'émigrants européens, en majorité des Irlandais, qui embarquèrent pour l'Amérique depuis Liverpool, entre 1830 et 1930.
– *Au 1er étage,* très belle expo consacrée au *Lusitania,* qui coula comme le *Titanic* et l'*Empress of Ireland,* et est lié à l'histoire de la ville. Les naufrages firent chacun 1 000 à 1 500 morts entre 1912 et 1915, sonnant le glas de l'âge d'or maritime de Liverpool. Autre souffrance, celle endurée par la ville pendant la terrible bataille de

l'Atlantique, remarquablement transcrite dans la section suivante. Seuls le courage et l'ingéniosité de la *Royal Navy,* héroïquement soutenue par la *Merchant Navy* (flotte commerçante), permirent de retourner une affaire bien mal engagée, après le chaos semé par les escouades de *U-Boats* allemands qui couleront plus de 2 000 bateaux alliés. Quant à l'expo « Life at Sea », elle s'intéresse à la vie des marins (sans oublier leurs difficultés terrestres), des passagers et à leurs navires.
– *Au 2e étage,* une riche section retrace la tragédie du *Titanic.* « Builders of Great Ships » est consacré aux chantiers navals de Liverpool depuis la fin du XVIIIe s. Par la fenêtre, on aperçoit d'ailleurs l'ancien siège de la défunte *White Star,* l'armateur du *Titanic,* reconnaissable à ses bandes alternées de brique et de pierre. Cette compagnie fut absorbée en 1934 par sa concurrente historique, la *Cunard.* L'expo « Art of the Sea » rassemble des peintures marines et de superbes maquettes, comme ces racés *Blockade Runners* (« forceur de blocus ») du milieu du XIXe s, des vapeurs à aubes construits à Liverpool pour les Confédérés.

International Slavery Museum *(plan A2) : Albert Dock. Au 3e étage du bâtiment du Merseyside Maritime Museum. Mêmes horaires. GRATUIT.* La traite négrière, source de profit majeur pour le port de Liverpool jusqu'au début du XIXe s, est admirablement abordée avec pédagogie et sans concession pour les Européens. On plonge dans les cultures d'origine des esclaves, puis dans les conditions abominables de leur transport et de leur survie dans les plantations, pour aboutir à la difficile lutte pour la liberté et l'égalité. Aussi des expos temporaires qui soulignent, malheureusement, l'actualité du sujet.

Tate Liverpool *(plan A2) : Albert Dock, L3 4BB. ☎ 702-74-00. • tate.org.uk • Ouv 10h-17h50 (17h hors saison). GRATUIT (sf pour les expos temporaires majeures).* L'une des quatre antennes de la fabuleuse collection initiée à la fin du XIXe s par Henry Tate, magnat du sucre. Entre les expos temporaires du rez-de-chaussée et du 4e étage, la présentation du fonds d'art moderne et contemporain est renouvelée tous les 3 ans environ.

Museum of Liverpool *(plan A2) : Pier Head, L3 1DG. ☎ 478-45-45. • liverpoolmuseums.org.uk/mol/ • GRATUIT.* Au nord d'Albert Dock, l'œil est immanquablement attiré par un spectacle qui résume bien le Liverpool du XXIe s, entre les énormes buildings affichant avec grandiloquence la prospérité du XIXe s et ce récent musée (2011) aux contours détonnants de verre et de béton. Il raconte l'histoire de Liverpool, de l'Antiquité à nos jours. Archéologie, vie sociale, sport, transports, costumes, art, personnalités... tout y est, même le lit dans lequel Yoko Ono et Lennon ont tenu leur mythique *bed-in* en faveur de la paix. Interactif et doté d'activités pour les enfants, *as usual.*

Open Eye Gallery *(plan A2) : Mann Island, L3 1BP. • openeye.org.uk • Mar-dim 10h-17h. GRATUIT.* Un centre consacré à la photographie contemporaine. Expos et librairie spécialisée. Café.

The Beatles Story *(plan A3) : Albert Dock, L3 4AD. ☎ 709-19-63. • beatlesstory.com • Tlj 9h-19h30 (10h-18h hiver) ; dernière admission 2h avt la fermeture (1h en hiver). Entrée : env 16 £, audioguide en français compris ; réduc, notamment sur Internet.*
Malgré le prix excessif, on recommande ce « musée », aussi divertissant pour les experts que pour les profanes. Porté par une

LET IT BE !

Enfant, John Lennon fut pratiquement abandonné par son père, marin au long cours. Le paternel ne donna de ses nouvelles que 20 ans après, quand les Beatles étaient au top du succès ! Sa mère laissa le petit John à sa sœur Mimi, qui l'éleva. John eut une demi-sœur, abandonnée elle aussi. Il la rechercha toute sa vie, sans succès. Il retrouva sa vraie mère à l'adolescence qui lui offrit... sa première guitare.

bonne bande-son (forcément) et le commentaire de Julia, seconde demi-sœur de John Lennon, on sort de ce dédale la tête pleine de mélodies des Beatles. On y comprend mieux l'enracinement des Fab Four dans la culture de Liverpool, une de leurs grandes sources d'inspiration : *Penny Lane, Strawberry Fields Forever, Eleonor Rigby...*
L'expo est rythmée par de nombreuses reconstitutions et de grandes illustrations : premiers concerts dans Matthew Street, aventure hambourgeoise, boutique de disques de Brian Epstein (leur légendaire manager), rédaction du fanzine *Mersey Beat* créé par un copain de Lennon, studio d'Abbey Road où le groupe enregistra la quasi-totalité de ses albums, pochette de *Sergent Pepper,* sommet de la collaboration avec le génial producteur George Martin, etc. Et même la pièce et le piano blanc du John Lennon d'*Imagine,* dans la section « Après séparation ». Café et boutique.
– ***L'annexe de Pier Head*** *(plan A2) : dans le terminal des ferries. Billet unique pour les 2 sites, visite possible sur 2 j.* Expos en 3D et temporaires.
– Noter que plusieurs prestataires proposent des ***visites guidées*** en bus (pour l'extérieur de la ville) ou à pied (pour le centre), passant en revue les sites liés aux Fab Four, de *Strawberry Field* au *Cavern Club,* en passant par les maisons d'enfance de John et de Paul situées en périphérie de la ville. Billets vendus par le *Visitor Information Centre.* • *beatleswalk.com* • *beatles-tours.com/french/* •

Un peu en dehors du centre

Liverpool Football Club *(hors plan par D1) : Anfield Rd, L4 0TH. ☎ 260-66-77.* • *liverpoolfc.com/welcome-to-liverpool-fc* • *À env 6 km au nord, en direction de Walton (fléché). Bus nos 17, 19, 26 et 27. Visite tlj 9h-17h. Résa nécessaire. Musée et visite guidée : 10-22 £ ; réduc. Calendrier et vente sur le site internet. Rens : ☎ 220-23-45.* Le ticket complet comprend la visite des vestiaires, un tour du stade et l'accès au musée. Liverpool compte deux clubs en fait. Là on parle des Rouges, l'un des clubs de foot les plus célèbres d'Europe. Pour assister à un match (expérience mémorable), il faut obligatoirement réserver jusqu'à 1 mois à l'avance. Les jours de match, la compagnie de transport en commun *Merseytravel* met en place un service spécial de bus : les *Soccerbus.*

Sefton Park et ses environs

– À 3 km au sud du centre-ville (hors plan par B3). Bus nos 74,75, 80, 80A et 82 (via Lark Lane). Env 10 mn de trajet.

Sefton Park : poumon vert de la ville, composé de grandes pelouses et de petites forêts. Pique-niqueurs, joggeurs et tout le rituel anglo-saxon du chien-chien et sa baballe. Café, lac et espace pour les enfants.

Lark Lane : *perpendiculaire au flanc sud de Sefton Park, file jusqu'à Aigburth Rd.* • *larklaneguide.com* • La communauté alternative-bobo se retrouve dans cette charmante petite rue composée de restos et pubs en tout genre, petits brocanteurs, marché fermier, puces occasionnelles. Parfait pour se restaurer après la balade dans le parc.

Palm House : *au cœur de Sefton Park, L17 1AP. ☎ 726-24-15.* • *palmhouse.org.uk* • *Tlj 10h30-18h30 (16h en hiver). GRATUIT.* Serre élégante de l'époque victorienne (1896), abritant une petite collection de palmiers et de plantes du monde entier. Restaurée au début du XXIe s, elle est de superficie relativement modeste mais se distingue par la hauteur (25 m) de son dôme en trois niveaux. Durant la Seconde Guerre mondiale, les 3 700 panneaux de verre furent peints pour éviter que le reflet de la lune ne guide les bombardiers allemands. Tout autour, statues de grands explorateurs et botanistes, réalisées à la fin du XIXe s par un sculpteur français.

Sudley House : *Mossley Hill Rd, L18 8BX. ☎ 478-40-16. • liverpoolmuseums.org.uk/sudley • À 10 mn de Sefton Park. Tlj 10h-17h. GRATUIT.* Poussé par l'élan de cette excursion périphérique, on peut monter jusqu'à cette colline cossue, coiffée d'un terrain de cricket. Là s'élève l'ancienne demeure victorienne d'un armateur, conservée dans son aspect d'origine. Flânerie devant quelques Turner, Rossetti, Gainsborough et Corot, pause sur la terrasse de la cafétéria donnant sur un jardin d'hiver *(conservatory)*, terrain de rugby champêtre en contrebas. *So British...*

Fêtes et manifestations

– ***Mersey River Festival :*** *sur 3 j., début juin. • cultureliverpool.co.uk/international-mersey-river-festival-2/ •* Liverpool fête la mer et les marins à travers de nombreuses activités sur le front de mer.
– ***Africa Oyé :*** *un w-e en juin. • africaoye.com •* Musique et culture africaines au Sefton Park.
– ***Arab Arts Festival :*** *courant juil. • arabartsfestival.com •*
– ***Liverpool International Music Festival :*** *courant juil, au Sefton Park. • limfestival.com •* Festival de musique gratuit.
– ***International Beatleweek :*** *fin août. • internationalbeatleweek.com •* Les fans se rassemblent pour fêter le célébrissime groupe de rock anglais. Il y a foule pour l'événement de l'année à Liverpool !
– ***Creamfields Dance Festival :*** *fin août. • creamfields.com •* Le plus grand festival de danse et de musique électronique du Royaume-Uni mettant en scène les meilleurs DJs du moment.

DANS LES ENVIRONS DE LIVERPOOL

Formby et Crosby Beach : *au nord de Liverpool. Accès en train Merseyrail, Northern Line ou prendre le bus n° 53 depuis Queens Sq.* Les immenses plages de sable et forêts de pins de cette banlieue éloignée attirent les foules le week-end. Mais *Crosby Beach* est surtout connue pour *Another Place,* l'énigmatique installation du sculpteur Antony Gormley. Tournés vers la mer, 100 moulages en fer du corps de l'artiste jalonnent la plage, certains rongés par les embruns, d'autres habillés d'algues et n'émergeant qu'à marée basse.

PORT SUNLIGHT

Le village et le musée de Port Sunlight : *23 King George's Drive, CH62 5DX. À 15 km, sur la rive opposée de la Mersey. • portsunlightvillage.com • Accès : train-métro Wirral Line, jusqu'à la station Bebington ; 6 trains/h en journée, 15 mn de trajet. En voiture, par la M 53 depuis le tunnel de Wallasey, direction Chester, sortie 4.*

Ce village vaut vraiment le détour. Construit à la fin du XIXe s près de l'usine *Lever* (toujours en activité, pour l'énorme multinationale Unilever...), il doit son nom à la populaire savonnette ménagère qu'on y fabriquait.

CAMPAGNE ANTIPUB

Lord Lever, le patron de Port Sunlight, ne buvait pas d'alcool. Il était opposé à l'octroi d'une licence pour le pub du village, contre l'avis de la population. Fidèle à ses principes démocratiques, il organisa un référendum qu'il ouvrit également aux femmes, pensant ainsi orienter le résultat en sa faveur. Mauvaise pioche : les habitants votèrent massivement pour l'alcool. Lord Lever s'inclina, mais le pub n'ouvrit jamais le jour du Seigneur.

Mais plus que cette histoire de marque, c'est un autre aspect de l'œuvre de William Hesketh Lever qui distraira le visiteur (voir également le musée plus bas). Autant par philanthropie que pour améliorer la productivité de l'entreprise, ce patron visionnaire ne lésina pas sur les moyens pour arracher ses employés à la misère des taudis en créant pour eux un village « idéal ». Pour le bâtir, il fit appel à une trentaine d'architectes, parfois renommés comme Lutyens (voir plus haut « Roman Catholic Metropolitan Cathedral »). Du coup, les 900 maisons sont toutes différentes, ici *Arts & Crafts,* là néogothique ou néo-Renaissance, l'une en brique, l'autre en pierre de taille ou encore à colombages ! Les bâtiments publics sont tout aussi soignés : parc, église, théâtre et club, écoles, hôpital et, autrefois, une piscine d'eau de mer ! Comme rien ne semble avoir changé, la visite s'apparente à un petit voyage dans le temps. L'œil avisé s'apercevra quand même que les habitants ne sont plus issus des couches populaires. De quoi réfléchir au destin des progrès sociaux...

Port Sunlight Museum : *☎ 644-64-66. Tlj 10h-17h. Entrée : env 5 £ ; réduc.* Tout paternaliste qu'il était, William Lever a introduit dès les années 1880 des avancées sociales qui laissent pantois : journées de travail de 8h, sorties d'entreprise comme ce voyage à Londres pour 16 000 ouvriers en 1911 (!), école mixte obligatoire avec ses classes lumineuses, concours de potagers, espaces verts dans le village, salle de bains dans toutes les maisons... L'homme fut aussi un pionnier du merchandising et de la fidélisation des consommateurs ! En collectionnant les emballages de savon, le bon client pouvait gagner un gramophone ou une montre en or ! Tout cela est fort bien illustré par des reconstitutions, des panneaux, et un film de 20 mn.

The Lady Lever Art Gallery : *à Port Sunlight, CH62 5EQ. ☎ 478-41-36. • liverpoolmuseums.org.uk/ladylever/ • Tlj 10h-17h. Entrée et audioguide en anglais : GRATUIT.* Publicitaire dans l'âme, William Lever acheta ses premiers tableaux pour illustrer les emballages de ses produits ! Un brin iconoclaste, il osa même faire retoucher certaines œuvres pour mieux illustrer les vertus d'une vie saine... et propre ! Il devint au fil du temps un véritable connaisseur et inaugura en 1922 ce musée, dédié à la mémoire de sa défunte épouse. Le public, ses employés en tête, put ainsi profiter des 20 000 pièces de sa collection privée. Ce bel espace, baigné de lumière, recèle céramiques chinoises et porcelaines Wedgwood (pas toutes bleues !), sculptures et poteries antiques, tapisseries des Gobelins et meubles magnifiques mais, surtout, une collection unique de chefs-d'œuvre préraphaélites. À voir absolument.

BIEN VU !

En 1884, William Lever s'était déjà fort enrichi. Il pensait prendre une retraite précoce dans quelque île d'Écosse. Et puis non ! Il déposa la marque de savon Sunlight. La reine Victoria fit bientôt de la « Lumière du Soleil » son fournisseur officiel. En 1897, il chargea les frères... Lumière de réaliser pour son savon le premier film publicitaire de l'Histoire pour la société Unilever.

MANCHESTER

511 000 hab. IND. TÉL. : 0161

• Plan *p. 398-399*

Au cœur d'une immense conurbation déployée sur des dizaines de miles, le développement de Manchester date des XVIIIe et XIXe s. Il faut dire que la ville

n'est autre que l'un des berceaux de la révolution industrielle, où richesses et misère se côtoyèrent comme dans peu d'endroits du monde dit civilisé. Mais de grandes réalisations en découlèrent, tels le creusement du canal qui rejoint l'embouchure de la Mersey, Liverpool et la mer d'Irlande, la construction de la *Royal Exchange* (qui à l'époque battait tous les records par sa taille), ou encore celle de la gare, la première au monde. Certes, l'importance de la ville a bien décru, mais Manchester reste en quelque sorte la capitale du Nord, en compétition perpétuelle avec sa voisine Liverpool. Le récent quartier des *Quays,* à quelques kilomètres au sud-ouest, où la BBC a installé son siège en 2011, plonge définitivement Manchester dans le XXIe s. Vos pérégrinations vous mèneront certainement devant le luxueux *Midland Hotel,* sur Peter Square, un palace ouvert en 1903 et intimement lié au développement des transports. Les clients pouvaient y descendre sans être importunés par la pluie grâce à deux portes cochères géantes d'un côté et, de l'autre, un passage couvert pour accéder à la gare voisine. C'est aussi ici que, le 4 mai 1904, un certain Charles Stewart Rolls rencontra Henry Royce et qu'ils décidèrent de faire un petit bout de route ensemble...

UNE FORTE PERSONNALITÉ

Dans ce berceau des *Smiths, New Order, Oasis* et autres *Stone Roses,* les modes musicales se succèdent à un rythme effréné. La programmation culturelle y est très riche et moins chère qu'à Londres ! Par ailleurs, l'urbanisme sauvage pratiqué depuis des décennies est devenu une autre particularité de la ville. Oublié l'attentat de 1996 perpétré par l'IRA, qui détruisit une partie du centre-ville. Aujourd'hui, les constructions modernes se tricotent sans état d'âme avec les édifices anciens, formant des ensembles architecturaux aussi hétéroclites que déroutants. Le tout avec des touches de style *Arts & Crafts,* né dans les années 1850 pour préserver le style victorien...

Manchester s'est également fait une solide réputation en matière de shopping et de soldes. Le centre regorge de boutiques et toutes les grandes enseignes y sont représentées. Enfin, impossible de dissocier Manchester du foot ! C'est ici toute une ville qui se cristallise autour de son équipe et d'un stade gigantesque, enviés dans le monde entier.

DEUX ÉQUIPES POUR UN BALLON

Les empêcheurs de tourner en rond rappellent que le club de foot Manchester United se trouve en réalité à Old Trafford, une ville périphérique. Manchester a sa propre équipe, certes pas mauvaise, mais bien moins célèbre.

Arriver – Quitter

En avion

✈ ***Aéroport*** *(hors plan par B3) : à 12 miles au sud du centre-ville, M90 1QX. ☎ (0800) 042-02-13. ● manchesterairport.co.uk ● L'aéroport le plus grand du pays après Heathrow et Gatwick.*

➢ Vols quotidiens directs avec ***Londres, Paris, Lyon, Nantes, Nice, Rennes*** et plusieurs autres villes de province françaises. On rejoint aisément le centre-ville en train, un peu plus cher (env 4 £ le ticket) mais plus pratique et plus rapide que le bus. Départs fréquents, 24h/24. Compter 20 mn de trajet. Également des trains directs avec Liverpool, York, le nord du pays de Galles, Windermere en été (Lake District)...

En train

🚂 ***Gare ferroviaire*** *(plan D2-3) : Piccadilly Station.* Liaison avec ***Londres*** en un peu plus de 2h. Pour les destinations du Nord, se rendre à

Victoria Station (plan B-C1). ☎ (08457) 48-49-50.

En bus

🚌 ***Gare routière*** *(plan C2)* **:** *Chorlton St.* Pour une fois, il s'agit d'un lieu agréable, chauffé, avec une petite cafét'.

➢ Départs fréquents pour **Londres, Liverpool, Carlisle, Chester...** *Rens auprès de* National Express. ☎ *(0871) 781-81-81. • nationalexpress.com •*

Comment circuler ?

– Pour se déplacer dans le centre-ville, on peut emprunter le ***Metroshuttle,*** un service de bus gratuit. 3 lignes, qui fonctionnent en gros de 7h à 19h (10h à 18h dim) avec une fréquence de 6-10 mn. Les lignes 1 et 3 partent de *Piccadilly Station,* la ligne 2 de *Victoria Station.*

– Sinon, le ***Metrolink*** qui, comme son nom ne l'indique pas, est un réseau de 6 lignes de tramways plutôt efficace (payant). Dépliant disponible à l'office de tourisme. Pratique pour se rendre, par exemple, aux *Quays.*

Adresse utile

ℹ ***Manchester Visitor Information Centre*** *(plan C2)* **:** *Piccadilly Gardens, M1 1RG. ☎ (0871) 222-82-23 (0,13 £/mn). • visitmanchester.com • Lun-sam 9h30-17h ; dim 10h30-16h30.* Assure les résas d'hébergements gratuitement. Brochure *Manchester Guided Tours,* qui détaille l'ensemble des visites guidées de la ville (gratuites ou pas), avec des thèmes aussi variés que Chinatown, l'influence irlandaise, les canaux souterrains, etc.

Où dormir ?

Comme souvent, les prix varient selon les périodes et les jours de la semaine, généralement nettement plus élevés le week-end.

De bon marché à prix moyens (moins de 80 £ / 96 €)

🏠 ***Youth Hostel*** *(plan A3,* ***10****)* **:** *Potato Wharf, Castlefield, M3 4NB. ☎ (0845) 371-96-47. • yha.org.uk/hostel/Manchester • À partir de 12 £ en dortoir, doubles à partir de 39 £. Parking (appréciable !). 💻 (payant.)* 📶 Dans le très agréable quartier d'anciens entrepôts aujourd'hui reconvertis de *Castlefield,* une AJ disposant d'équipements impeccables et de chambres nickel. Large éventail de prestations.

🏠 ***Hatters Hostels*** *(plan C2,* ***11****)* **:** *50 Newton St, M1 2EA. ☎ 236-95-00. • hattershostel.com • À partir de 15 £ env en dortoir et de 25 £/pers en chambre double. Petit déj continental compris. 💻 (payant.)* 📶 *Hostel* privé et sympa dans une grande maison tout en hauteur. Pas moins de 170 lits en chambres et dortoirs vastes et bien tenus de 1 à 14 lits. Bon équipement général, avec tous les espaces communs nécessaires. Propose des activités gratuites certains soirs, ainsi qu'un *pub crawl* (payant) le week-end.

🏠 ***Hilton Chambers*** *(plan C2,* ***12****)* **:** *15 Hilton St, M1 1JJ. ☎ 236-44-14. • hattershostel.com • Lit en dortoir à partir de 17 £, doubles à partir de 25 £/pers, petit déj continental compris. 💻 📶 (payants.)* Même chaîne d'*hostels* que l'adresse précédente avec, ici, un poil plus de confort. Dortoirs impeccables et chambres doubles personnalisées, avec sanitaires et TV. Également une agréable petite terrasse pour les beaux jours. Propose les mêmes activités que *Hatters Hostels.*

■ **Adresse utile**

- **1** Manchester Visitor Information Centre

Où dormir ?

- **10** Youth Hostel
- **11** Hatters Hostels
- **12** Hilton Chambers
- **13** Mitre Hotel
- **14** Premier Inn
- **15** Velvet Hotel
- **16** The Oxnoble

Où manger ?

- **20** Trof
- **21** Sam's Chop House
- **22** Mr Thomas's Chop House
- **23** Tampopo
- **24** Yang Sing
- **25** Zouk

Où boire un verre ? Où sortir ?

- **30** Printworks Centre
- **31** Sinclair's Oyster Bar
- **32** Cloud 23

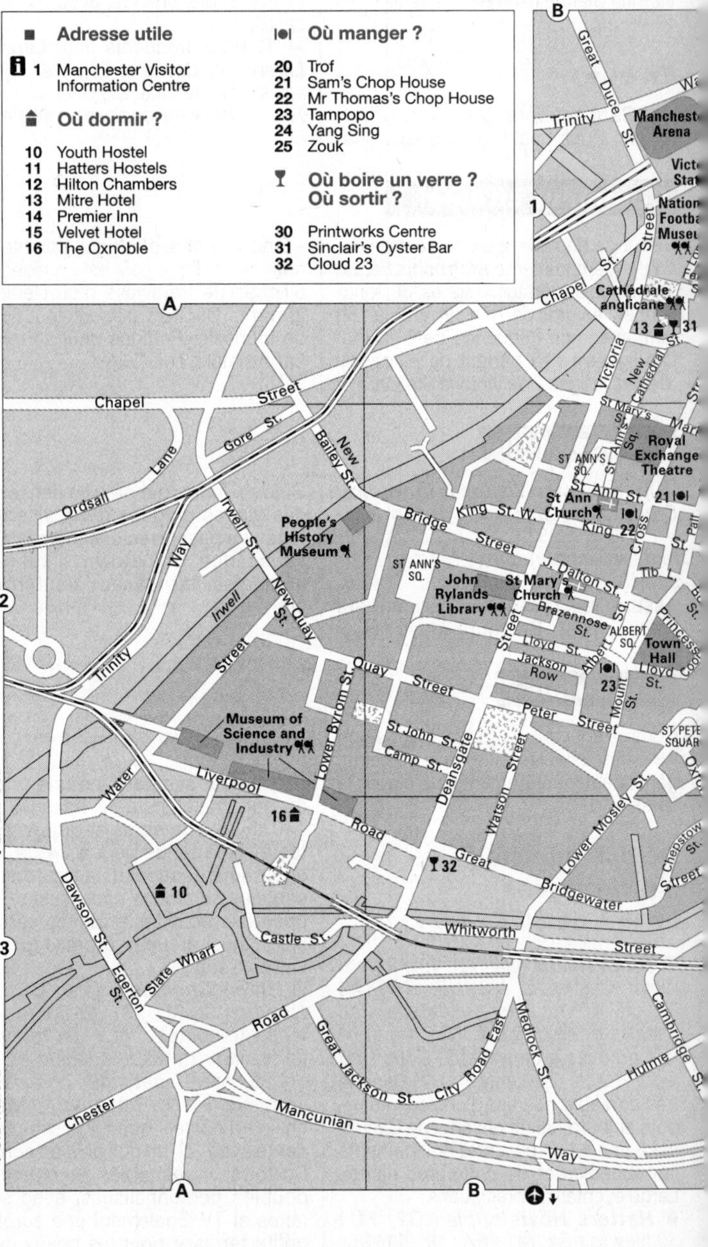

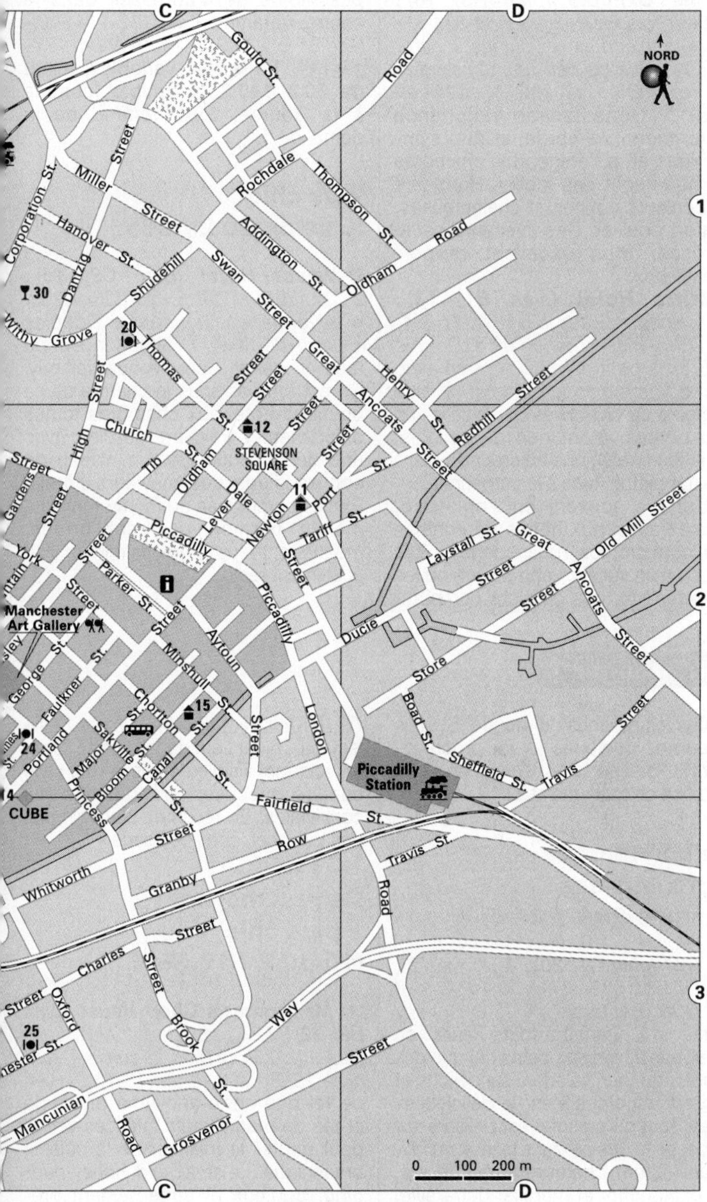
C
D
NORD
1
2
3
Gould St.
Road
Rochdale
Thompson St.
Miller Street
Corporation St.
Hanover St.
Dantzig
Street
Shudehill
Swan Street
Addington St.
Oldham Road
Withy Grove
Thomas
Great Ancoats Street
Henry St.
Redhill Street
Church
High Street
Tib St.
Oldham St.
12
STEVENSON SQUARE
11
Port St.
Lever St.
Dale
Newton Street
Tariff St.
Piccadilly
Laystall St.
Old Mill Street
Ducie Street
Store Street
Parker St.
Manchester Art Gallery
York
George St.
Faulkner St.
Portland
Minshull St.
Aytoun
Chorlton St.
15
Sakville St.
Major
Princess
Bloom St.
Canal St.
London Road
Piccadilly Station
Boad St.
Sheffield St.
Travis Street
Fairfield St.
Row
Travis St.
Whitworth Street
Granby
Charles Street
Oxford
Brook St.
Way
Grosvenor Street
Mancunian
Road
CUBE
20
24
25
30
0 100 200 m

MANCHESTER

The Oxnoble *(plan A3,* ***16****) : 71 Liverpool Rd, M3 4NQ. ☎ 834-33-21. • theox.co.uk • Doubles à partir de 50 £. Pas de petit déj (à prendre, par exemple, au* MOSI *situé en face).* Cette façade victorienne toute mignonne abrite un pub sympathique et, à l'étage, des chambres qui ne le sont pas moins. Harmonie de couleurs douces et chaleureuses, confort douillet. Une avenante petite adresse, d'un excellent rapport qualité-prix.

Mitre Hotel *(plan B1,* ***13****) : 1-3 Cathedral Gates, M3 1SW. ☎ 834-41-28. • mitrehotel.co.uk • Double 55 £ sans petit déj (85 £ le sam avec petit déj) ; promos sur Internet.* Une trentaine de chambres qui, bien qu'un peu petites, n'ont rien de cellules. Situation stratégique au cœur du Manchester piéton, face à la cathédrale.

Comme souvent en Angleterre, pensez aussi aux hôtels de chaînes et à leurs promos, notamment les ***Ibis*** (il y en a un sur Portland Street) ou les ***Premier Inn,*** ces derniers comptant pas moins de 4 adresses dans le centre, notamment au *112-114 Portland St (plan C2-3,* ***14*** *; • premierinn.com •).* Tarifs très variables, allant de 30 à 140 £ la double (comme à la Bourse, tout dépend de la demande !).

Plus chic (plus de 80 £ / 96 €)

Velvet Hotel *(plan C2,* ***15****) : 2 Canal St, M1 3HE. ☎ 236-90-03. • velvetmanchester.com • Doubles à partir de 80 £.* Situation sympa face au canal, dans le quartier gay. On est tombés sous le charme de ce boutique-hôtel aux chambres toutes différentes et vraiment réussies, avec une déco exquise et un niveau de confort digne des meilleurs hôtels. Parties communes du même tonneau, mêlant harmonieusement brique, moquette, tissus et grands miroirs. Fait également resto.

Où manger ?

Toutes les cuisines du monde. Si vous séjournez quelques jours, procurez-vous le *Food and Drink Guide,* en vente à l'office de tourisme et à l'AJ.

De bon marché à prix moyens (jusqu'à 20 £ / 24 €)

Trof *(plan C1,* ***20****) : 8 Thomas St, M4 1EU. ☎ 833-31-97. Tlj 10h-minuit (3h w-e) ; petits plats 5-13 £. Sunday dinner 12 £.* Parfait à toute heure : on y sert aussi bien des petits déj que des soupes du jour, salades, sandwichs et burgers accompagnés de délicieuses frites. Tout ou presque est préparé sur place, avec des produits locaux ou *fair-trade.* Cadre chaleureux de brique, vieux plancher et mobilier dépareillé. Et souvent une belle animation le soir, en musique.

Tampopo *(plan B2,* ***23****) : 16 Albert Sq, M2 5PF. ☎ 819-19-66. Tlj 12h-23h. Plats 8-14 £.* Toute l'Asie (sauf la Chine) tient dans la carte. Salle en sous-sol visible depuis la rue, style cantine avec ses grandes tablées conviviales. En résumé : c'est simple, pas très cher, bon et efficace.

De prix moyens à plus chic (10-30 £ / 12-36 €)

Mr Thomas's Chop House *(plan B2,* ***22****) : 52 Cross St, M2 7AR. Lun-sam 11h-23h (21h30 la cuisine), jusqu'à 18h30 dim. Plats 10-16 £.* Rien de tel que cette ancienne brasserie ornée de magnifiques faïences vertes pour goûter le meilleur de la cuisine britannique. Le *steak and kidney pudding,* copieux et superbement préparé, à déguster avec une bonne *real ale,* vous laissera – c'est quasi sûr – un grand souvenir. Excellent rapport qualité-prix-ambiance !

I●I ***Sam's Chop House*** *(plan B2,* ***21****) : Back Pool Fold, M2 1HN. ☎ 834-32-10. Sert jusqu'à 21h30. Sandwichs 7-10 £ ; plats 10-16 £.* C'est la même maison que le *Mr Thomas's Chop House,* avec une carte similaire mais un décor différent : ici, on est dans un pub cossu et agréable, discrètement installé en sous-sol. Très sympathique là aussi.

I●I ***Zouk*** *(plan C3,* ***25****) : The Quadrangle, Chester St, M1 5QS. ☎ 233-10-90. Tlj midi-minuit. Menu déj 8 £ ; plats 8-19 £.* D'un côté de cette immense salle résolument contemporaine, les cuistots s'affairent dans une cuisine ouverte, où une foultitude de *paneer, tandoori* et brochettes marinés attendent de passer au gril. Ce sont d'ailleurs les grillades qui sont à explorer dans ce resto indien branché, plus que les currys (innombrables !). Clientèle plutôt jeune qui sirote des cocktails colorés en attendant la commande... qui tarde parfois à arriver.

Très chic (plus de 30 £ / 36 €)

I●I ***Yang Sing*** *(plan C2,* ***24****) : 34 Princess St, M1 4JY. ☎ 236-22-00. Tlj 10h-23h30. Résa conseillée le w-e. Menus 30-45 £ ; moins cher à la carte.* À quelques pas de *Chinatown,* tout simplement le meilleur chinois de la ville, et on n'a pas trouvé grand monde pour nous contredire ! Tous les classiques au menu, dans un cadre élégant.

Où boire un verre ? Où sortir ?

Manchester est une ville animée, notamment le soir ! Tout se passe en gros dans le centre-ville, dans plusieurs zones distinctes. *Oxford Street (plan B-C3),* par exemple, attire surtout une clientèle jeune et tapageuse, avec des bars ou pubs comme le ***Revolution,*** le ***Thirsty Scholar,*** ou le ***Sound Control*** (sorte de boîte avec des concerts).
À l'angle de Great Bridgewater Street, une curiosité : ***The Temple,*** un bar installé dans... d'anciennes toilettes publiques. En termes de marketing, il fallait oser !
Autre secteur bien vivant, le *gay village,* le long de *Canal Street (plan C2-3),* où se retrouve notamment la communauté homo. Là encore, belle brochette de bars et restos branchés, comme le ***Bar Velvet,*** le ***Manto*** et le ***New Union.*** Citons aussi le *Northern Quarter,* autour de *Tib* et *Oldham Street (plan C1-2),* qui alignent des bars également très courus comme le ***Black Dog Ballroom*** (plusieurs billards), le ***Northern,*** le ***Allotment,*** le ***Montpellier*** (pour les couche-tard) ou le ***Matt & Phred's*** et ***The Castle*** (musique live).
Non loin de là, les amateurs de décors à l'américaine iront jeter un œil au ***Printworks Centre*** *(plan C1,* ***30****),* une galerie marchande qui accueille pas mal de bars franchisés.
Enfin, ne passons pas sous silence le ***Sinclair's Oyster Bar*** *(plan B1,* ***31****),* un pub typique très fréquenté pour ses *cheap pints* et sa vaste terrasse. Ni, dans un tout autre style, le ***Cloud 23*** *(tlj 17h-1h ; plan B3,* ***32****),* qui offre une vue spectaculaire sur la ville, notamment de nuit. Une dalle en verre permet même de voir le sol sous ses pieds !

À voir

Bonne nouvelle : presque tous les musées de Manchester sont gratuits ! L'office de tourisme propose aussi des balades guidées de la ville les samedi et dimanche à 13h, qui passent en revue, en 1h30, les principaux endroits et monuments de Manchester. Enfin, il existe un bus touristique, le *Manchester Open Top Bus Tours,* qui parcourt la ville en 2h. Cher cependant : 15 £. Plus d'infos sur ● *manchesterbustours.co.uk* ●

Museum of Science and Industry *(plan A2-3) : Liverpool Rd, Castlefield, M3 4FP. ☎ 832-22-44. • msimanchester.org.uk • Tlj 10h-17h. GRATUIT (donation bienvenue).*
Comme son nom l'indique, un musée dédié aux sciences et à l'industrie, installé dans d'anciens entrepôts admirablement réhabilités. Noter qu'à la place du MOSI se trouvait la première gare à ticket payant du monde. Une voie ferrée reliait en effet les usines de Manchester à celles de Liverpool. L'ensemble est vaste, aussi prévoyez plusieurs heures si vous souhaitez tout voir.

LA TOUR INFERNALE

Ambiance Hitchcock dans le centre de Manchester ? Un architecte bien mal inspiré a construit un gratte-ciel de 47 étages, la Beetham Tower, qui a la fâcheuse habitude de siffler très fort les jours de grand vent. Ce bruit effrayant, comme sorti d'outre-tombe et dû à une paroi en verre, s'entend à des kilomètres. Un bien mauvais tour pour les riverains excédés.

On commence par l'industrie textile, tellement importante dans le développement de Manchester. Expo de grosses machines et des différentes techniques utilisées, du champ de coton à la chemise ! Également une réplique de l'un des premiers ordinateurs au monde, conçu à Manchester en 1948. Beaucoup plus imposant qu'un iPad et, pourtant, 10 000 fois moins rapide. On change de thématique dans l'autre pavillon : le gaz, de l'extraction aux diverses utilisations, l'électricité et ses modes de production, ses applications, avec ici à l'appui une vraie turbine électrique, des compteurs Geiger, etc. Également une section sur l'histoire de Manchester. La promenade continue dans d'autres hangars, avec l'impressionnant hall des locomotives à vapeur, ou encore, dans les vieilles halles, une collection d'avions (admirez le *Shackleton,* un des premiers avions radars, capable de voler pendant 24h !) et d'hélicoptères, des automobiles (des premières guimbardes à la voiture électrique) et bicyclettes anciennes. Le musée propose aussi des animations (payantes) : film 4D (3D avec les fauteuils qui bougent), train à vapeur le week-end, etc.

National Football Museum *(plan B1) : Urbis Building, Cathedral Gardens. ☎ 605-82-00. • nationalfootballmuseum.com • Tlj 10h-17h. Visite guidée ttes les heures (11h-16h). GRATUIT.* Avis aux passionnés : ce musée réunit la plus grande collection consacrée au foot du monde ! Ce vaste édifice ouvert en 2012, à l'architecture contemporaine parée de verre, est bien à la hauteur de la réputation de Manchester, capitale anglaise du football. Sur 4 étages, pas moins de 140 000 articles qui relatent l'histoire du sport le plus populaire au monde, sous un angle sportif évidemment, mais aussi culturel et social. Tout y passe, des premiers crampons aux maillots historiques portés par les plus grands, commentaires de matchs, trophées... le tout persillé de vidéos, quiz et jeux interactifs (dont certains sont payants). Ne pas manquer le tableau *L'Art du jeu* de style Renaissance, où Cantona apparaît en toge, version footballistique de la résurrection du Christ. Alléluia, et vive l'humour anglais !

La cathédrale anglicane *(plan B1) : tlj 8h30-18h30 ; evensong tlj sf dim à 17h30 (15h30 sam). GRATUIT. Dépliant en français.* En entrant, on est frappé par la largeur de la nef. En fait, avant d'être sous sa forme actuelle, elle était composée de plusieurs chapelles privées, dont les riches propriétaires rémunéraient un prêtre chargé de prier pour leurs défunts... pratique ! Le jubé, finement travaillé, date du XVIe s. Magnifiques vitraux contemporains.

The John Rylands Library *(plan B2) : 150 Deansgate. ☎ 306-05-55. Tlj 10h (12h dim-lun)-17h. GRATUIT.* Une superbe bibliothèque dans un bâtiment néogothique aux allures de cathédrale. Elle a ouvert ses portes en 1900 grâce à un mécène passionné de textes religieux. Au premier étage, expo d'ouvrages anciens avec, notamment, un fragment du plus vieil exemplaire connu du Nouveau

Testament de saint Jean. Et, puisque vous avez fait l'effort de monter jusqu'au premier, poussez donc jusqu'au troisième pour découvrir la bibliothèque elle-même, qui donnerait presque envie au plus récalcitrant de consacrer sa vie à l'étude des livres...

Manchester Art Gallery *(plan C2)* **:** *Mosley St. ☎ 235-88-88. • manchesterartgallery.org • Tlj 10h-17h (21h jeu). GRATUIT. Audioguide en anglais.* Elle abrite une vaste collection d'art, dans deux bâtiments qui communiquent. Dans l'ancien, des artistes du XVIIIe s comme Gainsborough, des peintres victoriens ainsi que les œuvres des plus grands préraphaélites comme Rossetti, Waterhouse ou Burne-Jones. Dans l'extension moderne, on trouve quelques impressionnistes, des peintres anglais, flamands et hollandais du XVIIe s, et la section sur l'art moderne et contemporain. La vaste salle consacrée aux Arts décoratifs est remarquable, présentant différentes périodes et civilisations : jarre funéraire égyptienne qui contenait les poumons du défunt, défense d'éléphant chinoise incroyablement ciselée, maison de poupée anglaise du XIXe s, vêtement de cour français superbement brodé, banc en fibre de carbone ou encore cette assiette conçue par Picasso. Également des expos temporaires et une salle consacrée aux enfants.

The People's History Museum *(plan A-B2)* **:** *Left Bank, Spinningfield. ☎ 838-91-90. • phm.org.uk • Tlj 10h-17h. GRATUIT.* Tout sur l'histoire sociale du pays, des premiers syndicats aux droits des homosexuels, des femmes, des étrangers et même des pensionnés. On y trouve, entre autres, la plus grande collection de drapeaux syndicaux au monde, dont le plus ancien (celui des *tin plates workers* – les travailleurs de l'étain) date de 1821. Quelques reconstitutions d'intérieurs aussi (la cuisine d'une famille d'ouvriers au début du XXe s), des affiches politiques, le premier brouillon du *Labour Party* (créé en 1906), etc. Également des expos temporaires.

Les amateurs d'édifices religieux pourront visiter la ***Saint Mary's Church*** *(plan B2)*, Brazennose Street. Cachée parmi des bâtiments modernes, on peut y admirer un chemin de croix, très moderne, par Norman Adams. Dans ***Saint Ann Street,*** l'église du même nom *(plan B2)* présente une porte de style grec.

Du côté des Quays

Ce quartier en plein essor s'étire à quelques kilomètres au sud-ouest du centre-ville, du côté de Salford, Trafford et Old Trafford *(hors plan par A3)*. Hôtels, appartements luxueux, canaux artificiels, centres sportifs... La BBC y a même installé ses bureaux, pas très loin du célèbre stade de foot, tandis que les bâtiments futuristes des musées se pavanent le long des quais. Le tout est facilement accessible en Metrolink (direction Eccles ou MediaCityUK). On peut aussi parcourir les canaux en bateau.

The Lowry : *Pier 8, Salford Quays, M50 3AZ. ☎ (0870) 208-60-00. • thelowry.com • Prendre le Metrolink jusqu'à l'arrêt Harbour City. Galeries ouv 11h (10h sam)-17h. GRATUIT.* Un temple dédié à l'art, dont les lignes audacieuses se détachent sur les bassins des anciens docks. Il abrite bars et restos, mais surtout de nombreuses expos temporaires, souvent de très bon niveau, et programme régulièrement toutes sortes de concerts, pièces de théâtre et spectacles divers. À voir aussi, la plus grande collection de peintures de l'artiste du coin... L. S. Lowry. Ceci explique cela...

Imperial War Museum North : *Salford Quays, de l'autre côté de la rivière, en venant du Lowry. Même accès métro, ou arrêt à la station MediaCityUK (plus proche). ☎ 836-40-00. • iwm.org.uk • Tlj 10h-17h. GRATUIT.* Impossible de manquer ce musée : son architecture en aluminium évoque un globe fragmenté, comme des parts d'un gâteau peu équitable. À grand renfort de technologies, les guerres des XXe et XXIe s y sont évoquées par thème. Mais ce sont aussi les différents films diffusés (en anglais mais sous-titrés) qui marquent les esprits. Avec des scènes que l'on croit reconnaître et des témoignages familiers, ils visent à mieux montrer que les conflits se ressemblent et se répètent. Rappelons que le XXe s, celui de l'avènement de la modernité, est aussi celui qui a connu le plus de guerres. La collection compte un fragment du *World Trade Center.*

The Manchester United Football Club et Old Trafford : *à Old Trafford. ☎ 868-80-00. • manutd.com • Metrolink direction Altrincham, arrêt Old Trafford. Musée tlj 9h40-16h30 ; jusqu'à 16h30 pour les visites guidées (ttes les 30 mn, résa conseillée le w-e). Tarif : musée seul 11 £, audioguide (en français) 3 £ ; musée et visite guidée 18 £.* Le deuxième club de foot le plus riche du monde (après le Real Madrid) est doté d'un stade ultramoderne d'une capacité de 75 000 spectateurs, le *Theatre of Dreams,* avec musée sur trois étages (tout sur les équipes du *MUFC,* trophées, tee-shirts des joueurs, etc.), boutique grande comme un supermarché et bar. La visite guidée permet d'accéder aux tribunes, au tunnel, aux vestiaires.

BBC Tours : *MediaCityUK, Salford, M50 2EQ. ☎ (01732) 42-7770. • bbc.co.uk/showsandtours • Metrolink direction MediaCityUK (ou Eccles), descendre à Harbour City et marcher 5 mn). Résa indispensable. Visites guidées (1h30) lun-mer à 10h30, 12h30 et 15h ainsi que w-e. Prix : 12 £ ; réduc.* La BBC, qui a pris ses quartiers à Manchester en 2011, propose également des visites guidées de ses studios.

LE YORKSHIRE

• Carte *p. 405*

Le Yorkshire, le plus grand des « *shire* », est un comté à la forte identité culturelle (notez l'accent !) et, en quelque sorte, un concentré de la Grande-Bretagne. Si le sud de Leeds et Sheffield est plus urbanisé et témoigne du passé industriel de la région, la partie nord, sur la route de l'Écosse, recèle des paysages à l'anglaise comme on les imagine. Les collines mauves de bruyère, truffées de murets de pierre et de moutons à tête noire, font bon ménage dans les deux parcs nationaux, avant de finir en falaises vertigineuses, sur la côte est, peu développée. Quelques indices qui ne trompent pas : la série et le film *Shaun le mouton* des studios Aardman, créateurs de *Wallace et Gromit,* est un pur produit du *Yorkshire Dales National Park,* tandis que c'est le train à vapeur du *North York Moors National Park* qui emmène les apprentis sorciers vers leur école, dans *Harry Potter.* Si cela ne suffit pas, allez faire un tour du côté de Haworth jusqu'aux célèbres *Hauts de Hurlevent* (ils existent vraiment), sur les traces des sœurs Brontë, et visitez leur maison ou débusquez les nombreuses ruines de monastères, abbayes et bourgs médiévaux ou châteaux toujours habités, pour mieux cerner la riche histoire de ce comté. Enfin, réservez vos « *Oh my God !* » d'admiration pour York et sa cathédrale. Le Yorkshire possède en fait tous les atouts pour un séjour complet.

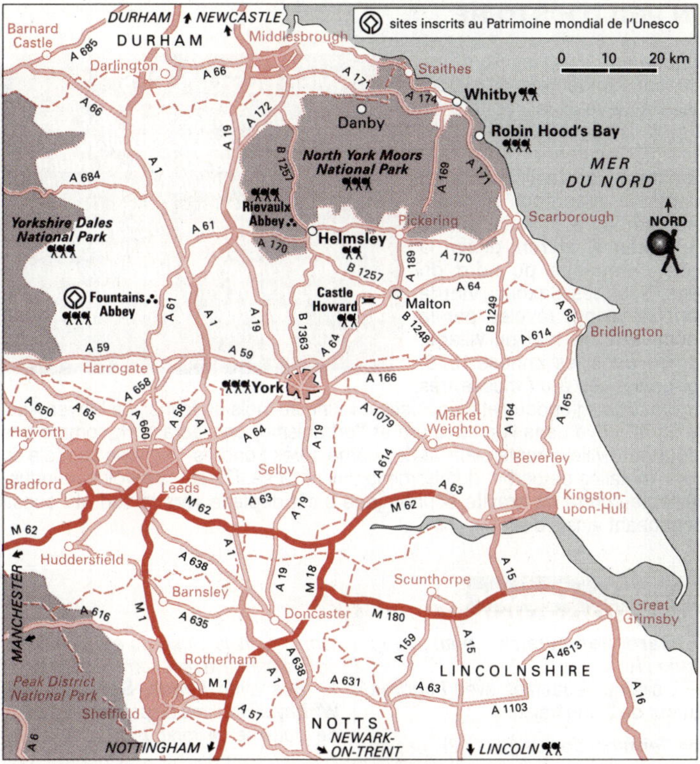

LE YORKSHIRE

YORK

153 000 hab. IND. TÉL. : 01904

• Plan *p. 408-409*

Une ville parmi les plus belles du pays avec des rues médiévales parfaitement conservées, une cathédrale majestueuse, des remparts sur plusieurs kilomètres, des fantômes en pagaille... Mais également bien dans son temps avec des musées remarquables, une grande roue comme à Londres et... des touristes, eux aussi en pagaille. Il faut dire que York n'a que l'embarras du choix pour mettre en valeur sa riche histoire.
Alors, profitez du charme des vieilles maisons déformées par les siècles dans le quartier des *shambles,* et préparez-vous à voir votre anglais un peu bousculé : les *gates* sont ici des rues, les *bars* désignent les portes de la ville... En revanche, en poussant la porte d'un *pub,* vous y trouverez bien ce que vous attendez !

UN PEU D'HISTOIRE

Fondée en 71 par les Romains, elle prit rapidement du galon, jusqu'à devenir la capitale de la province sous le nom d'Eboracum. Constantin, futur fondateur de Constantinople, y fut proclamé empereur pendant une campagne militaire contre les Pictes. Puis York devint la base chrétienne du nord du pays, sous les Saxons. Vint la période viking, révélée par la découverte de tout un village, Jorvik, dans les années 1970, qui donna lieu à un musée très innovant pour l'époque et à un Festival viking au mois de février. Le Moyen Âge, qu'on retrouve dans l'architecture et l'urbanisme, consacra York comme une importante ville commerciale, la deuxième après Londres, véritable capitale du Nord, installée de part et d'autre de la rivière Ouse. Durant la révolution industrielle, le centre de gravité économique s'est déplacé vers le sud et l'ouest, ménageant ainsi York.

L'ARMÉE DES OMBRES

York s'affiche comme l'une des villes les plus hantées du pays. Au hit-parade, The lost army, *une équipée de soldats romains galopant vaillamment dans les caves de la* Treasurer's House. *C'est un plombier qui les aurait observés pour la dernière fois en 1953, traversant les murs avec chevaux et plumeaux sur la tête. Aujourd'hui, courageux ou curieux peuvent s'aventurer dans la cave. Faites gaffe quand même !*

Arriver – Quitter

Gare ferroviaire *(plan A2) : Station Rd.*

➢ Liaisons fréquentes avec **Londres** (autour de 2h de trajet).

Terminal de bus *(plan A2) : pas de terminal, mais plusieurs arrêts en ville, notamment à la gare ferroviaire.*

➢ Bus avec ***Leeds, Scarborough, Whitby...*** Horaires disponibles à l'office de tourisme. • *yorkbus.co.uk* •

Comment circuler ?

Tout autour de la ville, plusieurs *Park & Ride zones* pour se garer gratuitement, avec des navettes (payantes) pour gagner le centre. En ville, on trouve différents parkings, chers comme d'habitude. Si vous y laissez votre voiture un certain temps, optez plutôt pour le *long stay.*

Adresse utile

Visitor Information Centre *(plan B1) : 1 Museum St, YO1 7DT. ☎ 55-00-99. • visityork.org • Lun-sam 9h-17h, dim 10h-16h.* Central de réservations. Vend le *York Pass* pour accéder librement à une trentaine de sites en ville et dans les environs.

Où dormir ?

Campings

Rowntree Caravan Park *(hors plan par C3,* ***10****) : sur Terry Ave (accessible par la Clementhorpe), YO23 1JQ. ☎ 65-89-97. • caravanclub.co.uk • Tte l'année. Compter 21-29 £ pour 2 avec tente, plus*

LE NORD DE L'ANGLETERRE

un droit d'entrée pour les non-membres. Camping tranquille d'une centaine d'emplacements, idéalement situé à proximité du centre-ville, au bord de la River Ouse. Parfait si vous débarquez en camping-car *(résa conseillée).*

– On recommande le ***Castle Howard Lakeside Holiday Park,*** à 15 miles au nord-est, pour ceux qui sont motorisés. Se reporter à « Dans les environs de York ».

Auberges de jeunesse

Youth Hostel *(hors plan par A-B1, **11**) : Haverford, Water End, Clifton, YO30 6LP. ☎ (0845) 371-90-51. • yha.org.uk/hostel/York • Suivre Bootham St, prolongée par Clifton Rd ; Water End est indiqué sur la gauche. Tte l'année. Lit en dortoir à partir de 13 £/pers et doubles à partir de 39 £. (payant.)* À 20 mn du centre-ville (à pied), l'AJ officielle du secteur ne désemplit pas. Charme discutable, mais tout est fonctionnel et bien tenu. Réduc sur le billet d'entrée de certaines attractions de York.

Safestay *(plan A2, **12**) : 88-90 Micklegate, YO1 6JX. ☎ 62-77-20. • safestay.com/ss-york-micklegate.html • À partir de 16 £/pers en chambre de 2-12 lits, petit déj en sus. (payant.)* Proche de la gare et du centre-ville, dans une maison georgienne de 1752, un *boutique hostel* de luxe à la déco audacieuse et réussie, proposant des dortoirs agréables avec de bons lits et sanitaires privés. Également des chambres doubles offrant une vue sur les remparts pour la plupart. Espaces communs très sympas en sous-sol, avec bar et billard. Son seul défaut est d'être parfois bruyant, lorsque les groupes débarquent avec quelques intentions festives !

The Fort Boutique Hostel *(plan B1, **17**) : 1 Little Stonegate, YO1 8AX. ☎ 63-95-73. • thefortyork.co.uk • Compter 24-30 £/pers.* Encore un « *hostel* chic », situé dans une ruelle du cœur de la ville. Dortoirs et chambres doubles vraiment nickel, confortables et décorés dans un style contemporain avec murs tagués pour les parties communes. Thé et café gratuits, petits salons et laverie à dispo. Pour le petit déj (non compris), il vous suffit de descendre au *Kennedy's Bar* situé juste à côté (même proprio).

De prix moyens à plus chic (40-120 £ / 48-144 €)

The Sycamore Guesthouse *(plan A1, **14**) : 19 Sycamore Pl, YO30 7DW. ☎ 62-47-12. • thesycamore.co.uk • Doubles à partir de 80 £. Parking.* Une petite maison aux chambres douillettes dans un style anglais traditionnel. Accueil sympathique, ambiance intime et familiale.

Ascot House *(hors plan par D1, **16**) : 80 East Parade (dans le prolongement de Layerthorpe), YO31 7YH. Depuis la gare de York, bus nos 840 ou 843. ☎ 42-68-26. • ascothouseyork.com • Fermé à Noël. Doubles 94-100 £, petit déj inclus. Parking.* Cette maison victorienne très cossue mérite les 15 mn de marche pour la rejoindre depuis la cathédrale. Une douzaine de chambres au look plus ou moins ancien, certaines vraiment agréables. Superbes salles de bains contemporaines. En prime, un accueil charmant et un super petit déj !

Lamb & Lion Inn *(plan B1, **13**) : 2 High Petergate, YO1 7EH. ☎ 61-20-78. • lambandlionyork.com • Doubles à partir de 70 £.* Ce pub branché et fort élégant propose des chambres vraiment séduisantes. Toutes différentes (les décorateurs ont dû bien s'éclater !), elles mêlent l'ancien et le contemporain, les couleurs denses et la fantaisie, le chic et la créativité... Très réussi ! Dans le même esprit, les propriétaires tiennent aussi le ***Guy Fawkes Inn*** au 25 de la même rue.

Très chic (plus de 120 £ / 144 €)

The Grange Hotel *(hors plan par A-B1, **18**) : 1 Clifton, YO30 6AA.*

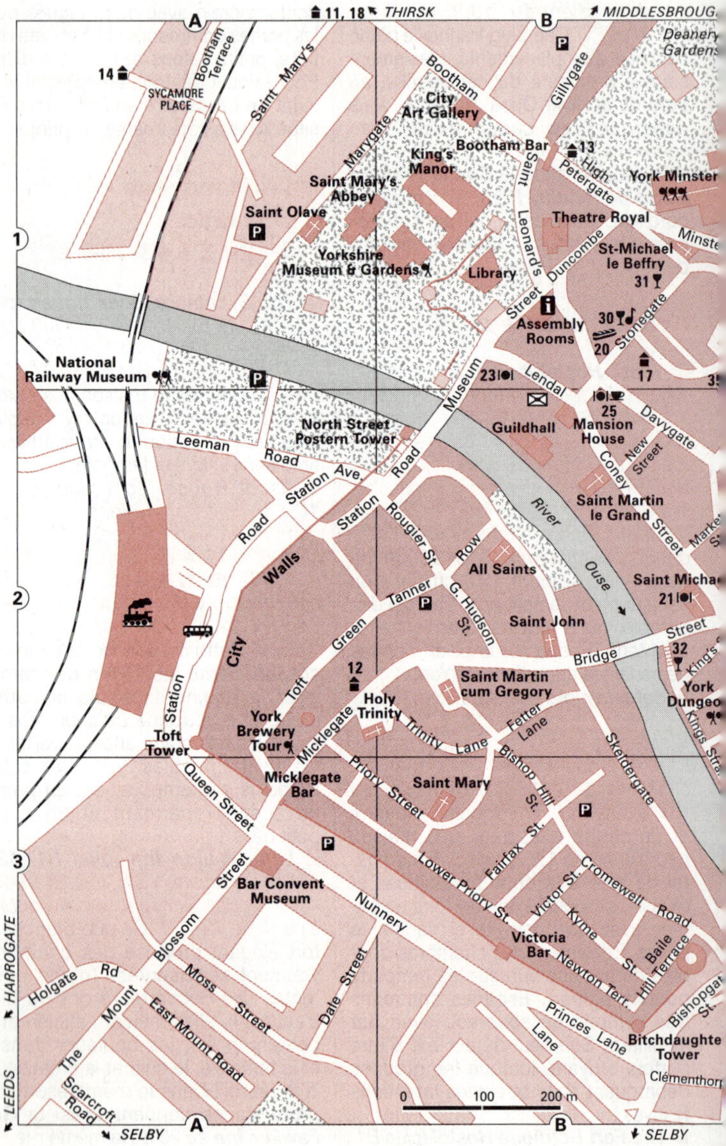
11, 18 THIRSK
MIDDLESBROUGH
A
B
1
2
3
14
SYCAMORE PLACE
Bootham Terrace
Saint Mary's
Bootham
Gillygate
Deanery Gardens
City Art Gallery
Marygate
King's Manor
Bootham Bar
13
Saint Mary's Abbey
High Petergate
York Minster
Saint Leonard's
Saint Olave
Theatre Royal
Minster
Duncombe
St-Michael le Beffry
31
Yorkshire Museum & Gardens
Library
Street
Assembly Rooms
30
20
Stonegate
17
National Railway Museum
23
Lendal
Museum
35
25
Mansion House
Guildhall
Davygate
North Street Postern Tower
Leeman
Road
Station Ave.
Road
New Street
Coney
Saint Martin le Grand
Street
Road
Station
Rougier St.
River
Ouse
Walls
Row
All Saints
Saint Michael
21
Tanner
G. Hudson St.
Saint John
Street
Green
City
Bridge
32
King's
Toft
12
Saint Martin cum Gregory
York Dungeon
Holy Trinity
Station
York Brewery Tour
Micklegate
Trinity
Lane
Fetter Lane
Kings Staith
Toft Tower
Skeldergate
Bishop Hill St.
Queen Street
Micklegate Bar
Priory Street
Saint Mary
Fairfax St.
Lower Priory St.
Street
Bar Convent Museum
Cromewell Road
Victor St.
Nunnery
Kyme
Victoria Bar
Newton Terr.
Baile Hill Terrace
St.
Blossom
HARROGATE
Holgate
Rd
Moss
Street
Dale Street
Mount
East Mount Road
Princes Lane
Lane
Bishopgate St.
Bitchdaughter Tower
The
Scarcroft Road
Clementhorpe
0
100
200 m
LEEDS
SELBY
SELBY

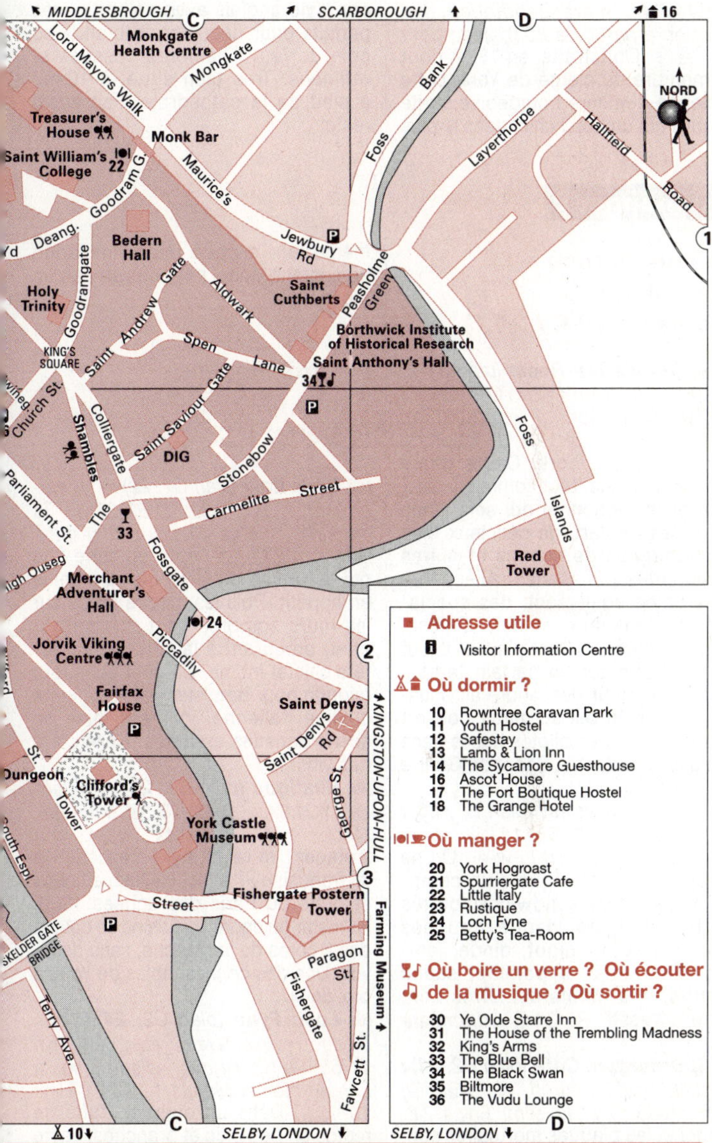

■ Adresse utile

- Visitor Information Centre

Où dormir ?

10 Rowntree Caravan Park
11 Youth Hostel
12 Safestay
13 Lamb & Lion Inn
14 The Sycamore Guesthouse
16 Ascot House
17 The Fort Boutique Hostel
18 The Grange Hotel

Où manger ?

20 York Hogroast
21 Spurriergate Cafe
22 Little Italy
23 Rustique
24 Loch Fyne
25 Betty's Tea-Room

Où boire un verre ? Où écouter de la musique ? Où sortir ?

30 Ye Olde Starre Inn
31 The House of the Trembling Madness
32 King's Arms
33 The Blue Bell
34 The Black Swan
35 Biltmore
36 The Vudu Lounge

YORK

☎ 644-744. • grangehotel.co.uk • Doubles à partir de 80 £, avec petit déj. Construite en 1829 pour un membre du clergé de York, cette ancienne demeure bourgeoise abrite aujourd'hui un hôtel chic, dans le plus pur style anglais avec salons privés parfaits pour déguster un brandy au coin du feu. Chambres cossues et raffinées. Très bien situé, à 10 mn à pied de la cathédrale. Fait aussi resto.

Où manger ?

De bon marché à prix moyens (moins de 20 £ / 24 €)

Betty's Tea-Room (*plan B1-2,* **25**) : *6 Saint Helen's Sq, YO1 8QP. Tlj 9h-21h. Sandwichs et plats 6-14 £. Pianiste à partir de 18h.* Un salon de thé mythique à York. Cadre d'une grande élégance, tout comme la vaisselle et le personnel qui sert, dans les règles de l'art, de délicieux thés accompagnés de scones et autres succulentes pâtisseries. Alléchante carte salée également, des spécialités du Yorkshire et de... Suisse. Bien sûr, c'est souvent plein et il faut parfois patienter un certain temps. Profitez-en pour descendre au sous-sol et jeter un œil au miroir couvert de signatures des pilotes basés dans la région pendant la Seconde Guerre mondiale !

York Hogroast (*plan B1,* **20**) : *4 Stonegate. ☎ 65-18-18. Ouv 11h-20h30 (plus tard le w-e).* On ne s'installe pas, c'est juste un comptoir faisant des sandwichs fourrés de tranches de viande coupées sous vos yeux : gigot, dinde, jambon d'York... à la pomme, sauce menthe, à la moutarde... Très bon. Autre adresse : *82-84 Goodramgate (plan C1).*

Spurriergate Cafe (*plan B2,* **21**) : *Saint Michael's Church, YO1 9QR. Tlj sf dim 9h30-17h (16h sam). Env 4-7 £.* L'autel et les plaques mortuaires sont toujours là, mais les nourritures y sont aujourd'hui plus terrestres que spirituelles. Cette église reconvertie en cantine connaît un vrai succès le midi, principalement pour ses tarifs tout doux. Les petits (anges ou démons) sont les bienvenus, ils ont même leur espace jeux. Ambiance bon enfant, donc, pour un verre ou un repas léger.

De prix moyens à plus chic (10-30 £ / 12-36 €)

Little Italy (*plan C1,* **22**) : *12 Goodramgate, YO1 7LQ. ☎ 62-35-39. Ts les soirs sf mer, plus ven-dim midi. Plats 7-22 £.* La petite épicerie fine qui fait office d'entrée met d'emblée en appétit. Puis les miroirs dorés sur les murs sombres sont du meilleur effet, procurant à la salle un caractère chic et intime. Un petit écrin tout mignon pour déguster une excellente cuisine italienne, joliment mise en scène dans les assiettes. Belle carte des vins.

Rustique (*plan B1,* **23**) : *2A Lendal, YO1 8AA. ☎ 62-23-33. Midi-22h. Menus 14-16 £ ; plats 7-22 £.* Sur 2 étages, un resto style brasserie « à la française », avec vieilles affiches et pubs du Paris des années 1930. À l'instar du cadre, la cuisine se balade des 2 côtés de la Manche, sans décevoir. Une des bonnes tables de York, à prix doux.

Loch Fyne (*plan C2,* **24**) : *Foss Bridge House, Walmgate, YO1 9TJ. ☎ 65-09-10. Tlj midi et soir jusqu'à 22h au moins. Menus 11-13 £ ; plats 10-18 £.* Dans un quartier truffé de restos un peu chic et branchés. Vaste salle très haute de plafond, avec plancher, grandes fenêtres et tables en bois, où l'on déguste une cuisine bien faite, essentiellement tournée vers la mer. Beaucoup de monde en soirée.

Où boire un verre ? Où écouter de la musique ? Où sortir ?

🍷 ♩ ***Ye Olde Starre Inn*** *(plan B1,* ***30****) :* *40 Stonegate.* La plus vieille auberge de York abrite un grand pub bien dans son jus et plein de recoins. Très fréquenté, surtout le jeudi pour sa *jam session*.

🍷 ***The House of the Trembling Madness*** *(plan B1,* ***31****) :* *48 Stonegate.* À l'étage d'un caviste, un pub sous un plafond à poutres où l'on sert des bières du monde entier, belges notamment. Les petites bandes, nombreuses en ce lieu, y partagent des *yard glasses* (des verres d'un yard de haut...). Propose aussi une *pub food* réputée et pas très chère.

🍷 ***King's Arms*** *(plan B2,* ***32****) :* *King's Staith.* L'endroit incontournable dès l'arrivée des beaux jours ! Avec sa vaste terrasse qui prend ses aises sur les quais de l'Ouse, ce pub chaleureux attire tous les amateurs de bronzette ou ceux qui ne supportent plus la proximité des voitures. Estival.

🍷 ***The Blue Bell*** *(plan C2,* ***33****) :* *53 Fossgate.* Tout petit, tout cosy, sans musique, mais non sans chaleur (vrai feu en hiver) ou animations ! On n'a pas touché à la déco depuis 1903...

🍷 ♩ ***The Black Swan*** *(plan C1,* ***34****) :* *dans Peasholme Green.* Encore un pub bien traditionnel, installé dans une des plus anciennes bâtisses de York. Intérieur chaleureux à souhait et *folk music* le jeudi. Une plaque sur la façade rappelle qu'un de ses proprios occupait le poste de shérif de York en 1417 !

🍷 ***Biltmore*** *(plan B1,* ***35****) :* *Swinegate. ☎ 61-00-75. Tlj jusqu'à minuit (2h w-e).* Changement radical de décor avec cette ancienne église détournée, où l'on sert de tout sauf du vin de messe. Le lieu idéal pour un bon vieux *spirit* ! Banquettes en skaï et bar clinquant qui trône en plein centre.

🍷 ♫ ***The Vudu Lounge*** *(plan C2,* ***36****) :* *39 Swinegate. ☎ 62-76-27. Tlj 19h-4h.* Cet espace, à la lumière tamisée mais aux décibels surpuissants, est un des points de ralliement à York dès que sonne l'heure de l'apéro. Beaucoup de cocktails et, dès 23h, le lieu se mue en boîte pour des soirées DJ électriques.

À voir. À faire

York compte un peu trop de musées et d'attractions pour qu'on puisse tous les citer. Voici une sélection des principaux. Mais rien ne vous empêche de visiter les autres, surtout si vous êtes muni du ***York Pass,*** en vente à l'office de tourisme (un peu moins cher sur Internet). Valable 1, 2 ou 3 jours (compter 38, 50 et 65 £ par adulte ; réduc et *Family Pass*), il permet d'accéder librement à une trentaine de musées et d'attractions de York et ses environs (attention, *Fountains Abbey* n'est pas concernée par cette offre). Plus d'infos sur • *yorkpass.com* •

➢ ***Visites guidées :*** *gratuites (en anglais) à 10h15 tlj, tte l'année, plus 14h15 en saison (à partir de Pâques) et 18h45 juin-août. Départ de la* City Art Gallery *(plan B1).* Plusieurs compagnies proposent également des *ghost tours* nocturnes dans le vieux centre de York. Départ généralement à 19h30 ou 20h ; compter 4-6 £. Un comédien en costume vous emmène à travers ruelles et passages obscurs en vous contant légendes, petites et grandes histoires, toutes plus effrayantes les unes que les autres... Mieux vaut quand même bien maîtriser l'anglais.

➢ ***Balades à pied, à vélo, en bus à impériale ou en bateau :*** toutes les infos à l'office de tourisme. Se procurer notamment la « *Cycle Route Map* » pour les itinéraires à vélo (location possible, entre autres, à la gare). Ne manquez pas non plus le tour des remparts : jolie vue sur la ville et les 3 miles de parcs qui l'entourent.

York Minster *(plan B-C1)* **:** *• yorkminster.org • Tlj 9h-17h (dernière entrée) ; accès restreint pdt les offices, notamment dim mat.* Evensong à 17h15. *Entrée : 10 £ pour la cathédrale ; 15 £ avec accès à la tour ; réduc. Dépliant en français.*

Avec 158 m de long et 76 m de large, cette cathédrale gothique dédiée à saint Pierre est la plus grande construction médiévale de l'Europe du Nord et compte parmi les plus beaux édifices religieux de Grande-Bretagne. Construite en 250 ans, elle représente à elle seule un musée du vitrail ancien. Celui du fond (hélas en travaux de rénovation depuis des années), plus vaste qu'un court de tennis, serait le plus grand au monde ! Six autres groupes de vitraux parfaitement conservés donnent un aperçu du savoir-faire des artisans verriers des XIIIe et XIVe s. Parmi eux, l'impressionnante verrière des Cinq Sœurs (à gauche du jubé), la plus ancienne et complète de l'édifice (1260), est constituée de vitraux essentiellement verts et gris, à figures géométriques.

DU GOTHIQUE AU GOÛT DU JOUR

Après le grand incendie de la cathédrale en 1984, pour refaire les clefs de voûte, les autorités organisèrent un concours. Levez la tête (ou utilisez les miroirs) et vous remarquerez des cosmonautes, un plongeur sauvant une baleine, un enfant souffrant de famine... L'idée était d'inscrire l'histoire contemporaine dans la pierre.

Luminosité exceptionnelle, donc, pour mieux apprécier l'architecture flamboyante, dont un splendide jubé du XVe s, véritable dentelle de pierre figurant les 15 rois d'Angleterre, de Guillaume le Conquérant à Henri VI. Dans la salle capitulaire octogonale, détaillez les modillons des nombreuses stalles, tous différents et reflets saisissants de l'imaginaire médiéval. Dans la nef, remarquez la tête de dragon dorée qui dépasse de la galerie : elle servait de grue pour soulever le couvercle des fonts baptismaux. En sortant de la cathédrale, contournez-la pour voir les vieux bâtiments de *Saint William's College.*

Treasurer's House *(plan C1)* **:** *derrière la cathédrale, passer par le parc. ☎ 62-42-47. • nationaltrust.org.uk/treasurers-house-york • Tlj 11h-16h30. Fermé déc-janv. Entrée : env 8 £ ; réduc. Audioguide en anglais.* Vaste demeure restaurée au XVIIe s, dans laquelle habitait autrefois le *Treasurer* de la cathédrale de York. Meubles magnifiques de différentes époques, le tout dans des pièces somptueuses. Remarquez la richesse des tapisseries et la curieuse horloge au premier étage : le balancier se trouve au rez-de-chaussée ! Mais on vient surtout ici pour visiter la cave hantée par un des groupes de fantômes les plus connus de York, *The lost army.* Il s'agit d'une garnison romaine presque au complet aperçue en 1953 par un plombier. Info ou intox ? Ce qui est bien réel, c'est que l'entrée de la cave est payante, en plus du billet d'entrée.

The Shambles *(plan C1-2)* **:** ancien quartier des bouchers, composé d'étroites ruelles et de maisons à colombages. Dans une des rues piétonnes, un marché sympathique, *Newgate Market.* Le quartier est aujourd'hui investi, comme souvent, par de nombreux commerçants, et marchands de souvenirs en tout genre.

Jorvik Viking Centre *(plan C2)* **:** *Coppergate, YO1 9WT. ☎ 61-55-05. • jorvikvikingcentre.co.uk • Tlj 10h-17h (16h nov-mars). Entrée : env 10 £ ; réduc.* À la fin des années 1970, des excavations mettaient au jour, par hasard, une partie du village viking de Jorvik. Il n'en fallut pas plus pour qu'un musée se constitue rapidement autour, puis un parcours à la découverte du village en question, reconstitué, à bord de wagons-nacelles diffusant des commentaires

dans la langue de son choix. Le site se situant en sous-sol d'un centre commercial, à Noël 2015, les installations ont été inondées sous 50 cm d'eau après des pluies diluviennes. Les importants travaux de rénovation ont été l'occasion de moderniser et d'agrandir le musée, suite à une vaste campagne d'appel aux dons. Depuis 2017, on retrouve les maisons, les artisans au travail et d'autres scènes de village. Le tout grandeur réelle, avec des reconstitutions plus vraies que nature et même les odeurs de l'époque, à l'emplacement même des vestiges. Dans le reste du musée est exposée une partie du produit des fouilles : bijoux, chaussons, squelettes, etc.
– Si vos enfants se sentent une âme d'archéologue, vous pouvez les emmener au ***DIG*** *(plan C2),* une attraction liée au *Jorvik Viking Centre,* à 5 mn à pied. Ils sont invités à faire eux-mêmes des fouilles, sur des sites reconstitués d'époques différentes (romaine, viking, victorienne, etc.). Séances à heures fixes *(tlj 10h-16h),* encadrées et en anglais.

SONT FOUS CES ANGLAIS !

Pour abroger une loi ou l'actualiser, encore faut-il la retrouver dans les méandres de l'administration juridique. Ainsi à York, selon une ancienne loi remontant au Moyen Âge, il est toujours légal de tuer un Écossais dans l'enceinte de la vieille ville, mais uniquement s'il porte un arc et des flèches. Mieux vaut réfléchir pour Mardi gras !

🚶🚶 ***York Dungeon*** *(plan B-C2)* **:** *12 Clifford St, YO1 9RD. ☎ 423-22-60. • thedungeons.com/york/en/ • Tlj, horaires variables (globalement 10h-17h30). Entrée : 10-26 £ selon sa résa à l'avance sur Internet. Les moins de 16 ans doivent être accompagnés.* À l'instar de celui de Londres, ce *Dungeon* retrace l'histoire de York à travers ce qui lui est arrivé de plus sordide ou de terrifiant (ou les deux) : les milliers de morts dus à la peste, la torture au Moyen Âge, les crémations de sorcières, les âmes errantes de Dick Turpin ou d'une armée romaine. Des acteurs, en chair et surtout en os, vous apprendront des tas de choses croustillantes au travers d'un dédale de couloirs sombres et toujours plus profonds. C'est palpitant et dia-diadiablement efficace.

🚶🚶🚶 👨‍👧 ***York Castle Museum*** *(plan C3)* **:** *Eye of York, YO1 9RY. ☎ 68-76-87. • yorkcastlemuseum.org.uk • Tlj 9h30-17h. Entrée : env 10 £ ; réduc. Billet combiné possible avec le Yorkshire Museum et York Art Gallery.* Superbe musée de la vie quotidienne, installé dans les anciennes prisons. Ses diverses collections abordent des thèmes aussi variés que l'évolution de l'uniforme militaire, des appareils ménagers ou de la vie rurale. Mais le clou du spectacle demeure la reconstitution extraordinaire de *Kirkgate,* restituant à la perfection l'atmosphère victorienne de cette rue, avec ses boutiques et ses chalands. L'expo sur les sixties devrait aussi vous occuper un petit bout de temps. L'Angleterre championne du monde de foot, le *Concorde,* les modes vestimentaires psychédéliques, la libération de la femme, le Hula Hoop... Un tour d'horizon complet et ludique qui ne laisse pas une minute pour l'ennui, même chez les enfants.

🚶 👨‍👧 ***Clifford's Tower*** *(plan C3)* **:** *Tower St, YO1 9SA, en face du Castle Museum. ☎ 64-69-40. • english-heritage.org.uk • Mai-mars, 10h-18h. Entrée : env 5 £ ; réduc.* Postée sur un tertre, une tour du XIIIe s érigée à l'emplacement du donjon en bois de Guillaume le Conquérant, détruit par un incendie en 1190. Intéressant pour la vue depuis le chemin de ronde.

🚶 ***York Brewery Tour*** *(plan A2)* **:** *12 Toft Green, YO1 6JT. ☎ 62-11-62. • york-brewery.co.uk • Lun-sam 12h30, 14h, 15h30 et 17h. Entrée : 8 £, dégustation comprise ; réduc.* Dans cette microbrasserie du XIXe s, une poignée de passionnés produit à l'ancienne et commercialise des bières de qualité. Parcours coloré, commenté en anglais, très vivant. Pour clore la visite, dégustation de quatre bières produites sur place.

National Railway Museum (plan A1-2) : *Leeman Rd, YO26 4XJ. ☎ (08448) 15-31-39. • nrm.org.uk • Tlj 10h-18h. GRATUIT (donation conseillée).* Une autre réussite muséographique de York : l'histoire du chemin de fer anglais grandeur nature ! Collection impressionnante de superbes locomotives, absolument massives pour certaines, voire de trains complets. On y croise des machines de légende comme la *Mallard,* connue pour avoir dépassé la barre des 200 km/h en 1938, ou les trains royaux qui doivent à leur luxe le surnom de « palais sur roues ». Également un bout du *Shinkansen,* le TGV nippon. Le tout rutilant, et on peut pénétrer à l'intérieur des wagons. Enfin, l'Eurostar et le tunnel sous la Manche n'ont pas été oubliés. Les trains miniatures non plus. Magique. Les amateurs du célèbre programme pour enfants « Thomas le petit train » *(Thomas the tank engine)* seront aux anges.

Yorkshire Museum and Gardens (plan A-B1) : *Museum Gardens, YO1 7FR. ☎ 68-76-87. • yorkshiremuseum.org.uk • Tlj 10h-17h. Entrée : 7,50 £ ; réduc. Billet combiné avec le York Castle Museum et York Art Gallery.* Un musée essentiellement consacré à l'histoire de York, avec aussi une section d'histoire naturelle. Dans celle-ci, un fossile d'ichtyosaure, un reptile marin avec des yeux énormes, qui pouvait atteindre 15 m de long. Sinon, partie dédiée à Eboracum, la York romaine, avec notamment une splendide mosaïque. Au sous-sol, la section médiévale recèle, entre autres, un casque anglo-saxon du XIIIe s et un pendentif orné d'un saphir évalué à 2,5 millions de livres. Le musée est construit sur les vestiges de l'abbaye Saint Mary, dont on peut admirer les ruines des dépendances dans le vaste et superbe jardin.

Festivals

– ***Jorvik Viking Festival*** : *1 sem mi-fév. • jorvik-viking-festival.co.uk •* Les Vikings débarquent à York pour montrer de quoi étaient capables leurs ancêtres en matière de combats, festins et animations en tout genre. À ne pas manquer si vous êtes dans le coin !
– ***York Early Music Festival*** : *1 sem en juil. ☎ 65-83-38. • ncem.co.uk •* Programmation autour des musiques écrites du Moyen Âge au XVIIIe s. Concerts dans des lieux prestigieux comme le *York Minster.*
– ***Festival of Food and Drink*** : *fin sept. • yorkfoodfestival.com •* Le plus grand événement du genre en Grande-Bretagne. L'occasion de découvrir la cuisine du Yorkshire et les nombreuses productions régionales.

DANS LES ENVIRONS DE YORK

Castle Howard : *à 15 miles au nord-est de York par l'A 64, YO60 7DA. ☎ (01653) 64-83-33. • castlehoward.co.uk • Bus nos 180 ou 181, départ de Piccadilly, compagnie Stephensons, A/R 8 £. Tlj 10h-17h (dernière admission 16h). Château ouv slt en saison 10h30-16h. Entrée : 19 £ ; réduc. Jardins seuls : 12 £.* Conçu et en partie réalisé au XVIIIe s par Vanbrugh, cet impressionnant château de style baroque anglais déploie ses ailes au cœur d'un parc non moins admirable. Difficile de résister aux charmes du mausolée de Hawksmoor ou au temple des Quatre Vents, dont les élégantes colonnades dominent de belles pièces d'eau. La visite des appartements réserve aussi de belles surprises, comme des toiles de maîtres italiens, deux peintures de Holbein, ou des porcelaines de Meissen. Le château est toujours habité et c'est un des plus grands domaines d'Angleterre. Nombreuses animations tout au long de l'année.

⛺ ***Castle Howard Lakeside Holiday Park :*** *sur les terres mêmes du château. ☎ (01653) 64-83-16. • castlehoward.co.uk • Mars-oct. Compter 18-23 £ la nuit avec tente pour 2.* Emplacement privilégié évidemment, au bord d'un lac et aux portes du parc du North York Moors. Recommandé pour les marcheurs en quête de vraie nature. Préférez les emplacements loin de la route située à droite du terrain réservé aux tentes. Accueil chaleureux.

Sur place, resto proposant les produits fermiers provenant de Castel Howard.

Fountains Abbey : *à env 30 miles au nord-ouest de York, au nord de Harrogate, HG4 3DY. ☎ (01765) 60-88-88. • nationaltrust.org.uk/fountains-abbey/ • Ouv 10h-18h (17h oct-mars). Fermé ven en hiver. Entrée : env 14 £ ; réduc. Audioguide en français.*

Les impressionnants vestiges visibles aujourd'hui permettent d'imaginer la richesse fabuleuse de l'abbaye. Elle est rattachée à ***Studley Royal,*** magnifique parc conçu en 1720 par un riche politicien à scandales. L'ensemble de la balade fait tout de même 4 km.

En 1132, quelques moines cisterciens déçus quittèrent York pour fonder Fountains Abbey. Deux ans plus tard, ils vinrent grossir les rangs de saint Bernard, séduits qu'ils étaient par la discipline et l'austérité de ce nouvel ordre monastique. Pour un temps... L'enrichissement rapide de la communauté s'accordait mal avec les impératifs de sobriété bénédictins et, dès la mort de saint Bernard, on put observer un relâchement progressif de la doctrine. Au XVIe s, lorsque Henri VIII ordonna la dissolution de toutes les abbayes, Fountains Abbey n'avait plus rien de commun avec les simples bâtiments construits par les fondateurs. Le site, sublime, a été inscrit au Patrimoine mondial de l'humanité par l'Unesco en 1986.

NORTH YORK MOORS NATIONAL PARK

Situé entre Middlesbrough au nord, Helmsley au sud et la côte à l'est, ce parc national de 1 436 km² recèle un florilège de paysages à la beauté sauvage. Les sentiers traversent de vastes étendues de landes recouvertes de bruyères, royaume des moutons et des randonneurs, avant de plonger vers la mer bordée de falaises vertigineuses. Ébouriffant ! Entre crêtes et vallées, les routes offrent de magnifiques panoramas, comme à Sutton Bank, sur l'A 170, avant d'arriver à Helmsley en venant de l'ouest, ou au Hole of Horcum, le long de l'A 169, entre Pickering et Grosmont. Vous pouvez aussi pousser jusqu'à la gare de Goathland, c'est la gare d'arrivée de Pré-au-Lard dans *Harry Potter.* Sur la côte, une région où le capitaine Cook apprit son métier de navigateur, Whitby et Robin Hood's Bay. À voir absolument, mais très fréquentés pendant les vacances scolaires.

Comment se déplacer ?

➢ Les marcheurs peuvent suivre des tronçons de la ***Cleveland Way,*** une longue boucle autour du parc (110 miles) avec une section sur le bord de mer vraiment belle, la ***North Sea Trail.*** Les offices de tourisme (voir plus bas « Adresses utiles ») vendent de nombreux bouquins ou brochures reprenant les différentes balades de la région. Pour ceux qui souhaitent s'alléger, il existe aussi un service de transport des bagages.

➢ Sur la côte, entre Scarborough et Whitby, les cyclistes se régaleront avec la ***Coastal Cycle Rail Trail,*** une ancienne voie ferrée transformée en piste cyclable. Infos (et location de vélos) : ***The Old Railway Station,*** *Hawsker, YO22 4LB, entre Whitby et Robin Hood's Bay.* ☎ *(01947) 82-02-07.* • *trailways.info* •

D'autres zones cyclables dans le parc, notamment la ***Dalby Forest*** (petit dépliant dans les offices de tourisme), à l'ouest de Scarborough, entre l'A 170 et l'A 169.

➢ Sinon, le ***North Yorkshire Moors Railway*** constitue une chouette alternative (quoiqu'un peu chère), avec sa locomotive à vapeur qui entraîne d'antiques wagons entre Grosmont et Pickering. *Fonctionne avr-oct (1 départ/h en saison).* ☎ *(01751) 47-25-08.* • *nymr.co.uk* •

➢ Enfin, il existe un service de bus, les ***Moorsbus,*** mais ceux-ci ne roulent pour la plupart que sam-lun (et encore, en saison). • *moorsbus.org* •

Adresses utiles

🛈 ***Park Authority :*** *Lodge Lane, YO21 2NB, à* ***Danby,*** *dans la partie nord du parc.* ☎ *(01439) 77-27-37.* • *north yorkmoors.org.uk* • C'est le principal centre du visiteur. Vous y trouverez (à la vente surtout) toutes les brochures et cartes pour l'organisation de vos balades dans le parc. Autres centres d'infos à Helmsley (voir plus bas), à Sutton Bank et à Dalby.

■ ***Hôpital :*** *à* ***Malton.*** ☎ *(01653) 69-30-41.*

Où dormir dans le parc ?

Pour ceux qui entreprennent une longue randonnée (et pour les autres), il y a des ***B & B*** et plusieurs ***auberges de jeunesse*** dans le parc, notamment à *Helmsley* (voir plus bas), *Osmotherley* (à l'extrémité ouest) et, sur la côte, celle de *Boogle Hole,* au sud de *Robin's Hood Bay* (voir plus bas, dans le chapitre concerné). Infos et listes sur • *northyorkmoors.org.uk/visiting/sleep* •

HELMSLEY

1 600 hab. IND. TÉL. : 01439

Paisible village, au cœur d'une campagne romantique à souhait, qui marque la limite sud du parc national. Une halte bien agréable, pour quelques heures, une journée ou plus, si l'envie vous prend de rayonner ou de partir sur les sentiers de randonnée.

Adresse utile

🛈 ***Tourist Information Centre :*** *dans le* Cut Price Bookstore, *11 Market Pl, YO62 5BL.* ☎ *77-01-73. Lun-sam 9h30-17h30, dim 11h-16h30 ; horaires plus restreints hors saison.*

Où dormir ?

⌂ ***Helmsley Youth Hostel :*** *Carlton Lane, YO62 5HB.* ☎ *0845-371-96-38.* • *yha.org.uk/hostel/helmsley* • *Ouv avr-oct. À partir de 18 £/pers en dortoir et de 30 £/pers en double.* Dans un petit bâtiment moderne propret et accueillant, dortoirs de 4 à 6 lits ainsi que quelques chambres familiales. Calme.

LE NORD DE L'ANGLETERRE

À voir

Helmsley Castle : *☎ 77-04-42. • english-heritage.org.uk • Avr-sept, tlj 10h-18h ; ferme plus tôt hors saison. Entrée : env 7 £ ; réduc. Audioguide inclus.* Imposante forteresse médiévale semi-ruinée. Intérieur élisabéthain, avec une petite expo sur le produit des fouilles archéologiques.

DANS LES ENVIRONS DE HELMSLEY

Rievaulx Abbey : *2 miles à l'ouest de Helmsley, YO62 5LB. ☎ 79-82-28. • english-heritage.org.uk • En saison, bus depuis Helmsley. Avr-sept, tlj 10h-18h ; horaires réduits hors saison. Entrée : env 9 £ ; réduc. Audioguide gratuit en français.* Ruines superbes dans un très beau paysage vallonné et boisé, et une expo intéressante sur la vie monacale. Rievaulx fut le premier site anglais investi par les cisterciens, en 1132. Au fil du temps, les principes de pauvreté et de simplicité firent place à des activités plus lucratives, comme le commerce de la laine. L'abbaye prospéra à vive allure, jusqu'à devenir une des plus riches d'Angleterre. Pas moins de 300 moines y vivaient, ainsi qu'un grand nombre de frères convers, des religieux d'origine modeste employés aux tâches domestiques. Le conflit d'Henri VIII avec Rome et son autoproclamation comme chef de l'Église anglaise sonnèrent le glas de toutes les abbayes du pays.

Rievaulx Terrace and Temples : *juste à l'entrée du site de l'abbaye. ☎ 74-82-83. • nationaltrust.org.uk/rievaulx-terrace • De mi-fév à oct, tlj 11h-17h ; dernière admission 1h avt la fermeture. Entrée : env 5,50 £ ; réduc.* Un point de vue original sur l'abbaye, en hauteur, ou plutôt plusieurs points de vue. Cette promenade de 600 m de long, avec un temple à chaque extrémité et jalonnée de 12 postes d'observation, fut construite au XVIIIe s pour admirer l'abbaye de Rievaulx depuis le coteau. Dommage que les deux sites, gérés par des structures différentes, ne permettent pas de passer de l'un à l'autre.

ROBIN HOOD'S BAY

3 600 hab. IND. TÉL. : 01947

Petit port le long du Cleveland Way, au nord de Scarborough et à 8 km de Whitby. Malgré le nom, rien à voir avec Robin des Bois. La partie haute du village est une miniature de toutes les stations balnéaires anglaises. Mais c'est le port, en bas d'une descente abrupte (on laisse sa voiture dans la partie haute), qui nous a le plus enthousiasmés. Lové au fond d'une minuscule crique, comme un village de poupée exposé à la rudesse des éléments, avec ses maisons se poussant du coude pour ne pas être les premières à tomber à l'eau. C'est ici que les adeptes du *Coast to Coast* (traversée à pied du pays d'ouest en est) terminent leur périple de plusieurs jours, voire plusieurs semaines. Plus que nécessaire de réserver pour y dormir.

Où dormir ? Où manger dans le coin ?

Boggle Hole Youth Hostel : *Mill Beck, Fylingthorpe, **Whitby,** YO22 4UQ. ☎ 0845-371-95-04. • yha.org.uk/hostel/boggle-hole • Suivre la direction Boggle Hole depuis l'A 171, à quelques miles au sud de l'embranchement pour Robin Hood's Bay. Doubles à partir de 29 £, sinon chambre* *de 2-8 lits.* Il faut laisser son véhicule en haut du chemin qui plonge vers la mer. L'AJ est en contrebas sur la gauche, face à une petite crique. Une vingtaine de chambres en tout, avec le niveau de confort habituel, et un chaleureux petit bar.

Raven House B & B : *Victoria Terrace, YO22 4RJ. ☎ 88-04-44. • ravenhouse.rhbay.co.uk • Derrière le Victoria Hotel, en haut du village. Doubles à partir de 85 £. Parking.* Chambres toutes un peu différentes, assez petites mais plaisantes. La plupart avec vue sur la côte et les falaises, pour des levers et couchers de soleil inoubliables. C'est beau par tous les temps.

The Bay Hotel : *sur le port, YO22 4SJ. ☎ 88-02-78. • bayhotel.info • Doubles 80-95 £, avec petit déj.* Seulement 3 chambres, au-dessus d'un sympathique pub marin. La plus chère bénéficie d'une super vue sur toute la baie. Assez simple, mais bien tenu. Vous aurez même droit à des kippers au petit déj !

The Victoria Hotel : *en haut du village, au niveau du parking. ☎ 88-02-05. Plats 12-20 £.* Cuisine de pub correcte ou, le soir, un peu plus élaborée au restaurant. Mais on vous conseille de venir de jour, la terrasse offrant une vue assez fabuleuse sur la mer. À condition de trouver une place !

Old Bakery : *Chapel St, presque sur la rue qui descend vers le port. ☎ 88-07-09. Tlj 10h-17h.* Un petit salon de thé en encorbellement au-dessus d'un cours d'eau. Petite restauration pas chère ou pâtisserie. Bien pour une petite halte.

WHITBY

13 200 hab. IND. TÉL. : 01947

• Plan *p. 419*

À 45 miles au nord-est de York, une petite ville en deux parties, la plus charmante étant son port de pêche, très touristique mais encore actif, avec ses chaluts colorés, ses entrepôts odorants et ses marins gouailleurs. C'est aussi la ville où le capitaine Cook fit ses premiers pas de navigateur, en travaillant comme apprenti chez un armateur local entre 1746 et 1749. La maison où il travaillait, située Grape Lane, se visite de mars à octobre. Dans la vieille ville, à flanc de colline, étonnante concentration de maisonnettes du XVIIe s et d'églises dans les ruelles en pente. Ne pas rater la Church Street, truffée de restos donnant sur la rivière et de boutiques de *jet*, une roche sédimentaire noire semi-précieuse qui n'est pas sans rappeler la lignite. Et puis, sur le plateau, c'est le royaume de l'hôtellerie de bord de mer avec ses vieux palaces, belles maisons et petites pensions.

• *visitwhitby.com* •

LE VAMPIRE EST À CRAINDRE

Whitby ne fut qu'une sage station balnéaire victorienne jusqu'à ce qu'un certain Bram Stoker publie un roman devenu mythique, Dracula. S'il ne se rendit jamais en Transylvanie, l'auteur séjourna bien à Whitby et les chapitres 6 à 8 du livre se déroulent dans le petit port du Yorkshire. Il faut dire que rien ne manque au décor : un quai pour débarquer un jour de tempête, un cimetière en ruine en guise de garde-manger et une gare pour rejoindre Londres dans un cercueil.

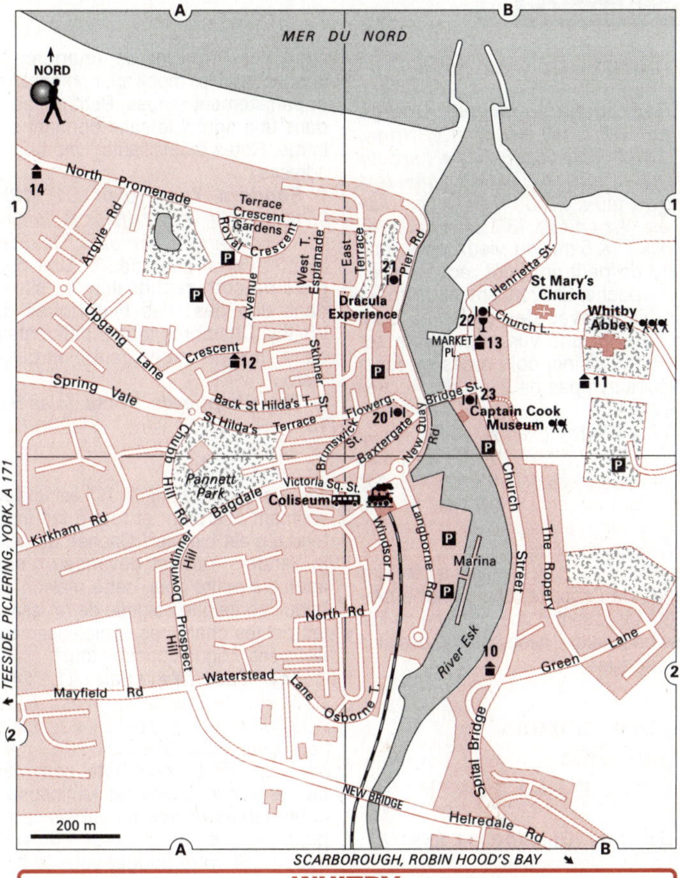

WHITBY

Où dormir ?

- **10** Backpackers Harbour Grange
- **11** YHA Whitby
- **12** Boulmer Guesthouse
- **13** Sanders Yard et The Shepherds Purse
- **14** The Seacliffe

Où manger ?
Où boire un verre ?

- **20** Java
- **21** The Magpie Café
- **22** Duke of York
- **23** Humble Pie & Mash

Arriver – Quitter

➢ ***Terminal des bus*** *(plan A-B2)* **:** des bus (ligne nº 93) relient Whitby et Scarborough en passant par Robin Hood's Bay. ☎ *0344-800-44-11.*

➢ ***Gare ferroviaire*** *(plan B2)* **:** Whitby est le terminus du train en provenance de *Middlesbrough*.

Où dormir ?

Auberges de jeunesse

Backpackers Harbour Grange *(plan B2,* ***10****) : Spital Bridge, YO22 4EF. ☎ 60-08-17. • harbourgrange.co.uk • Fermé janv-fév. Couvre-feu à 23h30. Résa conseillée en été. À partir de 18 £ sans petit déj. Parking.* À 5 mn du vieux pont, une sorte de petit entrepôt reconverti en AJ de poche. Environnement de docks réhabilités avec des tables au bord de l'eau et une vue imprenable sur le port. Cuisine, coin repas et petits dortoirs sympas de 2 à 8 lits. Accueil très gentil.

YHA Whitby *(plan B1,* ***11****) : Abbey House, East Cliff, YO22 4JT. ☎ 60-28-78. • yha.org.uk/hostel/Whitby • Accès en voiture ou, à pied, par l'escalier qui monte vers l'abbaye (199 marches !). Dortoirs à partir de 13 £/pers, doubles à partir de 29 £.* Juste à côté des ruines de l'abbaye, une superbe propriété disposant d'une centaine de lits. Très beau jardin, avec une vue des plus romantique !

De prix moyens à plus chic (40-120 £ / 48-144 €)

Boulmer Guesthouse *(plan A1,* ***12****) : 23 Crescent Ave, YO21 3ED. ☎ 60-42-84. • boulmerguesthouse.co.uk • Doubles à partir de 80 £.* Dans une rue où s'alignent les *B & B*, celui-ci nous a bien plu, avec ses 7 chambres charmantes (moquette et joli mobilier), confortables et parfaitement tenues. Petit déj servi dans une agréable salle donnant sur la rue. Hôtes accueillants. Une bonne adresse !

Sanders Yard *(plan B1,* ***13****) : 95 Church St, YO22 4BH. ☎ 82-50-10. • sandersyard.co.uk • Doubles 85-90 £, avec petit déj.* Une poignée de cottages idéalement situés dans une des rues historiques de Whitby. Chambres toutes différentes, dans un style net et frais. Fait aussi resto.

The Shepherds Purse *(plan B1,* ***13****) : Sanders Yard, YO22 4DU. ☎ 82-02-28. • theshepherdspurse.com • Doubles 60-75 £ sans ou avec sdb. Pas de petit déj.* S'il est un lieu vraiment charmant et tout à fait inattendu, c'est bien ici ! Cachée derrière le Sanders Yard et devancée d'une adorable petite cour, cette maison en brique abrite une poignée de ravissantes petites chambres, délicieusement décorées. Mignon comme tout !

The Seacliffe *(plan A1,* ***14****) : 12 North Promenade, West Cliff, YO21 3JX. ☎ 60-31-39. • seacliffehotel.com • Doubles 62-120 £, petit déj inclus.* Un petit hôtel convivial, face à la mer. Chambres lumineuses, confortables et très agréables, avec petit mobilier en bois et couleurs douces. Si votre budget vous le permet, prenez une *sea view*, avec vue plongeante sur la mer ! Fait aussi resto et bar.

Où manger ? Où boire un verre ?

Java *(plan B1,* ***20****) : 2A Flowergate, YO21 3BA. Tlj 8h-18h. Plats 4-9 £.* Une petite salle moderne genre *diner* à l'américaine, où l'on sert d'excellents et copieux petits déj mais aussi bagels, paninis, *wraps*, croques, salades et burgers.

The Magpie Café *(plan B1,* ***21****) : 14 Pier Rd, YO21 3PU. ☎ 60-20-58.* Fish & chips 5-7 £. Bien sûr, vous pouvez opter pour le resto, à la réputation bien ancrée. Mais c'est dans l'échoppe attenante qu'il faut aller pour découvrir un des meilleurs *fish & chips* de la ville... voire de toute l'Angleterre, vous diront certains ! Croustillant à souhait, d'une fraîcheur remarquable, délicieux. À déguster en marchant sur les quais, comme tout le monde !

Humble Pie & Mash (plan B1, **23**) : *163 Church St, YO22 4AS. ☎ 60-64-44. Tlj 12h-20h. Plats env 7 £.* Grand comme une maison de poupée, un décor figé dans les sixties, des tables habillées de nappes vichy blotties les unes contre les autres... Voilà pour le cadre de cet antre du *pie* en tout genre, servi ici dans des assiettes en émail et dans la grande tradition, avec purée et petits pois quasi fluo. Très sympa !

Duke of York (plan B1, **22**) : *124 Church St, YO22 4DE. ☎ 60-03-24. Plat env 8 £.* Pub bien traditionnel, avec vue géniale sur le port. Plats pas bien chers et honorables, à accompagner d'une bonne *ale*, bien sûr !

À voir

Whitby Abbey (plan B1) : *Abbey Lane, YO22 4JT. ☎ 60-35-68. • english-heritage.org.uk • Tlj en saison, 10h-18h ; ferme plus tôt hors saison. Entrée : env 8,50 £ ; réduc.* Whitby est célèbre pour les ruines de son abbaye du XIIIe s dominant la vieille ville et le port. Exposée aux quatre vents, presque en bord de falaise, elle a été abandonnée au XVIe s après le schisme anglican. Ses pierres ont servi à la construction d'une église plus modeste, Saint Mary's Parish Church, à seulement quelques mètres du site. Autour de celle-ci, vous goûterez au romantisme anglais en déambulant parmi les tombes moussues et rongées par le sel marin. Un de nos cimetières favoris. Également une expo interactive sur l'histoire du lieu et la vie des moines.

Captain Cook Memorial Museum (plan B1) : *Grape Lane, YO22 4BA. ☎ 60-19-00. • cookmuseumwhitby.co.uk • Avr-début nov, tlj 9h45-17h ; horaires réduits ou sur rdv le reste de l'année. Entrée : env 6 £ ; réduc.* C'est dans cette maison du XVIIe s que le capitaine Cook travailla comme apprenti, bien avant de faire les trois voyages autour du monde qui lui permirent de passer à la postérité. Reconstitution de pièces telles qu'elles étaient à cette époque, maquette du *Resolution* (le navire de ses deux dernières expéditions), lettres originales de Cook et, au grenier où il logeait, petite expo d'objets rapportés du Pacifique, ainsi qu'un portrait du capitaine Bligh, le commandant du *Bounty*... Une belle évocation des grands voyages du XVIIIe s.

➢ On peut aussi explorer la ville en suivant la *Dracula trail* (dépliant à l'office de tourisme), une balade sur les traces du célèbre vampire qui hanta les rues de Whitby. On déambule du *pier* à l'abbaye en passant par le monument qui lui est consacré (très belle vue) et le *Dracula experience (plan B1),* un musée avec des effets spéciaux et des acteurs qui font peur. Les fans pourront même se joindre à une balade guidée nocturne, notamment celle nommée *in search of Dracula*... Tout un programme !

YORKSHIRE DALES NATIONAL PARK

Le paradis vu par un Anglais. Les Yorkshire Dales sont situés au beau milieu de la chaîne de montagnes des Pennines, la colonne vertébrale de l'Angleterre qui sépare l'est de l'ouest. Le parc appartient à une multitude de propriétaires dont le National Trust, mais ce sont surtout les fermiers qui se partagent la plus grosse part du fromage.
Au sud, des collines où broutent des moutons à l'abri des murets de pierre interminables, mais aussi des parties plus rocailleuses. Voir Skipton et son château, les ruines de l'abbaye de Bolton, l'amphithéâtre naturel de l'authentique village de Malham... Sans parler des nombreuses

balades à faire, le long de la rivière Wharfe du côté de Grassington par exemple, ou à l'assaut des mythiques *Three Peaks* de Settle. Le dernier dimanche d'avril, des centaines de coureurs s'attaquent à ces trois sommets et parcourent 39 km en une journée. Tentant, non ?

Au centre, on trouve le château de Bolton (rien à voir avec l'abbaye) et la petite ville de Hawes où l'on peut visiter un musée sur le parc, mais aussi partir sur les traces de *Wallace et Gromit.* C'est ici, en effet, qu'on produit le fromage préféré des deux compères, le *wensleydale,* dont la fromagerie se visite *(lun-sam 9h-17h, dim 9h30-16h30).* **Les Anglais s'y bousculent pour découvrir la bonne dizaine de variétés de *wensleydale* inventées ces dernières années, celle aux canneberges *(cranberries)* comptant parmi les plus populaires.**

Au nord, les Dales offrent un paysage vert et très vallonné, avec pas mal de petits villages rustiques aux maisons grises conférant à la zone un caractère très champêtre. D'autres parties sont constituées d'impressionnants paysages de hautes landes, sans arbre, où l'herbe est remplacée par la bruyère. Vers l'est, en route pour l'autre parc national, celui des Moors, voir le château de Richmond. À l'ouest, passé Sedbergh, on est déjà aux portes de Kendal et du Lake District.

TOUT UN FROMAGE

En 1992, la disparition programmée de la fromagerie Wensleydale Creamery *à Hawes, qui fabrique l'un des « joyaux » culinaires anglais, le* wensleydale, *consterna tout le pays. À Noël 1995, la BBC diffusa un drôle de dessin animé mettant en scène Wallace et Gromit dans lequel le héros s'étonne que sa petite amie n'aime pas le fromage. Il suffira d'une seule phrase, « Pas même le* wensleydale *? », pour que les ventes remontent en flèche.*

Comment découvrir le parc ?

➢ ***En voiture :*** les petites routes (étroites par endroits !) du parc permettent déjà de bien le découvrir.

➢ ***À pied :*** toutes sortes de balades à faire, des plus courtes, sur terrain plat, aux plus ardues, d'une journée ou plus. Les *Tourist Information Centres* du parc vendent un tas de brochures et cartes les détaillant.

➢ ***À vélo :*** le long de la *Yorkshire Dales Cycleway,* une piste cyclable, en boucle, de plus de 200 km. Génial mais avec du relief ! Également plusieurs pistes de VTT. Plusieurs loueurs de vélos dans le parc. Plus d'infos sur *• cyclethedales.org.uk •*

➢ ***En train :*** avec *The Settle to Carlisle Railway,* une des lignes de chemin de fer les plus spectaculaires d'Angleterre, en matière de paysages. C'est en fait la ligne Carlisle-Leeds qui traverse l'ouest du parc, en passant par Garsdale et Settle. Une quinzaine de tunnels et une vingtaine de ponts furent nécessaires à sa construction au XIXᵉ s. ☎ *(08457) 48-49-50. • northernrailway.co.uk •*

Adresses utiles

🅸 ***Tourist Information Centre – Yorkshire Dales National Park :*** *Station Yard,* ***Hawes.*** ☎ *(01969) 66-62-10. • yorkshiredales.org.uk • Tlj 10h-17h. Fermé janv.* Plein de doc et d'infos.

– D'autres offices de tourisme, notamment à Aysgarth Falls, Grassington, Malham et Reeth (Hudson Bouse).

LE NORD DE L'ANGLETERRE

Où dormir dans le parc ?

Il y a plusieurs auberges de jeunesse dans le parc (Hawes, Malham, Kettlewell...), ainsi qu'une multitude de *B & B*. À priori pas de problème pour se loger, mais il est néanmoins prudent de réserver en été. Liste des hébergements sur ● *yorkshiredales.org.uk* ●

LE LAKE DISTRICT

● Carte *p. 424-425*

Cette région doit sa célébrité à ses lacs, évidemment, mais aussi à la diversité de ses splendides paysages parfaitement préservés, composés de forêts et d'un relief montagneux propice aux randonnées. Pas étonnant que de nombreux poètes et écrivains illustres y aient habité ou simplement séjourné : Wordsworth (le chef de file de la poésie romantique anglaise), Coleridge, De Quincey, Beatrix Potter... Sans oublier Ruskin, le redécouvreur de Venise, à qui l'on doit la grande vague néogothique européenne du XIXe s.

Grâce à l'acharnement du *National Trust,* l'activité agricole traditionnelle de la région – l'élevage du mouton, la seule chose qui « pousse » ici – a pu être conservée, et le tourisme développé en harmonie avec l'élevage. Barrières coulissantes, échelles, marches et autres astuces permettent aux marcheurs de traverser les champs sans inquiéter les troupeaux.

Sans surprise, la contrée est très fréquentée en été, pendant les vacances et au moindre week-end ensoleillé. Mai, juin, septembre et octobre sont des mois plus calmes pour apprécier la région. Mais quelle que soit la saison, la palette des couleurs est toujours étonnante. Les paysages s'illuminent au printemps avec les jonquilles et les rhododendrons, s'empourprent majestueusement en automne, et l'hiver peut offrir des lumières prodigieuses.

LA LAINE FRAÎCHE

Sur les 730 000 moutons que compte le Lake District, vous remarquerez peut-être les fameux Hardy Herdwicks, *la race locale à laine noire ou marron et à tête... blanche. Leur laine épaisse est réputée pour la confection de vêtements. On relança leur élevage. Ils peuvent survivre plusieurs jours dans la neige grâce à leurs réserves de graisse rien qu'en suçant leur pelage.*

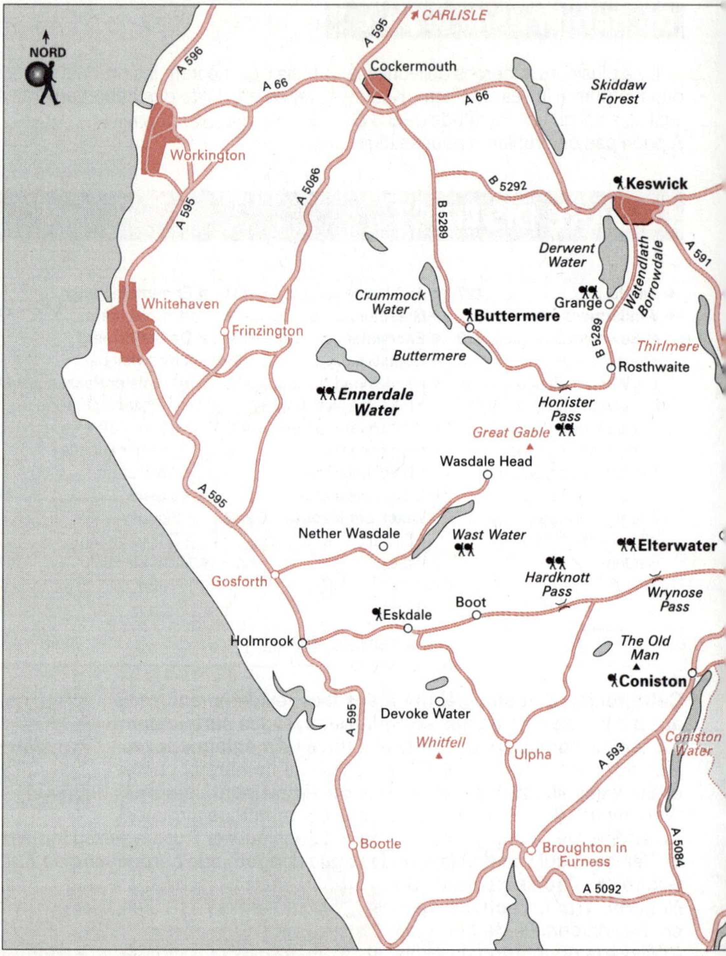

Dernière chose : on mange ici plutôt mieux qu'ailleurs ! Peut-être est-ce dû à la forte identité du terroir ? Les produits frais et fermiers sont à la carte de la plupart des restos, participant ainsi à la promotion globale du Lake District... Ils ont décidément tout compris !
Infos générales sur le site : ● *lakedistrict.gov.uk* ●

Comment circuler dans la région ?

➢ ***En train :*** la gare principale, ***Oxenholme Lake District,*** située sur le passage des grandes lignes nationales, se trouve en bordure de

LE LAKE DISTRICT

Kendal. De là, correspondance pour ***Kendal*** et ***Windermere.*** Mais les lignes principales passant par Oxenholme desservent également ***Lancaster, Penrith*** ou ***Carlisle,*** aux portes de la région.

➢ ***En bus :*** les bus *Stage Coach* assurent des liaisons dans toute la région et couvrent la plupart des endroits intéressants. Billets à la journée ou sur plusieurs jours, voire combinés bus et bateau. *Rens dans les offices de tourisme, sur la brochure* The Lakes Connection *(• stagecoachbus.com/about/cumbria-and-north-lancashire •)* et Go Cumbria Bus Timetable, *ainsi que : ☎ (0871) 200-22-33. • traveline.info •*

➢ ***En voiture :*** procurez-vous la carte *Ordnance Survey, Lake District & Cumbria.* Vous y trouverez indiqués les auberges de jeunesse, les terrains

LE NORD DE L'ANGLETERRE

de camping et les endroits phares à visiter. Évidemment, la voiture offre une grande liberté et permet de bien profiter de l'infinie variété de paysages. Cependant il faut savoir que la circulation est difficile autour des lacs les jours d'affluence. C'est particulièrement vrai du côté de Windermere et d'Ambleside, 2 passages obligés. Le parking est payant (et cher) presque partout, y compris dans les petits villages !

➢ ***Les randonnées :*** avec 1 100 km de sentiers dans le parc, elles sont innombrables, que ce soit au bord des lacs ou dans les montagnes (point culminant : 1 050 m). Même si les parcours sont généralement bien balisés, nous vous conseillons d'acheter les cartes détaillées des coins que vous explorez (disponibles un peu partout, offices de tourisme, stations-service, etc.) et, éventuellement, de vous procurer la brochure gratuite *Guided Walks & Events* (programme des randos guidées, gratuites pour la plupart).

Conseils aux randonneurs

Comme le temps est versatile, il vaut mieux s'équiper pour toutes les circonstances :

- de vraies et bonnes ***chaussures de marche,*** vraiment étanches ;
- ***un haut et un bas vraiment imperméables,*** qui résistent aux bonnes grosses pluies ;
- à boire et à manger...

Par ailleurs, pensez à consulter la météo, car les orages sont violents et les abris rares dans la région. ☎ *(0844) 846-24-44.* • *lakedistrictweatherline.co.uk* •

Hébergement

Pour l'ensemble des hébergements dans la région, consultez les sites • *golakes.co.uk* • et • *visit-thelakedistrict.co.uk* • Pensez à réserver, notamment durant les vacances et les jours fériés *(bank holidays).*

- La région est truffée d'***auberges de jeunesse*** plus ou moins isolées. Ce sont souvent de grosses bâtisses, voire des manoirs ou encore des fermes de caractère. Elles sont ouvertes à tous et offrent généralement des chambres « spécial famille ».

Malgré leur nombre et leur capacité d'accueil parfois importante, elles sont généralement complètes l'été, et la réservation est le plus souvent indispensable 1 ou 2 jours à l'avance, voire encore plus tôt. La plupart des AJ servent un dîner très correct à 18h30 ou 19h. Elles proposent aussi des *packed lunches,* des repas à emporter bien pratiques pour les marcheurs.

Liste et descriptifs disponibles sur • *yha.org.uk* •

- Nombreux ***campings*** (notamment près de Windermere, voir plus loin), parfois bien situés au bord des lacs. Mais, généralement, une voiture est nécessaire.
- Également un paquet de ***B & B, guesthouses*** ou ***farmhouses.*** Région hautement touristique oblige, les tarifs s'en ressentent parfois. Ces hébergements se trouvent rarement au bord des lacs ou des beaux sites ; là, vous trouverez plutôt de vrais hôtels (vraiment chers) et les auberges de jeunesse.
- Une option à considérer aussi : les ***studios*** et ***appartements à louer*** *(self catering),* généralement sur plusieurs jours. Une formule souvent plus économique puisqu'on peut y faire sa popote.
- Enfin, il reste toujours la solution, typique, pratique et à prix encore raisonnables, de dormir dans un ***pub.*** La plupart proposent une poignée de chambres en formule *B & B,* mais un minimum de 2 nuits est souvent exigé, notamment le week-end.

KENDAL

28 600 hab. IND. TÉL. : 01539

La porte d'entrée du Lake District offre l'image d'un bourg de province, benoîtement installé sur les rives de la rivière Kent avec sa poignée de ponts, les ruines d'un château du XIIIe s et des locaux en tenue de randonnée. On n'y séjourne pas vraiment, mais on profite des nombreux commerces pour préparer les randonnées. N'oubliez pas de goûter au *mint cake,* la spécialité de la ville.

Adresses et info utiles

Tourist Information Centre : *25 Stramongate. ☎ 73-58-91. ● golakes.co.uk ● Dans le centre. Lun-sam 10h-17h.*

Hôpital : *urgences au* **Westmorland General Hospital,** *Burton Rd. ☎ 73-22-88. À la sortie sud de la ville, sur l'A 65 en direction de Kirkby Lonsdale.*

Bus Station : *Beezon Rd. ☎ 72-21-43. Départ et arrivée des bus Stagecoach.*

– **Marchés :** *mer et sam. Également un marché couvert sur Market Pl, tlj sf dim.*

Où dormir ?

Highgate Hotel Kendal : *128 Highgate, LA9 4HE. ☎ 72-42-29. ● hotelkendal.co.uk ● Dans la rue principale, 200 m avt la tour-horloge en venant du sud. Doubles à partir de 80 £, petit déj inclus. Parking gratuit.* Cette demeure vieille de 400 ans, qui fut la maison du premier médecin de la ville, abrite une dizaine de chambres soignées, décorées plus ou moins à l'ancienne, dont certaines disposent d'une cheminée.

Lyndhurst Guest House : *8 South Rd, LA9 5QH. ☎ 72-38-19. ● lyndhurst-kendal.co.uk ● Au sud de la ville, face à la rivière, à 10 mn à pied du centre. Doubles 69-81 £.* Dans un quartier résidentiel paisible, 7 chambres simples et nettes, avec bonne literie et salle de bains nickel (bien qu'un peu petite). Accueil sympa.

Où manger ? Où boire un *tea,* un chocolat ?

Farrer's House : *13 Stricklandgate. ☎ 72-00-20. Dans la rue principale, tt près de Market Pl. Ouv jusqu'à 16h30.* Précédée par une antique devanture noire, cette vénérable maison spécialisée dans le thé et le café depuis 1819 ne désemplit pas. Très beau cadre pour savourer des plats simples mais bien faits. Goûtez le *mint cake* (sorte de barre sucrée), ou encore de bons gâteaux, comme le *sticky toffee pudding* à base de dattes, la grande fierté régionale.

The Famous 1657 Chocolate House : *54 Branthwaite Brow. ☎ 74-07-02. Tlj sf dim 10h-16h30.* Dans une petite rue piétonne partant de la place du marché, cette maison sent bon le chocolat. Une boutique à l'entresol et un *tearoom* à l'étage lui sont consacrés. On se serre sur les banquettes pour déguster des chocolats chauds (aux épices, rhum, gingembre...) et des gâteaux alléchants, répondant aux noms d'« *aristocrat* » ou de « *merry monarch* ». Pas de doute, on est bien en Angleterre !

🍽 ***New Moon Restaurant :*** *129 Highgate. ☎ 72-92-54. Presque en face du* Highgate Hotel. *Mar-sam midi et soir. Plats 13-18 £.* Le meilleur resto de la ville, proposant une cuisine moderne qui fait la part belle aux produits locaux. Accueil délicat et service tout en finesse.

Où dormir ? Où manger ? Où boire un verre dans les environs ?

⛺ ***Ashes Lane :*** *Kendal Rd, LA8 9JS,* ***Staveley.*** *☎ 82-11-19. • campingandcaravaningclub.co.uk • À env 3 miles de Kendal en direction de Windermere ; indiqué sur la gauche depuis l'A 591. Résa conseillée. Compter 21-32 £ pour 2 avec tente et voiture ; moins cher pour les membres.* Un vaste camping parfaitement tenu, dans un bel environnement boisé. Petit pub. Bon accueil.

🏠 🍽 🍷 ***Eagle & Child :*** *Kendal Rd, LA8 9LP,* ***Staveley.*** *☎ (01539) 82-13-20. • eaglechildinn.co.uk • À 4 miles de Kendal, en direction de Windermere. Double 85 £, petit déj inclus. Plats 9-18 £.* 📶 Cosy et intime avec ses banquettes rembourrées et son feu de cheminée, ce pub nous plaît bien. Aux murs, miroirs, objets chinés et le traditionnel jeu de fléchettes. Surtout, on n'a pas trouvé meilleure cuisine de pub. Les enfants sont les bienvenus. Quelques jolies chambres, très soignées et confortables, aux étages.

WINDERMERE ET BOWNESS

5 240 hab. IND. TÉL. : 015394

Au XIXe s, la construction du chemin de fer a métamorphosé ce paisible village de montagne en un pôle touristique de premier plan. Les villas ont poussé comme des champignons, jusqu'à absorber entièrement le bourg voisin de *Bowness-on-Windermere,* son port de plaisance et l'accès principal au lac. Résultat : tout le monde passe par ici à un moment ou à un autre, et aujourd'hui environ 5 000 bateaux à moteur y sont inscrits chaque année. Cela en fait beaucoup au mile carré ! Passage quasi obligé par l'office de tourisme qui est juste à l'entrée de la ville, à côté de la gare et des bus. Toutes les infos sur la région et cartes de randonnée en vente. Vous pouvez également faire une halte au *Brockhole Centre* *(tlj en saison 10h-17h),* **à quelques kilomètres au nord de Windermere (sur l'A 591).**

Arriver – Quitter

En train

🚂 ***Gare ferroviaire :*** *Victoria St.* Liaisons depuis tout le pays, avec changement à Oxenholme (sauf, curieusement, de l'aéroport de Manchester, relié 5 fois/j. à Windermere en saison).

En ferry

➢ ***Le Windermere Ferry*** (*CarFerry* ou *Ferry Nab*) fonctionne toute l'année. Il permet, avec ou sans voiture, de gagner la rive opposée et donc de relier ***Bowness*** à ***Ferry House*** et ***Far Sawrey.*** Dernière traversée autour de 22h en été (21h le reste de l'année). Bon à savoir, de mi-mars à fin oct, le bus nº 525 assure, de Ferry House, une correspondance (env ttes les heures) vers ***Hill Top, Hawkshead...***

En bus

➢ Le bus nº 555, qui relie (ttes les heures) ***Keswick*** et ***Kendal,*** passe par Windermere.

➢ Le bus nº 599 fait l'A/R entre Windermere et ***Bowness*** (arrêt au bord du lac, en face de la jetée), distante de 2 km.

Adresse utile

ℹ ***Tourist Information Centre :*** *Victoria St, à côté de la gare, Windermere. ☎ 464-99. • windermereinfo.co.uk • Avr-oct, tlj 8h30-18h.* Plan de Windermere et Bowness gratuit et accueil souvent en français. Un autre bureau à Bowness *(tlj en saison 9h30-17h30).*

Où dormir ?

Auberge de jeunesse

🏠 ***Lake District Backpackers Lodge :*** *High St, à Windermere, LA23 1AF. ☎ 463-74. • lakedistrictbackpackers.co.uk • Au fond d'une courette, à deux pas de l'office de tourisme, de la gare et de l'arrêt de bus. Réserver en saison, peu de places. Nuitée en chambre privée ou dortoir 16,50-19,50 £/pers, café ou thé compris.* Une mignonne petite maison dans le cœur du village, proposant des dortoirs et des chambres de poche. Petit salon, cuisine, le tout très bien tenu. Il n'y a pas d'accueil, l'endroit est en autogestion. Plein de tuyaux sur la région.

De prix moyens à plus chic (40-120 £ / 48-144 €)

🏠 Nombreux ***B & B*** dans le coin, notamment sur Oak Street, rue plaisante et tranquille. Liste disponible à l'office de tourisme. Pensez à réserver, surtout les week-ends.

🏠 ***The Archway :*** *13 College Rd, LA23 1BU. ☎ 456-13. • archwayguesthouse.co.uk • En plein centre de Windermere. Doubles 80-95 £.* Belle maison traditionnelle en pierre locale, précédée de son jardinet, dans une rue passante qui s'apaise en soirée. Accueil excellent, chambres agréables et confortables, dont certaines offrent une vue lointaine sur les montagnes. Beau choix de petits déj confectionnés avec amour par Stephen, chef cuisinier de son état. Coin salon avec de la doc sur la région. Une adresse chaleureuse et bien sympa. À côté, ***Ashleigh Guest House*** *(☎ 422-92),* un poil moins chère, propose des prestations un peu dans la même veine.

🏠 ***Rum Doodle B & B :*** *Sunny Bank Rd, LA23 2EN. ☎ 459-67. • rumdoodlewindermere.com • Doubles 85-120 £.* Comment ne pas succomber au charme de cette maison, digne de figurer dans un magazine ! Jolis meubles anciens, couleurs denses, idées de déco formidables à foison, salles de bains disposant pour la plupart d'une douche ET d'une baignoire... Sans parler des petits déj soignés pour bien démarrer la journée et de l'accueil adorable des propriétaires. Top !

🏠 ***The Fairfield :*** *Brantfell Rd, LA23 3AE. ☎ 465-65. • the-fairfield.co.uk • Sur les hauteurs de Bowness. Fermé déc. Doubles 80-130 £, petit déj compris, promos sur Internet.* Ça grimpe sec pour aller chez Liz et Tony, mais on y trouve le calme et une ambiance à mi-chemin entre le petit hôtel et la pension de famille. Les espaces communs sont très cosy, les chambres impeccables, et le petit déj fleure bon les produits du terroir. Jardin orienté sud. Reposant et convivial.

Où dormir bon marché dans les environs ?

Park Cliffe Caravan Camping Estate : *Birks Rd, LA23 3PG. ☎ 313-44. • parkcliffe.co.uk • À 4 miles au sud de Bowness, sur l'A 592 qui longe le lac. De mars à mi-nov. Compter 27-32 £ pour 2 avec tente et voiture.* Au bout d'un petit chemin tortueux, un beau terrain de 170 places isolé dans les collines. Propre et tranquille avec des moutons dans le champ voisin pour vous tenir compagnie.

Youth Hostel : *High Cross, Bridge Lane, LA23 1LA,* ***Troutbeck.*** *☎ (0845) 371-93-52. • yha.org.uk/hostel/Windermere • À quelques miles au nord, indiqué depuis l'A 591, après Troutbeck Bridge. Fermé janv. Dortoir à partir de 11 £/pers, Doubles à partir de 29 £.* Bâtiment assez imposant et agréablement aménagé, avec les montagnes en ligne de mire, parfait pour faire une escapade à cheval ou à poney (centre équestre pas loin).

Où manger ? Où boire un verre dans le coin ?

Lamplighter Bar : *à* ***Windermere,*** *sur High St, LA23 1AF. ☎ 435-47. Plats 9-27 £. Concert le mer.* Un bar accueillant avec cheminée, bien connu des locaux pour son remarquable *sunday lunch.* Les autres jours, on y sert une cuisine britannique plutôt élaborée et généreuse.

Francine's : *à* ***Windermere,*** *27 Main St, LA23 1DX. ☎ 440-88. Tlj sf lun. Plats 7-20 £.* Ce petit resto moderne et sans prétention propose une cuisine certes peu innovante, mais fraîche et tout simplement bonne. Excellent rapport qualité-prix pour un repas reposant.

The Watermill Inn : *à* ***Ings,*** *à mi-chemin entre Staveley et Windermere, sur la route de Kendal, LA8 9NU. ☎ (01539) 82-13-09. Snacks et plats 6-10 £.* Ce pub, logé dans un ancien moulin avec ses vieilles poutres et son bar confectionné à partir de stalles d'église, brasse ses propres bières. Rien de tel qu'un bon *stew* ou un *game casserole* (ragoût de gibier) pour les accompagner !

The Hole in the Wall : *à* ***Bowness.*** Également un pub très sympa et diablement british, avec *live music* le vendredi.

À voir. À faire dans le coin

Vers Bowness

➢ À l'embarcadère de Bowness, on peut louer une jolie petite barque, ou prendre le bateau qui permet de ***faire le tour du lac.***

The World of Beatrix Potter Attraction : *The Old Laundry, au centre de Bowness, LA23 3BX. ☎ 504-12-33. • hop-skip-jump.com • Tlj 10h-17h30 (16h30 en hiver). Entrée : env 8 £ ; réduc.* Petit film de 5 mn sur les personnages créés par la célèbre écrivaine illustratrice pour enfants : *Jeremy Fisher, Peter Rabbit, The Two Bad Mice...* Puis charmante reconstitution en trois dimensions de l'univers de Beatrix Potter. L'expo replace ces « contes fermiers » dans leur contexte avec, pour chacun, le texte (disponible en français) qui défile sur des écrans. Plaira aux petits et aux... grands ayant gardé leur âme d'enfant.

Au sud du lac Windermere

Blackwell Arts & Crafts House : *à 1,5 mile au sud de Bowness, LA23 3JT. ☎ 461-39. • blackwell.org.uk • Bien fléché depuis Windermere ; prendre l'A 5074 en direction de Lancaster, puis la B 5360 sur la droite. Tlj 10h30-17h (16h en hiver).*

Fermé début janv. Entrée : env 9 £ ; réduc. Dépliant en français. Construit en 1898, voici un splendide exemple d'architecture de style *Arts & Crafts* dont les grandes lignes étaient l'espace, la lumière et la matière. Les intérieurs ont été admirablement rénovés et ont conservé leur mobilier d'origine. Depuis les larges fenêtres, vues dégagées sur des paysages magnifiques. D'autres villas furent construites dans le même esprit et à la même époque tout autour du lac, comme résidences secondaires, pour des industriels fortunés de Liverpool et Manchester. Certaines sont ouvertes à la visite, à commencer par la maison de John Ruskin (Brantwood) à Coniston.

Lakes Aquarium : ***Newby Bridge,*** *à l'extrémité sud du lac, LA12 8AS. ☎ 301-53. • lakesaquarium.co.uk • Accès possible en bateau depuis Bowness ou Ambleside (tickets groupés). Tlj 9h-17h. Entrée : 7 £ ; réduc sur Internet.* Pas seulement un aquarium, mais toutes sortes d'infos sur ce qui vole, nage, saute ou mord autour des lacs (comme les grenouilles pygmées ou les loutres). Comme bien souvent, un endroit un peu touche-à-tout mais bien fait pour les enfants, avec jeux et petits challenges rigolos.

– Au départ de l'aquarium, possibilité de petite balade en train à vapeur avec le ***Lakeside & Haverthwaite Railway.*** *☎ 315-94. • lakesiderailway.co.uk •*

Au nord de Windermere

Holehird Gardens : *Patterdale Rd, LA23 1NP. ☎ 460-08. • holehirdgardens.org.uk • Direction Ambleside, puis prendre l'A 592 pour Troutbeck. C'est à 1,5 mile. Tlj du lever au coucher du soleil. GRATUIT (donation bienvenue).* Beatrix Potter mentionnait déjà ce jardin de 10 ha dans son journal intime. On est accueilli, par tous les temps, par une panoplie de *lovely ladies* bénévoles. Voir, entre autres, la collection nationale d'hortensias.

➢ Après Troutbeck, une magnifique route bordée de murets serpente à flanc de montagne jusqu'au *Kirkstone Pass.* Puis redescente tout aussi spectaculaire sur Patterdale et Glenridding au nord ou, en faisant demi-tour, vers Ambleside à l'ouest.

AMBLESIDE

2 530 hab. IND. TÉL. : 015394

À l'extrémité nord du lac de Windermere, un bon camp de base pour les randonneurs. Non dénuée de charme, la vieille ville regroupe autour de l'église une poignée de belles maisons du XVIIIe s, comme la célèbre *Bridge House* à califourchon sur la rivière. Une famille nombreuse aurait habité dans cette bicoque minuscule pour ne pas avoir à payer d'impôts. Nombreux commerçants et quelques bonnes adresses pour reprendre des forces entre deux balades.

Adresse et info utiles

Tourist Information Centre : *sur Market Cross, à l'angle de North Rd. ☎ 325-82. Tlj 9h-17h30 (17h dim).* Doc et résa (payante) de logements dans la région.

– ***Marché :*** *le mer.*

Où dormir ? Où manger ? Où boire un verre ? Où sortir ?

Easedale Lodge : *Compston Rd, LA22 9DJ. En bas du village. ☎ 321-12. • easedaleambleside.co.uk • Doubles 76-125 £. Parking.* Dans un intérieur bien soigné, 7 chambres assez petites mais impeccables et coquettes. Accueil tout gentil.

Sheila's Cottage : *The Slack, LA22 9DQ. ☎ 330-79. Dans une ruelle perpendiculaire à Market Pl. Plats 11-17 £. Moins cher le midi.* Déco bien léchée, avec du bois blond, une cheminée et des murs en pierre. Cuisine anglaise métissée et sophistiquée, mais aussi, le midi ou en journée, un appétissant choix de plats plus légers et de gâteaux fameux. Service prévenant.

Lucy 4 Wine Bar : *Saint Mary's Lane, LA22 9DG. ☎ 346-66. Tlj 17h-23h. Fermé lun-mar hors saison. Plats à ts les prix.* Ce bar-bistrot propose une sorte de repas-tapas version internationale, plutôt ludique et goûteuse. Cadre coloré et musique rythmée.

Zeffirelli's : *Compston Rd, LA22 9DJ. ☎ 338-45. • zeffirellis.com • Résa conseillée le w-e. Plats 7-10 £ ; formule combinée resto + ciné 21 £.* Drôle d'endroit, à la fois cinéma, restaurant et jazz bar. Côté resto, c'est cuisine méditerranéenne, avec un large choix de pizzas. Côté bar, ambiance relax avec concerts de jazz gratuits, surtout le samedi soir. Côté ciné, 5 salles projetant des films actuels. Et côté programme, des soirées combinées pour ne pas décoller de cet endroit original et très couru.

Fellini's : *Church St, LA22 0BT. ☎ 324-87. • fellinisambleside.com • Plats 6-13 £ ; formule combinée resto + ciné.* Même concept que le *Zeffirelli's* (ciné-resto, donc), mais en version végétarienne. Déco chic et plats délicieux...

The Unicorn Inn : *North Rd, LA22 9DT ☎ 332-16. Dans la rue derrière l'office de tourisme, de l'autre côté du petit pont. Plats 9-17 £.* Pub chaleureux, vieux de 3 siècles, le plus ancien d'Ambleside. Musique folk certains soirs.

Où dormir ? Où manger ? Où boire un verre dans les environs ?

Low Wray Campsite : *LA22 0JA. D'Ambleside, emprunter la route de Hawkshead, puis suivre la direction de Low Wray. ☎ 320-39. Ouv Pâques-déc. Env 18 £ pour 2 avec tente et voiture.* Au bord du lac. Géré par le *National Trust* et tenu par un couple fort charmant.

Youth Hostel : *à* **Waterhead,** *LA22 0EU. Juste à l'entrée d'Ambleside, en venant de Windermere. ☎ 323-04. • yha.org.uk/hostel/ambleside • Dortoirs à partir de 13 £/pers, doubles à partir de 25 £. (payant.)* Face au lac, l'AJ la plus importante du coin, avec 240 lits en chambres de 1 à 6 lits. Tout l'équipement est là, y compris un bar convivial bien fourni ! Location de kayaks.

The Drunken Duck Inn : *Barngates, Ambleside, LA22 0NG. ☎ 363-47. • drunkenduckinn.co.uk • Sur la route de Hawkshead, à 2 bons miles d'Ambleside. Sert jusqu'à 21h. Résa impérative. Plats à partir de 16 £ le soir (moins cher le midi).* Ce pub de campagne « chic et charme » brasse ses propres bières, qui accompagnent à merveille une excellente cuisine, inventive et délicate (produits fermiers et locaux), à déguster dans l'une des charmantes petites salles, cosy à souhait. Côté bar, avec cheminée et quelques trophées de chasse, on peut se restaurer à moindres frais de sandwichs et plats de brasserie, le tout élégamment présenté. Quelques chambres plaisantes à l'étage, mais il vous faudra casser votre tirelire !

GRASMERE

IND. TÉL. : 015394

Autre grand lieu de pèlerinage pour les admirateurs du poète au nom imprononçable William Wordsworth (1770-1850). C'est là que se trouve *Dove*

Cottage, où il vécut de 1799 à 1808 et où il écrivit la plupart de ses grands poèmes, dont le fameux _Prélude_, chantant la beauté de milliers de jonquilles. Il est enterré avec ses proches dans le cimetière du village, au bord d'une rivière, sous l'un des huit cyprès qu'il y avait plantés. Les gens d'ici ont tendance à vouloir recréer l'ambiance du _Prélude_, en plantant des jonquilles un peu partout...

LA RECETTE DU SUCCÈS

En 1800, à Grasmere, Sarah Nelson inventa une recette de pain d'épice pour sa patronne. Il fallut attendre plusieurs dizaines d'années avant qu'elle ne commence à vendre sa production, au vu du succès rencontré. Depuis, la recette des gingerbread cakes *est placée sous bonne garde, dans le coffre d'une banque d'Ambleside. Pour en acheter, rendez-vous au* Grasmere Gingerbread Shop, *à Church Cottage.*

Où dormir ?

Bon marché (jusqu'à 40 £ / 48 €)

Youth Hostel : *Butharlyp Howe, sur Easedale Rd, LA22 9QG. ☎ (0845) 371-93-19. • yha.org.uk/hostel/grasmere-butharlyp-howe • Nuitée à partir de 13 £/pers ; doubles également.* Grosse bâtisse légèrement à l'écart du village, dans une belle nature. 80 lits en chambres de 2 à 8 lits. Tous les services.

Grasmere Hostel : *Broadrayne Farm, LA22 9RU. ☎ 350-55. • grasmerehostel.co.uk • À env 1 mile au nord de Grasmere, sur l'A 591 en direction de Keswick ; à droite après le pub* Travellers Rest. *Compter 20-23 £/pers. Pas de petit déj, mais cuisine à dispo.* Tenue par un couple très gentil, cette petite AJ indépendante occupe une jolie maison traditionnelle de 5 chambres, dotées de 3 à 6 lits. Petit salon cosy et même un sauna. Le tout cerné par les montagnes, dans un très bel environnement (on est au cœur du Lake District !). Loue aussi des cottages à la semaine.

Plus chic (80-120 £ / 96-144 €)

Lake View B & B and Apartments : *Lake View Dr, LA22 9TD. ☎ 353-84. • lakeview-grasmere.com • Dans une impasse, à côté de la poste. Doubles 103-124 £.* Idéalement située dans un coin paisible, avec grand jardin et vue sur le lac (accès par un chemin privé), une maison au confort et à la déco on ne peut plus british. Certaines chambres possèdent leur propre salon et même un bain à remous. Accueil chaleureux avec quelques mots de français. Également un studio à louer à la semaine.

Où manger ? Où prendre un thé ? Où acheter du bon pain d'épice ?

Baldry's : *Red Lion Sq, LA22 9SP. ☎ 353-01. Tlj 9h-17h.* Agréable salon de thé avec de grands miroirs à dorures, gâteaux maison, énormes cappuccinos et même de la limonade... plate. On peut aussi y grignoter un morceau : quiches, *pies*, soupes et salade au chèvre sont inscrits au tableau noir. Accueil gentil et familial.

Potted Out Café : *Stock Lane, au début du village en venant d'Ambleside, LA22 9SJ. ☎ 355-72. Tlj 11h-20h30. Plats et snacks à ts les prix.* Ce mignon petit resto, devancé d'une terrasse, sert surtout des pâtes, pizzas et autres risottos bien fumants. Également quelques plats plus élaborés et des sandwichs. Plutôt bien pour se sustenter.

|●| ***The Jumble Room Restaurant :*** *Langdale Rd. ☎ 351-88. Tlj sf mar 17h30-21h30, plus ven-dim le midi. Fermé en fin d'année. Résa conseillée en saison. Plats jusqu'à 22 £.* L'un des meilleurs restos du coin, proposant une cuisine style *fusion* qui suit les saisons et l'inspiration du chef. Côté cadre, petite salle aux murs rouge-orange ornés de peintures. On est un peu les uns sur les autres, mais c'est chaleureux !

Sarah Nelson's Grasmere Gingerbread : *Church Cottage, dans la rue principale. Ouv 9h15 (12h30 dim)-17h.* Pour acheter le fameux *gingerbread,* réputé dans tout le pays.

À voir. À faire

The Dove Cottage and Wordsworth Museum : *à l'entrée du village en arrivant d'Ambleside, dans un hameau tt mignon, en pierre du pays, LA22 9SH. ☎ 355-44. • wordsworth.org.uk • Tlj mars-oct 9h30-17h (16h le reste de l'année). Cottage fermé le mar en déc et fév. Fermé janv. Entrée : env 9 £ ; réduc. Visite guidée du cottage ttes les 30 mn (en anglais slt, mais traduction écrite disponible).* Commencer par la visite du musée pour mieux comprendre l'œuvre de Wordsworth. Ses poèmes abondent en descriptions de la nature, mais évoquent aussi la vie des gens simples qu'il rencontrait lors de ses promenades. Dans le musée et le cottage (où il vécut de 1799 à 1808), nombreux objets personnels et manuscrits rendent Wordsworth presque présent. En 1843, la reine Victoria lui décerna le titre de *Poet Laureate.* Il mourut en 1850.

ELTERWATER

IND. TÉL. : 015394

Très joli village aux maisons en pierre, dans une belle vallée où se rencontrent le magnifique lac Elterwater serti de montagnes, et la rivière Brathay.

Où dormir ? Où manger ? Où boire un verre ?

Youth Hostel : *High Close, Loughrigg, LA22 9HJ. ☎ 375-79. • yha.org.uk/hostel/langdale • Dans le hameau de Langdale, à l'ouest d'Elterwater (ne pas confondre avec Little Langdale). À partir de 10 £/pers en dortoir, doubles à partir de 25 £.* Une AJ installée dans une belle maison victorienne, sur les hauteurs, à 5 mn en voiture d'Elterwater par une petite route qui grimpe en zigzag. Bien équipée et bon accueil.

|●| ***Britannia Inn :*** *au cœur du village, LA22 9HP. ☎ 372-10. Plats 9-15 £.* Excellente cuisine locale qui embaume à la ronde, comme le fameux agneau de pays, ou de bons gibiers en sauce. Cadre traditionnel rustique, chaleureux et intime avec ses nombreuses cheminées et tables bien dressées. Quelques jolies chambres également, mais trop chères.

CONISTON

IND. TÉL. : 015394

Gros bourg austère dans un cadre bucolique, au pied d'une montagne nommée *The Old Man of Coniston.* John Ruskin habitait à Brantwood, de l'autre côté du lac, et est enterré dans le cimetière local. C'est aussi ici que repose

Donald Campbell, une célébrité locale morte accidentellement en 1967 en essayant de battre le record du monde de vitesse sur eau...

Adresse utile

Tourist Information Centre : sur le parking principal. ☎ 415-33. • conistontic.org • Tlj : 9h30-16h30 (10h-14h mer-jeu) avr-oct ; 10h-16h le reste de l'année.

Où dormir ?

Campings

***Coniston Hall Farm :** Haws Bank, LA21 8AS. À 1 km de la sortie sud du village, en direction de Torver. ☎ 412-23. Ouv avr-oct. Env 15 £ pour 2 avec tente et voiture.* Isolé au bord du lac, ce vaste camping réservé aux tentes (plus de 250 emplacements) jouxte une ferme massive dont les énormes cheminées n'ont rien à envier à celles d'un haut fourneau. Il faut un peu batailler pour se ménager une place en été.

***Park Coppice :** Park Gate, LA21 8LA. Au sud de Coniston, à env 2 km sur l'A 593 en direction de Torver. ☎ 415-55. • caravanclub.co.uk • Ouv fin mars-oct. Prévoir 17-23 £ pour 2 avec tente et voiture.* Énorme camping, principalement pour caravanes, avec une pincée d'emplacements pour tentes. En contrebas de la route, dans un environnement boisé, mais sol un peu caillouteux.

Bon marché (moins de 40 £ / 48 €)

***Youth Hostel :** Holly How, Far End, LA21 8DD. À la sortie du village en allant vers Ambleside. ☎ (01629) 592-700. • yha.org.uk/hostel/coniston-holly-how • À partir de 11 £/pers, doubles à partir de 39 £.* Au pied de la montagne, cette grosse bâtisse un brin sévère est une bonne base pour les adeptes de sports en tout genre dans la région.

***Youth Hostel :** Coppermines House, LA21 8HP. À env 2 km du village. ☎ (0845) 371-96-30. • yha.org.uk/hostel/coniston-coppermines • À partir de 11 £/pers en dortoir de 4-8 lits, doubles à partir de 39 £.* Complètement perdu et isolé dans la montagne, un nid d'angle idéal pour les amateurs de grands espaces sauvages. On y accède par une route de terre cahoteuse. Très simple mais propre, esprit refuge.

Où manger ? Où boire un verre ?

***The Black Bull Inn :** 1 Yewdale Rd, LA21 8DU. Au centre du bourg. Petite restauration le midi ; le soir, plats 10-19 £.* Pub classique aux plafonds bas veinés de grosses poutres, où se retrouvent les marcheurs. Vrai feu de cheminée les jours maussades. Cuisine rustique et excellentes bières brassées sur place. Petites terrasses.

***Jumping Jenny :** au-dessus du parking de la Brantwood House, LA21 8AD. ☎ 417-15. Tlj 10h30-18h (16h30 en hiver, mer-dim slt). Plat max 12 £.* Située dans l'ancienne étable de la *Brantwood House* (voir plus bas), cette jolie maison en pierre locale est flanquée d'une terrasse offrant une vue époustouflante sur le lac et les montagnes. L'intérieur est tout aussi séduisant, avec son poêle à bois, son plancher et ses tables blotties dans les anciens box. De quoi donner envie de s'attarder, d'autant qu'on y sert une petite cuisine de qualité et de délicieux gâteaux.

À voir. À faire

***The Ruskin Museum :** dans le centre du village, LA21 8DU. ☎ 411-64. • ruskinmuseum.com • De mi-mars à mi-nov 10h-16h30. Entrée : 6 £.* Sans surprise, on y trouve une section sur Ruskin (voir *Brantwood House,* plus bas), avec pas mal d'objets personnels, croquis, aquarelles, manuscrits et même son *harmonicon* (sorte de grand xylophone). Une partie est consacrée à Donald Campbell, fils d'un célèbre pilote de course. Déjà détenteur du record du monde de vitesse sur terre en franchissant la barre des 400 miles/h, il tenta de renouveler son exploit en 1967, sur l'eau cette fois. Son bateau, le *Bluebird,* qui filait à 328 miles/h (525 km/h !) sur le lac de Coniston, décolla avant de retomber et de se briser violemment... décapitant au passage le malheureux Campbell.

Brantwood House : *de l'autre côté du lac, LA21 8AD. ☎ 413-96. • brantwood.org.uk • On peut s'y rendre par la route ou, de manière plus plaisante, en prenant le bateau à vapeur* Gondola *(env 10 £ l'A/R). Musée mars-nov, 10h30-17h ; jusqu'à 16h le reste de l'année. Entrée : 8 £ ; jardins seuls env 6 £ ; réduc.*
Voici la maison où John Ruskin (1819-1900) passa le dernier quart de son existence, jouissant d'une vue somptueuse sur le lac. Ce grand intellectuel du XIXe s était membre du mouvement préraphaélite et influença par ses écrits de nombreuses personnalités à travers le monde, comme Gandhi. C'était un humaniste et un moraliste, avec des idées avancées pour l'époque sur l'éducation populaire. Il fit d'abord des études de minéralogie et de biologie (d'où la collection de coquillages) et fut l'ami de Charles Darwin. Mais Ruskin est surtout connu pour son travail sur l'architecture gothique et pour avoir fait redécouvrir Venise à travers son livre le plus célèbre, *Les Pierres de Venise* (Éd. Hermann). Une fois installé à Brantwood vers 1880, Ruskin relança l'industrie de la dentelle et de la broderie avec du lin local.
Dans une dépendance, expos temporaires, et au-dessus charmant jardin en terrasses aux ambiances multiples.

HAWKSHEAD

IND. TÉL. : 015394

Un très joli village traditionnel dont les ruelles pavées enserrent une église du XVe s. De 1779 à 1787, sa petite école eut le privilège de compter parmi ses élèves William Wordsworth (encore lui !). On peut d'ailleurs la visiter, rien ne semble avoir bougé depuis 400 ans. C'est aussi le fief de Beatrix Potter (encore elle !) et une vitrine-relais du *National Trust.*

Où dormir ? Où manger dans le coin ?

Youth Hostel : *Main St, LA22 0QD. À env 1 mile au sud de Hawkshead. ☎ (0845) 371-93-21. • yha.org.uk/hostel/hawkshead • À partir de 11 £/pers en dortoirs de 3-8 lits, doubles à partir de 29 £.* Idéalement situé face au lac, dans une belle maison georgienne entourée d'un grand jardin. Simple mais nickel, cuisine et billard à disposition.

Howe Farm : *à moins de 1 mile au sud de Hawkshead, LA22 0QB. ☎ 43-63-45. • howefarm.co.uk • Doubles à partir de 86 £, petit déj compris.* Une petite ferme datant du XVIIe s, accrochée à flanc de colline, dont la déco coquette et chaleureuse contraste avec la façade rustique. 2 chambres très agréables avec salle de bains privée sur le palier et vue sur la vallée. Mais le must demeure le breakfast maison préparé avec les produits de la ferme ou encore le repas du soir. Un de nos coups de cœur.

Belle Green B & B : *dans le village de* **Near Sawrey,** *LA22 0LF. À 2 miles au sud de Hawkshead, en face de Hill Top. ☎ 365-08. • bellegreenbedandbreakfast.co.uk • Double*

80 £. Seulement 3 chambres mignonnes et douillettes, dans une maison paisible, avec une vue de carte postale sur le village et la maison de Beatrix Potter. Fait aussi salon de thé.

Grandy Nook : *Vicarage Lane, dans le centre, LA22 0PB. ☎ 364-04. Fermé lun-mar et en janv.* Pas facile à débusquer, ce salon de thé ! Pour aller vous régaler de chocolat chaud onctueux et de scones moelleux (à tartiner de crème et de *rum butter* !), il vous faudra passer sous l'arcade de la maison blanche faisant face à la *Beatrix Potter Gallery...* et pousser la petite porte de la petite maison à l'enseigne en forme de théière. On se croirait presque arrivé chez Mme Piquedru, la blanchisseuse de Beatrix Potter ! À l'heure du déjeuner, sandwichs et soupe du jour. Fameux et pas bien cher.

À voir. À faire dans le coin

The Beatrix Potter Gallery : *au centre du village, LA22 0NS. ☎ 363-55. • nationaltrust.org.uk/beatrix-potter-gallery-and-hawkshead • Avr-oct, tlj sf ven (juin-août ouv ven) 10h30-17h (15h30 de mi-fév à fin mars). Fermé de nov à mi-fév. Entrée : env 6 £ ; réduc.* C'est l'occasion d'admirer bon nombre d'aquarelles originales. Beatrix Potter savait comme personne saisir la magie des paysages du Lake District et les retranscrire avec poésie. On découvre que son œuvre ne s'adresse pas seulement aux enfants.

GÉNÉREUSE DE NATURE

L'engagement de Beatrix Potter faisait d'elle une femme attachante et d'avant-garde. À force de parcourir la contrée pour réaliser ses aquarelles, elle prit conscience des dangers qui menaçaient sa chère nature et n'eut de cesse d'aider les paysans, en leur rendant espoir et fierté. Elle relança notamment l'élevage du mouton local, le fameux Hardy Herdwick sheep. *Surtout, elle légua au tout jeune* National Trust *l'ensemble de ses terres, soit près de 4 000 ha !*

Hill Top : *à* **Near Sawrey,** *à 2 miles au sud de Hawkshead, LA22 0LF. ☎ 362-69. • nationaltrust.org.uk/hill-top • Tlj sf ven 10h-16h30 avr-oct (10h30-15h30 de mi-fév à Pâques). Fermé le reste de l'année. Entrée : env 10,50 £ ; réduc.* Cette jolie ferme du XVIIe s est l'une des étapes incontournables (et donc très fréquentée) du circuit consacré à Beatrix Potter, qui y passa une grande partie de sa vie. Elle aimait tellement l'endroit qu'elle s'en servit à maintes reprises comme décor pour ses histoires. Dans *The Treasure Room,* ne pas manquer la maison de poupée, un trésor, effectivement ! Tout ici évoque l'artiste et son univers, à commencer par son ravissant jardin, on ne peut plus anglais...

D'ELTERWATER À BOOT

Après la verdure et la douceur des paysages, direction la côte. On découvre des espaces de pierres et d'éboulis beaucoup plus sauvages et des vallées très isolées.

WRYNOSE PASS

Premier col. La route, enserrée de murs, sinue dans la vallée. Au bout, ça grimpe assez dur pour déboucher sur le Hardknott Pass. Tout du long, des endroits pour s'arrêter et laisser passer les autres voitures, mais aussi pour admirer le paysage.

HARDKNOTT PASS

La route fut construite par les Romains et n'a pas été redessinée depuis. La descente dans la vallée est assez époustouflante. On a l'impression qu'on va aller se cogner aux pierres qui ferment la route, les virages sont difficiles à négocier, avec des dénivelées entre 25 et 30 %. Bref, ça ressemble terriblement à des montagnes russes. Ouf ! On est à nouveau dans la vallée. Coup d'œil à l'ancien fort romain aux murs hauts et épais ; heureusement, la main-d'œuvre n'était pas chère ! Vue sur les monts Sca et, au loin, Scafell Pike, la plus haute montagne d'Angleterre (978 m). Si vous êtes allergique aux moutons, c'est là qu'il faut aller. Pas un brin d'herbe au sommet, donc pas de moutons, mais des cailloux et du lichen. Par temps clair, vous apercevrez de là-haut la vallée de Wastdale, puis, au-delà, Ennerdale et enfin la mer !

Où dormir ? Où manger ?

Youth Hostel : *juste après le Hardknott Pass, en direction de Boot, CA19 1TH. ☎ (0845) 371-93-17. • yha.org.uk/hostel/eskdale • À partir de 13 £/pers en chambre de 2-8 lits, doubles à partir de 39 £.* Une solide bâtisse en pierre au milieu de nulle part, avec les montagnes tout autour. Déco chaleureuse, bonne atmosphère. Plein de balades à faire dans le coin.

Woolpack Inn : *à 200 m de l'AJ, CA19 1TH. ☎ (01946) 72-32-30. • woolpack.co.uk • Doubles 70-110 £, avec ou sans petit déj ; dégressif. Au resto, plats pour ttes les bourses.* Un pub-bar-resto proposant aussi une grosse poignée de chambres un peu petites mais cosy. Côté cuisine, la maison fait à la fois dans le traditionnel anglais et l'italien, avec des pizzas au feu de bois et des produits frais et locaux. Resto et pub chauffés au poêle et bar plus moderne, avec un beau choix de vodkas. Prévoir un peu d'attente lorsque le lieu est envahi de randonneurs...

D'ESKDALE À WAST WATER, PAR LA ROUTE

ESKDALE

Paysage beaucoup plus doux et boisé. Les amoureux de petits trains à l'ancienne prendront celui qui les mènera à Ravenglass à travers toute la vallée (plusieurs départs/j. en saison ; billet A/R environ 13 £, avec possibilité de monter et de descendre où l'on veut). Les sportifs feront à peu près le même trajet avec des *mountain bikes* (VTT).

À voir. À faire

➢ Belle balade jusqu'à ***Devoke Water,*** lac de montagne au milieu d'une lande désolée. D'Eskdale Green, prendre la route d'Ulpha, jusqu'à un chemin de cavaliers sur la droite dans la direction de Waberthwaite. Laissez votre voiture et rendez-vous à pied au lac. De la route, très belles envolées sur les monts Sca toujours aussi nus ! D'autres iront à la cascade ***Stanley Force.***

➢ En voiture, vous pouvez aussi faire une boucle en allant jusqu'à Ulpha (vers le sud), puis ***Stoneside Hill*** et retour sur Eskdale Green. ***Ulpha Fell,*** au milieu de la boucle, est très sauvage, avec une lande qui s'étend à perte de vue. Des moutons, des moutons, encore des moutons.

LE LAC WAST WATER

Très encaissé au fond de la vallée, ce magnifique lac est le plus profond de la région. Paysage sauvage et impressionnant, tel un vaste désert de rocailles et de landes. Des couleurs extraordinaires au coucher du soleil.

Où dormir ? Où manger ? Où boire un verre ?

Wasdale Campsite : *au bout du lac, CA20 1EX.* ☎ *(015394) 327-33.* • *nationaltrust.org.uk/features/wasdale-campsite* • *Tte l'année. Compter 15-30 £ pour 2 avec tente et voiture.* Un terrain géré par le *National Trust*, réservé aux tentes (ou *campervans*), dans un site sublime. Équipements simples.

Youth Hostel Wastwater : ***Wasdale,*** *CA20 1ET.* ☎ *(0845) 371-93-50.* • *yha.org.uk/hostel/wasdale-hall* • *Env 1,5 mile après Nether Wasdale en allant vers Wasdale Head. Nuitée à partir de 13 £ en dortoir de 4-6 lits.* Une belle bâtisse idéalement située au bord du lac, très plaisante et bien équipée.

Wasdale Head Inn et Ritson's Bar : *à* ***Wasdale Head,*** *CA20 1EX.* ☎ *(019467) 262-29. Plats 10-17 £.* Au pied des montagnes, un pub au cadre chaleureux avec des tables et banquettes en bois, et des cartes et photos du coin sur les murs. Les randonneurs s'y retrouvent naturellement pour se raconter leurs exploits autour d'une *real ale* ou d'un bon plat revigorant. Également des chambres, mais assez chères.

À voir. À faire

– La vallée au bout de ce lac est littéralement hérissée de murs, qui forment un ***labyrinthe*** extraordinaire. De là, on aperçoit des sentiers qui partent dans la montagne. Au milieu des murs, la plus petite chapelle d'Angleterre.

– Vous aurez peut-être la chance d'apercevoir des gens du coin s'entraîner à un des sports locaux, le *fell running.* Il consiste à descendre la montagne en courant le plus vite possible... en ligne droite évidemment (un peu comme la « ramasse » dans les Alpes françaises) ! On en a le souffle coupé pour eux. Il y a une compétition à Grasmere le jeudi le plus proche du 20 août.

À l'angle du *Ritson's Bar,* un sentier mène au Black Sail Pass et rejoint la plus petite ***AJ*** du coin (16 lits). ☎ *(0845) 371-96-80.* Confort rudimentaire. Plutôt un refuge qu'une auberge, c'est un ancien abri de bergers, à la limite de la forêt.

➢ De là, toujours à pied, vous pouvez prendre le *Scarth Gap Pass* et déboucher sur Buttermere.

➢ À partir de Wasdale Head, possibilité d'escalader *Great Gable, Green Gable.* Mais gare aux éboulis !

ENNERDALE WATER ET BUTTERMERE

En voiture, on arrive par Ennerdale Bridge. Le lac Ennerdale se trouve au bout de deux petites routes, l'une finissant à l'extrémité ouest du lac, l'autre sur la rive nord. Le sentier *Nine Beck Walk* part de Bownes Knot et permet d'en faire le tour. Très beaux points de vue sur le lac.

Où dormir ?

☗ **Youth Hostel :** *Cat Crag, Ennerdale (Gillerthwaite), CA23 3AX. ☎ (0845) 371-91-16. • yha.org.uk/hostel/ennerdale • À l'est du lac, accès depuis la rive nord par un chemin forestier (carrossable) d'env 2 miles. À partir de 18 £ la nuitée.* Ancienne maison forestière en pleine nature.

BUTTERMERE

Quelques maisons éparpillées forment ce petit village posé dans la vallée, entre les lacs de Crummock Water et Buttermere. De nombreux chemins partent de cet endroit stratégique, soit vers Whiteless Pike et Crag Hill, soit, de l'autre côté des lacs, vers Scale Force (l'à-pic de la cascade est impressionnant, le volume d'eau l'est moins) et Red Pike.

Où dormir ? Où manger ?

Auberge de jeunesse

☗ **Buttermere Youth Hostel :** *sur la route du Honister Pass, à la sortie de Buttermere, CA13 9XA. ☎ (0845) 371-95-08. • yha.org.uk/hostel/buttermere • À partir de 11 £ la nuitée, double 29 £.* Belle demeure en pierre de taille, face à la montagne.

De chic à très chic (plus de 80 £ / 96 €)

☗ **Wood House Cottage :** *sur la B 5289 en arrivant de Cockermouth, peu avt le village, CA13 9XA. ☎ (017687) 702-08. • wdhse.co.uk • Doubles 110-130 £, petit déj compris.* Difficile de résister au cadre romantique de cette demeure. Isolée au bord de la route, elle dresse sa façade chaulée face aux flancs escarpés de Red Pike. Intérieur décoré avec goût, et chambres aménagées de meubles anciens. Possibilité d'y dîner certains soirs.

☗ I●I **Bridge Hotel :** *au centre du village, au bord de la rivière, CA13 9UZ. ☎ (017687) 702-52. • bridge-hotel.com • Double 180 £, petit déj inclus. Plats 9-16 £ au pub, plus chers au resto. Offres sur Internet.* Charmant hôtel de campagne proposant des chambres plaisantes, joliment meublées à l'ancienne. Petit espace salon pour certaines et vue alentour pour toutes. Côté pub, solides plats locaux comme le *hotpot,* sorte de ragoût d'agneau et de boudin noir.

DE BUTTERMERE À KESWICK PAR LE HONISTER PASS

Après le lac Buttermere, la route s'engage dans la vallée de Honister, frangée d'austères montagnes arides et d'éboulis. La dernière section monte brutalement vers le spectaculaire col de *Honister Pass,* qu'on franchit au niveau d'un mur d'ardoise élevé par les anciens ouvriers de la carrière d'ardoise (lire « À voir. À faire »). Puis on redescend sur Borrowdale par le hameau de Seatoller, direction Keswick.

Où dormir en auberge de jeunesse ?

☗ **Youth Hostel :** *Seatoller, Honister Pass, CA12 5XN. ☎ (0845) 371-95-22. • yha.org.uk/hostel/honister-hause • Au niveau du col de Honister, juste après le musée de la Mine en venant de Buttermere. À partir de 10 £ la nuitée,*

29 £ la double. Au bord de la route, face à la carrière d'ardoise, isolé en pleine montagne. Confort simple, mais on peut y prendre le petit déj et le dîner.

Youth Hostel : *Borrowdale, **Longthwaite,** CA12 5XE. ☎ (0845) 371-96-24. • yha.org.uk/hostel/borrowdale • En continuant vers Keswick, sur la gauche. À partir de 13 £ la nuitée, 29 £ la double.* Un peu en retrait du hameau, avec vue sur les montagnes.

Derwentwater Youth Hostel : *Barrow House, Borrowdale, **Keswick,** CA12 5UR. ☎ (017687) 772-46. • derwentwater.org • Env 23 £ la nuitée en été.* AJ privée à 3-4 km avant Keswick, dans une belle demeure idéalement placée au bord du lac Derwent. 88 lits en tout, dont 22 dans le même dortoir. Staff très sympa.

À voir. À faire

Honister Slate Mine : *Honister Pass, **Borrowdale,** CA12 5XN. ☎ (017687) 772-30. • honister.com • Entre Borrowdale et Buttermere, au niveau du col. Tlj 9h-17h. Visites guidées (env 1h30) tlj à 10h30, 12h30 et 15h30. Entrée : env 14 £. Ticket groupé visite de la mine, via ferrata et lunch.* Dans un environnement minéral, presque lunaire. Coiffé d'un casque, on attaque par une petite grimpette en bus pour atteindre la galerie à proprement parler, puis on pénètre dans le ventre de la montagne. Visite passionnante, en anglais. Au choix : la *Kimberley,* plus facile, ou *the Honister,* plus physique (il faut mesurer au moins 1,30 m pour pouvoir la faire). Dans les deux cas, on en ressort en sachant tout, ou presque, sur cette splendide ardoise verte extrêmement chère, car difficile à extraire. Et pour les plus courageux, il y a une *via ferrata. Coffee shop* sur place.

➢ Du Honister Pass, suivre les sentiers qui mènent à ***Great Gable*** ou à ***Dale Head.*** Attention, il faut être équipé correctement (chaussures, carte, imperméable). On peut se retrouver très vite sous la pluie ou dans les nuages !

➢ À partir de ***Rosthwaite,*** passer le pont et suivre l'ancien chemin cavalier, qui permettait de se rendre à Watendlath, à gauche de *Hazel Bank.* Compter 2-3h de marche, avec une dénivelée de 300 m. Après l'effort de cette rude grimpette, le réconfort au *Caffle House Tea-Room,* dans une bergerie. Sympa, non ?

Environ 2 miles après Rosthwaite et avant d'admirer le ***lac Derwent*** dans la verdure, on passe par le mignon village de ***Grange,*** accessible par un gracieux petit pont à deux arches.

Watendlath : quelques kilomètres avant Keswick, depuis le lac Derwent, petite route en épingle à cheveux sur la droite pour se rendre à ce hameau isolé composé de fermes et de bergeries au bord d'un lac de montagne, coupé du monde et du temps, très protégé par le *National Trust.* La route qui y mène est une petite merveille... et permet de franchir *Ashness Bridge,* un vieux pont en pierre, l'un des plus photographiés de la région, avec le lac Derwent en arrière-plan et les monts Skiddaw. Quelle belle carte postale !

KESWICK

4 820 hab. IND. TÉL. : 017687

Grosse bourgade de montagne, sur le bord du lac Derwent, organisée autour d'une agréable rue commerçante truffée de pubs et de restos. On y trouve *The Puzzling Place* *(tlj en saison 11h-17h30)* **dédié aux illusions optiques, et le *Pencil Museum*** *(tlj 9h30-16h),* **deux petits musées pas**

incontournables mais utiles les jours de pluie. À part ça, c'est une excellente base pour rayonner dans le coin.

Adresses utiles

Tourist Information Centre : *Moot Hall, Market Sq. ☎ 726-45. • keswick.org • Dans la tour-horloge de la rue piétonne. Tlj 9h30-17h30 (16h30 en hiver).* Équipe accueillante, dynamique et compétente.

Hôpital : *Crosthwaite Rd. ☎ (01768) 245-678. À la sortie nord du bourg, en direction de l'A 591 et de l'A 66.*

George Fisher : *Lake Rd, au centre-ville. ☎ 721-78. Tlj 9h-17h30 (10h30-16h30 dim) ; jusqu'à 18h en été.* Immense magasin vendant tout le matériel de randonnée et de camping. Location de chaussures de marche pour les têtes en l'air. Également des cartes et guides de randonnées.

Bus Terminal : *au niveau du magasin Boots, derrière Main St.* Véritable carrefour des axes nord-sud et est-ouest.

Où dormir ? Où manger ?

Campings

Castlerigg Hall Caravan and Camping Park : *Castlerigg Hall, CA12 4TE. ☎ 744-99. • castlerigg.co.uk • À env 2 miles, direction Windermere. Ouv mars-oct. Compter jusqu'à 24 £ pour 2 avec tente et voiture.* Sur les hauteurs, donc avec une vue superbe sur les montagnes et le lac. Accueil chaleureux et équipement exemplaire : salles et cuisine à dispo pour les repas en cas de pluie, boutique, resto et laverie. Le *Stone Circle* est accessible à pied.

Castlerigg Farm Campsite : *juste après le précédent. ☎ 724-79. • castleriggfarm.com • Ouv de mi-mars à oct. Compter 16-20 £ pour 2 avec tente et voiture.* Terrain un peu plus élevé et exposé au vent que le *Castelrigg Hall,* mais sympa aussi et bénéficiant, là encore, d'une super vue. Bon accueil, petite boutique, café-resto et laverie.

Bon marché

Youth Hostel : *Station Rd, CA12 5LH. ☎ 724-84. • yha.org.uk/hostel/keswick • À partir de 13 £ la nuitée, env 30 £ en chambre double. (payant.)* Situation plaisante, au bord de la rivière, à quelques minutes à pied de Market Square. Aménagements simples mais suffisants et nickel.

Treeby & Botlon Gallery Café : *Lake Rd, CA12 5BT. ☎ 724-43. Tlj 10h-17h. Moins de 10 £.* Pour un breakfast tardif, un savoureux plat léger le midi, ou une pause gourmande à l'heure du thé, voici une petite adresse lumineuse et bien agréable. Carte restreinte, mais tout est frais et soigné, parfois inhabituel comme les assiettes de poissons ou de viandes fumés.

Bryson's Tea-Room : *42 Main St, CA12 5JD. ☎ 722-57. Tlj 9h-17h.* Cette pâtisserie-salon de thé est réputée à Keswick depuis plus de 60 ans. À emporter ou à consommer sur place, vaste choix de biscuits, *cakes* et douceurs, mais aussi des sandwichs, soupes et petits plats le midi. Bien pour reprendre contact avec la civilisation après une sortie dans les montagnes.

Dog & Gun : *2 Lake Rd, CA12 5BT. ☎ 734-63. Tlj 11h-23h.* Les ronchons vous diront que c'était mieux avant, nostalgiques qu'ils sont de leur bon vieux pub d'antan. Nous, on trouve ça sacrément réussi ! Banquettes douillettes, cheminée, déco chaleureuse, éclairages bien pensés, ambiance conviviale... tout est réuni pour s'attarder, d'autant que les *ales* sont elles aussi fort plaisantes. Que les anciens se rassurent, le goulasch, plat phare de la maison depuis 30 ans, est toujours au menu !

Chic

Très nombreux **B & B** dans la ville, notamment sur Eskin Street.

Parkfield Guesthouse : *The Heads, CA12 5ES.* ☎ *723-28.* • *parkfield keswick.co.uk* • *À 2 mn du centre-ville, dans une rue qui débouche sur Heads Rd, au niveau du parking. Doubles 90-100 £.* Dans une maisonnette paisible, une poignée de chambres coquettes tenues à la perfection par la souriante Susan Berry. Les plus chères sont plus grandes, ont une TV géante et une meilleure vue. Petit salon confortable à la déco bien léchée et salle de petit déj très agréable.

À voir. À faire

➢ Balade en bateau sur le lac avec le ***Keswick Launch,*** ☎ *722-63.* • *keswick-launch.co.uk* • Départs *(env 8 fois/j. en saison)* du bout de Lake Road. Le bateau fait tout le tour du lac et le ticket d'un jour permet de monter et descendre à loisir aux sept arrêts. Sinon, on peut prendre un ticket juste pour relier deux points du lac, c'est évidemment moins cher. Très beaux points de vue sur les montagnes environnantes, notamment les rochers des *Borrowdale Fells,* qui forment un excellent terrain de jeux pour les grimpeurs, ou encore *Friar's Crag* (voir ci-après).

Friar's Crag : *sur le bord du lac, au-delà du théâtre et de la jetée.* John Ruskin considérait que, de là, la vue sur le lac et les rives opposées était sublime. Rien n'a changé depuis, la beauté de cette nature sereine est effectivement saisissante. C'est de cette petite langue de terre que, au XVIIe s, partaient les religieux voulant recevoir la bénédiction de saint Herbert (le saint local) qui vivait sur l'îlot au milieu du lac.

Castlerigg Stone Circle : *à env 2 miles du centre-ville, CA12 4TE. Prendre la route A 591 en direction de Windermere (ou l'A 66), puis indiqué sur la droite.* Ces pierres levées (une trentaine), plus anciennes que Stonehenge, sont posées en cercle dans la verdure. Assez impressionnant.

DANS LES ENVIRONS DE KESWICK

➢ Balades à pied vers **Bowscale Tarn** ou **Skiddaw Forest** (bonnes chaussures, carte et imperméable).

Skiddaw : les courageux se lanceront dans l'ascension de cette montagne (environ 930 m) depuis Keswick, direction Latrigg Walk au début. Du centre-ville, traverser la rivière Greta et suivre la route (qui tourne à droite puis à gauche) jusqu'à Briar Rigg, où se trouve une bifurcation vers Latrigg Summit-Skiddaw. Après, c'est de la marche dans des paysages plutôt désolés. Compter 3h jusqu'au sommet depuis le centre-ville. De là-haut, belle vue sur le lac et les montagnes Helvellyn.
Les moins sportifs peuvent tricher un peu en garant leur voiture au nord de Latrigg, au bout du chemin Gale Road, et passer par Applethwaite et Underscar. Ça raccourcit de 1h (dans chaque sens)... mais c'est un peu dommage !

Dans le coin, halte possible pour la nuit à la ***Skiddaw Bunkhouse :*** *Bassenthwaite, CA12 4QX.* *(077471) 742-93.* • *skiddawhouse.co.uk* • *Mars-oct. Compter 15 £/pers (moitié prix moins de 18 ans). CB refusées.* C'est l'AJ la plus haute du pays ! Attention, elle ne se trouve pas sur le chemin du sommet de Skiddaw et on n'y accède qu'à pied, en 1h30 environ depuis le parking de Latrigg. Isolement et tranquillité garantis au coin d'un bon feu de bois. Petit plus : la moitié du personnel parle le français.

Cockermouth : *à 25 miles à l'ouest, par l'A 66.* Grosse bourgade familiale aux maisons colorées, à la frontière du Lake District. On peut s'y arrêter quelques heures, le temps de visiter la ***maison natale de Wordsworth*** ou la ***brasserie Jenning's,*** dont les pubs du même nom ont envahi la région.

Quince and Medlar : *13 Castlegate, dans le centre, CA13 9EU. ☎ (01900) 82-35-79. Mar-sam, le soir slt. Résa conseillée le w-e. Plats jusqu'à 15 £.* Connu dans tout le Lake District, ce restaurant chic propose de la haute cuisine, végétarienne uniquement. Les principaux ingrédients : le souci du détail, les produits bio et l'inspiration méditerranéenne. Espace assez réduit mais élégant, imprégné d'une douce atmosphère. Ne manquez pas non plus les desserts, qui viennent couronner le repas.

ULLSWATER LAKE

IND. TÉL. : 017684

Le deuxième lac du Lake District en taille, que l'on préfère à celui de Windermere : nettement moins de monde, des paysages encore plus grandioses et une route qui longe vraiment le bord de l'eau. Au nord, le petit village de Pooley Bridge ; au sud, Glenridding et Patterdale, deux bourgades distantes de seulement 1,5 mile. On y trouve un gentil port de plaisance. C'est de ce lac qu'on peut escalader le Helvellyn, le troisième sommet de la région.

Arriver – Quitter

En voiture

➢ ***Depuis Keswick,*** par l'A 66 en direction de Penrith, puis prendre l'A 5091 vers Glenridding et Patterdale.
➢ ***Depuis Windermere,*** direction Ambleside (A 591), puis A 592 vers Troutbeck. Passer le col de Kirkstone.

En bus

À peine quelques rotations/j. d'où qu'on vienne. Bus depuis Penrith et, en été, le nº 517 de Windermere et le nº 508 de Keswick. Arrêts à Glenridding et à Patterdale. • *traveline.info* •

Adresse et infos utiles

Ullswater National Park Information Centre : *sur le parking de Glenridding. ☎ (017684) 824-14. • lakedistrict.gov.uk • Pâques-oct, tlj 9h30-17h30 ; slt le w-e en hiver.* Bon accueil et bonne documentation.

– Liste des hébergements et des activités sur • *ullswater.com* •

Où dormir dans la vallée ?

Gill Side Caravan Campingsite : *à Glenridding, sur les hauteurs du village (suivre la route qui monte depuis le parking de l'office de tourisme), CA11 OQQ. ☎ 823-46. • gillsidecaravanandcampingsite.co.uk • Env 20 £ pour 2 avec tente et voiture.* Un tantinet rustique, le *Gill Side* se contente d'une soixantaine d'emplacements (premiers arrivés, premiers servis !), groupés au bord de la rivière, dans un bel environnement. Équipements minimum, en revanche c'est un camping écolo !

The Sykeside Camping Park and Brotherswater Inn : *à env 3 miles au sud de Patterdale, CA11 ONZ. ☎ 822-39. • sykeside.co.uk • Camping 15-26 £ pour 2 avec tente et voiture ; double 80 £, avec petit déj.* Dans ce fief de randonneurs, face aux montagnes, on a le choix entre le camping, la chambre en *B & B* ou, pour les groupes, des *bunkhouses.* Les moutons paissent entre les tentes et les voitures ne sont pas autorisées sur le gazon. Boutique, bar et restaurant sur place.

Youth Hostel Helvellyn : *Greenside,* ***Glenridding,*** *CA11 0QR. ☎ (0845) 371-97-42. • yha.org.uk/hostel/Helvellyn • Aller vers le haut du village, dépasser* The Traveller's Rest *et prendre à droite au panneau ; c'est env 1 mile plus loin, par une petite route de terre. À partir de 11 £ la nuitée, double 25 £.* À côté d'anciennes mines de cuivre, dans un superbe environnement montagneux et sauvage. Assez bien équipé pour une AJ aussi isolée. Possibilité aussi d'y planter sa tente. Personnel très serviable. De plus, on est sur le chemin qui monte vers le sommet du Helvellyn, situé 8 miles plus loin.

Mosscrag Guesthouse : *dans le centre de* ***Glenridding,*** *au bord de la rivière, CA11 0PA. ☎ 825-00. • mosscrag.co.uk • Env 90 £. Table d'hôtes 18,50 £.* Une poignée de chambres douillettes et très agréables, dotées de tout le nécessaire. Nombreuses infos sur la région et très bon accueil. Fait aussi table d'hôtes, ça peut changer du resto !

Où manger ? Où boire un verre ?

À Glenridding

The Ratchers Tavern : *en bas de l'hôtel* Glenridding. *☎ 822-28. Plats 10-17 £.* Dans ce pub sans fioritures, bons plats de terroir ainsi que des pizzas. Idéal pour se remettre des efforts de la journée.

The Traveller's Rest : *dans le haut du village, CA11 0QQ. Tlj midi et soir. Plat 10 £, grillades plus chères.* Un pub chaleureux au pied des sentiers, arrêt naturel des grimpeurs qui ont faim et soif...

À Patterdale

The White Lion Inn : *au centre du hameau, CA11 0NW. Plat env 10 £, petite restauration moins chère.* Ambiance et cuisine de pub classiques, à prix raisonnables. Propose également des petits déjeuners et des *packed lunches* pour les randonneurs.

Balades dans les environs

Avant toute chose, on vous conseille de vous munir d'une bonne carte car les sentiers ne sont pas balisés. Vous trouverez par exemple, à l'office de tourisme, l'*Ordnance Survey Explorer North-Eastern Area OL5,* qui vous sera d'une aide précieuse. Vous pouvez aussi vous procurer le *Helvellyn & Fairfield Hill Walker's Guide,* qui détaille une quinzaine de randonnées d'une durée de quelques heures. Voici les plus fréquentes :

➢ *L'ascension du Helvellyn (950 m) :* la plus populaire, à faire avec la carte d'*Ordnance Survey.* Sans être vraiment dangereuse, mieux vaut ne pas avoir trop peur du vide car il faut marcher sur des crêtes assez raides et même parfois s'aider de ses mains... En chemin, on passe par le *Red Tarn,* un très joli lac. Environ 5h aller-retour.

➢ *L'ascension de Place Fell (657 m) :* départ face au *Patterdale Hotel,* au sud de Patterdale. Un peu éprouvant mais vous serez récompensé par les vues du sommet. Compter 3h aller-retour.

➢ Prendre l'*Ullwaster Steamer* (un petit bateau à vapeur) jusqu'à *Howtown* et, de là, revenir sur Patterdale en longeant la rive est du lac, en 3-4h.

➢ Ne quittez pas le coin sans jeter un œil à l'*Aira Force,* une ravissante cascade à quelques kilomètres au nord de Glenridding. Un conseil : ne vous garez pas sur le parking principal, payant, au croisement de l'A 592 et de l'A 5091, mais sur le premier petit parking situé sur l'A 5091 (côté droit) en allant vers l'A 66. Il est non seulement gratuit mais situé à quelques minutes de la cascade !

LE MUR D'HADRIEN ET LE NORD-EST

Vaste territoire qui court de Carlisle à Newcastle, avec au sud la région de Durham et au nord le Northumberland et son parc national. Cette zone-frontière a souvent été disputée, tantôt sous possession écossaise, tantôt sous domination anglaise. C'est aujourd'hui un coin tout à fait pacifique, mais où l'on décèle, si l'on creuse un peu, un certain esprit frontalier et où l'on se sent parfois plus près des métropoles écossaises qu'anglaises. Les Romains avaient construit un mur coupant littéralement l'île sur environ 70 miles, de mer à mer (en gros de Carlisle à Newcastle, la partie la moins large de Grande-Bretagne), afin de protéger la frontière nord de leur empire. Les impressionnantes sections, encore visibles aujourd'hui, du célèbre mur d'Hadrien font désormais partie du territoire anglais et du Patrimoine de l'humanité.

CARLISLE

75 300 hab. IND. TÉL. : 01228

• Plan *p. 447*

L'histoire de Carlisle se résume à une succession de conflits entre les clans écossais et les Border Reivers, des bandes de pillards très mobiles particulièrement redoutables. Du coup, l'ancienne *Luguvallium* a abrité une garnison depuis l'époque romaine jusqu'au XXe s ! Aujourd'hui, Carlisle a plutôt l'allure d'une respectable bourgade de province, qui tient à mettre en avant sa culture frontalière et son accès privilégié au mur d'Hadrien. Avec ses *Lanes* – un dédale de rues commerçantes couvertes –, c'est aussi devenu une ville de shopping. On y passera éventuellement une nuit, guère plus.

Arriver – Quitter

En bus

Gare routière *(plan B2)* **:** *Earl Lane. Rens auprès de National Express.* • *nationalexpress.com* •

➢ Plusieurs liaisons/j. avec ***Manchester*** et env 3 avec ***Keswick.***

➢ Liaisons plus ou moins directes avec ***Liverpool.***

En train

Gare ferroviaire *(plan A-B2)* **:** *Citadel Station.* ☎ *(08457) 48-49-50.*

➢ Env 1 train/h avec ***Newcastle*** (compter 1h30), et 3-4 trains/j. avec ***Londres*** (env 4h), mais aussi avec ***Glasgow, Édimbourg...***

Adresse utile

Carlisle Visitor Centre *(plan A1)* **:** *Old Town Hall, Greenmarket.* ☎ *59-85-96.* • *discovercarlisle.co.uk* • *Mars-oct, lun-sam 9h30-17h (17h30*

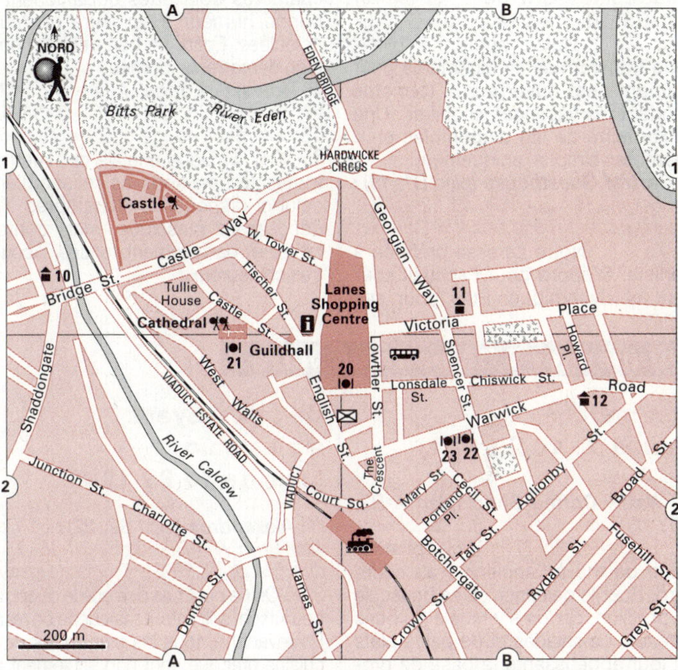

CARLISLE

- **Adresse utile**
  - Carlisle Visitor Centre
- **Où dormir ?**
  - 10 Old Brewery Residences
  - 11 Cartref Guesthouse
  - 12 Howard Lodge
- **Où manger ?**
  - 20 Watts Coffee-Shop
  - 21 Prior's Kitchen Restaurant
  - 22 Alexandros
  - 23 Davids

juil-août), plus dim mai-août 10h30-16h ; nov-fév, 10h-16h. Tout sur Carlisle et pour préparer votre itinéraire le long du mur d'Hadrien.

Où dormir ?

Camping

Dalston Hall Caravan Park : *à* ***Dalston,*** *sur la B 5299, à env 4 km au sud, CA5 7JX. ☎ 71-01-65. • dalstonhallholidaypark.com • Fermé fév. Compter 14 £ pour 2 avec voiture et petite tente.* À 5 mn en voiture ou en bus du centre-ville, un camping tiré à quatre épingles en bordure d'un golf. Bar-resto et jeux pour les enfants.

De bon marché à prix moyens (moins de 80 £ / 96 €)

Old Brewery Residences *(plan A1,* ***10****) : Bridge Lane,*

Caldewgate, CA2 5SR. ☎ (0845) 371-95-10. À partir de 21 £/ pers. Cette ancienne brasserie transformée en logements pour étudiants est ouverte aux touristes pendant les vacances scolaires. Une soixantaine de lits disponibles en... chambres simples uniquement.

Cartref Guesthouse (plan B1, **11**) : *44 Victoria Pl, CA1 1EX. ☎ 52-20-77. • cartrefguesthouse.co.uk • Doubles 65-75 £.* Notre adresse préférée à Carlisle. D'abord pour l'accueil souriant et dynamique. Puis pour ses chambres douillettes qui affichent la bonne humeur avec leurs couleurs acidulées. Enfin, un bon petit déj pour bien démarrer la journée !

Howard Lodge (plan B2, **12**) : *90 Warwick Rd, CA1 1JU. ☎ 52-98-42. • howard-lodge.co.uk • Doubles 65-90 £.* Dans une de ces rues où toutes les maisons se ressemblent, celui-ci dispose de 8 chambres à la déco assez classique, mais confortables et parfaitement tenues. Accueil très chaleureux.

Où manger ? Où boire un verre ?

Bon marché (moins de 10 £ / 12 €)

Watts Coffee-Shop (plan A-B2, **20**) : *11 Bank St, CA3 8HG. ☎ 52-15-45. Lun-sam 8h-17h.* Une épicerie-salon de thé à l'ancienne, au cadre rétro. Pour le déjeuner, ça se bouscule au portillon, car on s'y régale de bons gâteaux, de salades et de petits plats du jour appétissants, à base de produits *fair trade.* Au rayon épicerie fine, de bons toffees, un grand choix de thés, cafés et marmelades, etc. Quant au sous-sol, véritable caverne d'Ali Baba, une visite s'impose ! Accueil charmant.

Prior's Kitchen Restaurant (plan A2, **21**) : *dans l'enceinte de la cathédrale. Lun-sam 9h45-16h. Sandwichs et plats 4-7 £.* Un vrai bon plan que ce self « médiéval » installé dans les anciennes caves voûtées de la cathédrale. On y propose une sélection de sandwichs et de petits plats simples, peu copieux mais bons, à base de produits frais et locaux.

De prix moyens à plus chic (plus de 10 £ / 12 €)

Alexandros (plan B2, **22**) : *66 Warwick Rd, CA1 1DR. ☎ 59-28-48. Tlj sf dim. Menus 12,50-23,50 £ ; plats jusqu'à 20 £.* On ne peut pas dire que le décor, un peu kitsch, soit l'atout majeur de ce resto. En revanche, tous les classiques de la cuisine grecque sont non seulement au rendez-vous, mais traités ici avec talent. Jolie palette gustative et ensoleillée... un délice. Une excellente adresse.

Davids (plan B2, **23**) : *62 Warwick Rd, CA1 1DR. ☎ 52-35-78. Fermé dim-lun. Menus 15-20 £ ; plats 7-25 £.* Pas donné certes, mais le cadre, qui fait un peu penser à un salon particulier, est très soigné et la table excellente. Cuisine délicate qui ne renie pas ses origines britanniques et met à l'honneur les produits locaux, là aussi. Accueil souriant et service diligent.

Grosse concentration de bars tout le long de *Botchergate,* pas loin de la gare.

À voir

Carlisle Castle (plan A1) : *en bordure nord-ouest de la ville, CA3 8UR. ☎ 59-19-22. • english-heritage.org.uk/visit/places/carlisle-castle/ • Tlj 10h-18h avr-sept ; ferme plus tôt hors saison. Entrée : env 7 £.* Fondée en 1092 par les Normands, cette forteresse massive servit tour à tour de prison et de caserne jusqu'en 1959. Marie Stuart fut même détenue 2 mois en 1568 dans l'une de ses tours (aujourd'hui démolie). Petite expo sur l'histoire du château et de la ville, ainsi que sur l'insurrection jacobite dans le donjon, et musée militaire dans les bâtiments attenants. Amusant, la tour d'accès est une copie quasi conforme de celle du Château-sur-Epte, en Haute-Normandie... Mais bon, hormis cela et quelques splendides graffitis, rien de bien palpitant.

Carlisle Cathedral *(plan A1-2)* **:** *Castle St. Tte l'année 7h40-18h15 (17h dim). Evensong tlj sf sam à 17h30 (15h dim). Accès libre, donation bienvenue. Dépliant en français.* Cette cathédrale se démarque de ses consœurs anglaises par son histoire riche en péripéties. En 1122, Henri Ier jeta son dévolu sur une collégiale du XIe s, avec le dessein de la hisser au rang de cathédrale en 1133. Comme de juste, les nouveaux évêques n'eurent de cesse d'embellir leur gagne-pain, profitant des incendies pour modifier à leur convenance le sanctuaire d'origine. Dernier acte pendant la guerre civile, lorsque les Écossais escamotèrent six travées de la nef pour remonter les murailles de la ville. Toutefois, cet étonnant patchwork architectural recèle quelques belles surprises. Le plafond datant de 1360, magnifiquement restauré, témoigne de l'utilisation de la polychromie dans les édifices religieux au Moyen Âge. Noter également le travail délicat des sculptures des stalles et l'étonnant triptyque de Brougham, pièce d'un autel flamand du XVIe s.

LE MUR D'HADRIEN

• Carte *p. 451*

En 122 apr. J.-C., l'empereur Hadrien ordonna la construction d'une muraille pour protéger l'Empire des incursions barbares. Il fallut environ 6 ans aux 20 000 légionnaires, probablement aidés par une main-d'œuvre locale, pour achever ce colosse de 70 miles. Il s'étire du Solway Firth sur la côte ouest jusqu'à la rivière Tyne sur la côte est. Plus qu'un mur, c'est bien une véritable fortification, englobant un fossé de 10 m de large et 3 m de profondeur (côté ennemi). Pour découvrir cet ouvrage, on suit une route parallèle, la B 6318 dite « *Military Road* ». Cet ensemble remarquable a été inscrit au Patrimoine mondial de l'humanité par l'Unesco en 1987.
Le long du mur, tous les miles romains, se trouvait un *milescastle* en pierre, petit « fort-passage » avec deux portes, ainsi que des baraques où logeaient les soldats. Le tout était coiffé d'une tourelle. Et entre chaque *milescastle,* deux autres tourelles. Les soldats qui montaient la garde pouvaient ainsi se voir.
Certaines sections du mur sont très bien conservées, d'autres difficilement identifiables, se confondant avec les nombreux murets ou le relief. Mais qu'importe, les paysages traversés valent la balade à eux seuls.

Comment circuler dans le coin ?

En voiture

L'A 69 relie Carlisle à Newcastle de façon plus ou moins parallèle au mur. Au niveau de Greenhead, on conseille d'emprunter la B 6318, dite « Military Road », qui longe le mur jusqu'aux environs de Newcastle.
– Attention, sur les sites gérés par le parc national (c'est-à-dire quasiment tous), le parking est payant : env 4 £ la journée (que l'on peut recycler sur l'ensemble des parkings concernés).

En bus

Il existe un *Hadrian's Wall Country Bus,* opérationnel de Pâques à août (le w-e slt en sept) qui dessert tous les sites historiques. Sinon, on peut emprunter

les compagnies régulières, en service toute l'année, mais qui s'arrêtent généralement assez loin du mur.
– Infos au ☎ (0871) 200-22-33 ou sur • travelinenortheast.info •

En train

Les trains entre Carlisle et Newcastle s'arrêtent à des gares telles que ***Hexham*** ou ***Haltwhistle,*** offrant de bons accès au cœur du mur.
– Horaires et infos au ☎ 08457-48-49-50.

À pied

– Si vous voulez vous rendre au mur depuis les gares ferroviaires, procurez-vous une carte détaillée, comme l'*Ordnance Survey OL 43.*
– La partie la mieux conservée du mur se situe entre Greenhead et Chollerford, distants d'environ 30 miles. On peut marcher le long de ce tronçon en suivant l'*Hadrian Wall Path,* et il y a de quoi se loger, camper et se ravitailler sur le parcours. Pour relier une côte à l'autre, en revanche, comptez 5-6 jours.

À vélo

Une piste cyclable de 173 miles (la « route 72 ») permet quasiment de longer le mur d'une traite ou par tronçons. Elle n'est malheureusement pas en site propre (et donc protégée) partout. Se procurer la carte payante *Hadrian's cycleway.* Si vous manquez de courage, l'*Hadrian's Wall Country Bus* (où l'on peut embarquer les vélos) assure la relève. *Rens et résas, la veille au moins, au ☎ (01434) 32-20-02. • cyclenorthumberland.org.uk/listing/hadrians-cycleway •*

Adresses utiles

Consulter les sites : *• hadrianswallcountry.co.uk •* et *• visitnorthumberland.com •*
🛈 ***Offices de tourisme :***
– ***À Haltwhistle :*** *Haltwhistle Library. ☎ (01434) 32-20-02. Avr-oct, tlj sf dim 10h-16h30 ; horaires restreints le reste de l'année.*
– ***À Hexham :*** *Queens Hall. ☎ (01434) 620-450. D'avr à mi-nov, tlj 9h30-17h (11-16h dim) ; de mi-nov à mars, lun-sam 10h-16h30.*

Où dormir ?

Campings

⛺ ***Hadrian's Wall Camping and Caravan Site*** *(plan* ***10****)* ***:*** ***Melkridge Tilery,*** *à env 5 miles à l'est de Greenhead par la B 6318, NE49 9PG. ☎ (01434) 32-04-95. • hadrianswallcampsite.co.uk • Ouv tte l'année. Compter 20-25 £ pour 2 avec tente et voiture.* Terrain étagé et tranquille avec belle vue sur la région. Le patron est fort accueillant et peut même vous faire le petit déj avec des œufs de ferme le matin à la réception ! Également 2 *bunk rooms* de 4 et 6 lits superposés. Très agréable et parfaitement tenu.

⛺ ***Herding Hill Farm*** *(plan* ***11****)* ***:*** ***Shield Hill,*** *à env 4 miles à l'est de Greenhead par la B 6318, NE49 9NW. ☎ (01434) 32-01-75. • herdinghillfarm.co.uk • Ouv tte l'année, sf 2 sem en janv. Compter plus de 30 £ pour 2 avec tente et voiture (nettement moins cher pour les randonneurs).* 📶 Proche de Haltwistle, un camping installé sur un bel espace herbeux, mais sans arbres. Sanitaires avec sauna, aire de jeux, boutique, et pizzas certains soirs... avec livraison à domicile !

De bon marché à prix moyens (moins de 80 £ / 96 €)

🏠 ***Greenhead Hostel*** *(plan* ***12****)* ***:*** *Station Rd,* ***Greenhead,*** *sur l'A 69, CA8 7HG. ☎ (01697) 74-74-11. • greenheadhotelandhostel.co.uk • Réception à l'hôtel presque en face.*

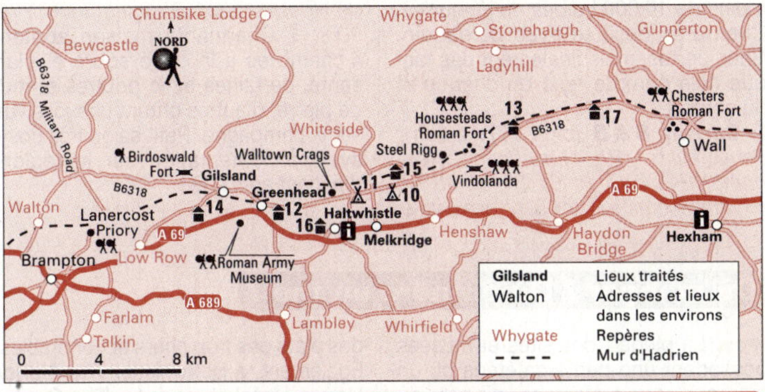

LE MUR D'HADRIEN

Où dormir ?

- **10** Hadrian's Wall Camping and Caravan Site
- **11** Herding Hill Farm
- **12** Greenhead Hostel
- **13** Old Repeater Station B & B
- **14** Bush Nook Guesthouse
- **15** Vallum Lodge
- **16** Ashcroft Guesthouse
- **17** Carraw B & B

Nuitée env 15 £ en dortoir 6-8 lits. Dans une ancienne chapelle, où le billard a remplacé depuis longtemps l'autel. Intérieur pas bien gai et équipements basiques, mais agréable jardin de curé. À l'hôtel, possibilité de repas et casse-croûte pour la journée.

Old Repeater Station B & B *(plan **13**) : Military Rd, **Grindon,** NE47 6NQ. ☎ (01434) 68-86-68. • hadrians-wall-bedandbreakfast.co.uk • À env 2 miles à l'est du Housesteads Roman Fort. Double 65 £.* On remarque à peine cet ancien relais de téléphone, planté au milieu de la campagne. Les chambres (pour 2 ou 4 personnes) sont sans fantaisie mais impeccables. Cuisine à disposition et dîners possibles. La maison est chauffée par de la géothermie. Le sympathique patron vous expliquera...

Chic (80-120 £ / 96-144 €)

Bush Nook Guesthouse *(plan **14**) : Upper Denton, **Gilsland,** CA8 7AF. ☎ (016977) 471-94. • bushnook.co.uk • À env 2 km au sud de Gilsland et 500 m de l'A 69. Doubles 90-130 £.* Isolée dans une belle nature vallonnée, cette maison ancienne cumule les bons points. Espaces communs lumineux dont un petit bar bien sympa, chambres pas bien grandes mais très agréables, jardin flanqué d'un jacuzzi et de quelques tables, avec vue sur les moutons impassibles. Une belle étape, d'autant que Jenny et Malcolm sont des hôtes charmants.

Vallum Lodge *(plan **15**) : Military Rd, **Twice Brewed,** NE47 7AN. ☎ (01434) 34-42-48. • vallum-lodge.co.uk • À 200 m du Twice Brewed Inn. Doubles 90-110 £, petit déj compris.* Idéalement situé, au pied du mur. Une poignée de chambres un peu petites mais agréables, parfaitement tenues et confortables. Un peu plus calme côté mur que côté route, mais double vitrage partout.

Ashcroft Guesthouse *(plan **16**) : Lanty's Lonnen, **Haltwhistle,** NE49 0DA. ☎ (01434) 32-02-13. • ashcroftguesthouse.co.uk • Doubles à partir de 94 £.* Dans le centre de Haltwhistle, un ancien presbytère de style victorien, doté d'un magnifique jardin en espalier comprenant pas moins de 10 000 bulbes de jonquilles. Chambres de luxe avec baldaquin. Cher, certes, mais finalement pas tant que cela compte tenu du charme et du confort.

Carraw B & B (plan **17**) : *Carraw Farm, Military Rd, Humshaugh,* ***Hexham,*** *NE46 4DB. ☎ (01434) 68-98-57. • carraw.co.uk • À env 5 miles à l'ouest de Housesteads. Doubles à partir de 90 £.* Charmante maison abritant 4 chambres à la déco sobre et plaisante, certaines avec poutres et mur de pierre, d'autres offrant une jolie vue sur la campagne. Petit salon très cosy, avec documentation sur la région. Vraiment agréable !

Où manger ? Où prendre un thé ?

La plupart des sites et musées possèdent une petite cafétéria ou un *tearoom* (notre préférence va à celui du *Lanercost Priory !*).

Sinon, plusieurs pubs sur l'A 69 ou Military Road, comme le ***Greenhead Hotel, The Forge,*** le ***Milecastle Inn*** ou le ***Twice Brewed Inn,*** qui servent des plats pas trop chers et honorables. Également, à Haltwhistle, ***The Manor House Hotel*** et, en face, ***The Centre of Britain Hotel.***

Enfin, à Chollerford (vers le *Chesters Fort*), au niveau du pont, le ***Riverside Cafe*** propose quelques plats de snack à petits prix.

À voir

Entre Carlisle et Newcastle, 24 sites sont référencés, dont une moitié « hautement recommandés » par le parc et l'Unesco. Certains sont à l'air libre et gratuits, d'autres demandent un droit d'entrée. Voici quelques incontournables, dans l'ordre, de Carlisle à Newcastle.

Lanercost Priory : *3 miles au nord-est de Brampton, indiqué à la sortie du village, CA8 2HQ. ☎ (01697) 730-30. • english-heritage.org.uk/visit/places/lanercost-priory/ • Avr-sept, tlj 10h-18h ; oct tlj 10h-17h ; nov-mars, w-e 10h-16h (tlj 2 sem en fév). Église gratuite, accès payant (5 £) pour le reste.* Ce superbe prieuré médiéval (XIIe s), entièrement construit avec les pierres du mur d'Hadrien, mérite un petit détour. D'autant que la campagne alentour est absolument ravissante. Outre l'église, on visite le chœur (pas mal de tombes) et l'*undercroft,* qui servait d'entrepôt. Demandez aussi à voir le *village hall,* avec sa cheminée de 1618. Pour la petite histoire, Édouard Ier séjourna ici de 1306 à 1307 et gouverna, de ce lieu même, non seulement l'Angleterre mais une partie de la France ! À voir également en route l'incroyable *Abbey Bridge.*

Birdoswald Fort : *6 miles plus loin, par une route isolée, CA8 7DD. ☎ (01697) 74-76-02. • english-heritage.org.uk • Avr-sept, tlj 10h-18h ; oct tlj 10h-17h ; nov-mars, w-e 10h-16h (tlj 2 sem en fév). Entrée : env 7 £.* Vous trouverez ici quelques maigres vestiges du système de défense frontalier romain, y compris une section du mur. Petite expo sur le fort. À l'extrémité du site, belle vue sur la vallée.

Roman Army Museum : *à env 1 mile au nord-est de* ***Greenhead,*** *sur la B 6318, CA8 7JB. ☎ (01434) 34-42-77. • vindolanda.com • Tlj 10h-18h avr-sept (17h en fév-mars et oct) ; fermé le reste de l'année. Entrée : env 6 £ ; réduc et billet jumelé avec Vindolanda : 11 £.* Tout ce qu'il faut savoir sur la vie des soldats « romains » (en réalité plutôt des « légions étrangères » des Gaules, des Saxons et même des archers syriens) vivant à proximité du mur d'Hadrien. Expo moderne et audiovisuel en 3 D de 20 mn très bien réalisé, présentant d'habiles reconstitutions en images de synthèse des fortifications.

➢ En sortant, ne manquez pas d'aller faire un tour à ***Walltown Crags,*** un des sites naturels les plus spectaculaires du coin, où le mur semble faire corps avec la falaise.

➢ ***Steel Rigg :*** *à 2,2 miles du Roman Army Museum, indiqué sur la gauche de Military Rd.* Un des rares endroits pour accéder facilement au mur, dans un remarquable paysage de lac et de falaises. On comprend bien la position stratégique du mur fortifié et... du parking, payant (mais même ticket que les autres parkings).

Vindolanda : *à 1,5 mile de Military Rd ; prendre à droite au croisement du Visitor Centre, NE47 7JN. ☎ (01434) 34-42-77. • vindolanda.com • Mêmes horaires que le Roman Army Museum. Entrée : env 7 £ ; réduc et billet jumelé avec le Roman Army Museum : 11 £.* Un vaste site, toujours en fouilles, qui regroupe les fondations d'un fort et du village où vivaient les femmes des soldats, leurs esclaves et les commerçants, ainsi qu'une reconstitution grandeur nature d'un pan de mur flanqué de tours. Centre d'interprétation très intéressant. On y trouve de précieux témoignages archéologiques, telle cette étonnante collection de souliers et de chaussons antiques, et des morceaux de cuir ou de textile retrouvés enfouis dans la tourbe, parfaitement conservés à l'abri de l'air. Tout aussi unique, le premier document écrit qui nous soit parvenu dans l'histoire de l'Angleterre.

Housesteads Roman Fort : *à 2,5 miles à l'est du Visitor Centre, NE47 6NN. ☎ (01434) 34-43-63. • english-heritage.org.uk • Avr-sept, tlj 10h-18h ; oct tlj 10h-17h ; nov-mars, tlj 10h-16h. Entrée : env 8 £.* Outre une petite expo, le site de Housesteads demeure l'étape incontournable du mur d'Hadrien. Sur un site superbe de 2 ha, les vestiges impressionnants d'un des forts les mieux conservés d'Europe du Nord illustrent parfaitement la vie d'une garnison et l'ingéniosité des Romains.

Sewingshields Milecastle : *à 1,5 mile à l'est de Housesteads. Tte l'année. GRATUIT. Accès à pied slt, du parking de Housesteads.* Section spectaculaire du mur offrant des vues imprenables.

Chesters Roman Fort : *un peu avt Chollerford, sur la B 6318, NE46 4EU. ☎ (01434) 68-13-79. • english-heritage.org.uk • Avr-sept, tlj 10h-18h ; oct tlj 10h-17h ; nov-mars, w-e 10h-16h (tlj 2 sem en fév). Entrée : env 7 £.* Il s'agit des ruines d'un grand fort de cavalerie et de thermes ; également un musée regroupant une importante collection de pierres, souvent sculptées, trouvées le long du mur.

NEWCASTLE-UPON-TYNE

env 268 000 hab. (env 900 000 pour l'agglomération) IND. TÉL. : 0191

• Plan *p. 455*

Les Geordies, les chaleureux habitants de Newcastle, parlent avec un fort accent, proche de l'écossais. Ils portent volontiers les couleurs du culte local, le *Newcastle United Football Club,* maillot rayé noir et blanc. D'où leur surnom de *Magpies* (comme la pie). Le stade trône d'ailleurs fièrement en plein cœur de la ville, au milieu des

LE FOOT MACHO

L'Angleterre, la patrie du foot, mais pendant longtemps, seulement pour les hommes ! De 1921 à 1971, les femmes avaient interdiction d'y jouer, soi-disant pour cause d'incompatibilité avec la nature féminine. En réalité, les matchs féminins attiraient bien plus de monde que ceux des hommes...

rues commerçantes et des nombreuses galeries commerciales comme l'élégante *Central Arcade.* À part le foot, ils aiment faire la fête, et Newcastle est réputé dans tout le pays pour ses chaudes soirées où la *Newcastle Brown Ale* (dite *Newkay Brown*), la *Guinness* locale, coule à flots. Parmi eux, un enfant du pays qui a fait une jolie carrière : Mark Knopfler, le leader de Dire Straits. Pratiquement toute la ville est un mélange désordonné d'immeubles anciens et de bâtiments modernes. Il faut dire que depuis l'époque georgienne, où Newcastle était un port de commerce florissant, l'eau de la Tyne a beaucoup coulé, sous une collection de ponts, nombreux et tout aussi disparates. Le dernier en date, le *Millennium Bridge* (2001), se redresse même à la verticale pour laisser passer les bateaux ! La fusion des deux rives de la Tyne, qui marque en quelque sorte le nouvel élan urbain de la ville, se traduit par un changement d'identité : on parle désormais de *Newcastle Gateshead.* Les centres d'art fleurissent et le SAGE, salle de concerts aussi impressionnante pour son architecture que pour sa programmation, trône aujourd'hui au-dessus du fleuve. Autre symbole que vous ne manquerez certainement pas, le long de l'autoroute A 1 au sud : le « totem » des Geordies, *The Angel of the North.* Cette sculpture d'acier ouvre grand ses ailes sur 54 m d'envergure, comme un accueillant Phénix des temps modernes, les pieds ancrés dans son passé industriel mais résolument tourné vers l'avenir. En revanche, plus d'office de tourisme à Newcastle, mais pas mal d'infos sur • *newcastlegateshead.com* •

Arriver – Quitter

En train

Gare ferroviaire *(plan A-B3)* **:** *Neville St. ☎ (08457) 48-49-50.*

➢ Newcastle est sur la ligne Londres-Édimbourg : liaisons fréquentes avec ***Londres, York, Carlisle, Glasgow*** et ***Édimbourg.***

En bus

Terminal de bus *(plan A3)* **:** *sur St James Blvd.*

➢ Liaisons avec ***Leeds, Manchester, Liverpool, Chester*** mais aussi ***Durham, York...*** avec *National Express. Rens : ☎ (08705) 80-80-80.* • *nationalexpress.com* •

En avion

✈ ***Aéroport*** *(hors plan par A1)* **:** *à 6 miles du centre, au nord-ouest.* L'aéroport international accueille des vols quotidiens d'*Air France* depuis Roissy. Également des vols *low-cost* avec Genève, Chambéry, Nice, Bruxelles... *Rens : ☎ (0871) 882-11-21.* • *newcastleairport.com* • Il est relié au centre-ville par le métro : départs ttes les 12 mn, 6h-minuit env. Prévoir 25 mn et env 4 £.

Comment circuler ?

– ***Métro :*** le métro de Newcastle est assez pratique. Il circule en gros de 5h30 à minuit et ses quelques stations couvrent les points clés. Ticket à 1,60 £ et différents forfaits, dont le *Day Saver* (carte d'un jour) ou le *Day Rover* (qui permet d'utiliser aussi le bus et le ferry).

Où dormir ?

Les hébergements les moins chers, genre *hostels,* se situent en centre-ville où l'on trouve aussi quelques hôtels, de chaîne notamment. Pour ceux qui chercheraient d'autres adresses que celles que nous recommandons, le sympathique quartier de Jesmond, situé à 2 stations du centre, rassemble un grand nombre de petits et grands hôtels et pas mal de *B & B.*

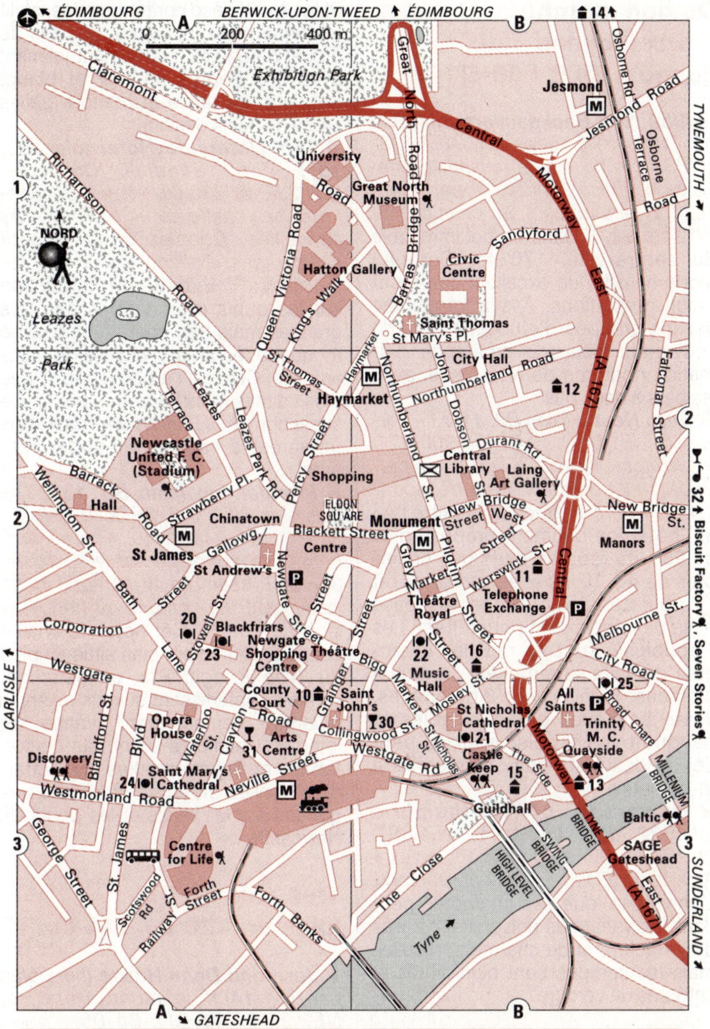

NEWCASTLE-UPON-TYNE

Où dormir ?

- **10** Albatross Backpackers Inn
- **11** Euro Hostel
- **12** University of Northumbria
- **13** Premier Inn
- **14** Jesmond Dene House
- **15** The Waterside Hotel
- **16** Greystreet Hotel

Où manger ?

- **20** Laus Buffet
- **21** El Torero
- **22** Blake's
- **23** Blackfriars
- **24** Electric East
- **25** Café 21

Où boire un verre ? Où écouter de la musique ?

- **30** Revolution
- **31** The Forth
- **32** Cumberland Arms

De bon marché à prix moyens (jusqu'à 80 £ / 96 €)

Albatross Backpackers Inn *(plan A3, **10**) : 51 Grainger St, NE1 5JE. ☎ 233-13-30. • albatrossnewcastle.co.uk • Ouv 24h/24. À partir de 16,50 £/pers en sem, en chambre de 2-12 lits.* Dans un bel immeuble du centre-ville, 170 lits. Cette AJ moderne offre un excellent confort et moult prestations. Assez fréquentée par les groupes d'étudiants. Pas de couvre-feu, idéal pour profiter de l'animation nocturne de Newcastle, avec les bars à deux pas.

Euro Hostel *(plan B2, **11**) : 17 Carliol Sq, NE1 6UQ. ☎ 08454-900-371. • eurohostels.co.uk • Dortoirs à partir de 16 £ ; doubles. Petit déj continental 4 £.* À mi-chemin entre l'AJ et l'hôtel, ce bâtiment propose plus de 250 lits répartis dans des chambres de 4 à 10 lits avec sanitaires (et TV pour certaines). Un peu aseptisé mais pas déplaisant pour autant. Les « doubles » sont en fait des chambres de 4 lits superposés, dont un à 2 places, louées pour 2 personnes. Vaste bar, avec grandes tables et banquettes en bois, pour le petit déj ou des plats pas chers servis à toute heure.

University of Northumbria *(plan B2, **12**) : Ellison Pl, NE1 8ST. ☎ 227-42-09. • northumbria.ac.uk • À partir de 20 £/pers, petit déj compris.* L'université loue ses chambres pendant les vacances universitaires. Pas de caractère ni de charme particulier, mais les campus sont bien situés et entourés de verdure.

De prix moyens à plus chic (40-120 £ / 48-144 €)

Greystreet Hotel *(plan B2, **16**) : 2-12 Grey St, NE1 6EE. ☎ 230-67-77. • greystreethotel.co.uk • Doubles 65-145 £.* Hormis de beaux carrelages dans les escaliers, c'est à peu près tout ce qu'il reste de ce que fut la plus ancienne banque de la ville. Place à une déco contemporaine, style boutique-hôtel, dans les tonalités de gris et de beiges, contrastant joliment avec des photos en noir et blanc. Sobriété, élégance et confort (belles salles de bains design).

The Waterside Hotel *(plan B3, **15**) : 48-52 Sandhill, Quayside, NE1 3JF. ☎ 230-01-11. • waterside-hotel-newcastle.co.uk • Résa très conseillée. Doubles 80-90 £, petit déj compris. Parking gratuit (appréciable !).* Excellente situation sur les quais et chambres pas très grandes mais très confortables, avec moquette, écran plat et salle de bains actuelle. Celles à l'arrière sont un peu plus calmes mais les autres ont la vue sur le pont. *Full English breakfast* dans un agréable espace. Un super petit hôtel !

Premier Inn *(plan B3, **13**) : The Quayside, NE1 3AE. ☎ (0870) 990-65-30 et (0191) 243-71-10. • premierinn.com • Résa indispensable. Compter 35-120 £/chambre (y compris familiale), petit déj compris ou non. Parking (payant).* Cet hôtel de chaîne est particulièrement bien situé au pied du *Tyne Bridge*. Prix éminemment variables, intéressant si vous réservez plusieurs semaines à l'avance sur Internet. Chambres avant tout confortables et fonctionnelles. Un quart d'entre elles offrent la plus belle vue qui soit sur les quais et les ponts de Newcastle.

Très chic (plus de 120 £ / 144 €)

Jesmond Dene House *(hors plan par B1, **14**) : Jesmond Dene Rd, NE2 2EY. ☎ 212-30-00. • jesmonddenehouse.co.uk • Ⓜ Jesmond. À partir de 130 £, petit déj compris.* Cette ancienne demeure historique réhabilitée en hôtel de luxe est juchée dans la verdure, au-dessus de la vallée du parc de Dene. Un environnement calme et de choix donc, à seulement 15 mn en voiture du centre, et facile d'accès en métro. Salons divers et espaces extérieurs pour les beaux jours. Déco design. Inabordable pour les budgets modérés, mais pourquoi ne pas s'y attarder pour un verre, un *afternoon tea* dans toute sa splendeur ou un repas chic ?

Où manger ?

Nombreux restos le long de Dean Street, Side et Grey Street *(plan B2-3)*, pour tous les goûts et toutes les bourses. La plupart pratiquent le *happy hour(s)* (prix réduit) en début de soirée.

De bon marché à prix moyens (moins de 20 £ / 24 €)

Dans le petit Chinatown *(plan A2)*, plusieurs restos asiatiques proposent des buffets à volonté à des tarifs défiant toute concurrence. Parmi eux, le ***Laus Buffet*** *(plan A2, **20**)* est particulièrement populaire, avec son buffet à moins de 10 £.

Blake's *(plan B2, **22**)* : *53 Grey St, NE1 6EE. ☎ 261-54-63. Tlj 7h-19h. Compter 4-9 £.* Petite salle agréable avec vieux plancher et tables en bois. Étudiants et travailleurs du quartier s'y retrouvent le midi, autour d'honnêtes salades, soupes, sandwichs et autres snacks. Bien aussi pour le petit déj.

El Torero *(plan B3, **21**)* : *Milburn House, The Side, NE1 1PR. ☎ 233-11-22. Tlj à partir de 12h. Plats à ts les prix.* Tapas hispaniques à gogo, paella, *patatas,* tortillas ou *bacalao* de bonne tenue, le tout arrosé d'un *rioja* bien gouleyant. Le patron est espagnol, de même que la plupart des serveurs. *Olé !*

Plus chic (20-30 £ / 24-36 €)

Blackfriars *(plan A2, **23**)* : *Friars St, NE1 4XN. ☎ 261-59-45. Tlj sf dim soir. Menus 15-18 £ ; plats 10-25 £.* On mange dans cet ancien réfectoire d'abbaye depuis... 1239 ! Cela en fait la plus vieille *dining room* du pays. La déco est aujourd'hui plutôt contemporaine et la cuisine dans le même esprit, un mariage réussi de la tradition et de l'innovation. Aux beaux jours, le resto s'agrandit sur la terrasse permettant de profiter pleinement de ce magnifique ensemble médiéval.

Café 21 *(plan B2-3, **25**)* : *Trinity Gardens, NE1 2HH. ☎ 222-07-55. Tlj. Menus 17,50-22 £ ; plats 10-30 £.* Un genre de brasserie chic à l'anglaise, dans le quartier en vogue des quais, riche en restos. On y honore avec tact la fameuse « entente cordiale », puisque le chef puise son inspiration des 2 côtés de la Manche. Carte des vins complète.

Electric East *(plan A3, **24**)* : *Waterloo Sq, NE1 4DN. Bien caché, à droite de l'entrée du* Holiday Inn. *☎ 221-10-00. Mer-sam 18h-20h45. Menu 12 £ ; plats 6-18 £.* Le décor, dominé par de grandes reproductions d'illustrations vietnamiennes et des lampions multicolores, annonce l'invitation au voyage. Puis l'évasion vers l'Est se poursuit, avec une formule style tapas, un concept malin permettant de goûter plusieurs petits plats. Pas de destination précise, plutôt un billet *open* vers l'ensemble du continent asiatique, avec quelques escales gustatives intéressantes. Bon voyage !

Où boire un verre ? Où écouter de la musique ?

Activité nocturne assez débridée, on l'a dit. On trouve des pubs et bars branchés un peu partout, notamment entre la gare et le quartier de Quayside. Un conseil : concentrez-vous sur *Collingwood,* où s'alignent des établissements plus originaux les uns que les autres, comme le ***Revolution*** *(plan B3, **30**)*, installé dans une ancienne banque, ***Madame Koo, Tokyo Bar, Perdu, Tup Tup Palace*** ou encore le ***Floritas,*** à la déco éclectique délirante ! Ne pas rater également, dans le même coin, l'étroite Pink Lane, qui regroupe quelques pubs et restos animés, comme le ***Town Wall*** ou ***The Forth*** *(plan A3, **31**)* situé juste en face. Enfin, pour écouter de la musique, cap vers l'est, avec des lieux comme ***The Cluny*** ou encore celui-ci :

Cumberland Arms *(hors plan par B2, **32**)* **:** *James Place St, NE6 1LD.* ☎ *265-61-51.* Un vieux pub dans son jus, avec un coin bibliothèque, réputé pour ses *ales* et son cidre, mais aussi pour ses *sessions* presque tous les soirs : musique irlandaise, soirées folk ou ukulélé... De quoi emplir le lieu des meilleures vibrations !

À voir

Pour les amateurs, il existe des visites guidées de la ville, des tours en bateau sur la Tyne et un *sightseeing bus* à impériale qui parcourt le centre.

Quayside *(plan B3)* **:** s'y promener pour la perspective sur l'enfilade de ponts qui traversent la Tyne. LA carte postale de Newcastle. N'hésitez pas, pour une vue d'ensemble, à monter en haut du donjon du château. Pour un autre angle de vue, traversez la rivière, par exemple par le spectaculaire Millennium Bridge – qui se lève à la verticale, telle une grande mâchoire qui bascule pour laisser passer les bateaux – et rendez-vous sur l'esplanade du *SAGE Gateshead,* cet imposant coquillage de verre géant qui abrite des salles de concert. Un peu plus loin, le *Baltic Centre* propose un resto panoramique au dernier étage, pour une vue là encore assez imprenable.

Baltic *(plan B3)* **:** *Gateshead Quays, NE8 3BA.* ☎ *478-18-10.* • *balticmill.com* • *Tlj 10h (10h30 mar)-18h. GRATUIT.* À l'instar du papillon après l'épreuve de la chrysalide, la réhabilitation de cette sévère minoterie a donné naissance à l'un des plus grands centres d'art contemporain d'Europe. Il totalise plus de 3 000 m², entièrement consacrés à des expositions temporaires.

Castle Keep *(plan B3)* **:** *Gateshead Quays, NE1 1RQ.* ☎ *478-18-10.* • *newcastlecastle.co.uk* • *Tlj 10h-17h (dernière admission 45 mn avt fermeture). Entrée : 6,50 £.* Au cœur de la ville, coincé entre voies rapides et chemin de fer, ce donjon du XIIe s, qui s'intégrait jadis au château de Newcastle, est l'un des plus beaux exemples d'architecture normande encore visibles dans le pays. Il abrite une expo, mais on y vient plutôt pour la vue du sommet sur la Tyne et tous les ponts.

Discovery *(plan A3)* **:** *Blandford Sq, NE1 4JA.* ☎ *232-67-89.* • *discoverymuseum.org.uk* • *Tlj 10h (11h w-e)-16h. GRATUIT.* Un musée qui porte bien son nom ! Sur trois niveaux, sections riches et très variées de l'histoire de la ville avec reconstitutions diverses, à celle des régiments locaux en passant par la mode vestimentaire et, surtout, le patrimoine industriel, maritime et technologique de Newcastle. Superbe collection de maquettes de bateaux (ne ratez pas celle du *Mauretania* !), étonnant plan-relief de la ville dans les années 1920, section sur les inventeurs, salle remplie d'impressionnants moteurs et machines... La pièce maîtresse : le *Turbinia,* le premier bateau à turbine à vapeur du monde, qui trône au milieu du bâtiment.

Centre for Life *(plan A3)* **:** *Times Sq, NE1 4EP.* ☎ *243-82-10. Tlj 10h (11h dim)-18h. Entrée : 10 £ ; réduc ; ticket famille.* Une espèce de musée de la science interactif, destiné notamment aux plus jeunes. Hélas, tous les ateliers et animations sont en anglais, alors à moins que vos petits chérubins ne soient rompus à la langue de Shakespeare... Également un cinéma dynamique et un planétarium. Entrée tout de même chère.

Newcastle United Stadium *(plan A2)* **:** *Barrack Rd, NE1 4ST.* ☎ *(0844) 372-18-92.* • *nufc.co.uk* • *Visites guidées tlj 11h30, 12h30 et 14h30. Prix : env 15 £.*

LE NORD DE L'ANGLETERRE

L'occasion de fouler le gazon (et de voir les vestiaires) d'un des stades mythiques anglais, et de chausser (ou presque) les crampons de la célèbre équipe aux maillots rayés noir et blanc.

Great North Museum (plan B1) : Barras Bridge, NE2 4PT. ☎ 222-67-65. • greatnorthmuseum.org.uk • Tlj 10h (11h dim)-17h (16h w-e). GRATUIT. Un vaste musée essentiellement consacré à l'histoire naturelle, avec des bébêtes vivantes, en résine ou empaillées, et une reconstitution grandeur nature d'un *Tyrannosaurus rex*, la vedette du lieu. Également une large collection consacrée à l'Antiquité, et une maquette interactive du mur d'Hadrien. Comme souvent, plein d'idées pour que les bambins apprennent en s'amusant.

Laing Art Gallery (plan B2) : New Bridge St, NE1 8AG. ☎ 232-77-34. • laingartgallery.org.uk • Tlj sf lun 10h (14h dim)-17h. GRATUIT. Abrite des expositions temporaires (parfois payantes) et surtout une riche collection de peintres anglais des XIXe et XXe s. Beaucoup de scènes de vie, de rue et des tableaux montrant Newcastle à cette époque.

The Biscuit Factory (hors plan par B2) : 16 Stoddart St, NE2 1AN. ☎ 261-11-03. • thebiscuitfactory.com • Suivre New Bridge St, sur la gauche. Ⓜ Manors. Lun-ven 10h-17h, sam 10h-18h, dim 11h-17h. GRATUIT. Deux étages (1 600 m²) pour cette ancienne biscuiterie qui veut abattre les frontières entre l'artiste et l'acheteur. C'est en fait l'une des plus grandes galeries d'art commerciale d'Europe, avec pas moins d'une centaine de peintres, sculpteurs, photographes ou designers exposés. Resto sur place.

The Seven Stories (hors plan par B2) : Lime St, Ouseburn Valley, à l'est du centre-ville, NE1 2PQ. ☎ (0845) 271-07-77. • sevenstories.org.uk • Bus : ligne Yellow Quaylink Q2. Mar-dim 10h-17h (16h dim), plus certains lun. Entrée : env 8 £ ; réduc. Un centre où les enfants ne savent plus où donner de la tête, entièrement consacré au riche patrimoine de la littérature enfantine anglaise. Jeux, expos rigolotes, déguisements et coins lecture pour se plonger dans les mondes de J. K. Rowling, Roald Dahl et les dessins savamment brouillons de son illustrateur Quentin Blake, Beatrix Potter... Tout est en anglais, mais quand il s'agit de jouer, peu importe le verbe ! Librairie très complète pour profiter encore un peu de Paddington ou de *Winnie the Pooh* une fois rentré à la maison.

Fête

- ***Hoppings*** : la dernière sem de juin. La plus grande fête foraine d'Europe. Coïncide avec *Raceweek*, consacrée aux courses de chevaux. De quoi dépenser ses belles économies...

DURHAM

48 000 hab. IND. TÉL. : 0191

Au sud de Newcastle-upon-Tyne, sur la route de York, la capitale historique du nord-est de l'Angleterre et du comté du même nom est une attachante ville épiscopale et universitaire, perchée sur un escarpement rocheux. Enlacée par les méandres de la Wear, la vieille ville recèle une magnifique cathédrale romane, un des joyaux architecturaux de Grande-Bretagne. Pour s'y rendre, on traverse un quartier vivant où sont concentrés cinémas et théâtre, ainsi qu'une panoplie

de bars et de restos de toutes sortes. Quant à l'université, elle talonne de près le niveau d'Oxford et Cambridge. Une halte que l'on recommande vivement.

Arriver – Quitter

Gare ferroviaire : *à 10 mn à pied du vieux centre, via North Rd et Framwellgate Bridge.* ☎ *(08457) 48-49-50.* Liaisons avec Londres, Édimbourg, Newcastle...

Adresse utile

Plus d'office de tourisme à Durham, mais un petit *information point* au Durham World Heritage Site *(7 Owengate, près de la cathédrale), tlj 10h-16h30 au moins.* Sinon, pas mal d'infos sur le site • *thisisdurham.com* •

Où dormir ?

On trouve, plutôt à l'écart du centre-ville ou dans les environs proches, un grand nombre de *B & B,* souvent pris d'assaut. Également des hôtels de chaîne (comme le ***Premier Inn***), offrant peu de charme mais un rapport qualité-prix très honorable. Compter 70 £ pour 2 personnes en centre-ville.

Logement à l'université : *Event Durham, Room GB22, Mountjoy Research Centre, Block 2, Stockton Rd, DH1 3UP.* ☎ *(0800) 28-99-70.* • *conference.tourism@durham.ac.uk* • *À partir de 30 £/pers, avec petit déj.* Les *colleges* de Durham proposent, pendant les vacances scolaires, des chambres privées de standing variable. Alors, pourquoi ne pas dormir au château par exemple ? Il héberge l'université et offre quelque 80 chambres en *B & B* pendant les vacances. Les repas (petit déj et dîner sur demande) se prennent dans la grande salle à manger.

Farnley Tower : *The Avenue, DH1 4DX.* ☎ *375-00-11.* • *farnley-tower.co.uk* • *À l'ouest du centre, sur les hauteurs. Doubles 75-95 £, petit déj compris.* Une douzaine de chambres, plus simples que le fier édifice de 1870 pourrait le laisser supposer, mais néanmoins grandes et confortables. On peut voir la ville et un bout de la cathédrale de l'agréable salle du petit déj.

The Victoria Inn : *T86 Hallgarth St, DH1 3AS.* ☎ *386-52-69.* • *victoriainn-durhamcity.co.uk* • *Dans le prolongement de New Elvet St, à l'est de la ville, à 10 mn à pied du centre. Doubles 83-88 £, petit déj compris.* Une bonne surprise se cache à l'étage de ce pub sans histoire. Dans les 6 chambres, styles, motifs et couleurs se tricotent avec humour, rayures et fleurs, coussins *Union Jack* et toile de Jouy... et on en passe. Bref, rien ne va vraiment ensemble, mais finalement, c'est sympa et pas moche du tout. Confortable aussi, avec de belles salles de bains.

Où manger ? Où boire un verre ?

Au choix : la vieille ville, ou le quartier de *Walkergate,* l'esplanade moderne avec un cinéma où l'on trouve les adresses de chaînes. Mais le mieux est de suivre (ou d'éviter, c'est selon) les étudiants, pourvoyeurs naturels d'ambiance.

LE NORD DE L'ANGLETERRE

De bon marché à prix moyens (moins de 20 £ / 24 €)

Dans l'enceinte de la cathédrale, deux cafétérias plaisantes, dont une sous le cloître dans une salle voûtée, et l'autre dans la cour, moins jolie mais agréable pour sa terrasse, les jours ensoleillés.

Bill's : *39 Saddler St, DH1 3NU. ☎ 386-76-72. Tlj 8h (9h dim)-23h. Plats jusqu'à 13 £.* Notre chouchou à Durham. Le resto s'étale sur plusieurs niveaux, de la rue à l'adorable terrasse qui domine sur la rivière, mélangeant planches brutes, miroirs, meubles de récup' et guirlandes de piment... Savoureux autant pour la vue que pour les papilles, avec une cuisine anglo-méditerranéenne à l'instar du cadre, très agréable. Et pour les amoureux (ou pas !), une version luxueuse de l'*afternoon tea,* au champagne ! Belle palette de bons petits déj également.

Shaheen's Indian Bistro : *48 North Bailey, DH1 3ET. ☎ 386-09-60. Près de la cathédrale, dans une ancienne poste. Tlj sf lun, le soir slt. Plats jusqu'à 17 £.* Si un *good curry* vous tente, voici un resto qui voit passer les années sans décevoir. Tous les classiques de la cuisine indienne, servis avec grande gentillesse.

Plus chic (20-30 £ / 24-36 €)

Bistro 21 : *Aykley Heads House, DH1 5TS. ☎ 384-43-54. À 5 mn en voiture. Suivre la direction d'Aykley Heads ; après le County Hall, suivre Sacriston et Police HQ ; on aperçoit le resto (jaune) depuis le 2e rond-point. Fermé dim soir. Menus 16-19 £ ; plats jusqu'à 18 £.* Les gourmets motorisés ne regretteront pas cette escapade en dehors du centre-ville. D'abord parce qu'ils y trouveront une cuisine fraîche et créative, qui en fait une des meilleures tables de la ville. Ensuite, parce que la salle de cette ancienne ferme du XVIIIe s, avec ses murs chaulés, est bien élégante dans sa simplicité. Une belle adresse, un peu chic sans être guindée.

À voir

De ***Prebends Bridge,*** pont datant de 1777, magnifique vue sur la cathédrale (peinte par Turner). Et par celui de ***Framwellgate Bridge,*** piéton, montée vers *Market Place* et la vieille ville. De là, grimpette vers le château et la cathédrale par Saddler Street et Owen Gate.

Durham Cathedral : *• durhamcathedral.co.uk • Tlj. Don conseillé : 3 £ ; tour et dortoirs des moines payants. Visites guidées (en principe lun-sam à 10h30, 11h et 14h avr-oct) : 5 £ ; gratuit moins de 16 ans. Dépliant en français payant.*
Considérée par certains comme la plus belle construction romane du monde. À peine 40 ans furent nécessaires pour son édification à la fin du XIe s, et c'est ce qui fait son unité architecturale. Elle sert parfois de décor à des films, comme *Robin des Bois* ou *Harry Potter.*
– On y accède par la porte nord, où un heurtoir à tête de lion permettait aux criminels de réclamer asile à l'évêque. À droite de l'entrée, noter le vitrail offert par les employés de *Marks & Spencer* en remerciement à leur employeur. C'était avant les difficultés économiques rencontrées par l'entreprise ! Sinon, au sol, repérez la ligne noire marquant la limite que les femmes ne devaient pas franchir.
– Majesté et équilibre caractérisent la *nef* : les énormes piliers présentent une alternance originale de décors en spirales, chevrons et losanges. Lors de sa construction, la cathédrale de Durham innova par l'emploi de voûtes ogivales à arêtes et par des arcs-boutants entre chaque baie du triforium. En cela, elle annonce Amiens et Beauvais.

– À droite de l'entrée, la *chapelle de Galilée,* perchée au bord du ravin, contient encore des peintures murales du XIIe s et le tombeau du respectable Bède, le premier historien anglais, mort en 735. Les colonnettes de cette chapelle ne sont pas sans rappeler l'architecture mauresque.
– Derrière la nef, le *tombeau de saint Cuthbert,* le plus grand saint du nord de l'Angleterre, décédé en 687 et dont le corps n'était toujours pas décomposé en 1104, lorsqu'il fut enchâssé derrière l'autel ! La statue est celle du saint en question, qui porte la tête de saint Oswald, enterré avec lui.
– *La chapelle des Neuf Autels,* édifiée au XIIIe s, suscite l'admiration par l'abaissement de son sol destiné à donner de l'élan vertical aux fenêtres à lancette en gothique primitif.
– Dans le transept, à la voûte exceptionnellement haute, superbe *horloge astronomique* du XVe s (remarquez les 48 marques car à l'époque on n'utilisait qu'une seule aiguille) et, juste à droite, accès à la *tour ; lun-sam 10h-16h (15h en hiver), dim 13h-14h30 ; 5 £ ; réduc.* En montant, vous pourrez compter patiemment 325 marches avant de pouvoir reprendre votre souffle. Un peu vertigineux, mais le panorama vaut l'effort.
– Les bâtiments monastiques, groupés autour du cloître, abritent notamment le *dortoir des moines* (1 £), sous des armatures de bois vieilles de 600 ans, juxtaposition étonnante de la bibliothèque et d'un musée de pierres gravées et de sarcophages de la période saxonne. Ne pas manquer, en sortant du cloître vers les jardins, *The Holy Cross,* petite chapelle aux murs chaulés d'une émouvante sobriété.

Durham Castle : *☎ 334-29-32. • dur.ac.uk/durham.castle/ • Visites guidées (horaires variables). Dépliant en français. Entrée : 5 £.* Maintes fois modifié par les comtes-évêques, il fait partie de l'université depuis 1837 et loge, aujourd'hui encore, étudiants et enseignants. Cuisines, grande salle, donjon et chapelle normande aux sombres colonnes ornées de chapiteaux grimaçants. Dans la chapelle du XVIe s, le *Tunstall,* cherchez le cochon joueur de cornemuse !

MONEY FOR NOTHING

La collection de pièces du château de Durham évoque une pratique séculaire toujours en cours, la Maundy ceremony, *qui a lieu le Jeudi saint, dans une cathédrale. À cette occasion, le monarque britannique remet à des pauvres des pièces de monnaie frappées spécialement, les* maundy money. *Jusqu'en 1736, il leur lavait également les pieds. Le lavage des pieds fut rétabli en 2003, mais il est pratiqué par l'archevêque de Canterbury. Faut pas pousser !*

➢ Amoureux et/ou poètes peuvent louer une jolie barque (par beau temps c'est mieux !), ou prendre un bateau couvert pour une balade romantique sur la Wear. Infos et billets au pied du pont *(6 £/pers par barque pour 1h ; 8 £ pour le bateau).*

LE NORTHUMBERLAND

Petit coin aux confins de l'Angleterre, à la pointe nord-est du pays, entre terre et mer. C'est beau, c'est sauvage, ça a des airs d'Écosse et ça a d'ailleurs été écossais. Parfait en tout cas pour un passage en douceur de l'Angleterre au pays des kilts. Il est presque temps de changer de *Routard* ! Il y a beaucoup de beaux châteaux, de demeures somptueuses et de villages confidentiels

le long de cette côte superbe. Notons la présence d'Alnwick Castle, l'un des fiefs de *Harry Potter* (voir plus loin). Et de coins de nature préservés, dans le Northumberland National Park, par exemple, ou les Farne Islands. Cette poignée d'îles bien gardées par la houle, du côté de Bamburgh, abrite oiseaux et phoques. À Bamburgh justement, notez ce surprenant musée à la mémoire d'une pionnière du sauvetage en mer, Grace Darling.

🛈 ***Northumberland National Park :*** *Eastburn, South Park,* ***Hexham,*** *NE46 IBS. ☎ (01434) 60-55-55. • northumberlandnationalpark.org.uk •*

ALNWICK *(8 100 hab. ; ind. tél. : 01665)*

Petite ville aux maisons en pierre de taille, agréable pour une courte étape, Alnwick (prononcer « Annick ») attirera avant tout l'amateur de châteaux. La noble bâtisse a servi de décor à de nombreux films, depuis *Becket,* avec Richard Burton et Peter O'Toole, en passant par *Robin des Bois,* avec Kevin Costner, *Elizabeth* avec Cate Blanchett, et plus récemment *Harry Potter.* Il est toujours habité par le duc de Northumberland, dont la famille en est propriétaire depuis plus de 700 ans.

Adresse utile

🛈 ***Tourist Information Centre :*** *2 The Shambles, 1 Market St. ☎ 51-13-33. • visitalnwick.org.uk •*

Où manger ?

Le choix est plus grand pendant la journée, où l'on trouvera des salons de thé chaleureux comme le ***Copperfields*** (en face de l'office de tourisme). En soirée, quelques pubs offrent des snacks corrects.

À voir

Alnwick Castle : *NE66 1NQ. ☎ 51-07-77. • alnwickcastle.com • Fin mars-oct, tlj 10h-17h30 (visite des apparts jusqu'à 16h30) ; dernier ticket 1h avt fermeture. Entrée : env 15 £ ; réduc, notamment sur Internet.* Vaste et superbe forteresse médiévale, d'où le duc de Northumberland, douzième du nom en droite ligne depuis 1303, gère son énorme patrimoine, un des plus vastes de Grande-Bretagne. Intérieurs richement décorés. Innombrables manifestations et attractions organisées pour les enfants, qui affluent en nombre depuis que le château a accueilli le tournage de *Harry Potter* (par exemple, la leçon de vol sur balais, c'est ici !). Autant dire que la visite s'avère incontournable.

Alnwick Gardens : *NE66 1YU. • alnwickgarden.com • Tlj 10h-19h (17h dim) ; ferme plus tôt hors saison. Entrée : env 14 £ ; réduc, notamment sur Internet.* Pour les fans de jardins ornementés, de cascades domptées et de pergolas colorées, ces *gardens* contemporains qui déplacent les foules ont été inspirés par la duchesse elle-même.

LE JARDIN DES POISONS

Derrière de lourdes grilles, ce jardin renferme 100 plantes mortelles ou narcotiques : ciguë, mandragore (très utilisée par les sorcières), digitale, pavot, sans oublier les champignons... magiques. On y trouve aussi du tabac (ce n'est pas un hasard). Pas étonnant qu'on y ait tourné des scènes de Harry Potter *!*

Barter Books : *Alnwick Station, NE66 2NP. ☎ 60-48-88. Tlj 9h-17h (19h jeu et en été).* Face à la mystérieuse Percy Column, cette gare reconvertie est une des plus grandes et certainement des plus incroyables librairies de livres d'occasion d'Angleterre. Différents coins lecture, avec bon feu de cheminée et machine à café à dispo.

BERWICK-UPON-TWEED *(13 300 hab. ; ind. tél. : 01289)*

Au XIVe s, les Anglais s'emparèrent de cette petite ville écossaise fort prospère, qui changera par la suite 14 fois de propriétaires. Paradoxalement, Berwick fait aujourd'hui figure de ville oubliée de l'Angleterre. Rien d'étonnant à cela, car elle se sent toujours très écossaise. Pour preuve : son équipe de foot joue dans le championnat d'Écosse.

GUERRE ET PAIX

Officiellement, la ville de Berwick est toujours en guerre contre la France ! En 1739, l'Angleterre, le pays de Galles et l'Irlande déclarèrent la guerre à la France. Berwick y fut associée. La paix fut signée en 1747, au cours d'un traité réunissant les différentes forces en présence. Mais Berwick, oubliée, ne signa jamais officiellement la paix avec l'Hexagone.

Adresse utile

Tourist Information Centre : *106 Marygate, TD15 1BN. ☎ 33-07-33. • visitnorthumberland.com/berwick-upon-tweed • Pâques-juin, tlj 10h-17h ; juil-sept, jusqu'à 18h ; oct-Pâques, lun-sam jusqu'à 16h, fermé dim.* Liste des *B & B* ; à signaler, beaucoup de jolis cottages en location dans les campagnes environnantes.

Où dormir ? Où manger ?

Berwick Backpackers : *56 Bridge St, TD15 1AQ. ☎ 33-14-81. Compter 17 £/pers en chambre ou dortoir de 1-6 lits, à partir de 30 £/pers en chambre double.* Une maisonnette simple, au confort des plus sommaire mais correct, retirée dans la partie basse de la vieille ville. Pour les routards au long cours.

Mansergh House : *86 Church St, TD15 1DU. ☎ 30-22-97. • manserghhouse.co.uk • Doubles 60-80 £ selon confort, petit déj inclus ; tarifs négociables.* Une jolie maison de l'époque georgienne, tenue par un couple charmant. Chambres calmes, avec déco moderne. Certaines pour des familles. Plusieurs menus au petit déj (saumon fumé, végétarien...).

The Cobbled Yard Hotel : *40 Walkergate, rue à l'angle de l'office de tourisme, TD15 1DJ. ☎ 30-84-07. Tlj jusqu'à 21h30. Menu 20 £ ; plats 8-15 £.* Bon, ce n'est pas franchement de la gastronomie de haute volée, mais les plats solides comme le *Northumbrian lamb hotpot* s'en tirent avec les honneurs.

Où dormir dans les environs ?

Ladythorne House : *à* **Cheswick,** *à 5 mn au sud de Berwick, TD15 2RW. ☎ 38-73-82. • ladythornehouse.co.uk • Doubles 70-90 £. CB refusées.* Restaurée par un couple dynamique, cette belle demeure georgienne, isolée en pleine campagne, a retrouvé l'éclat de 1721. Chambres coquettes et spacieuses, salon TV à disposition. Très confortable. Accueil exemplaire, à l'image du petit déj copieux où trône la fameuse spécialité écossaise : le *haggis* !

À voir

The Ramparts : Berwick est une des rares villes de Grande-Bretagne à avoir conservé l'intégralité de ses remparts. Ils étaient destinés à la protéger au nord des attaques écossaises, mais aussi d'une garnison française, alliée de Mary Stuart. Du côté de la mer, la ville craignait le débarquement des flottes françaises ou espagnoles. Ironiquement, ces remparts n'ont jamais servi après leur édification par Élisabeth Ire, en 1558-1570. L'architecte italien avait pourtant réalisé des plans révolutionnaires : la construction d'énormes remblais aux grandes propriétés d'absorption, au lieu des traditionnels murs de pierre, peu efficaces contre des canons de plus en plus puissants. Le château n'existe plus : les pierres qui le composaient ont servi, au début du XVIIIe s, à construire le pont du chemin de fer qui traverse la Tweed.

Town Hall Tower : *Pâques-fin sept, visites guidées en sem à 10h30 et 14h (2 £).* Noter son intéressante conception multi-usages : mairie, marché couvert, prison et, tout en haut, le phare. Astucieux !

LE PAYS DE GALLES

• Carte *p. 468-469*

ABC du pays de Galles

- **Le pays de Galles (Cymru en gallois) fait partie du Royaume-Uni.**
- ***Superficie :*** 20 780 km² (le quart de l'Écosse), 1 200 km de littoral.
- ***Capitale régionale :*** Cardiff (341 000 hab.)
- ***Population :*** env 3 063 000 hab.
- ***Langues officielles :*** anglais et gallois.
- ***Point culminant :*** le mont Snowdon au nord (1 085 m).
- ***Régime politique :*** semi-autonomie avec une Assemblée nationale de Galles siégeant à Cardiff et un gouvernement local.
- ***Signe particulier :*** le gallois, 1re langue celtique parlée dans le monde ; quatre fois plus de moutons que d'habitants.
- ***Symboles :*** le poireau, le dragon rouge, la jonquille.

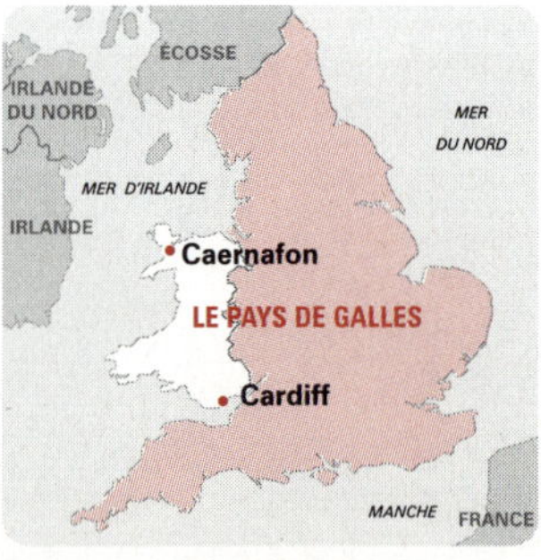

Croeso ! Bienvenue ! Vous avez bien fait de choisir cette destination celtique hors des sentiers battus, vous serez agréablement surpris. Au programme, de très belles plages de sable rien que pour vous, des montagnes, une multitude de puissants châteaux forts et beaucoup de moutons (4 pour 1 habitant !). Le Nord est dominé par le Snowdon (_Yr Wyddfa_ en gallois), 1 085 m, point culminant des _monts Cambrians,_ très vieilles montagnes sauvages, parsemées de lacs, chutes d'eau, forêts et plateaux dénudés. Les promeneurs et les randonneurs aguerris trouveront également leur bonheur au sud, sur les falaises abruptes du _Pembrokeshire Coast_ ou dans le célèbre parc du _Brecon Beacons._ Ne manquez pas non plus _Cardiff,_ capitale dynamique et fief du rugby. À l'image des Bretons, les Gallois sont fiers de leur culture et si, comme le prince Charles (de Galles !), vous faites un effort pour baragouiner quelques mots dans la langue du pays, à coup sûr, vous ne craindrez plus les _red dragons_ !

Infos utiles

■ ***Visit Wales :*** *• visitwales.com • ☎ (0333) 006-3001 (lun-ven 9h-17h sf 25-26 déc et Jour de l'an).* Centre d'appels pour organiser son séjour au pays de Galles, faire des résas (notamment pour l'hébergement, offres de dernière minute), etc.

Les cartes

Pour circuler au pays de Galles nous fonctionnons avec :
– A.Z. – *South West England and South Wales* – Road Map ;
– A.Z. – *North Wales* – Road Map.
Ces deux cartes, donnant les noms en anglais et en gallois, signalent les beaux paysages et les endroits à visiter.

Ou encore, avec :
– *Ordnance Survey :* toute une collection de cartes, de l'ensemble du pays de Galles aux sous-régions (South and Mid-Wales, Snowdonia...) et cartes de rando. Avantage : elles indiquent nombre de sites et adresses comme les auberges de jeunesse et les campings. *Attention :* ***la plupart des parkings sont payants*** même le dimanche, y compris dans les villages les plus reculés. Préparez un budget conséquent, car ça relève parfois de l'extorsion. Et soyez vigilant sur les petites routes de campagne, qui, assez souvent, ne laissent passer qu'une voiture.

Arriver – Quitter

En ferry et en voiture

➢ Depuis la France, ***pas de ferries directs*** pour le pays de Galles, mais des traversées depuis différentes villes côtières (Caen, Cherbourg, Dieppe, Le Havre, Roscoff, Saint-Malo, etc.) jusqu'au sud de l'Angleterre (Plymouth, Portsmouth, Southampton, etc.), à quelques heures de route du sud du pays de Galles et de Cardiff.
➢ Il existe par ailleurs des traversées depuis le pays de Galles vers l'Irlande (Fishguard ou Pembroke-Rosslare en 4h, Swansea-Cork en 8h, Holyhead-Dublin en 1h50-3h30 selon bateau).

En train, liaisons avec Londres

Rens auprès de National Rail Enquires : ☎ (8457) 48-49-50. • rail.co.uk •
➢ ***Pays de Galles Nord :*** par Euston Station. Liaisons directes ou avec changement à ***Crewe*** pour la côte nord ***(Bangor, Anglesey...).***
➢ ***Pays de Galles Centre :*** par Euston Station pour ***Shrewsbury*** via Birmingham New Station. La ligne *Cambrian Coast* relie ***Shrewsbury*** à ***Machynlleth*** via ***Newtown*** et ***Welshpool.*** Puis elle se scinde pour rejoindre ***Aberystwyth*** vers le sud ou ***Pwllheli*** vers le nord (région de Porthmadog).
➢ ***Pays de Galles Sud :*** par Paddington Station. Des trains directs quotidiens avec ***Newport, Cardiff, Swansea.***

En avion

➢ Un seul aéroport international, celui de Cardiff *(☎ (01446) 711-111 ; • cardiff-airport.com •),* situé à 20 km de la capitale galloise. Vols *low-cost* intérieurs et avec d'autres pays européens, dont Paris avec *Air France* et *Flybe.* Attention : certaines compagnies n'opèrent qu'en saison.
➢ L'aéroport anglais de Bristol n'est qu'à 1h de Cardiff, tandis que le nord et le centre du pays de Galles sont plus facilement accessibles des aéroports de Manchester, Liverpool et Birmingham (East Midlands).

En bus

➢ La société *National Express* opère un service rapide d'autocars qui relie ***Cardiff*** à plusieurs villes d'Angleterre, notamment ***Bristol, Birmingham***

DUBLIN, DUN LAOGHAIRE
NORD
Anglesey Island
Holyhead
Holy Island
A 5
Caernarfon Bay
Llyn
Llanystumdw
Pwllheli
Aberdaron
Bardsey Island
St George's Channel
ROSSLARE
Cardigan Bay
Aberaeron
Cwm-yr-Eglwys
Saint Dogmael's Abbey
Cardigan
Nevern
Cenarth
Pen Caer Peninsula
Fishguard
Pentre Ifan
A 487
Saint David's Head
Saint David's
Solva
Mynydd Preseli
Ramsey Island
A 40
Pembrokeshire coast nat. park
Haverfordwest
Carmarthen
Picton Castle
Skomer Island
Marloes
Milford Haven
Cresswell
A 477
Gateholm Is.
Stokholm Island
Carew Castle
Laugharne
Saint Ann's Head
Pembroke
Tenby
Caldey Island
Stacks Rocks
Saint Govan's Head
Port Eynon
CORK
0 10 20 km
0 10 20 miles
Tenby Lieux traités
Marloes Adresses et lieux dans les environs
Site inscrit au Patrimoine mondial de l'Unesco

LE PAYS DE GALLES

LE PAYS DE GALLES

et **Londres** (Victoria Coach Station), ainsi que plusieurs aéroports. | ☎ *(0871)-781-8181.* ● *nationalexpress.com* ●

UN PEU D'HISTOIRE

Le pays de Galles est ***rattaché à la couronne d'Angleterre depuis 1284.*** Ce fut le roi ***Édouard Ier*** qui fit plier le peuple gallois après avoir vaincu Llywelynap Gruffudd et son frère Dafydd, le dernier prince de Galles. Pour assurer son autorité sur les derniers rebelles, il construisit plusieurs forteresses colossales aux points stratégiques du pays de Galles – châteaux aujourd'hui classés au Patrimoine mondial par l'Unesco. Il en profita à chaque fois pour y faire venir des colons, principalement des marchands et des hommes de loi qui bénéficiaient de privilèges au détriment des habitants du cru. Ces mesures vexatoires ont surtout permis la création de villes riches et fidèles, ce qui affermit définitivement son pouvoir.
Jusqu'à cette époque, les Gallois avaient su résister aux envahisseurs romains comme aux Saxons. Le ***roi Offa,*** souverain saxon du VIIIe s, fit construire un mur *(dyke)* pour maintenir ceux-ci sur leur territoire. On en trouve encore les traces, tout le long de la frontière gallo-anglaise, et un chemin de randonnée en perpétue le souvenir : *Offa's Dyke Path.*
Finalement, c'est ***Henri VIII,*** en 1536 et 1542, qui officialisa l'union de l'Angleterre et du pays de Galles par ***The Laws in Wales Acts*** *(Acts of Union).* Le pays de Galles connut par la suite la faveur des romantiques de l'ère victorienne. Au XIXe s, il s'industrialisa grâce aux mines de charbon. Aujourd'hui, cette province compte un peu plus de 3 millions d'habitants.
Il aura fallu attendre ***1997*** pour que le Parti travailliste organise un référendum, où les Gallois se sont prononcés à 50,3 % en faveur d'une ***Assemblée galloise.*** Les premières élections pour la nouvelle Assemblée nationale ont eu lieu le 6 mai 1999 et se déroulent depuis tous les 4 ans. Les prérogatives de l'assemblée sont globalement comparables à celle d'un conseil régional. Mais, contrairement au Parlement écossais, elle ne peut pas lever d'impôts.

CHAMP PATRIOTIQUE

Si l'Écosse est indissociable du chardon, l'Angleterre de la rose et l'Irlande du trèfle, le symbole du pays de Galles c'est... le poireau ! Selon la légende, les soldats gallois s'affublèrent de ce légume pour mieux se dissimuler dans un champ lors d'une des grandes batailles remportées contre les Anglais. Un emblème toujours fêté de nos jours, le 1er mars. Sans parler des couleurs vert et blanc qui ornent fièrement le drapeau national.

Quelques dates marquantes

– ***78 :*** les Romains conquièrent le pays de Galles.
– ***Fin du VIIIe s :*** construction du Offa's Dyke, la première frontière orientale.
– ***Vers 1160 :*** premier rapprochement entre le pays de Galles et la France pour lutter contre l'ennemi commun, l'Angleterre.
– ***1284 :*** Édouard Ier d'Angleterre intègre le pays à son royaume et, en 1301, proclame son propre fils, Édouard II, prince de Galles. Un titre que prendront désormais tous les fils aînés des souverains anglais.
– ***1400-1415 :*** Owain Glyn Dwr de Galles, allié à Charles VI, conduit une révolte contre la couronne d'Angleterre. Malgré son échec, il devient aux yeux des Gallois le plus grand héros.

- ***1536 et 1542 :*** premières et deuxièmes *Laws in Wales Acts,* lois qui annexent définitivement le pays de Galles à l'Angleterre.
- ***1865 :*** implantation d'une colonie de 163 Gallois en Patagonie. Leurs descendants, bilingues gallois-espagnol, y vivent toujours.
- ***1872 :*** ouverture de la première université galloise à Aberystwyth.
- ***1920 :*** séparation entre l'État et l'Église galloise.
- ***1925 :*** fondation du Parti nationaliste gallois Plaid Cymru.
- ***1955 :*** Cardiff devient officiellement la capitale du pays de Galles.
- ***1967 :*** la loi reconnaît la langue galloise au même titre que l'anglais.
- ***1988 :*** le gallois devient matière obligatoire à l'école, dans les régions où la langue est parlée majoritairement.
- ***1993 :*** deuxième loi sur la langue, qui renforce le statut du gallois dans son application. Ce dernier doit être traité à égalité avec l'anglais, dans le secteur public.
- ***1997 :*** le référendum sur la création d'une Assemblée galloise est voté à 50,3 %.
- ***1999 :*** premières élections à l'Assemblée nationale.
- ***1999 :*** le flambant neuf Millennium Stadium de Cardiff remplace le mythique stade d'Arms Park.
- ***2008 :*** le pays de Galles remporte le Tournoi de rugby des six nations.
- ***2016 :*** 52,5 % des votants gallois se prononcent pour le Brexit (la sortie de l'Union européenne). À titre de comparaison, les Écossais votent contre le Brexit à 62 %.

UNE COLONIE EN AMÉRIQUE

Gaiman est une petite ville de 6 000 habitants aux confins de la Patagonie argentine. Elle fut fondée par les premiers colons d'origine galloise à partir de 1865. Voilà pourquoi on y enseigne le gallois à l'école, le drapeau arbore les couleurs blanc et vert, un festival appelé Eisteddfod *y est organisé pour promouvoir la culture galloise... Et l'on peut s'attabler à d'inattendus salons de thé –* casas de té *– aux noms sans équivoque :* Ty Gwyn, Ty Cymraeg, Ty Nain...

L'ORIGINE DE LA BRETAGNE

Tout a commencé vers le Ve s apr. J.-C. À l'époque, ***l'île de Bretagne*** (l'actuelle Grande-Bretagne) est essentiellement peuplée de Bretons. Les dernières légions de l'Empire romain, incapables de résister aux pressions barbares qui s'exercent sur les immenses frontières de l'empire, refluent, laissant la voie libre aux ***Pictes*** et aux ***Scots*** (au nord) et aux ***Angles, Jutes*** et ***Saxons*** à l'est. Peu à peu, les envahisseurs repoussent les Bretons dans les régions montagneuses de ***Cambrie*** (ancien nom du pays de Galles), de ***Cornwall*** (Cornouailles, où s'illustra le légendaire roi Arthur), ou dans le ***Devon*** (Domnonée). Beaucoup préfèrent s'enfuir en franchissant la « mer Bretonne » (la Manche) pour se réfugier en ***Armorique,*** l'actuelle presqu'île de Bretagne, en France, où les clans se reforment. Cette grande migration a duré de 450 jusqu'à 720 environ. Chrétiens, débarqués en Armorique, ils baptisent « Petite Bretagne » cette nouvelle terre à la pointe de l'Europe occidentale, en souvenir du pays qu'ils ont laissé derrière eux. Réflexe naturel chez des émigrés convertis au christianisme : en Bretagne, ils créent les premiers monastères, construisent des ermitages, fondent des paroisses, en leur donnant les mêmes noms qu'en Galles. De là vient la similitude frappante entre les actuels noms de lieux bretons et gallois. Ainsi, beaucoup de noms de communes du pays de Galles commencent, comme en Bretagne, par la particule « Llan », « Tre » ou « Aber ». Pour maintenir à l'époque le flambeau religieux, on fit venir l'élite spirituelle des monastères gallois. De nombreux moines baroudeurs deviendront ainsi les saints les plus célèbres de Bretagne et des fondateurs de villes.

Ces ***« boat-people » du Vᵉ s*** parlaient tous la même langue, le brittonique. En raison de l'évolution linguistique, un Breton d'aujourd'hui comprendra à peine la langue galloise alors qu'un Gallois pourra saisir le sens d'une phrase bretonne.

LA LANGUE GALLOISE

Aujourd'hui, ***plus de 20 % de la population parle le gallois*** et le chiffre s'élève à 80 % dans certaines régions du Nord et de l'Ouest. La langue n'a de cesse d'être valorisée légalement, notamment par la loi de 1993 qui stipule l'égalité dans le secteur public entre l'anglais et le gallois. Dans la vie quotidienne, emballages, publicité, factures et administration judiciaire, par exemple, doivent être rédigés dans les deux langues. L'Assemblée nationale est bilingue depuis sa création, les panneaux de signalisation sont généralement écrits dans les deux langues. De plus, ***le gallois est enseigné obligatoirement jusqu'au bac*** et les médias sont pléthores : les radios ont commencé à émettre uniquement en gallois dans les années 1970 et la première chaîne de télévision européenne en langue minoritaire, *S4C,* a été créée en 1982. Bien sûr, il reste encore beaucoup à faire pour promouvoir la langue. Elle fait partie de l'identité des Gallois et, surtout, contribue à les distinguer de l'Angleterre.

NO COMMENT

Au fil des siècles et malgré l'imposition de l'anglais comme unique langue officielle en 1536, le gallois a su résister à son envahissant voisin. Fait amusant qui symbolise bien toute l'histoire mouvementée entre les deux peuples : Cymrû, *nom gallois du pays, signifie « compatriotes » alors que* Wales *vient de l'anglais* wealhas, *« étranger ».*

Rappelons que le gallois n'est ni un patois ni un dialecte de l'anglais. C'est une ***langue d'origine celte, comme le breton,*** avec qui le gallois partage d'ailleurs des similitudes ainsi qu'une syntaxe et une grammaire identiques. Plus étonnant, le gallois se rapproche par certains aspects du français. On y distingue, par exemple, le masculin du féminin, ce qui n'est pas le cas de l'anglais. En revanche, il n'existe pas de *j, k, q, v, x* ou *z* dans l'alphabet.

Toutes les lettres se prononcent... certaines un peu plus difficilement que d'autres. Par exemple, le *c* toujours comme le *k* en français, le *ch* est l'équivalent du *c'h* breton ou du *ach* allemand. Le *dd* correspond au *th* anglais dans *with, ff* équivaut tout simplement à notre *f,* tandis que le *f* gallois se dit *v.* Le *g* est toujours dur comme en anglais *garden* et *ng* comme dans *parking.* Tout va bien !

Le *w* (ou) est considéré comme une voyelle, ce qui facilite tout de même la prononciation de certains mots, comme *cwrw* (la bière).

Mais le clou, ce sont les mutations. Certaines lettres, placées dans des conditions particulières (par exemple après une préposition) changent. Le *b* devient soit *f* soit *m,* le *d* peut se transformer en *dd* ou *n,* etc.

UN « L » PEUT EN CACHER UN AUTRE

Juste pour le plaisir, sachez que le son « LL » existerait uniquement chez les Inuits du Groenland, chez quelques peuples d'Afrique du Sud et... chez les Gallois. Mode d'emploi : prenez un air inspiré et concentré, placez votre langue contre les dents du fond et soufflez doucement. Ça y est à peu près ? Alors vous devriez vous en sortir avec le village de Llanfairpwllgwyngyllgogerychwyrndrobwllllantysiliogogoch, sur l'île d'Anglesey, le nom le plus long d'Europe !

Note encourageante : tous les habitants du pays de Galles parlent l'anglais. Au début, vous serez seulement un peu dérouté par l'accent de certaines régions (du Sud notamment), mais, très vite, vous devriez vous y habituer.

Quelques mots et expressions utiles

bonjour (le matin)	*bore da (boré dâ)*
bonjour (l'après-midi)	*p'nawn da (pnaoun dâ)*
bonsoir	*noswaith dda (nosouaïeth dhâ)*
bonne nuit	*nos da*
comment allez-vous ?	*sut mae ? (sit maïe ?)*
ça va	*s'mae (smaïe)*
au revoir	*hwyl fawr ('houïl vaour)*
s'il vous plaît	*os gwelwch chi'n dda (os gouelourr rrîn dhâ)*
merci beaucoup	*diolch yn fawr (diolr en vaour)*
santé !	*iechyd da ! (ierrid dâ !)*
bienvenue	*croeso (kroysso)*
pays de Galles	*Cymru (koemri)*
bienvenue au pays de Galles	*croeso i Gymru (kroysso i goemri)*
château	*castell (kahstechl)*
église	*eglwys/llan (eglouisse/chlan)*
pont	*pont (pontt)*
ville	*tre(f) tre(v)*
pub	*tafarn (tavarn)*
maison	*ty (tî)*

LES EISTEDDFODAU

Chez les Gallois, la ***tradition orale*** semble remonter au temps des druides. La reine Élisabeth Ire, face à la prolifération des vagabonds chantants, voulut mettre de l'ordre et institua de grandes réunions appelées *eisteddfodau,* où les bardes, conteurs, chanteurs, ménestrels... se produisaient « officiellement ». Ces festivals existent toujours et attirent beaucoup de monde. Ne les ratez pas si vous passez par là.

La première *eisteddfod* (prononcer « istedhvod ») daterait de 1176 et se serait déroulée à Cardigan Castle (Castell Aberteifi). Mais il faut attendre 1861 pour que la fête devienne un événement national et annuel, aujourd'hui connu sous le nom de *National Eisteddfod of Wales (Eisteddfod Genedlaethol Brenhinol Cymru,* • *eisteddfod.org.uk/cymraeg/* •*).* Il a lieu début août, alternativement dans le nord et le sud du pays.

Contrairement au premier, l'*International Musical Eisteddfod* n'est pas le plus prestigieux, mais c'est le plus connu. Il se déroule à Llangollen, tous les ans, début juillet. Il attire des ménestrels et chanteurs de tous les pays du monde. • *international-eisteddfod.co.uk* •

D'autres festivals moins importants ont lieu dans d'autres villes.

LES CHŒURS D'HOMMES

Chaque village (ou presque) possède un chœur d'hommes, *Male Voice Choir,* dont les répétitions sont ouvertes au public. Renseignez-vous auprès des offices de tourisme qui sauront vous aiguiller. Parmi les plus populaires, le *Treorchy Male Voice Choir.* Il se réunit le lundi et le jeudi à 19h30, à Treorchy Primary School,

Glyneoli Rd, Treorchy, CF42 6SA. ☎ *(07849) 46-60-80.* • *treorchymalechoir.com* • Attention, pas de représentation en août. Treorchy se trouve dans la vallée de la Rhondda, accessible en bus ou en voiture par l'A 4601 (à 24 miles de Cardiff ou à 29 miles de Swansea), ou en train (à 30 mn) de Cardiff.
Mais le chœur qui connaît le plus de succès ces dernières années c'est *Only Men Aloud (• onlymenaloud.com •)* et son pendant junior *Only Boys Aloud,* deux versions modernes et pros des chœurs gallois. Ils se produisent sur toutes les scènes et tous les écrans du monde ou pour tous les grands événements.

LE RUGBY

Au pays de Galles, le rugby, ce « sport de voyous joué par des gentlemen » selon un adage populaire, est beaucoup plus qu'un sport, c'est une véritable religion (surtout au sud). Là-bas, les joueurs de l'équipe nationale, les fameux « dragons rouges », sont considérés comme des demi-dieux, incarnant l'esprit d'un peuple combatif, volontaire et courageux. La religion a son temple, et la plupart des Gallois font, au moins une fois dans leur vie, leur pèlerinage dans les arènes du mythique *Arms Park* de Cardiff, qui a été entièrement rénové pour la Coupe du monde 1999 et rebaptisé *Millennium Stadium.*

BALLON OVALE

Au départ, pour le rugby, le ballon était rond. Il était fabriqué par le cordonnier de la ville, à l'aide d'une vessie de porc. Puis, peu à peu, l'objet est devenu ovale car beaucoup plus facile à prendre en main.

LES MONUMENTS HISTORIQUES

L'organisation *Welsh Historic Monuments (Cadw)* gère bon nombre de châteaux et sites historiques. • *cadw.wales.gov.uk* •
Un bon plan : l'*Explorer Pass.* Pendant 3 ou 7 jours, vous visitez autant de sites de l'organisation que vous le souhaitez. Prix : 21 £ ou 32 £ par personne ; réduc pour 2 adultes et les familles.
Le *National Trust* gère également certains sites *(• nationaltrust.org.uk •).* On peut devenir membre en payant une cotisation annuelle, ce qui donne l'accès gratuit à tous leurs sites en Grande-Bretagne.

CUISINE

Il ne faut pas croire qu'on ne mange que des ***fish & chips*** au pays de Galles. L'agneau, en premier lieu, fait partie des grands favoris, notamment en ragoût (***stew,*** ou *stiw* en gallois) ou au miel. Une option bien traditionnelle, nourrissante et peu onéreuse, que l'on trouve sur la plupart des menus : les ***cawls,*** soupes épaisses dont la composition se décline en fonction des saisons et des régions, parfois avec de la viande ou seulement aux légumes. Les ***glamorgan sausages,*** qui ne sont pas de vraies saucisses puisque faites à partir

WHISKY IS BACK !

Le pays de Galles a une vieille tradition de whiskies. Mais sous les coups de butoir d'associations religieuses, la dernière distillerie ferma en 1899. Depuis 2004, la fabrique Penderyn, dans le parc du Brecon Beacons, a enfin su redonner au whisky gallois ses lettres de noblesse.

de miettes de pain, de fromage, de poireaux et d'oignons, sont souvent proposées au petit déjeuner en option « végétarienne ». Les ***Welsh faggots*** sont de petites boulettes de viande à base de foie et d'oignons, tandis que les ***Welsh rarebits*** *(caws pobi)* sont des toasts tartinés d'un mélange de fromage et de lait voire de bière (et moutarde parfois), sur lequel on dépose ensuite quelques tranches de tomate ou un œuf sur le plat. Côté poisson, vous serez servi, avec des recettes simples au gril, ou au beurre, mais il faudra absolument essayer les ***fish cakes*** (gâteaux de poisson). À l'heure du thé, on goûtera l'incontournable ***bara brith,*** cake aux fruits en tranches qu'il faut beurrer au préalable, et aux ***Welsh cakes*** *(Teisen Gri),* des petits gâteaux aux raisins et au saindoux que l'on servait traditionnellement aux voyageurs.
– ***Alimentation :*** en dehors des grandes villes, les supermarchés ne sont pas très répandus. En revanche, dans la plupart des villes et villages, les supérettes *Spar,* bien approvisionnées, proposent de larges horaires d'ouverture : tous les jours 7h-23h. Mais le mieux, c'est de se renseigner sur les marchés locaux. Quasiment chaque ville a le sien.

HÉBERGEMENT

Pour toutes les informations sur les campings, auberges de jeunesse et *B & B,* se reporter au chapitre « Angleterre utile » en début de guide, rubrique « Hébergement ».
– ***« Great Little Places of Distinction Wales » :*** sous ce label, plus d'une soixantaine d'adresses de bon confort chez l'habitant (type *guesthouse*) avec possibilité de repas le soir. Parfois dans des lieux originaux comme un phare, une tour, un vignoble avec une situation favorisée, et toujours un accueil personnalisé. *Pour obtenir la brochure ou réserver : ☎ (0044) (1570) 470-785. • little-places.co.uk •* Également, dans le même esprit, plus d'une vingtaine d'adresses *Slow Food* : *tearooms,* bistrots, cafés, restaurants...

PERSONNAGES CÉLÈBRES

Le pays de Galles a vu naître nombre de personnalités, pas toujours bien connues outre-Manche mais qui sont chères aux Britanniques. Voici une courte sélection, loin d'être exhaustive ! Au rayon musique, haut de l'affiche pour le baryton-basse ***Bryn Terfel*** (né en 1965), les crooners ***Tom Jones*** (né en 1940) et ***Shirley Bassey*** (née en 1937) qui interprétèrent plusieurs génériques de James Bond, la star des années 1980 à la voix rauque ***Bonnie Tyler*** (née en 1951) ou, plus actuelle, ***Duffy*** (née en 1984).
Pour le monde politique, on retiendra ***David Lloyd George*** (1863-1945), 53ᵉ Premier ministre du Royaume-Uni au début du XXᵉ s. Mais on s'arrête surtout sur un casting de choix pour le grand écran : ***sir Anthony Hopkins*** (né en 1937), le glaçant cannibale du *Silence des agneaux,* ***Timothy Dalton*** (né en 1946), qui incarna deux fois James Bond, le *Batman* ***Christian Bale*** (né en 1974), mais encore ***Catherine Zeta-Jones*** (née en 1969), ***Richard Burton*** (1925-1984), ***Andy Whitfield*** (1971-2011), le héros musclé de *Spartacus,* pour ne citer que les principaux...
Dans le monde des lettres, l'aventurier ***Lawrence d'Arabie*** (1888-1935), auteur des *Sept Piliers de la sagesse,* l'inénarrable ***Roald Dahl*** (1916-1990) à qui l'on doit *Charlie et la Chocolaterie,* le maître de l'espionnage ***Ken Follett*** (né en 1949) ou le poète national ***Dylan Thomas*** (1914-1953). Concernant la peinture, belle palette, avec entre autres ***Charles Tunnicliffe*** (1901-1979), peintre naturaliste qui vécut sur Anglesey, ou encore son alter ego ***Kyffin Williams*** (1918-2006). Et, pour les

sports, une belle mêlée de rugbymen évidemment, ainsi que le footballeur ***Gareth Bale*** (né en 1989) ou encore le navigateur ***Alex Thomson*** (né en 1974) qui batailla avec vaillance pour sa 2e place au Vendée Globe de 2016.

RANDONNÉES

➢ ***Offa's Dyke Path :*** chemin de randonnée de 285 miles qui suit l'ancienne digue, aménagée par Offa, roi saxon (757-796), et la frontière anglaise. Il commence à Chepstow (au sud du pays de Galles), passe par Tintern, Monmouth, Welshpool, Llangollen et se termine à Prestatyn, au nord. Il est très boisé et ne présente pas de difficulté. L'*Offa's Dyke Association* publie des listes d'hébergement et des cartes détaillées *(• offasdyke.org.uk • et • nationaltrail.co.uk/offas-dyke-path •).*

➢ Le ***Wales Coast Path,*** un chemin qui permet de parcourir l'intégralité de la côte galloise, de Chester tout au nord à Chepstow tout au sud, sur 870 miles. Comme il est connecté avec l'*Offa's Dyke Path,* on peut donc faire le tour intégral du pays de Galles à pied, en 1 030 miles. *• walescoastpath.gov.uk/ •*

➢ Nombreuses autres randonnées possibles dans les terres, notamment dans les parcs de Brecon Beacon et Snowdonia (pas moins de six sentiers pour partir à l'assaut du Snowdon, le sommet gallois).

– • visitwales.com •

TRANSPORTS INTÉRIEURS

Voir aussi dans « Angleterre utile », la rubrique « Transports intérieurs ».

Pour vous renseigner sur les transports en commun (horaires, prix...) de tout le pays de Galles, contactez *Traveline,* qui regroupe les données concernant aussi bien le train que les bus, les ferries et les avions *(☎ 0300-200-22-33, tlj 7h-20h ; • traveline-cymru •).* Également des infos pour préparer une rando ou une excursion à vélo.

Il existe une formule très intéressante combinant trains et bus : le ***Explore Wales Pass*** (99 £), valable 4 jours sur les trains et 8 jours sur les bus de l'ensemble du pays de Galles dans un délai de 8 jours consécutifs ; sinon, le *Explore North and Mid Wales Pass,* pour le Nord et le Centre, ou le *Explore South Wales Pass* pour le Sud, deux versions valables aux mêmes conditions, 69 £. Donne aussi accès à des réducs sur bon nombre d'attractions et auberges de jeunesse.

– Rens : ☎ (0845) 60-61-660. • arrivatrainswales.co.uk •

En train

Les lignes ferroviaires intérieures du pays de Galles sont gérées par *Arriva Trains Wales (☎ 03457-48-49-50 ; • arrivatrainswales.co.uk •).* Chaque ligne a son petit nom. Ainsi, la *North Wales Coast Line* permet de suivre la côte nord de Crewe à l'île d'Anglesey. La *Welsh Marches Line* relie l'aéroport de Cardiff à Shrewsbury et Manchester. La *South Wales Main Line* assure la liaison entre Swansea, Cardiff et Bristol. Sinon, la *Cambrian Line* de Shrewsbury à Aberystwyth ou Pwllheli via Machynlleth traverse le pays de Galles d'est en ouest jusqu'à la côte. Une chance : ces lignes permettent de traverser de très beaux paysages.

En bus

De nombreuses compagnies de bus couvrent l'ensemble du pays, dont *National Express, Arriva Cymru, First Cymru...* Les bus rendent accessibles

les zones les plus éloignées et sont plutôt fréquents en semaine, moins le dimanche. En été, des services de bus supplémentaires permettent d'accéder aux parcs nationaux et de circuler entre les points de départ et d'arrivée de randonnées *(Snowdonia Sherpa, Brecon Beacon Bus, Greenways Pembrokeshire Coastal Bus).* Vous trouverez les horaires dans les bureaux d'information touristique.

En vieille loco

Des petits trains à locomotive à vapeur et à voie étroite ont été conservés : ce sont les *Great Little Trains of Wales,* et le pays de Galles en compte une dizaine *(● greatlittletrainsofwales.co.uk ●).* Assez cher, mais il existe des forfaits.

LA VALLÉE DE LA WYE

De Londres ou de Bristol, autoroute M 4, puis route A 466, direction Chepstow, Monmouth. Cette route longe la rivière Wye, située à l'extrême sud-est du pays de Galles et égayée par de nombreux cygnes (au passage, saviez-vous que ces oiseaux sont propriété de la Couronne dans tout le pays ?), qui s'y ébattent voluptueusement.

MONMOUTH (TREFYNWY) 10 100 hab. IND. TÉL. : 01600

Monmouth, parce qu'elle est située au confluent de la Monnow et de la Wye, fut pendant des siècles un carrefour commercial très important. Il en reste quelques beaux souvenirs architecturaux, une rare porte de péage (la seule en Grande-Bretagne !) sur un pont en pierre du XIIIe s, une mignonne place centrale, Agincourt Square, sur laquelle on peut visiter un ancien palais de justice georgien de 1724 et au final une atmosphère vivante et agréable. En outre, Monmouth se situe sur l'*Offa's Dyke Path,* ce chemin de randonnée qui relie le sud au nord du pays de Galles. Ici, il suit la rivière Wye.

> **UNE VIE À 100 À L'HEURE**
>
> *C'est à Monmouth qu'a grandi Charles S. Rolls (1877-1910), l'un des deux fondateurs de la célèbre firme automobile. Intrépide, il était aussi passionné de montgolfière et surtout d'avion. Il fut le premier à traverser la Manche non-stop aller-retour en 1910 (après l'exploit de Blériot), mais il fut aussi le premier Britannique à mourir dans un accident d'avion !*

Arriver – Quitter

La gare ferroviaire la plus proche et la plus pratique est celle de ***Chepstow.*** Liaisons pour ***Cardiff, Abergavenny.***

➢ De ***Bristol,*** prendre le train jusqu'à ***Newport,*** puis le bus n° 25 (le plus rapide) ou 60.

➢ La compagnie de bus *National Express* relie Monmouth à ***Cardiff.***

LE PAYS DE GALLES

Adresse utile

Tourist Information Centre : *Shirehall, Agincourt Sq. ☎ 77-52-57. • shirehallmonmouth.org.uk • Tlj 10h-16h.* Dans l'ancien palais de justice de style georgien (visite possible).

Où dormir ? Où manger ? Où boire un verre ?

Camping

Monnow Bridge Campsite : *Drybridge St, NP25 5AD. ☎ 71-40-04. Tte l'année. Compter 15 £ (moins cher pour les marcheurs).* Près du vieux pont en pierre, un camping sans prétention, avec quelques mobile homes et des emplacements pour les tentes. Bloc sanitaire un peu chiche mais propre. Douche avec jeton.

Un autre camping, un peu plus loin, le **Monmouth Caravan Park,** plus confortable mais plus indiqué pour les caravanes.

De bon marché à prix moyens

Henry's Café : *4 Beaufort Arms Court. ☎ 77-22-90. Tlj 9h (10h dim)-17h. Plats 5-8 £.* Niché dans une jolie rue piétonne donnant sur Agincourt Square, ce petit salon de thé est le point de chute idéal pour une pause gourmande : salades, sandwichs et petits plats du jour frais et bons, à déguster en terrasse ou dans une salle accueillante. Il y a même un coin avec des peluches et des jouets pour les bambins !

The Punch House : *Agincourt Sq. ☎ 71-38-55. Doubles à partir de 60-70 £, petit déj en sus. Bar meals 5-11 £, formule 2 plats env 10 £ lun-ven 10h-17h.* Joliment rénové, c'est un des pubs favoris des Monmouthiens. Sans doute pour son agréable terrasse donnant sur la place pittoresque. À l'étage, une poignée de chambres propres et confortables (toutes *en-suite*).

À voir. À faire

Monmouth Museum : *dans la rue principale, Priory St. ☎ 71-06-30. Ouv 11h-13h, 14h-17h. Fermé dim mat. GRATUIT.* Tout petit, il évoque le héros local, Charles Rolls, et présente une petite collection offerte par la mère de celui-ci, consacrée à l'amiral Nelson.

DANS LES ENVIRONS DE MONMOUTH

Tintern Abbey : *à env 10 miles au sud. ☎ (01291) 68-92-51. • cadw.wales.gov.uk/daysout/tinternabbey • Tlj 9h30-17h (18h juil-août) ; 10h (11h dim)-16h en hiver ; dernière admission 30 mn avt fermeture. Entrée : env 6,50 £ ; réduc.*
Magnifiques ruines gothiques aux perspectives remarquables et imposantes, au bord de la rivière. L'abbaye, fondée en 1131 par les Cisterciens, fut principalement érigée au cours des XIIe et XIIIe s. Très riche et puissante au XIVe s, elle fut pourtant abandonnée en 1536 en raison de la fameuse loi promulguée sous Henri VIII, selon laquelle toute abbaye ayant un revenu annuel de moins de 200 £ devait être dissoute. Le site, d'abord popularisé par le poète Wordsworth, qui s'y rendit en juillet 1798, puis redécouvert par un grand voyageur anglais, R. C. Hoare, au XIXe s, fut enfin immortalisé par Turner.
Les poètes romantiques aimaient ce site et cette région qu'ils comparaient volontiers à la Suisse. On s'y rendait alors en bateau, car la rivière Wye était encore navigable. Une de nos étapes préférées au pays de Galles.

Symond's Yat Rock *(160 m)* **:** *à 11 miles au nord. De Monmouth, bus nº 34.* Crête d'où l'on peut admirer un panorama superbe. Y aller tôt le matin et observer à la jumelle les nids des faucons pèlerins. Dans la vallée, plein de sports possibles, du kayak à la grimpette.

BRECON BEACONS NATIONAL PARK

Situé aux portes de l'Angleterre, ce parc de 1 330 km² à une altitude de 500 à 800 m est bordé au nord par Hay-on-Wye, à l'ouest par Llandeilo, au sud par Merthyr Tydfil et à l'est par Abergavenny. Paysages de bruyère dénudés qui raviront les âmes solitaires, de collines et de prairies où moutons, poneys et vaches paissent paisiblement en toute liberté, à l'écart des quelques fermes éparpillées dans la vallée. Au programme : de la marche, de la lecture à Hay-on-Wye, la capitale mondiale du livre d'occasion, de l'astronomie (le parc est devenu en 2013 la cinquième « réserve de ciel étoilé » au monde !), mais aussi de nombreuses grottes et galeries souterraines, ou encore *Fforest Fawr,* une zone d'importance géologique classée « Geopark » par l'Unesco.

Arriver – Quitter

En bus

Plusieurs compagnies de bus desservent le parc. Peu de bus le dimanche, voire aucun. Voici les plus intéressants :

➢ Le bus nº X63 relie ***Swansea*** (gare routière) à ***Ystradgynlais,*** puis le nº 63 fait la liaison jusqu'à ***Brecon.*** Env 6-8 bus/j. sf dim.

➢ Le bus T4 entre ***Newtown*** et ***Cardiff*** passe par ***Brecon, Libanus*** et ***Merthyl Tydfil.*** Env 7-8 bus/j. lun-sam (aucun le dim).

➢ Le nº 39 assure la liaison entre ***Hereford*** et ***Brecon,*** par ***Hay-on-Wye*** et ***Talgarth.*** Env 5 bus/j. Le dim, prendre le bus nº 39A (slt 2-3).

➢ Le bus X43 assure la liaison entre ***Brecon*** et ***Abergavenny.*** Env 7-8 bus/j. ; aucun le dim.

En train

➢ De ***Cardiff,*** pour ***Abergavenny,*** env 1 train/h lun-sam, moins le dim. Sinon, trains de Cardiff à ***Merthyr Tydfil*** ttes les 30 mn à 1h lun-sam (env 5 liaisons le dim).

➢ De ***Swansea*** ou ***Shrewsbury,*** pour ***Llandovery*** à l'ouest du parc. Lun-sam, 4-5 trains/j., 3 le dim.

Adresse utile

i *National Park Visitor Centre* *(ou Mountain Centre)* **:** *au bout d'une petite route qui s'enfonce dans la campagne à la sortie de* ***Libanus*** *(venant de Brecon par l'A 470) ; c'est indiqué. ☎ (01874) 62-33-66. • breconbeacons.org • Tlj 9h30-17h30 juil-août (17h mars-juin et sept-oct ; 16h l'hiver). Parking payant.* Infos sur les balades, points de départ de nombreuses randonnées et pistes VTT. Conseillers spécialisés. Le complexe comporte également un resto/*tea-room* et une courte exposition sur le parc.

LE PAYS DE GALLES

À voir. À faire

Outre la marche et le vélo, on peut pratiquer de multiples activités dans le parc, dont le kayak, l'équitation, le rafting, l'escalade et le rappel. Infos au *National Park Visitor Centre* de Libanus.

The National Showcaves Centre : *Dan-yr-Ogof. ☎ (01639) 73-02-84. • showcaves.co.uk • Au nord d'Abercraf, sur l'A 4067. Avr-début nov, tlj 10h-15h (dernière entrée), jusqu'à 15h30 pdt vac scol galloises. Entrée : env 14 £ ; réduc.* Des grottes spectaculaires découvertes en 1912 par les frères Morgan. Reconstitutions pédagogiques et cascades jalonnent le parcours, qui conduit les visiteurs à travers un réseau de salles de différentes tailles. On peut même s'y marier ! Dehors, ambiance *Jurassik Park* avec 220 dinosaures grandeur nature disséminés ici ou là. D'autres attractions étoffent la visite, comme la reconstitution de maisons de l'âge du fer, une ferme, une aire de jeux pour les enfants...

➢ ***Brecon Mountain Railway*** *(train à vapeur) :* *à* ***Pant,*** *à 3 miles au nord de Merthyr Tydfil (A 470 puis A 465). ☎ (01685) 72-29-88. • bmr.wales • ♿ Accessible par le bus n° 35 à partir de Merthyr Tydfil. Tlj en été, fréquence plus restreinte le reste de l'année. Billet A/R : 14 £ ; réduc.* Le petit train tracté par une locomotive à vapeur parcourt un tronçon de l'ancien chemin de fer du Brecon (1859-1964), de Pant jusqu'à l'extrémité nord du réservoir de Taf Fechan, avec de beaux panoramas à la clé.

Randonnées

➢ ***Taff Trail :*** chemin de randonnée et de vélo, parcourant 55 miles de Brecon à Cardiff, mais on n'est pas obligé d'aller jusque-là !
➢ ***Randonnées équestres :*** avec ses centaines de miles de sentiers équestres, le Brecon Beacon est l'endroit idéal pour de longues balades à cheval. Le parc est traversé par la piste de randonnée équestre nationale nommée *Three Rivers Ride* (qui se termine au *Visitor Centre* de Libanus), jalonnée de *B & B* pour les cavaliers et leur monture ! *Pour plus d'infos et obtenir la liste des centres équestres, voir le site • horseridingbreconbeacons.com • ou s'adresser au* Visitor Centre *de Libanus.*

HAY-ON-WYE (Y GELLI)

1 950 hab. IND. TÉL. : 01497

Amoureux de livres en tout genre, votre Mecque est ici ! Un homme un peu fou et excentrique déclara, le 1er avril 1977, l'indépendance de Hay-on-Wye et s'en proclama souverain. Richard Booth, jusqu'à ce qu'il revende le château de Hay en 2011 (il n'est donc plus roi !), apporta des livres dissidents, développant les thèses d'une nouvelle voie, antipensée unique. Ainsi se créa la première cité du livre, qui fit par la suite des émules sur le continent.
À ce jour, la ville compte une bonne trentaine de librairies... Cette particularité attire des amateurs du monde entier dans cette adorable petite bourgade fortifiée où il fait bon flâner au gré des jolies boutiques et des échoppes gourmandes.

Arriver – Quitter

En train

La gare ferroviaire la plus pratique pour rejoindre Hay est celle de Hereford.

En bus

Bus Station : *Oxford Rd.*

➢ ***Hereford et Brecon :*** bus n° 39 lun-sam (env 5 bus/j., 2-3 le dim avec le n° 39A).

Adresses et infos utiles

Tourist Information Centre : *Oxford Rd. ☎ 82-01-44. • hay-on-wye.co.uk • Tlj : 10h-13h, 14h-17h Pâques-oct ; 11h-13h, 14h-16h le reste de l'année.* Liste des *B & B* et des librairies.

Parking : *un très grand parking payant dans Oxford Rd, en face de l'office de tourisme.*

Supermarché *(Spar)* **:** *dans Castle St.*

– ***Marché :*** *ts les jeu mat en face du château.* Fruits et légumes, pain et pâté ainsi que beaucoup de fromages locaux.

Où dormir ?

Camping

Radnors End Camping : *chez Steve Davies, HR3 5RS. ☎ 82-07-80. • hay-on-wye.co.uk/radnorsend/ • À 10-15 mn à pied du centre, après avoir passé le pont qui enjambe la Wye (B 4351). Forfait pour 2 env 15 £.* Un minuscule camping chez l'habitant, parfaitement tenu et bénéficiant d'une vue dégagée sur les Black Mountains. Pelouse bien drue, blocs sanitaires nickel, jeux pour enfants. Une excellente halte.

Prix moyens (40-80 £ / 48-96 €)

Hay Stables : *Oxford Rd, HR3 5AJ. ☎ 82-00-08. • haystables.co.uk • Dans la rue de l'office de tourisme. Doubles env 70 £.* Charmante maison de ville proposant 3 chambres confortables (les 2 du rez-de-chaussée, ouvertes sur la courette, manquent toutefois un peu d'intimité). Également un salon bien agréable, une cuisine, et le matin chacun fait sa tambouille, il y a tout ce qu'il faut dans le frigo. Même proprio que *The Old Post Office* à Llanigon.

Rest for the Tired : *6 Broad St. ☎ 82-05-50. • restforthetired.co.uk • Près de l'horloge centrale. Double 70 £.* Charmante maison à colombages. Le rez-de-chaussée fait librairie et disquaire. Les sympathiques proprios louent quelques petites chambres *en-suite* sous les toits, toutes simples et sans chichis, mais agréables et bien tenues. Attention à la tête, c'est bas de plafond !

Chic (80-120 £ / 96-144 €)

The Start B & B : *Bridge St. ☎ 82-13-91. • the-start.net • Au bord de la rivière Wye, de l'autre côté du pont, dans la rue perpendiculaire à Broad St (B 4351), à 300 yards du centre de Hay-on-Wye. Doubles à partir de 80 £.* Un charmant cottage du XVIIIe s, dissimulé en contrebas de la petite route dans un lieu champêtre à souhait : rivière qui glougloute et poules en liberté dans le jardin. Joliment rénovée, la maison renferme des chambres classiques, confortables et paisibles (toutes avec vue sur la rivière). Petit déj très copieux avec les œufs du poulailler. Une adresse pleine de poésie tenue par un couple accueillant.

Tinto House : *13 Broad St, HR3 5DB. ☎ 82-15-56. • tinto-house.co.uk • En face de l'horloge centrale. Doubles 90-100 £, petit déj* *inclus.* Beaucoup de charme et de caractère dans cette demeure de ville du XVIIIe s dotée d'un séduisant jardin (à l'anglaise évidemment) qui court jusqu'à la Wye. Escalier en chêne, meubles anciens, cheminées... et 3 chambres dans le même esprit. On aime bien aussi la 4e, dans une dépendance, juste à côté de l'atelier de peintre du proprio. On peut d'ailleurs visiter sa galerie et le jardin en journée, les portes sont grandes ouvertes.

The Old Black Lion : *voir « Où manger ? ».*

Où dormir dans les environs ?

The Old Post Office : ***Llanigon,*** *HR3 5QA. ☎ 82-00-08. • oldpost-office.co.uk • À côté de l'église de ce petit village noyé dans les arbres et les fleurs, à 2 miles env, direction Brecon. Pâques-oct. Doubles 70-80 £ sans ou avec sdb privée, 2 nuits min.* Ancienne poste du XVIIe s joliment rénovée. Les vieux planchers sont bancals mais pittoresques, et la déco pleine de charme. Chambres un peu datées mais colorées, parfois avec vue sur les montagnes Noires. Ambiance décontractée, à l'image de la cuisine à disposition où chacun concocte son petit déj à sa convenance (tout est fourni). Une adresse reposante.

Hafod y Garreg : *Erwood,* ***Builth Wells.*** *☎ (01982) 56-04-00. • john-annie@hafod-y.wanadoo.co.uk • hafodygarreg.co.uk • À 12 miles de Hay-on-Wye. Prendre l'A 438 direction Brecon ; à Three Cocks, prendre la direction Builth Wells (A 470) ; env 2 miles après Llyswen, route à gauche en bas de la descente au niveau de Trericket Mill (un hameau), puis tt de suite à droite ; monter l'étroite piste jusqu'à une 1re ferme, passer la grille et continuer jusqu'à la dernière maison. Double 92 £. Dîner sur résa 27 £.* Isolée parmi les collines et les moutons, on découvre cette magnifique ferme du XIVe s (la maison la plus vieille du pays de Galles, semble-t-il) décorée d'antiquités pour mettre en valeur ses atouts médiévaux. Le résultat est un peu chargé et bohème, mais très séduisant. Quant aux chambres, elles sont pleines de charme et tout confort. Quelques poules dont les œufs atterrissent directement dans votre assiette le matin. Super accueil, très décontracté.

Où manger ? Où boire un verre ?

Bon marché (moins de 10 £ / 12 €)

The Granary : *Broad St. ☎ 82-07-90. Ouv 9h-17h. Sandwichs et en-cas env 6-7 £. Plats env 9-11 £.* Vaste pièce rustique avec poutres, murs chaulés et grands tableaux noirs indiquant les menus. Également une salle à l'étage. Un comptoir ancien en bois fait office de self-service où l'on choisit sa soupe, sa quiche et des plats du jour goûteux (plusieurs options végétariennes), préparés avec des produits locaux. C'est aussi excellent pour un goûter autour d'un bon gâteau maison. Une adresse familiale très convoitée.

The Old Electric Shop : *10 Broad St. ☎ 82-11-94. Mer-dim 10h-17h. Sandwichs et plat du jour 5-7 £.* Cette adresse joue à fond la carte bobo, à la fois espace d'expo, café ou boutique de déco et de fringues de seconde main. On se pose donc parmi un bric-à-brac d'objets vintage pour goûter à la soupe ou au plat végétarien du jour, généralement aux saveurs métissées, et tous préparés avec des ingrédients locaux, de saison, et au maximum bio. Quant aux gâteaux, ils sont maison et bien bons ! Sympa et original.

Old Stables Tea Room : *Bear St, HR3 5EB. ☎ 82-15-57. Dans le centre. Tlj sf lun et parfois dim 10h30-17h. Plats 5-11 £.* Panneaux un peu *too much* à l'entrée de ce *tearoom* pas peu fier de ses récompenses, mais il faut avouer que les quiches, soupes

LE PAYS DE GALLES

et autres *specials* préparés avec des ingrédients locaux ont du goût. Seulement quelques tables dans une petite salle encombrée, mais la terrasse est idéale quand la pluie a séché ! Chutneys et confitures maison en vente sur place.

Prix moyens (10-20 £ / 12-24 €)

The Old Black Lion : *Lion St. ☎ 82-08-41. • oldblacklion.co.uk • Tlj midi et soir ; dernières commandes à 21h. Doubles à partir de 80 £. Formule déj env 12 £ (15 £ dim). Plats env 9-10 £ le midi, 13-22 £ le soir.* Moquette épaisse et tables de bois brut... L'ancienne auberge du XVIIe s est l'une des adresses les plus courues du village, cosy à souhait ! On s'y délecte d'une bonne cuisine classique, et on loge dans des chambres de caractère dans le bâtiment principal, un peu plus modernes mais tout aussi cosy dans l'annexe voisine. Cromwell et Bill Clinton y ont séjourné.

À faire

Les ***librairies*** fleurissent le long de Castle Street et de Lion Street. Il y en a presque trop ! Voir notamment la librairie de l'homme qui a transformé cette ville paisible en capitale mondiale du livre, ***Richard Booth's Bookshop,*** *44 Lion St.* La façade colorée vaut à elle seule le coup d'œil ! ***Hay Cinema Bookshop,*** *Castle St, à l'entrée du village, côté Brecon. ☎ 82-00-71.* L'ancien cinéma a été transformé en librairie d'occasion sur quatre niveaux. ***Murder & Mayhem,*** *5 Lion St. ☎ 82-16-13. Parfois fermé dim.* Une librairie sur deux petits étages, tapissée de haut en bas de livres d'occasion de genre policier, horreur, ou encore sur les vrais meurtres de *serial killers.* ***Rose's Books,*** *14 Broad St. ☎ 82-00-13. • stellabooks.com •* Spécialiste du livre pour enfants et des livres illustrés épuisés et d'occasion.

Randonnée

➢ ***Offa's Dyke Path :*** ce chemin de randonnée suit la frontière est du Brecon Beacon en passant par Hay-on-Wye. Une partie du parc parmi les plus jolies qu'il vous sera donné de voir. Des vallées boisées, bucoliques, et des collines désertes aux courbes douces et rondes, recouvertes d'une fine moquette d'herbe moelleuse que foulent les moutons et les rudes poneys gallois... Itinéraire de Hay-on-Wye à Llanfihangel Crucorney. L'*Offa's Dyke Association* publie des cartes détaillées *(• offasdyke.org.uk •)* ou alors se procurer la carte *Explorer 13.*

Festival

– ***Festival de la littérature :*** *ts les ans, au printemps. • hayfestival.com •*

LLANTHONY PRIORY

IND. TÉL. : 01873

À 12 miles au sud-est d'Hay-on-Wye. De ce superbe prieuré en ruine se dégage une magie mystique qui exprime merveilleusement bien ce que certains religieux du XIIe s ont pu souhaiter de solitude et d'austérité. La vision de ces pierres rouges émergeant du vert lumineux de la végétation vous

plonge dans un état de sérénité assez extraordinaire. Rien à voir avec ces châteaux normands guerriers, gris et sévères, que l'on rencontre un peu partout dans le coin. Ici, tout est invitation à la méditation et au recueillement...

Comment s'y rendre en voiture ?

➢ Depuis ***Hay,*** par une minuscule et très belle route à une seule voie menant à Abergavenny, en passant par les Black Mountains. ➢ Depuis ***Monmouth,*** direction Abergavenny. Sur la route, on peut s'arrêter et visiter les ruines de ***Raglan Castle,*** vieux château fortifié en ruine, imposant par sa taille. À Abergavenny, ***musée d'Histoire locale,*** typique. ***Festival de musique en juillet,*** avec jazz, folk, musique irlandaise et même créole ! Après Abergavenny, prendre la route A 465, puis, sur la gauche à quelques centaines de mètres, tourner vers Llanfihangel Crucorney et Stanton. Petite route merveilleuse à une seule voie ; on passe devant un des plus vieux pubs du pays de Galles (***Skyrrid Inn,*** où aurait eu lieu la dernière pendaison d'un Gallois, crochet visible !) et on se dirige vers Llanthony Priory, au cœur des Black Mountains.

Où dormir ? Où manger ?

⛺ ***Psycodlyn Farm :*** ***Abergavenny,*** *à 3 miles du centre-ville, sur l'A 40 en direction de Brecon, NP7 7ER. ☎ 85-32-71. • pyscodlyncaravanpark.com • Forfait pour 2 env 14-17 £.* Petit camping très nature perdu dans la vallée de l'Usk, avec une soixantaine d'emplacements pour caravanes et tentes installées à côté d'une ferme. Simple, mais calme et charmant.

🏠 🍽 ***Abbey Hotel*** *(Llanthony Priory Hotel)* ***:*** ***Llanthony,*** *NP7 7NN. ☎ 89-04-87. • llanthonyprioryhotel.co.uk • Slt ven-dim hors saison. Résa nécessaire. Double 90 £ (97,50 £ ven-sam) ; 2 nuits min le w-e à certaines périodes. Plats et sandwichs env 4-9 £ au déj, autour de 11-12 £ le soir.* On paie surtout pour le cadre, mais quel cadre ! Car on loge dans une partie restaurée du prieuré ! Chambres à l'ancienne avec salles de bains communes, accessibles pour certaines par un escalier en colimaçon médiéval à souhait. D'ailleurs, quitte à jouer la carte du rustique, il n'y a pas de TV ni de réseau ! Calme assuré donc, et un charme fou. On peut se contenter d'y prendre un repas dans la petite salle champêtre en sous-sol.

À voir. À faire

➢ À partir du prieuré, nombreuses ***balades à pied dans les Black Mountains.*** Paysage de plus en plus dépouillé jusqu'au plateau. Celui-ci est complètement dénudé et offre une très belle vue sur la rivière Wye en contrebas et sur les Brecon Beacons.

🏛 ★★★ 👪 ***The Big Pit :*** *à* ***Blaenavon,*** *sur l'A 4043, NP4 9XP. ☎ (029) 20-57-36-50. • museum.wales/bigpit/ • Bus n° 30 depuis Newport. Tlj 9h30-17h (dernière admission à 16h). Visites souterraines 10h-15h30. Parking : 3 £/j. GRATUIT.* Dès le XVIIIe s, ce fut l'un des plus importants sites miniers du pays, qui occupa une place majeure dans la révolution industrielle. Rien n'a changé depuis sa fermeture en 1980. C'est donc avec émotion que l'on rejoint les visites guidées orchestrées par les anciens mineurs... à 90 m de profondeur. Mieux vaut ne pas être claustrophobe ! Casque vissé sur la tête, courbé en deux pour franchir certains passages difficiles, on découvre pas à pas un univers rude, angoissant, qui n'a jamais cessé d'être dangereux malgré l'amélioration des techniques et des conditions de sécurité.

De retour à l'air libre, la visite se poursuit par la salle des machines (pour l'ascenseur), les anciennes forges et les bâtiments du personnel (vestiaires, douches...). Ces derniers renferment également un musée qui retrace l'époque épique de l'exploration souterraine, le quotidien des familles... et la lutte féroce qui opposa les mineurs à Margaret Thatcher lorsqu'elle prit la décision de fermer les sites ! Enfin, petit détour par une autre mine, factice celle-ci, qui présente les machines les plus modernes qui furent utilisées au *Big Pit*. Ce site fascinant, Patrimoine mondial de l'Unesco depuis 2000, est un testament unique de l'exploitation du fer et du charbon au pays de Galles.

BRECON (ABERHONDDU)

8 250 hab. IND. TÉL. : 01874

Centre du Brecon Beacons National Park et, surtout, point de base des marcheurs dans un environnement montagneux. Une cathédrale, quelques petits musées et un théâtre de poche au bord de l'eau dans un site bucolique.

Adresses utiles

Tourist Information Centre : *Cattle Market Car Park. ☎ 62-24-85. • midwalesmyway.com • En général, lun-sam 9h30-17h, dim 10h-16h.*

■ ***Bi-Ped Cycles :*** *10 Ship St. ☎ 62-22-96. • bipedcycles.co.uk • Côté ouest, venant de Libanus par l'A 470, après le pont dans le centre, c'est au début de la rue qui monte à droite. Tlj sf dim 9h-17h30 (17h sam).*

Où dormir ? Où manger dans le coin ?

Campings et auberge de jeunesse

Priory Mill Farm : *Hay Rd. ☎ 61-16-09. • priorymillfarm.co.uk • Peu après la sortie nord de la ville, par la B 4602. Forfait pour 2 env 16 £. Douche payante.* Adorable camping de poche lové au creux de la vallée, au bord de la rivière, avec une ferme pittoresque organisée autour d'une cour pavée où se baladent les poules (œufs à vendre pour le petit déj). Très photogénique ! En revanche, c'est basique côté confort, et par conséquent insuffisant en cas de forte affluence (pas assez de douches et de sanitaires).

Pencelli Castle Caravan and Camping : ***Pencelli,*** *LD3 7LX. ☎ 66-54-51. • pencelli-castle.com • ♿ À env 3 miles au sud-est, par la B 4558. Passage du bus local tt proche. Forfait pour 2 env 14-25 £.* Camping qui fait l'unanimité (il a même décroché 5 étoiles, le top !). Grand terrain soigné aux emplacements bien délimités, environnement champêtre idéal, bâtiment sanitaire extra propre, cerné de jardinières fleuries. Et tout le confort classique : laverie, petite épicerie, aire de jeux pour les enfants... Cerise sur le gâteau : il y a même une étonnante collection de matériel agricole ancien dans la belle ferme des proprios (charrette, tracteur vintage...). Très bon accueil.

Youth Hostel Llwyn-y-Celyn : *Holly Bush,* ***Libanus,*** *à moins de 7 miles au sud de Brecon (A 470). ☎ (01874) 62-42-61. • yha.org.uk/hostel/brecon-beacons • Venant de Brecon, c'est à env 2,4 miles après Libanus, sur la gauche en contrebas de l'A 470 (panneau discret pour le chemin très pentu). Bus T4 à l'entrée du chemin. Tlj fév-oct ; fermé lun-mar l'hiver. Lit en dortoir à partir de 18 £ (avec ou sans sdb privée), tente en bois pour 4 pers également, emplacement de camping à partir de 11 £.*

LE PAYS DE GALLES

Ancienne ferme de caractère, nichée dans une vallée au cœur du parc. Très calme (car éloignée de la route) et champêtre à souhait. Chambres et dortoirs simples de 2 à 8 lits, mais bien entretenus et profitant pour la plupart de belles vues sur les pâturages et les collines. Équipements très convenables, accessibles aux résidents et aux campeurs : cuisine complète et salon commun chaleureux, avec cheminée et bouquins. Point de départ ou d'arrivée de randonnées.

De prix moyens à plus chic

The Grange : *22 The Watton. ☎ 62-40-38. • thegrange-brecon.co.uk • À 200 yards du centre de Brecon, dans le prolongement de Bulwark (direction Abergavenny et Hay). Doubles 65-75 £ sans ou avec sdb. Parking.* Un *B & B* efficace et sans mauvaise surprise. L'accueil est très sympathique, les petites chambres fort agréables, fraîches et lumineuses, et les salles de bains tout confort. Bon rapport qualité-prix, d'autant qu'il y a même un jardinet fleuri à l'arrière pour se poser entre 2 balades.

The Felin Fach Griffin : *Felinfach, LD3 0UB. ☎ 62-01-11. À 4,5 miles au nord-ouest, sur l'A 470. Formules env 13-22 £ au déj, plats env 16-29 £ le soir.* Cette belle auberge de village abrite un *gastropub* réputé dans la région, autrement dit un pub chic avec ses boiseries de rigueur et ses cheminées crépitantes où l'on déguste une vraie cuisine gastronomique. Spécialités galloises modernisées, produits du terroir, poisson de Cornouailles... Du beau travail ! Service classieux. Également des chambres sur place, pas données, mais, là encore, parfaites sur toute la ligne (la situation n'est toutefois pas la meilleure, la route n'étant pas bien loin).

Achats

Brecknock Farmer's Market : *High St, Bulwark (arcades près de la banque National Westminster). Le 2e sam du mois sf en janv et en août, 10h-14h.* Marché couvert où les fermiers vendent leurs produits tout frais... de quoi se faire un pique-nique solide pour partir à l'assaut des montagnes Noires.

LE PAYS DE GALLES

CARDIFF ET SA RÉGION

CARDIFF (CAERDYDD)

340 000 hab. IND. TÉL. : 02920 ou 21

• Plan *p. 488-489*

Capitale du pays de Galles, mais depuis 1955 seulement, Cardiff s'est enrichie au XIXe s grâce à l'exportation du charbon. L'activité du port et des docks est due à la célèbre famille Bute, celle qui reconstruisit, à la fin du XIXe s, le château de Cardiff (et l'aménagea en y mélangeant toutes sortes de styles). Aujourd'hui, le rayonnement de la ville est incontestable, et Cardiff ambitionne de devenir une des plus belles cités maritimes d'Europe. Pour réaliser ce projet, la ville a entièrement relooké ses docks nommés désormais

Cardiff Bay et prévoit même la construction d'une pharaonique usine marémotrice qui alimenterait toute une partie du pays de Galles en électricité.
Si vous êtes fou du ballon ovale, ne manquez pas de faire un pèlerinage au prestigieux _Millennium Stadium._ Les fans de musique classique iront tout droit au rutilant _Wales Millennium Centre._ Quant aux fières âmes celtes, elles iront visiter le parlement gallois, une merveille d'architecture.
– ***Cardiff Festival :*** *en juil et août.* Toutes les musiques sont célébrées, du jazz au folk en passant par la pop. ● *cardiff-events.com* ●

Arriver – Quitter

En avion

✈ ***Aéroport de Cardiff*** *(hors plan par C4)* **:** *à une vingtaine de miles au sud-ouest, vers Rhoose.* ☎ *(01446) 71-11-11.* ● *cardiff-airport.com* ● *Bus T9 du centre et de la gare centrale de Cardiff (ttes les 20 mn) ; env 5 £.*
➢ Liaisons avec Paris avec les compagnies *low-cost City Jet* et *Flybe.* Sinon des vols *low-cost* intérieurs et avec d'autres pays européens. Attention : certaines compagnies n'opèrent qu'en saison.

En train

Gare ferroviaire *(zoom)* **:** *Central Station.* Fréquences moindres le dim.
➢ ***Swansea :*** liaisons très fréquentes. Un peu moins de 1h de trajet.
➢ ***Londres Paddington :*** nombreuses liaisons directes. Durée : 2h.
➢ ***Manchester :*** 1 train/h direct. Env 3h30-4h de trajet.
➢ ***Abergavenny :*** 1 train/h ou ttes les 2h.

En bus

Attention, en raison de la construction de la future gare routière (ouverture prévue en 2018 ou 2019), l'ancienne gare centrale est fermée. Contacter *Traveline* *(☎ 0800-464-00-00 ; ● traveline.cymru ●)* pour vérifier où se situent les arrêts en fonction de la destination. *National Express,* par exemple, fait arriver et partir tous ses bus depuis *Sophia Gardens (plan B1).*
➢ ***Swansea :*** bus X10 *(Firstcymru).* Un bus ttes les heures en sem ; un peu moins fréquent le w-e. Durée : 1h.
➢ ***Parc national des Brecon Beacons :*** bus T4 à destination de ***Merthyr Tydfil, Brecon*** et ***Abergavenny.*** Env 7-8 bus/j. lun-sam.

Circuler dans la ville

■ ***Cardiff Bus :*** ● *cardiffbus.com* ● *Système de zones 1,70-2,50 £ le trajet. Prévoir l'appoint, les chauffeurs ne rendent pas la monnaie.*

■ ***Baycar*** *(zoom)* **:** *Central Station. Navette ttes les 15 à 20 mn, qui relie le centre-ville à la baie (Cardiff Bay), 6h30-23h.*

Adresse utile

ℹ ***Cardiff Bay Visitor Centre*** *(plan D4)* **:** *dans le Wales Millennium Centre, Cardiff Bay.* ● *visitcardiff.com* ● ☎ *20-87-79-27. Tlj 10h-18h (19h30 les j. de spectacle).*

Où dormir ?

N'oubliez pas que les chambres sont prises d'assaut et que les prix atteignent des sommets pendant les grandes rencontres sportives, comme

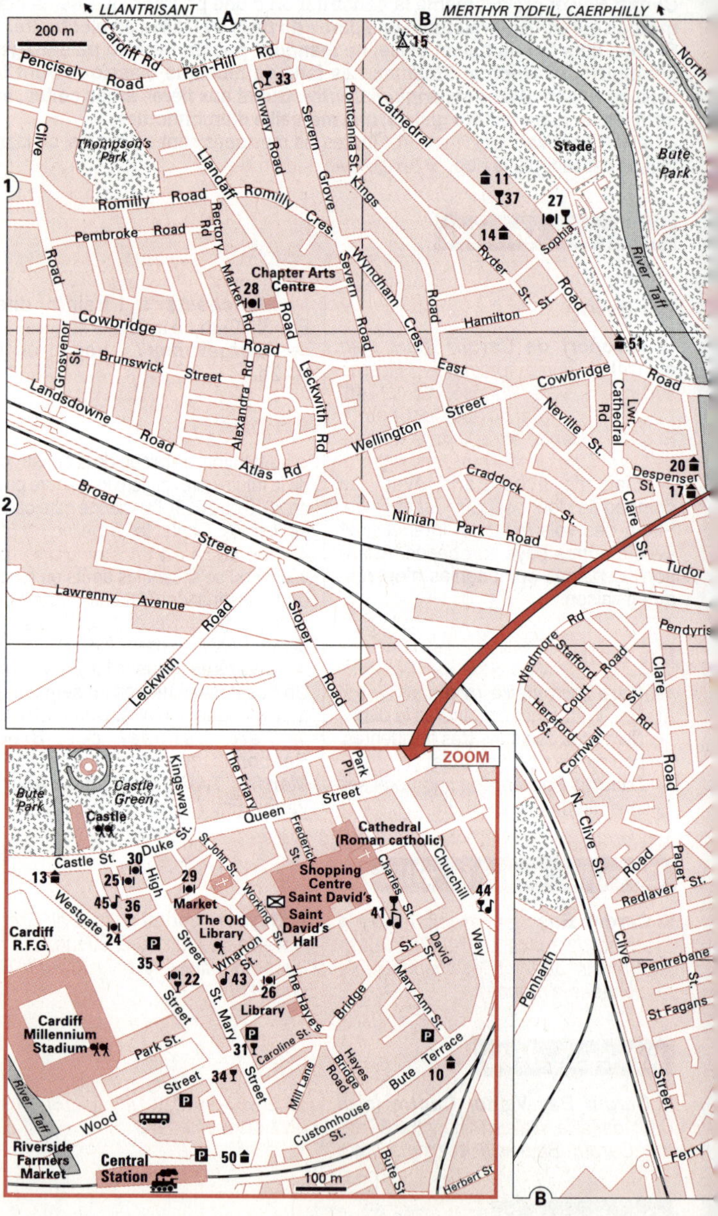
LLANTRISANT
MERTHYR TYDFIL, CAERPHILLY
A
B
1
2
200 m
Cardiff Rd
Pencisely Road
Pen-Hill Rd
33
15
Clive
Thompson's Park
Conway Road
Severn Grove
Pontcanna St.
Kings
Cathedral
Stade
Bute Park
North
Llandaff
Romilly Road
Romilly Cres.
11
37
27
Pembroke Road
Rectory Rd
14
Sophia
Road
Market Rd
Chapter Arts Centre
28
Severn Road
Wyndham Cres.
Ryder St.
St.
River Taff
Cowbridge Road
Grosvenor St.
Hamilton
51
Brunswick Street
Alexandra Rd
Leckwith Rd
East
Cowbridge Road
Landsdowne Road
Wellington Street
Neville St.
Lwr. Cathedral Rd
Atlas Rd
Craddock St.
Despenser St.
20
17
Broad Street
Ninian Park Road
Clare St.
Tudor
Lawrenny Avenue
Leckwith Road
Sloper Road
Pendyris
Wedmore Rd
Stafford Road
Court
Hereford St.
Cornwall St.
Clare Rd
Road
ZOOM
Bute Park
Castle Green
Kingsway
The Friary
Park Pl.
Queen Street
Castle
Cathedral (Roman catholic)
Duke St.
Castle St.
30
13
25
High
29
St John St.
Frederick St.
Shopping Centre Saint David's
Charles St.
Churchill Way
44
Westgate
45
36
Market
Working St.
Saint David's Hall
41
Cardiff R.F.G.
24
The Old Library
Wharton St.
David St.
35
Street
St.
Mary Ann St.
22
43
26
The Hayes
Library
Bridge
Cardiff Millennium Stadium
St. Mary Street
Caroline St.
31
Park St.
Hayes Bridge Road
Bute Terrace
10
Street
34
Mill Lane
Bute
River Taff
Wood
Customhouse St.
Riverside Farmers Market
Central Station
50
100 m
Bute St
Herbert St
N. Clive St.
Road
Paget St.
Redlaver St.
Clive
Pentrebane St.
Penharth
St Fagans
Street
Ferry
B

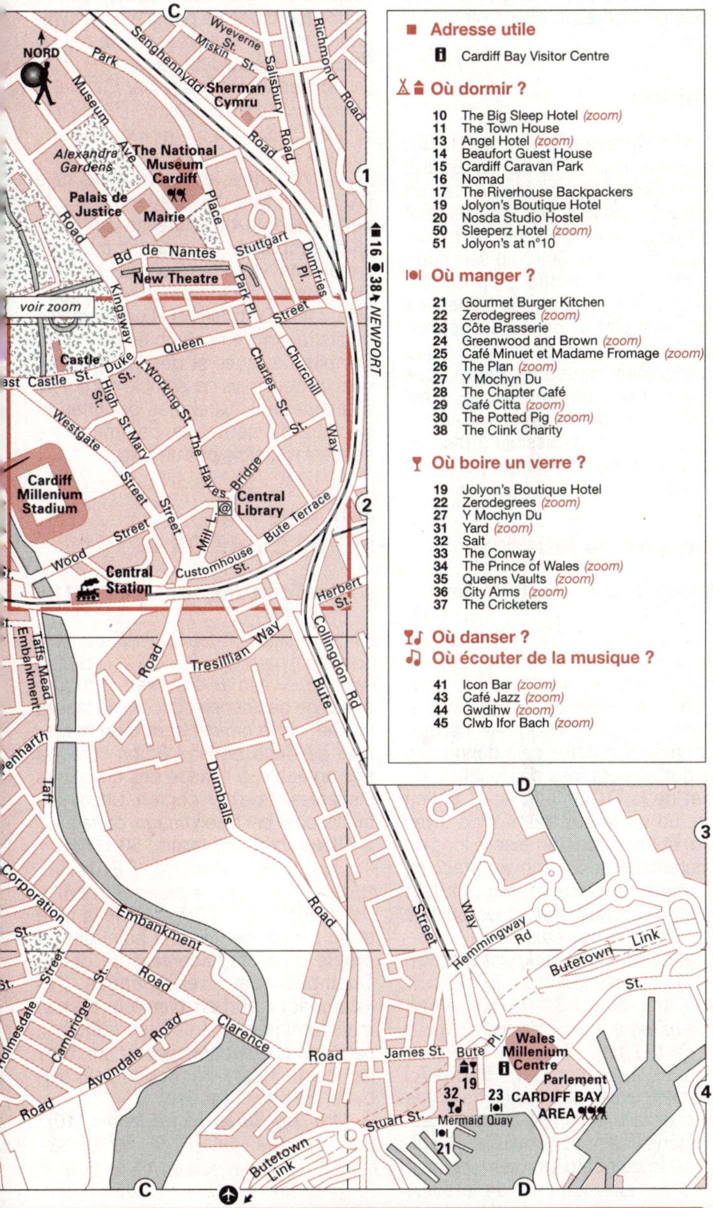

■ Adresse utile

- Cardiff Bay Visitor Centre

Où dormir ?

10 The Big Sleep Hotel *(zoom)*
11 The Town House
13 Angel Hotel *(zoom)*
14 Beaufort Guest House
15 Cardiff Caravan Park
16 Nomad
17 The Riverhouse Backpackers
19 Jolyon's Boutique Hotel
20 Nosda Studio Hostel
50 Sleeperz Hotel *(zoom)*
51 Jolyon's at n°10

Où manger ?

21 Gourmet Burger Kitchen
22 Zerodegrees *(zoom)*
23 Côte Brasserie
24 Greenwood and Brown *(zoom)*
25 Café Minuet et Madame Fromage *(zoom)*
26 The Plan *(zoom)*
27 Y Mochyn Du
28 The Chapter Café
29 Café Citta *(zoom)*
30 The Potted Pig *(zoom)*
38 The Clink Charity

Où boire un verre ?

19 Jolyon's Boutique Hotel
22 Zerodegrees *(zoom)*
27 Y Mochyn Du
31 Yard *(zoom)*
32 Salt
33 The Conway
34 The Prince of Wales *(zoom)*
35 Queens Vaults *(zoom)*
36 City Arms *(zoom)*
37 The Cricketers

Où danser ?
Où écouter de la musique ?

41 Icon Bar *(zoom)*
43 Café Jazz *(zoom)*
44 Gwdihw *(zoom)*
45 Clwb Ifor Bach *(zoom)*

CARDIFF

le Tournoi des six nations ! Pour ces périodes, réservation obligatoire longtemps à l'avance.

Camping

⛺ ***Cardiff Caravan Park*** *(plan B1,* ***15****)* **:** *Pontcanna Fields. ☎ 20-39-83-62. • cardiffcaravanpark.co.uk • Accès en voiture par Sophia Close. Tte l'année. Forfait pour 2 (valable pour une famille avec 2 enfants) env 30 £.* Le seul camping de Cardiff profite d'un emplacement idéal : 2 grandes allées de gazon bien plat et bordées d'arbres, déroulées face au parc. Beaucoup de caravanes, mais une petite zone réservée aux campeurs (l'été, c'est un peu la foire d'empoigne !). Plaisant, calme et surtout accessible à pied du centre. Location de vélos et petit café sur place.

Auberges de jeunesse

Nosda Studio Hostel *(plan B2,* ***20****)* **:** *53-59 Despenser St, Riverside, CF11 6AG. ☎ 20-37-88-66. • nosda.co.uk • Env 20-25 £ en dortoir (4-10 lits), doubles 44-60 £, avec petit déj. Grosses promos sur Internet à certaines dates.* Une AJ installée dans un ancien hôtel, cela donne certains dortoirs équipés de douches, de w-c et de la TV. On apprécie ! Si l'on ajoute un vaste bar très sympa (avec billard) et une super terrasse le long de la rivière, face au *Millennium Stadium,* on comprend mieux pourquoi il faut réserver à l'avance, surtout les jours de match. Petit déj copieux.

The Riverhouse Backpackers *(plan B2,* ***17****)* **:** *59 Fitzhamon Embankment, CF11 6AN. ☎ 20-39-98-10. • riverhousebackpackers.com • Nuitée à partir de 15 £/pers en double ou dortoir de 4-6 lits, avec petit déj.* Une AJ idéalement située et installée dans une maison de ville, qu'un frère et une sœur ont ingénieusement convertie. Résultat : une toute petite structure, *homely,* où l'on se fait volontiers de la place sur le canapé du salon, dans la cuisine comme à la maison, ou à table dans la véranda. Côté chambres et dortoirs, c'est simple, classique et propre (douche et w-c en commun bien tenus). Et une foultitude de petits gestes sympas comme ces soirées *apple pie* ou les croissants au petit déj !

Nomad *(hors plan par C1,* ***16****)* **:** *11 Howard Gardens, Roath, CF24 OEF. ☎ 20-25-68-26. • nomadcardiff.co.uk • Nuitées 10-20 £, avec petit déj.* Entre le centre et la baie (10 mn en bus, 15 à 20 mn à pied), cette auberge de jeunesse aux couleurs pimpantes occupe les murs de 3 maisons victoriennes mitoyennes. Tous les équipements attendus (cuisine, salon TV, billard...) et une centaine de lits répartis en chambres de 2 à 10. Dortoirs basiques et des lits qui grincent un peu, mais l'ensemble est coloré et accueillant. Quelques douches et w-c supplémentaires communs ne seraient toutefois pas un luxe.

Prix moyens (40-80 £ / 48-96 €)

The Town House *(plan B1,* ***11****)* **:** *70 Cathedral Rd, CF11 9LL. ☎ 20-23-93-99. • thetownhousecardiff.co.uk • Doubles à partir de 60 £. CB acceptées. Parking.* Un *B & B* bien typique. Avec son papier peint décoré de tasses de thé, on le croirait sorti d'un magazine de déco british ! Salon-véranda très agréable, à l'image des chambres élégantes et de bon confort. Un joli lieu où l'accueil est à son image, parfait.

Sleeperz Hotel *(zoom,* ***50****)* **:** *Station Approach, Saunders Rd, CF10 1RH. ☎ 20-47-87-47. • sleeperz.com • Doubles 50-95 £.* À côté de la gare et du centre, ce joli petit hôtel design profite d'un emplacement de choix. Chambres pas très grandes (les « *compact* » portent bien leur nom !), mais lumineuses, très bien conçues, parfaitement insonorisées et aux tons reposants. Resto, bar et bon petit déj-buffet. Excellent accueil.

The Big Sleep Hotel *(zoom,* ***10****)* **:** *Bute Terrace, CF10 2FE. ☎ 20-63-63-63. • thebigsleephotel.com • Tt près de la gare. Doubles env 45-70 £. Bien plus cher lors de grands événements au* Millenium Stadium. Avec une curieuse rampe conduisant à un parking à ciel ouvert à

LE PAYS DE GALLES

l'étage, sur lequel s'ouvre la réception, l'arrivée ne fait pas dans le glamour ! Quant aux chambres, donnant sur l'avenue ou la voie ferrée, elles sont modernes, nickel et fonctionnelles, à défaut d'être belles. Mais cela reste une option intéressante compte tenu du prix et de sa situation stratégique.

Chic (80-120 £ / 96-144 €)

Jolyon's at nº 10 *(plan B2, **51**) : 10 Cathedral Rd, CF11 9LJ. ☎ 20-09-19-00. • jolyons10.com • Doubles 85-160 £.* Petite sœur du boutique-hôtel de Cardiff Bay, une structure pleine de charme derrière sa façade victorienne cossue, à deux pas du centre-ville. Une vingtaine de chambres, dont certaines familiales, mêlant modernité, style et tout le confort espéré, jusque dans les salles de bains. Parties communes chaleureuses, idéales pour un café ou un apéro.

Beaufort Guest House *(plan B1, **14**) : 65 Cathedral Rd, CF11 9HE. ☎ 20-23-70-03. • beauforthouse cardiff.co.uk • Doubles à partir de 82 £.* C'est l'adresse pour se faire dorloter. On y vient en amoureux pour profiter du salon élégant, de la véranda cosy, des petits déj servis avec tout le tralala (de la musique classique aux chandeliers !), et des chambres douillettes. Accueil très sympathique.

Angel Hotel *(zoom, **13**) : Castle St, CF10 1SZ. ☎ 20-64-92-00. • thehotel collection.co.uk • En face du château. Doubles env 90-120 £ ; plus cher en fonction du calendrier (sportif, économique...). Parking payant.* Construit en 1883, cet hôtel victorien tout en moulures chic et colonnes imposantes a fière allure... Les chambres sont en revanche plus quelconques, voire un brin datées pour certaines, mais le confort reste bon et l'accueil est excellent. Pas mal donc, d'autant que la situation est stratégique !

À Cardiff Bay

Jolyon's Boutique Hotel *(plan D4, **19**) : Bute Crescent, Cardiff Bay, CF10 5AN. ☎ 20-48-87-75. • jolyons.co.uk • Doubles env 70-130 £.* Difficile d'imaginer l'ancienne maison de pêcheur dans cet hôtel de charme intimiste au luxe discret. La dizaine de chambres sont élégantes, cosy à souhait, toutes différentes et dotées de salles de bains de grand confort. Un vrai cocon, d'autant plus que le pub douillet niché dans la cave (sofas et bon feu de cheminée) n'incite guère à aller voir ailleurs !

Où manger ?

Bon marché (moins de 10 £ / 12 €)

The Plan *(zoom, **26**) : 28-29 Morgan Arcade. ☎ 20-39-87-64. Lun-sam 8h45-17h, dim 10h30-16h. Plats 5-8 £.* Positionné sur une patte-d'oie au cœur d'un beau passage couvert, ce joli petit café à la déco vintage est parfait pour une pause autour d'un gâteau, d'un sandwich, de *baked potatoes,* d'une salade ou d'un plat du jour. Simple, bon et préparé avec des ingrédients locaux de saison.

Café Minuet *(zoom, **25**) : Castle Arcade. ☎ 20-34-17-94. Tlj sf dim 11h-16h30. Plats 4-8 £.* Un minuscule café « *cheap and cheerful* », comme ils disent. Cadre simple et agréable, bel emplacement dans un passage couvert et une petite cuisine italienne (paninis, pizzas, pâtes et plats du jour) qui joue bien sa partition. Sans chichis.

Dans le même passage, ***Madame Fromage,*** un bel espace à l'ancienne, mi-resto, mi-boutique, avec un énorme choix de fromages (et pas que français !), quiches et charcuterie, à moins d'opter pour le plat du jour *(menu déj env 8-10 £ ; fermé le soir).*

The Chapter Café *(plan A1, **28**) : Chapter Arts Centre, Market Rd. Tlj 9h-21h. Plats env 4-14 £.* Cuisine du jour simple et bonne (nombreuses

LE PAYS DE GALLES

options végétariennes) dans ce centre culturel très actif, très apprécié des habitués et des familles. Mangez-y un morceau avant d'aller voir une exposition ou un film d'art et d'essai.

Prix moyens (10-20 £ / 12-24 €)

|●| ***Y Mochyn Du*** *(plan B1,* ***27****) : Sophia Close. ☎ 20-37-15-99. Tlj jusqu'à 21h (plus tard pour le pub). Sandwichs env 7 £ le midi ; plats 9-11 £.* L'adresse préférée des gens du coin, 100 % galloise (*Y Mochyn Du* signifie « le cochon noir »), occupe une maison bourrée de charme posée à l'entrée du parc. Cadre génial, qu'on s'attable en terrasse ou dans la salle chaleureuse, pour avaler une bonne cuisine de pub et siroter une pinte. Mention spéciale à la bière *cwrw* (« courou » en gallois), brassée par la *Glanmorgan Brewery.*

|●| ***Café Citta*** *(zoom,* ***29****) : 4 Church St. ☎ 20-22-40-40. Tlj sf dim midi-21h. Pizzas env 9-11 £ ; plats 10-16 £.* C'est riquiqui et ça plaît beaucoup, alors pensez à réserver aux heures de pointe ! Mais ça vaut le coup, car ce bistrot à la déco surchargée fait bien les choses : excellentes pizzas au feu de bois (pâte fine et croustillante, garnitures généreuses...), plats classiques bien fichus, bons desserts. Vraiment bien, d'autant que l'accueil est efficace et le service en continu.

|●| ***Zerodegrees*** *(zoom,* ***22****) : 27 Westgate St. ☎ 20-22-94-94. Tlj midi-minuit. Plats 9-17 £.* Ambiance industrielle dans cette brasserie contemporaine et aérée. Les tables ont poussé autour des cuves en inox, au rez-de-chaussée ou en mezzanine. Bières *specials* aux goûts parfois détonants. Le tout accompagné de moules au kilo, d'une bonne pizza cuite sous votre œil, l'autre étant rivé au match de foot sur écran géant. Ça ne rigole pas, on est face au *Millenium Stadium for God sake* !

|●| ***The Potted Pig*** *(zoom,* ***30****) : 27 High St. ☎ 20-22-48-17. Tlj sf dim soir-lun 12h-14h30, 17h-22h. Menu déj 12 £ ; plats 14-20 £.* L'une des adresses préférées des locaux. Pour son cadre (d'anciennes caves voûtées compartimentées par des colonnes), mais surtout pour sa cuisine fraîche et soignée, qui fait bien sûr la part belle au cochon, mais propose aussi quelques plats de poisson ou de viande selon l'inspiration du chef (le menu change tous les jours). Formule très avantageuse le midi.

|●| ***Greenwood and Brown*** *(zoom,* ***24****) : Quay St, CF10 1EA. ☎ 20-22-79-72. Tlj sf dim. Plats 10-20 £ ; formules et menus 8-14 £ jusqu'à 17h.* Beau cadre de bistrot chic, atmosphère chaleureuse et, dans l'assiette, des moules, des viandes grillées et des burgers. Pas de quoi renouveler le genre, mais c'est une adresse tout à fait convenable, très fréquentée le midi, et bien pratique car en plein centre-ville et à deux pas du stade.

De plus chic à chic (plus de 20 £ / 24 €)

|●| ***The Clink Charity*** *(hors plan par C1,* ***38****) : Prison Cardiff, Knox Rd, CF24 0UG. ☎ 20-92-31-30. Lun-ven 9h-15h, plus lun, mer et ven à partir de 19h, sur résa. Plats 13-15 £ ; menu le soir 40 £. Résa nécessaire avec versement d'un acompte !* Pour un repas gourmet, passez par la case prison, une louable initiative d'une ONG. Au sein même de l'établissement pénitentiaire de la ville, on est servi par des détenus en formation dans une salle moderne, chic et lumineuse. Cuisine correcte, mais pas forcément donnée. Original !

À Cardiff Bay

|●| ***Gourmet Burger Kitchen*** *(plan D4,* ***21****) : 22-24 Mermaid Quay. ☎ 20-45-40-78. Tlj 11h-22h (23h ven-sam). Env 8-13 £.* L'un des rejetons d'une chaîne britannique qui marche à fond. Le secret ? Faire du burger un objet de désir et non un vulgaire sandwich. Pari réussi, mais il faut reconnaître que leurs burgers ne ressemblent plus aux standards habituels : légumes frais, viandes à point et surtout des recettes originales qui font le bonheur des amateurs. Petite terrasse agréable.

|●| ***Côte Brasserie*** *(plan D4,* ***23****) : 25 Mermaid Quay, CF10 5BZ.*

☎ 20-45-37-80. *Tlj 8h-23h (22h30 dim). Formules déj 11-13 £, plats 9-19 £ et petit déj.* Style brasserie parisienne classique, avec ses tables bistrot au plateau de marbre, le tablier noir de rigueur et une carte résolument française où l'on trouve fougasse, poulet breton, sauce béarnaise et toute l'artillerie outre-Manche. Sans oublier le vin, bien sûr. Une adresse un peu classe, à la cuisine soignée et au service juste comme il faut.

Où boire un verre ?

L'odeur, parfois assez forte selon la direction du vent, provient de la brasserie *Brains,* installée dans la ville. Elle possède plusieurs pubs qui distribuent sa bière, vraiment excellente. À la différence de Cardiff Bay, plus sage, le centre de Cardiff est principalement le terrain de chasse des étudiants. Le soir en fin de semaine, on y croise à coup sûr des groupes dans un état pas toujours joli joli.

🍷 ***Jolyon's Boutique Hotel*** *(plan D4,* ***19****) : Bute Crescent, Cardiff Bay, CF10 5AN.* ☎ *20-48-87-75.* Le sous-sol de ce petit hôtel de charme renferme une perle : un pub de poche chaleureux, meublé comme à la maison (cheminée, sofas, tables basses, TV...), régulièrement envahi par une ribambelle d'habitués. Très convivial.

🍷 ***Y Mochyn Du*** *(plan B1,* ***27****) : voir « Où manger ? ».*

🍷 ***Zerodegrees*** *(zoom,* ***22****) : voir « Où manger ? ».*

🍷 ***City Arms*** *(zoom,* ***36****) : 10 Quay St.* ☎ *20-64-19-13.* Belle déco classique, clientèle de fidèles jeunes et souriants, bonnes bières *on tap.* Le vrai pub de quartier comme on les aime, surchauffé les soirs de match !

🍷 ***The Prince Of Wales*** *(zoom,* ***34****) : Saint Mary St.* ☎ *20-64-44-49.* Un endroit génial et complètement décalé dans un ancien théâtre avec velours aux balcons, éléments de décor, pont suspendu et on en passe. Songez que le *Welsh National Opera* y a donné *Rigoletto* au XIXe s ! Si vous ne venez pas pour boire, venez au moins pour voir. La cuisine, en revanche, ne laisse pas de souvenirs impérissables...

🍷 ***Yard*** *(zoom,* ***31****) : 43 Saint Mary St.* ☎ *20-22-75-77.* Grosse structure sur 2 niveaux, à la déco industrielle réussie tout en métal, tubulures et verres. Groupes live en fin de semaine.

🍷 ***The Cricketers*** *(plan B1,* ***37****) : 66 Cathedral Rd.* Le repaire des amateurs de cricket, ce sport bien british (qui a dit soporifique ?) aux règles un brin obscures. Toujours est-il qu'ils raffolent de ce pub cosy tout en longueur, loti dans une maison victorienne dans laquelle on pénètre par l'ancien salon.

🍷 ***The Conway*** *(plan A1,* ***33****) : 58 Conway Rd.* ☎ *20-22-43-73.* Fief des journalistes locaux. Ça boit sec et ça parle le gallois. Si vous êtes en train d'apprendre, c'est l'endroit idéal. On peut aussi y manger très bien et pour pas trop cher (cuisine plus soignée que la moyenne, dans le registre *gastropub*), en terrasse ou dans l'une des salles sobres et accueillantes.

🍷 ***Queens Vaults*** *(zoom,* ***35****) : 29 Westgate St.* ☎ *20-22-79-66.* Avec ses 3 billards et sa dizaine d'écrans TV, c'est le *sports bar* par excellence ! Et comme c'est aussi un super pub avec la déco et les bières de service, les soirs de match, ambiance du tonnerre !

À Cardiff Bay

🍷 ♩ ***Salt*** *(plan D4,* ***32****) : Mermaid Quay.* ☎ *20-49-43-75. Groupes en principe jeu-sam.* Un vaste bar sur 2 étages, moderne et spacieux. Bonne ambiance et une terrasse à l'étage, le tout donnant sur la baie de Cardiff.

Où danser ? Où écouter de la musique ?

♩ ***Clwb Ifor Bach*** *(zoom,* ***45****) : 11 Womanby St.* ☎ *20-23-21-99. • clwb.net • Ts les soirs, env 22h-3h.* C'est le club des Galloises et Gallois

LE PAYS DE GALLES

« galloïsant » et des étudiants appréciant les nombreux groupes live. Pas moins de 3 niveaux pour faire monter la sauce et un *beer garden* toujours bondé pour se rafraîchir.

Gwdihw (zoom, **44**) : *6 Guilford Cres. ☎ 20-39-79-33. • gwdihw.co.uk • Ouv 15h (12h jeu-sam)-minuit (2h jeu-sam).* Oubliez la prononciation, vous n'y arriverez pas ! En revanche, vérifiez bien la programmation, car il se passe toujours quelque chose dans ce bar coloré, aussi chaleureux que festif : lecture, poésie, diffusion de films et de courts-métrages, et bien sûr un maximum de concerts !

Café Jazz (zoom, **43**) : *21 Saint Mary St. ☎ 20-38-70-26. • cafejazz-cardiff.com • Concerts tlj.* Ce bar tout en longueur et à taille humaine est LE lieu pour écouter du jazz ou du blues à Cardiff. Un endroit qui a une âme, à ne pas manquer.

Charles Street est par définition le ***secteur gay*** de la ville, avec en tête de pont l'***Icon Bar*** *(zoom, **41**)*, un bar à cocktail cosy et sophistiqué qui marche fort le week-end.

Loisirs

■ ***Chapter Arts Centre*** (plan A1) : *Market Rd. ☎ 20-30-44-00. • chapter.org •* Centre culturel logé dans une ancienne école qui présente des expos, des spectacles vidéo, des films d'art et d'essai, de la danse, du théâtre, du jazz... Bref, il s'y passe toujours quelque chose.

■ ***Wales Millennium Centre*** (plan D4) : *Bute Pl. ☎ 20-63-64-64. • wmc.org.uk • Visitor Centre sur place. Visite guidée payante. Résa recommandée.* Une gigantesque œuvre architecturale de métal, d'ardoises rouges ou vertes, de verre et de bois (en référence au passé industriel et aux paysages gallois), avec de non moins gigantesques inscriptions sur la façade (qui sont en fait des fenêtres ; super effet le soir !). C'est la grande salle de spectacle de Cardiff et la vitrine de la culture galloise.

■ ***Sherman Cymru*** (plan C1) : *Senghennydd Rd. Près de l'université.* Un autre centre culturel : salles de théâtre, cinéma et café en plein air...

– Également les théâtres ***Saint David's Hall*** *(zoom)* et ***New Theatre*** *(plan C1)*, situés en centre-ville.

Shopping

Cardiff est une ville de shopping. Aux ***grands centres commerciaux,*** préférez les pittoresques ***arcades,*** une des curiosités du centre-ville, lumineuses et protégées, en musardant devant les petites boutiques adorables où l'on découvre artisanat et jeunes créateurs. C'est moins cher qu'à Londres et il y a moins de monde. Pour les amateurs de ***marchés,*** celui de Cardiff est en plein centre et donne un bon aperçu des mœurs culinaires locales *(zoom)*, tandis que le ***Riverside Farmers Market*** *(zoom)*, de l'autre côté du *Millenium Stadium,* propose produits régionaux et bio (tous les dimanches 10h-14h).

À voir

Cardiff Castle (zoom) : *Castle St. ☎ 20-87-81-00. • cardiffcastle.com • Mars-oct, tlj 9h-18h ; nov-fév, 9h-17h ; dernière admission 1h avt fermeture. Entrée : 12,50 £ ; réduc ; gratuit moins de 5 ans. Audioguide en français (inclus).* Mettez dans un immense shaker un reste de fort romain, un château normand médiéval, une tranche de style gothique victorien, une pointe de folie mauresque, des fresques mythologiques... Secouez fort pour bien mélanger, faites en sorte qu'on n'y retrouve plus ses petits dans tous ces styles et époques... et vous obtiendrez le vaste château de Cardiff avec ses différents bâtiments ! En effet, pendant 1 900 ans, les propriétaires successifs y sont allés de leurs fantaisies et créativité. Au XIXe s, à la demande du fantasque marquis de Bute, l'architecte prolifique William Burges y ajouta la pièce maîtresse, le château victorien, un édifice assez dingue, à l'image de la salle de banquet. Les amateurs de délires apprécieront la visite guidée dans le fumoir, les chambres, la salle de jeux, le salon arabe (pour ces dames, avec moucharabiehs de rigueur), tous décorés de fresques thématiques exubérantes. N'oubliez pas pour autant la balade dans les jardins et dans la petite forteresse médiévale perchée sur sa motte, en plein centre (vue panoramique depuis la tour).

The National Museum Cardiff (plan C1) **:** *dans Cathay's Park. ☎ 20-39-79-51. • museum.wales/cardiff/ • Mar-dim et lun fériés 10h-17h. GRATUIT.* Le troisième d'une rangée de trois bâtiments imposants et pompeux (avec le palais de justice et la mairie). Bénéficiant d'une muséographie parfois un brin datée, mais soignée et très colorée, ce vaste musée a largement de quoi contenter n'importe quel visiteur. Au rez-de-chaussée, les galeries sur la formation des paysages, l'évolution (mammouth énervé plus vrai que nature !) ou encore les sections sur la faune et la flore sont ludiques à souhait. Cris de bêtes sauvages et squelettes à faire frémir ! Au premier étage, c'est tout de suite plus sérieux : belle collection de céramiques, et surtout des galeries de peinture d'une étonnante richesse, notamment grâce à un don des sœurs Davies, des amatrices d'art très éclairées qui furent parmi les premières à avoir collectionné des œuvres impressionnistes en Angleterre au XXe s. Peintures anglaise et galloise d'une part (tableaux remarquables de Constable, Hogarth, Reynolds, Gainsborough, ou encore Turner), française d'autre part (Corot, Courbet, Cézanne, Degas, Pissarro, Bonnard...), sans compter des réalisations plus contemporaines (notamment Picasso) et quelques sections consacrées aux Hollandais. Une collection aussi inattendue qu'épatante ! Les parcs publics à proximité sont bien agréables aussi.

Millennium Stadium (zoom) **:** *☎ 20-82-24-32. • principalitystadium.wales • Tlj 10h-17h (16h dim) ; départs des visites en fonction de l'affluence : vérifier les horaires du jour. Entrée : env 12,50 £ ; réduc ; gratuit moins de 5 ans.* Il trône là, immense, au cœur de la ville, en face du château. Entièrement redessinée à l'occasion de la Coupe du monde 1999, sur l'ancien stade de l'Arms Park, cette arène mythique est désormais capable d'accueillir 74 500 spectateurs (sa surface a été doublée). Au programme de la visite guidée de 1h : film de 10 mn, speech dans les vestiaires, passage dans le fameux tunnel, pelouse que l'on admire des yeux (pas touche !) et tribunes présidentielles d'où l'on profite d'une vue imprenable. Il ne manque que le public (mais des haut-parleurs diffusent les célèbres chœurs des supporteurs locaux). Boutique où domine forcément le rouge, la couleur des dragons gallois : pantoufles, mugs, cravates, tétines... Vous devriez trouver votre bonheur !

The Old Library and Cardiff Story (zoom) **:** *The Old Library, The Hayes. Tlj 10h-16h. GRATUIT.* Ce joli bâtiment, qui abrita dans une autre vie la bibliothèque principale de Cardiff, renferme une petite exposition interactive sur l'histoire de la ville. Maquettes, tiroirs débordant de curiosités et toutes sortes de vitrines permettent d'en apprendre un peu plus sur ses origines, son évolution et ses spécificités. Rapide, mais intéressant.

Cardiff Bay (plan D4) **:** Cardiff s'est construit un nouveau quartier sur les vestiges de son passé industriel et a réhabilité ses docks autrefois peu engageants. Ils ont été métamorphosés en quartier résidentiel chic et en lieu de loisirs, vitrine technologique et culturelle du pays de Galles. C'est d'ailleurs ce secteur plein de vitalité qui a été choisi pour accueillir le superbe bâtiment de l'Assemblée galloise, pendant de sa consœur écossaise à Édimbourg. Tout un symbole !

➢ On vous propose une balade pour découvrir cet incroyable quartier composite : en partant de *Doctor Who Experience* (pour accrocs à la série télévisée), au sud, rejoignez *Techniquest* à l'ouest (une mini-Cité des sciences ludique, pour les

enfants) en longeant, dans l'ordre, l'église norvégienne, *Y Senedd,* autrement dit l'Assemblée nationale galloise (magnifique bâtiment écolo en bois, verre et ardoise signé par Richard Rogers, un des architectes du Centre Pompidou à Paris, visite possible), le grand centre de spectacles *Wales Millennium Centre* (visite possible et office de tourisme, voir plus haut « Loisirs » ; bon bar-resto sur place : *Ffresh*), la galerie commerciale *Mermaid Quay* ainsi que le *Butetown History and Arts Centre* (histoire et artistes locaux). Puis passez le pont pour vous rendre jusqu'au *International Sports Village* et le *Cardiff White Water* où l'on trouve tous les jeux d'eau possibles. Autres possibilités : les bateaux pour faire le tour de la baie et rejoindre le *Millennium Stadium,* visiter l'incroyable barrage ou faire le tour à pied ou à vélo de la baie (boucle de 10 km, plan disponible). Les plus patients attendront le coucher de soleil ; quand les lumières s'allument, c'est splendide.
● *cardiffbay.co.uk* ●

DANS LES ENVIRONS DE CARDIFF

🏛🏛🏛 👨‍👧 ***National History Museum*** *(Museum of Welsh Life)* **:** *à* ***Saint Fagans,*** *à quelques miles, sur l'A 4232.* ☎ *20-57-35-00.* ● *museum.wales/stfagans/* ● ♿ *Bus n*[os] *320 et 32 A depuis Cardiff Central. Ouv 10h-17h. GRATUIT (parking : 5 £/j.).* Rien à voir avec un musée tel qu'on l'imagine, il s'agit en réalité d'un site génial dédié à la préservation du patrimoine gallois. Dans un immense parc arboré, ce sont des dizaines de moulins, d'ateliers, de fermes et de maisons provenant de tout le pays qui ont été soigneusement reconstruits, puis meublés en fonction des différentes époques. Chaque bâtiment est prétexte à une rencontre avec des métiers parfois oubliés : tonnelier, forgeron, meunier... Vraiment top ! D'autant qu'il y en a pour tous les goûts : du village de l'âge de fer avec ses maisons rondes à la bourgade typique (école, chapelle, poste de police, hôtel, épicerie, boulangerie... où l'on peut acheter des scones), en passant par les potagers bien ordonnés et les enclos où s'ébattent les animaux. Les enfants adorent ! Dans une deuxième partie, ne pas manquer le château du seigneur (belles boiseries dans les salles de réception) entouré de son parc sur différents niveaux, avec bassins, roseraie et jardin à l'italienne. Un endroit ludique et plein de charme. Pique-nique possible ou cafétéria sur place.

🏛🏛 ***Castell Coch*** **:** *à 5 miles au nord de Cardiff, sur l'A 470.* ● *cadw.gov.wales/daysout/castell-coch/* ● *Bus n*[os] *132 et 26. Tlj mars-oct 9h30-17h (18h juil-août) ; 10h (11h dim)-16h le reste de l'année. Fermé janv-fév. Entrée : 6,50 £ ; réduc ou* Explorer Pass. Château d'opérette en grès rouge et calcaire, perché sur le haut d'une colline. Construit vers 1280 par les Normands, il fut abandonné puis remonté pierre par pierre au XIXe s par le couple infernal du château de Cardiff, à savoir le marquis de Bute et l'architecte « Billy » Burges, dans le style *victorian gothic revival* cher à leur cœur. Tout un programme ! On dit même que l'usage de l'opium aurait favorisé leur inspiration délirante. Un must : la chambre de lady Bute, avec son lit doré d'une élégance redoutable ! L'ensemble mérite la visite si l'on est sensible à la féerie et au flamboyant.

🏛🏛 ***Caerphilly*** *(Caerffili)* **:** *sur l'A 470.* ● *cadw.gov.wales /daysout/caerphilly-castle/* ● ♿ *(en partie.) Bus n° 26. Mars-oct, tlj 9h30-17h (18h l'été) ; hors saison, tlj 10h (11h dim)-16h. Entrée : 8 £ ; réduc ou* Explorer Pass. *Audioguides payants en français.* Forteresse colossale des XIIe et XIIIe s, construite sur le modèle d'Aigues-Mortes (où les croisés embarquaient pour la Palestine) par le puissant Gilbert de Clare. Il s'agissait à l'époque de frapper les esprits afin d'enrayer toute tentative de soulèvement de la part des Gallois. Le résultat, c'est cette impressionnante forteresse, la deuxième d'Europe par sa taille après Windsor, toujours entourée de son fossé rempli d'eau. Massive et imprenable, sans aucun doute ! L'une des tours, à demi abattue par Cromwell et aujourd'hui bien penchée, est sur toutes les cartes postales. L'équivalent local de la tour de Pise !

LA PÉNINSULE DE GOWER

• Carte *p. 499*

Cette région tout au sud est un des plus beaux sites naturels de Grande-Bretagne. Un sentier longe la côte en surplombant parfois des falaises impressionnantes. En chemin, on rencontre villages adorables, grandes plages de sable ou petites criques intimes et, même, quelques châteaux normands en ruine. Pour les moins sportifs, les petites routes sont aussi très agréables, mais il faut se munir d'une bonne carte routière détaillée, et elles peuvent être très encombrées en été. Vu leur étroitesse, elles sont déconseillées aux cyclistes et aux marcheurs.

SWANSEA (ABERTAWE)

180 000 hab. IND. TÉL. : 01792

• Plan *p. 500-501*

Deuxième ville du pays de Galles, très grand centre industriel depuis le XVIe s, Swansea est aussi la porte d'accès à la péninsule de Gower. Ayant beaucoup souffert des bombardements pendant la guerre, le centre-ville n'est pas le plus charmant qu'on connaisse. En revanche, les nombreux étudiants assurent le spectacle dans les rues autour de Wind Street, tandis qu'un ambitieux programme de construction a redonné de la couleur au quartier des docks, le *Maritime Quarter* (appartements, quais, musées, *Leisure Centre,* serre ludique *Plantasia...*). Cette grosse ruche abrite également en plein centre trois des plus remarquables jardins botaniques du pays de Galles. Enfin, Swansea est la ville natale de Dylan Thomas, grand poète gallois (1914-1953) dont elle a fêté le centenaire en 2014.

Arriver – Quitter

En train

Gare ferroviaire *(plan D1)* **:** *High St Station.*

➢ ***Londres Paddington :*** liaisons ttes les heures, via ***Cardiff*** (1h). Durée : 4h.

➢ ***Manchester :*** 1 train direct/h, env 7h-18h. Durée : 4h30-5h. Via ***Abergavenny, Hereford, Shrewsbury.***

➢ ***Carmarthen :*** 1-2 trains/h, sans changement. Durée : 50 mn.

➢ ***Haverfordwest :*** trains directs ttes les 2h. Durée : env 1h30.

➢ ***Pembroke Dock :*** quelques trains directs/j.

En bus

Gare routière *(plan B2)* **:** *Quadrant Bus Station.* ☎ *(0871) 200-22-33.* Important maillage routier.

➢ Bus n° 508 *(National Express)* avec ***Londres.*** Durée : env 5h. ☎ *08717-81-81-81.* • *nationalexpress.com* •

➢ Liaisons avec ***Cardiff,*** bus X10, départs ttes les heures env, moins fréquent le w-e.

➢ ***Pour Carmarthen :*** bus X11 via *Llanelli,* 1 à 2 bus/h env jusqu'à 17h30.

➢ De ***Carmarthen,*** on peut continuer jusqu'à ***Aberystwyth*** par le bus n° T1.

➢ Avec **The Mumbles** (direction Newton), bus n°s 2, 2A, 2B, 3 et 37 (par **Oystermouth** et **Blackpill**).
➢ **Brecon Beacons National Park :** le bus nº X63 relie **Swansea** à **Ystradgynlais,** puis le nº 63 fait la liaison jusqu'à **Brecon.** Env 6-8 bus/j. sf dim.

Adresses utiles

ℹ Attention, il n'y a plus d'office de tourisme à Swansea, la municipalité considérant que le site internet suffit pour s'y retrouver : *• visitswanseabay.com •*

■ ***River Tawes Cruises :*** *• scbt.org.uk • Adulte : 8 £ ; réduc.* Des balades commentées en bateau sur la Tawe, du *Swansea Museum* au *stadium,* via la marina. Compter 1h30 à 2h.

Où dormir ?

Pas de camping à Swansea, mais on en trouve sur la péninsule de Gower. Par ailleurs, vous pouvez aussi choisir de loger aux Mumbles, à l'autre extrémité de la baie.

■ ***Premier Inn Waterfront*** *(plan D2,* ***11****) : Langdon Rd, SA1 8QY. ☎ 0871-527-92-12. • premierinn.com • Doubles à partir de 40 £.* La célèbre chaîne britannique n'est pas connue pour sa déco fantaisiste, mais le rapport qualité-prix est souvent au top ! Dans ce grand bâtiment posé au bord du bassin, à 10 mn à pied du centre, les chambres sont modernes, fonctionnelles, tout confort, et à prix cassés en fonction de l'affluence. Super, d'autant que les enfants ne payent pas ! Autre adresse sur Wind St... mais c'est la rue des bars.

■ ***The Mirador Town House*** *(hors plan par A1,* ***10****) : 14 Mirador Crescent, SA2 0QX. ☎ 46-69-76. • themirador.co.uk • À 5 mn du centre en voiture, dans une rue perpendiculaire à Walter Rd, au niveau de Brynmor Rd. Doubles env 79-99 £, avec petit déj.* Situé dans un coin résidentiel charmant, ce *B & B* insolite propose des chambres richement décorées (pour ne pas dire surchargées !), chacune d'après un thème (Afrique, romaine, Égypte...). Confortable, funky et plein de détails qui font la différence, comme la super terrasse privée pour la *French Room,* ou la vue sur la ville depuis la suite. Petit déj copieux.

■ ***Morgans*** *(plan C-D2,* ***13****) : Somerset Pl, SA1 1RR. ☎ 48-48-48. • morganshotel.co.uk • Doubles 65-250 £, avec petit déj.* Ce boutique-hôtel de Swansea redonne du panache à de somptueux bâtiments portuaires datant de 1902. L'ensemble est un peu austère, mais les chambres, réparties entre le bâtiment principal et une annexe voisine, sont stylées et tout confort. Le panel de tarifs étant large, on peut vraiment bénéficier d'une bonne affaire à certaines saisons. Restaurant sur place, dans un cadre tout aussi majestueux (voir « Où manger ? »).

Où manger ?

Bon marché (moins de 10 £ / 12 €)

|●| ***The Market*** *(plan C2,* ***21****) : en plein centre. Tlj sf dim 8h-17h30.* Un grand marché couvert très vivant et très animé (le plus grand du pays de Galles), voisin du vaste et laid centre commercial *Quadrant Shopping Centre.* Pour ceux qui ont l'intention de pique-niquer, on peut s'y procurer de bons produits locaux (fromages et poisson). Sinon, *tearoom* et nombreux stands de petits plats avec tables et chaises pour profiter du spectacle haut en couleurs.

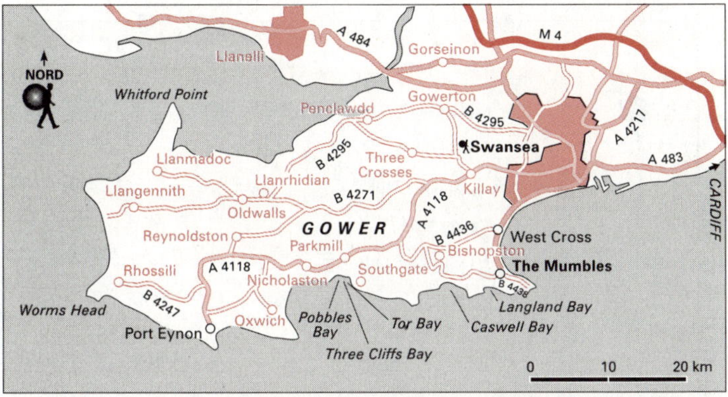

LA PÉNINSULE DE GOWER

Prix moyens (10-20 £ / 12-24 €)

BrewStone (*hors plan par A1*, **22**) : *33 Uplands Cres (prolongement de Walter Rd). ☎ 47-04-80. Tlj 7h-1h. Pizzas et plats env 8-15 £.* Ça vaut la peine de s'éloigner un peu pour découvrir cette adresse conviviale et chaleureuse où les nombreux habitués investissent les salles tout en brique et bois pour profiter des excellentes pizzas cuites au feu de bois, des salades généreuses, et des plats bien faits, du genre agneau cuit pendant 24h. Vraiment sympa, d'autant qu'on peut même venir dès le petit déj ou tout simplement y boire un verre (belle sélection de bières).

No Sign Bar (*plan C2*, **23**) : *56 Wind St. ☎ 46-53-00. Lun-jeu 12h-21h, 19h ven-sam et 16h dim (23h à 1h pour le bar). Plats 9-13 £.* Un des plus anciens pubs de la ville (1837). C'était l'un des préférés de Dylan Thomas. De l'extérieur, la façade étroite et turquoise ne laisse pas deviner la véritable taille de la salle, immense, tout en longueur (il y a même une terrasse au fond), où la déco rustique d'origine donne beaucoup de charme à l'endroit. Ambiance animée, surtout les soirs de concert (vendredi et samedi) ! Cuisine classique honnête.

The Pumphouse (*plan C3*, **20**) : *sur la Marina. ☎ 65-10-80. Ouv 12h-21h (bar 23h). Formule 12 £; plats 8-17 £.* Ce vaste bâtiment en brique désaffecté a été réhabilité avec talent dans un style mêlant habilement l'ancien et le moderne. Le bar, façon pub branché, donne sur la marina, et le resto lumineux sur le port. Très agréable, surtout l'été lorsque la terrasse est accessible. Au programme, une carte longue comme le bras où l'on retrouve tous les classiques de pub et quelques spécialités locales. Rien de renversant, mais c'est copieux et convenable.

Plus chic (20-30 £ / 24-36 €)

Grape and Olive (*plan B3*, **25**) : *Meridian Tower, Trawler Rd, SA1 1JW. ☎ 46-26-17. Tlj 11h-23h. Formules déj 15-18 £ ; plats 10-22 £.* L'adresse top de la ville, dans tous les sens du terme, perchée au 28e étage de la plus haute tour du front de mer. Sur 2 étages, d'immenses baies vitrées qui ouvrent sur la mer d'un côté et sur la ville de l'autre. Vue géniale garantie, tandis qu'on se régale d'une cuisine bien ficelée qui lorgne du côté de la Méditerranée. Une adresse bluffante où il vaut mieux réserver.

Morgans (*plan C-D2*, **13**) : *Somerset Pl, SA1 1RR. ☎ 48-48-48.*

LE PAYS DE GALLES

	Où dormir ?		Où manger ?
	10 The Mirador Town House		**13** Morgans
	11 Premier Inn Waterfront		**20** The Pumphouse
	13 Morgans		**21** The Market

Ouv jeu-sam (plus dim midi dans le bar). Formules 11-14 £ le midi, plats 15-23 £ le soir. Au 1er étage de l'hôtel (voir « Où dormir ? »), une vaste salle classique et élégante où l'on déguste une cuisine élaborée, aux tonalités modernes européennes. Service attentif et diligent. Remarquer l'intéressante peinture murale représentant le port de Swansea au XVIIe s.

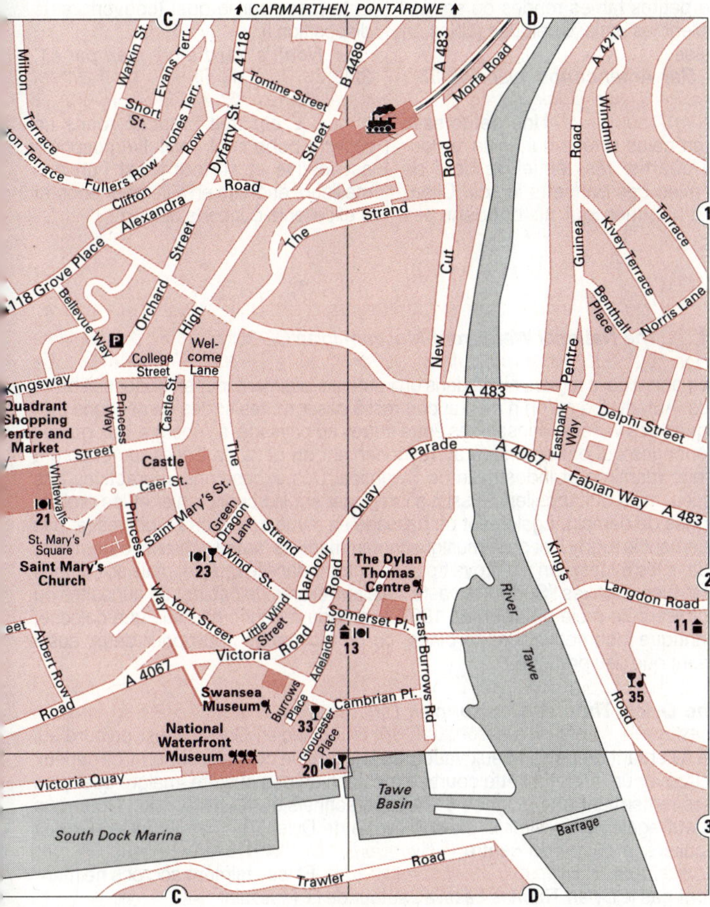

SWANSEA

22 BrewStone
23 No Sign Bar
25 Grape and Olive

Où boire un verre ?
Où écouter de la musique ?

32 Noah's Yard
33 The Queen's Hotel
35 Bar Americanos

Où boire un verre ? Où écouter de la musique ?

The Queen's Hotel *(plan C2,* ***33****) : Gloucester Pl.* ☎ *52-15-31.* Un vieux pub à l'ancienne, niché dans une rue du port. Ambiance marine, avec un comptoir bien patiné, des photos sépia de bateaux sur tous les murs et de petites tables rondes où se rassemblent les amis. Quelques tables en terrasse.

🍷 ♩ ***Bar Americanos*** *(plan D2,* ***35****) : Prince of Wales Dock. ☎ 46-82-30. Mer-dim 15h-minuit.* Une petite salle tout en baies vitrées qui égaie le nouveau quartier résidentiel de bord de mer, avec des concerts le soir. Clientèle d'habitués qui ne boudent pas la terrasse sur le quai (couvertures à disposition !).

🍷 ♩ ***Noah's Yard*** *(hors plan par A1,* ***32****) : 38 Uplands Cres (prolongement de Walter Rd). ☎ 47-73-60. Tlj jusqu'à minuit.* C'est très branché, dans un registre bobo cool, mais l'atmosphère est festive et surtout c'est l'un des meilleurs endroits en ville pour écouter d'excellents concerts de jazz !

À voir

The National Waterfront Museum *(plan C2-3) : Museum Sq, Maritime Quarter. ☎ 57-36-00. • museum.wales/swansea/ • Tlj 10h-17h. GRATUIT.* Le musée phare de la région, niché dans un immense bâtiment tout en briques et baies vitrées. Autant dire qu'on n'a eu aucun mal à caser toutes sortes de sections thématiques très variées, consacrées entre autres au paysage, à l'énergie, aux grands personnages qui ont contribué au rayonnement du pays de Galles, ou encore à l'histoire maritime et industrielle de Swansea. Des expositions interactives très ludiques, mais qui appellent aussi à s'interroger sur les choix d'hier et les problématiques de demain. Également un passage en revue des sports typiques (et pas uniquement le rugby !) et de la musique (notamment les fameux chœurs d'hommes, nés dans les mines). On n'y croyait pas en entrant dans le musée, mais si, ça nous a bel et bien captivés ! Surtout la vaste salle aux allures de cabinet de curiosités où l'on croise pêle-mêle un avion de 1907 suspendu à bonne hauteur, une calèche, une antique locomotive, des turbines, ou un tricycle de 1880 pour deux, aussi amusant que peu pratique.

The Dylan Thomas Centre *(plan D2) : Somerset Pl. ☎ 46-39-80. • dylanthomas.com • Mar-dim 10h-16h30. GRATUIT.* L'ancien *Guildhall* est aujourd'hui dédié à l'enfant du pays. Mieux vaut toutefois être un connaisseur ou très curieux pour trouver un intérêt à cette courte exposition un peu austère, malgré quelques vitrines renfermant une poignée d'effets personnels et de manuscrits. Noter que l'on peut également visiter la maison natale de Dylan Thomas, habitée par des particuliers, à 10 mn du centre *(5 Cwmdonkin Dr ; ☎ 472-555 ; • dylanthomasbirthplace.com • ; visite guidée slt sur résa : 8 £).* Et les vraiment accrocs ne manqueront pas le *Dylan Thomas Festival,* autour de la Toussaint.

Swansea Museum *(plan C2) : Victoria Rd, Maritime Quarter. ☎ 65-37-63. • swanseamuseum.co.uk • Mar-dim 10h-16h30 ou 17h. GRATUIT.* Le plus vieux musée du pays de Galles... n'a sans doute pas changé depuis son inauguration. Tout est délicieusement désuet, des vitrines hors d'âge aux cartels vieille école. Il est toutefois rempli de trésors étonnants : momie égyptienne, porcelaines typiques de Swansea, et un vrai cabinet des curiosités victorien qui ravira les enfants. Un vrai voyage dans le temps, pas bien long mais sympa comme tout !

The Egypt Centre *(hors plan par A3) : à l'université, Oystermouth Rd (à la sortie de Swansea en direction des Mumbles). ☎ 29-59-60. • egypt.swansea.ac.uk/ • Mar-sam 10h-16h. GRATUIT (sf parking : 1 £).* Petit musée inattendu sur le temps des pharaons, issu d'une collection qui végétait dans les sous-sols de l'université. Les deux salles (l'une sur le monde des vivants, l'autre sur le monde des morts) renferment quelques belles pièces, comme le sarcophage d'une musicienne et de nombreux bijoux (soigneusement rangés dans des tiroirs qu'il ne faut pas oublier d'ouvrir).

DANS LES ENVIRONS DE SWANSEA

*** ***The National Botanic Garden of Wales*** *(le jardin du Millénaire)* ***:*** *Middleton Hall, à **Llanarthney**. ☎ (01558) 66-71-49. • botanicgarden.wales • À une vingtaine de miles au nord de Swansea, en retrait de l'A 48, entre Carmarthen et Crosshands. Tlj 10h-18h (16h30 nov-mars). Entrée : env 10 £ ; réduc ; famille 22-24 £.* Pour inaugurer l'an 2000, les Gallois ont investi dans le durable et le beau : un immense jardin thématique, qui rappelle par endroits le pays des Télétubbies (pour les plus érudits !). Une touche de technologie aussi, avec une chaudière à bois recyclé et surtout une fascinante serre dessinée par le célèbre architecte Norman Foster. En orientant les panneaux solaires, elle recrée des climats divers : flore méditerranéenne ou africaine, à découvrir au gré de petits sentiers où s'ébattent des oiseaux. Une densité magnifique du vert au milieu du chamarré des fleurs. Voir également le jardin entouré de murs, la reconstitution d'une apothicairerie du XIXe s...

THE MUMBLES (MWBWLS)

IND. TÉL. : 01792

Station balnéaire agréable et populaire, à l'autre bout de la baie de Swansea. Le week-end, pendant la période scolaire, les étudiants font le « Mumbles mile », une quinzaine de pubs concentrés sur un mile. La station est, par ailleurs, dominée par *Oystermouth Castle,* joli château roman du XIIIe s d'où l'on profite d'une vue superbe sur la baie. Tout au bout de celle-ci, le *pier* permet aux promeneurs de s'avancer loin en pleine mer. Petit hic : pas toujours facile de se garer les jours d'affluence.

➢ Liaisons de Mumbles à ***Swansea*** très fréquentes : bus n°s 2, 2A, 2B, 3 et 37 (par *Oystermouth* et *Blackpill*).

Où dormir ?

Langland Road B & B : *17 Langland Rd, SA3 4ND. ☎ 36-11-70. • langlandroad.co.uk • Prendre Newton Rd, puis 3e à gauche (à la chapelle). Doubles 85-95 £.* Un *B & B* qui tourne à plein régime ! Il faut dire que la maison est bien située, l'accueil impeccable et le confort au top (chambres très soignées à la déco moderne avec toutes sortes de petits plus comme des lecteurs DVD). Du sur mesure !

Où manger ? Où boire un verre ?

Café 93 : *93 Newton Rd. ☎ 36-87-93. Tlj sf dim 9h-20h30 (17h lun). En-cas et plats env 4-11 £.* Familles, couples, ou gourmands solitaires, tout le monde apprécie ce café coloré pour son ambiance conviviale, sa déco chaleureuse qui mêle fauteuils moelleux et tables de bistrot... et bien sûr pour ses bons petits plats préparés avec des ingrédients locaux (paninis, sandwichs, burgers, pizzas, grosses salades...). Parfait pour la pause, surtout si l'on choisit de s'affaler dans le sofa face à la cheminée !

Café Valance : *50 Newton Rd. ☎ 36-77-11. Tlj 9h-17h30 (22h30 ven-sam). En-cas env 5-10 £.* Cosy et intimiste, c'est le genre d'endroit où l'on se donne rendez-vous pour papoter devant un verre de vin et un panini le midi, un thé et un gâteau à 16h, un cocktail et un petit plat le soir. Canapés et gros fauteuils devant les cheminées, fond sonore jazzy, et micro-terrasse s'il fait beau. Concerts certains soirs.

Munch of Mumbles : *650 Mumbles Rd. ☎ 36-22-44. Ouv mer-sam et* *dim midi. Formules déj 16-20 £, le soir 25-30 £.* Cadre de bistrot chic, belle verrerie, et dans les assiettes, une cuisine moderne galloise bien inspirée et réalisée avec talent. La meilleure table de la ville, à prix d'autant plus raisonnables qu'on peut apporter son propre vin !

Patrick's : *638-642 Mumbles Rd, SA3 4EA. ☎ 36-01-99. Formules déj 12-22 £. Plats 18-25 £ au resto, 10-15 £ au bar.* L'une des adresses les plus connues des *Mumbles*. À droite, le *lounge bar* néocolonial pour avaler sans façon quelques bons classiques de pub (du genre burgers et *fish & chips*), à gauche le resto à la fois élégant et décontracté avec vue pour certaines tables. Les plats y sont raffinés, le service pro. Fait aussi hôtel (cher, mais service optimal).

The West Cross Inn : *43 Mumbles Rd. ☎ 40-11-43. Sur la route de Mumbles à West Cross, sur votre droite.* C'est un grand et beau pub traditionnel donnant sur la baie. Et c'est là son principal atout ! On peut boire un verre dans la véranda, ou en terrasse sur la berge.

Verdi's : *Mumbles Rd. ☎ 36-91-35.* C'est sans doute la plus belle vue sur la mer. Situé sur le quai, en allant vers le *pier,* ce vaste resto-snack-glacier familial possède une immense véranda panoramique, complétée par une terrasse tout aussi grande. Idéal pour se poser en contemplant le paysage.

À faire

➢ ***Belles promenades sur les falaises :*** depuis les Mumbles, suivre la route B 4438 qui conduit tout droit jusqu'au point de départ. Le sentier suit les plus jolies plages de la région, dont celle de *Langland Bay,* très prisée des surfeurs. Continuez jusqu'à *Caswell Bay.*

PEMBROKESHIRE COAST NATIONAL PARK (PARK CENEDLAETHOL ARFORDIR PENFRO)

Le Pembrokeshire Coast National Park commence à Amroth, à 42 miles de Swansea par Carmarthen (A 48) et se termine à Cardigan (Aberteifi). Cet enchaînement superbe de falaises tombant à pic dans la mer, de criques serties de pittoresques villages de pêcheurs et de plages peut se découvrir à pied, par un chemin de randonnée qui suit la côte sur l'ensemble du parc national, totalisant 180 miles à partir de Amroth, ou plus généralement de Cardigan. Les monts boisés de Preseli, au nord, représentent un des points forts du témoignage de la préhistoire au pays de Galles, avec quelques menhirs intéressants. Enfin, les îles de Ramsey (Ynys Dewi), Skomer, Skokholm et Grassholm sont connues pour leurs colonies d'oiseaux et de phoques gris, celle de Caldey pour son abbaye cistercienne. Circuler dans le parc sans voiture s'avère assez facile puisqu'il possède son propre service de bus, le *Pembrokeshire Coastal Bus Service.* Ils relient les villes et villages aux chemins de randonnée, plages et autres sites d'intérêt tous les jours en été, moins souvent en hiver.

LAUGHARNE (TALACHARN) 900 hab. IND. TÉL. : 01994

Entre Carmarthen (Caerfyrddin) et Tenby (Dinbych-y-Pysgod), au bout de la route A 4066. Laugharne (prononcez « Laarn ») est une petite ville pleine de charme, où Dylan Thomas écrivit la plus grande partie de son œuvre (lire plus loin « À voir »). Au centre, les imposants vestiges d'un puissant château surplombent avec panache la baie. Ne ratez pas la très belle balade qui contourne les remparts et domine le rivage.

Où manger ? Où boire un verre ?

Salon de thé de la Boathouse : *voir ci-dessous « À voir ». Ferme 30 mn plus tôt que le site ; accès libre. Plats env 5-7 £.* Si la visite de la maison de l'écrivain Dylan Thomas se révèle assez décevante, son salon de thé, en revanche, vaut le coup. Pas tant pour la cuisine, très simple (bons sandwichs, soupes maison, *baked potatoes*), que pour la vue extraordinaire sur la baie depuis la terrasse ! S'il pleut, on se réfugie dans une adorable salle à manger à l'ancienne, avec son vaisselier. Parfait pour un déjeuner sur le pouce.

Brown's Hotel : *King St. ☎ 42-76-88. • browns-hotel.co.uk • Doubles 95-115 £ avec petit déj. Pizzas env 8-10 £.* Pub historique où Dylan Thomas a passé de longs moments. Au fond de la salle, on peut même boire un verre à la table du poète. Des photos évoquent son souvenir. Profitez-en pour goûter la *Buckley beer,* de la plus vieille brasserie du pays de Galles. Malgré son attrait touristique, le *Brown's Hotel* demeure très apprécié des locaux qui s'y retrouvent pour partager une pinte et une pizza. Quant aux chambres, elles ont été fraîchement relookées dans un style campagne-chic plutôt réussi.

À voir

The Boathouse : *à 10 mn de marche vers le fond de l'estuaire. ☎ 42-74-20. • dylanthomasboathouse.com • Pâques-oct, et w-e de Pâques 10h-17h30 ; hors saison, 10h30-15h30. Entrée : env 4,50 £.* Ça vaut le coup d'aller jusqu'à la maison de l'écrivain Dylan Thomas pour profiter de la vue géniale que procure la balade le long du sentier surplombant la baie. En chemin, on découvre son émouvant bureau qu'il s'était aménagé dans un minuscule garage. Tout est resté dans l'état où il l'a laissé en 1953. Admirez le paysage qu'il avait de sa fenêtre et laissez venir votre inspiration ! Quant à la maison proprement dite, c'est plutôt un but de promenade, parce qu'il n'y a pas grand-chose à y voir (un salon, une vidéo et une courte expo). En revanche, le salon de thé est super (accès libre).

TENBY (DINBYCH-Y-PYSGOD) 4 700 hab. IND. TÉL. : 01834

Vieille ville fortifiée pleine de charme (remparts du XIIIe s, ruelles photogéniques), présente sur toutes les cartes postales. L'adorable port est lové au pied d'un promontoire rocheux, tandis que la station balnéaire s'étend le long de deux larges plages. S'il fait beau, vous ne serez pas tout seul. Restaurants, boutiques,

attractions en tout genre, bref, l'attirail habituel d'une station très touristique. Et si vous passez par là le 26 décembre *(Boxing Day)*, vous assisterez à une curieuse tradition : le « Tenby Boxing Day Swim » ! Devant des milliers de spectateurs frigorifiés, des grappes de Gallois un peu siphonnés vont faire trempette dans la mer, déguisés sans complexe en tout ce que vous pouvez imaginer.
• tenbyboxingdayswim.co.uk •

Arriver – Quitter

En train

Gare ferroviaire : *Warren St.*

➢ ***Swansea :*** 5-6 liaisons/j. Durée : env 1h40.

➢ ***Pembroke*** et ***Pembroke Dock*** *(ferries)* **:** 1 liaison ttes les 2h en sem, fréquence moindre le w-e. Durée : 20 mn pour Pembroke, 30-35 mn pour Pembroke Dock.

En bus

Gare routière : *Upper Park Rd. À côté du bureau d'informations touristiques. ☎ (01646) 68-31-43* (Silcox Coaches).

➢ ***Amroth, Kilgetty et Pendine :*** env 7-8 bus nº 351 lun-sam (moitié moins l'hiver).

➢ ***Haverfordwest :*** bus nº 381 par *Narberth.* ♿ Env 10 bus/j. lun-sam.

➢ ***Pembroke et Pembroke Dock :*** bus nº 349 (qui continue jusqu'à ***Haverfordwest.*** Ou le nº 361 par ***Cresswl*** et ***Carew Castle.*** Au moins 10 bus/j. lun-sam. Le dim, seul le nº 349 fonctionne.

Adresse utile

Tourist Information Centre : *Upper Park Rd. ☎ (0143)-777-56-03. • visitpembrokeshire.com • À côté de la gare routière. Juin-août, tlj 9h (10h w-e)-17h ; hors saison, lun-sam 9h-17h.*

Où dormir à Tenby et dans les environs ?

Youth Hostel : *à* ***Manorbier.*** *☎ 87-18-03. • yha.org.uk/hostel/manorbier • Entre Tenby et Pembroke, sur l'A 4139 (à 4 miles env). Entrer dans Manorbier et suivre les panneaux. Bus nº 349 tlj sf dim (arrêt à 1 mile). Gare ferroviaire à 2,5 miles. Ouv mars-oct. À partir de 13 £/pers en dortoir (2-6 lits) ; emplacement de camping à partir de 13 £ pour 2 ; également des doubles et huttes en bois rustiques.* Après avoir longé un terrain militaire, la petite route se termine en impasse face à la mer. Un cadre génial pour planter sa tente ou profiter des bons équipements de cette auberge de jeunesse pimpante. Chambres et dortoirs nickel, avec ou sans salles de bains privées, et des parties communes rénovées efficaces et conviviales (cuisine, salon TV, billard...). Très confortable.

Meadow Farm : *Northcliffe, à env 1,5 mile du centre en longeant la plage par The Croft. ☎ 84-48-29. • meadowfarmtenby.co.uk • Fermé nov-mars. Forfait pour 2 env 18 £. CB refusées.* Ce n'est guère plus qu'un simple champ à l'herbe bien grasse coiffant la colline, mais la vue casse la baraque ! Une vraie carte postale sur la ville, les falaises et la mer. C'est rustique, mais il y a quand même un bloc sanitaire correct. Accueil très sympa.

Langdon Villa Guesthouse : *3 Warren St. ☎ 84-94-67. • langdonguesthousetenby.co.uk • Doubles env 68-80 £ selon saison.* Idéalement située dans une rue tranquille à deux pas de la gare et de la vieille ville, cette petite *guesthouse* dispose d'une poignée de chambres simples, propres et confortables. Une adresse efficace et sans histoire, tenue par un propriétaire sympathique et dynamique.

Où manger ? Où boire un verre ?

The Mooring : *15 High St. ☎ 84-25-02. Tlj 8h30-21h (16h30 dim-lun). Plats env 7-10 £ le midi, 13-22 £ le soir.* En plein centre, ce charmant café à la déco lumineuse et soignée tendance marine est idéal à toute heure. Du petit déj au dîner, on se régale de bonnes choses préparées avec des produits de saison. Le midi, c'est plus simple (sandwichs, salades, *Welsh rarebit*...), mais le soir, on monte en gamme et en qualité pour une cuisine classique bien maîtrisée et joliment présentée.

N° 25 Cafe : *25 High St. ☎ 84-25-44. Tlj 9h-20h en été ; 10h-17h hors saison. Env 5-7 £.* C'est le rendez-vous des familles. Il faut dire que ce café moderne est agréable et propose toute la panoplie classique des snacks copieux et pas trop chers pour le déjeuner (paninis, salade...).

The Plantagenet House : *Quay Hill. ☎ 84-23-50. Dans une ruelle qui grimpe vers le centre-ville à partir de Bridge St (qui longe la plage en face du port), à côté de Tudor Merchant's House. Ouv midi et soir ; slt ven soir-dim midi en hiver. Plats env 10-17 £ au déj, 15-27 £ le soir.* La cuisine traditionnelle est très bonne, élaborée avec des ingrédients locaux de qualité, et le cadre a de l'allure. Mais évidemment, les prix s'en ressentent, surtout le soir. Faites un tour aux toilettes, surtout si vous êtes une *lady* !

Caffè Vista : *3 Crackwell St. ☎ 84-96-36. Tlj 9h-17h.* On s'arrête au *Caffè Vista* parce que la jeune équipe est très sympa, parce que le café est pas mal du tout, parce qu'ils organisent de super concerts, mais surtout parce que la vue est géniale ! Il y a même un micro-balcon pour les chanceux !

The Stowaway Caffee : *2 Penniless Cove Hill.* Planqué sous l'une des arcades de la rampe qui conduit au port, ce café de poche improbable a tout d'un abri antiaérien, mais avec la bonne humeur et la déco chaleureuse en plus ! Une halte vraiment sympa, d'autant que le café est bon et pas cher !

The Coach and Horses : *Upper Frog St. ☎ 84-27-04. Ouv midi et soir.* C'est le plus vieux pub de la ville. À part la bière, qui coule à flots, on peut y goûter des plats de pub classiques... et des spécialités thaïes ! Insolite.

CRESSWELL

IND. TÉL. : 01646

Au cœur du parc national, c'est un village retiré au fond de l'aber (l'embouchure), entre Tenby et Pembroke. Peu de maisons, mais un charme certain.

➢ Il est desservi par le bus n° 361 de ***Tenby*** ou ***Pembroke*** (env 4 bus/j., sf dim).

Où dormir ? Où manger ? Où boire un verre ?

The Cresswell House : *Cresswell Quay, SA68 0TE. ☎ 65-14-35. • cresswellhouse.co.uk • Double 85 £.* Une belle maison idéalement située au bord de la rivière Cresswell. C'est calme, on se sent bien, on regarde la marée aller et venir avant d'aller se coucher dans les chambres bien douillettes. Une bonne adresse de l'arrière-pays.

The Cressilly Arms : *Cresswell Quay.* Tout le monde rapplique des villages aux alentours pour profiter de la belle terrasse au bord de la rivière ou de la salle chaleureuse. Les bonjours fusent et, après quelques bières au tonneau, ça chante. Pour ceux qui aiment les atmosphères authentiques de pub local où tout le monde se connaît.

PEMBROKE (PENFRO)

7 600 hab. IND. TÉL. : 01646

Petite ville qui se distingue par son extraordinaire château du XIIIe s, perché en surplomb d'une belle rivière bousculée par de fortes marées.

Arriver – Quitter

En train

Gare ferroviaire : Station Rd.

➢ ***Swansea :*** 5-6 liaisons/j. Durée : 2h10.

➢ ***Tenby et Carmarthen :*** 1 liaison ttes les 2h en sem, fréquence moindre le w-e. Durée : 20 mn pour Tenby et 1h10 pour Carmarthen. Par ***Manorbier.***

En bus

Arrêt de bus : *à proximité de la gare ferroviaire ou devant le château.*

➢ ***Tenby :*** bus n° 349, ou le n° 361 (sf dim) par ***Cresswl*** et ***Carew Castle.*** Env 10 bus/j. lun-sam.

➢ ***Haverfordwest :*** bus n° 349. Env 10 bus/j. ; moins le dim.

➢ ***Pembroke Dock*** *(ferry)* **:** nombreuses liaisons lun-sam ; moins le dim. Notamment par les bus nos 356 et 357 ou 349.

➢ En été, le ***Pembrokeshire Coastal Bus n° 387*** *(☎ 68-31-43, Silcox Coaches)* relie la ville à plusieurs randonnées. Il permet notamment d'aller voir les ***Stack Rocks,*** un site de grande beauté. Possibilité d'emporter son vélo à bord, se renseigner au préalable.

En ferry

➢ ***Rosslare (Irlande) :*** 2 traversées/j. (compter 4h), avec *Irish Ferries,* à partir de ***Pembroke Dock.*** *☎ 01-70-72-03-26. • irishferries.com •*

Adresse utile

Tourist Information Centre : *Commons Rd. ☎ 01437-77-64-99. Pâques-oct, tlj sf dim 10h-13h, 14h-17h (19h jeu) ; horaires restreints hors saison.*

Où manger ? Où boire un verre ?

The Old King's Arms Hotel : *13 Main St. ☎ 68-36-11. Près du château. Tlj 12h-14h15, 18h30-21h (20h30 dim). Formules déj 10-18 £. Plats env 10-22 £ au resto, à partir de 7 £ au pub.* Si le pub a été relooké dans un style cosy façon lounge, le resto a conservé une belle déco rustique plus conventionnelle. Dans tous les cas, on y sert une cuisine traditionnelle de qualité.

Waterman's Arms : *après le pont, sur la rive opposée au château. ☎ 68-27-18. Ouv midi et soir. Fermé lun-mar en hiver. Plats 8-12 £.* Pub sans atmosphère particulière mais très agréable en raison de sa situation au bord du fleuve et de sa vue depuis la terrasse sur le château et les cygnes. Côté cuisine, ça dépanne...

À voir

Pembroke Castle : *☎ 68-45-85. • pembroke-castle.co.uk • Tlj : avr-août, 9h30-17h30 ; sept-oct et mars, 10h-17h ; nov-fév, 10h-16h (derniers tickets 45 mn avt fermeture). Entrée : 6 £ ; réduc. Brochure en français : 1 £.* Le site est éminemment stratégique. Il y eut donc dès 1093 un château en bois construit par le Normand Roger de Montgomery qui fut peu à peu remplacé par des fortifications en pierre à partir de 1204, jusqu'à devenir cette énorme forteresse. Même Cromwell ne réussit pas à en venir totalement à bout lorsqu'il tenta de la démanteler en 1648 ! Restauré en 1929, le château a de nouveau fière allure et réserve de belles surprises aux visiteurs qui se baladent le long des chemins de ronde, scrutent l'horizon depuis les tours de guet, ou s'enfoncent sous terre pour découvrir une vaste grotte qui servit de réserve. Quant au donjon, qui culmine à 20 m, c'est tout simplement le plus haut du pays ! Puis, au gré de l'exploration des différentes salles de l'entrée principale (une vraie forteresse à elle seule), on découvre des expositions historiques et des reconstitutions grandeur nature, tandis qu'une partie de l'immense cour intérieure est occupée par une carte interactive du pays de Galles. Un site incontournable. Et ce n'est pas Henri VII d'Angleterre qui dirait le contraire, puisqu'il y naquit en 1457.

DANS LES ENVIRONS DE PEMBROKE

Carew Castle (Castell Caeriw) **:** *à 3 miles à l'est, sur l'A 477. ☎ (01646) 65-17-82. • pembrokeshirecoast.org.uk • Bus nº 361. Pâques-oct, 10h-17h (dernier billet 16h30). Entrée : env 6 £ ; réduc.* Superbes vestiges d'un château du XIIIᵉ s. À côté, *Carew Cross,* la plus belle croix celtique du pays, érigée en 1035. Le soir, le lieu est plein de magie. Belle balade au milieu des moutons et des corbeaux pour voir la croix, le château et à l'arrière un joli moulin alimenté à l'énergie marémotrice.

DE PEMBROKE À SAINT DAVID'S

Les courageux pourront suivre la côte par le chemin de randonnée qui longe celle-ci. Très belle balade. Beaucoup de petits villages charmants en route, comme celui de *Little Haven,* ou *Nolton Haven,* blotti dans une jolie crique. En voiture, le trajet qui emprunte une route très étroite est également superbe. De certains points, on peut apercevoir des loutres, des hérons et d'autres oiseaux. Le bus nº 400 circule le long de cette partie de la côte en été, de Milford Haven à Saint David's. Pratique pour rejoindre les randonnées, mais aussi pour faire le tour des plages !

Où dormir ? Où manger ?

Youth Hostel : *Broad Haven,* ***Haverfordwest,*** *SA62 3JH. ☎ (01437) 78-16-88. • yha.org.uk/hostel/broad-haven • ♿ Dans le village de Broad Haven (panneaux). Ouv mars-oct pdt les w-e et vac scol. Lit à partir de 13 £/pers, doubles également. Possibilité de pens complète.* Grande AJ moderne et propre, équipée de chambres et de dortoirs de 2 à 8 lits, tous *en-suite* (la classe !), et de parties communes lumineuses et tout confort (cuisine, salon...). Cerise sur le gâteau, elle est située à deux pas d'une grande et belle plage plébiscitée par les surfeurs ! Pratique pour les randonneurs.

The Druidstone Hotel : *sur la minuscule route entre Broad Haven et Nolton,* ***Haverfordwest,*** *SA62 3NE. ☎ (01437) 78-12-21. • druidstone.co.uk • À Druidstone Haven, suivre le fléchage. Dans la maison principale, doubles env 80-180 £ sans ou avec sdb et selon vue, avec petit déj. Également des cottages (prix à la sem).* Grand bâtiment rustique en pierre niché dans un creux de la falaise dominant largement la mer. L'emplacement est extraordinaire. Fait également resto et pub. Tarifs surévalués : on s'y arrête surtout pour boire un verre et profiter du cadre génial dans une ambiance bohème et branchouille, surtout les jours de concert.

Lavander Cafe : *Main St, **Solva,** SA62 6UU. ☎ (01437) 72-19-07. Tlj 10h30-18h (mer-dim 11h-16h l'hiver). Env 5 £.* Ça vaut le coup d'œil. Parce que ce café insolite occupe une véranda minuscule sur le côté d'une ancienne chapelle, elle-même réservée à une galerie d'art. Et pendant que madame sert ses sandwichs, soupes ou autres gâteaux maison, monsieur compose un morceau au piano. Original, très sympa et un brin baba, à l'image de la terrasse disposée dans un jardinet garni de fleurs et de statues.

À voir. À faire

Picton Castle & Garden : ***Haverfordwest.*** *☎ (01437) 75-13-26. • pictoncastle.co.uk • Entre Haverfordwest et Narberth. Suivre les panneaux à partir de l'A 40. Tlj mars-oct 9h-17h, fermé l'hiver. Entrée : jardin 7 £ ; château (visite guidée à 12h, 13h et 14h) et jardin 10 £ ; réduc.* Château médiéval, construit au XIIIe s par sir John Wogan. 16 ha de jardin et de forêt, plantés d'arbres aussi anciens que les lieux, de fleurs sauvages, de rhododendrons et d'azalées, et des pièces grandioses décorées à la mode georgienne.

➢ **East Nolton Riding Stables :** *à **Nolton.** ☎ (01437) 71-03-60. • noltonstables.com • Compter 30-75 £ pour 1h à 2h30 de balade guidée à dos de cheval ou de poney.* Pour débutants ou avancés, en forêt, sur la plage ou le long des falaises surplombant la mer.

➢ **Randonnée :** bus *Pembrokeshire Coastal* n° 387 *(☎ 68-31-43)* jusqu'au parking de *Stack Rocks.* De là, randonnée modérée (environ 4,2 miles ; ou 8,4 miles aller-retour) se terminant à Saint Govan's Chapel (XIIIe s), à travers des paysages sauvages et austères, façonnés par le vent. Magnifiques points de vue du haut des falaises sur les *Stack Rocks,* ces rochers se dressant comme des piliers dans la mer. Formations géologiques étonnantes, notamment une arche sculptée par les vagues dans la roche calcaire (le *Green Bridge*), pas mal de faune (de petits pingouins, les *razorbills*) et de jolis papillons. De la chapelle, remonter à Bosherston (moins d'un mile), où passe le bus.

SAINT DAVID'S *(TYDDEWI ; ind. tél. : 01437)*

La plus petite commune du pays de Galles (1 700 hab.), à 27 miles de Pembroke, doit son nom au saint patron de cette partie du Royaume-Uni. En son honneur a été construite, aux XIIe et XIIIe s, une magnifique cathédrale nichée dans la verdure en contrebas du village.

Arriver – Quitter

En bus

Arrêt de bus : *dans High St devant la mairie ou le centre d'information touristique.*

➢ Saint David's est reliée par le bus n° 411 à ***Haverfordwest*** (direction sud-est ; env 10 bus/j. lun-sam) et par le bus n° 413 à ***Fishguard*** (direction nord-est ; env 6 bus/j. lun-sam). De Haverfordwest, connexions pour ***Pembroke, Carmarthen*** et ***Tenby.***

➢ En été, le réseau *Pembrokeshire Coastal Bus* (*☎ 68-31-43* ; Silcox Coaches) est très pratique. Le *Puffin Shuttle* (bus n° 400) relie la ville à ***Solva, Nolton, Druidston, Little Haven,*** et ***Broad Haven*** à raison de 3 bus/j. Le *Stumble Shuttle* (bus n° 404) assure la liaison avec ***Abereiddi, Porthgain, Trefin*** et ***Fishguard*** (3 bus/j.).

Adresse utile

Tourist Information Centre : *The Grove. ☎ 72-03-92. • pembrokeshirecoast.org.uk • Au bout de High St, à la sortie de la ville en direction de Haverfordwest. En été, tlj 9h30-17h30 ; hors saison, lun-sam 10h-16h.* Grand bureau bien fourni, qui accueille aussi le point d'information du National Park.

Où dormir à Saint David's et dans les environs ?

Campings

Caerfai Bay Caravan & Tent Park : *Caerfai Bay, Saint David's. ☎ 72-02-74. • caerfaibay.co.uk • En sortant de Saint David's, tourner à droite au niveau de l'office de tourisme et continuer jusqu'au bout. Ouv d'avr à mi-nov. Forfait pour 2 env 14-18 £ selon saison.* Après le camping, c'est la mer. Superbe environnement donc, pour ce terrain familial dont un large espace est dévolu aux tentes. Sanitaires modernes et bien tenus.

Caerfai Farm Campsite : *Caerfai, Saint David's. ☎ 72-05-48. • caerfaifarm.co.uk • Direction Caerfai Bay à partir de Saint David's et tourner à gauche au niveau du parking au-dessus de la plage ; continuer jusqu'au bout de cette route. Ouv fin mai-fin sept. Forfait pour 2 env 16 £ ; moins cher pour les cyclistes et les randonneurs.* La situation du camping est à couper le souffle, dominant la baie de Saint Brides. Bonnes installations sanitaires, laverie. Plage à 150 m. On peut acheter quelques produits bio de la ferme (fromages et patates) au *Farmshop*, à deux pas par un petit chemin. À proximité du chemin côtier.

De bon marché à prix moyens (moins de 80 £ / 96 €)

Youth Hostel : *Llaethdy,* **Whitesands,** *SA62 6PER. ☎ (0845) 371-91-41. • yha.org.uk/hostel/st-davids • À 2 miles de Saint David's. Du centre-ville, direction Fishguard et, à la sortie de la ville, à gauche en direction du golf de Whitesands Bay ; suivre le fléchage. Mars-oct. Lit en dortoir à partir de 20 £, doubles à partir de 30 £.* Paumée dans la campagne et adossée à une falaise, cette AJ de poche a un charme fou. Pour le cadre donc, mais aussi pour ses chambres et dortoirs rénovés dans un style simple et classique, et répartis entre plusieurs petits bâtiments rustiques. Très tranquille !

The Waterings B & B : *Anchor Drive. ☎ 72-08-76. • waterings.co.uk • À la sortie de Saint David's, à proximité de l'office de tourisme. Doubles 75-100 £.* Cette grande maison moderne de plain-pied manque peut-être de caractère à l'extérieur, mais à l'intérieur les chambres et suites sont douillettes, vastes et joliment arrangées. Jardin et terrasse pour prendre l'air, après avoir savouré un bon et solide petit déj. Et il y a même un terrain de croquet ! Accueil très sympa.

Où manger ? Où boire un verre ?

The Refectory : *dans la cathédrale. ☎ 72-17-60. Tlj 11h-17h (16h hors saison). Plats et en-cas env 5-10 £.* C'est le café de la cathédrale, aménagé dans un espace lumineux et aéré donnant sur le cloître. Bien pour une pause sans complication autour d'un sandwich, d'une soupe maison ou d'un plat du jour préparé avec des ingrédients locaux.

The Farmer's Arms : *Goat St. ☎ 72-16-66. Dans le centre. Tte l'année, midi et soir. Sandwichs et salades env 6-10 £, plats env 10-19 £. Le seul vrai pub du village et le seul resto ouv dim soir.* Assiettes bien copieuses, servies en terrasse ou dans une salle rustique. Plusieurs niveaux, coins et recoins pour trouver le sien.

LE PAYS DE GALLES

Où acheter des produits du terroir ?

Caerfai Farmshop : *Caerfai Farm, Saint David's, SA62 6QT. ☎ 72-05-48. • caerfaifarm.co.uk • Direction Caerfai Bay à partir de Saint David's et tourner à gauche au niveau du parking au-dessus de la plage. Fin mai-fin sept, 9h-17h.* Exploitation bio produisant des fromages dont l'excellent *Caerfai cheddar* et le *Caerphilly.* Une halte incontournable pour remplir votre panier de provisions. Également du pain, des céréales...

À voir. À faire

Saint David's Cathedral : *The Close. ☎ 72-02-02. • stdavidscathedral.org.uk • Lun-sam 8h30-17h30 ; dim 12h45-17h30. GRATUIT. Visites guidées sur résa.* Construite à l'emplacement d'un monastère fondé par saint David au VIe s, cette superbe cathédrale est sans doute l'édifice religieux le plus visité du pays de Galles. Site prestigieux réputé pour ses magnifiques plafonds en chêne ciselé. La nef est de style roman ; le transept et le chœur, de style gothique, datent du XIIIe s. Haut lieu de pèlerinage pendant presque 14 siècles. Le pape Calixtus II, en fin mathématicien, déclara même en 1124 que trois pèlerinages à Saint David's équivalaient à un à Jérusalem. Ne manquez pas par ailleurs les magnifiques stalles sculptées ainsi que quelques belles pièces d'orfèvrerie religieuse dans la petite salle du trésor (accès libre). Nombreux concerts dont un festival de musique classique de fin mai à début juin.

Saint David's Bishop's Palace : *sur le site de la cathédrale. ☎ (01443) 33-60-00. • cadw.gov.wales/daysout/stdavidsbishopspalace/ • Tlj 9h30 (10h en hiver, voire 11h dim)-18h en été ; jusqu'à 17h au printemps et en oct ; 16h en hiver. Entrée : env 4 £ ; réduc ou Explorer Pass.* Palais des évêques construit par l'un d'eux, Gower, aux XIIIe et XIVe s. En ruine maintenant, mais une promenade dans les murs rend bien compte de la grandeur de cet évêché.

Ramsey Island (Ynys Dewi,** l'île de David) :* réserve d'oiseaux et de phoques gris. Possibilité d'organiser une balade en bateau autour de cette île. Plusieurs compagnies. On vous conseille ***Thousand Islands Expeditions (dépend de la Ligue pour la protection des oiseaux britannique), *Cross Sq, Saint David's. ☎ 72-17-21. • thousandislands.co.uk •* On peut se contenter du tour de l'île sans accoster. Le départ se fait à Saint Justinian deux fois par jour en été, sauf le vendredi.

À voir dans les environs

Solva : *bus n° 411 direction Haverfordwest ou en été le Puffin Shuttle (bus n° 400) à partir de Saint David's.* Adorable petit port de pêche encaissé, juste avant d'arriver à Saint David's (2,4 miles ; A 487) par l'est. La falaise dessine un S à cet endroit et protège ce qui fut un grand port aux XVIIIe et XIXe s. Il en reste de jolis petits cottages de pêcheurs bigarrés et des pubs hauts en couleur.

DE SAINT DAVID'S À CARDIGAN

Les randonneurs suivront le chemin côtier et s'arrêteront dans les auberges de jeunesse. Dans tous les cas, réservez, car vous ne serez pas seul.
Le *château* surplombant Pwll Deri Bay, bien caché dans la falaise, se trouve sur le chemin côtier.

➢ Le *Stumble Shuttle* (bus n° 404) de ***Saint David's*** à ***Fishguard*** suit la côte, passant par ***Abereiddi, Porthgain*** et ***Trefin.*** Env 3 bus/j. de mai à mi-sept. Sinon, prendre le bus n° 411.

Où dormir ? Où manger ? Où boire un verre ?

🏠 ***LLety Caerhafod Lodge :*** ***Llanrhian,*** *SA62 5BD. ☎ (01348) 83-78-59. • caerhafod.co.uk • Sur la route côtière entre Saint David's et Trefin, peu après la bifurcation pour Porthgain. Lit env 20 £.* On est bien ici ! C'est tout petit (5 chambres de 4 à 6 lits tout de même), c'est cosy (salles de bains privées pour tout le monde, cuisine et salon communs sympas) et la vue depuis les terrasses est géniale ! Une adresse conviviale et chaleureuse, à l'image de l'accueil.

🏠 ***The Old School Hostel :*** *11 Ffordd-yr-Afon,* ***Trefin,*** *SA62 5AU. ☎ (01348) 83-18-00. • oldschoolhostel.com • À partir de 18 £/pers.* Cette auberge sort de l'ordinaire. Au milieu du village de Trefin, installée dans l'ancienne école, elle se distingue par une déco soignée (voire exubérante !) tout en couleurs chaudes, tentures et bibelots. La cuisine est hyper conviviale, le salon très cosy et les chambres de 2 à 7 lits bien douillettes (toutes avec douches, mais w-c en commun pour la plupart). Une curiosité !

🏠 ***Pwll Deri Youth Hostel :*** *Catell Mawr, Tref Asser,* ***Goodwick.*** *☎ (0845) 371-95-36. • yha.org.uk/hostel/pwll-deri • En voiture, suivre Saint Nicholas, puis Trefasser et « Pwll Deri ». Avr-oct. À partir de 13 £/pers ; doubles également.* Dans une ancienne maison individuelle transformée en AJ, loin de tout et agrippée à flanc de falaise : vue extraordinaire sur la baie. À l'intérieur, tout a été rénové dans un style fonctionnel et efficace : chambres *en-suite,* cuisine bien équipée, salon avec cheminée et salle à manger face au spectacle du grand large. Les contemplatifs et autres romantiques seront aux anges.

🍽 🍷 ***The Sloop Inn :*** *à* ***Porthgain.*** *☎ (01348) 83-14-49. Sur l'itinéraire du chemin côtier. À env 6,5 miles de Saint David's et 11 miles de Fishguard. Tlj 9h30-23h ; service jusqu'à 21h30. Plats 8-18 £.* Beaucoup de poisson, du crabe, des moules, des soupes, des sandwichs et de la viande galloise au gril... Un beau pub chaleureux au cadre rustique à souhait et à l'ambiance marine, dans la crique pittoresque du minuscule village de Porthgain. Terrasses pour profiter de la vue sur la mer.

FISHGUARD *(ABERGWAUN ; 3 400 hab. ; ind. tél. : 01348)*

À 15 miles de Saint David's par l'A 487, une ville en trois parties. Tout d'abord Goodwick, le port de grande eau dans la baie où trône souvent un ferry qui assure une liaison avec l'Irlande. Le « centre-ville », autour de Market Square, sur les hauteurs, et le petit port de pêcheurs, Lower Fishguard, sont, quant à eux, cachés de l'autre côté de la colline. Mais le vrai titre de gloire de la ville, c'est d'avoir été le théâtre de la reddition des troupes françaises lors de la tentative d'invasion de 1797 !

Arriver – Quitter

En bus

🚌 ***Arrêt de bus :*** *au Market Sq dans le centre-ville et dans Quay St à Lower Fishguard.*

➢ ***St David's :*** en été, 3 bus/j. n° 404 *Stumble Shuttle.* Passe par ***Goodwick.***

➢ ***Cardigan :*** bus *Poppit Rocket* (n° 405), env 3 liaisons/j.

En ferry

⛴ ***Stena Line Ferry Port :*** *à* ***Goodwick,*** *à moins de 1 mile de Fishguard.*

☎ *(08447) 70-70-70.* • *stenaline.co.uk* •

➢ ***Rosslare*** (Irlande) : en *Super Ferry*, 2 départs/j. (3h30 à 4h de traversée).

Adresse utile

Tourist Information Centre : *Town Hall, Market Sq.* ☎ *(1437) 77-66-36. Lun-ven 9h-17h (plus sam 10h-16h juin-août).*

Où dormir ?

Fishguard Bay Caravan Park : *Garn Gelli, Fishguard.* ☎ *81-14-15.* • *fishguardbay.com* • *Sur l'A 487 direction Cardigan, avt Dinas, indiqué sur la gauche. Forfait pour 2 env 20-27 £ ; moins cher pour les randonneurs.* Traversé par le chemin côtier. Sur un promontoire surplombant la baie, derrière une colline couverte de bruyère, le panorama est magnifique. Pas mal de mobile homes ainsi que des hébergements alternatifs (du genre cabanes en bois). Sanitaires nickel, laverie, épicerie, salle TV et jeux.

Hamilton Lodge : *21-23 Hamilton St, SA65 9HL.* ☎ *87-47-97.* • *hamiltonbackpackers.co.uk* • *À deux pas de Market Sq. Résa conseillée. Env 20-25 £/pers, avec petit déj.* Intimiste et conviviale, cette minuscule adresse est plus proche d'un *B & B* que d'une auberge de jeunesse : seulement 3 chambres de 2 à 4 lits, mignonnes et nickel, qui se partagent une cuisine bien équipée, des sanitaires propres (privés pour l'une d'entre elles) et une terrasse. Super sympa, comme l'accueil !

À voir. À faire dans le coin

Preseli Mounts (Mynydd Preseli) : les fanas du chemin côtier peuvent continuer celui-ci jusqu'à Cardigan (Aberteifi). Les monts Preseli offrent des paysages de collines. Ils font toujours partie du parc national, et c'est là que vous pouvez voir des menhirs. Les pierres qui constituent Stonehenge proviennent de cette région.

Cwm-yr-Eglwys : *à quelques km, sur la route Fishguard-Cardigan (A 487).* À la sortie de Dinas sur la gauche, petite route encaissée qui descend vers la mer. Hameau aux maisons blanches. Pour se rendre sur la plage, traverser un cimetière qui entoure les ruines d'une ancienne église celtique du XIIe s, détruite par un orage en 1859 et dont il ne reste que le clocher.

CARDIGAN *(ABER TEIFI ; 7 600 hab. ; ind. tél. : 01239)*

Petite ville tranquille à 17 miles de Fishguard (A 487), réputée pour son marché (du lundi au samedi de 10h à 16h) et dominée par son château du XIe s. Durant l'hiver 2013-2014, les tempêtes à répétition exhumèrent dans la baie une forêt préhistorique de l'âge du bronze !

PAS DE REVERS

Lord Cardigan, alias James Brudenell, était réputé pour son élégance, appréciée par la reine Victoria elle-même. Lors de la guerre de Crimée, en 1854, lord Cardigan, parti pour combattre les troupes russes, se fit faire une veste sans col et sans revers. Après ses exploits militaires, la veste du fameux lord devint à la mode.

LE PAYS DE GALLES

Arriver – Quitter

En bus

Arrêt de bus : *au Finch Sq, au bout de Priory St.*

➢ **Haverfordwest, Goodwick, Fishguard et Newport :** bus nº T5 ; une dizaine/j. en sem, env 3 le dim.

➢ **Aberaeron et Aberystwyth :** bus T5 ; env 15/j., le dim slt 3.

➢ **Carmarthen :** bus nº 460 ; env 12/j.

Adresse utile

Tourist Information Centre : *Theatr Mwldan, Bath House Rd. ☎ 61-32-30. • visitcardigan.com • Pdt les vac scol, ouv tlj sf dim 10h-13h, 14h-16h ; hors vac scol, ouv slt mar-mer et ven-sam.*

Où dormir ? Où manger ? Où boire un verre dans le coin ?

Youth Hostel : *Sea View,* ***Poppit Sands.*** *☎ 61-29-36. • yha.org.uk/hostel/poppit-sands • À 4 miles, au-delà de Saint Dogmael's, sur le bord du chemin côtier, dans la colline au-dessus de Poppit Sands. Ouv Pâques-oct. Réception 8h-10h, 17h-21h. À partir de 13 £ en chambre de 2 à 6 lits.* La route, à peine plus large qu'une voiture, conduit à cette petite auberge profitant d'une vue éblouissante sur l'embouchure de la rivière et la pleine mer. Quant aux équipements, ils sont récents, à l'image de la cuisine parfaitement équipée, du salon moderne et cosy, et des chambres et dortoirs nickel et fonctionnels (avec lavabos). Excentré, mais vraiment bien.

Cardigan Castle : *Green St, à Cardigan. ☎ 61-51-31. • cardigancastle.com • Doubles env 90 £.* Restaurées avec soin, les dépendances du château renferment désormais des chambres hyper douillettes, aménagées dans un style campagne-chic de bon goût et dotées de belles salles de bains modernes. Délicieux petit déj cuisiné servi dans le restaurant contemporain du domaine, avec vue sur la rivière. Une excellente étape.

Cardigan Arms : *3 College Row, à Cardigan. ☎ 61-49-69. En face du marché. Tlj sf dim 8h-20h.* Un *fish & chips* basique, mais bien pratique (pour les grosses faims). Propose aussi d'autres plats, tels que des salades, des sandwichs... Bref, ça dépanne.

Ferry Inn : *Poppit Rd,* ***Saint Dogmaels,*** *SA43 3LF. ☎ 61-51-72. Tlj 12h-15h, 18h-20h30. Plats env 8-12 £ au déj, 10-20 £ le soir.* De l'extérieur, la jolie petite façade chaulée et bien typique ne laisse pas deviner la taille de cette auberge de campagne ! La porte poussée, on découvre un bar hyper cosy avec ses fauteuils et ses banquettes rembourrées, puis une extension lumineuse sur deux niveaux pour la partie resto, et enfin des terrasses à fleur d'eau. Idéal pour savourer une cuisine classique de pub goûteuse et bien maîtrisée (qui privilégie les producteurs locaux) en profitant du spectacle du jeu des marées.

À voir dans les environs

Saint Dogmael's Abbey : *à 1 mile à l'ouest de Cardigan, direction Poppit Sands. Accès libre.* Abbaye du XIe s en ruine. Le village qui l'entoure a été en partie construit avec les pierres de l'ancienne abbaye. Dans l'église se trouve la pierre de Rosette locale ! Une pierre (VIe s) qui a permis de comprendre l'écriture ogham, car elle porte à la fois des inscriptions en ogham et en latin. Cette pierre a été retrouvée par hasard dans les ruines d'un vieux pont.

Y Felin : *Mill St. ☎ 61-39-99. Dans une rue qui monte vers l'abbaye. Tlj sf dim 10h-17h. Visite du moulin 2,50 £/ pers.* Un vieux moulin du XVIe s produisant de la farine comme le faisaient les moines de l'abbaye. On peut y découvrir les installations au cours d'une brève visite de 15 mn et y acheter la farine et le pain faits sur place.

Cenarth : *à une douzaine de miles au sud-est de Cardigan sur l'A 484. Bus nº 460 de Cardigan.* Petit village bucolique, au bord de la rivière Teifi, C'est ici que vous pourrez découvrir cette drôle de petite embarcation, le *coracle,* qui sert à pêcher la truite et le saumon. À l'extérieur du pub *White Hart,* datant du XVIe s, est accroché un de ces minibateaux faits en cuir et en bois souple.
– ***Cenarth C. M. Chapel Eisteddfod :*** *festival chaque année, fin janv.* Voir « Les *Eisteddfodau* » dans l'introduction sur le pays de Galles.

EN REMONTANT VERS LE NORD

Vous quittez le pays de Galles du Sud et la mer pour attaquer les monts Cambrians qui vont vous mener au nord vers le superbe Snowdon. À partir de là, les gens parlent souvent le gallois entre eux, mais ils s'adresseront à vous en anglais sans difficulté, et avec le sourire.

TREGARON

1 200 hab. IND. TÉL. : 01974

Sur l'A 485, petite ville de marché aux moutons, où tous les paysans du coin se retrouvent dans une joyeuse ambiance. Sur la place principale, un intéressant magasin d'artisanat celtique *(Craft Design Centre of Wales).* D'Aberystwyth, on peut se rendre à Tregaron par les bus nos 585, 588 ou T21 ou à vélo, via les impressionnantes tourbières de Cors Caron.

Où dormir ? Où manger ?
Où boire un verre dans le coin ?

Dolgoch Bunkhouse : *Dolgoch, SY25 6NR. ☎ (0845) 371-96-31. • yha.org.uk/hostel/dolgoch-bunkhouse • À 6 miles, sur la route panoramique (à 1 seule voie) entre Tregaron et Abergwesyn, au niveau d'un petit pont ; chemin à l'écart de la route, difficilement carrossable. Résa indispensable (pas d'accueil permanent). Auberge de jeunesse à partir de 12 £/pers, 40 £ la double.* Pour les aventuriers ! Pas de chauffage sauf une cheminée, pas d'électricité et uniquement des lits à étage ! Médiéval, en somme... Mais l'environnement est à l'image de cette ancienne ferme transformée en refuge de montagne : sauvage, loin de tout et absolument magnifique.

Talbot Hotel : *The Square, à Tregaron, SY25 6JL. ☎ 29-82-08. • ytalbot.com • Doubles 85-130 £*

avec petit déj. Plats 7-18 £. Si vous demandez où se trouve Tregaron, on vous répondra certainement « à l'extérieur du *Talbot* », ce pub situé sur la place centrale, le point de ralliement de toute la région. Vieil établissement du XIIIe s, où l'on parle le gallois dans tous les sens, l'ambiance est merveilleuse et la nourriture de bonne tenue. Également un resto moderne. Quant aux chambres, elles sont impeccables et chic avec des dessus-de-lit en laine du pays. Une adresse qui nous botte !

DANS LES ENVIRONS DE TREGARON

Lampeter *(Llanbedr Pont Steffan)* **:** *à une quinzaine de miles au sud-ouest par l'A 485.* Ville qui s'enorgueillit de posséder la troisième université la plus ancienne de Grande-Bretagne, après Oxford et Cambridge. Spécialités du coin : les courses de chevaux attelés et... les *quilts* gallois. L'ancien palais de justice abrite en effet une incroyable collection de ces couvertures matelassées, en patchwork pour certaines, toutes originaires du pays de Galles et remontant au XIXe s pour la plupart.

Black Lion : *High St, SA48 7BG. ☎ (01570) 42-21-72. En plein centre. Jusqu'à 21h (20h le w-e). Plats 7-13 £.* D'emblée, rien ne distingue ce pub classique et chaleureux. Mais lorsqu'on dépasse le bar central, on découvre la cuisine ouverte où s'active le chef. Et c'est la bonne surprise : de bons plats de bistrot bien fichus, comme du confit de canard aux petits légumes, différents poissons, des lasagnes végétariennes... Inattendu !

Cors Caron : *le long de la B 4343, vers le nord, à quelques km.* Une tourbière classée réserve naturelle nationale, aménagée pour la balade avec des pontons de bois, pour ne pas abîmer des sols qui ont mis 12 000 ans à se former. Toute une faune à observer : milans royaux, courlis, loutres...

Strata Florida : *en continuant sur la B 4343, à 1 mile du village de...* ***Pontrhydfendigaid.*** *Avr-oct, tlj 10h-17h (16h le reste de l'année). Entrée : 4 £ ; réduc ; gratuit en hiver.* Ruines d'une abbaye cistercienne qui fut un opulent centre intellectuel et culturel, dans un bel environnement sauvage. Seul le porche est encore debout, mais on touche ici du doigt l'âme galloise. Nombre de personnes souhaitent se faire enterrer dans le cimetière adjacent, auprès de quelques-uns des princes gallois (ceux qui avaient pu garder leur tête !) et du grand poète médiéval Dafydd Ap Gwilym.

Elan Valley ou la route des réservoirs : *c'est tte la région à l'est de Tregaron. Prendre la route panoramique (indiquée « Abergwesyn pass »), direction Abergwesyn, Beulah (B 4358), Elan Village (B 4518), Rhayader (A 470). Puis retour par la B 4343 au nord.* Paysages désolés de toute beauté, routes à une seule voie dévalant des pentes de 10 à 25 %, des moutons partout, des rapaces... et une boîte aux lettres rouge à côté des restes d'une cabine téléphonique tout aussi rouge, à un croisement au milieu de nulle part. Surréaliste ! En poussant à droite à ce croisement, on aboutit à une mignonne chapelle, *Soar y Mynydd.* Romantique à souhait avec ses bancs disposés d'une drôle de manière. Du côté des réservoirs, le paysage est boisé. Les digues et barrages qui forment les réservoirs datent du début du XXe s (1904) et ont été réalisés pour alimenter la ville de Birmingham en eau. L'ensemble de cette région est très peu peuplé et offre peu de *B & B* ou d'endroits où se restaurer mais beaucoup de lieux où pique-niquer ; prévoyez donc des provisions.

ABERYSTWYTH

18 000 hab. IND. TÉL. : 01970

• Plan *p. 519*

Ce chef-lieu de comté au nom imprononçable (quelque chose comme « aberestouith »), à mi-chemin entre le nord et le sud du pays de Galles, possède de belles ruines d'un imposant château du XIIIe s, mais tient sa gloire de son importante bibliothèque galloise et anglaise. Voici une grande ville universitaire avec un campus moderne, en hauteur, face à la mer, on y rencontre beaucoup d'étudiants (un quart de la population), mais aussi pas mal de touristes, puisque c'est également une station balnéaire depuis le XVIIIe s. Un endroit charmant où il fait bon se balader sur le front de mer victorien, parmi les vestiges du château à la pointe de la ville, ou dans les jolies rues animées en journée. Le soir, c'est dans les pubs que ça se passe... Aux alentours, au programme : des dunes classées vers le nord et, vers l'est, une mine d'argent *(Silver Mountain Experience)*, une station d'élevage de milans royaux, l'oiseau emblématique du pays de Galles *(Red Kite Feeding Station)* ou encore *HAFOD*, un site naturel extra pour les balades.

Arriver – Quitter

En train

Gare ferroviaire *(plan B2)* ***:*** *Alexandra Rd. ☎ (0845) 748-49-50.*

➢ ***Londres Euston :*** env 7 liaisons/j. (avec un changement à Birmingham), 3-4 le dim. Compter 4h30.

➢ ***Shrewsbury, Welshpool et Machynlleth :*** env 7 trains directs/j., 3-4 le dim.

➢ ***Birmingham International Airport :*** env 7 trains directs/j., 3-4 le dim.

En bus

Gare routière *(plan B2)* ***:*** *Alexandra Rd. ☎ (0871) 200-22-33.*

➢ ***Lampeter, Carmarthen, Swansea, Cardiff :*** bus n° 701 (2/j., slt 1 le dim). De Cardiff, bus pour ***Londres,*** solution finalement plus rapide que le bus direct Aberystwyth-Londres (qui passe par ***Shrewsbury, Telford*** et ***Birmingham***).

➢ ***Dolgellau, Tal-y-Bont, Machynlleth, Penrhyndeudraet, Porthmadog, Tremadog, Caernafon et Bangor :*** bus T2 ; env 6 bus/j., moins le dim.

➢ ***Londres :*** avec le *National Express Shuttle* (bus n° 409) ou avec *Megabus.* *• megabus.com •* Env 7-8h de trajet.

Adresses utiles

Tourist Information Centre *(plan A2)* ***:*** *à l'angle de Terrace Rd et de Bath St (mais devrait déménager à côté, à l'angle de Terrace et Portland St). ☎ 61-21-25. • discoverceredigion.wales • Tlj sf dim 10h-17h (ferme parfois pour la pause déj).*

■ ***Siop y Pethe*** *(librairie celtique ; plan A-B2,* ***1****)* ***:*** *à l'angle de Great Darkgate St et de Terrace Rd. Fermé dim.* Tout sur l'âme et la culture celtes : dictionnaires, guides touristiques, recueils de contes, livres pour enfants et CD de musique galloise.

■ ***Chœur d'hommes*** *(plan A3,* ***2****)* ***:*** *Plascrug Ave, au Rugby Club. Répétitions ouv au public, jeu soir 19h-20h30. • aberchoir.co.uk •*

■ ***Arts Centre*** *(hors plan par B2)* ***:*** *au sein de l'université, sur les hauteurs.* Concerts, cinéma, théâtre, etc. Restaurant. Vue sur la baie en prime.

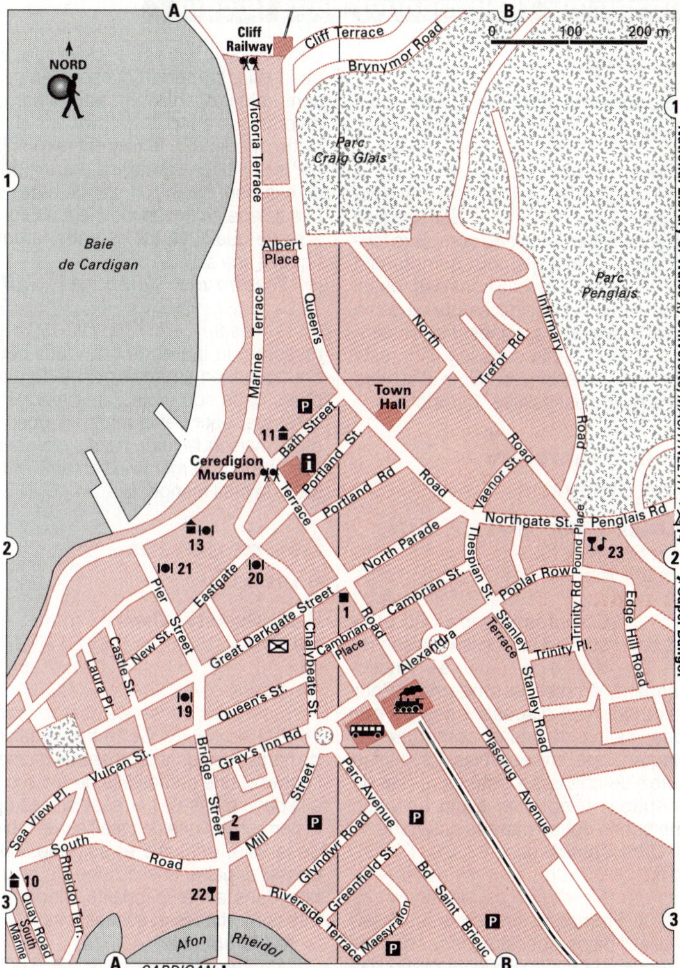

ABERYSTWYTH

■ **Adresses utiles**

- Tourist Information Centre
- 1 Siop y Pethe (librairie celtique)
- 2 Chœur d'hommes

Où dormir ?
Où manger dans le coin ?

- 10 Yr Hafod
- 11 Maes-y-Mor
- 13 Gwesty Cymru
- 14 Sunbourne Leisure
- 19 Agnelli's
- 20 Treehouse
- 21 Ultra Comida

Où boire un verre ?
Où écouter de la musique ?

- 22 Rummers
- 23 The Coopers Arms

Où dormir ? Où manger dans le coin ?

Camping

⛺ ***Sunbourne Leisure*** *(hors plan par B2, **14**) : Glan-y-Môr, **Clarach Bay,** SY23 3DT. ☎ 82-89-00. • sunbourne.co.uk • À quelques miles au nord (B 4572). Ouv de mi-mars à fin oct. Forfait pour 2 env 11-25 £.* Sur une jolie plage de galets, un grand complexe touristique pas très glamour comprenant des alignées de mobile homes et toutes les attractions classiques pour ce genre d'établissement : piscines, fitness centre... Mais la partie camping n'en reste pas moins agréable, au calme et au vert, sur le haut d'une falaise. Joli spot !

De bon marché à prix moyens

Maes-y-Mor *(plan A2, **11**) : 25 Bath St, SY23 2NN. ☎ 63-92-70. • maesymor.co.uk • Doubles sans ou avec sdb 50-90 £. Garage à vélos.* Compromis entre l'AJ et le *B & B*. À l'étage d'une petite maison de ville, une dizaine de chambres doubles standard, propres et modernes. Pour celles qui n'en disposent pas de privées, salles de bains communes à chaque étage, impeccables. Lave-linge au rez-de-chaussée. Attention, pas de réception : téléphoner avant de venir. Une bonne option dans sa catégorie.

Ultra Comida *(plan A2, **21**) : Pier St. ☎ 63-06-86. Lun-sam 10h-21h (17h lun), dim 12h-16h. Plats et sandwichs 4-12 £.* Fromages, charcuterie, olives, tortillas, pains spéciaux, vin... rien ne manque à la panoplie de ce grand *deli* de charme aux accents espagnols. Le succès aidant, on a ajouté une salle à manger chaleureuse dans l'arrière-boutique. Et la cuisine ? Ultra... bonne, qu'il s'agisse des plats du jour ou des tapas !

Agnelli's *(plan A2, **19**) : 3 Bridge St. 📱 0796-995-94-66. Tlj sf dim 10h-20h (19h lun-mar et 18h sam). Env 5-8 £.* Cette épicerie fine est l'enclave italienne de la ville. La porte poussée, les yeux sont immanquablement attirés par les rayonnages envahis de produits de la Botte, tandis que le nez est émoustillé par les effluves ensoleillés. Parfait pour un excellent panini, un plat de pâtes ou une salade. En revanche c'est riquiqui : à peine quelques tables entre la boutique et une salle en sous-sol.

Treehouse *(plan A2, **20**) : 14 Baker St. ☎ 61-57-91. Tlj sf dim 9h (10h sam)-17h. Plats 5-10 £.* Le royaume du bio et du bon dans cette boutique bien approvisionnée qui propose, dans son restaurant champêtre à l'étage, petit déj le matin, soupes et plats maison le midi, *cakes* et scones l'après-midi. Et même les enfants ont le droit de bien manger !

De prix moyens à plus chic

Gwesty Cymru *(plan A2, **13**) : 19 Marine Terrace, SY23 2AZ. ☎ 61-22-52. • gwestycymru.com • Tlj. Doubles env 90-150 £ selon vue. Formules et plats 10-20 £ le midi, 14-20 £ le soir.* Cette belle maison de caractère sur la promenade cache à l'entresol une petite salle de resto chic à la déco minérale (terrasse si le temps le permet) et l'une des meilleures tables de la ville, originale et soignée. Pour dormir, à peine une dizaine de chambres dans la même tonalité, modernes, très confortables et accueillantes.

Yr Hafod *(plan A3, **10**) : 1 South Marine Terrace, SY23 1JX. ☎ 61-75-79. • yrhafod.co.uk • Doubles 64-84 £ sans ou avec sdb, avec petit déj.* *Guesthouse* agréable, stratégiquement située sur la promenade du front de mer, au pied des ruines du château. Chambres simples et bien tenues, certaines donnant sur le large. Accueil attentif et souriant.

Où boire un verre ? Où écouter de la musique ?

The Coopers Arms *(plan B2, **23**) : Northgate St. ☎ 62-40-50.* Ce n'est pas le plus beau des bars, mais c'est ici que les étudiants se

LE PAYS DE GALLES

réunissent pour profiter des nombreux concerts pop-rock, jazz et folk. Bonne ambiance.

Rummers *(plan A3, **22**)* **:** *Bridge St. ☎ 62-51-77. En contrebas du pont.* Pub traditionnel archi-populaire, principalement grâce à sa terrasse géniale donnant sur la rivière. Concerts très régulièrement.

À voir

Ceredigion Museum (office de tourisme, plan A2) **:** *Terrace Rd ; au-dessus de l'office de tourisme. ☎ 63-30-88. Mar-sam 10h30-16h, dim 12h-16h. GRATUIT.* Incroyable exemple de reconversion : un ancien music-hall édouardien sert de décor à ce musée bourré de charme. Du piano pour accompagner les films muets aux corsets sexy de l'époque, c'est toute la vie du comté de Ceredigion qui est passée au crible (reconstitution d'intérieurs, les costumes, les couvertures traditionnelles, les métiers). Souriez, on vous regarde du balcon !

The National Library of Wales (hors plan par B2) **:** *☎ 63-28-00. Suivre Northgate St et la route de Machynlleth, la bibliothèque se trouve entre l'hôpital et l'université (à droite). Bus nº 3. Lun-sam 9h30-18h (17h sam). GRATUIT (parking : 1 £).* Gigantesque monument édouardien (1905) sur les hauteurs de la ville. À l'intérieur se cachent les trésors de la littérature nationale présentés par roulement ainsi que de petites expos sur la culture et l'histoire galloises.

Cliff Railway (plan A1) **:** *au bout de la baie. ☎ 61-76-42. Tlj 10h-17 ou 18h avr-oct (se renseigner hors saison). Tarif : env 4 £ A/R ; départs ttes les 10 mn. Gratuit à pied.* Construit en 1896, ce funiculaire monte jusqu'au sommet de *Constitution Hill.* Y aller pour admirer la vue et la plus grande *camera obscura* (chambre noire) du monde. Café panoramique.

DANS LES ENVIRONS D'ABERYSTWYTH

Borth : une autre station balnéaire à 10 km tout au nord, par la B 4572 qui plonge soudain vers la mer. Retenez votre souffle ! Magnifique plage, fréquentée par les surfeurs qui aiment loger à l'auberge de jeunesse. On les comprend ! Aller jusqu'au bout de la route qui aboutit à l'estuaire de la rivière Dovey *(Dify)* et ses dunes, classées réserve naturelle nationale. À marée basse, on peut même apercevoir les restes d'une forêt pétrifiée de 7 000 ans. Très belle balade dans un paysage entre mer, rivière, montagnes cambriennes et sable.

Devil's Bridge (Pont ar Fynach) **:** *d'Aberystwyth, prendre le petit train à vapeur, Vale of Rheidol Railway, qui part à côté de la gare principale. ☎ 62-58-19. • rheidolrailway.co.uk • Mars-oct, 2-5 départs/j. Compter 21 £ A/R. On peut aussi y aller par la route (A 4120). Sinon, possibilité lun, mer et ven de réserver la veille un taxi au prix d'un bus : ☎ 63-35-55.* Trois petits ponts superposés ont été construits à l'endroit où la rivière se resserre dans une faille étroite et vertigineuse et se transforme en cascade : le plus haut, en fer, juste au-dessus d'un pont en pierre ; le troisième, le *pont du Diable,* fut érigé par les moines au XIIe s. On ne voit rien de la route. Pour apprécier ce charmant ouvrage d'art, deux solutions : la balade courte (qui se résume à un escalier conduisant à un point de vue) à 1 £, à introduire dans un tourniquet. Ou bien la promenade de 45 mn qui combine les ponts et un point de vue sur les cascades *(Pâques-oct, tlj 9h45-17h : env 4 £ ; hors saison, il n'y a plus d'accueil mais slt un tourniquet à 2 £).*

MACHYNLLETH

2 250 hab. IND. TÉL. : 01654

Petite ville au croisement des routes A 487 et A 489, dans la superbe vallée de Dyfi. Rien de bien spectaculaire à voir, si ce n'est une assez jolie tour-horloge datant de 1873 et quelques belles vieilles demeures du XVIe s. Une pensée émue à Owain Glyndwr, héros local qui créa ici le premier Parlement gallois en 1404.

Où dormir ? Où manger dans le coin ?

Dolgelynen : *Dolgelynen, Machynlleth, SY20 9JR. ☎ 70-20-26. • dolgelynenfarmhouse.co.uk • À 3 miles. Direction Dolgellau (A 487) ; tourner à gauche aussitôt après le pont sur l'A 493 ; rouler sur moins de 1 mile et prendre à gauche à la pancarte « Dolgelynen » : c'est la 2e maison au bout du chemin, sur un monticule. Fermé à Noël. Double 75 £.* Accueil en gallois adorable, dans un cadre éminemment bucolique : chambres champêtres avec vue sur les moutons et la colline. Calme et douillet, salon et salle à manger agréables avec des poêles et, dans un coin, une harpe celtique.

Quarry Café : *13 Maengwyn St. ☎ 70-24-24. Près de la tour-horloge. Tlj 9h (10h dim)-15h30 (14h jeu et 15h dim). Plats env 5-7 £.* C'est le café ouvert en ville par le *Centre for Alternative Technology* voisin : boiseries colorées pour la déco, et des produits essentiellement locaux et bio dans l'assiette. Plats du jour à consulter au tableau noir, végétariens évidemment (salades, soupes et burgers).

DANS LES ENVIRONS DE MACHYNLLETH

Centre for Alternative Technology *(Centre national pour la technologie alternative) : à env 3 miles vers le nord par l'A 487 direction Dolgellau. ☎ 70-59-50. • cat.org.uk • Bus nos X27 et 34 depuis Machynlleth. Tlj 10h-17h (16h l'hiver). Entrée : env 8,50 £ ; réduc.* L'écologie et l'autonomie sont les préoccupations de ce vaste centre, inauguré en 1974. Dans une ancienne carrière d'ardoise, une importante communauté de chercheurs se livre à une expérience approfondie de l'existence alternative. Après avoir emprunté un petit funiculaire hydraulique, les visiteurs découvrent des collections d'aérogénérateurs (les moulins à vent), de cellules solaires et toutes sortes de jardins potagers naturels. Également des attractions pour les petits, comme l'exploration de la « Mole Hole » (tanière de la taupe). Une expérience passionnante et constructive, mais un peu austère pour les non-anglophones. Le succès du centre est tel qu'ils ont créé un master sur la construction écologique et construit un bâtiment HQE (Haute Qualité environnementale), le WISE, avec théâtre et salles de classe.

N'oubliez pas de manger sur place et de goûter aux différentes infusions (pissenlit, orge...). Petits prix et que du bio évidemment.

DOLGELLAU

2 700 hab. IND. TÉL. : 01341

Petite ville charmante tout en granit gris et ardoise, aux faux airs de Guérande (Loire-Atlantique) avec laquelle elle est d'ailleurs jumelée. Encore une ville dont le nom ne se prononce pas comme vous le penseriez ! Autre

LE PAYS DE GALLES

particularité : le mouvement des Quakers y trouve ses origines. Un festival de Musique folk celtique s'y tient en juillet. Sinon, plusieurs boutiques pour trekkeurs, puisqu'on est aux portes du Snowdonia. Et un sentier de 15 km le long de la rivière Mawddach qui permet de rejoindre Barmouth, sur la côte, à pied ou à vélo, via plusieurs ponts en bois. Une balade vraiment sympa et, gros avantage, c'est plat ! En revanche, pour prendre de la hauteur, on ne manquera pas d'aller se perdre dans les routes étroites et sinueuses bordées de murets qui conduisent, après quelques barrières à franchir (penser bien à les refermer sinon les moutons prendront la poudre d'escampette !), au ravissant lac de Cregennan (panneau à Arthog). Vue sublime sur les environs.

Arriver – Quitter

En bus

Bus Station : *Eldon Sq.*

➢ ***Portmeirion, Porthmadog, Penygroes, Caernafon, Bangor, Corris, Machynlleth*** et ***Aberystwyth :*** 6 bus T2 tlj, 3 le dim.

➢ ***Wrexham, Llangollen, Corwen, Bala, Bontddu et Barmouth :*** bus T3, env 8-10 bus lun-sam (5 le dim).

➢ ***Betws-y-Coed, Blaenau Ffestiniog :*** direct avec le bus nº 35 ou passer par ***Porthmadog.***

Où dormir à Dolgellau et dans les environs ?

Campings et auberge de jeunesse

Tan-y-Fron : *Aran Rd, LL40 2AA. ☎ 42-26-38. • tanyfron.co.uk • Forfait pour 2 env 15-20 £.* À l'entrée du village, un terrain de camping pas très grand, convivial et très bien aménagé. Cadre agréable. Également des chambres doubles et des *pods.*

Kings Hostel : *Tywyn Rd, LL40 1TB. ☎ (0845) 371-93-27. • yha.org.uk/hostel/kings • À env 3 miles, vers l'ouest (A 493), puis prendre une petite route tortueuse qui monte et qui descend dans la forêt ; c'est à moins de 1 mile. Mars-oct. Nuitée env 14 £ en dortoir et 7 £ en camping.* À l'arrivée, belle récompense : 2 bâtiments en pierre du pays, au bord d'un torrent dans un environnement sauvage à souhait. D'ailleurs, ce n'est pas la peine de compter sur la TV ou sur un coup de fil : les portables ne captent pas et il n'y a que des bouquins dans le salon commun. Mais il y a quand même un baby-foot ! Reposant. Prestations classiques, simples et correctes (cuisine commune, chambres et dortoirs datés mais convenables, avec ou sans salle de bains privée).

Chic (jusqu'à 120 £ / 144 €)

Plas Gwyn B & B : *Cader Rd. ☎ 38-81-76. • plasgwynbandb.co.uk • Doubles env 70-95 £ selon période. Parking.* Le *B & B* de carte postale : la belle maison est idéalement située en plein centre, les chambres sont bourrées de charme (parquet qui craque, beaux meubles anciens), le confort est irréprochable et le petit déj est hyper soigné (servi avec tout le tralala dans une salle à manger chic). Quant à l'accueil, il est charmant et attentionné, à l'image des gâteaux maison offerts dans les chambres !

Y Meirionnydd : *Smithfield Sq. ☎ 42-25-54. • themeirionnydd.com • Resto slt le soir mar-sam (plus lun en saison). Doubles 89-125 £ avec petit déj. Formules 24-27 £. Plats 12-16 £.* En plein centre, cette belle maison du XVIIe s abrite la meilleure adresse de la ville. Dans la cave (une ancienne prison !), le resto chaleureux propose une sélection de plats traditionnels soignés, préparés avec des produits locaux (on y sert même du vin gallois !), tandis que dans les étages, les quelques chambres se révèlent cosy et élégantes, dans un style champêtre modernisé. Accueil très attentionné.

Graig-Wen House : *Arthog, LL39 1BQ. ☎ 25-04-82. • graigwen.co.uk • Sur la route de Fairbourne (A 493), à 5 miles. Fermé déc. Camping avr-déc. Doubles 80-130 £, yourtes 2-5 pers env 160-375 £ selon taille et saison pour 2 ou 3 nuits (min), forfait camping env 13-18 £.* Difficile de ne pas trouver son bonheur dans cette ancienne ferme métamorphosée. Les campeurs profiteront d'un beau terrain au sommet ou au creux de la vallée, les originaux se réfugieront dans les cabanes ou les yourtes façon Gengis Khan, et les plus frileux iront sans hésiter dans les jolies chambres à la déco contemporaine ou dans les gîtes bien équipés. Bon confort, bon accueil, environnement privilégié (vue magnifique sur la rivière depuis la salle de petit déj), bref, tout pour plaire !

Où manger ? Où boire un verre à Dolgellau et dans les environs ?

Prix moyens (10-20 £ / 12-24 €)

Y Sospan : *Queen's Sq. ☎ 42-31-74. En-cas env 5-8 £, plats env 11-18 £.* Petit bistrot gallois accueillant, bien pratique pour avaler sur le pouce paninis, sandwichs, *pies* et autres *jacket potatoes* le midi, avant de revenir le soir pour goûter de bons plats traditionnels.

George III Hotel : *Penmaenpool. ☎ 42-25-25. • georgethethird.co.uk • À 2 miles env, sur la route de Tyrwyn (A 493). Plats 9-12 £ au pub, 10-18 £ au resto.* Connue de tous, cette belle auberge en pleine campagne occupe un site privilégié au bord de la rivière. C'est son principal atout. La cuisine, classique, ne fait pas d'étincelle mais reste convenable. Quant aux chambres, elles sont surévaluées. Vue évidemment magnifique sur le fleuve, le pont traditionnel et les montagnes, depuis les différentes petites terrasses. Bien pour une petite étape.

Bwyty Mawddach : *Llanelltyd, LL40 2TA. ☎ 42-17-52. • mawddach.com • À 2 miles, sur la route de Barmouth. Fermé dim soir-mer. Plats 7-15 £ le midi, 13-17 £ le soir.* Cadre enchanteur pour cette ancienne grange entièrement restaurée avec de grandes baies vitrées donnant sur la vallée de la Mawddach et les montagnes. Un endroit lumineux et chaleureux avec poutres apparentes et parquets, dans un style contemporain épuré qui libère l'esprit pour mieux déguster la vue et la cuisine : *pies, gravy,* truites... Du gallois traditionnel mis à l'honneur avec talent.

Y Meirionnydd : voir plus haut « Où dormir ? ». La meilleure table de Dolgellau !

Dylanwad Da : *Porth Marchnad, à deux pas de Smithfield Sq. ☎ 42-28-70. • dylanwad.co.uk • Mar-sam 10h 16h (23h ven-sam). Env 5-8 £.* Un bar à vins qui marche fort, très apprécié bien sûr pour sa sélection de crus, mais aussi pour ses petites grignotes gourmandes à picorer pendant la dégustation (assiettes de charcuterie et de fromage, *Welsh rarebit,* soupe...). Cadre sobre, agréable et lumineux (grande véranda).

Torrent Pub : *Smithfield St. ☎ 42-28-58.* Un vrai pub comme on les aime : pas bien grand, rustique et chaleureux, et surtout fréquenté par de nombreux habitués venus en voisin.

BARMOUTH (ABERMAW) 2 300 hab. IND. TÉL. : 01341

À l'ouest de Dolgellau, cette jolie station balnéaire construite sur la colline domine l'estuaire de la rivière Mawddach. On peut le traverser à pied ou à vélo sur un long et magnifique pont en bois ferroviaire du XIXe s qui procure

un vrai cachet à ce paysage entre mer et montagne. Dans le coin, plein de belles balades à faire. La vieille tour ronde de la ville servait de cachot aux poivrots, le temps qu'ils dessoûlent, et comptait deux parties : une pour les hommes et une pour les femmes. Comme quoi !

Arriver – Quitter

En train

Gare ferroviaire : *Station Rd.* ☎ *(08457) 48-49-50.*

➢ *Barmouth* se situe sur la ligne *Cambrian Coast* qui relie ***Shrewsbury*** à ***Pwllheli*** via ***Porthmadog*** et ***Harlech*** : des liaisons directes ttes les 2h en sem, 1 seule le dim.

En bus

Gare routière : *Plas Gwyn, Jubilee Rd.*

➢ ***Wrexham, Llangollen, Corwen, Bala, Dolgellau et Bonddu :*** bus T3, env 8-10 bus/j. (5 le dim).

➢ ***Talybont, Llanfair, Harlech, Portmeirion, Porthmadog, Tremadog, Penygroes, Caernafon et Bangor :*** par le bus nº 38 en sem (env 6-7).

Où dormir ?

De nombreux ***campings,*** plus ou moins accueillants et près de la mer, entre Barmouth et Harlech. Le plus proche étant le ***Hendre Mynach Caravan and Camping Park*** : *Llanaber.* ☎ *28-02-62.* • *hendremynach.co.uk* • *À moins de 1 mile de Barmouth en direction de Harlech, en contrebas de l'A 496 (Llanaber Rd), côté mer. Forfait pour 2 env 12-25 £ ; moins cher pour les randonneurs.* Un terrain classique, tout plat et bien entretenu, déroulé entre la colline et la voie ferrée. Peu d'intimité possible mais accès direct à la plage (de l'autre côté des rails), ainsi qu'au chemin qui la longe jusqu'à Barmouth en 15 mn à pied. Aire de jeux pour les enfants.

Wavecrest : *8 Marine Parade, LL42 1NA.* ☎ *28-03-30.* • *barmouthbandb.com* • *Fermé en hiver. Doubles à partir de 70 £, min 3 nuits en été.* Quitte à dormir dans le coin, autant choisir une adresse face à la mer. C'est le cas de cette *guesthouse* très conviviale et familiale, dont les chambres rénovées sont ultra-confortables. Accueil adorable et délicieux petit déj avec confitures et marmelades maison de madame. Hmm...

– D'autres *B & B* dans le voisinage, en bord de mer.

Où manger ?

De bon marché à prix moyens (moins de 20 £ / 24 €)

Goodies : *33 High St.* ☎ *28-11-62. En face de la poste. Ouv 9h30-17h. Env 5-8 £. Tearoom* bien typique, avec une petite salle élégante remplie de rayonnages de douceurs. Clientèle féminine de tous les âges, qui grignote paninis et *jacket potatoes.*

Murray's : *King Edward St.* ☎ *28-08-20. En face de la rue de la gare. Tlj 10h-16h ou 17h. Env 6-8 £.* Un *tearoom* populaire, où habitués et touristes font la pause dans les sofas en lisant les journaux et en picorant parmi les gâteaux, sandwichs et salades du jour.

The Last Inn : *à l'entrée du village, côté sud.* ☎ *28-05-30. Ouv 12h-15h, 18h-21h. Plats 7-13 £ le midi, 11-18 £ le soir.* Un vieux pub à l'ambiance marine surchargée,

LE PAYS DE GALLES

tendance kitsch, très sympa : filets de pêche de rigueur et des poissons rouges qui nagent au fond d'une fontaine. À la carte, des plats de pub classiques et costauds, sans plus. Quelques tables dehors.

HARLECH

1 800 hab. IND. TÉL. : 01766

Jolie ville juchée sur les hauteurs en bord de mer, dominée par un château du XIIIe s dans un paysage de dunes. Il paraît même qu'un microclimat flotterait au-dessus de cette agréable petite bourgade... Carrières d'ardoise à visiter, si vous ne l'avez pas déjà fait ailleurs.

Arriver – Quitter

En train

Gare ferroviaire : *Ffordd Morfa Rd, au pied de la ville.*

➢ *Harlech* se situe sur la ligne *Cambrian Coast* qui relie ***Shrewsbury*** à ***Pwllheli*** via ***Porthmadog*** et ***Barmouth*** : des liaisons directes ttes les 2h en sem, 1 seule le dim.

En bus

Gare routière : *arrêts de bus à la gare ferroviaire (au pied de la colline) ou en ville haute.*

➢ Des bus pour ***Porthmadog*** (avec ou sans changement), ***Blaenau Ffestiniog, Llanfair, Talybont*** et ***Barmouth.***

Où dormir ? Où manger ? Où boire un verre ?

Cemlyn : *High St. ☎ 78-04-25. • cemlynteashop.co.uk • De mi-mars à début nov, mer-dim 10h30-17h pour le salon de thé. Doubles env 85-95 £, avec petit déj.* Tout pour plaire : des paninis et des *baked potatoes* pour un repas léger, une large sélection de thés et de bons gâteaux du jour pour le *tea-time,* et une vue géniale sur le château depuis la très jolie salle. Et, quitte à bien faire, la maison propose 2 chambres charmantes à l'étage, tout confort, qui se partagent une grande terrasse profitant de la même vue panoramique.

Café du château : *dans le bâtiment d'accueil du château (mêmes horaires). Env 5-7 £.* Qu'il vente ou qu'il pleuve, on profite d'une vue géniale depuis les baies vitrées. Et s'il fait beau, c'est la terrasse qu'on investit, pour avaler sandwichs, *Welsh rarebit* et autres salades pas mal du tout, un œil sur la forteresse, un autre sur les montagnes qui dégringolent dans la plaine et la mer. Superbe !

Bwtri Bach Café : *High St. ☎ 78-03-73. Tlj sf dim hors saison 9h-17h. Quasiment au croisement pour le château. Un tt petit* delicatessen-coffee shop. Tout pour le pique-nique : jambons, saucissons, fromages du coin et sandwichs à emporter. Mais on peut aussi consommer sur place, dans une petite salle attenante. Merveilleux scones à la confiture.

Hufenfa'r Castell : *Capel Dwr, juste en face de l'entrée du château. De mi-mars à fin oct, tlj 9h-17h.* Lait entier gallois, crème galloise, et surtout pas de colorants chimiques : ce glacier fait bien les choses ! Halte obligatoire avant ou après la visite du château, pour reprendre des forces avec une excellente glace artisanale, épaisse et onctueuse à souhait.

À voir

Harlech Castle : *☎ 78-05-52. • cadw.wales.gov.uk • Avr-fin oct, tlj 9h30-17h (18h juil-août) ; l'hiver, tlj 10h-16h. Entrée : env 7 £ ; réduc.* De 1283 à 1289, près de 1 000 hommes ont construit ce puissant château fort sur un piton rocheux battu par les vents, à la demande du roi anglais Édouard Ier, qui voulait soumettre définitivement le turbulent pays de Galles. Au fil des siècles, le château fut le théâtre de nombreuses manœuvres militaires, notamment pendant la *guerre des Roses.* On y croisa même Marguerite d'Anjou. Tout cela est mis en images dans un film au *Visitor Centre.* Où que l'on soit, derrière les baies vitrées de la cafétéria, sur l'élégant pont d'accès érigé en 2015 ou du haut des trois tours, on bénéficie d'une vue panoramique à couper le souffle, entre mer en contrebas et montagnes. De l'autre côté de la baie, repérez les autres ruines, celles du château de Criccieth, également sur son éperon rocheux.

LE NORD DU PAYS DE GALLES

Région montagneuse superbe, dominée par le *Snowdon,* culminant à 1 085 m. Lacs, forêts, glaciers, mines d'or, de cuivre et d'argent, carrières d'ardoise rose rendent les paysages particulièrement variés et spectaculaires. Un paradis pour marcheurs, amoureux de la nature et sportifs de l'extrême d'autant que tyroliennes géantes, trampolines souterrains et surf park ont vu le jour ces dernières années, redonnant un coup de jeunesse à cette région discrète, aux innombrables atouts.

PORTHMADOG

3 000 hab. IND. TÉL. : 01766

Petite ville animée, située stratégiquement à l'entrée de la péninsule de Llyn. Elle s'est développée au XIXe s autour de son port, d'où l'on transportait les ardoises et le cuivre extraits du Snowdon.

Arriver – Quitter

En train

➢ La *Cambrian Line* relie ***Shrewsbury*** à ***Pwhelli*** via ***Barmouth, Portmeirion, Machynlleth*** et ***Welshpool*** : départs env ttes les 2h.

En bus

➢ ***Blanau Ffestiniog, Tremadog, Portmeirion, Caernarfon, Bangor :*** bus no 1, 1B ou le X32. Env 10 liaisons/j., 2 le dim.

➢ Le X32 continue jusqu'à ***Dolgellau, Machynlleth*** et ***Aberystwyth.*** De Blanau Ffestiniog, correspondance possible pour ***Llandudno.***

➢ ***Llyn Peninsula,*** entre Porthmadog et Pwllheli, via ***Criccieth*** et ***Llanystumdwy :*** bus nº 3, ttes les 30 mn env (moins le dim).

Où dormir ? Où manger ? Où boire un verre dans le coin ?

De bon marché à prix moyens

Eric Jones' : *Bwlch-y-Moch,* ***Tremadog,*** *LL49 9SN. ☎ 51-21-99. • ericjones-tremadog.co.uk • À Tremadog, tourner à droite sur Market Sq, puis parcourir 1 mile, direction Beddgelert (A 498). Compter 6 £/pers en camping, 7,50 £ dans la grange (douche 1 £). Petit déj et plats moins de 8 £.* Amis grimpeurs, cyclistes ou marcheurs, vous êtes chez vous ! Eric est lui-même alpiniste, et son camping, un simple bout de gazon flanqué d'une grange aménagée (35 lits), de douches et toilettes basiques, est devenu le rendez-vous des sportifs. Pas le grand confort, certes, mais tout est dans la convivialité des lieux ! Même topo côté bar, un bungalow moche, posé au bord de la route. Cuisine qui tient bien au corps, avant ou après l'effort !

Bron Afon B & B : ***Borth-y-Gest,*** *LL49 9TU. ☎ 51-39-18. • bronafon.co.uk • À 2,5 miles au sud, au bout du port de cet adorable village, dans la rue qui monte vers l'église. Doubles 60-64 £ avec ou sans vue.* Voici une adresse bien charmante dans une maison de 1840 entourée d'un petit jardin fleuri, avec des bow-windows face à la mer. Calme, impeccable et accueillant, dans un style éminemment britannique. Demandez la chambre rose ou sa jumelle, pour la vue idyllique sur la baie de Portmeirion. Également un cottage et un studio tout équipés à prix intéressants. Le sentier côtier passe devant.

The Ship : *14 Lombard St,* ***Porthmadog,*** *LL49 9AP. ☎ 51-29-90. Dans une rue qui part du vieux port. Repas 12h-14h, 18h-21h. Plats 5-15 £ selon sa faim.* Ici, on boit sa bière avec les gens du coin, quand ils ne sont pas attablés à une partie de cartes. Cadre rustique de pub traditionnel et cuisine à son image, solide et bien ficelée.

De prix moyens à plus chic

Y Sgwar : *12-16 Market Sq,* ***Tremadog,*** *LL49 9RB. ☎ 51-54-51. Tlj jusqu'à 21h. Menus 2-3 plats 17,50-22 £ ; 10 £ le midi mer-sam.* Une excellente table de l'arrière-pays, les locaux savent ce qu'ils viennent y chercher : de la cuisine traditionnelle galloise dans toute sa splendeur, de la terre à la mer. *Steak and ale pies* et agneau rôti sont à l'honneur. Et le service juste comme il faut.

Yr Hen Fecws Bistro : *16 Lombard St, Porthmadog, LL49 9AP. ☎ 51-46-25. Dans une rue qui part du vieux port. Tlj 8h-16h/17h. Résa indispensable. Plats 10-17 £.* Un resto gentiment chic, installé dans les murs en schiste d'une belle maison du XIXe s : salle coquette à l'ancienne, avec grosse cheminée, vieux parquet, tables en bois. Dans l'assiette, des plats simples et frais du type *soup of the day,* sandwichs, poulet... Cuisine assez fine.

Très chic

Les plus fortunés pourront passer la nuit dans le village d'opérette de Portmeirion (voir « Dans les environs de Porthmadog » plus loin), à l'***Hotel Portmeirion*** *(☎ 77-23-00 ; • portmeirion-village.com •, promos tt inclus sur Internet).* Les façades baroques abritent des chambres et suites luxueuses pleines de charme. Une inoubliable expérience que de se réveiller dans cette baie abritée, aux couleurs douces. On peut se contenter d'un repas, la vue sur la baie en prime à midi *(menus le soir 40-50 £ ; plats et snack le midi 6,50-19,50 £).*

– Sinon, nuitée du même ordre à ***Castell Deudraeth*** *(☎ 77-24-00),* le manoir

LE PAYS DE GALLES

victorien, juste à l'entrée du village. Une dizaine de chambres modernes. Repas possible à l'excellente brasserie *(sandwichs et plats 7-21 £).* Un bon plan : pour un repas (2 plats minimum), l'entrée à Portmeirion est offerte.

À voir. À faire

Rheilffordd Ffestiniog Railway : *Harbour Station. ☎ 51-60-00. • festrail.co.uk • Horaires variables, se renseigner. Env 24 £ l'A/R ; réduc.* Autrefois connu comme le *boozer's special* (« le rapide du poivrot »), ce petit train à vapeur était la providence des alcooliques car c'était un des rares endroits autorisés à vendre de l'alcool. Paysage très joli jusqu'à Blaenau Ffestiniog. Même sans être un passionné de chemin de fer, on ne peut que tomber amoureux de ces petits bijoux. Noter que ce train a des horaires coordonnés avec celui en provenance de Caernarfon, le ***Welsh Highland Railway*** (se reporter à Caernarfon pour les infos pratiques), qui traverse également une partie du Snowdon à son train de sénateur.

DANS LES ENVIRONS DE PORTHMADOG

PORTMEIRION

À 2 miles au sud-est. ☎ 77-00-00. • portmeirion-village.com • Tlj 9h30-19h30. Entrée : 12 £ ; réduc, notamment sur Internet. On peut s'y rendre en train depuis Porthmadog ; arrêt Minfford et petite marche de 1 mile. Bus également.

Ce village inventé de toutes pièces est la concrétisation d'un délire de l'architecte sir Clough Williams-Ellis, qui racheta en 1925 un village de pêcheurs situé au fond d'un merveilleux estuaire *(Traeth Bach estuary),* sur fond de montagnes et de réserve naturelle. Il y reconstitua des bâtiments de toutes les époques, de tous les styles (mais surtout italien). Ainsi voisinent panthéon, campanile baroque, bouddha en pleine méditation... et autres bizarreries. Le tout est très théâtral et devenu une des grandes attractions du nord du pays de Galles depuis que la série télévisée *Le Prisonnier* y fut tournée dans les années 1960. En prime, les bancs de sable aux couleurs changeantes pour décor et tout un parc à parcourir en suivant la côte ou, plus aventureux, en s'enfonçant dans la forêt. Une vraie jungle avec un jardin fantôme, un cimetière pour chiens, des tunnels de végétation... On s'y perd un peu mais, comme dans *Le Prisonnier,* les chemins vous ramènent toujours au village. Et si une grosse boule blanche commence à vous poursuivre, comme dans la série, c'est que ça chauffe pour votre matricule ! Les amoureux de services à thé seront comblés : on y trouve de la célèbre porcelaine naturaliste de Portmeirion à prix réduits.

– Un must pour les fortunés : passer une nuit dans le village ou y prendre un repas, dans un cadre somptueux (voir plus haut « Où dormir ? Où manger ? Où boire un verre dans le coin ? »).

NUMÉRO SIX !

C'est à Portmeirion que fut tourné, dans les années 1960, le célèbre feuilleton TV Le Prisonnier, *avec Patrick McGoohan. L'appartement n° 6 (son matricule) a été transformé en magasin de souvenirs de la série TV. Les fans se retrouvent tous les ans en avril, pour revivre les meilleurs moments du* Prisonnier *et se répéter en chœur qu'ils ne sont pas des numéros.* • leprisonnier.net •

PLAS BRONDANW

Près du village de ***Garreg Llanfrothen*** *(LL48 6SW), à 5 miles à l'ouest de Porthmadog ; pas évident à trouver. ☎ 772-772. • plasbrondanw.com • Tlj*

10h-17h (se renseigner en hiver). Entrée : env 5 £ ; réduc. Vous avez aimé Portmeirion ? Voici la demeure personnelle et surtout les jardins du même architecte, Clough Williams-Ellis (1883-1978), qui y vécut plus de 70 ans. On ne visite que le parc datant du début du XXe s, son autre œuvre, plus intime, dans laquelle on retrouve les codes esthétiques de Portmeirion : fontaines, recoins secrets, humour, statues antiques aperçues à la dérobade, tons turquoise... Le tout dans une ambiance d'Italie greffée en terre galloise et un environnement paisible dominé par les montagnes du Snowdon. Ne pas manquer la seconde partie du parc de l'autre côté de la route.

Snack sur place en saison, délicieux et cosy : *plat autour de 6 £.*

À proximité, les ornithologues ne manqueront pas l'observatoire de balbuzards pêcheurs *(Glaslyn Ospreys, LL49 9SP, • glaslynwildlife.co.uk •),* direction Beddgelert.

LLYN PENINSULA

Entre Porthmadog et Caernarfon, la péninsule de Llyn, la partie la plus occidentale du pays de Galles, constitue l'un des bastions les plus farouches de la culture galloise. Elle est surtout fréquentée pour ses jolies plages de la côte sud, Criccieth, Pwllheli (si, si, ça se prononce !) et Abersoch. L'ancien Premier ministre David Lloyd George (1916-1922) vécut dans le village de Llanystumdwy, où un musée lui est consacré. Superbes balades en perspective pour les marcheurs et les cyclistes jusqu'au hameau d'Aberdaron, tout au bout. On peut aussi sillonner la péninsule en bus.

CRICCIETH *(ind. tél. : 01766)*

À environ 4 miles de Porthmadog par l'A 497, Criccieth est une petite ville pleine de charme, en bord de mer. Les maisons victoriennes s'alignent à flanc de collines devant la plage, tandis que le château semble veiller sur les flots et les habitants du haut de son promontoire rocheux.

Où dormir ? Où manger ? Où déguster une glace ?

Abereistedd Hotel : *West Parade, LL52 0EN. ☎ 52-27-10. • abereistedd.co.uk • Au bout de la rue qui longe la plage, après le château en direction de Pwllheli. Doubles avec sdb 80-84 £ selon saison.* Dans une grande maison victorienne bleu ciel. Chambres coquettes dans un style british classique, très confortables. Évidemment, les meilleures sont côté mer : superbe vue depuis les bow-windows, mais on a sensiblement la même depuis la salle de petit déj ou le salon douillet. Accueil extra et décontracté.

Tir a Môr : *1-3 Mona Terrace, LL52 0HG. ☎ 52-30-84. Sur une placette, au bout d'une rue perpendiculaire à celle du château. Mar-sam 18h-21h30 (résa conseillée). Plats 13,50-17,50 £.* L'adresse classe de la ville dans un style feutré avec tableaux modernes aux murs. Une carte « *from the sea, from the land* », inventive et pleine de saveurs d'ailleurs, mais utilisant les produits gallois du marché. Goûtez le poisson, la spécialité du chef.

Cadwalader's : *Castle St, LL52 0DP. ☎ 52-36-65. En montant* *vers le château. Tlj à partir de 10h (jusqu'à 22h en été).* Le 1er établissement d'une minichaîne galloise qui démarra en 1927 avec une fameuse glace à la vanille, toujours servie de nos jours. Depuis la véranda, vue géniale en surplomb de la mer. Sert également boissons chaudes, gâteaux maison et repas légers.

À voir

Criccieth Castle : *Castle Sq, LL52 0DP. ☎ 52-22-27. • cadw.gov.wales/daysout/criccieth-castle • Avr-oct, tlj 10h-17h ; hors saison, se renseigner. Entrée : 5 £ ; réduc.* Explorer Pass *accepté.* Perché sur son promontoire aux pentes abruptes, ce château en ruine dominant la côte se voit de loin et a encore fière allure malgré sa taille modeste. Il fut édifié au XIIIe s par les Gallois, puis conquis par les forces d'Édouard Ier, qui le fortifia, le dotant notamment d'une tour prévue pour permettre l'usage d'une catapulte. Enfin... des doutes subsistent sur qui construisit quoi. En 1404, il fut brûlé par le héros gallois Owain Glyndwr. Ses vestiges, battus par les vents, rappellent l'île Noire de Tintin. Petite expo à l'accueil sur les châteaux des princes de Galles et sur Gerald de Galles, un moine voyageur du XIIe s.

ABERDARON *(ind. tél. : 01758)*

Traverser *Pwllheli* (un des marchés gallois les plus populaires, chaque mercredi), puis suivre la route pittoresque jusqu'à l'extrême ouest de la péninsule, où se trouve ce hameau de pêcheurs, à 27 miles de Porthmadog et 22 miles de Criccieth. Tout mignon, ce port du bout du monde fut le point de départ de pèlerinages pour l'île de Bardsey (Enlli) juste en face, l'île aux 20 000 saints.

Où dormir ? Où manger ?

The Ship Hotel : *au port, LL53 8BE. ☎ (1758) 76-02-04. • theshiphotelaberdaron.co.uk • Doubles 75-100 £. Plats 10-20 £ ; snacks le midi 5-10 £.* Pour goûter à l'atmosphère hors du temps d'Aberdaron, toquez à la porte du *Ship Hotel* : ses chambres classiques et sans prétention font tout à fait l'affaire (surtout celles d'angle avec vue sur la mer). Au rez-de-chaussée, pub bourré d'habitués et resto où l'on sert une honnête cuisine locale.

Y Gegin Fawr *(The Big Kitchen !)* **:** *LL53 8BE. ☎ (1758) 76-03-59. Peut être fermé hors saison.* Un petit salon de thé logé dans un très vieux cottage mignon comme tout. Déjà, au XIVe s, les pèlerins se restauraient ici avant d'embarquer pour l'île de Bardsey. On se contentera d'un café et d'un gâteau.

À faire

Aujourd'hui, l'***île de Bardsey*** est une réserve d'oiseaux, que l'on peut visiter. Prévoir plusieurs jours, parce que les traversées sont peu fréquentes et irrégulières en raison des courants très forts, à moins d'opter pour une excursion aller-retour dans la journée. *Compter 30 £ A/R. Départ de la marina de Porth Meudwy, LL53 8DA. (07971) 769-895. • bardseyboattrips.com •*

➢ Suivre la route depuis le centre du village jusqu'à la pointe et admirer la vue. Au loin, par beau temps, on aperçoit le phare de l'île de Bardsey.

LE PAYS DE GALLES

LE SNOWDONIA NATIONAL PARK

Incontournable si vous aimez les montagnes, les vallées grandioses, la varappe, la nature, les anciennes mines reconverties en musées, les randos... Vous serez servi ! Évidemment beaucoup de touristes dans les villes étapes, mais dès que l'on s'éloigne un peu sur les sentiers, ils cèdent la place aux moutons. Les paysages sont de toute beauté, tantôt noirs, tourmentés et lunaires, tantôt lacustres et verdoyants. Procurez-vous la brochure gratuite *Snowdonia,* très complète.

➢ Pour circuler entre les villes et les chemins de randonnée tout autour du Snowdon, il existe un service de bus désignés par la lettre « S » et de trains, circulant tte l'année, le ***Snowdon Sherpa*** *(☎ 0300-200-22-33, tlj 7h-20h. • traveline.cymru • gwynedd.llyw.cymru •). Il existe un ticket journalier* (Red Rover) *env 7 £ qui permet d'utiliser ts les bus de la région ; également une version w-e à env 10 £.*

GRAND SEIGNEUR

Le mont Snowdon, point culminant du pays de Galles (1 085 m), a connu bien des déboires. Menacé de mise en vente (du moins en grande partie) en 1998, il a été sauvé grâce à l'acteur hollywoodien et gallois sir Anthony Hopkins. Le célèbre psychopathe du Silence des agneaux a déboursé 1 000 000 £ pour éviter ce psychodrame national !

LE PAYS DE GALLES

LLANBERIS *(ind. tél. : 01286)*

En bordure de deux jolis lacs et au pied du mont Snowdon, à 8 miles à l'est de Caernarfon, c'est un point de passage obligé pour les activités sportives dans le parc. Un ancien village de mineurs à l'atmosphère vraiment sympa, qui ne vit aujourd'hui que pour la grimpette, les promenades en bateau ou à bord d'un train à vapeur *(Llanberis lake railway)*... Également un passionnant musée de l'Ardoise *(National slate museum, GRATUIT),* le *Padarn Country Park* pour se dégourdir les jambes autour du lac et l'un des plus grands barrages hydroélectriques d'Europe que l'on peut visiter en bus *(Electric Mountain, résa obligatoire, compter 8,50 £/adulte, • electricmountain.co.uk •).* Bref, de quoi y passer une journée, voire plus si affinités. À l'entrée de la bourgade se dressent les ruines modestes du *Dolbadarn Castle,* une petite place forte du XIIIe s qui ajoute au charme du paysage.

Adresse et info utiles

i *Tourist Information Centre :* *au bord du lac, au* Electric Mountain Visitor Centre, *LL55 4UR. ☎ 87-07-65. En saison slt.* Dans un bâtiment moderne avec café-restaurant, boutique, grand espace de jeux pour les enfants, expos et point de départ des excursions pour l'*Electric Mountain.* Toutes les infos sur les activités alentour se trouvent ici.

Les bus marquent l'***arrêt*** le long de High Street, ainsi qu'à la gare ferroviaire du Snowdon Railway. Nombreuses correspondances pour tout le Snowdonia ainsi que pour la côte ouest et nord à partir de Pen-y-Pass, départ de la plupart des balades.

Où dormir ?

Bon marché (moins de 40 £ / 48 €)

Youth Hostel : *Llwyn Celyn. ☎ (0845) 371-96-45. • yha.org.uk/hostel/snowdon-llanberis • À ½ mile, sur les hauteurs (panneau depuis la rue principale). Résa impérative. À partir de 60 £ la double, 15 £/pers en dortoir ; repas à partir de 10 £.* Grande maison à moins d'un mile au-dessus du village, encerclée par les montagnes et avec une vue imprenable. Auberge de jeunesse confortable et bien tenue avec chambres familiales ou possibilité de camper à la dure dans un champ de moutons.

De prix moyens à chic (moins de 120 £ / 144 €)

Snowdon Cottage B & B : *7 Pentre Castell, Llanberis, LL55 4UB. ☎ 87-20-15. Après la sortie de Llanberis, vers le pass (A 4086). Compter 60 £.* On aime bien ce vénérable cottage pour ses tarifs et sa simplicité. Plafonds bas et 3 chambres minuscules, dont une *single,* se partageant la salle de bains (peignoirs fournis !) On n'est pas au large, mais tout réside dans l'atmosphère chaleureuse avec un bon feu, un joyeux bric-à-brac montagnard, un joli jardin à l'arrière avec vue sur les ruines du château et le départ de randonnées. Les amoureux pourront dormir dans un chalet, rustique en diable.

Gwesty Plas Coch : *Stryd Fawr, LL55 4HB. ☎ 87-21-22. • plascochsnowdonia.co.uk • Dans la rue principale. Doubles avec petit déj 80-90 £.* La façade cossue de ce *B & B* couverte de lierre et le joli jardin au bord d'une rivière donnent résolument envie de pousser la porte. 7 chambres aux couleurs apaisantes, simples et juste comme il faut. Accueil extra d'Eryl, qui est bouddhiste, et de Jim, qui, avec un peu de chance, vous invitera à traverser le lac à la nage avec lui ! Peuvent fournir le pique-nique pour les journées-excursions dans le coin.

Où manger ? Où boire un verre ?

Pete's Eats : *40 High St, LL55 4EU. ☎ 87-01-17. Tlj 8h-20h (21h w-e et vac). Fermé 25-26 déc. Plats env 3-7 £. (payants.)* Un café-resto tout bleu roi, construit en un jour ! Ambiance chalet de montagne, avec des photos de grimpeurs en plein exploit. La cuisine, généreuse et sans complexe, nourrit son montagnard. À l'étage, infos gratuites sur la région. Propose aussi quelques solutions d'hébergement. Une petite institution locale, animée et aux couleurs guillerettes.

The Heights Snowdon : *74 High St, LL56 4HB. ☎ 87-11-79. Dans la rue principale. Tlj midi-minuit.* Cool, jeune, reposant... voici le pub le plus animé de Llanberis, bien sympa avec ses bow-windows et son mobilier de bois brut.

Où camper ? Où manger dans les environs ?

Cae Gwyn *(☎ 87-07-18, LL55 4UF, le 2e en arrivant)* et **Ceunant Isaf** *(☎ 87-04-94, LL55 4UN, le 1er),* à **Nant Peris.** *À 1 mile au sud (A 4086), en direction du col. À partir de 5 £/pers.* 2 campings à la ferme l'un à côté de l'autre (notre préférence va pour *Ceunant Isaf*), de simples champs que se partagent cyclistes de passage, marcheurs et moutons. Blocs sanitaires rustiques. Pratique : pub réputé et chaleureux à souhait en ligne de mire, *The Vaynol Arms*. Accueil en gallois, il va sans dire.

Caban Cyf : *Yr Hen Ysgol,* ***Brynrefail****, LL55 3NR. ☎ 68-55-00. • caban-cyf.org • À 3,5 km : route de Caernarfon, puis à droite vers Bangor (A 4244). Tlj 9h-16h. Plats env 5-8 £.* On y va exprès, mais sans regret. Dans un complexe sportif au bout du lac, une élégante salle bucolique toute vitrée et terrasse donnant sur la nature. On y sert une nourriture saine, locale, bio... Les légumes proviennent du potager et les gâteaux sont divins. Une adresse revigorante.

À faire

À la sortie sud-est de la ville, sur la route A 4086, se trouve la gare de départ du célèbre ***train du mont Snowdon.*** *Résa indispensable (y compris par Internet) : ☎ (0844) 493-81-20. • snowdonrailway.co.uk • Des départs tlj 9h-17h de mi-mars à début nov (18h30 en juil-août). Prévoir 29 £ l'A/R ; réduc. Parking prohibitif : 7 £ (moins cher au Visitor Centre).* Il est tracté (du moins poussé pour la montée !) par une petite locomotive à vapeur qui date de 1896. Le trajet est long de 5 miles. Compter 1h pour la montée, 1h au sommet et 1h la descente.

➢ Six chemins plus ou moins faciles (bien se renseigner), bien fléchés, montent au ***Snowdon*** :
- *Watkin Path :* à partir de Nant Gwynant.
- *Llanberis Path :* à partir de Llanberis. Le plus populaire et le plus facile.
- *Snowdon Ranger Path :* à partir de Llyn Cwellyn.
- *Rhyd Ddu Path :* à partir de Rhyd Ddu.
- *Pyg Track :* à partir de Pen-y-Pass. Un sentier éprouvant, pour marcheurs aguerris uniquement car parfois à flanc de crête et sur des rochers.
- *Miners' Track :* à partir de Pen-y-Pass, le deuxième sentier le plus facile ! Une vraie route avec accès partiel pour les fauteuils roulants...

Si vous décidez de monter par un chemin et de descendre par un autre, un système de bus Sherpa vous ramènera à votre point de départ. Prévoir de 5h à 7h aller-retour. Les contrastes sont superbes entre les parois noires des carrières d'ardoise et le vert quasi fluorescent des monts où paissent les moutons, le tout parsemé de lacs.

PEN-Y-PASS ET NANT GWYNANT

Vallée située entre Llanberis et Beddgelert, sur les routes A 4086 et A 498. Pas de village ici, simplement des paysages remarquables, un étroit col à 5 miles de Llanberis *(Pen-y-Pass)*, des paysages spectaculaires, des routes en surplomb, quelques adresses idéalement situées et le point de départ de randonnées dont *Pyg Track* et *Miners' Track* qui mènent au sommet du Snowdon. On est au cœur du parc.

Où dormir ? Où manger ?

Youth Hostel Pen-y-Pass : *au col même, LL55 4NY. ☎ (0845) 371-95-34. • yha.org.uk/hostel/snowdon-pen-y-pass • Accessible en bus Sherpa. Tlj avr-oct ; 5 j./sem en hiver. Malgré ses 60 couchages, résa très conseillée. À partir de 15 £ le lit en dortoir ; doubles avec sdb à partir de 40 £.* L'AJ la plus haute du pays de Galles, perchée sur le *Pen-y-Pass,* idéale pour partir à l'attaque du Snowdon. Refaite récemment, confort s'approchant à celui d'un hôtel. Cuisine à dispo, resto, etc. De l'autre côté de la route, magasin d'équipement pour la marche.

Youth Hostel Bryn Gwynant : *Nant Gwynant, LL55 4NP. ☎ (01766) 89-02-51. • yha.org.uk/hostel/snowdon-bryn-gwynant • À 3,5 miles de l'embranchement A 498/A 4086, direction Beddgelert (un panneau indique la petite allée privée). Tte l'année. Nuitée en dortoir 2-10 lits à partir de 15 £ ; doubles à partir de 27 £ ; petit déj et repas en sus.* Grande maison en pierre, magnifique, isolée, dans un site montagneux absolument grandiose, à proximité d'un lac. Un vrai palace pour une bouchée de pain ! Enfin, un palace pour routards, évidemment : dortoirs basiques, cuisine, bar, resto... Salon bien confortable.

🏠 🍽 ***Pen-y-Gwryd :*** *LL55 4NT. ☎ (01286) 87-02-11. • pyg.co.uk • À l'embranchement de l'A 4086 et de l'A 498, à 1 mile du Pen-y-Pass. Sur les lignes de bus S97 et S2. Fermé janv-fév ; ouv slt les soirs de w-e de mi-nov à mi-déc. Doubles 90-110 £ sans ou avec sdb privée et petit déj. Bar meals le midi. Menus le soir (sur résa) env 25-30 £.* Un endroit assez exceptionnel en raison de son isolement dans un site sublime, à l'atmosphère évidemment très montagnarde. On ripaille auprès du feu, sous des godillots suspendus au plafond, entouré de photos de montagnes et autographes de champions, tels que les vainqueurs de l'Everest qui se sont entraînés ici avant leur ascension légendaire. C'est aussi un hôtel : chambres rustiques à l'ancienne, mais la vue sur les montagnes est fantastique.

BETWS-Y-COED *(ind. tél. : 01690)*

Au nord-est du parc, c'est un autre des points de chute du parc avec Llanberis. Un foisonnement de magasins de matériel et vêtements de rando (soldes quasi permanents !), énormément de monde aux vacances et week-ends et un pittoresque pont en pierre au-dessus de cascades... Mais dès qu'on suit un chemin de randonnée, surtout si ça grimpe, on se retrouve vite seul avec les moutons. Voir notamment les chutes de *Swallow Falls* (à 2 miles, direction Capel Curig) et surtout de *Conwy Falls* (à 2 miles, direction Pentre Foelas), en furie dans une série de coudes. Les salons de thé rivalisent de bonnes idées pour vous réchauffer, car on est un peu en altitude. À la gare, les enfants peuvent circuler dans un train à vapeur miniature.

Arriver – Quitter

En train

➢ ***Llanduno, Llanwrst et Blaenau Ffestiniog :*** au moins 6 trains/j. (même ligne).

En bus

➢ Le bus Sherpa nº 2 relie Betws-y-Coed à ***Llanberis*** via ***Capel Curig*** et ***Pen-y-Pass*** ; de Pen-y-Pass, bus nº 97 pour ***Porthmadog*** (via ***Nant Gwynant*** et ***Beddgelert***).

➢ ***Llandudno :*** par le Sherpa nº 2 également.

Adresse utile

ℹ ***Tourist Information Centre :*** *Old Stables green, entre la gare et l'église. ☎ 71-04-26. • betws-y-coed.co.uk • Mars-fin oct, tlj 9h30-17h30 (10h-16h l'hiver).* Très bien documenté, avec de grandes cartes et des brochures permettant de choisir ses balades.

Où dormir ? Où manger ? Où prendre un thé ?

Beaucoup de choix. Bien comparer les prix, certains *B & B* poussent un peu trop les « bornes des limites ».

Bon marché

🏠 ***The Vagabond Bunkhouse :*** *Craiglan Rd, LL24 0AW. ☎ 71-08-50. • thevagabond.co.uk • 1re à gauche en entrant dans Betws depuis le Waterloo Bridge. Tte l'année. Nuitée 20 £, petit déj 5 £ (B & B obligatoire le w-e).* 📶 On se sent à l'aise dans cette discrète AJ installée dans une maison victorienne. Dortoirs de 4 à 8 lits, tout à fait corrects, cuisine, parking gratuit, salon télé. Comme à la maison !

🍽 ☕ ***Alpine Coffee Shop :*** *dans la pittoresque gare. ☎ 71-07-47. Tlj 8h30 (8h w-e)-17h30. Autour de 6-9 £ env.* Un

LE PAYS DE GALLES

self-service incontournable : les randonneurs s'y approvisionnent en *hikers packs* à emporter (sandwichs au choix, biscuit énergétique, boisson), les gourmands prennent d'assaut les 2 jolies salles vert pomme pour profiter des excellents thés (25 à la carte !) et des bonnes pâtisseries. Bons plats du jour.

De prix moyens à chic

Tyn-Y-Bryn Guesthouse : *Tyn-y-Bryn, LL24 0BL. ☎ 71-02-73. Après le petit pont central, tourner à gauche, c'est la maison presque en face. Doubles env 60-64 £ sans ou avec sdb, petit déj inclus.* Grande demeure en granit avec un large balcon et une grande véranda. Bercé par le chant des oiseaux, le vaste jardin est un appel à la flânerie. Proprios prompts à la discussion. Quant aux chambres, simples et propres, elles profitent pour la plupart d'une très jolie vue sur la campagne.

Ty Gwyn : *☎ 71-03-83. • tygwynhotel.co.uk • À la sortie du village, direction Pentrefoelas, après le joli pont en acier du XIXᵉ s (à admirer au passage). Pour se garer, parking un peu plus loin vers le sud. Doubles 60-140 £, petit déj inclus. Plats 9-19 £.* Grosse auberge chaulée du XVIIᵉ s, stratégiquement située à la croisée des chemins. À l'intérieur, c'est un foisonnement de meubles, de bibelots, et surtout de magnifiques porcelaines anciennes. Un vrai musée jusque dans la douzaine de chambres au style ancien. Si le cadre est pittoresque, la cuisine s'articule autour de plats de viande et de poisson classiques. Parmi nos tables préférées à Betws.

Tan Dinas B & B : *Tan Dinas, Betws-y-Coed, LL24 0BL. ☎ 71-06-35. • tandinas.co.uk • À moins de 500 m du centre, de l'autre côté de la rivière (traverser le petit pont central et prendre à gauche). Doubles 75-90 £.* Cet ancien hôtel de chasse de 1850 a fière allure sur les hauteurs avec son jardin où coule une rivière. Les 6 chambres sont parfaites et chaleureuses, le salon commun bien agréable, l'accueil sympathique et l'environnement plus que charmant. Les enfants de moins de 7 ans ne sont pas acceptés.

Où dormir dans les environs ?

Rynys Farm Camping Site : *Betws-y-Coed, LL26 0RU. ☎ 71-02-18. • rynys-camping.co.uk • À env 2 miles, en direction de Llangollen (A 5), panneau sur la gauche après la bifurcation pour Penmachno. Env 16 £ pour 2 avec tente et voiture.* On monte par un étroit chemin goudronné. Un camping à la ferme génial sur un beau terrain vallonné, en haut d'une colline. Également logement en yourte, tente, roulotte... Sanitaires dans une ancienne dépendance en pierre ; pour une fois, ça ne balafre pas le paysage ! Œufs de la ferme en vente.

Plas Curig : *à* ***Capel Curig,*** *Betws-y-Coed, LL26 0EL. ☎ 72-02-25. • snowdoniahostel.co.uk • À env 2 miles, en direction de Bangor (A 5). Fermé en janv. Nuitée 20-25 £.* Attention, AJ de compét', classée 5 étoiles ! Les lits superposés avec leurs rideaux et lampes individuelles ainsi que les tons bois et turquoise présentent un charme indéniable. Toutes les chambres, de 2 à 8 lits, donnent sur les champs, la rivière ou la montagne. On est loin de l'AJ classique. Il faut dire qu'Amy est décoratrice d'intérieur et William docteur en littérature anglaise. Pas de repas ni de petit déj mais cuisine de pro à dispo et nos jeunes proprios préfèrent favoriser les tables voisines. Gros succès et un coup de cœur !

À voir. À faire dans les environs

Sur la route de Bangor (A 5)

The Ugly House : *entre Capel Curig et Betws-y-Coed, à 2 miles. ☎ 68-54-98.* Arrêtez-vous pour observer cette maison faite de grosses pierres mal dégrossies

LE PAYS DE GALLES

posées dans tous les sens. Tout s'explique : la maison a été construite en un jour par deux hommes au XVe s (le roi offrait le terrain pour toute maison construite dans la journée !). *Tearoom* sur place.

– ***Plas y Brenin :*** *à* ***Capel Curig,*** *LL24 0ET. ☎ 72-02-14. • pyb.co.uk • À 5 miles de Betws sur l'A 5, direction Bangor.* Ce centre de sports de montagne est la référence du parc, incontournable pour qui veut partir en rando, faire du ski (piste artificielle sur place !), escalader (mur intérieur de 11 m), etc. Conseils, matériel et chaussures en location *(10 £ la paire/j.),* neufs ou d'occase... Ici, on sait de quoi on parle.

Zip World Velocity : *Penrhyn Quarry,* ***Bethesda,*** *LL57 4YG. ☎ (01248) 601-444. • zipworld.co.uk • 6 miles au sud de Bangor, en continuant sur l'A 5 (sortie 11 depuis l'A 55). Résa sur Internet. Entrée : à partir de 60 £ ; forfaits famille ; compter 2h.* Dans la famille *Zip World* (voir leurs autres attractions délirantes à Blaenau Ffestiniog dans le Snowdon), voici une tyrolienne de 1 mile quand même et paraît-il la plus rapide du monde, jusqu'à 160 km/h ! À parcourir en position allongée, comme un oiseau. *Good luck !*

Sur la route de Conwy (A 470)

À 6 miles au nord, ne pas manquer l'adorable pont en pierre dans le village de ***Llanrwst*** avec son cottage de carte postale sur l'autre rive.

Ffin y Parc : *1 mile avt Llanwrst, sur la droite, venant de Betws. ☎ 64-20-70. • ffinyparc.com • Tlj sf lun-mar 10h-17h. GRATUIT.* Les proprios de cette superbe demeure victorienne et son parc arboré ont eu l'idée d'ouvrir leur propriété au public comme galerie de peinture. Des expos en permanence et l'occasion de découvrir des artistes gallois du moment. Agréable *tearoom* dans la véranda, le salon cossu en bow-window ou dehors aux beaux jours, offrant de jolies vues sur la vallée de Conwy et sa palette de verts.

Sur la route de Blaenau (A 470)

Dolwyddelan Castle : *à mi-chemin entre Betws et Blaenau. Tlj, ferme à 17h (16h hors saison), mais extérieurs visibles à tte heure.* Datant de 1210, ces ruines dominent encore fièrement la vallée de la Lledr. Petite grimpette depuis le parking pour y parvenir et bénéficier de la vue. Encore plus belle depuis le haut de la tour *(3 £),* mais attention à l'escalier aux marches inégales.

BLAENAU FFESTINIOG

Petite ville grise perchée dans la montagne, connue pour ses paysages désolants de mines d'ardoise et son climat disons... peu ensoleillé, devenu une blague chez les Gallois du Nord. Mais ici on sait rebondir et, depuis 2014, une grotte-cathédrale accueille un trampoline géant qui fait le buzz sur la Grande Île tandis que l'on peut s'élancer en plein air sur l'une des plus longues tyroliennes au monde ou à VTT ! Les moins casse-cou visiteront plutôt une exploitation d'ardoises qui permet de découvrir une activité économique essentielle du pays de Galles. Une véritable renaissance pour cette bourgade qui connaît aujourd'hui une affluence sans précédent. Pour loger et se restaurer dans le coin, l'offre s'organise rapidement !

Arriver – Quitter

En train

Gare ferroviaire : *Church St. En plein centre.*
➢ ***Llandudno, Llanwrst, Betws-y-Coed :*** env 6 liaisons/j. (même ligne).
➢ ***Ffestiniog Railway :*** voir le chapitre qui lui est consacré dans « À voir. À faire » à ***Porthmadog.***

En bus

➢ ***Porthmadog, Criccieth, Caernarfon, Bangor :*** bus n° 1 réguliers (certains avec changements à Caernafon), moins le dim.
➢ ***Betws-y-Coed :*** bus XI. De là, liaisons directes ou avec changement pour tout le Snowdon, la côte nord, ***Harlech, Barmouth,*** etc.

Où dormir ? Où manger dans le coin ?

Cae'r Blaidd Country House : ***Llan Ffestiniog,*** *LL41 4PH. ☎ (01766) 76-27-65. • caerblaidd.com • À 2 miles de Blaenau Ffestiniog direction Dolgellau, puis une petite route à droite (panneau) à l'entrée de Llan Festiniog. Double 90 £. Possibilité de repas env 19,50 £ (à base de produits gallois).* Isolée en pleine campagne, cette grosse maison cossue ne manque pas de caractère. Toutes les pièces sont simplement immenses (y compris les jolies chambres !) et le cadre est magnifique. Méfiez-vous du patron, avec son air de petit moustachu drôle et inoffensif : il a enseigné les arts martiaux pendant 30 ans. C'est un alpiniste invétéré, son adresse est tout indiquée pour les pros du piolet et de la spéléo.

À voir. À faire

Toutes les attractions se situent au même endroit, sur la route de Betws (A 470) : Llechwedd Slate Cavern, LL41 3NB. Logements de toutes sortes et restauration sur place ou à proximité.

Llechwedd Slate Caverns : *☎ 83-03-06. • llechwedd-slate-caverns.co.uk • Tlj 9h30-17h30. Entrée : env 20 £. Durée : 1h30.* Bien aménagé, le site comprend un hameau victorien joliment reconstitué (démonstration de fente de l'ardoise) ainsi qu'un circuit au fond de la mine (160 m), très scénarisé, un iPad à la main. Les claustrophobes apprécieront particulièrement la courte descente en funiculaire ! Rien ne manque : lac souterrain, spectacle son et lumière, rétrospective sonore et même... le coup de grisou !

Bounce Below : *☎ (01248) 601-444. • zipworld.co.uk • Résa sur Internet (frais de 1,50 £ par tél). Entrée : 25 £ (5 £ en spectateur) ; 3-6 ans : 12,50 £.* Une expérience unique au monde que ces filets tendus au-dessus du vide sur plusieurs niveaux, dans d'anciennes carrières d'ardoise, le tout relié par des tunnels et des toboggans et baigné d'un éclairage coloré qui en ajoute au côté surréaliste. Maintenant lâchez-vous, sautez, glissez, grimpez ! Section plus calme pour les 3-6 ans.

Zip World Titan & Zip World Caverns : *☎ (01248) 601-444. • zipworld.co.uk • Résa sur Internet. Tarif pour l'un ou l'autre : 50 £ pour* Titan, *60 £ pour* Caverns, *180 £/4 pers. Compter 2h pour* Titan, *3h pour* Caverns. Toujours dans le monde des sensations fortes, lancez-vous sur les trois tyroliennes du *Zip World Titan* pour un parcours de 8 km en tout, dont un tronçon à 4 personnes. Décoiffant, évidemment, jusqu'à 70 miles/h ! Autre option : le parcours aventure souterrain de *Zip World Caverns* avec tyroliennes, ponts de singe, tunnels... Pour les plus de 10 ans seulement.

Antur Stiniog : ☎ *(01766) 238-007.* • *anturstiniog.com* • *Compter 16-28 £ la ½ journée.* Retour sur terre pour d'autres sensations fortes : 5 pistes de VTT, de la bleue à la noire, pour dévaler la montagne autant de fois qu'on le souhaite ! Ce site est vite devenu une référence nationale.

BEDDGELERT *(ind. tél. : 01766)*

À l'ouest du Snowdonia National Park, ce minibourg, charmant avec son pont en pierre, est traversé par la rivière Colwyn. Une légende s'y rattache : Gelert était le lévrier d'un prince du XIIIe s. Celui-ci trouva un jour le berceau de son enfant vide et le lévrier le museau souillé de sang. Le prince transperça le chien de son épée avant de découvrir l'enfant sain et sauf, à côté du cadavre d'un jeune loup égorgé par Gelert. Le monticule de pierres élevé à la mémoire du chien n'a pourtant aucun caractère historique. Il fut réalisé seulement au XIXe s, à l'initiative de l'hôtelier local désireux d'attirer les touristes ! À vue de nez, ça a marché : on est rarement seul en saison.

Adresses et infos utiles

Visitor Centre : *pas très loin du pont.* ☎ *890-615. En saison slt.*

Location de vélos : ***Beddgelert Bikes,*** *The Bike Barn.* ☎ *89-04-34.* • *beddgelertbikes.co.uk* • *Résa 24h à l'avance.*

➢ Le Sherpa n° 97 relie Beddgelert à ***Porthmadog, Capel Curig*** et ***Betws-y-Coed*** 8 fois/j. en sem, 4 fois le dim. Avec le Sherpa n° 4 on peut rejoindre ***Caernarfon.***

Où dormir ? Où manger ? Où boire un verre ?

Camping

Beddgelert Camping in the Forest : *à moins de 1 mile, sur l'A 4085 vers Caernarfon, LL55 4UU.* ☎ *89-02-88.* • *campingintheforest.co.uk/wales/snowdonia/beddgelert-campsite* • *À partir de 14 £/pers.* Magnifique camping de luxe en bordure de la forêt, traversé par moult ruisseaux. Beaucoup de balades passent par ici, le village est à 15 mn à pied en longeant la rivière. Tout confort : emplacements arasés, des tables un peu partout, une aire de jeux pour les enfants, une laverie, etc. Vélos à louer. Accueil et environnement adorables, un bonheur de campeur !

Prix moyens

Colwyn Guesthouse : *LL55 4UY.* ☎ *89-02-76.* • *beddgelertguesthouse.co.uk* • *Face au pont. Double 75 £.* Intérieur moderne et chaleureux, on a du mal à croire que cette demeure de bourg a plus de 300 ans, sauf dans le salon où subsistent quelques poutres. Accueil tout sourire. Une étape agréable pour une nuit.

Hebog : *Waterloo House, LL55 4UY.* ☎ *89-04-00. Quasi face au vieux pont. Café de jour (snacks 4-14 £) et bistrot chic le soir (plats 13-23 £ ; résa conseillée).* La bonne table du village vers laquelle les Gallois convergent volontiers le soir pour déguster une cuisine régionale ou d'ailleurs, rondement maîtrisée. À la carte, *Welsh rarebit,* agneau local, etc. Adorable *beer garden* au bord de la rivière, idéal pour un *fish & chips* ou une *jacket potatoe.*

À voir

Sygun Copper Mine : ☎ *89-05-95.* • *syguncoppermine.co.uk* • *Tlj 9h30-17h en été, 10h-16h en hiver. Entrée : 9 £ ; réduc. Durée : 45 mn.* Visite audioguidée dans une mine de cuivre qui fut fermée pendant plus de 100 ans. Au gré des stalactites et stalagmites, retour en histoire sur cette activité phare du Snowdon.

CAERNARFON

9 500 hab. IND. TÉL. : 01286

• Plan p. 541

Petite ville au pied de la péninsule d'Anglesey, très agréable avec, côté face, ses rues médiévales et son imposant château, où s'est déroulé le sacre de Charles comme prince du pays de Galles en 1969. Côté pile, marina récente ainsi que des *Victoria Docks* pimpants avec cafés, restaurants et la *Galeri,* un centre culturel dynamique qui redonne du peps à la ville. On est ici dans un haut fief de la culture galloise, capitale juridique du nord du pays de Galles depuis 1284. Autant dire que l'anglais n'est pas la première langue !

PAROLE TENUE

Si l'on en croit la tradition, le premier prince de Galles anglais aurait obtenu la reconnaissance de ce titre grâce à un astucieux stratagème de son père, Édouard Ier. Celui-ci avait promis aux chefs gallois de leur accorder, en échange de leur allégeance, un prince qui soit né au pays de Galles et qui ne parlât pas l'anglais. Il tint sa promesse en leur présentant son fils qui, âgé de quelques semaines et né au pays de Galles, ne parlait pas l'anglais... ni le gallois, d'ailleurs !

Arriver – Quitter

En bus

Arrêts de bus : *dans Penllyn St ou le long de Bangor St.*

➢ ***Bangor, Conwy, Llandudno :*** par les bus nos 5 et X5. Ttes les 30 mn (ttes les heures dim).

➢ ***Llanberis :*** bus no 88. Ttes les 30 mn (ttes les heures dim).

➢ ***Porthmadog, Criccieth :*** par le bus 1A, ttes les 30 mn. Puis bus 1B pour ***Blaenau Ffestiniog.***

➢ ***Pwllheli :*** par le bus no 12, ttes les 30 mn en sem, slt 4 le dim.

LE PAYS DE GALLES

Où dormir ?

Camping et auberge de jeunesse

Cwm Cadnant Valley Caravan Park (plan B1, **12**) : *Llanberis Rd, LL55 2DF. ☎ 67-31-96. • cwmcadnantvalley.co.uk • Proche du centre, sur l'A 4086, direction Llanberis. Mars-oct. Env 10-17 £ selon saison pour 2 avec tente et voiture, moins cher pour les marcheurs.* À 10 mn à pied du château, ce petit camping très simple a l'avantage d'être à l'abri au creux d'un bout de terrain boisé où coule une rivière. Calme, agréable et accueillant, à l'image de l'aire de jeux pour enfants. Sanitaires très propres.

Totters Hostel (plan A1, **11**) : *2 High St, LL55 1RN. ☎ 67-29-63. • totters.co.uk • Env 20 £/pers avec petit déj ; 44-50 £ pour 2.* En plein centre, une grande maison de ville aménagée en auberge de jeunesse avec petits dortoirs mixtes ou non. Simple, propre et sans surprise. Pour quelques livres de plus, l'annexe en face constitue une bonne option, d'une capacité de 6 personnes et complètement autonome. Impeccable pour les familles.

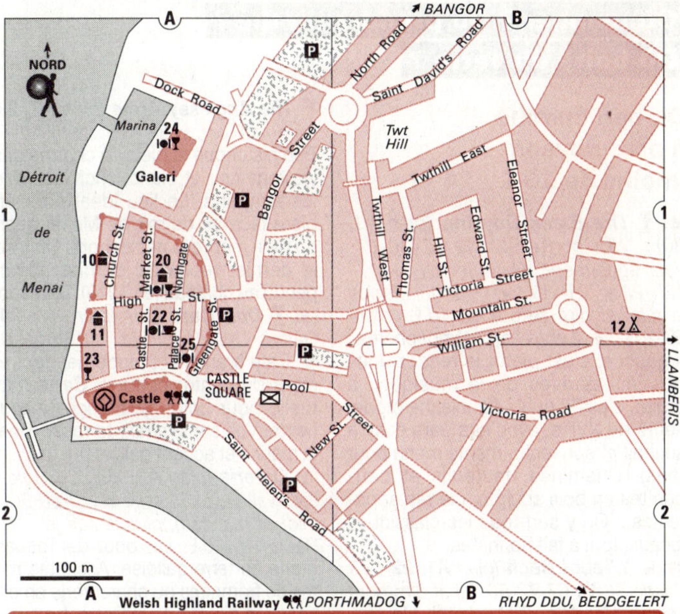

CAERNARFON

Où dormir ?

- **10** Caer Menai
- **11** Totters Hostel
- **12** Cwm Cadnant Valley Caravan Park
- **20** The Black Boy Inn

Où manger ? Où prendre un thé ? Où boire un verre ?

- **20** The Black Boy Inn
- **22** Y Tebot Bach
- **23** The Anglesey Arms
- **24** Doc Café Bar
- **25** Osteria

Prix moyens (40-80 £ / 48-96 €)

Caer Menai (plan A1, **10**) : *15 Church St, LL55 1SW. ☎ 67-26-12. • caermenai.co.uk • Doubles avec sdb 66-75 £, petit déj inclus. Parking gratuit.* Dans une élégante demeure victorienne qui ressemble à toutes les autres maisons de la rue, un point de chute de choix avec des chambres fort mignonnes (joli papier peint) et douillettes... Très jolie vue depuis celles du dernier étage. Accueil courtois et délicieux petit déj.

The Black Boy Inn (plan A1, **20**) : *Northgate St. ☎ 67-36-04. • black-boy-inn.com • Voir également « Où manger ? ». Doubles 68-140 £. Parking payant.* Ce vieux pub de centre-ville propose dans 3 bâtiments une quarantaine de chambres tout confort, de toutes tailles et styles, mêlant ancien et moderne, dans un décor chaleureux. Également des studios et appartements.

Où manger ? Où prendre un thé ? Où boire un verre ?

De bon marché à prix moyens (moins de 20 £ / 24 €)

The Black Boy Inn (plan A1, **20**) : *Northgate St. ☎ 67-36-04. Voir également « Où dormir ? ». Tlj 12h-21h (21h30 ven-sam). Menus le midi sf dim autour de 10 £ ; plats 10-20 £.* 2 entrées, 2 atmosphères : à gauche, c'est plutôt le rendez-vous des jeunes avec de la musique ; à droite, c'est le pub à l'ancienne mode, hérité du XVIe s, avec ses bars cosy à souhait et son resto (même menu pour tous). Cheminée, fauteuils et banquettes en bois sculpté, pierres apparentes... On y sert tous les classiques locaux, tout à fait honnêtes.

Y Tebot Bach (plan A1, **22**) : *13 Castle St. ☎ 67-72-90. Tlj sf dim hors saison 10h-16h. Plats 4-7 £.* Un *tea-room* apprécié des locaux. Pas pour sa déco, à part l'expo de quelques théières. Mais pour les bonnes spécialités du chef : soupes, pommes de terre garnies, pâtisseries, crêpes...

The Anglesey Arms (plan A2, **23**) : *Harbour Front, LL55 1SG. ☎ 67-21-58.* Pub historique et plein de charme dans les tons noir et blanc, enchâssé dans les remparts. Le lieu idéal pour une bière face au détroit de Menai quand on peut mettre le nez dehors. On y sert le dernier repas du dernier homme pendu au château (en 1910). Bon app' !

Doc Café Bar (plan A1, **24**) : *Galeri, Dock Victoria. ☎ 68-52-00.* Café branché et moderne, dans les murs du centre culturel. Carte habituelle pour boire ou manger à toute heure. Vue sur le *strait,* terrasse face à la marina et accent gallois pur jus.

Osteria (plan A2, **25**) : *26 Hole in the Wall St, LL55 1RF. ☎ 23-80-50. À midi slt mar-sam, plus le soir jeu-sam. Repas 15-20 £.* Un bout de Toscane greffé en terre galloise. Assiettes mixtes de fromages ou charcuterie en provenance directe de la Botte, bruschettas et vins pleins de soleil. Une adresse discrète qui fait honneur aux standards italiens jusqu'au service avec l'accent (ça change du gallois).

À voir. À faire

Caernarfon Castle (plan A2) : *☎ 67-76-17. • cadw.gov.wales/daysout/caernarfon-castle • Mars-oct, tlj 9h30-17h (18h l'été) ; nov-fév, tlj 10h (11h dim)-16h. Compter 2h. Entrée : env 9 £ ; réduc. Audiovisuel de 8 mn.* Un des châteaux les plus visités du royaume ! Il a été construit à partir de 1283 par l'incontournable Édouard Ier qui a aussi fait édifier les remparts de la ville. L'ancienne ville romaine de Segontium constitua ainsi la couronne de châteaux défensifs de Conwy, Beaumaris ou Harlech, visant à affirmer la domination anglaise. Le château a été remis en état au XIXe s, puis achevé pour l'investiture du prince de Galles (le futur Édouard VIII) en 1911. Aujourd'hui, on se balade dans cet ensemble colossal autour duquel circulent pas mal de légendes et où les différentes tours polygonales abritent plusieurs expositions. On s'attardera dans la salle consacrée à l'affrontement entre Édouard Ier et les princes de Galles (sous forme de jeu d'échecs) où l'on peut aussi voir le siège en ardoise de l'investiture du prince Charles en 1969. Musée dédié au *Royal Welsch Fusiliers,* où l'on apprend que la langue galloise contribua à désorienter les lignes ennemies en Bosnie en 1995 ! Tant qu'à choisir, pour le même prix d'entrée, on préfère le château de Caernarfon à celui de Conwy.

Welsh Highland Railway (hors plan par A2) : *Harbour Station, sur la promenade, à 500 m du château. ☎ (01766) 51-60-00. • festrail.co.uk • Départs ttes les heures en été, à partir de 10h45 ; moins fréquents hors saison. Compter env*

40 £ l'A/R de 3h env ; réduc. Un moyen original (mais très cher) de visiter un bout du Snowdon Park, dans une loco à vapeur de 1870. Un parcours de 25 miles qui vous conduira à Porthmadog via Rhyd Ddu et Beddgelert. Dernier retour de 15h25 à 19h selon la saison. De Porthmadog, jonction pour un autre train à vapeur vers Blaenau Ffestiniog.

L'ÎLE D'ANGLESEY (YNYS MÔN) ET BANGOR

IND. TÉL. : 01248

Un sentier de randonnée fait le tour de cette île très vaste située dans la mer d'Irlande. Un moyen idéal pour s'échapper bien vite de l'A 5 qui la traverse et aller admirer falaises, estuaires, sites préhistoriques, châteaux cachés avant de terminer la balade dans un pub providentiel. Ne pas bouder non plus les longues et superbes plages de sable, les plus belles étant Red Wharf Bay à l'est, Llanddwyn Bay au sud et Dulas Bay au nord-est. Un voyage dans le voyage, on ressent ici fortement le caractère insulaire. Deux ponts relient Anglesey à la terre ferme : *Menai Suspension Bridge,* pont suspendu construit en 1826, et *Britannia Bridge,* reconstruit au début des années 1970. C'est celui qu'on emprunte généralement, après être passé au pied des longs bâtiments de l'université de Bangor, côté continent.
Voici nos petits coins préférés, du sud au nord :

BANGOR (18 000 hab.)

Petite ville universitaire au bord de la mer et à l'entrée de la presqu'île d'Anglesey, sur le continent. Une cathédrale, un château méritant une visite et un remarquable *pier* victorien réhabilité de 500 m de long, mais, honnêtement, on ne s'attarde guère dans cette ville.

Où camper ?

▲ ***Treborth Caravan Park :*** *Treborth Rd.* ☎ *36-43-99.* • *treborthleisure.co.uk* • *À 5 mn de Bangor, au rond-point pour Menai Bridge, prendre à gauche la route qui monte. Env 13 £.* Une petite route longe un étang et rejoint un vaste carré de gazon ceint de murs, réservé aux caravanes, avec dans un angle le bloc sanitaire. Les tentes sont parquées de l'autre côté du mur. On n'y passe pas toutes ses vacances, mais le tout est propre, pas compliqué et à prix raisonnable.

À voir

👍👍 ***Penrhyn Castle :*** *à l'entrée de la ville, au niveau de l'A 55.* ☎ *35-30-84.* • *nationaltrust.org.uk/penrhyn-castle/* • *Avr-oct jusqu'à 17h ; le château à partir de 12h (11h en juil-août), les jardins à partir de 11h. Château seul fermé en fév. Entrée : env 12 £ ; jardins, écuries et cuisine victorienne seuls : env 8 £ ; réduc. Audioguide payant (en anglais).* Gigantesque pastiche de château médiéval qui a seulement 150 ans d'existence. On le doit à lord Pennant, planteur dans les Caraïbes, pro-esclavagiste notoire qui s'était considérablement enrichi grâce aux carrières d'ardoises galloises. Ce caprice à l'architecture « lourdingue » coûta la somme fantastique, pour l'époque, de 500 000 £. Les innombrables salles sont à son image, exubérantes et surdimensionnées : stucs délirants, vitraux, quantités de meubles et d'œuvres d'art, papiers peints naturalistes... Mais l'ensemble manque totalement d'unité dans le style et l'ambiance de chaleur. C'est peut-être pour cela que le château, symbole criant de l'oppression de l'aristocratie anglaise sur le pays de Galles, ne fut jamais habité par son concepteur. Bibliothèque un rien prétentieuse, belles cuisines victoriennes (admirez les menus en français, le chic du chic) et luxueuse salle à manger apprêtée comme pour accueillir le prince de Galles en 1889. Également une importante collection de jouets, un musée du Train et un magnifique jardin.

LOURDINGUE

Lord Pennant, patron des carrières d'ardoise de la région et heureux propriétaire du Penrhyn Castle, se réjouissait de la visite de la reine Victoria. Tout un lit avait été réalisé en ardoise (il pèse plus de 1 t !) en l'honneur de Sa Majesté... qui refusa catégoriquement de dormir dans ce « mausolée ». Elle avait sans doute plus de goût que le sieur Pennant.

LLANFAIRPWLLGWYNGYLLGOGERYCHWYRNDROBWLLLLANTYSILIOGOGOGOCH

Ce village de 3 000 habitants situé à l'entrée de l'île, accessible en train à partir de Bangor, n'a rien de particulier, si ce n'est qu'il doit sa célébrité, vous vous en doutez, à son nom, le plus long d'Europe (58 lettres). À l'appellation primitive de Llanfairpwll, un tailleur fantaisiste qui ne faisait pas dans la dentelle aurait ajouté, au XIXe s, la bagatelle de 46 lettres (ou 41 en gallois), le tout signifiant : Sainte-Marie-sur-l'Étang-des-Noisetiers-Blancs-près-du-Tourbillon-Rapide-de-la-Grotte-Rouge-de-Saint-Tysilio. Imprononçable pour quiconque, excepté les Gallois (leur site internet, le plus long en .com, vous explique comment s'y risquer), ce nom s'abrège (heureusement) en Llanfair PG. Vous pouvez y poster vos cartes, mais le cachet ne portera pas le nom du village.

Adresse utile

i ***Tourist Information Centre :*** *près de la gare.* ☎ *71-31-77.* • *visitanglesey.co.uk* • *Tlj 9h30-17h30 (16h30 dim).* Toutes les infos sur les activités et les hébergements de l'île, le choix est vaste !

MENAI BRIDGE

Church Island : l'église Ynis Tisilio se trouve entre les ponts Britannia et Menai, sur une petite île, et date du XVe s. Paysage de carte postale avec le vieux cimetière, des croix celtes en ardoise rose, du gazon bien tondu ainsi qu'un mémorial au point le plus haut. Jolie balade à faire en boucle dans une quiétude absolue aux confins de cette passe *(Menai strait)* aux forts courants, idéale pour les oiseaux et les pêcheurs. Accès facile depuis le pied du *pont Menai,* à travers la forêt et en empruntant la « promenade des Belges » ou en se garant dans le village de Menai (indiqué).

Tafarn y Bont : *The Bridge Inn, Telford Rd, LL59.* ☎ *71-68-88. Au niveau du pont, parking facile au supermarché. Plats 10-23 £ et snacks autour de 6 £.* Pub moderne et providentiel posté au rond-point avec de charmantes petites salles et une véranda à l'arrière pour jeter un œil sur le pont. Cuisine un brin originale, d'inspiration galloise ou non, et une spécialité de *lamb cottage pie* qui ravit les habitués.

BEAUMARIS

À 5 km de Menai Bridge par une route littorale étonnamment luxuriante, coquette petite station balnéaire dont le nom d'origine normande est un dérivé de « Beau Marais », le site choisi pour sa fondation, face au Snowdon et à la baie. Un très beau tableau à la Turner avec ses façades colorées à l'arrivée et les montagnes en fond de tableau qui attirent autant de monde que le château du XIIIe s. Certains découvrent les environs en kayak ou à vélo (*• bikeandkayak.co.uk •*) ou vont faire en bateau le tour de *Puffin Island (Ynys Seiriol)*, où l'on peut observer phoques et pingouins tordas (infos au *pier*). Le gros de l'activité se concentre autour du *pier* et de la rue principale, *Castle Street*.

Où dormir ? Où manger ? Où boire un verre ?

Bon marché

Beau's Tea Shop : *30 Castle St. ☎ 81-10-10. Tlj 10h (11h dim)-16h30. Moins de 10 £.* Petite maison de poupée où l'on mange des plats légers (soupes, *baked potatoes...*), des gâteaux maison et des scones pour accompagner le thé. Tout à fait mignon avec ses poutres, les plaids ou encore les porcelaines exposées à la vente.

Pier House Café : *The Front. ☎ 81-10-55. Tlj 8h (10h en hiver)-21h. Plats 5-15 £.* La plus jolie terrasse de la ville, idéalement située sur le front de mer, face au *pier* et aux montagnes du Snowdon. Idéal pour boire un verre ou déguster des plats simples en famille : *soup of the day,* sandwichs, etc.

De chic à très chic

Cleifiog B & B : *Cleifiog Townsend, LL58 8BH. ☎ 81-15-07. • cleifiogbandb.co.uk • À la sortie de la ville en direction de Menai Bridge. Doubles 80-120 £.* La maison, austère, ne paie pas de mine avec son joli jardinet devant. Datée aux alentours de 1600, cette vieille demeure a toutefois conservé de superbes cheminées, ou des boiseries du XVIIIe s dans 2 des 3 chambres de charme. Celles-ci sont d'ailleurs magnifiques, meublées avec soin et dotées de vastes salles de bains. Génial, surtout si l'on obtient une chambre avec vue sur la baie et les montagnes.

Ye Olde Bull's Head Inn : *Castle St, LL58 8AP. ☎ 81-03-29. • bullsheadinn.co.uk • Brasserie midi et soir, resto mer-sam (soir slt). Fermé pour les fêtes de fin d'année. Doubles à partir de 110 £. Plats 12-21 £ à la Brasserie ; menu env 50 £ au resto.* Le pub le plus vieux de la ville, où l'on peut admirer un superbe mobilier ainsi qu'une collection d'armes anciennes. Très agréable d'y passer un moment au coin du feu. Pour y manger, 2 options : des plats classiques de bonne tenue à la *Brasserie,* une salle moderne et lumineuse à l'arrière du pub, ou un menu gastronomique de haute volée (et cher !) dans le *Loft,* un restaurant coquet et élégant niché à l'étage. Également des chambres modernes ou à l'ancienne, nickel et très confortables.

LE PAYS DE GALLES

À voir

Beaumaris Castle : *☎ 81-03-61. • beaumaris.com • Mars-fin oct, tlj 9h30-17h (18h l'été) ; l'hiver, tlj 10h (11h dim)-16h. Fermé quelques jours en fin d'année. Entrée : 6 £ ; réduc.* C'est le dernier château construit par Édouard Ier au pays de Galles, vers 1295. Les navires venant de la mer pouvaient y accéder grâce à un chenal. Conçue par le brillant architecte James of Saint George, cette forteresse inachevée est considérée comme l'ouvrage défensif le plus abouti d'Angleterre pour cette période. Elle est composée de deux enceintes renforcées par des tours, et doublées par des douves en eau. On n'entrait pas dans la vaste cour intérieure aujourd'hui engazonnée comme dans un moulin ! Pas de pièces à visiter à proprement parler, mais des passages et des tours à découvrir et une vue superbe sur la campagne et les montagnes depuis le chemin de ronde.

Beaumaris Gaol : *☎ 81-09-21. De Castle St, pénétrer dans la ville, c'est derrière l'église. Pâques-sept, plus w-e et vac d'oct, tlj 10h30-17h. Comme au Monopoly, il faut payer pour aller en prison : env 5 £.* On découvre le monde si bien décrit par Dickens. Prison construite en 1829, elle fut, à l'époque victorienne, considérée comme un modèle du genre : hommes et femmes séparés, cellules individuelles, droit de visite régulière d'un prêtre ou d'un médecin. Visite très impressionnante ; les cachots sans lumière (pour les punitions), les objets de torture et les piloris exposés donnent des frissons ! À compléter avec la *Court House,* face au château (billet commun).

À voir dans les environs

Penmon Priory : *continuer après le château sur 3 km puis à droite sur 2,5 km.* Site le plus paisible qui soit, dans un décor idyllique, en bordure de baie : une église abritant deux croix celtiques, accolée à un presbytère de carte postale, une source d'eau dédiée à saint Seiriol et un spectaculaire pigeonnier de 930 boulins. Voilà de quoi méditer avant de gagner à pied ou en voiture (moins de 1 km) ***Black Point,*** une plage de galets à quelques brasses de Puffin Island et un adorable phare zébré comme un point d'exclamation. Ne manquerait que le chœur d'hommes pour clore le spectacle ! Une virée coup de cœur.

ORIEL YNYS MÔN

Rhosmeirch, Llangefni : *Rhosmeirch, **Llangefni** LL77 7TQ. ☎ 72-44-44. • kyffinwilliams.info/eng/ • En marge de l'A 55 et à env 15 km de Beaumaris. Tlj 10h30-17h. GRATUIT.* Une belle introduction à Anglesey dans ce centre consacré à l'histoire et la culture du nord du pays de Galles. *Exhibition Centre* évoquant pêle-mêle les mines de cuivre, charbon ou ardoise, le terrible naufrage du *Royal Charter* en 1859 sur les côtes de l'île, les trouvailles archéologiques... Côté artistique, un émouvant hommage aux peintres Charles Tunnicliffe et Kyffin Williams (entre autres), des enfants du pays.

Blas Mwy Café : *cafétéria sur place, tlj 10h30-16h30. Plats 5-11 £.* Spécialités galloises comme le *Welsh rarebit* (à base de fromage et bière) ou le *bara brith* (un gâteau en tranche que l'on beurre), et *tearoom*. On y parle surtout le gallois.

HOLY ISLAND

Une autre île, tout au bout d'Anglesey, qui abrite une flopée de jolies criques et plages (Treadur Bay, Rhoscolyn...). À Holyhead, petit port au charme discutable, on peut prendre des ferries pour Dublin. Avant d'embarquer, visitez l'église de Saint Cybi's, ses vitraux de l'école préraphaélite valent le coup d'œil.

Arriver – Quitter

En ferry

Terminal des ferries : *à Holyhead. Irish Ferries (• irishferries.com •)* et *Stena Line (• stenaline.co.uk •)* assurent des traversées avec **Dublin** ou **Dun Laoghaire** (près de Dublin) : plusieurs liaisons/j. Compter 2h-4h selon type de bateau et destination.

Pour s'y rendre

Gare ferroviaire *(☎ 08457-48-49-50)* et **gare routière** au terminal des ferries. Très bonne desserte.

➢ Train avec **Londres** (3h25, 4/j.) et ttes les heures avec **Bangor** (30 mn) ou **Chester** (1h).
➢ Bus avec **Bangor, Llanfair P.G.** (entrée de l'île) *et* **Llangefni** : par les bus n°s 4 et 44 (le dim). Départs ttes les 30 mn (ttes les heures dim).

À voir dans les environs

Se promener absolument autour du ***phare de South Stack,*** à 3 miles, à la pointe de l'île. La petite route s'enfonce dans un paysage pelé et conduit à d'impressionnantes falaises fouettées par des rouleaux furieux. En contrebas, on accède au phare, isolé sur un rocher, par un escalier étroit de 400 marches qui dégringole avant de rejoindre la passerelle conduisant à un îlot. Bienvenue au paradis des rêveurs solitaires et des macareux moines. C'est une réserve naturelle et on y trouve un *Visitor Centre* de la RSPB *(Royal Society for the Protection of Birds).*

CONWY

3 900 hab. IND. TÉL. : 01492

À l'abri de ses épaisses murailles et de son imposant château, dont les ruines majestueuses se dressent sur un piton rocheux, voici l'une des plus jolies villes médiévales que l'on connaisse, abritée dans une baie de rêve et dotée d'une marina toute mignonne. Fondée par Édouard Ier en 1284, Conwy fut avant tout une ville coloniale et prospère, siège du pouvoir, de l'administration et des finances, destinée à affirmer la domination de l'Angleterre sur les princes gallois. Allez vous balader sur les remparts (nombreux accès) et arpenter le bord de mer, jolie promenade le long de la marina (30 mn aller-retour). Les naturalistes ne manqueront pas la réserve ornithologique à l'embouchure de la rivière Conwy *(Conwy Valley Reserve),* aux couleurs changeantes en fonction des marées. Beaucoup à faire dans le coin, on peut aisément poser ses valises à Conwy pour rayonner.

Arriver – Quitter

Gare ferroviaire : *Rosehill St.* ☎ *(08457) 48-49-50.*
Il y a bien une gare, située sur une ligne fréquentée, qui dessert quotidiennement *Bangor, Holyhead* et *Llandudno.* Mais il faut simplement penser à réclamer votre arrêt avant de monter à bord !

Bus : ☎ *(0871) 200-22-33.* Arrêts en ville et à la gare. Pour la côte ***(Llandudno, Anglesey, Bangor, Caernarfon),*** liaisons très fréquentes par les bus n°s 5 et X5. Pour le Snowdonia ***(Llanrwst, Betws-y-Coed),*** bus X19.

Adresse et info utiles

Tourist Information Centre : *dans une maison en brique, face au parking du château (ne pas confondre avec le* Visitor Centre *plus loin, un simple magasin de souvenirs).* ☎ *57-75-66. • conwy.com • Lun-sam 9h30-17h30 (16h30 hors saison), dim 10h-16h.* Infos sur Anglesey et le Snowdonia.
– Un seul ***distributeur de billets,*** dans la supérette sur High St.

LE PAYS DE GALLES

Où dormir ?

🏠 ***Conwy Youth Hostel :*** *Larkhill, Sychnant Pass Rd, LL32 8AJ. ☎ (0845) 371-97-32. • yha.org.uk/hostel/conwy • À deux pas du centre. Lit en dortoir à partir de 15 £, tarif famille.* Une AJ moderne et colorée dotée d'une façade amusante façon Vasarely. Bien équipée et très confortable : chambres de 2 à 4 lits seulement, toutes dotées de douche et toilettes, cuisine à dispo, salle de billard, et des terrasses avec une vue géniale sur Conwy. Grand jardin à l'arrière, resto et bar.

🏠 ***Gwynfryn B & B :*** *4 York Pl, LL32 8AB. ☎ 57-67-33. • bedandbreakfastconwy.co.uk • En plein centre. Doubles 75-90 £ sans ou avec sdb.* Les proprios de ce *B & B* de ville ne manquent pas d'énergie pour donner vie à leur demeure. En plus des 5 charmantes chambres modernes dans la maison, une poignée d'autres dans la chapelle attenante réaménagée et un cottage. Parking gratuit, un atout indéniable en plus de l'accueil jovial de Colin.

Où manger ?

Pas de souci pour les *tearooms*, le choix est vaste ! La ville revendique de ne pas être encore envahie par les adresses de chaîne.

Bon marché (moins de 10 £ / 12 €)

🍴 ***The Galleon :*** *High St, au croisement avec Berry St. Ouv de mi-mars à oct, fermé à 15h30 en sem, 19h le w-e. Plats 6-8 £.* *Fish & chips* réputé. Également des burgers et des *pies*. À emporter ou sur place (plus sympa à l'étage).

🍴 ***Pen-y-Bryn Tea-Rooms :*** *Lancaster Sq, à côté de Plas Mawr. ☎ 59-64-45. Tlj 10h-17h. Plats 3-7 £.* Quelques marches conduisent à de ravissantes salles parées de poutres, de petites lampes à pampilles et d'une cheminée, dans une des plus vieilles maisons de Conwy (1575). Un cadre idéal pour se laisser séduire par les petits plats de la maison : soupes, sandwichs, gâteaux ou scones, et le lunch plus élaboré du dimanche.

Prix moyens (10-20 £ / 12-24 €)

🍴 ***Castle Hotel :*** *High St, face à Plas Mawr. ☎ 58-28-00. Snacks 7-14 £ ; plats 13-19 £.* Cette vieille adresse aux murs de grès rouge abrite une agréable salle moderne et cosy. Sélection de plats traditionnels revisités juste ce qu'il faut, joliment présentés et fort goûteux. Un bon rapport qualité-prix.

🍴 ***Watsons Bistro :*** *Bishop's Yard, Chapel St, LL32 8BP. ☎ 59-63-26. Menus déj mer-sam 12-16 £ ; plats 16,50-22 £.* C'est le *Watsons* qui vient à l'esprit des locaux quand il s'agit de bien manger. Intérieur chic avec fauteuils club ou terrasse abritée des remparts. Le chef n'a pas son pareil pour valoriser les viandes et légumes de la région, des cuissons aux sauces. Avec la carte des vins finement concoctée, on tient là une belle affaire à midi.

Où dormir ? Où manger ? Où boire un verre dans les environs ?

🏠 ⛺ ***Conwy Valley Bacpackers Barn :*** *Pyllau Gloewen Farm, Tal y Bont, LL32 8YX. ☎ 660-504. • conwyvalleybarn.com • À 5,5 miles direction Betws-y-Coed par la route secondaire (B 5106). Nuitée 20 £/pers, petit déj simple et draps fournis ; camping 5 £/pers.* Une AJ spéciale marcheurs, dans un environnement bucolique, une ferme tenue par l'accueillante Claudia. La grange a été aménagée en dortoirs de 4, 6 et 10 lits. Rustique mais propre et douches bien tenues. Également un champ pour planter sa tente, un autre pour faire un feu, des moutons pour la bande-son et des sentiers de randonnée à proximité.

The Groes Inn : *Tyn-y-Groes, LL32 8TN. ☎ 65-05-45. • groesinn.com • À 2,4 miles direction Betws-y-Coed par la route secondaire (B 5106), passer par le parking au pied du château. Plats 14-18 £ ; snacks autour de 8 £.* Une charmante auberge de campagne, isolée au bord d'une route tranquille. Le pub est superbe, avec plein de petits recoins, de poutres et de cheminées, et même un jardin à l'arrière. Bonne cuisine locale, bien préparée et originale. Et si vous êtes en fonds, chambres horriblement chères sur place.

The Pen-Y-Bryn : *Pen-y-Bryn Rd, Upper Colwyn Bay,* ***Colwyn Bay,*** *LL29 6DD. ☎ 53-33-60. Du centre de Colwyn Bay (5 miles à l'est de Conwy), prendre King's Rd puis King's Dr jusqu'au bout, et à droite dans Pen-y-Bryn. Tlj jusqu'à 21h. Plats 10-18 £ ; snacks autour de 10 £.* Tout le monde connaît ce pub chaleureux à souhait : pour sa vue sur la mer au loin, pour son cadre soigné (différentes salles et un coin salon bien agréable avec ses bouquins et sa cheminée) et pour ses très bons plats de pub escortés de spécialités plus élaborées. Carton plein !

À voir

Conwy Castle : *☎ 59-23-58. • cadw.gov.wales/daysout/conwycastle/ • Mars-fin oct, tlj 9h30-17h (18h l'été) ; l'hiver, tlj 10h (11h dim)-16h. Fermé quelques j. en fin d'année. Entrée : env 9 £ ; réduc.* Construit par 1 500 ouvriers de 1283 à 1287 sur ordre du roi Édouard Ier. Comme son nom ne le laisse pas deviner, c'est un Savoyard, James of Saint George, qui en fut le maître maçon. Comme si cette forteresse colossale renforcée par huit tours circulaires n'était pas suffisamment sécurisante, il a fait bâtir des remparts tout aussi impressionnants sur 1 300 m tout autour de la ville... À l'intérieur, la plupart des dépendances et des niveaux d'habitation ont disparu, mais du haut des tourelles (repérez l'escalier hélicoïdal à l'envers, pour les gauchers !) et des chemins de ronde, la vue est imprenable.

The Smallest House in Great Britain : *sur le quai. ☎ 59-34-84. Tlj avr-oct 10h-17h (11h-16h dim) en principe. Entrée : 1 £.* Cette véritable maison de poupée du XIVe s a été habitée jusqu'en 1900. Ce serait la plus petite de Grande-Bretagne. Autant dire qu'on en fait vite le tour !

Telford's Bridge : *traversée gratuite en saison 11h-17h. Entrée de l'expo : 1 £.* Pont suspendu de style gothique, construit au XIXe s par l'ingénieur Telford. Belle perspective sur le château. Le tunnel métallique voisin présente une esthétique déjà plus discutable !

Plas Mawr : *High St. ☎ 58-01-67. • cadw.gov.wales/daysout/plasmawr/ • Avr-fin sept, tlj 9h30-17h ; oct, mar-dim 9h30-16h. Entrée : env 7 £ ; réduc.* Magnifique demeure élisabéthaine construite de 1576 à 1585 par Robert Wynne, un des premiers Gallois autorisé à vivre parmi les Anglais dans la cité. Ses initiales apparaissent un peu partout sur les plâtres décoratifs hauts en couleur des différentes pièces. Une des cheminées serait hantée.

À deux pas, sur Castle St, l'***Aberconwy House*** *(avr-oct, tlj sf mar 11h-17h ; juil-août, tlj ; 3,40 £),* serait la plus vieille bâtisse médiévale de Conwy. Boutique *National Trust* au sous-sol.

À faire dans le coin

Surf Snowdonia : *Conway Rd, Dolgarrog, Conwy, LL32 8QE. ☎ (01492) 35-31-23. • surfsnowdonia.co.uk • À 7 miles au sud de l'A 55, à* *mi-chemin entre Conwy et Betws-y-Coed. Tlj 10h-tombée du jour. Sessions 1h-2h : 30-45 £ selon formule. Parking gratuit.* Un lagon paradisiaque au pays de Galles ? Ils l'ont fait ! Il est vrai que la vallée de la Conwy constitue un paysage de rêve pour ce parc totalement artificiel consacré aux sports d'eau. Respectables vagues de 2 m de haut sur 150 m pour confirmés ou débutants. Sur place, tout un complexe touristique. On peut observer les sportifs derrière une vitre de 50 m de long, au sec.

Bodnant Gardens : *à 8 miles au sud de Llandudno, sur l'A 470. Bus nº 25 depuis Llandudno, ttes les heures (sf dim). ☎ (01492) 65-04-60. • nationaltrust.org.uk/bodnant-garden • ♿ De janv à mi-nov, tlj 10h-17h (11h-15h hiver). Entrée : env 12 £ ; réduc (2 fois moins cher en hiver).* Fleuron du pays de Galles, ce magnifique jardin est considéré comme l'un des plus beaux de Grande-Bretagne. Quelque 135 ha de verdure, 85 ha ouverts au public, autour de l'habitation vénérable et plus que coquette de lord et lady Abeconway. Un écrin naturel splendide divisé en secteurs thématiques dont un tunnel éclatant de jaune en mai-juin quand les cytises sont en fleur. On passe ainsi d'une série de terrasses bien ordonnées à une vallée encaissée. Jardin sauvage, fleurs d'ornementation, roses de toutes les couleurs, pièces d'eau, cascades... Romantique à souhait. *Tea-room* pour apprécier la soupe du jour, un *pie* et toutes ces sortes de choses.

Bodnant Welsh Food : *Fumace Farm,* ***Tal-y-Cafn,*** *LL28 5RP. ☎ (01492) 65-11-02. • bodnant-welshfood.co.uk • À 1 mile des jardins sur l'A 470, direction Betws-y-Coed. Tlj. Parking gratuit.* Le meilleur des produits gallois dans ce complexe qui gravite autour d'une grande épicerie fine et chic. Pas donné mais l'occasion de faire le plein de fromages, charcuterie, *pies*... pour un pique-nique ou pour rapporter. Sur place, *tearoom,* resto, cave à vins (y compris gallois !) et même des chambres.

Aberfalls : *Llanfairfechan,* ***Abergwyngregyn,*** *LL33 0LP. À 13 miles à l'est direction Bangor, 2 miles au sud du village de Abergwyngregyn, sortie 13 sur l'A 55. Accès gratuit mais parking payant.* Très agréable marche aménagée de 1 km dans une réserve pour parvenir à cette chute d'eau de 50 m de haut tout de même. Poneys et moutons seront certainement de la partie.

LLANDUDNO

15 400 hab. IND. TÉL. : 01492

• Plan *p. 552-553*

Charmante station balnéaire victorienne au nord de la baie de Conwy, typique de la fin du XIXe s avec sa longue promenade bordée d'hôtels et son élégant *pier* faisant face à une armée d'éoliennes. Sa galerie d'art contemporain de bon niveau détonne un peu avec l'ambiance rétro générale. En été, c'est bondé, les terrasses et la promenade sont prises d'assaut par les touristes. La plage de l'ouest (West Shore), où la vraie Alice d'*Alice au pays des merveilles* passait ses vacances, est plus tranquille. Mais ce qui caractérise vraiment Llandudno, c'est le *Great Orme,* ce bout de montagne dégarni qui jaillit à l'extrémité de la ville. Une vraie carte postale !

Arriver – Quitter

En train

🚂 ***Gare ferroviaire*** *(plan C3) : Augusta St. ☎ (08457) 48-49-50.*

➢ ***Manchester Piccadilly et Chester :*** départs env ttes les heures. Slt 2 le dim.

➢ ***Holyhead :*** nombreuses liaisons, mais toutes avec changement à Llandudno Junction ; slt 2 le dim et en été.

➢ ***Betws-y-Coed :*** 5 trains/j., dont 2 avec changement ; slt 3 le dim.

En bus

🚌 ***Arrêt de bus :*** *dans Mostyn St (plan C2).*

➢ ***Conwy, Bangor*** **et** ***Caernarfon :*** par les bus n°s 5 et X5, ttes les 15 mn (ttes les 30 mn dim).

➢ ***Llanrwst, Betws-y-Coed :*** nombreuses liaisons tlj avec les bus n°s 19, X19 et X1. Également le S2 qui va jusqu'à ***Capel Curig*** et ***Llanberis*** depuis Betws.

Adresse utile

ℹ ***Tourist Information Centre*** *(plan C2) : Library Building, Mostyn St. ☎ 57-75-77. • visitllandudno.org.uk • Lun-sam 9h-17h ; dim 10h-16h sf en hiver.* Infos sur Anglesey et le Snowdonia.

Où dormir ?

⌂ ***Llandudno Hostel*** *(plan C2-3,* ***10****) : 14 Charlton St, LL30 2AA. ☎ 87-74-30. • llandudnohostel.co.uk • Lits en dortoir à partir de 22 £ ; twins en-suite ou non également, petit déj continental inclus, mais pas les serviettes.* En entrant dans cette maison victorienne décorée de photos de famille, on a l'impression d'être à la maison. Une dizaine de dortoirs de 4 à 8 lits pas donnés mais confortables.

– Les nombreux *B & B* et hôtels à prix moyens se trouvent pour la plupart au pied du Great Orme dans Abbey Rd et autour *(plan A-B2).*

Spécial coup de folie

⌂ ***The Lighthouse*** *(hors plan par B1,* ***13****) : Marine Dr, Great Orme's Head, LL30 2XD. ☎ 87-68-19. • lighthouse-llandudno.co.uk • Passer le péage et parcourir 2,5 km sur la route qui fait le tour du Great Orme. Double 170 £ avec petit déj.* Cette adresse du bout du monde plaira aux romantiques. Construit dans un site formidable, ce vieux phare de 1862 aux allures de château fort surplombe une falaise vertigineuse et la haute mer. 3 chambres confortablement meublées dans un style victorien dont une avec salon à la place de l'ancienne lampe !

Où manger ? Où prendre un thé ? Où boire un verre ?

Bon marché (moins de 10 £ / 12 €)

|●| ***Haulfre Tea-Rooms*** *(plan A2,* ***20****) : Haulfre Gardens. ☎ 87-67-31. Derrière la station de tram (Cwlach Rd). L'été, tlj 10h-16h30. Fermé lun en avr-mai et oct. Petits plats 4-8 £.* C'est un secret bien gardé par les mamies du coin. La salle à l'ancienne est mignonne et la terrasse panoramique incomparable ! Idéale pour goûter les gâteaux maison, sandwichs, salades et autres soupes du jour.

|●| ☕ ***Characters*** *(plan B2,* ***24****) : 11 Llewelyn Ave. ☎ 87-22-90.*

LE PAYS DE GALLES

Lun-sam 11h-17h (16h sam), plus ven-sam 18h-20h30. Plats de lunch 5-8 £, afternoon tea 8-10 £. On aime bien le cadre harmonieusement dépareillé de ce *tearoom* avec ses tasses en vrac, sa tapisserie chargée et son micmac dans la déco. Des petits plats chauds ou non et des *cakes* sous cloche qui font plaisir à voir. Les vendredi et samedi soir, c'est soirée pierrade !

Rest and Be Thankful Café

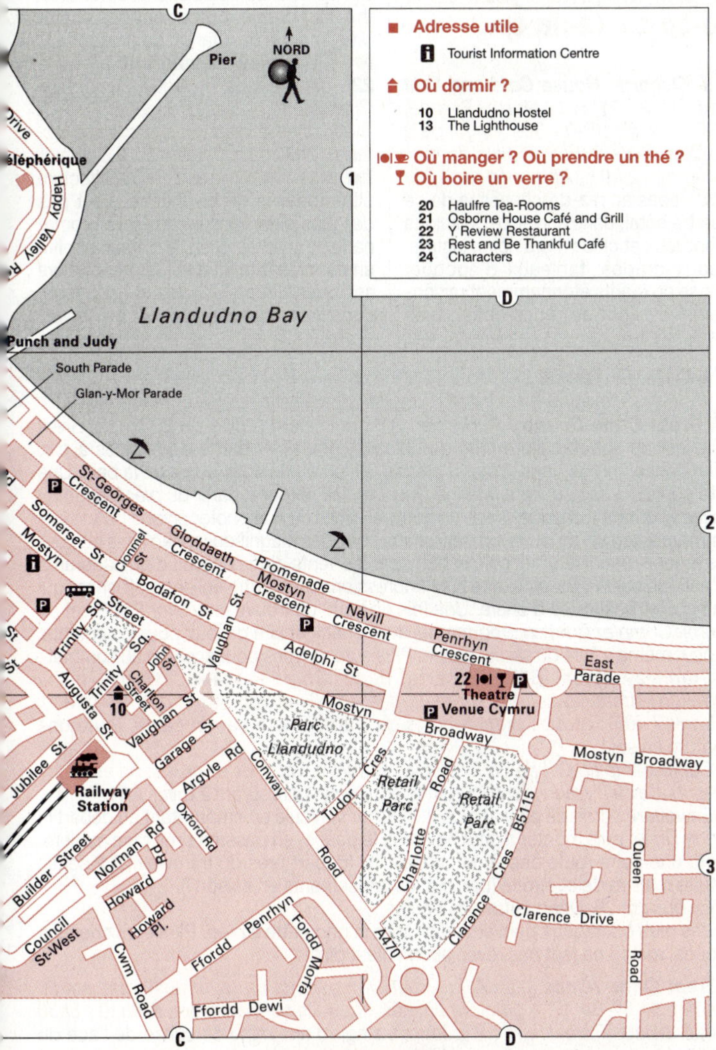

LLANDUDNO

(hors plan par B1, ***23****) : Marine Dr, LL30 2XD, tt au bout du Great Orme, à 3 km, juste après le phare. ☎ 87-00-04. Tlj en journée (selon météo).* La vue ! C'est elle qui justifie tout. Perché à flanc de falaise, ce troquet lambda isolé à l'extrémité du *Great Orme* peut se vanter de posséder la terrasse la plus géniale du coin : la mer, les montagnes du Snowdon et les mouettes...

De prix moyens à plus chic (10-30 £ / 12-36 €)

Osborne House Café and Grill *(plan B1-2,* ***21****) : 17 North Parade, LL30 2LP. ☎ 86-03-30. Tlj jusqu'à 21h-22h. Plats 6-17 £, 2 plats (le midi slt sf dim) 12,50 £. Afternoon tea 13 £/pers.* Repas au rez-de-chaussée de ce superbe hôtel, dans une suite de salons somptueux et chic : murs noirs, lustres, rideaux drapés, tableaux d'époque. Cuisine aux tarifs étonnamment raisonnables, du *light* au repas entier avec des spécialités de poisson, l'après-midi thé mémorable. Également des chambres, mais là on change de catégorie...

Y Review Restaurant *(plan D2,* ***22****) : dans le théâtre Venue Cymru, The Promenade, LL30 1BB. ☎ 87-36-41. À midi slt mar-sam, plus le soir si spectacle 17h30-19h30. Plats 5-10 £ le midi, formules 20-23 £ le soir.* Si l'architecture ultramoderne de ce théâtre n'est pas des plus glamour sur cette jolie promenade de style victorien, le restaurant offre un panorama unique sur la mer derrière ses baies vitrées. *Good view, good food, good time...* du coup, pensez à réserver !

À voir. À faire

Great Orme Country Park *(plan A1)* **:** culminant à plus de 200 m, le *Great Orme* est un spectaculaire bloc de calcaire, massif et bardé de falaises à pic, s'avançant en proue dans la mer d'Irlande, à l'extrémité nord-ouest de la baie. Une route géniale à sens unique *(Marine Drive)* en fait le tour à partir du *pier* (péage au passage), offrant à chaque virage un nouveau point de vue photogénique ! C'est évidemment le terrain de jeu favori des locaux : balades magnifiques, papillons et moutons à gogo, et un sommet pelé et battu par les vents d'où l'on jouit d'un panorama fantastique sur la ville, ainsi que sur l'impressionnante ferme éolienne off-shore qui a fait couler beaucoup d'encre. Une fois en haut, on trouve un *Visitor Centre* et un *Summit Complex* (tout un programme) avec snack et aire de jeux pour les enfants. On peut même y faire du ski sur gazon. Plusieurs moyens pour accéder au sommet :

➢ *Tramway (plan B1) : départs dans Church Walks. ☎ 57-78-77. • greatormetramway.co.uk • Avr-sept, ttes les 20 mn 10h-18h (17h mars et oct). A/R env 7,50 £ ; réduc ; gratuit moins de 3 ans.* Tracté par un câble, toute une aventure en soi !

➢ *Cable-car (plan C1) : à partir du pier. Horaires variables selon saison et météo (avr-oct). Env 9 £ ; réduc familles.* Un téléphérique parcourant 2 miles A/R.

➢ *En voiture :* droit de passage de 2,50 £ par véhicule en empruntant au départ la *Marine Drive,* puis monter à gauche après le péage, en passant près du cimetière. Sinon, une autre route depuis le centre-ville (départ près du tramway), à 2 sens : gratuite mais raide et étroite (bonjour les croisements en saison !).

➢ *En bus :* n° 26. Départs ttes les heures.

➢ Les plus courageux peuvent aussi faire la grimpette *à pied.* Plusieurs chemins d'accès, mais il ne faut pas rêver, aucun n'est plat !

Great Orme Mines *(plan A1)* **:** *Great Orme, sur la route (gratuite) menant au sommet. ☎ 87-04-47. • greatormemines.info • De mi-mars à oct, tlj 9h30-16h30 (dernier billet). Entrée : env 7 £ ; réduc.* Il s'agit d'une mine de cuivre de l'âge du bronze, la plus ancienne et sans doute une des plus grandes connues à ce jour. Casque vissé sur la tête, on s'enfonce dans les boyaux étroits creusés il y a des milliers d'années, découvrant au gré de la balade différentes salles excavées et de nombreux passages inexploités. Idéal pour les familles.

Fête et spectacle

– ***Victorian Extravaganza :*** *début mai. • victorian-extravaganza.com •* Tout le monde descend dans la rue, habillé comme à l'époque victorienne. Voitures à cheval, ombrelles et chapeaux haut-de-forme.

– ***Punch and Judy*** *(plan C1)* : *North Parade, sur la promenade, côté pier. W-e et vac scol à 11h30 et 14h30. GRATUIT.* Un spectacle de marionnettes en plein air et une tradition populaire bien britannique remontant au XIXe s que l'on retrouve dans d'autres stations balnéaires. Un peu le Guignol d'outre-Manche, avec une foule de personnages cocasses.

LE LONG DE LA « FRONTIÈRE ANGLAISE »

LLANGOLLEN

3 500 hab. IND. TÉL. : 01978

Petite ville du Nord, très mignonne, dans les terres, entre Chirk et Corwen. Elle doit sa renommée à son festival gallois de danses, musiques et costumes, *The International Musical Eisteddfod* (● *international-eisteddfod.co.uk* ●). Créé en 1947, il a lieu en juillet. La ville est également célèbre pour son magnifique pont du XVe s et les environs pour la charmante vallée de la Dee, l'impressionnant pont-canal de Pontcysyllte dû à Thomas Telford et classé au Patrimoine mondial de l'Unesco en 2009, les ruines de l'abbaye Valle Crucis, celles du château Dinas Brân, etc. Bref, il y a de quoi faire dans cette région une plaisante halte pleine de surprises. C'est aussi la ville natale du professeur Blake, héros de B.D. de E. P. Jacobs.

Arriver – Quitter

En bus

➢ ***Wrexham*** **:** bus n° T3 env 8-10 bus lun-sam (5 le dim) ou n°5, liaisons ttes les 20 mn lun-sam, une dizaine le dim.

➢ Également des liaisons avec ***Corwen, Betws-y-Coed*** et ***Llandudno*** : bus n°s 5, X6 et X94, slt certains j.

Adresse utile

ℹ ***Tourist Information Centre*** **:** *y Capel, Castel St.* ☎ *86-08-28.* ● *northeastwales.wales* ● *Tlj 9h30-17h.*

Où dormir ? Où manger ? Où boire un verre ?

Attention, tout est bondé pendant le festival, début juillet.

Camping et auberge de jeunesse

⛺ ***Abbey Farm Caravan Park*** **:** *à 2 miles à l'ouest de Llangollen par l'A 542.* ☎ *86-12-97.* ● *abbeyfarmcaravans.co.uk* ● *Fermé en janv. Forfait pour 2 env 21 £ en été.* Forcément, planter sa tente au bord d'une rivière avec les ruines prestigieuses de l'abbaye de Valle Crucis en toile de fond, ça vaut la photo ! Par ailleurs, la ferme vend les viandes de l'exploitation dans une boutique à l'entrée du site. Également un pub bien sympa pour croquer un morceau et boire une pinte dans une bonne ambiance. Bref, tout serait parfait si les sanitaires étaient mieux entretenus en période de forte affluence...

🏠 ***Llangollen Hostel*** **:** *Berwyn St.* ☎ *86-17-73.* ● *llangollenhostel.co.uk* ● *À partir de 20 £/pers.* Loin de l'ambiance usine, il s'agit d'une simple maison de ville convertie en

LE PAYS DE GALLES

une providentielle auberge de jeunesse privée. Cuisine équipée, salon, jeux et piano au rez-de-chaussée. Garage à vélos, parking public derrière et des chambres et dortoirs de 2 à 6 lits, la plupart *en-suite*. Le tout dans une ambiance décontractée et familiale, avec le sourire en bonus.

De bon marché à prix moyens

The Corn Mill : *Dee Lane. ☎ 86-95-55. Tlj 12h-21h30 (21h dim). Sandwichs 6-7 £, plats 10-18 £.* Reconverti avec la manière en vaste pub chaleureux, cet ancien moulin dont la roue tourne toujours est apprécié pour son atmosphère décontractée, ses bons plats copieux et bien ficelés, et le cadre atypique des différentes salles imbriquées sur plusieurs étages. Mais le plus sympa, c'est de boire un verre aux terrasses surplombant la rivière. En revanche, succès oblige, c'est souvent bondé.

Fouzi's Bar : *7 Bridge St. ☎ 86-13-99. Tlj 9h-21h (22h ven-sam). Plats 5-13 £.* C'est l'endroit idéal pour trouver un café digne de ce nom, dans un cadre moderne et pimpant. Bonnes soupes et sandwichs du jour, à moins d'opter pour des pâtes ou une pizza. Convenable et efficace.

De prix moyens à plus chic

Plas Hafod B & B : *Abbey Rd, LL20 8SN. ☎ 86-92-25. • plas-hafod.co.uk • De Castle St au centre, traverser le pont et prendre à gauche ; c'est à 100 m. Doubles 65-80 £, avec sdb* en-suite *ou privée sur le palier. Parking.* Cette belle maison victorienne est une vraie perle dans son registre très classique, décorée avec soin et meublée d'ancien. Chambres colorées et stylées, parfaitement tenues. Très accueillant, cela va de soi, à l'image du petit déj chic et de la centaine de films vidéo à dispo (lecteur dans chaque chambre).

Gales of Llangollen : *18 Bridge St. ☎ 86-00-89. • galesofllangollen.co.uk • Resto tlj sf dim. Fermé fêtes de fin d'année. Double 85 £, avec petit déj. Plats env 10-15 £.* C'est avant tout un bar à vins à l'atmosphère chaleureuse où l'on s'attable avec plaisir dans une salle rustique pour boire un verre en picorant des planches de charcuterie et de fromages. Mais l'oiseau rare a plus d'un tour dans son sac : de jolies chambres à l'ancienne et de bon confort cachées dans les étages !

Où dormir ? Où manger dans les environs ?

The West Arms : *Llanarmon,* ***Dyffryn Ceiriog,*** *LL20 7LD. ☎ (01691) 60-06-65. • thewestarms.com • Au cœur de la Ceiriog Valley, à 10 miles au sud de Llangollen. Doubles 65-145 £ avec petit déj, également des suites et des cottages. Plats et sandwichs env 10-17 £ au déj, jusqu'à 26 £ le soir.* Le cliché idéal : une vallée bénie des dieux à sillonner à pied, un minuscule village-carrefour au milieu de nulle part avec ses panneaux en gallois, une rivière chantante et surtout ce pub-hôtel traditionnel qui vaut bien son pesant de jonquilles. Des salons chaleureux aux cheminées crépitantes, des parquets de guingois et des chambres confortables au cachet d'antan. Sans compter la table digne de sa réputation qui draine les campagnes alentour. Une adresse connue comme le loup blanc : pensez à réserver !

À voir. À faire

➢ **Llangollen Wharf :** *sortir de la ville en direction de Chirk, puis prendre à gauche juste après le pub* Last Inn. *☎ 86-07-02. • horsedrawnboats.co.uk • Env 7 £ pour la balade de 45 mn sur un petit bateau tiré par un cheval, le long du canal allant à Pentrefelin (ou 12,50 £ pour 2h). Ou 13,50 £ pour 2h en bateau motorisé, qui passe sur l'aqueduc de Pontcysllte. Réduc.*

Llangollen Railway : *☎ 86-09-79. • llangollen-railway.co.uk • Départs tlj en saison, mais horaires fluctuants : vérifier. Compter 17 £ l'A/R.* De l'ancienne et charmante gare, au bord de la rivière, on peut prendre un de ces merveilleux petits trains à vapeur qui traversent des paysages magnifiques le long de la vallée de la Dee, jusqu'à *Carrog Station* (très bon pub, *The Grouse*), à 7,5 miles, point de départ pour de vertes échappées. Avant de prendre place dans un des vieux wagons, avancez jusqu'à la locomotive et admirez les cheminots qui s'activent devant les fourneaux et font brûler le charbon à l'ancienne.

Plas Newydd : *de Castle St, tourner à gauche vers Chirk, puis dans une rue qui monte à droite ; c'est indiqué. ☎ 86-28-34. • nationaltrust.org.uk/plas-newydd-country-house-and-gardens • Fin mars-sept, mer-lun 10h30-17h (tlj juin-août). Entrée : 11 £ (env 9 £ jardin seul) ; réduc.* Il était une fois Eleanor Butler et Sarah Ponsonby, deux femmes au XVIIIe s ne supportant pas l'idée de la destinée ménagère qu'on leur réservait. Ainsi s'enfuirent-elles ensemble d'Irlande pour s'installer dans cette incroyable maisonnette, où elles vécurent en adoptant le concept d'« amitié romantique » *(romantic friendship)*, sorte de bohème de l'époque prônée notamment par Rousseau. Leur présence insolite en ces lieux et le caractère excentrique de leur maison attira maints artistes littéraires (dont Wordsworth et l'inévitable lord Byron) et philanthropes. Ces deux amazones avaient une conception de l'art très personnelle, et on déambule par conséquent à travers des pièces au décor fantastique, des chambres à la cuisine, en admirant les vitraux et surtout les sculptures sur chêne d'une richesse incroyable qui ornent murs, portes et escaliers... Délirant !

WELSHPOOL (Y TRALLWNG)

5 600 hab. IND. TÉL. : 01938

À moins de 30 miles au sud de Llangollen et quasiment à la frontière avec l'Angleterre, cette petite ville aux allures médiévales, à mi-chemin entre le nord et le sud du pays de Galles, fut un centre important pour le commerce de la laine. Elle abrite surtout l'un des plus beaux châteaux du pays. Pour se loger, mieux vaut aller trouver son bonheur dans les environs, du côté de Berriew, par exemple.

Arriver – Quitter

En train

Gare ferroviaire : *à la sortie de la ville par Severn Rd, au niveau du rond-point pour l'A 483.*

➢ Welshpool se situe sur la ligne ***Cambrian Coast*** reliant Shrewsbury à Machynlleth puis qui continue sur Aberystwyth ou Pwllheli (région de Porthmadog) : env 12 trains directs/j., fréquence plus faible le dim.

En bus

Arrêt de bus : *dans High St.*

➢ ***Newtown, Shrewsbury :*** bus X75, env 7 bus/j., aucun le dim.

➢ ***Aberysthwyth, Birmingham, London :*** même bus n° 409, 1 fois/j.

Adresse utile

Tourist Information Centre : *Vicarage Garden, Church St. ☎ 55-20-43. • welshpool.org •*

LE PAYS DE GALLES

Où dormir ? Où manger ?

The Royal Oak Hotel : *The Cross, SY21 7DG. ☎ 55-22-17. • royaloakwelshpool.co.uk • Doubles 70-90 £. Plats moins de 10 £ le midi, 12-17 £ le soir.* En plein centre, l'hôtel historique de la ville, où faisaient halte autrefois les diligences. Aujourd'hui, le cosy de l'ancien et le confort du moderne font bon ménage, dans une belle harmonie de couleurs et de styles. Chambres pour tous les goûts, donc, avec tout le confort attendu. Côté resto et bars, où l'on est toujours bien assis, on retrouve ce subtil mélange jusque dans la cuisine traditionnelle revisitée, plus simple à midi, plus élaborée le soir.

Noter que la ***cafétéria du château*** est accessible gratuitement aux heures d'ouverture du site et permet d'admirer la cour intérieure. *Tarifs modérés.*

À voir

Powis Castle : *à moins de 1 mile au sud de Welshpool. ☎ 55-19-44. • nationaltrust.org.uk/powis-castle-and-garden • Château tlj 12h30-17h avr-sept, 12h30-16h mars-oct, le reste de l'année w-e slt 12h30-15h30. Jardin tlj avr-sept 11h-17h30 ; mars et oct 11h-16h30 ; nov-fév 11h-15h30. Entrée globale : 12,50 £ ; château et musée seuls env 6,50 £ ; jardins seuls env 9 £ ; réduc.* Magnifique château en grès rouge, immense, érigé comme il se doit sur une colline. Sa construction a débuté au XIIIe s sous la houlette du prince de Powis, mais l'essentiel date du XVIIIe s. L'actuel héritier occupe toujours une partie du château. Après avoir jeté un coup d'œil à la belle cour intérieure, les visiteurs sont invités à découvrir les superbes appartements : escalier monumental, très belles boiseries sculptées, cheminées prestigieuses, meubles de collection (une rare et insolite table à alcool semi-circulaire), belle galerie de 12 bustes en marbre d'empereurs romains, collection d'oiseaux empaillés, etc. Rien ne manque, pas même le fantôme de service. Également une somptueuse salle de bal donnant accès à un non moins riche musée, constitué d'objets rapportés d'Inde par l'un des ancêtres, Clive of India (1754-1839) : objets en ivoire, lit de voyage, armes, objets (dont une tête de tigre en or) décorés de pierres précieuses, etc. Enfin, de merveilleux jardins sur quatre niveaux agrémentés d'une orangerie, d'élégantes statues de plomb et d'art topiaire, où gambadent toutes sortes d'animaux, même des cerfs !

HOMMES, CULTURE, ENVIRONNEMENT

BOISSONS

– Si l'on en croit la légende, toute l'Angleterre s'arrête vers 17h pour le ***tea-time.*** Les Anglais en boivent en fait toute la journée ! On le demande *white* (avec du lait) ou *black* (nature), avec ou sans sucre. Bon nombre d'hôtels chic et de salons de thé proposent les fameux ***afternoon teas*** avec un large choix de thés aromatisés, des sandwichs et toute une cohorte de gâteaux, ainsi que le ***high tea,*** version un peu plus copieuse que l'on sert en guise de dîner. L'origine de cette tradition viendrait de la duchesse Anna de Bedford (1783-1857). On ne mangeait que le matin et le soir à l'époque. Après quelques malaises, elle prit le parti de lancer la mode de l'*afternoon tea,* avec sandwichs, gâteaux et thé.

– Les Britanniques ne boivent pas que du thé ! Ils se passionnent également pour le ***café.*** Dans les ***coffee shops*** et autres on sert des *espressos,* bien sûr, mais également des cafés spéciaux assez originaux. Rien à voir avec le jus de chaussette si l'on opte pour un *regular* dans les grandes enseignes.

LA BOISSON STAR

Les Anglais ne sont pas les plus grands consommateurs de bière mais de thé. Le thé est d'ailleurs la boisson la plus absorbée sur terre, après l'eau. Un avantage : il contient moitié moins de caféine que le café.

– Le ***vin*** suscite également un vrai engouement : la Grande-Bretagne en produit même, essentiellement dans le Sud (Kent, Hampshire, Isle of Wight...). Le réchauffement climatique permet d'améliorer le rendement d'année en année, la qualité des vignerons faisant le reste, vous pourrez être très agréablement surpris ! En particulier en ce qui concerne les ***sparkling wines*** (pétillants), dont les meilleurs peuvent sans honte rivaliser avec certains champagnes. Reste le problème du rapport qualité-prix, plutôt décourageant. Les ***wine bars*** lorgnent donc plutôt du côté des crus italiens, français ou du *new world,* c'est-à-dire australiens, sud-africains, sud-américains...

– Mais la vraie boisson populaire au quotidien, c'est bien évidemment la ***bière.*** Pour un demi, commander *half a pint* (prononcer « affeupaïnte ») ; *a pint* (50 cl) coûte proportionnellement moins cher. *A shandy* est un panaché. La bière pression *(draught)* est tirée au fût *(keg)* via une pompe traditionnelle, servie à température ambiante et peu gazeuse. On trouve aussi un grand choix de bières en bouteille.

SUS AU VIN

L'Angleterre étant autrefois en guerre contre la France, le gouvernement instaura de lourdes taxes aux vins français depuis 1689. Le goût pour la gorgée de bière s'est ainsi vite imposé dans tout le royaume.

La plus consommée est la ***lager,*** blonde légère de type *pils* (*Heineken* et *Carlsberg* sont les plus répandues), qui existe aussi en version forte *(strong lager).* Mais celle que l'on conseille vivement est la ***real ale,*** une bière à haute fermentation non filtrée et non pasteurisée, souvent fruitée, douce au palais et peu gazeuse. On la trouve en version *pale* (claire), *brown* (brune), *mild* (douce), *bitter* (amère), *old* (vieillie)... Et par bonheur, chaque région a les siennes, voire chaque pub parfois ! La *real ale* n'est pas exportée car elle voyage très mal : alors profitez-en sur place ! Autre variété à essayer : la ***stout,*** brune à base de malt torréfié et d'orge grillé dont la *Guinness* est le plus fameux exemple.

– En cherchant un peu, on trouve du ***cidre*** artisanal *(cider)* qu'on commande *dry, medium* ou *sweet,* comme le xérès (sherry), délicieux et pas très cher. Dans les pubs, le cidre est souvent proposé à la pression.

– Pour les non-buveurs d'alcool, la ***ginger ale*** vous séduira peut-être.

– Le stock de ***whiskies*** est évidemment impressionnant.

– Si vous aimez les liqueurs douces, goûtez le ***Drambuie,*** au whisky, ou l'***Irish cream,*** au café. Si vous préférez les mélanges, essayez un ***dry martini*** (pas du tout ce à quoi vous vous attendez) ou une ***vodka and lime*** (prononcer « laïme ») pour faire anglais. Au pays de Galles, goûtez le ***chwisgi,*** un whisky local. Autrement, en été, autour d'un barbecue ou dans les hauts lieux aristocratiques, on sirote un ***Pimm's,*** mélange tonique à base de quinine et d'herbes, servi avec des concombres, très rafraîchissant ! Et l'hiver, très logiquement, on le boit chaud, servi avec un jus de pomme.

Les pubs

D'où vient ce nom de « pub » ? Des trois premières lettres de *public house,* tout simplement ! Cette tradition typiquement britannique est le lieu de rencontre par excellence. On y vient seul ou entre collègues, entre amis ou en famille pour y passer un joyeux moment de détente et de discussion dans une extraordinaire fusion des classes. Un pub offre généralement plusieurs salles et salons aux ambiances différentes : *public bar, lounge bar, saloon bar* et *private bar.*

A GUINNESS, PLEASE !

Ce monument historique (irlandais) doit être servi à 6 °C. Au pub, la Guinness est tirée en deux fois, afin que la mousse, dense et crémeuse, prenne le temps de redescendre. On dit que cette tradition est d'origine religieuse : Arthur Guinness, le fondateur, aurait commencé à servir une pint quand l'heure de la messe retentit. Il s'arrêta pour se recueillir et continua quand la cloche finit de sonner.

Voici quelques indices pour reconnaître un bon pub traditionnel : la pompe à eau sur le comptoir qui servait à couper les alcools, le porte-journaux, les chromos et vieilles gravures, le salon cosy à l'écart autour de la cheminée, les différentes pompes à bière avec médaillon, le pub grub ou nourriture de pub, le jeu de fléchettes, les repose-pieds aux sièges du comptoir et enfin les tabourets miniatures qui se rangent facilement sous les tables.

Un peu d'histoire

Cercles paroissiaux durant le Moyen Âge, lieux de réunion des ouvriers qui commencent à se syndiquer au XIXe s, les anciens pubs ont conservé leur façade peu ouverte sur la rue, leur vitrine en verre dépoli, et des lumières tamisées comme au temps de la discrétion... et de la bougie.

Les amateurs perspicaces remarqueront que certains noms reviennent souvent. Parmi ceux-ci, *King's Head* en souvenir de Charles Ier que Cromwell fit décapiter, *Red Lion,* qui rappelle les guerres coloniales, *Royal Oak,* qui commémore la victoire de Cromwell sur Charles II (qui se réfugia sur un chêne !).

Depuis quelques années, les ***posh-pubs*** (littéralement : pubs chic) se sont multipliés ainsi que les ***gastropubs*** où l'on vient aussi pour bien manger ! Face à la déferlante des pubs de chaîne, on assiste à l'émergence des ***micropubs*** et ***microbreweries,*** des pubs et brasseries thématiques (à vins, bière, whisky ou cidre seulement, comme dans un salon, au tonneau uniquement, etc.), petits et conviviaux, généralement sans comptoir et pratiquant des tarifs démocratiques. Le pays n'en comptait que 350 en 2017, on en attend 800 en 2020 (liste sur ● *micropubassociation.co.uk* ●).

Pubs et coutumes

Outre le fait que l'on boive souvent sa bière sur le trottoir quel que soit le temps, les Britanniques pratiquent beaucoup le ***pub crawling.*** Lorsqu'ils sortent à plusieurs, le premier paie une tournée dans un premier pub, le deuxième paie la suivante dans un pub différent et ainsi de suite.
Règle numéro un : on va chercher sa consommation au comptoir et on paie tout de suite. Quand le gosier est de nouveau à sec, on y retourne. Ne restez pas assis, sous peine d'attendre votre *pint* jusqu'au lendemain !
L'accès aux mineurs est strictement réglementé (voir plus loin la rubrique « Enfants »). Enfin, n'oubliez pas que les députés de la Chambre des communes ont voté en février 2006 un texte qui ***interdit de fumer dans les lieux publics*** et que, depuis 2007, tirer sur sa clope dans un pub, un restaurant, un club privé ou encore au bureau est passible d'une amende de 50 £.

BINGE DRINKING

Peu de villes britanniques échappent au binge drinking*, entendez par là la « beuverie express » le soir dans la rue et en masse, surtout chez les jeunes. Chacune redouble d'imagination pour éradiquer le problème : diffusion de musique classique pour calmer les esprits ou d'ultrasons perceptibles uniquement par les jeunes pour les faire fuir... En 2012, Cardiff est même allée jusqu'à envisager d'installer des éclairages faisant ressortir l'acné pour que sa jeunesse ne traîne plus dans les rues le soir !*

CUISINE

Oui, on mange bien ! Avant de rentrer dans les détails, tordons d'abord le cou à une idée reçue : ***l'Angleterre est un pays où l'on mange vraiment bien...*** à condition toutefois de savoir où l'on met les pieds. Et souvent de devoir y mettre le prix, même si de plus en plus de « petites adresses » proposent aujourd'hui des repas savoureux pour pas très cher. D'accord, ils ont inventé la *jelly* mais, pour sûr, ***la cuisine britannique a évolué*** et ne mérite plus tout l'opprobre dont on l'a couverte, le plus souvent avec une malice bien chauvine...
Des chefs comme Gordon Ramsay ou Jamie Oliver ont su médiatiser leur talent et beaucoup de Britanniques sont devenus de véritables gourmets ! Un peu partout, les ***restos créatifs*** et autres ***gastropubs*** poussent comme des champignons. La grande mode du moment, c'est de travailler des produits locaux, frais et de saison, souvent en version *organic* (bio).
Il est couramment admis qu'au Royaume-Uni on ne sait pas ***faire cuire la viande.*** Pourtant, il suffit de lécher les cartes de restos pour voir que le bœuf, d'origine anglaise s'il vous plaît, se tient en bonne place. La race (notamment l'*angus,* l'une des meilleures races à viande au monde), la zone d'élevage, mais aussi de temps de maturation de la viande (souvent plus de 20 jours) sont précisés. Agneaux et porcs fermiers ne sont pas en reste... Il serait vraiment dommage de se priver du plaisir subtil d'un agneau rôti à la menthe ! Bref, la nouvelle scène culinaire anglaise réserve aux curieux de bien belles surprises.
– La vraie cuisine britannique, vous la connaîtrez donc en commandant le dîner au *B & B* ou ***dans les familles.*** Mais pas celles qui accueillent les groupes scolaires en voyage linguistique contre rémunération et qui contribuent fortement à l'image désastreuse de la gastronomie outre-Manche ! Un ***repas traditionnel*** se compose généralement d'une viande accompagnée de *greens,* avec une prédilection pour les pois étrangement verts et le *cabbage* (chou) *and potatoes* arrosés avec la

sauce de la viande *(gravy)*. Le tout souvent agrémenté de sauces en bouteille aux goûts et noms étranges, ancien Empire oblige.
Puis vient un délicieux ***dessert cuisiné : apple pie, crumble, chocolate cake, carrot cake...*** accompagnés de *custard*, *clotted cream* ou de glace. Ah ! nous allions oublier le ***cheese-cake*** dont la base est du biscuit sur lequel on ajoute une mousse au fromage blanc et à la crème, recouvert d'un coulis de fruits. Hmm ! Il n'y a que la fameuse ***jelly*** multicolore accompagnée de glace à la vanille qui ne soit pas la meilleure invention, et encore, elle entre dans la confection du ***trifle,*** un dessert à base de crème pâtissière, fruits, génoise et crème fouettée...
– La cuisine britannique est également riche en ***épices*** (passé colonial oblige) et en légumes. Et, là encore, les ***légumes « oubliés »*** qui font fureur outre-Manche aujourd'hui font partie du quotidien des Anglais, qui ne les ont jamais oubliés, eux ! Panais, topinambour, courge butternut sont aussi populaires que le petit pois ou le haricot vert fluo.

Les vertus du *pub grub* !

On conseille d'aller manger au pub pour déguster le traditionnel ***pub grub*** (littéralement « boustifaille »). On trouve toujours au menu la ***soup of the day,*** les ***jacket potatoes*** (grosses pommes de terre garnies au choix), quelques plats du jour et une variété de ***sandwichs.***
On y sert aussi des plats consistants et abordables, à défaut d'être toujours d'une grande finesse, parmi lesquels le ***ploughman's lunch*** (plusieurs fromages, parfois du jambon, servis avec du pain, des oignons, du chutney et de la salade) et le ***shepherd's pie*** (une sorte de hachis Parmentier) ou tout simplement le ***scotch egg,*** un œuf dur, pané et frit avec de la chair à saucisse. Partout vous trouverez saucisses et ***mashed potatoes*** (ces dernières accompagnent quasi tous les plats). Le dimanche, faites comme tout le monde et essayez le ***sunday roast*** : tranches de *roast beef* accompagnées de *roast potatoes,* de légumes généralement très peu cuits et parfois de *Yorkshire pudding,* le tout baignant dans un océan de sauce *gravy.* Après ça, hop, à la sieste !
Mais ce serait oublier les ***gastropubs*** qui fleurissent un peu partout en Angleterre. Contraction de « pub » et de « gastronomique », ces pubs nouvelle génération revendiquent une cuisine plus créative, souvent inspirée par les saveurs méditerranéennes et faisant la part belle aux bons produits du terroir. C'est sans doute là que vous ferez vos meilleurs repas, à un prix encore raisonnable.

Habitudes culinaires

– Le ***full English breakfast*** (petit déjeuner traditionnel) comprend diverses *cereals,* dont le porridge (bouillie d'avoine au lait). Viennent ensuite des œufs (*fried, scrambled, poached,* en omelette...), du bacon, des saucisses, des *hash browns* (galettes de pomme de terre), des *baked beans* (haricots à la sauce tomate) *on toast,* parfois des champignons frits, du poisson fumé (kipper ou haddock) ou encore du *black pudding* (boudin noir à l'orge ou à l'avoine). Pour terminer, des toasts beurrés (*brown* ou *white*) accompagnés de marmelade d'orange. Et comme boisson, thé, café et jus de fruits. Ça va, vous êtes calé ? Cette tradition demeure vivace, notamment le week-end.
– Les Britanniques mangent globalement ***plus tôt qu'en France,*** et il est parfois difficile de se faire servir un dîner après 20h dans les petites villes. Le midi, ils font rarement un « vrai repas », se contentant souvent d'une soupe, d'un snack léger ou d'un sandwich. Sauf le dimanche pour le traditionnel ***roast dinner*** qui, comme son nom ne l'indique pas, se partage en famille le midi. Il est cependant très facile de manger *all day long,* car beaucoup de restos et pubs assurent un service continu, tout au moins en ville.
– Les célèbres ***fish & chips*** permettent de manger sur le pouce pour pas cher, du moins dans les *take-away,* affectueusement surnommés « *chippy* ». En revanche,

dans ces endroits, c'est souvent très graillonneux. Si vous voulez goûter à un *fish & chips* doré, croustillant et préparé dans les règles de l'art, dans un pub ou un resto, il vous en coûtera facilement 8-12 £. Dans tous les cas, c'est le choix du poisson qui détermine le prix (et la qualité) du plat ; les meilleurs étant à base de morue *(cod)* ou d'églefin (haddock). Vient ensuite le choix et la température de l'huile, la recette de la « *battered* » qui vient envelopper le poisson. On vous le dit et le répète, le pire côtoie le meilleur...

LES PREMIERS FAST-FOOD DU MONDE

Dès le XVIIe s, les fish & chips *envahirent les quartiers populaires. Le poisson frit fut importé par les juifs séfarades du Portugal. La morue était pêchée au large de l'Islande. Cette nourriture bon marché, assaisonnée d'un peu de vinaigre et emballée dans du papier journal, empêcha bien des famines. Mais l'encre d'imprimerie n'est pas géniale pour la santé et fut interdite en 1980 au profit des petites barquettes. Depuis, la presse va de mal en pis !*

– Dans les ***boulangeries,*** voyez les ***rolls*** fourrés, pour trois fois rien, et les ***pies*** (tourtes salées) à la viande ou aux légumes. *Eat* ou *Pret à Manger* sont deux chaînes qui proposent des sandwichs d'une fraîcheur et d'une qualité irréprochables. En Cornouailles, ne manquez pas le ***cornish pasty,*** un très nourrissant chausson à la viande ou aux légumes.

– ***Les restaurants chinois et japonais*** offrent une cuisine de qualité inégale, comme partout, mais les meilleurs d'entre eux sont dignes d'éloges. Ils présentent l'avantage d'avoir des horaires d'ouverture plus souples.

OPÉRATION MAINS PROPRES

C'est un Anglais, sir John Montagu, comte de Sandwich, qui est à l'origine du mot « sandwich ». En 1762, refusant d'interrompre une partie de cartes, il se fit servir de la viande froide et du fromage entre deux tranches de pain, de manière à ne pas se salir les mains ni graisser les cartes.

– Il serait criminel de quitter le Royaume-Uni sans avoir goûté la ***cuisine indienne*** (ou pakistanaise), représentée quasiment partout. C'est une cuisine riche en saveurs, beaucoup plus authentique que celle servie en France. Elle fait partie intégrante du paysage culinaire britannique d'aujourd'hui.

– Il ne faut pas oublier la passion des Britanniques pour les animaux ! De plus, une part non négligeable de la population est d'origine indienne, de confession sikh ou hindoue et donc traditionnellement végétarienne. Sans compter les problèmes de la vache folle qui ont suscité des prises de conscience et, de fait, sensiblement modifié les habitudes alimentaires. Rien d'étonnant donc à ce qu'environ 12 % des habitants soient ***végétariens*** (trois fois plus qu'en France). D'ailleurs, les restaurants proposent presque systématiquement un menu végétarien (voire *vegan*), tout comme les hôtels et *B & B* qui offrent généralement une alternative au traditionnel *full English breakfast.* Les produits *veggies* sont estampillés « V ». Facile !

BON MÉLANGE

La sauce Worcestershire, typiquement anglaise, au goût très prononcé et au nom... imprononçable, a été inventée en 1835. Un lord anglais souhaitait retrouver le goût d'une sauce découverte au Bengale. On mélangea alors du vinaigre, de la mélasse, des oignons, de l'anchois, de l'ail et... c'était infâme ! 2 ans plus tard, ils retrouvèrent le flacon à la cave, goûtèrent et... adorèrent cette sauce fermentée. Depuis plus de 135 ans, le succès ne se dément pas.

– ***Le fromage*** (généralement à pâte cuite) existe bel et bien, et les Anglais en sont fiers, à juste titre. Vous serez peut-être étonné d'apprendre que le Royaume-Uni compte plus de 700 variétés de fromage à son répertoire ! On vous le servira traditionnellement pour un *supper,* c'est-à-dire en fin de soirée, après le dessert. Essayez le ***cheddar*** ou encore les fromages bleus comme le ***Dorset Blue Vinney*** ou le ***stilton*** servis avec des crackers, en sirotant un verre de porto (mais oui !) et accompagnés d'une branche de céleri. Fermiers et au lait cru, ces fromages sont tout simplement délicieux ! Évitez, en revanche, les « savons » pasteurisés qui inondent les rayons de supermarchés.

– Au pays de Galles, on vous proposera quelques spécialités comme le ***cawl cennin,*** une épaisse soupe de poireaux, ainsi qu'une soixantaine de variétés de *buns* (commençant toutes par le mot *bara*), le plus connu étant le ***bara brith,*** à déguster en tranches tartinées de beurre. Une autre spécialité est le ***Welsh rarebit,*** du fromage fondu dans la bière, mélangé à du beurre et de la moutarde et passé au four. Également le ***laverbread,*** sorte de pâte à base d'algues pas très ragoûtante à accommoder avec toutes sortes de plats.

CURIEUX, NON ?

– On croit souvent que les Britanniques surnomment les Français ***froggies*** parce qu'ils mangent des cuisses de grenouilles. Pas du tout. Ce surnom date de Clovis qui arborait trois crapauds en guise d'armoiries royales.

– ***On ne serre jamais la main d'un Britannique,*** sauf quand on le voit pour la première fois. Quant à la bise, n'y songez même pas ! En revanche, un inconnu peut vous appeler *darling, honey* ou même *love* sans problème ! Et entre amis ou en famille, c'est le *hug* qui est de mise, une franche accolade.

– Aussi surprenant que cela paraisse, ***les Britanniques consomment plus de vin que de bière*** depuis le milieu des années 1990 ! La Grande-Bretagne en produit même, du Kent au nord du pays de Galles, y compris des vins pétillants...

– C'est une institution datant de l'époque victorienne qui provoque la jalousie du reste du monde civilisé : les ***toilettes publiques.*** Elles sont gratuites, bien entretenues, et on en trouve partout. Quand vous irez vous soulager dans un de ces hauts lieux de la civilisation britannique, vous aurez une petite pensée émue pour la louable BTA (British Toilet Association), qui lutte pour la survie et l'adaptabilité à tous de ces lieux d'aisance. Obole bienvenue !

13 EMBARRASSANT

Si ce chiffre évoque parfois la chance chez les francophones, c'est un signe de malheur chez les Anglo-Saxons (13 à table, lors de la Cène du Christ). Résultat, en Angleterre, une maison située au n° 13 vaut moins cher qu'au n° 12 ou au 14. D'ailleurs, pas de chambre n° 13 dans les hôtels ni de rang n° 13 dans les avions britanniques.

– Les ***prises électriques*** comportent toujours trois fiches (« adaptateur » se dit *adaptor*) et sont surtout munies d'interrupteurs. Pensez à presser sur « on » avant d'aller vous plaindre à la réception ou au proprio !

– Concernant les ***douches*** dans certains *B & B* et hôtels, ne vous étonnez pas si vous devez presser un bouton électrique à l'intérieur même de la cabine pour que l'eau coule. Mode d'emploi non fourni !

– L'*Union Jack* fait la force : le ***drapeau britannique*** est constitué de la juxtaposition de symboles évoquant trois pays, l'Angleterre avec ses deux médianes blanches ornées d'une croix rouge, l'Écosse avec ses diagonales blanches sur fond bleu et enfin l'Irlande du Nord (un étendard blanc et ses diagonales rouges). Curieusement, le pays de Galles, avec son dragon rouge et ses couleurs blanc et vert, a été oublié !

– Si ***les Britanniques roulent à gauche,*** cela remonte au Moyen Âge. Les cavaliers préféraient se tenir du côté gauche de la chaussée, parce qu'en cas d'attaque il était plus facile de dégainer de la main droite en faisant face à l'adversaire. Napoléon imposera la conduite à droite dans toute l'Europe conquise, juste pour énerver ses ennemis britanniques.

– Ne rigolez pas avec la cérémonie du ***tea-time.*** Le thé se sert dans un mug ou dans des tasses en porcelaine (anglaise). On verse le lait après le thé (c'est l'inverse en Irlande !). On ne trempe jamais ses toasts dans son thé et on se sert en confiture avec un couteau et non une cuillère.

LE CHAPEAU MELON

À l'origine, ce couvre-chef (derby hat *en anglais) fut évidemment imaginé par les Anglais. La tête des gardes-chasse était ainsi protégée des branches basses lors des chasses à courre.*

– ***Le fromage*** se prend généralement en fin de repas, après le dessert et avec des crackers... et parfois avec un doigt de porto. On appelle cela le *supper.*

– ***Souriez, vous êtes filmé !*** Dans bon nombre de villes anglaises, pas un centimètre carré ne semble échapper à la vigilance des caméras. La vidéosurveillance est omniprésente, y compris dans le bus.

– Chaque ***centenaire*** reçoit le jour de son anniversaire un courrier de la reine en personne, qui s'y connaît en termes de longévité !

– Dans l'enceinte d'un théâtre, on ne prononce jamais le mot « ***Macbeth*** » qui porte malchance. On dit pudiquement « The scottish play » (la pièce écossaise).

– Plutôt que de souhaiter « Bonne chance » avant un événement important, préférer le sympathique « ***Break a leg*** » (casse-toi une jambe !).

– Pour la plupart des Britanniques, croiser un chat noir... porte chance.

– Après avoir mangé un œuf à la coque, on en perce la coquille avec la cuillère pour que le démon s'en échappe.

– Avis aux (bons) Français en goguette : en Grande-Bretagne, la ***file d'attente*** se respecte à la lettre !

– Merry Xmas or Happy new year ? Les Britanniques s'envoient massivement des ***cartes avant Noël*** et pas après le Jour de l'an.

– Il y a deux et deux : ***brandir l'index et le majeur*** avec la paume vers l'avant est un signe de victoire. En revanche le même geste en tournant le dos de la main vers son locuteur lui intime... d'« aller se faire voir » ! *No confusion, please...*

DROITS DE L'HOMME

Une fois le Brexit achevé, le Royaume-Uni – excepté peut-être l'Écosse, si elle décide de rallier l'Union européenne – n'aura plus de comptes à rendre à la Cour européenne des Droits de l'homme. C'était l'un des arguments les plus percutants des europhobes, agacés par les remontrances de l'Union européenne envers les lois antiterroristes du pays, ou le refus d'accorder le droit de vote aux prisonniers. Mais alors que la nouvelle ministre de la Justice a déclaré vouloir remplacer la Loi sur les droits humains (intégrant la Convention européenne du même nom) par une Charte britannique des droits, cette décision ne devrait cependant pas se concrétiser avant la fin du processus.

SANS PAPIERS

Chez les Anglais, une règle préserve le droit de tous les citoyens, depuis des siècles : l'Habeas Corpus. *Cette loi garantit à une personne arrêtée d'être présentée très rapidement à un juge qui décide de la validité de son arrestation. S'il n'y a pas de délit, elle est libérée aussitôt. En Angleterre, on peut donc se promener sans avoir de carte d'identité. Ce n'est pas le cas ailleurs !*

Que l'on se rassure, le Royaume-Uni demeure l'un des pays d'origine des libertés civiles (se reporter à « Histoire »), et reste signataire de tous les traités relatifs aux droits humains. Mais l'Union s'inquiète de l'avenir des quelque trois millions de ses ressortissants qui risquent de perdre une partie de leurs droits. Les tenants du Brexit ont en effet violemment fait campagne contre eux, et notamment contre les nombreux travailleurs venus des États de l'est de l'Europe.

Autre peur agitée par les europhobes, l'afflux – très relatif – de migrants et de réfugiés, dont beaucoup cherchent à gagner le Royaume-Uni pour des raisons familiales, économiques (le travail au noir y est très important), ou encore parce que la carte d'identité n'y existe pas. À noter que dans les semaines qui ont suivi le vote du Brexit, les actes xénophobes ont connu une très forte augmentation dans le pays. Mais sur cette question, le choix du Brexit risque peut-être de compliquer les affaires des autorités. La France pourrait demander à terme de renégocier l'accord bilatéral qui fixe la frontière du côté français de la Manche, et l'Union pourrait refuser le renvoi des demandeurs d'asile vers son territoire.

Autre sujet d'appréhension, les effets du Brexit pourraient, en cas de scénario noir, fortement frapper les classes les plus populaires. Le Royaume-Uni compte en effet de nombreux « travailleurs pauvres », et depuis quelques années les SDF se sont multipliés dans les rues des grandes villes. Une récession prolongée, comme le prédisent certains économistes, pourrait aggraver encore plus leur situation, déjà détériorée par des coupes massives dans les programmes sociaux.

Dans un tout autre domaine, une loi sur les pouvoirs d'enquête (IPA) a été promulguée en novembre 2016, qui permet une ingérence dans les communications et les informations privées beaucoup plus importante, tant au Royaume-Uni qu'à l'étranger. *Amnesty International,* basée à Londres, regrette en outre que ces pratiques ne soient pas subordonnées à l'obtention d'une autorisation judiciaire préalable claire. Rappelons à ce titre que le fondateur de Wikileaks, Julian Assange, est toujours réfugié à l'ambassade d'Équateur à Londres, risquant une arrestation dès sa sortie. Une situation qu'un groupe de travail des Nations unies a qualifiée de « détention arbitraire ».

Pour en savoir plus, contactez :

■ ***Fédération internationale des Droits de l'homme (FIDH) :*** *17, passage de la Main-d'Or, 75011 Paris. ☎ 01-43-55-25-18. • fidh.org • Ⓜ Ledru-Rollin.*

■ ***Amnesty International*** *(section française) : 72-76, bd de la Villette, 75019 Paris. ☎ 01-53-38-65-65. • amnesty.org/fr/ • Ⓜ Belleville ou Colonel-Fabien.*

N'oublions pas qu'en France aussi les organisations de défense des Droits de l'homme continuent de se battre contre les discriminations, le racisme et en faveur de l'intégration des plus démunis.

ÉCONOMIE

Le Royaume-Uni appartient au **club très fermé des membres du G8,** le club des pays les plus riches du monde.

La richesse n'est toutefois pas équitablement répartie, loin de là. **Onze années de thatchérisme** (années 1980) ont laissé le secteur de la santé et des équipements collectifs en piteux état, et le dynamisme de la City ne peut masquer le **marasme du Nord,** éternellement en douloureuse reconversion industrielle.

FAIRE FEU DE TOUT BOIS

Après avoir jeté les classes populaires dans la plus grande des précarités, Margaret Thatcher s'empressa de mettre à profit ses relations en se faisant rémunérer par le puissant fabricant de tabac Philip Morris. Dans le plus grand secret.

La dernière mine de charbon britannique (de celles qui avaient tenu tête à Thatcher) a d'ailleurs fermé en 2015. Le pays en avait compté jusque 1 330 dans les années 1950. À noter au passage qu'en 2016, **l'énergie éolienne a supplanté** pour la première **fois l'énergie thermique** (produite par le charbon).
Suite à la crise financière de 2008, l'économie britannique a tenu le choc, mais au prix d'une forte **recrudescence des emplois précaires** et de la plus **forte baisse du pouvoir d'achat** des Britanniques depuis la crise de 1930, le tout orchestré par le Premier ministre conservateur, David Cameron (élu en 2010) puis par Theresa May, arrivée au pouvoir en 2016. Les **services publics** sont tout particulièrement visés, de nombreux postes de fonctionnaires sont supprimés dans **l'Éducation** et **la Santé** notamment. Le débat sur le **Brexit,** enclenché suite au référendum de juin 2016 (51,9 % en faveur du « Out ») divise plus que jamais la société anglaise autour de la question des migrants. Un véritable coup de tonnerre pour l'avenir de l'Union européenne. Malgré une étonnante capacité de résistance de l'économie britannique en 2017 – avant le démarrage des négociations avec l'Europe –, **les plus grandes incertitudes** se dessinent pour l'économie et surtout la société outre-Manche qui a vite déchanté suite à son choix de sortie de l'Union.
Ce processus colossal de négociations est mené d'une main ferme par la Premier ministre conservatrice Theresa May (qui avait pourtant plaidé pour le maintien durant la campagne !), mais celle-ci est fragilisée suite aux **élections législatives de juin 2017** qu'elle avait pourtant suscitées par surprise. Ces négociations doivent détricoter plus de 40 années de textes législatifs élaborés dans le cadre de l'Union européenne. Statut des Britanniques habitant ailleurs en Europe, aides à l'agriculture, recherche, échanges commerciaux... Aucun ministère n'est épargné et les Britanniques risquent de payer au prix fort ce choix désastreux pour eux et pour l'Europe, alors que cette dernière semble clairement peu encline aux concessions. Elle a présenté en préalable une facture de plus de 50 milliards d'euros. Ça fait cher les frais de dossier !

HISTOIRE RECENTE

Déjà en 1975, le Royaume-Uni organisait un référendum sur sa sortie ou non de l'Europe. Le premier ministre travailliste s'appelait Harold Wilson. David Cameron avait 8 ans. Comme en 2016, le premier ministre était pour le maintien et s'évertua à convaincre les plus eurosceptiques de son parti. Résultat : 67,2 % des Britanniques choisirent de rester dans la CEE, qui comptait alors 9 membres.

ENFANTS

Si l'on met de côté le problème du budget, l'Angleterre s'avère une destination géniale en famille. Déjà, il est bon de préciser que la plupart des hôtels, *B & B* ou AJ proposent des ***chambres familiales,*** ce qui permet d'alléger les frais d'hébergement. Quant aux musées, quand ils ne sont pas gratuits ils proposent des « ***forfaits famille*** ».
Le moins que l'on puisse dire, en tout cas, c'est que du côté de l'accueil « jeune public » dans les ***musées,*** les Anglais font très fort. On peut toucher, écouter, se déguiser, s'amuser... Voilà pourquoi il n'est pas rare que les musées anglais ressemblent à une ruche bourdonnante, bien loin de l'image que l'on se fait en France du musée-mausolée où doit régner un silence quasi religieux... Ici, pas de doute, vos enfants ne s'ennuieront pas une seconde !
Ces mêmes musées abritent des ***cafétérias,*** souvent très agréables, parfaites à l'heure du déjeuner. ***Le soir, on mange tôt,*** ce qui s'avère bien pratique avec des enfants en bas âge. Quant à la cuisine de pub, elle ne bouleversera pas les habitudes des plus grands et leur plaira même sûrement.
Encore faut-il savoir que de 14 à 18 ans, l'admission se fait à la discrétion du patron. Bien évidemment, interdiction de consommer des boissons alcoolisées.

Exception faite pour les ***family pubs*** qui indiquent clairement « *children welcome* » à certaines heures et proposent des jeux et des menus adaptés. Sinon, il existe un choix large de restos exotiques... Ainsi, tout en perfectionnant leur anglais, vos enfants pourront s'initier aux saveurs du monde !

ENVIRONNEMENT

Malgré une déforestation passée abusive, le Royaume-Uni est un pays où les ***parcs nationaux*** – 12 en Angleterre et au pays de Galles – bénéficient d'une incomparable protection, un modèle dans le genre. Le ***National Trust,*** créé en 1885, travaille par ailleurs à la préservation de lieux d'intérêt historique et d'espaces naturels : plus de 500 demeures, jardins historiques et réserves naturelles, plus de 1 100 km de côtes, 4,5 millions de membres et plus de 60 000 volontaires, un passe-temps national parmi les jeunes et les retraités !
Quelques particularités britanniques : la ***randonnée*** et le ***birdwatching*** (l'ornithologie), l'un allant souvent avec l'autre. À titre de comparaison : la ***RSPB*** *(Royal Society for the Protection of Birds),* créée en 1889, compte plus de 1 million d'adhérents, dont 200 000 jeunes, contre environ 45 000 pour son équivalent français, la LPO (Ligue pour la protection des oiseaux) et gère 200 réserves naturelles.
Sur la route, rappelons que ***Londres*** fut la première grande capitale à instaurer le ***péage pour les véhicules*** motorisés en centre-ville. Il faut dire qu'il y avait urgence ! La forte densité de voitures et de camions sur les routes et surtout les autoroutes (gratuites) du pays a de quoi déconcerter les copains d'outre-Manche fraîchement débarqués.
Enfin et surtout, grâce à un programme de subventions publiques très volontariste, le Royaume-Uni est devenu en seulement une décennie le ***leader européen de l'énergie éolienne*** (off-shore ou on-shore) avec 7 500 turbines en mai 2017. Et de nombreux projets attendent dans les cartons pour atteindre une capacité de 14 GW en 2020. Le plus grand parc éolien (800 turbines), au large de Hull dans le Nord-Est, non visible de la côte, fournira à terme l'électricité pour 2 millions de foyers. Et que dire des projets de lagunes artificielles à Swansea et Cardiff pour construire des usines marémotrices capables d'alimenter la moitié du pays de Galles ? Une chose est sûre, le Royaume-Uni ne traîne pas la patte !

FÊTES ET JOURS FÉRIÉS

Fêtes et festivals

– ***Bath Literature Festival :*** *fin fév-début mars.* Tous les plus grands écrivains anglo-saxons y sont passés ou y passeront. • *bathfestivals.org.uk/literature/* •
– ***Oxford and Cambridge Boat Race :*** *1er dim d'avr à Londres.* La fameuse course d'aviron entre les universités mythiques et rivales du nord de la capitale. Départ de Putney Bridge et arrivée avant Chiswick Bridge. • *theboatraces.org* •
– ***Brighton Festival :*** *3 sem en mai.* L'un des plus grands festivals d'art en Angleterre. Parades, pièces de théâtre, concerts, etc. • *brightonfestival.org* •
– ***Festival de l'île de Wight :*** *mi-juin.* Tout le monde pensait le festival mort et enterré, depuis le fameux rassemblement de 1970. Depuis 2002, les oreilles

> ***BRITISH PROTOCOL***
>
> *Si vous êtes invité à l'anniversaire de la reine, faites gaffe : elle est née un 21 avril mais on souffle les bougies le 12 juin. Pourquoi ? Car le climat est moins pluvieux et plus propice aux défilés en extérieur. Sinon, on s'adresse à la reine aussi bien en anglais qu'en français (ouf !). Elle est bilingue à tel point qu'elle connaît même des chansons de Tino Rossi. En revanche, on évitera « Majesté ». Elle préfère « Ma'am».*

adeptes de bon rock viennent à nouveau écouter une sélection de groupes variés, du plus vieux au plus récent. • *isleofwightfestival.com* •

– ***Glastonbury Festival :*** *(en principe) 3 j. fin juin.* La ville accueille un mythique festival de rock rassemblant des milliers de personnes dans une chaude ambiance depuis 1970. • *glastonburyfestivals.co.uk* •

– ***Newcastle Hoppings Funfair :*** *la dernière quinzaine de juin.* L'une des plus grandes fêtes foraines d'Europe. • *hoppingsfunfairs.com* •

– ***Llangollen International Musical Eisteddfod :*** *1 sem en juil.* Célébration de l'âme galloise à Llangollen (pays de Galles) par des invités d'une cinquantaine de pays. Musique, danse, concerts et animations de rues. • *international-eisteddfod.co.uk* •

– ***Courses de chevaux d'Ascot (Berkshire) :*** à Ascot ! Fin juillet principalement, pour le « Diamond Day », la course préférée de la reine.

Et puis, dans chaque ville, vous trouverez nombre de fêtes et festivals.

LE COMTE EST BON

On doit le derby d'Epsom au comte de Derby, 12e du nom, dont l'un des aïeux fut même pressenti pour la couronne anglaise. Il aimait les chevaux au plus haut point et créa, en 1779, cette course hippique de plat pour les chevaux de 3 ans. Le derby a gardé le nom de son inventeur, même si, aujourd'hui, ce terme est davantage utilisé pour... un match de foot.

Jours fériés *(Bank holidays)*

Ce sont les 1er janvier *(New Year's Day),* Vendredi saint *(Good Friday),* lundi de Pâques *(Easter Monday),* 1er lundi de mai (*May Day,* correspond à notre 1er mai), dernier lundi de mai *(Spring Bank Holiday),* dernier lundi d'août *(Summer Bank Holiday),* 25 décembre *(Christmas Day)* et 26 décembre *(Boxing Day).*

Les administrations sont fermées, les transports fonctionnent au ralenti. La plupart des musées ferment.

GÉOGRAPHIE

L'île par excellence : l'insularité définit foncièrement la Grande-Bretagne, tant d'un point de vue géographique que politique et humain. Mais insularité ne signifie pas homogénéité. Sur 1 000 km du Nord au Sud se déploient ainsi une très grande variété de paysages, des vieux massifs cambriens des monts Pennine ou du pays de Galles aux littoraux rocheux (Cornouailles), profondément découpés et pénétrés par des bras de mer aux larges estuaires, comparables à la Tamise. Le climat british, océanique et humide, assure une bonne alimentation des rivières et procure aux herbages un vert incomparable, mais aussi des inondations hivernales particulièrement impressionnantes et dévastatrices ! La plus grande partie de la population (urbanisée à plus de 90 %) se concentre dans le Sud, qualifié de « jardin de l'Angleterre », qui dispose des sols les plus fertiles. Au sud également, des côtes plus rectilignes, bordées de falaises calcaires et qui ont donné à l'Angleterre le surnom d'Albion (du latin *albus,* « blanc »). L'Écosse mise à part, le plus haut point culmine à 1 085 m et se nomme le

L'ANCÊTRE DES TOUR-OPÉRATEURS

Thomas Cook était un baptiste, membre d'une association antialcoolique. Pour lutter contre le fléau des ouvriers qui s'enivraient au pub, il eut l'idée d'organiser en 1841 un voyage en train au départ de Leicester pour 500 militants. Le but était d'aller à une kermesse à 19 km. Il créa ainsi la première agence de voyages au monde.

mont Snowdon, au pays de Galles. Le sommet de l'Angleterre seule, le *Scafell Pike,* culminant à 978 m, se trouve quant à lui dans le Lake District.

HISTOIRE

La préhistoire et les Romains

Il y a environ ***9 000 ans av. J.-C.,*** la Grande-Bretagne n'était pas encore une île. Ainsi, c'est une ***peuplade d'origine ibérique*** qui érigea vers le IIIe millénaire av. J.-C. des mégalithes sur les côtes sud et ouest de l'archipel britannique.
Un des monuments préhistoriques les plus connus en Europe se trouve d'ailleurs à ***Stonehenge.*** Édifié à partir de 2500 av. J.-C., ce gigantesque assemblage de pierres dressées, devenu haut lieu religieux, représente un travail de construction complexe, comparable à celui des pyramides.
C'est ***César*** qui baptisa cette île ***Britannia.*** Les Romains considéraient Britannia comme le bout du monde, et c'est plutôt pour le prestige que César organisera des expéditions en 55 et 54 av. J.-C. Ce n'est qu'en 43 apr. J.-C. que la vraie invasion eut lieu, sous Claudius.
Exaspéré par les hordes insoumises d'Écossais qui pillaient sans relâche les plaines fertiles du nord de l'Angleterre, l'empereur ***Hadrien*** – après une visite en 122 apr. J.-C. – tenta de les contenir en construisant ***le fameux mur*** qui porte son nom. Il s'étendait sur 117 km d'une côte à l'autre. En 407, les derniers Romains quittèrent l'Angleterre, chassés par des révoltes de plus en plus fréquentes.
Des peuplades germaniques – les Angles (Hollande), les Saxons (Allemagne) et les Jutes (Danemark) – débarquèrent à leur tour puis, après des luttes féroces, parvinrent à créer ***sept royaumes au centre et dans l'est du pays.*** Les populations celtes furent repoussées vers les Cornouailles et le pays de Galles, certaines traversant même la mer pour échouer en Irlande ou en Armorique (nos Bretons viennent donc de... Grande-Bretagne).
Les ***Anglo-Saxons*** se convertirent au christianisme dès la fin du VIe s et saint Augustin – alors missionnaire envoyé par Rome – devint archevêque de Canterbury. Ce titre désigne encore aujourd'hui le plus haut prélat de l'Église anglicane (Rome ne voulant pas annuler le premier mariage d'Henry VIII avec Catherine d'Aragon, c'est sous son règne, en 1534, que la rupture avec le catholicisme se produisit). On créa alors l'anglicanisme.

Guillaume le Conquérant et l'influence normande

La dernière ***invasion de l'île*** fut celle de ***1066*** par ***Guillaume le Conquérant,*** alors duc de Normandie et vassal du roi de France. Le roi anglais Édouard le Confesseur (1042-1066) avait nommé comme successeur son cousin Guillaume, mais il changea d'avis sur son lit de mort et approuva le choix du Conseil : Harold Godwineson (son beau-frère). Guillaume, hors de lui, leva une armée de 6 000 hommes et partit de Dives-sur-Mer, près de Cabourg, pour l'Angleterre. Les deux armées se rencontrèrent à Hastings, où Harold fut vaincu et tué. Guillaume fut couronné le jour de Noël sous le nom de William.
Deux siècles d'influence normande allaient marquer l'Angleterre.
William I (Guillaume Ier), tout comme ses successeurs, passa le plus clair de son temps en France. ***Richard Ier Cœur de Lion*** (1189-1199) resta à peine 6 mois en Angleterre, consacrant le reste de son temps aux querelles internes françaises, puis à

GRANDEUR ET DÉCADENCE

Guillaume le Conquérant, l'un des plus grands rois du Moyen Âge, eut un enterrement misérable. La cérémonie eut lieu à l'église Saint-Étienne de Caen. Obèse, son ventre creva lors de la mise en bière, lâchant des odeurs insoutenables pour les participants.

la troisième croisade en Terre sainte. Son nom est souvent associé à *Robin Hood* ***(Robin des Bois)*** et à la forêt de Sherwood grâce aux scénaristes de Hollywood. La vérité historique demeure en fait très confuse.

La naissance d'une sensibilité nationale

Petit à petit – et surtout à cause d'une coutume répandue dans la noblesse selon laquelle les pères avaient tendance à léguer les terres normandes à un fils et les terres anglaises à un autre –, la séparation avec la France s'accentua et un ***sentiment nationaliste « anglais »*** se profila. Le roi de France Philippe II put ainsi récupérer la Normandie parce que le centre de gravité de la couronne anglaise s'était recentré sur l'île, et non plus en Normandie même.

Suite à une révolte des barons et du clergé contre les abus du roi John (Jean sans Terre, 1199-1216), la ***Magna Carta*** (Grande Charte) fut signée en 1215. Ce document, dont il existe encore quatre exemplaires originaux, est un pas important dans la longue marche vers la démocratie : il ***limite les pouvoirs du roi*** et établit des bases pour une ***véritable justice.*** Une des clauses, par exemple, est la suivante : « Aucun homme ne saurait être emprisonné sans être jugé et condamné selon la loi du pays... ». Certains passages furent même repris dans la déclaration d'indépendance américaine de 1776. Ce document contient l'expression d'une nation se démarquant du continent.

Édouard III, couronné en 1327, voulut faire valoir ses droits sur le royaume de France. Une guerre éclata entre les deux pays en 1337, la fameuse ***guerre de Cent Ans,*** improprement nommée puisqu'elle s'achèvera en 1453. L'Angleterre perd toutes ses possessions françaises à l'exception de Calais. Durant cette période, l'influence culturelle française connut un net recul. Le français, qui était jusque-là la langue officielle de la cour, fut délaissé pour donner naissance à une « vraie » langue anglaise.

QUAND ON PARLAIT LE FRANÇAIS

La fameuse devise britannique « Honni soit qui mal y pense » vit le jour en 1348. Alors qu'il dansait avec sa maîtresse, la comtesse de Salisbury, le roi Édouard III remarqua la jarretière de sa compagne détachée du haut de sa cuisse. Ni une ni deux, le roi se mit à genoux, la rattacha sans se défausser et, pour clouer le bec aux langues bien pendues, prononça ces fameuses paroles : « Honni soit qui mal y pense. » La devise était née, ainsi que l'ordre honorifique le plus ancien de la chevalerie anglaise : l'ordre de la Jarretière.

Puis vint la ***guerre des Deux-Roses,*** dont l'enjeu était la couronne anglaise, qui opposa la maison d'York (la rose blanche était son emblème) à la maison de Lancaster (la rose rouge), toutes deux issues de la dynastie des Plantagenêts. Une crise complexe, entraînant les familles les plus puissantes du royaume dans une lutte sanglante et fratricide. La maison d'York vit là une opportunité de s'emparer du trône détenu depuis toujours par la maison de Lancaster.

La couronne anglaise face au pays de Galles et à l'Écosse

Le sentiment nationaliste exprimé dans la *Magna Carta* eut une autre conséquence : le fils d'Henri III, Édouard Ier (1272-1307), tourna son attention vers le pays de Galles et l'Écosse. Une courte campagne – de 1276 à 1284 – eut raison de la résistance galloise, d'autant plus qu'Henri III avait reconnu le petit-fils de Llywelyn le Grand, Llywelyn ap Gruffudd, comme prince de Galles (titre porté par la suite par tous les fils aînés de la couronne britannique). Les ***Laws in Wales Acts de 1536 et 1542*** annexèrent définitivement le pays de Galles à l'Angleterre.

Les rapports entre celle-ci et l'Écosse furent très ambigus. Les *Lowlands* (Basses-Terres, partie sud de l'Écosse limitrophe avec l'Angleterre) subirent l'influence normande, mais les *Highlands* (Hautes-Terres) restèrent résolument celtes. Édouard Ier arracha la reconnaissance de sa suzeraineté à 13 chefs de clan en 1296 et tenta de conquérir l'Écosse sous ce prétexte, sans grand succès.
Puis vint James Stuart VI (1567-1625), roi d'Écosse (du clan Stewart), qui hérita du trône anglais par son arrière-grand-mère, fille d'Henri VII. Par le biais d'une succession de deux reines et d'un roi sans enfant, ***la couronne anglaise se retrouva*** donc ***sur la tête d'un roi écossais*** ! James VI d'Écosse prit le nom de Jacques d'Angleterre, où il établit sa cour. Désormais, l'Écosse eut toujours ses rois domiciliés en Angleterre, lesquels considéraient donc leur royaume d'un œil très « anglais » et le traitaient comme une province indisciplinée. En 1707, l'Écosse et l'Angleterre furent définitivement réunies par le très impopulaire ***Act of Union*** qui ramena néanmoins une certaine sérénité.

L'autre île : l'Irlande...

C'est le pape Adrien IV (un Anglais !) qui aurait reconnu à Henri II (1154-1189) la souveraineté de l'Irlande en 1154 ou 1155. Mais l'Angleterre n'entreprit la conquête de l'île qu'à partir de 1170. Il faudra attendre le règne des Tudors pour que l'influence anglaise s'étende à toute l'île. ***Henri VIII*** fut ***« promu » roi d'Irlande en 1541,*** mais ce pays ne céda qu'après une conquête sanglante. De 1608 à 1612, les Anglais ont jeté les bases d'une situation qui fait encore la une de nos journaux : l'***implantation massive de protestants écossais en Ulster,*** ce morceau d'Irlande toujours sous domination britannique. Puis, petit à petit, les propriétaires irlandais furent expulsés de leurs terres dans tout le pays et, en 1703, ils ne représentaient plus que 14 % du « domaine ». Vint ensuite ce terrible passage du ***Code pénal*** qui stipulait, entre autres, que la loi ne reconnaissait aucun droit à un homme qui se disait irlandais et catholique.
La suite de l'histoire irlandaise n'est que tragédies, allant d'oppressions en révoltes et de révoltes en répressions, traversant deux grandes famines de 1847 à 1851 (suite à une maladie de la pomme de terre), qui décimèrent les Irlandais. La population chuta de 11 à 4 millions d'habitants, la plupart victimes de la faim ou des maladies, que ce soit sur place ou dans les sinistres « bateaux-cercueils » en partance pour le Nouveau Monde. La Grande-Bretagne a ainsi signé les pages les plus noires et les plus honteuses de son histoire, sous les yeux indifférents de l'Europe.
En 1921, l'Irlande obtint – dans un bain de sang – le statut de ***Irish Free State,*** un « dominion » au sein de l'Empire britannique, puis devint une république en 1937 et quitta définitivement le Commonwealth en 1949. Mais l'Ulster, au nord du pays, reste britannique, à majorité protestante.

L'ère élisabéthaine

Élisabeth Ire, fille d'Henri VIII et d'Anne Boleyn (décapitée par son Barbe-Bleue de mari !), fut une grande reine (1558-1603). Elle plaça l'Angleterre sur une voie qui la mènera à l'hégémonie mondiale. À la mort de Marie Tudor (fille d'Henri VIII et de Catherine d'Aragon) en 1558, la France tenta de placer Marie Stuart – fille du roi d'Écosse – sur le trône anglais afin de conserver l'influence catholique des Tudors. Mais depuis la scission avec Rome sous Henri VIII, cette nouvelle influence catholique ne trouvait pas de résonance dans le pays. Élisabeth écarta Marie Stuart et s'imposa, résistant aux revendications de la France et de l'Espagne – dont elle brisera la puissance en détruisant sa flotte, l'Invincible Armada, en 1588. En plus d'avoir épanoui les élégances et les arts (Shakespeare), son règne fut une époque de ***prospérité économique et culturelle,*** et le commerce maritime connut un véritable essor. La Virginie (ainsi nommée d'après un surnom de la reine), première colonie anglaise en Amérique du Nord, naquit en 1584, et la Compagnie des Indes orientales fut fondée en 1600.

En 1605 se produisit un événement qui est encore fêté en Grande-Bretagne de nos jours. Un certain Guy Fawkes, fervent catholique scandalisé par l'oppression subie par les siens sous le règne du nouveau roi Jacques (l'Écossais), décida avec des complices de faire sauter le Parlement le 5 novembre, lors d'une séance où seraient présents le roi et ses ministres. L'attentat (connu sous le nom de ***plot powder***) échoua et Guy Fawkes fut exécuté devant le Parlement le 31 janvier 1606.

La guerre civile et Oliver Cromwell

Les rois et les reines se succèdent mais ne se ressemblent pas. Avec l'avènement de Charles Ier (1625-1649), l'Angleterre et le pays de Galles allaient connaître une guerre civile, puis une quasi-dictature militaire avec, à sa tête, ***Oliver Cromwell.*** Charles essaya de gouverner en bravant le Parlement, les rapports entre ce dernier et la couronne anglaise s'étant déjà détériorés sous le règne de Jacques Ier. Le conflit politique dégénéra avec, d'un côté, l'armée du Parlement menée par Cromwell et, de l'autre, celle de Charles Ier, soutenu par l'Écosse. De 1642 à 1651, les combats firent rage et se soldèrent par l'***exécution de Charles Ier, le 30 janvier 1649.*** Cromwell prit alors le titre de Lord Protector !
Les Écossais, partisans de l'héritier de Charles Ier, ***Charles II,*** donnèrent aussi du fil à retordre à Cromwell en 1650 et 1651. ***En 1653,*** celui-ci fit publier l'***Instrument of Government,*** qui fut la première Constitution écrite du pays. Cinq ans plus tard, à la mort de Cromwell, en 1658, son fils le remplaça brièvement avant la restauration de la monarchie, en 1660, avec le retour du roi Charles II. Une justice *post mortem* fut rendue, et les corps de Cromwell et de deux de ses compagnons furent exhumés, puis pendus comme traîtres à Tyburn, dans Hyde Park, à Londres. Fort du souvenir du sort de son père, Charles II gouverna avec habileté, manipulant le pouvoir plutôt que de risquer des chocs frontaux avec le Parlement. ***Guillaume III,*** docile, signa le ***Bill of Rights*** en 1***689,*** un acte qui limitait officiellement les prérogatives du roi. Un document très important, puisque la monarchie britannique ne remit plus jamais en question l'autorité du Parlement à partir de cette date.
Avec l'apparition, au XIXe s, de partis politiques puissants, l'espace de manœuvre des successeurs au trône se réduisit encore.
La reine Victoria (1837-1901) se vit totalement écartée du jeu politique, et la monarchie fut désormais considérée comme purement représentative, cérémonielle et traditionnelle. Mais en réalité, elle dispose encore de pouvoirs « théoriques » considérés comme une arme de sauvegarde en cas de décision anticonstitutionnelle prise par le Parlement ou par le gouvernement.

ET LA FAMILLE ROYALE CHANGEA DE NOM

Avec son mariage en 1840, la reine Victoria entra dans la lignée allemande des Saxe-Cobourg-Gotha. En 1917, le sentiment antigermanique était si fort que la famille royale britannique dut changer de nom. Elle choisit Windsor, la dénomination de son château le plus célèbre (et le plus vaste du monde).

Les autres îles

Les ***îles Anglo-Normandes*** furent la seule partie du duché de Normandie de Guillaume le Conquérant que Philippe II de France ne reprit pas en 1204. Ces îles ne font pas vraiment partie du Royaume-Uni, car elles ont leur propre gouvernement. Ces îles ont aussi leur propre monnaie, leurs services postaux et... des fiscalités très attractives ! Leur système législatif porte encore de petites traces du féodalisme et diffère légèrement des systèmes britanniques. En théorie, l'anglais et le français sont les langues officielles, et même si l'anglais prédomine largement, les étudiants en droit de l'île doivent passer 1 an dans une université en France, les documents se rapportant à la loi étant encore rédigés en français ! Dans la mer d'Irlande se trouve une autre île, un paradis fiscal renommé pour ses courses de motos (le « Tourist Trophy ») et ses chats sans queue : l'***île de Man.*** L'Angleterre et l'Écosse se disputèrent longtemps cette île, puis Édouard III d'Angleterre eut finalement le dernier mot.

L'Empire britannique

Au début du XXe s, l'Empire britannique représentait ***un cinquième de la surface du globe,*** ce qui permettait d'en parler comme d'un « Empire sur lequel le soleil ne se couche jamais ». Aujourd'hui, il en reste quelques miettes comme les îles Falkland (Malouines), les îles Macquaries et la Géorgie du Sud (non loin des côtes de l'Antarctique), Gibraltar (qui a rejeté en 2003 la cosouveraineté de l'Angleterre avec l'Espagne) et les Bermudes (Hong Kong a été rendue aux Chinois fin juin 1997). En revanche, la plupart des anciennes colonies font partie du ***Commonwealth,*** dont les ***52 pays membres*** (y compris l'Inde, mais pas la république d'Irlande) – qui représentent près de 30 % de la population mondiale – reconnaissent la reine comme souveraine symbolique.

De toutes les colonies, la ***perte des Indes en 1947*** fut certainement la plus douloureuse économiquement, mais aussi sentimentalement. Un Anglais sur trois tirait ses revenus directement ou indirectement des Indes. Mais malgré la période de colonisation, puis l'indépendance qui ne s'est pas passée sans heurts, il existait en filigrane une admiration et une fascination réciproques.

La société indienne – comme celle du Pakistan et du Bangladesh – porte encore des stigmates britanniques. L'armée pakistanaise, par exemple, possède de fabuleux orchestres de *bagpipes.* Là-bas, le cricket et le golf sont de vraies religions. Et dans les cercles huppés indiens, le *tea-time* et la moustache ne sont pas passés de mode. Aujourd'hui, la Grande-Bretagne compte plus d'un million d'immigrés provenant de l'ancienne colonie qui, hormis les problèmes de racisme sous-jacents, constituent une source d'enrichissement culturel extraordinaire.

L'Angleterre face à l'Europe...

La Grande-Bretagne a montré, à travers son histoire, son ***esprit d'indépendance,*** sa force de vaincre même, surtout lorsque les enjeux sont contre elle. Ses excentricités, son *fair play* – qui ne l'est pas toujours... – et son ***esprit fièrement insulaire*** font d'elle un voisin et un partenaire singulier, étonnamment proche et différent à la fois.

TERRE D'ASILE VIP

Après la Révolution de 1848, Louis-Philippe, craignant de subir le même sort que Louis XVI, se réfugia en Angleterre. Pour franchir la frontière, il prit le nom de Mr. Smith. Idem pour Napoléon III après la défaite de Sedan, en 1870. Ils décédèrent tous deux très vite après leur exil.

Churchill déjà, dans un discours, en 1940, déclarait à l'intention des Allemands : « Nous attendons toujours une quelconque invasion promise de longue date... Les poissons aussi. » Phrase qui tenait plus du bluff que d'autre chose. Car, de juin 1940 à juin 1941, date de l'attaque allemande contre l'Union soviétique, la Grande-Bretagne se retrouva seule face à la puissance du IIIe Reich, et personne ne donnait cher de sa capacité de résistance. La ***bataille d'Angleterre*** (août-octobre 1940) fut un tournant décisif dans l'histoire de la Seconde Guerre mondiale, tant moralement que stratégiquement. Et c'est en pesant ses mots que Churchill déclara après la victoire : « Jamais dans un conflit armé tant de gens n'ont été redevables à un si petit nombre. »

Quant au ***tunnel sous la Manche*** – longtemps redouté par certains de nos voisins insulaires –, Napoléon y avait déjà pensé. Des travaux de percement eurent lieu dans les années 1880, puis plus rien jusqu'à un autre projet examiné en 1964 et abandonné au début des années 1970. Des soubresauts qui ont finalement abouti au tunnel que nous connaissons aujourd'hui.

Mais paradoxalement, quand les Britanniques traversent la Manche, ils ont l'habitude de dire qu'ils vont en Europe. Un sentiment renforcé depuis le vote par ***référendum*** à 51,9 % de la sortie de l'Union européenne en ***juin 2016,*** le fameux ***Brexit*** ! Ils avaient toujours été majoritairement opposés à plus d'intégration politique et d'ingérence européenne dans leurs affaires. D'où la préservation de la monnaie nationale au moment du passage à l'euro et les nombreuses clauses d'exception négociées au fil du temps pour préserver un maximum d'indépendance... Ce référendum promis par David Cameron en 2015 n'eut pas le résultat escompté et beaucoup semblent ultérieurement se mordre les doigts de leur choix devant l'ampleur du désastre ! Que dire du sentiment d'abandon des plus de 700 000 Britanniques vivant en dehors des frontières de leur pays ? En mars 2017, le divorce avec l'Union européenne fut voté par le Parlement, ouvrant la voie à 2 années de négociations. Un processus de sortie complexe, coûteux et plein d'incertitudes face à une Union européenne peu disposée aux concessions.

OPÉRATION BERNHARD

Les nazis savaient que la fausse monnaie était un excellent moyen pour anéantir l'économie anglaise. L'Allemand Bernhard Krüger écuma les camps de concentration pour récupérer les meilleurs imprimeurs juifs. De faux billets furent produits, mais guère utilisés par les nazis. En revanche, la résistance juive s'en servit pour financer sa lutte contre les Britanniques pour l'indépendance d'Israël.

Principales dates historiques

- ***55 av. J.-C. :*** Jules César débarque en Grande-Bretagne. Colonisation romaine.
- ***410 :*** début des invasions anglo-saxonnes.
- ***Fin du IXe s :*** raids des Vikings.
- ***1066 :*** débarquement de Guillaume le Conquérant, duc de Normandie, en Angleterre. Bataille de Hastings, où il est vainqueur. En quelques années, les Normands vont achever la conquête de l'Angleterre.
- ***1284 :*** le pays de Galles est intégré au royaume d'Angleterre sous le règne d'Édouard Ier.
- ***1337-1453 :*** guerre de Cent Ans.
- ***1534 :*** Henri VIII, devant le refus du pape d'annuler son mariage, force l'Église d'Angleterre à le reconnaître pour chef.
- ***1542 :*** la deuxième *Laws in Wales Acts* (la première a été signée en 1536) annexe définitivement le pays de Galles à l'Angleterre.
- ***1563 :*** une « confession de foi » instaure définitivement l'anglicanisme.
- ***1587 :*** exécution de Marie Stuart, héritière du trône d'Angleterre, accusée de complot contre la reine Élisabeth Ire.
- ***1600 :*** création de la Compagnie des Indes orientales.
- ***1606 :*** union des couronnes d'Angleterre et d'Écosse sous le règne de James VI (Jacques Ier d'Angleterre).
- ***1649 :*** le roi Charles Ier est décapité à la hache.

V DE LA VICTOIRE

L'origine du V de la victoire date de la guerre de Cent Ans. Les Anglais et les Français se faisaient face au combat, où ils tiraient avec leur index et leur majeur à l'arc. Dès que les uns capturaient un de leurs ennemis, les autres lui tranchaient ces deux doigts afin de le rendre inoffensif. Pour attiser leur haine, les vaillants Anglais arboraient l'index et le majeur, par provocation.

– ***1650-1651 :*** l'Écosse est rattachée au nouveau régime du Commonwealth, suite à la guerre victorieuse menée par Cromwell.
– ***1666 :*** incendie de Londres, dont l'architecte Christopher Wren entreprend la reconstruction.
– ***1679 :*** vote par le Parlement de l'*Habeas Corpus* qui garantit les citoyens contre toute arrestation arbitraire.
– ***1707 :*** acte d'Union. Les deux royaumes d'Angleterre et d'Écosse sont définitivement réunis.
– ***1801 :*** union de l'Angleterre, du pays de Galles, de l'Écosse et de l'Irlande pour former le Royaume-Uni.
– ***1837 :*** avènement de la reine Victoria.
– ***1884 :*** le droit de vote est accordé aux hommes de toutes les classes du pays.
– ***1901 :*** mort de la reine Victoria, au terme d'un règne de 63 ans et 7 mois !
– ***1904 :*** Entente cordiale avec la France.
– ***1914 :*** le gouvernement britannique se range aux côtés de la France contre l'Empire germanique.
– ***1918 :*** les femmes de plus de 30 ans obtiennent le droit de vote.
– ***1921 :*** création de l'État libre d'Irlande, qui obtient le statut de dominion.
– ***1928 :*** les hommes et les femmes de plus de 21 ans ont le droit de vote.
– ***Septembre 1939 :*** la France et la Grande-Bretagne déclarent conjointement la guerre à Hitler.
– ***1940 :*** Winston Churchill succède à Chamberlain.
– ***1945 à 1951 :*** gouvernement travailliste d'Attlee, marqué par des nationalisations et des mesures sociales.
– ***1947 :*** l'Inde obtient l'indépendance. Le Pakistan aussi... Les Britanniques s'étant retirés sur la pointe des pieds, tout ce monde se massacre.
– ***1952 :*** avènement de la reine Élisabeth II. Le 9 septembre 2015, elle deviendra la reine britannique au règne le plus long.
– ***1973 :*** adhésion de la Grande-Bretagne au Marché commun.
– ***1979-1990 :*** gouvernement conservateur de Margaret Thatcher.
– ***1981 :*** dénationalisation partielle dans plusieurs secteurs de l'économie.
– ***1982 :*** guerre des Malouines (Falkland), gagnée par le Royaume-Uni.
– ***1987 :*** pour la troisième fois, le Parti conservateur, sous la houlette de Margaret Thatcher, remporte les élections législatives.
– ***1990 :*** lors des élections de novembre, n'ayant pas obtenu la majorité absolue de son parti, Margaret Thatcher démissionne. John Major est choisi par le Parti conservateur pour la remplacer.

LIAISONS DANGEREUSES

En 1937, quand Édouard VIII décida de renoncer au trône pour épouser une Américaine, Wallis Simpson, le scandale éclata ! Il faut dire que la jeune femme était deux fois divorcée, ce qui n'était pas du goût de l'Église anglicane. En vérité, le roi admirait un peu trop Hitler. D'ailleurs, le FBI savait que sa nouvelle épouse était la maîtresse de Von Ribbentrop, ambassadeur du IIIe Reich à Londres ! C'est moche...

REALITY SHOW

Pendant la Seconde Guerre mondiale, Sefton Delmer, travaillant pour les services secrets britanniques, organisa une énorme entreprise de déstabilisation contre l'armée allemande. Il créa une radio en allemand qui eut rapidement du succès dans la Wehrmacht, car tous les faits de guerre étaient exacts et la musique excellente. En revanche, on y évoquait parfois les sauteries des chefs nazis avec les femmes des soldats allemands qui étaient au front ou le fils de tel ministre qui était exempté d'armée... Cette propagande eut un impact terrible lors de leur défaite en Russie.

– ***1991 :*** John Major et le Parti conservateur remportent les élections à la Chambre des communes. La Grande-Bretagne, avec quelques réserves, signe le traité européen de Maastricht.
– ***1994 :*** ouverture du tunnel sous la Manche.
– ***1997 :*** l'élection de Tony Blair, leader du Parti travailliste, met fin à 18 ans de pouvoir conservateur. Dans la nuit du 30 au 31 août, la princesse Diana de Galles (Lady Di) meurt dans un accident de voiture à Paris.
– ***1999 :*** mise en place des Parlements écossais et gallois, à la suite des premières élections autonomes de 1997.
– ***2001 :*** « vache folle » et fièvre aphteuse font rage.
Tony Blair et le Parti travailliste *(Labour Party)* sont réélus haut la main.
– ***Avril 2002 :*** « *Queen Mum* » tire sa révérence à 102 ans.
– ***2003 :*** Tony Blair engage militairement l'Angleterre dans le conflit irakien, aux côtés des États-Unis, malgré une vive opposition du peuple britannique et la démission de membres de son gouvernement.
– ***2005 :*** Tony Blair est réélu pour la troisième fois à Downing Street. Des bombes explosent dans le métro et des bus de la capitale britannique, faisant de nombreuses victimes. Charles et Camilla se marient enfin.

SACRÉE *QUEEN MUM* !

Jusqu'à sa mort, la mère d'Élisabeth II était la préférée des « Royals » dans le cœur des Anglais. D'abord, elle avait la réputation de tenir l'alcool comme un marin, qualité toujours appréciée chez les Britanniques. Mais c'est surtout son courage pendant la guerre qui fit sa réputation. Jamais elle ne quitta Londres écrasé par les bombardements. Elle apprit même à tirer au pistolet, au cas où Hitler serait entré dans sa chambre...

– ***2007 :*** Tony Blair laisse la place à Gordon Brown après 10 ans aux manettes. Avant son départ, il aura réussi à parachever le processus de paix en Irlande du Nord.
– ***2008 :*** les balbutiements politiques de Gordon Brown aboutissent à une défaite des travaillistes *(Labour)* aux élections locales. Londres passe à droite avec le théâtral maire Boris Johnson.
– ***2009 :*** scandale des notes de frais des députés anglais, plusieurs démissionnent. Le Vatican pardonne aux Beatles d'avoir dit un jour qu'ils étaient plus célèbres que Jésus-Christ... 40 ans après !
– ***2010 :*** David Cameron devient Premier ministre.
– ***2011 :*** le 29 avril le prince William épouse Kate Middleton, dont les parents roturiers ont fait fortune dans les farces et attrapes. Coût de la cérémonie ? 150 millions d'euros. Et ce n'est pas une blague.
– ***2012 :*** Londres accueille les J.O. avec une cérémonie d'ouverture orchestrée par Danny Boyle et... la reine en *guest star.* Visiblement en forme, elle a déjà fêté son jubilé de diamant (60 ans de règne) en descendant la Tamise à Londres sur une barge d'apparat.

DEUXIÈME LANGUE

La reine Élisabeth II parle un français parfait et adore le bordeaux. Le prince William (2ᵉ dans la ligne de succession) a préféré apprendre le swahili, une langue d'Afrique de l'Est. Le vin est moins bon.

– ***2013 :*** Margaret Thatcher, l'ex-Dame de Fer, tire sa révérence à l'âge de 87 ans. Naissance de George, fils de William et Kate Windsor, et troisième héritier dans l'ordre de la couronne.
– ***2014 :*** le coup d'envoi du Tour de France est donné outre-Manche, dans le Yorkshire. En septembre, référendum sur l'indépendance de l'Écosse, le « non » l'emporte.
– ***2015 :*** ordination de la première femme évêque de l'Église anglicane depuis sa fondation en 1534. Naissance de Charlotte, 4ᵉ dans l'ordre de succession au trône royal tandis qu'à l'automne la reine Élisabeth II atteint le record de longévité au

pouvoir établi par la reine Victoria (63 ans, 7 mois et 2 jours). Jeremy Corbyn est élu à la tête du Parti travailliste et devient chef de l'opposition.
– ***2016 :*** référendum sur le Brexit (« British exit »), le « Out » l'emporte avec 51,9 % des voix, David Cameron laisse sa place à la conservatrice Theresa May. La reine fête ses 90 ans le 21 avril. Le travailliste Sadiq Khan est élu maire de Londres le 6 mai et devient le premier maire musulman d'une capitale occidentale.
– ***2017 :*** la reine fête le 6 février son jubilé de saphir (65 ans de règne, 13 Premiers ministres, plus d'une cinquantaine de chiens de la race corgi !). Le processus de sortie de l'Europe est enclenché par le Parlement en mars, l'Écosse envisage quant à elle un référendum sur sa sortie du Royaume-Uni. Attaque terroriste devant Westminster le 22 mars, à Manchester le 22 mai et à nouveau à Londres le 3 juin. Les élections législatives anticipées – et voulues par surprise par Theresa May pour asseoir définitivement sa légitimité pour négocier le Brexit – se soldent par un camouflet. La Premier ministre perd sa majorité absolue au parlement et doit faire alliance avec le parti extrémiste nord-irlandais DUP pour rester au pouvoir. Le leader travailliste Jeremy Corbyn marque à nouveau des points !

HUMOUR ANGLAIS ET DROIT À LA DIFFÉRENCE

Mais qui sont-ils ? L'ennemi héréditaire, la perfide Albion, a toujours eu le don d'irriter les continentaux. Son flegme a engendré chez les autres peuples à travers les âges un sentiment de méfiance. L'Angleterre est et restera une île, avec toutes les particularités que cela implique. Ignorer la réalité pour imposer sa propre vision du monde est un pilier de la philosophie anglaise. Dur, dur dans ces conditions de s'accorder avec les autres pays de l'Union européenne sur les modalités d'un Brexit aussi incompréhensible outre-Manche qu'inattendu. Les Français cultivent l'art de vivre, la table, les bons vins, la haute couture. Les Britanniques aiment à entretenir l'absurde et l'irrationnel. Les concours annuels des plus beaux légumes évoqués dans *Wallace et Gromit et le mystère du lapin-garou* ne sont pas une invention cinématographique, mais une vraie institution généralisée !

INIMITIÉS FRANCO-ANGLAISES

Même le vocabulaire a gardé des traces de ces luttes qui ont marqué les siècles. Ainsi, en français, prendre la fuite discrètement se dit « filer à l'anglaise », les Britanniques se sont vengés en traduisant « to take French leave ». Idem pour « capote anglaise » qui se dit « French letter ».

Aussi radicaux que pourront être les changements et les mixités résultant de l'immigration, l'excentricité restera une caractéristique nationale. Car c'est bien dans ce pays, encombré de petites maisons alignées et toutes pareilles, que le droit à la différence est vraiment une réalité. Que ce soient les modes extravagantes de la jeunesse ou les allures de ces vieux aristocrates qui siègent à la Chambre des lords, le fait est là : la Grande-Bretagne aime l'excentricité et la fantaisie. Le droit d'être différent, que ce soit à titre individuel ou en tant que nation (quitte à larguer les amarres avec l'Union européenne !), fait partie de l'héritage culturel de ce pays. On peut ainsi croiser un vendeur ou une vendeuse avec piercings et tatouages dans une boutique de luxe, ou encore une femme musulmane portant le foulard derrière un guichet de banque.

L'humour anglais

Les racines culturelles de ces comportements peuvent être recherchées jusque dans les légendes arthuriennes. La sublimation, la quête du Saint-Graal, le roi

Arthur et ses chevaliers de la Table ronde. Tout cela représente encore aujourd'hui les aspirations profondes de la noblesse anglaise et, par ricochet, celles de l'homme de la rue. Du conflit entre les petites mesquineries quotidiennes et les grandes envolées lyriques est né le goût de la dérision, et ce n'est pas sans raison que les *Monty Python* se sont attaqués au mythe arthurien dans leur cultissime film *Sacré Graal*.
Du coup, les Britanniques adorent être « vannés » et n'ont pas leur pareil pour se moquer d'eux-mêmes. La seule vraie insulte que vous pouvez leur faire est de leur dire qu'ils n'ont pas le sens de l'humour. Un des plus grands succès de librairie outre-Manche (32 éditions !) fut un livre extrêmement drôle et méchant sur le comportement anglais : *How to Be an Alien* (Penguin), écrit par George Mikes, un Hongrois. Il commence son livre ainsi : « Les continentaux pensent que la vie est un jeu ; les Anglais, eux, pensent que le cricket est un jeu ! » Et le reste à l'avenant...

MÉDIAS

Votre TV en français : TV5MONDE, la première chaîne culturelle francophone mondiale

Avec ses 11 chaînes et ses 14 langues de sous-titrage, TV5MONDE s'adresse à 320 millions de foyers dans plus de 198 pays du monde par câble, satellite et sur IPTV. Vous y retrouverez de l'information, du cinéma, du divertissement, du sport, des documentaires...
Grâce aux services pratiques de son site voyage • *voyage.tv5monde.com* •, vous pouvez préparer votre séjour et, une fois sur place, rester connecté avec les applications et le site • *tv5monde.com* • Demandez à votre hôtel le canal de diffusion de TV5MONDE et contactez • *tv5monde.com/contact* • pour toutes remarques.

Radio et télévision

Outre les radios privées, mentionnons évidemment *BBC Radio* (la *Beeb*) avec ses différentes stations dont le *World Service* qui lance toutes les heures le fameux *This is London*...
Côté chaînes télévisées, deux pour la *BBC*, la première chaîne programme des séries, des variétés et du sport, la seconde est plus culturelle. Également des chaînes supplémentaires sur le câble, dont *BBC News* et *CBeebies* pour les enfants (impec, pour tuer le temps à l'hôtel !), sans compter *ITV 1* (shows et docs sensationnalistes), *Channel 4* (idem)... Par ailleurs, des dizaines de millions de fidèles (radio, télé et Internet) dans le monde suivent les émissions de la BBC diffusées en plus de 35 langues.

REINE ET STAR

Le couronnement d'Élisabeth II, le 2 juin 1953, fut le premier événement international de la télévision naissante. Diffusé en direct dans six pays, il fut suivi par 100 millions de téléspectateurs. La reine portait un rouge à lèvres... bleu pour améliorer le contraste devant les 20 caméras. Des centaines de journalistes y assistèrent, dont Jackie Bouvier (future Jackie Kennedy).

Presse

Tous les patrons de presse français restent pantois devant les tirages des journaux anglais. Les Anglais lisent énormément, vous en aurez la preuve partout dans le pays. Il faut reconnaître qu'ils ont le choix. On peut diviser les quotidiens en trois catégories : d'abord la presse dite « sérieuse », avec le *Times*, le *Guardian*, le *Daily Telegraph* et *The Independent,* qui réservent une large place à la politique et aux analyses diverses. Le *Financial Times* est l'outil indispensable des businessmen de la City. Ensuite, la presse dite de « *middle-market* », à cheval entre presse sérieuse et presse de caniveau (mais plus proche de cette dernière) : le *Daily Express* et le *Daily Mail* en offrent un bon exemple. Entre les questions politiques traitées sous l'angle populiste et les pages de faits divers montés en épingle, pas grand-chose à en retenir ! Enfin, la presse tabloïd qui touche vraiment le fond... et qui est la plus vendue ! Le *Sun* et le *Daily Mirror* en sont les « fleurons » : ils disent rarement du bien de qui que ce soit, sont fermement conservateurs, anti-européens, anti-État, anti-tout. Ragots, scandales, mannequins aux seins nus... tel est le menu quotidien de cette presse populaire aux tirages vertigineux. De quoi emballer le poisson à moindres frais !

PETITE IDÉE, GRANDS TIRAGES

Une simple idée permit à Henry Solomon Wellcome d'établir son empire pharmaceutique : compresser les poudres médicinales sous forme de comprimés. Un processus qu'il vendit sous le nom de « tabloïds » (qui signifie « resserré ») puis « tablets ». Les premiers journaux populaires adoptèrent aussi un petit format et le terme de « tabloïds ». Aujourd'hui, ce format est largement utilisé dans la presse à sensation.

MONARCHIE : QUI VA SAUVER LA REINE ?

« **Toute ma vie, qu'elle soit longue ou courte, sera consacrée à votre service.** »

Discours de la reine Élisabeth II, 1947

La reine Élisabeth II, qui est aussi la chef de l'Église anglicane et de 15 autres pays du Commonwealth, est à la tête d'un système monarchique et financier toujours florissant. Sa fortune colossale est tenue secrète, mais si la famille royale reste une entreprise qui rapporte gros à l'économie britannique, elle coûte cher aux contribuables : la reine bénéficie d'un « *sovereign grant* », une sorte de subvention annuelle qui est régulièrement revue à la baisse, crise oblige. La mainmise quasi ancestrale de l'aristocratie, à commencer par la famille Windsor, sur 70 % des terres britanniques est d'ailleurs l'une des causes directes des prix élevés de l'immobilier. En outre, si les dépenses royales s'élevaient en 2016 à plus de 40 millions d'euros (à la charge du contribuable), la reine ne paie des impôts que depuis quelques années.

MRS BROWN

Malgré son image rigoriste, à la mort de son mari, la reine Victoria s'enticha d'un serviteur, John Brown. Bien que fruste, celui-ci fut son confident et eut une importance considérable dans les affaires du royaume. Victoria fut enterrée avec une mèche de ses cheveux. Cette relation a donné lieu à un film avec Judi Dench : Mrs Brown. *Quant à la presse à sensation, elle s'interroge encore.*

Malgré tout, les Windsor n'ont jamais été aussi populaires auprès des Britanniques. Le brillant film *The Queen* (2006) de Stephen Frears montrait le désarroi de la reine face à la réaction de tout un peuple dans la semaine qui suivit la mort de l'icône Diana. Le plan de modernisation de l'image de la royauté qui s'est ensuivi a porté ses fruits : concerts rocks pour le jubilé, pseudo-saut en parachute de la reine pour l'ouverture des J.O. en 2012 et, surtout, entrée dans la famille de Kate Middleton, une roturière au physique et au sourire de princesse... La famille royale n'a jamais été aussi proche du peuple !

Les Britanniques entretiennent avec leur monarchie une relation pour le moins ambiguë, voire irrationnelle. Le discours barbant de la reine fait partie du folklore le

jour de Noël. Et la Constitution peu codifiée lui laisse encore le pouvoir, symbolique, de nommer le Premier ministre. Il faut dire que Buckingham constitue le dernier rempart de stabilité dans une période de tourment où le Brexit plonge le pays dans l'incertitude, où les médias, les députés ou la City sont sujets à défiance de la part de la population, où l'Église se débat avec les scandales de pédophilie...
Bref, la reine nonagénaire depuis 2016 fait face, gardienne d'un temple millénaire, ayant battu en 2015 le record de longévité au pouvoir de 63 ans, détenu jusqu'alors par Victoria. Mais après elle, que se passera-t-il ? Son fils Charles bat pour sa part le record du prince héritier ayant attendu le plus longtemps son tour alors que George et Charlotte, les enfants de Kate et William, symbolisent déjà l'image glamour de la famille royale.

TOUCHE PAS À MON CYGNE

En Angleterre, les cygnes appartiennent à la Couronne depuis le XIe s, car le cygne était alors un plat qui était exclusivement réservé aux papilles royales. Les voleurs d'œufs étaient lourdement châtiés. Aujourd'hui encore, à la fin juillet, le gardien officiel de la reine, en tenue écarlate de grand apparat, parcourt la Tamise sur une barque pour recenser les cygnes et en rendre compte auprès de Sa Très Gracieuse Majesté.

PERSONNAGES CÉLÈBRES

Les Anglais célèbres sont légion (pour les Gallois, se reporter aux pages consacrées à cette région). Ceux qui passent par Londres ne manqueront pas le *National Portrait Gallery,* un musée à la gloire des célébrités nationales, artistes comme sujets des œuvres exposés. *Let's go* pour un petit florilège, au risque d'en oublier car la tâche n'est pas simple...

Royauté et politique

De Guillaume le Conquérant à Élisabeth II en passant par Churchill ou Theresa May, retrouvez les stars royales et politiques dans la rubrique « Histoire ».

Les scientifiques et les explorateurs

Newton, découvreur génial de l'attraction universelle, et l'astronome ***Haley,*** observant la comète du même nom, propulsèrent le pays dans la modernité scientifique. De ***Darwin*** (théorie de l'évolution) à ***Faraday,*** inventeur de l'électromagnétisme, et ***Hawking*** avec sa *Brève Histoire du temps,* en passant par ***Dunlop*** (le pneumatique), ***Stephenson*** (la locomotive), ***Fleming*** (la pénicilline), l'Angleterre a offert au monde quelques-uns de ses plus grands chercheurs.
Parallèlement, des navigateurs aventuriers sillonnèrent les mers : le capitaine ***Cook*** explora le Pacifique, ***Livingstone*** parcourut le continent africain et, plus près de nous, ***Scott*** entreprit les premières expéditions dans l'Antarctique. Quant à ***lady Ellen MacArthur,*** à 28 ans, elle était la plus rapide à boucler son tour du monde à la voile en solitaire en 2005.

UN NEWTON BIEN SECRET

Avec ses travaux en physique, mathématiques et astronomie, Newton fut l'un des plus grands scientifiques anglais. Et pourtant, pendant 25 ans, dans le plus grand secret, il garda une passion pour l'alchimie. Il croyait dur comme fer que certains métaux pouvaient se transformer en or. Le plomb n'était qu'une étape pour devenir de l'argent, lors de sa maturité. On en a mis sur le bûcher pour moins que ça.

Les peintres et les sculpteurs

Jusqu'à la fin du XVIIIe s, la peinture anglaise resta dominée par le genre des portraits conventionnels et flatteurs. ***Hogarth*** fut le premier à leur donner une dimension critique. Mais l'originalité picturale britannique est à chercher dans l'art du paysage : les scènes de chasse et de sport si chères à ***Stubbs,*** la passion pastorale de ***Gainsborough,*** l'accomplissement du romantisme vibrant et lumineux de ***Turner*** (Oscar Wilde disait que le brouillard à Londres n'existait pas avant lui !), ***Constable*** et de ***Sisley,*** pionniers de l'impressionnisme. À la même époque, ***Fuseli*** et ***William Blake*** peignirent leurs visions oniriques, qui inspirèrent les surréalistes. Le XIXe s fut marqué par le mouvement préraphaélite inspiré par l'art médiéval, avec à sa tête ***Rossetti, Millais*** et ***Hunt.*** Plus novateur, ***Morris*** révolutionna les conceptions esthétiques du design et préfigura l'Art nouveau. Dès les années 1950, ***Francis Bacon*** peignit des toiles aussi géniales qu'angoissées. Les sixties virent émerger ***David Hockney,*** célèbre pour ses immenses toiles du Grand Canyon américain, et les incroyables ***Gilbert and George,*** parfaits excentriques british.
Depuis le début du XIXe s, l'art sculptural anglais, grâce à ***sir Jacob Epstein*** et à ***Henry Moore,*** s'est affranchi de l'anthropomorphisme. S'inspirant de sources « primitives », ***Barbara Hepworth*** chercha l'abstraction pure. Aujourd'hui, ***Michael Craig*** et ***Bill Woodrow*** conceptualisent l'objet dans des installations où s'exprime l'âme anglaise, entre réalisme et poésie.

Les écrivains, les poètes et les dramaturges

Le poète médiéval ***Geoffroy Chaucer*** doit sa renommée à ses *Contes de Canterbury,* considérés comme grivois avant que Pasolini n'en fasse des classiques du cinéma mondial. Vint ensuite l'illustre ***Shakespeare,*** dont l'éclat universel éclipsa quelque peu le talent de ses contemporains tel le fascinant ***Marlowe.*** Le XVIIIe s apporta une touche gothique, notamment avec ***Ann Radcliffe.***
Mais c'est surtout le romantique XIXe s qui sonna l'heure de gloire des femmes. ***Jane Austen*** *(Orgueil et Préjugés, Raison et Sentiments)* célébra la femme indépendante. ***Les sœurs Brontë*** lui emboîtèrent le pas avec *Les Hauts de Hurlevent* et *Jane Eyre.* Suivirent ***George Eliot,*** qui décrivit la vie de province, ***Mary Shelley*** et son monstre Frankenstein, et enfin ***Virginia Woolf*** au destin tragique (lire le superbe *The Hours* de M. Cunningham, chez Pocket). Parmi les hommes, ***Byron*** et ***Keats*** s'adonnèrent au lyrisme romantique.

« ÉLÉMENTAIRE, MON CHER WATSON ! »

La célèbre réplique de ce détective anglais imaginé par sir Conan Doyle en 1854 et qu'on aime à répéter n'a... jamais été prononcée dans les 56 romans et 4 nouvelles imaginés par l'auteur. Chose encore plus étrange : il existe à Londres, au 221b Baker Street, l'adresse du détective dans les ouvrages de Conan Doyle, un musée dédié à ce personnage, qui n'a pourtant jamais existé !

Citons aussi les grands poètes épiques ***Coleridge*** et ***T. S. Eliot. Dickens*** fit pleurer la terre entière avec *David Copperfield.* ***Lewis Carroll*** inventa le pays des merveilles dans lequel Alice se glissa. ***Stevenson*** nous enchanta avec des récits d'aventures comme *L'Île au trésor* ou terrifiants tel *Docteur Jekyll et Mister Hyde.* ***Thomas Hardy*** avec *Tess* restera dans l'histoire. ***Kipling*** fit la part belle aux lointaines colonies, tout comme ***Conrad,*** connu du grand public grâce à l'adaptation cinématographique de son livre *Au cœur des ténèbres* par Coppola *(Apocalypse Now).* ***Oscar Wilde*** bouscula la société victorienne avec son *Portrait de Dorian Gray* et égratigna la bonne bourgeoisie avec *L'Importance d'être constant.* Au début du XXe s, ***D. H. Lawrence*** la scandalisa avec *L'Amant de Lady*

Chatterley. ***William Golding,*** qui voyait partout le mal en l'homme, le symbolisa dans *Sa Majesté des mouches.* Dans *Chambre avec vue,* ***E. M. Forster*** s'inspira de ses voyages en Italie. Un autre grand écrivain voyageur, ***Somerset Maugham,*** joua l'agent secret pendant la Première Guerre mondiale, tandis que ***Graham Greene*** fut correspondant de guerre aux quatre coins du monde. D'autres écrivains explorèrent le temps : ***Huxley*** nous prédit le *Meilleur des mondes* et ***Orwell*** une année 1984 cauchemardesque.

Puis vint le temps des romans à énigme avec ***Conan Doyle*** et son célèbre Sherlock Holmes, qui connut d'innombrables émules, avant qu'***Agatha Christie*** (80 romans dits policiers à son actif) ne rende Miss Marple et Hercule Poirot célèbres dans le monde entier. Toujours concernant le roman noir, n'oublions pas ***James Hadley Chase,*** célèbre pour ses histoires truffées de belles plantes (notamment dans *Pas d'orchidées pour Miss Blandish*).

John Le Carré rendit populaire le roman d'espionnage, mais c'est ***Ian Fleming,*** en inventant James Bond, qui allait faire de l'espion anglais un véritable héros, sur grand écran encore plus que sur le papier.

Les romancières ***Ruth Rendell*** (passée du policier à suspense au roman psychologique), ***P. D. James*** (romancière au sens noble et à la belle écriture), ***Elizabeth George*** – qui, bien qu'américaine, décrit merveilleusement la *British way of life* – font partie des nouvelles reines du crime, tandis que d'autres, comme ***Ellis Peters,*** nous replongent dans le passé, au gré d'enquêtes dans l'Angleterre médiévale. ***P. G. Woodhouse*** représente l'humour anglais comme on l'aime, ce qu'on ne peut dire du célèbre dramaturge ***Harold Pinter*** *(L'Amant, Le Retour).* Au théâtre toujours, ***John Osborne*** reçut le surnom de « jeune homme en colère » pour ses critiques de l'establishment.

DRÔLE D'OISEAU

Comment Ian Fleming, l'inventeur de James Bond à la fin des années 1950, a trouvé le nom de son agent secret ? La légende indique qu'il cherchait un nom court, se retenant facilement et typiquement anglais. Fleming, fan d'ornithologie, lisait, pendant la rédaction du premier roman, A Field Guide to the Birds of West Indies, *rédigé par un certain... James Bond. Le nom de son héros était tout trouvé. Le guide est toujours disponible.*

Et puis est arrivée la célèbre prodige, ***J. K. Rowling*** et son jeune magicien Harry Potter, faisant ainsi concurrence, par-delà le temps, à son regretté compatriote ***J. R. R. Tolkien*** et son merveilleux *Seigneur des anneaux.* Avec ses *Versets sataniques,* ***Salman Rushdie*** soulève la colère des fondamentalistes islamiques et vit toujours sous la menace d'une fatwa. En 2001, la Grande-Bretagne se dota d'un prix Nobel de plus avec ***V. S. Naipaul,*** Anglo-Indien né aux Caraïbes. Ainsi, l'Angleterre a la plume talentueuse, et des écrivains contemporains, comme la tentaculaire ***Doris Lessing*** (prix Nobel 2007, décédée en 2013), ***Martin Amis, Nick Hornby, Jonathan Coe*** ou encore ***Hanif Kureishi,*** à l'humour acide et à la verve satirique, témoignent d'une littérature jamais à bout de souffle.

De la musique classique...

Si ***Haendel*** était originaire de Saxe, beaucoup de ses œuvres furent écrites en anglais, à commencer par le fameux *Messie*. Mais avant lui, ***William Byrd, Thomas Tallis, John Dowland*** ou encore ***Thomas Morley*** entre autres marquèrent l'âge d'or de la musique anglaise de la Renaissance. Puis citons le baroque ***Purcell,*** le romantique ***Edward Elgar,*** les plus contemporains ***Benjamin Britten*** et ***Gustav Holst,*** mais également le touche-à-tout ***Ralph Vaughan Williams,*** le compositeur de musiques de film ***John Barry*** ou le plus actuel ***John Rutter.*** Mais, c'est surtout avec la musique populaire que les musiciens anglais ont conquis le monde.

... à la pop

À partir de la déflagration des **Beatles** au début des années 1960, les artistes anglais ont déterminé ou accompagné toutes les grandes vagues de la pop. Durant les sixties, c'est une jeunesse nourrie de *rhythm & blues* qui a donné le ton, à l'instar du regretté **Joe Cocker,** des **Rolling Stones, Animals, Who** ou encore les **Yardbirds,** où officièrent trois des plus grands guitaristes de ces 50 dernières années : **Eric Clapton, Jimmy Page** et **Jeff Beck.**

LE BEATLE CACHÉ

Est-ce Dieu possible ? Oui, et il s'appelle Pete Best, il a tourné pendant 2 ans avec John, Paul et George, et, au moment d'enregistrer Love me do, *il fut subitement écarté par le producteur George Martin au profit de Ringo Starr. Le début de la fin pour un homme qui assista au succès de ses anciens potes. On le disait, à tort, piètre batteur. Il agaçait surtout pour ses succès féminins. Employé dans une boulangerie puis fonctionnaire, il a sorti son premier album en... 2009. Enfin !*

Au début des années 1970, c'est la scène glam-rock qui s'impose avec **David Bowie** (mort en 2016, 3 jours après la sortie de son 25e album)**, T-Rex, Slade, Peter Gabriel**, **Phil Collins**, **Roxy Music** ou **Elton John.** De son côté, **Black Sabbath** invente le *heavy metal.*
Rapidement, les paillettes vont s'estomper face à la réalité sociale du pays qui engendrera l'explosion punk : un son brut, primitif et direct, dont les **Sex Pistols** sont les chefs de file. La fin des années 1970 est riche de nouveaux talents, tels que les **Jam, Clash, Damned, Buzzcocks** et autres **Boomtown Rats,** où officie un certain chanteur irlandais nommé **Bob Geldof, le groupe Police** puis **Sting** en solo à partir de 1985**...**
Les années 1980 voient l'émergence de groupes aussi variés que **Wham, Culture Club, Eurythmics, Ultravox, Queen** avec **Freddie Mercury** au micro, **The Cure** et le gothique **Robert Smith** ou **Depeche Mode.** Au début des années 1990, la scène anglaise explose de nouveau avec **George Michael** (1963-2016) et l'avènement de la *Brit-pop* dont **Oasis** et **Blur** sont les principaux ambassadeurs. Au même moment naissait **Radiohead,** emmené par son charismatique et légèrement torturé chanteur **Thom Yorke.** Plus récemment, en réaction à la pop préfabriquée des stars éphémères issues d'émissions télévisées, une nouvelle génération d'artistes venus essentiellement de la scène alternative, tels les **Libertines, Muse, Franz Ferdinand, Arctic Monkeys** ou **Hard Fi,** a pris le contrôle des *charts* du pays, alors que la scène urbaine semble plus riche que jamais avec les rythmes scandés de **The Street, MIA** ou **Craig David.** Sans oublier **Robbie Williams** et **Coldplay,** qui continuent de porter le flambeau de la musique british à travers le monde. Citons enfin la chanteuse **Adele,** révélée en 2008 avec son album *19* et **Amy Winehouse,** la voix soul disparue en 2011.

Les grands noms du cinéma

Au premier rang, le plus prodigieux de tous, à la fois acteur, réalisateur et génie tout court : **sir Charlie Chaplin,** qui dut pourtant s'exiler aux États-Unis pour faire reconnaître son talent, tout comme le grand **Alfred Hitchcock. Carol Reed** *(Le Troisième Homme)*, **David Lean** (*Lawrence d'Arabie* avec **Peter O'Toole**) et un peu plus tard **Richard Lester** *(Le Knack)* signèrent des films oscarisés et palmisés. Mentionnons également **Michael Powell,** réalisateur longtemps méconnu en France, bien qu'il soit considéré par beaucoup comme l'un des cinéastes majeurs de son pays (*Les Chaussons rouges,* 1941 ; *Le Voyeur,* 1960) ou **Terence Fischer,** qui tourna une saga des *Frankenstein.* Les années 1970 ont ri avec les **Monty Python** (dont s'est détaché

Terry Gilliam) et le toujours déroutant **Peter Greenaway. John Boorman** passa avec brio de *Délivrance* à *Excalibur.* Dans les années 1980, le cinéma britannique connut un fulgurant essor avec **Hugh Hudson** (quatre oscars pour *Les Chariots de feu*) et ***sir* Richard Attenborough** (huit oscars pour *Gandhi*). La nouvelle vague néoréaliste, née dans les années 1970 avec des réalisateurs comme **Ken Loach** (*Raining Stones, The Navigators, Le vent se lève* – Palme d'or 2006 –, *Looking for Eric, La Part des anges* et *Moi, Daniel Blake* – Palme d'or 2016...), **Mike Leigh** *(Secrets et Mensonges, Mr. Turner)* et **Stephen Frears** *(My Beautiful Laundrette, Les Liaisons dangereuses, The Snapper, The Queen)* s'épanouit pleinement dans les années 1990, ce cinéma politique et social trouvant largement à se nourrir dans l'Angleterre post-thatchérienne. Durant ces mêmes années 1990, le comédien-acteur-réalisateur **Kenneth Branagh** s'est fait connaître et reconnaître en revisitant Shakespeare. Parallèlement, de petits bijoux isolés pleins d'humour séduisent le public français : *The Full Monty, Snatch, Quatre mariages et un enterrement, Petits meurtres entre amis* (de **Danny Boyle,** réalisateur également de *Trainspotting* et de la cérémonie d'ouverture des J.O. de Londres en 2012). On versa aussi une petite larme en visionnant *Billy Elliot,* apprenti danseur sur fond de misère sociale dans une ville minière. Enfin, le très beau film de **Tom Hooper,** *Le Discours d'un roi,* qui rafle pas moins de quatre statuettes à la cérémonie des oscars en 2011.

ACTEUR AU SERVICE DE SA MAJESTÉ

Les services secrets britanniques furent frappés par la ressemblance de l'acteur australien James Clifton avec Montgomery. Le comédien fut contacté par le colonel David Niven, autre comédien célèbre, pour doubler le maréchal. On envoya le sosie se balader à Gibraltar, Alger et Le Caire, alors que Montgomery préparait le débarquement en Normandie. Le maréchal ne buvait pas et ne fumait pas. Ce fut le plus dur, avoua Clifton.

Sur les écrans, **Vivien Leigh** incarna une inoubliable Scarlett, **Vanessa Redgrave** obtint plusieurs fois l'oscar. **Jacqueline Bisset, Jane Birkin** et **Kristin Scott-Thomas** s'installèrent en France. **Emma Thompson** joua avec ***sir* Anthony Hopkins** dans *Retour à Howards End* et *Les Vestiges du jour.* Parmi les acteurs, plusieurs autres se firent anoblir : **Laurence Olivier** *(Hamlet, Le Limier),* **Alec Guinness** (Obi-Wan Kenobi dans *Star Wars*), **Sean Connery** (« My name is Bond »), **Patrick Stewart** *(Star Trek).* **Christopher Lee** interpréta Dracula à 11 reprises et fut le traître Saroumane, l'horrible magicien du *Seigneur des anneaux,* **Richard Burton** eut peur de Virginia Woolf, **David Niven** forma une fine équipe avec **Peter Sellers** dans les différents épisodes de *La Panthère rose,* **Peter Ustinov** devint Hercule Poirot, et l'éclectique **Terence Stamp** joua les drag-queens *(Priscilla folle du désert).* Citons aussi en vrac : **Rowan Atkinson** et son personnage de Mr. Bean, **Daniel Radcliffe** et le sombre **Alan Rickman** (1946-2016), alias Professeur Rogue qui lui donne la réplique dans *Harry Potter*, **Kate Winslet, Jeremy Irons, Hugh Grant, Robert Carlyle, Ewan McGregor, Roger Moore** (1927-2017)**, Daniel Craig, Tim Roth, Daniel Day-Lewis, Helena Bonham Carter...** et enfin, pour conclure, un peu d'animation avec **Nick Park** et ses personnages de pâte à modeler, *Wallace et Gromit*.

Les sportifs

Les Anglais ont inventé de nombreux sports, normal qu'ils s'y soient toujours distingués : le foot (***David Beckham,*** la star), le rugby (***Wilkinson,*** ex-héros du XV de la rose), la boxe – anglaise évidemment – avec **Lennox Lewis,** champion du monde des poids lourds à maintes reprises. À noter aussi ***Christopher Boardman,*** plusieurs fois recordman de l'heure à vélo, ainsi que ***Bradley Wiggins,*** vainqueur du Tour de France 2012 et ***Christopher Froome,*** vainqueur à son tour en 2013 et 2015. Mais si on commence à tous les lister...

ET L'ANGLETERRE INVENTA LA MINIJUPE

En 1965, Mary Quant imagina la minijupe... pour courir plus facilement après le bus, disait-elle. Sa boutique, Bazaar, à Chelsea, fut vite célèbre dans le monde entier. L'Angleterre puritaine tressaillait. La jeunesse avait enfin son style et ses icônes. À cause de cette nouvelle mode, sœur Fiorella, chargée de vérifier la tenue correcte des jeunes filles visitant Saint-Pierre de Rome, démissionna pour dépression nerveuse.

Et d'autres célébrités

Citons en vrac : ***Jack l'Éventreur,*** l'architecte ***Norman Foster, Mary Quant,*** qui inventa la minijupe, les stylistes ***John Galliano, Stella McCartney*** et ***Vivienne Westwood.*** En cuisine, ***Jamie Oliver, Gordon Ramsay*** et ***Hugh Fearnley-Whittingstall*** qui participent au renouveau de la gastronomie britannique.

RELIGIONS

En fondant en 1534 l'Église anglicane, Henri VIII rompait avec Rome, instituant une nouvelle liturgie d'inspiration calviniste et une doctrine énoncée dans le *prayer book* en 1549. Les protestants d'influence luthérienne trouvèrent le culte anglican encore trop proche du catholicisme. Durant la guerre civile de 1642 à 1649, les *puritans* destituèrent les évêques, mais au retour des Stuarts sur le trône, ils furent contraints de s'exiler et partirent principalement fonder des colonies en Amérique. Voilà pourquoi une majorité d'Américains conservent une foi proche du puritanisme.

PAS TRÈS CATHOLIQUE...

Jusqu'en 1828, tous les fonctionnaires britanniques étaient obligés de prêter serment pour obtenir un poste. Ils devaient notamment déclarer par écrit qu'ils ne reconnaissaient pas l'autorité du pape. Ce qui excluait d'emblée tous les catholiques.

L'Angleterre compte aujourd'hui 35 % d'anglicans, 9 % de catholiques romains et 14 % d'autres chrétiens. Diacres, prêtres et évêques peuvent se marier et prêtent serment d'allégeance à la couronne anglaise, la reine étant le chef de l'Église d'Angleterre. Les femmes peuvent être ordonnées prêtres et même évêques depuis 2015.

Signe du métissage de la population britannique, les ressortissants du Commonwealth ont bien sûr également leurs lieux de culte en grand nombre et l'hétérogénéité se traduit par une plus grande diversité de religions : *gudwaris* des sikhs, temples hindous, mosquées musulmanes, synagogues juives, temples bouddhiques, etc.

QUAND ON AIME ON NE COMPTE PAS

En 1531, le pape refuse au roi Henri VIII (1491-1547) de divorcer de Catherine d'Aragon. Furieux, le souverain créé alors l'anglicanisme avec un chef : lui-même. Par provocation, il se marie cinq fois de plus... et fait décapiter deux de ses épouses, Anne Boleyn et Catherine Howard. Fallait pas lui tenir tête aussi.

SITES INSCRITS AU PATRIMOINE MONDIAL DE L'UNESCO

Organisation des Nations Unies pour l'éducation, la science et la culture

En coopération avec le centre du patrimoine mondial de l'UNESCO

Pour figurer sur la liste du Patrimoine mondial, les sites doivent avoir une valeur universelle exceptionnelle et satisfaire à au moins un des 10 critères de sélection. La protection, la gestion, l'authenticité et l'intégrité des biens sont également des considérations importantes.
Le patrimoine est l'héritage du passé dont nous profitons aujourd'hui et que nous transmettons aux générations à venir. Nos patrimoines culturel et naturel sont deux sources irremplaçables de vie et d'inspiration. Ces sites appartiennent à tous les peuples du monde, sans tenir compte du territoire sur lequel ils sont situés.
Pour plus d'informations : • *whc.unesco.org* •
- Cathédrale et château de ***Durham*** (1986).
- Châteaux forts et enceinte du roi Édouard Ier dans l'ancienne principauté de Gwynedd (1986) : ***Beaumaris, Caernarfon, Harlech*** et ***Conwy.***
- La gorge d'***Ironbridge*** (1986).
- Le parc de ***Studley Royal*** avec les ruines de Fountains Abbey (1986).
- ***Stonehenge, Avebury*** et les sites associés (1986).
- Le palais de ***Blenheim*** (1987).
- La ville de ***Bath*** (1987).
- Les frontières de l'Empire romain ou ***mur d'Hadrien*** (1987 et 2005).
- La cathédrale, l'abbaye Saint-Augustin et l'église Saint-Martin à ***Canterbury*** (1987).
- Le paysage industriel de ***Blaenavon*** (2000).
- Le littoral du ***Dorset*** et de l'est du ***Devon*** (2001).
- Les ***usines de la vallée de Derwent*** (2001).
- Le port marchand de ***Liverpool*** (2004).
- Le paysage minier des ***Cornouailles*** et de l'ouest du ***Devon*** (2006).
- Pont-canal et canal de ***Poncysyllte*** (2009).

À ***Londres,*** les sites inscrits sont Westminster Palace, Westminster Abbey and Saint Margaret's Church, Tower of London, le quartier de Greenwich et les jardins botaniques royaux Kew.
Ajoutons à cette liste la ***Jurassic Coast*** (2001), une portion de littoral de 95 miles entre Dorset et Devon, de Swanage à Exmouth ainsi que les ***îles de Gough et Inaccessible*** (1995), au titre du Patrimoine naturel.

SPORTS ET LOISIRS

Les Anglais aiment à croire qu'ils ont inventé tous les sports, ce qui est – il faut l'avouer – presque vrai (à l'exception notable du polo, mis au point dans les montagnes du Pakistan). Il y a, en revanche, beaucoup de sports que les Britanniques n'ont jamais réussi à exporter, tel le roulage de fromage par exemple, qui se pratique sur la colline de Cooper's Hill depuis le XVIe s. Il y en a bien d'autres du même tonneau, et nous ne parlerons pas du lancer de troncs d'arbre, puisqu'il s'agit d'un jeu écossais, objet d'une autre guide...
Autre sport national : les paris sur tout et n'importe quoi. Les ***bookmakers*** – une institution privée en Grande-Bretagne – ont pris des paris sur le sexe et le prénom des bébés royaux, sur le pays qui accueillera les prochains J.O. ou tout simplement sur le temps du lendemain.
– ***Le cricket :*** si les anciennes colonies de l'empire s'y sont mises et constituent des adversaires sérieux, ce sport aux subtilités imperceptibles et aux règles complexes reste souvent obscur aux yeux des étrangers. Ceux-ci ont bien du mal à s'enthousiasmer à ce point pour un match qui s'étale parfois sur plusieurs jours !

– ***Le tennis :*** largement inspiré du jeu de paume, le brevet du *lawn-tennis,* comme on l'appela tout d'abord, fut déposé en 1874 par le major Wingfried. En 1875, c'est dans une grande prairie de la banlieue de Londres, à Wimbledon, que l'on installe le premier club et ses terrains. Le premier tournoi s'y jouera en juillet 1877.

– ***Les fléchettes*** *(darts)* **:** au pub, on joue toujours aux fléchettes. Leur origine remonterait à la guerre de Cent Ans. La légende veut qu'un jour où il faisait un temps de chien, les archers anglais, abrités sous une grange, s'amusèrent à lancer des flèches sur la tranche d'un billot de bois ; ils en vinrent à raccourcir leurs projectiles jusqu'à obtenir des *darts* (le mot est français), proches des fléchettes actuelles. Les divisions en secteurs de la cible moderne s'inspireraient des veines du bois. Ainsi naquit ce jeu célèbre aux règles plus compliquées qu'il n'y paraît.

– ***Le ballon ovale :*** l'origine de ce sport remonte au XIXe s, lorsque William Webb Ellis prit le ballon dans ses bras au cours d'un match de balle au pied proche de la soule, à... Rugby ! Il devint pasteur – à priori, aucune relation de cause à effet entre sa bévue et ce choix – et le trophée remis au vainqueur de la Coupe du monde porte son nom (remporté par l'Angleterre en 2003). L'Angleterre, l'Écosse et le pays de Galles font aussi partie du Tournoi des six nations avec la France, l'Irlande et l'Italie. Assister à un match à Twickenham, le temple anglais du rugby, au sud-ouest de Londres, reste une expérience unique : • *englandrugby.com/twickenham/* • Voir aussi notre rubrique « Le rugby » dans le chapitre consacré au pays de Galles.

BINGO !

Les femmes sont dingues du bingo, surtout les vieilles dames. Ce jeu qui ressemble au loto est typique de l'Angleterre. Chaque ville a le sien en centre-ville. Il faut absolument y faire un tour (en fin de journée) pour y rencontrer la Grande-Bretagne profonde. Observez l'animateur énoncer les nombres tirés au sort. Si jamais vous gagnez grâce à « two fat ladies », pas de méprise, c'est que vous aviez le numéro 88.

– ***Le ballon rond :*** la *Premier League* (les 20 meilleurs clubs) attire les foules. On se retrouve aux matchs avec ferveur (un peu trop parfois !), ou dans les pubs pour partager les exploits des joueurs de Liverpool, Manchester, Chelsea ou autres. Un site pour s'informer et glaner les petites histoires : • *football365.fr* •

– ***Le surf :*** les spots principaux sont situés au sud-ouest du pays, notamment en Cornouailles (Porthleven). D'autres dans le Dorset, à Bournemouth et dans le Devon. Mais le must reste quand même Newquay en Cornouailles, où se tiennent chaque année quelques compétitions internationales.

– ***La marche et les randonnées :*** les fans de marche se régaleront, les Anglais sont des pros en la matière. Le Devon, les Cornouailles, le Nord entre Sheffield et Manchester (Peak District), le Yorkshire, le pays de Galles ou encore le Lake District sont autant de lieux de randos sympas. On apprécie aussi la lande de la New Forest, dans le sud du pays, où l'on se promène au milieu des animaux en liberté. Pour les fanas du *hiking,* deux sites internet pour se préparer : • *ramblers.org.uk* • *nationaltrail.co.uk* •

les ROUTARDS sur la FRANCE 2018-2019

(dates de parution sur • **routard.com** •)

Découpage de la FRANCE par le ROUTARD

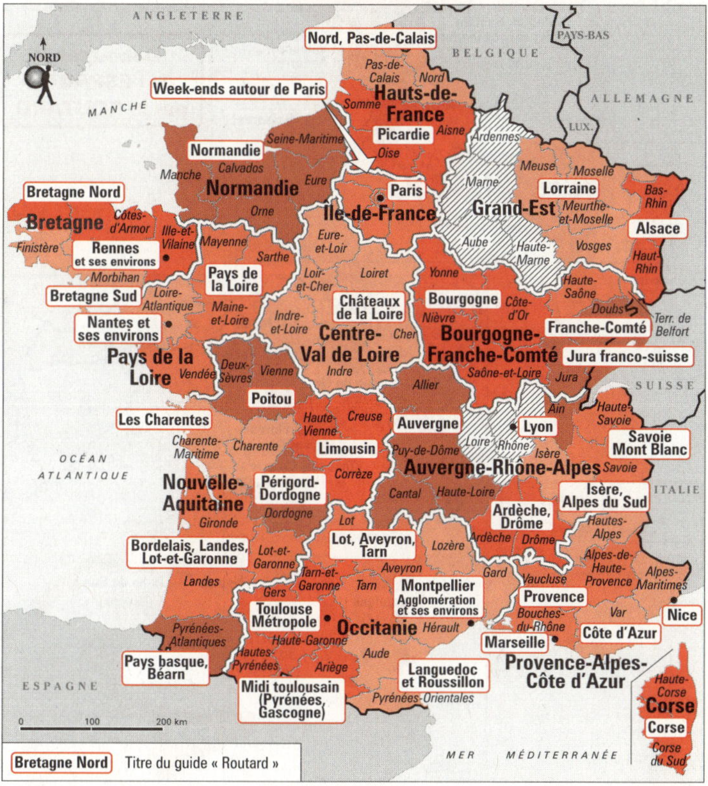

Autres guides sur la France

- Hébergements insolites en France
- Canal des deux mers à vélo (mars 2018)
- La Loire à Vélo
- Paris – Île-de-France à vélo (juin 2018)
- La Vélodyssée (Roscoff-Hendaye)
- Nos meilleurs campings en France
- Nos meilleures chambres d'hôtes en France
- Nos meilleurs restos en France
- Les visites d'entreprises en France

Autres guides sur Paris

- Paris
- Paris balades
- Paris exotique (octobre 2017)
- Restos et bistrots de Paris
- Le Routard des amoureux à Paris
- Week-ends autour de Paris

les ROUTARDS sur l'ÉTRANGER 2018-2019

(dates de parution sur • **routard.com** •)

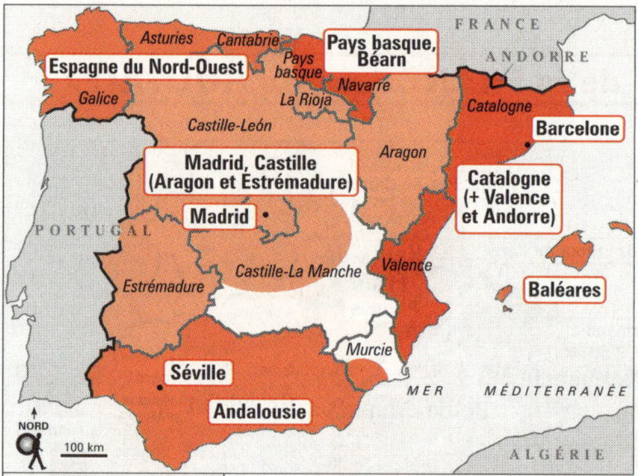

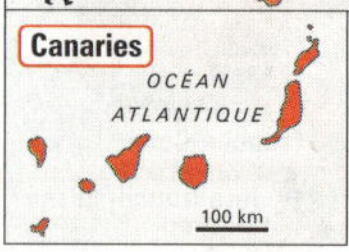

Découpage de l'ESPAGNE par le ROUTARD

Découpage de l'ITALIE par le ROUTARD

Autres pays européens

- Allemagne
- Angleterre, Pays de Galles
- Autriche
- Belgique
- Crète
- Croatie
- Danemark, Suède
- Écosse
- Finlande
- Grèce continentale
- Hongrie
- Îles grecques et Athènes
- Irlande
- Islande
- Madère
- Malte
- Norvège
- Pays baltes : Tallinn, Riga, Vilnius
- Pologne
- Portugal
- République tchèque, Slovaquie
- Roumanie, Bulgarie
- Suisse

Villes européennes

- Amsterdam et ses environs
- Berlin
- Bruxelles
- Budapest (mars 2018)
- Copenhague
- Dublin
- Lisbonne
- Londres
- Moscou
- Naples (décembre 2017)
- Porto (janvier 2018)
- Prague
- Saint-Pétersbourg
- Stockholm
- Vienne

les ROUTARDS sur l'ÉTRANGER 2018-2019

(dates de parution sur • *routard.com* •)

Découpage des ÉTATS-UNIS par le ROUTARD

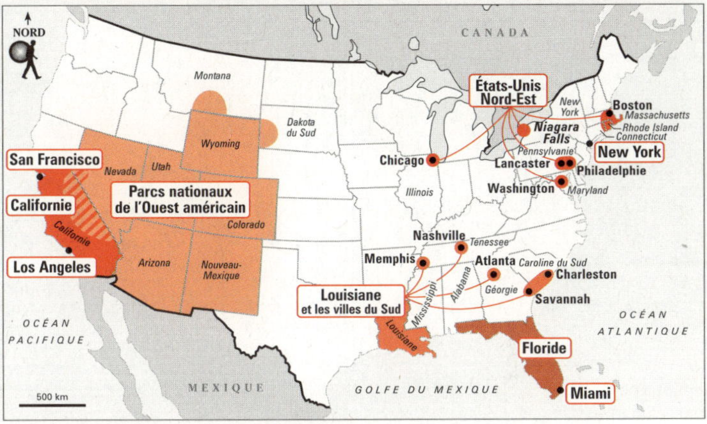

Autres pays d'Amérique

- Argentine
- Brésil
- Canada Ouest
- Chili et île de Pâques
- Colombie (avril 2018)
- Costa Rica
- Équateur et les îles Galápagos
- Guatemala, Yucatán et Chiapas
- Mexique
- Montréal
- Pérou, Bolivie
- Québec, Ontario et Provinces maritimes

Asie et Océanie

- Australie côte est + Red Centre
- Bali, Lombok
- Bangkok
- Birmanie (Myanmar)
- Cambodge, Laos
- Chine
- Hong-Kong, Macao, Canton
- Inde du Nord
- Inde du Sud
- Israël et Palestine
- Istanbul
- Jordanie
- Malaisie, Singapour
- Népal
- Shanghai
- Sri Lanka (Ceylan)
- Thaïlande
- Tokyo, Kyoto et environs
- Turquie
- Vietnam

Afrique

- Afrique du Sud
- Égypte
- Kenya, Tanzanie et Zanzibar
- Maroc
- Marrakech
- Sénégal
- Tunisie

Îles Caraïbes et océan Indien

- Cuba
- Guadeloupe, Saint-Martin, Saint-Barth
- Île Maurice, Rodrigues
- Madagascar
- Martinique
- République dominicaine (Saint-Domingue)
- Réunion

Guides de conversation

- Allemand
- Anglais
- Arabe du Maghreb
- Arabe du Proche-Orient
- Chinois
- Croate
- Espagnol
- Grec
- Italien
- Japonais
- Portugais
- Russe
- G'palémo (conversation par l'image)

Livres-photos Livres-cadeaux

- Voyages (octobre 2017)
- Nos 120 coins secrets en Europe (octobre 2017)
- Les 50 voyages à faire dans sa vie
- 1200 coups de cœur dans le monde
- 1200 coups de cœur en France
- Nos 52 week-ends dans les plus belles villes d'Europe

Nous tenons à remercier tout particulièrement Loup-Maëlle Besançon, Thierry Bessou, Gérard Bouchu, François Chauvin, Grégory Dalex, Fabrice Doumergue, Cédric Fischer, Carole Fouque, Michelle Georget, David Giason, Claude Hervé-Bazin, Emmanuel Juste, Dimitri Lefèvre, Fabrice de Lestang, Romain Meynier, Éric Milet, Pierre Mitrano, Jean-Sébastien Petitdemange et Thomas Rivallain pour leur collaboration régulière.

Jean-Jacques Bordier-Chêne
Michèle Boucher
Diane Capron
Laura Charlier
Agnès Debiage
Jérôme Denoix
Tovi et Ahmet Diler
Marjorie Dubois
Clélie Dudon
Sophie Duval
Jeanne Favas
Alain Fisch
Alexandra Fouchard
Guillaume Garnier
Nicolas George
Bérénice Glanger
Adrien et Clément Gloaguen
Léa Guinolas
Manon Guyot
Bernard Hilaire
Sébastien Jauffret
Céline Kamand
Jacques Lemoine
Aurore de Lombarès
Caroline Ollion
Martine Partrat
Odile Paugam et Didier Jehanno
Prakit Saiporn
Jean-Luc et Antigone Schilling
Jean Tiffon
Caroline Vallano

Direction : Nathalie Bloch-Pujo
Contrôle de gestion : Jérôme Boulingre et Adeline Cazabat Barrere
Secrétariat : Catherine Maîtrepierre
Direction éditoriale : Hélène Firquet
Édition : Matthieu Devaux, Olga Krokhina, Gia-Quy Tran, Julie Dupré, Emmanuelle Michon, Alba Bastida Díaz, Amélie Gattepaille, Ludmilla Guillet, Pauline Janssens, Margaux Lefebvre, Amélie Ramond, Flora Sallot, Elvire Tandjaoui et Clémence Toublanc
Préparation-lecture : Marie Sanson
Cartographie : Frédéric Clémençon, Aurélie Huot et Thomas Dequeker
Fabrication : Nathalie Lautout et Audrey Detournay
Relations presse France : COM'PROD, Fred Papet. ☎ 01-70-69-04-69.
• *info@comprod.fr* •
Direction marketing : Adrien de Bizemont, Clémence de Boisfleury et Charlotte Brou
Contacts partenariats : André Magniez (EMD). • *andremagniez@gmail.com* •
Édition des partenariats : Élise Ernest
Informatique éditoriale : Lionel Barth
Couverture : Clément Gloaguen et Seenk
Maquette intérieure : le-bureau-des-affaires-graphiques.com, Thibault Reumaux et npeg.fr
Relations presse : Martine Levens (Belgique) et Maureen Browne (Suisse)
Régie publicitaire : Florence Brunel-Jars

INDEX GÉNÉRAL

ATTENTION : Londres et l'Écosse font l'objet de guides à part.

LISTE DES CARTES ET PLANS

IMPORTANT : DERNIÈRE MINUTE

Sauf rare exception, le *Routard* bénéficie d'une parution annuelle à date fixe. Entre deux dates, des événements fortuits (formalités, taux de change, catastrophes naturelles, conditions d'accès aux sites, fermetures inopinées, etc.) peuvent intervenir et modifier vos projets de voyage. Pour éviter les déconvenues, nous vous recommandons de consulter la rubrique « Guide » par pays de notre site ● *routard.com* ● et plus particulièrement les dernières ***Actus voyageurs.***

Remarque importante aux hôteliers et restaurateurs

Les enquêteurs du *Routard* travaillent dans le plus strict anonymat. Aucune réduction, aucun avantage quelconque, aucune rétribution n'est jamais demandé en contrepartie. Face aux aigrefins, la loi autorise les hôteliers et restaurateurs à porter plainte.

Avis aux lecteurs

Le Routard, ce n'est pas comme le bon vin, il vieillit mal. On ne veut pas pousser à la consommation, mais évitez de partir avec une édition ancienne. Les modifications sont souvent importantes.

Les réductions accordées à nos lecteurs ne sont jamais demandées par nos rédacteurs afin de préserver leur indépendance. Les hôteliers et restaurateurs sont sollicités par une société de mailing, totalement indépendante de la rédaction, qui reste donc libre de ses choix. De même pour les autocollants et plaques émaillées.

Avec routard.com, choisissez, organisez, réservez et partagez vos voyages !

✓ Rejoignez la plus grande communauté francophone de voyageurs : de **2,2 à 2,6 millions de visiteurs uniques (par mois !).**

✓ Échangez avec les routarnautes : forums, photos, avis d'hôtels.

✓ Retrouvez aussi toutes les informations actualisées pour choisir et préparer vos voyages : plus de 200 fiches pays, une centaine de dossiers pratiques et un magazine en ligne pour découvrir tous les secrets de votre destination.

✓ Enfin, comparez les offres pour organiser et réserver votre voyage au meilleur prix.

Les Routards *parlent aux* Routards

Faites-nous part de vos expériences, de vos découvertes, de vos tuyaux et de vos coups de cœur. Aidez-nous à remettre l'ouvrage à jour. Indiquez-nous les renseignements périmés. Faites profiter les autres de vos adresses nouvelles, combines géniales... On adresse un exemplaire gratuit de la prochaine édition à ceux qui nous envoient les meilleurs courriers, pour la qualité et la pertinence des informations.

Quelques conseils cependant :

– Envoyez-nous votre courrier le plus tôt possible afin que l'on puisse insérer vos tuyaux sur la prochaine édition.

– N'oubliez pas de préciser l'ouvrage que vous désirez recevoir, ainsi que votre adresse postale.

– Vérifiez que vos remarques concernent l'édition en cours et notez les pages du guide concernées par vos observations.

– Quand vous indiquez des hôtels ou des restaurants, pensez à signaler leur adresse précise et, pour les grandes villes, les moyens de transport pour y aller. Si vous le pouvez, joignez la carte de visite de l'hôtel ou du resto décrit.

En tout état de cause, merci pour vos nombreux mails.

122, rue du Moulin-des-Prés, 75013 Paris

● *guide@routard.com* ● *routard.com* ●

Routard Assurance *2018*

Née du partenariat entre *AVI International* et le *Routard*, *Routard Assurance* est une assurance voyage complète qui offre toutes les prestations d'assistance indispensables à l'étranger : dépenses médicales, pharmacie, frais d'hôpital, rapatriement médical, caution et défense pénale, responsabilité civile vie privée et bagages. Présent dans le monde entier, le plateau d'assistance d'*AVI International* donne accès à un vaste réseau de médecins et d'hôpitaux : pas de franchise, aucune avance de frais à faire, un numéro d'appel gratuit disponible 24h/24. *AVI International* dispose par ailleurs d'une filiale aux États-Unis qui permet d'intervenir plus rapidement auprès des hôpitaux locaux. À noter, *Routard Assurance Famille* couvre jusqu'à 7 personnes, et *Routard Assurance Longue Durée Marco Polo* couvre les voyages de plus de 2 mois dans le monde entier. *AVI International* est une équipe d'experts qui répondra à toutes vos questions par téléphone : ☎ 01-44-63-51-00 ou par mail ● *routard@avi-international.com* ● Conditions et souscription sur ● *avi-international.com* ● Avant de partir, pensez à télécharger l'appli mobile *AVI* et accéder à tous vos documents d'assurance en 2 clics.

Édité par Hachette Livre (58, rue Jean-Bleuzen, CS 70007, 92178 Vanves Cedex, France)
Photocomposé par Jouve (rue de Monbary, 45140 Ormes, France)
Imprimé par Jouve 2 (Quai n° 2, 733, rue Saint-Léonard, BP 3, 53101 Mayenne Cedex, France)
Achevé d'imprimer le 29 septembre 2017
Collection n° 13 - Édition n° 01
61/6000/4
I.S.B.N. 978-2-01-280014-4
Dépôt légal : septembre 2017

PAPIER À BASE DE FIBRES CERTIFIÉES